FOR RETURN

Hamburger Edition

Institut für Sozialforschung

Hamburger Institut für Sozialforschung (Hg.)

VERBRECHEN DER WEHRMACHT

DIMENSIONEN DES VERNICHTUNGSKRIEGES 1941–1944

Ausstellungskatalog

T

1002613309

INHALTSVERZEICHNIS

EINLEITUNG

Kriege sind selten rechtsfreie Räume. Die unterschiedlichsten Gesellschaften haben immer wieder versucht, die Ausübung auch extremer Gewalt bestimmten Regeln zu unterwerfen. Mit dem, was eine Gesellschaft in einem Krieg für geboten, erlaubt und verboten erklärt, definiert sie sich selbst.

Der Krieg gegen die Sowjetunion unterschied sich von allen Kriegen der europäischen Moderne, auch von denen, die die deutsche Wehrmacht während des Zweiten Weltkrieges in anderen Ländern führte. Es war ein Krieg, der sich nicht nur gegen eine andere Armee, sondern auch gegen Teile der Zivilbevölkerung richtete. Dieses verbrecherische Vorgehen ergab sich nicht aus der Eskalation des Kriegsgeschehens, sondern war bereits Bestandteil der Kriegsplanungen. Hitler legte drei Monate vor Kriegsbeginn gegenüber dem Oberkommando der Wehrmacht offen, daß dieser Feldzug einen besonderen Charakter haben werde. Die Sowjetunion als der Feind schlechthin sollte nicht nur militärisch erobert und besiegt, sondern der „Jüdische Bolsche-wismus" restlos beseitigt werden. Die ideologischen Kriegsziele erforderten nach Auffassung Hitlers eine andere Form der Kriegführung, für die das internationale Kriegs- und Völkerrecht nicht mehr maßgeblich sein könnte.
Die Wehrmachtsführung stimmte Hitlers Kriegszielen grundsätzlich zu. Sie erließ im Mai und Juni 1941 zentrale Befehle, um die vom „Führer" geforderte „unerhörte Härte" im Osten zu gewährleisten. Mit dem „Kriegsgerichtsbarkeitserlaß" und dem „Kommissarbefehl" setzte sie für die deutsche Wehrmacht zentrale Bestandteile des damals geltenden Kriegsvölkerrechts außer Kraft und schuf damit die wesentlichen Voraussetzungen für einen bis dahin beispiellosen Rassen- und Vernichtungskrieg. In bewußter Kenntnis der verbrecherischen Folgen ihrer Anordnungen hoben Hitler und das Oberkommando der Wehrmacht den verbürgten Schutz von Zivilisten im Krieg auf und ordneten die Ermordung politischer Kommissare an.

Am 22. Juni 1941 überfiel die deutsche Wehrmacht die Sowjetunion. Die bereits im Vorfeld er-lassenen zentralen Befehle und Weisungen sollten für den Krieg im Osten richtungweisend sein, gleichwohl war ihre Umsetzung, Erweiterung oder Außerkraftsetzung von zahlreichen strukturellen und situativen Faktoren abhängig. Für das, was während der deutschen Besatzung im Osten konkret geschah, waren die Kriegsplanungen nur *ein* bestimmender Faktor. Darüber hinaus war jede Situation durch konkrete Handlungsbedingungen geprägt, von aktuellen Einflüssen be-stimmt und durch Verhaltensmuster sowie durch politische und weltanschauliche Einstellungen der Akteure beeinflußt.

Die Ausstellung „Verbrechen der Wehrmacht. Dimensionen des Vernichtungskrieges 1941–1944" dokumentiert auf der Grundlage des damals geltenden Kriegs- und Völkerrechts die Beteiligung der Wehrmacht an den im Zweiten Weltkrieg verübten Verbrechen. Am Beispiel der Kriegsschau-plätze im Osten und in Südosteuropa zeigt sie sechs Dimensionen des Vernichtungskrieges: Völkermord an den sowjetischen Juden, Massensterben der sowjetischen Kriegsgefangenen, Ernährungskrieg, Deportationen und Zwangsarbeit, Partisanenkrieg sowie Repressalien und Geiselerschießungen.

Diese sechs Themenbereiche sind jeweils zweigeteilt. Zunächst werden in einem allgemeinen Überblick die institutionellen und organisatorischen Voraussetzungen sowie die Gesamtdimension des Geschehens und die beteiligten Akteure vorgestellt. Ein zweiter Teil zeigt die spezifische Praxis vor Ort anhand exemplarischer Ereignisse und dokumentiert somit die Dynamik von zentraler Planung und konkreter Umsetzung. Die ausgewählten Beispiele repräsentieren unterschiedliche Formen der Beteiligung der Wehrmacht an den verübten Kriegsverbrechen.

Darüber hinaus ergänzen sogenannte „Bruchstücke" an einzelnen Stellen das verwendete Foto- und Dokumentenmaterial. Bei diesen „Bruchstücken" handelt es sich um Einzelquellen, die aufgrund der oftmals spärlichen Materialüberlieferung kaum durch andere Zeugnisse kontextualisiert werden können. Gleichwohl verweisen sie auf Aspekte des jeweiligen Geschehens, die durch andere Quellen nicht überliefert sind.

Das damals geltende Kriegs- und Völkerrecht enthielt eine Reihe von international anerkannten Grundsätzen, die in jedem Krieg einzuhalten waren. Zivilbevölkerung und Kriegsgefangene standen demnach unter einem besonderen Schutz. Obgleich das Kriegsrecht Maßnahmen zuließ, die zutiefst inhuman waren, und auch nicht für jeden Fall eindeutige Regelungen traf, zog es doch eine deutliche Grenze zwischen Recht und Unrecht.

Mit den vor dem 22. Juni 1941 beschlossenen Weisungen für den Krieg gegen die Sowjetunion setzte die Wehrmachtsführung zentrale Bestandteile des auch von Deutschland ratifizierten Kriegs- und Völkerrechts für den Krieg gegen die Sowjetunion außer Kraft. Ein wesentlicher Bestandteil dieser Kriegsplanungen umfaßte die Zusammenarbeit zwischen Wehrmacht und SS. Aufgrund der Erfahrungen mit den Einsatzgruppen der Sicherheitspolizei und des SD im Krieg gegen Polen wollte die Wehrmachtsführung die Aufgaben und Zuständigkeiten der beteiligten Verbände vorab geregelt wissen. Im März 1941 erklärte sich das Oberkommando der Wehrmacht damit einverstanden, daß der Reichsführer-SS, Heinrich Himmler, im Operationsgebiet des Heeres „Sonderaufgaben im Auftrage des Führers [erhält], die sich aus dem endgültig auszutragenden Kampf zweier entgegengesetzter politischer Systeme ergeben. Im Rahmen dieser Aufgaben handelt der Reichsführer-SS selbständig und in eigener Verantwortung." Die Einsatzgruppen waren berechtigt „in eigener Verantwortung gegenüber der Zivilbevölkerung Exekutivmaßnahmen zu treffen". Konkret bedeutete dies, daß die Einsatzgruppen neben den als „politisch verdächtig" geltenden Personen, nicht nur „Juden in Partei- und Staatsstellungen" exekutierten, sondern bald schon alle männlichen, ab Spätsommer 1941 auch jüdische Frauen und Kinder ermordeten.

Der Massenmord an den sowjetischen Juden war ein von mehreren Institutionen gemeinschaftlich durchgeführtes Verbrechen, für das die Einsatzgruppen der Sicherheitspolizei und des Sicherheitsdienstes sowie die Verbände der Höheren SS- und Polizeiführer die Hauptverantwortung trugen. Ohne die Zusammenarbeit mit der Wehrmacht hätte der Massenmord an der jüdischen Bevölkerung allerdings nicht durchgeführt werden können. Bei der zunächst vereinbarten eindeutigen Aufgabentrennung zwischen Wehrmacht und SS blieb es nämlich nicht. Die Wehrmacht war für die Erfassung, Kennzeichnung und Ghettoisierung der Juden verantwortlich, solange das Gebiet unter militärischer Verwaltung stand. Zudem rekrutierte sie Juden zur Zwangsarbeit. Bei den Erschießungen leisteten Wehrmachtseinheiten immer wieder administrative und logistische Unterstützung, sie beteiligten sich aber auch in Kooperation mit der SS an den Exekutionen selbst oder waren für diese sogar allein verantwortlich.

Ein weiterer Bestandteil der zentralen Kriegsplanungen bezog sich auf die sowjetischen Kriegsgefangenen. Hitler machte deutlich, daß der besondere Charakter des Krieges auch eine abweichende Behandlung der in deutscher Kriegsgefangenschaft befindlichen Rotarmisten bedeuten werde. Generaloberst Franz Halder hielt von der Rede Hitlers am 30. März 1941 fest: „Wir müssen von dem Standpunkt des soldatischen Kameradentums abrücken. Der Kommunist ist vorher kein Kamerad und nachher kein Kamerad."

Obwohl die militärstrategischen Planungen Millionen sowjetischer Kriegsgefangener erwarten ließen, trafen die zuständigen Wehrmachtsstellen keine ausreichenden Vorbereitungen für deren Unterbringung und Versorgung. Da die Sowjetunion dem Genfer Abkommen von 1929 über die Behandlung von Kriegsgefangenen nicht beigetreten war, nutzte die deutsche Führung diesen Umstand, um von den geltenden Mindeststandards abzurücken.

Von verschiedenen Seiten wurde auf die sich daraus ergebenden negativen Folgen für die in sowjetischer Gefangenschaft befindlichen deutschen Soldaten aufmerksam gemacht. Gleichwohl wies Hitler mehrere diplomatische Initiativen zurück, die eine von der Sowjetunion vorgeschlagene Anerkennung internationaler Schutzbestimmungen zum Ziel hatten. Am 25. August 1941 entschied Hitler, daß „keine Rechtsvereinbarung mit der Sowjetunion über die Behandlung der Kriegsgefangenen getroffen werden" sollte.

Die Folgen waren katastrophal: Im Unterschied zu den meisten westlichen Kriegsgefangenen wurden die sowjetischen Soldaten nicht nach dem völkerrechtlich gebotenen Mindeststandard versorgt. Während des Zweiten Weltkrieges starben insgesamt etwa 3,3 Millionen sowjetische Kriegsgefangene in deutschem Gewahrsam.

Im Operationsgebiet trug das Oberkommando des Heeres für alle Belange, die sich während der Gefangennahme an der Front und beim Abschub der Kriegsgefangenen in die rückwärtigen Gebiete ereigneten, die Verantwortung. Willkürliche Erschießungen in der Kampfzone, verheerende Transportbedingungen während der Fußmärsche in die Durchgangslager sowie katastrophale Unterbringungs- und Verpflegungsbedingungen kosteten Hunderttausende Rotarmisten das Leben. In den Lagern im Reichsgebiet, die dem Oberkommando der Wehrmacht unterstanden, herrschten ähnliche Bedingungen. Die Kriegsgefangenenlager waren Orte des Elends, des Hungers und des Sterbens.

Die Wehrmacht war jedoch nicht nur für das Massensterben der sowjetischen Kriegsgefangenen verantwortlich, sie war auch an der Umsetzung des „Kommissarbefehls" sowie an der „Aussonderung" und Ermordung der jüdischen und „politisch verdächtigen" Kriegsgefangenen maßgeblich beteiligt.

Ein dritter Bestandteil der Kriegsplanungen sah die wirtschaftliche Ausplünderung der Sowjetunion vor. Um die Versorgung der Wehrmacht und der „Volksgemeinschaft" in Deutschland während des Krieges sicherzustellen, sollten die besetzten Gebiete der Sowjetunion radikal geplündert werden. Daß damit Millionen von Menschen dem Hungertod ausgesetzt sein würden, war den Verantwortlichen durchaus bewußt. In einer Aktennotiz zur Staatssekretärsbesprechung am 21. Mai 1941 heißt es: „Hierbei werden zweifellos zig Millionen Menschen verhungern, wenn von uns das für uns Notwendige aus dem Lande herausgeholt wird." Für diese ökonomischen Maßnahmen trug der Wirtschaftsstab Ost die Verantwortung. Dort liefen die Kompetenzen der Reichsministerien und der Wirtschaftsabteilungen der Wehrmacht zusammen.

In der Umsetzung der zentralen Planungen beeinflußten militärische Ziele, massive Nachschub-probleme, wirtschaftspolitische Interessen und rassenideologische Vernichtungsabsichten vor dem Hintergrund einer angeblichen „Kriegsnotwendigkeit" die Entscheidungen vor Ort. Die Wehrmacht nutzte ihre Befugnisse wiederholt dazu, ohne Rücksicht auf die zivile Bevölkerung und den Erhalt der regionalen Wirtschaft zu requirieren. Ganze Regionen wurden so zu „Kahlfraß-zonen", in denen keinerlei Lebensmittel oder andere verwertbare Güter mehr vorhanden waren. Die ortsansässige sowjetische Zivilbevölkerung hungerte.

Dadurch gefährdete die Wehrmacht jedoch langfristig sowohl ihre eigene Versorgung als auch den Erhalt sowjetischer Arbeitskräfte. Seit Herbst 1941 sollten deshalb minimale Lebensmittel-rationen die Grundversorgung der Bevölkerung sicherstellen – jedoch nur, wenn sie arbeiten konnte. „Alle Schädlinge und unnützen Esser", das hieß in erster Linie politische Gegner und Juden, ebenso die Großstadtbevölkerung sowie alte, kranke, schwache Menschen und Kinder, sollten nur unzureichend versorgt werden. Wieviele Menschen aufgrund der deutschen Hunger-politik insgesamt umkamen, läßt sich nicht mehr rekonstruieren.

Sowjetische Zivilisten waren jedoch nicht nur vom Hungertod bedroht, sie wurden während des Krieges auch als Arbeiterinnen und Arbeiter deportiert. Unmittelbar nach dem Überfall auf die Sowjetunion am 22. Juni 1941 begann die Wehrmacht, Arbeitskräfte für den Straßen-, Eisenbahn- und Stellungsbau im Operationsgebiet heranzuziehen. Als der Blitzkrieg im Winter 1941/42 scheiterte und die deutsche Kriegsproduktion umgestellt werden mußte, herrschte aber auch im Reich akuter Arbeitskräftemangel. Ein Großteil der Millionen von sowjetischen Kriegsgefangenen in deutscher Hand, die zur Arbeit eingesetzt werden sollten, war inzwischen durch Hunger, Seuchen und Entkräftung umgekommen. Daher wurden ab 1942 sowjetische Zivilisten nach Deutschland gebracht.

Grundsätzlich lassen sich vier Formen der Arbeitskräfterekrutierungen unterscheiden. Zum einen zogen Arbeitsverwaltung und Wehrmacht Hunderttausende Zivilisten zum Straßen-, Eisenbahn- und Stellungsbau innerhalb des Operationsgebietes heran. Gleichzeitig verschleppten die speziell für den „Reichseinsatz" eingesetzten „Sauckel-Kommissionen" zivile Arbeitskräfte zur Zwangsarbeit nach Deutschland. Darüber hinaus nutzten Zivilverwaltung, SS, Polizei und Wehrmacht die ab 1942 gegen Partisanengruppen durchgeführten „Großaktionen", um die in „Bandengebieten" ortsansässige Zivilbevölkerung zur Arbeit zu zwingen. Und schließlich wurden im Zuge des ab 1943 einsetzenden Rückzuges der deutschen Wehrmacht ebenfalls Zivilisten deportiert, die anschließend für die Wehrmacht oder in der deutschen Kriegswirtschaft arbeiten mußten.

Die Beteiligung der Wehrmacht an den Deportationen von Zivilisten läßt sich am Beispiel der 3. Panzerarmee konkretisieren. Die Rekrutierung ziviler Arbeitskräfte sowohl für den eigenen Bedarf als auch für den Arbeitseinsatz im Reich gehörte in zunehmendem Maße zu ihren Auf-gaben, denn die deutsche Arbeitsverwaltung verfügte über keine eigenen Exekutivkräfte, um Zwangsmaßnahmen durchzusetzen. Nur die Armee hatte das Personal und die Logistik, Zehn-tausende Menschen auch gegen ihren Willen zum Arbeitseinsatz zu bringen.

Der Krieg gegen die Sowjetunion fand nicht nur an der Tausende Kilometer langen Front statt. Er war auch ein Partisanenkrieg in den besetzten Gebieten. In den ersten Kriegsmonaten stieß die Wehrmacht auf überwiegend schlecht organisierte Partisanengruppen, die trotz Stalins Aufruf keinerlei militärische Bedeutung erlangten. Die Gegenoffensive der Roten Armee im Winter

1941/42 sorgte insbesondere im Heeresgebiet Mitte für einen Abzug starker Besatzungskräfte. Jetzt konnten die inzwischen gut ausgebildeten und bewaffneten Partisanen hinter den deutschen Linien ganze Gebiete unter ihre Kontrolle bringen und den deutschen Besatzungstruppen militärisch zusetzen.

Der Kampf der Wehrmacht und der SS gegen die in den besetzten Gebieten der Sowjetunion aktiven Partisanen hatte nicht nur die Abwehr einer militärischen Bedrohung zum Ziel. Die gegen Partisanen durchgeführten Einsätze wurden zugleich als Terrorinstrument gegenüber der Zivilbevölkerung und zum Mord an den sowjetischen Juden genutzt. Während der „Großaktionen" wurden ganze Landstriche in „Wüstenzonen" verwandelt. Dörfer wurden niedergebrannt, Tausende von Menschen ermordet oder zur Zwangsarbeit verschleppt. Die Wehrmacht hatte dabei in vielen Fällen die Befehls- und Einsatzbefugnis. Dort, wo SS- und Polizeiführer hauptverantwortlich waren, wurden sie immer wieder von Wehrmachtseinheiten unterstützt.

Nach damals geltendem Kriegs- und Völkerrecht war es zulässig, Repressalien (Gegenmaßnahmen) gegen die Zivilbevölkerung zu ergreifen und als „Sühne" sogar Geiseln zu erschießen, um Anschläge auf Soldaten abzuwehren und um die Besatzungsherrschaft zu sichern.
Die deutsche Wehrmacht nutzte in ganz Europa diese Möglichkeit in einem verbrecherischen Maße. Vor allem in Serbien und Griechenland, die unter der militärischen Verwaltung des Oberbefehlshabers Südost standen, litt die Bevölkerung unter dem Terror. Nach dem serbischen Aufstand im Sommer 1941 ging sie dazu über, Zehntausende unbeteiligte Serben als Vergeltung für Partisanenangriffe zu erschießen. Die Opfer dieser verschärften „Sühnemaßnahmen" waren zunehmend Juden sowie Roma und Sinti.
In Griechenland radikalisierte sich der Terror gegenüber der Zivilbevölkerung ab 1943, als nach der Kapitulation Italiens auch die ehemals italienisch besetzten Teile von Deutschland okkupiert wurden. Die Furcht vor einer alliierten Invasion und die zunehmenden Partisanenüberfälle ließen die Besatzungsbehörden zu immer brutaleren Willkürmaßnahmen gegenüber Zivilisten greifen.

An den sechs Dimensionen des Vernichtungskrieges zeigt sich die teils aktive, teils passive Mitwirkung der Wehrmacht an den verübten Kriegsverbrechen. Die Forschung läßt allerdings keine Aussagen über die Anzahl der an diesen Verbrechen beteiligten Wehrmachtssoldaten zu. Gleichwohl möchte die Ausstellung auch das konkrete Verhalten einzelner Personen zeigen. In einem weiteren Ausstellungsbereich, der „Handlungsspielräume" heißt, dokumentieren insgesamt acht Geschichten, daß der Vernichtungskrieg kein Ort abstrakter Dynamik, sondern gestaffelter Entscheidungen und individueller Verantwortlichkeiten war, denn – Befehl ist eben nicht gleich Befehl. Häufig befinden sich Befehlsgeber und -empfänger nicht zur selben Zeit am selben Ort. Dann ist der Befehlsempfänger auf sich gestellt und muß entscheiden, ob und wie der Befehl ausgeführt wird. Ein Befehl ist nicht immer eine detaillierte Anweisung, stets aber ein Auftrag, der zum Handeln ermächtigt.
Befehlssituationen eröffnen Handlungsmöglichkeiten, die nach verschiedenen Seiten genutzt werden können. Gleichwohl sind sie nicht beliebig offen. So ist die individuelle Wahrnehmung der Situation wesentlich dafür, ob und wie Handlungsspielräume genutzt werden. Die militärischen Funktionen sowie die jeweiligen Positionen in der Hierachie beschränken und eröffnen zugleich Möglichkeiten des Handelns.

Die acht Geschichten verdeutlichen, wie unterschiedlich Soldaten der Wehrmacht mit den ihnen erteilten Aufträgen umgegangen sind. Nicht jeder hat seine Handlungsspielräume erkannt und genutzt, andere haben gehandelt, ohne dazu ermächtigt zu sein, viele haben gezweifelt und dann doch das von ihnen Geforderte erfüllt, nur wenige haben sich verweigert oder nach Möglichkeiten gesucht, den Opfern zu helfen.

Die Ausstellung „Verbrechen der Wehrmacht. Dimensionen des Vernichtungskrieges 1941–1944" dokumentiert zudem die gesellschaftliche Auseinandersetzung nach 1945 mit der Rolle der Wehrmacht während des Zweiten Weltkrieges. Dies kann nur schlaglichtartig geschehen, gleichwohl zeigt die Ausstellung den strafrechtlichen, politischen, gesellschaftlichen und wissenschaftlichen Umgang mit den Wehrmachtsverbrechen in Ost- und Westdeutschland. Obwohl das Bild von der „sauberen Wehrmacht" als kollektives Deutungsmuster nicht ungebrochen blieb, war es in der breiten Öffentlichkeit doch lange vorherrschend. Nur vor diesem Hintergrund ist die zum Teil heftige und nahezu durchgängig kontroverse Auseinandersetzung um die erste Ausstellung zu diesem Thema nachzuvollziehen. Die neue Ausstellung schließt daher mit einem Rückblick auf die zwischen 1995 und 1999 geführte Debatte über die Beteiligung der Wehrmacht am Vernichtungskrieg.

KRIEG UND RECHT

Das im Zweiten Weltkrieg geltende Kriegsvölkerrecht bestand aus vertraglichen und gewohnheits-rechtlichen Regelungen. Die vertraglichen Vereinbarungen ergaben sich aus Abkommen, die zwischen Staaten getroffen worden waren. Die wichtigsten Verträge waren das IV. Haager Abkommen von 1907 (mit der Haager Landkriegsordnung als Anlage) sowie die beiden Genfer Rotkreuz-Konventionen von 1929.

Ergänzt wurde das vertragliche Regelwerk durch das Völkergewohnheitsrecht. Dieses umfaßte Bestimmungen, die nicht schriftlich festgehalten waren, jedoch aufgrund staatlicher Praxis als verbindlich anerkannt wurden.

Das internationale Kriegsvölkerrecht verpflichtete Staaten zu seiner Einhaltung. Für den einzelnen Soldaten war es verbindlich, wenn es von seinem Staat in das nationale Recht übernommen wurde.

DIE HAAGER LANDKRIEGSORDNUNG

Auf den internationalen Konferenzen von 1899 und 1907 in Den Haag verabschiedeten und bekräftigten mehr als vierzig Vertragsstaaten das „Abkommen betreffend die Gesetze und Gebräuche des Landkriegs", dem als Anlage die Haager Landkriegsordnung (HLKO) beigefügt war. Im wesentlichen erklärte die HLKO, wer in einem Krieg als regulärer Soldat galt, sie legte Rechte und Pflichten der Kriegsgefangenen fest, verbot unzulässige Mittel zur Schädigung des Feindes und regelte die militärische Gewalt in besetzten Gebieten.

Mit der Haager Landkriegsordnung wurde kein neues Recht geschaffen, sondern Teile des Gewohnheitsrechts wurden schriftlich zusammengefaßt. Gleichwohl sollte das bisher noch nicht vertraglich fixierte Recht auch weiterhin Gültigkeit haben: „[…] die Bevölkerung und die Kriegführenden [bleiben] unter dem Schutze und der Herrschaft der Grundsätze des Völkerrechts […], wie sie sich ergeben aus den unter gesitteten Völkern feststehenden Gebräuchen, aus den Gesetzen der Menschlichkeit und aus den Forderungen des öffentlichen Gewissens" (Martens'sche Klausel).

Die Haager Landkriegsordnung galt nur zwischen den Vertragsstaaten, und das nur dann, wenn sie im Kriegsfall sämtlich Vertragsparteien waren (Allbeteiligungsklausel). Im Ergebnis war diese Einschränkung allerdings ohne Bedeutung, weil der wesentliche Inhalt der Haager Landkriegsordnung ohnehin schon als Gewohnheitsrecht anerkannt war. Ihre zentralen Regeln galten daher auch für das Deutsche Reich im Verhältnis zur Sowjetunion.

Deutschland erkannte die Haager Landkriegsordnung an und setzte sie in nationales Recht um. Die Haager Landkriegsordnung war für die Angehörigen der Wehrmacht verbindliches Recht.

I. Haager Konferenz von 1899

Die Teilnehmer der I. Haager Konferenz von 1899
Arthur Eyffinger, The 1899 Hague Peace Conference. „The Parliament of Man, The Federation of the World", Den Haag / London / Boston 1999, S. 128

Die Mitglieder der deutschen Delegation auf der I. Haager Konferenz. In der Mitte der Leiter der Delegation, Graf von Münster
Arthur Eyffinger, The 1899 Hague Peace Conference. „The Parliament of Man, The Federation of the World", Den Haag / London / Boston 1999, S. 146

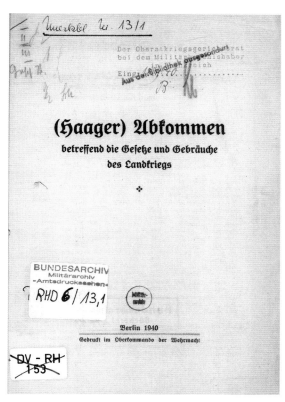

Deckblatt der Heeresdienstvorschrift aus dem Jahr 1940 mit dem Text des Abkommens und der Landkriegsordnung
Bundesarchiv/Militärarchiv, RHD 6/13,1

Haager Abkommen, betreffend die Gesetze und Gebräuche des Landkriegs vom 18.10.1907
Reichsgesetzblatt von 1910, S. 107–151

„[...] in der Erwägung, daß bei allem Bemühen, Mittel zu suchen, um den Frieden zu sichern und bewaffnete Streitigkeiten zwischen den Völkern zu verhüten, es doch von Wichtigkeit ist, auch den Fall ins Auge zu fassen, wo ein Ruf zu den Waffen durch Ereignisse herbeigeführt wird, die ihre Fürsorge nicht hat abwenden können, von dem Wunsche beseeelt, selbst in diesem äußersten Falle den Interessen der Menschlichkeit und den sich immer steigernden Forderungen der Zivilisation zu dienen, in der Meinung, daß es zu diesem Zwecke von Bedeutung ist, die allgemeinen Gesetze und Gebräuche des Krieges einer Durchsicht zu unterziehen, sei es, um sie näher zu bestimmen, sei es, um ihnen gewisse Grenzen zu ziehen, damit sie soviel wie möglich von ihrer Schärfe verlieren, haben eine Vervollständigung und in gewissen Punkten eine bestimmtere Fassung des Werkes der Ersten Friedenskonferenz für nötig befunden, die im Anschluß an die Brüsseler Konferenz von 1874, ausgehend von den durch eine weise und hochherzige Fürsorge eingegebenen Gedanken, Bestimmungen zur Feststellung und Regelung der Gebräuche des Landkriegs angenommen hat.
Nach der Auffassung der hohen vertragschließenden Teile sollen diese Bestimmungen, deren Abfassung durch den Wunsch angeregt wurde, die Leiden des Krieges zu mildern, soweit es die militärischen Interessen gestatten, den Kriegführenden als allgemeine Richtschnur für ihr Verhalten in den Beziehungen untereinander und mit der Bevölkerung dienen.
Es war indessen nicht möglich, sich schon jetzt über Bestimmungen zu einigen, die sich auf alle in der Praxis vorkommenden Fälle erstrecken.

Andererseits konnte es nicht in der Absicht der hohen vertragschließenden Teile liegen, daß die nicht vorgesehenen Fälle in Ermangelung einer schriftlichen Abrede der willkürlichen Beurteilung der militärischen Befehlshaber überlassen bleiben.
Solange, bis ein vollständigeres Kriegsgesetzbuch festgestellt werden kann, halten es die hohen vertragschließenden Teile für zweckmäßig, festzusetzen, daß in den Fällen, die in den Bestimmungen der von ihnen angenommenen Ordnung nicht einbegriffen sind, die Bevölkerung und die Kriegführenden unter dem Schutze und der Herrschaft der Grundsätze des Völkerrechts bleiben, wie sie sich ergeben aus den unter gesitteten Völkern feststehenden Gebräuchen, aus den Gesetzen der Menschlichkeit und aus den Forderungen des öffentlichen Gewissens.
Sie erklären, daß namentlich die Artikel 1 und 2 der angenommenen Ordnung in diesem Sinne zu verstehen sind.
Die hohen vertragschließenden Teile, die hierüber ein neues Abkommen abzuschließen wünschen, haben zu Ihren Bevollmächtigen ernannt:
[Namen der Bevollmächtigten]
welche, nachdem sie ihre Vollmachten hinterlegt und diese in guter und gehöriger Form befunden haben, über folgende Bestimmungen übereingekommen sind:

Die Abfassung der HLKO war von dem „Wunsch angeregt [...], die Leiden des Krieges zu mildern, soweit es die militärischen Interessen gestatten".

„[...] die Bevölkerung und die Kriegführenden [bleiben] unter dem Schutze und der Herrschaft der Grundsätze des Völkerrechts [...]."

Artikel 1.
Die Vertragsmächte werden ihren Landheeren Verhaltungsmaßregeln geben, welche der dem vorliegenden Abkommen begefügten Ordnung der Gesetze und Gebräuche des Landkriegs entsprechen.

Artikel 2.
[Allbeteiligungsklausel]
Die Bestimmungen der im Artikel 1 angeführten Ordnung sowie des vorliegenden Abkommens finden nur zwischen den Vertragsmächten Anwendung und nur dann, wenn die Kriegführenden sämtlich Vertragsparteien sind.

Artikel 3.
Die Kriegspartei, welche die Bestimmungen der bezeichneten Ordnung verletzen sollte, ist gegebenen Falles zum Schadensersatze verpflichtet. Sie ist für alle Handlungen verantwortlich, die von den zu ihrer bewaffneten Macht gehörenden Personen begangen werden.

Artikel 4.
Dieses Abkommen tritt nach seiner Ratifikation für die Beziehungen zwischen den Vertragsmächten an die Stelle des Abkommens vom 29. Juli 1899, betreffend die Gesetze und Gebräuche des Landkriegs.
Das Abkommen von 1899 bleibt in Kraft für die Beziehungen zwischen den Mächten, die es unterzeichnet haben, die aber das vorliegende Abkommen nicht gleichermaßen ratifizieren sollten. [...]

Anlage zum Abkommen.
Ordnung der Gesetze und Gebräuche des Landkriegs.

Erster Abschnitt.
Kriegführende.

Erstes Kapitel.
Begriff des Kriegführenden.

Artikel 1.
Die Gesetze, die Rechte und die Pflichten des Krieges gelten nicht nur für das Heer, sondern auch für die Milizen und Freiwilligen-Korps, wenn sie folgende Bedingungen in sich vereinigen:
1. daß jemand an ihrer Spitze steht, der für seine Untergebenen verantwortlich ist,
2. daß sie ein bestimmtes aus der Ferne erkennbares Abzeichen tragen,
3. daß sie die Waffen offen führen und
4. daß sie bei ihren Unternehmungen die Gesetze und Gebräuche des Krieges beobachten.
In den Ländern, in denen Milizen oder Freiwilligen-Korps das Heer oder einen Bestandteil des Heeres bilden, sind diese unter der Bezeichnung „Heer" einbegriffen.

Artikel 2.
Die Bevölkerung eines nicht besetzten Gebiets, die beim Herannahen des Feindes aus eigenem Antrieb zu den Waffen greift, um die eindringenden Truppen zu bekämpfen, ohne Zeit gehabt zu haben, sich nach Artikel 1 zu organisieren, wird als kriegführend betrachtet, wenn sie die Waffen offen führt und die Gesetze und Gebräuche des Krieges beobachtet.

Artikel 3.
Die bewaffnete Macht der Kriegsparteien kann sich zusammensetzen aus Kombattanten und Nichtkombattanten. Im Falle der Gefangennahme durch den Feind haben die einen wie die anderen Anspruch auf Behandlung als Kriegsgefangene.

Zweites Kapitel.
Kriegsgefangene.

Artikel 4.
Die Kriegsgefangenen unterstehen der Gewalt der feindlichen Regierung, aber nicht der Gewalt der Personen oder der Abteilungen, die sie gefangen genommen haben.
Sie sollen mit Menschlichkeit behandelt werden.
Alles, was ihnen persönlich gehört, verbleibt ihr Eigentum mit Ausnahme von Waffen, Pferden und Schriftstücken militärischen Inhalts.

Artikel 5.
Die Kriegsgefangenen können in Städten, Festungen, Lagern oder an anderen Orten untergebracht werden mit der Verpflichtung, sich nicht über eine bestimmte Grenze hinaus zu entfernen; dagegen ist ihre Einschließung nur statthaft als unerläßliche Sicherungsmaßregel und nur während der Dauer der diese Maßregel notwendig machenden Umstände. [...]

Artikel 7.
Die Regierung, in deren Gewalt sich die Kriegsgefangenen befinden, hat für ihren Unterhalt zu sorgen.
In Ermangelung einer besonderen Verständigung zwischen den Kriegführenden sind die Kriegsgefangenen in Beziehung auf Nahrung, Unterkunft und Kleidung auf demselben Fuße zu behandeln wie die Truppen der Regierung, die sie gefangen genommen hat.

Artikel 8.
Die Kriegsgefangenen unterstehen den Gesetzen, Vorschriften und Befehlen, die in dem Heere des Staates gelten, in dessen Gewalt sie sich befinden. Jede Unbotmäßigkeit kann mit der erforderlichen Strenge geahndet werden.
Entwichene Kriegsgefangene, die wieder ergriffen werden, bevor es ihnen gelungen ist, ihr Heer zu erreichen, oder bevor sie das Gebiet verlassen haben, das von den Truppen, welche sie gefangen genommen hatten, besetzt ist, unterliegen disziplinarischer Bestrafung.
Kriegsgefangene, die nach gelungener Flucht von neuem gefangen genommen werden, können für die frühere Flucht nicht bestraft werden. [...]

„Die Bestimmungen der im Artikel 1 angeführten Ordnung sowie des vorliegenden Abkommens finden nur zwischen den Vertragsmächten Anwendung und nur dann, wenn die Kriegführenden sämtlich Vertragsparteien sind."

Drittes Kapitel.
Kranke und Verwundete.

Artikel 21.

Die Pflichten der Kriegführenden in Ansehung der Behandlung von Kranken und Verwundeten bestimmen sich nach dem Genfer Abkommen.

Zweiter Abschnitt.
Feindseligkeiten.

Erstes Kapitel.
Mittel zur Schädigung des Feindes, Belagerungen und Beschießungen.

Artikel 22.

Die Kriegführenden haben kein unbeschränktes Recht in der Wahl der Mittel zur Schädigung des Feindes.

Artikel 23.

Abgesehen von den durch Sonderverträge aufgestellten Verboten, ist namentlich untersagt:
a) die Verwendung von Gift oder vergifteten Waffen,
b) die meuchlerische Tötung oder Verwundung von Angehörigen des feindlichen Volkes oder Heeres,
c) die Tötung oder Verwundung eines die Waffen streckenden oder wehrlosen Feindes, der sich auf Gnade oder Ungnade ergeben hat,
d) die Erklärung, daß kein Pardon gegeben wird,
d) der Gebrauch von Waffen, Geschossen oder Stoffen, die geeignet sind, unnötig Leiden zu verursachen,
f) der Mißbrauch der Parlamentärflagge, der Nationalflagge oder der militärischen Abzeichen oder der Uniform des Feindes sowie der besonderen Abzeichen des Genfer Abkommens,
g) die Zerstörung oder Wegnahme feindlichen Eigentums außer in den Fällen, wo diese Zerstörung oder Wegnahme durch die Erfordernisse des Krieges dringend erheischt wird,
h) die Aufhebung oder zeitweilige Außerkraftsetzung der Rechte und Forderungen von Angehörigen der Gegenpartei oder die Ausschließung ihrer Klagbarkeit.
Den Kriegführenden ist ebenfalls untersagt, Angehörige der Gegenpartei zur Teilnahme an den Kriegsunternehmungen gegen ihr Land zu zwingen; dies gilt auch für den Fall, daß sie vor Ausbruch des Krieges angeworben waren.

Artikel 24.

Kriegslisten und die Anwendung der notwendigen Mittel, um sich Nachrichten über den Gegner und das Gelände zu verschaffen, sind erlaubt.

Artikel 25.

Es ist untersagt, unverteidigte Städte, Dörfer, Wohnstätten oder Gebäude, mit welchen Mitteln es auch sei, anzugreifen oder zu beschießen.

Artikel 26.

Der Befehlshaber einer angreifenden Truppe soll vor Beginn der Beschießung, den Fall eines Sturmangriffs ausgenommen, alles was an ihm liegt tun, um die Behörden davon zu benachrichtigen.

Artikel 27.

Bei Belagerung und Beschießung sollen alle erforderlichen Vorkehrungen getroffen werden, um die dem Gottesdienste, der Kunst, der Wissenschaft und der Wohltätigkeit gewidmeten Gebäude, die geschichtlichen Denkmäler, die Hospitäler und Sammelplätze für Kranke und Verwundete soviel wie möglich zu schonen, vorausgesetzt, daß sie nicht gleichzeitig zu einem militärischen Zwecke Verwendung finden.
Pflicht der Belagerten ist es, diese Gebäude oder Sammelplätze mit deutlichen besonderen Zeichen zu versehen und diese dem Belagerer vorher bekanntzugeben.

Artikel 28.

Es ist untersagt, Städte oder Ansiedlungen, selbst wenn sie im Sturme genommen sind, der Plünderung preiszugeben. [...]

Städte dürfen nicht geplündert werden.

Dritter Abschnitt.
Militärische Gewalt auf besetztem feindlichen Gebiete.

Artikel 42.

Ein Gebiet gilt als besetzt, wenn es sich tatsächlich in der Gewalt des feindlichen Heeres befindet.
Die Besetzung erstreckt sich nur auf die Gebiete, wo diese Gewalt hergestellt ist und ausgeübt werden kann.

Artikel 43.

Nachdem die gesetzmäßige Gewalt tatsächlich in die Hände des Besetzenden übergegangen ist, hat dieser alle von ihm abhängigen Vorkehrungen zu treffen, um nach Möglichkeit die öffentliche Ordnung und das öffentliche Leben wiederherzustellen und aufrechtzuerhalten, und zwar, soweit kein zwingendes Hindernis besteht, unter Beachtung der Landesgesetze.

Beachtung der Landesgesetze

Artikel 44.

Einem Kriegführenden ist es untersagt, die Bevölkerung eines besetzten Gebiets zu zwingen, Auskünfte über das Heer des anderen Kriegführenden oder über dessen Verteidigungsmittel zu geben.

Artikel 45.

Es ist untersagt, die Bevölkerung eines besetzten Gebiets zu zwingen, der feindlichen Macht den Treueid zu leisten.

Artikel 46.

Die Ehre und die Rechte der Familie, das Leben der Bürger und das Privateigentum sowie die religiösen Überzeugungen und gottesdienstlichen Handlungen sollen geachtet werden.
Das Privateigentum darf nicht eingezogen werden.

Artikel 47.

Die Plünderung ist ausdrücklich untersagt.

Artikel 48.

Erhebt der Besetzende in dem besetzten Gebiete die zugunsten des Staates bestehenden Abgaben, Zölle und Gebühren, so soll er es möglichst nach Maßgabe der für die Ansetzung und Verteilung geltenden Vorschriften tun; es erwächst damit für ihn die Verpflichtung, die Kosten der Verwaltung des besetzten Gebiets in dem Umfange zu tragen, wie die gesetzmäßige Regierung hierzu verpflichtet war.

Artikel 49.

Erhebt der Besetzende in dem besetzten Gebiet außer den im vorstehenden Artikel bezeichneten Abgaben andere Auflagen in Geld, so darf dies nur zur Deckung der Bedürfnisse des Heeres oder der Verwaltung dieses Gebiets geschehen.

Artikel 50.

Keine Strafe in Geld oder anderer Art darf über eine ganze Bevölkerung wegen der Handlungen einzelner verhängt werden, für welche die Bevölkerung nicht als mitverantwortlich angesehen werden kann.

Artikel 51.

Zwangsauflagen können nur auf Grund eines schriftlichen Befehls und unter Verantwortlichkeit eines selbständig kommandierenden Generals erhoben werden. [...]
Die Erhebung soll so viel wie möglich nach den Vorschriften über die Ansetzung und Verteilung der bestehenden Abgaben erfolgen.
Über jede auferlegte Leistung wird den Leistungspflichtigen eine Empfangsbestätigung erteilt.

Artikel 52.

Naturalleistungen und Dienstleistungen können von Gemeinden oder Einwohnern nur für die Bedürfnisse des Besetzungsheers gefordert werden. Sie müssen im Verhältnisse zu den Hilfsquellen des Landes stehen und solcher Art sein, daß sie nicht für die Bevölkerung die Verpflichtung enthalten, an Kriegsunternehmungen gegen ihr Vaterland teilzunehmen.
Derartige Natural- und Dienstleistungen können nur mit Ermächtigung des Befehlshabers der besetzten Örtlichkeit gefordert werden.
Die Naturalleistungen sind so viel wie möglich bar zu bezahlen. Anderenfalls sind dafür Empfangsbestätigungen auszustellen; die Zahlung der geschuldeten Summen soll möglichst bald bewirkt werden.

Artikel 53.

Das ein Gebiet besetzende Heer kann nur mit Beschlag belegen: das bare Geld und die Wertbestände des Staates sowie die dem Staate zustehenden eintreibbaren Forderungen, die Waffenniederlagen, Beförderungsmittel, Vorratshäuser und Lebensmittelvorräte sowie überhaupt alles bewegliche Eigentum des Staates, das geeignet ist, den Kriegsunternehmungen zu dienen.
Alle Mittel, die zu Lande, zu Wasser und in der Luft zur Weitergabe von Nachrichten und zur Beförderung von Personen oder Sachen dienen, mit Ausnahme der durch das Seerecht geregelten Fälle, sowie die Waffenniederlagen und überhaupt jede Art von Kriegsvorräten können, selbst wenn sie Privatpersonen gehören, mit Beschlag belegt werden. Beim Friedensschlusse müssen sie aber zurückgegeben und die Entschädigungen geregelt werden. [...]

Artikel 55.

Der besetzende Staat hat sich nur als Verwalter und Nutznießer der öffentlichen Gebäude, Liegenschaften, Wälder und landwirtschaftlichen Betriebe zu betrachten, die dem feindlichen Staate gehören und sich in dem besetzten Gebiete befinden. Er soll den Bestand dieser Güter erhalten und sie nach den Regeln des Nießbrauchs verwalten.

Artikel 56.

Das Eigentum der Gemeinden und der dem Gottesdienste, der Wohltätigkeit, dem Unterrichte, der Kunst und der Wissenschaft gewidmeten Anstalten, auch wenn diese dem Staate gehören, ist als Privateigentum zu behandeln.
Jede Beschlagnahme, jede absichtliche Zerstörung oder Beschädigung von derartigen Anlagen, von geschichtlichen Denkmälern oder von Werken der Kunst und Wissenschaft ist untersagt und soll geahndet werden."

DAS GENFER ABKOMMEN

Auf einer internationalen Konferenz in Genf wurde 1929 das „Abkommen über die Behandlung der Kriegsgefangenen" vereinbart. Der Vertrag ergänzte die Haager Landkriegsordnung und erweiterte den Schutz der Kriegsgefangenen. Die Vertragsparteien verpflichteten sich, die Bestimmungen des Abkommens „unter allen Umständen" einzuhalten. Nur wenn einer der kriegführenden Staaten nicht Vertragspartner war, verlor das Abkommen ihm gegenüber seine Verbindlichkeit. Allerdings galt auch in einem solchen Fall ein im Gewohnheitsrecht verankerter Mindeststandard.

1929 wurde in Genf auch die Rotkreuz-Konvention zur „Verbesserung des Loses der Verwundeten und Kranken der Heere im Felde" verabschiedet. Das Deutsche Reich trat beiden Abkommen 1934 bei und setzte sie in nationales Recht um. Diese internationalen Vereinbarungen waren damit für die Angehörigen der Wehrmacht verbindliches Recht.

Abkommen über die Behandlung der Kriegsgefangenen
aus dem Reichsgesetzblatt von 1934 (Deckblatt)
Reichsgesetzblatt von 1934, II, S. 227

Genfer Abkommen über die Behandlung der Kriegsgefangenen
vom 27.6.1929
Reichsgesetzblatt von 1934, II, S. 227–262, Zitat S. 232–236

„[...] Erster Titel
Allgemeine Bestimmungen

Artikel 1

Dieses Abkommen findet, unbeschadet der Bestimmungen des siebentes Titels, Anwendung auf:

1. alle in Artikel 1, 2 und 3 der Anlage zum Haager Abkommen vom 18. Oktober 1907, betreffend die Gesetze und Gebräuche des Landkrieges, genannten Personen, die vom Feinde gefangen genommen worden sind;

2. alle zu den Streitkräften der kriegführenden Parteien gehörenden Personen, die im Verlaufe von kriegerischen Handlungen zur See oder in der Luft vom Feinde gefangen genommen worden sind, vorbehaltlich der Abweichungen, die sich aus den Umständen dieser Gefangennahme unvermeidlich ergeben sollten. Indessen dürfen diese Abweichungen die wesentlichen Grundsätze dieses Abkommens nicht verletzen und finden ihr Ende, sobald die Gefangenen ein Kriegsgefangenenlager erreicht haben.

Artikel 2

Die Kriegsgefangenen unterstehen der Gewalt der feindlichen Macht, aber nicht der Gewalt der Personen oder Truppenteile, die sie gefangen genommen haben.

Sie müssen jederzeit mit Menschlichkeit behandelt und insbesondere gegen Gewalttätigkeiten, Beleidigungen und öffentliche Neugier geschützt werden.

Vergeltungsmaßnahmen an ihnen auszuüben ist verboten.

Artikel 3

Die Kriegsgefangenen haben Anspruch auf Achtung ihrer Person und ihrer Ehre. Frauen sind mit aller ihrem Geschlecht geschuldeten Rücksicht zu behandeln.

Die Gefangenen behalten ihre volle bürgerliche Rechtsfähigkeit.

Artikel 4

Der Staat, in dessen Gewalt sich die Kriegsgefangenen befinden (Gewahrsamsstaat), ist verpflichtet, für ihren Unterhalt zu sorgen.

Unterschiede in der Behandlung der Kriegsgefangenen sind nur insoweit zulässig, als es sich um Vergünstigungen handelt, die auf dem militärischen Dienstgrad, dem körperlichen oder seelischen Gesundheitszustand, der beruflichen Eignung oder dem Geschlecht beruhen. [...]

Dritter Titel
Gefangenschaft
[...]

Zweiter Abschnitt
Kriegsgefangenenlager

Artikel 9

Die Kriegsgefangenen können in Städten, Festungen oder an anderen Orten untergebracht werden, mit der Verpflichtung, sich nicht über eine bestimmte Grenze hinaus zu entfernen. Sie können gleichfalls in eingezäunten Lagern untergebracht werden; dagegen ist ihre Einschließung oder Beschränkung auf einen bestimmten Raum nur statthaft als unerläßliche Sicherungs- oder Gesundheitsmaßnahme und nur vorübergehend während der Dauer der Umstände, welche die Maßnahme nötig machen.

Kriegsgefangene, die in ungesunden Gegenden oder in Gegenden, deren Klima für die aus gemäßigten Zonen kommenden Personen schädlich ist, gefangen genommen worden sind, sind sobald als möglich in ein günstigeres Klima zu bringen.

Die Kriegführenden haben die Zusammenlegung von Gefangenen verschiedener Rassen und Nationalitäten in ein Lager möglichst zu vermeiden.

Kein Kriegsgefangener darf jemals in ein Gelände zurückgebracht werden, wo er dem Feuer des Kampfgebiets ausgesetzt sein würde, oder dazu verwendet werden, durch seine Anwesenheit bestimmte Punkte oder Gegenden vor Beschießung zu schützen.

Erstes Kapitel
Einrichtung der Lager

Artikel 10

Die Kriegsgefangenen sind in Häusern oder Baracken unterzubringen, die jede mögliche Gewähr für Reinlichkeit und Zuträglichkeit bieten. [...]

Zweites Kapitel
Ernährung und Bekleidung der Kriegsgefangenen

Artikel 11

Die Verpflegung der Kriegsgefangenen hat in Menge und Güte derjenigen der Ersatztruppen gleichwertig zu sein.

Die Gefangenen erhalten außerdem die Hilfsmittel, um sich die zu ihrer Verfügung stehenden Zusatznahrungsmittel selbst zuzubereiten.

Trinkwasser ist ihnen in genügender Menge zu liefern. Der Tabakgenuß ist erlaubt. Kriegsgefangene können in den Küchen verwendet werden.

Alle kollektiven Disziplinarmaßregeln hinsichtlich der Ernährung sind verboten. [...]"

„Sie müssen jederzeit mit Menschlichkeit behandelt [...] werden."

Genfer Abkommen zur Verbesserung des Loses der Verwundeten und Kranken der Heere im Felde vom 27.7.1929
Reichsgesetzblatt von 1934, II, S. 208–226, Zitat S. 213 f. und 220 f.

„Erstes Kapitel

Verwundete und Kranke

Artikel 1

Militärpersonen und andere den Heeren dienstlich beigegebene Personen, die verwundet oder krank sind, müssen unter allen Umständen geschont und geschützt werden; sie sind ohne Unterschied der Staatsangehörigkeit von dem Kriegführenden, in dessen Händen sie sich befinden, mit Menschlichkeit zu behandeln und zu versorgen.

Jedoch hat der Kriegführende, der gezwungen ist, dem Gegner Verwundete oder Kranke zu überlassen, soweit es die Kriegslage gestattet, einen Teil seines Sanitätspersonals und seiner Sanitätsausrüstung zurückzulassen, um zu deren Versorgung beizutragen.

Artikel 2

Unbeschadet der nach vorstehendem Artikel zu leistenden Fürsorge sind Verwundete und Kranke eines Heeres, die in die Hände des anderen Kriegführenden gefallen sind, Kriegsgefangene; die allgemeinen völkerrechtlichen Regeln über Kriegsgefangene finden auf sie Anwendung.

Indessen steht den Kriegführenden frei, zugunsten der verwundeten und kranken Kriegsgefangenen und über die bestehenden Verpflichtungen hinaus, solche Bestimmungen zu vereinbaren, die sie für zweckmäßig erachten.

Artikel 3

Nach jedem Kampf hat die das Schlachtfeld behauptende Partei Maßnahmen zu treffen, um die Verwundeten und Gefallenen aufzusuchen und gegen Beraubung und schlechte Behandlung zu schützen.

Jedesmal, wenn die Umstände es gestatten, ist ein örtlicher Waffenstillstand oder eine Unterbrechung des Feuers zu vereinbaren, um die Bergung der zwischen den Linien gebliebenen Verwundeten zu ermöglichen.

Artikel 4

Die Kriegführenden haben sich gegenseitig baldmöglichst die Namen der aufgenommenen oder aufgefundenen Verwundeten, Kranken und Gefallenen, ebenso wie alle Anhaltspunkte für ihre Identifizierung mitzuteilen.

Sie haben Todesurkunden auszustellen und sich zu übermitteln.

Sie haben auch alle auf den Schlachtfeldern oder bei den Gefallenen gefundenen persönlichen Gebrauchsgegenstände, insbesondere die Hälfte der Erkennungsmarke, deren andere Hälfte an der Leiche bleiben muß, aufzunehmen und sich zuzusenden.

Sie haben darüber zu wachen, daß der Beerdigung oder Verbrennung der Gefallenen eine sorgfältige und, wenn möglich, ärztliche Leichenschau vorausgeht, um den Tod festzustellen, die Identität zu klären und darüber Auskunft geben zu können.

Sie haben ferner darüber zu wachen, daß die Beerdigung in ehrenvoller Weise erfolgt, die Gräber geachtet werden und jeder Zeit wiedergefunden werden können.[...]

Artikel 5

Die Militärbehörde kann den Wohltätigkeitssinn der Einwohner anrufen, damit sie unter ihrer (der Militärbehörde) Aufsicht Verwundete und Kranke der Heere aufnehmen und versorgen, unter Gewährung besonderen Schutzes und gewisser Erleichterungen an die Personen, die dem Aufruf nachkommen.
[...]

Siebentes Kapitel

Anwendung und Ausführung des Abkommens

Artikel 25

Die Bestimmungen dieses Abkommens werden von den Vertragsparteien unter allen Umständen geachtet.

Falls in Kriegszeiten ein Kriegführender nicht Vertragspartei des Abkommens ist, bleiben dessen Bestimmungen gleichwohl für alle an dem Abkommen beteiligten Kriegführenden verbindlich.

Artikel 26

Die Oberbefehlshaber der kriegführenden Heere haben für die Einzelheiten der Ausführung der vorstehenden Artikel und für nicht vorgesehene Fälle gemäß den Weisungen ihrer Regierungen und den allgemeinen Grundsätzen des gegenwärtigen Abkommens zu sorgen.

Artikel 27

Die Vertragsparteien werden die erforderlichen Maßnahmen treffen, um die Bestimmungen dieses Abkommens ihren Truppen und besonders dem darin geschützten Personal bekanntzumachen und sie zur Kenntnis der Bevölkerung zu bringen.

Achtes Kapitel

Unterdrückung von Mißbräuchen und von Zuwiderhandlungen

[...]

Artikel 29

Die Regierungen der Vertragsparteien werden gleichermaßen die erforderlichen Maßnahmen treffen oder, im Fall der Unzulänglichkeit ihrer Strafgesetze, ihren gesetzgebenden Körperschaften vorschlagen, um in Kriegszeiten jede Handlung, die gegen die Bestimmungen dieses Abkommens verstößt, mit Strafe zu belegen. [...]"

„Die Bestimmungen dieses Abkommens werden von den Vertragsparteien unter allen Umständen geachtet."

„[...] jede Handlung, die gegen die Bestimmungen dieses Abkommens verstößt, [ist] mit Strafe zu belegen."

DAS VÖLKERGEWOHNHEITSRECHT

Das Völkergewohnheitsrecht ist kein vertraglich fixiertes Recht, sondern wird aus dem nationalen und internationalen Kriegsbrauch abgeleitet. Es ist hauptsächlich dann von Bedeutung, wenn keine vertraglichen Vereinbarungen existieren oder einzelne kriegführende Staaten derartigen Abkommen nicht beigetreten sind.

Das Völkergewohnheitsrecht kann aber auch das bestehende Vertragsrecht einschränken. Unter bestimmten Voraussetzungen sind Ausnahmen vom kriegsvölkerrechtlichen Schutz von Zivil- und Militärpersonen zulässig. Zu diesen Ausnahmen zählten damals beispielsweise das Repressalienrecht, die Geiselnahme, die Kriegsnotwendigkeit sowie die Tötung von Zivilisten, wenn sie als Partisanen gekämpft hatten. Die Berufung auf diese Ausnahmen oder auf einen allgemein anerkannten Kriegsbrauch diente allerdings häufig als Vorwand, Verstöße gegen geltendes Recht zu legitimieren.

Eine Abweichung von kriegsrechtlichen Regeln war zulässig, wenn sie eine der folgenden Maßnahmen war:

Unter einer **REPRESSALIE** verstand man einen bewußten Verstoß einer Kriegspartei gegen das Kriegsrecht als Reaktion auf eine vorherige Verletzung durch den Kriegsgegner. Dieser sollte dadurch zur Einhaltung des Kriegsrechts gezwungen werden.

Erläuterung zum Begriff „Repressalie"

Lassa Oppenheim, International Law. A Treatise, Bd. 2, Disputes, War and Neutrality, hrsg. von H. Lauterpacht, 5. Aufl., London/New York/Toronto 1935, S. 447 f.

„[...] Repressalien werden in Kriegszeiten dann vorgenommen, wenn eine kriegführende Partei an einer anderen mit normalerweise rechtswidrigen Kriegsmitteln Vergeltung übt und dabei die Absicht hat, die andere Partei, ihre Bürger und Armeeangehörigen zur Beendigung ihres kriegsrechtswidrigen Verhaltens und zur künftigen Beachtung des Kriegsrechts zu zwingen. Repressalien zwischen Kriegsgegnern sind grausame Maßnahmen, weil sie in vielen Fällen gegen unschuldige feindliche Bürger gerichtet sind, die für wirkliche oder behauptete Rechtsverletzungen leiden müssen, obwohl sie dafür nicht verantwortlich sind. Auf Repressalien kann nicht verzichtet werden, denn ohne sie gäbe es zahlreiche Akte rechtswidriger Kriegführung. Jedes kriegführende Land und jedes Mitglied seiner Armee weiß heute mit Gewißheit, daß Verstöße gegen das Kriegsrecht Repressalien hervorrufen. [...]"

Unter einer **GEISELNAHME** verstand man die Festnahme von Angehörigen der feindlichen Zivilbevölkerung, um die Gefahr völkerrechtswidriger Angriffe auf die eigenen Truppen und auf das eigene Kriegsmaterial abzuwenden. Ebenso sollte eine Verständigung mit dem Feind verhindert oder die Zahlung von Kontributionen gesichert werden. Im Unterschied zur Repressalie war die Geiselnahme eine präventive Maßnahme.

Erläuterungen zum Begriff „Geiselnahme"

Franz von Liszt und Max Fleischmann, Das Völkerrecht. Systematische Darstellung, Berlin 1925, S. 457

„[...] Von den Repressalien verschieden sind Anordnungen, die von dem Kriegführenden ergriffen werden, um insbesondere im besetzten feindlichen Gebiet die militärischen Operationen zu sichern. Hierher gehört namentlich die Festnahme von angesehenen Bürgern, um die Gefahr völkerrechtswidriger Angriffe auf die Truppen und das Kriegsmaterial abzuwenden, Verständigung mit dem Feinde zu verhindern, die Zahlung von Kontributionen zu sichern usw. Diese ‚Kriegsgeiseln' gelangen in eine der Kriegsgefangenschaft ähnliche Stellung. [...] Wenn die Festnahme zur Erreichung des Zweckes nicht genügt, können auch noch härtere Maßnahmen angeordnet werden. [...]"

Heeresdienstvorschrift g92, Handbuch für den Generalstabsdienst im Kriege, Teil 1, Berlin 1939, S. 107

„[...] 11. Über Behandlung von Geiseln ist keine völkerrechtliche Bindung vorhanden. Die Geiselnahme ist völkerrechtlich nicht ausdrücklich verboten, ihre Berechtigung gründet sich vielmehr auf völkerrechtliche Gewohnheit, falls die Kriegsnotwendigkeit sie erfordert. Sie dient zur Sicherung gegen Kriegsverbrechen und als Druck zur Einhaltung von Verpflichtungen der gegnerischen Seite. Die Geiseln bürgen mit ihrem Leben. Über ihr Schicksal entscheidet der nächste zu erreichende Gerichtsherr. [...]"

§ 358 aus dem amerikanischen Basic Field Manual, Rules of Land Warfare, Washington 1940, S. 89 f.

„[...] Angehörige der feindlichen Streitkräfte oder Zivilbevölkerung, die illegale Kriegshandlungen begangen haben, können von Rechts wegen angemessenen Vergeltungsmaßnahmen unterworfen werden. Geiseln, die zum Zwecke des Schutzes gegen rechtswidrige Handlungen feindlicher Armeeangehöriger oder Zivilisten festgenommen und festgehalten wurden, können bestraft oder getötet werden, wenn die rechtswidrigen Handlungen gleichwohl begangen werden. [...]"

Unter einer **KRIEGSNOTWENDIGKEIT** verstand man taktische oder strategische Maßnahmen der Kriegführung, die einen Verstoß gegen das Kriegsrecht zu rechtfertigen vermochten. Die Reichweite dieser Notwendigkeiten war strittig, doch bestand Einigkeit darüber, daß ein Verstoß gegen ein Kriegsgesetz, das keine Ausnahmen vorsah, nicht mit Kriegsnotwendigkeit zu legitimieren war.

Erläuterungen zum Begriff „Kriegsnotwendigkeit"

Franz von Liszt und Max Fleischmann, Das Völkerrecht. Systematische Darstellung, Berlin 1925, S. 456

Lassa Oppenheim, International Law. A Treatise, Bd. 2, Disputes, War and Neutrality, hrsg. von H. Lauterpacht, 5. Aufl., London/New York/Toronto 1935, S. 194

„Notstand und Kriegsnotwendigkeit sind verschiedene Begriffe. [...] Der Notstand, in dem das Dasein und die Entwicklungsfähigkeit (Selbsterhaltung und Selbstentfaltung) des bedrohten Staates auf dem Spiele steht, rechtfertigt nach allgemeinen Grundsätzen, wie sie auch im innerstaatlichen Recht aller Kulturstaaten anerkannt sind, die Verletzung jeder völkerrechtlichen Norm, mithin auch der Rechtssätze des Kriegsrechts. Dagegen hat das Kriegsrecht gerade den Zweck, der Kriegsräson, d. h. der Anstrebung eines bestimmten taktischen oder strategischen Zieles, durch das Verbot einzelner Kriegsmittel Schranken zu ziehen. Kann das Ziel nur durch Anwendung eines solchen Mittels erreicht werden, so vermag diese ‚Kriegsnotwendigkeit' die Anwendung (etwa die Beschießung eines unverteidigten Platzes, den Angriff auf die feindliche Flotte in neutralen Gewässern) nicht zu rechtfertigen. Anders liegt die Sache, wenn die verbindende Kraft der übertretenen Rechtsregel durch die sogenannte ‚Umstandsklausel' (‚soweit die Umstände es gestatten') eingeschränkt ist; eine Einschränkung, die freilich gerade im Kriegsrecht sich häufig genug findet. Soweit kriegsrechtliche Normen nach Gewohnheit oder Vereinbarung fehlen, hat die Kriegsräson freien Spielraum. Aber auch dann verbietet die Menschlichkeit, mit unnötiger (d. h. für die Erreichung des Kriegszieles nicht nötiger) Grausamkeit vorzugehen. [...]"

„[...] Heutzutage jedoch ist die Kriegführung nicht mehr länger nur durch den Kriegsbrauch bestimmt, sondern in größerem Maße durch Gesetze – verbindliche Regeln, die entweder in internationalen Verträgen oder durch allgemeine Gewohnheit anerkannt sind. Diese vertraglichen oder gewohnheitsrechtlichen Regeln können nicht durch Kriegsnotwendigkeiten verdrängt werden, es sei denn sie sind so formuliert, daß sie für eine bestimmte Notwendigkeit der Selbsterhaltung nicht gelten. Zum Beispiel verlieren die Vorschriften, daß die Verwendung von Gift oder vergifteten Waffen und die meuchlerische Tötung oder Verwundung von Angehörigen des feindlichen Heeres verboten sind, auch dann nicht ihre verbindliche Wirkung, wenn dadurch die Flucht aus großer Gefahr oder die Erreichung des Kriegsziels möglich würde. Artikel 22 der Haager Landkriegsordnung legt eindeutig fest, daß die Kriegführenden kein unbeschränktes Recht in der Wahl der Mittel zur Schädigung des Feindes haben; diese Vorschrift verliert ihre Rechtskraft auch im Falle der Not nicht. Was bei einer Kriegsnotwendigkeit mißachtet werden kann, sind nicht die Gesetze des Krieges, sondern allein die Kriegsbräuche. *Kriegsraeson geht vor Kriegsmanier*, aber nicht vor *Kriegsrecht*! [...]"

Unter der Bekämpfung von **PARTISANEN** verstand man die Bestrafung und gegebenenfalls Tötung von Personen – zumeist Zivilpersonen –, die am Krieg teilnahmen, ohne rechtmäßige Kombattanten im Sinne des Kriegsrechts zu sein. Partisan oder Freischärler war, wer irregulär gegen reguläre Soldaten kämpfte. Sofern Freischärler nicht „im Kampf" getötet wurden, waren sie einem Kriegsverfahren zu unterwerfen. Dies konnte vor einem Standgericht oder einem Feldkriegsgericht stattfinden.

Erläuterungen zum Begriff „Partisanen"

§ 3 Abs. 1 der „Verordnung über das Sonderstrafrecht im Kriege und bei besonderem Einsatz" (Kriegssonderstrafrechtsverordnung) vom 17.8.1938
Reichsgesetzesblatt von 1939, I, S. 1455 f.

„[...] § 3
Freischärlerei
(1) Wegen Freischärlerei wird mit dem Tode bestraft, wer, ohne als Angehöriger der bewaffneten feindlichen Macht durch die völkerrechtlich vorgeschriebenen äußeren Abzeichen der Zugehörigkeit erkennbar zu sein, Waffen oder andere Kampfmittel führt oder in seinem Besitz hat in der Absicht, sie zum Nachteil der deutschen oder einer verbündeten Wehrmacht zu gebrauchen oder einen ihrer Angehörigen zu töten, oder sonst Handlungen vornimmt, die nach Kriegsgebrauch nur von Angehörigen einer bewaffneten Macht in Uniform vorgenommen werden dürfen. Daneben kann auf Einziehung des Vermögens erkannt werden. [...]"

§ 37 des britischen „Manual of Military Law" in der im Zweiten Weltkrieg geltenden Fassung, übers. aus: Hans-Joachim Jentsch, Die Beurteilung summarischer Exekutionen durch das Völkerrecht, Dissertation Universität Marburg 1966, S. 72

„[...] Es ist nicht Aufgabe von Offizieren oder anderen Dienstgraden, eine entwaffnete feindliche Person auf ihren Kombattantenstatus zu überprüfen. [...], sie sind für die Sicherheit dieser Person verantwortlich und haben die Entscheidung über ihr Schicksal einer zuständigen Stelle zu überlassen.
Kein Gesetz erlaubt ihre Erschießung ohne vorheriges Gerichtsverfahren, und das Völkerrecht verbietet strikt summarische Exekutionen.
Wenn ihre Zugehörigkeit zu den regulären Streitkräften nicht sicher ist, soll die Person zur Klärung dieser Frage vor ein Gericht gestellt werden. [...]"

KRIEGSVERBRECHEN

Schwerwiegende Verstöße gegen die Gesetze und Gebräuche des Krieges nennt man Kriegs-verbrechen. Sie konnten schon damals nach nationalem Recht – durch den Heimatstaat oder im Falle der Gefangennahme durch den gegnerischen Staat – bestraft werden.

Nach dem Ersten Weltkrieg begannen Vertreter der alliierten und assoziierten Mächte, einen Katalog von Kriegsverbrechen aufzustellen. Darunter fielen Mord und Massenmord, die Miß-handlung von Kriegsgefangenen und der Befehl, kein Pardon zu geben. Eine Bestrafung dieser Verbrechen durch einen internationalen Gerichtshof war seit 1918 in der Diskussion.

Liste der Kriegsverbrechen, erarbeitet von einer Kommission der Pariser Friedenskonferenz, März 1919
Ellinor von Puttkamer, Die Haftung der politischen und militärischen Führung des Ersten Weltkriegs für Kriegsurheberschaft und Kriegsverbrechen, in: Archiv des Völkerrechts 1, 1948/49, S. 424–449, Zitat S. 444 f.

„[...]

1. Mord. Systematischer Terror.
2. Tötung von Geiseln.
3. Quälerei der Zivilbevölkerung.
4. Aushungerung der Zivilbevölkerung.
5. Notzucht.
6. Verschleppung von jungen Mädchen und Frauen, um sie der Prostitution auszuliefern.
7. Deportation von Zivilisten.
8. Gefangenhaltung von Zivilpersonen unter unzivilisierten Bedingungen.
9. Zwangsbeteiligung von Zivilisten an Arbeiten, die mit den militärischen Operationen in Beziehung stehen.
10. Ausübung von Hoheitsrechten des besetzten Staats während der Besetzung.
11. Zwangsrekrutierung von Soldaten unter den Bewohnern des besetzten Gebiets.
12. Versuche, die Bewohner besetzter Gebiete zu entnationalisieren.
13. Plünderung.
14. Eigentumsbeschlagnahme.
15. Ungerechtfertigte oder unmäßige Kontributionen oder Requirierungen.
16. Geldentwertung und Ausgabe falschen Geldes.
17. Auferlegung von Kollektivbußen.
18. Sinnlose Verwüstungen und Zerstörungen von Eigentum.
19. Vorsätzliche Bombardierung unverteidigter Stätten.
20. Sinnlose Zerstörung religiöser und historischer Denkmäler und Gebäude, sowie solcher der Wohltätigkeit und Erziehung.
21. Zerstörung von Handels- und Passagierschiffen ohne Warnung und Sicherheitsmaßnahmen für Besatzung und Passagiere.
22. Zerstörung von Fischerbooten und Geleitschiffen der Lebensmitteltransporte.
23. Vorsätzliche Bombardierung von Lazarettschiffen.
24. Angriffe auf und Zerstörung von Lazarettschiffen.
25. Verletzungen der Genfer Konvention.
26. Verwendung von lebensgefährlichem und erstickendem Gas.
27. Verwendung von Explosivgeschossen und anderen unhumanen Waffen.
28. Der Befehl, keinen Pardon zu geben.
29. Schlechte Behandlung von Verwundeten und Kriegsgefangenen.
30. Verwendung von Kriegsgefangenen zu nicht erlaubten Arbeiten.
31. Mißbrauch der weißen Fahne.
32. Brunnenvergiftung. [...]"

Teil VII.
Strafbestimmungen.

Artikel 227.

Die alliierten und assoziierten Mächte stellen Wilhelm II. von Hohenzollern, vormaligen Kaiser von Deutschland, wegen schwerster Verletzung des internationalen Sittengesetzes und der Heiligkeit der Verträge unter öffentliche Anklage.

Ein besonderer Gerichtshof wird eingesetzt, um über den Angeklagten unter Wahrung der wesentlichen Bürgschaften des Rechts auf Verteidigung zu Gericht zu sitzen. Der Gerichtshof besteht aus fünf Richtern, von denen je einer von folgenden fünf Mächten, nämlich den Vereinigten Staaten von Amerika, Großbritannien, Frankreich, Italien und Japan, ernannt wird.

Der Gerichtshof urteilt auf Grundlage der erhabensten Grundsätze der internationalen Politik; Richtschnur ist für ihn, den feierlichen Verpflichtungen und internationalen Verbindlichkeiten ebenso wie dem internationalen Sittengesetze Achtung zu verschaffen. Es steht ihm zu, die Strafe zu bestimmen, deren Verhängung er für angemessen erachtet.

Die alliierten und assoziierten Mächte werden an die Regierung der Niederlande das Ersuchen richten, den vormaligen Kaiser zum Zwecke seiner Aburteilung auszuliefern.

Artikel 228.

Die deutsche Regierung räumt den alliierten und assoziierten Mächten die Befugnis ein, die wegen eines Verstoßes gegen die Gesetze und Gebräuche des Krieges angeklagten Personen vor ihre Militärgerichte zu ziehen. Werden sie schuldig befunden, so finden die gesetzlich vorgesehenen Strafen auf sie Anwendung. Diese Bestimmung greift ohne Rücksicht auf ein etwaiges Verfahren oder eine etwaige Verfolgung vor einem Gerichte Deutschlands oder seiner Verbündeten Platz.

Die deutsche Regierung hat den alliierten und assoziierten Mächten oder derjenigen Macht von ihnen, die einen entsprechenden Antrag stellt, alle Personen auszuliefern, die ihr auf Grund der Anklage, sich gegen die Gesetze und Gebräuche des Krieges vergangen zu haben, sei es namentlich, sei es nach ihrem Dienstgrade oder nach der ihnen von den deutschen Behörden übertragenen Dienststellung oder sonstigen Verwendung bezeichnet werden.

Artikel 229.

Sind die strafbaren Handlungen gegen Staatsangehörige einer der alliierten und assoziierten Mächte begangen, so werden die Täter vor die Militärgerichte dieser Macht gestellt.

Sind die strafbaren Handlungen gegen Staatsangehörige mehrerer alliierter und assoziierter Mächte begangen, so werden die Täter vor Militärgerichte gestellt, die sich aus Mitgliedern von Militärgerichten der beteiligten Mächte zusammensetzen.

In jedem Fall steht dem Angeklagten die freie Wahl seines Anwalts zu.

Artikel 230.

Die deutsche Regierung verpflichtet sich, Urkunden und Auskünfte jeder Art zu liefern, deren Vorlegung zur vollständigen Aufklärung der verfolgten Taten, zur Ermittlung der Schuldigen und zur erschöpfenden Würdigung der Schuldfrage für erforderlich erachtet wird.

Die Strafbestimmungen des Versailler Vertrags, 1919
Reichsgesetzblatt von 1919, S. 981 und 983

Im Versailler Vertrag vom 16. Juli 1919 wurde erstmals die persönliche strafrechtliche Verantwortlichkeit für Verstöße gegen das Kriegsrecht in Form eines völkerrechtlichen Vertrages festgehalten.

— 2125 —

Reichs-Gesetzblatt

Jahrgang 1919

Nr. 247

Inhalt: Gesetz zur Verfolgung von Kriegsverbrechen und Kriegsvergehen. S. 2125. — Bekanntmachung über die Aufhebung der Verordnung, betreffend Verbot des Agiohandels mit Reichsgoldmünzen vom 23. November 1914. S. 2126 — Bekanntmachung, betreffend die Ratifikation der revidierten Berner Übereinkunft zum Schutze von Werken der Literatur und Kunst vom 13. November 1908 und des Zusatzprotokolls zu dieser Übereinkunft vom 20. März 1914 durch Schweden. S. 2127. — Verordnung über die Außenhandelskontrolle. S. 2128. — Verordnung über die Aufhebung von Verordnungen über den Verkehr mit Wild und mit Hühnern. S. 2130. — Verordnung über die Regelung der Wildpreise. S. 2131.

(Nr. 7197) Gesetz zur Verfolgung von Kriegsverbrechen und Kriegsvergehen. Vom 18. Dezember 1919.

Die verfassunggebende Deutsche Nationalversammlung hat das folgende Gesetz beschlossen, das mit Zustimmung des Reichsrats hiermit verkündet wird:

§ 1

Bei Verbrechen oder Vergehen, die ein Deutscher im In- oder Ausland während des Krieges bis zum 28. Juni 1919 gegen feindliche Staatsangehörige oder feindliches Vermögen begangen hat, ist das Reichsgericht für die Untersuchung und Entscheidung in erster und letzter Instanz ausschließlich zuständig.

§ 2

Der Oberreichsanwalt ist verpflichtet, nach deutschem Rechte strafbare Handlungen der im § 1 bezeichneten Art auch dann zu verfolgen, wenn die Tat im Ausland begangen und durch die Gesetze des Ortes, wo sie begangen ist, mit Strafe bedroht ist.

§ 3

Das Verfahren richtet sich, soweit dieses Gesetz nicht ein anderes bestimmt, nach den Vorschriften, die für das Verfahren vor dem Reichsgericht in erster und letzter Instanz gelten.

§ 4

Die Geschäfte, die im § 72 Abs. 1 des Gerichtsverfassungsgesetzes der Strafkammer des Landgerichts zugewiesen sind, erledigt der erste Strafsenat des Reichsgerichts.

Reichs-Gesetzbl. 1919.

Ausgegeben zu Berlin den 23. Dezember 1919.

391

— 2126 —

Das Hauptverfahren findet vor einem der übrigen Strafsenate des Reichsgerichts statt.

§ 5

Eine gerichtliche Voruntersuchung ist nur bei Verbrechen notwendig. Eine Entscheidung über die Eröffnung des Hauptverfahrens findet nicht statt. Der Oberreichsanwalt reicht die Anklage bei dem erkennenden Senat ein. Der Vorsitzende des Senats beraumt den Termin zur Hauptverhandlung an. Dem Angeklagten wird die Anklage mit der Terminsanberaumung zugestellt.

Dem Verteidiger, der gemäß § 137 der Strafprozeßordnung auch aus den im § 138 der Strafprozeßordnung und § 341 der Militärstrafprozeßordnung bezeichneten Personen bestellt werden kann, ist in jeder Lage des Verfahrens Akteneinsicht zu gewähren.

§ 6

Der Verletzte oder im Falle seines Todes seine Erben sind berechtigt, sich dem Verfahren als Nebenkläger (§§ 435 ff. der Strafprozeßordnung) anzuschließen.

Der Reichsminister der Justiz kann bestimmen, daß auch andere Personen als Nebenkläger zuzulassen sind.

§ 7

Dieses Gesetz tritt mit dem Tage der Verkündung in Kraft. Die in diesem Zeitpunkt bei den Gerichten oder Staatsanwaltschaften bereits anhängigen Verfahren werden nach den bisherigen Vorschriften erledigt; der Oberreichsanwalt kann jedoch die noch nicht gerichtlich anhängigen Verfahren übernehmen.

Berlin, den 18. Dezember 1919.

Der Reichspräsident
Ebert

Der Reichsminister der Justiz
Schiffer

(Nr. 7198) Bekanntmachung über die Aufhebung der Verordnung, betreffend Verbot des Agiohandels mit Reichsgoldmünzen, vom 23. November 1914 (Reichs-Gesetzbl. S. 481). Vom 19. Dezember 1919.

Auf Grund des § 3 der Verordnung, betreffend Verbot des Agiohandels mit Reichsgoldmünzen, vom 23. November 1914 (Reichs-Gesetzbl. S. 481) wird folgendes bestimmt:

Das „Gesetz zur Verfolgung von Kriegsverbrechen und Kriegsvergehen"
vom 18.12.1919
Reichsgesetzblatt von 1919, S. 2125 f.

Auf der Grundlage dieses Gesetzes und zweier Ergänzungsgesetze fanden 1921/1922 vor dem Reichsgericht in Leipzig Prozesse gegen insgesamt siebzehn deutsche Militärangehörige statt, die im Verdacht standen, Kriegsverbrechen begangen zu haben. In sieben Fällen endete das Verfahren mit einem Freispruch, in zehn mit einer Verurteilung zu einer Freiheitsstrafe zwischen sechs Monaten und fünf Jahren, wobei jedoch zwei Verurteilungen einige Jahre später wieder aufgehoben wurden.

Das Gericht prüfte in den Verfahren, ob die Angeklagten ein Delikt (zum Beispiel Mord oder Totschlag) im Sinne des deutschen Strafgesetzbuchs begangen hatten. Normalerweise waren solche Taten im Krieg durch den Kriegszustand gerechtfertigt und daher keine strafbaren Handlungen. Verstießen sie jedoch gegen das Kriegsrecht, so fiel der rechtfertigende Schutz durch das Kriegsrecht weg, und eine Bestrafung der Täter war möglich.

**Urteil des Reichsgerichts gegen Generalleutnant a.D.
Karl Stenger und Major a.D. Benno Crusius vom 6.7.1921**
Verhandlungen des Reichstags, 1921, Bd. 368, Aktenstück Nr. 2584, Weißbuch,
S. 2542–2586, Zitat S. 2568

„[...] Der in den Krieg mit einem anderen Staat eintretende
Staat unterwirft sich dem Völkerrecht mindestens insoweit,
als ihn Völkerrechtsvereinbarungen mit dem Kriegsgegner
dazu verpflichten. Jede, auch die fahrlässig herbeigeführte Tötung eines Menschen, die unter Verletzung völkerrechtlicher
Satzungen erfolgt, ist daher objektiv rechtswidrig. Sie ist auch
subjektiv rechtswidrig, wenn sich der Täter seiner Pflicht zu
einem anderen Verhalten bewußt war oder – bei fahrlässiger
Verursachung – aus Fahrlässigkeit nicht bewußt gewesen ist.
[...]"

Die Existenz verbindlicher Regeln des Völkerrechts war auch in der damaligen Verfassung des
Deutschen Reichs, der Weimarer Reichsverfassung von 1919, anerkannt und in ihrem Artikel 4
bestimmt.

Artikel 4 der Weimarer Reichsverfassung, 1919
Reichsgesetzblatt von 1919, S. 1383

„[...] Die allgemein anerkannten Regeln des Völkerrechts gelten
als bindende Bestandteile des deutschen Reichsrechts. [...]"

Auch jenseits des völkerrechtlich anerkannten Kriegsrechts gab es keinen rechtsfreien Raum.
Das deutsche Strafrecht und der darin zum Ausdruck gebrachte grundsätzliche Schutz beispielsweise des menschlichen Lebens waren weiterhin gültig. „Der Soldat trägt sein Gesetzbuch
mit sich", lautete die Regel, und sie ergab sich aus §1 Kriegssonderstrafrechtsverordnung vom
17.8.1938. Dieser Paragraph bestimmte ausdrücklich, daß für alle diejenigen, die den Vorschriften
des Militärstrafgesetzbuchs unterstanden (das waren vor allem Wehrmachtsangehörige) auch
das zivile Strafrecht galt.

Kriegssonderstrafrechtsverordnung, 1938
Reichsgesetzblatt von 1939, I, S. 1455–1457, Zitat S. 1455

„[...] **Das sachliche Strafrecht**
(1) Für alle Personen, die dem Militärstrafgesetzbuch unter-
    worfen sind, gilt auch das Strafgesetzbuch für das Deut-
    sche Reich.
(2) Auf diese Personen ist das für sie geltende Strafrecht auch
    dann anzuwenden, wenn sie die Tat im Ausland begehen. [...]"

„Das Militärstrafgesetzbuch und die allgemeinen Strafgesetze bleiben in Kraft."

---

42   Abschnitt 8

Tenor schriftlich niedergelegt ist. Es zwingt das zum Nachdenken.

4. An Soldaten, die vorbestraft sind, ist ohne Vorurteil heranzugehen. Sie sind darauf hinzuweisen, daß auf dem Gefechtsfelde Gelegenheit gegeben ist, begangene Fehler gut zu machen. Die Gelegenheit ist aber auch bewußt und wiederholt zu schaffen, das Verhalten zu beobachten und gegebenenfalls ohne Vorbehalt anzuerkennen.

Disziplinarstrafordnung

5. Die Disziplinarstrafordnung für das Heer (HDStO) behält auch im Kriege ihre Gültigkeit. Sie gilt für das gesamte Kriegsheer, das Heeres-Gefolge und die Kriegsgefangenen. Auch Zuwiderhandlungen gegen Strafgesetze, die aus besonderen Gründen nicht gerichtlich bestraft werden, können disziplinarisch bestraft werden (§ 8 der Kriegssonderstrafrechtsverordnung).

6. Die Bestimmungen über den behelfsmäßigen Strafvollzug — Nr. 195 ff. der H.Dv.3/7 (Wehrm.-Straf.Vollz.Vorschr.) — sind zu beachten.

Strafverfahren

7. Das Verfahren — Tatbericht, Ermittlungsverfahren, Anklage und Hauptverhandlung — ist durch die »Verordnung über das militärische Strafverfahren im Kriege« (KStVO) — H.Dv.3/13 Teil II — vereinfacht.

Abschnitt 8   **43**

Gegen das Urteil eines Feldkriegsgerichts gibt es kein Rechtsmittel. Das Urteil wird rechtskräftig durch die Bestätigung. Bestehen wesentliche Bedenken gegen die Richtigkeit eines Urteils, kann die Bestätigung versagt, das Urteil aufgehoben und ein neues Feldkriegsgericht berufen werden.

Der Gerichtsherr kann die Vollstreckung des Urteils bis zur Beendigung des Kriegszustandes aussetzen.

8. Die Strafvollstreckung regeln die §§ 101 bis 111 KStVO.

Strafrecht

9. Das Militärstrafgesetzbuch und die allgemeinen Strafgesetze bleiben in Kraft. Ihre Strafbestimmungen werden ergänzt durch die Bestimmungen der Kriegssonderstrafrechtsverordnung — H.Dv. 3/13 Teil I. —. Diese bedroht mit schwerer Strafe Spionage (§ 2), Freischärlerei (§ 3) und Zersetzung der Wehrmacht (§ 5).

10. Die im Militärstrafgesetzbuch für strafbare Handlungen »im Felde« gegebenen Vorschriften (Kriegsgesetze) gelten

a) ohne weiteres für die Dauer des mobilen Zustandes der Wehrmacht oder einzelner Teile; außerdem

b) für Truppen (also auch immobile), denen bei einem Aufruhr, einer Meuterei oder einem kriegerischen Unternehmen — z. B. bei Einsatz gegen feindliche Fallschirmtruppen — der be-

---

44   Abschnitt 8

fehligende Offizier dienstlich bekanntgemacht hat, daß die Kriegsgesetze für sie in Kraft treten, für die Dauer dieser Zustände.

Im Sinne des Militärstrafgesetzbuches (§ 11) ist als »vor dem Feinde« befindlich jede Truppe zu betrachten, bei welcher in Gewärtigung eines Zusammentreffens mit dem Feinde der Sicherungsdienst gegen ihn begonnen hat.

11. Straftaten, die nur »im Felde« begangen werden können, sind u. a.:

a) Das unbefugte Beutemachen (§ 128 MStGB). Beutemachen ist ein Wegnehmen zum ausschließlichen Zweck der Bereicherung. Kein Beutemachen ist demnach eine durch die Kriegsnotwendigkeit gebotene Wegnahme.

b) Die Plünderung (§ 129 MStGB). Die Wegnahme von Mitteln des Lebensunterhalts ist keine Plünderung, wenn sie nicht außer Verhältnis zu dem vorhandenen Bedürfnis steht (vgl. Erläuterung im Abschnitt 9 Ziff. 1).

c) Die boshafte Verheerung oder Verwüstung fremder Sachen im Felde (§ 132 MStGB).

d) Die Fledderei (Beraubung der auf dem Kampfplatz gebliebenen Angehörigen der deutschen oder verbündeten Truppen sowie der Diebstahl zum Nachteil eines Kranken, Verwundeten oder Kriegsgefangenen oder die Berau-

---

Abschnitt 8   **45**

bung solcher Personen) (§ 134 MStGB). Die Beraubung des gefallenen Gegners ist als unbefugtes Beutemachen, Diebstahl oder Unterschlagung zu beurteilen.

e) Das Marodieren (Bedrücken der Landeseinwohner, verübt von Nachzüglern) (§ 135 MStGB). Bedrückung ist jede Belästigung mit unberechtigten Anforderungen oder Drohungen.

Um Straftaten, die nur »im Felde« begangen werden können, in weitestem Maße vorzubeugen, haben die Kompanie- usw. Führer nicht nur bei der Mobilmachung, sondern auch im weiteren Verlauf des Krieges (besonders nach Eintreffen von Ersatzmannschaften) wiederholt Belehrungen an Hand von Abschnitt 9 »Verhalten im Kriege« abzuhalten.

Freiwillige Gerichtsbarkeit

12. Gewisse Handlungen, die im Frieden nur von Notaren oder Amtsgerichten vorgenommen werden können, können im Kriege auch von richterlichen Wehrmachtjustizbeamten verrichtet werden. Unterschriften können auch die Disziplinarvorgesetzten beglaubigen.

13. Ein Testament kann von den Angehörigen des Feldheeres in vereinfachter Form abgefaßt werden (Militärtestament).

Folgende Arten sind vorgesehen:

a) Das Testament ist von dem Erblasser eigenhändig zu schreiben und zu unterschreiben.

Erläuterung zur Geltung des deutschen Strafrechts für die Wehrmachtsangehörigen, 1939
Bundesarchiv/Militärarchiv, RHD 5/2, S. 42–45

Zehn Gebote für die Kriegführung des deutschen Soldaten, ohne Datum

Alfons Waltzog, Recht der Landkriegsführung. Die wichtigsten Abkommen des Landkriegsrechts, Berlin 1942, S. 7 f., zit. n. Hans-Adolf Jacobsen, Kommissarbefehl und Massenexekutionen sowjetischer Kriegsgefangener, in: Anatomie des SS-Staates, 6. Aufl., München 1994, S. 449–544, Zitat S. 542 f.

„In der Wehrmacht des Dritten Reiches sind die Soldaten durch Unterricht, Dienstanweisung und Befehle eingehend mit den für sie in Betracht kommenden völkerrechtlichen Bestimmungen vertraut gemacht worden. Jeder deutsche Soldat hat als Merkblatt folgende ,10 Gebote für die Kriegführung des deutschen Soldaten' in seinen Händen.

1. Der deutsche Soldat kämpft ritterlich für den Sieg seines Volkes. Grausamkeiten und nutzlose Zerstörungen sind seiner unwürdig.

2. Der Kämpfer muß uniformiert oder mit einem besonders eingeführten weithin sichtbaren Abzeichen versehen sein. Kämpfen in Zivilkleidung ohne ein solches Abzeichen ist verboten.

3. Es darf kein Gegner getötet werden, der sich ergibt, auch nicht der Freischärler und der Spion. Diese erhalten ihre gerechte Strafe durch die Gerichte.

4. Kriegsgefangene dürfen nicht mißhandelt oder beleidigt werden. Waffen, Pläne und Aufzeichnungen sind abzunehmen, von ihrer Habe darf sonst nichts weggenommen werden.

5. Dum-Dum-Geschosse sind verboten. Geschosse dürfen auch nicht in solche umgewandelt werden.

6. Das Rote Kreuz ist unverletzlich. Verwundete Gegner sind menschlich zu behandeln. Sanitätspersonal und Feldgeistliche dürfen in ihrer ärztlichen bzw. seelsorgerischen Tätigkeit nicht gehindert werden.

7. Die Zivilbevölkerung ist unverletzlich. Der Soldat darf nicht plündern oder mutwillig zerstören. Geschichtliche Denkmäler und Gebäude, die dem Gottesdienst, der Kunst, Wissenschaft oder Wohltätigkeit dienen, sind besonders zu achten. Natural- und Dienstleistungen von der Bevölkerung dürfen nur auf Befehl von Vorgesetzten gegen Entschädigung beansprucht werden.

8. Neutrales Gebiet darf weder durch Betreten oder Überfliegen noch durch Beschießen in die Kriegshandlungen einbezogen werden.

9. Gerät ein deutscher Soldat in Gefangenschaft, so muß er auf Befragen seinen Namen und Dienstgrad angeben. Unter keinen Umständen darf er über Zugehörigkeit zu seinem Truppenteil und über militärische, politische und wirtschaftliche Verhältnisse auf der deutschen Seite aussagen. Weder durch Versprechungen noch durch Drohungen darf er sich dazu verleiten lassen.

10. Zuwiderhandlungen gegen die vorstehenden Befehle in Dienstsachen sind strafbar. Verstöße des Feindes gegen die unter 1 bis 8 angeführten Grundsätze sind zu melden. Vergeltungsmaßregeln sind nur auf Befehl der höheren Truppenführung zulässig.

Offiziere und Wehrmachtsbeamte sind durch umfangreichere Merkblätter unterwiesen worden. Ferner sind die völkerrechtlichen Abkommen zum Gebrauch für die Truppe in besonderen Dienstvorschriften zusammengestellt worden."

BEFEHL UND GEHORSAM

Ungehorsam gegenüber militärischen Vorgesetzten oder Befehlsverweigerung konnten disziplinarisch oder strafrechtlich geahndet werden. Das Strafmaß reichte von der Arreststrafe bis zur Verhängung der Todesstrafe. Die Gehorsamspflicht des Soldaten hatte allerdings Grenzen.

So bestimmte das Militärstrafgesetzbuch, daß ein Soldat bestraft werden konnte, „wenn ihm bekannt gewesen ist, daß der Befehl des Vorgesetzten eine Handlung betraf, welche ein bürgerliches oder militärisches Verbrechen oder Vergehen bezweckte". Wußte also ein Soldat, daß von ihm die Begehung eines Verbrechens verlangt wurde, durfte er den Befehl nicht befolgen. Für eine solche Verweigerung durfte er nicht bestraft werden.

Der Fahneneid
Oertzenscher Taschenkalender für die Offiziere des Heeres, hrsg. von
E.-J. Graf v. Westarp, Grimmen i. Pommern, Ausgabe 1941/42, S. 1014

„[...] Der Fahneneid

(1) Der Fahneneid ist die Verpflichtung des deutschen Mannes, bei seinem Eintritt in den Wehrdienst in feierlicher Form sich jederzeit mit Leib u. Leben für den Führer, für Reich u. Volk nach den ‚Pflichten des deutschen Soldaten' einzusetzen.
Der bei der Einstellung geleistete Fahneneid gilt für die gesamte Dauer des Wehrpflichtverhältnisses.
Die Ableistung des Fahneneids ist nicht eine die Dienstpflicht erst begründende Handlung, sondern hat nur die Bedeutung einer äußerlich erkennbaren feierlichen Bekräftigung getreuer Erfüllung der schon mit der Einstellung bestehenden Pflichten.

(2) Der Fahneneid hat folgenden Wortlaut:
‚Ich schwöre bei Gott diesen heiligen Eid, daß ich dem Führer des Deutschen Reiches u. Volkes Adolf Hitler, dem Obersten Befehlshaber der Wehrmacht, unbedingten Gehorsam leisten u. als tapferer Soldat bereit sein will, jederzeit für diesen Eid mein Leben einzusetzen.'

(3) Von der Ableistung des Fahneneids in dem vorgeschriebenen Wortlaut werden auf ihren besonderen Antrag nur die Mennoniten befreit.
Diese Rekruten sind durch Gelöbnis u. Handschlag, die der Kp.- usw. Chef abnimmt, zu verpflichten. – Das Gelöbnis hat folgenden Wortlaut: [...]

(4) Die Verweigerung des Fahneneids in dem vorgeschriebenen Wortlaut oder des Gelöbnisses u. Handschlags ist gesetzlich unzulässig.

(5) Soldaten, bei denen die Ableistung des Fahneneids (Gelöbnisses u. Handschlags) versehentlich unterblieben ist, werden genau so behandelt, als ob sie den Fahneneid (Gelöbnis u. Handschlag) geleistet hätten. [...]"

§ 92 Militärstrafgesetzbuch (Ungehorsam) mit Kommentierung
Georg Dörken und Werner Scherer, Das Militärstrafgesetzbuch und die Kriegssonderstrafrechtsverordnungen mit Erläuterungen, 3. erw. Aufl., Berlin 1942, S. 83 f.

„[...] § 92
Ungehorsam

(1) Wer einen Befehl in Dienstsachen nicht befolgt und dadurch vorsätzlich oder fahrlässig einen erheblichen Nachteil, eine Gefahr für Menschenleben oder in bedeutendem Umfang für fremdes Eigentum oder eine Gefahr für die Sicherheit des Reiches oder für die Schlagfertigkeit oder Ausbildung der Truppe herbeiführt, wird mit geschärftem Arrest nicht unter einer Woche oder mit Gefängnis oder Festungshaft bis zu zehn Jahren bestraft.

(2) Wird die Tat im Felde begangen oder liegt ein besonders schwerer Fall vor, so kann auf Todesstrafe oder auf lebenslanges oder zeitiges Zuchthaus erkannt werden. [...]

1. Die Vorschrift bedroht den Ungehorsam mit Strafe und gibt damit dem militärischen Befehl den notwendigen strafrechtlichen Schutz. [...]

2. Es kommt nicht darauf an, ob der Befehl rechtmäßig oder rechtswidrig ist. Auch rechtswidrige Befehle sind nur der Rechtswidrigkeit wegen noch nicht unverbindlich. [...]

3. Ist ein rechtswidriger Befehl ausnahmsweise unverbindlich, so ist der Ungehorsam berechtigt. Es bleibt nicht einmal disziplinar strafbares Unrecht übrig. Ein rechtswidriger Befehl ist unverbindlich, wenn er eine Handlung betrifft, die die Begehung eines Verbrechens oder Vergehens bezweckt, ferner dann, wenn er ohne besonderen Rechtfertigungsgrund so tief in das Rechtsgebiet des Untergebenen, in seine Ehre, sein Ansehen, seine militärische Stellung, seine Gesundheit, sein Leben eingreift, daß dem Untergebenen nicht zugemutet werden kann, ihn zu befolgen. [...]

4. Ein Befehl ist gegenstandslos, wenn er nach Inhalt, Umfang und Zweck sich mit einem gesetzlichen Verbot deckt. [...]"

§ 94 Militärstrafgesetzbuch (Gehorsamsverweigerung) mit Kommentierung

Georg Dörken und Werner Scherer, Das Militärstrafgesetzbuch und die Kriegssonderstrafrechtsverordnungen mit Erläuterungen, 3. erw. Aufl., Berlin 1942, S. 87

„[...] § 94
Gehorsamsverweigerung

(1) Wer den Gehorsam durch Wort oder Tat verweigert oder auf wiederholt erhaltenen Befehl in Dienstsachen im Ungehorsam beharrt, wird mit geschärftem Arrest nicht unter vierzehn Tagen oder mit Gefängnis oder Festungshaft bestraft.

(2) Wird die Tat im Felde begangen, oder liegt ein besonders schwerer Fall vor, so kann auf Todesstrafe oder auf lebenslanges oder zeitiges Zuchthaus erkannt werden.

1. Die Vorschrift bedroht die Gehorsamsverweigerung und den hartnäckigen Ungehorsam mit Strafe, weil die Kundgabe des Willens zur Disziplinlosigkeit in besonderem Maße als böses Beispiel die Manneszucht gefährdet. [...]"

§ 115 Militärstrafgesetzbuch (Anstiftung eines Untergebenen zu einer Straftat) mit Kommentierung

Georg Dörken und Werner Scherer, Das Militärstrafgesetzbuch und die Kriegssonderstrafrechtsverordnungen mit Erläuterungen, 3. erw. Aufl., Berlin 1942, S. 107

„[...] § 115
Anstiftung eines Untergebenen zu einer Straftat
Wer durch Mißbrauch seiner Dienstgewalt oder seiner dienstlichen Stellung einen Untergebenen zu einer von diesem begangenen, mit Strafe bedrohten Handlung vorsätzlich bestimmt hat, wird als Täter oder Anstifter bestraft. [...]

1. Die Vorschrift bedroht den Vorgesetzten mit Strafe, der durch Geltendmachung seiner Vorgesetzteneigenschaft oder seiner dienstlichen Stellung einen Untergebenen veranlaßt, den Tatbestand eines Verbrechens oder Vergehens zu verwirklichen. [...]"

§ 47 Militärstrafgesetzbuch (Teilnahme) mit Kommentierung

Georg Dörken und Werner Scherer, Das Militärstrafgesetzbuch und die Kriegssonderstrafrechtsverordnungen mit Erläuterungen, 3. erw. Aufl., Berlin 1942, S. 46 f.

„[...] § 47
Teilnahme

(1) Wird durch die Ausführung eines Befehls in Dienstsachen ein Strafgesetz verletzt, so ist dafür der befehlende Vorgesetzte allein verantwortlich. Es trifft jedoch den gehorchenden Untergebenen die Strafe des Teilnehmers:
1. wenn er den erteilten Befehl überschritten hat, oder
2. wenn ihm bekannt gewesen ist, daß der Befehl des Vorgesetzten eine Handlung betraf, welche ein allgemeines oder militärisches Verbrechen oder Vergehen bezweckte.

(2) Ist die Schuld des Untergebenen gering, so kann von seiner Bestrafung abgesehen werden.

1. Die Vorschrift regelt die strafrechtliche Behandlung der Verletzung eines Strafgesetzes durch Handeln auf Befehl. [...]

3. Der Untergebene haftet für die auf Befehl begangene strafbare Handlung grundsätzlich nicht; denn er ist durch den Befehl entschuldigt. Befehle müssen ausgeführt werden. Das gilt auch für rechtswidrige Befehle; sie sind nur der Rechtswidrigkeit wegen noch nicht unverbindlich. Das wird aus der militärischen Praxis klar; denn ein Befehl kann schon deswegen rechtswidrig sein, weil ein höherer Vorgesetzter verboten hat, ihn zu erteilen. Der Untergebene muß also von der Verbindlichkeit jedes Befehls ausgehen. Der Befehl, eine strafbare Handlung zu begehen, ist unverbindlich. Das gesetzliche Verbot, mit Strafe bedrohte Tatbestände zu verwirklichen, kann durch einen Befehl nicht außer Kraft gesetzt werden. Trotzdem darf der Untergebene so lange gehorchen, als ihm nicht die Unverbindlichkeit des Befehls geradezu in die Augen springt. Das ist der Sinn der Nr. 2, die den Untergebenen erst dann für strafbar erklärt, wenn er gewußt hat, daß der Befehl eine Handlung betraf, die ein Verbrechen oder Vergehen bezweckte. Handelt der Untergebene trotz dieses Wissens, dann wird er bestraft, und zwar in der Regel als Gehilfe, da er nur selten den Täterwillen haben wird. Will er die Tat auch als eigene, so ist er Mittäter. Bei den eigenhändigen Delikten allerdings ist er Alleintäter. Die Haftung des Untergebenen nach Nr. 1 bei bewußtem Überschreiten des Befehls versteht sich von selbst.

4. Selbst wenn die Voraussetzungen der Nr. 2 vorliegen, kann doch das Maß des Verschuldens bei dem Untergebenen infolge der dem Soldaten innewohnenden Bereitschaft, zu gehorchen, so gering sein, daß seine Bestrafung nicht am Platze ist. In diesen Fällen gibt Abs. 2 die Möglichkeit, von Strafe abzusehen, unbekümmert darum, ob die Tat vielleicht schwere Folgen gehabt hat. [...]"

Adalbert Rückerl, langjähriger Leiter der Zentralen Stelle Ludwigsburg, zu den Strafverfahren wegen NS-Verbrechen vor bundesdeutschen Gerichten

Adalbert Rückerl, NS-Verbrechen vor Gericht. Versuch einer Vergangenheitsbewältigung, Heidelberg 1982, S. 287 f.

„[...] Manche Beschuldigten haben bei dem Versuch ihrer Rechtfertigung erklärt, sie hätten die ‚von oben' kommenden Befehle für rechtmäßig gehalten, zumal man ihnen immer eingetrichtert habe, daß der erklärte Wille des ‚Führers' einem Gesetz gleichzuachten sei. Fast ausnahmslos haben sie jedoch eingeräumt, daß sie sehr wohl das Gefühl hatten, das was dort geschah, vor allem wenn es sich um die Tötung von Greisen, Frauen und Kindern oder um die unter grauenvollen Umständen durchgeführten Massenexekutionen handelte – sei ‚irgendwie doch Unrecht'. Nicht wenige haben darüberhinaus davon berichtet, man habe seinerzeit im Kameradenkreis darüber gesprochen, daß man sich nach einem verlorenen Krieg wahrscheinlich werde dafür verantworten müssen. [...]"

DER EID AUF HITLER

Nach Artikel 176 der Verfassung des Deutschen Reiches vom 14. August 1919 leisteten alle Soldaten einen Schwur auf die Weimarer Reichsverfassung. Diese Form der Vereidigung änderte sich nach der Machtübernahme 1933. Nun mußten alle Soldaten ihre Treue gegenüber „Volk und Vaterland" geloben.

Reichswehrminister Blomberg eröffnete dem Regierungskabinett am 31. Juli 1934, daß er beabsichtige, im Falle des Todes Hindenburgs die Wehrmacht auf Hitler zu vereidigen. Hitler hatte ihm im Gegenzug zugesagt, daß die Wehrmacht unter Ausschaltung der SA der einzige „Waffenträger" der Nation bleibe. Seit dem 20. August 1934 – Hitler war inzwischen Oberster Befehlshaber der Wehrmacht – wurden alle Soldaten direkt auf den „Führer" vereidigt. Eine institutionelle Bindung war damit durch ein persönliches Gefolgschaftsverhältnis ersetzt worden.

Schwur des Soldaten nach der Verfassung des Deutschen Reiches vom 14.8.1919
Reichsgesetzblatt von 1919, S. 1419

„[...] Ich schwöre Treue der Reichsverfassung und gelobe, daß ich als tapferer Soldat das Deutsche Reich und seine gesetzmäßigen Einrichtungen jederzeit schützen, dem Reichspräsidenten und meinen Vorgesetzten Gehorsam leisten will. [...]"

Schwur der Soldaten in der Fassung vom 2.12.1933
Reichsgesetzblatt von 1933, I, S. 1017

„[...] Ich schwöre bei Gott diesen heiligen Eid, daß ich meinem Volk und Vaterland allzeit treu und redlich dienen und als tapferer und gehorsamer Soldat bereit sein will, jederzeit für diesen Eid mein Leben einzusetzen. [...]"

Eid der Soldaten in der Fassung vom 20.8.1934
Reichsgesetzblatt von 1934, I, S. 785

„[...] Ich schwöre bei Gott diesen heiligen Eid, daß ich dem Führer des Deutschen Reiches und Volkes Adolf Hitler, dem Oberbefehlshaber der Wehrmacht, unbedingten Gehorsam leisten und als tapferer Soldat bereit sein will, jederzeit für diesen Eid mein Leben einzusetzen. [...]"

Soldaten der Division „Großdeutschland" leisten den Eid auf Hitler, 6.3.1941
SV-Bilderdienst

Rekrutenvereidigung, September 1941
SV-Bilderdienst

KEIN KRIEG
IM HERKÖMMLICHEN SINNE

Bereits im Herbst 1940 begannen die ersten Vorbereitungen für den Krieg gegen die Sowjetunion. Hitler legte drei Monate vor Kriegsbeginn gegenüber dem Oberkommando der Wehrmacht offen, daß dieser Feldzug einen besonderen Charakter haben werde. Die Sowjetunion als der Feind schlechthin sollte nicht nur militärisch erobert und besiegt, sondern das System des „Jüdischen Bolschewismus" restlos beseitigt werden. Die ideologischen Kriegsziele erforderten nach Auffassung Hitlers eine andere Form der Kriegführung, für die das internationale Kriegs- und Völkerrecht nicht mehr maßgeblich sein könne. Dieser Krieg – so Generaloberst Franz Halder im Kriegstagebuch über Hitlers Auffassung – sei „keine Frage der Kriegsgerichte. […] Der Kampf wird sich sehr unterscheiden vom Kampf im Westen. Im Osten ist Härte mild für die Zukunft."

Die Wehrmachtsführung erließ daraufhin im Mai und Juni 1941 zentrale Befehle, um die von Hitler geforderte „unerhörte Härte" im Osten zu gewährleisten. Mit dem „Kriegsgerichtsbarkeitserlaß" und dem „Kommissarbefehl" setzte sie für die deutsche Wehrmacht zentrale Bestandteile des damals geltenden Kriegsvölkerrechts außer Kraft und schuf damit die wesentlichen Voraussetzungen für einen bis dahin beispiellosen Rassen- und Vernichtungskrieg.

In bewußter Kenntnis der verbrecherischen Folgen ihrer Anordnungen hoben Hitler und das Oberkommando der Wehrmacht den verbürgten Schutz von Zivilisten im Krieg auf und ordneten die Exekution politischer Kommissare an. Zudem erklärte sich das Oberkommando des Heeres am 28. April 1941 damit einverstanden, daß die Heinrich Himmler unterstehenden Einsatzgruppen der Sicherheitspolizei und des SD innerhalb des Operationsgebietes „im Rahmen ihres Auftrages in eigener Verantwortung Exekutivmassnahmen gegenüber der Zivilbevölkerung" trafen.

KRIEGSPLANUNGEN

Der Krieg gegen die Sowjetunion trug während der militärischen Vorbereitungen den Decknamen „Fall Barbarossa". Hitler erließ am 18. Dezember 1940 die maßgebliche strategische Weisung für den Krieg im Osten. Die Sowjetunion sollte „in einem schnellen Feldzug" niedergeworfen, die Rote Armee in „kühnen Operationen unter weitem Vortreiben von Panzerkeilen" vom Heer mit Unterstützung der Luft- und Seestreitkräfte geschlagen werden. Generell rechneten die Militärs mit einem überwältigenden Sieg innerhalb weniger Monate.

Im März 1941 traten die Kriegsvorbereitungen in die entscheidende Phase. Hitler machte gegenüber dem Oberkommando der Wehrmacht unmißverständlich deutlich, daß der Krieg gegen die Sowjetunion einen besonderen Charakter haben sollte. In den von Hitler und dem Wehrmachtsführungsstab ausgegebenen Richtlinien wurde festgelegt, daß „dieser kommende Feldzug [...] mehr als nur ein Kampf der Waffen" sei, er führe auch zur „Auseinandersetzung zweier Weltanschauungen". Hauptziel dieses Weltanschauungskrieges war die Vernichtung des „Jüdischen Bolschewismus". Der „Jude" galt als Hauptträger der kommunistischen Ideologie, daher gehe es um die Beseitigung der „jüdisch-bolschewistischen Intelligenz als bisheriger ‚Unterdrücker' des Volkes". Hitler bekräftigte am 30. März 1941 in einer Rede vor der Heeresgeneralität die ideologische Ausrichtung des zukünftigen Krieges und verlangte von den Anwesenden die Teilnahme am Weltanschauungskrieg. Seine Kriegsziele riefen bei den Generälen keinen erkennbaren Widerspruch hervor.

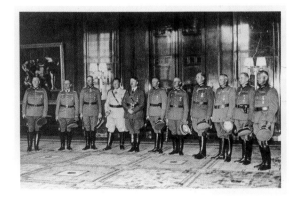

Hitler mit den neu ernannten Generalfeldmarschällen nach dem Sieg über Frankreich im September 1940
Von links nach rechts: Wilhelm Keitel, Gerd von Rundstedt, Fedor von Bock, Hermann Göring, Adolf Hitler, Walther von Brauchitsch, Ritter Wilhelm von Leeb, Wilhelm List, Hans-Günther von Kluge, Erwin von Witzleben, Walter von Reichenau.
SV-Bilderdienst

Generalstabsbesprechung im Führerhauptquartier, 1940
Von links nach rechts: Wilhelm Keitel, Walther von Brauchitsch, Adolf Hitler, Franz Halder
bpk

Weisung Nr. 21 „Fall Barbarossa“ vom 18.12.1940

Geheime Kommandosache!

Abschrift K. 1

Der Führer und Oberste Befehlshaber der Wehrmacht

F.H.Qu., den 18.12.40

OKW/WFSt/Abt.L(I) Nr. 33 408/40 gK Chefs.

(1)

Chef Sache
Nur durch Offizier

9 Ausfertigungen
4. Ausfertigung

Weisung Nr. 21

Fall Barbarossa.

Die deutsche Wehrmacht muss darauf vorbereitet sein, auch vor Beendigung des Krieges gegen England Sowjetrussland in einem schnellen Feldzug niederzuwerfen (Fall Barbarossa).

Das Heer wird hierzu alle verfügbaren Verbände einzusetzen haben mit der Einschränkung, dass die besetzten Gebiete gegen Überraschungen gesichert sein müssen.

Für die Luftwaffe wird es darauf ankommen, für den Ostfeldzug so starke Kräfte zur Unterstützung des Heeres freizumachen, dass mit einem raschen Ablauf der Erdoperationen gerechnet werden kann und die Schädigung des ostdeutschen Raumes durch feindliche Luftangriffe so gering

- 2 -

wie möglich bleibt. Diese Schwerpunktbildung im Osten
findet ihre Grenze in der Forderung, dass der gesamte
von uns beherrschte Kampf- und Rüstungsraum gegen feindliche
Luftangriffe hinreichend geschützt bleiben muss und die
Angriffshandlungen gegen England, insbesondere seine
Zufuhr, nicht zum Erliegen kommen dürfen.

Der Schwerpunkt des Einsatzes der Kriegsmarine bleibt
auch während eines Ostfeldzuges eindeutig gegen England
gerichtet.

Den Aufmarsch gegen Sowjetrussland werde ich gegebenenfalls noch sechs Wochen vor dem beabsichtigten Operationsbeginn
befehlen.

Vorbereitungen, die eine längere Anlaufzeit benötigen,
sind - soweit noch nicht geschehen - schon jetzt in Angriff
zu nehmen und bis zum 15.5.41 abzuschliessen.

Entscheidender Wert ist jedoch darauf zu legen, dass
die Absicht eines Angriffes nicht erkennbar wird.

- 3 -

- 3 -

Die Vorbereitungen der Oberkommandos sind auf folgender Grundlage zu treffen:

I. **Allgemeine Absicht:**

Die in westlichen Russland stehende Masse des russischen Heeres soll in kühnen Operationen unter weitem Vortreiben von Panzerkeilen vernichtet, der Abzug kampfkräftiger Teile in die Weite des russischen Raumes verhindert werden.

In rascher Verfolgung ist dann eine Linie zu erreichen, aus der die russische Luftwaffe reichsdeutsches Gebiet nicht mehr angreifen kann. Das Endziel der Operation ist die Abschirmung gegen das asiatische Russland aus der allgemeinen Linie Wolga - Archangelsk. So kann erforderlichenfalls das letzte Russland verbleibende Industriegebiet am Ural durch die Luftwaffe ausgeschaltet werden.

Im Zuge dieser Operationen wird die russische Ostseeflotte schnell ihre Stützpunkte verlieren und damit nicht mehr kampffähig sein.

Wirksames Eingreifen der russischen Luftwaffe ist schon bei Beginn der Operation durch kraftvolle Schläge zu verhindern.

- 4 -

Weisung Nr. 21 „Fall Barbarossa" vom 18.12.1940 (Auszug)
Bundesarchiv/Militärarchiv, RW 4/522, Bl. 1–10, Faksimile Bl. 1–3

Kriegstagebuch des Oberkommandos der Wehrmacht (OKW) vom 3.3.1941

Percy E. Schramm (Hg.), Kriegstagebuch des Oberkommandos der Wehrmacht (Wehrmachtführungsstab). 1. August 1940–31. Dezember 1941, Erster Halbbd., Bd. 1, zusammengest. und erl. von Hans-Adolf Jacobsen, Bonn o. J., S. 341

„[...] Dieser kommende Feldzug ist mehr als nur ein Kampf der Waffen; er führt auch zur Auseinandersetzung zweier Weltanschauungen. Um diesen Krieg zu beenden, genügt es bei der Weite des Raumes nicht, die feindliche Wehrmacht zu schlagen. [...]
Die jüdisch-bolschewistische Intelligenz, als bisheriger ‚Unterdrücker' des Volkes, muß beseitigt werden. Die ehemalige bürgerlich-aristokratische Intelligenz, soweit sie vor allem in Emigranten noch vorhanden ist, scheidet ebenfalls aus. Sie wird vom russischen Volk abgelehnt und ist letzten Endes deutschfeindlich. [...]"

Hitlers Ausführungen vor der deutschen Generalität nach dem Kriegstagebuch von Generaloberst Halder vom 30.3.1941

Generaloberst Halder, Kriegstagebuch, Bd. II: Von der geplanten Landung in England bis zum Beginn des Ostfeldzuges (1.7.1940–21.6.1941), bearb. von Hans-Adolf Jacobsen, Stuttgart 1963, S. 336 f.

„[...] *Kampf zweier Weltanschauungen gegeneinander.* Vernichtendes Urteil über Bolschewismus, ist gleich asoziales Verbrechertum. Kommunismus ungeheure Gefahr für die Zukunft. Wir müssen von dem Standpunkt des soldatischen Kameradentums abrücken. Der Kommunist ist vorher kein Kamerad und nachher kein Kamerad. Es handelt sich um einen Vernichtungskampf. [...]
Kampf gegen Rußland: Vernichtung der bolschewistischen Kommissare und der kommunistischen Intelligenz. [...]
Der Kampf muß geführt werden gegen das Gift der Zersetzung. Das ist keine Frage der Kriegsgerichte. Die Führer der Truppe müssen wissen, worum es geht. Sie müssen in den Kampf führen. Die Truppe muß sich mit den Mitteln verteidigen, mit denen sie angegriffen wird. Kommissare und GPU-Leute sind Verbrecher und müssen als solche behandelt werden. [...]
Der Kampf wird sich sehr unterscheiden vom Kampf im Westen. Im Osten ist Härte mild für die Zukunft. [...]"

General Erich Hoepner, Anlage Nr. 2 zur Aufmarsch- und Kampfanweisung „Barbarossa" vom 2.5.1941

Bundesarchiv/Militärarchiv, LVI. AK., 17956/7a, zit. n. Gerd R. Ueberschär und Wolfram Wette (Hg.), „Unternehmen Barbarossa" Der deutsche Überfall auf die Sowjetunion 1941. Berichte, Analysen, Dokumente, Paderborn 1984, S. 305

„[...] Der Krieg gegen Russland ist ein wesentlicher Abschnitt im Daseinskampf des deutschen Volkes. Es ist der alte Kampf der Germanen gegen das Slawentum, die Verteidigung europäischer Kultur gegen moskowitisch-asiatische Überschwemmung, die Abwehr des jüdischen Bolschewismus.
Dieser Kampf muß die Zertrümmerung des heutigen Rußland zum Ziele haben und deshalb mit unerhörter Härte geführt werden. Jede Kampfhandlung muß in Anlage und Durchführung von dem eisernen Willen zur erbarmungslosen, völligen Vernichtung des Feindes geleitet sein. Insbesondere gibt es keine Schonung für die Träger des heutigen russisch-bolschewistischen Systems. [...]"

Tätigkeitsbericht der Abt. Ic der Panzergruppe 3 von Januar–Juli 1941

Bundesarchiv/Militärarchiv, RH 21–3/v. 423

„[...] Rechtsfragen.
A. Behandlung von Freischärlern usw.
Am 11.6. wurden der Ic und der Heeresrichter der Gruppe nach Warschau zu einer Besprechung des Generals z.b.V. beim Ob. d. H. kommandiert. General z.b.V., Generalleutnant Müller, führt nach Verlesens des Führererlasses aus, daß im kommenden Einsatz Rechtsempfinden u.U. hinter Kriegsnotwendigkeit zu treten habe. Erforderlich ist daher:
Rückkehr zum alten Kriegsbrauch; unser bisheriges Kriegsrecht ist erst nach dem Weltkrieg festgelegt.
Einer von beiden Feinden muß auf der Strecke bleiben; Träger der feindlichen Einstellung nicht konservieren, sondern erledigen.
Unter den Begriff ‚Freischärler' fällt auch der, der als Zivilist die deutsche Wehrmacht behindert oder zur Behinderung auffordert (z.B. Hetzer, Flugblattverteiler, nicht befolgen deutscher Anordnungen, Brandstifter, zerstören von Wegweisern, Vorräten, u.a.w.). [...]
Bestrafung. Grundsatz: sofort, jedenfalls kein Aufschieben der Verfahren. Bei Einzelpersonen kann in leichten Fällen u.U. auch Prügelstrafe genügen. Die Härte des Krieges erfordert harte Strafen [...]
In Zweifelfällen über Täterschaft wird häufig der Verdacht genügen müssen. Klare Beweise lassen sich oft nicht erbringen. Kollektive Gewaltmaßnahmen durch Niederbrennen.
Erschießen einer Gruppe von Leuten usw. Truppe soll sich aber nicht ablenken lassen oder im Blutrausch handeln. Kein unnötiges Scharfmachen, also nur soweit, als zur Sicherung der Truppe und raschen Befriedung des Landes erforderlich.
Bei Einzelpersonen trifft die Entscheidung jeder Offizier, bei kollektiven Gewaltmaßnahmen Offiziere von der Stellung eines Bataillons-Kommandeurs an aufwärts. [...]"

VERBRECHERISCHE BEFEHLE

Die Wehrmachtsführung stimmte den ideologischen Kriegszielen Hitlers grundsätzlich zu. Seiner Aufforderung zur Teilnahme am Weltanschauungskrieg entsprach sie mit der Erarbeitung konkreter Erlasse und Richtlinien. Am 13. Mai 1941 verfügte das Oberkommando der Wehrmacht – in Abstimmung mit dem Oberkommando des Heeres – den „Kriegsgerichtsbarkeitserlaß". Dieser entzog den Kriegsgerichten die Zuständigkeit für „Straftaten feindlicher Zivilpersonen" und stellte deren Ahndung ins Ermessen des vor Ort verantwortlichen Offiziers. Dieser sollte beispielsweise entscheiden, ob jemand als Partisan zu erschießen war. Gegen Ortschaften, aus denen die Wehrmacht angegriffen wurde, sollten „kollektive Gewaltmaßnahmen" durchgeführt werden.

Darüber hinaus hob der „Kriegsgerichtsbarkeitserlaß" den Verfolgungszwang für „Handlungen, die Angehörige der Wehrmacht gegen feindliche Zivilpersonen begehen" auf. Dies sollte auch dann gelten, „wenn die Tat ein militärisches Verbrechen oder Vergehen ist". Damit war die sowjetische Zivilbevölkerung der Willkür lokaler Befehlshaber schutzlos ausgeliefert.

Nur wenige Wochen später, am 6. Juni 1941, erließ das Oberkommando der Wehrmacht den „Kommissarbefehl". Die politischen Kommissare galten als die ideologischen Funktionäre innerhalb der Roten Armee und wurden nicht als Soldaten anerkannt. Sie sollten im Kampf oder sofort „nach durchgeführter Absonderung" getötet werden. Für die rückwärtigen Gebiete wurde festgelegt, daß Kommissare jeglicher Art und Stellung, wenn sie „zweifelhaftes Verhalten" zeigten, an die Einsatzgruppen der Sicherheitspolizei und des SD zu übergeben seien.

Mit beiden Befehlen setzte die Wehrmachtsführung wesentliche Bestandteile des damals geltenden Kriegs- und Völkerrechts für den Krieg gegen die Sowjetunion außer Kraft. Sie schuf somit die Grundlagen des Rassen- und Vernichtungskrieges. Zugleich demonstrierten die verantwortlichen Militärs nicht nur ihre Übereinstimmung mit Hitlers Kriegszielen, sondern setzten diese auch konkret um.

38

Geheime Kommandosache 9.5.1941.

32/41 g.Kdos.Chefs.

3 Ausfertigungen,
2.Ausfertigung.

C h e f s a c h e

An

Chef W FSt

Chef L

- je besonders -.

1 Anlage.

I.

Über die Regelung der Gerichtsbarkeit habe ich vereinbarungsgemäß mit General Müller und General Jeschonnek verhandelt, ferner gestern mit den Chefs der Rechtsabteilungen.

Der Vorschlag, den das Heer an L gegeben hat (Schreiben vom 6.5. Gen z b V b.Ob d H 75/41 g.Kdos.Chefs. beruht auf einem Vortrag, den General Müller nach der Rücksprache mit mir bei Generaloberst Halder gehalten hat.

Der Vorschlag des Heeres nähert sich unseren Vorschlägen. Es fehlt in ihm nur der Satz, daß eine Gerichtsbarkeit der Wehrmachtgerichte über Landeseinwohner überhaupt nicht besteht. Generaloberst Halder wollte für Fälle, in denen die Truppe keine Zeit hat, Ermittlungen anzustellen, die Gerichtsbarkeit gern erhalten sehen, ebenso für die vielen Delikte kleinerer Art, die ein Erschießen nicht rechtfertigen.

Ich habe dagegen Bedenken, die General Jeschonnek teilt. Wenn wir nun schon einmal diesen Schritt tun, dann muß er auch ganz getan werden. Es besteht sonst die Gefahr, daß die Truppe die Sachen, die ihr unbequem sind, an die Gerichte abschiebt und daß so (und das werden gerade die zweifelhaften Sachen sein) das Gegenteil von dem eintritt, was erreicht werden soll.

Diesen Gedankengang habe ich mit den Chefs der Rechtsabteilungen besprochen. Sie waren schließlich alle einverstanden. Sie alle bezeichneten es aber als unbedingt nötig, Vorsorge zu treffen, daß zu gegebener Zeit die Gerichtsbarkeit wiedereingeführt werden könne. Die Maßnahmen, die der Truppe zugemutet werden, ließen sich im Verlauf der Kampfhandlungen und bis zur ersten Befriedung von der Truppe durchführen. Schon für diese Zeit sei es wahrscheinlich, daß die Offiziere viel weniger scharf sein würden als die an Härte bei Urteilssprüchen

39

- 2 -

gewöhnten Richter. Nach dem Abschluß von Kampfhandlungen und in etwas ruhigeren Verhältnissen sei die Truppe an solche Maßnahmen überhaupt nicht mehr heranzubekommen. Die Chefs erklärten übereinstimmend weiter, daß die Verhältnisse in dem Riesenraum und bei der vollkommen verschiedenartigen volkstumsmäßigen Zusammensetzung der Zivilbevölkerung so verschieden lägen, daß eine Wiedereinführung der Gerichtsbarkeit über Landeseinwohner bei Angriffen gegen die Truppe (z. B. Kabeldurchschneidungen und andere Sabotageakte) nicht zentral geregelt werden kann. Sie baten übereinstimmend, dieses Recht den Armeeoberbefehlshabern und den gleichgeordneten Stellen zu übertragen. Diesen Wünschen wird man sich kaum ganz verschließen können. Ich habe einen vermittelnden Vorschlag gemacht.

Bemerkenswert ist, daß auch General Jeschonnek meinte, die Truppe werde ziemlich viele Leute laufen lassen, die an sich an eine andere Behandlung verdient hätten. Dieser Gefahr müsse man aber ins Auge sehen.

II.

In dem anbei überreichten Vorschlag ist weiter folgendes neu:

Ich habe eine Präambel eingefügt, die die Sache etwas schmackhafter machen soll. Aus dem Vorschlag des Ob.d.H. habe ich übernommen, was in I.4 steht. Das hat die ausdrückliche Billigung von Generaloberst Halder und ist, soweit es sich auf kollektive Maßnahmen bezieht, von ihm selbst vorgeschlagen worden.

Neu und von mir allein eingefügt ist I.5. Das soll den Versuchen, die Verantwortung für zweifelhafte Sachen doch an die Gerichte abzuschieben, begegnen.

In II.2 hat Chef WFSt aus meinem alten Vorschlag das letzte Wort "hat" durch "darf" ersetzt. Ich bitte zu prüfen, ob "hat" nicht richtiger ist. Nur wenn man unterstellt, daß kein Soldat das vergessen hat, sind gewisse Ausschreitungen verzeihlich.

Neu und aus dem Entwurf des Ob.d.H. übernommen ist in II.3 der Gedanke, daß auch dann eingeschritten werden muß, wenn die Truppe zu verwildern droht. Das steht zwar eigent-

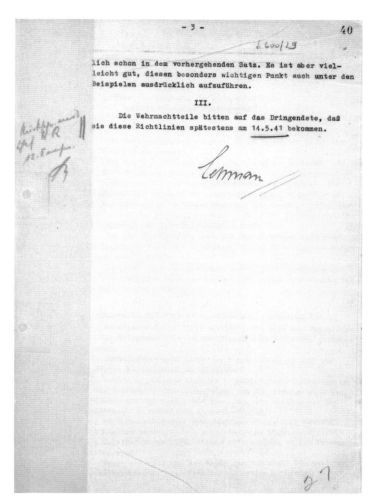

lich schon in dem vorhergehenden Satz. Es ist aber vielleicht gut, diesen besonders wichtigen Punkt auch unter den
Beispielen ausdrücklich aufzuführen.

III.

Die Wehrmachtteile bitten auf das Dringendste, daß
sie diese Richtlinien spätestens am 14.5.41 bekommen.

Lehmann

Aktennotiz zur Erstellung der endgültigen Fassung des „Kriegsgerichtsbarkeitserlasses"
von dem Chef der Wehrrechtabteilung im Oberkommando der Wehrmacht,
Rudolf Lehmann, vom 9.5.1941
Bundesarchiv/Militärarchiv, RW 4/v. 577, Bl. 38–40

Der Führer   Führerhauptquartier, d.13.Mai 1941.
und Oberste Befehlshaber
der Wehrmacht.

Erlass.
über die Ausübung der Kriegsgerichtsbarkeit im Gebiet "Barbarossa"
und über besondere Massnahmen der Truppe.

Die Wehrmachtgerichtsbarkeit dient in erster
Linie der Erhaltung der Mannszucht.

Die weite Ausdehnung der Operationsräume im
Osten, die Form der dadurch gebotenen Kampfesfüh -
rung und die Besonderheit des Gegners stellen die
Wehrmachtgerichte vor Aufgaben, die sie während des
Verlaufs der Kampfhandlungen und bis zur ersten Be-
friedung des eroberten Gebietes bei ihrem geringen
Personalbestand nur zu lösen vermögen, wenn sich die
Gerichtsbarkeit zunächst auf ihre Hauptaufgabe
beschränkt.

Das ist nur möglich, wenn die Truppe selbst sich
gegen jede Bedrohung durch die feindliche Zivilbe=
völkerung schonungslos zur Wehr setzt.

Demgemäss wird für den Raum „Barbarossa" (Opera=
tionsgebiet, rückwärtiges Heeresgebiet und Gebiet
der politischen Verwaltung)folgendes bestimmt:

I.

Behandlung von Straftaten feindlicher Zivilper =
sonen.

1. Straftaten feindlicher Zivilpersonen sind der
Zuständigkeit der Kriegsgerichte und der Standge =
richte bis auf weiteres entzogen.

2. Freischärler sind durch die Truppe im Kampf
oder auf der Flucht schonungslos zu erledigen.

3. Auch alle anderen Angriffe feindlicher Zivil=
personen gegen die Wehrmacht, ihre Angehörigen und
das Gefolge sind von der Truppe auf der Stelle mit
den äussersten Mitteln bis zur Vernichtung des An=
greifers niederzukämpfen.

BDC- OKW-1613   —4.—

„Straftaten feindlicher Zivilpersonen sind der Zuständigkeit der Kriegsgerichte
und der Standgerichte bis auf
weiteres entzogen."

4. Wo Massnahmen dieser Art versäumt wurden oder zunächst nicht möglich waren, werden <u>tatverdächtige Elemente sogleich einem Offizier vorgeführt. Dieser entscheidet, ob sie zu erschiessen sind.</u>

Gegen <u>Ortschaften</u>, aus denen die Wehrmacht hinterlistig oder heimtückisch angegriffen wurde, werden unverzüglich auf Anordnung eines Offiziers in der Dienststellung mindestens eines Bataillons usw. Kommandeurs <u>kollektive</u> Gewaltmassnahmen durchgeführt, wenn die Umstände eine rasche Feststellung einzelner Täter nicht gestatten.

5. Es wird <u>ausdrücklich verboten</u>, verdächtige Täter zu <u>verwahren</u>, um sie bei Wiedereinführung der Gerichtsbarkeit über Landeseinwohner an die Gerichte abzugeben.

6. Die <u>Oberbefehlshaber der Heeresgruppen</u> können im Einvernehmen mit den zuständigen Befehlshabern der Luftwaffe und der Kriegsmarine die <u>Wehrmachtgerichtsbarkeit über Zivilpersonen</u> dort <u>wieder einführen</u>, wo das Gebiet ausreichend befriedet ist.

Für das <u>Gebiet der politischen Verwaltung</u> ergeht diese Anordnung durch den Chef des Oberkommandos der Wehrmacht.

II.

<u>Behandlung der Straftaten von Angehörigen der Wehrmacht und des Gefolges gegen Landeseinwohner.</u>

1. Für <u>Handlungen, die Angehörige der Wehrmacht</u> und des Gefolges <u>gegen feindliche Zivilpersonen</u> begehen, besteht <u>kein Verfolgungszwang</u>, auch dann nicht, wenn die Tat zugleich ein militärisches Verbrechen oder Vergehen ist.

2. Bei der Beurteilung solcher Taten ist in jeder Verfahrenslage zu berücksichtigen, dass der Zusammenbruch im Jahre 1918, die spätere Leidenszeit des deutschen Volkes und der Kampf gegen den Nationalsozialismus mit den zahllosen Blutopfern der Bewegung entscheidend auf bolschewistischen Einfluss zurückzuführen war und dass kein Deutscher dies vergessen hat.

3. Der Gerichtsherr prüft daher, ob in solchen Fällen eine <u>disziplinare</u> Ahndung angezeigt oder ob ein <u>gericht</u>-

liches

„Für Handlungen, die Angehörige der Wehrmacht und des Gefolges gegen feindliche Zivilpersonen begehen, besteht kein Verfolgungszwang […].“

liches Einschreiten notwendig ist. Der Gerichtsh.. ordnet
die Verfolgung von Taten gegen Landeseinwohner im kriegs=
gerichtlichen Verfahren nur dann an, wenn es die Auf =
rechterhaltung der Mannszucht oder die Sicherung der
Truppe erfordert. Das gilt z.B. für schwere Taten, die
auf geschlechtlicher Hemmungslosigkeit beruhen, einer
verbrecherischen Voranlagung entspringen oder ein Anzei=
chen dafür sind, dass die Truppe zu verwildern droht.
Nicht milder sind in der Regel zu beurteilen Straftaten,
durch die sinnlos Unterkünfte sowie Vorräte oder anderes
Beutegut zum Nachteil der eigenen Truppe vernichtet
wurden.

Die Anordnung des Ermittlungsverfahrens bedarf in
jedem einzelnen Fall der Unterschrift des Gerichtsherrn.

4. Bei der Beurteilung der Glaubwürdigkeit von Aus=
sagen feindlicher Zivilpersonen ist äusserste Vorsicht
geboten.

III.
Verantwortung der Truppenbefehlshaber.

Die Truppenbefehlshaber sind im Rahmen ihrer Zu =
ständigkeit persönlich dafür verantwortlich,

1. dass sämtliche Offiziere der ihnen unterstellten
   Einheiten über die Grundsätze zu I rechtzeitig in der
   eindringlichsten Form belehrt werden,

2. dass ihre Rechtsberater von diesen Weisungen und von
   den mündlichen Mitteilungen, in denen den Oberbefehls=
   habern die politischen Absichten der Führung erläutert
   worden sind, rechtzeitig Kenntnis erhalten,

3. dass nur solche Urteile bestätigt werden, die den
   politischen Absichten der Führung entsprechen.

IV.
Geheimschutz

Mit der Enttarnung geniesst dieser Erlass nur noch
Geheimschutz als Geheime Kommandosache.

Im Auftrage
Der Chef des Oberkommandos der Wehrmacht
gez. Keitel.

F. d. R.

Major d.G.

Erlaß über die Ausübung der Kriegsgerichtsbarkeit im Gebiet „Barbarossa"
und über besondere Maßnahmen der Truppe vom 13.5.1941
Bundesarchiv/Militärarchiv, RW 4/v. 577, Bl. 72–74

Straftaten werden nur dann verfolgt, „wenn es die Aufrechterhaltung der Manneszucht oder die Sicherung der Truppe erfordert".

Notiz zum Vortrag von Oberkriegsgerichtsrat Dr. Erich Lattmann während einer Besprechung beim Generalquartiermeister Eduard Wagner in Wünsdorf vom 19.5.1941

Bundesarchiv/Militärarchiv, RH 20–11/334

„[...] C. Kriegsgerichtsbarkeit im Operationsgebiet. [...]

3.) Behandlung der Landeseinwohner.

Kriegsgerichtsbarkeit gegen Landeseinwohner wird aufgehoben. Nur Kampf mit der Waffe. Jeder Freischärler wird erschossen. (Protokoll durch Offizier. [handschriftlich: ?]) Keine Rückführung zur Verwahrung. Kollektive Gewaltmassnahmen z.B. gegen Ortschaften aus denen geschossen wird. (Nicht anstecken, 30 Mann erschiessen.)

Erst nach Abschluss der Operation wird Kriegsgerichtsbarkeit gegen Landeseinwohner zugelassen. Unzuträglichkeiten sind möglich (vorn Kampf, hinten Ruhe).

Politische Kommissare an SS abschieben im rückwärtigen Heeresgebiet. Für Armeegebiet folgt Verfügung.

Strafbare Handlungen von Soldaten gegen Landeseinwohner: Verfolgung kann aufgehoben werden. Verfolgung nur, wenn Manneszucht einschreiten erfordert. (Motiv ist entscheidend und Erbitterung gegen Greueltaten.) [...]"

Die Besprechung am 16.5.1941 bei Generalquartiermeister Wagner diente der Einweisung sämtlicher ranghoher Offiziere für den Krieg gegen die Sowjetunion.

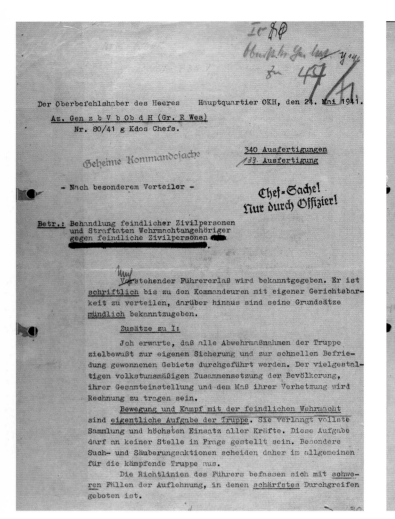

Anschreiben zum „Kriegsgerichtsbarkeitserlaß" vom Oberbefehlshaber des Heeres
von Brauchitsch vom 24.5.1941

Bundesarchiv/Militärarchiv, RH 22/155

„Unter allen Umständen bleibt

es Aufgabe aller Vorgesetzten,

willkürliche Ausschreitungen

einzelner Heeresangehöriger

zu verhindern und einer

Verwilderung der Truppe recht-

zeitig vorzubeugen."

WILHELM KEITEL wurde am 22. September 1882 in Helmscherode bei Gandersheim geboren. Nach dem Abitur trat er in das Militär ein und war 1918 bereits 1. Generalstabsoffizier des Marinekorps in Flandern. Nach dem Krieg arbeitete er in verschiedenen Funktionen im Reichswehrministerium. 1935 übernahm Keitel das Wehrmachtamt im Reichskriegsministerium, 1938 berief Hitler ihn an die Spitze des Oberkommandos der Wehrmacht (OKW). Am 13. Mai 1945 wurde Keitel in Flensburg verhaftet, in Nürnberg angeklagt und am 1. Oktober 1946 zum Tode verurteilt. Das Urteil wurde am 16. Oktober 1946 vollstreckt.

Generalfeldmarschall
Wilhelm Keitel, ohne Datum
bpk

RUDOLF LEHMANN wurde 1890 in Posen geboren. Im Ersten Weltkrieg war er Reserveoffizier. Nach dem Studium der Rechtswissenschaft arbeitete er in verschiedenen Funktionen im Reichsjustizministerium. 1937 wurde er Senatspräsident an dem ein Jahr zuvor eingerichteten Reichskriegsgericht, 1938 Chef der Rechtsabteilung des OKW. Am 1. Mai 1944 erhielt er den Titel eines Generalstabsrichters. Rudolf Lehmann wurde am 28. Oktober 1948 in Nürnberg zu einer Haftstrafe von sieben Jahren verurteilt (Fall 12).

Dr. Rudolf Lehmann vor dem
US-amerikanischen Militärgericht
1948 in Nürnberg
StadtAN, A 65/III/RA–120–D

WALTHER VON BRAUCHITSCH wurde am 4. Oktober 1881 als Sohn einer Offiziersfamilie in Berlin geboren. Er schlug eine militärische Laufbahn ein. Nach verschiedenen Funktionen wurde er 1912 zum Großen Generalstab abkommandiert und zum Hauptmann befördert. Hochdekoriert ging für von Brauchitsch der Erste Weltkrieg zu Ende, und seiner Übernahme in die Reichswehr stand nichts entgegen. Während der Weimarer Republik blieb seine militärische Karriere ungebrochen: Er war beim Generalstab des Heeres, dann Chef der Heeresausbildungsabteilung und später Inspekteur der Artillerie. 1936 wurde von Brauchitsch zum General der Artillerie befördert und schließlich Oberbefehlshaber des Heeres. In dieser Funktion war er an den Kriegsplanungen für den „Fall Barbarossa" maßgeblich beteiligt. Nach der Niederlage der deutschen Wehrmacht vor Moskau im Winter 1941 wollte Hitler selbst die Führung des Oberkommandos des Heeres übernehmen. Von Brauchitschs Herzleiden lieferte den Vorwand für seine Verabschiedung am 19. Dezember 1941. Er lebte bis Kriegsende zurückgezogen, nahm 1944 öffentlich Stellung gegen die Attentäter des 20. Juli. Nach Kriegsende wurde von Brauchitsch verhaftet, trat in Nürnberg als Zeuge auf, während ein Verfahren gegen ihn selbst in Hamburg vorbereitet wurde. Walther von Brauchitsch starb 1948 vor Prozeßbeginn in einem britischen Militärkrankenhaus.

Walther von Brauchitsch, 1941
SV-Bilderdienst

Geheime Kommandosache

Anlage zu OKW/ WFSt/ Abt.L IV/Qu
Nr. 44822/41 g.K.Chefs.

Chefsache!
Nur durch Offizier!

h 600/42

Richtlinien für die Behandlung
politischer Kommissare.

Im Kampf gegen den Bolschewismus ist mit einem
Verhalten des Feindes nach den Grundsätzen der Menschlichkeit oder des Völkerrechts nicht zu rechnen. Insbesondere
ist von den politischen Kommissaren aller Art als den eigentlichen Trägern des Widerstandes eine hasserfüllte, grausame und
unmenschliche Behandlung unserer Gefangenen zu erwarten.
Die Truppe muss sich bewusst sein:

1.) In diesem Kampfe ist Schonung und völkerrechtliche
Rücksichtnahme diesen Elementen gegenüber falsch. Sie
sind eine Gefahr für die eigene Sicherheit und die schnelle
Befriedung der eroberten Gebiete.

2.) Die Urheber barbarisch asiatischer Kampfmethoden sind die
politischen Kommissare. Gegen diese muss daher sofort und
ohne Weiteres mit aller Schärfe vorgegangen werden.

Sie sind daher, wenn im Kampf oder Widerstand ergriffen,
grundsätzlich sofort mit der Waffe zu erledigen.

Im Übrigen gelten folgende Bestimmungen:

I. Operationsgebiet.

1.) Politische Kommissare, die sich gegen unsere Truppe
wenden, sind entsprechend dem "Erlass über Ausübung
der Gerichtsbarkeit im Gebiet Barbarossa" zu behandeln.
Dies gilt für Kommissare jeder Art und Stellung, auch
wenn sie nur des Widerstandes, der Sabotage oder der
Anstiftung hierzu verdächtig sind.
Auf die "Richtlinien über das Verhalten der Truppe
in Russland" wird verwiesen.

/ 2.)

49.

- 2 -

h 600/42

2.) Politische Kommissare als Organe der feindlichen
Truppe sind kenntlich an besonderem Abzeichen - roter
Stern mit goldenem eingewebtem Hammer und Sichel auf
den Aermeln - (Einzelheiten siehe "Die Kriegswehrmacht
der UdSSR." OKH/ Gen St d H O Qu IV Abt.Fremde
Heere Ost (II) Nr. 100/41 g. vom 15. 1. 1941 unter
Anlage 9 d).Sie sind aus den Kriegsgefangenen sofort,
d.h. noch auf dem Gefechtsfelde, abzusondern. Dies ist
notwendig, um ihnen jede Einflussmöglichkeit auf die
gefangenen Soldaten zu nehmen. Diese Kommissare werden
nicht als Soldaten anerkannt; der für Kriegsgefangene
völkerrechtlich geltende Schutz findet auf sie keine
Anwendung. Sie sind nach durchgeführter Absonderung
zu erledigen.

3.) Politische Kommissare, die sich keiner feindlichen
Handlung schuldig machen oder einer solchen verdächtig
sind, werden zunächst unbehelligt bleiben. Erst bei der
weiteren Durchdringung des Landes wird es möglich sein,
zu entscheiden, ob verbliebene Funktionäre an Ort und
Stelle belassen werden können oder an die Sonderkommando
abzugeben sind. Es ist anzustreben, dass diese selbst
die Ueberprüfung vornehmen.

Bei der Beurteilung der Frage, ob "schuldig
oder nicht schuldig", hat grundsätzlich der persönliche
Eindruck von der Gesinnung und Haltung des Kommissars
höher zu gelten, als der vielleicht nicht zu beweisende
Tatbestand.

4.) In den Fällen 1.) und 2.) ist eine kurze Meldung
(Meldezettel) über den Vorfall zu richten :
a) von den einer Division unterstellten Truppen
an die Division (Ic),
b) von den Truppen, die einem Korps-, Armeeober-
oder Heeresgruppenkommando oder einer Panzergruppe unmittelbar unterstellt sind, an das
Korps- usw. Kommando (Ic).

/ 5.)

50.

Politische Kommissare sind,
„wenn im Kampf oder Widerstand ergriffen, grundsätzlich sofort mit der Waffe zu
erledigen."

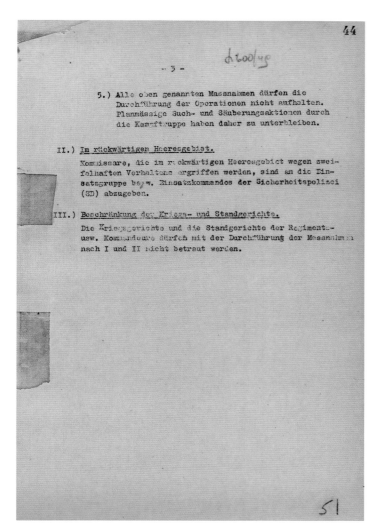

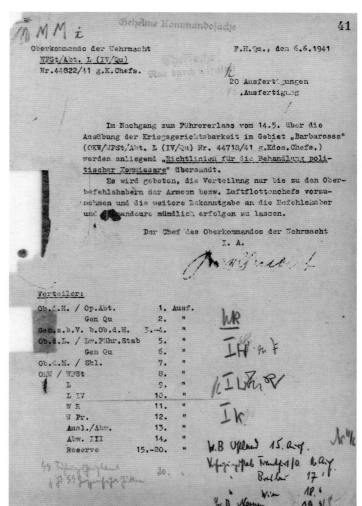

Richtlinien für die Behandlung politischer Kommissare vom 6.6.1941
Bundesarchiv/Militärarchiv, RW 4/v. 578, Bl. 42–44

Anschreiben zum Kommissarbefehl vom Oberbefehlshaber des Heeres
von Brauchitsch vom 6.6.1941
Bundesarchiv/Militärarchiv, RW 4/v. 578, Bl. 41

„Es wird gebeten, die Verteilung nur bis zu den Oberbefehlshabern der Armeen bezw. Luftflottenchefs vorzunehmen und die weitere Bekanntgabe an die Befehlshaber und Kommandeure mündlich erfolgen zu lassen."

Anlage 3 zu OKW/ WFSt/ Abt.L IV/Qu
Nr. 44560/41 g.K.Chefs.19.Ausf.

Richtlinien für das Verhalten der Truppe
in Russland.

I.

1.) Der Bolschewismus ist der Todfeind des nationalso-
zialistischen deutschen Volkes. Dieser zersetzenden
Weltanschauung und ihren Trägern gilt Deutschlands
Kampf.

2.) Dieser Kampf verlangt rücksichtsloses und energisches
Durchgreifen gegen bolschewistische Hetzer, Freischärler, Saboteure, Juden und restlose Beseitigung jedes
aktiven oder passiven Widerstandes.

II.

3.) Gegenüber allen Angehörigen der Roten Armee - auch den
Gefangenen - ist äusserste Zurückhaltung und schärfste
Achtsamkeit geboten, da mit heimtückischer Kampfesweise
zu rechnen ist. Besonders die asiatischen Soldaten der
Roten Armee sind undurchsichtig, unberechenbar, hinter-
hältig und gefühllos.

4.) Bei der Gefangennahme von Truppeneinheiten sind die
Führer sofort von den Mannschaften abzusondern.

III.

5.) Der deutsche Soldat sieht sich in der Union der Sozialistischen Sowjetrepubliken (U.d.SS.R.) nicht einer
einheitlichen Bevölkerung gegenüber. Die U.d.S.S.R. ist
ein Staatengebilde, das eine Vielzahl von slawischen, kauka-
sischen und asiatischen Völkern in sich vereinigt und das
zusammengehalten wird durch die Gewalt der bolschewistischen
Machthaber. Das Judentum ist in der U.d.S.S.R. stark
vertreten.

/ 6.)

6.) Ein grosser Teil der russischen Bevölkerung, besonders
die durch das bolschewistische System verarmte Landbevölkerung steht dem Bolschewismus innerlich ablehnend
gegenüber. Im nichtbolschewistischen russischen Menschen
ist das Nationalbewusstsein mit tiefem religiösen Gefühl
verbunden. Freude und Dankbarkeit über die Befreiung vom
Bolschewismus werden ihren Ausdruck häufig in kirchlicher
Form finden. Dankgottesdienste und Prozessionen sind
nicht zu verhindern oder zu stören.

7.) In Gesprächen mit der Bevölkerung und im Verhalten
gegenüber Frauen ist grösste Vorsicht geboten. Viele
Russen verstehen deutsch, ohne es selbst sprechen zu
können.

Der feindliche Nachrichtendienst wird gerade im
besetzten Gebiet besonders am Werk sein, um Nachrichten
über militärisch wichtige Einrichtungen und Massnahmen
zu erhalten. Jede Leichtfertigkeit, Wichtigtuerei und
Vertrauensseeligkeit kann deshalb schwerste Folgen haben.

IV.

8.) Wirtschaftsgüter aller Art und militärische Beute, insbesondere Lebens- und Futtermittel, Betriebsstoff und
Bekleidungsgegenstände sind zu schonen und sicherzustellen. Jede Vergeudung und Verschwendung schädigt die
Truppe. Plünderungen werden nach den Militärstrafgesetzen
mit den schwersten Strafen geahndet.

9.) Vorsicht beim Genuss von erbeuteten Lebensmitteln !
Wasser darf nur in gekochtem Zustand genossen werden
(Typhus, Cholera). Jede Berührung mit der Bevölkerung
birgt gesundheitliche Gefahren. Schutz der eigenen Gesundheit ist soldatische Pflicht.

10.) Für Reichskreditkassenscheine und - münzen sowie für
deutsche Scheidemünzen im Wert von 1 und 2 Pfennig sowie
1, 2, 5 und 10 Reichspfennig oder Rentenpfennig besteht
Annahmezwang. Anderes deutsches Geld darf nicht veraus-
gabt werden.

OKW/WFSt.

END

Richtlinien für das Verhalten der Truppe in Rußland vom 19.5.1941
Bundesarchiv/Militärarchiv, RW 4/v. 524, Bl. 13 f.

„Der Bolschewismus ist der
Todfeind des nationalsozialistischen deutschen Volkes.
Dieser zersetzenden Weltanschauung und ihren Trägern
gilt Deutschlands Kampf."

Schreiben vom Chef des Generalstabes, Armeeoberkommando 17, vom 16.6.1941 über die Verteilung von Merkblättern
Bundesarchiv/Militärarchiv, RH 20–17/276

„[...] Anliegende auf persönlichen Wunsch des Führers ausgegebene Merkblätter sind nach folgenden Richtlinien zu behandeln und zu verteilen:

1.) Die Merkblätter sollen eine erhöhte Aufmerksamkeit und Wachsamkeit bewirken.

Durch die Art der Bekanntgabe soll jedoch eine Verprellung oder Einschüchterung verhindert werden.

2.) Die Merkblätter sind zunächst mit besonderem Geheimschutz zu behandeln.

Daher Bekanntgabe:

a.) an die Divisionen und Truppenteile in vorderer Linie mit Ausgabe des B.- Befehls, jedoch auch dann erst möglichst spät

b.) an die rückwärtigen Stäbe und an alle beim ersten Antreten nicht beteiligten Truppenteile, Versorgungstruppen, Bautruppen usw. am B.- Tage.

Ein Umdrucken des Merkblattes für den Führer der Einheiten darf erst gemäss Ziffer 3 erfolgen.

Mit der Ausgabe ist das Merkblatt offen.

3.) Entsprechend den Bestimmungen zu Ziffer 2 ist die Ausgabe, wie folgt, vorzubereiten:

Divisionen, Regimenter und selbständige Truppenteile erhalten das Merkblatt im Umschlag. Dieser ist vom Kommandeur persönlich zu verwahren und je nach den Bestimmungen in Ziffer 2 mit der Aufschrift ‚mit Ausgabe des B.- Befehls zu öffnen‘ oder ‚am B.-Tage zu öffnen‘ zu versehen, bezw. mit einer Aufschrift, die dem Unterrichtungsverfahren der Gen. Kdos. entspricht. [...]“

Merkblatt zur Kriegführung in der Sowjetunion, 16.6.1941
Bundesarchiv/Militärarchiv, RH 20–17/276

WEHRMACHT UND SS

Bereits während des Krieges in Polen 1939 hatten SS und Polizei Erschießungen von Juden und Polen durchgeführt. Dabei war es mit der Heeresführung zu erheblichen Konflikten über die jeweiligen Zuständigkeiten und Kompetenzen gekommen. Aufgrund dieser Erfahrungen war das Oberkommando des Heeres an einer eindeutigen Regelung der zukünftigen Verantwortlichkeiten interessiert. Die Ziele des Weltanschauungskrieges teilten die Verantwortlichen zwar weitgehend, die daraus resultierenden „politischen Säuberungen" wollte das Heer aber nicht selbst durchführen.

Am 13. März 1941 gab der Chef des Oberkommandos der Wehrmacht, Wilhelm Keitel, die Weisung heraus, daß der Reichsführer-SS Heinrich Himmler im Operationsgebiet des Heeres „Sonderaufgaben im Auftrag des Führers, die sich aus dem endgültig auszutragenden Kampf zweier entgegengesetzter politischer Systeme ergeben", selbständig durchführen werde. Himmlers Einsatzgruppen waren berechtigt, „in eigener Verantwortung gegenüber der Zivilbevölkerung Exekutivmaßnahmen zu treffen". Zur Durchführung dieser „besonderen sicherheitspolitischen Aufgaben" kam es am 28. April 1941 zu einer einvernehmlichen Regelung mit dem Oberkommando des Heeres (OKH). Das OKH erklärte sich mit der Durchführung des Mordprogramms innerhalb des Operationsgebietes einverstanden. Die Oberbefehlshaber der Armeen behielten allerdings das Recht, die Maßnahmen der Einsatzgruppen einzuschränken, wenn durch ihren Einsatz „Störungen der Operationen eintreten können".

Richtlinien auf Sondergebieten zur Weisung Nr. 21
„Fall Barbarossa" vom 13.3.1941
Der Prozeß gegen die Hauptkriegsverbrecher vor dem Internationalen Militärgerichtshof (International Military Tribunal), Nürnberg, 14. Nov. 1945–1. Okt. 1946, Bd. 26, Nürnberg 1947, S. 53–58, Zitat S. 54 und 56

„[...] Im Operationsgebiet des Heeres erhält der Reichsführer SS zur Vorbereitung der politischen Verwaltung Sonderaufgaben im Auftrage des Führers, die sich aus dem endgültig auszutragenden Kampf zweier entgegengesetzter politischer Systeme ergeben. Im Rahmen dieser Aufgaben handelt der Reichsführer SS selbständig und in eigener Verantwortung. Im übrigen wird die dem Ob. d. H. und den von ihm beauftragten Dienststellen übertragene vollziehende Gewalt hierdurch nicht berührt. Der Reichsführer SS sorgt dafür, daß bei Durchführung seiner Aufgaben die Operationen nicht gestört werden. Näheres regelt das OKH mit dem Reichsführer SS unmittelbar. [...]
Mit Beginn der Operationen ist die deutsch-sowjetrussische Grenze, später die rückwärtige Grenze des Operationsgebietes durch den Ob. d. H. für jeden nicht-militärischen Personen-, Waren- und Nachrichtenverkehr, mit Ausnahme der vom Reichsführer SS nach Weisung des Führers einzusetzenden Polizeiorgane, zu sperren. Unterkunft und Versorgung dieser Organe regelt OKH-Gen.Qu., der hierzu beim Reichsführer SS die Abstellung von Verbindungsoffizieren anfordern kann. [...]"

Chefsache: Nur zur Orientierung von Oberstlt. v. Tresckow, Persönlich

Besprechung am 6/7.III.41.Rittm.**v**.Schach.(Oberst i.G.Oster,Chef -
Abwehr-Abt.O.K.W.,Oberstlt.i.G.v.Bentivegni,Chef Abw.III.)

---

a.200 km

Gefechtsgebiet

Operationsgebiet

Rückw.Armeegebiet

---

200 km

Heeresgebiet : Militärbefehlshaber (voraussichtl.der Heeres-
gruppen).Vorgesehen pro Heeregruppe 3 - 4
Sich.Divisionen mit jedoch nur je einem verst.
Inf.Regt.und 3 G.F.P.Gruppen.
Aufgabe:Sicherung der Rollbahnen u.Strassen
von Versorgungs-**S**tützpunkten aus.

Sperrlinie:gesichert durch das Heer nach Befehlen d.O.K.H.

Verwaltungsgebiet:Wehrmachtsbefehlshaber mit Vorrang für alle
milit.Belange.
Reichskommissar für polit.Befriedung.

beide bodenständig.

Demarkationslinie: gesichert mit V.G.A.D.

Reichsgebiet und Gouvernement.

Einsatz von III F.Trupps i.Verb. mit dem AA,angestrebt:i.Gegensatz zum
Westen;Unterstellung unter die Armeen.
Einsatz von SS Einsatzkommandos der vordersten Truppe folgend.
Weisungen an diese unmittelbar durch **R**eichführer SS.
Generalmajor Warlimont,Wehrmachtsführungsstab,Chef Abt.Landes-
verteidigung i.O**KW**!
ist zur Zeit beauftragt Befehle vom Führer zu erwirken :
1.) dass Verbindungs Offz. von der SS zu den I c der Armeen
gestellt werden,die im Range nicht höher sind als die I c.,
um sicherzustellen,**D**ass **A**lle Befehle des Reichsf.SS.an die
Einsatzkdos gleichzeitig den I c zur Kenntnis zugehen.
2.) dass abgegrenzte Befehle erlassen werden zur Vermeidung von
Operationsstörungen(marschtechnische Unterstellung,Störung
ziviler Arbeitskräfte pp)
3.) **D**ass Executionen
möglichst abseits der Truppe vorgenommen werden.

Einsatzkommandos unterstehen grundsätzlich nicht der Militär-
sondern der SS- Gerichtsbarkeit.

Obertlt i.G. von Bentivegni hat zugesagt,dass der Leiter der G.F.P.Ost
sobald er ernannt ist, zur Einweisung zur Heeresgruppe B tritt.

Besprechungsnotizen des Rittmeisters Schach von Wittenau, am 6./7.3.1941
RGVA–Moskau, 1303–1–41, Bl. 41

„Einsatz von SS Einsatzkommandos der vordersten Truppe folgend. Weisungen an diese unmittelbar durch Reichführer SS. Generalmajor Warlimont [...] ist zur Zeit beauftragt Befehle vom Führer zu erwirken [...], dass Executionen möglichst abseits der Truppe vorgenommen werden."

Das Oberkommando des Heeres stimmt dem Einsatz von Kommandos der Sicherheitspolizei und des SD im Operationsgebiet am 28. April 1941 zu.

WB 2345

...kommando des Heeres
...er St d ./Gen Qu
A... Abt. Kriegsverwaltung
Nr. II/ 2101 /41 geh.

H.Qu.OKH., den 28. 4. 41

...[Abschnitt]stab Schlesien
Abt. Ib 158/41 gKdos

Geheim

Betr.: Regelung des Einsatzes der Sicherheitspolizei und des SD
im Verbande des Heeres.

Die Durchführung besonderer sicherheitspolizeilicher Aufgaben ausserhalb der Truppe macht den Einsatz von Sonderkommandos der Sicherheitspolizei (SD) im Operationsgebiet erforderlich.

Mit Zustimmung des Chefs der Sicherheitspolizei und des SD wird der Einsatz der Sicherheitspolizei und des SD im Operationsgebiet wie folgt geregelt:

1.) Aufgaben:

a) Im rückw. Armeegebiet:
Sicherstellung vor Beginn von Operationen festgelegter Objekte (Material, Archive, Karteien von reichs- oder staatsfeindlichen Organisationen, Verbänden, Gruppen usw.) sowie besonders wichtiger Einzelpersonen (Führende Emigranten, Saboteure, Terroristen usw.)
Der Oberbefehlshaber der Armee kann den Einsatz der Sonderkommandos in Teilen des Armeegebietes ausschliessen, in denen durch den Einsatz Störungen der Operationen eintreten können.

b) Im rückw. Heeresgebiet:
Erforschung und Bekämpfung der staats- und reichsfeindlichen Bestrebungen, soweit sie nicht der feindlichen Wehrmacht eingegliedert sind, sowie allgemeine Unterrichtung der Befehlshaber der rückw. Heeresgebiete über die politische Lage.

Für die Zusammenarbeit mit den Abwehroffizieren bzw. Abwehrstellen gelten sinngemäss die mit der Abwehrabteilung ... am 1.1.37 gemeinsam ausgestellten "Grundsätze für die Zusammenarbeit zwischen der Geheimen Staatspolizei und den ...stellen der Wehrmacht".

2.) Zusammenarbeit zwischen den Sonderkommandos und den militärischen Kommandobehörden im rückw. Armeegebiet (zu 1.a).

Die Sonderkommandos der Sicherheitspolizei (SD) führen ihre
Aufgaben in eigener Verantwortlichkeit durch. Sie sind den
Armeen hinsichtlich Marsch, Versorgung und Unterbringung unterstellt. Disziplinäre und gerichtliche Unterstellung unter
den Chef der SP und des SD werden hierdurch nicht berührt.
Sie erhalten ihre fachlichen Weisungen vom Chef der Sicherheitspolizei und des SD und sind bezüglich ihrer Tätigkeit
gegebenenfalls einschränkenden Anordnungen der Armeen (s.Ziff.
1. a) unterworfen.

Für die zentrale Steuerung dieser Kommandos wird im Bereich
jeder Armee ein Beauftragter des Chefs der Sicherheitspolizei
und des SD eingesetzt. Dieser ist verpflichtet, die ihm vom
Chef der Sicherheitspolizei und des SD zugegangenen Weisungen
dem Oberbefehlshaber der Armee rechtzeitig zur Kenntnis zu
bringen. Der militärische Befehlshaber ist berechtigt, an den
Beauftragten Weisungen zu geben, die zur Vermeidung von Störungen der Operationen erforderlich sind, sie gehen allen übrigen Weisungen vor.

Die Beauftragten sind auf ständige enge Zusammenarbeit mit dem
I c angewiesen; Abstellung eines Verbindungsbeamten des Beauftragten zum I c kann von den Kommandobehörden gefordert werden.
Der I c hat die Aufgaben der Sonderkommandos mit der militärischen Abwehr, der Tätigkeit der GFP und den Notwendigkeiten
der Operationen in Einklang zu bringen.

Die Sonderkommandos sind berechtigt, im Rahmen ihres Auftrags
in eigener Verantwortung gegenüber der Zivilbevölkerung Exekutivmassnahmen zu treffen. Sie sind hierbei zu engster Zusammenarbeit mit der Abwehr verpflichtet. Massnahmen, die sich
auf die Operationen auswirken können, bedürfen der Genehmigung
des Oberbefehlshabers der Armee.

3.) Zusammenarbeit zwischen den Einsatzgruppen bzw. -kdos. der SP
(SD) und dem Befehlshaber im rückw. Heeresgebiet (zu 1 b):

Im rückw. ......

Im rückw. Heeresgebiet werden Einsatzgruppen und Einsatzkommandos der SP (SD) eingesetzt. Sie unterstehen dem Beauftragten des Chefs der SP und des SD beim Befehlshaber des rückw. Heeresgebiets und sind letzterem hinsichtlich Marsch, Unterkunft und Versorgung unterstellt.

Sie erhalten ihre fachlichen Weisungen vom Chef der SP und des SD.

Zur Befehlsübermittlung bedienen sie sich, falls keine anderen Nachrichtenmittel verfügbar sind, des Funkweges mit eigenen Geräten und besonderen Schlüsselmitteln. Die Frequenzenzuteilung regelt Chef HNW.

Der Beauftragte und gegebenenfalls die Kommandoführer der Einsatzkommandos bei den Sicherungsdivisionen sind verpflichtet, die ihnen zugegangenen Weisungen den militärischen Befehlshabern rechtzeitig zur Kenntnis zu bringen. Bei Gefahr im Verzuge ist der Befehlshaber im rückw. Heeresgebiet berechtigt, einschränkende Weisungen zu erteilen, die allen übrigen Weisungen vorgehen.

Die Einsatzgruppen bzw. -Kommandos sind berechtigt, im Rahmen ihres Auftrages in eigener Verantwortung Exekutivmassnahmen gegenüber der Zivilbevölkerung zu treffen.

Sie sind zu engster Zusammenarbeit mit der Abwehr verpflichtet.

4.) Abgrenzung der Befugnisse zwischen Sonderkommandos, Einsatzkdos. und Einsatzgruppen und G.F.P.

Die abwehrpolizeilichen Aufgaben innerhalb der Truppe und der unmittelbare Schutz der Truppe bleiben alleinige Aufgabe der GFP. Alle Angelegenheiten dieser Art sind von den Sonderkommandos bzw. Einsatzgruppen und -Kommandos sofort an die Geheime Feldpolizei abzugeben, wie umgekehrt diese alle Vorgänge aus dem Aufgabenbereich der Sonderkommandos ungesäumt an die Sonderkommandos bzw. Einsatzgruppen und Einsatzkommandos abzugeben hat. Im übrigen gilt auch hierfür das Abkommen vom 1.1.37 (s.Ziff.1).

von Brauchitsch

„Die Einsatzgruppen bzw. -Kommandos sind berechtigt, im Rahmen ihres Auftrages in eigener Verantwortung Exekutivmassnahmen gegenüber der Zivilbevölkerung zu treffen."

Generaloberst von Brauchitsch, Oberbefehlshaber des Heeres, zur Regelung des Einsatzes der Sicherheitspolizei und des SD im Verband des Heeres vom 28.4.1941
Bundesarchiv/Militärarchiv, RH 22/155

Abt. Ic   O.U., den 19.5.1941

B. Vollziehende Gewalt im Operationsgebiet.
(Vortragender Major i.G. Schmidt v.Altenstadt)

Operationsgebiet beginnt erst jenseits der Reichsgrenze.
Im Feindgebiet O.B. Inhaber der vollziehenden Gewalt. Einschränkungen.

a) Gefechtsgebiet: Träger der vollziehenden Gewalt Div.Kdr.,

b) im rückwärtigen Armeegebiet: O.B. der Armee,

c) im rückwärtigen Heeresgebiet: Befehlshaber des rückwärtigen
                             Heeresgebietes.

Teilung der Exekutive.
Aufgaben des Heeres (G.F.P.) Schutz der Truppe (Abwehraufgaben;
Sicherungspolizeiliche Massnahmen zum Schutze der Truppe).
Alles, was nicht zum Schutze der Truppe notwendig ist, ist Aufgabe
der Polizei.
Hierzu:

a) "Einsatz von Sonderkommandos" im Armeegebiet.Nur schwache Gruppen
(je Heeresgruppe 10 Führer und 50 Mann). Aufgaben sind vor Beginn
der Operation festgelegt (Festnahme von Personen, Aushebung von
Archiven). Einsatz kann durch O.B. ausgeschlossen werden.

Beauftragter des "Chefs der Sicherheits-Polizei" (Stabsoffizier)
hat Weisung, Verbindung mit Ic der Armeen aufzunehmen. Personen,
die für die Abwehr von Interesse, dürfen nicht beseitigt werden.
AO muss Kartei aller festgenommen führen und im Besitz einer Kartei
der V.-Leute sein. Verbindungsbeamte. Meldung.

b) grössere Aktionen im rückwärtigen Heeresgebiet. Bekämpfung politischer Bestrebungen p.p., soweit sie Staats- und Reichsfeinde
sind. Schwerpunkt abseits der Rollbahnen.
Hierzu werden folgende Kräfte einem höheren Polizei-Führer, der
dem Befehlshaber des rückwärtigen Heeresgebietes unterstellt
ist, unterstellt:

                     Einsatzgruppen
                     1 Polizei Rgt.
                     Verbände der Waffen-SS
                     Totenkopfverbände

Bei Kampfeinsatz verfügt Befehlshaber im rückwärtigen
Heeresgebiet über alle Polizei- und SS-Verbände.
Echte Unterstellung aller dieser Verbände,und damit Durchführung politischer Aufträge, von Ob d H abgelehnt.
Schlüssel: Versorgung, Benutzung der Rollbahnen, Nachrichtenmittel.

7

„Personen, die für die Abwehr von Interesse, dürfen nicht beseitigt werden."

Notiz zum Vortrag von Major Schmidt von Altenstadt während einer Besprechung am 16.5.1941
bei Generalquartiermeister Eduard Wagner in Wünsdorf vom 19.5.1941
Bundesarchiv/Militärarchiv, RH 20–11/334

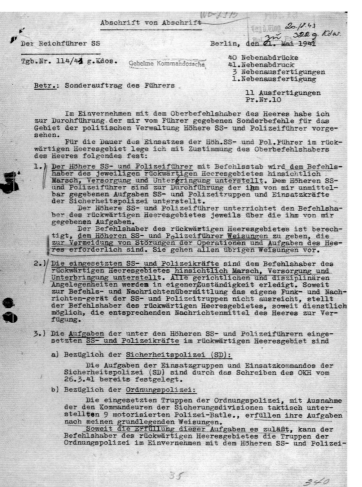

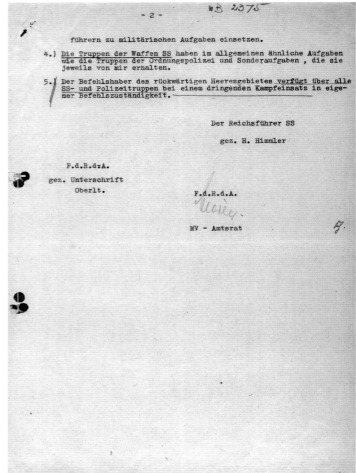

Der Reichsführer-SS Heinrich Himmler zum Sonderauftrag des Führers,
vom 21.5.1941
Bundesarchiv/Militärarchiv, RH 22/111

„Der Befehlshaber des rück-

wärtigen Heeresgebietes ist

berechtigt, dem Höheren SS-

und Polizeiführer Weisungen

zu geben, die zur Vermeidung

von Störungen der Operatio-

nen und Aufgaben des Heeres

erforderlich sind. Sie gehen

allen übrigen Weisungen vor."

Generaloberst Halder, Oberkommando des Heeres, am 11.6.1941

PAAA, R 27341, 317088–317095 (Handakten von Etzdorf)

„[…] Den Kommandos usw. ist die Erfüllung ihrer Sonderaufgaben durch Belehrung der Truppe, Ausstellen von Ausweisen, Gestellung von Hilfspersonal, Mitbenutzung von Fahrzeugen und sonstige Hilfeleistung, soweit die Gefechtslage sie gestattet, in jeder Weise zu erleichtern.

Der Schwerpunkt der Zusammenarbeit zwischen dem Ic-Dienst der Truppe, der Abwehr und den Sonderkommandos liegt bei den Ic-Offizieren der AOK's und der Pz.Gru.Kdos.

Sie tragen die Hauptverantwortung für die praktische Durchführung der vorstehend gegebenen Weisungen. […]"

Schreiben des Chefs der Sicherheispolizei und des SD, Reinhard Heydrich, vom 2.7.1941 über die Aufgaben der Einsatzgruppen

Bundesarchiv, R 58/241, Bl. 314–319, Zitat Bl. 315 f.

„[…] 3.) Fahndungsmaßnahmen:

An Hand der vom Reichssicherheitshauptamt herausgegebenen Sonderfahndungsliste O s t haben die EK der Sicherheitspolizei und des SD die erforderlichen Fahndungsmaßnahmen zu treffen –.

Da es naturgemäß nicht möglich war, alle gefährlichen Personen in der SU zu erfassen, sind über diese Fahndungsliste hinaus alle diejenigen Fahndungs und Exekutionsmaßnahmen zu treffen, die zur politischen Befriedung der besetzten Gebiete erforderlich sind.

4.) Exekutionen:

Zu exekutieren sind alle

> Funktionäre der Komintern (wie überhaupt die kommunistischen Berufspolitiker schlechthin)
>
> die höheren, mittleren und radikalen unteren Funktionäre der Partei, der Zentralkomitees, der Gau- und Gebietskommitees
>
> Volkskommissare
>
> Juden in Partei- und Staatsstellungen
>
> sonstigen radikalen Elemente (Saboteure, Propagandeure, Heckenschützen, Attentäter, Hetzer usw.)

soweit sie nicht im Einzelfall nicht oder nicht mehr benötigt werden, um Auskünfte in politischer oder wirtschaftlicher Hinsicht zu geben, die für die weiteren sicherheitspolizeilichen Maßnahmen oder für den wirtschaftlichen Wiederaufbau der besetzten Gebiete besonders wichtig sind.

Insbesondere ist Bedacht zu nehmen, daß Wirtschafts-, Gewerkschafts- und Handelsgremien nicht restlos liquidiert werden, sodaß keine geeigneten Auskunftspersonen mehr vorhanden sind.

Den Selbstreinigungsversuchen antikommunistischer oder antijüdischer Kreise in den neu zu besetzenden Gebieten sind keine Hindernisse zu bereiten. Sie sind im Gegenteil, allerdings spurenlos, zu fördern, ohne daß sich diese örtlichen ‚Selbstschutz' Kreise später auf Anordnungen oder gegebene politische Zusicherungen berufen können.

Da aus naheliegenden Gründen ein solches Vorgehen nur innerhalb der ersten Zeit der militärischen Besetzung möglich ist, haben die Einsatzgruppen der SP (SD) möglichst im Benehmen mit den militärischen Dienststellen bestrebt zu sein, in den betreffenden neu besetzten Gebieten raschestens, wenigstens mit einem Vorkommando, einzurücken.

Besonders sorgfältig ist bei Erschießungen von Ärzten und sonstigen in der Heilkunde tätigen Personen vorzugehen. Da auf dem Lande auf etwa 10 000 Einwohner an sich nur ein Arzt fällt, würde bei etwa auftretenden Epidemien durch die Erschießung von zahlreichen Ärzten ein kaum auszufüllendes Vakuum entstehen.

Wenn im Einzelfalle eine Exekution erforderlich ist, ist sie selbstverständlich durchzuführen, doch muß eine genaue Überprüfung des Falles vorausgehen. […]"

Heydrich benennt die zu exekutierenden Personen, darunter alle politischen „Funktionäre", „Juden in Partei- und Staatsstellungen" sowie „Saboteure, Propagandeure, Heckenschützen, Attentäter, Hetzer usw."

„LEBEN AUS DEM LANDE"

Der Krieg gegen die Sowjetunion war nicht nur ein rein militärisches Vorhaben, sondern auch durch wirtschafts- und bevölkerungspolitische Ziele geprägt. Unter Leitung von Staatssekretär Herbert Backe erarbeitete das Reichsministerium für Ernährung und Landwirtschaft im Winter 1940/41 Pläne zur ökonomischen Ausplünderung der Sowjetunion.

Richtungweisend für die wirtschaftspolitischen Kriegsziele war die vollständige Versorgung der Wehrmacht aus den zu besetzenden Gebieten im Osten sowie der Abtransport von Wirtschafts- gütern nach Deutschland. Daß eine solche Politik den Hungertod von Millionen sowjetischer Zivilisten bedeuten würde, war den Verantwortlichen durchaus bewußt. In einer Aktennotiz zur Staatssekretärsbesprechung am 21. Mai 1941 heißt es: „Hierbei werden zweifellos zig Millionen Menschen verhungern, wenn von uns das für uns Notwendige aus dem Lande herausgeholt wird."

Für die Umsetzung der kriegswirtschaftlichen Ziele wurde eine neue Behörde eingerichtet: der Wirtschaftsstab Ost. In ihm sollten die Kompetenzen der Reichsministerien und der Wirtschafts- abteilungen der Wehrmacht zusammengefaßt werden. Zentrale Instanz für die Umsetzung der Wirtschaftspläne innerhalb der Wehrmacht war das Wehrwirtschafts- und Rüstungsamt unter Leitung von General Georg Thomas. Unmittelbar vor Kriegsbeginn im Juni 1941 legte seine Abteilung auf der Grundlage der zentralen Wirtschaftsplanungen die internen Richtlinien für die zukünftige Kriegswirtschaft im Osten fest. Damit signalisierte das Oberkommando der Wehrmacht seine Bereitschaft, den Hungertod von „zig Millionen" sowjetischer Zivilisten in Kauf zu nehmen.

Protokoll einer Staatssekretärssitzung vom 21.5.1941
Der Prozeß gegen die Hauptkriegsverbrecher vor dem Internationalen Militärgerichtshof
(International Military Tribunal), Nürnberg, 14. Nov. 1945 – 1. Okt. 1946, Bd. 31, Nürnberg
1948, S. 84

„Hierbei werden zweifellos zig Millionen Menschen ver- hungern [...]."

„[...] 1.) Der Krieg ist nur weiterzuführen, wenn die gesamte Wehrmacht im 3. Kriegsjahr aus Rußland ernährt wird.
2.) Hierbei werden zweifellos zig Millionen Menschen verhun- gern, wenn von uns das für uns Notwendige aus dem Lande herausgeholt wird.
3.) Am wichtigsten ist die Bergung und Abtransport von Ölsaa- ten, Ölkuchen, dann erst Getreide. Das vorhandene Fett und Fleisch wird voraussichtlich die Truppe verbrauchen.
4.) Die Beschäftigung der Industrie darf nur auf Mangelgebie- ten wieder aufgenommen werden, z.B. die Werke für Verkehrs- mittel, die Werke für allgemeine Versorgungsanlagen (Eisen), die Werke für Textilien, von Rüstungsbetrieben nur solche, bei denen in Deutschland Engpässe bestehen. Aufmachung von Reperaturwerkstätten für die Truppe natürlich in erhöhtem Ausmaß. [...]"

Wirtschaftspolitische Richtlinien für die Wirtschaftsorganisation Ost vom 23.5.41, erarbeitet von der Gruppe Landwirtschaft
Bundesarchiv/Militärarchiv, RW 31/144

„[...] Damit ist das wesentlichste des Problems gekennzeichnet. Die Überschüsse Rußlands an Getreide werden entscheidend nicht durch die Höhe der Ernte, sondern durch die Höhe des Selbstverbrauchs bestimmt. Selbst eine geringe Herabsetzung um 30 kg je Kopf der Bevölkerung (220 kg statt 250 kg) und eine Herabsetzung der Pferderation um 25% erzeugen einen Exportüberschuß, der fast an die Friedenshöhe heranreicht. [...]
b) Da Deutschland bzw. Europa unter allen Umständen Überschüsse braucht, muß also der Konsum entsprechend herabgedrückt werden. Wie groß durch Drosselung des Verbrauchs die Überschußmengen werden können, zeigen die obigen Beispiele.
c) Dieses Herabdrücken des Konsums ist im Gegensatz zu den bisherigen besetzten Gebieten auch durchführbar deshalb, weil das Hauptüberschußgebiet räumlich scharf getrennt ist. [...] Die Überschußgebiete liegen im Schwarzerdegebiet (also im Süden, Südosten) und im Kaukasus. Die Zuschußgebiete liegen im wesentlichen in der Waldzone des Nordens (Podsolböden). Daraus folgt: Eine Abriegelung der Schwarzerdegebiete muß unter allen Umständen mehr oder weniger hohe Überschüsse in diesen Gebieten für uns greifbar machen. Die Konsequenz ist die Nichtbelieferung der gesamten Waldzone einschließlich der wesentlichen Industriezentren und Petersburg. [...]
1. Aufgabe der gesamten Industrie im Zuschußgebiet, im wesentlichen der Verarbeitungsindustrien im Moskauer und Petersburger Industriegebiet, desgleichen des Industriegebiets im Ural. Man kann wohl annehmen, daß diese Gebiete heute einen Zuschuß aus der Produktionszone von 5–10 Mill. t [Getreide] beziehen. [...]
3. Jede weitere Ausnahme zwecks Erhaltung dieses oder jenes Industriebezirks oder Industrieunternehmens in der Zuschußzone muß abgelehnt werden.
4. Erhalten werden kann die Industrie nur, soweit sie im Überschußgebiet liegt. [...]
Aus dieser Lage, die die Billigung der höchsten Stellen erfahren hat, [...] ergeben sich folgende Konsequenzen:
I. für die Waldzone: [...]
b) Ein deutsches Interesse an der Erhaltung der Erzeugungskraft dieser Gebiete ist, außer hinsichtlich der Versorgung der dort stehenden Truppen, nicht vorhanden. [...] Die Bevölkerung dieser Gebiete, insbesondere die Bevölkerung der Städte, wird größter Hungersnot entgegensehen müssen. Es wird darauf ankommen, die Bevölkerung in die sibirischen Räume abzulenken. Da Eisenbahntransport nicht in Frage kommt, wird auch dieses Problem ein äußerst schwieriges sein. [...]
Aus all dem folgt, daß die deutsche Verwaltung in diesem Gebiet wohl bestrebt sein kann, die Folgen der zweifellos eintretenden Hungersnot zu mildern und den Naturalisierungsprozeß zu beschleunigen. Man kann bestrebt sein, diese Gebiete intensiver zu bewirtschaften im Sinne einer Ausdehnung der Kartoffelanbaufläche und anderer für den Konsum wichtiger, hohe Erträge gebender Früchte. Die Hungersnot ist dadurch

dort nicht zu bannen. Viele 10 Millionen von Menschen werden in diesem Gebiet überflüssig und werden sterben oder nach Sibirien auswandern müssen. Versuche, die Bevölkerung dort vor dem Hungertode dadurch zu retten, daß man aus der Schwarzerdezone Überschüsse heranzieht, können nur auf Kosten der Versorgung Europas gehen. Sie unterbinden die Durchhaltemöglichkeit Deutschlands im Kriege, sie unterbinden die Blockadefestigkeit Deutschlands und Europas. Darüber muß absolute Klarheit herrschen. [...]
I. Armeeversorgung. Die Ernährungslage Deutschlands im dritten Kriegsjahr erfordert gebieterisch, daß die Wehrmacht in ihrer Gesamtverpflegung nicht aus dem großdeutschen Raum, bezw. denjenigen angegliederten oder befreundeten Gebieten, die diesen Raum durch Ausfuhren versorgen, lebt. Dieses Minimalziel, die Versorgung der Wehrmacht aus Feindesland im dritten und evtl. weiteren Kriegsjahren muß unter allen Umständen erreicht werden. [...]
II. Versorgung der deutschen Zivilbevölkerung.
1) Erst nach Abdeckung dieses Heeresbedarfs, der unter allen Umständen aus den Osträumen bereitgestellt werden muß, haben Lieferungen nach Deutschland zur Deckung des Zivilbedarfs einzusetzen. Hierbei ist jede Verzettelung auf Nebengebiete unter allen Umständen zu unterlassen. Im Vordergrund steht der Transport von Ölsaaten – insbesondere Sonnenblumenkerne, aber auch Leinsaat, Baumwollsaat, Sojabohnen – nach Deutschland, um die Fettbilanz zu verbessern. [...]
2) Erst nach der Bewältigung des Transports dieser Ölsaaten kann eine Getreideausfuhr stattfinden, die selbstverständlich außerordentlich erwünscht ist, da ja Großdeutschland in steigendem Maße die besetzten Gebiete beliefern muß und auch selbst für die Zukunft seiner Reserven nach der schlechten Ernte 1940 und der bestenfalls zu erwartenden mittleren Ernte in diesem Jahre auffüllen muß. [...]
3) Wie bereits die Rationskürzungen in Deutschland jetzt gezeigt hat, ist der schwächste Punkt in der deutschen Ernährung die Fleischversorgung. [...] Es wird daher erforderlich sein, auch für das Reich Fleischmengen aus dem Ostraum zur Verfügung zu stellen.
Während jedoch die Versorgung des Heeres aus allen Gebieten im Osten stattfinden muß (je nach den in den einzelnen Gebieten vorhandenen Truppen), und während die Ausfuhr von Ölsaaten und Getreide im wesentlichen aus der Schwarzerdezone stattfinden wird, wird die Bereitstellung von Fleisch für deutsche Zwecke, ja sogar auch für Zwecke des laufenden Bedarfs der Wehrmacht aus der Waldzone stattfinden müssen, und hier wiederum insbesondere aus den weißrussischen und den Zentralindustriegebieten um Moskau herum. [...] Die Rinderbestände massieren sich mehr in den natürlichen Waldgebieten, das sind die Gebiete nördlich Moskaus, abgesehen vom Baltikum, bis hinüber nach Sibirien und die Steppengebiete im Südosten. Die Schweinefleischkammern liegen im nordwestlichen Waldgebiet bis nach Moskau hinüber. Diese Gebiete werden durch die Unterbrechung der Getreidezufuhren aus der Schwarzerdezone in Zukunft unter allen Umständen ihre Viehbestände, namentlich ihre Schweinebeständen, ganz erheblich senken müssen. [...]

„Dieses Minimalziel, die Versorgung der Wehrmacht aus Feindesland im dritten und evtl. weiteren Kriegsjahren muß unter allen Umständen erreicht werden."

„Erst nach Abdeckung dieses Heeresbedarfs, der unter allen Umständen aus den Osträumen bereitgestellt werden muß, haben Lieferungen nach Deutschland zur Deckung des Zivilbedarfs einzusetzen."

Es kommt also darauf an, nicht nur vorbereitend Viehbestände für 1 Jahr für 2/3 der Wehrmacht bereitzustellen, es kommt weiter nicht nur darauf an, lebend Vieh insbesondere aus dem Nordwesten und den Zentralgebieten an die Ostseehäfen zu verfrachten, um sie über die Grenzschlachthöfe im Norden Deutschlands für die deutsche Zivilversorgung nutzbar zu machen, sondern es kommt entscheidend darauf an, auch für die weitere Zukunft Fleischbestände, soweit irgend möglich, zu sichern. Das Problem der Konservierung von Fleisch wird also gerade in den Nordgebieten von entscheidender Bedeutung sein. [...]

V. Diese Ausführungen zeigen, worauf es ankommt. Das Minimalziel muß sein, Deutschland im 3. Kriegsjahr völlig von der Versorgung der eigenen Wehrmacht zu befreien, um der deutschen Ernährungswirtschaft die Möglichkeit zu geben, einerseits die bisherigen Rationen beizubehalten, andererseits gewisse Reserven für die Zukunft anzulegen. Außerdem wird es notwendig sein, auf den drei entscheidenden Lebensmittelgebieten – Ölsaaten, Getreide und Fleisch – Zufuhren in einem größtmöglichen Umfang für Deutschland freizumachen, um die Ernährung nicht nur Großdeutschlands, sondern auch der besetzten Gebiete im Norden und Westen zu gewährleisten. [...]

Abschließend sei nochmals auf das Grundsätzliche hingewiesen: Rußland hat sich unter dem bolschewistischen System aus reinen Machtgründen aus Europa zurückgezogen und so das europäische arbeitsteilige Gleichgewicht gestört. Unsere Aufgabe, Rußland wieder arbeitsteilig in Europa einzubeziehen, bedeutet zwangsläufig die Zerreißung des jetzigen wirtschaftlichen Gleichgewichts innerhalb der UdSSR. Es kommt also unter keinen Umständen auf eine Erhaltung des Bisherigen an, sondern auf bewußte Abkehr vom Gewordenen und Einbeziehung der Ernährungswirtschaft Rußlands in den europäischen Rahmen. Daraus folgt zwangsläufig ein Absterben sowohl der Industrie wie eines großen Teils der Menschen in den bisherigen Zuschußgebieten.

Diese Alternative kann nicht hart und scharf genug herausgestellt werden."

„Daraus folgt zwangsläufig ein Absterben sowohl der Industrie wie eines großen Teils der Menschen in den bisherigen Zuschußgebieten. Diese Alternative kann nicht hart und scharf genug herausgestellt werden."

La B.Nr. 52/41 g.Kdos.   Geheime Kommandosache!

<u>12 Gebote</u>
<u>für das Verhalten der Deutschen im Osten und die Behandlung</u>
<u>der Russen.</u>

1.

Für Euch, die Ihr als Mitarbeiter nach dem Osten geschickt
werdet, gilt als Grundsatz, dass nur die Leistung entscheidend ist.
Daher muss ich von Euch höchsten und rücksichtslosesten Einsatz
verlangen.

2.

Habt keine Angst vor Entscheidungen, die falsch sein könnten.
Wer nichts tut, macht keinen Fehler. Es kommt aber nicht auf einige
Fehler an, sondern darauf, dass Ihr handelt. Jeder von Euch, der
aus Angst vor Verantwortung nichts tut, ist unbrauchbar.

3.

Nunmehr ist Euch eine einzigartige Gelegenheit gegeben, zum
vollsten Einsatz zu kommen und Euren Leistungswillen, Euer Können,
Eure Einsatzfähigkeit unter Beweis zu stellen. So hat England
Jahrhunderte lang in seinem Empire junge Leute auf verantwortungs-
volle Posten gestellt und ihnen die Chance gegeben, sich zu Füh-
rernaturen zu entwickeln. Die Enge Deutschlands hat dies bisher
nicht erlaubt. Die Bewältigung der Aufgaben im Osten erfordert jedoch, dass Ihr nicht mit einem engen westeuropäischen Maßstab an
die Dinge herangeht. Ihr Männer draussen werdet vom höchsten Vertrauen Eurer Vorgesetzten getragen. Verlangt wird von Euch Bewäh-
rung. Die von mir angeordneten Kontrollen werden nur im Notfall
eine Einzelmassnahme nachprüfen, im wesentlichen aber darauf sehen,
ob Ihr Euer Können unter Beweis stellt.

4.

Ich verlange von Euch echtes Führertum. Dieses äussert sich
weder in Verwaltungskrieg noch in professoralen Betrachtungen.
Darum also:
      Dauernde Tätigkeit an der Front,
      Höchste Entschlussfreudigkeit,
      Rasche Entscheidung (lieber falscher Entscheid, als
                           kein Entscheid)

-2-

-5-

Russland war stets das Land der Korruption, der Denunziation
und des Byzantinismus. Diese Gefahr wird insbesondere an Euch
herantreten durch Emigranten, Dolmetscher usw. Russen in geho-
bener Stellung, auch Betriebsleiter, Vorarbeiter und Hofmeister
neigen immer dazu, ihre Untergebenen zu erpressen, aber sich
auch bestechen zu lassen. Greift hart durch, wenn Ihr Bestechun-
gen merkt. Seid selbst immer unbestechlich und korrekt.

10.

Wir wollen den Russen keine neue Religion bringen. Der Russe
ist aber in seinem Wesen ein religiös abergläubischer Mensch, das
sollt Ihr achten. Die Beschäftigung mit religiösen Fragen gehört
aber nicht zu Eurer Aufgabe.

11.

Armut, Hunger und Genügsamkeit erträgt der russische Mensch
schon seit Jahrhunderten. Sein Magen ist dehnbar, daher kein falsches Mitleid. Versucht nicht, den deutschen Lebensstandard als
Masstab anzulegen und die russische Lebensweise zu ändern.

12.

Ihr seid vollkommen auf Euch gestellt, daher keine Beschwerden und Hilferufe nach oben. Hilf Dir selbst, dann hilft Dir Gott!

Berlin, den 1. Juni 1941.

Zwölf Gebote des Staatssekretärs Herbert Backe „für das Verhalten der Deutschen
im Osten und die Behandlung der Russen" vom 1.6.1941 (Auszüge)
Bundesarchiv/Militärarchiv, RW 31/292

„Armut, Hunger und Genüg-
samkeit erträgt der russische
Mensch schon seit Jahrhunderten. Sein Magen ist dehnbar, daher kein falsches
Mitleid. Versucht nicht, den
deutschen Lebensstandard
als Masstab anzulegen und
die russische Lebensweise zu
ändern."

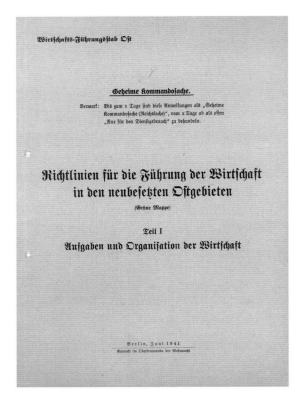

Wirtschafts-Führungsstab Ost

Geheime Kommandosache.

Vermerk: Bis zum x Tage sind diese Anweisungen als „Geheime Kommandosache (Reichssache)", vom x Tage ab als offen „Nur für den Dienstgebrauch" zu behandeln.

Richtlinien für die Führung der Wirtschaft in den neubesetzten Ostgebieten

(Grüne Mappe)

Teil I
Aufgaben und Organisation der Wirtschaft

Berlin, Juni 1941
Gedruckt im Oberkommando der Wehrmacht

Deckblatt der Richtlinien für die Führung der Wirtschaft in den neubesetzten Ostgebieten (Grüne Mappe), Teil I: Aufgaben und Organisation der Wirtschaft, 6/41, erarbeitet vom Wehrwirtschafts- und Rüstungsamt
Bundesarchiv/Militärarchiv, RW 31/128

„Die Ausnutzung der neu zu besetzenden Gebiete hat sich in erster Linie auf den Gebieten der Ernährungs- und Mineralölwirtschaft zu vollziehen. Soviel wie möglich Lebensmittel und Mineralöl für Deutschland zu gewinnen, ist das wirtschaftliche Hauptziel der Aktion."

„[...] Die ‚Grüne Mappe', Teil I, dient der Truppenführung und den Wirtschaftsdienststellen zur Orientierung über die w i r t - s c h a f t l i c h e n A u f g a b e n in den neu zu besetzenden Ostgebieten. Sie enthält Weisungen für die V e r s o r g u n g d e r T r u p p e aus dem Lande und gibt Richtlinien für die T r u p p e z u r U n t e r s t ü t z u n g d e r W i r t s c h a f t. Die in der ‚Grünen Mappe' enthaltenen Anordnungen und Richt-linien entsprechen den vom OKW und den Wehrmachtteilen ge-gebenen militärischen Befehlen. [...]

II. Die Ausnutzung der neu zu besetzenden Gebiete hat sich in erster Linie auf den Gebieten der E r n ä h r u n g s - u n d M i n e r a l ö l w i r t s c h a f t zu vollziehen. Soviel wie möglich Lebensmittel und Mineralöl für Deutschland zu gewinnen, ist das w i r t s c h a f t l i c h e H a u p t z i e l d e r A k t i o n. [...]

Völlig abwegig wäre die Auffassung, daß es darauf ankomme, in den besetzten Gebieten einheitlich die Linie zu verfolgen, daß sie baldigst wieder in Ordnung gebracht und tunlichst wieder aufgebaut werden müßten. Die Behandlung der einzelnen Landstriche wird im Gegenteil durchaus verschiedenartig sein müssen. Nur diejenigen Gebiete werden wirtschaftlich geför-dert und vordringlich in Ordnung gehalten werden müssen, in denen bedeutende Ernährungs- und Mineralölreserven für uns

erschlossen werden können. In anderen Landesteilen, die sich nicht selbst ernähren können – also in großen Teilen Nord- und Mittelrußlands –, muß sich die Wirtschaftsführung auf die Aus-nutzung der vorgefundenen Vorräte beschränken.

Welche Rüstungsbetriebe aufrechtzuerhalten oder wieder aufzu-bauen sein werden, bleibt späterer Entschließung vorbehalten.

III. Für die einzelnen Sachgebiete ergibt sich folgendes:

a) E r n ä h r u n g u n d L a n d w i r t s c h a f t.

1. die erste Aufgabe ist es, sobald wie möglich zu erreichen, daß die d e u t s c h e n T r u p p e n r e s t l o s aus dem besetz-ten Gebiet v e r p f l e g t werden, um so die Verpflegungslage Europas zu erleichtern und die Verkehrswege zu entlasten. Der Gesamtbedarf der Wehrmacht an Hafer ist aus dem mittleren Rußland, dem Hauptanbaugebiet für Hafer, zu decken, soweit er nicht aus anderen besetzten Gebieten beschafft werden kann. In Südrußland ist zu erstreben, statt Hafer auch Gerste und Mais zu verfüttern.

2. Das Schwergewicht bei der Erfassung von Nahrungsmitteln für die heimische Wirtschaft liegt bei Ö l f r ü c h t e n u n d G e t r e i d e. Die in den Südgebieten anfallenden Ernteüber-schüsse und Vorräte sind mit allen Mitteln zu sichern, der ord-nungsmäßige Ablauf der Erntearbeiten ist zu beaufsichtigen, der Abfluß in die landwirtschaftlichen Zuschußgebiete Mittel- und Nordrußlands ist rücksichtslos zu unterbinden, soweit nicht Ausnahmen angeordnet werden oder durch die Verpfle-gung der Truppen geboten sind. [...]

c) D i e I n d u s t r i e n, welche die Voraussetzung für das Funktionieren der im deutschen Interesse betriebenen land-wirtschaftlichen Produktion in den Überschußgebieten, der Mineralölerzeugung und der Rohstofförderung bilden, sind be-vorzugt und rasch in Betrieb zu setzen.

Über die Ingangsetzung von Verbrauchsgüterindustrien zur Versorgung insbesondere der Südgebiete wird später zu ent-scheiden sein. [...]

e) Für die s o n s t i g e i n d u s t r i e l l e P r o d u k t i o n gilt folgendes: [...]

3. In den landwirtschaftlichen Zuschußgebieten Nord- und Mit-telrußlands ist ein durch Abwandern von Arbeitern aufs Land eintretender industrieller Produktionsausfall grundsätzlich in Kauf zu nehmen.

4. Betriebe, die in landwirtschaftlichen Überschußgebieten zunächst stilliegen müssen, sind weiterhin betriebsfähig zu erhalten. [...]

Die Durchführung der wirtschaftlichen Einzelaufgaben.

1. Innerhalb der E r n ä h r u n g s w i r t s c h a f t steht im Vordergrund die Gewinnung von G e t r e i d e u n d ö l h a l -t i g e n P f l a n z e n f r ü c h t e n. Alle Maßnahmen hierfür sind auf lange Sicht abzustellen (Bergung der Ernte, Sicherung der Lagerung, Vorsorge und Durchführung der Herbstbestellung, Bereitstellung der Arbeitskräfte und der Maschinen, des Saat-gutes, der Düngemittel, Drosselung des Verbrauchs der einhei-mischen Bevölkerung. Von der Einrichtung einfachster Ge-meinschaftsküchen ist weitestgehend Gebrauch zu machen.)"

VERWEIGERTE HUMANITÄT

Kriegsgefangene waren nach international geltenden Vereinbarungen rechtlich geschützt. Bereits während der Kriegsplanungen machte Hitler deutlich, daß der besondere Charakter des Krieges auch eine abweichende Behandlung der sowjetischen Kriegsgefangenen bedeuten werde. Generaloberst Halder hielt von der Rede Hitlers am 30. März 1941 fest: „Wir müssen von dem Standpunkt des soldatischen Kameradentums abrücken. Der Kommunist ist vorher kein Kamerad und nachher kein Kamerad."

Obwohl die militärstrategischen Planungen Millionen sowjetischer Kriegsgefangener erwarten ließen, trafen die zuständigen Wehrmachtsstellen keine ausreichenden Vorbereitungen für deren Unterbringung und Versorgung. Da die Sowjetunion dem Genfer Abkommen von 1929 über die Behandlung von Kriegsgefangenen nicht beigetreten war, nutzte die deutsche Führung diesen Umstand, um von den in einem solchen Fall immer noch geltenden Mindeststandards abzurücken. Im Unterschied zu den westlichen Kriegsgefangenen sollten die gefangenen Rotarmisten nicht nur weitaus schlechter behandelt, verpflegt und untergebracht werden, ihre Registrierung wurde zunächst sogar vollständig abgelehnt, später in vereinfachter Form durchgeführt.

Obwohl von verschiedener Seite auf die negativen Folgen für die in sowjetischer Gefangenschaft befindlichen deutschen Soldaten aufmerksam gemacht wurde, schlug Hitler mehrere diplomatische Initiativen aus, die eine von der Sowjetunion vorgeschlagene Anerkennung internationaler Schutzbestimmungen zum Ziel hatten. Am 25. August 1941 entschied Hitler, daß „keine Rechtsvereinbarung mit der Sowjetunion über die Behandlung der Kriegsgefangenen getroffen werden" sollte.

Befehl des Oberkommandos der Wehrmacht über die Erfassung und Behandlung der sowjetischen Kriegsgefangenen vom 26.6.1941
Bundesarchiv/Militärarchiv, WI/ID 72

„[...] I. Organisation.

Die Verantwortlichkeit für die Betreuung der aus den Operationen im Osten anfallenden Kriegsgef. erstreckt sich

für O K H auf das Operationsgebiet und das Gebiet der Deutschen Heeresmission in Rumänien

für O K W / A W A auf das Heimatgebiet einschl. Generalgouvernement.

OKW hat eingerichtet:

a) Im Generalgouvernement und im Wehrkreis I:

Eine ‚Kriegsgefangenen-Heimatorganisation‘ zur Übernahme und vorläufigen Betreuung der aus dem Operationsgebiet abgeschobenen Kriegsgefangenen.

b) Im übrigen Reichsgebiet:

Lager zur Aufnahme der russischen Kriegsgef. getrennt von allen übrigen Kriegsgefangenen.

Die Heimatorganisation untersteht

im Generalgouvernement

dem Kommandeur der Kriegsgefangenen im Generalgouvernement, Gen.Lt. H e r r g o t t, Kielce

im Wehrkreis I

dem Kommdandeur der Kriegsgefangenen

Gen.Maj. von H i n d e n b u r g, Königsberg.

Dem Kommandeur der Kriegsgefangenen im Generalgouvernement sind: 3 Kriegsgefangenen-Bezirkskommandanten und 6 Stalag-Kommandanturen, dem Kommandeur der Kriegsgefangenen im Wehrkreis I: 7 Oflag-Kommandanturen mit Aufgaben von Stalags sowie eine Stalag-Kommandantur mit entsprechender Anzahl Wach-Batle. unterstellt.

Dem Kommandeur der Kriegsgefangenen im Generalgouvernement unterstehen:

Bezirkskommandant B   Sitz: Piaseszno (südl. Warschau)
    mit Stalag 324 Ostrow-Mazowiecka
       ”   316 Siedlce
       ”   307 Bialla-Podlaska
Bezirkskommandant M   Sitz: Lublin
    mit Stalag 319 Chelm
       ”   325 Zamosz
Bezirkskommandant O   Sitz: Krakau
    mit Stalag 327 Jaroslaw
      Dem Kommandeur der Kriegsgefangenen im Wehrkreis I
      unterstehen:
      Oflag 63   in Prökuls
       ” 53   in Heydekrug
       ” 60   in Schirwindt
       ” 52   in Schützenort (Ebenrode)
       ” 56   in Prostken
       ” 68   in Suwalki
    Stalag 331   in Fischborn-Turosel
    Oflag 57   in Ostrolenka

Die genannten Oflag-Kommandanturen haben Stalag-Aufgaben.

Die Kommandeure der Kriegsgefangenen im Generalgouvernement und im Wehrkreis I haben aus den ihnen unterstellten Lagern unmittelbar an der Grenze zwischen Heimat und Operationsgebiet K r i e g s g e f a n g e n e n - Ü b e r n a h m e - s t e l l e n eingerichtet, welche die Kriegsgefangenen vom Feldheer bezw. dem rückwärtigen Heeresgebiet zu übernehmen und in die Lager der Kriegsgefangenen-Heimatorganisation weiterzuleiten haben.

In den Wehrkreisen des übrigen Reichsgebiets sind folgende Kriegsgefangenenlager für russische Kriegsgefangene in Einrichtung begriffen:

Wehrkreis	Stalag-Nr.	Einsatzort:	Belegungsfähigkeit:
II	313	Hammerstein	30 000
”	315	”	30 000
”	302	Gr. Born	50 000
”	323	” ”	30 000
		Übertrag:	140 000
IV	329	Zeithain	50 000
”	304	”	50 000
”	303	Königsbrück	40 000
VI	326	Senne	50 000
”	328	”	50 000
VIII	318	Lamsdorf	30 000
”	308	Neuhammer	50 000
”	Oflag 58	”	50 000
X	310	Munster	50 000
XI	311	Bergen	20 000
”	321	”	30 000
”		”	50 000
”	341	Altengrabow	30 000
XX	312	Thorn	50 000
XXI	301	Sieradz	50 000
		zu	790 000

weiter ist vorgesehen:

Im W.K. VII   Hammelburg

Über Einsatz dieses Lagers ergeht Sonderbefehl.

II. Erfassung der Kriegsgefangenen.

In vorläufiger Abänderung der Bestimmungen der H.Dv.38/4 und 5 sind russische Kriegsgefangene wie folgt zu erfassen:

a) Im Dulag (gibt es nur im Bereich des rückwärtigen Heeresgebietes)

1. keinerlei namentliche Erfassung. Aufnahme- und Weiterleitungslisten sind nicht zu führen.

2. Keine Abnahme von privaten Geldbeträgen, Wertsachen usw.

3. Bekleidungs- und Ausrüstungsstücke, insbesondere Kocheinrichtungen, Feldküchen und Essgeschirr, Zelte, Decken, Mäntel usw. werden den Kriegsgefangenen belassen und bei Abschub in die Lager der Heimatorganisation und des Reiches mitgegeben werden.

b) Im Stalag (Im Bereiche der ‚Heimatorganisation‘
         s. Ziff. Ia und im Reich)

Im Stalag ist ausser den Aufnahme- und Weiterleitungslisten nur die Karteikarte I zu führen. Die Karteikarte II kommt in

Fortfall, solange Arbeitseinsatz der Russen in der Wirtschaft nicht beabsichtigt ist. (s.Ziff.III).

Die Erfassung hat zunächst nur in den Stalags des Reiches, nicht aber in den Stalags der Heimatorganisation (Generalgouvernement und Wehrkreis I) zu erfolgen. Über den Zeitpunkt der Registrierung in d i e s e n Lagern ergeht Sonderbefehl.

Ausstattung der russischen Kriegsgefangenen mit Erkennungsmarken wie üblich.

Eine Erfassung der Bekleidungsstücke durch Aufstellung von Bekleidungsnachweisen ist erst auf ausdrücklichen Befehl des OKW vorzunehmen.

Meldung an die Wehrmacht-Auskunftstelle erfolgt nicht. Zu- und Abgangslisten sind demnach nicht zu führen.

III. Behandlung der Kriegsgefangenen.

Gegenüber Kriegsgefangenen der Roten Armee ist äusserste Zurückhaltung und schärfste Wachsamkeit geboten. Mit heimtückischem Verhalten, insbesondere der Kr.Gef. asiatischer Herkunft, ist zu rechnen, daher rücksichtsloses und energisches Durchgreifen bei den geringsten Anzeichen von Widersetzlichkeit insbesondere gegenüber bolschewistischen Hetzern. Restlose Beseitigung jeden aktiven und passiven Wiederstandes!

Jeder Verkehr der Kriegsgefangenen mit der Zivilbevölkerung oder mit den Wachmannschaften ist nachdrücklich zu verhindern.

Das Kriegsgefangenen-Führerpersonal (Offz.,Uffz.) wird bereits durch das Feldheer abgesondert und an die Kriegsgefangenen-Heimatorganisation in eigenen Transporten abgeschoben werden. Diese Trennung muss auch in den Wehrkreisen mit aller Schärfe aufrecht erhalten werden. Wenn für das Führer-Personal keine Sonderlager vorhanden sind, muss durch Abtrennung und Sicherung des Führerpersonals jeder Verkehr, auch durch Zeichen, unmöglich gemacht werden.

Sowjet-Russland hat das Abkommen über Behandlung der Kriegsgefangenen vom 27.7.1929 nicht anerkannt. Trotzdem bildet es die Grundlage für die Behandlung der Kriegsgefangenen.

Folgende Ausnahmen werden befohlen:

1. Kein Arbeitseinsatz der Kr.Gef. innerhalb der Wirtschaft, nur für Lagerarbeiten.

2. Keine Bezahlung für geleistete Arbeiten. Keine Soldzahlung an Offiziere und Sanitätspersonal.

3. Über Verpflegung der kriegsgefangenen Russen ergeht Sonderbefehl. Bis zu dessen Erlass gelten die bisherigen Verpflegungsvorschriften.

4. Die Vorschriften über ‚Beziehungen der Kriegsgefangenen zur Aussenwelt‘ (Schutzmacht, Hilfsgesellschaften) finden keine Anwendung.

5. Postverkehr wird nicht zugelassen. (Keine Herzliche-Grusskarte!)

IV. Behandlung der Minderheiten.

In den Stalags der ‚Heimatorganisation‘ (s. oben I) ist nach Möglichkeit bereits nach Eintreffen der Kriegsgefangenen eine Aussonderung derselben nach ihrer Volkstumszugehörigkeit vorzunehmen.

Zunächst kommen folgende Volkstumsangehörige in Frage:

Volksdeutsche, Ukrainer, Weissrussen, Polen, Littauer, Esten, Letten, Finnen, Rumänen.

Die Absonderung dieser Volkstumszugehörigen ist auch in den Lagern des Wehrkreises aufrechtzuerhalten.

Falls eine weitere Unterteilung nach Volkstumszugehörigkeit erforderlich werden sollte, ergeht weiterer Befehl. [...]"

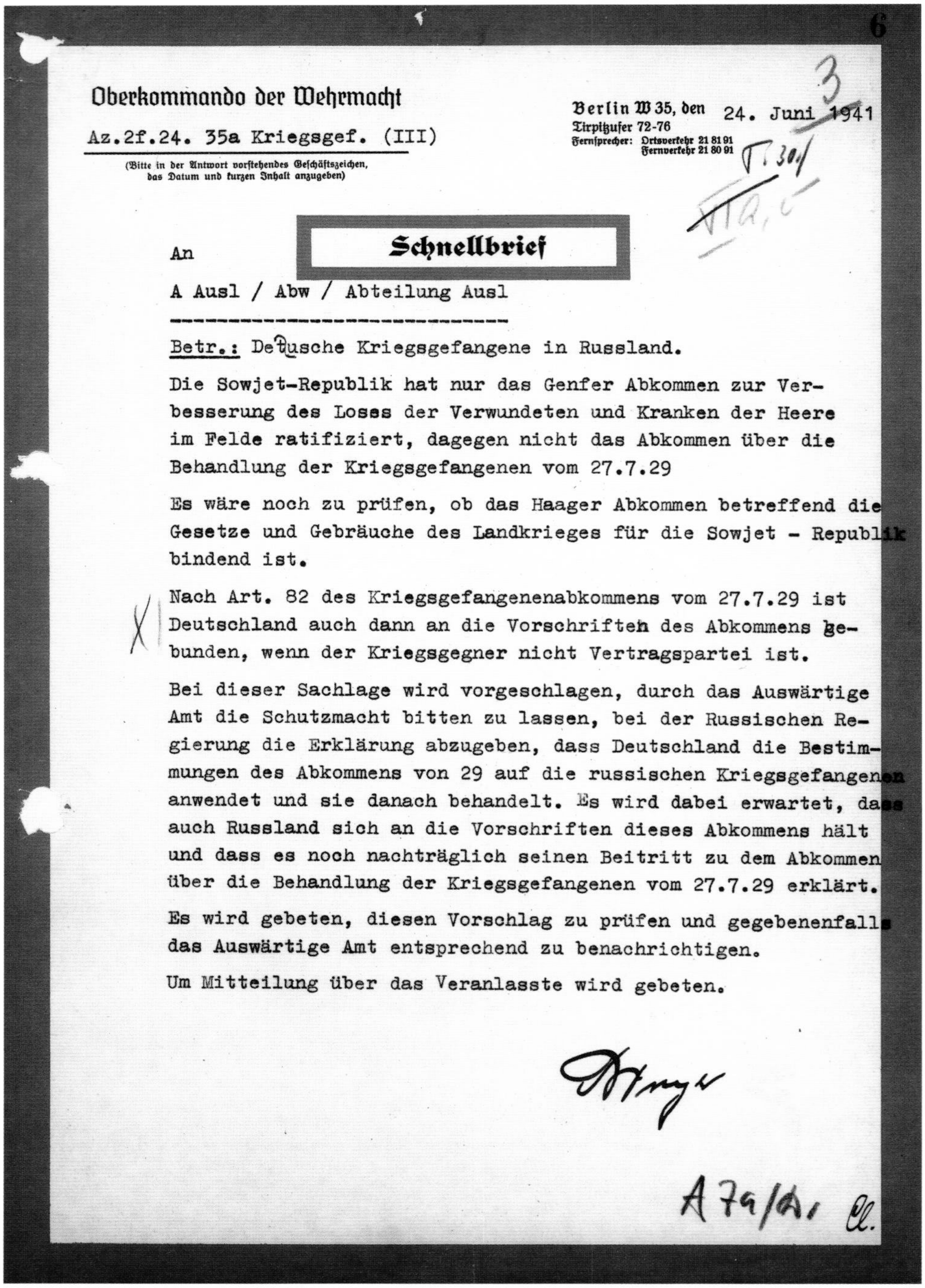

Oberkommando der Wehrmacht

Az.2f.24. 35a Kriegsgef. (III)

(Bitte in der Antwort vorstehendes Geschäftszeichen,
das Datum und kurzen Inhalt angeben)

Berlin W 35, den 24. Juni 1941
Tirpitzufer 72-76
Fernsprecher: Ortsverkehr 21 81 91
Fernverkehr 21 80 91

An

Schnellbrief

A Ausl / Abw / Abteilung Ausl

————————————————————————————

Betr.: Deutsche Kriegsgefangene in Russland.

Die Sowjet-Republik hat nur das Genfer Abkommen zur Verbesserung des Loses der Verwundeten und Kranken der Heere
im Felde ratifiziert, dagegen nicht das Abkommen über die
Behandlung der Kriegsgefangenen vom 27.7.29

Es wäre noch zu prüfen, ob das Haager Abkommen betreffend die
Gesetze und Gebräuche des Landkrieges für die Sowjet - Republik
bindend ist.

Nach Art. 82 des Kriegsgefangenenabkommens vom 27.7.29 ist
Deutschland auch dann an die Vorschriften des Abkommens gebunden, wenn der Kriegsgegner nicht Vertragspartei ist.

Bei dieser Sachlage wird vorgeschlagen, durch das Auswärtige
Amt die Schutzmacht bitten zu lassen, bei der Russischen Regierung die Erklärung abzugeben, dass Deutschland die Bestimmungen des Abkommens von 29 auf die russischen Kriegsgefangenen
anwendet und sie danach behandelt. Es wird dabei erwartet, dass
auch Russland sich an die Vorschriften dieses Abkommens hält
und dass es noch nachträglich seinen Beitritt zu dem Abkommen
über die Behandlung der Kriegsgefangenen vom 27.7.29 erklärt.

Es wird gebeten, diesen Vorschlag zu prüfen und gegebenenfalls
das Auswärtige Amt entsprechend zu benachrichtigen.

Um Mitteilung über das Veranlasste wird gebeten.

Schnellbrief des OKW, Allgemeines Wehrmachtsamt/Kriegsgefangene (III), Breyer, an das Amt Ausland
vom 24.6.1941
Bundesarchiv/Militärarchiv, RW 5/506, Bl. 6

Ausl. VI c.   Berlin, den 27.6.1941.

Dem
    Herrn Chef Ausl.
    vorzulegen.

                        N o t i z.
                        ‗‗‗‗‗‗‗‗‗‗

Betr.: Deutsche Kriegsgefangene in der Sowjetunion.

        1) Da die Sowjetunion dem Kriegsgefangenenabkommen
von 1929 nicht beigetreten ist und sie keine Erklärung
darüber abgegeben hat, dass sie die Haager Landkriegsordnung als für sich verbindlich anerkennt, ist Deutschland der Sowjetunion gegenüber nicht an die Bestimmungen
des Kriegsgefangenenabkommens gebunden. Die von Abt.
Kriegsgefangene vertretene Auslegung des Art. 82 ist unrichtig. Dieser Art. bedeutet nur, dass Deutschland gegenüber den anderen Kriegsgegnern, die das Abkommen
unterzeichnet haben, trotz des Kriegseintritts der
Sowjetunion, gebunden bleibt.

        2) Es fragt sich, ob nicht gewisse Befehle, die
gegeben worden sind, mit der Erklärung, dass Deutschland
das Kriegsgefangenenabkommen gegenüber der Sowjetunion
anwende, im Widerspruch stehen. Ist dies der Fall, so
kann eine solche Erklärung nur abgegeben werden, wenn
diese Befehle im Interesse der deutschen Kriegsgefangenen in der Sowjetunion modifiziert werden.

        3) Es dürfte genügen, von der Sowjetunion zu verlan-
gen, dass sie sich an die Vorschriften des Abkommens
hält. Die Forderung einer ausdrücklichen Beitrittserklä-
rung geht zu weit und erscheint politisch unerwünscht.

        4) Für den Fall, dass deutscherseits die erwähnte
Erklärung abgegeben werden soll, empfiehlt es sich, diese
etwa folgendermassen zu fassen: Obwohl die Sowjetunion
dem Kriegsgefangenenabkommen nicht beigetreten ist, ist
Deutschland bereit die Bestimmungen des Abkommens vom
27.7.29 auf russische Kriegsgefangene anzuwenden, unter
der Voraussetzung, dass auch die Sowjetregierung sich bereit erklärt, deutsche Kriegsgefangene nach den Vorschriften dieses Abkommens zu behandeln.

Notiz aus dem Amt Abwehr/Ausland von Ausland VI c. für den Chef Ausl. vom 27.6.1941
Bundesarchiv/Militärarchiv, RW 5/506, Bl. 10

12

L.P.Chef-Abt.
Gruppe II

A k t e n n o t i z .

Behandlung der Kriegsgefangenen in Russland
(Auf Grund persönlicher Unterredung vom 16.9.41
mit Hauptmann Dr. Clemens,Gruppenleiter der
Gruppe III,Abt.Kriegsgef.,AWA, O.K.W.)

1.)   Nach dem Stand vom 1.9.41 beläuft sich die Zahl der in
Russland vermissten deutschen Wehrmachtsangehörigen auf etwa
20 000. Schätzungsweise ist ein Drittel davon gefallen, so
dass rund 13-14 000 deutsche Soldaten in russischer Gefangenschaft sein müssen.

2.)   Nach einer Erklärung des russischen Aussenkommissariats
gegenüber dem bulgarischen Gesandten beabsichtigt die Sowjetregierung, sich hinsichtlich der Behandlung der Kriegsgefangenen
an die Haager Landkriegsordnung zu halten. Voraussetzung dabei
sei die strenge Verbürgung der Gegenseitigkeit.

3.)   Unter Beutestücken einer russischen Division wurde ein
Beschluss des Rates der Volkskommissare gefunden, wonach die
Behandlung der Kriegsgefangenen entsprechend der Haager Landkriegsordnung erfolgen soll. Möglicherweise ist dieser Beschluss
aus propagandistischen Gründen gefasst worden.

4.)   Die Note an die Schwedische Regierung ist auf Befehl des
Führers am 25.8.1941 abgesandt worden. Eine Antwort seitens der
russischen Regierung ist bisher nicht eingegangen.
        Chef AWA hat versucht,eine Änderung des scharfen Wortlauts
der Note herbeizuführen. In einer telefonischen Unterredung zwischen ihm und Chef OKW. erklärte dieser, der Führer habe entschieden, dass an dem Wortlaut der Note nichts geändert und keinerlei Rechtsvereinbarung mit der Sowjetregierung über die Frage
der Behandlung der Kriegsgefangenen getroffen werden dürfe. Nach
Ansicht des Führers seien für den Wunsch der Sowjetregierung,
die Namen der Kriegsgefangenen zu erfahren,lediglich politische
Gründe massgebend, um gegen ihre Angehörigen in Russland vorgehen
zu können.

3257   - 2

Aktennotiz der Chefabteilung des Luftwaffenpersonalamtes im Oberkommando der Luftwaffe,
Gruppe II „Behandlung der Kriegsgefangenen in Russland", vom 16.9.1941
Bundesarchiv/Militärarchiv, RW 6/v. 279, Bl. 12–14, Faksimile Bl. 12

„[...] der Führer hat entschie-

den, dass an dem Wortlaut der

Note nichts geändert und

keinerlei Rechtsvereinbarung

mit der Sowjetregierung über

die Frage der Behandlung der

Kriegsgefangenen getroffen

werden dürfe".

Denkschrift von Helmuth James Graf von Moltke im Amt Aus-
land/Abwehr an den Chef des Oberkommandos der Wehrmacht
(OKW) vom 15.9.1941
StAN, EC–338

„[...] 1. Die Rechtslage ist folgende:
Das Genfer Kriegsgefangenenabkommen gilt zwischen Deutschland und der UdSSR nicht, daher gelten lediglich die Grundsätze
des allgemeinen Völkerrechts über die Behandlung von Kriegsgefangenen. Diese haben sich seit dem 18. Jahrhundert dahin
gefestigt, dass die Kriegsgefangenschaft weder Rache noch
Strafe ist, sondern lediglich Sicherheitshaft, deren einziger
Zweck es ist, die Kriegsgefangenen an der weiteren Teilnahme
am Kampf zu verhindern. Dieser Grundsatz hat sich im Zusammenhang mit der bei allen Heeren geltenden Anschauung entwickelt, dass es der militärischen Auffassung widerspreche,
Wehrlose zu töten oder zu verletzen; er entspricht zugleich
dem Interesse eines jeden Kriegführenden, seine eigenen
Soldaten im Falle der Gefangennahme vor Misshandlungen
geschützt zu wissen.
2. Die als Anl. 1 beigefügten Anordnungen für die Behandlung
sowjetischer Kriegsgefangener gehen, wie sich aus den Ein-
gangssätzen ergibt, von einer grundsätzlich anderen Auffassung aus. Nach dieser wird der Kriegsdienst für die Sowjets
grundsätzlich nicht als soldatische Pflichterfüllung betrachtet, sondern – wegen der von den Sowjetrussen begangenen
Mordtaten – in seiner Gesamtheit als Verbrechen charakteri-
siert. Damit wird die Geltung kriegsrechtlicher Normen im
Kampf gegen den Bolschewismus verneint, und ausserdem vieles beiseite gestellt, was nach der bisherigen Erfahrung nicht
nur als militärisch zweckmässig, sondern auch als zur Aufrechterhaltung der Manneszucht und Schlagkraft der eigenen
Truppe als unbedingt erforderlich angesehen wurde.
3. Die Anordnungen sind sehr allgemein gehalten. Hält man sich
aber die beherrschende Grundauffassung vor Augen, so müssen die ausdrücklich gebilligten Massnahmen zu willkürlichen
Misshandlungen und Tötungen führen, auch wenn Willkür formal verboten ist. [...]"

Handschriftliche Notiz Keitels (OKW) zur Denkschrift von Moltke,
September 1941
StAN, EC–338

„Die Bedenken entsprechen den soldatischen Auffassungen vom
ritterlichen Krieg! Hier handelt es sich um die Vernichtung
einer Weltanschauung. Deswegen billige ich die Maßnahmen
und decke sie."

DIMENSIONEN DES VERNICHTUNGSKRIEGES

Am 22. Juni 1941 überfiel die deutsche Wehrmacht die Sowjetunion. Die bereits im Vorfeld erlassenen zentralen Befehle und Weisungen sollten für den Krieg im Osten richtungweisend sein, gleichwohl war ihre konkrete Umsetzung, Erweiterung oder Außerkraftsetzung von zahlreichen strukturellen und situativen Faktoren abhängig.

So beteiligten sich Wehrmachtseinheiten entgegen der vorherigen Absprachen an der Verfolgung und Ermordung der sowjetischen Juden. Sie leisteten wiederholt personelle, organisatorische und logistische Unterstützung und führten zudem auch selbst Massenerschießungen durch. Zugleich war die Wehrmacht für das unmittelbar nach Kriegsbeginn einsetzende Massensterben unter den sowjetischen Kriegsgefangenen allein verantwortlich. Erst als Ende 1941 mit dem Scheitern der Blitzkriegstrategie der eklatante Arbeitskräftemangel in Deutschland durchgreifende Maßnahmen erzwang, änderten OKW und OKH ihr Vorgehen. Für Hunderttausende sowjetische Kriegsgefangene kam dieses Umdenken zu spät. Daraufhin wurden ab 1942 Zivilisten zur Zwangsarbeit ins Reich verschleppt. An der Organisation und Durchführung der Verschleppungen beteiligte sich neben anderen Institutionen auch die Wehrmacht.

Bereits Ende 1941 war es offensichtlich, daß der Krieg im Osten nicht in wenigen Monaten zu gewinnen war. Die Wehrmacht mußte sich militärisch, personell, administrativ und wirtschaftlich auf eine veränderte Kriegssituation einstellen. Dies brachte erhebliche Probleme mit sich: Zum einen waren die Truppen trotz umfangreicher Requirierungen akuten Versorgungsschwierigkeiten ausgesetzt, woraufhin noch rigider requiriert und geplündert wurde. Für die sowjetische Zivilbevölkerung hatte dies weitreichende Konsequenzen: Ganze Regionen, insbesondere Großstädte, wurden zu Hungergebieten. Zum anderen gewann die zunächst schwache, ab 1942 jedoch militärisch schlagkräftige Partisanenbewegung insbesondere in Weißrußland zunehmend an Bedeutung. Personell waren die deutschen Sicherungsverbände diesem Krieg weit hinter der Front keineswegs gewachsen. Die Wehrmacht reagierte mit massivem Terror gegenüber der Zivilbevölkerung, die für Partisanenüberfälle kollektiv haftbar gemacht wurde. Neben den Partisanen waren somit zumeist unbewaffnete Zivilisten Opfer einer brutalen Sühne- und Vergeltungspolitik.

VÖLKERMORD

Die Ermordung der sowjetischen Juden war ein von mehreren Institutionen gemeinschaftlich durchgeführtes Verbrechen, für das die Einsatzgruppen der Sicherheitspolizei und des SD sowie die Verbände der Höheren SS- und Polizeiführer die Hauptverantwortung trugen. Ohne die Zusammenarbeit mit der Wehrmacht hätte der Massenmord an der jüdischen Bevölkerung allerdings nicht durchgeführt werden können. Die Wehrmacht war für die Erfassung, Kennzeichnung und Ghettoisierung der Juden verantwortlich, solange das Gebiet unter militärischer Verwaltung stand. Bei den Erschießungen leisteten Wehrmachtseinheiten immer wieder administrative und logistische Unterstützung, sie beteiligten sich aber auch in Kooperation mit der SS an den Exekutionen selbst oder waren für diese sogar allein verantwortlich.

Die Anzahl der jüdischen Opfer, die durch Wehrmachtsbeteiligung starben, läßt sich nicht abschätzen. Die Einsatzgruppen bilanzierten ihre Opfer im April 1942 auf 518.388 Personen, darunter ein geringer Teil nicht-jüdischer Zivilisten. Insgesamt existieren zu den Opfern unter den sowjetischen Juden nur Schätzungen, die – je nach territorialer Zuordnung – zwischen 1 Million und 2,9 Millionen Menschen liegen.

ANTIJÜDISCHE MASSNAHMEN

Die Verfolgung und Ermordung der sowjetischen Juden wäre ohne die durch das Militär ausgeübte Kontrolle über die eroberten Städte und Gemeinden nicht möglich gewesen. Die Wehrmacht errichtete flächendeckend Feld- und Ortskommandanturen, welche die regionale Verwaltung übernahmen und das zivile Leben bestimmten, solange das Gebiet unter militärischer Besatzung stand. Dies galt auch für die „Behandlung" der jüdischen Bevölkerung.

Alle Kommandanturen wurden angewiesen, Bevölkerungsverzeichnisse anzulegen, beziehungsweise diese von einheimischen Verwaltungen anlegen zu lassen. Hierbei mußte der jüdische Bevölkerungsteil gesondert erfaßt und mit einem „J" hinter dem Namen versehen werden. Mit der Erfassung ging auch der Kennzeichnungszwang einher, wobei sich Zeitpunkt und Art der Kennzeichnung regional unterschieden. Ein weiterer Schritt war die auf einen allgemeinen Befehl des Oberkommandos des Heeres vom 19. August 1941 zurückgehende Konzentrierung (Ghettoisierung) der Juden, soweit eine solche Maßnahme nicht durch die unmittelbare Ermordung der jüdischen Bevölkerung ohnehin hinfällig geworden war.

Neben der Erfassung und Kennzeichnung rekrutierte die Wehrmacht in Absprache mit dem SD auch jüdische Arbeitskräfte zur Zwangsarbeit. Selbst nach der Ermordung der jüdischen Bevölkerungsteile bereicherten sich Wehrmachtsstellen am zurückgelassenen Eigentum der Opfer, indem sie Wertsachen, die nicht an das Reich abgeführt wurden, in Absprache mit dem Wirtschaftsstab Ost als „Judenvermögen" beschlagnahmten.

Verwaltungs-Anordnungen Nr. 2 des Befehlshabers des rückwärtigen Heeresgebietes Mitte, General von Schenckendorff, vom 13.7.1941

Belorussisches Nationalarchiv Minsk, 409–1–1, Bl. 71–72R, Zitat Bl. 71

„[...] Verwaltungs-Anordnungen Nr. 2.

I. Verwendung deutscher Hoheitszeichen und Anwendung des deutschen Grusses.

1. Die Fahnen des Deutschen Reiches und die Symbole der nationalsozialistischen Bewegung duerfen im besetzten russischen Gebiet bis auf weiteres nur von Reichsdeutschen verwendet werden.

2. Die Anwendung des Deutschen Grusses ist alleiniges Vorrecht der Reichsdeutschen.

II. Behandlung der Volksdeutschen

Ein Teil der Volksdeutschen im besetzten Gebiet ist politisch im hoechsten Grade unzuverlaessig. Aufgrund eines nach Beendigung des Polenfeldzuges zwischen dem Reich und der UdSSR abgeschlossenen Abkommens, hatten die Volksdeutschen in dem von Russland besetzten Gebiet die Moeglichkeit, fuer Deutschland zu optieren. Da viele der hier zurueckgebliebenen Volksdeutschen die Heimkehr in das Grossdeutsche Reich abgelehnt haben, verdienen sie keine bevorzugte Behandlung. Bei der Durchfuehrung der Verwaltungs-Anordnungen Nr. 1 vom 7. Juli 1941 – zu VII: Erfassung der Volksdeutschen – ist auf diesen Gesichtspunkt besonders zu achten.

III. Einsetzung von Juden-Raeten.

1. In jeder Gemeinde wird eine Vertretung der Juden gebildet, die die Bezeichnung Juden-Rat fuehrt.

2. Der Juden-Rat besteht in Gemeinden bis zu 10.000 Einwohnern aus 12, in Gemeinden ueber 10.000 Einwohnern aus 24 Juden, die der ortsansaessigen Bevoelkerung entstammen. Der Juden-Rat wird durch die Juden der Gemeinden gewaehlt. Scheidet ein Mitglied des Juden-Rates aus, so ist sofort ein neues zu waehlen.

3. Der Juden-Rat waehlt sofort aus seiner Mitte einen Obmann und einen Stellvertreter.

4. Spaetestens bis 31. Juli 1941 hat der Obmann des Juden-Rates der zustaendigen Ortskommandantur die Besetzung des Juden-Rates zu melden.
Der Ortskommandant entscheidet im Einvernehmen mit der zustaendigen Dienststelle der Sicherheitspolizei darueber, ob die mitgeteilte Besetzung des Juden-Rates anzuerkennen ist. Er kann eine andere Besetzung verfuegen.

5. Der Juden-Rat ist verpflichtet, durch seinen Obmann oder seinen Stellvertreter die Befehle von Dienststellen der deutschen Wehrmacht und Polizei entgegen zu nehmen.
Er haftet fuer ihre gewissenhafte und rechtzeitige Durchfuehrung in vollem Umfange. Den Weisungen, die er zum Vollzuge dieser deutschen Anordnungen erlaesst, haben saemtliche Juden und Juedinnen zu gehorchen. – Grundsaetzliche Weisungen sind schriftlich zu erteilen, nachdem sie der zustaendigen deutschen Dienststelle vorgelegt worden sind.

6. Der Obmann, sein Stellvertreter und alle sonstigen Angehoerigen des Juden-Rates haften mit ihrer Person fuer alle Vorkommnisse innerhalb der juedischen Gemeinde, soweit diese sich gegen die deutsche Wehrmacht, die deutsche Polizei und deren Anordnungen richten.
Die Feld- und Ortskommandanten haben in solchen Faellen, je nach der Schwere der Zuwiderhandlungen, nicht nur gegen die Taeter, sondern auch gegen die Mitglieder des Juden-Rates die schaerfsten Massnahmen, bis zur Todesstrafe, zu ergreifen.

IV. Verbot der Evakuierung von Juden

1. In zahlreichen Gemeinden sind Juden evakuiert worden. Die Gruende, die zur Evakuierung fuehrten, waren verschiedenartig. Unter anderem wurde angefuehrt, dass die Wohnhaeuser der Juden infolge des Krieges zerstoert waren, dass Juden mit Polen nicht mehr zusammen leben duerfen und dergleichen mehr. Die Judenevakuierung hat zur Folge, dass zahlreiche Juden ohne Ruecksicht auf Alter und Geschlecht von Dorf zu Dorf und von Stadt zu Stadt ueber Land wandern. Da die Gefahren derartiger Judenevakuierungen wegen des Fehlens jeglicher Kontrollen ausserordentlich gross sind, ordne ich an:
a) die Juden sind innerhalb einer geschlossenen Gemeinde in nur von Juden bewohnten Unterkuenften zusammen zu fassen.
b) Ortsansaessige Juden duerfen grundsaetzlich nicht mehr aus der Gemeinde evakuiert werden.
c) Es ist anzustreben, Juden, die ihre Gemeinden verlassen haben, unverzueglich aufzugreifen und ihrer Heimatgemeinde wieder zuzufuehren.
Ausnahmen von dieser Regelung sind nur aus dringenden militaerischen oder polizeilichen Gruenden zulaessig. Die Entscheidung trifft, soweit es sich um militaerische Belange handelt, der Ortskommandant, soweit polizeiliche Belange infrage kommen, die zustaendige Dienststelle der Sicherheitspolizei im Einvernehmen mit dem Ortskommandanten.

2. Die Buergermeister sind anzuweisen, die Anordnung zu 1. unverzueglich durchzufuehren [...].“

ANORDNUNG!

1. Mit dem Datum der Anordnung wird ein jüdischer Wohnbezirk in Minsk geschaffen, der ausschließlich von Juden bewohnt wird.

2. Die gesamte jüdische Bevölkerung der Stadt Minsk hat s o f o r t innerhalb 5 mal 24 Stunden nach Veröffentlichung dieser Anordnung in den jüdischen Wohnbezirk der Stadt Minsk überzusiedeln. Wer nach Ablauf der Frist außerhalb des angewiesenen Wohnbezirkes angetroffen wird, wird verhaftet und mit schärfsten Strafen belegt.

3. Die Mitnahme von Umzugsgut ist gestattet. Mitnahme von fremden Eigentum wird mit dem Tode bestraft.

4. Der Wohnbezirk wird begrenzt von folgenden Straßen: Kolchosnij Piereulok, Anschluß: Kolchosnajer-Str., Anschluß am Fluß entlang, Anschluß: Nemigskaja-Str. ausgenommen die orth. Kirche, Anschluß: Respublikanska-Str., Anschluß: Schornaja-Str., Anschluß: Koiektornaja Str., Anschluß: Mebelnej Piereulok, Anschluß: Perekopskaja-Str., Anschluß: Nisowaja-Str., Anschluß: jüdische Friedhofsmauer, Anschluß: Obuwnaja-Str., Anschluß: 2. Opanski Piereulok, Anschluß: Saslawskaja, Anschluß: bis Ecke Kolchesnij Piereulok.

5. Der jüdische Wohnbezirk ist nach Abschluß der Umsiedlung durch Trockenmauern von der übrigen Stadt abzuschließen. Die Herstellung der Trockenmauern ist von den Bewohnern des jüdischen Wohnbezirkes mit den verfügbaren Steinen nicht mehr bewohnbarer Häuser, selbst durchzuführen.

6. Ein Verweilen außerhalb des ihnen zugewiesenen Wohnbezirks ist den zu Arbeitskolonnen zusammengefaßten Juden verboten. Diese dürfen den Wohnbezirk nur in der Kolonne verlassen und sich nur zu der von der Stadt-verwaltung Minsk verfügten Arbeit außerhalb des Bezirks aufhalten. Zuwiderhandlungen werden mit dem Tode bestraft.

7. Den Juden ist das Betreten und Verlassen des jüdischen Wohnbezirkes nur durch die 2 Zugänge in der Opanski- und der Ostrowski-Straße erlaubt. Das Ueberschreiten der Begrenzungsmauern ist verboten. Die deutschen Wachen und die Hilfspolizei sind angewiesen, auf Zuwiderhandelnde zu schießen.

8. Zu dem jüdischen Wohnbezirk haben nur Juden, mit Ausnahme dienstlich tätiger Angehöriger deutscher Formationen und der Stadtverwaltung Minsk, Zutritt.

9. Dem Judenrat wird zur Durchführung der durch die Umsiedlung entstehenden Verwaltungsmaßnahmen eine Zwangsanleihe von 30.000 Tscherwoncen auferlegt. Der Geldbetrag, über dessen Verzinsung eine spätere Regelung erfolgt, ist nach Herausgabe der Verfügung innerhalb 12 Stunden an die Kasse der Stadtverwaltung, Karl Marksstr. 28, zu entrichten.

10. Der Judenrat bringt die Wohnungen, die außerhalb des jüdischen Wohnbezirkes liegen, von Juden geräumt, jedoch durch die arische Bevölkerung nicht besiedelt wurden, dem Wohnungsamt bei der Stadtverwaltung nach dem Umsiedlungstermin s o f o r t zur Anmeldung.

11. Die Ordnung im jüdischen Wohnbezirk wird von einem jüdischen Ordnerdienst aufrecht erhalten. (Sonderanweisung folgt).

12. Für die restlose Durchführung der jüdischen Umsiedlung ist der Judenrat der Stadt Minsk voll verantwortlich. Zuwiderhandlungen werden schärfstens geahndet.

DER FELDKOMMANDANT.

З А Г А Д

1. Пачынаючы ад даты гэтага загаду, у горадзе Менску будзе вылучана асобная частка гораду Менску выключна на пражыванье жыдоў.

2. Усё жыдоўскае жыхарства гораду Менску абавязана пасьля агалашэньня гэтага загаду на працягу 5-ці дзён перабрацца ў жыдоўскі раён. Калі хто з жыдоў пасьля сканчэньня гэтага тэрміну будзе знойдзены ня ў гэтым жыдоўскім раёне, ён будзе арыштаваны і як настражэй пакараны.

3. Дапушчаецца браць с сабой хатнюю маёмасьць. Хто будзе злоўлены на забіраньні чужога дабра, будзе карацца праз расстрэл.

4. Жыдоўскі раён абмяжоўваецца наступнымі вуліцамі: Калгасны завулак з прыляганьнем Калгаснай вуліцы, далей паўз рэчку з прыляганьнем Нямігскай вуліцы, выключаючы праваслаўную царкву, з прыляг. да Рэспубліканскай вуліцы, з прыляганьнем Шорная вул. Калектарнай вуліцы, Мэбельнага завулка, Перакапскай вуліцы, Нізавой вуліцы, Жыдоўскіх могілак, Абуткавай вуліцы, Другога Апанскага завулка, Заслаўскай вуліцы аж да Калгаснага завулка.

5. Жыдоўскі жылы раён мае быць пасьля сканчэньня пярэбараў агароджаны каменным мурам ад рэшты гораду. Мураваньне гэтага муру мусіць быць зроблена жыхарамі жыдоўскага раёну, прычым за будаўляны матэрыял будзе ісьці каменьне з няжылых або зруйнаваных будынкаў.

6. Бытаваньне ня ў жылым жыдоўскім раёне жыдом, заграмаджаным у рабочыя жыдоўскія дружыны, ёсьць забаронена. Гэтыя дружыны могуць выйсьці са свайго раёну толькі маючы накіраваньне на пэўныя месцы працы, вызначаныя Менскай Гарадзкой Управай. Парушэньне гэтага загаду будуць карацца праз расстрэл.

7. Жыдам дазволена ўваходзіць і выходзіць з жыдоўскага раёну толькі дзьвюма вуліцамі: Апанскай і Астроўскай. Пералазіць праз мур забараняецца. Нямецкай варце і варце Дапаможнай Грамадзянскай паліцыі загадана страляць у парушальнікаў гэтага.

8. У жыдоўскі жылы раён могуць уваходзіць адны толькі жыды і асобы, якія належаць да нямецкіх вайсковых фармаваньняў і да Гарадзкой Менскай Управы і толькі на выпадак справы.

9. На жыдоўскую раду ўскладзена пазіка 30.000 чырвонцаў на ўзнаўленьне выдаткў, зьвязаных з гэтымі пярэбарамі. Гэтыя грошы, працантная аплата якіх пазней будзе ўрэгулявана, павінны быць зложаны на працягу 12 гадзін пасьля выдання гэтага загаду ў касу Гарадзкой Управы (вуліца Карла Маркса, 28).

10. Жыдоўская Рада зараз-жа павінна даць Адзьелу прыдзелу памешканьняў Гарадзкой Управы заяву пра ўсе жыдамі пакінутыя памешканьні, якія знаходзяцца ня ў жыдоўскім раёне і яшчэ не занятыя арыйскім (няжыдоўскім) жыхарствам.

11. Парадак у жыдоўскім жылым раёне будуць трымаць асобныя жыдоўскія дружыны парадку (асаблівы загад на гэта будзе сваім часам)

12. За канчаткавыя пярэбары жыдоўскіх жыхароў у іхны раён поўную адказнасьць мае Жыдоўскае Рада гораду Менску. Усялякія парушэньні гэтага загаду будуць як найстражэй пакараны.

ПАЛЯВЫ КОМЕНДАНТ.

Anordnung des Feldkommandanten zur Ghettoeinrichtung in Minsk vom 19.7.1941

Belorussisches Nationalarchiv Minsk, 110/45, Flugblätter

5. Anweisung zur Durchführung der besonderen Anordnung VII 1/41 vom Befehlshaber des rückwärtigen Heeresgebietes Süd vom 21.7.1941

ZStdLJV, Dokumentation, Verschiedenes, Bd. 4, Bl. 871

„[...] Zur Durchführung von Aufräumungs- und Instandsetzungsarbeiten in zerstörten Gebäuden und zur Verbesserung der Strassen- und Wegeverhältnisse u.s.w. sind in den Gemeinden sofort Arbeitskommandos aus der beschäftigungslosen Bevölkerung, insbesondere aus Juden einzusetzen. [...]"

Befehlshaber des rückwärtigen Heeresgebietes Nord vom 24.7.1941 zur Kennzeichnung der jüdischen Bevölkerung

LVVA, P-1026-1-3, Bl. 141

„[...] 2) Juden beiderlei Geschlechts haben sich von dem Zeitpunkt der Bekanntgabe dieser Anordnung ab durch einen auf der rechten Brustseite zu tragenden Davidstern (6zackigen gelben Stern) als Juden kenntlich zu machen.

3) Wehrmachtangehörige dürfen nicht mit Juden zusammenwohnen. Müssen Wehrmachtangehörige in jüdischen Wohnungen untergebracht werden, so sind die Juden vorher daraus zu entfernen. [...]"

Verwaltungs-Anordnungen Nr. 4, Feldkommandant Minsk-Land, Oberstleutnant Schlegelhofer, vom 3.8.1941

Belorussisches Nationalarchiv Minsk, 409-1-1

„[...] Für die im besetzten russischen Gebiet ansässigen Juden wird für Männer vom vollendeten 14.–60. Lebensjahre und für Frauen vom vollendeten 16.–50. Lebensjahre der Arbeitszwang mit sofortiger Wirkung eingeführt. Die Juden werden zu diesem Zweck nach Erfassung in Zwangsarbeitstrupps zusammengefasst. [...]

Der Arbeitseinsatz erfolgt jeweils durch besonderen Abruf der deutschen Dienststellen [...] der Ortskommandantur oder der entsprechenden Dienststelle, oder in deren Auftrag durch die Bürgermeister oder in den Gemeinden eingerichteten Arbeitsvermittlungsstellen.

Der Einsatz erfolgt nur, wenn einheimische arische Arbeitskräfte nicht mehr zur Verfügung stehen. [...]"

Besondere Anordnung für die innere Verwaltung Nr. 1 der Sicherungsdivision 281 vom 11.8.1941

Bundesarchiv/Militärarchiv, RH 26-281/25A

„[...] Das Eigentum und die Einrichtungsgegenstände der geflüchteten oder nicht anwesenden Juden kann zunächst seitens des O.Ks zur Einrichtung von Quartieren, Offiziersheimen, Soldatenheimen oder Übernachtungsstellen verwandt werden.
[...]
Alle die Juden betreffenden Maßnahmen berühren die FKs und OKs grundsätzlich nicht.

Dagegen sind Angriffe der Juden gegen die Wehrmacht mit den schärfsten Mitteln zu brechen.

Die OKs können soweit ein militärisches und versorgungsmässiges Bedürfnis vorliegt eine Schonung der Juden fordern, die als Handwerker oder unmittelbare Arbeiter für die Wehrmacht unerlässlich sind.

Eine Freigabe auch dieser Juden hat zu erfolgen, wenn belastendes Material den Einzelnen trifft. Für die Wehrmacht tätige und notwendige jüdische Kräfte sind dann als solche zusammengefasst gesondert unterzubringen. [...]"

Anordnung von General von Roques vom 28.8.1941

ZStdLJV, Verschiedenes, Bd. 4, Bl. 891

„Die Einrichtung von Ghettos in Ortschaften mit grösserem jüdischem Bevölkerungsteil, insbesondere in Städten, ist in Angriff zu nehmen, wenn die Einrichtung notwendig oder wenigstens sachdienlich ist. Sie unterbleibt vorerst, wenn nach der örtlichen Lage die im Operationsgebiet zur Verfügung stehenden sachlichen und verwaltungsmässigen Hilfsmittel nicht ausreichen oder sonst dringendere Aufgaben vernachlässigt werden müssten. Bis zum 1.10. haben die Feldkommandanturen – soweit sie den Sicherungsdivisionen unterstellt sind, über diese – über das Veranlasste zu berichten. Fehlanzeige ist erforderlich."

Ghettoeingang in Luck, vermutlich 1942
HHStAW, 2572/2

Verwaltungs-Anordnungen Nr. 6 von General von Schencken-dorff, Befehlshaber des rückwärtigen Heeresgebietes Mitte, vom 12.9.1941
Belorussisches Nationalarchiv Minsk, 3500-2-40, Bl. 249-252, Zitat Bl. 251R

„[...] In Orten, in denen Judenviertel gebildet worden sind, duer-fen die Juden und Juedinnen ohne Arbeitsanweisung oder besondere Bewilligung des Ortskommandanten, die schriftlich einzuholen ist, das Judenviertel nicht verlassen. Dies gilt auch fuer Juden, die gemaess Verwaltungs-Anordnungen Nr. 3, Ziffer IX, in Erfuellung der Zwangsarbeitspflicht ausserhalb des Judenviertels zu arbeiten haben.
In allen Strassen und Wegen zum Judenviertel sind vom Buergermeister grosse Verbotstafeln mit der Aufschrift: ‚Judenviertel, Zutritt fuer nichtjuedische Einwohner verbo-ten!' anzubringen. [...]"

Merkblatt über die Sofort-Aufgaben der Rayonvorsteher und Bürgermeister, ohne Datum
Bundesarchiv/Militärarchiv FPF-01/7856

„[...] 24. Massnahmen gegen Juden:
a) Bildung eines Judenrates, wenn ein groesserer juedischer Bevoelkerungsteil vorhanden ist (5 bis 12 Mitglieder je nach Groesse des juedischen Bevoelkerungsteiles); Abgabe einer Mitgliederliste des Judenrates (Vor- und Zuname, Geburtsjahr, Beruf) bei der Ortskommandantur. Der Judenrat ist fuer die Durchfuehrung der den juedischen Bevoelkerungsteil betref-fenden Befehle und Weisungen deutscher [unleserlich] mili-taerischer Dienststellen verantwortlich.
b) Durchfuehrung der Kennzeichnung aller Juden, die das 14. Lebensjahr erreicht haben, durch eine auf dem linken Oberarm zu tragende weisse Armbinde mit dem blauen Davidstern. [...]"

Einzelanordnung Nr. 16 der Panzergruppe 1 vom 26.9.1941
Bundesarchiv/Militärarchiv, RH 24-14/59, Bl. 285 f.

„[...] Der Kampf gegen den Bolschewismus verlangt ein rücksichts-loses und energisches Durchgreifen vor allem auch gegen die Juden, die Hauptträger des Bolschewismus.
Es hat daher jegliche Zusammenarbeit der Wehrmacht mit der jüdischen Bevölkerung, die offen oder versteckt in ihrer Ein-stellung deutschfeindlich ist, und die Verwendung von einzel-nen Juden zu irgendwelchen bevorzugten Hilfsdiensten für die Wehrmacht zu unterbleiben. Ausweise, die den Juden ihre Ver-wendung für Zwecke der Wehrmacht bestätigen, sind durch mi-litärische Dienststellen keinesfalls auszustellen. Hiervon aus-genommen ist lediglich die Verwendung von Juden in beson-ders zusammengefassten Arbeitskolonnen, die nur unter deutscher Aufsicht einzusetzen sind. [...]"

Besondere Anordnung Nr. 19 zur Erfassung von Juden- und Feindvermögen, 28.10.1941
Bundesarchiv/Militärarchiv, RH 22/205, Bl. 11

„[...] Gemäß Entscheidung des OKH vom 2.10.41 sind für die Erfas-sung oder sonstige Verfügungen über Vermögenswerte aller Art – ganz gleich, ob es sich um Juden, Feind oder ehemals deutsches, von den Sowjets enteignetes Vermögen handelt – ausschließlich die Wirtschaftsdienststellen des Wirtschafts-stabes Ost zuständig. Falls besondere Sicherungsmaßnahmen für solche Vermögenswerte für erforderlich gehalten werden oder die Einziehung im Zuge sicherheitspolizeilicher Maßnah-men erfolgen soll, dürfen die Sicherungs-Divisionen und Feld-kommandanturen solche Maßnahmen nur im Einvernehmen mit den Wirtschaftsdienststellen durchführen. [...]"

Schriftwechsel zwischen der Ortskommandantur Dshankoj und dem Korück 553 vom 5.12.1941
Bundesarchiv/Militärarchiv, WF-03/14318, Bl. 168 f.

Anfrage Ortskommandantur: „[...] Wer verfügt über die aus verlassenen Judenhäuser zurückgebliebenen Möbel und Ein-richtungsgegenstände, die bis jetzt zur Verbesserung der La-zarett- und Truppenunterkünfte verwendet wurden. Der Führer des Wi-Kdo. hat dem Bürgermeister den Befehl gegeben, sämt-liche Möbel und Gegenstände aus Judenhäusern dem Wi-Kdo. abzuliefern. [...]"
Antwort Kommandant des rückwärtigen Armeegebietes 553: „[...] Über die von Juden zurückgelassenen Gegenstände hat das Wi-Kdo. kein Verfügungsrecht. Darüber verfügt der Ortskom-mandant im Einvernehmen mit dem SD. [...]"

Befehl über Ausgabe von Ausweisen für die Zivilbevölkerung im Operationsgebiet, Befehlshaber des Heeresgebietes B, 23.2.1942
Bundesarchiv/Militärarchiv, RH 22/205, Bl. 27-33, Zitat Bl. 27 f.

„[...] B.) I. Grundlagen für die Ausweispflicht.
1.) Einwohnerlisten
Die Bürgermeister aller Ortschaften sind verpflichtet, Einwoh-nerlisten zu führen, die stets auf dem Laufenden zu halten und auf Verlangen den deutschen Wehrmachtskontrollorganen vor-zulegen sind:
Es sind folgende Listen zu führen: [...]
b) für nach dem 22.6.1941 zugezogene, noch zuziehende oder sich nur vorübergehend aufhaltende Personen (Fremden-register). In diese sind auch Juden und Ausländer einzutragen und mit einem ‚J' oder einem ‚A' kenntlich zu machen.
Die Bürgermeister übernehmen mit der Eintragung einer Per-son in die Einwohnerlisten persönlich die Verantwortung für ihre Zuverlässigkeit. Personen, deren Zuverlässigkeit nicht feststeht, sind der nächsten Ortskommandantur zu übergeben oder zu melden. Diese kann nach Überprüfung ihre Eintragung in das Fremdenregister und Ausstellung von Personalauswei-sen anordnen. [...]"

Sonderbefehl der Wehrmacht-Ortskommandantur Riga,
Dezember 1942
LVVA, P–80–3–25, Bl. 1

„[...] Das gesamte Mobiliar (Einrichtungsgegenstände und Gebrauchsgüter) aller vom Wehrmacht-Quartieramt angewiesenen
Wohnungen, Unterkünfte und Dienststellen ist, soweit es aus
jüdischem, staatsfeindlichem und herrenlosem Besitz stammt,
sofort genauestens zu erfassen. [...]
Jeder Inhaber einer Wehrmachtwohnung, einer Unterkunft und
jeder Leiter einer Wehrmachtdienststelle hat die gesamten
Einrichtungsgegenstände und Gebrauchsgüter seiner Wohnung,
Unterkunft oder seiner Dienststelle unter Benutzung des Vor-
drucks in dreifacher Ausfertigung lückenlos aufzunehmen. [...]"

Antisemitisches Plakat der Wehrmachtspropaganda, ohne Datum
Bundesarchiv/Militärarchiv, RW 4/235

„Sie sind schuld daran!
Die Juden und ihre Helfershelfer – die Kommunisten!
Sie haben Euch Euer letztes Hemd genommen!
Die Juden und ihre Helfershelfer – die Kommunisten!
Sie haben Eure Männer, Frauen und Kinder bis auf den Tod
gequält!
Die Juden und ihre Helfershelfer – die Kommunisten!
Sie sind die schlimmsten Feinde Eures Volkes!
Die Juden und ihre Helfershelfer – die Kommunisten!
Vergeßt das nicht!"

ERMORDUNG DER SOWJETISCHEN JUDEN

Am 22. Juni 1941 marschierten deutsche Truppen in die Sowjetunion ein. Die Einsatzgruppen der Sicherheitspolizei und des SD begannen bereits in den ersten Wochen, männliche Juden zu erschießen. Trotz einer um Tarnung bemühten Sprachregelung, durch die der Massenmord als „Vergeltungs- und Sühnemaßnahme" oder als „Bandenbekämpfung" ausgegeben wurde, war es offensichtlich, daß die Einsatzgruppen der Sicherheitspolizei und des SD sowie die Verbände der Höheren SS- und Polizeiführer neben politisch „verdächtigen" Personen nicht nur „Juden in Partei- und Staatsstellungen" erschossen, sondern bald schon alle männlichen Juden, ab Spätsommer 1941 auch jüdische Frauen und Kinder ermordeten.

Die Durchführung des Genozids setzte die personelle, organisatorische und logistische Unterstützung durch Wehrmachtsstellen voraus. Die verschiedenen Formen der Zusammenarbeit zwischen Einsatzgruppen, Ordnungspolizei, Waffen-SS und Wehrmacht waren auch von der unterschiedlichen Auslegung der zentralen Befehle abhängig. Einerseits führten Wehrmachtseinheiten selbständig und in Kooperation mit den Einsatzgruppen Erschießungen durch, gleichzeitig hielten sich manche Offiziere und Soldaten weiterhin an die kriegsrechtlichen Regelungen zum Schutz von Zivilisten. Im Offizierkorps gab es auch Protest gegen die Massenerschießungen.

Zudem wurde die zuvor vereinbarte Beschränkung der Erschießungen auf die rückwärtigen Heeresgebiete bereits in den ersten Kriegswochen aufgegeben. Die Einsatzgruppen folgten nun häufig den kämpfenden Verbänden. Um den geforderten „Vernichtungskampf" als Maßgabe für das Verhalten der Truppe zu gewährleisten, erließen führende Wehrmachtsgeneräle im Herbst 1941 weitere Befehle, die an ihrer Übereinstimmung mit den Massenmorden keinen Zweifel ließen.

Kooperation zwischen Wehrmacht und SS

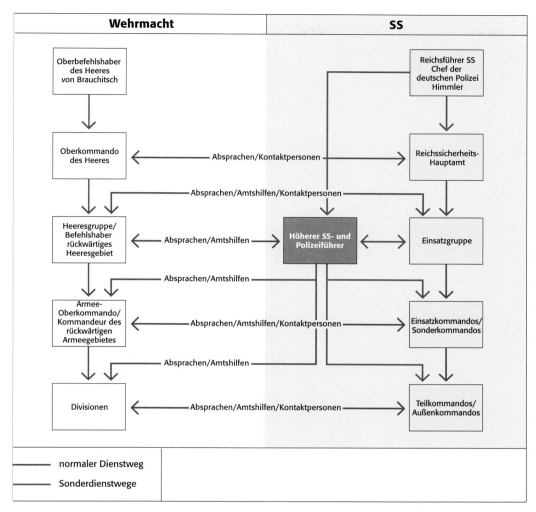

Erarbeitet auf der Grundlage von ZStdLJV, 11 (4) AR–Z 269/60, Bl. 99

Personelle Zusammensetzung der Einsatzgruppe A, Stand: 1.2.1942

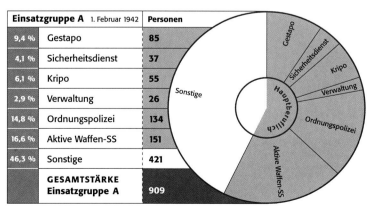

Einsatzgruppe A	1. Februar 1942	Personen
9,4 %	Gestapo	85
4,1 %	Sicherheitsdienst	37
6,1 %	Kripo	55
2,9 %	Verwaltung	26
14,8 %	Ordnungspolizei	134
16,6 %	Aktive Waffen-SS	151
46,3 %	Sonstige	421
	GESAMTSTÄRKE Einsatzgruppe A	909

IfZ München, Fb 101/35

SCHWEDEN

FINNLAND

Helsinki

Leningrad

Krasnogwardeisk

Reval

Narwa

Kikerino

Tosno

Meshno

Pesje

Dorpat

Staraja Russa

Rybinsk

Riga

Ostrow

Moskau

Libau

Sytschewka

A

UNION DER

Danzig

Witebsk

Wjasma

SOZIALISTISCHEN

Kaunas

Smolensk

Tula

SOWJET-REPUBLIKEN

Wilna

UDSSR

Posen

Minsk

Mogllew

Bialystok

B

Brjansk

Warschau

Baranowice

Gomel

Kattowitz

Tschernigow

Woronesh

Kursk

Rowno

Kiew

SLOWAKEI

Lemberg

Shitomir

Charkow

Starobelsk

Tarnopol

C

Poltawa

Stalingrad

Winniza

Krementschug

Kramatorskaja

Czernowitz

Nowo-Ukrainia

Dnjepropetrowsk

UNGARN

Perwomaisk

Stalino

Ananjew

D

Rostow

Budapest

Christofowka

Piatra-Ñeamt

Kishinew

Mihailowka

Elista

Nikolajew

Fedorwaka

Odessa

Woroschilowsk

RUMÄNIEN

Krasnodar

Simferopol

Maikop

Bukarest

Jalta

Naltschik

SERBIEN

Tiflis

ALBANIEN

BULGARIEN

GRIECHENLAND

TÜRKEI

„Großdeutsches Reich" (1941)   Einsatzgruppe A

Generalgouvernement   Einsatzgruppe B

Verbündete des „Großdeutschen Reiches"   Einsatzgruppe C

Besetzte Gebiete   Einsatzgruppe D

UdSSR (1941)   ● Ausgewählte Standorte einer Einsatzgruppe
- - - Weitestes Vordringen der Wehrmacht und ihrer Verbündeten   oder ihres Kommandos
       (Spätherbst 1942)

Bilanz der Einsatzgruppe A zu den bis etwa Januar 1942 durchgeführten Erschießungen

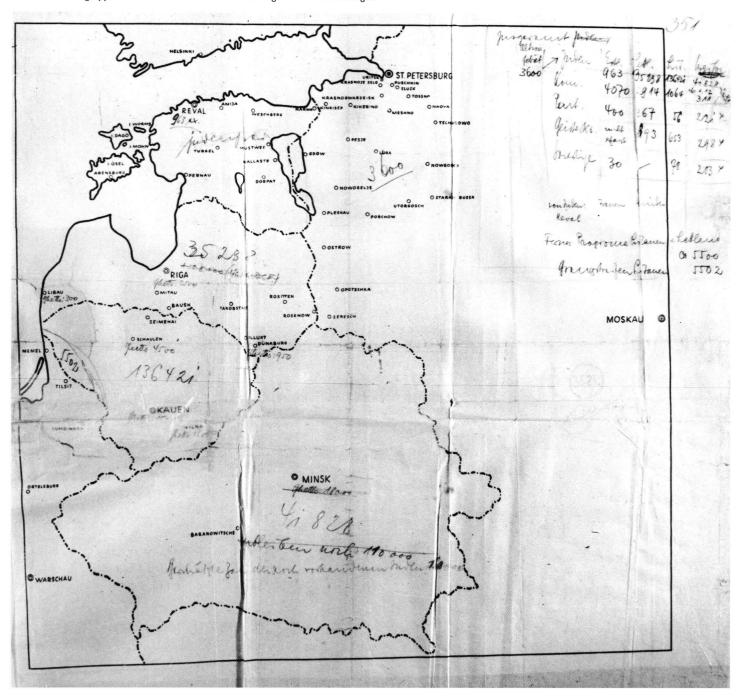

LVVA, P–1026–1–3, Bl. 351

Tätigkeitsbericht Nr. 1 der Einsatzgruppe B für die Zeit vom 23.6.1941 bis 13.7.1941
BStU, ZUV 9, Bd. 31, Bl. 1–15, Zitat Bl. 6–8

„Durch persönliche Fühlungnahme und sachliche Arbeitsleistungen habe ich erreicht, daß die Tätigkeit meiner Einsatzgruppe von sämtlichen Wehrmachtstellen in jeder Weise anerkannt und gefördert wird."

„[...] Durch persönliche Fühlungnahme und sachliche Arbeitsleistungen habe ich erreicht, daß die Tätigkeit meiner Einsatzgruppe von sämtlichen Wehrmachtstellen in jeder Weise anerkannt und gefördert wird. Ich war von Anfang an bemüht zu erreichen, daß zumindest die Sonderkommandos Anschluß an die kämpfende Truppe fanden, um rechtzeitig eine umfangreiche und vollständige Objektsicherung vornehmen zu können. [...] Bei der Heeresgruppe Mitte (Oberbefehlshaber: Generalfeldmarschall von B o c k, Chef des Generalstabes: Generalmajor von Greiffenberg, Ic: Major i.G. von Gersdorf), der für sämtliche Operationen maßgeblichen und ausschlaggebenden Führung, wurde meinen Maßnahmen das vollste Verständnis entgegengebracht. Ein schnelles Vorgehen meiner Kommandos muß aber ab und zu zu Beschwerden über Nichteinhaltung der mit dem OKH getroffenen Vereinbarungen führen, die jedoch auch nach Auffassung der Heeresgruppe nur formelle Bedeutung haben. [...] und daß die Sonderkommandos mit Teiltrupps, möglichst im Verbande der kämpfenden Truppe, an die für uns wichtigen Objekte herankommen. Ich selbst kann mit meinem Stab nach eigenem taktischen Ermessen freizügig im Bereich der Heeresgruppe operieren [...]. Die Zusammenarbeit der EKs mit den Sicherungs-Divisionen, den Feld- und Ortskommandanturen ist ausgezeichnet. [...] Die Zusammenarbeit mit der GFP und den Abw. III-Trupps, die im Bereich der Heeresgruppe Mitte unter Führung von Major T a r b u k stehen, ist die denkbar beste. Das von diesen Stellen sichergestellte Material wird loyal und in vollem Umfange an die Einsatzgruppe abgeliefert. Die GFP stellt sogar Trupps zur Unterstützung bei unseren Liquidierungen ab. [...]"

Ereignismeldung UdSSR Nr. 128, Einsatzgruppe C, vom 3.11.1941
Bundesarchiv, R 58/218, Bl. 339–348, Zitat Bl. 345

„Lediglich in der Judenfrage war bis in die jüngste Zeit kein restloses Verständnis bei den nachgeordneten Wehrmachtsdienststellen zu finden."

„[...] Lediglich in der Judenfrage war bis in die jüngste Zeit kein restloses Verständnis bei den nachgeordneten Wehrmachtsdienststellen zu finden. Dies wirkte sich vor allem bei der Überholung der Gefangenenlager aus. Als besonders krasses Beispiel ist das Verhalten eines Lagerkommandanten in Winniza zu erwähnen, der die durch seinen Vertreter erfolgte Überstellung von 362 jüdischen Kriegsgefangenen restlos mißbilligte und sogar gegen diesen sowie gegen zwei weitere Offiziere ein kriegsgerichtliches Verfahren eingeleitet hatte. Nur zu oft mußten die Einsatzkommandos in mehr oder minder versteckter Form Vorwürfe über ihre konsequente Haltung in der Judenfrage über sich ergehen lassen. [...]"

Befehl von General von Roques (Rückwärtiges Heeresgebiet Süd) vom 29.7.1941
ZStdLJV, Dokumentation, Verschiedenes, Bd. 4, Bl. 880 f., Zitat Bl. 880

„[...] Der deutsche Soldat, der sich an Judenpogromen usw. beteiligt, schädigt aufs Schwerste das Ansehen der Wehrmacht und legt eine unsoldatische Gesinnung an den Tag. Der Führer hat in seinem diesbezüglichen Erlass der Truppe ausdrücklich das Recht eingeräumt, im Verlauf von Kampfhandlungen im Interesse der Erhaltung der Sicherheit der Wehrmacht feindlich gesinnter Zivilbevölkerung gegenüber mit den schärfsten Mitteln durchzugreifen. Dagegen bedeuten eigenmächtige Gewalttaten gegen die Zivilbevölkerung im befriedeten Gebiet reine Willkürakte. Deshalb bleibt die Strafverfolgung in diesen Gebieten in vollem Umfange aufrechterhalten, wenn Soldaten sich gegen Leben und Eigentum wehrloser Einwohner vergehen. [...]"

Ereignismeldung UdSSR Nr. 90, Einsatzgruppe B, vom 21.9.1941
Bundesarchiv, R 58/217

„[...] Die Zusammenarbeit mit den polizeilichen und militärischen Führungsstellen ist auch während dieser Berichtszeit äusserst befriedigend und reibungslos verlaufen.
Bei den Wehrmachtstellen besteht ein allgemeiner Ruf nach der Sicherheitspolizei. Man bedient sich gern unserer Hilfe, unserer Erfahrungen und Anregungen. Bei einzelnen grösseren von uns durchgeführten Aktionen sind sogar ohne weiteres Truppeneinheiten unserer Führung unterstellt worden. Die Wirtschaftsdienststellen, wie überhaupt die militärische Verwaltung verlangen nach unserem Rat und machen sich gern unsere Vorschläge zu eigen. Wie bereits mehrfach erwähnt, hat sich die laufende gegenseitige Unterrichtung zwischen der Einsatzgruppe einerseits und der Heeresgruppe, dem Befehlshaber des rückw. Heeresgebietes, den AOKs, den Feld- und Ortskommandanturen andererseits äusserst fruchtbringend ausgewirkt. Unsere Wünsche sind bisher jedesmal erfüllt worden. [...]"

Armee-Oberkommando 6   A.H.Qu., 10. Oktober 1941

Abt. Ia - Az. 7

Betr.: Verhalten der Truppe im Ostraum

Hinsichtlich des Verhaltens der Truppe gegenüber dem bolschewistischen System bestehen vielfach noch unklare Vorstellungen.

Das wesentlichste Ziel des Feldzuges gegen das jüdisch-bolschewistische System ist die völlige Zerschlagung der Machtmittel und die Ausrottung des asiatischen Einflusses im europäischen Kulturkreis.

Hierdurch entstehen auch für die Truppe Aufgaben, die über das hergebrachte einseitige Soldatentum hinausgehen. Der Soldat ist im Ostraum nicht nur ein Kämpfer nach den Regeln der Kriegskunst, sondern auch Träger einer unerbittlichen völkischen Idee und der Rächer für alle Bestialitäten, die deutschem und artverwandtem Volkstum zugefügt wurden.

Deshalb muß der Soldat für die Notwendigkeit der harten, aber gerechten Sühne am jüdischen Untermenschentum volles Verständnis haben. Sie hat den weiteren Zweck, Erhebungen im Rücken der Wehrmacht, die erfahrungsgemäß stets von Juden angezettelt wurden, im Keime zu ersticken.

Der Kampf gegen den Feind hinter der Front wird noch nicht ernst genug genommen. Immer noch werden heimtückische, grausame Partisanen und entartete Weiber zu Kriegsgefangenen gemacht, immer noch werden halb uniformierte oder in Zivil gekleidete Heckenschützen und Herumtreiber wie anständige Soldaten behandelt und in die Gefangenenlager abgeführt. Ja, die gefangenen russischen Offiziere erzählen hohnlächelnd, daß die Agenten der Sowjets sich unbehelligt auf den Straßen bewegen und häufig an den deutschen Feldküchen mitessen. Ein solches Verhalten der Truppe ist nur noch durch völlige Gedankenlosigkeit zu erklären. Dann ist es aber für die Vorgesetzten Zeit, den Sinn für den gegenwärtigen Kampf wachzurufen.

Das Verpflegen von Landeseinwohnern und Kriegsgefangenen, die nicht im Dienste der Wehrmacht stehen, an Truppenküchen ist eine ebenso mißverstandene Menschlichkeit wie das Verschenken von Zigaretten und Brot. Was die Heimat unter großer Entsagung entbehrt, was die Führung unter größten Schwierigkeiten nach vorne bringt, hat nicht der Soldat an den Feind zu verschenken, auch nicht, wenn es aus der Beute stammt. Sie ist ein notwendiger Teil unserer Versorgung.

Die Sowjets haben bei ihrem Rückzug häufig Gebäude in Brand gesteckt. Die Truppe hat nur soweit ein Interesse an Löscharbeiten, als notwendige Truppenunterkünfte erhalten werden müssen. Im übrigen liegt das Verschwinden der Symbole einstiger Bolschewistenherrschaft, auch in Gestalt von Gebäuden, im Rahmen des Vernichtungskampfes. Weder geschichtliche, noch künstlerische Rücksichten spielen hierbei im Ostraum eine Rolle. Für die Erhaltung der wehrwirtschaftlich wichtigen Rohstoffe und Produktionsstätten gibt die Führung die notwendigen Weisungen.

Die restlose Entwaffnung der Bevölkerung im Rücken der fechtenden Truppe ist mit Rücksicht auf die langen, empfindlichen Nachschubwege vordringlich. Wo möglich, sind Beutewaffen und Munition zu bergen und zu bewachen. Erlaubt dies die Kampflage nicht, so sind Waffen und Munition unbrauchbar zu machen. Wird im Rücken der Armee Waffengebrauch einzelner Partisanen festgestellt, so ist mit drakonischen Maßnahmen durchzugreifen. Diese sind auch auf die männliche Bevölkerung auszudehnen, die in der Lage gewesen wäre, Anschläge zu verhindern. Die Teilnahmslosigkeit zahlreicher angeblich sowjetfeindlicher Elemente, die einer abwartenden Haltung entspringt, muß einer klaren Entscheidung zur aktiven Mitarbeit gegen den Bolschewismus weichen. Wenn nicht, kann sich niemand beklagen, als Angehöriger des Sowjetsystems gewertet und behandelt zu werden. Der Schrecken vor den deutschen Gegenmaßnahmen muß stärker sein als die Drohung der umherirrenden bolschewistischen Restteile.

Fern von allen politischen Erwägungen der Zukunft hat der Soldat zweierlei zu erfüllen:

1.) die völlige Vernichtung der bolschewistischen Irrlehre, des Sowjetstaates und seiner Wehrmacht.

2.) die erbarmungslose Ausrottung artfremder Heimtücke und Grausamkeit und damit die Sicherung des Lebens der deutschen Wehrmacht in Rußland.

Nur so werden wir unserer geschichtlichen Aufgabe gerecht, das deutsche Volk von der asiatisch-jüdischen Gefahr ein für allemal zu befreien.

Der Oberbefehlshaber:

v. Reichenau
Generalfeldmarschall

Verteilt
bis zu den Kpn. usw.

Befehl des Generalfeldmarschalls von Reichenau, Oberbefehlshaber der 6. Armee, vom 10.10.1941
Bundesarchiv/Militärarchiv, RH 20–6/493

Befehl des Generalfeldmarschalls von Rundstedt, Oberbefehlshaber der Heeresgruppe Süd, vom 12.10.1941
StAN, NOKW–309

„[…] In der Anlage gebe ich einen Befehl vom 10.10.41 des Oberbefehlshabers der 6. Armee über ‚Verhalten der Truppe im Ostraum' zur Kenntnis, mit dessen Inhalt ich mich voll einverstanden erkläre. Ich stelle zur Erwägung, im dortigen Befehlsbereich, sinngemäße, den örtlichen Verhältnissen angepaßte Weisungen zu erlassen, sofern dies noch nicht geschehen ist. […]"

Generalquartiermeister des Heeres, General Eduard Wagner, im Auftrage von General von Brauchitsch, vom 28.10.1941
Der Prozeß gegen die Hauptkriegsverbrecher vor dem Internationalen Militärgerichtshof (International Military Tribunal), Nürnberg, 14. Nov. 1945–1. Okt. 1946, Bd. 35, Nürnberg 1949, S. 84

„[…] Auf Anordnung des Herrn Oberbefehlshabers des Heeres wird anliegend Abschrift eines vom Führer als ausgezeichnet bezeichneten Befehls des Oberbefehlshabers der 6. Armee über das Verhalten der Truppe im Ostraum übersandt mit der Bitte – soweit nicht bereits geschehen – im gleichen Sinne entsprechende Anordnungen zu erlassen. […]"

Oberbefehlshaber der 17. Armee, Generaloberst Hoth, vom 17.11.1941
Bundesarchiv/Militärarchiv, RH 20–17/44

„[…] *Die Notwendigkeit harter Maßnahmen gegen volks- und artfremde Elemente muß gerade von den Soldaten verstanden werden.* Diese Kreise sind die geistigen Stützen des Bolschewismus, die Zuträger seiner Mordorganisation, die Helfer der Partisanen. Es ist die gleiche jüdische Menschenklasse, die auch unserem Vaterlande durch ihr volk- und kulturfeindliches Wirken so viel geschadet hat, heute in der ganzen Welt deutschfeindl. Strömungen fördert und Träger der Rache sein will. Ihre Ausrottung ist ein Gebot der Selbsterhaltung. […]"

Befehl des Oberbefehlshabers der 11. Armee, General von Manstein, vom 20.11.1941
Der Prozeß gegen die Hauptkriegsverbrecher vor dem Internationalen Militärgerichtshof (International Military Tribunal), Nürnberg, 14. Nov. 1945–1. Okt. 1946, Bd. 34, Nürnberg 1949, S. 129–132, Zitat S. 130 f.

„[…] Das Judentum bildet den Mittelsmann zwischen dem Feind im Rücken und den noch kämpfenden Resten der Roten Wehrmacht und der Roten Führung. Es hält stärker als in Europa alle Schlüsselpunkte der politischen Führung und Verwaltung, des Handels und des Handwerkes besetzt und bildet weiter die Zelle für alle Unruhen und möglichen Erhebungen. […]
Für die Notwendigkeit der harten Sühne am Judentum, dem geistigen Träger des bolschewistischen Terrors, muss der Soldat Verständnis aufbringen. Sie ist auch notwendig, um alle Erhebungen, die meist von Juden angezettelt werden, im Keime zu ersticken. […]"

WEHRMACHT UND VÖLKERMORD

POGROME

Mit Beginn des Zweiten Weltkrieges im September 1939 und der daraus resultierenden Teilung Polens fielen Ostgalizien sowie Teile von Wolhynien und Podolien unter sowjetische Besatzung. Gegen diese Annexion formierten sich ukrainische Nationalisten, die im Frühjahr 1941 angesichts der zu erwartenden Invasion deutscher Truppen einen Aufstand organisierten, der von sowjetischer Seite blutig niedergeschlagen wurde und zu zahlreichen Verhaftungen führte.

Als die deutsche Wehrmacht am 22. Juni 1941 diese Gebiete besetzte, gelang es dem sowjetischen Geheimdienst NKWD nicht, die politischen Gefangenen vollständig nach Osten zu verlegen. Unmittelbar vor dem Abzug der Roten Armee ermordete der NKWD daher diejenigen, die er hätte zurücklassen müssen. Die oftmals von Folterungen und Mißhandlungen gekennzeichneten Leichen nutzte die deutsche Propaganda für ihre antibolschewistische und antisemitische Agitation. Vor Ort schob man der jüdischen Bevölkerung die Verantwortung für diese Verbrechen zu und schürte damit die ohnehin um sich greifende Pogromstimmung.

Sowjetischer Bericht über den Verlauf der Evakuierung der Gefangenen aus den Gefängnissen des Frontstreifens vom 24.7.1941 (deutsche Übersetzung)
Neizvestuyi Gulag, dokumenty i fakty, Mockba 1999, Dokument 18, S. 21

„24. Juli 1941
Streng geheim
An den Volkskommissar für Innere Angelegenheiten
der Union der Sozialistischen Sowjetrepubliken, Generalkommissar der Staatssicherheit, Gen. Berija L. P.
Aus dem Bericht
Über den Verlauf der Evakuierung der Gefangenen aus den Gefängnissen in Frontnähe

Insgesamt wurden 65 158 Gefangene evakuiert.
... Am neuen Bestimmungsort eingetroffen: 36 649.
Auf Transport: 28 503.
Nach vorliegenden Angaben fand überhaupt keine Evakuierung aus folgenden Gefängnissen statt: NKWD der Belorussischen SSR (Städte Belostok, Grodno, Lomsha, Brest); NKWD der Litauischen SSR (Städte Kaunas, Mariampol). Insgesamt befanden sich in diesen Gefängnissen – Stand 10. Juni – 12 366 Gefangene).
Die Gefangenen aus den Gefängnissen des NKWD der Ukrainischen SSR in Lwow, Stanislaw, Ostrog, Kowel und Wladimir-Wolynsk sind nur zum Teil evakuiert. Insgesamt wurden in diesen Gefängnissen 2688 Gefangene zurückgelassen.
Die Evakuierung einiger Gefängnisse (in Peremyschl, Wladimir-Wolynsk und anderen) erfolgte unter Artilleriebeschuß.
Während der Evakuierung aus den Westgebieten der Ukrainischen SSR wurden 6 Mitglieder des Gefängnispersonals getötet und 7 verwundet.
Bei dem Abzug des Gefängnispersonals aus den Gefängnissen wurden die Waffen den Mitarbeitern ausgehändigt. Die Korrespondenz und die Dokumente wurden zum Teil an Ort und Stelle verbrannt, zum Teil ins Hinterland abtransportiert.

Leiter der Gefängnisverwaltung des NKWD der UdSSR
Hauptmann der Staatssicherheit   Nikolskij"

Sowjetischer Bericht zu den Ergebnissen der Evakuierung von Gefangenen aus den Gefängnissen des NKWD vom 24.1.1942 (deutsche Übersetzung)
Neizvestuyi Gulag, dokumenty i fakty, Mockba 1999, Dokument 19, S. 22

„24. Januar 1942
Streng geheim
Aus dem Auskunftsbericht
Über die Ergebnisse der Evakuierung der Gefangenen aus den Gefängnissen des NKWD-UNKWD

1. Insgesamt evakuierte Gefängnisse:	272
2. Insgesamt evakuierte Häftlinge:	141 527
3. Insgesamt Abgänge während der Evakuierung aus unterschiedlichen Gründen:	42 676
4. Darunter	
a) nicht aus den Gefängnissen auf dem vom Feind besetzten Territorium evakuiert:	21 504
b) im Zuge der Evakuierung entlassen:	7 444
c) während der Bombenangriffe geflohen:	819
d) während des Transports geflohen:	264
e) auf Transport bei Bombenangriffen getötet:	23
f) während des Transports bei Fluchtversuch getötet:	59
g) bei Bandenüberfällen befreit:	346
h) in den Gefängnissen erschossen:	9 817
i) von den Wachmannschaften auf Transport bei Niederhaltung von Aufruhr und Widerstand erschossen:	674
j) von den Wachmannschaften auf Transport unrechtmäßig erschossen:	769
k) auf Transport verstorben:	1 057

Stellvertreter des Leiters der 1. Abteilung
der Gefängnisverwaltung des NKWD der UdSSR
Hauptmann der Staatssicherheit   Wolchonskij"

„[...] in den Gefängnissen erschossen: 9 817 [...]"

LEMBERG

Lemberg – Hauptstadt Ostgaliziens und bis zum Zweiten Weltkrieg kulturelles und politisches Zentrum der orthodoxen Juden – zählte 1939 insgesamt 340.000 Einwohner, von denen ein Drittel jüdisch war. Drei Wochen nach Kriegsbeginn im September 1939 besetzten Truppen der Roten Armee die Stadt sowie das gesamte östliche Galizien.

Nach dem deutschen Überfall auf die Sowjetunion wurden am 30. Juni 1941 in drei Lemberger Gefängnissen mehrere hundert NKWD-Opfer entdeckt, in der Mehrzahl Ukrainer, aber auch Polen, zionistische Juden sowie zwei deutsche Flieger. Die unter der ukrainischen Bevölkerung herrschende antijüdische Stimmung wurde durch das Auffinden der Toten erheblich gesteigert, wozu auch die als Wehrmachtssoldaten einmarschierenden ukrainischen Nationalisten beitrugen.

Ukrainische Zivilisten, der Wehrmacht unterstellte Ukrainer, Angehörige der Einsatzgruppen sowie Wehrmachtssoldaten beteiligten sich an den mehrere Tage anhaltenden Pogromen. Juden wurden unter Schlägen zur Bergung der NKWD-Opfer gezwungen, sie wurden gequält, mißhandelt und erschlagen. Die Einsatzgruppe C erschoß mehrere hundert Juden in der Stadt. Die genaue Anzahl der Pogromopfer ist nicht bekannt, es wird aber davon ausgegangen, daß etwa 4.000 Juden ermordet wurden.

Nicht nur der Stadtkommandant von Lemberg, General Karl Wintergerst, auch die übergeordneten Wehrmachtsstellen ergriffen zunächst keine Maßnahmen, um die eskalierende Gewalt in der Stadt zu stoppen. Ganz im Gegenteil: Der Stab des Armeeoberkommandos 17 hatte beim Reichssicherheitshauptamt in Berlin angeregt, die jeweils vor Ort agierenden antijüdischen Kräfte für pogromartige Ausschreitungen zu nutzen, so wie es in Lemberg geschah. Dieser Vorschlag seitens des Militärs fand in Berlin eine so positive Resonanz, daß alle Einsatzgruppen durch entsprechenden Befehl zu einer solchen Vorgehensweise aufgefordert wurden.

Fernschreiben des XXXXIX. Gebirgs-Armeekorps an das Armeeoberkommando 17 vom 1.7.1941, 12.00 Uhr
Bundesarchiv/Militärarchiv, RH 20–17/277, Bl. 139 f.

„[...] Nach dem Einruecken deutscher Truppen am 30/+6/+41 in Lemberg wurden in 3 Gefaengnissen der Stadt mehrere hundert Leichen/Klauf/Maenner und Frauen/Klzu gefunden/// die im Laufe der letzten Tage er mordet worden sind/+ so fand man u/+a/+ in den Katakomben des Militaergefaengnisses Lemberg allein in einem Keller etwa 120 Leichen Maenner und Frauen aufeinander geschichtet vor/+ die groesste Anzahl von Ermordeten wurde in dem Gefaengniss der G/+P/+U/+ festgestellt/+ in einem Zimmer des Gefaengnisses lagen 65 Leichen von Maennern und Frauen aufeinandergeschichtet/+ Auf dem Hof des Gefaengnisses wurden 2 Massengraeber vorgefunden /// In denen sich etwa 150 Leichen befanden/+ Ein neu ausgehobenes Massengrab war zum Vergraben weiterer Ermordeter vorbereitet/+ In den Kellern des G/+P/+U/+-Gefaengnisses befinden sich weiter eine große Zahl Ermordeter /// deren genaue Anzahl jedoch nicht festgestellt werden kann /// Da der Zugang zu den betreffenden Kellern vermauert ist/+// Abs[atz]//
Wie die Augenscheinseinnahme der im G/+P/+U/+-Gefaengniss vorgefundenen Leichen ergab /// sind der Ermordung schwerste Folterungen und Marterungen vorausgegangen /+ Die Leichen wiesen schwere Hieb-und-Stichverletzungen an allen Koerperteilen auf/+ Bei einigen Leichen waren die Finger und Haenden [!] zerquetscht worden und Gliedmassen zerbrochen/+// Abs//
Bei den Ermordeten handelt es sich zum groessten Teil um Ukrainer /// Im uebrigen um Polen/+ Nach den Aussagen von Zeugen sind in diesem Gefaengniss gleichfalls 2 verwundete deutsche Flieger eingeliefert worden /+ Ein Fliegerkoppel und eine Fliegermuetze wurden in den Raeumen des Gefaengnisses gefunden /+ Auf einen Fliegerstahlhelm stieß man beim Ausgraben eines Massengrabes/M es ist mit Sicherheit zu rechnen /// dass sich auch diese beiden Flieger unter den Ermordeten/// die nicht mehr identifiziert werden koennen /// befinden/M
Gen/+Kdo/+ Roem/+ Neunvierzigstes/Geb/A/+K/+++"

Schlußmeldung über die Einnahme Lembergs vom Kommandeur des Bataillons 800 vom 1.7.1941
Bundesarchiv/Militärarchiv, RH 28–1/23

„[...] Die ukrainische Bevölkerung, teilweise auch die ärmere polnische Bevölkerung, soweit sie aus der österreichischen Zeit stammt, nahm die Truppe als Befreier auf. Die Metzeleien der Roten haben die Wut aufs Äusserste angefacht. Es setzten am 30.6.41 und 1. Juli verstärkt Gewaltaktionen gegen die Juden ein, die teilweise schlimmsten Pogromcharakter annahmen. Die eingesetzten Polizeikräfte erwiesen sich ihrer Aufgabe hierbei nicht gewachsen. Sie stacheln durch rohestes und abstossendes Verhalten gegenüber Wehrlosen die Bevölkerung auf. Die eigene Truppe ist, wie die Meldungen der Kompanien beweisen, über die Roheitsakte und Quälereien empört. Sie hält ein unerbittliches Strafgericht an den Schuldigen am Massaker der Bolschewisten für unbedingt erforderlich, versteht jedoch nicht das Quälen und Erschiessen wahllos zusammen getriebener Juden, darunter Frauen und Kinder. Besonders auf die ukrainischen Komp. macht dies alles einen disziplinzerrüttenden Eindruck. Sie können nicht zwischen Wehrmacht und Polizei unterscheiden und werden, da sie im deutschen Soldaten ein Vorbild sehen, in ihrer Beurteilung der Deutschen allgemein schwankend. Es ist dieselbe Truppe, die gestern jüdische Plünderer rücksichtslos niedergeschossen hat, aber kaltherzige Quälereien verwirft. [...]"

„Es setzten am 30.6.41 und 1. Juli verstärkt Gewaltaktionen gegen die Juden ein, die teilweise schlimmsten Pogromcharakter annahmen."

NKWD-Opfer in Lemberg, 1941
Bundesarchiv/Militärarchiv, RH 20–17/768

Ereignismeldung UdSSR Nr. 10 vom 2.7.1941
Bundesarchiv, R 58/219

Das Armeeoberkommando 17 regt beim Reichssicherheitshauptamt an, die antijüdischen Kräfte vor Ort für Pogrome zu nutzen.

„[...] AOK 17 hat angeregt, zunächst die in den neu besetzten Gebieten wohnhaften anti-jüdisch und anti-kommunistisch eingestellten Polen zu Selbstreinigungsaktionen zu benutzen. [...]
‚Befehl Nr. 2):

Die in den neu besetzten, insbesondere ehemals polnischen Gebieten wohnhaften Polen werden sich auf Grund ihrer Erfahrungen sowohl antikommunistisch als auch antijüdisch zeigen. Es ist selbstverständlich, daß die Reinigungsaktionen sich primär auf die Bolschewisten und Juden zu erstrecken haben. Hinsichtlich der polnischen Intelligenz usw. kann, wenn nicht im Einzelfall wegen Gefahrs im Verzuge sofort Maßnahmen unbedingt geboten sind, später das Wort gesprochen werden.

Es ist daher selbstverständlich, daß in die Reinigungsaktionen primär nicht derart eingestellte Polen einbezogen werden brauchen, zumal sie als Initiativelement (allerdings nach den örtlich bedingten Verhältnissen entsprechend begrenzt) sowohl für Pogrome als auch als Auskunftspersonen von besonderer Wichtigkeit sind.

Diese einzuschlagende Taktik gilt selbstverständlich auch für alle ähnlich gelagerten Fälle.‘ [...]"

Zusatz zum Einsatzbefehl Nr. 2 vom 1.7.1941
Bundesarchiv, R 70 Su/32

„[...] Ich bitte sofort das in Lemberg befindliche EK 4b entsprechend zu verständigen, da sich für diesen Bereich das AOK. anher gewandt hat.

Vollzugsnachricht anhier. [...]"

Kriegstagebuch Nr. 1 der 1. Gebirgsdivision vom 1.7.1941, 19.00 Uhr
Bundesarchiv/Militärarchiv, RH 28–1/20, Bl. 35R

„[…] Während der Kommandeurbesprechung hörte man das Schiessen im G.P.U.-Gefängnis Lemberg, wo Juden, die in den letzten Wochen von den Russen auf jüd. Denunziation hier ermordete Ukrainer (mehrere Tausend) begraben mussten.
Auf Antreiben der ukrainischen Bevölkerung kam es am 1.7. zu einem regelrechten Juden- u. Russenpogrom in Lemberg. […]"

Tätigkeitsbericht des Armeeoberkommandos 17, Führungsabteilung, Beilage Nr. 1 zum Kriegstagebuch Nr. 1 vom 30.6.1941 und 1.7.1941
Bundesarchiv/Militärarchiv, RH 20–17/768

[30.6.41]:
„[…] Gegen 21.30 Uhr bat XXXXIX A.K. (Hptm.i.G. Schuch) zur Zulassung aus- und inländischer Presseberichter, um dieses einzigartige bolschewistische Verbrechen zu sehen und genügend zu brandmarken. Es wurde sofort alles veranlasst, um diesem Vorschlag stattzugeben (Anruf bei der Heeresgruppe und Anruf und F S bei Oberst Radtke, O.K.H., Heerwesen Abt.). Gegen 23.00 Uhr wurde bereits schon das grundsätzliche Einverständnis des Führers dem Vorschlag entsprechend durch O.K.H. mitgeteilt. Zahl und Eintreffen der Teilnehmer wird am 1.7. bekanntgegeben. […]

[1.7.41]:
[…] Die am Vormittag im Flugzeug erwarteten Pressevertreter trafen nicht ein, sondern fuhren in Ermangelung eines Flugzeuges mit der Bahn von Berlin ab. Eintreffen über Gleiwitz – Krakau fraglich. Fernschreiben des O.K.W. über Teilnehmerzahl, Ankunftsort und Zeit bis zum Abend des 1.7. nicht eingetroffen. Pkw zu ihrer Abholung stehen am 2.7. nicht mehr zur Verfügung, da Stellungswechsel des A.O.K. nach Lemberg am 2. oder 3.7. beabsichtigt ist. Fahrt von Eisenbahnendstation nach Lemberg kann deswegen nur im Omnibus erfolgen und wird sich dadurch weiter verzögern. Durch Verzögerung des Eintreffens wurde propagandistische Wirkung der Lemberger Morde stark herabgemindert, da die Leichen aus sanitären Gründen beseitigt und teilweise eingemauert werden mussten. […]"

Tagebuch Felix Landau, Angehöriger der Einsatzgruppe C, vom 3. und 5.7.1941
ZStdLJV, Verschiedenes, Ordner 169, Bl. 279 f.

„[…] Eben kehren wir zurück. 500 Juden standen zum erschiessen angetreten. Vorher besichtigten wir noch die ermordeten deutschen Flieger und Ukrainer. 800 Menschen wurden hier in Lemberg ermordet. Auch vor Kindern schreckten die Lumpen nicht zurück. Im Kinderheim waren diese an die Wände angenagelt. Ein Gefängnis zum Teil zugenagelt. […]
5.7.1941.
[…] Abends fuhren wir nochmals flüchtig auf eine Stunde in die Stadt. Hier erlebten wir Dinge, die man kaum schildern kann. Wir fuhren an einem Gefangenenhaus vorbei. Dass auch hier gemordet wurde, sah man schon einige Strassen weit. Wir wollten es besichtigen, doch hatten wir keine Gasmasken bei uns, so war es unmöglich die Kellerräume und Zellen zu betreten. Dann ging es wieder unserem Quartier zu. An einer Strassenecke sahen wir einige Juden über und über mit Sand bedeckt. Einer blickte den anderen an. Alle hatten das Gleiche vermutet. Die Juden sind aus dem Grab der Erschossenen gekrochen. Wir hielten einen schwankenden Juden an. Unsere Vermutung war nicht richtig. Bei der ehemaligen GPU-Zitadelle hatten die Ukrainer Juden hingebracht, die der GPU bei Verfolgung von Ukrainern und Deutschen behilflich gewesen sein sollen. 800 Juden hatte man dort zusammengetrieben. Auch diese sollten morgen von uns erschossen werden. Diese hatte man nun frei gelassen.
Wir fuhren weiter die Straße entlang. Hunderte von Juden mit blutüberströmten Gesichtern, Löchern in den Köpfen, gebrochenen Händen und heraushängenden Augen laufen die Strassen entlang. Einige Blutüberströmte Juden tragen andere, die zusammengebrochen sind. Wir fuhren zur Zitadelle, dort sahen wir Dinge, die bestimmt noch selten jemand gesehen hat. Am Eingang der Zitadelle stehen Soldaten mit faustdicken Knüppeln und schlagen hin, wo sie treffen. Am Eingang drängen die Juden heraus, daher liegen Reihen von Juden übereinander, wie Schweine und wimmern sondergleichen und immer wieder traben die hochkommenden Juden blutüberströmt davon. Wir bleiben noch stehen und sehen, wer das Kommando führt. ‚Niemand.' Irgendjemand hat die Juden freigelassen. Aus Wut und Hassgefühl werden nun die Juden getroffen.
Nichts dagegen, nur sollten sie die Juden in diesem Zustand nicht herumlaufen lassen. Anschliessend erfahren wir von den dort stehenden Soldaten, dass sie eben Kameraden und zwar Flieger in einem Lazarett hier in Lemberg besucht hätten und gesehen haben, wie man diese bestialisch zugerichtet hatte. Man hatte ihnen von den Fingern Nägel heruntergerissen, Ohren abgeschnitten und auch die Augen ausgestochen. Das war der Grund ihrer Handlungsweise, durchaus verständlich. […]"

„Wir fuhren weiter die Straße entlang. Hunderte von Juden mit blutüberströmten Gesichtern, Löchern in den Köpfen, gebrochenen Händen und heraushängenden Augen laufen die Strassen entlang."

TARNOPOL

Tarnopol – südöstlich von Lemberg gelegen – wurde im September 1939 zunächst von der Roten Armee besetzt. Die Stadt hatte zu diesem Zeitpunkt etwa 40.000 Einwohner, 18.000 Personen galten als Juden. Am 2. Juli 1941 marschierte die Panzergruppe 1 mit der ihr unterstellten SS-Division „Wiking" in Tarnopol ein. Zudem erreichte das Sonderkommando 4 b die Stadt.

Unmittelbar nach der deutschen Besetzung fand man die Leichen einiger Hundert Ukrainer, die der NKWD kurz vor dem Abzug der Roten Armee ermordet hatte. Unter den Opfern befanden sich auch zehn deutsche Soldaten. Am 4. Juli 1941 setzte ein mehrere Tage andauerndes Pogrom ein. Die für die Morde verantwortlich gemachten Juden der Stadt wurden gezwungen, die NKWD-Opfer zu bergen, wobei die Juden mißhandelt, erschlagen und erschossen wurden. Neben einheimischen Zivilisten beteiligten sich auch Angehörige der SS-Division „Wiking" an den Gewalttaten. Zudem bescheinigte die SS der Wehrmacht eine „erfreulich gute Einstellung gegen die Juden". Das Sonderkommando 4 b fahndete gezielt nach jüdischen Intellektuellen und erschoß 127 Personen außerhalb der Stadt. Das Pogrom in Tarnopol kostete mindestens 600 Menschen das Leben.

Pogrom in Tarnopol

Militärhistorisches Archiv Prag, 4933

Militärhistorisches Archiv Prag, 4941

Militärhistorisches Archiv Prag, 4947

Unbekannter Amateur: „Valká vlastenecké válka 1941–45"
„Nemecká zverstva na vychode"
[„Der Große Vaterlandskrieg 1941–45" „Die deutschen Greueltaten im Osten"]
Militärhistorisches Archiv Prag, 4948

Bericht des Wehrkreiskommandos XVII, Abteilung Wehrmachtspropaganda, über Greueltaten in Feldpostbriefen, Wien 12.9.1941
Bundesarchiv, RW 4/442a

„An das
Oberkommando der Wehrmacht,
Abteilung WPr

Berlin.

Der hiemit vorgelegte Greuelbericht aus einem Feldpostbrief
von der Ostfront wurde in Vervielfältigungsform in einem Schaufenster eines Wiener Geschäftes vorgefunden. Nachforschungen
der hiesigen Abwehrstelle ergaben, daß von einem Wiener Kreisleiter der NSDAP Abschriften dieses Berichtes für Propagandazwecke an die Ortsgruppenleiter seines Kreises zur Kenntnis
gebracht wurden. Einer dieser Ortsgruppenleiter hat eigenmächtig eine solche Abschrift vervielfältigt und zum Anschlagen in Schaufenstern verteilt. Auf Veranlassung von Ic/WPr
wurde sofortige Einziehung der Vervielfältigung veranlaßt.
Der Fall erscheint geeignet, grundsätzlich behandelt zu werden.
Es wird daher die Anregung gegeben, bei Belehrung der Feldtruppe mit verstärktem Nachdruck darauf hinwirken zu lassen,
daß derartige Greuelberichte von Soldaten aus dem Felde
nicht in die Heimat gesandt werden. Außerdem erscheint es erforderlich, eine verschärfte Feldpostbriefzensur zu verfügen.
Für das Wehrkreiskommando
Der Chef des Generalstabes:
I.A.

Major

1 Anlage.“

- Abschrift -

Tarnopol, 6.7.1941.

Liebste Eltern !

Soeben komme ich von der Aufbahrung unserer von den Russen gefangenen Kameraden der Luft-und Gebirgstruppen. Ich finde keine
Worte um so etwas zu schildern. Die Kameraden sind gefesselt, Ohren,
Zungen, Nase und Geschlechtsteile sind abgeschnitten, so haben wir
sie im Keller des Gerichtsgebäudes von Tarnopol gefunden und
außerdem haben wir 2.000 Ukrainer und Volksdeutsche auch so zugerichtet gefunden. Das ist Rußland und das Judentum das Paradies
der Arbeiter. Wenn es heute noch einen Kommunisten in Wien gibt,
der gehört sofort erschlagen aber nicht erschossen. Die Rache
folgte sofort auf dem Fuße. Gestern waren wir mit der SS gnädig,
denn jeder Jude, den wir erwischten, wurde sofort erschossen. Heute
ist es anders, denn es wurden wieder 60 Kameraden verstümmelt gefunden. Jetzt müssen die Juden die Toten aus dem Keller herauftragen schön hinlegen und dann werden ihnen die Schandtaten gezeigt. Hierauf werden sie nach Besichtigung der Opfer erschlagen
mit Knüppel und Spaten. Bis jetzt haben wir zirka 1.000 Juden
ins Jenseits befördert aber das ist viel zu wenig für das, was
die gemacht haben. Die Ukrainer haben gesagt, daß die Juden alle
die führenden Stellen hatten und ein richtiges Volksfest mit
den Sowjets hatten bei der Hinrichtung der Deutschen und Ukrainer. Ich bitte Euch liebe Eltern macht das bekannt auch der Vater in der Ortsgruppe. Sollten Zweifel bestehen, wir bringen Fotos mit. Da gibt es kein Zweifeln.
Viele Grüße
Euer Sohn
Franzl.

Feldpostbrief vom 6.7.1941 (Abschrift)
Bundesarchiv, RW 4/442a, Bl. 202

Bericht des Regierungsrates Dr. Kläger, Rechtsbüro der Israelitischen Kultusgemeinde Wien, 1941
Archiv der Israelitischen Kultusgemeinde Wien, 273, zit. n. Herbert Rosenkranz, Verfolgung
und Selbstbehauptung. Die Juden in Österreich 1938–1945, Wien und München 1978,
S. 280 f.

„[...] In diesem Briefe heißt es u. a., daß die Soldaten festgestellt
haben, wie sich die Juden gegenüber den Soldaten an der
Front verhalten haben; darauf seien sie noch sehr menschlich
gewesen, hätten 1000 Juden an die Wand gestellt und erschossen; am nächsten Tag hätten sie aber neuerlich festgestellt,
daß noch ärgere Greuel verübt worden wären, und daraufhin
hätten sie Juden diese Leichen hervorholen und säuberlich
herrichten lassen, hätten dann die Juden auf einem Platz zusammengetrieben und verdientermaßen mit Knüppeln erschlagen.
Diese Affiche erregt Besorgnis bei den Bewohnern des 3. Bezir-
kes, weil die bei mir erschienene Dame versichert hat, diese
Affiche das allgemeine Gespräch der Arier im Bezirk bildet. [...]“

Pogrom in Tarnopol

DÖW, 4209/1

DÖW, 4209/2

DÖW, 4209/3

DÖW, 4209/4

Unbekannter Knipser, „Ermordete Juden in Tarnopol", 1941
DÖW, 4570–3

Ereignismeldung UdSSR Nr. 14 vom 6.7.1941
Bundesarchiv, R 58/219

„[…] EK 4 b
Standort: T a r n o p o l .
[…] Am 5.7. etwa 70 Juden von den Ukrainern zusammengetrieben und mit geballter Ladung erledigt. Weitere 20 Juden auf der Straße durch Militär und Ukrainer erschlagen, als Reaktion auf die Ermordung dreier Soldaten, die gefesselt mit abgeschnittenen Zungen und ausgestochenen Augen im Gefängnis aufgefunden. Wehrmacht erfreulich gute Einstellung gegen die Juden. […]"

„Wehrmacht erfreulich gute Einstellung gegen die Juden."

Ereignismeldung UdSSR Nr. 28 vom 20.7.1941
Bundesarchiv, R 58/219

„[…] In T a r n o p o l wurden insgesamt 127 Exekutionen durchgeführt. Dort selbst hatten die Russen vor ihrer Flucht in ähnlicher Weise wie in L e m b e r g und D u b n o gewütet. Bei den Ausgrabungen wurden insgesamt 10 Leichen deutscher Soldaten festgestellt. Sie hatten fast alle die Hände auf dem Rücken mit Draht zusammengebunden, die Körper wiesen Spuren schwerster Verstümmelungen auf; so waren Augen ausgestochen, Zungen abgeschnitten und Gliedmassen vom Körper getrennt.
Die Zahl der von den Russen ermordeten Ukrainer, unter denen sich auch Frauen und Kinder befinden, wird endgültig auf etwa 600 beziffert. Juden und Polen sind von den Russen verschont worden. […]
Die durchziehenden Truppen, die Gelegenheit hatten, diese Scheusslichkeiten und vor allen Dingen auch die Leichen der ermordeten deutschen Soldaten zu sehen, erschlugen insgesamt etwa 600 Juden und steckten ihre Häuser an. […]"

„Die durchziehenden Truppen, die Gelegenheit hatten, diese Scheusslichkeiten und vor allen Dingen auch die Leichen der ermordeten deutschen Soldaten zu sehen, erschlugen insgesamt etwa 600 Juden und steckten ihre Häuser an."

NACHKRIEGSAUSSAGEN – TARNOPOL

„[...] Teilweise bereits am Donnerstag, aber insbesondere am Freitag, den 4. Juli begann eine fürchterliche Pogromwelle, die sich im Gegensatz zu den späteren Aktionen nur gegen jüdische Männer richtete. Ukrainer, die sofort nach dem Einmarsch bewaffnet worden waren und die Deutschen unterstützten, holten die Juden aus den Wohnungen. Mehrere hundert Juden wurden in den Gefängnishof getrieben. Das geschah unter Schlägen und Mißhandlungen. Dort mußten sie die Leichen, die die Russen zurückgelassen hatten, ausgraben. Die jüdischen Einwohner wurden zu Unrecht beschuldigt, an dem Tod dieser Opfer schuldig zu sein. Die Arbeitenden wurden mißhandelt. Es wurden Handgranaten aus den Fenstern unter sie geworfen und zuletzt wurden sie erschossen. Das geschah nicht nur mit Billigung, sondern auch unter Mitwirkung deutscher Soldaten.

Dazu kamen weitere Aktionen. Juden wurden aus den Häusern geholt und zu bestimmten Sammelplätzen getrieben. Solche Sammelplätze waren große Keller und Höfe, aber auch Synagogen, die eben eine größere Anzahl Menschen aufnehmen konnten. Dort wurden sie erschossen. Eine der größten Schandtaten war die Vernichtung von mehreren hundert Juden in der Synagoge (Bethaus) Jankeles. Die Synagoge wurde in Brand gesteckt. Die Juden, die sich durch die Flucht retten wollten, wurden zusammengeschossen. Mein einziger Bruder kam auch in dieser Synagoge ums Leben. Ich habe seine Leiche später dort gefunden. Auch mein Vater kam bei der Aktion um. [...]

Bereits drei Tage später kam ein SS-Verband nach Tarnopol. Seine erste Tat war, unter dem Vorwand, einen Judenrat aus der jüdischen Prominenz der Stadt bilden zu wollen, etwa 120 jüdische Männer zu erschießen. Es waren meist Angehörige geistiger Berufe, z.B. Rechtsanwälte, Ärzte usw. Die Erschießung erfolgte außerhalb von Tarnopol. Die Opfer wurden auf Lastwagen zur Exekutionsstelle gebracht.

Diese Pogromwelle, zunächst unter der Führung der Wehrmacht und später des SS-Kommandos und Mithilfe der Ukrainer, dauerte etwa 10 Tage. [...]"

ZStdLJV, 208 AR–Z 13/73, Bd. 1, Bl. 138–145, Zitat Bl. 140 f.

5. März 1974

Dr. Aaron O.,
Überlebender

NACHKRIEGSAUSSAGEN – TARNOPOL

28. Oktober 1965

Jonni E.,
ehemaliger Wehrmachtssoldat

„[...] Ich persönlich bin nicht Zeuge dieser Erschießungen geworden und habe mir den Erschießungsplatz nicht angesehen. Wenn ich mich heute noch recht erinnere, wurden die Erschießungen in Tarnopol nicht von der SS vorgenommen, sondern wurden damals von Angehörigen der Ortskommandantur und der Feldgendarmerie durchgeführt.

Ich möchte mit Bestimmtheit sagen, daß ich zu dem Zeitpunkt, als die Juden in Tarnopol erschossen wurden, keine SS- oder SD-Leute in Tarnopol gesehen habe. Meine Angaben beziehen sich auf die ersten fünf Tage meines Aufenthaltes in Tarnopol. Um mich klar auszudrücken, möchte ich sagen, daß die Erschießungen etwa vom 5.7.1941 bis zum 11.7.1941 stattfanden.

Von Einheimischen Frauen, die bei uns beschäftigt waren, hörte ich, daß man praktisch regelrechte Jagden auf versteckte Juden veranstaltete.

Nachdem man ihrer habhaft geworden war, soll man sie erschossen haben. [...]“

Zentralstelle in Dortmund 45 Js 24/62, Bd. 28, Bl. 49 f.

19. März 1962

Lothar F.,
ehemaliger Angehöriger des
Sonderkommandos 4 b

„[...] Das EK 4 b hat nach meiner Erinnerung auf dem Vormarsch erstmalig in Tarnopol, wo wir einige Tage waren, Erschiessungen von jüdischen Opfern durchgeführt. Ich bin beim besten Willen nicht in der Lage anzugeben, wer von uns Führern zu dieser Aktion eingeteilt war, wo diese stattfand, unter welchen besonderen Gegebenheiten die Exekutionen durchgeführt wurden und wieviel jüdische Menschen und ob unter ihnen auch Frauen und Kinder von den Erschiessungen betroffen waren. In Tarnopol war es zu Exzessen durch Ukrainer, aber auch durch Wehrmachtsangehörige gegenüber den jüdischen Bürgern gekommen. Anlass hierfür war die Tatsache, dass die verstümmelten Leichname von 2 oder 3 abgeschossenen deutschen Fliegern an Stacheldraht gefesselt aufgefunden worden waren. Ich habe selbst gesehen, dass deutsche Wehrmachtsangehörige auf dem Hofe des dortigen Gefängnisses mehrere jüdische Opfer in eine Ecke getrieben und dann Handgranaten in die Gruppe geworfen haben, wodurch diese Menschen auf der Stelle zerfetzt wurden. [...]“

ZStdLJV, 204 AR–Z 6/60, Bd. 1, Bl. 196–206, Zitat Bl. 200

FOTO ALS HISTORISCHE QUELLE

Die Fotografie gilt als *das* Medium, das die Wirklichkeit unverfälscht und wahrheitsgemäß abbildet. Dabei ist das Bild immer nur ein Ausschnitt dessen, was vor dem Objektiv geschah, es zeigt einen kleinen Moment aus dem Zeitablauf. Wie jedes schriftliche Dokument verlangt auch die Fotografie einen quellenkritischen Umgang. Anders als der abstrakte Text suggeriert das gegenständliche Bild dem Betrachtenden, er oder sie sei Zeuge des Geschehens.

Die Fotografie ist für die historische Forschung eine noch wenig genutzte Quelle. Zu vielfältig scheinen die Probleme bei der Überprüfung von Authentizität und Wahrheitsgehalt zu sein. Gleichzeitig verstärken die fehlenden oder widersprüchlichen Angaben in den Archiven die bestehende Unsicherheit im Umgang mit bildlichen Quellen. Das methodische Handwerkszeug zur angemessenen Deutung von Fotos ist bisher kaum entwickelt.

Die Ausstellung „Vernichtungskrieg. Verbrechen der Wehrmacht 1941 bis 1944" löste insbesondere durch die zu den Pogromen in Tarnopol präsentierten Fotografien eine sowohl fachwissenschaftliche als auch öffentliche Kontroverse über die Verwendung von Fotos als historische Quellen aus. Im Kern ging es um die Frage, ob auf den insgesamt vier Aufnahmen Opfer des NKWD oder jüdische Pogromopfer, wie die Ausstellung behauptete, zu sehen sind. Die Kontroverse um die Tarnopol-Fotos reichte aber über ihren eigentlichen Anlaß hinaus. Der Quellenwert von fotografischen Zeugnissen sowie deren wissenschaftliche Interpretation steht seitdem zur Diskussion.

POGROM IN TARNOPOL

September 1939 — Tarnopol wird gemäß dem Hitler-Stalin-Pakt von sowjetischen Truppen besetzt.

22. Juni 1941 — Einmarsch deutscher Truppen in die Sowjetunion

24. Juni 1941 — Geheimbefehl des sowjetischen Geheimdienst-Chefs (NKWD) Lawrentij Berija, alle Systemgegner („konterrevolutionäre Elemente"), die nicht mehr deportiert werden können, in den Gefängnissen zu töten.

Ende Juni 1941 — Der NKWD ermordet im Gefängnis von Tarnopol etwa 600 Gefangene, darunter zehn deutsche Soldaten.

1./2. Juli 1941 — NKWD und Rote Armee ziehen sich aus Tarnopol zurück.

2. Juli 1941 — Besetzung Tarnopols durch die 9. Panzerdivision und die Waffen-SS-Division „Wiking", die zu diesem Zeitpunkt dem XIV. Armeekorps der 1. Panzerarmee unterstellt sind.

ca. 3.–7. Juli 1941 — Pogrom in Tarnopol. Ukrainische Miliz und vermutlich auch polnische, ukrainische und weißrussische Zivilisten treiben jüdische Einwohner im Gefängnishof der Stadt zur Exhumierung der NKWD-Opfer zusammen, mißhandeln und töten sie.

5. Juli 1941 — Das Sonderkommando 4b ist in Tarnopol stationiert und ermordet weitere Juden.

5./6. Juli 1941 — Die Leichen der zehn deutschen Soldaten, die vom NKWD ermordet worden waren, werden in Tarnopol bestattet.

Gefängnis- und Gerichtsgebäude in Tarnopol

Luftaufnahme des Gefängnis- und Gerichtsgebäudes in Tarnopol, ca. 1934/35
Privatbesitz

Die Luftaufnahme zeigt im unteren Teil den Innenhof zwischen Gefängnis- und Gerichtsgebäude. Das Dach des Gerichtsgebäudes ist noch am rechten Bildrand sichtbar. Während der sowjetischen Besatzung wurden im Innenhof bauliche Veränderungen vorgenommen. Vor dem unten links stehenden Haus wurden eine Mauer und ein Wachturm gebaut.

Eingangsportal des Gerichtsgebäudes in der Mickiewiczstraße, ca. 1934/1935
Czesław E. Blickarski, Tarnopol Zatrzymamy w Kadrze pamięci, Zabrze 1992, Bild 11

BILDER EINER AUSSTELLUNG

Beim Pogrom in Tarnopol

„Die durchziehenden [Wehr-
machts-] Truppen, die Gelegenheit hatten, diese Scheußlich-
keiten und vor allen Dingen
auch die Leichen der ermordeten
deutschen Soldaten zu sehen,
erschlugen insgesamt etwa
600 Juden und steckten ihre
Häuser an."

(Ereignismeldung
UdSSR Nr. 28, 20.7.1941)

Tarnopol

In Tarnopol stiftete das Sonderkommando 4b
Anfang Juli 1941 antijüdische Pogrome gezielt an.
Die ausgegrabenen Leichen von getöteten Ukrainern
und 10 deutschen Soldaten wurden gegenüber Wehrmachtssoldaten als Opfer der Juden ausgegeben.

*„Tarnopol, 6.7.1941. Liebe Eltern!
Soeben komme ich von der Aufbahrung unserer von
den Russen gefangenen Kameraden der Luft- und
Gebirgstruppen. Ich finde keine Worte, um so etwas
zu schildern. Die Kameraden sind gefesselt, Ohren,
Zungen, Nase und Geschlechtsteile sind abgeschnitten,
so haben wir sie im Keller des Gerichtsgebäudes von
Tarnopol gefunden und außerdem haben wir 2.000
Ukrainer und Volksdeutsche auch so zugerichtet gefunden. Das ist Rußland und das Judentum, das Paradies
der Arbeiter. (...)
Die Rache folgte sofort auf dem Fuße. Gestern waren
wir mit der SS gnädig, denn jeder Jude, den wir
erwischten, wurde sofort erschossen. Heute ist es
anders, denn es wurden wieder 60 Kameraden verstümmelt gefunden. Jetzt müssen die Juden die Toten
aus dem Keller herauftragen, schön hinlegen, und
dann werden ihnen die Schandtaten gezeigt. Hierauf
werden sie nach Besichtigung der Opfer erschlagen
mit Knüppel und Spaten.*

*Bis jetzt haben wir zirka 1.000 Juden ins Jenseits
befördert, aber das ist viel zuwenig für das, was die
gemacht haben. Die Ukrainer haben gesagt, daß die
Juden alle die führenden Stellen hatten und ein richtiges Volksfest mit den Sowjets hatten bei der Hinrichtung der Deutschen und Ukrainer.
Ich bitte Euch, liebe Eltern, macht das bekannt, auch
der Vater in der Ortsgruppe. Sollten Zweifel bestehen,
wir bringen Fotos mit. Da gibt es kein Zweifeln.
Viele Grüße, Euer Sohn Franzl."*
(Feldpostbrief aus Tarnopol)

Tarnopol-Stellwand in der Ausstellung „Vernichtungskrieg. Verbrechen der Wehrmacht 1941 bis 1944"
Fotograf: Max Andree
Archiv des Hamburger Instituts für Sozialforschung, ohne Signatur

Die vier Tarnopol-Fotos in der Ausstellung „Vernichtungskrieg. Verbrechen
der Wehrmacht 1941 bis 1944" stammen aus dem Dokumentationsarchiv
des Österreichischen Widerstands in Wien. Dort sind insgesamt fünf Aufnahmen archiviert, gemeinsam mit einem weiteren Bild, das nicht in diesen
Zusammenhang gehört. Alle Aufnahmen wurden in den sechziger Jahren
dem Archiv übergeben. Fotografen und Überbringer sind nicht bekannt.

FOTOÜBERLIEFERUNG IN ARCHIVEN

In den internationalen Archiven zur Geschichte des Zweiten Weltkrieges liegen häufig Fotos desselben Ereignisses mit unterschiedlichen Beschriftungen sowie geographischen Zuordnungen und Datierungen. Dahinter steht in der Regel keine Fälschungsabsicht, sondern zumeist Unwissen und ungeprüfte Übernahme bereits vorhandener Angaben. Auskünfte zu den Fotografen oder zur Herkunft des Bildmaterials fehlen oft völlig. Dem Bildnutzer bleibt es überlassen, den Archivangaben zu vertrauen.

Die Tarnopol-Fotos des Wiener Archivs sind auch im United States Holocaust Memorial Museum in Washington D.C. und im Simon Wiesenthal Center in Los Angeles archiviert.

Die beiden US-amerikanischen Archive geben in ihren Bildlegenden eine Fotobeschreibung und machen darüber hinaus Angaben zur Identität der abgebildeten Personen. Das Holocaust Memorial Museum in Washington kennzeichnet die Täter als Ukrainer, das Simon Wiesenthal Center nennt deutsche Einsatzgruppen, die mit Hilfe ukrainischer Kollaborateure die Morde durchgeführt haben sollen. Auf die dem Pogrom vorausgehenden NKWD-Morde wird nicht hingewiesen.

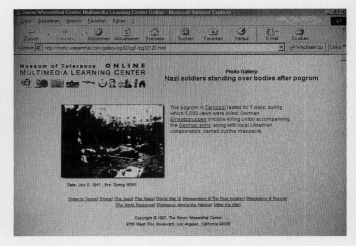

Beschriftung des Archivs: „German soldiers look on as Jews are beaten to death by Ukrainians during a pogrom that lasted over a week in Tarnopol. Date: Jul 4, 1941–Jul 11, 1941"
Übersetzung: „Deutsche Soldaten schauen zu, wie Juden während eines eine Woche andauernden Pogroms von Ukrainern zu Tode geprügelt werden. Datum: 4.–11. Juli 1941"
USHMM, 23044

Beschriftung des Archivs: „The pogrom in Tarnopol lasted for 7 days, during which 5.000 Jews were killed. German Einsatzgruppen (mobile killing units) accompanying the German Army, along with local Ukrainian collaborators, carried out the massacre. July 1941"
Übersetzung: Das Pogrom in Tarnopol dauerte 7 Tage, währenddessen 5.000 Juden ermordet wurden. Deutsche Einsatzgruppen, die die deutsche Armee begleiteten, führten das Massaker gemeinsam mit den ortsansässigen ukrainischen Kollaborateuren aus, Juli 1941.
Simon Wiesenthal Center Multimedia Learning Center Online, Los Angeles, Californien (USA), http://motlc.wiesenthal.org/gallery/pg32/pg1/pg32120.html

AUTHENTIZITÄT

Grundlage historischen Arbeitens mit Schrift- und Bilddokumenten ist die Prüfung ihrer Authentizität, beispielsweise ist nach Entstehungsort und -zeit, nach dem Autor und dem Adressaten zu fragen. Die Angaben in den Archiven bedürfen in jedem Fall der Kontrolle, ansonsten setzt sich die bedenkenlose Weitergabe ungeprüfter Daten fort.

Zu den Ereignissen in Tarnopol sind im Wiener Archiv vier Aufnahmen im Original, das heißt als zeitgenössische Abzüge (6x9 cm) vorhanden. Das fünfte Foto liegt als Reproduktion vor. Zum Fotografen gibt es keine Angaben. Bildformat und Büttenrand lassen auf einen Knipser oder Amateurfotografen schließen. Die Art der Aufmachung war für private Zwecke, insbesondere für Fotoalben, beliebt. Die Fotos belegen, daß in Tarnopol nicht nur ein Fotograf die Ereignisse festhielt. Die Knipser fotografierten sich zufällig auch gegenseitig.

Auf den Rückseiten ist vom Fotografen, Besitzer oder Überbringer handschriftlich die Erläuterung „Ermordete Juden in Tarnopol Ende Juni 1941" vermerkt worden. Damit ist ein Hinweis auf Ort und Zeit der Bildreihe gegeben.

Vorder- und Rückseite eines Tarnopol-Fotos („Wiener Serie")
DÖW, 4209/4

Um die Authentizität von Fotos zu prüfen, ist es sinnvoll, Vergleichsaufnahmen heranzuziehen. Die Ereignisse in Tarnopol 1941 waren wenig später Gegenstand einer internen Untersuchung durch Wehrmachtsbehörden. In dem überlieferten Bestand der Wehrmacht-Untersuchungsstelle (WUSt) befindet sich eine Akte mit mehreren eidesstattlichen Vernehmungen, die sich auf die im Tarnopoler Gefängnis aufgefundenen zehn Leichen deutscher Soldaten beziehen. Der Gefreite Walter Kaluza bestätigte in seiner Vernehmung, daß die der Akte beigefügten Fotos in seinem Beisein von einem ortsansässigen, ukrainischen Fotografen am 5. Juli 1941 angefertigt wurden. Ein Foto zeigt sieben Tote, die vor einem Gebäude im klassizistischen Stil zur Identifizierung aufgebahrt wurden.

Ukrainischer Fotograf: Ermordete deutsche Wehrmachtsangehörige, Tarnopol, 5. Juli 1941

Bildanlage zum Vernehmungsprotokoll von Oberleutnant Küster und dem Gefreiten Kaluza am 22. September 1941 in Sachen Tarnopol, Bundesarchiv/Militärarchiv, RW 2/v. 151, Bl. 41

Die auf dem vorherigen Foto erkennbare Häuserfront mit ihren Gesimsen, wie auch die unter den Särgen liegenden Holzlatten sind auf einem Foto der „Wiener Serie" wiederzuerkennen. Die Ortsangabe sowie die Datierung der Aufbahrung der getöteten deutschen Soldaten am 5. Juli 1941 kann somit als gesichert gelten. Die zu der „Wiener Serie" gehörende Zeitangabe „Ende Juni 1941" ist hingegen zu früh.

Unbekannter Knipser: „Ermordete Juden in Tarnopol. Ende Juni 1941",
(„Wiener Serie")

DÖW, 4209/3

BILDSEQUENZEN

Zur Rekonstruktion eines historischen Ereignisses sind vor allem Bildsequenzen hilfreich. In der Abfolge zeitlich stillgestellter Einzelbilder nähert sich die serielle Fotografie den bewegten Bildern des Films an. Das Geschehen wird durch die abgebildeten einzelnen Etappen nachvollziehbar. Außerdem lassen sich aus Bildreihen die Arbeitsweise des Fotografen und sein Interesse am Gegenstand ablesen; die Bilder zeigen, auf was er sein Hauptaugenmerk mit der Kamera gelenkt hat.

„Wiener Serie"

DÖW, 4209/1

DÖW, 4209/2

DÖW, 4209/3

DÖW, 4209/4

5

DÖW 4570/3

Auf den ersten Blick hinterlassen die Bilder der „Wiener Serie" nicht den
Eindruck einer zusammenhängenden Bildsequenz. Fünf Fotos entstanden
vor einem jeweils anderen Gebäudeteil, nur Bild 1 und Bild 4 sind in dieselbe Richtung fotografiert (Hausfassade und kleines Turmgebäude sind
identisch). Erst bei genauerem Hinsehen sind Gemeinsamkeiten und Wie-
derholungen in Topografie und Personen feststellbar. Mauer und Weg von
Bild 1 wiederholen sich in Bild 3, die auf dem Boden liegenden Leichen
sind aus einer jeweils anderen Perspektive aufgenommen. Ein rauchender
Uniformierter mit einem Schlagstock in der linken Hand von Bild 3 findet
sich im Profil am rechten Rand von Bild 4 wieder. Das fünfte Foto liegt im
Wiener Archiv nicht als zeitgenössischer Abzug. Die abgebildeten Personen
und Gebäude verweisen aber eindeutig auf eine Zugehörigkeit zu den vier
anderen Tarnopol-Aufnahmen.

Das Interesse des Fotografen galt vor allem den erschlagenen Opfern und
den Zuschauern. Um möglichst „alles" auf den Film zu bekommen, kippte
er die Kamera leicht aus der Horizontalen, wie besonders Bild 3 und 4
erkennen lassen.

„Prager Serie"

Militärhistorisches Archiv Prag, VHA, 4933

Militärhistorisches Archiv Prag, VHA, 4941

Militärhistorisches Archiv Prag, VHA, 4947

Militärhistorisches Archiv Prag, VHA, 4948

Beschriftung des Archivs: „Valká vlastenecké válka 1941–45"
„Nemecká zverstva na vychode"
Übersetzung: „Der Große Vaterlandskrieg 1941–45"
„Die deutschen Greueltaten im Osten"

Zu den Ereignissen in Tarnopol existiert im Militärhistorischen Archiv Prag
eine weitere Fotoserie. Die dort aufbewahrten Bilder vermitteln den Eindruck einer Sequenz. In den vier Aufnahmen wiederholen sich Gegenstände
(z.B. Särge), bauliche Gegebenheiten (z.B. gemauerte Treppe), Opfer
und uniformierte Personen.

Der Fotograf dieser Serie war etwa zur selben Zeit am Ort wie der Knipser
der „Wiener Serie". Der Uniformierte mit dem Schlagstock ist im Bild Nr. 4
am rechten Bildrand wiederzufinden. Auf seinem Rundgang trifft dieser
Fotograf weitere fotografierende Anwesende, wie die Bilder Nr. 1 und 2
zeigen. Format und Bildaufbau lassen vermuten, dass die „Prager Serie"
von einem Berufs- oder ambitionierten Amateurfotografen gemacht wurde,
der sich besonders für den zeitlichen Ablauf des Geschehens und für die
allgemeine Situation vor Ort interessierte.

Standbilder aus dem Film „Opfer russischer Massaker im Baltikum und in
Südrußland", 16 mm, s/w-Film
Bundesarchiv, M 1804, K 61321

Neben der „Wiener Serie" und den in Prag aufbewahrten Fotos entstanden
wenige Tage später ein Film und die beiden Aufnahmen vom PK-Fotografen
Hübner, die auf den 10. Juli 1941 datiert sind. Der Kameramann verfilmte
insgesamt 2,5 Minuten Material, auf denen Frauen beim Säubern und
Waschen exhumierter Leichen zu sehen sind. Film und Fotos halten ebenso
Männer während der Exhumierungen und Identifizierung der Leichen fest.
Der Film zeigt zudem Zivilisten, die auf einzelne männliche Personen
mit einem Stock einschlagen und diese zu den Ausgrabungsstätten im
Hof treiben.

Erst nach der Bergung der Ermordeten aus dem Gefängnisgebäude und
der Bestattung der deutschen Soldaten begannen offenbar die Exhumie-
rungsarbeiten im Hof. Diese Vorgehensweise ist auch für Lemberg überliefert.
Die Anzahl der NKWD-Opfer wurde für Tarnopol in den SD-Berichten von
Ende Juli 1941 aufgrund der inzwischen abgeschlossenen Exhumierungen
auf 600 Tote nach unten korrigiert.

Exhumierung und Identifizierung der NKWD-Opfer im Hof des Gefängnisses,
Tarnopol, 10. Juli 1941
PK-Fotograf: Hübner
Bundesarchiv, Bilder 146/2001/20/6 und 8

BILDBESCHRIFTUNG

Bildunterschriften tragen dazu bei, die ansonsten uneindeutig bleibende Fotografie in einen Zusammenhang einzuordnen. Textliche Ergänzungen, so sachlich sie auch formuliert sein mögen, leiten die Deutung der Bilder bereits in eine bestimmte Richtung. Daher sind Bildbeschriftungen die einfachste Form der Beeinflussung.

Die Bildlegende zu den im Wiener Archiv liegenden Fotos „Ermordete Juden in Tarnopol" wurde in der Ausstellung „Vernichtungskrieg. Verbrechen der Wehrmacht 1941 bis 1944" abgeändert in „Beim Pogrom in Tarnopol". Beide Titel beinhalten, daß es sich bei den abgebildeten Opfern um Juden handelt. Kritiker der Ausstellung hielten dem entgegen, daß auf den Fotos Opfer des sowjetischen Geheimdienstes NKWD zu sehen seien. Die Identität der abgebildeten Leichen kann nur durch eine Rekonstruktion der Ereignisse geklärt werden.

Nach Bergung der Leichen durch die Bevölkerung wurden die NKWD-Opfer zur Identifizierung im Hof des Gebäudekomplexes gesammelt. Die Leichen der deutschen Soldaten legte man in Särge und bahrte diese vor einem angrenzenden Gebäude auf (Foto 1). Dort lagen unter weißen Tüchern auch die anderen Leichen (Foto 2). Das auf Foto 2 links zu sehende Treppengeländer ist auf dem nächsten Foto (Foto 3) wiederzufinden.

Ukrainischer Fotograf: Ermordete deutsche Wehrmachtsangehörige, Tarnopol, 5. Juli 1941
Bildanlage zum Vernehmungsprotokoll von Oberleutnant Küster und dem Gefreiten Kaluza
am 22. September 1941 in Sachen Tarnopol, Bundesarchiv/Militärarchiv, RW 2/v. 151, Bl. 41

Tarnopol-Foto („Prager Serie")
Militärhistorisches Archiv Prag, VHA, 4947

Ein am Boden hockender Mann wird von einem im weißen Mantel Geklei-
deten mit einem Gegenstand bedroht. Im Hintergrund schauen zahlreiche
Uniformierte zu.

Tarnopol-Foto („Wiener Serie")
DÖW, 4209/2

Vor der Treppe – der Betrachter steht ihr jetzt direkt gegenüber – beugt
sich eine uniformierte Person über einen vor ihm zwischen den Leichen
kauernden jungen Mann, der ein weißes Hemd und eine dunkle Weste
trägt.

Tarnopol-Foto („Prager Serie")
Militärhistorisches Archiv Prag, VHA, 4948

5

Tarnopol-Foto („Wiener Serie")
DÖW, 4209/3

Zu den abgebildeten Leichen auf Foto 5 ist in der Aufnahme 6 der junge Mann mit weißem Hemd und dunkler Weste hinzugekommen. Vor allem diese beiden Aufnahmen zeigen, daß es sich bei den Ermordeten nicht um NKWD-Opfer, sondern um Opfer des Pogroms handelt. Die zuvor vom NKWD Getöteten befinden sich in einem anderen Teil des Innenhofes, also in einem anderen Bereich des Gebäudekomplexes.

6

Tarnopol-Foto („Prager Serie")
Militärhistorisches Archiv Prag, VHA, 4933

Auch die Toten der Aufnahmen 7 und 8 sind Opfer des Pogroms. Die Fotos wurden aus jeweils entgegengesetzter Richtung aufgenommen, allerdings nicht zum selben Zeitpunkt. Wären sie zeitgleich fotografiert, müßte der auf Foto 7 im Vordergrund liegende und mit weißem Hemd bekleidete Mann auf dem Bild 8 oberhalb der Toten liegen, also direkt vor den Fotografen.

Tarnopol-Foto („Wiener Serie")
DÖW, 4209/4

Einige der Umstehenden halten sich Mund und Nase mit Händen und Tüchern zu. Es liegt offenbar ein unerträglicher Geruch in der Luft. Dieser wird vermutlich nicht von den abgebildeten Leichen, sondern von den NKWD-Opfern ausgehen, die auf den Bildern nicht zu sehen sind, da sie an anderer Stelle im Innenhof liegen.

Tarnopol-Foto („Prager Serie")
Militärhistorisches Archiv Prag, VHA, 4941

Das Bildmaterial insgesamt verdeutlicht, daß es sich bei den abgebildeten Leichen sowohl um NKWD-Opfer unter den weißen Tüchern als auch um Opfer eines stattgefundenen Pogroms handelt. Über die Identität der Toten und ihre Religionszugehörigkeit können Fotografien keine Auskunft geben. Hierfür müssen Schriftquellen hinzugezogen werden. Auch die Frage nach den Tätern ist aus den Fotos nicht eindeutig zu ermitteln. Der Betrachter ist schnell geneigt, die Männer mit Schlaggegenständen als die Mörder der vor ihnen liegenden Leichen zu sehen. Nachweisbar ist dies aber nicht. Hierzu werden weitere Quellen benötigt.

KONTEXTUALISIERUNG

Eine Fotografie erklärt sich nicht aus sich selbst. Für den historischen Kontext der abgebildeten Ereignisse ist die Ergänzung durch Schriftquellen unerläßlich. Das mindert nicht den Quellenwert von Bildern, im Gegenteil: Der Wert der Fotografien liegt gerade in der Übermittlung von Informationen, die durch Wort und Schrift nicht transportiert werden können oder die vom Autor nicht gegeben werden wollen.

Das Pogrom in Tarnopol ist nicht der 6. Armee anzulasten, wie in der Ausstellung „Vernichtungskrieg. Verbrechen der Wehrmacht 1941 bis 1944" geschehen. Im vorliegenden Bildmaterial überlagern sich die Ereignisse, NKWD-Opfer wie auch Pogromopfer sind zu sehen. Die Aufnahmen sind aber in der Hauptsache Dokumente des Pogroms. Außerdem geben die Fotos Auskunft darüber, daß zahlreiche deutsche Soldaten der Wehrmacht und SS anwesend waren. Sie schauten zu, machten den Mördern Platz und griffen nicht ein. Sie ließen die Morde geschehen. Die SS bescheinigte der Wehrmacht eine „erfreulich gute Einstellung gegen die Juden".

202

- Abschrift -

Tarnopol,6.7.1941.

Liebste Eltern !

Soeben komme ich von der Aufbahrung unserer von den Russen gefangenen Kameraden der Luft-und Gebirgstruppen.Ich finde keine Worte um so etwas zu schildern.Die Kameraden sind gefesselt,Ohren, Zungen,Nase und Geschlechtsteile sind abgeschnitten,so haben wir sie im Keller des Gerichtsgebäudes von Tarnopol gefunden und außerdem haben wir 2.000 Ukrainer und Volksdeutsche auch so zugerichtet gefunden.Das ist Rußland und das Judentum das Paradies der Arbeiter.Wenn es heute noch einen Kommunisten in Wien gibt, der gehört sofort erschlagen aber nicht erschossen.Die Rache folgte sofort auf dem Fuße.Gestern waren wir mit der SS gnädig, denn jeder Jude,den wir erwischten,wurde sofort erschossen.Heute ist es anders,denn es wurden wieder 60 Kameraden verstümmelt gefunden.Jetzt müssen die Juden die Toten aus dem Keller herauftragen schön hinlegen und dann werden ihnen die Schandtaten gezeigt.Hierauf werden sie nach Besichtigung der Opfer erschlagen mit Knüppel und Spaten.Bis jetzt haben wir zirka 1.000 Juden ins Jenseits befördert aber das ist viel zu wenig für das ,was die gemacht haben.Die Ukrainer haben gesagt,daß die Juden alle die führenden Stellen hatten und ein richtiges Volksfest mit den Sowjets hatten bei der Hinrichtung der Deutschen und Ukrainer.Ich bitte Euch liebe Eltern macht das bekannt auch der Vater in der Ortsgruppe.Sollten Zweifel bestehen ,wir bringen Fotos mit.Da gibt es kein Zweifeln.

Viele Grüße

Euer Sohn

Franzl.

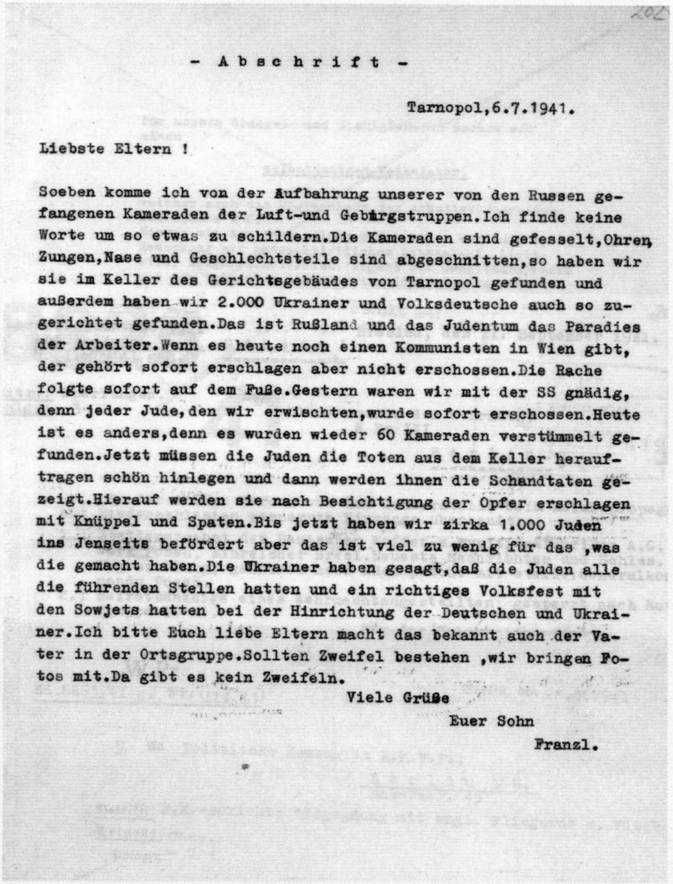

Feldpostbrief vom 6.7.1941 (Abschrift)
Bundesarchiv/Militärarchiv, RW 4/v. 442a, Bl. 202

Bericht des Wehrkreiskommandos XVII, Abteilung Wehrmachtspropaganda, über Greueltaten in Feldpostbriefen, Wien 12.9.1941
Bundesarchiv, RW 4/442a

„An das
Oberkommando der Wehrmacht,
Abteilung WPr

Berlin.

Der hiemit vorgelegte Greuelbericht aus einem Feldpostbrief von der Ostfront wurde in Vervielfältigungsform in einem Schaufenster eines Wiener Geschäftes vorgefunden. Nachforschungen der hiesigen Abwehrstelle ergaben, daß von einem Wiener Kreisleiter der NSDAP Abschriften dieses Berichtes für Propagandazwecke an die Ortsgruppenleiter seines Kreises zur Kenntnis gebracht wurden. Einer dieser Ortsgruppenleiter hat eigenmächtig eine solche Abschrift vervielfältigt und zum Anschlagen in Schaufenstern verteilt. Auf Veranlassung von Ic/WPr wurde sofortige Einziehung der Vervielfältigung veranlaßt. Der Fall erscheint geeignet, grundsätzlich behandelt zu werden. Es wird daher die Anregung gegeben,bei Belehrung der Feldtruppe mit verstärktem Nachdruck darauf hinwirken zu lassen, daß derartige Greuelberichte von Soldaten aus dem Felde nicht in die Heimat gesandt werden. Außerdem erscheint es erforderlich, eine verschärfte Feldpostbriefzensur zu verfügen.
Für das Wehrkreiskommando
Der Chef des Generalstabes:
I.A.

Major

1 Anlage."

Ereignismeldung UdSSR Nr. 14 vom 6.7.1941
Bundesarchiv, R 58/219

„[…] EK 4 b
Standort: T a r n o p o l .
[…] Am 5.7. etwa 70 Juden von den Ukrainern zusammengetrieben und mit geballter Ladung erledigt. Weitere 20 Juden auf der Straße durch Militär und Ukrainer erschlagen, als Reaktion auf die Ermordung dreier Soldaten, die gefesselt mit abgeschnittenen Zungen und ausgestochenen Augen im Gefängnis aufgefunden. Wehrmacht erfreulich gute Einstellung gegen die Juden. […]"

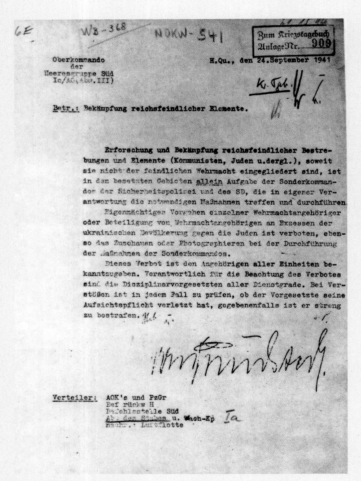

Befehl von Rundstedt vom 24.9.1941
StAN, NOKW-541

„Erforschung und Bekämpfung reichsfeindlicher Bestrebungen und Elemente (Kommunisten, Juden u. dergl.), soweit sie nicht der feindlichen Wehrmacht eingegliedert sind, ist in den besetzten Gebieten allein Aufgabe der Sonderkommandos der Sicherheitspolizei und des SD, die in eigener Verantwortung die notwendigen Maßnahmen treffen und durchführen.
Eigenmächtiges Vorgehen einzelner Wehrmachtsangehöriger oder Beteiligung von Wehrmachtsangehörigen an Exzessen der ukrainischen Bevölkerung gegen die Juden ist verboten, ebenso das Zuschauen oder Photographieren bei der Durchführung der Maßnahmen der Sonderkommandos. […]"

Tarnopol wurde bereits wenige Tage nach dem Überfall auf die Sowjetunion von deutschen Truppen besetzt. Es existierte noch kein Fotografierverbot. Erst am 24. September 1941 wurde – wohl aufgrund von Erfahrungen – das Zuschauen und Fotografieren ausdrücklich verboten. Bewirkt hat diese Anordnung wenig, das belegen die auch später entstandenen privaten Aufnahmen. Daher wiederholten sich die ausgesprochenen Fotografierverbote in regelmäßigen Abständen.

DUBNO

Die 18.000 Einwohner zählende Stadt Dubno wurde bereits wenige Tage nach Kriegsbeginn am 25. Juni 1941 von der 11. Panzerdivision besetzt. Durch das schnelle Vorrücken der deutschen Truppen war es dem sowjetischen Geheimdienst nicht gelungen, die politischen Häftlinge des örtlichen Gefängnisses nach Osten zu verschleppen. Sie wurden von den sowjetischen Wachmannschaften erschossen.

Nach der Einnahme durch die deutschen Truppen und dem Entdecken einiger hundert Leichen kam es in Dubno zu zahlreichen Gewalttaten gegen ortsansässige Juden, die von der ukrainischen Bevölkerung sowie von den dort stationierten Wehrmachtseinheiten für die NKWD-Morde verantwortlich gemacht wurden. Neben zahlreichen Einzeltaten in Dubno und in der Umgebung der Stadt ergriffen Ukrainer 24 Juden und brachten sie zum NKWD-Gefängnis. Nachdem sie ihr eigenes Grab ausgehoben hatten, wurden sie von deutschen Soldaten erschossen. Laut Nachkriegsaussagen verschleppten Wehrmachtsangehörige und ukrainische Miliz zwei Wochen später etwa 150 Juden zum Gefängnis und mißhandelten sie. Einige Opfer ließen sie wieder laufen, eine unbestimmte Anzahl wurde vor Ort erschossen.

Bericht von Leutnant Graf Margis, Angehöriger der Propaganda-
Kompanie 691, an die 11. Panzerdivision vom 28.6.1941
Bundesarchiv/Militärarchiv, RH 21–1/148 (b), Bl. 213 f., Zitat Bl. 214

Bericht von Leutnant Oswald Zenker, Angehöriger der
Propaganda-Kompanie (mot) 637, vom 3.7.1941
PAAA, R 60732

„Am 26. 6. 1941 wurde mir in Dubno von Einwohnern erzählt, daß
im Gefängnis D. von politischen Komissaren alle Insassen erschossen worden seien. Nachdem die politischen Komissare
schon am 24. nachmittags aus D. entflohen waren, erschienen
sie am 25. vormittags wieder, um am 25. 6. um 15.00 Uhr endgültig den Ort zu verlassen. Kurz vor ihrer endgültigen Flucht
hatten sie die Erschießung der Gefangenen vorgenommen. Die
Insassen dieses Gefängnisses waren laut Aussage der Einwohner ausnahmslos verdächtige Ukrainer, scheinbar auch Volksdeutsche, die aus politischen Gründen eingesperrt waren. Auf
dieses Gerücht hin fuhr ich sofort zu diesem Gefängnis, um
mich von der Wahrheit der Aussagen zu überzeugen.
Es bot sich mir folgender Anblick dar:

In dem mehrstöckigen Gefängnisgebäude war jede Zelle besetzt gewesen, teilweise mit 6 oder auch mehr Personen. Männer allen Alters, ältere Frauen und junge Mädchen. Die Insassen
waren sämtlichst erschossen. Die Leichen türmten sich buchstäblich in widerlichsten Verzerrungen übereinander. Bei vielen Frauen konnte man durch die Stellung, in der die Leichen
sich befanden, eindeutig feststellen, daß sie im letzten Augenblick vergewaltigt worden waren.

Während meines Aufenthaltes dort kam eine volksdeutsche
Frau, die ihren Bruder suchte, der nach ihren Aussagen mit anderen Deutschen daselbst gefangen worden waren. Sie konnte
seine Leiche jedoch nicht mehr entdecken. Es scheinen außerdem noch viele politisch verdächtige Ukrainer in die umliegenden Wälder geführt und daselbst von Komissaren erschossen
worden zu sein.

Als besonders widerlich empfand ich es, daß die Bevölkerung in
Scharen in das Gefängnis strömte, um alles Bewegliche an
Vorräten, Mobiliar usw. aus dem Gefängnis herauszuschleppen.
Dabei legten die Leute besonderen Wert darauf, mir das Ge-
fängnis zu zeigen, um uns Deutschen von der Barbarei des So-
wietsystems zu überzeugen."

„[...] Auf dieses System und seine blutbesudelten Funktionäre
wurde noch vor wenigen Tagen auf einem Londoner Bankett im
Namen seiner britischen Majestät das Glas erhoben und der
jüdische Sowjetbotschafter Maiski konnte für die ‚sympathische
Art' danken, in der das geschah.
Wenn die Kulturwelt aber weiterleben will, ist es notwendig,
dass dieses kriminelle System ausgerottet wird. Es wird mit
seinem stärksten Machtinstrument fallen, mit der Roten
Armee, die von der Deutschen Wehrmacht in die grösste Niederlage gestürzt werden wird, die es jemals in der Weltge-
schichte gegeben hat. Die Stunde des grössten irdischen Ge-
richtes ist angebrochen – deutsche Soldaten sind seine Voll-
strecker!"

Erschießung von Juden in Dubno, 1941

Rückseite: „Juden schaufeln selbst ihr Grab (Dubno)"

Rückseite: „Juden warten auf ihre erschiesung (in Dubno)"

Rückseite: „Juden erschießung in Dubno"

Rückseite: „Die letzte Lebenssekunde der Juden (Dubno)"

Erschießung von Juden in Dubno, 1941
Zentralstelle in Dortmund, 45 Js 24/62, Bd. 31, Aussage Alex Eiterer vom 30.10.65, Bl. 57 f.,
Anlage: Umschlag ohne Blattzählung [insgesamt 5 Fotos, das fünfte Foto aber ohne erkennbaren
Zusammenhang zum Geschehen]

NACHKRIEGSAUSSAGEN – DUBNO

„[...] Die deutsche Wehrmacht rückte in Dubno am 25.6.1941 ein. Ungefähr drei Wochen später kam nach Dubno eine Einheit deutscher Gendarmerie, welche ungefähr zwölf Funktionäre zählte. [...]
Ich erinnere mich, dass in Dubno sechs Aktionen zur Liquidierung der jüdischen Bevölkerung durchgeführt wurden. Die erste Aktion fand einige Tage nach dem Einrücken der deutschen Armee statt. Bei dieser Aktion ergriff man auf der Strasse 24 junge Juden, führte sie zum Gefängnis an der Cerkownastrasse, und dort wurden sie erschossen. Wer diese Menschen im Gefängnis erschossen hat, ist mir nicht bekannt. Ich weiss, dass Ukrainer diese Menschen ergriffen und zum Gefängnis gebracht haben. Ich hörte von einem Ukrainer namens Nikolai Rubin [...] dass diese Menschen sich vor ihrer Erschießung auf dem Gefängnishof selbst ein Grab ausheben mußten. [...]"

ZStdLJV, 204 AR–Z 255/59, Bd. 1, Bl. 174–179, Zitat Bl. 174 f.

10. Januar 1965

Josef T.,
Überlebender

„[...] An dem Dienstag nach Beginn des Rußlandfeldzuges, es muß der 25.6.1941 gewesen sein, gegen Mittag marschierten die deutschen Truppen in Dubno ein. Dubno hatte zu dieser Zeit etwa 18.000 Einwohner, davon waren etwa 3/4 Juden.
An demselben Tage, an dem die deutschen Truppen in Dubno einrückten oder am folgenden Tage habe ich selbst beobachtet, wie ein älterer Jude, dessen Namen mir nicht mehr bekannt ist, von Angehörigen der deutschen Wehrmacht, die ich nicht näher bezeichnen kann, vor einen Panzerwagen gespannt und sodann zu Tode geprügelt wurde. Vorher hatte man ihm ein Stalinbild umgehängt.
Kurze Zeit nach der Besetzung Dubnos durch die deutschen Truppen mußten alle Juden auf Grund eines ausgehängten schriftlichen Befehls ihren gesamten Schmuck und sämtliche Wertgegenstände bei der Ortskommandantur abliefern. Außerdem mußten alle Juden auf dem linken Oberarm ihrer Kleidung einen gelben Davidstern anlegen. Wir selbst lieferten u.a. zwei Radioapparate bei der Ortskommandantur ab. Vom Hörensagen weiß ich, daß etwa 2 Wochen nach dem Einmarsch der deutschen Truppen in Dubno – es war an einem Dienstag – etwa 25 jüdische Männer festgenommen, in das Gefängnis gebracht und dort erschossen worden sind. Ich kann die Einheiten und die Personen, die diese Tat begangen haben, nicht näher bezeichnen. Weiterhin weiß ich aus Erzählungen anderer, daß etwa 2 Wochen nach diesem Vorfall weitere 150 Juden, darunter 1–2 Frauen, festgenommen wurden und zum Gefängnis gebracht wurden. Dort wurde von den deutschen Soldaten und den sie unterstützenden Ukrainern (der ukrainischen Schutzmannschaft) ein Spalier gebildet, durch das die festgenommenen Juden laufen mußten. Dabei wurden sie von beiden Seiten geschlagen, und zwar mit Stöcken und Knüppeln. Nach einer anschließenden Befragung wurde etwa die Hälfte wieder nach Hause geschickt. Die andere Hälfte, darunter die Frau eines Rechtsanwalts, eine geborene Daibach und deren Sohn wurden bei dieser Aktion miterschossen."

ZStdLJV, 204 AR–Z 255/57, Bd. 1, Bl. 258–263, Zitat Bl. 258 f.

29. März 1967

Raja M.,
Überlebende

KAMENEZ-PODOLSK

Wenige Tage nach Kriegsbeginn am 22. Juni 1941 erklärten auch Deutschlands Verbündete Ungarn und Rumänien der Sowjetunion den Krieg. Beide Staaten begannen bald danach, Teile der jüdischen Bevölkerung in die von der Wehrmacht besetzten Gebiete zu verschleppen. Mehrere tausend Menschen wurden im Zuge dieser Aktionen Ende Juli 1941 aus Ungarn in die ukrainische Stadt Kamenez-Podolsk abgeschoben.

Die zuständige deutsche Feldkommandantur der Stadt informierte die vorgesetzten Dienststellen, daß sie diese Menschen weder versorgen könne noch wolle. Die Entscheidung, was mit den Deportierten geschehen sollte, zog sich bis August 1941 hin. Da die Stadt Kamenez-Podolsk am 1. September 1941 der Zivilverwaltung übergeben werden sollte, drängten verantwortliche Stellen auf eine rasche Lösung. In der entscheidenden Besprechung am 25. August 1941 beim Chef der Abteilung Kriegsverwaltung beim Generalquartiermeister des Heeres, Oberst Hans Georg Schmidt von Altenstadt, hielten ranghohe Vertreter des Militärs und der Zivilverwaltung fest, daß der (nicht anwesende) Höhere SS- und Polizeiführer Rußland Süd, Friedrich Jeckeln, hoffe, „die Liquidation dieser Juden bis zum 1.9.1941 durchgeführt zu haben".

Die geplante Massenexekution wurde wie angekündigt vorgenommen. Am 29. August 1941 meldete Jeckeln nach Berlin, daß seine Einheit in Kamenez-Podolsk 23.600 Menschen – Männer, Frauen und Kinder – erschossen habe, darunter nicht nur die aus Ungarn abgeschobenen, sondern auch ortsansässige Juden. Der Übergabe an die zivilen Verwaltungsstellen stand aus der Sicht der Militärs nun nichts mehr im Wege.

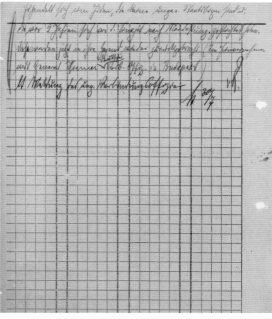

„Juden von Ungarn aus ungarischen Konzentrationslagern mit Lkws. in die Gebiete Buczacz, Czortkow, Kamieniec, Podolski abgesetzt. Ukrainische Bevölkerung beunruhigt. Diese Juden müssen unbedingt zurück. Div. [Sich.Div. 444] bittet, Ungarn entsprechende Weisung zu erteilen."

Fernschreiben der Sicherungsdivision 444/Ia an den Befehlshaber des rückwärtigen Heeresgebietes Süd vom 28.7.1941
Bundesarchiv/Militärarchiv, RH 22/5

„Es handelt sich um Juden, die keine ungar. Staatsbürger sind u. die vor 2 Jahren sich vor d. Sowjet[s] nach Nordostung[arn]. geflüchtet haben. Diese werden jetzt in ihre Gegend wieder zurückgebracht. (Im Einvernehmen mit General Hemer Deutscher Verb. Offz. in Budapest) lt Meldung des ung. Verbindungsoffiziers."

Vermerk des Befehlshabers des rückwärtigen Heeresgebietes Süd vom 30.7.1941
Bundesarchiv/Militärarchiv, RH 22/5

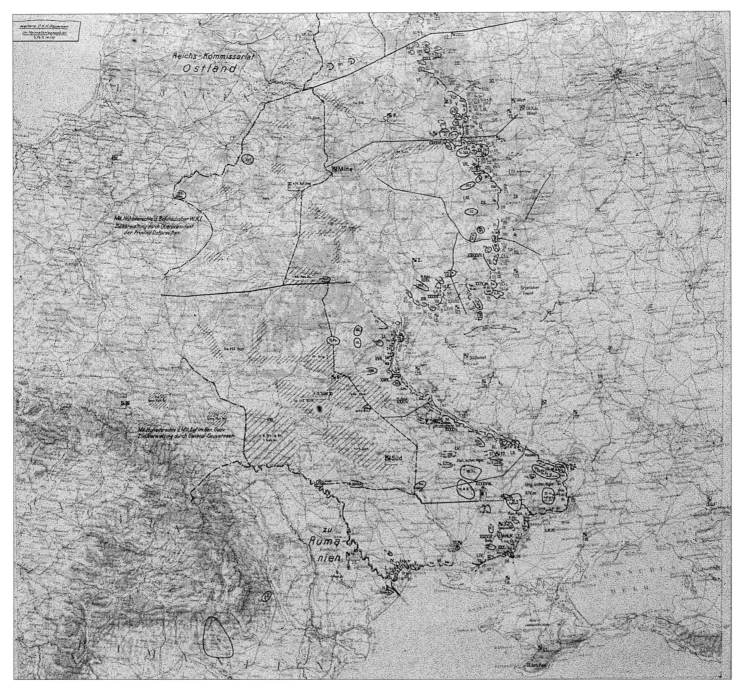

Militär- und Zivilverwaltungsgrenzen am 31.8.1941
Bundesarchiv/Militärarchiv, Kart 900–27a

Die Militärverwaltung mußte
das gekennzeichnete Gebiet am
1.9.1941 an die Zivilverwaltung
übergeben. Wenige Tage zuvor
ermordete eine dem Höheren
SS- und Polizeiführer unterste-
hende Einheit 23.600 Juden.

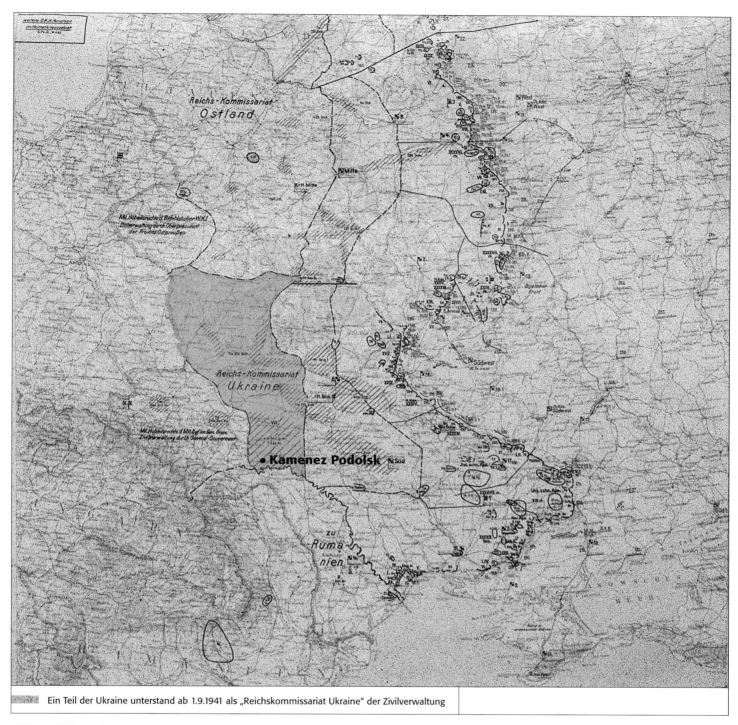

Ein Teil der Ukraine unterstand ab 1.9.1941 als „Reichskommissariat Ukraine" der Zivilverwaltung

Militär- und Zivilverwaltungsgrenzen am 1.9.1941
Bundesarchiv/Militärarchiv, Kart 900–27a

Hans Georg Schmidt von Altenstadt, ohne Datum
Alexander Dallin, Deutsche Herrschaft in Russland 1941–1945, Düsseldorf o. J., S. 320

HANS GEORG SCHMIDT VON ALTENSTADT wurde 1904 geboren. Über seine schulische und berufliche Laufbahn ist bisher nichts bekannt. 1939 stieg er zum Quartiermeister des XVIII. Armeekorps auf und war ab November desselben Jahres Erster Generalstabsoffizier der 18. Division. Im Sommer 1940 wurde er unter Generalquartiermeister Eduard Wagner Leiter der Abteilung Kriegsverwaltung, die die grundlegenden administrativen Befehle zur Behandlung der sowjetischen Zivilbevölkerung ausgab und als Koordinationsstelle mit den Reichsbehörden und Parteidienststellen fungierte. Im August 1943 wechselte Schmidt von Altenstadt als Generalstabschef zu den Kampfverbänden an die italienische Front. Bei den Kämpfen um Montecassino verunglückte er und starb am 25. Juli 1944 an den Folgen einer Lungenembolie. Der Verstorbene wurde für seine vorbildlichen Leistungen postum zum Generalmajor befördert. Schmidt von Altenstadt galt in der Forschung lange Zeit als Vertreter einer moderaten Besatzungspolitik, ihm wurde eine Nähe zum militärischen Widerstand zugeschrieben. Als Chef der Abteilung Kriegsverwaltung beim Generalquartiermeister war er aber – wie beispielsweise in Kamenez-Podolsk – an den Verbrechen unter militärischer Verwaltung beteiligt.

Protokoll der Besprechung im Oberkommando des Heeres zur Übernahme eines Teils der Ukraine in die Zivilverwaltung vom 27.8.1941
IfZ München, PS–197

„[...] An der Besprechung nahmen [...] teil:
Major i.G. Altenstadt, (Vorsitzender)
Ministerialdirigent Dr. Danckwerts, (Leiter der Abteilung Verwaltung innerh. der Gruppe Kriegsverwaltung)
Oberst i.G. von Krosigk, (Chef d. Generalstabes bei dem Befehlshaber des Rückwärtigen Heeresgebiets Süd)
Der Chef des Stabes des Wehrmachtsbefehlshabers Ukraine Regierungspräsident Darge, (Vertreter des Reichskommissars Koch)
Oberregierungsrat Dr. Labs
Hauptmann Dr. Bräutigam, (Vertreter des Ostministeriums)
Major Wagner,
erläuterte [...].
Bei Kamenez-Podolsk hätten die Ungarn etwa 11.000 Juden über die Grenze geschoben. In den bisherigen Verhandlungen sei es noch nicht gelungen, die Rücknahme dieser Juden zu erreichen. Der Höhere SS- und Polizeiführer (SS-Obergruppenführer Jeckeln) hoffe jedoch, die Liquidation dieser Juden bis zum 1.9.1941 durchgeführt zu haben. [...]"

Schreiben der Feldkommandantur 183/Ia an die Sicherungsdivision 444 vom 31.7.1941
Zentrum für die Aufbewahrung historisch-dokumentarischer Sammlungen – ehemals Sonderarchiv Moskau, 1275–3–667

„[...] Die zahlreichen Juden wurden vermehrt durch Zuzug der aus Ungarn ausgewiesenen Juden, von welchen etwa 3000 in den letzten Tagen hier ankamen. Ihre Ernährung stößt auf große Schwierigkeiten; auch besteht Seuchengefahr. Sofortiger Befehl über ihren Abtransport ist dringend erwünscht. [...]"

Transport der Opfer zur Exekution, 27.8.1941

USHMM, 28214

USHMM, 28215

USHMM, 28216

Juden auf dem Weg zur Exekution in Kamenez-Podolsk, 27.8.1941
Fotograf: Gyula Spitz
USHMM, 28217

Friedrich Jeckeln, ohne Datum
Bundesarchiv, BDC – SSO

FRIEDRICH JECKELN wurde am 8. Februar 1895 als Sohn eines Fabrikbesitzers in Hornberg geboren. Nach abgebrochenem Schulbesuch nahm er am Ersten Weltkrieg teil und wurde für seinen Einsatz mit dem EK I und dem EK II ausgezeichnet. Nach Kriegsende arbeitete er in der Landwirtschaft seines Schwiegervaters. Nach der Ehescheidung nahm Jeckeln Gelegenheitsarbeiten an, heiratete 1928 erneut und trat gleichzeitig der NSDAP und der SS bei. Der Parteieintritt brachte die Wende: Als hauptamtlicher Parteifunktionär gehörte Jeckeln zeitweise dem Reichstag an, in der SS stieg er bis 1936 zum Obergruppenführer auf. Zwei Jahre später wurde er Höherer SS- und Polizeiführer (HSSPF) im Wehrkreis XI mit Sitz in Braunschweig und bekleidete dort auch das Amt des Staatsrates. Mit dem Krieg gegen die Sowjetunion übernahm Jeckeln als HSSPF den Abschnitt Rußland Süd und wurde eine der zentralen Personen bei der Durchführung des Massenmordes an den sowjetischen Juden. Als HSSPF kooperierte er bei mehreren Aktionen mit den jeweiligen Wehrmachtsstellen. Aufgrund von Differenzen mit dem Reichskommissar Ukraine, Erich Koch, versetzte Himmler ihn in gleicher Funktion in den Nordabschnitt. Auch hier war Jeckeln – mittlerweile General der Waffen-SS – an der Ermordung der jüdischen Bevölkerung maßgeblich beteiligt. Jeckeln wurde 1945 als Kommandierender General der Festung Breslau von sowjetischen Truppen verhaftet und in Riga vor Gericht gestellt. Am 3. Februar 1946 wurde das Todesurteil auf dem Gelände des Rigaer Ghettos vollstreckt.

Fernschreiben des Höheren SS- und Polizeiführers Rußland Süd, Jeckeln, vom 29.8.1941
Militärhistorisches Archiv Prag, KdO SS RF SS, Akte 3

„[...] Tätigkeiten [...] Stabskp. HSSUPF Russland Süd hat Aktion unter Leitung v. SS-Obergruf. Jeckeln in Kamenez Podolskij, abgeschlossen. [...]
Erfolge: [...] Stabskp. erschiesst erneut 7000 Juden, somit Gesamtzahl bei der Aktion in Kamenez Podolskij liquidierten Juden rund 20 tausend. Änderung zu Tätigkeitsbericht v. 26. und 27.8.41 statt Pol.Batl. 320 setzen Stabskp. i.d. Meldung v. 27.8. statt 5 tausend 11 tausend. Pol. Batl. 320 war nur zur Absperrung eingesetzt. [...]"

Fernschreiben des Höheren SS- und Polizeiführers Rußland Süd, Jeckeln, vom 30.8.1941
Bundesarchiv, NS 33/22

„[...] Nachtrag die Zahl der durch Stabskomp. HSSUPF. Russl. Sued. In K a m e n e z P o d o l s k j liquidierten Juden erhoeht sich auf 23 600. [...]"

NACHKRIEGSAUSSAGEN – KAMENEZ-PODOLSK

„[...] Bei der großen Exekution Ende August 1941 in Kamenetz-Podolsk war ich beteiligt. Ich erinnere mich, daß dort sehr viele Juden erschossen wurden. Die Juden wurden in mehreren Gruben erschossen, die trichterförmig waren. Wahrscheinlich waren
es Bombentrichter. Die Grube, an der ich beteiligt war, hatte einen Durchmesser von
etwa 20–30 m und eine Tiefe von etwa 5–6 m.
Schon auf der Fahrt zur Exekutionsstelle sagte Jeckeln zu Lueschen, Wedekind und
mir, daß wir uns bereit halten sollten. Wir wußten, daß wir zu einer Exukution fuhren. Als wir ankamen, hatte die Exukution noch nicht begonnen. Es wurden mehrere
Exukutionskommandos gebildet, die jeweils eine Stärke von 4 Mann hatten. Ein Exuku-
tionskommando bestand aus Lueschen, Wedekind, mir und einem mir unbekannten
Polizisten. Wir waren mit Maschinenpistolen ausgerüstet, die wohl tschechischer
Herkunft waren. Die Exukutionsstelle war von Polizeieinheiten abgesperrt. Die Exukutionskommandos waren von Polizei und von SS-Angehörigen gebildet. Die Juden
kamen in einem langen Zug. Mir, Lueschen, Wedekind und dem unbekannten Polizisten wurde von Jeckeln befohlen, eine der Gruben zu betreten. Die Juden wurden
laufend hereingeführt. Sie mußten sich teilweise hinlegen, teilweise wurden sie auch
von uns im Stehen jeweils durch Genickschuß getötet. Es waren Männer, Frauen und
Kinder, ich erschoß jedoch nur Männer. Stockungen gab es keine. Ich bin öfters aus
der Grube gegangen, weil ich es nervlich nicht mehr durchhielt und mich zu drücken
versuchte. Doch immer wieder wurde mir befohlen, in die Grube zurückzugehen. Insgesamt habe ich etwa 1 oder 2 Stunden dort geschossen. Dann wurden wir durch ein
Polizeikommando abgelöst. Wenn ich gefragt werde, wieviel Juden ich dabei erschossen habe, so kann ich das nicht genau sagen. Vielleicht 50 oder 100. Ich weiß es
nicht. Ein Arzt, der jeweils den Tod der Opfer feststellen mußte, war nicht zugegen.
Ich erinnere mich noch, wie ein Jude nur angeschossen und dadurch bewußtlos war.
Als er wieder zu sich kam, schrie er, man solle ihn erschießen. Er erhielt dann den
Gnadenschuß. Ich erinnere mich weiter, daß ein junges Mädchen im Alter von etwa
20 Jahren und ein kleiner Bub im Alter von etwa 12 Jahren zu dem anwesenden
Sturmbannführer Meyer sagten, sie seien keine Juden, er solle ihnen das Leben
schenken. Meyer sprach daraufhin mit Jeckeln und die beiden wurden freigelassen.
Ich erinnere mich noch gut, wie der Junge überglücklich in die Höhe sprang, weil
ihm das Leben geschenkt wurde. Auch das Mädchen war sehr froh. Die Exukution
dauerte am ersten Tag von 10 Uhr morgens bis 16 Uhr nachmittags. [...]"

ZStdLJV, AR–Z 13/60, Bd. 1, Bl. 400–409, Zitat Bl. 403 f.

22. September 1964

Hermann K.,
ehemaliger Werkstatt- und
Fahrdienstleiter beim Stab
HSSPF Rußland Süd

707. INFANTERIEDIVISION

Die 707. Infanteriedivision, bestehend aus den Regimentern 747 und 727, war seit dem 20. August 1941 in „Weißruthenien" stationiert und dort mit Sicherungsaufgaben betraut. Als das Gebiet am 1. September der Zivilverwaltung übergeben wurde, war dies in Teilen nur ein formaler Akt, denn aus Mangel an zivilem Personal stellte die 707. Infanteriedivision die örtlichen Feldkommandanturen und blieb damit faktisch die zentrale Entscheidungsinstanz.

Der Kommandeur der 707. Infanteriedivision, Generalmajor Gustav Freiherr von Bechtolsheim, verfolgte eine radikale Vernichtungspolitik gegen die in seinem Zuständigkeitsbereich lebende jüdische Bevölkerung. Allerdings fehlte es ihm an genügend Personal zur Durchführung seines Mordprogramms. Bechtolsheim gelang es, bei den vorgesetzten Dienststellen Verstärkung zu erhalten. Das von Major Franz Lechthaler geführte Reserve-Polizei-Bataillon 11 traf mit zwei Kompanien und verstärkt durch litauische Hilfswillige Anfang Oktober 1941 in Weißrußland ein, um die 707. Infanteriedivision bei ihren „Säuberungsaktionen" zu unterstützen. Wehrmacht, Polizei und litauische Kollaborateure verübten eigenständig oder in Kooperation miteinander zahlreiche Massenmorde in Weißrußland, denen Tausende jüdische Zivilisten zum Opfer fielen.

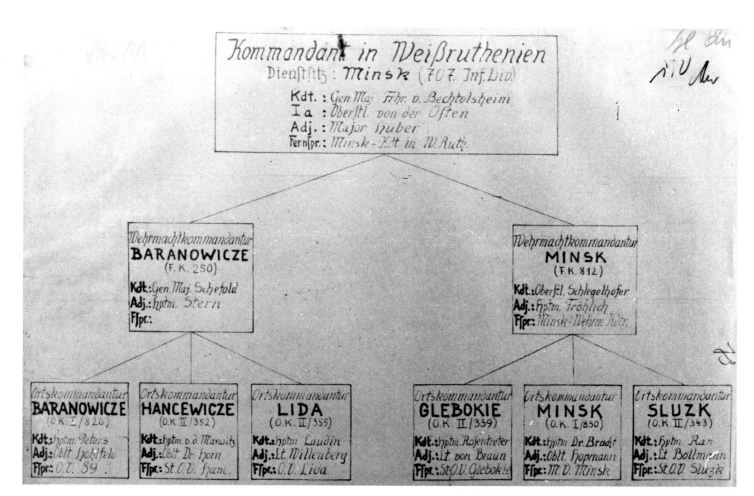

Befehlsstrukturen der 707. Infanteriedivision, ca. Herbst 1941

LVVA, P – 80 – 3 – 3, Bl. 79

Lagebericht des Kommandanten in „Weißruthenien" vom 19.10.1941
Belorussisches Nationalarchiv Minsk, 651–1–1, Bl. 12–15R, Zitat Bl. 14/14R

„[...] Juden

Die Juden als die geistigen Führer und Träger des Bolschewismus und der kommunistischen Idee sind unsere Todfeinde. Sie sind zu vernichten. Immer und überall, wo Meldungen über Sabotageakte, Aufhetzung der Bevölkerung, Widerstand usw. zu Aktionen zwangen wurden Juden als die Urheber und Hintermänner festgestellt, zum größten Teil auch als die Täter selbst. Es gibt wohl kaum mehr einen deutschen Soldaten, der daran zweifelt, daß die Juden bei einer geglückten Invasion der Bolschewisten in Europa alles Deutsche restlos vernichtet hätten. Es ist um so unverständlicher, daß bei einem Truppenteil, bei dem durch eine Streife 7 Juden erschossen wurden, noch gefragt wird, warum man sie erschossen hat. Wenn in einem Dorfe ein Sabotageakt ausgeführt wurde und man vernichtet sämtliche Juden in diesem Dorfe, so kann man sicher sein, daß man den Täter oder wenigstens den Urheber vernichtet hat. Wenn durch eine Streife festgestellt wird, daß in einem Dorf die Stimmung der Bevölkerung abwartend und ängstlich ist und man vernichtet in diesem Dorfe die Juden und ihren bolschewistischen Anhang, dann wird man ein freies Aufatmen in diesem Dorfe nach kürzester Zeit verspüren und der aufrichtigen Unterstützung der weißruthenischen Bevölkerung gewiss sein.

Um die politische Lage im Raume Weißruthenien klären und die Befriedung in diesem Lande durchführen zu können, muß sich jeder Soldat und jeder Führer über diese Tatsachen im klaren sein. Hier gibt es keine Kompromisse, hier gibt es nur eine ganz klare und eindeutige Lösung und die heißt insbesondere hier im Osten restlose Vernichtung unserer Feinde. Die Feinde sind aber keine Menschen mehr im europäischen Kultursinn, sondern von Jugend zum Verbrecher erzogene und als Verbrecher geschulte Bestien. Bestien aber müssen vernichtet werden.

Es ist notwendig, daß in diesem Zusammenhang gerade um den Aufruf des Führers und Obersten Befehlshaber der Wehrmacht an die Soldaten der Ostfront v. 2. Oktober 1941 hingewiesen wird. Jeder Soldat hat sich dieses Gedankengut zu Eigen zu machen und danach zu handeln und seine Pflicht zu tun. [...]"

Schriftwechsel zur Entsendung des Reserve-Polizei-Bataillons 11 nach Weißrußland vom 17.10.1941
Belorussisches Nationalarchiv Minsk, 651–1–1, Bl. 28

„[...] Da für Weißruthenien bisher vom Chef der Ordnungspolizei noch kein Pol.Bataillon zur Verfügung gestellt wurde, habe ich am 4.10.41 unter Führung des Major Lechtaler – Batl.Kommandeur des Res.Pol.Batl. 11 – zwei Kompanien Batl. 11 (Standort Kauen) und drei Kompanien Schutzmannschaften aus Kauen nach Minsk in Marsch gesetzt. Es ist Aufgabe dieser Kräfte, in Verbindung mit der Wehrmacht die gemeldeten Partisanen-Abteilungen zu bekämpfen. [...]"

Lageberichte des Kommandanten in „Weißruthenien" vom Oktober 1941
Belorussisches Nationalarchiv Minsk, 651–1–1, Bl. 15; 378–1–698, Bl. 4 und 11

„[...] Juden haben in Kobylnik (4 km nordwärts des Narosz-Sees) in der letzten Zeit die Bevölkerung verschärft durch Gerüchte beunruhigt, daß die Bolschewisten demnächst zurückkehren würden. Im Zuge einer Strafaktion wurden 42 Mann erschossen. [...]" [19.10.1941]

„[...] Bei einem Unternehmen der G.F.P., des Pol.Batl. 11 und zwei litauischer Pol. Komp. am 8.10.41 im Raume Uzlany – Rudensk unter Führung der Abwehraussendienststelle Minsk wurden ein Politruk, 9 Partisanen, 1 Rotarmist (vermutl. Offizier) und 630 sonstige verdächtige Elemente ohne Ausweise, Kommunisten und Juden erschossen. [...]" [16.10.1941]

„[...] Am 9., 10. u. 11.10. wurde unter Leitung der Abwehraussenstelle Minsk mit der Pi.Kp. 707, G.F.P., Res.Pol.Batl. 11 und einer litauischen Schutzmannschaft im Raume Rudensk eine Großaktion durchgeführt. Dabei wurden 800 Partisanen, Kommunisten, Juden und sonstiges verdächtiges Gesindel aufgetrieben und erschossen. Bei der am 13. u. 14. durchgeführten Aktion des Res.Pol.Batl. 11 in der Gegend Kliniki (35 km südöstl. Borissow) und Smilowitsche wurden insgesamt 1 341 Kommunisten, Partisanen, Juden usw. aufgegriffen und erschossen. [...]" [16.10.1941]

Lagebericht des Kommandanten in „Weißruthenien" vom 10.11.1941
ZStdLJV, Dokumentation, UdSSR 405, Bl. 74 f., Zitat Bl. 74

„[...] 2.) Juden: Bei den Juden wurde beobachtet, dass sie vielfach aus ihren Wohnungen auf dem flachen Lande abwandern, wahrscheinlich nach Süden, wodurch sie sich den gegen sie eingeleiteten Aktionen zu entziehen versuchen. Da sie nach wie vor mit den Kommunisten und Partisanen gemeinsame Sache machen, wird die restlose Ausmerzung dieses volksfremden Elements durchgeführt. Die hierzu bisher durchgeführten Aktionen fanden im Osten des Bereichs statt im alten sowjetrussischen Grenzgebiet und an der Bahnstrecke Minsk–Brest–Litowsk. Ausserdem wird im Bereich des Kdt.I.WR. die Zusammenbringung der Juden auf dem flachen Lande in Ghettos grösserer Ortschaften durchgeführt. [...]"

NESWISH

Die Ortskommandantur in Neswish wurde von Oberfeld-
webel Anton Specht geführt, dem 20 bis 30 Soldaten der
8. Kompanie des Infanterieregiments 727 zur Verfügung
standen. Die Kleinstadt hatte etwa 7.000 Einwohner, von
denen mehr als die Hälfte als Juden galten.

Specht wurde von dem geplanten Massenmord in Neswish einige Tage zuvor informiert und ließ
in der Nähe des Schlosses Radziwill durch jüdische und polnische Arbeiter, die von Soldaten der
Kompanie bewacht wurden, Gruben ausheben. Zudem forderte Specht den Judenrat auf, zu veranlassen, daß sich die gesamte jüdische Bevölkerung am 30. Oktober 1941 am Marktplatz versammle.
Die 8. Kompanie sperrte an diesem Morgen die Ausfahrtsstraßen der Stadt, während Angehörige
des Reserve-Polizei-Bataillons 11 und litauische Hilfswillige den Marktplatz bewachten. Von den
dort zusammengetriebenen Juden selektierten sie Facharbeiter mit ihren Familien, insgesamt etwa
500 Personen. Alle anderen Juden wurden vom Reserve-Polizei-Bataillon 11, überwiegend jedoch
von litauischen Hilfswilligen erschossen. Über die Anzahl der Opfer existieren nur Schätzungen, die
zwischen 1.500 und 4.000 Toten liegen.

Anton Specht, ohne Datum
WASt, Personalunterlagen, Wehrpaß

ANTON SPECHT wurde am 1. Juni 1911 in Lindenberg (Allgäu) geboren. Sein Vater war Hutarbeiter. Specht besuchte sieben Jahre die Volksschule und anschließend eine Fortbildungsschule. Danach absolvierte er eine dreijährige Lehre als Möbelschreiner. Er wurde nach drei Monaten arbeitslos, da der Betrieb – wohl infolge der volkswirtschaftlichen Lage – in Schwierigkeiten geriet. Specht begab sich auf Wanderschaft durch Deutschland und ging verschiedenen Gelegenheitarbeiten nach. Als er als Hausangestellter bei einem Oberst a.D. auf der Insel Rügen beschäftigt war, bewarb er sich – auf dessen Empfehlung hin – bei der Reichswehr und wurde dort am 1. Oktober 1931 aufgenommen. Er diente an verschiedenen Standorten im Reich und wurde nach Kriegsbeginn für einige Wochen in Polen und kurz an der Westfront eingesetzt. Im Mai 1941 kam Specht als Zugführer zum Infanterieregiment 727. Im Mai 1942 wurde er – nachdem seine Einheit nicht mehr in Neswish stationiert war – verwundet und daher in die Heimat verlegt. Es folgte sein Einsatz in Italien, wo er im November 1943 in US-amerikanische Kriegsgefangenschaft geriet. 1946 wurde er wieder entlassen. Specht ließ sich nach dem Krieg in Oberbayern nieder, wo er seinem ursprünglich erlernten Beruf als Schreiner nachging. Für seine Tatbeteiligung in Neswish wurde 1972 Anklage vor dem Landgericht München eingereicht, Specht starb jedoch vor Prozeßbeginn.

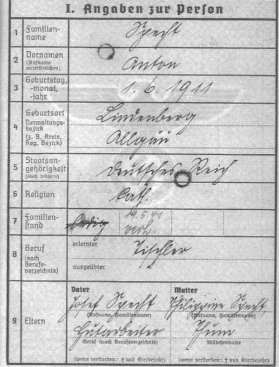

Anton Specht, ohne Datum
WASt, Personalunterlagen, Wehrpaß

NACHKRIEGSAUSSAGEN – NESWISH

„[...] *Etwa 4 oder 6 Wochen später, es war schon tief im Herbst 1941, erhielten wir eines Tages am Abend durch den Judenrat die Weisung, uns am nächsten Tag um halb 8.00 Uhr oder 8.00 Uhr in der Früh auf dem Marktplatz in Nieswicz zu versammeln. Uns wurde eröffnet, daß der Befehl bestand, jeden zu erschießen, der nicht zum Marktplatz käme. Personen die nicht gehen konnten, weil sie krank oder sonst gehbehindert waren, mußten namentlich mit ihrer Adresse gemeldet werden. Sie wurden dann abgeholt. Von wem der Judenrat diesen Befehl bekommen hatte, weiß ich nicht.*
Am nächsten Tag versammelte sich dann nahezu die gesamte jüdische Einwohnerschaft auf dem Marktplatz. Gefehlt haben die Bettlägrigen und Kranken, von denen ich eben gesprochen habe. Der Marktplatz hatte etwa die Größe eines Fußballfeldes, vielleicht etwas kleiner. [...]
In einer Ecke des Marktplatzes standen 25 bis 30 Mann mit dem Judenrat zusammen. Ich meine, daß mindest einige irgendwie erhöht standen, vielleicht auf Stühlen oder Tischen oder sonstwo. In dieser Gruppe befand sich auch der Kommandant der Ortskommandantur. Außerdem waren es vielleicht 5 deutsche Soldaten in Wehrmachtsuniformen. Ich bin der Meinung, daß es Angehörige der Ortskommandantur aus Nieswicz waren. Ferner standen einige Leute von der weißrussischen Polizei aus Nieswicz und einige Litauer in dieser Gruppe. Mir ist nicht bekannt, daß sich unter diesen Leuten auch ein deutscher Hauptmann oder Major befunden hätte. Durch diese Gruppe wurden aus der Menge der versammelten Juden – es müßten etwa 4.500 gewesen sein – Gruppen bestimmter Handwerks- und sonstiger Berufe wie Schreiner, Tischler und ähnliche herausgesucht. Diese Leute mußten mit ihren Familien in einer bestimmten Ecke des Marktplatzes zusammentreten. Es mögen insgesamt etwa 500 Leute ausgesondert worden sein. [...]
Nachdem die Aussonderung abgeschlossen war, wurden die Ausgesonderten unter Begleitung von mindestens 2 und höchstens 6 weißruthenischen Schutzpolizisten zur Schule geführt. Ich persönlich habe den Kommandanten nicht gesehen. Ich kann mich aber erinnern, daß er etwa 1 oder 2 Stunden nach unserer Unterbringung in der Schule in Begleitung von 4 oder 5 Mann in die Räume kam und nach einem gehbehinderten Kind suchte. Weil sich niemand meldete, kam er auf uns zu und wollte meinen kleinen Bruder mitnehmen. Wir flehten und bettelten ihn an, den Bruder bei uns zu lassen. Wir stellten ihn auf den Boden, um zu zeigen, daß er keinen Gehfehler hatte. Daraufhin entfernte sich der Kommandant wieder. Kurze Zeit danach hörten wir aus einer anderen Ecke des Raumes lautes Wehklagen. Wir schlossen daraus, daß er von dort ein Kind mitgenommen hatte. Ich weiß bestimmt, daß es der Kommandant war, der, wie gesagt, 1 oder 2 Stunden später nach dem Kind suchte.
Aus Erzählungen weiß ich, daß die übrigen Juden, die am Marktplatz verblieben, zu Gruben in einem Park in der Nähe der Stadt und an einer Straße, die zu einem nahegelegenen Ort führte, gebracht und dort erschossen wurden. Die Schießerei haben wir gehört. Die Schüsse waren einige Stunden lang zu hören. [...]
Es wurde auch erzählt, daß die Durchführung der Aktion im wesentlichen bei den Litauern lag. Sie also sollen die Opfer an die Gruben getrieben und dort erschossen haben. Inwieweit Angehörige der Ortskommandantur beteiligt waren, weiß ich nicht. [...]"

ZStdLJV, 202 AR–Z 116/67, Bd. 2, Bl. 266–273, Zitat Bl. 270–272

11. August 1969

Chischin H.,
Überlebender

NACHKRIEGSAUSSAGEN – NESWISH

2. Februar 1970

August F.,
ehemaliger Angehöriger
der Ortskommandantur
in Neswish

„[...] Ich räume ein, daß ich kurze Zeit, vermutlich 10 Minuten, am Erschießungsplatz war. Das Schießkommando bestand aus 30 oder 40, es können auch 50 gewesen sein, Litauern. Ich vermute, daß es Litauer waren, sie hatten Uniformen, die denen der Polen ähnlich waren. Jedenfalls die ersten Gruppen der Opfer standen aufrecht am Grubenrand. Es schoßen etwa doppelt soviel Schützen wie Opfer herangeführt worden waren.

Die Juden mußten ihre Oberkleidung ablegen. Seitwärts standen Polizeiangehörige. Den Feuerbefehl erteilte ein Offizier, der seitlich vor den Schützen stand. Ich vermute, daß es ein Deutscher war. Er trug jedoch die gleiche Uniform wie die Schützen. Er erteilte den Feuerbefehl, indem er den Degen senkte. An Kommandos kann ich mich nicht erinnern. Polizeiangehörige standen im Hintergrund bei den abgelegten Kleidern. An dieser Stelle mußten die Juden unter Aufsicht der Polizeiangehörigen ihre Kleider ablegen und wurden dann an die Grube geführt. Meiner Erinnerung nach waren am Erschießungsort eine größere und eine kleinere Grube. Die Kleiderstelle war etwa 15 oder 20 m von der Grube entfernt. Die Juden die auf der Straße zu dem auf der Skizze bezeichneten Haltepunkt herangeführt wurden, hörten bereits die Schüsse. Vom Haltepunkt wurde dann jeweils die nächste Gruppe von Juden an die Entkleidungsstelle geführt und von dort zur Grube. Dies alles spielte sich sehr rasch ab. Es wurden jeweils ungefähr 25 Juden erschossen. Die Juden waren verhältnismäßig ruhig. Von der Entkleidungsstelle muß man in die Grube gesehen haben können. In meinem Beisein mußten sich die Juden nicht in die Grube legen. Ich war mehr zu Beginn der Aktion am Erschießungsort, es lagen jedoch bereits erschossene Juden in der Grube. [...]"

ZStdLJV, 202 AR–Z 116/67, Bd. 3, Bl. 549–555, Zitat Bl. 552 f.

NACHKRIEGSAUSSAGEN – NESWISH

„[...] In diesem Zusammenhang fällt mir ein, daß ich eines Tages zusammen mit einem Kraftfahrerkameraden nach Njeswicz fahren mußte, wo wir eine größere Menge Kleider abholten. Ob es sich hierbei um getragene Kleider oder neue handelte, kann ich nicht mehr sagen. Ich erinnere mich aber, daß wir damals erfuhren, daß diese Bekleidung von Juden getragen worden war. Judensterne habe ich auf den einzelnen Bekleidungsstücken nicht gesehen. Die Bekleidung holten wir mit 2 Lastkraftwagen ab. [...] Wenn ich heute darüber nachdenke, so glaube ich, daß die von uns abgeholte Bekleidung von den Juden getragen wurde, die man in Nieswicz erschossen hat. Bestätigen kann ich dies jedoch nicht. [...]"

ZStdLJV, 202 AR–Z 116/67, Bd. 1, Bl. 161 – 163, Zitat Bl. 162 f.

4. Juni 1968

Benno E.,
ehemaliger Angehöriger
der Ortskommandantur Neswish
und später Kraftfahrer beim
Bataillonsstab in Baranowitschi

„[...] Aus Kameradengesprächen vernahm ich vermutlich einen Tag nach der Erschießungsaktion, daß der Unteroffizier B r u n n e r [Angehöriger der Ortskommandantur Neswish] in der Grube einen nicht getroffenen oder nicht tödlich verletzten Juden mit einem Spaten den Schädel gespalten haben soll. [...]
Erinnerlich ist mir zudem, daß aus den Häusern der erschossenen Juden alles herausgeholt und wegtransportiert wurde. Diese Aktionen haben Angehörige unseres Zuges [der Ortskommandantur] durchgeführt, wobei Juden wahrscheinlich aus dem Ghetto die Arbeit verrichten mußten. Die aus den Häusern geholten Gegenstände verbrachte man in ein großes schloßähnliches Gebäude in der Stadt. Näheres hierzu kann ich nicht angeben. [...]"

ZStdLJV, 202 AR–Z 116/67, Bd. 1, Bl. 223 – 227, Zitat Bl. 227

30. Juni 1969

Georg H.,
ehemaliger Angehöriger
des 3. Zuges der
Ortskommandantur Neswish

MIR

Der Hauptstützpunkt der 8. Kompanie des Infanterieregiments 727 war Stolbzy. Die dortige Ortskommandantur wurde von Oberleutnant Ludwig Göbel geführt, der für die „Sicherung" des gesamten umliegenden Bezirks zuständig war. Göbel ließ durch die ihm unterstellten Soldaten in mehreren Ortschaften Massenexekutionen durchführen, darunter am 5. November 1941 in Turez sowie am 9. November 1941 in der Kleinstadt Mir.

Mir hatte zu dieser Zeit etwa 5.000 Einwohner, von denen die Hälfte jüdisch war. Ein Teil der jüdischen Bevölkerung war beim Herannahen der deutschen Truppen geflohen, die Zurückgebliebenen wurden von den deutschen Besatzern ghettoisiert. Angehörige der 8. Kompanie trieben am 5. November 1941 mit Hilfe weißrussischer Hilfspolizei mehrere hundert Juden zusammen und selektierten eine unbekannte Anzahl von Facharbeitern. Alle anderen, Zeugen sprechen von mindestens 800 Menschen, darunter Greise, Frauen und Kinder, wurden von Soldaten durch Genickschuß ermordet. Die örtlichen Wehrmachtseinheiten beschlagnahmten sämtliche Wertsachen der Opfer und übergaben sie an die Beutesammelstelle in Berlin.

Einzahlungsbelege für die Reichshauptkasse Berlin

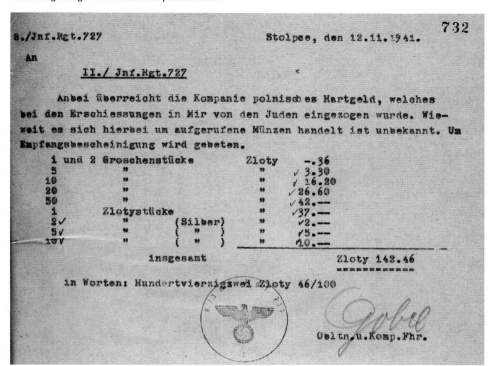

8./Inf.Rgt.727   Stolpce, den 12.11.1941.   732

    An
        II./ Inf.Rgt.727

        Anbei überreicht die Kompanie polnisches Hartgeld, welches
    bei den Erschiessungen in Mir von den Juden eingezogen wurde. Wie-
    weit es sich hierbei um aufgerufene Münzen handelt ist unbekannt. Um
    Empfangsbescheinigung wird gebeten.

        1 und 2 Groschenstücke   Zloty   -.36
        5   "   "   √ 3.30
        10   "   "   √ 16.20
        20   "   "   √ 26.60
        50   "   "   √ 42.--
        1   Zlotystücke   "   √ 37.--
        2 √   "   (Silber)   "   √ 2.--
        5 √   "   ("   )   "   √ 5.--
        10 √   "   ("   )   "   10.--

                  insgesamt   Zloty 142.46
                                       ============

        in Worten: Hundertvierzigzwei Zloty 46/100

                                                Göbel
                                          Obltn.u.Komp.Fhr.

„Anbei überreicht die Kompanie polnisches Hartgeld, welches bei den Erschiessungen in Mir von den Juden eingezogen wurde."

Feldkasse 7o7. Inf. Div.   731
Feldpost Nr. o8967
Az 59a   O.U., den 3. Dezember 1941

        An die
        R eichshauptkasse
        B e r l i n .

Betr.: Vereinnahmte Beutelgelder,
        Hier II./ J.R. 727   ┌─────────────┐
Anlagen: Ein versiegeltes Päckchen mit   │ 15 DEZ 1941 │
         Zloty-Münzen.   │ Reichs-   │
                                               │ hauptkasse │
        Beigeschlossen werden   └─────────────┘

        Zloty 142.46 (i.W. Hundertzweiundvierzig 46/1oo) in Münzen
        übersandt.
        Die Münzen wurden durch die 8./J.R. 727 der Zahlmeisterei
        II./J.R. 727 übergeben und am 18. November 1941 an die Feld-
        kasse 7o7. Inf.Div. abgeliefert.
        Das Geld stammt aus Erschiessungen von Juden.

                                                Dippelhofer
        18.Dez. 1941   Kriegsverwaltungsinspektor
                                         1674
                                              101

„Das Geld stammt aus Erschiessungen von Juden."

Einzahlungsbelege für die Reichshauptkasse Berlin, 12.11.1941 und 3.12.1941
Bundesarchiv, R 2104/23, Bl. 731 f.

Reichshauptkasse
(Beutestelle)
L.1692.

Lieferung: Depot Nr. R.631/10. Beleg Nr. 1-5

Depot Nr. R. 631/10.

Lfde. Nr.	Tag der Ein- bezw. Auslieferung	Bezeichnung des Wertgegenstandes	Währung	Betrag oder Stückzahl	Erlös
		Eingeliefert von der Feldkasse der			
		707.Jnf.-Division, Feldpost-Nummer			
		08967, auf Veranlassung II/J.R. 727,			
		Feldpost-Nummer 09922 A.Baranowitschi.			463,-
					370,-
					1865,-
1	3.1.42	Russische Goldmünzen:			2650,-
		31/15,-, 32/10,-, 373/5,-	Rubel	2650,-	
					50,-
					80,-
		Amerikanische Noten :			130,-
2		1/50,-, 4/20,-, 13/10,-, 7/5,-,			35,-
		11/2,-, 27/1,-	$	344,-	22,-
					27,-
					344,-
3		Palästina-Note :			
		1/1,-	Pal-Pfund	1,-	1,-
					1,-

Blatt 2

Lfde. Nr.	Tag der Ein- bezw. Auslieferung	Bezeichnung des Wertgegenstandes	Währung	Lfd. Nr. Betrag oder Stückzahl i. Depots	Erlös
4		Argentinische Noten :			
		5/1.-.	Peso	5,-	5,-
					5,-
5		Schecks : "The Standard Bank of South			
		Africa Limited, London an Order Davy			
		Kuznewo aus den Jahren 1924-1930.			
		5/3,-.-., 7/5.-.-. 1	Stck.	12	
					100,-
					515,-
6		Silber-und Scheidemünzen :			102,-
		a) Polnische :			772,-
		18/10,-, 103/5,-, 51/2,- Zloty Stck.172			
					15,-
		b)Belgische :			0,50
		3/5,-,. 2/0,25 bfrs.	"	5	= 3,10 Belga
		c)Amerikanische:			0,10
		2/0,05 $	"	2	0,10
			Stck.		179

Bl.3.

Die Reichshauptkasse Berlin registriert am 3.1.1942: „Eingeliefert von der Feldkasse der 707. Inf.-Division […]".

Lfde. Nr.	Tag der Ein- bezw. Auslieferung	Bezeichnung des Wertgegenstandes R 631/10.	Währung	Betrag oder Stückzahl	Erlös
7		Alte Münzen (a.K.) :			
		11/1,-. 42/0,50. 74/0,20. 35/0,15.			11
					21
		35/0,10. 1/0,05. Rubel (a.K.) Stck.	198		14.80
					5.25
		1/1,- Rubel .1841 (a.K.) "	1		3.50
					2.65
		1/1,- Oesterr.Kron.1893 (aK) "	1		4.-
		1.Chin.Münze (a.K.) "	1		4.-
		1 Silbermünze 1641 (a.K.) "	1		4.-
		Stck.	202		59,60
8		Silberne und goldene Uhren,Schmuck-			
		sachen, Leuchter, Becher usw.			
		Goldene Ringe, z.T.zerbrochen,			
		ein Teil mit Schmucksteinen Stck.	102		
		Silberne Ringe, zum Teil mit			
		Schmucksteinen "	11		
		Goldene Ohrringe,z.T.zerbrochen"	31		
		Silberne Ohrringe,z.T. " "	13		
		Goldene Broschen "	2		
		Silberne Taschenuhren,zum grössten			
		Teil zerbrochen Stck.	16		
		Goldene Taschenuhren "	9		
		Uebertrag Stck.	184		

Lfde. Nr.	Tag der Ein- bezw. Auslieferung	Bezeichnung des Wertgegenstandes R 631/10.	Währung	Betrag oder Stückzahl	Erlös
		Uebertrag Stück		184	
		Silberbecher "		36	
		Silb.Aufgebelöffel,zerbrochen "		2	
		Silbern.Salzfass, vergoldet "		1	
		Silberarmbänder "		3	
		Goldene Ketten "		6	
		Silbernes Kultgerät "		1	
		Silberne Leuchter "		12	
		Goldene Armbänder "		3	
		Silberne Milchkanne, innen			
		vergoldet "		1	
		Silberne Messergriffe "		5	
		Vergoldete Broschen mit			
		unechten Perlen "		1	
		Vergoldete Anhänger "		2	
		" Manschettenknopf "		1	
		" Bruchstücke "		5	
		Lose unechte Perle "		1	
		Stck.		264	

Zusammenstellung :

Rubel (Gold)	$ (Noten)	Pal.Pfd. (Note)	Argt.Pesos (Noten)	Stück (Schecks, Münzen,Münzena.K. Schmuck,Uhren usw.
2650	344,-	1,-	5,-	12
				179
				202
				264
2650,-	344,-	1,-	5,-	657

Lfde. Nr.	Tag der Ein- bezw. Auslieferung	Bezeichnung des Wertgegenstandes R.631/10.	Währung	Betrag oder Stückzahl	Erlös
	Einlieferung Auslieferung	wie vorstehend			
		Wertsachbuch Seite 54. Nr. 1053	3.1.1942		
		Wertsachbuch Seite R 631/10 Nr. 1-3			
		Referat Dr. Maedel			
		vorgelegt. Die Ortskommandantur in Stölpce hat die			
		angegebenen Werte, die aus Aktionen in Mir			
		und Tucek stammen, dem II/J.R. 727 übergeben. Gegen			
		die übersandte Aufstellung wurden mehr festgestellt:			
		zu lfd.Nr.8: Milchkanne,Messergriffe,Brosche,			
		Anhänger, Manschettenknopf,Bruchstücke,Perle.			
		Weisung zu lfd.Nr.5,7,8 erbeten.			

Einzahlungsbelege der Reichshauptkasse Berlin, 3.1.1942

Bundesarchiv, R 2104/23, Bl. 92–96

„Die Ortskommandatur in Stölpce hat die angegebenen Werte, die aus den Aktionen in Mir und Tucek stammen, dem II/I. R. 727 übergeben."

NACHKRIEGSAUSSAGEN – MIR

8. Februar 1967

Joel M.,
Überlebender

„[...] _Frage:_ Haben Sie die Tötungsaktionen in MIR – am 9. November 1941 – miterlebt? Was ist Ihnen in Erinnerung geblieben?

Antwort: Ich war am genannten Tage zu Hause, die blutigen Vorgänge werde ich niemals vergessen. Vor Tagesausbruch stürzten weissrussische Hilfspolizisten in jüdische Wohnungen, von Haus zu Haus rannten sie mit Schreckensgeheul, zerrten durch Gewalt jeden, den sie fanden auf die Strasse, hauten und schlugen, Schuesse krachten, Wehgeschrei der Misshandelten erschütterte die Luft. Inzwischen kamen Lastautos mit deutschen Bewaffneten. Befragt bin ich nicht in der Lage die Einheit der Deutschen zu bezeichnen; Die Deutschen kamen nur um den Massaker durchzuführen und verschwanden nach dem blutigen Verbrechen, so wie sie erschienen sind. Auch die weissrussischen Polizisten waren erst kurz vor dem Mordtage angelangt, nachdem sie zuvor im Orte TUREC die dortigen Juden niedermetzeln halfen. Als die Aktion in MIR losging, wussten schon viele Bescheid worum es geht, Greuelnachrichten verbreiteten sich von den Ortschaften, in denen die ‚Traeger der Abendländischen Kultur‘, wie sich unsre Mörder nannten, ihre unvorstellbare Grausamkeiten vollbrachten. [...]

Frage: Hatten Sie irgendwen von den Deutschen oder Weissrussen, die die Aktion durchfuehrten, beim Namen gekannt, oder spaeter erkannt?

Antwort: Die Deutschen gingen nach dem Blutbad, das sie anrichten gekommen sind, wieder weiter, den Anfuehrer der Weissrussen, der als Kommandant der Hilfspolizei im Orte blieb – kannte ich, es war SERAFIMOWICZ.

Frage: Was ist Ihnen über den Verlauf der Aktion bekannt?

Antwort: Als ich von meinem Versteckorte herauskam, war die Mehrzahl der juedischen Bevoelkerung schon tot. Nur vom Hoerensagen erfuhr ich, dass in der Naehe der Ortschaft Bauern auf behoerdlichen Befehl ein Massengrab aushoben, die Juden hingetrieben wurden und durch die angekommene deutsche Einheit – bei Assistenz der weissrussischen Polizisten – erschossen wurden. Diejenigen, die wie ich, nicht gefunden wurden, mussten sich nach der Aktion, in angewiesene ärmliche Häuser der dortiger Weissrussen, die die besten juedischen Wohnungen bezogen, umsiedeln, doch auch dort blieben wir nicht lange. Inzwischen kamen deutsche Gendarme nach MIR. Um sicherer bewacht zu werden, mussten wir in die uralte Festung umsiedeln, wo das einzige Tor leicht bewachbar war. Vor den Gendarmen gab es keine deutsche Behoerde im Orte. Die sogenannte Kontributionen, in denen uns alles abgenommen wurde, kamen deutsche Funktionäre aus Stolpce durchzufuehren. [...]“

ZStdLJV, 202 AR–Z 16/67, Bd. 1, Bl. 93–95, Zitat Bl. 93 f.

NACHKRIEGSAUSSAGEN – MIR

„[...] Hier will ich anfuehren, dass ich am Vorabend des Massakers von draussen nach
Mir kam – Mir war nicht umstanden. Daraus ist zu entnehmen, dass die deutsche
Einheit – die ich nicht naeher bezeichnen kann, erst knapp vor Beginn der Aktion
nach MIR eingetroffen war. Mitten in groesster Panik sass ich zusammengekauert
mit einem Jungen hinter einem Lattenzaun und sah der entfesselten Hoelle zu. Wir
wurden bemerkt, einer der Deutschen rief: ‚Zwei Hunde mit einem Mal‘, doch uns gelang es noch zu entkommen. Von den – am Marktplatz zusammengetriebenen Juden
– wurden 30 Handwerker ausgesondert und an LKW’s ins Lager Swierzne uebersteldt,
alle wurden sonst hingemordet. Ich war einige Tage im Versteck. Als ich mich heraus-
wagte, fanden wir uns allmaehlich mit anderen, die den Mordtag – mir ähnlich – in
Schlupfwinkeln überlebten. Es war keine deutsche Einheit mehr im Orte – die Behörde war die weissrussische Polizei – kurz nachher erschienen deutsche Gendarme.
Etwa 800 Juden retteten sich am Tage der ‚Aktion‘. [...]“

ZStdLJV, 202 AR–Z 16/67, Bd. 1, Bl. 96–98, Zitat Bl. 97

8. Februar 1967

Fanja B.,
Überlebende

„[...] Am 9. November wurde ich durch den Kommandeur der Rotte, Oberleutnant
Gebel, von meinem Stützpunkt (der sich 2 Kilometer von Stolbzy befand) abberufen
und mit noch anderen Soldaten der 8. Rotte, ungefähr aus 80 Mann bestehend mit
Autos in die Stadt Mir gefahren. Bei Ankunft in der Stadt erteilte Oberleutnant
Gebel den Befehl die Juden aus ihren Häusern herauszujagen und sie außerhalb der
Stadt an den Tankgraben-falle zu bringen, was wir auch getan hatten. Als 20–30
Juden versammelt wurden, führten wir sie an den Erschießungsort, wo wir sie mit
[hs. ‚aus‘] den Flinten und Automaten ins Genick erschossen hatten. Auf diese Weiss
haben wir in der Stadt nicht weniger als 1000 Juden erschossen. Unter ihnen waren
alte Männer, Frauen und Kinder, die sich am Rand des Tankgrabens hinknieten und
wir sie in den Rücken und Genick erschossen. Ich persönlich habe dabei nicht weniger
als 8 Mann erschossen, darunter waren alte Männer, Frauen und Kinder. Erschossen
habe ich sie mit der Flinte.
Frage: Erzählen Sie, ob den Juden vor der Erschießung ihr Vermögen weggenommen
wurde, und wenn es der Fall war, wohin kam es dann?
Antwort: Bei der Erschießung der Juden wurden alle Wertsachen und Vermögen weggenommen. Die Wertsachen wurden unter den Soldaten verteilt, die dabei teilgenommen hatten und die Sachen wurden ins Bataillon geschickt. Ich persönlich habe nur
einen goldenen Ring an mich genommen.
Frage: Nennen Sie die Namen der Personen, die bei der Erschießung der 1000 Juden
am 9. November 1941 in der Stadt Mir teilgenommen hatten?
Antwort: Bei der Erschießung der 1000 Juden am 9. November 1941 haben ungefähr
80 Soldaten und Offiziere der 8. Rotte 727 des Schutzregimentes 707 der Infanteriedivision teilgenommen, unter ihnen waren außer mir folgende Personen: Oberleu-
tenant Gebel, Leutnant Ulrich, [...].“

ZStdLJV, AR–Z 337/67, Bd. 6, Bl. 1091–1093, Zitat Bl. 1091 f.

24. Juni 1948

Anton G.,
Tatbeteiligter,
während einer Vernehmung
durch sowjetische Behörden

Der Zeuge machte nach seiner
Rückkehr in die Bundesrepublik
Deutschland geltend, daß die
Aussage durch die sowjetischen
Behörden erpreßt worden sei.

MOGILEW

Ende Juli 1941 nahm die 15. Infanteriedivision – nach Durchbruch durch den als „Stalinlinie" bezeichneten Verteidigungswall – an den Kämpfen um die Stadt Mogilew teil. Während der ersten Tage beteiligte sich das zur Division gehörende Infanterieregiment 81 an der sogenannten „Befriedung" der Stadt nach Beendigung der eigentlichen Kämpfe. Dabei wurden gezielt Juden zum Arbeitseinsatz herangezogen, die bereits auf Veranlassung der örtlichen Wehrmachtsstellen durch einen Judenstern gekennzeichnet waren.

In dieser ersten Phase der Besatzung ereignete sich ein Attentat in Mogilew: Ein deutscher Offizier wurde auf offener Straße erschossen. Sogleich hieß es, der Täter sei ein jüdischer Partisan gewesen. Als vermeintliche „Sühnemaßnahme" für den Tod des Offiziers wurden zahlreiche Juden der Stadt zusammengetrieben. Wehrmachtssoldaten erschossen etwa 40 bis 50 Männer in einem unweit der Hauptstraße gelegenen Hof.

Jüdische Zwangsarbeiter in Mogilew, Juli 1941

Bericht Nr. 8 des Vertreters des Auswärtigen Amtes
beim Armeeoberkommando 2 vom 1.8.1941
Bundesarchiv/Militärarchiv, RH 20–2/1091

„Wenige Tage, nach dem Mogilew genommen wurde, merkt man
in der Stadt bereits das Wirken der deutschen Organisation.
Die ausgebrannten Straßenzüge erscheinen halbwegs aufgeräumt, der Schutt wird in die Häuserruinen geschafft und das
russ. Kriegsmaterial, das überall den Boden bedeckte, ist zum
Teil bereits aufgeräumt, geschichtet und wird abgefahren.
Rasch zusammengesetzte Arbeitskommandos der jüdischen
Bevölkerung, der man großweise Davidsterne aufnähte sind
damit beschäftigt, die eindringlichsten Spuren des Kampfes zu
beseitigen.[...]"

Bundesarchiv, Bild 101 I/138/1083/3

Bundesarchiv, Bild 101 I/138/1083/15

Bundesarchiv, Bild 101 I/138/1083/17

Bundesarchiv, Bild 101 I/138/1083/26

Jüdische Zwangsarbeiter in Mogilew, Juli 1941
PK-Fotograf: Rudolf Kessler

Bundesarchiv, Bild 101 I/138/1083/27

NACHKRIEGSAUSSAGEN – MOGILEW

11. Juli 1963

Wolfgang S.,
Tatbeteiligter

„[...] Dieses Gerücht [des jüdischen Attentäters] wurde von Mund zu Mund der in der Stadt lagernden Kräfte weitergegeben. Wiederum ca. 1 oder 2 Stunden später, meine Einheit hatte ihren Platz in der Stadt gewechselt, wurde der Befehl durchgegeben, daß alle Unteroffiziere meiner Kompanie mit Maschinenpistole als Exekutionskommando abzustellen seien. Vermutlich wurden sämtliche Unteroffiziere des Btls. zusammengezogen. Ich sah dann einige Zeit später [‚wie' durchgestrichen] in einem Hof, der nach rückwärts gegen eine Weide mit einem Bretterzaun von ca. 2 m Höhe abgeteilt war, etwa fünfzig Männer im Alter von etwa 20 bis 45 Jahren zusammengetrieben stehen. Diese Männer standen ungeordnet in einer Tiefe von etwa 10–15 Metern vor dem Bretterzaun. Hinter dem Bretterzaun weidete ein Pferd.
Die Exekutionsschützen standen in einer Linie ungefähr 5–10 Meter vor den Erschießenden. An alle Einzelheiten vor der Exekution kann ich mich nicht mehr erinnern, denn der Ablauf der Handlung vollzog sich sehr schnell. Wahrscheinlich stand ich halblinks rückwärts einige Meter hinter dem Exekutionskommando. Ich kann mich auch nicht mehr erinnern, daß ein Kommando gegeben wurde oder ein höherer Dienstgrad die Exekution leitete. Ich muß Einzelheiten über die Erschießung selbst vergessen haben, infolge des bei mir entstandenen Schocks.
Genau kann ich mich dagegen noch erinnern, wie die zusammengeschossenen Männer auf dem Boden lagen. Einige davon bewegten sich noch oder stöhnten. Daraufhin ging ein Feldwebel mit gezogener Pistole (Pistole 08) durch die Reihen der am Boden Liegenden und tötete die noch Lebenszeichen von sich gaben durch Kopfschüsse. Das weiß ich noch so genau, weil ich diesem Feldwebel folgte, nicht um zu sehen, wie er die Gnadenschüsse abgab, sondern weil mich das Bild der dort liegenden Menschen magisch anzog. [...]"

ZStdLJV, 202 AR–Z 589/63, Bd. 1, Bl. 5–10, Zitat Bl. 5 f.

20. April 1964

Alfred S.,
ehemaliger Soldat des
3. Zuges der 7. Kompanie
des Infanterieregiments 81

„[...] Nach meiner Rückkehr zur Kompanie, hörte ich von Kameraden, daß ein höherer deutscher Offizier von einem Partisanen erschossen oder angeschossen worden sein soll. Daraufhin habe man als Vergeltungsaktion eine Anzahl von jüdischen Menschen an einer Bretterwand erschossen. Ob sich darunter auch Frauen und Kinder befunden hatten, habe ich nicht erfahren. [...]"

ZStdLJV, 202 AR–Z 589/63, Bd. 1, Bl. 34–36, Zitat Bl. 36

NACHKRIEGSAUSSAGEN – MOGILEW

„[...] Unmittelbar nach der Einnahme von Mogilew, es war gegen Ende Juli 1941, ging ich durch Mogilew, ohne einen besonderen Auftrag zu haben. Während ich so durch die Straßen ging, fuhr in einem Beiwagenkrad der Bataillonsadjutant an mir vorbei. Kurz nachdem er an mir vorbeigefahren war, hörte ich einen Schuß fallen. Ich lief mit noch einigen Soldaten in die Richtung, aus der der Schuß gefallen war und sah den Oberleutnant erschossen in dem Beiwagen liegen. Er wurde von einer Frau in russischer Uniform erschossen, und zwar aus einem Haus heraus. Ich habe diese Frau gesehen, als sie noch mit einem Gewehr in der Hand auf der Straße stand.
SS-Leute, die mittlerweilen auch gekommen waren, wollten die Frau fotographieren, doch sie wehrte sich dagegen und wurde daraufhin mitgenommen. [...]
Ich weiß nicht, ob es sich bei der Frau, die den Oberleutnant erschossen hat, um eine Jüdin gehandelt hat. Sie hatte eine russische Uniform an, ob sie einen Dienstgrad hatte, weiß ich nicht.
Kurze Zeit später hörte ich von Kameraden, daß in einem bestimmten Hof eine Erschießung durchgeführt würde.
Ich ging zu dem bezeichneten Haus und sah in dem dazugehörenden Hof eine Anzahl Männer in russischen Uniformen. Ich glaube mich zu erinnern, daß keine Zivilisten darunter waren. Meiner Meinung nach handelte es sich bei den Festgenommenen um Juden. Ich erinnere mich, daß zur Bewachung dieser Leute nur Unteroffiziere eingesetzt waren. Mir wurde auch bekannt, daß diese Unteroffiziersdienstgrade als Exekutionskommando bestimmt war[en]. Es handelte sich bei diesen Unteroffizieren um Angehörige des Bataillons und nicht nur der 7. Kompanie. [...]"

ZStdLJV, 202 AR–Z 589/63, Bd. 1, Bl. 54

9. Mai 1964

Wilhelm M.,
ehemaliger Sanitätsoffizier
bei der 7. Kompanie des
Infanterieregiments 81

„[...] Ich habe nur noch einen Vorfall in Erinnerung, der sich ungefähr zum gleichen Zeitpunkt in Mogilew abgespielt hat. Zwei Unteroffiziere meiner Kompanie [1. Komp. des I.R. 81], der eine hieß Martin K n o d t, an den Namen des anderen kann ich mich nicht mehr erinnern, drangen in angetrunkenem Zustand in ein Haus ein, in dem eine jüdische Familie wohnte, die zwei Mädchen hatten. Diese dürften zwischen 18 und 21 Jahre alt gewesen sein. Die Unteroffiziere wollten an die Mädchen, die sich aber wehrten. Auch der Vater kam ihnen zu Hilfe. Alle drei wurden von den Unteroffizieren erschossen. Ich war selbst in diesem Haus und habe die Mädchen am Boden liegen sehen, und über ihnen der Vater.
Die beiden Unteroffiziere kamen in den Strafzug, der innerhalb des Regiments bestand. Später kamen sie vom Regiment weg, wohin, das weiß ich nicht. Der mir namentlich [un]bekannte [?] Unteroffizier soll gefallen sein. Martin K n o d t wurde verwundet. [...]"

ZStdLJV, 202 AR–Z 589/63, Bd. 1, Bl. 176–177, Zitat Bl. 177

9. Mai 1964

Anton S.,
ehemaliger Sanitätsunteroffizier
bei der 7. Kompanie des
Infanterieregiments 81

KRIWOJ ROG

Ende August 1941 wurde die Stadt Kriwoj Rog, das ukrainische Zentrum des Eisenerzabbaus im Donezbecken mit etwa
200.000 Einwohnern, durch Wehrmachtsverbände besetzt.
Die örtliche Verwaltung oblag zunächst der Feldkommandantur (V) 538, die am 20. September 1941 von der Feldkommandantur (V) 246 abgelöst wurde. Die Militärverwaltung
erließ unmittelbar nach der Einnahme der Stadt die ersten
antijüdischen Maßnahmen.

Die Juden wurden durch eine Armbinde gekennzeichnet, zur Zwangsarbeit rekrutiert, ihnen war der
freie Wareneinkauf verboten sowie das Schächten von Vieh. Zudem zog die Ortskommandantur das
jüdische Vermögen ein und erlaubte der ukrainischen Stadtverwaltung, den Juden Kontributionen
aufzuerlegen. Ein jüdisches Ghetto existierte in Kriwoj Rog allerdings nicht.

Unweit von Kriwoj Rog im Rayon (Kreis) Schirokoje wurde bereits zu dieser Zeit unter Verantwortung
derselben Feldkommandantur die jüdische Bevölkerung durch die 2. Kompanie des Polizeibataillons
318 ermordet. Gleiches sollte auch in Kriwoj Rog geschehen. Die zuständige Ortskommandantur
meldete am 15. Oktober 1941, daß Kriwoj Rog gerade „judenfrei" gemacht werde. In den Iljitsch-
Gruben außerhalb der Stadt ermordete eine dem Höheren SS- und Polizeiführer Rußland Süd unter-
stehende, aber bis heute nicht genau identifizierte Polizeieinheit unter Mitwirkung der ukrainischen
Hilfspolizei etwa 2.500 jüdische Zivilisten und 800 jüdische Kriegsgefangene, die aus einem Kriegsgefangenenlager der Wehrmacht ausgesondert worden waren.

Lagebericht der Feldkommandantur (V) 538 in Kriwoj Rog vom 14.9.1941

ZStdLJV, Dokumentation, UdSSR III, Bl. 768–778, Zitat Bl. 768, 769 und 774

„[...] Jüdische Flüchtlinge sind in kleineren Gruppen zurückgekehrt. Sie werden weitgehend zur Arbeit herangezogen. In Kriwoj Rog sind sie durch Armbinde gekennzeichnet. Für ihre Lebensmitteleinkäufe wurde ein besonderes Geschäft eingerichtet. Wichtig wäre es, in den einzelnen Rayonen Propagandamaterial gegen den Kommunismus und das Judentum zur Aufklärung der ukrainischen Bevölkerung zur Verteilung zu bringen. [...]"

„[...] Eine Erschiessung war im Einsatz Nikopol veranlasst. Erschossen wurde ein Arbeiter einer Röhrenfabrik in Nikopol, der den Tod eines deutschen Ingenieurs kurz vor dem Einrücken der deutschen Truppen verursacht hatte. Weitere Erschiessungen wurden im Verein mit dem SD. im Rayon Schirokoje an Juden und Kommunisten vorgenommen. [...]"

„[...] Hinsichtlich der Juden ist veranlasst worden, dass sie die vorgeschriebene Armbinde tragen, ferner ist ihnen das Schächten und Schlachten von Vieh untersagt. Die O.K. in Kriwoi-Rog wurde beauftragt, die notwendigen Maßnahmen zur Ablieferung der in jüdischer Hand befindlichen Devisen, Valuten, Effekten, Edelmetalle und Edelsteine und die entsprechenden Schritte zur Sicherstellung des gesamten Vermögens geflüchteter Juden durchzuführen. Der Stadt Kriwoi-Rog wurde ferner mitgeteilt, es bleibe ihr unbenommen, Geldmittel auch durch Kontributionen aufzubringen, die der jüdischen Bevölkerung auferlegt werden. Ob [sich] die Einrichtung von Ghettos hier als zweckmässig erweist, wird geprüft. [...]"

Lagebericht der Ortskommandantur I/253 (V) vom 15.10.1941

ZStdLJV, Dokumentation, UdSSR III, Bl. 779–789, Zitat Bl. 779, 781 und 785 f.

„[...] <u>Polizeiliche Maßnahmen</u> [...]
<u>Juden</u>
Zur Zeit ist eine Polizei-Aktion gegen restliche Teile der Juden in Kriwoj-Rog im Gange, wobei die gesamte ukrainische Hilfspolizei eingespannt ist. Kriwoj-Rog soll judenfrei werden. [...]
<u>Behandlung der Bevölkerung.</u>
<u>Juden</u>
Die wenigen hier gebliebenen Juden haben keinen Einfluss auf die Bevölkerung oder die Verwaltung gehabt. Die Bevölkerung, insbesondere die Arbeiter, sind zufrieden, daß die Juden-Regierung gestürzt ist. Die Aktion, betreffend: Ablieferung der in jüdischen Händen befindlichen Devisen hat nur ein Ergebnis von 10 860 Rubeln in Obligationen gebracht.
Die Stadt Kriwoj-Rog hat die von Juden verlassenen Wohnungen beschlagnahmt, die Möbelstücke an sich genommen und an bedürftige Einwohner verkauft. Ein erheblicher Posten hierfür ist auf der Einnahme-Seite im Etat eingestellt. [...]"

Lagebericht der Feldkommandantur (V) 246 vom 20.10.1941

ZStdLJV, Dokumentation, UdSSR III, Bl. 793–804, Zitat Bl. 803

„[...] III. <u>Judenfrage.</u>
Verhältnismäßig am stärksten von Juden besiedelt ist der Rayon S t a l i n d o r f. Auch hier werden sich kaum mehr als 2500 Juden aufhalten. Die Juden sind zum grössten Teil aus dem Wirtschaftsleben entfernt worden und verhalten sich vollkommen ruhig. Durch die wiederholten Aktionen der Polizei verliert die Judenfrage immer mehr an Bedeutung. [...]"

„Zur Zeit ist eine Polizei-Aktion gegen restliche Teile der Juden in Kriwoj-Rog im Gange, wobei die gesamte ukrainische Hilfspolizei eingespannt ist. Kriwoj-Rog soll judenfrei werden."

„Durch die wiederholten Aktionen der Polizei verliert die Judenfrage immer mehr an Bedeutung."

Jüdische Zivilisten und Kriegsgefangene auf dem Weg zur Exekution,
vermutlich 15.10.1941

Opfer auf dem Weg zur Exekution, vermutlich 15.10.1941
Landesarchiv Schleswig-Holstein, Abt. 352, Kiel, Nr. 2477, Lichtbildmappe

NACHKRIEGSAUSSAGEN – KRIWOJ ROG

16. August 1960

Alfred T.,
ehemaliger Kommandant
der Feld-Nachrichten-
Kommandantur 54

„[...] Wie ich bereits in meinem Bericht vom 20.1.1960 bekannt gab, lag ich mit meinem Stab im Oktober 1941 einige Tage in Kriwoi-Rog. Am 15. Oktober 1941 (genau lt. Tagebuch) ging ich mit einigen Herren meines Stabes durch die Strassen von Kriwoi-Rog. Unter der Bevölkerung war eine gewisse Unruhe deutlich bemerkbar. Ich befragte dieserhalb umherstehende Soldaten, deren Namen ich nicht angeben kann, was der Grund zu dieser Unruhe sei. Genaueres hörte ich von diesen Soldaten auch nicht, nur, dass anscheinend Juden zusammengetrieben würden. Da ich gerüchtweise gehört hatte, dass die Juden vernichtet werden sollten, wurde ich hellhörig. Da ich auch kurze Zeit später schon kleinere Gruppen von Zivilisten sah, begab ich mich in mein Quartier und holte meinen Dienstwagen nebst Fahrer. Bei meiner Fahrt an den westlichen Stadtrand überholte ich einen langen Zug von russischen Zivilisten, bestehend hauptsächlich aus Frauen, alten Männern und Kindern, begleitet auf beiden Seiten von ukrainischer Hilfspolizei. Einen an der Spitze marschierenden Unteroffizier fragte ich, was mit diesen Leuten geschehe. Seine Antwort: 'Die legen wir schlafen'. Ob es ein Wehrmachts- oder Polizeiunteroffizier war, kann ich heute nicht mehr sagen. Etwas später sah ich dann auch eine Kolonne von einigen Hundert russischen Kriegsgefangenen. An der Spitze dieses Zuges marschierte ein Unteroffizier, der auf mein Befragen erklärte, es seien alles jüdische russische Soldaten. Von den russischen Soldaten mit dem Unteroffizier an der Spitze und einzelnen Gruppen der Zivilisten habe ich Aufnahmen gemacht und bereits zur Verfügung gestellt.
Nachdem ich die Aufnahmen gemacht hatte, fuhr ich in mein Quartier zum Mittagessen. Da mir die Sache keine Ruhe liess und ich die bis dahin gehörten Gerüchte nicht glauben wollte, fuhr ich erneut zusammen mit meinem techn. Inspektor W i d - h o f n e r , Anschrift wie angegeben, die Strecke ab, auf der die Leute marschiert waren. Einige Kilometer von der Stadt entfernt hörte ich Schüsse fallen. In einiger Entfernung sah ich auch eine menge russischer Soldaten mit ihrer Bewachung stehen. Ich liess meinen Kraftwagen und meinen Fahrer zurück und ging etwa 300–400 Meter mit Herrn Widhofner zu Fuß zu dieser Gruppe. In unmittelbarer Nähe dieser Gruppe lagen Bekleidungs- und Gepäckstücke der Zivilisten und der Soldaten haufenweise umher. Vor der Gruppe stieg das Gelände etwas an, und diesen Hang wurden nun die Russen in Gruppen von 12–15 Mann hinaufgetrieben. Auch ich begab mich mit meinem Begleiter den Hang hinauf. Etwa 50–100 Meter auf der Höhe befand sich eine natürliche Grube, die etwa einen Durchmesser von 15–20 Meter u. eine Tiefe von 6–8 Metern hatte. Ich muss hierzu bemerken, dass der gesamte Boden der Grube bereits mit Leichen, grösstenteils Zivilisten, und zwar Männer, Frauen und Kinder, bedeckt war. An den Rand dieser Grube wurden nun die russischen Soldaten einzeln herangeführt und mussten sich auf den Rand der Grube setzen. Rechts und links von den am Rand der Grube sitzenden russischen Soldaten stand je ein Uniformierter mit einer Maschinenpistole. Meiner Erinnerung nach, waren es Polizeibeamte. Näheres über die Uniform kann ich heute nicht mehr sagen.
Diese haben jeweils mit einem Schuss in den Hinterkopf die Russen erschossen. Die Leichen fielen von selbst in die Grube. [...]"

ZStdLJV, AR–Z 13/60, Bd. 1, Bl. 23–25, Zitat Bl. 23 f.

NACHKRIEGSAUSSAGEN – KRIWOJ ROG

„[...] Ich habe im Raume Rußl. Süd. einmal eine größere Massenexekution von Juden
gesehen. Diese Aktion fand in Kriwoi-Rog statt, und zwar zu der Zeit, als der Stab
Jeckelns in Kriwoi-Rog stationiert war. Wenn mir gesagt wird, daß diese Aktion am
15.10.1941 durchgeführt worden ist, so meine ich, daß es sich um diese Aktion gehandelt hat, ich selbst kann mich an den Tag jedoch nicht mehr erinnern.
Ich hatte vorher entweder von Jeckeln oder von anderen Angehörigen des Staabes
gehört, daß eine Aktion gegen Juden durchgeführt werden sollte. Diese Aktion wurde
von Jeckeln angeordnet. Ich kann nicht sicher sagen, ob Jeckeln selbst an der Exekutionsstätte gewesen ist. Nach seinen Gepflogenheiten muß man das aber annehmen. Vom Staab selbst waren meistens keine Leute zu der Exekution eingeteilt. Aus
Neugierde bin ich mit einem Fahrer zu der Exekutionsstätte hinausgefahren. Die
Exekutionsstätte lag am östlichen Stadtrand von Kriwoi-Rog. Dort befand sich ein
ansteigendes Gelände, durch das sich Panzergräben zogen und das andere Verteidi-
gungsanlagen aufwies. Wir haben etwa 150 m von der Grube entfernt angehalten
und festgestellt, daß zwar noch Schüsse fielen, die Aktion aber offensichtlich im
Ausklingen war. Soweit ich mich erinnern kann, war es schon gegen Abend. Aus Gesprächen wußte ich, daß es sich um Männer, Frauen und Kinder gehandelt hat. Meiner Erinnerung nach handelte es sich bei den Exekutierten um die jüdische Bevölkerung Kriwoi-Rogs. Wir sind nicht aus dem Kraftfahrzeug ausgestiegen, sondern nach
kurzer Zeit wieder weggefahren. Nach meinen Feststellungen leitete ein Leutnant
der Polizei die Erschießung. Das Gelände war nicht abgesperrt. Es befanden sich
auch Zivilpersonen und Wehrmachtsangehörige und Angehörige des SD in der Nähe,
die sich offensichtlich die Vorgänge ansahen. Ich habe nicht bemerkt, daß die Exekutionsstätte durch Posten abgesperrt war. Es kann allerdings sein, daß die Absperrung bereits aufgehoben war. [...]“

ZStdLJV, AR – Z 13/60, Bd. 1, Bl. 313 – 327, Zitat Bl. 315 f.

21. Juni 1961

Herbert D.,
ehemaliger Offizier im Stab
des Höheren SS- und Polizeiführers Rußland Süd

KIEW

Am 19. September 1941 eroberte die 6. Armee Kiew. Wenige Stunden später gab der Chef des Generalstabes der Armee das Gebiet für die Tätigkeit des Sonderkommandos 4 a frei und ließ die Stadt hermetisch abriegeln. Darüber hinaus ergriff die militärische Führung Maßnahmen zur Erfassung der jüdischen Bevölkerung sowie zur Rekrutierung der männlichen Juden zur Beseitigung von Straßensperren und zu lebensgefährlichen Minenräumarbeiten.

Diese ersten antijüdischen Maßnahmen konnten aufgrund der am 24. September einsetzenden Explosionen in der Stadt nicht wie geplant durchgeführt werden, denn in den nachfolgenden Tagen zerstörten mehrere vom NKWD zurückgelassene und ferngezündete Sprengsätze zahlreiche Gebäude in Kiew. Ganze Stadtteile standen in Flammen.

Zwischen dem 25. und dem 27. September fanden in Kiew mehrere Besprechungen statt, an denen ranghohe Vertreter des Heeres sowie der SS und der Polizei teilnahmen. Aus den vorliegenden Nachkriegsaussagen läßt sich heute nicht mehr eindeutig nachvollziehen, bei welcher dieser Besprechungen die Ermordung der Kiewer Juden beschlossen wurde. Tatsache ist aber, daß der Stadtkommandant, Generalmajor Kurt Eberhard sowie sein Vorgesetzter, General Hans von Obstfelder, einem arbeitsteiligen Vorgehen bei der Exekution zustimmten und diese als „Sühnemaßnahme" für die Sprengstoffanschläge ausgegeben werden sollte.

Die örtliche Feldkommandantur ließ daraufhin 2.000 Plakate bei der Druckerei „Ost-Front" herstellen, die am 28. September in der ganzen Stadt ausgehängt wurden. Demnach hatten sich sämtliche Juden Kiews am nächsten Tag um 8 Uhr in der Melnikstraße, in der Nähe des im Nordwesten gelegenen jüdischen Friedhofs, zu sammeln. Tausende von Menschen wurden daraufhin am 29. September von Angehörigen des Polizeiregiments Süd und der ukrainischen Polizei in die Schlucht Babij Jar geführt. Das Sonderkommando 4 a erschoß an diesem und dem darauffolgenden Tag insgesamt 33.771 Juden. Laut Nachkriegsaussagen sollen die Wände der Schlucht anschließend von Heerespionieren gesprengt worden sein.

Наказується всім жидам міста Києва і околиць зібратися в понеділок дня 29 вересня 1941 року до год. 8 ранку при вул. Мельника — Доктерівській (коло кладовища).

Всі повинні забрати з собою документи, гроші, білизну та інше.

Хто не підпорядкується цьому розпорядженню буде розстріляний.

Хто займе жидівське мешкання або розграбує предмети з тих мешкань, буде розстріляний.

Saemtliche Juden der Stadt Kiew und Umgebung haben sich am Montag, dem 29. September 1941 bis 8 Uhr Ecke der Melnik- und Dokteriwki-Strasse (an den Friedhoefen) einzufinden.
Mitzunehmen sind Dokumente, Geld und Wertsachen, sowie warme Bekleidung, Waesche usw.
Wer dieser Aufforderung nicht nachkommt und anderweitig angetroffen wird, wird erschossen.
Wer in verlassene Wohnungen von Juden eindringt oder sich Gegenstaende daraus aneignet, wird erschossen.

Aufruf des Stadtkommandanten Eberhard zur Sammlung der jüdischen Bevölkerung Kiews vom 28.9.1941
HHStAW, Nr. 631a/1974

„Saemtliche Juden der Stadt Kiew und Umgebung haben sich am Montag, dem 29. September 1941 bis 8 Uhr Ecke der Melnik- und Dokteriwski-Strasse (an den Friedhoefen) einzufinden.
Mitzunehmen sind Dokumente, Geld und Wertsachen, sowie warme Bekleidung, Waesche usw.
Wer dieser Aufforderung nicht nachkommt und anderweitig angetroffen wird, wird erschossen.
Wer in verlassene Wohnungen von Juden eindringt oder sich Gegenstaende daraus aneignet, wird erschossen."

KURT EBERHARD wurde am 22. September 1874 als Sohn eines Oberstaatsanwaltes in Rottweil geboren. Nach dem Abitur 1892 trat er in das Militär ein und stieg in den nächsten Jahren bis zum Oberleutnant auf. Während des Ersten Weltkrieges war Eberhard mit Führungsaufgaben beim Feldartillerie-Regiment 65 betraut, später gehörte er als Adjutant des Feldmunitionschefs dem Großen Hauptquartier an. In der Weimarer Republik war er Mitglied der Reichswehr, zwischen 1923 und 1925 übernahm er das Amt des Stadtkommandanten in Ulm. Nach seinem Ausscheiden aus dem Heeresdienst wurde Eberhard als Generalmajor geführt. Bis 1935 blieb er als Ersatzoffizier beim Stab der Wehrersatzinspektion in Ulm, schied dann aus Altersgründen aus dem Dienst. In den nächsten Jahren engagierte Eberhard sich in verschiedenen Kriegerverbänden, trat im August 1938 der NSDAP und im April 1939 der SS bei, wo er von Himmler gleich den Rang eines Standartenführers erhielt. Seine Rückkehr in den Militärdienst erfolgte unmittelbar vor Beginn des Zweiten Weltkrieges. Eberhard wurde 1940 dem Stab des Korück 550 zugeteilt und übernahm im Mai 1941 im Rang des Generalmajors die Feldkommandantur 195. Als Chef der Feldkommandantur 195 übte er in Kiew die Funktion des Stadtkommandanten aus. Im Juli 1942 wurde er in die Führerreserve des Oberkommando des Heeres versetzt und schied im November 1942 endgültig aus dem Militärdienst aus. Eberhard geriet nach Kriegsende in US-amerikanische Haft, erkrankte an Typhus und nahm sich am 8. September 1947 das Leben.

Kurt Eberhard, September 1941
(Bildausschnitt)
HHStAW, 2570/34

HANS VON OBSTFELDER wurde am 6. September 1886 als Sohn eines Oberpfarrers geboren. Nach seinem Schulabschluß schlug er die Offizierslaufbahn ein und stieg bis 1915 zum Hauptmann auf. Während des Ersten Weltkrieges gehörte er verschiedenen Generalstäben an. In den zwanziger und dreißiger Jahren setzte von Obstfelder seine militärische Karriere kontinuierlich fort. Er fungierte sowohl als Führer von Kampfverbänden, wurde aber auch für mehrere Jahre ins Reichswehrministerium berufen. Im Juni 1940 erfolgte Obstfelders Beförderung zum General der Infanterie, während er zugleich zum Kommandierenden General des XXIX. Armeekorps ernannt wurde. In dieser Funktion blieb von Obstfelder bis Mai 1943. Bei seinen Vorgesetzten galt er inzwischen als unflexibel, was seine Versetzung in die Führerreserve befördert haben wird. Doch dabei blieb es nicht: In der letzten Kriegsphase wurde von Obstfelder erneut aktiviert. Er leitete das Kommando des LXXXVI. Armeekorps, führte in den letzten Kriegsmonaten sowohl die 1. als auch die 19. Armee. Seine Mitverantwortung für die Ermordung der Kiewer Juden ist weder juristisch noch wissenschaftlich bisher aufgearbeitet worden.

Hans von Obstfelder, ohne Datum
(Bildausschnitt)
HHStAW, Nr. 631a/1974

Propagandakompanie (mot) 637   O.U., den 27. September 1941.

An das
Armee-Oberkommando/ Ic

Betr.: Tätigkeitsbericht für den 25. und 26. September 1941.

1.) <u>Einsatz der Berichter</u>

Der 1., 3. und 4. Zug waren an den Berichtstagen noch in Kiew
zusammengezogen, um unter Führung des Kompaniechefs alle in
Kiew anfallenden Themen zu bearbeiten. Es wurden eine Anzahl
Berichte und Aufnahmen angefertigt.
Der 2. Zug unter Führung von Lt. Felber war weiter beim LI.A.K.
tätig, um Berichte und Aufnahmen über die Einkesselungsschlacht
anzufertigen.
Der 5. Zug unter Führung von Lt. Hohensee war weiter beim
XVII. A.K. eingesetzt. Es wurden auch hier eine Reihe Berichte
geliefert.
Der Sondertrupp unter Führung von Hauptmann Neels rückte nach
Erfüllung der von OKW/ WPr. gestellten Aufgaben und nach Anfer-
tigung der Berichte über Kiew wieder zur Propaganda-Ersatz-Ab-
teilung Potsdam ab.

2.) <u>Ergebnis der Berichterstattung</u>

Meldungen des eingegangenen Berichtmaterials als Anlagen anbei.

3.) <u>Aktive Propaganda</u>

In der Druckerei der "Ost-Front" wurden 2ooo Maueranschläge für
Kiew mit der Aufforderung für die Juden, sich an einem bestimmten Ort zu melden, angefertigt. Des weiteren wurden 2ooo Maueranschläge ebenfalls für Kiew angefertigt, die die Aufforderung
an die Bevölkerung von Kiew enthalten, Minen und Sprengstoffe
zu melden und Ruhe und Ordnung zu bewahren.
Die Lautsprechertrupps gaben Mitteilungen an die Ukrainer bekannt.

- 2 -

Tätigkeitsbericht der Propagandakompanie (mot) 637 vom 27.9.1941
Bundesarchiv, RH 20–6/492, Bl. 18

Tätigkeitsbericht des XXIX. Armeekorps für den Zeitraum vom 20.9.–30.9.1941
Bundesarchiv/Militärarchiv, RH 24–29/77

„[...] 20.9.41

Stadt Kiew wird weiter gesaeubert. 95. Div. bildet Brueckenkopf ueber den Dnjepr und stellt Verbindung mit der Vorausabteilung der 56. Div. her. Beim Aufrollen des Bunkergelaendes nur noch vereinzelter Widerstand. Die Bevoelkerung Kiews verhaelt sich den einrueckenden deutschen Truppen gegenueber freundlich. Korpsgefechtsstand wird nach Kiew verlegt. Ebenso wird durch den Chef des Generalstabes die Stadt Kiew fuer die Taetigkeit der Sonderkommandos freigegeben. [...]

24.9.41

Auf der Hauptstrasse in Kiew ereignete sich gegen Mittag in der Beutesammelstelle eine starke Explosion, der weitere folgten. Hierdurch wurde das Dienstgebaeude der Stadtkommandantur zerstoert und es brach ein Brand aus, der aber zunaechst keinen ernstlichen Charakter anzunehmen scheint. Die Ursache ist ungeklaert. [...]

25.9.41

[...] Da sich der vor kurzem ausgebrochene Brand bei der Beutesammelstelle inzwischen immer weiter ausgedehnt hat, ist hierdurch auch das Hotel gefaehrdet, sodass der Korpsstab in das alte Quartier der 25. Oktober Strasse zieht. Auch dies musste in den Morgenstunden des 26.9. (gegen 4.30 Uhr) geraeumt werden, da der Brand immer mehr um sich griff. Trotz erheblicher Sprengungen durch Pioniere konnte ein weiteres Umsichgreifen des Grossfeuers nicht verhindert werden, zumal das Wasserwerk erst in den naechsten Tagen in Betrieb genommen werden kann. Um des Feuers Herr zu werden wird daher eine Sprengung groessten Umfanges in den gesamten Guertel der Brandstelle befohlen. [...]"

Ereignismeldung UdSSR Nr. 97 vom 28.9.1941
Bundesarchiv, R 58/219

„[...] Nachgewiesenermaßen Juden an den Brandstiftungen maßgeblich beteiligt. Angeblich 150000 Juden vorhanden. Überprüfung dieser Angaben noch nicht möglich. Bei erster Aktion 1600 Festnahmen. Maßnahmen eingeleitet zur Erfassung des gesamten Judentums, Exekution von mindestens 50000 Juden vorgesehen. Wehrmacht begrüßt Maßnahmen und erbittet radikales Vorgehen. [...]"

Ereignismeldung UdSSR Nr. 106 vom 7.10.1941
Bundesarchiv, R 58/219

„[...] Hinzu kommt, dass Juden sich nachweislich an der Brandlegung beteiligt hatten. Die Bevölkerung erwartete deshalb von den deutschen Behörden entsprechende Vergeltungsmassnahmen. Aus diesem Grunde wurden in Vereinbarung mit dem Stadtkommandanten sämtliche Juden Kiews aufgefordert, sich am Montag, den 29.9. bis 8.00 Uhr an einem bestimmten Platz einzufinden. Diese Aufrufe wurden durch die Angehörigen der aufgestellten ukrainischen Miliz in der ganzen Stadt angeschlagen. Gleichzeitig wurde mündlich bekanntgegeben, dass sämtliche Juden Kiews umgesiedelt würden. In Zusammenarbeit mit dem Gruppenstabe und 2 Kommandos des Polizei-Regiments S ü d hat das Sonderkommando 4a am 29. und 30.9. 33.771 Juden exekutiert. Geld, Wertsachen, Wäsche und Kleidungsstücke wurden sichergestellt und zum Teil der NSV zur Ausrüstung der Volksdeutschen, zum Teil der kommissarischen Stadtverwaltung zur Überlassung an bedürftige Bevölkerung übergeben. Die Aktion selbst ist reibungslos verlaufen. Irgendwelche Zwischenfälle haben sich nicht ergeben. Die gegen die Juden durchgeführte ‚Umsiedlungsmassnahme' hat durchaus die Zustimmung der Bevölkerung gefunden. Dass die Juden tatsächlich liquidiert wurden, ist bisher kaum bekanntgeworden, würde auch nach den bisherigen Erfahrungen kaum auf Ablehnung stossen. Von der Wehrmacht wurden die durchgeführten Massnahmen ebenfalls gutgeheissen. [...]"

In der Schlucht Babij Jar, vermutlich Anfang Oktober 1941

In der Schlucht Babij Jar, vermutlich Anfang Oktober 1941
PK-Fotograf: Johannes Hähle
Archiv des Hamburger Instituts für Sozialforschung,
Fotosammlung Johannes Hähle, Bild 008,001–029

LUBNY

Als deutsche Truppen das östlich von Kiew gelegene Lubny besetzten, lebten noch etwa 20.000 der ehemals 35.000 Einwohner in der Stadt. Bis auf einige hundert Juden war der jüdische Bevölkerungsteil vor den deutschen Truppen geflohen. Im Oktober 1941 forderte die zuständige Ortskommandantur I/922 mit Plakatanschlägen dazu auf, daß sich die Juden der Stadt und aus der Umgebung zwecks „Umsiedlung" am 16. Oktober sammeln sollten. Wer diesem Aufruf nicht folgte, dem drohte die sofortige Erschießung.

Die zusammengetriebenen Juden wurden unter Bewachung zur Exekutionsstätte gebracht, sie mußten sich entkleiden und wurden von Angehörigen des Sonderkommandos 4 a erschossen. Anschließend meldete das Kommando den „störungslosen" Vollzug und bezifferte die Anzahl der Opfer auf 1.865 Personen. Ihre zurückgelassenen Wertsachen und ihr Eigentum wurden von der Ortskommandantur beschlagnahmt.

Plakat zur Sammlung der Juden in Lubny, Oktober 1941 (Bildausschnitt)
Archiv des Hamburger Instituts für Sozialforschung, Fotosammlung Johannes Hähle, Bild 008,031

„BEKANNTMACHUNG

Sämtliche jüdischen Einwohner der Stadt Lubny und Umgebung haben sich Donnerstag den 16. Oktober 1941 bis 9 h früh zwecks Umsiedlung in der Zamostjastr N 3 (hinter der Brücke) einzufinden.
Mitzunehmen sind Verpflegung für drei Tage und warme Kleidung.
Wer dieser Aufforderung nicht Folge leistet, wird erschossen!
Wer eigenmächtig in verschlossene jüdische Wohnungen eindringt oder diese plündert, wird erschossen.
Die arische Bevölkerung der Stadt wird aufgefordert diejenigen Juden, die dieser Bekanntmachung nicht Folge leisten, anzuzeigen.“

Jüdische Opfer auf dem Weg zur Exekution, Lubny 16.10.1941

33

34

35

36

37

39

40

41

42

44

43

45

46

47

49

50

48

51

53

52

54

55

56

57

64

66

Jüdische Opfer auf dem Weg zur Exekution, Lubny 16.10.1941

Archiv des Hamburger Instituts für Sozialforschung,
Fotosammlung Johannes Hähle, Bild 008,030 – 066

65

Nachweis über die von der Ortskommandantur Lubny beschlagnahmten Wertgegenstände vom 21.10.1941

Bundesarchiv, R 2104/25

„Lubny, den 21.10.41

N a c h w e i s u n g

über von der Ortskommandantur I/922 in Lubny beschlagnahmte Wertgegenstände.

Es wurden von dem Einwohner Michael Wolkow in Lubny abgegeben:

$ 15.– amerk. Noten
Rbl. 35.– russische Goldmünzen (aus der Zarenzeit)
g 66 eingeschmolzene Gold

Der Genannte erklärte, das Gold und die Dollars unter den Nachlassachen der Juden gefunden zu haben. Da die betr. Juden nicht mehr am Leben sind, ist auch kein rechtmässiger Eigentümer mehr vorhanden, sodass die Beschlagnahme berechtigt erscheint."

Ereignismeldung UdSSR Nr. 132 vom 12.11.1941

Bundesarchiv, R 58/219

„[…] Ein anderer Zug des Sonderkommandos 4a wurde in Lubny tätig und exekutierte störungslos 1865 Juden, Kommunisten und Partisanen, darunter 53 Kriegsgefangene und einige jüdische Flintenweiber. Lubny hatte vor dem Kriege 35 000 Einwohner, davon 14 000 Juden. Eine jetzt vorgenommene Zählung durch die dortige Stadtverwaltung hatte 20 000 Einwohner, darunter angeblich nur 1 500 Juden zum Ergebnis. […]"

„Ein anderer Zug des Sonderkommandos 4a wurde in Lubny tätig und exekutierte störungslos 1865 Juden, Kommunisten und Partisanen, darunter 53 Kriegsgefangene und einige jüdische Flintenweiber."

NACHKRIEGSAUSSAGEN – LUBNY

ohne Datum

W. N.,
ehemaliger Dozent
des Pädagogischen Instituts
in Lubny

„[...] Nach einer ganzen Reihe von erniedrigenden Verhöhnungen der Juden hängten sie am 16.10.1941 überall in der Stadt die gedruckten Befehle aus, in denen die jüdische Bevölkerung aufgefordert wurde, sich unabhängig von ihrer Stellung, ihrem Geschlecht und Alter, am nächsten Tag, dem 17.10. morgens, an einem bestimmten Ort zu versammeln und gute Kleidung und Lebensmittel für 2 bis 3 Tage mitzubringen. Alle dachten, daß sei die Umsiedlung der Juden hinter die Stadtgrenze. Diesem Befehl kam die überwältigende Zahl der Juden nach, und sie wurden alle erbarmungslos hinter der Stadt am Rande der Schützengräben aus den Maschinenpistolen erschossen. Viele fielen in die Schützengräben hinein und waren dabei nur verwundet; auf sie fiel dann die nächste Reihe, dann wieder die nächste usw. Die Eltern fielen auf die Kinder, die Toten auf die Verwundeten und dann wurde dieser ganze Haufen von den sich noch bewegenden, stöhnenden Körpern mit der Erde zugeschüttet. Es wurden auch alte verdiente Menschen nicht begnadigt, solche Menschen, für die die ganzen Kollektive baten und sich für sie einsetzten, wie z.B. die erschossenen Ärzte: Kogan, Palema, Ehefrau des Arztes Barskij, Dozenten des Instituts Kabanow (Ehemann, Ehefrau und ihr Kind). Der bessere Teil ihres Vermögens: Möbel und Wertgegenstände der Erschossenen nahmen die deutschen Behörden an sich, wobei sie den einen Teil der Polizei überließen und den Rest zum Verkauf für die Bevölkerung freigaben. Es wurden nicht nur Juden reinen Blutes, sondern auch die Halbjuden vernichtet, es wurde z.B. eine Studentin des Institutes Ada Kotlarewskaja erschossen, deren Mutter, eine Russin, mit einem in seiner Jugend getauften Juden Kotlarewski (Arzt) verheiratet war. Es wurden 3 Generationen der Familie Skitskij erschossen: die Großmutter, welche mit einem Russen verheiratet war, ihre beiden Töchter, die ebenfalls russische Ehemänner hatten und deren kleine Kinder, Enkel der Frau Skitskaja; sie fühlten sich alle als Russen und konnten nicht mal jüdisch sprechen. [...]"

HHStAW, 461/30855, Bd. 5, Bl. 1039–1044, Zitat Bl. 1042 f.

SIMFEROPOL

Ende des Jahres 1941 stand die von General Erich von Manstein geführte 11. Armee auf der Halbinsel Krim. In der wenig zerstörten Stadt Simferopol befanden sich noch etwa 120.000 Einwohner, von denen schätzungsweise 11.000 Menschen als Juden galten. Die Verwaltung der Stadt oblag der Ortskommandantur I/853 unter Hauptmann Kleiner. Dieser hielt bereits in seinem Tätigkeitsbericht vom 14. November fest, daß die jüdische Bevölkerung der Stadt demnächst vom Sicherheitsdienst exekutiert werde.

Der geplante Massenmord wurde aber nicht nur durch Angehörige der Einsatzgruppe D, sondern unter Mitwirkung der Feldgendarmerieabteilung 683 und der Geheimen Feldpolizei 647 durchgeführt. Die Wehrmacht stellte zudem Fahrzeuge für den Transport der Opfer zur Verfügung. In einem Panzergraben außerhalb der Stadt wurden mehrere tausend Menschen – Männer, Frauen und Kinder – im Dezember 1941 erschossen. Die Einsatzgruppe D meldete am 15. Dezember 1941, daß Simferopol „judenfrei" sei. Doch es fanden bis Februar 1942 weitere Exekutionen statt, bei denen Juden, die sich versteckt gehalten hatten, ermordet wurden. Insgesamt lag die Zahl der jüdischen Opfer in Simferopol bei etwa 10.000 Personen.

Im Februar 1942 wandte sich die Armee abermals an den Chef der Einsatzgruppe D, SS-Gruppenführer Otto Ohlendorf. Der Ortskommandant von Simferopol fragte im Auftrag des Oberbefehlshabers von Manstein an, ob der Armee aus der „Judenaktion" Uhren für „dienstliche Zwecke" überlassen werden könnten. Die Einsatzgruppe übergab daraufhin 120 Uhren der zuvor ermordeten Menschen an die Wehrmacht und bot bei Bedarf noch weitere Lieferungen an.

Bekanntmachungen und Aufrufe werden ausser den üblichen Plakaten täglich durch Lautsprecherwagen verkündet.

Die grossen Gebäude mussten vor der Belegung durch Truppen von den Pionieren auf etwaige Minen untersucht werden.

Der Ortskommandantur wurden ungefähr 1300 Radioapparate (meistens in unbrauchbarem Zustand) übergeben. Die vorgeschriebene Registrierung der Apparate ist bis heute durch den Mangel an Hilfskräften nicht möglich. Dadurch wurde mit der Ausgabe an die Truppenteile noch nicht begonnen.

Auf dem hiesigen Friedhof sind etwa 40 deutsche ~~Kriegsgräber~~ Kriegergräber aus dem Weltkrieg. Die Gefallenen und Verstorbenen des jetzigen Krieges werden auf dem gleichen Friedhof bestattet.

In den frühen Morgenstunden des 13.November wurden bei einem Fliegerangriff 20 Bomben abgeworfen, wobei 4 Zivilpersonen getötet wurden.

Im Gefangenenlager befinden sich derzeit etwa 15.000 Gefangene, deren Abtransport bereits eingesetzt hat.

II. Politisches :

Ssimferopol hatte rund 155.000 Einwohner, wovon etwa 120.000 verblieben sind. Davon waren 70.000 Russen, 20.000 Ukrainer, 20.000 Tartaren, 20.000 Juden, der Rest verteilt sich auf verschiedene Volksstämme, kaum 100 Volksdeutsche, deren Erfassung durch die Ortskommandantur begonnen wurde.

Die Stadt ist wenig zerstört, jedoch alle Betriebe und Geschäfte ausgeplündert.

Die verbliebenen 11.000 Juden werden durch den S.D. exekutiert.

Die Zivilbevölkerung steht den deutschen Truppen nicht feindlich gegenüber, doch dürften noch viel Kommunisten in der Stadt sein.

III. Verwaltung :

Sämtliche Verwaltungsbeamte sind unter Mitnahme aller Unterlagen geflohen.

Es wurde von der Ortskommandantur im Einvernehmen mit dem S.D. ein Bürgermeister, Bürgermeister-Stellvertreter, 4 Beiräte eingesetzt und ein Verwaltungsstab von 10 Abteilungen gebildet.

Die neue Stadtverwaltung hat ihre Arbeit seit 12.11.41 voll aufgenommen. Bargeld ist überhaupt nicht vorhanden. Um solches zu beschaffen, wurden 2 Steuerabgaben vorgeschrieben.

Zur Sicherung der Stadt wurde eine 100 Mann starke Hilfspolizei aufgestellt, deren Mitglieder von der Kommandantur Ausweise erhalten.

Auch der Aufbau der Feuerwehr ist bereits im Gange.

IV. Wirtschaftliches :

In der Anlage wird ein Verzeichnis der wichtigsten Betriebe und Vorratslager der Stadt Ssimferopol vorgelegt.

Die Bäckereien sind betriebsfähig. Weitere Erfassungen der Vorräte an Getreide, Mehl, Kartoffeln usw. in der Umgebung der Stadt werden durch das Wirtschaftskdo. durchgeführt.

Durch den Mangel an Mehl ist die Brotversorgung sowohl für die Truppe, als auch für die Zivilbevölkerung in Frage gestellt.

Tätigkeitsbericht der Ortskommandantur I/853 von Simferopol vom 14.11.1941
Bundesarchiv/Militärarchiv, RH 23/72, Bl. 71–73, Faksimile Bl. 72

„Die verbliebenen 11.000 Juden werden durch den S.D. exekutiert."

NACHKRIEGSAUSSAGEN – SIMFEROPOL

„[...] Eines Tages am Morgen bei der Befehlsausgabe wurden wir bestimmt, es waren 25–30 Mann, an der Erschießung von Juden, teilzunehmen. Mit einem Lastwagen unserer Einheit wurden wir zum Exekutionsort, der sich etwa 15–20 km außerhalb von Simferopol befand, gebracht. Nach meiner Erinnerung lag dieser Ort an der Straße von Kertsch. Geführt wurde dieses Kommando von Uffz. B e r l e b , möglich war Berleb damals schon Feldwebel. Ein FP-Sekretär war nicht beim Kommando, auch Dr. H e r r m a n [n] [Feldpolizeikommissar und Leiter der Einheit] war nicht dabei. An den Namen des LKW-Fahrers kann ich mich heute nicht erinnern. Bei unserer Einheit befanden sich zu dieser Zeit 2 Lastwägen. Von wem wir zu diesem Kommando eingeteilt wurden, kann ich nicht mehr genau sagen, ich glaube aber von Dr. Herrman[n] selbst. Auf jeden Fall war er bei der Befehlsausgabe anwesend. Unser LKW fuhr zum Quartier des SD-Kommandos, dort warteten bereits mehrere LKW, auf denen die Juden – Männer, Frauen und Kinder – mit Gepäckstücken verladen waren. Unter Führung einiger SD-Leute setzte sich die Kolonne in Bewegung.
An der Exekutionsstelle wurde angehalten und die SD-Leute befahlen den Juden, die Fahrzeuge zu verlassen. Sie mußten die Gepäckstücke am Straßenrand ablegen und die Mäntel und Schuhe ausziehen. Barfuß wurde die Kolonne dann von dem SD-Kommando, das die Kolonne begleitet hatte, durch den Schnee getrieben bis zu einem ausgehobenen Graben, der ca. 300 m abseits der Straße lag.
An dieser Grube war bereits die Erschießung im Gange, und zwar von einem Kommando des SD ausgeführt. Das Erschießungskommando des SD war nach meiner heutigen Erinnerung etwa 50 Mann stark, es stand an einer Linie am Graben und schoß mit Maschinenpistolen auf die an der anderen Seite der Grube in einer Linie aufgestellten Juden. Die herangeführten Juden konnten den Vorgang mit einsehen. Es gab dabei erschütternde Szenen. Die Juden weinten, denn sie wußten was passierte. Ich erinnere mich noch, daß man den Juden beim Abtransport gesagt hatte, sie würden umgesiedelt. Bei unserem Eintreffen an der Exekutionsstelle hatten wir das SD-Erschießungskommando zu verstärken. Wir wurden ebenfalls in einer Reihe anschließend an das SD-Erschießungskommando aufgestellt. Sodann wurden auf der anderen Seite die Juden in einer Linie aufgestellt, mit dem Gesicht zum Schützen. Nachdem die Opfer aufgestellt waren, wurde von einem SD-Mann in Oberleutnantsrang ein Feuerbefehl gegeben. Einige der Opfer fielen sofort in die Grube, während andere am Rand liegen blieben. Die liegengebliebenen Juden wurden dann von den wartenden Juden in die Grube geworfen. Auch in der Grube waren einige Juden mit der Aufschichtung der Leichen beschäftigt. Falls ein Jude nicht tödlich getroffen war, wurde dieser von eigens dazu bestimmten SD-Leuten, meiner Erinnerung nach im Range eines Scharführers, mit der MP getötet. Die Kinder standen zwischen den Erwachsenen und wurden genauso getötet wie diese. Die Erschießung ging am laufenden Band, sobald eine Linie erschossen war, wurde eine andere herangebracht. Später vollzog sich die Erschießung ohne Feuerbefehl. Es wurde automatisch darauf los geschossen. Wir von der GFP waren mit Karabinern ausgerüstet, wir wurden sogar von SD-Leuten beobachtet, daß wir gezielte Schüsse abgaben. Die Exekutionsstelle war von SD-Leuten im Umkreis abgesperrt. Einige Juden, die zu fliehen versuchten, wurden vom Absperrkommando niedergeschossen. [...]"

STA München, StAnw 22026, Bd. 1, Bl. 274–286, Zitat Bl. 277 f.

14. März 1969

Jean B.,
ehemaliger Angehöriger der
Geheimen Feldpolizei 647

Erich von Manstein, 1942
(Bildausschnitt)
ullstein bild

ERICH VON MANSTEIN wurde am 24. November 1887 als zehntes Kind des Generals Eduard von Lewinski geboren. Aus Gründen adeliger Namenserhaltung wurde der jüngste Sohn von Verwandten adoptiert und hieß seitdem von Manstein. Der Familientradition folgend schlug von Manstein die Offizierslaufbahn ein, besuchte die Kriegsakademie und war während des Ersten Weltkrieges bei verschiedenen Stäben eingesetzt. Nach der Niederlage 1918 wurde von Manstein in die Reichswehr übernommen und war in den nächsten Jahren als Führerstabsoffizier in verschiedenen Wehrkreisen tätig. In den letzten Jahren der Weimarer Republik gelang von Manstein der Sprung ins Reichswehrministerium, nach der nationalsozialistischen Machtübernahme stieg er bis zum Vertreter des Generalstabschefs kontinuierlich auf. Mit Beginn des Zweiten Weltkrieges erregte von Manstein wegen seiner als genial erachteten strategischen Leistungen in den Berliner Führungsetagen Aufsehen. Zunächst im Nordabschnitt der Ostfront, dann als Kommandeur der 11. Armee war von Manstein überaus erfolgreich. Vor allem die Eroberung der Krim galt als militärische Meisterleistung. Die Beförderung zum Generalfeldmarschall ließ nicht lange auf sich warten. Mit dem Rückzug der deutschen Truppen und den sowjetischen Gegenoffensiven verschlechterte sich auch von Mansteins Position. Trotz seiner Kontroversen mit Hitler schlugen alle Versuche, ihn für den militärischen Widerstand zu gewinnen, fehl. Nach seiner Absetzung als Befehlshaber der Südfront zog von Manstein sich auf sein Gut zurück. Ende August 1945 erfolgte seine Verhaftung. Im Nürnberger Hauptkriegsverbrecherprozeß trat er als Zeuge auf, gegen ihn selbst wurde 1949 vor einem britischen Gericht verhandelt. Von Manstein erhielt eine achtzehnjährige Haftstrafe, die er bis 1953 verbüßte, bevor er aus gesundheitlichen Gründen vorzeitig entlassen wurde. Er arbeitete anschließend an seinen vielbeachteten Memoiren und wirkte auch als militärischer Berater für die Bundesregierung. Er starb am 10. Juni 1973 in der Nähe von München.

Otto Ohlendorf, ohne Datum
Bundesarchiv, BDC/SSO

OTTO OHLENDORF wurde am 4. Februar 1907 im niedersächsischen Hoheneggelsen geboren. Die Familie – nationalkonservativ und protestantisch – unterhielt einen mittelständischen Landwirtschaftsbetrieb, in dem Ohlendorf nach dem Abitur zunächst arbeitete. Nachdem er mehrere Jahre in der DNVP aktiv war, trat er 1925 der NSDAP bei und übte sich als Leiter des Ortsgruppenverbandes. Ohlendorf gehörte zunächst der SA an, baute dann die ersten SS-Gruppen im Raum Hannover – Braunschweig auf. Inzwischen studierte er in Leipzig, später in Göttingen Jura und Volkswirtschaft. 1936 wurde Ohlendorf Wirtschaftsreferent beim Sicherheitsdienst und stieg rasch zum stellvertretenden Leiter der Zentralabteilung II 2 auf. Nach Umstrukturierungen im SD-Hauptamt wechselte er im Juni 1938 als Geschäftsführer in die Reichsgruppe Handel des Reichswirtschaftsministeriums. Parallel übte er weiterhin die Leitung des Amtes III im inzwischen entstandenen Reichssicherheitshauptamt aus. In dieser Funktion war er zwischen Juni 1941 und Frühsommer 1942 als Chef der Einsatzgruppe D im auswärtigen Einsatz. Nach Berlin zurückgekehrt, sahen manche in ihm den zukünftigen Wirtschaftsminister. Ohlendorf wurde nach Kriegsende verhaftet und trat im Nürnberger Hauptkriegsverbrecherprozeß zunächst als Zeuge auf. Ihn selbst zog man im Einsatzgruppenprozeß (Fall 9) zur Verantwortung und verurteilte ihn zum Tode. Am 7. Juni 1951 wurde das Urteil vollstreckt.

Schreiben des Beauftragten des Chefs der Sicherheitspolizei und des SD beim Befehlshaber des rückwärtigen Heeresgebietes Süd – Einsatzgruppe D – an das Armeeoberkommando 11 vom 12.2.1942
StAN, NOKW – 631

„[...] I.) Beschlagnahmte Uhren.
Die bei den Judenaktionen beschlagnahmten Uhren sind ordnungsmässig vereinnahmt worden. Die Uhren, die Wertgegenstände darstellen (goldene und silberne Uhren), sind weisungsgemäss an die Staatskasse nach Berlin abgeführt worden. Die übrigen Uhren, deren Wert so gering ist, dass eine allgemeine Verwertung nicht sachdienlich erscheint, sind gegen eine Anerkennungsgebühr oder umsonst, je nach Lage des Falles, an Wehrmachtsangehörige (Offiziere und Mannschaften) und Angehörige der Einsatzgruppe D abgegeben worden.
Voraussetzung für die Abgabe war der Nachweis, dass die eigene Uhr im Einsatz verloren oder unbrauchbar geworden war, oder aus dienstlichen Gründen benötigt wurde. [...]"

Schreiben des Beauftragten des Chefs der Sicherheitspolizei und des SD beim Befehlshaber des rückwärtigen Heeresgebietes Süd – Einsatzgruppe D – an das Armeeoberkommando 11 vom 12.2.1942
StAN, NOKW – 631

„Durch einen Anruf des Ortskommandanten von Ssimferopol erfuhr ich, dass der Herr Oberbefehlshaber die aus der Judenaktion noch vorhandenen Uhren für dienstliche Zwecke der Armee anfordert.
Ich übergebe hiermit der Armee 120 Uhren, die inzwischen durch Reparatur gebrauchsfähig geworden sind. Es befinden sich noch etwa 50 Uhren in Reparatur, von denen ein Teil wiederhergestellt werden kann.
Sollte die Armee die restlichen Uhren noch gebrauchen, bitte ich um Mitteilung."

CHARKOW

Die Stadt Charkow im Osten der Ukraine wurde Mitte Oktober 1941 von der 6. Armee besetzt. In Charkow herrschte binnen kürzester Zeit Hunger unter der Zivilbevölkerung. Zudem mangelte es den deutschen Einheiten an Nachschub. Die Quartiermeisterabteilung wollte das Versorgungsproblem durch die Evakuierung weiter Teile der Zivilbevölkerung auf das umliegende Land lösen, hingegen schlug der Nachrichten-offizier (Ic) Rudolf Paltzo vor, der Sicherheitsdienst solle alle Juden, politischen Kommissare, alle „politisch Verdächtigen" und „nicht Ortsansässigen" erschießen.

Die Realisierung dieser Absicht zog sich noch einige Wochen hin, im Dezember 1941 kündigte die Militärkommandantur dann die „Umsiedlung" der jüdischen Bevölkerung an. Mehrere tausend Men-schen wurden daraufhin am 15. Dezember 1941 in ein außerhalb der Stadt gelegenes Traktoren-werk verschleppt. In diesem provisorischen Ghetto, das vom Polizeibataillon 314 bewacht wurde, mußten die Opfer einige Wochen unter unmenschlichen Bedingungen ausharren, bevor sie Anfang Januar 1942 in kleinen Gruppen in der sogenannten „Drobizker Mulde" vom Sonderkommando 4 a erschossen oder in einem Spezialwagen vergast wurden.

Bei den bis etwa zum 7. Januar andauernden Massenexekutionen stellte das Polizeibataillon 314 den Absperrdienst. Die genaue Anzahl der ermordeten Juden ist nicht bekannt, Schätzungen gehen aber von 15.000 Opfern aus.

Luftbildaufnahme der Stadt Charkow, Oktober 1941
Fotograf: Johannes Hähle
Archiv des Hamburger Instituts für Sozialforschung, Fotosammlung Johannes Hähle,
Bild 008,097

Tagebuchaufzeichnungen von Dr. L. P. Nikolajew über die
deutsche Besatzung in Charkow 1941–1943
ZStdLJV, Dokumentation UdSSR, Bd. 422, deutsche Übersetzung, Bl. 376–407,
Zitat Bl. 376 und 378 f.

„[...] Den 24. Oktober 1941.
Heute, um 4 Uhr nachmittags erschienen Deutsche auf Fahr-
rädern in der Lermontow-Straße. Die Bewohner unseres Hauses waren meistens nicht durch die Eingangstür zur Straße
heruntergegangen, um die Deutschen zu empfangen und zu
begrüßen. Nur eine einzige Familie freute sich ganz offen über
den Einmarsch der Feinde: sie gingen nach unten mit einem
großen Weißbrot und mit Butter, und der Ehemann und die Ehefrau strichen Butter aufs Brot und gaben diese Butterbröte
den deutschen Soldaten. [...]
Den 1. November 1941.
Die Deutschen rauben die Wohnungen aus, besonders die
Juden-Wohnungen. Der Doktor Dobrowolskij, der in der Sum-
skaja-Straße wohnt, – er ist ein Stomatologe (Spezialist für
Entzündungen der Mundschleimhaut) ist ein Pole, aber die
Deutschen behandeln ihn als einen Juden. Sie haben seine
Wohnung ausgeraubt und haben ihm sogar sein eigenes Bett
abgenommen. – Mein Sohn hat gesehen, wie die Deutschen
eine[n] Mann auf dem Dserdshinskij-Platz gehenkt haben. Vor
dem Tode schrie er: ‚Verzeiht mir, erbarmt euch meiner, ich bin
vollkommen unschuldig!‘ [...]

[15. Dezember 1941]
Heute mußten die Juden in einen für sie bestimmten Bezirk 10
umziehen. Ich sah wie sie längs der Puschkin Straße herunter-
gingen und sich in Gruppen bei dem Hotel ‚Krasnaja‘ (die Rote)
versammelten. Es war ein sehr trauriger Anblick. Sie waren
mager, bleich, in abgerissenen Kleidern mit Koffern, Körben,
Paketen. Sie wollten mit Fuhrleuten handelseinig werden, aber
diese verlangten von ihnen unerhörte Preise.
Man sagt, daß die Witwe des verstorbenen Professor Hirsch-
mann sich aus dem 3. Stockwerk herunterstürzte. Es war ein
Selbstmord. Ich hörte was man mir von einem Juden erzählte,
der sich erhängt hatte. – Zwei Polizisten, große starke Burschen, spotteten über die Juden und quälten sie. Sie schlugen
die Frauen, zogen an den Ohren die vier-jährigen Kinder, trieben die alten Frauen mit Fußtritten in den Hintern an, und
dabei lachten sie noch. Niemals werde ich die Frau mit dem
Kind vergessen. Der Junge, er war circa vier Jahre alt, begann
schon vor Angst zu kreischen, als er einen Polizisten sah, der
sich ihnen näherte. Die Mutter, nur um ihr Kind vor diesen
Kindquälern zu schützen, küßte die Hände ihrer Peiniger. [...]
Den 20. Januar 42.
Es gibt nicht nur glaubwürdige, sondern ganz sichere Nachrichten darüber, daß die Deutschen alle Juden erschossen
haben, die im Ghetto waren. Es waren darunter auch alte Leute,
Frauen und Kinder ... Einige tausende dieser Menschen wurden
getötet. [...]“

MAR 643   KTB   263

Ic / AO
A.O.K.6

A.H.Qu., den 6.11.1941

An

Q u. 2

z.Hdn. Herrn Hauptmann i.G. von B i l a

Anliegend wird der Befehlsentwurf für die Evakuierung der
Zivilbevölkerung von Charkow zurückgereicht.
Ic/AO nimmt zu dem Entwurf wie folgt Stellung :

1.) Eine Evakuierung der Masse der Zivilbevölkerung von Charkow wie vorgesehen erscheint vom Ic-Standpunkt bedenklich.
Der Feind würde eine solche Maßnahme für seine Propaganda
weitgehendst ausschlachten. Der ukrainische Volksteil der
Stadt wie der anderer Städte, der bisher zu den deutschen
Befreiern positiv eingestellt war, würde bei einer Zwangsevakuierung in seiner Gesinnung einen starken Stoß erleiden.
Abwehrmäßig ist zu befürchten, daß die Verteilung derartig
großer Menschenmassen auf das flache Land in der Umgebung
von Charkow, das für die Aufnahme dieser Menschen nicht
eingerichtet ist, zu einer starken Partisanenbildung führen dürfte, die voraussichtlich auf dem flachen Lande erheblich schwerer zu überwachen ist als in einer Stadt.
Da ein großer Teil der zu evakuierenden Bevölkerung russischer Nationalität ist, die Bevölkerung des flachen Landes
dagegen ukrainischer Nationalität, dürfte es in den mit
evakuierter Bevölkerung belegten Gebieten bald zu Auseinandersetzungen dieser beiden Nationalitäten führen, die
im Enderfolg die Truppe gefährden und sie zu Gegenmaßnahmen
zwingt. Ein großer Teil der zwangsweise Evakuierten wird
sehr bald versuchen, wieder in die Stadt Charkow einzu-
sickern. Es dürfte nicht möglich sein, die Stadteingänge
und die Stadtteile so zu überwachen, daß das verhindert
werden kann.

- 2 -

2.) Ic-mäßig erwünscht und für durchführbar werden folgende
   Maßnahmen gehalten :

   a) Alsbaldige Festellung aller Juden, politischen Kommis-
      sare, politisch Verdächtigen und aller nicht Ortsansäs-
      sigen (besonders bolschewistischer Flüchtlinge aus dem
      Raum ostwärts Kiew). Festsetzen und weitere Behandlung
      dieser Elemente wäre Aufgabe des SD, der aber selbst
      zu schwach ist und deshalb der Unterstützung durch die
      Truppe bedarf.

   b) Aufruf durch Drahtrundfunk und Plakatanschlag sowie
      in den ukrainischen Zeitungen in Charkow etwa des
      Jnhalts, daß die Sowjetrussen durch Vernichtung aller
      Verkehrsmittel, lebenswichtigen Jndustrieen und Maga-
      zine die Ernährung der gesamten Bevölkerung von Char-
      kow für den Winter unmöglich gemacht hätten. Jeder Ein-
      wohner von Charkow solle deshalb freiwillig zu seinen
      Verwandten, Freunden und Bekannten auf dem Lande gehen,
      wo die Ernährungsmöglichkeiten leichtere seien. Dies
      würde allen Einwohnern von Charkow angeraten, die nicht
      unbedingt in Charkow bleiben müßten. Die deutsche Wehr-
      macht würde die Sicherstellung der Ernährung und Ver-
      sorgung für alle die Menschen übernehmen, die in den
      Dienst der deutschen Wehrmacht und ihrer Einrichtungen
      treten und die in militärischen Versorgungsbetrieben,
      in wirtschaftlichen Einrichtungen (Jndustrie), in den
      städtischen Versorgungsbetrieben und bei der Eisenbahn
      tätig seien. Alle anderen nicht in derartigen Betrieben
      Beschäftigten Leute hätten Winters über keinen Anspruch
      auf Versorgung durch die deutsche Wehrmacht. Jm kommenden
      Sommer bestehe die Aussicht auch für die Volksteile,
      wieder nach Charkow zurückzukehren, nachdem die von den
      Bolschewisten hervorgerufenen Verkehrs- und Versorgungs-
      schwierigkeiten behoben sein würden.

                                                    Major i.G.

Stellungnahme von Rudolf Paltzo zu Versorgungsproblemen in Charkow vom 6.11.1941
Bundesarchiv/Militärarchiv, RH 20–6/494, Bl. 263 f.

Bericht der Stadtkommandantur Charkow vom 19.11.1941
Bundesarchiv/Militärarchiv, RH 24–55/71, Bl. 126–130, Zitat Bl. 127

„[...] Von irgendwelchen <u>Massnahmen gegen die Juden</u> wurde bisher Abstand genommen, um diese vorerst aus ihren Schlupfwinkeln zu locken und vor Eintreffen der nötigen Kräfte nicht zu verstören. [...]"

Ereignismeldung UdSSR Nr. 156 vom 16.1.1942
Bundesarchiv, R 58/217

„[...] <u>Judenfrage in Charkow.</u>
Zu dieser Frage werden gegenwärtig Überlegungen zu einer möglichst generellen Erfassung aller Juden geführt. Nach den bisherigen Erfahrungen werden die Verbindungen zu den Saboteuren und Partisanen in erster Linie durch die jüdischen Bevölkerungsteile Charkow's aufrecht erhalten. Man verspricht sich von der Erfassung sämtlicher Juden eine wesentliche Beihilfe zur Beseitigung des Partisanenunwesens in diesem Raum. Im Einvernehmen mit dem zuständigen Generalstab und der Feldkommandantur werden die Vorbereitungsarbeiten zu einer größeren Judenaktion durch das SK 4a eingeleitet, sobald die Einrichtungsarbeiten für die Unterkunft des Kommandos erledigt sind. [...]"

Ereignismeldung UdSSR Nr. 164 vom 4.2.1942
Bundesarchiv, R 58/217

„[...] Judenerfassung in Charkow.
Im Rahmen des S.K. 4a wurden die umfangreichen Vorbereitungen, die im Rahmen der allgemeinen Judenerfassung in Charkow notwendig wurden, beschleunigt betrieben. Es galt zwar in erster Linie [ein] geeignetes Gelände für die Evakuierung der Juden im engsten Einvernehmen mit dem Quartieramt der Stadt zu ermitteln. Es wurde ein Geländeabschnitt gewählt, wo die Juden in den Baracken einer Werkssiedlung untergebracht werden konnten. Am 14.12.41 erschien dann ein Aufruf des Stadtkommandanten an die Juden von Charkow, worin diese aufgefordert wurden, sich bis zum 16.12.41 in die im Aufruf näher bezeichnete Siedlung zu begeben. Die Evakuierung der Juden verlief bis auf einige Plünderungen, die sich auf dem Marsche der Juden zu den neuen Quartieren ereigneten und an denen sich fast ausschließlich Ukrainer beteiligten, reibungslos. Ein zahlenmässiger Überblick über die bisher durch die Evakuierung erfassten Juden liegt noch nicht vor. Die Zählung der Juden ist eingeleitet. Gleichzeitig sind die Vorbereitungen für die Erschiessungen der Juden im Gange. 305 Juden, die der deutschen Wehrmacht abträgliche Gerüchte verbreiteten, wurden sofort erschossen. [...]"

RUDOLF PALTZO wurde am 29. Oktober 1904 in Loetzen/Ostpreußen geboren. Nach dem Abitur begann er seine Laufbahn als Berufsoffizier, die er nach 1933 im Rang eines Leutnants kontinuierlich fortsetzte. Er hatte in den dreißiger Jahren mehrere Generalstabsstellungen inne und führte eine Kompanie. Im August 1939 wurde er als Oberstleutnant zum Armeeoberkommando 6 versetzt und übernahm die Funktion des Nachrichtenoffiziers. Paltzo verblieb bis November 1942 bei der 6. Armee, nach der Niederlage von Stalingrad galt er als vermißt. 1950 wurde er gerichtlich für tot erklärt.

In den fünfziger Jahren tauchte Paltzo in der Bundesrepublik Deutschland wieder auf. Er war in Stalingrad in Kriegsgefangenschaft geraten, hatte in der Sowjetunion mehrere Gefängnisse durchlaufen und soll nach eigenen Angaben von einem sowjetischen Gericht wegen seiner Tätigkeit als Nachrichtenoffizier der 6. Armee zu 25 Jahren Haft verurteilt worden sein. Paltzo kam 1955 in die Bundesrepublik Deutschland und kehrte als Angestellter des öffentlichen Dienstes in das bürgerliche Leben zurück. Die staatsanwaltlichen Ermittlungen gegen ihn wurden 1969 eingestellt.

Rudolf Paltzo, ohne Datum
Bundesarchiv, Personalunterlagen

Protokoll der Außerordentlichen Kommission für die Stadt Charkow zur Untersuchung der dortigen Verbrechen vom 5.9.1943
ZStdLJV, 4 AR–Z 269/60, Dokumentenband, Bl. 164–169, Zitat Bl. 164 f.

„[...] Nach unvollständigen Angaben wurden allein im Monat Dezember 1941 und Januar 1942 in der Nähe des Vorwerks Rogan, acht km von Charkow entfernt, in der sogenannten ‚Drobizker Mulde' über 15.000 Juden, Einwohner der Stadt Charkow, erschossen. Diese ungeheuerlichen Verbrechen an der friedlichen Bevölkerung werden bestätigt durch Zeugenaussagen, das gerichtsmedizinische Gutachten und anderes Dokumentenmaterial. [...]
Am 14. Dezember 1941 wurde von dem deutschen [hs. in der Übersetzung eingefügt] Militärkommandanten der Stadt Charkow ein Befehl herausgegeben, demzufolge die gesamte jüdische Bevölkerung der Stadt innerhalb von zwei Tagen an den Stadtrand umziehen mußte, in die Baracken eines Maschinenbaubetriebes. In dem Befehl hieß es, daß Personen, die dieser Aufforderung nicht nachkommen, erschossen werden würden. So bewegte sich einige Tage später in Richtung der Umsiedlungsstätte eine vieltausendköpfige Menge von Alten, Frauen und Kindern durch die Straßen der Stadt. Weil es verboten war, nach 16.00 Uhr durch die Stadt zu gehen, aber viele von den Umziehenden sich zu dieser Zeit noch unterwegs befanden, kam die Bewegung zum Stillstand. Die Leute übernachteten auf der Straße, unter freiem Himmel, in dem eisigen Frost. Infolgedessen starben viele von ihnen schon auf dem Wege. [...]"

NACHKRIEGSAUSSAGEN – CHARKOW

23. März 1961

Philipp F.,
ehemaliger Angehöriger
der 297. Infanteriedivision

„[...] Es war Mitte Dezember 1941, als ich mich für einige Wochen in Charkow aufhielt. Ich weiss heute noch ganz genau, dass es am 15.12.41 war, als ich in Charkow sah, wie ein mehrere Kilometer langer Zug von Juden in langen Reihen mit Handwagen und Gepäck von der Stadt sich Richtung Osten zur Traktorenfabrik bewegte. Das Traktorenwerk ist etwa 15 km vom Stadtzentrum entfernt. Unter den Juden befanden sich Männer, Frauen und Kinder. Einzelne Wagen wurden von kleinen Pferden gezogen, die teilweise unter ihrer Last zusammenbrachen. Auf den Fahrzeugen waren teilweise auf dem Gepäck Kleinkinder, Frauen und gebrechliche Personen aufgesessen. Dabei herrschte eine Kälte von ca. 15 Grad. Die vorüberziehenden Juden betrachtete ich eine volle Stunde und der Zug hörte immer noch nicht auf. Ich schätze die Anzahl der Juden, die an diesem Tag von Charkow zu dem Traktorenwerk geführt wurden, auf ca. 15 000 Personen.

Ich habe noch in Erinnerung, dass der Zug von Uniformierten abgesperrt und bewacht wurde. Ich kann aber heute nicht mehr sagen, ob es sich dabei um SS-Angehörige oder um ukrainische Hilfspolizei in Uniform handelte. Ich konnte nicht beobachten, dass dabei Misshandlungen von Juden vorgekommen sind. Als ich am nächsten Tag mit meinem Fahrzeug von Charkow nach Tschugew fuhr, benützte ich dieselbe Strasse, die am Tage zuvor der Judenzug benützt hatte. Dabei sah ich unterwegs wiederholt links und rechts der Strasse Leichen liegen, die von dem Zuge der Juden stammten. Ob diese Juden durch Misshandlungen bzw. Erschießungen oder an Entkräftung gestorben sind, vermag ich nicht zu sagen. Die Leichen lagen verlassen da, niemand hat sich um sie gekümmert.

Ich weiss deshalb noch so genau, dass die Juden am 15.12.41 von Charkow zu dem Traktorenwerk geführt wurden, weil damals in der Stadt überall Plakate in deutscher und russischer Sprache ausgehängt waren, auf denen die Juden aufgefordert wurden, sich an einem bestimmten Platz der Stadt zum Abtransport zu sammeln. Von welcher Dienststelle die Plakate ausgehängt worden waren, weiss ich heute nicht mehr. Es ist mir aber noch genau erinnerlich, dass als Versammlungstermin der 15.12.1941 genannt war. [...]"

HHStAW, 631 a, 1856, Bl. 223–227, Zitat Bl. 225 f.

NACHKRIEGSAUSSAGEN – CHARKOW

„[...] Ich bin der Meinung, daß die Judenexekutionen bei Charkow zu Beginn des Jahres 1942 stattgefunden haben. Zumindest war ich vorher nie bei einer solchen Exekution zugegen. Die Juden waren in Charkow in einem Ghetto etwas außerhalb der Stadt gesammelt untergebracht und von uns bewacht worden. Eines Tages, es war sicher nach Weihnachten 1941, wurde ich zu einer Geländeabsperrung ebenfalls außerhalb der Stadt Charkow kommandiert. Unter welcher Führung ich damals stand, weiß ich nicht mehr. Wir wurden in ein hügeliges Gelände gebracht, wo wir einen großen Absperrungsring zu bilden hatten, der von der Zivilbevölkerung nicht betreten werden durfte. In dieses Gebiet wurden vom SD die Juden aus dem Ghetto mit Lastkraftwagen antransportiert. Die Juden mußten sich entkleiden und in der Nähe oder unmittelbar in Erdrissen sich niederlegen. Es handelte sich um natürliche Erdrisse und nicht etwa um Panzergräben oder sonstig geschaufelte Gruben. In diesen Gräben wurden die Juden vom SD erschossen. Die Anzahl der in diesem Gebiete erschossenen Juden ist mir nicht bekannt, doch glaube ich, daß es eine größere Anzahl gewesen ist, weil die Erschießungen einige Tage dauerten. Ich war glaublich nur zweimal als Absperrungsposten eingesetzt. Ich habe nicht gesehen, daß Polizeiangehörige bei den Exekutionskommandos mitgewirkt hätten. [...]"

HHStAW, 631a, 1868, Bl. 2551–2555, Zitat Bl. 2553 f.

9. November 1964

Karl G.,
ehemaliger Angehöriger
des Polizeibataillons 314

„[...] Mit einem LKW und verschiedenen PKW's, in denen die Führer fuhren, ging es zur Stadt hinaus in Richtung Traktorenwerk. Ca. 5–10 km hinter dem Traktorenwerk hielten wir in einem freien Gelände an. Ganz in der Nähe des Exekutionsplatzes war eine Flakstellung. Die Juden befanden sich bereits am Platze. Es waren bereits Angehörige unseres Kommandos zugegen, welche die Juden bewachten. Die Erschießung dieser Juden wurde in einer Schneise durchgeführt. Er war eine Kluft, welche bis in die Mitte eines größeren Hügels ging.
Ich wurde dem Erschießungskommando zugeteilt. Das Exekutionskommando in Stärke von 10 Mann begab sich in diese Kerbe, die ca. 20 m in den Berg hineinging. Die Juden wurden in Gruppen von 20–25 Mann hineingeführt und mußten sich dort auf den Boden legen. Sie wurden mit der Maschinenpistole durch Genickschuß erschossen. Die Erschießung dauerte nicht lange, schätzungsweise 1 1/2 Stunden. Der gesamte Vorgang dauerte länger, da wir durch russ. Flieger laufend beschossen wurden. Bei dieser Beschießung wurden bereits ein Teil dieser Juden getötet. Auch ein Kdo.-Angehöriger wurde durch den Beschuß verletzt. Das Kdo., welches als Schützen eingeteilt war, wurde bei dieser Exekution nicht abgelöst. Die ansteigenden Wände wurden danach auf die Leichen gesprengt.
In Charkow wurden m.W. aber noch vielmehr Juden liquidiert, wie in der Ereignismeldung angegeben sind. Die weiteren Exekutionen [erfolgten?] nicht mehr durch Erschießen, sondern durch den Einsatz eines Gaswagens. Dieser Wagen, der bereits in Poltawa eingesetzt war, kam von Kiew und in der Folgezeit auch in Charkow in den Einsatz. [...]"

ZStdLJV, 4 AR – Z 269/60, Bd. 1, Bl. 1–18, Zitat Bl. 16 f.

25. Juni 1960

Viktor T.,
Tatbeteiligter,
ehemaliger Angehöriger des
Sonderkommandos 4a

SOWJETISCHE SOLDATEN IN DEUTSCHER KRIEGSGEFANGENSCHAFT

Während des Zweiten Weltkrieges starben insgesamt etwa 3,3 Millionen sowjetische Kriegsgefangene in deutschem Gewahrsam. Im Unterschied zu den meisten westlichen Kriegsgefangenen wurden die sowjetischen Soldaten nicht nach dem völkerrechtlich gebotenen Mindeststandard versorgt.

Im Operationsgebiet trug das Oberkommando des Heeres (OKH) für alle Belange, die sich während der Gefangennahme an der Front und beim Abschub der Kriegsgefangenen in die rückwärtigen Gebiete ereigneten, die Verantwortung. Willkürliche Erschießungen in der Kampfzone, verheerende Transportbedingungen während der Fußmärsche in die Durchgangslager sowie katastrophale Unterbringungs- und Verpflegungsbedingungen kosteten Hunderttausende Rotarmisten das Leben.

In den Lagern im Reichsgebiet, die dem Oberkommando der Wehrmacht (OKW) unterstanden, herrschten ähnliche Bedingungen. Die Kriegsgefangenenlager waren Orte des Elends, des Hungers und des Sterbens. Das OKW hatte detaillierte Kenntnisse über die Zustände in den Lagern.

Während die Masse der Gefangenen verhungerte, erfror oder durch Epidemien starb, rekrutierte die Wehrmacht sowjetische Kriegsgefangene für den eigenen Arbeitsbedarf. Sowohl im Operationsgebiet als auch ab Ende 1941 verstärkt in der Rüstungsindustrie, im Bergbau und in der Landwirtschaft des Reiches mußten die Gefangenen Zwangsarbeit verrichten. Trotz der 1942 einsetzenden Bemühungen, die Leistungsfähigkeit der Gefangenen zu steigern, verbesserte sich ihre Situation nur langsam.

Die Wehrmacht war jedoch nicht nur für das Massensterben der sowjetischen Kriegsgefangenen verantwortlich, sie war auch an der Umsetzung des „Kommissarbefehls" sowie an der „Aussonderung" und Ermordung der jüdischen und „politisch verdächtigen" Kriegsgefangenen maßgeblich beteiligt.

MASSENSTERBEN

Die Folge der völkerrechtswidrigen Behandlung der sowjetischen Kriegsgefange[...] [...]hem Gewahrsam war ein insbesondere von Sommer 1941 bis Frühjahr 1942 and[...] [...]sen-sterben. Nach bisherigen Schätzungen gerieten insgesamt 5,7 Millionen So[...] [...]ten Armee in deutsche Kriegsgefangenschaft. Von ihnen starben bis Kriegsend[...] [...]llionen, also fast 58 Prozent. Im Vergleich dazu lag die Sterblichkeit bei den westalliierten [...]genen bei 3,6 Prozent.

Das Massensterben der sowjetischen Kriegsgefangenen begann bereits in den ersten Kriegs-wochen und erreichte im Herbst 1941 seinen ersten Höhepunkt. Im Dezember waren 1,4 Millionen sowjetische Soldaten tot. Die Situation verschlechterte sich noch im Winter, so daß am 1. Februar 1942 schon etwa 60 Prozent der 3,35 Millionen gefangenen Rotarmisten gestorben waren. Ab dem Frühjahr 1942 sank die Sterblichkeit, zum einen aufgrund der besseren Witterungsverhält-nisse, zum anderen, weil man nach der gescheiterten Blitzkriegstrategie dringend Arbeitskräfte in der deutschen Kriegsproduktion benötigte und nun verstärkt auf die sowjetischen Kriegsge-fangenen zurückgriff. Eine Verbesserung ihrer Unterkunfts- und Verpflegungssituation setzte sich zögernd durch. Nur langsam glichen sich im weiteren Kriegsverlauf ihre Lebensverhältnisse denen der westalliierten Kriegsgefangenen an.

Sterblichkeit von Kriegsgefangenen während des Ersten und Zweiten Weltkriegs

Rotarmisten	**Briten/US-Amerikaner**	**Deutsche** in der Sowjetunion	**Russen** im Ersten Weltkrieg
insg. 5.700.000 in deutscher Gefangenschaft	insg. 232.000 in deutscher Gefangenschaft	insg. 3.155.000 in sowjetischer Gefangenschaft	insg. 1.434.500 in deutscher Gefangenschaft
Überlebende: **42,1%** Gestorbene: **57,9%**	Überlebende: **96,4%** Gestorbene: **3,6%**	Überlebende: **62,4%** Gestorbene: **37,6%**	Überlebende: **94,6%** Gestorbene: **5,4%**

Zusammengestellt nach Angaben aus Christian Streit, Keine Kameraden. Die Wehrmacht und die sowjetischen Kriegsgefangenen 1941–1945, Neuausg., Bonn 1997, S. 10, sowie Christian Streit, Zum Schicksal der sowjetischen Kriegsgefangenen in deutscher Hand, in: Hans-Adolf Jacobsen u.a. (Hg.), Deutsch-russische Zeitenwende. Krieg und Frieden 1941–1945, Baden-Baden 1995, S. 437–454, hier S. 438

Nachweis des Verbleibs der sowjetischen Kriegsgefangenen, Stand 1.5.1944

Bundesarchiv/Militärarchiv, RH 2/2623, Bl. 21–23

„Kriegsgef. Org. (Id)

Nachweisung des Verbleibs der sowjet.Kr.Gef.

nach dem Stand vom 1.5.1944

1.) Gesamtanfall seit Kriegsbeginn im OKH-Bereich: 5.163.381

Abgänge im OKW-Bereich:

Todesfälle	845.128	
Entlassungen	533.523	
sonst. Abgänge	490.441	
(z.B. Fluchten, Abga-		
ben an SD, An Lw.)		
Abgaben an OKW	3.117.449	4.986.541

Also verbleiben im
OKH-Bereich: 176.840 davon in Arbeit
eingesetzt

Hiervon

im Oper.Gebiet	160.862		137.498
in Rumänien	1.130		1.107
in Lappland	14.848	176.840	12.665	151.270

Aufgliederung des Arbeitseinsatzes
im Operationsgebiet (nach Angaben von OKH/Gen Qu)

	im Wehrm.Sekt.	im zivil.Sekt.
H Gr. Südukraine	13 243	27
„ „ Nordukraine	8 698	–
„ „ Mitte	44 762	526
„ „ Nord	41 978	28.264
Lappland	12 665	–
Rumänien	1 107	–
	122 453	28.817
	151.270	

2.) im OKW-Bereich eingetroffen 2.836.639
(die Differenz zu der obigen Zahl des OKH v. 3.117.449
Kgf. beruht auf Abgängen beim Transport, Zähl-
fehlern u. dergl.

Abgänge im OKW-Bereich

Todesfälle	1.136.236	
Entlassungen	282.707	
Fluchten	66.694	
sonst. Abgänge	473.022	1.958.659
(z. B. Abgaben an SD,		
Lw., SS)		

Also verbleiben im
OKW-Bereich 877.980

davon in Arbeit
eingesetzt

Hiervon

im Reich	765.621	651.189
zuzügl.BAB.		
in Kgf.Lagern H.Lw.	1.491	458
„ „ „ d. Marine	72	72
in Gen. Gouv.	44.308	12.948

in Norweg.(davon Verst.		
Arb.Batl. 28.345)	50.317	47.421
BAB i. Norweg.	2.031	1.980
in Belg./N-Frk.	10.301	10.225
in Frankreich	78	16
beim Ob.Südost	3.713	–
„ Ob.Südwest	48	877.980	–	724.309

3.) Bei der Luftwaffe befinden sich folgende
sowj.Kgf., die weder vom OKH noch vom OKW
aufgeführt werden 100.185

Hiervon

bei der Flak	56.261	
„ Lw-Bautruppen	32.511	
„ Fliegertruppen	3.009	
„ Lw-Truppen	3.755	
„ sonst. Einheiten	4.649	100.185

Der Einsatz der vorerwähnten Kgf. erstreckt sich über das
gesamte Kriegsgebiet (OKH-u. OKW-Bereich)

4.) SS zum Arbeitseinsatz an SS abgegebene Kgf., nur im Reich und Arb.Eins.
Gen.Gouv.) 7.515 4.210

5.) Die Marine hat 11.800 sowj.Kr. Gef. als Flakbehelfspersonal,
davon 10.000 im Reich und 1.800 in Norwegen. Diese werden
aber im Gegensatz zu dem Flakbehelfspersonal der Luftwaffe
nicht gesondert ausgewiesen, sondern unter Wehrmachtein-
satz im OKW-Bereich.

Erläuterungen des Arbeitseinsatzes der sowjet.Kr.Gef.
Die Gesamtzahl der vorhandenen Kr.Gef. ist stets wesentlich
höher als die der zur Arbeit eingesetzten Kr. Gef., denn in der
Gesamtzahl sind folgende Kategorien von Kr. Gef. mitenthalten,
die nicht zur Arbeit eingesetzt werden können:

dauernd arbeitsunfähige,

vorübergehend arbeitsunfähige,

Offiz. älter als 45 Jahre,

San.Personal

zur Arbeit bereitgestellte, aber

noch nicht eingesetzte Kr. Gef.

auf Transporten befindliche

im Reich sind in Arbeit eigesetzt:	651.719
davon im Wehrm. Sekt.	56.9
im ziv. Sekt.	584.781
in den Lagern	9.865

Zu Wehrmachtsektor: Hierunter Behelfpersonal beim Ersatz-
heer(Pferdepfleger und dergl.) 7.874, Arbeitseinsatz bei Heeres-
verpflegungsämter. Standortverwaltungen, Truppenübungs-
plätzen, Nachschubkompanien u. dergl.
Zu Ziviler Sektor: Die Verteilung auf Industrie, Landwirtschaft,
Bergbau usw. ergibt sich aus der monatlichen Aufstellung des
GBA. Die letzte Aufstellung nach dem Stande vom 15.2.1944

zeigt einen Bestand von 494.279 sowj. Kr. Gef. Der Unterschied zu 584.781 ergibt sich in erster Linie daraus, daß der Stichtag beim GBA 3 Monate zurückliegt.

<u>Zu: In den Lagern:</u> Es handelt sich hierbei um Handwerker, ständige Lagerarbeiter und um Ordnungsdienst in den Lagern.

<u>Im Gen.Gouv.</u> sind zur Arbeit eingesetzt		12.948
davon im Wehrm.Sektor	10.048	
„ Zivilen Sektor	1.199	
in den Lagern	1.701	
<u>In Norwegen</u> sind zur Arbeit eingesetzt		49.401
davon im Wehrm- Sektor	45.948	
(O.T. Festungs- u. Straßenbau)		
in den Lagern	3.453	
<u>In Frankreich</u> sind zur Arbeit eingesetzt		
in den Lagern	16	
<u>In Belg./N-Frankr.</u> sind zur Arbeit eingesetzt		
Kohlenbergbau	10.223"	

Bericht von Franz Xaver Dorsch, Leiter des Zentralamtes der Organisation Todt, vom 10.7.1941
StAN, PS–022

„[...] Die Kriegsgefangenen, bei denen das Verpflegungsproblem kaum zu lösen ist, sind teilweise sechs bis acht Tage ohne Nahrung und kennen in einer durch den Hunger hervorgerufenen tierischen Apathie nur noch eine Sucht: Zu etwas Essbarem zu gelangen. [...] Eine Abhilfe dieser chaotischen Zustände seitens der Militärdienststellen ist bei dem durch den Vormarsch bedingten vordringlichen Menschen- und Transportraumbedarf nicht möglich. [...]"

Schreiben des Oberquartiermeisters beim Militärbefehlshaber im Generalgouvernement vom 20.10.1941
Bundesarchiv/Militärarchiv, RW 6/v. 277

„[...] O.K.W. hat Kenntnis davon, dass das Massensterben unter den Kgf. nicht aufzuhalten ist, da diese mit ihren Kräften am Ende sind. [...]"

Aktenvermerk aus dem Wirtschafts- und Rüstungsamt vom 20.2.1942 über einen Vortrag des Generalbevollmächtigten für den Arbeitseinsatz
Bundesarchiv/Militärarchiv, RW 19/2148, Bl. 18

„[...] Es standen 3,9 Millionen Russen zur Verfügung, davon sind nur noch 1,1 Millionen übrig. Allein von November 41–Januar 42 sind 500 000 Russen gestorben. [...]"

Kolonne sowjetischer Kriegsgefangener bei Minsk, 1941
PK-Fotograf: Hanns Hubmann
bpk

Sowjetische Kriegsgefangene, Bahnhof Witebsk, 21.9.1941
PK-Fotograf: Vorpahl
Bundesarchiv, Bild 101 I/267/124/20A

Sowjetische Kriegsgefangene bei Kiew, ohne Datum
Nds. Hauptstaatsarchiv Hannover, Nds. 721 Hann., Acc. 90/99, Nr. 146/16, Bildmappe, Bild 20 (Verfahren gg. Felix Kulow u.a. ehemalige Angehörige des Dulag 201)

ORGANISATION DES KRIEGSGEFANGENENWESENS

Für die Organisation des Kriegsgefangenenwesens war es grundlegend, daß alle Kriegsgefangenen
– gleich welcher Nationalität – nach ihrer Gefangennahme der deutschen Wehrmacht unterstanden. Die Wehrmacht war für den Transport, für die Verpflegung, Bekleidung, Unterbringung
und Behandlung aller gegnerischen Soldaten in deutschem Gewahrsam allein verantwortlich.
Im „Fall Barbarossa" unterteilte sich die Zuständigkeit in eine das Operationsgebiet umfassende
Verantwortlichkeit des Oberkommandos des Heeres (OKH) sowie in eine das „Heimatgebiet"
(Wehrkreise) einschließlich Generalgouvernement betreffende Befehlsgewalt des Oberkommandos der Wehrmacht (OKW). Entscheidende Instanz war der Chef des Allgemeinen Wehrmachtsamtes, General Hermann Reinecke, der für beide Zuständigkeitsbereiche die zentrale Befehlsgewalt ausübte.

Die sowjetischen Kriegsgefangenen wurden zunächst in Divisions-Gefangenensammelstellen
konzentriert und von dort an Armee-Gefangenen-Sammelstellen (AGSSt) im rückwärtigen
Armeegebiet übergeben. Nach kurzer Zeit war ihr Weitertransport in Durchgangslager (Dulags)
im rückwärtigen Heeresgebiet vorgesehen. Die Lager im frontnahen Bereich unterlagen durch
die anhaltende Verschiebung der Kampfgebiete ständigen Standortveränderungen. Anschließend
kamen die Gefangenen über die an der Grenze zum Generalgouvernement bzw. dem Wehrkreis I
(Ostpreußen) angesiedelten Kriegsgefangenen-Übergabestellen in die auf dem Reichsgebiet
liegenden Stammlager (Stalags) beziehungsweise in das Offizierslager in Hammelburg.

Zuständigkeiten bei der Behandlung der sowjetischen Kriegsgefangenen im Bereich des Oberkommandos des Heeres

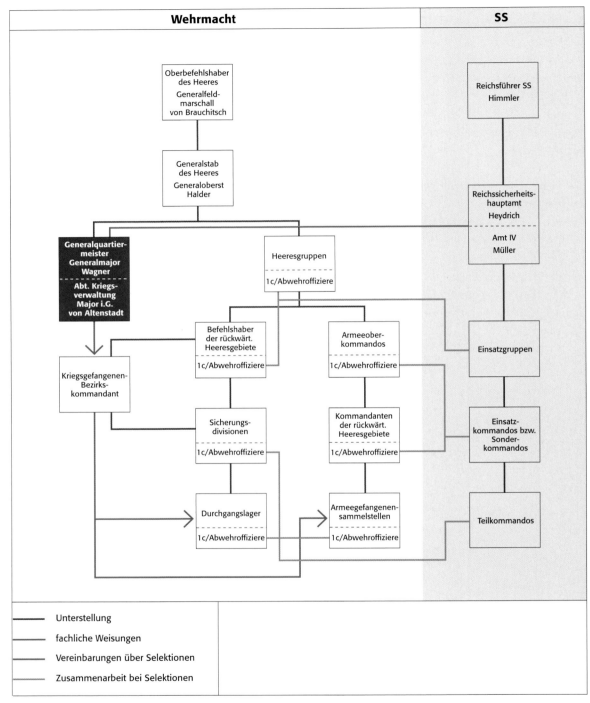

Wehrmacht	SS

Oberbefehlshaber des Heeres
Generalfeldmarschall von Brauchitsch

Reichsführer SS Himmler

Generalstab des Heeres
Generaloberst Halder

Reichssicherheitshauptamt Heydrich

Amt IV Müller

Generalquartiermeister
Generalmajor Wagner
Abt. Kriegsverwaltung
Major i.G. von Altenstadt

Heeresgruppen
1c/Abwehroffiziere

Kriegsgefangenen-Bezirkskommandant

Befehlshaber der rückwärt. Heeresgebiete
1c/Abwehroffiziere

Armeeoberkommandos
1c/Abwehroffiziere

Einsatzgruppen

Sicherungsdivisionen
1c/Abwehroffiziere

Kommandanten der rückwärt. Heeresgebiete
1c/Abwehroffiziere

Einsatzkommandos bzw. Sonderkommandos

Durchgangslager
1c/Abwehroffiziere

Armeegefangenensammelstellen
1c/Abwehroffiziere

Teilkommandos

———— Unterstellung
———— fachliche Weisungen
———— Vereinbarungen über Selektionen
———— Zusammenarbeit bei Selektionen

Zusammengestellt nach Angaben aus Christian Streit, Keine Kameraden. Die Wehrmacht und die sowjetischen Kriegsgefangenen 1941–1945, Neuausg., Bonn 1997, S. 77

HERMANN REINECKE wurde 1888 in Wittenberg geboren und durchlief während des Kaiserreichs eine militärische Laufbahn bis zum Leutnant. Im Ersten Weltkrieg schwer verwundet, wurde er 1916 in das Preußische Kriegsministerium berufen. Während der Weimarer Republik stieg er innerhalb des Reichswehrministeriums auf und wurde 1934 zum Chef der Abteilung für Heeresfachschulen und Versorgungswesen ernannt. Im selben Jahr erfolgte seine Berufung zum ehrenamtlichen Beisitzer des Volksgerichtshofes. Reinecke übernahm 1939 als Amtschef das Allgemeine Wehrmachtsamt (AWA). Sein partei- und regierungskonformes Verhalten – intern wurde Reinecke „der kleine Keitel" genannt – brachte ihm nicht nur das Ehrenzeichen der NSDAP, sondern 1942 auch die Beförderung zum General der Infanterie und die Einsetzung als Chef des 1943 neugebildeten NS-Führungsstabs im Oberkommando der Wehrmacht. Bei Kriegsende geriet Reinecke in britische Kriegsgefangenschaft und wurde an die US-amerikanischen Besatzungsbehörden übergeben. Er gehörte 1948 zu den Hauptangeklagten im OKW-Prozeß (Fall 12). Die Richter sahen es als erwiesen an, daß Reinecke für die Mißhandlung, Aussonderung und Ermordung von Kriegsgefangenen persönlich verantwortlich war, und verurteilten ihn zu lebenslanger Haft. Er verbüßte seine Strafe bis 1954 im Landsberger Kriegsverbrechergefängnis und starb 1973 im Alter von 85 Jahren.

General Hermann Reinecke, ohne Datum
Bundesarchiv/Militärarchiv, Msg 109/2103

EDUARD WAGNER wurde am 1. April 1894 in Kirchlamitz im Fichtelgebirge als Sohn eines Richters geboren. Am Ersten Weltkrieg nahm er zuletzt als Leutnant mit mehreren Auszeichnungen teil. 1919 beteiligte er sich als Mitglied des Freikorps Epp an der Niederschlagung der Münchener Räterepublik. Seit dem 1. September 1939 gehörte Wagner dem Generalstab des Heeres an, de facto fungierte er dort seit Kriegsbeginn 1939 als Generalquartiermeister. Seine offizielle Berufung in dieses Amt erfolgte am 1. Oktober 1940. In dieser Funktion war Wagner unter anderem auch für die Versorgung der Kriegsgefangenen in deutschem Gewahrsam verantwortlich. Mit zunehmend aussichtsloser Kriegslage intensivierte Wagner seine Kontakte zur Militäropposition. Als der Einmarsch der Roten Armee ins Reichsgebiet im Juni 1944 unmittelbar bevorstand, drängte er auf ein gewaltsames Vorgehen gegen Hitler. Nach dem fehlgeschlagenen Attentat auf Hitler am 20. Juli 1944 erschoß sich Wagner drei Tage später in Zossen, dem damaligen Sitz des Oberkommandos des Heeres. Er wurde am 4. August 1944 aus der Wehrmacht ausgeschlossen.

Generalquartiermeister Eduard Wagner, ohne Datum
Bundesarchiv, Bild 146/81/41/16A

Zuständigkeiten bei der Behandlung der sowjetischen Kriegsgefangenen im Bereich des Oberkommandos der Wehrmacht

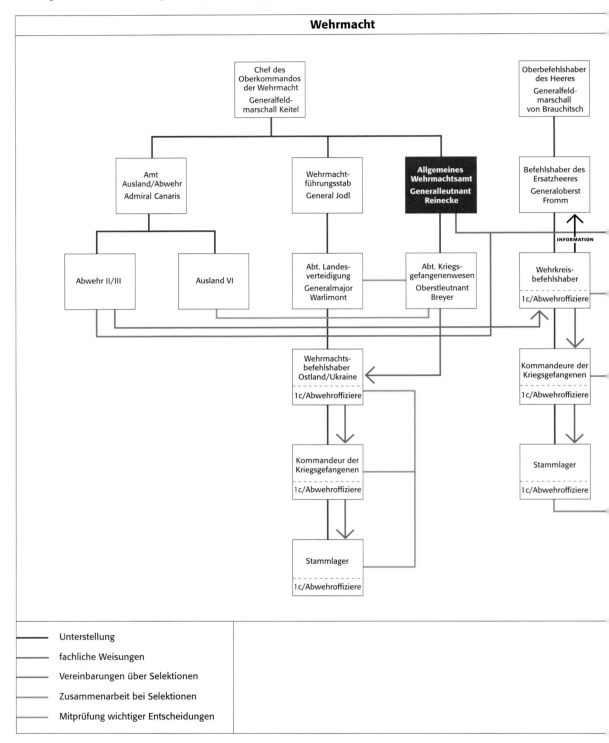

Wehrmacht

Legende:
— Unterstellung
— fachliche Weisungen
— Vereinbarungen über Selektionen
— Zusammenarbeit bei Selektionen
— Mitprüfung wichtiger Entscheidungen

Erstellt nach Angaben aus Christian Streit, Keine Kameraden. Die Wehrmacht und die sowjetischen Kriegsgefangenen 1941–1945, Neuausg., Bonn 1997, S. 71

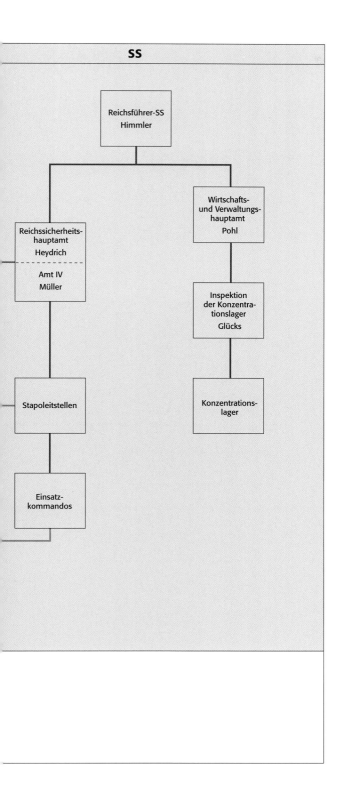

SS

Reichsführer-SS
Himmler

Reichssicherheits-
hauptamt
Heydrich

Amt IV
Müller

Wirtschafts-
und Verwaltungs-
hauptamt
Pohl

Inspektion
der Konzentra-
tionslager
Glücks

Stapoleitstellen

Konzentrations-
lager

Einsatz-
kommandos

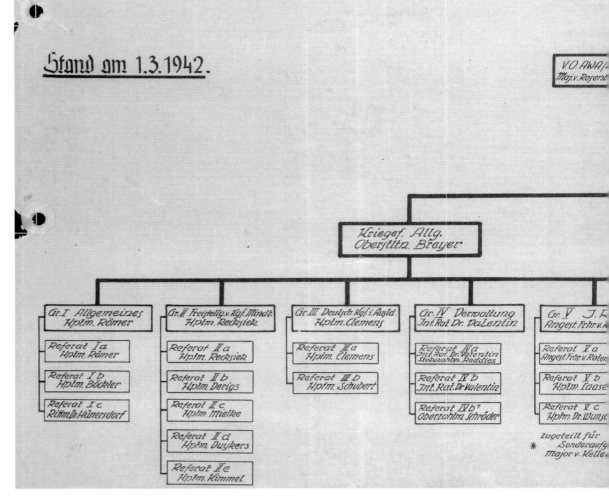

Oberkommando der Wehrmacht/Chef-Kriegsgefangenenwesen, Stand 1.3.1942
Bundesarchiv/Militärarchiv, RH 53–17/45, Bl. 114

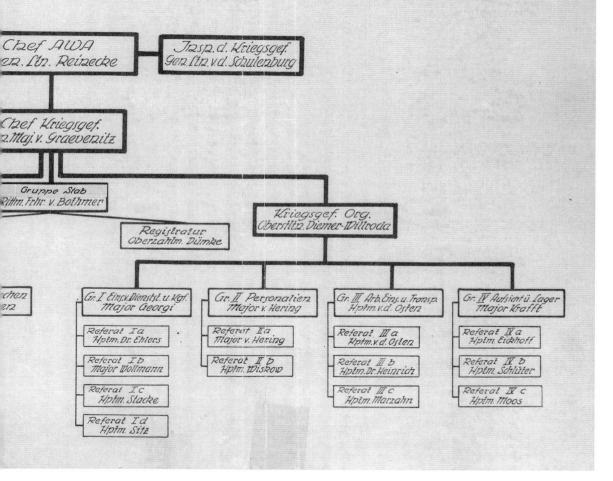

114

Nur für den Dienstgebrauch!

Organisation des Abtransportes von Kriegsgefangenen in Anlehnung an die Anlage I zum Befehl des Oberkommandos der Wehrmacht/Abteilung Kriegsgefangene vom 16.6.1941

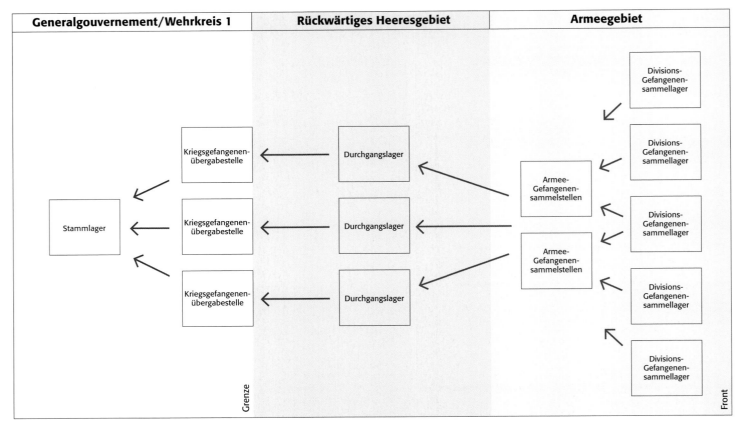

Bundesarchiv/Militärarchiv, RW 4/v. 578, Bl. 99

Lager für sowjetische Kriegsgefangene im Sommer 1941

A-J Mannschaftsstammlager

▲ Lager für sowjetische Kriegsgefangene

■ Sitz der Kommandeure der Kriegsgefangenen

Ⓓ Zentraler Stalag-Kommandantenlehrgang

.... Wehrkreisgrenzen

▬▬▬ Grenzen des Deutschen Reiches 1937

──── Grenzen 1941

──── Sonstige Grenzen 1937

Reinhard Otto, Das Stalag 326 (VI K) Senne – ein Kriegsgefangenenlager in Westfalen, Münster 2000, S. 11 (Dia Nr. 1)

„AUSSONDERUNGEN"

Am 6. Juni 1941 erließ das Oberkommando der Wehrmacht den „Kommissarbefehl". Die politischen Kommissare galten als die ideologischen Funktionäre innerhalb der Roten Armee und sollten im Kampf oder sofort „nach durchgeführter Absonderung" außerhalb der Kampfzone auf Befehl eines Offiziers erschossen werden. Am 16. August 1941 fragte Oberkriegsgerichtsrat Rudolf Lattmann im Auftrag des Oberkommandos des Heeres (OKH) beim Oberkommando der Wehrmacht (OKW) an, ob auch die den sowjetischen Kommissaren unterstellten „Politruks" im Sinne des „Kommissarbefehls" zu töten seien. Bereits zwei Tage später antwortete der Chef des OKW zustimmend. Auch die „politischen Gehilfen" seien als Kommissare anzusehen und „entsprechend zu behandeln".

In der Praxis zeigte sich nach wenigen Kriegswochen, daß der „Kommissarbefehl" den Widerstand innerhalb der Roten Armee erheblich steigerte. Befehlshaber und Kommandeure meldeten daher beim OKH Zweifel am militärischen Nutzen der Anordnungen an. Auf Weisung Hitlers blieb der „Kommissarbefehl" allerdings bis Frühjahr 1942 in Kraft, erst die veränderte Kriegslage ließ ihn davon abrücken. Wie viele sowjetische Soldaten aufgrund des „Kommissarbefehls" getötet wurden, ist nicht bekannt.

Neben dem „Kommissarbefehl" führten Wehrmachtsverbände und Einsatzgruppen der Sicherheitspolizei und des SD sowohl in den besetzten Gebieten als auch in den Lagern im Reich politische „Säuberungen" unter den sowjetischen Kriegsgefangenen durch. Die Kommandanten der Kriegsgefangenenlager ließen die Gefangenen nach rassistischen und politischen Vorgaben selektieren und arbeiteten damit den SS- und Polizeiverbänden zu. Als „politisch verdächtig" galten neben Kommissaren und kommunistischen Parteifunktionären alle leitenden Angestellten staatlicher Behörden, führende Wirtschaftsfunktionäre, „Intelligenzler", alle jüdischen Gefangenen sowie Personen, „die als Aufwiegler oder fanatische Kommunisten" angesehen wurden.

Welche Gefangenen erschossen wurden, entschied das Reichssicherheitshauptamt. Die Exekutionen wurden in den besetzten Gebieten abseits der Lager von Einsatzkommandos der Sicherheitspolizei und des SD durchgeführt, während im Reich die „Ausgesonderten" in den Konzentrationslagern liquidiert wurden. Über die Gesamtzahl der Opfer existieren bis heute keine genauen Angaben, es liegen allein Schätzungen vor, die von 40.000 bis 120.000 Opfern ausgehen.

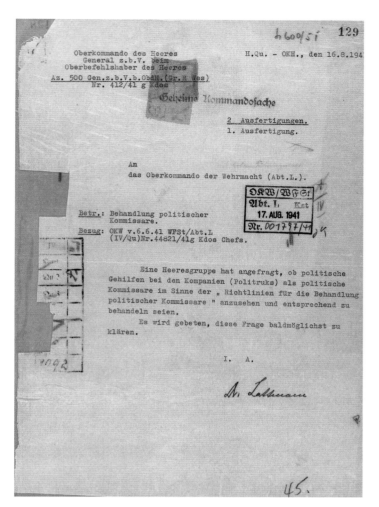

Schreiben des Generals z.b.V. beim Oberbefehlshaber des Heeres
an das Oberkommando der Wehrmacht vom 16.8.1941
Bundesarchiv/Militärarchiv, RW 4/578, Bl. 129

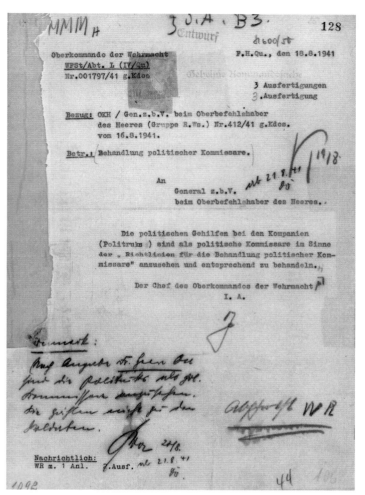

Schreiben des Oberkommandos der Wehrmacht an den General z.b.V.
beim Oberbefehlshaber des Heeres vom 18.8.1941
Bundesarchiv/Militärarchiv, RW 4/578, Bl. 128

Personalkarte eines „Politruks"

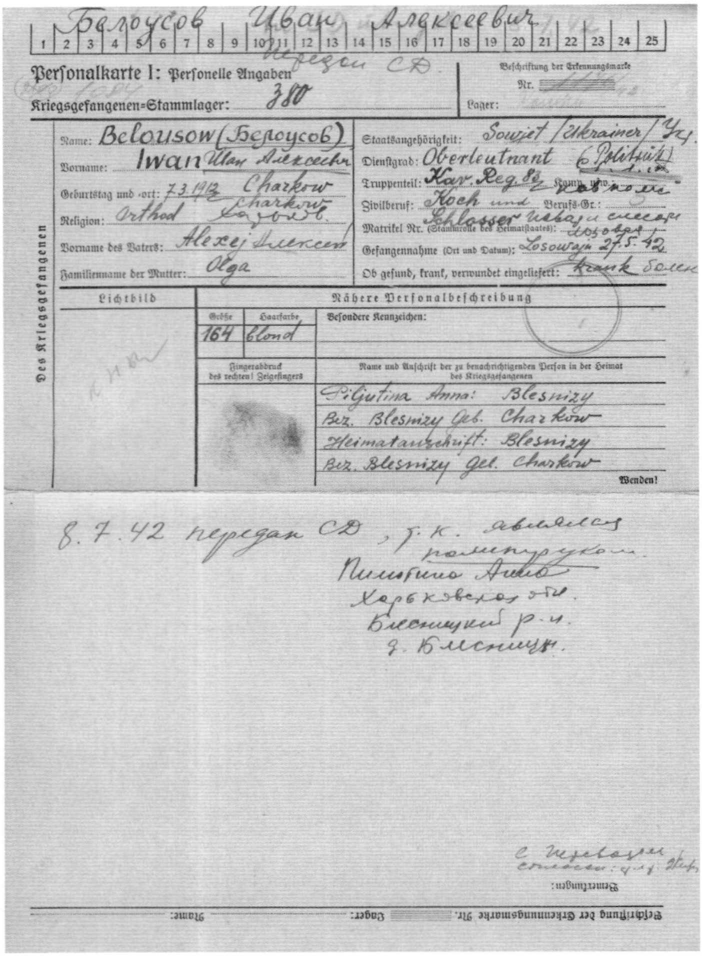
Белоусов Иван Алексеевич

Personalkarte I: Personelle Angaben

Kriegsgefangenen-Stammlager: 380

Beschriftung der Erkennungsmarke Nr.

Lager:

Name: Belousow (Белоусов)

Vorname: Iwan

Geburtstag und -ort: 7.3.1912 Charkow

Religion: Orthod.

Vorname des Vaters: Alexej

Familienname der Mutter: Olga

Staatsangehörigkeit: Sowjet / Ukrainer

Dienstgrad: Oberleutnant (Politruk)

Truppenteil: Kav. Reg. 83

Zivilberuf: Koch und Schlosser

Berufs-Gr.:

Matrikel Nr. (Stammrolle des Heimatstaates):

Gefangennahme (Ort und Datum): Losowaja 27.5.42

Ob gesund, krank, verwundet eingeliefert: krank

Des Kriegsgefangenen

Lichtbild

Nähere Personalbeschreibung

Größe	Haarfarbe	Besondere Kennzeichen:
164	blond	

Fingerabdruck des rechten! Zeigefingers

Name und Anschrift der zu benachrichtigenden Person in der Heimat des Kriegsgefangenen

Pilgutina Anna: Blesnizy
Bez. Blesnizy Geb. Charkow
Heimatanschrift: Blesnizy
Bez. Blesnizy Geb. Charkow

Wenden!

8.7.42 передан СД

Bemerkungen:

Beschriftung der Erkennungsmarke Nr. Lager: Name:

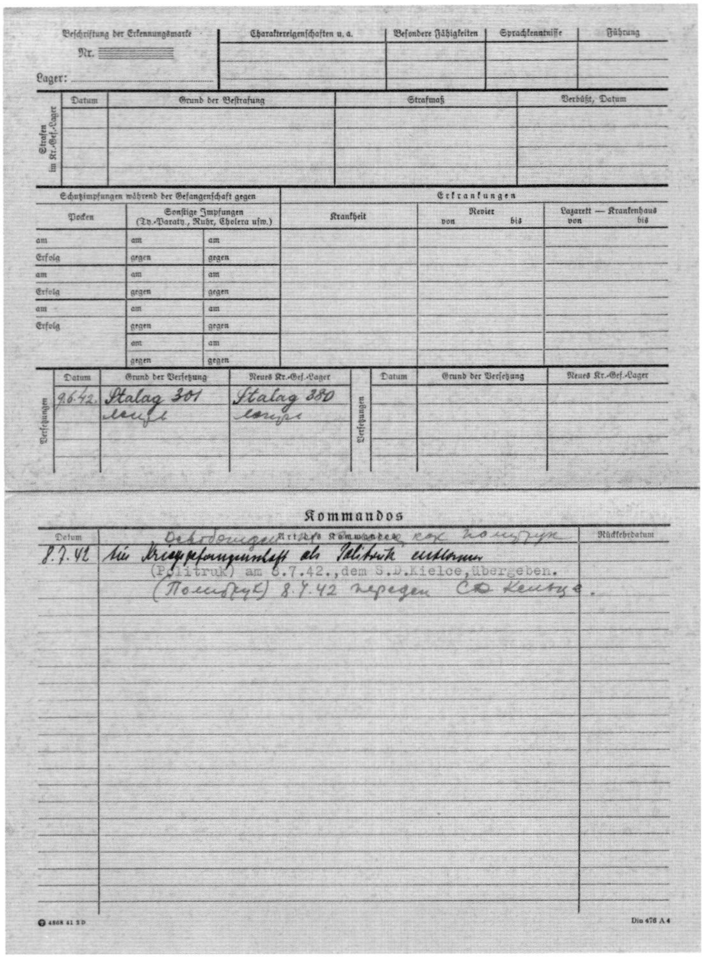
Beschriftung der Erkennungsmarke Nr. | Charaktereigenschaften u. a. | Besondere Fähigkeiten | Sprachkenntnisse | Führung

Lager:

Strafen im Kr.-Gef.-Lager

Datum	Grund der Bestrafung	Strafmaß	Verbüßt, Datum

Schutzimpfungen während der Gefangenschaft gegen

Pocken	Sonstige Impfungen (Ty.-Paraty., Ruhr, Cholera usw.)		Krankheit	Revier von bis	Lazarett — Krankenhaus von bis
am	am	am			
Erfolg	gegen	gegen			
am	am	am			
Erfolg	gegen	gegen			
am	am	am			
Erfolg	gegen	gegen			
	am	am			
	gegen	gegen			

Erkrankungen

Versetzungen

Datum	Grund der Versetzung	Neues Kr.-Gef.-Lager	Datum	Grund der Versetzung	Neues Kr.-Gef.-Lager
9.6.42	Stalag 301	Stalag 380			

Kommandos

Datum	Art des Kommandos	Rückkehrdatum
8.7.42	(Politruk) am 8.7.42., dem S.D. Kielce, übergeben.	
	(Политрук) 8.7.42 передан СД Кельце.	

Personalkarte von „Iwan Belousow"
ZAMO, Abteilung 11

„(Politruk) am 8.7.42,

dem S.D. Kielce, übergeben."

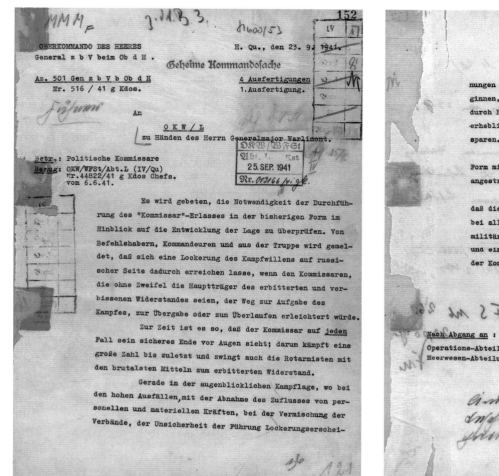

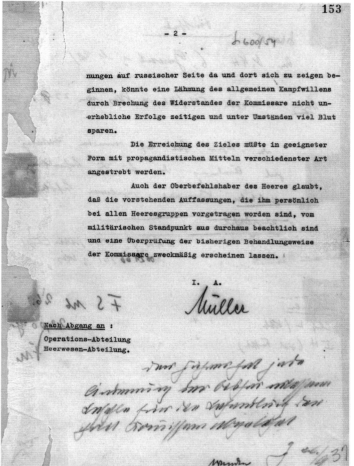

OBERKOMMANDO DES HEERES   H. Qu., den 23. 9. 1941.
General z b V beim Ob d H.

Geheime Kommandosache

Az. 501 Gen z b V b Ob d H   4 Ausfertigungen
Nr. 516 / 41 g Kdos.   1.Ausfertigung.

An

O K W / L
zu Händen des Herrn Generalmajor Warlimont.

Betr.: Politische Kommissare
Bezug: OKW/WFSt/Abt.L (IV/Qu)
Nr.44822/41 g Kdos Chefs.
vom 6.6.41.

Es wird gebeten, die Notwendigkeit der Durchführung des "Kommissar"-Erlasses in der bisherigen Form im
Hinblick auf die Entwicklung der Lage zu überprüfen. Von
Befehlshabern, Kommandeuren und aus der Truppe wird gemeldet, daß sich eine Lockerung des Kampfwillens auf russischer Seite dadurch erreichen lasse, wenn den Kommissaren,
die ohne Zweifel die Hauptträger des erbitterten und ver-
bissenen Widerstandes seien, der Weg zur Aufgabe des
Kampfes, zur Übergabe oder zum Überlaufen erleichtert würde.

Zur Zeit ist es so, daß der Kommissar auf jeden
Fall sein sicheres Ende vor Augen sieht; darum kämpft eine
große Zahl bis zuletzt und zwingt auch die Rotarmisten mit
den brutalsten Mitteln zum erbitterten Widerstand.

Gerade in der augenblicklichen Kampflage, wo bei
den hohen Ausfällen,mit der Abnahme des Zuflusses von per-
sonellen und materiellen Kräften, bei der Vermischung der
Verbände, der Unsicherheit der Führung Lockerungserschei-

- 2 -

nungen auf russischer Seite da und dort sich zu zeigen beginnen, könnte eine Lähmung des allgemeinen Kampfwillens
durch Brechung des Widerstandes der Kommissare nicht unerhebliche Erfolge zeitigen und unter Umständen viel Blut
sparen.

Die Erreichung des Zieles müßte in geeigneter
Form mit propagandistischen Mitteln verschiedenster Art
angestrebt werden.

Auch der Oberbefehlshaber des Heeres glaubt,
daß die vorstehenden Auffassungen, die ihm persönlich
bei allen Heeresgruppen vorgetragen worden sind, vom
militärischen Standpunkt aus durchaus beachtlich sind
und eine Überprüfung der bisherigen Behandlungsweise
der Kommissare zweckmäßig erscheinen lassen.

I. A.

Müller

Nach Abgang an :
Operations-Abteilung
Heerwesen-Abteilung.

Schreiben des Oberkommandos des Heeres an das Oberkommando der Wehrmacht, Generalmajor Warlimont, vom 23.9.1941
Bundesarchiv/Militärarchiv, RW 4/578, Bl. 152 f.

Handschriftlicher Vermerk vom Chef des Wehrmachtführungsstabs Alfred Jodl: „Der Führer hat jede Änderung der bisher erlassenen Befehle für die Behandlung der polit. Kommissare abgelehnt."

Bericht des Nachrichtenoffiziers der Heeresgruppe Mitte,
Freiherr von Gersdorff, vom 9.12.1941 über eine Frontreise
im Bereich der 4. Armee (Abschrift)
Bundesarchiv/Militärarchiv, RH 19 II/127, Bl. 171–173, Zitat Bl. 173

„Ich habe den Eindruck gewonnen, daß die Erschießungen
der Juden, der Gefangenen
und auch der Kommissare fast
allgemein im Offizierkorps
abgelehnt wird […]."

„[…] IV. Bei allen längeren Gesprächen mit Offizieren wurde ich,
ohne darauf hingedeutet zu haben, nach den Judenerschießungen gefragt. Ich habe den Eindruck gewonnen, daß die Erschießungen der Juden, der Gefangenen und auch der Kommissare fast allgemein im Offizierkorps abgelehnt wird, die Erschiessung der Kommissare vor allem auch deswegen, weil
dadurch der Feindwiderstand besonders gestärkt wird. Die Erschiessungen werden als eine Verletzung der Ehre der Deutschen Armee, in Sonderheit des Deutschen Offizierkorps betrachtet. Je nach Temperament und Veranlagung der Betreffenden wurde in mehr oder weniger starker Form die Frage nach
der Verantwortung hierfür zur Sprache gebracht. Es ist hierzu
festzustellen, daß die vorhandenen Tatsachen in vollem Umfang
bekannt geworden sind und daß im Offizierkorps der Front weit
mehr darüber gesprochen wird, als anzunehmen war."

Einsatzbefehl Nr. 8 des Chefs der Sicherheitspolizei und des SD
vom 17.7.1941
Bundesarchiv/Militärarchiv, R 58/272, Bl. 46–58

„Einsatzbefehl Nr. 8

Betr.: Richtlinien für die in die Stalags und Dulags abzustellenden
Kommandos des Chefs der Sicherheitspolizei und des SD.
Anlg.: 2 geheftete Anlagen 1 und 2,
1 lose Anlage.

————

In der Anlage übersende ich Richtlinien über die Säuberung
der Gefangenenlager, in denen Sowjetrussen untergebracht
sind. Diese Richtlinien sind im Einvernehmen mit dem OKW –
Abteilung Kriegsgefangene – (s.Anl. 1) ausgearbeitet worden.
Die Kommandeure der Kriegsgefangenen- und Durchgangslager
(Stalags und Dulags) sind seitens des OKW. verständigt worden.
Ich ersuche, sofort ein Kommando in Stärke von einem SS-Führer und 4 bis 6 Mann für die im dortigen Bereich befindlichen
Kriegsgefangenenlager abzustellen. Falls zur Durchführung der
gestellten Aufgaben zusätzliche Kräfte benötigt werden,
ist mir sofort Mitteilung zu machen. Ich mache jedoch darauf
aufmerksam, daß die nicht davon betroffenen Staatspolizeileit-stellen im Reiche derartig schwach besetzt sind, daß weitere Kräfte nicht abgegeben werden können. […]
Für die Durchführung der den Kommandos in den Gefangenenlagern gestellten Aufgaben füge ich – als Anlage 2 – Richtlinien
für die in die Stalags abzustellenden Kommandos des Chefs der
Sicherheitspolizei und des SD bei, von denen gleichfalls das
OKW und damit auch die Befehlshaber und Lagerkomman-
ten Kenntnis erhalten haben.
Vor Durchführung der Exekutionen haben sich die Führer der
Einsatzkommandos wegen des Vollzuges jeweils mit den Leitern der in Frage kommenden Staatspolizeileit-stellen, bezw.
mit den Kommandeuren des für ihr Lager zuständigen Gebie-

„In der Anlage übersende ich
Richtlinien über die Säuberung
der Gefangenenlager, in denen
Sowjetrussen untergebracht
sind. Diese Richtlinien sind im
Einvernehmen mit dem OKW
– Abteilung Kriegsgefangene –
(s.Anl. 1) ausgearbeitet worden."

tes in Verbindung zu setzen. Die Exekutionen dürfen nicht im
Lager selbst, noch in unmittelbarer Nähe erfolge n; sie sind
nicht öffentlich und müssen möglichst unauffällig durchgeführt werden.
Hinsichtlich der Überprüfung der Durchgangslager in den neubesetzten Gebieten ergeht an die Chefs der Einsatzgruppen
der Sicherheitspolizei und des SD gesonderte Weisung. Die im
Bereiche der von den Kommandeuren der Sicherheitspolizei
und des SD und den Staatspolizeistellen gestellten zusätzli-
chen Einsatzkommandos liegenden Durchgangslager, sind von
diesen selbst zu überprüfen. […]

Abschrift.

Anlage 1
Richtlinien für die Aussonderung von Zivilpersonen und verdächtigen Kriegsgefangenen des Ostfeldzuges in den Kriegsgefangenenlagern im besetzten Gebiet, im Operationsgebiet,
im Generalgouvernernement und in den Lagern im Reichsgebiet.

———————————

I. Absicht.
Die Wehrmacht muss sich umgehend von allen denjenigen Elementen unter den Kr. Gef. befreien, die als bolschewistische
Triebkräfte anzusehen sind. Die besondere Lage des Ostfeldzuges verlangt daher besondere Massnahmen, die
frei von bürokratischen und verwaltungsmässigen Einflüssen
verantwortungsfreudig durchgeführt werden müssen.

Während den bisherigen Vorschriften und Befehlen des Kriegsgefangenenwesens ausschliesslich militärische Überlegungen zu
Grunde lagen, muss nunmehr der politische Zweck erreicht werden, das Deutsche Volk vor bolschewistischen Hetzern zu schützen und das besetzte Gebiet alsbald fest in die Hand zu nehmen.

II. Weg zur Erreichung des gesteckten Zieles.

A. Die Insassen der Russen-Lager sind daher zunächst nach
folgenden Gesichtspunkten innerhalb der Lager voneinander zu trennen:
1.) Zivilpersonen;
2.) Soldaten (auch solche, die zweifellos Zivilkleider angelegt
haben);
3.) Politisch untragbare Elemente aus 1.) und 2.);
4.) Personen aus 1.) und 2.), die besonders vertrauenswürdig
erscheinen und daher für den Einsatz zum Wiederaufbau
der besetzten Gebiete verwendungsfähig sind;
5.) Volkstumsgruppen innerhalb der Zivilpersonen und Soldaten.

B. Während die grobe Trennung nach A. 1) bis 5.) durch die
Lagerorgane selbst vorgenommen wird, stellt zur Aussonderung der Personen zu A. 3.) und 4.) der Reichsführer-SS
‚Einsatzkommandos der Sicherheits-
polizei und des Sicherheitsdienstes'
zur Verfügung.

Sie sind dem Chef der Sipo und des SD unmittelbar unterstellt, für ihren Sonderauftrag besonders geschult und treffen ihre Massnahmen und Ermittlungen im Rahmen der Lagerordnung nach Richtlinien, die sie vom Chef der Sicherheitspolizei und des Sicherheitsdienstes erhalten haben.

Den Kommandanten besonders deren Abwehr-Offizieren wird engste Zusammenarbeit mit den Einsatzkommandos zur Pflich gemacht.

III. Weitere Behandlung der ausgesonderten Gruppen.

A. Zivilpersonen, soweit unverdächtig, verbleiben abgesondert im Lager bis ihre Rückführung ins besetzte Gebiet möglich erscheint. Den Zeitpunkt hierfür gibt der betreffende Wehrmacht-Befehlshaber (bzw. der Befehlshaber des rückwärtigen Heeresgebietes) nach Zustimmung der zuständigen Dienststellen des Chefs der Sipo und des SD an. Grundlegend für die Rückführung ist der gesicherte Einsatz in Arbeit am Heimatort oder in besonders aufzustellenden Arbeitsformationen.

Für die Bewachung während der Rückführung trägt der Wehrmacht-Befehlshaber (bzw. der Befehlshaber des rückwärtigen Heeresgebietes) die Verantwortung. Nach Möglichkeit stellt das Lager Begleitkommandos.

Wegen ‚Verdächtigen' siehe II. A. 3.) –

B. Militärpersonen.

Wegen evtl. Verwendung im Reichsgebiet sind Asiaten von den europäisch aussehenden Soldaten zu trennen. Offiziere werden vielfach als ‚Verdächtige' auszusondern sein. Andererseits sind Offiziere zur Verhinderung der Einflussnahme auf die Mannschaften frühzeitig von diesen zu trennen.

Über den Abschub der Militärpersonen ergeht Sonderbefehl. Bereits hier sei betont, dass für den Einsatz in Deutschland keine Asiaten und Personen in Frage kommen, die der deutschen Sprache mächtig sind.

C. Über die als ‚Verdächtige' (s. II. A., 3.) ausgesonderten entscheidet das Einsatzkommando der Sipo und des SD.

Sollten einzelne als verdächtig angesehene sich später als unverdächtig herausstellen, so sind sie zu den übrigen Zivilpersonen oder Soldaten im Lager zurückzuführen.

Dem Ersuchen des Einsatzkommandos auf Herausgabe weiterer Personen ist stattzugeben.

D. Vertrauenswürdige Personen sind zunächst zur Aussonderung der Verdächtigen (II. A. 3) und zu sonstigen Aufgaben der Lagerverwaltung heranzuziehen. (Auf ‚Wolgadeutsche' wird besonders hingewiesen).

Erscheinen sie für den Einsatz zum Wiederaufbau im besetzten Gebiete besonders geeignet, so darf einem Freigabeersuchen des Einsatzkommandos der Sipo und des SD nur dann widersprochen werden, wenn abwehrmässiges Interesse an einer bestimmten Person besteht.

E. Volkstumsgruppen z.B. Ukrainer, Weissrussen, Litauer, Letten, Esthen, Finnen, Georgier und Wolgadeutsche. Trennung bei Soldaten und Zivilisten, soweit diese nicht ohnehin alsbald in das besetzte Gebiet abgeschoben werden.

Über die Verwendung der einzelnen Volkstumsgruppen ergeht Sonderbefehl.

_____

Anlage 2.

Amt IV   Berlin, den 17. Juli 1941

Richtlinien
für die in die Stalags abzustellenden Kommandos des Chefs der Sicherheitspolizei und des SD.

– – –

Die Abstellung der Kommandos erfolgt nach der Vereinbarung zwischen dem Chef der Sicherheitspolizei und des SD. und dem OKW. vom 16.7.41 (siehe Anlage 1).

Die Kommandos arbeiten aufgrund besonderer Ermächtigung und gemäß der erteilten allgemeinen Richtlinien im Rahmen der Lagerordnung selbständig. Es ist selbstverständlich, daß die Kommandos mit dem Lagerkommandanten und dem ihm zugeteilten Abwehroffizier engste Fühlung halten.

Aufgabe der Kommandos ist die politische Überprüfung aller Lagerinsassen und die Aussonderung und weitere Behandlung

a) der in politischer, krimineller oder in sonstiger Hinsicht untragbaren Elemente unter diesen,

b) jener Personen, die für den Wiederaufbau der besetzten Gebiete verwendet werden können.

Für die Durchführung ihrer Aufgabe können den Kommandos Hilfsmittel nicht zur Verfügung gestellt werden. Das ‚Deutsche Fahndungsbuch', die ‚Aufenthaltsermittlungsliste' und das ‚Sonderfahndungsbuch UdSSR' werden sich in den wenigsten Fällen als verwertbar erweisen; das ‚Sonderfahndungsbuch UdSSR' ist deshalb nicht ausreichend, weil nur ein geringer Teil der als gefährlich zu bezeichnenden Sowjetrussen darin aufgeführt ist. Die Kommandos müssen sich daher nach ihrem Fachwissen und Können auf eigene Feststellungen und selbsterarbeitete Kenntnisse stützen. Deshalb werden sie mit der Durchführung ihrer Aufgabe erst dann beginnen können, wenn sie entsprechendes Material zusammengetragen haben.

Für ihre Arbeit haben die Kommandos, soweit als möglich, sich zunächst und auch in der Folge der Erfahrungen des Lagerkommandanten zunutze zu machen, die diese aus der Beobachtung der Gefangenen und aus Vernehmungen von Lagerinsassen inzwischen gesammelt haben.

Weiter haben die Kommandos von Anfang an bemüht zu sein, unter den Gefangenen auch die zuverlässig erscheinenden Elemente, und zwar gleichgültig, ob es sich dabei um Kommunisten handelt oder nicht, herauszusuchen, um sie für ihre nachrichtendienstlichen Zwecke innerhalb des Lagers und, wenn vertretbar, später auch in den besetzten Gebieten dienstbar zu machen. Es muß gelingen, durch Einsatz solcher V-Personen und unter Ausnutzung aller sonst vorhandenen Möglichkeiten zunächst unter den Gefangenen alle auszuscheidenden Elemente Zug um Zug zu ermitteln. Durch kurze Befragung der Festgestellten und evtl. Befragung anderer Gefangener haben sich die Kommandos in jedem Fall endgültige Klarheit über die zu treffenden Maßnahmen zu verschaffen.

„Für ihre Arbeit haben die Kommandos, soweit als möglich, sich zunächst und auch in der Folge der Erfahrungen des Lagerkommandanten zunutze zu machen, die diese aus der Beobachtung der Gefangenen und aus Vernehmungen von Lagerinsassen inzwischen gesammelt haben."

Die Angabe <u>eines</u> V-Mannes gilt ohne weiteres nicht, einen Lagerinsassen als verdächtig zu bezeichnen. Vielmehr muß irgendwie nach Möglichkeit eine Bestätigung erreicht werden. Vor allem gilt es ausfindig zu machen:
alle bedeutenden Funktionäre des Staates und der Partei, insbesondere

> Berufsrevolutionäre,
> die Funktionäre der Komintern,
> alle maßgebenden Parteifunktionäre der KPdSU. und ihrer Nebenorganisationen in den Zentralkomitees, den Gau- und Gebietskomitees,
> alle Volkskommissare und ihre Stellvertreter,
> alle ehemaligen Polit-Kommissare in der Roten Armee, die leitenden Persönlichkeiten der Zentral- und Mittelinstanzen bei den staatlichen Behörden,
> die führenden Persönlichkeiten des Wirtschaftslebens,
> die sowjetrussischen Intelligenzler,
> alle Juden,
> alle Personen, die als Aufwiegler oder fanatische Kommunisten festgestellt werden.

Nicht minder wichtig sind, wie bereits erwähnt, die Feststellung jener Personen, die für den Neuaufbau, die Verwaltung und Bewirtschaftung der eroberten russischen Gebiete Verwendung finden können.

Schließlich müssen solche Personen, die zum Abschluß weiterer Ermittlungen, gleichgültig, ob polizeilicher oder sonstiger Art, und zur Klärung allgemein interessierender Fragen noch gebraucht werden, sichergestellt werden. Darunter fallen insbesondere alle die höheren Staats- und Parteifunktionäre, die aufgrund ihrer Stellung und ihrer Kenntnisse in der Lage sind, Auskunft über Maßnahmen und Arbeitsmethoden des sowjetrussischen Staates, der Kommunistischen Partei oder der Komintern zu geben.

Bei den zu treffenden Entscheidungen ist schließlich auch auf die völkische Zugehörigkeit Bedacht zu nehmen.

Jede Woche gibt der Leiter des EK. mittels FS. oder Schnellbriefes an das Reichssicherheitshauptamt einen Kurzbericht. Dieser hat zu enthalten:

1) <u>Kurze</u> Schilderung der Tätigkeit in der vergangenen Woche,
2) Zahl der endgültig als verdächtig anzusehenden Personen (Zahlenangabe genügt),
3) Namentliche Benennung der als
   Funktionäre der Kominter,
   maßgebende Funktionäre der Partei,
   Volkskommissare,
   Pol-Kommissare,
   leitende Persönlichkeit
   festgestellten Personen mit kurzer Beschreibung ihrer Stellung
4) Zahl der als unverdächtig zu bezeichnenden Personen
   a) Kriegsgefangene,
   b) Zivilpersonen.

Aufgrund dieser Tätigkeitsberichte werden sodann vom Reichssicherheitshauptamt die zu treffenden weiteren Maßnahmen umgehendst mitgeteilt.

Für die aufgrund dieser Weisung sodann sukzessiv zu treffenden Maßnahmen haben die Kommandos bei der Lagerleitung die Herausgabe der betreffenden Gefangenen zu beantragen.

Die Lagerkommandanturen sind vom OKW. angewiesen, derartigen Anträgen stattzugeben (siehe Anlage 1).

Exekutionen dürfen nicht im Lager oder in unmittelbarer Umgebung des Lagers durchgeführt werden. Befinden sich die Lager im Generalgouvernement in unmittelbarer Nähe der Grenze, so sind die Gefangenen zur Sonderbehandlung möglichst auf ehemals sowjetrussisches Gebiet zu verbringen.

Sollten aus Gründen der Lagerdisziplin Exekutionen erforderlich sein, so hat sich dieserhalb der Leiter des EK. an den Lagerkommandanten zu wenden.

Über die durchgeführten Sonderbehandlungen haben die Kommandos Listen zu führen; sie müssen enthalten:

> Lfd. Nummer,
> Familien- und Vorname,
> Geburtszeit und -ort,
> militärischer Dienstgrad,
> Beruf,
> letzter Wohnort,
> Grund der Sonderbehandlung,
> Tag und Ort der Sonderbehandlung
> (Zettelsammlung).

Hinsichtlich der durchzuführenden Exekutionen, des möglichen Abtransportes von zuverlässigen Zivilpersonen und des Abschubes etwaiger V-Personen für die Einsatzgruppe in die besetzten Gebiete hat sich der Leiter des EK. in Verbindung zu setzen mit dem Leiter der örtlich nächstgelegenen Stapo-(leit)stelle bzw. mit dem Kommandeur der Sicherheitspoliheit und des SD. und über diesen mit dem Chef der betreffenden Einsatzgruppe in den besetzten Gebieten.

Derartige Mitteilungen sind grundsätzlich nachrichtlich an das Reichssicherheitshauptamt, IV A 1, durchzugeben.

Hervorragendes Auftreten in und außer Dienst, bestes Einvernehmen mit den Lagerkommandanten, sorgfältige Überprüfungsarbeit wird den Leitern der EK.'s und allen Angehörigen zur besonderen Pflicht gemacht.

Die Angehörigen der EK.'s haben sich der besonderen Bedeutung der ihnen gestellten Aufgaben stets bewußt zu sein."

BEHANDLUNG UND ARBEITSEINSATZ DER SOWJETISCHEN KRIEGSGEFANGENEN

Die Behandlung der sowjetischen Kriegsgefangenen wich in allen wesentlichen Bereichen von den internationalen Standards ab. Dies betraf sowohl ihre allgemeine Versorgung als auch den erleichterten Waffengebrauch bei der Bewachung sowie die völlig unzureichenden Verpflegungs- und Unterbringungsbedingungen.

Darüber hinaus plante die Wehrmachtsführung bereits im Vorfeld des Krieges den völkerrechts-widrigen Arbeitseinsatz der sowjetischen Kriegsgefangenen im Operationsgebiet. In der deut-schen Kriegsindustrie sollten die sowjetischen Kriegsgefangenen offiziell zunächst nicht arbeiten, obwohl auch dies seit August 1941 regional geschah. Im Dezember gab das Oberkommando der Wehrmacht (OKW) dem kriegswirtschaftlichen Druck endgültig nach und verfügte, daß nun auch sowjetische Kriegsgefangene verstärkt in der Rüstungsproduktion des Reiches eingesetzt werden sollten. Zu diesem Zeitpunkt war jedoch ein erheblicher Teil der gefangenen Rotarmisten bereits tot oder nicht mehr arbeitsfähig. Das OKW ergriff daraufhin Maßnahmen, die regelrechte „Aufpäppelungsaktionen" vorsahen, um die Arbeitsfähigkeit der nun dringend benötigten sowjetischen Kriegsgefangenen wieder herzustellen. Eine Verbesserung ihrer Situation setzte erst ab Frühjahr 1942 ein. Nach zeitgenössischen Angaben befanden sich im August 1944 etwa 700.000 sowjetische Kriegsgefangene im Arbeitseinsatz, darunter ein erheblicher Teil in der Rüstungsproduktion und im Bergbau.

Kriegstagebuch der Rüstungsinspektion VI, Heft 3: Januar bis Juni 1941, Eintrag vom 30.5.1941
Bundesarchiv/Militärarchiv, RW 20–6/3, Bl. 103 f.

„[...] Mitte April [1941] trat dann auch die Wehrkreisverwaltung VI an die Rü In heran und gab zunächst einige Holzverarbei-tungsmaschinen auf mit der Bitte um Beschlagnahme. Aus den Äußerungen der Herren der Wehrkreisverwaltung VI war zu entnehmen, daß die für diese Lager in Frage kommenden Ge-fangenen sich die Unterkunftsstätten selbst zu bauen hätten, dass die Gefangenen zunächst also lediglich in einem umzäun-ten, aber sonst unvorbereiteten Raum untergebracht werden sollten. Die Vermutung lag nahe, dass es sich um Gefangene handeln mußte, die nicht mit der sonst vor Kriegsgefangenen üblichen Achtung behandelt werden sollten.
(Wie sich später herausstellte, Russen). [...]"

Schreiben des Oberquartiermeisters vom 13.6.1941, Anhang: „Besondere Anordnungen für die Versorgung im Einsatz ‚B'" vom 9.6.1941
Bundesarchiv/Militärarchiv, RH 20–4/877

„[...] Kriegsgefangene sind mit primitivsten Mitteln (z.B. Pferde-fleisch) zu ernähren. Hochwertige und knappe Lebens- und Genußmittel (Kaffee, Tee, Rauchwaren u.s.w.) dürfen an die-selben nicht ausgegeben werden. [...]"

Rundschreiben des Oberkommandos der Wehrmacht/Kriegsgefangene vom 26.6.1941
Bundesarchiv/Militärarchiv, WI ID/72

„[...] II. Erfassung der Kriegsgefangenen.

In vorläufiger Abänderung der Bestimmungen der H.Dv.38/4 und 5 sind russische Kriegsgefangene wie folgt zu erfassen:

a) Im Dulag (gibt es nur im Bereich des rückwärtigen Heeresgebietes)

1. keinerlei namentliche Erfassung. Aufnahme- und Weiterleitungslisten sind nicht zu führen. [...]

b) Im Stalag (Im Bereiche der ,Heimatorganisation' s. Ziff. Ia und im Reich)

Im Stalag ist ausser den Aufnahme- und Weiterleitungslisten nur die Karteikarte I zu führen. Die Karteikarte II kommt in Fortfall, solange Arbeitseinsatz der Russen in der Wirtschaft nicht beabsichtigt ist. (s. Ziff. III). [...]

Meldung an die Wehrmacht-Auskunftstelle erfolgt nicht. Zu- und Abgangslisten sind demnach nicht zu führen."

Rundschreiben des Oberkommandos der Wehrmacht vom 2.7.1941
Bundesarchiv/Militärarchiv, RW 48/v. 12, Bl. 142 f.

„[...] 1.) Die russische Regierung hat sich über das Internationale Rote Kreuz inzwischen bereit erklärt, die Namen der Kr.Gef. an die Feindstaaten mitzuteilen, sofern dies auch seitens der mit Russland im Krieg befindlichen Mächte erfolgt.

2.) In Abänderung des letzten Satzes im Absatz II o.a. Verfügung wird daher angeordnet, dass die russischen Kr.Gef. an die Wehrmachtauskunftstelle (W A St), Berlin W 30, Hohenstaufenstr. 147/48, zu melden sind. Diese Meldung erfolgt jedoch nicht nach dem Muster der Anlage 3 zur H Dv 38/5 sondern, in gleicher Weise wie für die jugoslavischen Kr.Gef., auf einer vierteiligen Karteikarte in g r ü n e r Farbe nach anliegendem Muster. Die Karteikarten für Offiziere sind durch einen roten Schrägstrich gekennzeichnet."

Anlage zur Verfügung OKW/AWA
Abt. Kriegsgef. Nr. 3058/41 geh. vom
8. 9. 1941 (offen zu behandeln!)

Merkblatt
für die Bewachung sowjet. Kriegsgefangener.
Der Bolschewismus ist der Todfeind des nationalsozialistischen Deutschland.

Zum ersten Male in diesem Kriege steht dem deutschen Soldaten ein nicht nur soldatisch, sondern auch politisch geschulter Gegner gegenüber, der im Kommunismus sein Ideal, im Nationalsozialismus seinen ärgsten Feind sieht. Im Kampf gegen den Nationalsozialismus ist ihm jedes Mittel recht: Heckenschützenkrieg, Bandentum, Sabotage, Brandstiftung, Zersetzungspropaganda, Mord. Auch der in Gefangenschaft geratene Sowjetsoldat, mag er auch äußerlich noch so harmlos erscheinen, wird jede Gelegenheit benutzen, um seinen Haß gegen alles Deutsche zu betätigen. Es ist damit zu rechnen, daß die Kr.Gef. entsprechende Anweisungen für ihre Betätigung in der Gefangenschaft erhalten haben. **Ihnen gegenüber ist also äußerste Wachsamkeit, größe Vorsicht und schärfstes Mißtrauen dringendes Gebot.**

Für die Bewachungsmannschaften gelten folgende Richtlinien:

1. **Rücksichtsloses Durchgreifen** bei den geringsten Anzeichen von Widersetzlichkeit und Ungehorsam!
   Zur Brechung von Widerstand ist von der Waffe schonungslos Gebrauch zu machen.
   Auf fliehende Kr.Gef. ist **sofort** (ohne Anruf) zu schießen mit der festen Absicht zu treffen.

2. Jede **Unterhaltung** mit den Kr.Gef. — auch auf dem Marsch von und zur Arbeitsstelle — soweit sie sich nicht auf unbedingt notwendige dienstliche Anweisung bezieht, ist **streng verboten.**
   Es gilt unbedingtes Rauchverbot auf Märschen zu und von Arbeitsplätzen, sowie während der Arbeit.
   Jede **Unterhaltung** der Kr.Gef. mit **Zivilpersonen** ist in gleicher Weise, notfalls unter Anwendung von Waffengewalt — auch gegen die Zivilpersonen — zu verhindern.

3. Auch auf der **Arbeitsstelle** ist **ständige scharfe Aufsicht** durch deutsche Bewachungsmannschaften erforderlich. Jeder Wachmann hat sich von den Kr.Gef. immer in **solcher Entfernung zu halten,** daß er jederzeit **sofort** von seiner Waffe Gebrauch machen kann. Nie einen Kr.Gef. den Rücken kehren!

4. Auch gegen den **arbeitswilligen und gehorsamen Kr.Gef.** ist Weichheit nicht am Platz. Er legt sie als Schwäche aus und zieht daraus seine Folgerungen.

5. Bei aller Strenge und Härte bei der rücksichtslosen Durchsetzung gegebener Befehle ist deutschen Soldaten jede **Willkür** oder **Mißhandlung,** vor allem die Verwendung von Knüppeln, Peitschen usw. verboten. Dies würde der Würde des deutschen Soldaten als Waffenträger widersprechen.

6. Niemals darf eine bei den bolschewistischen Kr.Gef. in Erscheinung tretende scheinbare Harmlosigkeit dazu führen, daß von vorstehenden Anordnungen abgewichen wird.

Merkblatt für die Bewachung sowjetischer Kriegsgefangener vom 8.9.1941
NStOS, Dep. 50b II, Stadt Quakenbrück, Nr. 225

Kriegstagebuch 1 des Wirtschaftsstabes Ost vom 23.10.1941
Bundesarchiv/Militärarchiv, F 43384

„23. Oktober 1941.

Die Reihenfolge der Dringlichkeit der Nahrungsmittel-Versorgung in den Ostgebieten wird wie folgt festgelegt:

a) Wehrmacht

b) Heimat

c) Zivilbevölkerung in den besetzten Ostgebieten

d) Kriegsgefangene

Die russische Anbaufläche für Textilrohstoffe soll für das Jahr 1942 um 25–30% erhöht werden.

Die von der Zementfabrik Port – Kunda in Estland mit Genehmigung der Ortskommandantur herausgegebenen Notgeldscheine werden sofort zurückgezogen. In Kirowograd und Krementschug wird eine Stadtbank errichtet."

Kriegsgefangenenzahlen nach den „Kesselschlachten" während des Krieges gegen die Sowjetunion bis November 1941

		Heeresgebiet	Gefangene
9.7.1941	Bialystok/Minsk	HG Mitte	**323.000**
Anfang August	Uman	HG Süd	**103.000**
5.8.1941	Smolensk/Roslawl	HG Mitte	**348.000**
20.8.1941	Gomel	HG Mitte	**50.000**
23.8.1941	Ilmensee	HG Nord	**18.000**
Ende August	Welikije Luki	HG Mitte	**30.000**
4.9.1941	Estland	HG Nord	**11.000**
Mitte September	Demjansk	HG Nord	**35.000**
26.9.1941	Kiew	HG Süd	**665.000**
Ende September	Lugna/Leningrad	HG Nord	**20.000**
10.10.1941	Melitopol/Berdjansk	HG Süd	**100.000**

Zusammengestellt nach Angaben aus Christian Streit, Keine Kameraden. Die Wehrmacht und die sowjetischen Kriegsgefangenen 1941–1945,
Neuausg., Bonn 1997, S. 83

Befehl des Oberkommandos des Heeres zur Verpflegung sowjetischer Kriegsgefangener

Ic/650/41 geh.

Oberkommando des Heeres
Gen.St.d.H./Gen.Qu./IVa (III,2) H.Qu.OKH., den 21.10.1941.
Az. 960 Nr. I/23738/41 geh.

G e h e i m .

Betr.: Verpflegung sowjetrussischer Kriegsgefangener.

Bezug: OKH(Ch H Ruest u.BdE) Az.62 f VA/Ag V III/V 3 (V e) v.6.8.41, bekanntgegeben mit Heeresint. im OKH/Gen.St.d.H./Gen.Qu. Az.960/41 (III,2) v.12.8.41.

Unter Aufhebung des Bezugserlasses werden ab sofort den im besetzten russ. Gebiet einschl. Bereich W.Befh. Ukraine und Ostl., den Gen.Gouv. in Norwegen und in Rumaenien befindlichen russ. Kriegsgefangenen fuer je 7 Tage folgende Verpfl.-Saetze gewaehrt:

1.) In Kriegsgefangenenlagern (ohne nennenswerte Arbeit):

Fleisch und Fleischwaren	keine
Fett	70 g.
Magerkaese, Quark	62,5 g.
Bratlingspulver	30 g.
Naehrmittel (Graupen, Haferflocken, Griess, Teigwaren, Bruchreis)	100 g.
Zucker	150 g.
Marmelade	150 g.
Frischgemuese (Speiserueben, Kohl)	1 125 g.
Sauerkohl	137,5 g.
Kartoffeln	5 kg.
Brot	1,5 kg.
Deutscher Tee	28 g.
Salz	105 g.

Die Kartoffelversorgungslage zwingt zum sparsamsten Verbrauch. Falls Rueben vorhanden, duerfen Kartoffeln nur bis zu 50% ausgegeben werden, mindestens 50% sind durch Rueben zu ersetzen.
Verhaeltnis: 1 kg. Kartoffeln – 3 kg. Rueben.
Es muss unter allen Umstaenden versucht werden, Brot durch Hirse und Buchweizen weitgehendst zu ersetzen.

2.) Bei Arbeitseinsatz (im Kriegsgefangenenlager und ausserhalb auf Arbeitskommando).

a) Bei normalem Einsatz:

Fleisch und Fleischwaren	100 g.
Fett	100 g.
Magerkaese (Quark)	62,5 g.
Zucker	150 g.
Marmelade	175 g.
Naehrmittel (Graupen, Griess, Haferflocken, Teigwaren, Bruchreis)	150 g.
Frischgemuese (moegl.nur Speiserueben)	1125 g.
Sauerkohl (in Faessern)	275 g.
Kartoffeln	8,5 kg.
Brot	2 kg.
Deutscher Tee	28 g.
Salz	105 g.

Gewuerze (nur nichtbewirtschaftete) nach Bedarf und Vorratslage.

– 2 –

Am 21.10.1941 verfügte das OKH wöchentliche Verpflegungssätze für sowjetische Kriegsgefangene, die zum Überleben nicht reichten, zumal die vorgesehenen Rationen nur selten in vollem Umfang ausgegeben wurden.

Falls Rueben vorhanden, duerfen Kartoffeln nur bis zu
50% ausgegeben werden, mindestens 50% sind durch Rueben
zu ersetzen. Verhaeltnis - 1 kg. Kartoffeln - 3 kg. Rueben.
Es muss ersucht werden, Brot durch Hirse und Buchweizen
weitgehenst zu ersetzen.

Als Arbeit im Kriegsgefangenenlager gelten auch:
Arbeiten beim Auf- und Ausbau des Kriegsgefangenenlagers,
Arbeiten der Schuhmacher, Schneider und sonstiger fuer die
Kriegsgefangenen taetigen Handwerker sowie des eingesetzten
Sanitaetspersonals.

b) Bei Beschaeftigung mit Arbeiten, fuer die in der Heimat
Schwerarbeiterzulagen gewährt werden, kann einheitlich
fuer je 7 Tage neben den Saetzen gem. a) als Zulage nach
Massgabe vorhandener Bestaende gewaehrt werden:

Fleisch und Fleischwaren	100	g.
Brot	500	g.
Fett	50	g.

Als Schwerstarbeiter gilt:

wer dauernd schwere koerperliche Arbeit zu leisten hat;
wer nur zeitweise oder an einzelnen Tagen schwere Arbeit leistet oder bei seiner Arbeit nur eine koerperliche
Arbeitskraft aufzuwenden braucht, die ueber das in der
Regel von gewerblichen Arbeitern zu leistende Mass nicht
hinausgeht, ist kein Schwerstarbeiter.

Die Einheitsfuehrer bestimmen, welche Kriegsgefangenen
hiernach die Schwerarbeiterzulage erhalten koennen. Fuer
Bewilligung ist ein besonders strenger Massstab anzulegen. Die Einheitsfuehrer muessen sich dessen bewusst sein,
dass jedes Verpflegungsmittel, das dem Kriegsgefangenen
zu Unrecht oder zuviel gewaehrt wird, den Angehoerigen
in der Heimat oder dem deutschen Soldaten abgezogen werden muss.

3.) Die Verpflegung fuer kranke sowjetrussische Kriegsgefangene
wird nach den Saetzen gem.Ziff.1 gewaehrt. Soweit es die
Krankheit erfordert, kann der zustaendige San.-Offz.
Zusatzverpflegung anordnen, die sich im Rahmen der vorhandenen Bestaende zu halten hat und nicht ueber die Saetze
nach Ziff.2 a) (ohne Schwerarbeiterzulage) hinausgehen darf.

4.) Sofern einzelne in Ziffer 1 und 2 genannte Lebensmittel
nicht zur Verfuegung stehen, sind sie durch Lebensmittel
ungefaehr gleicher Zusammenstellung insbesondere hinsichtlich des Eiweissgehaltes zu ersetzen.

Der sich auf Grund der vorstehenden Verpfl.-Saetze ergebende Eiweissgehalt ist zur Erhaltung des Lebens unbedingt
notwendig. Fuer die bei Abgabe von Ers.-Verpfl.-Mitteln
erforderliche Naehrwertberechnung (vergl.H.Dv. 43a) ist
der oertlich zustaendige San.-Offz. heranzuziehen.

- 3 -

5. Die Verpflegung fuer Kriegsgefangene ist im Einvernehmen mit den Dienststellen des Wi. Stab Ost dem Lande zu entnehmen.

Muss Verpflegung bei Verpfl.Dienststellen angefordert werden, sind in erster Linie Verpfl.-Mittel minderer Qualitaet zu verwenden. Verpfl.-Mittel aus Nachschubbestaenden duerfen nicht abgegeben werden, es sei denn, dass in einzelnen besonders gelagerten Notfaellen die Verpflegung auf andere Weise nicht sichergestellt werden kann. Die Entnahme von Verpflegung aus Nachschubbestaenden in diesen Notfaellen ist nur nach vorheriger Genehmigung durch das AOK, den Befh. r.H.Geb., den Vers.Bez. oder den W. Befh. bis auf weiteres erlaubt. Fett und Fleisch duerfen auf keinen Fall abgegeben werden.

Die zur Ausgabe an Kriegsgefangene genehmigten Lebensmittelmengen sind in jedem Einzelfall durch die AOK usw. an OKH/ Gen.St.d.H./ Gen.Qu. in zweifacher Ausfertigung zu melden.

Anforderung von Verpfl.-Mitteln fuer Kriegsgefangene sind in der Vorlage besonders kenntlich zu machen. Der erforderliche Bedarf, insbesondere an Rueben und Kartoffeln, ist, soweit moeglich, vorausschauend sicherzustellen, damit nicht Mangel an Bestaenden dazu zwingt, auf andere, noch wertvollere Lebensmittel zurueckzugreifen.

6. Lebensmittelzuweisungen und Speisezettel sind nach den Mustern im Teil III des 2. Merkblattes ueber Kriegsgefangenenverpflegung aufzustellen. Auch im uebrigen gelten die dort zusammengefassten Bestimmungen entsprechend, soweit nicht gegenwaertige oder sonstige fuer die russ. Kriegsgefangenen erlassenen besonderen Bestimmungen dem entgegen stehen.

In Teil II des 2. Merkblattes ueber Kriegsgefangenenverpflegung ist auf diesem Erlass handschriftlich hinzuwiesen.

7. Die Sowjetunion ist dem Abkommen ueber die Behandlung der Kriegsgefangen vom 27.7.29 nicht beigetreten. Es besteht daher keine Verpflichtung den sowjetischen Kriegsgefangenen eine diesem Abkommen hinsichtlich Menge und Guete entsprechende Verpflegung zu gewaehren.

Die gem. Ziffer 1 und 2 den Kriegsgefangenen zu gewaehrenden Verpfl.-Saetze stellen das Hoechste dar, was auf Grund der Ernaehrungslage im Reich und in den Ostgebieten als Dauerverpflegung abgegeben werden kann. Sie liegen sogar teilweise ueber den Verpflegungssaetzen, die der arbeitenden russischen Zivilbevoelkerung verabreicht werden koennen. Auch die vom OKW im Heimatkriegsgebiet vorgesehenen Zulagen zur Herstellung der Arbeitsfaehigkeit der Kriegsgefangenen koennen nicht gewaehrt werden. Weitere Antraege auf Erhoehung der Saetze sind daher zwecklos. Alle vorgelegten Antraege sind hiermit erledigt.

Fuer die Richtigkeit: I. A.

[Unterschrift]   (gez.) Unterschrift.

Hauptmann.

Befehl des Oberkommandos des Heeres zur Verpflegung sowjetischer Kriegsgefangener vom 21.10.1941
Bundesarchiv/Militärarchiv, RH 22/272b

„Die Sowjetunion ist dem Abkommen ueber die Behandlung der Kriegsgefangen vom 27.7.29 nicht beigetreten. Es besteht daher keine Verpflichtung den sowjetischen Kriegsgefangenen eine diesem Abkommen hinsichtlich Menge und Guete entsprechende Verpflegung zu gewaehren."

Merkpunkte aus der Chefbesprechung in Orscha am 13.11.1941,
Generalquartiermeister Eduard Wagner
StAN, NOKW–1535

„[...] Nichtarbeitende Kriegsgefangene in den Gefangenenlagern
haben zu verhungern.
Arbeitende Kriegsgefangene koennen im Einzelfalle auch aus
Heeresbestaenden ernaehrt werden. Generell kann auch das
angesichts der allgemeinen Ernaehrungslage leider nicht befohlen werden.
Die Lage im Verpflegungsnachschub bei der Heeresgruppe
Mitte ist z.Zt. so, dass eine sofortige Hilfe nicht einsetzen
kann.[...]"

Sowjetischer Kriegsgefangener an der Straße Pleskau–Luga,
1.8.1941
Bundesarchiv, Bild 146/2000/15/25

Sowjetische Kriegsgefangene in Mga, 20 km südl. Schlüsselburg (Ladoga-See), 21.9.1941
Bundesarchiv, Bild 146/2000/15/15

Befehl des Oberkommandos der Wehrmacht vom 18.12.1941

Bundesarchiv, R 11/1240, Bl. 107 f.

„[...] Alle Maßnahmen der Kommandanten von Kriegsgefangenen-
lagern sind darauf zu richten, möglichst viele Kr.Gef. wieder
gesund und arbeitseinsatzfähig zu machen oder zu erhalten.
Dazu gehört:

1.) Ausreichende Ernährung aller Lagerinsassen nach den gegebenen Vorschriften auch solcher, deren derzeitiger körperlicher
Zustand den sofortigen Einsatz nicht zuläßt.

Diäternährung, z.B. Mehlsuppe anstelle von Brot, wo gewöhnliche
Kost nicht vertragen wird.

2.) Unterbringung in heizbaren Räumen.

3.) Ärztliche Überwachung. Einwandfreie Entlausungsanlagen;
nach Entlausung Verlegung in entweste Räume; behelfsmäßige
Entlausungsanlagen auf den Arb.Kdos.

4.) Ausreichende Bekleidung.

5.) Aufklärung aller mit den Kr.Gef. in Berührung kommenden
Wehrmacht- oder Zivilpersonen, dahingehend, daß Abweichungen von diesen Regeln nur zu Arbeitsausfällen und zur Schwächung der Gesundheitsverhältnisse des gesamten Volkes führen müssen (Muster eines Merkblattes siehe Anlage), ihre Einhaltung daher lediglich im Interesse der Allgemeinheit und des
einzelnen Unternehmers liegt.

Der auf solche Weise versorgte Kr.Gef. wird dann im deutschen
Produktionsprozess nutzbringend angesetzt werden können.

Mangelhafte Arbeitsleistung bei nachweisbarem körperlichen
Arbeitsvermögen wird mit Rückführung in Kr.Gef.Lager bestraft
und führt damit zum Entzug des Taschengeldes von täglich
RM 0.20. Darüber hinaus kann als weitere Erziehungsmaßnahme
vorübergehende Schmälerung der Ernährung angeordnet
werden.

Die vorstehenden Maßnahmen zur körperlichen Kräftigung
von sowjet.Kr.Gef. sind zweckbedingt und berühren nicht die
geistige oder politisch-weltanschauliche Einstellung zu den
Sowjets an sich."

Sowjetische Kriegsgefangene in der Eisengießerei des
Volkswagenwerkes, 1944

Volkswagen AG, CH 11.490

Sowjetische Kriegsgefangene bei der Fahrgestellmontage im
Volkswagenwerk, 1942

Volkswagen AG, CH 4295/33

Sowjetischer Kriegsgefangener bei der Kurbelwellenbearbeitung
im Volkswagenwerk, 1942

Volkswagen AG, CH 4759/65

Anlage zu Va 5135/45.   Abschrift.   **9**

Der Chef   F.H.Qu., den 24. Dezember 1941.
des Oberkommandos der Wehrmacht
WFSt. (1) Nr. 00 3150 / 41.
AWA Kriegsgef. Nr. 8770/41.

    Durch die Notwendigkeit, aus der Kriegswirtschaft eine er-
hebliche Zahl bisher dort als unabkömmlich beschäftigter Soldaten
für die Front freizumachen, hat der Arbeitseinsatz von Kr.
Gef. noch erheblich an Bedeutung gewonnen.
    Der Führer hat daher befohlen:

  "1.) Die Zuführung der sowjet. Kr.Gef. in die Rüstungs- und
      Kriegswirtschaft ist für die Aufrechterhaltung der
      Rüstungskapazität und für die Leistungsfähigkeit un-
      serer Kriegswirtschaft nunmehr entscheidendes Problem
      geworden.

   2.) Es kommt darauf an, dass alle an der Bereitstellung der
      sowjet. Kr.Gef. als einsatzfähige Arbeiter beteiligten
      Dienststellen und Behörden ihr Äusserstes daransetzen,
      die Einsatzfähigkeit der Kr.Gef. zu erweitern und vor
      allem zu beschleunigen. Vorbedingungen hierzu sind ins-
      besondere eine ausreichende Ernährung und die Beseitigung
      der Fleckfiebergefahr. Alle hierfür verantwortlichen
      Dienststellen müssen sich in höchstem Masse ihrer Ver-
      antwortlichkeit und der Notwendigkeit bewusst sein,
      möglichst viele Kr.Gef. der Heimat zuzuführen, damit sie
      der Dienststelle "Arbeitseinsatz des Beauftragten für
      den Vierjahresplan" zur Verfügung gestellt werden kön-
      ne.

   3.) Die Zuführung aller geeigneten Kr.Gef. an die Rüstungs-
      industrie ist damit vordringlichste Aufgabe geworden.
      Alle übrigen Ansprüche, soweit sie nicht unmittelbar
      der fechtenden Truppe zugute kommen, müssen daher zu-
      rückgestellt werden.

   4.) Aus dieser Grundlage sind die schon befohlenen und ge-
      planten Aufstellungen aus sowjet. Kr.Gef. des Heeres, des
      Ersatzheeres, des RdL und ObdL, der Kriegsmarine und der
      Waffen-SS zu überprüfen, insbesondere im Hinblick auf

                                                - / -

---

    die Kopfstärke. Das OKW setzt im Einvernehmen mit dem
    Beauftragten für den Vierjahresplan (Arbeitseinsatz)
    und dem Reichsminister für Bewaffnung und Munition
    --- unter Berücksichtigung der Belange der Wehrmacht
    einschliesslich des Stellungsbaues im Osten --- eine
    neue Dringlichkeitsfolge für den Arbeitseinsatz fest.

   5.) Alle frei werdenden sowjet. Kr.Gef. sind dem OKW an-
      zubieten.
      Zum 15. jeden Monats, erstmals zum 15.1.1942, meldet
      mir das OKW, wieviel sowjet.Kr.Gef.zum Arbeitsein-
      satz

      a) im vergangenen Monat zur Verfügung gestellt worden
         sind und
      b) voraussichtlich im laufenden Monat angeboten werden
         können."

                        gez. K e i t e l
                        Generalfeldmarschall

Für die Richtigkeit:
gez. Reinicke
Generalleutnant

Der Chef des Oberkommandos der Wehrmacht zum Führerbefehl betreffend
den Arbeitseinsatz sowjetischer Kriegsgefangener in der Kriegswirtschaft vom
24.12.1941 (Abschrift)
Bundesarchiv/Militärarchiv, WI ID/72

Der Chef des Oberkommandos

der Wehrmacht verfügt am

24.12.1941, daß „die Zuführung

aller geeigneten Kr.Gef. an die

Rüstungsindustrie [...] vordring-

lichste Aufgabe geworden" ist.

Denkschrift über die Behandlung der sowjetischen Kriegsgefangenen aus dem Reichsministerium für die besetzten Ostgebiete, übersandt an den Chef des Oberkommandos der Wehrmacht Anfang März 1942

StAN, PS – 081

„[...] Das Schicksal der sowjetischen Kriegsgefangenen in Deutschland ist im Gegenteil eine Tragödie größten Ausmaßes. Von den 3,6 Millionen Kriegsgefangenen sind heute nur noch einige Hunderttausend voll arbeitsfähig. Ein großer Teil von ihnen ist verhungert oder durch die Unbilden der Witterung umgekommen. Tausende sind auch dem Fleckfieber erlegen. Es versteht sich von selbst, daß die Ernährung derartiger Massen von Kriegsgefangenen auf Schwierigkeiten stieß. Immerhin hätte bei einem gewissen Verständnis für die von der deutschen Politik angestrebten Ziele ein Sterben und Verkommen in dem geschilderten Ausmaß vermieden werden können. Innerhalb der Sowjet-Union war z.B. nach vorliegenden Nachrichten die einheimische Bevölkerung durchaus gewillt, den Kriegsgefangenen Lebensmittel zur Verfügung zu stellen. Einige einsichtige Lagerkommandanten haben diesen Weg auch mit Erfolg beschritten. In der Mehrzahl der Fälle haben jedoch die Lagerkommandanten es der Zivilbevölkerung untersagt, den Kriegsgefangenen Lebensmittel zur Verfügung zu stellen und sie lieber dem Hungertode ausgeliefert. Auch auf dem Marsch in die Lager wurde es der Zivilbevölkerung nicht erlaubt, den Kriegsgefangenen Lebensmittel darzureichen. Ja, in vielen Fällen, in denen Kriegsgefangene auf dem Marsch vor Hunger und Erschöpfung nicht mehr mitkommen konnten, wurden sie vor den Augen der entsetzten Zivilbevölkerung erschossen und die Leichen liegen gelassen. In zahlreichen Lagern wurde für eine Unterkunft der Kriegsgefangenen überhaupt nicht gesorgt. Bei Regen und Schnee lagen sie unter freiem Himmel. Ja, es wurde ihnen nicht einmal das Gerät zur Verfügung gestellt, um sich Erdlöcher oder Höhlen zu graben. Eine systematische Entlausung der Kriegsgefangenen in den Lagern und der Lager selbst ist offenbar versäumt worden. Es sind Äußerungen vernommen worden wie: ‚Je mehr von diesen Gefangenen sterben, desto besser für uns.‘ Die Folge dieser Behandlung ist nun die, daß das Fleckfieber durch Entlaufen und Entlassen der Kriegsgefangenen sich weit verbreitet und sowohl in der deutschen Wehrmacht wie unter der Zivilbevölkerung, selbst des Altreichs, Opfer gefordert hat. Zu erwähnen wären endlich noch die Erschießungen von Kriegsgefangenen, die zum Teil nach Gesichtspunkten durchgeführt wurden, die jedes politische Verständnis vermissen lassen. [...]

An die Spitze der Forderungen ist zu stellen, daß die Behandlung der Kriegsgefangenen nach den Gesetzen der Menschlichkeit und entsprechend der Würde des Deutschen Reiches zu erfolgen hat. [...]"

SOWJETISCHE KRIEGSGEFANGENE

SOWJETISCHE KRIEGSGEFANGENE IM OSTEN

TODESMÄRSCHE

Mit ihrer Gefangennahme standen die sowjetischen Kriegsgefangenen ausschließlich unter der Obhut der deutschen Wehrmacht. Im Operationsgebiet war das Oberkommando des Heeres für ihren Transport, ihre Unterbringung und Behandlung verantwortlich. Bereits bei der Gefangennahme kam es immer wieder zu willkürlichen Erschießungen, bei denen unbewaffnete und wehrlose Rotarmisten getötet wurden.

Die Kriegsgefangenen wurden zunächst in Frontnähe in Divisions-Gefangenensammelstellen zusammengefaßt und anschließend an Armee-Gefangenensammelstellen übergeben. Die mobilen Armee-Gefangenensammelstellen, die den kämpfenden Verbänden folgten, waren in der Regel äußerst primitiv ausgestattet, gleiches galt – zumindest in den ersten Kriegsmonaten – für die im rückwärtigen Heeresgebiet liegenden Durchgangslager (Dulag).

Charakteristisch für den Abschub der Gefangenen waren die in großen Kolonnen durchgeführten Fußmärsche bei völlig unzureichender Verpflegung. Viele der Kriegsgefangenen überlebten bereits diese Strapazen nicht. Es entwickelte sich anscheinend zur Normalität, daß erschöpfte, verwundete und kranke Rotarmisten von den Begleitmannschaften unterwegs erschossen wurden, sobald sie den Marschanforderungen nicht mehr genügten. Als die Anzahl der sowjetischen Kriegsgefangenen im Herbst 1941 nochmals rapide anstieg, wurde der zuvor ausdrücklich verbotene Transport mit der Eisenbahn zwar gestattet, allerdings fehlte es an Waggons. Zudem erfolgte der Eisenbahntransport häufig mit offenen Güterwagen, was gerade im Winter 1941/42 zu vielen Todesopfern unter den sowjetischen Kriegsgefangenen führte.

Sowjetische Soldaten in der Nähe von Charkow
auf dem Weg in die Kriegsgefangenschaft, Winter 1941/42
PK-Fotograf: Hermann Hoeffke
bpk

Sowjetische Gefangene bei Charkow im Mai 1942
bpk

Nach den Kämpfen um Borodino: Sowjetische Soldaten
gehen in deutsche Kriegsgefangenschaft, Dezember 1941
PK-Fotograf: Arthur Grimm
bpk

Bericht von Leutnant Vogelpohl, Infanterieregiment 504,
vom 22.6.1941
StAN, NOKW–1170

„[...] Es wird allmählich Zeit, daß ich hier fertig werde. Ich versuche die letzte Möglichkeit und schicke den Gefangenen jetzt in
den Bunker hinein, mit dem Befehl, seine ‚Genossen' herauszuholen. Und wirklich – er kommt mit einem anderen zurück. Ob
das Loch jetzt leer ist? Während ich dem ersten sage, er soll
auch die Waffen, Munition und Toten herausschaffen, befehle
ich dem zweiten, das seltsame Loch zwischen den beiden Erd-
hügeln abzudecken. Er hat mich genau verstanden! Sträubt
sich aber mit Händen und Füssen dagegen! ‚Sie werden mich
erschießen!' wimmert er. – Wer? Die Russen? Also stecken doch
noch mehr in den Löchern! – Zweimal gebe ich ihm noch den
Befehl. Er weigert sich, wirft sich auf den Boden und reagiert
auf nichts mehr. Ich lasse ihn daraufhin erschießen. [...]"

„Ich lasse ihn

daraufhin erschießen."

Gefangene sowjetische Soldaten werden abgeführt,
bei Kuźnica, 24.6.1941
PK-Fotograf: Lessmann
ullstein bild

Verfügung von General Joachim Lemelsen, 47. Panzerkorps, vom 30.6.1941
RGVA–Moskau, 1275K–3–124

„Das ist Mord!"

„[...] Trotz meiner Verfügung vom 25.6.41, die anscheinend nicht bis zu den Kompanien durchgedrungen ist, werden immer wieder Erschiessungen von Gefangenen, Überläufern und Deserteuren festgestellt, die in unverantwortlicher, sinnloser und verbrecherischer Weise stattfinden. Das ist Mord! Die deutsche Wehrmacht führt diesen Krieg gegen den Bolschewismus, nicht aber gegen die vereinigten russischen Völker. Wir wollen Frieden, Ruhe und Ordnung in dieses Land zurückbringen, das durch jahrelange Bedrückung einer Juden- und Verbrechergesellschaft schwer gelitten hat.
[...] Gerade mit der Lüge vom Erschiessen der Gefangenen aber hält der Gegner seine Soldaten bei der Truppe. Die Mundpropaganda ist in Russland sehr gross und arbeitet schnell. Sowohl die scharfen Massnahmen gegen Freischärler und kämpfende Zivilisten, wie die befohlene gute Behandlung von Gefangenen und Deserteuren würden dem deutschen Heere viel Blut sparen. Genau so schnell wird sich aber im gegnerischen Heer das Bild von ungezählten, am Vormarschwege liegenden Soldatenleichen verbreiten, die ohne Waffen, und mit erhobenen Händen eindeutig durch Kopfschüsse aus nächster Nähe erledigt worden sind. Der versprengte Feind versteckt sich daher in Wäldern und Feldern, kämpft aus Angst weiter und wir verlieren unzählige Kameraden. [...]"

Meldung von Hauptmann Rottendorf über die Armeegefangenensammelstelle 12 vom 6.7.1941
Bundesarchiv/Militärarchiv, RH 23/64

„[...] Die A.Gef.S.St. 12 ist am Westsüdwest-Ausgang von Stefanesti unmittelbar an der Straße Stefanesti–Trusesti–Botosani untergebracht, Geschäftszimmer nördlich, Lager südlich der Straße. Das Lager umfaßt nach beendeter Einrichtung 2 Hektar und bietet Platz für mindestens 20.000 Gefangene.
Es fehlen: Stacheldraht, Bretter, Pfosten.
Verpflegungs- u. Kocheinrichtungen nicht vorhanden. [...] Wachmannschaften waren seit 4.7. mittags ohne jedwede Verpflegung. Die Gefangenen blieben ohne Wasser, angeblich wegen Mangels an Kannen. [...]"

Bericht des Armeeoberkommandos 17 über den „Gefangenenanfall" in der Schlacht von Uman vom 15.8.1941
StAN, NOKW–2264

„Mit Beginn der Schlacht von Uman wurden Armee Gef. S. Stelle 15 in Ternowka, Armee Gef. S. Stelle 16 in Uman eingesetzt. Aufnahmebereitschaft ab 4.8. früh (Bes. Anordnungen Az. 165 v. 28.7., VII).
Es wurde mit einem Gefangenenanfall von 30–35 000 Gefangenen gerechnet, was durch beide Armee Gef. S. Stellen glatt zu erfassen ist. Die Ablieferung der Gefangenen durch die Divisionen verlief reibungslos. Die Verpflegung war durch Anfahren von Beutebeständen und Freigabe von minderwertigen Beständen im A.V.L. gesichert.
Am 8.8. überzeugte sich der Qu. 2 Major Knapp an Ort und Stelle, dass das Lager ordnungsgemäss eingerichtet war.
Der Abschub der Gefangenen durch die Divisionen erfolgte jedoch in der Masse unangemeldet nach Uman. Hinzu kommen unangemeldete Gefangenentransporte der Panzergruppe 1, so dass in der Armee Gef. S. Stelle 16 am 10.8. schon rund 50 000 Gefangene vorhanden waren. Dort war bereits seit 8.8. das vorher von der Sich.-Div. 444 angeforderte Dulag eingesetzt. Mit dem erhöhten Gefangenenanfall wurden am 11.8. zu der bereits vorhandenen Bewachung in Uman noch zwei weitere LS-Komp. des LS-Btl. 901 vorgeführt und bei der Sich.-Div. 444 (Hptm. Meier Ib war persönlich anwesend) das Dulag 152 dringend angefordert. Am 10.8. war der Quartiermeister des Korück 556 in Uman und überzeugte sich von den dortigen Zuständen. Bei seiner Rückkehr am 11.8. früh meldete er dem A.O.K. 17 O.Qu., dass alles in Ordnung sei.
Am 12.8. gegen Mittag wurde A.O.K. 17 O.Qu./Qu.2 durch den Qu. XXXXIX. A.K. verständigt, dass die Lage im Dulag 182 bedrohliche Formen annehmen würde. Zurückzuführen war dieses darauf, dass sich unter der Masse der Gefangenen noch Offiziere und Kommissare befanden, die die Gefangenen zum Ausbruch in der Nacht zum 12. auf 13. aufhetzten. Von der ursprünglich vorhandenen Umzäunung waren die Pfähle in den vorhergegangenen Nächten abgerissen und zu Feuerungszwecken verwandt worden. Eine Umzäunung war also praktisch nicht mehr vorhanden. [...]"

Bericht des Kriegsgefangenen-Bezirkskommandanten J
über das Durchgangslager 130 in Roslawl vom 30.9.1941
Bundesarchiv/Militärarchiv, RH 22/251

„[...] Oberst Marschall weist auf die Dringlichkeit des Ausbaus des Lagers hin, da bereits in den nächsten Tagen mit einem Großanfall von Gefangenen zu rechnen ist. Zur Zeit befinden sich im Lager 2500 Gefangene. In 3 großen Holzbaracken können zunächst 7 – 8000 unter Dach untergebracht werden. Für weiter anfallende Kgf. müssen Unterkunftsmöglichkeiten sofort geschaffen werden, so daß im Notfalle 40 000 Gefangene unterzubringen sind. Ein Sägewerk ist auszukundschaften, von dem Bretter in größerem Umfange geliefert werden können. Das Dulag klagt über Werzeugmangel.
Verpflegungsvorräte sind vorhanden, doch gibt Oberst Marschall Anweisung, weitere Mengen zu beschaffen. 15 Kessel stehen zur Verfügung; weitere sind zu beschaffen. Mit dem Bau von ortsfesten Kochanlagen wird umgehend begonnen. Die größte Schwierigkeit liegt in der Wasserversorgung. In der ganzen Stadt gibt es infolge der Zerstörungen kein laufendes Wasser. [...]"

Bericht des Kriegsgefangenen-Bezirkskommandanten J
über den Transport in offenen Waggons vom 22.11.1941
Bundesarchiv/Militärarchiv, RH 22/251

„[...] O-Wagen sollen nicht mehr zum Transport der Gef. verwendet werden. Beim letzten Transport von Bobruisk nach Minsk sind 20% der Gef. gestorben (von 5000 Mann = 1000 Mann). [...]"

Schreiben des Befehlshabers des rückwärtigen Heeresgebiets
Mitte/Ic an das Armeeoberkommando 9 vom 31.8.1941 (Abschrift)
Bundesarchiv/Militärarchiv, RH 23/220

„[...] Sehr unguenstig wird die Stimmung beeinflusst durch angeblich unmenschliches Pruegeln von sowjetischen Kriegsgefangenen, die wegen Hunger und koerperlicher Schwaeche am Ende der Zuege nicht mehr mitkommen konnten. Es sollen sich in Orscha in der Zeit vom 18.–20.8. vor den Augen der Zivilbevoelkerung wiederholt Faelle dieser Art abgespielt haben. Die Weissrussen, die mir davon erzaehlten, erklaerten, es sei garnicht schlimm, wenn ein gesunder, fauler Kriegsgefangener Pruegel bezoege, aber das Pruegeln halbtoter Erschoepfter errege in der ganzen Bevoelkerung Verbitterung und Hass. Bei dem mir bis dahin als deutschfreundlich bekannten Weissruthenen, von denen ich diese Dinge hoerte, war ein deutlicher Stimmungsumschwung festzustellen. [...]"

„[...] aber das Pruegeln halbtoter Erschoepfter errege in der ganzen Bevoelkerung Verbitterung und Hass."

Kommandant
d.rückw.A.Geb.582
  - Qu -

Stabsquartier, den 26.November 1941.

Bezug: A.O.K.9, O.Qu./Qu.2 vom 23.11.41.
Betr.: Abgänge von Kriegsgefangenen.

An

A.O.K.9, O.Qu./Qu.2.

	22.6. - 1.10.			2. 10. - 15.11.		
	gestorb.	als Partis. ersch.	ge-flo-hen	ge-stor-ben	als Partis. ersch.	ge-flo-hen
A.Gef.Sa.St. 7	342	0	37 x)	580	0	62 xx)
A.Gef.Sa.St. 8	16	187	6 xx)	2	0	3 xx)
Wach-Batl. 508	0	75	7 xx)	0	0	7 xx)
Wach-Batl. 720	74	4	22 xx)	123	6	10 xx)
Dulag 240 xxx)	18	0	0	91	1	1
				63	0	1
Summe bei den Korück 582 unterstellten Lagern:	450	266	72	796	7	83

x)   Partisanenverdächtige wurden dem S.D. übergeben.

xx)   Die meisten Geflohenen beim Fluchtversuch oder bei der Verfolgung erschossen.

xxx)   In der Zeit vom 14.10. - 31.10. unterstand Dulag 240 dem Befehlsh. rückw. Heeresgebiets. In diese Zeit fallen die rot unterstrichenen Zahlen. Sie sind in der Gesamtsumme für die Zeit vom 2.10. - 15.11. (blau) enthalten.

I.   A.

Oberst.

33

Meldung des Kommandanten des rückwärtigen Armeegebietes 582 an das Armeeoberkommando 9 über die Todesrate in den Armeegefangenensammelstellen vom 26.11.1941
Bundesarchiv/Militärarchiv, RH 23/222

WB 1623 f

F e r n s p r u c h .

über Ortskdtr. Rshew

Inhalt : Dulag 240   24.11. vorm.

Korück 582 ruft an,

Gez. Graf Wolfskeel

Absendende Stelle Korück 582

23.11. Uhr ......
Uffz. Kaulbert
Gef. Stadler.

Armee-Gefangenen-Sammelstelle 7

S p r u c h   Nr. 6650

Absendende Stelle :   Korück 582 - Qu -

An :   Dulag 240

Inhalt :

Schnellmöglichst ist zu melden:

1. Wieviel Kriegsgefangene sind in der Zeit vom 22.6. bis
1.10.41

a) gestorben   342
b) als Partisanen erschossen worden   an SD abgegeben
c) geflohen   37 beim Flucht[...]auf[...]schossen

2. Wieviel Kriegsgefangenen sind in der Zeit vom 2.10. bis
15.11.41 einschliesslich

a) gestorben   580
b) als Partisanen erschossen worden   an SD abgegeben
c) geflohen   62 beim Flucht[...]auf[...]schossen

Die Schätzung hat möglichst genau zu erfolgen. Dulag 240
hat die Zeitabschnitte zu unterteilen in denen es der Armee bezw. dem
Befh. rückw.Heeresgebiet Mitte unterstand.
Die gleichen Meldungen erstatten Armee Gef.Sammelstelle 7 und
Wachbatl.720. Letzteres für die Zeit in der Teile des Batl's
selbständiger Lager geführt haben. Dulag 240 übermittelt ihnen
diesen Befehl.
Die Meldungen erfolgen durch Fernspruch und sind schriftlich
nachzureichen.

Korück 582 -Qu-

Durchgegeben: Qu.Verm. XXIII A.K.

Angenommen: Gefr. Schülke 23.11.41.   17.45 Uhr.

fernmündlich [...] am 24.11.41.

Hauptmann und Kommandant

35

Fernschreiben des Kommandanten des rückwärtigen Armeegebietes 582 an den Kommandanten
des Durchgangslagers 240 vom 24.11.1941
Bundesarchiv/Militärarchiv, RH 23/222

NACHKRIEGSAUSSAGEN – TODESMÄRSCHE

20. März 1970

Wilhelm K.,
ehemaliger Angehöriger des
Dulag 192

„[...] Wir hatten den Auftrag, 2000 russische Kriegsgefangene von Stalino nach Saporoshe zurückzuführen. Unter Führung eines Unteroffiziers des Dulag 192 mußte eine Gruppe aus diesem Dulag die 2000 Gefangenen begleiten. [...]
Der Marschweg führte über die verschneiten Rollbahnen nach Saporoshe. Die Entfernung zwischen Stalino und Saporoshe mag etwa 300 km betragen. Die Gefangenen waren für diesen Marsch denkbar schlecht ausgerüstet und in einem sehr geschwächten Gesundheitszustand. Wir durften während des Marsches für die Zubereitung von Mahlzeiten keine Feuer machen und Brot war nicht vorhanden. An Marschverpflegung wurde von Stalino nur sehr wenig, auf jeden Fall unzureichende Verpflegung mitgegeben. Vor Entkräftung sind viele Gefangene liegengeblieben. Diese wurden von einem nachmarschierenden Trupp durch Schuß in den Hinterkopf getötet. Ich will an dieser Stelle noch erwähnen, daß zu dem Begleitpersonal noch etwa 12 Hiwis gehörten. Die Erschießungen auf diesem Marsch wurden von Angehörigen des deutschen Begleitpersonals durchgeführt. An die Namen der Schützen kann ich mich nicht mehr erinnern. Von den 2000 Gefangenen lieferten wir in Saporoshe 1089 ab. Bei dieser Zahl handelt es sich um die Überlebenden dieses Marsches. Überraschenderweise bekamen wir in Saporoshe ein Lob, daß wir überhaupt noch so viele Gefangene abliefern konnten. Wir lieferten diese Gefangenen in einem Lager in Saporoshe ab. Der uns empfangende Lagerführer sprach uns dieses eben erwähnte Lob aus. Es hätten nämlich – so erzählte dieser Lagerführer weiter – andere Trupps, die zur gleichen Zeit von Stalino nach Saporoshe mit je 2000 Gefangenen unterwegs waren, nur sehr wenige und zum Teil gar keine Überlebenden in Saporoshe übergeben können. [...]"

StA Hamburg, 147 Ks 31/70, Bd. 2, Bl. 253–260, Zitat Bl. 258 f.

29. Juni 1976

Horst M.,
ehemaliger Schütze in der
1. Kompanie des Landes-
schützenbataillons 301

„[...] Nach kurzer Zeit bekamen wir den Auftrag, russische Kriegsgefangene von U m a n nach W i n n i z a im Fußmarsch zu transportieren. [...]
Auf dem Marsch von U m a n nach W i n n i z a war ich beritten und stellte die Verbindung zwischen den einzelnen Marschzeilen her (Melder). Auf diesem Transportmarsch bin ich wiederholt Augenzeuge von Erschießungen russischer Kriegsgefangener geworden. Bei den Opfern hat es sich um solche gehandelt, die nicht mehr gehfähig waren oder aus anderen Gründen nicht mehr transportfähig waren.
Auf Frage:
Wenn ich so nachdenke, komme ich zu dem Schluß, daß auf diesem Marsch etwa 100 Kriegsgefangene erschossen worden sind, und zwar durch die Bewachungsmannschaft. [...]"

Nds. Hauptstaatsarchiv Hannover, Nds. 721 Hann., Acc. 90/99, Nr. 115, Bl. 132–134, Zitat Bl. 132 f.

Transport von sowjetischen Kriegsgefangenen, Smolensk 1941/42

„Gefangenen-Verladung
im Hauptbahnhof Smolensk
Sie warten auf die offenen
Güterwagen! Gefangene aus
der Schlacht bei Wjasma!
Okt. 1941"

Fotograf: Eugen Heller, damals Angestellter der Reichsbahn
Archiv des Hamburger Instituts für Sozialforschung, Bild 009,01

„Smolensk
Gefangenentransport
im Bhf 1942"

Fotograf: Eugen Heller
Archiv des Hamburger Instituts für Sozialforschung, Bild 009,02

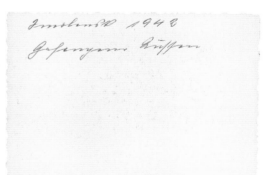

„Smolensk 1942
Gefangene Russen"

Fotograf: Eugen Heller
Archiv des Hamburger Instituts für Sozialforschung, Bild 009,03

Bericht der Propagandaabteilung W beim Befehlshaber des rückwärtigen Heeresgebietes Mitte vom 15.11.1941
Bundesarchiv/Militärarchiv, RW 4/253

„[…] Erschwerend für eine günstige Stimmungsbildung bei der Bevölkerung wirkt sich auch die Behandlung der Kriegsgefangenen aus. Es kommt immer wieder vor, dass Gefangene, die infolge völliger Entkräftigung ihren Marsch in das rückwärtige Gebiet nicht mehr fortsetzen können, einfach erschossen werden. Soweit dies in abgelegenen Gebieten und ausserhalb geschlossener Siedlungen geschieht, dürfte die Bevölkerung davon nichts merken. Die Kunde von Fällen aber, in denen Gefangene innerhalb geschlossener Siedlungen einfach erschossen wurden, verbreiten sich mit Windeseile über den ganzen Raum und tragen keineswegs dazu bei, die Autorität zu erhöhen und den Glauben an die Gerechtigkeit, die man bei den Deutschen voraussetzt, zu stärken. Die Bevölkerung empfindet einen krassen Gegensatz zwischen den in den abgeworfenen Flugblättern gemachten Versprechungen und der tatsächlichen Behandlung der Kriegsgefangenen."

„Die Bevölkerung empfindet einen krassen Gegensatz zwischen den in den abgeworfenen Flugblättern gemachten Versprechungen und der tatsächlichen Behandlung der Kriegsgefangenen."

Sowjetische Gefangene in einem Sammellager bei Uman-Miropol, Juli 1941
PK-Fotograf: Arthur Grimm
bpk

Schreiben des Leitenden Sanitätsoffiziers der Oberfeldkommandantur Donez vom 2.11.1942 (Abschrift)
Bundesarchiv/Militärarchiv, RH 22/193

„[…] Als wir zur Lagerkommandantur fuhren – die Absperrung der Kolchose war noch nicht durchgeführt, wohl die des Lagers – wurden auf dem Abstellgleis bei der Kommandantur aus einem sogenannten Kriegsgefangenen-Lazarettzug 13 Leichen ausgeladen, die während des Transportes gestorben waren. Der Transportführer, ein Unteroffizier, berichtete, dass der Transport am 5. Tage unterwegs sei, dass sie mit 2 Tagen Marschverpflegung abgeschickt seien und vorgestern als Verpflegung nur Brot und Wasser empfangen hätten. Es handele sich um 840 Kranke und Verwundete. Die Waggons boten einen derartig trostlosen Anblick, aus vielen tropften die Fäkalien heraus, Kot lag handbreithoch auf den Trittbrettern, sodass wir, der Oberarzt Rinsche und ich, es nicht dulden konnten, dass dieser Zug, der eine Seuchengefahr sondergleichen bedeutete, auf dem Bahnhof Jasinowataja stundenlang stehen bleiben sollte, auf dem Bahnhof, aus dem täglich 6000/8000 Urlauber ins Reich fahren. […]
Es wurde angeordnet, unter Benachrichtigung der obergeordneten Dienststellen und mit ihrem Einverständnis, dass der Zug dortselbst ausgeladen wurde, um grösseres Unheil zu verhüten. Der Zustand in einigen Waggons lässt sich nicht beschreiben. In einem lagen 2 völlig entkleidete Leichen in den Kotsammlungen, 3 weitere Leichen wurden entladen, 10/15 Kriegsgefangene lagen im Sterben. […]"

„Der Zustand in einigen Waggons lässt sich nicht beschreiben."

Sowjetische Gefangene in der Gefangenensammelstelle, Mga, 20 km südlich Schlüsselburg (Ladoga-See), 21.9.1941
Bundesarchiv, Bild 146/2000/15/17

Sowjetische Soldaten in der Gefangenensammelstelle, Mga, 20 km südlich Schlüsselburg (Ladoga-See), 28.9.1941
Bundesarchiv, Bild 146/2000/15/13

MASSENSTERBEN IN MINSK: STALAG 352

In der weißrussischen Hauptstadt Minsk existierten mehrere Kriegsgefangenenlager, die ab September 1941 gemeinsam das Stammlager (Stalag) 352 bildeten. Dabei handelte es sich um das Lager Rollbahn, das im November 1942 in Stadtlager umbenannt wurde, sowie um ein Waldlager, das fünf Kilometer außerhalb an der Bahnlinie Minsk–Molodetschno lag. Darüber hinaus gab es mehrere Nebenlager, wie beispielsweise das Lager Drosdy.

Am 6. Juli 1941 übernahm der Kommandant des rückwärtigen Armeegebietes (Korück) 559 das Kriegsgefangenenwesen in Minsk und war damit für alle Gefangenen verantwortlich. Die eintreffenden Armee-Gefangenensammelstellen 2 und 6 sowie das Durchgangslager 126 wurden dem Korück unterstellt.

Die Anzahl der sowjetischen Kriegsgefangenen in Minsk unterlag durch ständige Zu- und Abgänge starken Schwankungen, allerdings befanden sich zeitweise über 100.000 Menschen allein im Hauptlager. Die Verpflegungs- und Unterbringungssituation war insgesamt völlig ungenügend. Es fehlte nahezu an allem: Die Gefangenen wurden zeitweise gar nicht ernährt, allenfalls in unzureichender Menge und mit Lebensmitteln von geringer Qualität. Sie verfügten nur über unzureichende Kleidung, und es standen besonders in den ersten Kriegswochen keine oder nur provisorisch ausgestattete Baracken zur Verfügung.

Die Verhältnisse in Minsk verursachten besonders im Winter 1941/42 ein Massensterben, dem insgesamt Zehntausende Gefangene zum Opfer fielen. Die Menschen starben überwiegend an Unterernährung, Entkräftung, Erfrierungen, Darmerkrankungen, Fleckfieber und anderen Infektionen. Gleichzeitig gehörten willkürliche Erschießungen und „Aussonderungen" zum Lageralltag.

Sowjetische Gefangenenkolonne auf dem Weg durch Minsk, 2.7.1941
Bundesarchiv, Bild 146/2001/20/11

Sowjetische Gefangenenkolonne auf dem Weg durch Minsk, 2.7.1941
Bundesarchiv, Bild 146/2001/20/9

Bewachung von ca. 25.000 sowjetischen Gefangenen, Minsk 1941
Bundesarchiv, Bild 183/91/60/36A

Sowjetische Kriegsgefangene in Minsk, 5.7.1941
Bundesarchiv, Bild 183/75/81/21

Kriegstagebuch des Kommandanten des rückwärtigen Armeegebiets 559 vom 6.7.1941 zur Übernahme des Kriegsgefangenenlagers in Minsk
Bundesarchiv/Militärarchiv, WF–03/14267

„[...] Kdt. trifft weitere Massnahmen zur raschen Organisation des Gefangenenlagers, in welchem so viel wie nichts vorhanden ist, weder genügende Absperrungen, noch sanitäre Anlagen, noch genügend Lebensmittel u.s.w.

Die Aufgabe drängt zu raschem Handeln. Die Zahl der Zehntausende an Gefangenen, unter denen sich auch 20.000 Zivilgefangene befinden, nähert sich dem ersten Hunderttausend und stündlich ist mit einem weiteren Anschwellen der Massen zu rechnen.

Während die Verpflegung in den ersten Tagen sehr ungenügend war, gelingt es dem IVa des Kdt. r.A. und dessen Mitarbeitern durch erste Zufuhr von Nahrungsmitteln die hungrigen Massen zu beruhigen. Der Kommandant erkundet ein für den Abtransport der Leerkolonnen günstig gelegenes Lager an der Autobahn <u>Moskau – Minsk</u> am Ostrand der Stadt und veranlasst für den nächsten Tag die erste Ueberführung von etwa 500 Offizieren und 3000 Mann vom Hauptlager nach dort. [...]"

Bericht des Leiters des Zentralamtes der Organisation Todt, Franz Xaver Dorsch, über das Kriegsgefangenenlager Minsk vom 10.7.1941
StAN, PS–022

„[...] Das Gefangenenlager Minsk beherbergt auf einem Raum von etwa der Grösse des Wilhelmplatzes ca. 100.000 Kriegsgefangene und 40.000 Zivilgefangene. Die Gefangenen, die auf diesem engen Raum zusammengepfercht sind, können sich kaum rühren und sind dazu gezwungen, ihre Notdurft an dem Platz zu verrichten, wo sie gerade stehen. Bewacht wird das Lager von einem Kommando aktiver Soldaten in Kompaniestärke. Die Bewachung des Lagers ist bei der geringen Stärke des Wachkommandos nur möglich unter Anwendung brutalster Gewalt. [...]"

Schreiben des Kommandanten des rückwärtigen Armeegebiets 559 an das Armeeoberkommando 2 vom 14.7.1941
Bundesarchiv/Militärarchiv, WF–03/14267

„[...] Das Durchgangslager Minsk ist mit r. 47 000 Gefangenen belegt, das Nebenlager Autobahn mit r. 7000.

Der Lagerplatz ist gewählt worden, weil nur durch den Fluß die Wasserversorgung sichergestellt ist. Kdt. r.A. 559 fand das Lager an dieser Stelle vor, – damals mit 100 000 Gefangenen belegt. Der Platz hat weiter den Vorteil, daß er von einem den Fluß begleitenden Hügelzug übersehen und überwacht werden kann.

Er hat aber den grossen Nachteil, daß die Gefangenen nur unter dem freien Himmel bleiben müssen. Bei guten Wetter hat das den großen Vorteil der frischen Luft – sobald aber regnerisches Wetter eintritt ist der gegenwärtige Zustand völlig unhaltbar, ebenso wenn die sengende Hitze andauert, der die Gefangenen schutzlos ausgesetzt sind.

Die Unterbringung in bedeckten Räumen kann in der Nähe des Nebenlagers erfolgen, – bisher fehlte dort aber das nötige Wasser. Sobald die Wasserleitung wieder funktioniert muß die Verlegung des Lagers dorthin erfolgen. [...]"

„Er hat aber den grossen Nachteil, daß die Gefangenen nur unter dem freien Himmel bleiben müssen."

Kommandantur-Befehl Nr. 20 zu den Verpflegungssätzen im Waldlager Minsk vom 16.9.1941
GARF, 7021–87–168, Bl. 4

„[...] 3. Die Verpflegungssätze sowjetischer Kriegsgefangener werden wie folgt festgesetzt:

Brot:	a) für arbeitende Kgf. täglich	320 g	
	b) für nichtarb. „ „	160 g	
	c) Marschverpflegung „	500 g	
Graupen:	für alle Kgf. „	150 g	die täglichen
Fleisch:	„ „ „ „	25 g	Sätze richten
(mit Knochen)			sich ganz nach
Zucker:	„ „ „ „	10 g	den Ausgabe-
Salz:	„ „ „ „	5 g	sätzen des
	ausserdem zum Brotbacken auf		A.V.L. Minsk
	75 kg Mehl 1 kg Salz		
Mehl:	für alle Kgf. täglich	30 g [...]"	

Verpflegungssätze für sowjetische Kriegsgefangene im Waldlager Minsk

NACHKRIEGSAUSSAGEN – STALAG 352

11. März 1964

Werner S.,
ehemaliger Adjutant
beim 3. Bataillon des
Infanterieregiments 354

„[...] An einem Flüßchen waren auf einem sandigen Gelände etwa 100 000 Mann zusammengetrieben, die seit Tagen nicht verpflegt waren. Wir besaßen keinerlei Hilfsmittel und Vorräte. Unsere Aufgabe konnte nur so erfüllt werden, daß dieser vorbezeichnete Raum mit MGs umstellt wurde und den Gefangenen gesagt wurde, daß keiner diesen Raum verlassen dürfte. Als dann die ersten Feldküchen aufgestellt wurden, haben sich grauenhafte Geschehnisse abgespielt. Die Feldküchen wurden gestürmt und es wurden bzw. mußten hunderte von Gefangenen erschossen werden, die nicht mehr anders zu bändigen waren und vor allem, um eine einigermaßen Übersicht herzustellen. Dieser Einsatz ist meiner Auffassung nach für jeden einzelnen Angeh. des Batl. ein entsetzliches Erlebnis gewesen. Es mußte jeder überzeugt sein, daß nur noch Härte helfen konnte und das der Krieg gegen Rußland zu Recht begonnen wurde, wenn man diese wie Bestien wirkenden Massen, darunter Tataren und Mongolen erlebt hatte. Jeder war überzeugt, daß sie nur zu dem Zweck zusammengezogen sein konnten, um ihrerseits Deutschland zu überfluten. [...]"

ZStdLJV, 202 AR–Z 27/61, Bd. 1, Bl. 220

20. Juli 1967

Pius R.,
ehemaliger Sanitäter
[Aussage zur Situation
im Stalag 352
im August 1942]

„[...] Als ich in das Lager kam, waren täglich 8 bis 10 Beerdigungen. Dies hat sich bis zu meiner Erkrankung auf etwa 80 Beerdigungen täglich gesteigert. Das Lager war bei meinem Eintreffen mit etwa 2400 und zuletzt mit etwa 8000 bis 10 000 Kriegsgefangen belegt. Die Todesfälle sind durch Krankheit und Unterernährung erfolgt. [...]"

ZStdLJV, VI 319 AR–Z 43/70, Bd. 1, Bl. 50

NACHKRIEGSAUSSAGEN – STALAG 352

„[...] Anfang des Rußlandfeldzuges kamen wir mit dem Wachbataillon Warschau nach
M i n s k . Am Stadtrand war in einer russ. Kaserne ein Kriegsgefangenenlager eingerichtet. Wir kamen als Bewachungseinheit dorthin. [...]
Auf dem Hof hatten die SS-Leute einen Tisch aufgebaut. Jeder Kriegsgefangene
mußte dort vorbei und wurde befragt. Ich habe nicht gehört, was gefragt wurde. Nur
habe ich erfahren, daß die Politoffiziere, der Russe nannte sie Politruks, dort aussor-
tiert wurden. Meist waren das alles Leute im Offiziersrang. Die Leute wurde gesondert zur Seite gestellt. Wenn einige zusammen waren wurden sie dann von SS-Leuten
abgeführt etwas abseits vom Lager. Dort war ein Sandhügel. Ich meine es wäre ein
Schießplatz gewesen. Wir hörten dann von dort Schüsse und konnten uns denken,
daß diese Leute dort erschossen wurden. Nach kurzer Zeit kamen dann die SS-Leute
zurück. Was ich gesehen habe waren es etwa 10 Mann die dorthin geführt wurden
und dann meiner Meinung nach Erschossen wurden. Wir haben uns dort nicht beteiligt, wir haben auch nicht gefragt. [...]"

ZStdLJV, VI 319 AR–Z 43/70, Bd. 1, Bl. 102

6. Dezember 1968

Theodor B.,
ehemaliger Obergefreiter des
„Wachbataillon Warschau"

„[...] Im Juli [1941] kamen wir nach Minsk, wo wir ein Gefangenenlager bewachten,
Mir ist bekannt geworden, dass auch [aus] diesen Gefangenen die Kommissare herausgesucht wurden, die dann meistens morgens erschossen wurden. Soweit mir bekannt ist, waren die Kommissare meistens Juden. Die Erschiessungen erfolgten meistens durch Soldaten unseres Bataillons. [...]"

ZStdLJV, 202 AR–Z 27/61, Bd. 1, Bl. 48

8. September 1961

Bruno M.,
ehemaliger Angehöriger der
12. Kompanie des Infanterieregiments 354

„[...] In Minsk hatten wir im Rahmen unserer Sicherungsaufgabe ein riesiges Gefangenenlager zu bewachen. M. W. war hierzu das gesamte Batl. eingesetzt.
Während unserer Bewachungsaufgabe konnte ich feststellen bzw. beobachten, daß
aus dem Gefangenenlager Lastwagen herausfuhren, die mit Juden besetzt waren.
Später hörte ich davon, daß diese ganz in der Nähe des Lagers erschossen wurden.
Als Massengräber wurden, wie ich vom Hörensagen erfahren habe, alte Befestigungs-
gräben verwandt. Man konnte von unserem Standort aus die Schüsse hören. [...]"

ZStdLJV, 202 AR–Z 27/61, Bd. 1, Bl. 126

12. Dezember 1963

Hermann K.,
ehemaliger Obergefreiter in der
12. Kompanie des Infanterieregiments 354

Schreiben des Unterarztes Dr. Mäder (Stalag 352, Lager Rollbahn) vom 26.2.1942 über die Situation in verschiedenen Eisenbahnstützpunkten im Gebiet Minsk

GARF, 7021–87–178, Bl. 351–355

„[...] 1. Stützpunkt Blockstelle 42 (Stanosliza)

Ursprünglich 100 Kgf. Bisher 6 Kgf. an Entkräftung gestorben. Die Unterkunft der Kgf. ist warm, Strohlager am Fußboden. Krankenstube ist nicht vorhanden. Z.Zt. 4 Kgf. darmkrank. Etwa die Hälfte der Kgf. war von Anfang an nicht arbeitsfähig wegen allgemeiner Schwäche. Waschgelegenheit für Kgf. vorhanden. Die Latrine ist direkt an die Unterkunft angebaut.

2. Stützpunkt Fanipol.

Ursprünglich belegt mit 108 Kgf. Davon sind bis heute 28 Kgf. gestorben. 32 kranke Kgf. wurden in das Lazarett Rollbahn überführt. Die große Zahl der Ausfälle ist wohl hauptsächlich durch die vollkommen unzureichende Unterkunft der Kgf. bedingt. Der durch die beiden darin unsachgemäß aufgestellten Öfen nicht annähernd genügend geheizt werden kann. Die Kgf. liegen in dem kalten dunklen Raum auf altem Stroh auf dem Fußboden. Z.Zt. sind 17 Kgf. krank (Allg. Körperschwäche, Darmkranke, Erfrierungen) Eine Krankenstube ist nicht vorhanden. Die Latrine ist unmittelbar neben dem Lager angelegt. Die Kgf. haben überhaupt keinen Auslauf. Die 8 Ukrainer sind im Wachgebäude unter einem Dach mit der Wachmannschaft in einem sehr kleinem aber warmen Zimmer mit 6 Schlafplätzen, auf zweistöckigen Pritschen untergebracht. Die Bemühungen der Wams., die Unterkunft der Kgf. zu verbessern, stoßen bei der Bahn auf verständnislose Gleichgültigkeit.

Der Stützpunkt Fanipol wurde inzwischen aufgelöst. Dabei wurden 47 Kgf. in das Laz. Rollbahn eingeliefert.

3. Stützpunkt Kojdanow.

Ursprünglich belegt mit 105 Kgf. Kein Sanitäter. Bisher sind 13 Kgf. an Entkräftung gestorben. [...] Als Waschgelegenheit für die Kgf. dienen 80 russ. Stahlhelme.

4. Stützpunkt Nagoroloje.

Ursprünglich 204 Kgf. darunter 2 Sanitäter. Bisher sind 55 Kgf. an Entkräftung gestorben. [...] Z.Zt. sind 20 Kgf. krank, sie liegen in besonderer Stube auf Stroh am Boden, die meisten haben Frostschäden, einige sind darmkrank und entkräftet. [...]

5. Stützpunkt Rudensk. Ursprünglich 108 Kgf.

Bis heute 15 Kgf. gestorben an Unterernährung. [...] Z.Zt. sind 3 Kgf. krank, Frostschäden. [...]

6. Stützpunkt Puchowitschi (Marina Jorka)

Ursprünglich 159 Kgf. Das Lager war durch Fleckfieber verseucht. Das Fleckfieber wurde von einem russ. Zivilarzt festgestellt. Das Lager wurde daraufhin gesperrt, die Kgf. wurden aber trotzdem zu dringenden Schneeräumarbeiten eingesetzt. Insgesamt waren 56 Kgf. an Fleckfieber erkrankt. Davon sind 2 Kgf. gestorben. Außerdem sind 4 Kgf. an Entkräftung gestorben. Z.Zt. ist kein Kgf. mehr Fleckfieber krank. 19 Kranke mit Frostschäden, Hungerödemen und Ulsera cruris liegen in der besonderen Krankenstube. [...]

8. Stützpunkt Michanowitschi

Ursprünglich mit 159 Kgf. belegt. Bis jetzt sind 37 Kgf. an Entkräftung gestorben. [...] In der besonderen Krankenstube liegen z.Zt. 8 kranke Kgf., 2 mit Durchfall, 3 mit Furunkulose, 1 mit Rose und 2 Lungenkranke. Außerdem sind 20 Kgf. wegen Entkräftug nicht voll arbeitsfähig. [...]

9. Stützpunkt Talka

Ursprünglich belegt mit 161 Kgf. Bisher sind 39 Kgf. an Entkräftung gestorben. [...] Der Gesundheitszustand der Kgf. ist nicht sehr gut. Etwa 50% sind wegen Entkräftung und Frostschäden nicht arbeitsfähig. [...]

10. Stützpunkt Dritschin

Ursprünglich belegt mit 108 Kgf. Bisher sind 15 Kgf. an Entkräftung gestorben. Die Unterkunft der Kgf ist sehr schlecht. Es handelt sich um eine alte Scheune ohne Fenster. Es ist darin sehr dunkel und kalt. Die Kgf. liegen auf 2 stöckigen Pritschen mit Stroh sehr eng beisammen. Z.Zt. sind 15 Kgf. an Frostschäden krank. Der Gesundheitszustand ist allgemein schlecht. Die Latrine steht direkt hinter dem Lager und besteht aus einfachen Löchern im Boden. Die Kgf. haben überhaupt keinen Auslauf und keinerlei Waschgelegenheit. [...]"

„Etwa die Hälfte der Kgf. war von Anfang an nicht arbeitsfähig wegen allgemeiner Schwäche."

„Ursprünglich 204 Kgf. darunter 2 Sanitäter. Bisher sind 55 Kgf. an Entkräftung gestorben."

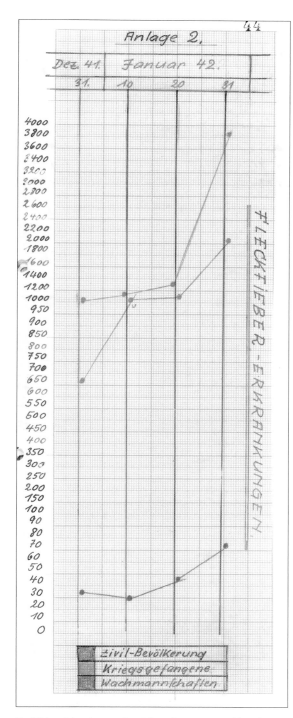

Fleckfieber-Erkrankungen im rückwärtigen Heeresgebiet Mitte,
Dezember 1941–Januar 1942
Bundesarchiv/Militärarchiv, RH 22/248, Bl. 44

Arbeitseinsatz im Groß-K-Werk Mitte (techn. Leitung Daimler-Benz),
Minsk 1942

Sowjetische Kriegsgefangene auf dem Weg zum Arbeitseinsatz, Minsk,
September 1942
DaimlerChrysler Konzernarchiv

Sowjetischer Kriegsgefangener im Groß-K-Werk Mitte, Minsk,
September 1942
DaimlerChrysler Konzernarchiv

„AUSSONDERUNG" VON KOMMISSAREN: DULAG 203

Der bereits im Vorfeld des Krieges gegen die Sowjetunion erlassene „Kommissarbefehl" sah die „Aussonderung" und anschließende Erschießung der politischen Kommissare vor, da sie als die bolschewistischen Funktionsträger innerhalb der Roten Armee galten. Die Selektionen sollten im Zuständigkeitsbereich des Oberkommandos des Heeres (OKH) durchgeführt werden, da man den Abtransport dieser Kriegsgefangenen nach Westen auf jeden Fall vermeiden wollte.

Bereits in den Divisions-Sammelstellen, überwiegend jedoch in den Armee-Gefangenensammelstellen und Durchgangslagern wurden Kommissare selektiert. Ein Offizier hatte darüber zu entscheiden, ob sie abseits der Lager erschossen wurden. In den ersten Kriegsmonaten führten Wehrmachtsangehörige die Erschießungen durch, ab Herbst 1941 waren zunehmend Einsatzgruppen der Sicherheitspolizei und des SD daran beteiligt.

Wie in zahlreichen anderen Durchgangslagern wurden auch im Dulag 203 „Aussonderungen" vorgenommen. Die Kommissare, beziehungsweise diejenigen, die man dafür hielt, wurden von den übrigen Gefangenen separiert und später erschossen. Nach Zeugenaussagen führten sowohl Wehrmachtssoldaten als auch Angehörige der Einsatzgruppen die Mordaktionen durch. Die Anzahl der Opfer ist nicht bekannt.

Vernehmung eines politischen Kommissars, Vištytis (Litauen), 22.6.1941
PK-Fotograf: Fenske
ullstein bild

Umsetzung des „Kommissarbefehls" im Bereich des Oberkommandos des Heeres am Beispiel des Armeeoberkommandos 16, Juli–November 1941
StAN, NOKW–2179

„Morgenmeldung vom 14. Juli 1941:

[...] Bes. Vorkommnisse: Bei Voraus-Abtl. 122. Div. 1 Kommissar erschossen."

„Morgenmeldung vom 27.7.1941:

[...] Besondere Vorkommnisse: 1 Kommissar erschossen."

„Abendmeldung vom 10.8.1941:

[...] Gefangene und Beute vom 3.8.–9.8. einschl.: [...] 1 Kommissar und 7 Partisanen erschossen. [...]"

„Abendmeldung vom 17.8.1941:

[...] Gefangene und Beute in der Zeit vom 10.8.–16.8.41: [...] 4 Kommissare und 47 Partisanen wurden erschossen."

„Abendmeldung vom 31.8.1941:

[...] In der Zeit vom 24.8. bis 30.8. wurden erschossen: 8 Partisanen, 10 Zivilisten, 1 Politruk."

„Abendmeldung vom 14.9.1941:

[...] Vom 7.9. bis 13.9.41: [...] 35 Partisanen erschossen, 3 Kommissare erschossen, 1 Kollektivmassnahme."

„Abendmeldung vom 21.9.1941:

[...] Gesamtmeldung für die Zeit vom 14. bis 20.9.41: [...] 2 Kommissare erschossen, 34 Partisanen erschossen, keine Kollektivmassnahme."

„Abendmeldung vom 28.9.1941:

[...] In der Zeit vom 21.9. bis 27.9.41 wurden erschossen: 111 Partisanen, 2 Kommissare, 4 Zivilisten."

„Abendmeldung vom 5.10.1941:

[...] In der Zeit vom 28.9. bis 4.10.41 wurden 90 Partisanen und 5 Kommissare erschossen."

„Abendmeldung vom 12.10.1941:

[...] Vom 5.10. bis 11.10.: 80 Partisanen, 3 Kommissare und 3 Frauen erschossen."

„Abendmeldung vom 19.10.1941:

[...] In der Zeit vom 12.10.–18.10.41 wurden erschossen: 121 Partisanen, 2 Politruks, 1 Spion."

„Abendmeldung vom 26.10.1941:

[...] Wochenmeldung 19.10.–25.10.: 240 Partisanen und 1 Frau erschossen. 5 Kommissare erschossen."

„Abendmeldung vom 2.11.1941:

[...] In der Zeit vom 26.10. bis 1.11. wurden 150 Partisanen erschossen, 7 Partisanen erhängt, 3 Kommissare erschossen."

„Abendmeldung vom 15.11.1941:

[...] In der Zeit vom 1.–15.11.41 wurden erschossen: 225 Partisanen, 11 Spione, 10 Politruks."

„Abendmeldung vom 30.11.1941:

[...] Sammelmeldung vom 16.11.–30.11.1941: 676 Partisanen, 1 Kommissar, 2 Politruks, 3 Frauen und 4 Jugendliche erschossen. [...]"

Durchgangslager (Dulag) 203

Sowjetische Kriegsgefangene im Dulag 203, ohne Datum
Nds. Hauptstaatsarchiv Hannover, Nds. 721 Hann., Acc. 90/99, Nr. 124/17, Bildmappe, Bild 14

Dulag 203 in Kochanowo, ohne Datum
Nds. Hauptstaatsarchiv Hannover, Nds. 721 Hann., Acc. 90/99, Nr. 124/17, Bildmappe, Bild 4

Dulag 203 in Kochanowo, ohne Datum
Nds. Hauptstaatsarchiv Hannover, Nds. 721 Hann., Acc. 90/99, Nr. 124/17, Bildmappe, Bild 5

NACHKRIEGSAUSSAGEN – DULAG 203

„[...] Vom Erzählen weiß ich, daß in den Lagern nach sogenannten ‚Kommissaren‘ und auch Juden geforscht wurde. Ich meine auch davon gehört zu haben, daß diese ausgesondert wurden, soweit sie unter den anderen Gefangenen zu ermitteln waren. Um das zu erforschen, wurden Leute unserer Einheit [Dulag 203] unter Aufsicht von Offizieren eingesetzt. Ich selbst bin aber niemals dabeigewesen. Wie das genau gehandhabt worden ist, weiß ich deshalb auch nicht. [...]“

Nds. Hauptstaatsarchiv Hannover, Nds. 721 Hann., Acc. 90/99, Nr. 124, Bd. 2, Bl. 177 f., Zitat Bl. 177

21. Januar 1969

Friedrich M.,
ehemaliger Angehöriger
des Dulag 203

„[...] Aussonderungen im Dulag 203 haben stattgefunden. Wann dies allerdings gewesen ist, weiß ich nicht mehr, es ist aber in der Zeit gewesen, wo ich zum Dulag 203 gehörte. Wer die Aussonderungen vornahm, weiß ich nicht, dazu wurde das Bewachungspersonal nicht hinzugezogen, ich vermute aber, daß es ein Sonderkommando des SD gewesen ist. Im Dulag 203 haben auch Liquidierungen stattgefunden. Dazu wurde wieder ein Sonderkommando des SD hinzugezogen, das Bewachungspersonal hatte nur die äußere Absperrung zu erledigen, an Liquidierungen hat das Bewachungspersonal nicht teilgenommen. [...]“

Nds. Hauptstaatsarchiv Hannover, Nds. 721 Hann., Acc. 90/99, Nr. 124, Bd. 2, Bl. 135 f., Zitat Bl. 136

16. Dezember 1968

Martin von R.,
ehemaliger Angehöriger
des Dulag 203

„[...] Mir war bekannt, daß Kriegsgefangene im Ic-Lager erschossen wurden. Die entsprechenden Befehle waren mir nicht bekannt. Ich hatte mit diesen Kriegsgefangenen auch nichts zu tun, weil ich als Tischler für die Schreinerarbeiten zuständig war. Max B e n d l e r hatte für die Aussonderung und die Überstellung ins Ic-Lager zu sorgen.
Wir wußten alle Bescheid, daß dort die Erschießungen stattfanden.
Ausgesondert wurden Kommissare.
Die Aussonderungen fanden während meiner ganzen Zugehörigkeit zum Dulag 203 statt. [...]“

Nds. Hauptstaatsarchiv Hannover, Nds. 721 Hann., Acc. 90/99, Nr. 124, Bd. 6, Bl. 69–71, Zitat Bl. 70

4. Dezember 1971

Adolf M.,
ehemaliger Angehöriger
des Dulag 203

14. Juli 1971

Alexander S.,
ehemaliger Angehöriger
des Dulag 203

„[...] *Frage:* Was können Sie über Aussonderungen im Dulag 203 berichten?
Antwort: Zunächst möchte ich klarstellen, daß mir der Begriff ‚Aussonderung' erst heute bei der Vernehmung bekannt wurde. Allerdings weiß ich, daß russische Kriegsgefangene ausgesucht, vernommen und dann z.T. auch erschossen wurden. Offiziell bin ich jedoch mit diesen Dingen nicht konfrontiert worden. Ich kann mich aber noch sehr gut daran erinnern, daß ich gesprächsweise durch Angehörige des Dulag 203 erfahren habe, daß man Russen laufend erschoß. Ich weiß auch noch mit Bestimmtheit, daß sich einzelne dieser Dulagangehörigen mit den Zahlen der von ihnen erschossenen Russen brüsteten. Es wurden Zahlen wie 115 und 100 genannt. Ich hatte den Eindruck, daß die betreffenden Dulagangehörigen sich keinerlei Gedanken darüber machten, wenn ihnen solche Exekutionen befohlen wurden. Sie fanden es vielmehr als Selbstverständlichkeit, diese Befehle durchzuführen.

Frage: Wer hat Ihrer Meinung nach diese Befehle erteilt?
Antwort: Ich nehme an, daß der Ic dem Lagerkommandanten die aussortierten Russen gemeldet und daß dieser dann den Befehl zur Erschießung gegeben hat. Ich kann heute wie auch damals mangels Einblick in die Kompetenzen dieser Offiziere nicht sagen, ob der Befehlsgang, so wie ich ihn annehme, sich tatsächlich so abgespielt hat. [...]

Nach Frage: Soweit mir bekannt war, wurden die Erschießungen der Kriegsgefangenen in einer Zementfabrik durchgeführt, die etwa 1/2 Stunde Fußmarsch vom Dulag entfernt war. Ich selbst habe diese Fabrik auch einmal aufgesucht, weil mich die Ausmaße derselben faszinierten. Für damalige Begriffe war sie außergewöhnlich groß. Natürlich war sie völlig zerstört. Ich kann mich noch daran erinnern, daß in der Nähe der Zementfabrik, und zwar außerhalb des Betriebsgeländes, ein riesiges Birkenkreuz aufgestellt war, das ein großes Massengrab kennzeichnete. Es hieß, daß in diesem Massengrab 1000de von russischen Kriegsgefangenen liegen sollen, die an Hunger und Typhus gestorben seien. Ob man in dieses Massengrab auch die erschossenen Kriegsgefangenen hineingelegt hat, entzieht sich meiner Kenntnis. Ich habe darüber auch nie etwas gesprächsweise erfahren.
An dem Tag, an dem ich die Zementfabrik aufsuchte, hat man meines Wissens keine Russen erschossen. Ich habe auch keine Leichen gesehen.

Auf Frage: Mir ist nichts bekannt darüber, daß während meiner Zugehörigkeit zum Dulag 203 SD-Kommandos im Lager waren. [...]"

Nds. Hauptstaatsarchiv Hannover, Nds. 721 Hann., Acc. 90/99, Nr. 124, Bd. 2, Bl. 50–57, Zitat Bl. 54–57

ERSCHIESSUNG VON JÜDISCHEN KRIEGSGEFANGENEN: STALAG 305

Das Stammlager (Stalag) 305 war von Oktober 1941 bis Februar 1943 in Kirowograd am oberen Ingul stationiert und dem Wehrmachtsbefehlshaber Ukraine, General Karl Kitzinger, unterstellt. Neben dem Hauptlager existierten noch die Zweiglager Adabasch, Nowoukrainka und Perwomajsk. Zwischen Oktober 1941 und Herbst 1942 übte Oberstleutnant Erich Hiltrop die Funktion des Lagerkommandanten aus. Zur Bewachung war das Landesschützenbataillon 783 abkommandiert, das zunächst von Hauptmann Otto Kirchhoff, ab Februar 1942 von Major Jakob Seyfried geführt wurde.

Das Stalag 305 war gerade in den ersten Kriegsmonaten völlig überfüllt. So befanden sich im Zweiglager Adabasch, das eine maximale Belegung von 3.000 Gefangenen zuließ, zeitweise mehr als 15.000 Menschen. Die Folgen waren katastrophal: Die Sterblichkeitsrate soll nach Zeugenaussagen durchschnittlich bei 50 bis 80 Toten täglich gelegen haben, an manchen Tagen sogar weit darüber. Die Kriegsgefangenen starben an Typhus, Ruhr oder Fleckfieber, die meisten verhungerten jedoch. Einige Gefangene versuchten dem Sterben zu entgehen, indem sie Menschenfleisch aßen. Sie wurden von den Wachmannschaften sofort erschossen.

Wie in anderen Kriegsgefangenenlagern wurden auch im Stalag 305 jüdische Kriegsgefangene „ausgesondert". In der Regel übergab die Wehrmacht diese Gefangenen dem Sicherheitsdienst in Nowoukrainka, der sie erschoß. Im November 1941 selektierten sowjetische Lagerärzte etwa 150 Juden, die allerdings nicht der SD, sondern ein aus der Wachkompanie zusammengestelltes Kommando unweit des Lagers ermordete. An den Erschießungen nahmen zahlreiche Wehrmachtsangehörige als Zuschauer teil. Neben jüdischen Gefangenen wurden im Stalag 305 auch Verwundete und Kranke „ausgesondert" und zur Erschießung an den SD übergeben.

Sowjetische Kriegsgefangene im Hauptlager Stalag 305 Kirowograd,
Herbst 1941
Nds. Hauptstaatsarchiv Hannover, Nds. 721, Acc. 97/99, Nr. 8/14
(Bildmappe Landeskriminalamt Baden-Württemberg (zu 4 AR–Z 369/59), Bild 37)

Kriegsgefangene im Lager beim Gefängnis, Kirowograd, ohne Datum
Nds. Hauptstaatsarchiv Hannover, Nds. 721 Hann., Acc. 90/99, Nr. 158/4

Nebenlager Adabasch: Sowjetische Kriegsgefangene tragen einen
toten Gefangenen zum Friedhof, ohne Datum
Nds. Hauptstaatsarchiv Hannover, Nds. 721, Acc. 97/99, Nr. 8/14
(Bildmappe Landeskriminalamt Baden-Württemberg (zu 4 AR–Z 369/59), Bild 14)

Der „Friedhof" des Nebenlagers Adabasch im Herbst 1941
Nds. Hauptstaatsarchiv Hannover, Nds. 721, Acc. 97/99, Nr. 8/14
(Bildmappe Landeskriminalamt Baden-Württemberg (zu 4 AR – Z 369/59), Bild 15)

Versorgungssätze der Kriegsgefangenen im Stalag 305,
Aufstellung des Lagerarztes Dr. Guter vom 24.11.1941 (Abschrift)
Nds. Hauptstaatsarchiv Hannover, Nds. 721, Acc. 97/99, Nr. 8/13, Bl. 17

„1.)   Verpflegungssatz bis 23. 11. 1941

			Eiweiss	Fett	Kohlenhydrate
Hirse	15	gr.	1,5	0,075	11,4
Graupen	15	gr.	1,8	0,45	11,25
Ölkuchen	5	gr.	–	1,65	–
Mehl	5	gr.	0,35	0,15	5,6
Kleie	10	gr.	1,2	0,2	9,5

Kalorienwert pro Mahlzeit	192,91 Kal.
bei zwei Mahlzeiten	385,9 "
dazu 250 gr. Brot	600 "
täglicher Kalorienwert	985,9 Kal.

2.)   Verpflegungssatz vom 24. 11. ab

			Eiweiss	Fett	Kohlenhydrate
Hirse	30	gr.	3,0	0,15	22,8
Graupen	30	gr.	3,6	0,9	22,5
Ölkuchen	10	gr.	–	3,3	–
Mehl	10	gr.	0,7	0,3	11,1
Kleie	20	gr.	2,4	0,4	19,0

Kalorienwert pro Mahlzeit	385,91 Kalorien
bei 2 Mahlzeiten	771,82 Kalorien
dazu 500 gr. Brot täglich	1195,82 Kalorien
täglicher Kalorienwert	1967,64 Kalorien

gez. Dr. Guter

Oberstabsarzt (d.R. und Lagerarzt) [...]"

NACHKRIEGSAUSSAGEN – STALAG 305

20. April 1961

Josef W.,
ehemaliger Unteroffizier
im Stalag 305

„[...] Teilweise waren bis zu 16 und 20 000 Gefangene im Lager. Es herrschte Mangel an Unterkunftsmöglichkeit, Ärzten, Medikamenten und Verpflegung. Die Gefangenen brachten Seuchen ins Lager. Ruhr und Flecktyphus grassierten im Lager, weshalb es nicht ausblieb, daß täglich viele Gefangene starben. Ich kann mich noch erinnern, daß teilweise eine täglich Totenziffer von 50 bis 80 Mann zu verzeichnen war. Das Lager bestand aus etwa 5 massiven kleineren Baracken und 3 Holzbaracken. Diese Holzbaracken wurden früher bei den Russen als Getreidemagazine verwendet. [...]"

Nds. Hauptstaatsarchiv Hannover, Nds. 721, Acc. 97/99, Nr. 8/1, Bl. 261–269, Zitat Bl. 263

5. Juni 1964

August G.,
ehemaliger Leiter des
Kriegsgefangenenlazaretts
im Stalag 305

„[...] Die Sterblichkeit unter den Kriegsgefangenen war bis etwa Ende November 1941 sehr hoch. In Kirowograd und Adabasch dürfte es sich täglich um 500–600 Tote gehandelt haben. Todesursachen waren durchweg absolute Erschöpfung, Ruhr und Typhus. [...]"

Nds. Hauptstaatsarchiv Hannover, Nds. 721, Acc. 97/99, Nr. 8/6, Bl. 1395–1404, Zitat Bl. 1400

NACHKRIEGSAUSSAGEN – STALAG 305

„[...] Die Lebensbedingungen der Gefangenen waren in der Anfangszeit katastrophal. Insbesondere wurden Seuchen, wie Ruhr und Typhus eingeschleppt und etwa im November wurde auch Flecktyphus festgestellt. Es mangelte sowohl an geeigneten Unterkunftsräumen für die Gefangenen als auch an Medikamenten und insbesonders war eine ausreichende Ernährung nicht möglich. Zu dieser Zeit stand uns ein Verpflegungssatz zur Verfügung, der für jeden Gefangenen etwa 6.000 Kalorien wöchentlich betrug. [...]*

Frage: Wie hoch schätzen Sie die Zahl der im Bereich des Stalag 305 an Krankheit gestorbenen oder evtl. auch verhungerten Gefangenen?

Antwort: Bevor ich mich zu dieser Frage näher äussere, möchte ich darauf hinweisen, dass der festgesetzte Verpflegungssatz von rund 850 Kalorien täglich zum Verhungern der Gefangenen führen musste. Ich kann mir diesen festgesetzten Satz nur damit erklären, dass es damals im Sinne der von den nationalsozialistischen Machthabern geführten Politik lag, die Ostbevölkerung planmässig zu reduzieren. [...]"

Nds. Hauptstaatsarchiv Hannover, Nds. 721, Acc. 97/99, Nr. 8/3, Bl. 809–839, Zitat Bl. 814 f.

20. November 1962

Günther Ferdinand H., ehemaliger Adjutant im Stalag 305

„[...] Es kam auch vor, dass die unterernährten Kriegsgefangenen Teile von bereits erschossenen Soldaten abtrennten und gegessen haben. Wenn es festgestellt wurde, erfolgte ebenfalls Erschiessung.

Ähnliche Vorfälle haben sich wiederholt und laufend zugetragen. [...]

Mir ist ferner bekannt, dass einige Bewachungssoldaten von den Erschiessungen Aufnahmen gemacht haben. Der Kompaniechef durfte es aber nicht erfahren. Ich habe auch einige Bilder davon bekommen. Ich habe sie an meine damals Verlobte, jetzige Ehefrau geschickt. Es können 10 . 12 Aufnahmen gewesen sein.

Als ich später aus dem Krieg zurückkam, sagte meine Frau mir, dass sie die Bilder vernichtet habe.

Die Bilder enthielten Szenen, wie Kriegsgefangenen sich Teile von erschossenen Gefangenen abtrennten. Ich meine auch, dass die erschossenen Soldaten nicht immer ganz tot waren. [...]"

Nds. Hauptstaatsarchiv Hannover, Nds. 721, Acc. 90/99, Nr. 158/2, Bl. 79–83, Zitat Bl. 81 f.

6. Februar 1974

Josef M., ehemaliger Angehöriger des Landesschützenbataillons 783

Jüdische Kriegsgefangene im Stalag 305

Vermutlich ausgesonderte jüdische Kriegsgefangene, ohne Datum

Nds. Hauptstaatsarchiv Hannover, Nds. 721 Hann., Acc. 90/99, Nr. 158/4

Vermutlich ausgesonderte jüdische Kriegsgefangene
im Nebenlager Adabasch, ohne Datum

Nds. Hauptstaatsarchiv Hannover, Nds. 721, Acc. 97/99, Nr. 8/14
(Bildmappe Landeskriminalamt Baden-Württemberg (zu 4 AR – Z 369/59), Bild 2)

Vermutlich jüdische Kriegsgefangene im Nebenlager Adabasch kurz vor dem Abmarsch zur Erschießung, November 1941

Nds. Hauptstaatsarchiv Hannover, Nds. 721, Acc. 97/99, Nr. 8/14 (Bildmappe Landeskriminalamt Baden-Württemberg (zu 4 AR–Z 369/59), Bild 28)

NACHKRIEGSAUSSAGEN – STALAG 305

„[...] Ich erinnere mich daran, dass vermutlich im November 1941 in Adabasch ca. 150 jüdische Kriegsgefangene, die nach meinem Wissen aus dem Lager Adabasch stammten, auf einer Anhöhe in einer Entfernung von etwa 1 km zum Lager erschossen wurden. [...] Man erzählte sich in der Wachkompanie, dass die Lagerärzte die Gefangenen darauf untersuchten, ob sie beschnitten wären. Die so festgestellten Leute wurden dann als Juden ausgesondert. [...]"

Nds. Hauptstaatsarchiv Hannover, Nds. 721, Acc. 97/99, Nr. 8/1, Bl. 432–441, Zitat Bl. 438 f.

28. März 1962

Karl R.,
ehemaliger Angehöriger des
Landesschützenbataillons 783

„[...] [Der Wehrmachtbefehlshaber der Ukraine,] General Kitzinger, [hielt] in allen grösseren Standorten seines Bereichs im Verlauf des Monats Dezember 41 oder Januar 1942 Kommandeursbesprechungen ab. Eine solche Besprechung beraumte er auch in Kirowograd an, zu der die Kommandeure im Bereich Kirowograd befohlen wurden. Vom Stalag 305 nahm nur Major H i l t r o p an der Besprechung teil. [...] Er erzählte nur, dass er von General K i t z i n g e r den direkten Auftrag erhielt, die im Stalag 305 noch vorhandenen kriegsgefangenen Juden zu liquidieren. Er kam verstört zurück. [...] Er erzählte, dass er auf seinen Einwand, der SD sei nicht mehr da, die schroffe Antwort erhielt, ‚dann machen Sie es mit Ihren Leuten'. [...]"

Nds. Hauptstaatsarchiv Hannover, Nds. 721, Acc. 97/99, Nr. 8/3, Bl. 809–839, Zitat Bl. 827 f.

20. November 1962

Günther Ferdinand H.,
ehemaliger Adjutant im
Stalag 305

„[...] An einem Nachmittag während des November 1941, an ein genaues Datum kann ich mich nicht mehr erinnern, hielt G a r b e vor der gesamten Kompanie eine Ansprache. Abwesend waren nur die Leute, die beim Wachdienst unentbehrlich waren. Ob ich selbst bei der Ansprache dabei war, weiss ich nicht mehr mit Bestimmtheit. Garbe sagte etwa folgendes: Die SS könne die ausgesonderten jüdischen Gefangenen nicht abholen und er habe von Kirowograd den Befehl erhalten, dass diese Gefangenen durch seine Kompanie erschossen werden sollten. Er erklärte jedoch, dass er für die Erschiessung nur Freiwillige nehmen würde. [...]"

Nds. Hauptstaatsarchiv Hannover, Nds. 721, Acc. 97/99, Nr. 8/1, Bl. 482–491, Zitat Bl. 487

25. April 1962

Karl Friedrich H.,
ehemaliger Angehöriger
der 2. Kompanie des Landesschützenbataillons 783

„[...] Eines Tages habe ich gehört, dass Gefangene, nämlich Juden, erschossen werden. Aus diesem Grunde ging ich mit meiner Kamera zu der kleinen Anhöhe beim Lager, auf der sonst die Gefangenen beerdigt wurden, weil dort die Ex. stattfinden sollte. Bei meinem Eintreffen sah ich, dass etwa 10 bis 12 Gefangene vor dem Exekutionskommando standen, das sich aus Angehörigen meiner Kompanie zusammensetzte. Ich habe dann noch eine Salve gehört und gesehen und diesen Moment auch im Bild festgehalten. Nach dieser Salve ging ich sofort weg und hörte noch zwei weitere Salven. [...]"

Nds. Hauptstaatsarchiv Hannover, Nds. 721, Acc. 97/99, Nr. 8/3, Bl. 705–717, Zitat Bl. 710

6. September 1962

Johannes B.,
ehemaliger Angehöriger
der 2. Kompanie des Landesschützenbataillons 783

NACHKRIEGSAUSSAGEN – STALAG 305

25. April 1962

Karl Friedrich H.,
ehemaliger Angehöriger
der 2. Kompanie des Landesschützenbataillons 783

„[...] Wer sich damals freiwillig gemeldet hat, weiss ich heute nicht mehr. Da ich jedoch neugierig war, dies zu erfahren, ging ich am anderen Morgen auf eine Höhe in
der Nähe des Lagers, wo die Erschiessungen stattfinden sollten. Ich sah dort folgendes: Ich sah, dass ein Teil der wachfreien Leute der Kompanie die Gefangenen in
Gruppen d.h. ich muss mich verbessern, nicht in Gruppen, sondern in ihrer Gesamtheit zum Exekutionsplatz führten. Der Zug kam vom Bahnhof, ging am Lager vorbei
und dann zu jener Anhöhe, die auch als Friedhof benutzt wurde. Die Gefangenen
wurden auf der Anhöhe vom Exekutionskommando erwartet. Als die erste Gruppe von
etwa 20 Gefangenen vortreten musste, haben die Gefangenen nach meiner Meinung
erst begriffen, was geplant war. Es ging ein grosses Geschrei los, ich habe jedoch
nicht beobachtet, dass Gefangene auszubrechen versuchten. Das Exekutionskommando war etwa ebenfalls 20 Mann stark. Die Gefangenen mussten, wie schon gesagt, in Gruppen von etwa 20 Mann vor die anderen Gefangenen treten und wurden
erschossen. Die anderen Gefangenen haben von einer Entfernung von 30 m zugese-
hen. Ich selbst habe die Exekution von etwa 30 m Entfernung beobachtet. Nachdem
die erste Gruppe erschossen war, ging ein Arzt zu den Erschossenen und ich habe
selbst gesehen, dass er Gefangenen die anscheinend noch Lebenszeichen von sich
gaben, Fangschüsse gegeben hat. [...]“

Nds. Hauptstaatsarchiv Hannover, Nds. 721, Acc. 97/99, Nr. 8/1, Bl. 482–491, Zitat Bl. 487

12. März 1974

Heinz-Hermann B.,
ehemaliger Assistenzarzt
im Stalag 305

„[...] Im Sommer 1942 oder 1943 kam von der Lagerleitung der Befehl, alle nicht mehr
heilbaren Insassen des Lazarettes namentlich zu nennen. Der Befehl lautete in etwa:
,Es sind alle nicht mehr heilbaren Kranken namentlich aufzuführen'. Ich bekam den
Befehl direkt von meinem Oberstabsarzt. Damals wurden etwa 10–20 Mann auf einer
Liste schriftlich festgelegt. Die Liste ging über meinen Chef an die Lagerleitung. Zum
damaligen Zeitpunkt hatte ich keine Ahnung, was eigentlich gespielt wird. Einige
Zeit nachher standen plötzlich zwei Lastwagen der SS da und holten die auf der Liste
aufgeführten Kriegsgefangenen ab. Sie fuhren die Leute auf einen Platz hinter dem
Lazarett, es war ca. 500 m entfernt. Es handelte sich um eine Kiesgrube. Die Gefangenen wurden in die Grube gelegt, stehen konnten sie nicht mehr, dazu waren sie viel
zu schwach und dann anschließend von einem SS-Kommando mit Maschinenpistolen
und Pistolen erschossen. Ich weiß nicht mehr genau, ob die Leute auf das Gesicht
gelegt wurden und ob sie durch Genickschuß getötet worden sind. Auf jeden Fall
hatte ich den Befehl, mit dem Erschießungskommando zu der Kiesgrube zu gehen,
um den Tod der Einzelnen festzustellen. Diesen Befehl bekam ich von meinem Chef.
Nach der Erschießungsaktion haben mein Chef und ich bei der Lagerleitung gegen
die Aktion protestiert. Einen Wert hatte es leider nicht. [...]
Die von uns ausgesonderten Kriegsgefangenen litten an folgenden Krankheiten:
Tuberkulose, Krebs, chronische Knochenkrankheiten, Nervenkrankheiten. [...]“

Nds. Hauptstaatsarchiv Hannover, Nds. 721, Acc. 90/99, Nr. 158/2, Bl. 162–167, Zitat Bl. 164–166

SOWJETISCHE KRIEGSGEFANGENE IM REICH
STALAG 326: SENNE

Ende April 1941 begannen auf dem Truppenübungsplatz in der Senne bei Bielefeld die ersten Vorbereitungen zur Errichtung eines Kriegsgefangenenlagers. Am 10. August 1941 befanden sich bereits 12.000 sowjetische Kriegsgefangene im Stalag 326. Für ihre Unterbringung war allerdings noch nicht gesorgt, vielmehr mußten die eingelieferten Gefangenen das Lager errichten. Ihre Unterkünfte bestanden zunächst aus primitiven Erdhöhlen. Erst im Herbst 1941 wurde der Lageraufbau vorangetrieben, so daß im Winter alle Gefangenen in Baracken untergebracht waren.

Obwohl die Verpflegung zunächst einigermaßen ausreichend gewesen sein soll, verschlechterte sich die Situation zunehmend. Insbesondere kranke, ältere oder bereits geschwächte Kriegsgefangene starben an den Folgen von Unterernährung oder an Fleckfieber.

Das Stalag 326 erregte unter der ortsansässigen Zivilbevölkerung erhebliches Aufsehen. Neugierde trieb die Menschen zum Stacheldrahtzaun, um die ausgemergelten und halbverhungerten Gefangenen anzuschauen. Die Reaktionen reichten von der Empörung über die barbarische Behandlung der Gefangenen bis zur Befürchtung, die Versorgung der Kriegsgefangenen könnte sich auf die allgemeine Ernährungslage negativ auswirken. Gleichzeitig sorgte man sich um die eigene Sicherheit, da einzelnen Gefangenen hin und wieder die Flucht gelang.

Das Lager Senne diente ab Mitte 1942 auch als Registrierungs-, Musterungs- und Quarantänelager für den Arbeitseinsatz im Bergbau sowie für die Verteilung der Gefangenen an regionale Unternehmen. Bis Kriegsende durchliefen mehr als 300.000 sowjetische Kriegsgefangene das Stalag 326. Ein erheblicher Teil der eintreffenden Rotarmisten war allerdings nicht in der gesundheitlichen Verfassung, körperliche Arbeit zu verrichten. Auch die angestrebte Verbesserung der Lebensmittelversorgung führte zu keiner durchgreifenden Veränderung. Beschwerden der Industrie über die geringe Leistungsfähigkeit der Gefangenen ließen nicht lange auf sich warten.

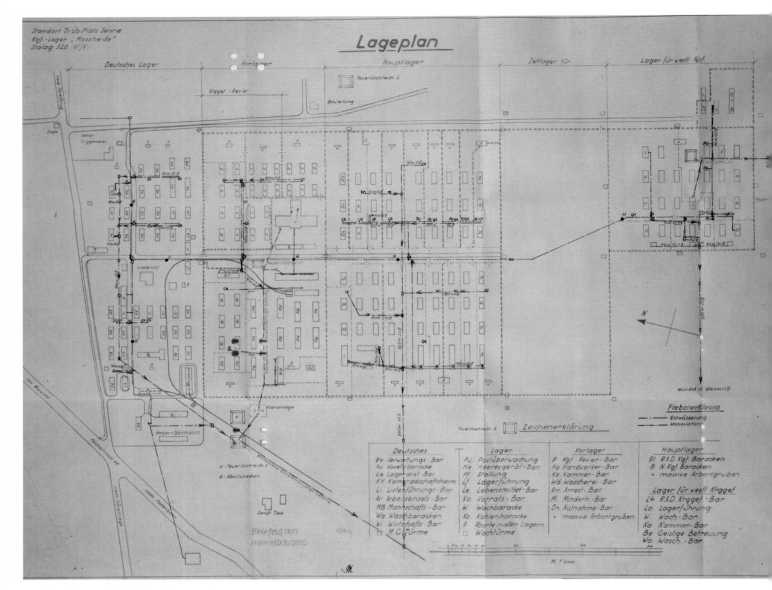

Lageplan Stalag 326 (VI/K), Heeresbauamt, 1944
Bundesarchiv/Militärarchiv, RH 53–6/111, Bl. 63

NACHKRIEGSAUFZEICHNUNGEN – STALAG 326

sechziger Jahre

Dr. Hugo Lill,
ehemaliger Lagerarzt
im Stalag 326

„[...] Bei der Übernahme des Areals, auf dem bald ein Kgf.-Lager für etwa 60.000 Mann betriebsbereit stehen sollte, fand Vorauskommando nichts vor, was man als zweckdienlich hätte ansehen können.

Es begann mit der Errichtung eines primitiven Stacheldrahtzaunes (einreihig). Es folgten Behelfsküche, Unterkünfte für die Lagerleitung, Handpumpen wurden angelegt und Behelfslatrinen. Feste Unterkünfte für die Kgf. (sog. RAD-Baracken) waren zugesagt, jedoch noch nicht am Orte, als die ersten Kgf.-Transporte Mitte Juli '41 eintrafen. Man wies die Kgf. an, sich behelfsmässig Erdunterkünfte zu bauen, stellte ihnen einfache Baumaterialien (Bretter, Pfähle u.ä.) und Geräte (Spaten) zur Verfügung. Dem Geschick der Russen und der günstigen Witterung des Sommer '41 war es zuzuschreiben, dass diese primitive Form der Unterbringung relativ problemlos überstanden wurde. Sehr bald dann standen genügend RAD-Baracken für die Aufnahme aller Kgf. bereit. Zwischendurch hatte man zur Überbrückung großraumige Zelte zusätzlich aufgestellt. Mit Anbruch der kalten Jahreszeit '41/'42 lag kein Kgf. mehr im Freien oder in Zelten. Die Baracken konnten mit Kohleöfen beheizt werden, die Kgf. auf zwei- bis dreigeschossigen Pritschen nächtigen, auf Stroh oder Spreu, mit einer Decke versehen.

Wenngleich es technisch möglich war, die Baracken auch bei sehr kaltem Wetter ausreichend zu erwärmen, sind später Todesfälle vorgekommen, die eindeutig auf Erfrierung zurückzuführen waren. Ursachen: meist unterernährte, ältere Kgf., unzureichende Anlieferung von Brennmaterial (Mangel an Kohle) und auch eine gewisse Indolenz der Kgf.

Eine mögliche ‚Enge' der Unterbringung ist im Berichtszeitraum kein entscheidender Faktor der Sterblichkeit gewesen.

Die offenen Behelfslatrinen hatte man zwischenzeitlich durch überdachte, hygienisch einwandfreie Aborte ersetzt.

Ausreichende Versorgung mit einwandfreiem Trinkwasser war im weiteren Verlauf des Lagerausbaues garantiert. [...]

Zwei unterschiedliche Gruppen sind, was den körperlichen –, speziell den Ernährungszustand anbetrifft, zu unterscheiden:

1. Kgf. kamen in <u>normalem</u> Ernährungszustand ins Lager, hier reichte die Verpflegung (im Berichtszeitraum) aus, solange sie nicht schwer arbeiten mussten. Arbeiteten sie in der Landwirtschaft, besserte sich ihr Zustand in der Regel und aus verständlichen Gründen sehr bald. Ähnliches mochte für die Arbeitskommandos in handwerklichen und kleineren industriellen Betrieben gelten.

2. Deutlich <u>unterernährt</u> eingelieferte Kgf. konnten mit der normalen Verpflegung nicht gebessert oder zur vollen Arbeitsfähigkeit gebracht werden. Hatte die Unterernährung das Stadium der Dystrophie erreicht, dann wurde eine Behandlung im Lagerlazarett versucht, das in ärgsten Zeiten mit über 1.000 Kranken belegt war. [...] Die im Stalag 326 ausgegebene Verpflegung entsprach im Berichtszeitraum noch den für Heimatstalags vorgeschriebenen Sätzen, was Vergleiche mit Stalag VI/C ergaben.

Mit zunehmender Belegung des Lagers wurde sie offensichtlich schlechter, möglicherweise durch höheren Ortes angeordnete Begrenzung, vielleicht auch durch Schwierigkeiten bei der Anlieferung.

Je Tag erhielt der Kgf. eine warme Mahlzeit, fast regelmässig eine Gemüsesuppe mit wenig Fett und wenig Fleisch, dazu Kommißbrot, nicht ,Russenbrot', Margarine, synthetisches Fett, Marmelade u.ä.m. Der Nährwert dieser Rationen schien ausreichend, solange die Kgf. noch nicht im schweren Arbeitseinsatz waren. Ausreichend ohne schwere Arbeit jedoch nur für solche Männer, deren ernährungsmässige Ausgangslage als normal bezeichnet werden konnte. Bei den unterernährt eingelieferten Kgf., den Dystrophikern, eine wesentlich schelchtere Situation! [...]

Die durch höhere Dienststellen (OKW/Kgf.) angestellten Berechnungen des Nährwertes sind sehr wahrscheinlich ,Schreibtischdaten' gewesen. Die tatsächlich ausgegebenen Verpflegungssätze sahen ,vor Ort' sicherlich anders aus, mal gab es mehr, mal weniger, auch die Zusammensetzung wich recht oft von der Vorschrift ab. Die Verpflegungsbeamten mussten sich zu helfen wissen, wenn Vorschriften einfach nicht durchgeführt werden konnten. [...]

Schutzimpfungen gegen Fleckfieber erhielten nur die Wehrmachtsangehörigen, die ständig und unmittelbar mit den Kgf. in Berührung kamen (Sanitätspersonal, Gruppenleiter, Lageraufsicht). Eine Schutzimpfung der Kgf. gegen Fleckfieber ist in der Berichtszeit weder vorgesehen noch durchgeführt worden. [...]

Die allgemein bekannten und anerkannten Ursachen für das Auftreten ansteckender Krankheiten trafen auch für dieses Lager zu, im wesentlichen also die Massierung nicht voll widerstandsfähiger Menschen und unzulängliche hygienische Verhältnisse. [...]

Fleckfieber unter den Kgf. trat erstmalig am 17.12.1941 im Lagerlazarett, am 19.12.1941 im Lager selbst auf. Etwa gleichzeitig wurden die ersten Fleckfieber-Erkrankungen unter dem deutschen Wachpersonal bekannt.

Lagerarzt verhängte bestimmungsgemäß die Quarantäne über das Lager. Auf Drängen des Kommandanten und des Arbeitseinsatzes musste wenig später unter Zustimmung des Korpshygienikers diese Maßnahme etwas gelockert werden.

Befallen waren vor allem ältere, kürzlich erst eingetroffene Kgf. in schlechtem Allgemeinzustand. Sie wurden auf einer Sonderabteilung des Kgf.-Seuchenlazaretts isoliert, infizierte Wehrmachtsangehörige in entsprechenden deutschen Einrichtungen behandelt.

Über Krankheitshäufigkeit und Todesfälle an Fleckfieber ist aus der Erinnerung nur pauschal zu berichten, exakte Angaben sind hier und heute nicht mehr möglich. Jedoch kann als gesichert gelten, daß nicht Hunderte (auf den Berichtszeitraum bezogen), sondern allenfalls einige Dutzend der Kgf. erkrankten. Erkrankungs- und Todesrate sah man unter den obwaltenden Gegebenheiten nicht als exorbitant an. [...]

Mit der Belegung des Lagers etwa im Juli/August '41 wurden die ersten behelfsmässigen Entlausungswagen aus tschechischen Beutebeständen angeliefert und in Betrieb genommen. Da diese Geräte für alle Kgf. erfassende Entlausungen nicht ausreichen würden, begann man bald schon mit der Errichtung einer massiven, modernen
Entlausungsanlage, die eine einwandfreie Entlausung von rund 2000 Mann in 24
Stunden schaffen konnte. Russische Fachleute unter deutscher Aufsicht bedienten
die Anlage. Die Bekleidung wurde in Heissluftkammern behandelt, die Männer total
enthaart und gründlich geduscht. Je zwei Mann erhielten ein Stück (Kriegs)Seife
und ein Handtuch. [...]
Genaue Errechnung der Sterblichkeit in %-Zahlen sehr schwierig, wenn nicht un-
möglich, da die Anzahl der täglichen Todesfälle mit der tatsächlichen Belegungsstär-
ke nicht korreliert werden konnte.
Ferner: Technische Schwierigkeiten in der ‚Listenführung'.
Masse der Kgf., kaum übersehbar.
Minderzahl der Sachbearbeiter.
Zu wenig kundige Dolmetscher.
Fehler bei der Übertragung der kyrillischen Schrift über deutsche Sprechweise in
deutsche Schriftzeichen.
Im Berichtszeitraum vom Juli '41 bis Oktober '42 etwa 2000 (zweitausend) Tote.
Sämtlich in Sammelgräbern hinter der Kirche am Forellkrug beigesetzt (heutiger
Ehrenfriedhof).
Deutsches Personal und russische Lagerpolizei gingen, als der Lagerbetrieb nach
einer langen Periode der Improvisationen sich endlich eingespielt hatte, jeden Morgen durch die kgf. Unterkünfte, Tote zu suchen, sie zu identifizieren, zu registrieren
u. schliesslich zu bestatten. Lagerleitung meldete solche Vorfälle über die Listenführung an die Kommandantur. Über Zahl und mutmassliche Todesursachen wurde
der Lagerarzt nicht unterrichtet. Er musste sich aus zweiter und dritter Hand informieren. Lagerarzt wurde dienstlich, was die Todesursachen anging, erst eingeschal-
tet, als der Verdacht auf Erkrankungen an Ruhr und/oder Cholera aufkam. Ab diesem Zeitpunkt schien man sich höheren Ortes ernsthaft für Seuchengefahren und
deren Verhütung zu interessieren. [...]
Etwa 2000 Tote von Beginn der Belegung, Ende Juli/Anfang Aug., bis Okt. '42, Mehrzahl an Dystrophie gestorben, besonders unter den Neuankömmlingen, die entweder
jüngst erst gefangengenommen oder lange in frontnahen Auffanglagern waren. Zustand sehr unterschiedlich je Transport. Häufig schon Tote aus Transportzügen in
Hövelhof ausgeladen. Fußmarsch Bahnhof – Lager, etwa 7 km, für die herunterge-
kommenen Kgf. offensichtlich sehr mühsam. Daher Transport m. Feldbahn, die wiederum später zwischen Lager u. Bhf. Hövelhof gebaut. [...]"

Stalag 326 (VI K)

Bau von Erdhöhlen oder Erdbunkern im Sommer 1941,
im Hintergrund Beginn des Barackenbaues
Fotograf: Hugo Lill
LWL, Foto 138

Kriegsgefangene bauen sich behelfsmäßig Erdhöhlen und Erdbunker,
Sommer 1941
Fotograf: Hugo Lill
LWL, Foto 139

Restliche Erdhöhlen und fast fertiges Barackenlager, Spätsommer 1941
Fotograf: Hugo Lill
LWL, Foto 141

Behelfszelte vor der Fertigstellung der Baracken, ohne Datum
Fotograf: Hugo Lill
LWL, Foto 142

Erdhöhlen, im Hintergrund Baracken, Spätsommer 1941
Fotograf: Hugo Lill
LWL, Foto 143

Kriegsgefangene vor dem behelfsmäßigen Zaun, ohne Datum
Fotograf: Hugo Lill
LWL, Foto 149

Das Stalag 326: Senne

Amputierter Kriegsgefangener, ohne Datum
Fotograf: Hugo Lill
LWL, Foto 121

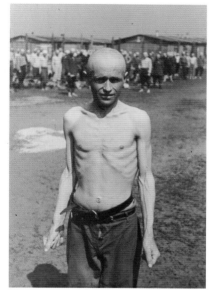

Nach Einschätzung des Lagerarztes zeigt das
Foto den durchschnittlichen körperlichen
Zustand der ankommenden Kriegsgefangenen
1941/42
Fotograf: Hugo Lill
LWL, Foto 122

Schreiben der Kommandantur des Stalag 326 (VI/K)
an die Lippische Landesregierung vom 7.8.1941
NWStADT, L 80 Ic, XX, 72, Nr. 32, zit. n. Stalag 326 (VI K)

„Aus gegebener Veranlassung wird gebeten, die Militärbehörden
in der Wiederergreifung geflüchteter russischer Kgf. dadurch
zu unterstützen, daß seitens der dortigen Behörde eine öffentliche Bekanntmachung etwa des nachfolgenden Inhalts in
der Tagespresse wiederholt bekanntgegeben wird.
                    , B e k a n n t m a c h u n g
Die Zivilbevölkerung wird ersucht, bei der Wiederergreifung
von geflüchteten russischen Kriegsgefangenen die Behörden
dadurch zu unterstützen, daß sofort der nächsterreichbare
Polizei- oder Gendarmeriebeamte herangezogen wird oder die
nächstgelegene Polizei- oder Gendarmeriestation telefonisch
von dem Auftreten von russischen Kriegsgefangenen unter genauer Angabe der näheren Umstände angerufen wird.
Die zuständige Polizei- (Gendarmerie-)Station ist unter Telefon … erreichbar. Die Kommandantur des Stalags 326 (VI/K) ist
zu erreichen unter Hövelhof 82.
Es wird darauf aufmerksam gemacht, daß jede Unterstützung
oder Hilfeleistung an Kriegsgefangene strafbar ist. Sie ver-
trägt sich auch nicht mit der Würde eines deutschen Menschen
und bedeutet außerdem eine große Gefahr, besonders für die
Landbevölkerung, da es sich bei den Kriegsgefangenen meist
um Elemente handelt, die in ihrer bedrängten Lage auch vor
dem Äußersten nicht zurückschrecken werden.
<u>D a r u m   s c h ü t z t   e u c h   s e l b s t   u n d   m e l d e t   s o -
f o r t   j e d e n   F l u c h t f a l l   e i n e s   K r i e g s g e f a n g e -
n e n ,   v o n   d e m   i h r   K e n n t n i s   e r h a l t e t !</u> ‚ “

Schreiben der SD-Außenstelle Bielefeld vom 30.7.1941
NWStADT, M 18, Nr. 14, Bl. 24 f., zit. n. Stalag 326 (VI K)

„[…] Das in der Senne eingerichtete Gefangenenlager, in dem ca.
12 000 Russen untergebracht sind, bildet zurzeit eines der
Hauptgesprächsthemen der hiesigen Bevölkerung. Die Gespräche befassen sich besonders mit dem verwahrlosten Aussehen der Gefangenen. Erstaunt stellt man Vergleiche an zwischen den russischen Kriegsgefangenen von 1914–18 und den
aus dem Arbeiterparadies kommenden degenerierten Bolschewiken. Während der größte Teil der Bevölkerung es als unbedingt gerecht ansieht, daß die Gefangenen noch immer keine
Baracken haben und auf freiem Feld nächtigen müssen (in diesem Zusammenhang werden die Greueltaten der Bolschewiken
und die unmenschliche Behandlung der deutschen Weltkriegs-
gefangenen in Sibirien erwähnt) glaubt ein kleiner Teil vornehmlich konfessionell gebundener Menschen aus einer gewissen Humanitätsduselei heraus diese Behandlung als barbarisch ablehnen zu müssen. […]“

„[…] glaubt ein kleiner Teil
vornehmlich konfessionell
gebundener Menschen aus
einer gewissen Humanitätsduselei heraus diese Behandlung als barbarisch ablehnen
zu müssen.“

Merkblatt für die Bewachung sowjetischer Kriegsgefangener im Stalag 326 (VI K) vom 16.9.1941
Bundesarchiv/Militärarchiv, N 25/25

„Der Bolschewismus ist der Todfeind des nationalsozialistischen Deutschlands.

Zum erstenmal in diesem Krieg steht dem deutschen Soldaten ein nicht nur soldatisch, sondern auch politisch geschulter Gegner gegenüber, der im Kommunismus sein Ideal, im Nationalsozialismus sein stärksten Feind sieht. Im Kampf gegen den Nationalsozialismus ist ihm jedes Mittel recht. Heckenschützenkrieg, Bandentum, Sabotage, Brandstiftung, Zersetzungspropaganda, Mord. Auch der in Gefangenschaft geratene Sowjetsoldat, mag er auch äusserlich noch so harmlos erscheinen, wird jede Gelegenheit benützen, um seinen Hass gegen alles Deutsche zu betätigen. Es ist damit zu rechnen, dass die Kr.Gef. entsprechende Anweisungen für ihre Betätigung in der Gefangenschaft erhalten haben.

Ihnen gegenüber ist also äusserste Wachsamkeit, grösste Vorsicht und schärfstes Misstrauen dringendes Gebot.

Für die Wachmannschaften gelten folgende Richtlinien:

1.) Rücksichtsloses Durchgreifen bei den geringsten Anzeichen von Widersetzlichkeit und Ungehorsam!

Zur Brechung von Widerstand ist von der Waffe schonungslos Gebrauch zu machen.

Auf fliehende Kriegsgefangene ist sofort (ohne Anruf) zu schiessen mit der festen Absicht zu treffen.

2.) Jede Unterhaltung mit den Kriegsgefangenen – auch auf dem Marsch von und zur Arbeitsstelle – soweit sie sich nicht auf unbedingt notwendige dienstliche Anweisung bezieht, ist streng verboten. Es gilt unbedingtes Rauchverbot auf Märschen zu und von Arbeitsplätzen, sowie während der Arbeit. Jede Unterhaltung der Kr.Gef. mit Zivilpersonen ist in gleicher Weise, notfalls unter Anwendung von Waffengewalt – auch gegen die Zivilpersonen – zu verhindern. [...]"

> „Rücksichtsloses Durchgreifen bei den geringsten Anzeichen von Widersetzlichkeit und Ungehorsam! Zur Brechung von Widerstand ist von der Waffe schonungslos Gebrauch zu machen."

Kr.Gef. mit äußerster Wachsamkeit, größter Vorsicht und schärfstem Mißtrauen behandelt. Aus diesem Grunde sind auch die Bedingungen über den Arbeitseinsatz sowj. Kr.Gef. besonders streng. Sie dürfen nur in geschlossenen Kolonnen unter strengster Absonderung von Zivilisten und Kr.Gef. anderer Nationalitäten eingesetzt werden. Die Arbeitsstellen müssen sicher bewacht werden und keine Möglichkeit der Sabotage bieten. Ein Einsatz mit deutschen Arbeitern ist nur dann möglich, wenn diese überprüft, als politisch einwandfrei befunden und als Hilfswachmannschaften eingesetzt und verpflichtet sind.

Oberster Grundsatz für den Arbeitseinsatz sowj. Kr.Gef. im Reichsgebiet ist die unbedingte Sicherheit deutschen Lebens und deutschen Gutes. [...]"

Bericht der Hauptaußenstelle Bielefeld des SD-Abschnitts Dortmund vom 14.3.1942
NWStADT, M 18, Nr. 19, Bl. 50, zit. n. Stalag 326 (VI K)

„[...] Durch das Auffanglager für russische Kriegsgefangene in Hövelhof bei Paderborn, in dem zu Anfang der Operationen gegen die Sowjetunion etwa 15 000 russische Kriegsgefangene unter freiem Himmel untergebracht waren, kamen viele Volksgenossen des hiesigen Bereichs mit den Problemen um die russischen Kriegsgefangenen in Berührung. Scharenweise wanderte man von Bielefeld und Paderborn Sonntags zu diesem Lager hinaus um die russischen Gefangenen zu besehen. Bei diesen Gelegenheiten wurden verschiedentlich Äußerungen laut, die verlangten, daß man die Sowjets besser behandeln solle. Diese Stimmen nahmen aber zusehends mit Bekanntwerden der sowjetischen Greuel ab, sodaß man fast einheitlich in der letzten Zeit des Bestehens des Auffanglagers der Meinung war, die Russen stellten für uns weiter nichts als eine Belastung auf dem Nahrungsmittelsektor dar. [...]"

Rundschreiben des Kommandeurs der Kriegsgefangenen im Wehrkreis VI vom 24.10.1941 (Abschrift)
KA GT, W D 45/9/I., zit. n. Stalag 326 (VI K)

„[...] Die sowj. Kr.Gef. treffen meist ausgehungert und unterernährt im Wehrkreis ein. Ihre Bekleidung ist zerlumpt und abgerissen. Die Disziplin ist schlecht. In diesem Zustand können sie nicht in Arbeit eingesetzt werden. Es ist daher zunächst vorgesehen, sie in den Lagern wieder etwas aufzupäppeln und erst dann in Arbeitseinsatz zu bringen. Der ausgehungerte Zustand der sowj. Kr.Gef. bringt eine gewisse Unruhe in die Lager hinein und ist die Ursache zu den bisher vorgekommenen Fluchtfällen sowj. Kr.Gef.. Da die Flucht sowj. Kr.Gef. eine gewisse Gefahr für die Öffentlichkeit bildet, hat die Wehrmacht besonders scharfe Anweisungen an die Wacheinheiten gegeben, die bei Fluchtversuchen sowj. Kr.Gef. rücksichtslos anzuwenden sind.

Bei der bekannten Einstellung des Bolschewismus gegenüber dem nationalsozialistischen Deutschland wird daher der sowj.

> „Die sowj. Kr.Gef. treffen meist ausgehungert und unterernährt im Wehrkreis ein. Ihre Bekleidung ist zerlumpt und abgerissen."

Schreiben der Reichsvereinigung Kohle an das OKW/Chef des Kriegsgefangenenwesens vom 14.8.1942 (Durchschrift)
Bundesarchiv, R 41/172, Bl. 279 f., Zitat Bl. 279

„Zu der uns übersandten Abschrift des Fernschreibens an OKW/WFST vom 11.8.42. müssen wir zunächst allgemein bemerken, dass nach den bisherigen Erfahrungen mit den Sowjetgefangenen-Transporten nach Abzug der Facharbeiter und Aussonderung der Untauglichen nur 50 bis 55 % für den Bergbau geeignet sind. [...] An der Ruhr ist die Zuweisung nicht nur völlig ins Stocken geraten, es sind sogar 1500 Kriegsgefangene, die den Zechen unmittelbar zugewiesen waren, wieder dem Stalag Dortmund zugeführt, da diese Leute auf Anweisung des Korpshygienikers noch bis Ende d.Mts. in Quarantäne gehalten werden müssen. Zur Zeit befinden sich im Sennelager noch 13 000 Kriegsgefangene in Quarantäne, die für den Bergbau noch nicht ausgemustert sind. Neuerdings ist in der Senne ein Transport von rund 2 000 Mann eingetroffen, von denen rund 700 für den Bergbau gemustert sind. [...]"

Bericht der SD-Hauptaußenstelle Bielefeld vom 29.9.1942
NWStADT, M 18, Nr. 20, Bd. II, Bl. 306–310, Zitat Bl. 306, zit. n. Stalag 326 (VI K)

„[...] In mehreren Firmen des hiesigen Bereiches sind russische Kriegsgefangene in größeren Kolonnen angesetzt. Die Arbeitsleistung dieser Gefangenen erreicht nicht einmal 40 % der zu fordernden Leistung. Um die Leistung anzuspornen, versuchten mehrere Betriebsführer, den eifrigeren russischen Kriegsgefangenen eine Vergünstigung in Form von Mittagessenzulagen zu geben, um hierdurch eine allgemein höhere Leistung der Russen zu erzielen. Ein besseres Ergebnis wurde hierdurch jedoch nicht erreicht. Als zweiter Versuch zur Höherleistung wurden die Kolonnen getrennt und jeweils 3–4 Gefangen einem deutschen Arbeiter zugeteilt und unterstellt. Hierdurch trat eine kleine Leistungssteigerung ein, jedoch auch nur in solchen Fällen, in denen die deutschen Arbeiter kein Mitleid mit den russischen Kriegsgefangenen hatten, sondern diese ständig zur Arbeit anspornten. Der überwiegende Teil der deutschen Arbeiter sei gegenüber den russischen Kriegsgefangenen zu gutmütig und deshalb würde auch durch diese Maßnahme nicht das erstrebte Ziel erreicht werden können. [...] Bei den Betriebsführern und deutschen Arbeitern besteht überwiegend die Ansicht, daß die mangelhafte Arbeitsleistung der russischen Kriegsgefangenen weniger auf böse Absicht zurückzuführen sei, als vielmehr auf Unterernährung und körperliche Schwäche. Fast von allen Betriebsführern wurde geäußert, daß nach ihrem Dafürhalten die Leistungen der Russen sich nach längerem Einsatz durch die regelmäßige und bessere Verpflegung steigere. Bei einer beabsichtigten Zurückhaltung der Arbeitskraft könne man höchstens mit 10 % rechnen. Die anderen seien zurzeit wirklich noch nicht in der Lage, mehr zu leisten. In einem hiesigen Betrieb sind seit etwa 4 Wochen 17 russische Kriegsgefangene beschäftigt, die, wie in allen Betrieben, die gleiche Arbeitszeit haben wie die deutschen Arbeiter, von denen fast täglich 2 bei der Arbeit vor Schwäche umfallen. [...]"

Rundschreiben des Wehrkreiskommandos VI, Abteilung Kriegsgefangene I, vom 10.5.1943 (Abschrift)
KA GT, W D 45/9/1, zit. n. Stalag 326 (VI K)

„Im ersten Quartal des Jahres 1943 hat sich der Gesundheitszustand der sowj. Kr.Gef., die bereits in Arbeit eingesetzt gewesen sind, so erheblich verschlechtert, daß, wenn diese Entwicklung sich weiter fortsetzt, Ausfälle wertvoller Arbeitskräften für die Wirtschaft eintreten, die schwerste Schädigungen der Kohleförderung und der Rüstungsproduktion im Gefolge haben müssen. [...]
Die Ursachen für die Verschlechterung des Gesundheitszustandes der Kr.Gef., verbunden mit ansteigenden Todesziffern sind verschiedener Art.
1.) Die sowj. Kr.Gef. haben nicht überall die Verpflegungssätze erhalten, die ihnen zustehen. Bei den geringen Sätzen für die sowj. Kr.Gef. (sowohl quantitativ als auch qualitativ) fällt dies ganz besonders schwer ins Gewicht. [...]

2.) Es unterliegt ferner keinem Zweifel, daß an manchen Stellen Arbeitsleistung und Arbeitsdauer gerade mit Rücksicht auf die den sowj. Kr.Gef. zugestandenen Verpflegungssätze zu einer Überanstrengung der Körperkräfte der sowj. Kr.Gef. geführt haben. Es muß daher Bedacht darauf genommen werden, daß die Unterkünfte der Kr.Gef. so ausgestattet sind, daß sie eine ausreichende Erholung und Ruhe zur Wiederherstellung verbrauchter Arbeitskraft gestatten. Gesundheit und Arbeitsleistung der Kr.Gef. sind neben einer ausreichenden Verpflegung wesentlich abhängig von einer einwandfreien Unterbringung. Wenn man von den Kr.Gef. das höchstmögliche an Arbeitsleistung erwartet, so muß man andererseits auch bestmöglichst für Unterbringung, Verpflegung und gute Behandlung der Kr.Gef. sorgen. Es sei ausdrücklich darauf hingewiesen, daß diese Forderung nicht aus Gründen unangebrachter Sentimentalität oder Weichheit erhoben wird, sondern ausschließlich in der Absicht, eine größtmöglichste Arbeitsleistung des Kr.Gef. zu erzielen. [...]"

Maßnahmen zur Steigerung der Arbeitsleistung

US-amerikanischer Kriegsbericht von John M. Mecklin über die Befreiung des Stalag 326 am 2.4.1945
Karl Hüser und Reinhard Otto, Das Stammlager 326 (VI K) Senne 1941–1945.
Sowjetische Kriegsgefangene als Opfer des Nationalsozialistischen Weltanschauungskrieges, Bielefeld 1992, S. 176 f.

„[...] Als amerikanische Truppen diesen Ort heute überrollten, fanden sie fast 9000 Männer, die wie Wilde um ein paar Laibe schwarzes Brot kämpften. Sie sahen, wie die Leute einander an die Gurgel fuhren wegen einer Handvoll Mehl, das im Dreck verstreut war. Sie beobachteten, wie ein vor Hunger wahnsinniger Mob eine Lebensmittelbaracke verwüstete.
Wenn die Amerikaner, die heute hier waren, die Deutschen nicht sowieso schon haßten, dann tun sie es jetzt. Es ist schwer für einen Amerikaner zu begreifen, daß es so einen Ort überhaupt geben kann. Es ist ein Ort voll von Dreck und Elend, so verkommen, daß einige unserer Truppen sich erbrechen mußten.
Seit drei Jahren sterben hier täglich durchschnittlich 15 bis 20 Mann an Hunger.
Dies ist ein Ort, an den man sich erinnern muß, wenn der Nazismus einmal zur Rechenschaft gezogen werden wird. [...]
Fast 4000 der Russen sind an Seuchen, nicht verheilten Wunden oder Unterernährung erkrankt. Hunderte von ihnen werden in den nächsten Tagen sterben, wenn sie nicht sofort Nahrung und medizinische Versorgung erhalten.
Das meinen die Nazis, wenn sie sagen: ,Bolschewisten sind Tiere und sollen wie Tiere behandelt werden.' [...]"

„Wenn die Amerikaner, die heute hier waren, die Deutschen nicht sowieso schon haßten, dann tun sie es jetzt. Es ist schwer für einen Amerikaner zu begreifen, daß es so einen Ort überhaupt geben kann."

HEIDELAGER

In der Lüneburger Heide existierten mit Wietzendorf, Oerbke und Bergen-Belsen insgesamt drei sogenannte „Russenlager". Zunächst mußten sich die Kriegsgefangenen in selbsterrichteten Erdhöhlen oder Erdhütten aufhalten. Erst im Laufe der Zeit wurden Baracken zur besseren Unterbringung errichtet.

In den drei Heidelagern herrschten katastrophale Bedingungen. Die Lebensmittelversorgung war so schlecht, daß schon nach wenigen Wochen insbesondere geschwächte und kranke Gefangene starben. Zwischen November 1941 und Februar 1942 setzte ein durch Fleckfieber und andere Krankheiten, vor allem aber durch Unterernährung verursachtes Massensterben ein, das mindestens 40.000 Menschen das Leben kostete. Die Belegung der drei Lager ging bis April 1942 auf insgesamt 6.500 Gefangene zurück.

Wie in anderen Gebieten des Reiches entwickelten sich auch die Heidelager zu einem beliebten Ausflugsziel für die einheimische Bevölkerung. Am Wochenende spazierte man zum Lagerzaun, um die sowjetischen Kriegsgefangenen anzusehen. Die Schaulustigen ließen sich selbst von den zusätzlich errichteten Absperrmaßnahmen nicht abhalten.

Stalag Wietzendorf

Primitive Erdhütten im Lager Wietzendorf, ohne Datum
StA Hamburg, 147 Js 29/65, Lichtbildmappe

Stalag Wietzendorf 1941/42
StA Hamburg, 147 Js 29/65, Lichtbildmappe

Eingang zum Stalag Wietzendorf, ohne Datum
StA Hamburg, 147 Js 29/65, Lichtbildmappe

Essensausgabe im Lager Wietzendorf, ohne Datum
ZNW, 4050

Stalag Wietzendorf: „Der Fleischwagen"
ZNW, 4052

Tagebuch des Oberleutnants Heinz Dietrich M. zum Lager Wietzendorf, 1942

Bundesarchiv/Militärarchiv, RH 49/81, Bl. 1

„[...] 21.1.42. Das Kgf-lager liegt 1 km vor dem Dorfe. Es ist noch unfertig. Im letzten Sommer hausten die Russen in Erdlöchern. Von allen Bäumen haben sie die Rinden abgeschält und -- gegessen. 12 000 sind bis heute an Flecktyphus gestorben, im Januar bisher 1800. Zur Zeit sterben jeden Tag rund 100 Gefangene, heute genau 94. [...]

26.1.42. Zum ersten Male durchs Kgf lager gegangen. Tote Russen wurden an uns vorüber getragen und nackt abseits in den Schnee gelegt. Morgen werden sie vom Beerdigungskommando abgeholt und weggekarrt. Eine Flecktyphusimpfung kostet 170 M. Ich werde nicht geimpft. [...]

1.2.42. [...] Gestern sind 53 Gefangene gestorben, davon 13 beim Entlausen. Sie können das warme Wasser, den Temperaturunterschied nicht vertragen. Die meisten Toten werden morgens aus den ,Revierbaracken' herausgeschafft. Heute morgen ging ein Zug Kranker, ungefähr 50 Mann, an mir vorüber. Bevor sie in den ,Revierbaracken' untergebracht werden, mussten sie durch die Entlausung. Es waren hohläugige, bleichwangige Gestalten mit grossen Ringen unter den Augen, denen der Tod schon im Gesichte geschrieben stand. Die Entlausung dauert 2 Stunden. Während der Zeit sitzen die armen Kerls nackt in den allerdings geheizten Trockenräumen. Ein trauriger Anblick, diese Todeskarawane heute am Sonntagmorgen. [...]“

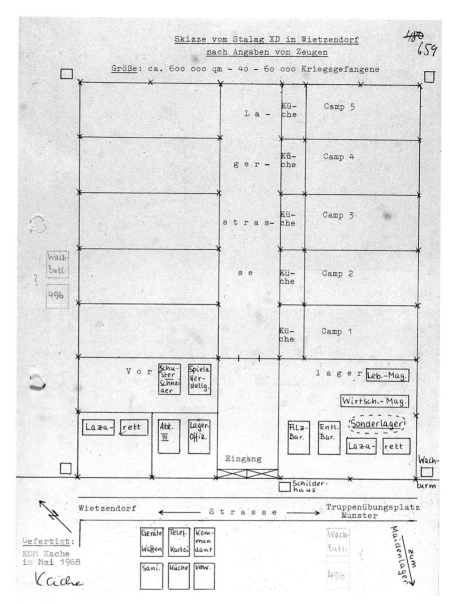

Skizze des Stalag XD in Wietzendorf nach Angaben von Zeugen, Mai 1968

StA Hamburg, 147 Js 29/65, Bd. 5, Bl. 659

NACHKRIEGSAUSSAGEN – HEIDELAGER

17. Mai 1966

Wilhelm G.,
ehemaliger Rechnungsführer
im Stalag Wietzendorf

„[...] An einen Vorfall kann ich mich noch heute recht deutlich erinnern, und ich möchte ihn aus diesem Grunde schildern: Eines Tages erschien wieder ein größerer Transport vor dem Stalag. Soeben fällt mir ein, daß es der erste Transport überhaupt gewesen ist, der ins Lager gebracht wurde. Als das Tor geöffnet wurde, schwärmten die Kriegsgefangenen nach allen Seiten aus, um das beste Plätzchen des unbebauten Geländes zu erhaschen. Sie kletterten auf die Kiefern und rissen alle erreichbaren Zweige herunter. Ich höre das Knacken der Zweige noch heute.
Die Zweige benutzten die Kriegsgefangenen dazu, um die Erdhöhlen, die sie inzwischen ausgehoben hatten, abzudecken. Durch das Abreißen der Zweige wurden die Bäume kahl. Es blieben praktisch nur noch die Stämme übrig. [...]"

StA Hamburg, 2100 Js 9/86, Bd. 1, Bl. 690–694, Zitat Bl. 692 f.

1. November 1967

Otto S.,
ehemaliger stellvertretender
Lageroffizier in Wietzendorf

„[...] Die Verpflegung war ebenfalls völlig unzureichend. Wenn ich mich recht erinnere, gab es morgens eine geringe Menge Brot und Tee. Mittags gab es eine Wassersuppe, die später mit Fuchsbälgen, ich meine die Körper der Füchse, aufgebessert wurde, um in dieser Weise den Gefangenen Eiweiß zukommen zu lassen. Abends gab es lediglich etwas zu trinken. Eine Brotration wurde nicht ausgegeben. Die Morgenration an Brot mußte für den ganzen Tag reichen. [...]"

StA Hamburg, 147 Js 29/65, Bd. 4, Bl. 497–500, Zitat Bl. 498

Schreiben des Kommandanten des Stalags XD Wietzendorf an den Landrat in Soltau vom 8.9.1941 (Durchschrift)
Archiv SFA, zit. n. ZNW

„Am letzten Sonntag haben trotz der angebrachten Sperrschil-
der zahlreiche schaulustige Zivilisten die zum Gefangenenlager führenden Wege beschritten und sich am Stacheldrahtzaun aufgehalten. Es wurde wiederum beobachtet, daß
die Zivilisten mit den Gefangenen in Verbindung zu treten
suchten. In einem Falle wurden einem Kriegsgefangenen Zigaretten zugeworfen. Dadurch wurde ein anderer Kriegsgefangener verleitet, den parallel zum Außendrahtzaun verlaufenden
Warndraht zu überschreiten. Der in der Nähe befindliche Posten schoß befehlsgemäß sofort ohne Anruf auf den Kriegsgefangenen. Durch den Schuß hätten auch Zivilisten verletzt
werden können. Der Fall lehrt, daß der Aufenthalt in der Nähe
des Lagers durchaus nicht ungefährlich ist. Es wird deshalb gebeten, gegen alle diejenigen, die trotz Verbots unbefugt die
zum Gefangenenlager führenden Wege betreten, exemplarisch
mit scharfen Strafen vorzugehen."

**Wochenbericht der NSDAP-Gauleitung Schleswig-Holstein für
die Zeit vom 1.12. – 7.12.1941 über die aus den Heidelagern in Süd-
dithmarschen im Arbeitseinsatz befindlichen Kriegsgefangenen**
LAS, Abt. 454 (Gauleitung NSDAP), Nr. 4

„[...] 6.) Massensterben der Sowjetgefangenen.
Die Kreisleitung Süderdithmarschen meldet, dass die neu zum
Einsatz gelangten Sowjet-Gefangenen ein erschütterndes
Bild bieten. Dadurch, dass sie in unvernünftiger Weise das zur
Verfügung gestellte Essen aufnehmen und dazu noch rohes
Gemüse vertilgen, ist bereits eine erhebliche Sterbezahl bei
den Sowjet-Gefangenen zu verzeichnen. Bisher beträgt diese
Zahl nach kurzer Zeit schon etwa 10 %. Es handelt sich nicht
um seuchenhafte Krankheiten, sondern die Gefangenen verenden an der Kostveränderung. Ein Problem ist die Beerdigung
dieser Gefangenen. Die Wehrmacht hat auch in den wenigsten
Orten Fahrgelegenheit zur Hand, sodass für den Transport
meistens Bauernfuhrwerke herangezogen werden müssen. Es
wäre doch wohl besser, wenn für den Arbeitseinsatz bereitgestellte Sowjetrussen auch in solchem Zustand übergeben würden, dass sie an der Arbeitsstelle nicht in einer so erheblichen
Zahl verenden. Dies geschieht doch sicherlich besser in Mas-
senlägern. Trotzdem die Bevölkerung einen Hass gegen die Sowjetrussen in sich trägt, wirkt sich das Sterben dieser Sowjets
stimmungsmässig nicht günstig aus. Die Partei überwacht jedoch auch diese Gebiete sehr sorgsam. [...]"

Der Bürgermeister
Fernruf: Wietzendorf 15

STALAG XD (310)
Kommandantur
Eing. - 4 SEP. 1941
Tagebuch Nr.
Abt. T. u. W.

Wietzendorf, den 28. August 1941.

Landrat Soltau
29. AUG. 1941
J Nr 1

An

den Herrn Landrat

Soltau.

Betrifft: Wegesperrung beim Gefangenenlager.

Die mir zugesandte Karte reiche ich anbei nach Ein-
sichtnahme zurück.

Durch Sperrung der Wege wird in der Bevölkerung der
Eindruck erweckt, als habe man etwas zu verbergen.

Weiter wird der Bevölkerung wertvolles Anschauungs-
material entzogen. Es kann nichts schaden, wenn sich die
Bevölkerung diese Tiere in Menschengestalt ansieht, zum
Nachdenken angeregt wird und festellen kann, was geworden
wäre, wenn diese Bestien über Deutschland hergefallen wären.

Es würde auch eigenartig berühren, wenn die Bauern
ihr Land nur noch mit Genehmigung der Lagerkommandantur
erreichen und bearbeiten könnten.

Im übrigen bemerke ich, dass das Gefangenenlager in
Soltau während des Weltkrieges nicht abgesperrt war, nicht
einmal das Bolschewistenlager nach dem Weltkriege war abgesperrt.

Nach eingehender Rücksprache mit verschiedenen Einwohnern und Gemeinderäten muss ich feststellen, dass die
von der Kommandantur angegebenen Gründe nicht stichhaltig
sind und etwaige Auswüchse bei der Besichtigung vom Wege aus
leicht von den überall stehenden Posten verhindert werden
können.
                                    (der Sperrung)
Ich stimme daher der Wege gemeindeseitig nicht zu.

Schreiben des Bürgermeisters Wietzendorf an den Landrat in Soltau vom 28.8.1941
Archiv SFA, zit. n. ZNW, 4952

Totentransport zwischen Lager und Friedhof, 1941/42
ZNW, 4000–12

Friedhof, 1941/42
ZNW, 4000–20

Friedhof, 1941/42
ZNW, 4000–24

Bericht von Dr. Hans S., Sanitätsgefreiter im Wehrmachtslazarett, Bergen, 2.1.1942
Bundesarchiv/Militärarchiv, Msg. 200/146

„[...] ‚Die russischen Gefangenen versuchten, sich in Erdhöhlen gegen den harten Winter und den tiefen Schnee zu schützen. Es schien nun sehr sinnvoll, die Höhlen nachts zu verstopfen, dann waren die Russen morgens erstickt, und die Landesschützen brauchten sie nicht erst totzuschlagen! Daß die Russen mit Knüppeln in die Augen geschlagen wurden u. froh waren, daß sie endlich der tötliche Streich traf, wird nicht mehr Wunder nehmen. Man ließ sie um einen Eßnapf einen Gladiatorenkampf austragen, bis einer tot am Boden lag und der andere den Napf ausfraß! Morgens hingen sie an den Stacheldrähten, die das Lager umgaben, entweder durch die Wachsoldaten erschossen oder entkräftet oder ausgeblutet. Und dann der Leichenwagen: .. schichtenweise schichtete man die Russen, die Toten und Halbtoten in die Massengräber. Steckte einer der Halbtoten seinen Kopf heraus, hieb eine Schaufel ihn flach. Mit Brettern unter den Füßen trat man die erste Lage flach, dann folgte die zweite Schicht und so fort! Es gingen Photographieen unter den deutschen Soldaten von Hand zu Hand, die dieses Grauen festhielten, sie sollten denen, die es nicht glauben wollten, den Beweis in die Hand geben über die Humanität im Dritten Reich. Manche deutschen Soldaten meldeten sich hier fort, da sie dies mit ihrem Gewissen nicht vereinbaren konnten. Aber manche alten Landesschützen wurden hier Sadisten, die mit Lust mordeten. Es waren Männer zwischen 40 und 50 Jahren.‘ [...]“

Stalag XI D/321: Oerbke

Ankunft am Bahnhof Fallingbostel, Sommer 1941

ZNW, 4777

Karteiaufnahme im Lager Oerbke, Sommer 1941

ZNW, 4795

Oerbke 1941: „Todeskandidat"
ZNW, 4016A

Oerbke 1941: „Das traurige Ende II"
ZNW, 4025A

Friedhof Oerbke 1941: „Beerdigung"
ZNW, 4027A

Schreiben des Landrates des Kreises Fallingbostel
an das Gewerbeaufsichtsamt Celle vom 12.5.1942
Archiv SFA, 4 KV Fal, Nr. 222 M, zit. n. ZNW

„Betr.: Antrag auf Schwerarbeiter-Zusatzkarten für die russi-
schen Kriegsgefangenen Kettenburg-Hilligensehl
Anbei übersende ich einen Antrag des Bauunternehmers Theodor Pollmann in Walsrode auf Gewährung von Schwerarbeiter-
Zusatzkarten für russische Kriegsgefangene des Lagers Kettenburg-Hilligensehl, zur gefl. Veranlassung.
Wenn die Möglichkeit besteht, dass die mit Dränungsarbeiten
beschäftigten russischen Kriegsgefangenen Zusatzkarten für
Schwerarbeiter erhalten, so wird dieses dringend befürwortet.
Für die mit diesen Arbeiten vorher beschäftigten französischen Kriegsgefangenen haben 60 % Schwerarbeiter-Zusatzkarten erhalten. Die russischen Kriegsgefangenen sind infolge
mangelnder Ernährung derart schlapp, dass sie keine schweren
Arbeiten verrichten können und es keinen Zweck haben würde,
eine teure Unterkunft bei völlig ungenügender Arbeitsleistung
zu unterhalten. Die Russen sind zur Arbeit durchaus willig, es
fehlen ihnen aber die notwendigen Körperkräfte. Ganz besonders wäre erwünscht, wenn für sie die Brotrationen erhöht
werden könnten."

ZEITHAIN

Unter der Bezeichnung Stalag 304 (IV H) entstand im
Frühjahr 1941 auf einem Truppenübungsplatz in der Nähe
der sächsischen Kleinstadt Riesa das Kriegsgefangenenlager
Zeithain. Bereits im Juli 1941 trafen die ersten Kriegsgefan-
genentransporte von der Ostfront ein. Wie in den anderen
Lagern gab es auch hier keinerlei Vorkehrungen für die
Unterbringung und Versorgung der Rotarmisten, die zunächst
in selbstgeschaffenen Erdhöhlen leben mußten. Vier Wochen
später befanden sich bereits 32.000 sowjetische Kriegsgefangene im Lager.

Das Stalag 304 diente als regionales Aufnahme- und Verteilungslager, von hier wurden die Kriegsgefangenen auf andere Stalags und von dort weiter auf die Arbeitskommandos im Wehrkreis IV
verteilt. Ab September 1942 war Zeithain Zweiglager des Stalags IV B Mühlberg und fungierte als
Kriegsgefangenenreservelazarett mit 7.700 Betten.

Insbesondere eine Ruhrepidemie im Sommer 1941 sowie eine Fleckfieberepidemie zwischen
November 1941 und April 1942 kosteten Tausenden sowjetischen Kriegsgefangenen das Leben.
Während der Lazarettzeit starben die Gefangenen vor allem an den Folgen ihrer Tuberkulose-
erkrankungen. Für das Lager Zeithain ist von einer Opferzahl zwischen 25.000 und 35.000 Menschen auszugehen.

Kriegsgefangenenlager Zeithain

Das Lager, ohne Datum
Nds. Hauptstaatsarchiv Hannover, Nds. 721 Göttingen, Acc. 103/87, Nr. 14/11

Sowjetische Kriegsgefangene, ohne Datum
Nds. Hauptstaatsarchiv Hannover, Nds. 721 Göttingen, Acc. 103/87, Nr. 14/11

Typhustote, ohne Datum
Nds. Hauptstaatsarchiv Hannover, Nds. 721 Göttingen, Acc. 103/87, Nr. 14/11

Typhustote, ohne Datum
Nds. Hauptstaatsarchiv Hannover, Nds. 721 Göttingen, Acc. 103/87, Nr. 14/11

Wachantritt im Kriegsgefangenenlager Zeithain, ohne Datum
Nds. Hauptstaatsarchiv Hannover, Nds. 721 Göttingen, Acc. 103/87, Nr. 14/11

Bericht der Chorun-Kommission von 1946
Gedenkstätte Ehrenhain Zeithain

„[...] Für den Bau des Lagers wurde ein Gelände, 4 km nordwestlich des Ortes Zeithain, in unmittelbarer Nähe der kleinen Eisenbahnstation Jacobsthal, bestimmt. [...]

In den ersten Tagen des Mai 1941 wurde seitens der Lagerbauleitung in Zeithain mit dem Ingenieur Lehmann an der Spitze mit dem Bau des Lagers begonnen. Im gleichen Mai 1941 traf die Lagerleitung auf dem Baugelände ein, mit Oberstleutnant Krohn und dem Verwaltungspersonal für das Stalag 304.

Zum Zeitpunkt des Eintreffens der ersten Transporte sowjetischer Kriegsgefangener, Mitte Juli 1941, wurde das ganze Lagergelände mit einem Stacheldrahtverhau umgeben, es wurden lediglich einige Wirtschafts- und Niederlagegebäude gebaut.

Bis zum Spätherbst 1941 waren die eintreffenden Kriegsgefangenen im Freien untergebracht, ohne warme Kleidung und Mäntel, da solche von der Lagerleitung bei der Aufnahme weggenommen wurden. Die Kriegsgefangenen waren gezwungen, in Erdlöchern Schutz zu suchen, die sie selbst, ohne Zuhilfenahme irgendwelcher Werkzeuge, aushoben.

Den Winter 1941/42 verbrachten die Kriegsgefangenen in unfertigen Baracken, die lediglich ein Dach und nur zum Teil Wände hatten. [...]" [Bl. 93]

„[...] Das OKH hatte für sowjetische Kriegsgefangene Verpflegungssätze festgelegt, deren Nährwert nicht einmal den Mindestbedarf des menschlichen Körpers decken konnte, denn er macht nicht viel mehr als 1000 Kal. netto pro Tag aus. Aber nicht einmal dieser niedrige Satz ist in Wirklichkeit eingehalten worden. Die tatsächliche Verpflegung im Lager bestand aus 200–300 Gramm Brot, mit Ersatzmitteln gestreckt, hergestellt aus Roggenschrot unter Beimischung von Stroh und Rübenschnitzeln und aus 0,5 l sog. ‚Balanda' (Suppe). Somit ein Tagesverpflegungssatz eines Kriegsgefangenen 300–800 Kal. netto.

Der Genuß des ‚Brotes', aus solchem ‚Mehl' zubereitet, hatte Hunger zur Folge und begünstigte die Ausbreitung von Magen- und Darmerkrankungen unter den Kriegsgefangenen. Ebenso verheerend auf die inneren Organe wirkte die ‚Balanda', die aus Hirse, oder Buchweizenspelzen und Rüben zubereitet war, mit ungereinigten und halbverfaulten Kartoffeln, mit Beimischung von Erde.

Es ist festgestellt worden, daß für sowjetische Kriegsgefangene besonders minderwertige Lebensmittel ausgegeben wurden, wobei die Verpackung eine besondere Aufschrift ‚Nur für sowjetische Kriegsgefangene' trug. Lt. Befehl des OKW sollte nach Möglichkeit Pferdefleisch oder Freibankfleisch verwendet werden. Tatsächlich kam Fleisch verendeter Tiere, zur Ausgabe. Im Lager sind Kisten gefunden worden mit der Aufschrift: ‚Freibankfleisch aus Ungarn'. Die Lebensmittel wurden in unsauberen Feldbahnlories herangefahren, die auch zur Anfuhr von Baumaterialien und zum Abtransport von Leichen verwendet wurden. Zum Teil wurde die ‚Balanda' aus der Küche in denselben Kübeln herangebracht, die den Gefangenen als Nachtkübel dienten. Diese Art der Ernährung führte unweigerlich zum Tode und zur Verbreitung von Seuchen unter den Kriegs-

gefangenen. Im Lager herrschte schwere Hungersnot. Die gequälten Menschen aßen Gras, es gab auch Fälle von Kannibalismus. Gesunde Menschen, die ins Lager kamen, verwandelten sich innerhalb von 2–3 Wochen in entkräftete Greise, litten unter Hungerödemen, Skorbut, chronischen Durchfällen und starben zu Tausenden an Entkräftung. Um eine Tagesration Verpflegung zu erhalten, standen die Kriegsgefangenen mehrere Stunden vor der Küche an, und häufig gingen die zuletzt gekommenen Gefangenen leer aus. Kranke, die sich nicht bewegen konnten, blieben ganz ohne Essen. [...]" [Bl. 94 f.]

„[...] Jede Holzbaracke enthielt im Winter 1942 zwei kleine eiserne Öfen (Reif, Nikitin). Jeder abgetrennte Raum einer Steinbaracke hatte ein bis zwei herdartige Öfen aus Backstein, mit äusserst geringem Heizwert, da der Rauchabzug unmittelbar in den Schornstein erfolgte, ohne Züge zum Erwärmen (persönliche Besichtigung).

Als Heizmaterial wurden je Baracke täglich 15 Briketts zugeteilt, mitunter fehlte es vollständig an Heizmaterial. Es ist klar, dass diese völlig ungenügende Heizung keinesfalls eine einigermassen erträgliche Temperatur bieten konnte; im Winter war in den Baracken morgens das Wasser stets gefroren (Nikitin, Okrugin). [...]" [Bl. 178]

„[...] Als Beginn der Ruhrerkrankungen im Lager kann man Mitte Juli 1941 bezeichnen. Die hohe Erkrankungsziffer an Ruhr blieb bis zum Spätherbst–November 1941. Nach Angaben von Sonntag erkrankten an Ruhr bis zu 20 % der Kgf., die sich im Lager befunden haben (Bescheinigung von Sonntag vom 5.10.46). Die Zahl der Ruhrkranken Kgf. wird mit nicht weniger als 8 000 bis 10 000 Mann angegeben. [...]" [Bl. 199]

„[...] Es ist schwer, die Zahl der Fleckfieberkranken in der Periode der Epidemie im Lager (Oktober 41 bis Mai 1942) festzustellen. Die Fleckfieberkranken sind nicht in Lazarette gekommen, sondern blieben im Lager, und wenn es bis zum Beginn der Quarantäne (Dezember 41) irgendeine Übersicht gab, so ist die Erkrankungszahl seit der Zeit des Eintrittsverbotes des deutschen Ärztepersonals in das Lager nicht mehr notiert. Man kann mit voller Begründung annehmen, daß besonders seit Dezember 1941 bis zum Ende der Quarantäne alle Häftlinge im Lager an Fleckfieber erkrankt sind. Die Lebensbedingungen der Kgf. im Lager waren derartige, daß es unmöglich war, einer Erkrankung an Fleckfieber zu entgehen. In den Herbst- und Wintermonaten war eine furchtbare Überfüllung und eine Verlausung der Kgf. Um der Kälte zu entgehen, überfüllten die Menschen die nichtfertigen Baracken, dort lagen und saßen sie eng aneinander, denn das war die einzige Möglichkeit, den eigenen Körper an dem anderen zu erwärmen. Hier blieben auch die Fleckfieberkranken, die nicht in die Lazarette gekommen sind und sie waren dadurch die Quelle der Verbreitung des Fleckfiebers. Hierzu hat Oltmanns angegeben, daß die Baracken erst ab Winter 1942/43 und später tatsächlich geheizt wurden und im Winter 1941/42 wurden die Baracken nicht geheizt, denn es fehlte an Öfen (Oltmanns Protokoll vom 16.8.1946).

„Um eine Tagesration Verpflegung zu erhalten, standen die Kriegsgefangenen mehrere Stunden vor der Küche an, und häufig gingen die zuletzt gekommenen Gefangenen leer aus. Kranke, die sich nicht bewegen konnten, blieben ganz ohne Essen."

„Die Lebensbedingungen der Kgf. im Lager waren derartige, daß es unmöglich war, einer Erkrankung an Fleckfieber zu entgehen."

[...] Es ist ohne Zweifel, daß im Winter 1941/42 die Hauptursache der Sterblichkeit Fleckfieber war, daß es bei dem Grad der Erschöpfung und der geminderten natürlichen Widerstandsfähigkeit der Menschen gegen Ansteckung hohe Sterblichkeitsziffern und außerordentlich schnellen Krankheitsverlauf gab. [...]" [Bl. 200 f.]

Transportbedingungen

„[...] Die unmenschliche Behandlung der sowj. Kgf. begann schon unterwegs vor deren Ankunft im Lager. Die Kgf. wurden antransportiert in Waggons mit 70 bis 80 Mann. Bei ungenügender Verpflegung (ein Brot auf 5 bis 10 Mann und je Mann 3 getrocknete Salzfische), und was die Hauptsache war, ohne Wasser. Die Waggons waren dicht verschlossen, solche Behandlung haben die Leute nicht aushalten können und starben. Unterwegs wurden während der Fahrt 10 bis 12 Leichen hinausgeworfen (Rewin, Nikitin). Diese Angaben bestätigt Rollin: ‚Die Kgf. wurden transportiert auf der Eisenbahn ohne Nahrung und Wasser in geschlossenen Waggons, was natürlich zu einer Erschöpfung geführt hat.‘ [...]" [Bl. 202]

Tagebuch von Leutnant K., Angehöriger des Landesschützenbataillons 986, 1941

Jens Nagel und Jörg Osterloh, Wachmannschaften in Lagern für sowjetische Kriegsgefangene (1941–1945). Eine Annäherung, in: „Durchschnittstäter". Handeln und Motivation, hrsg. und verantwortl. Redaktion Christian Gerlach, Anhang Ahlrich Meyer, Berlin 2000, S. 83

„[...] Lagerwache. Schneematschwetter. Lange Reihen von Toten vor den Baracken. In den Schlamm geworfen. Ich bin allein, fotografiere. Das Entsetzlichste: die Baracke der Halbtoten: Tote, Sterbende, röchelnde Schwerkranke, alles durcheinander. [...]" [Eintrag 5.11.1941]

„Tote, Tote, Tote!"

„[...] Lagerkontrolle. Tote, Tote, Tote! Klagen an, schreien stumm mit offenem Mund und toten Augen, in denen noch das Leben flackert. Welcher Maler kann das malen? Wo sind die Verantwortlichen für dieses Sterben? Wo bleibt die überheblich prahlende deutsche Organisation? Wo das Gewissen? [...]"
[Eintrag 16.11.1941]

„[...] Heute Dienst beim Russenbegräbnis. 500 in einer Reihe! Über 12.000 liegen schon im Massengrab. Ich will es nicht vergessen dieses Bild, wie sie die Toten abladen von der Lore, wie sie frosthart klappernd aufschlagen, in die Tiefe poltern, mit offenen Augen ihrer Schändung zusehen, sich nicht wehren können. Welches Ende von Menschen. Wie ich selber einer bin, von Menschen mit Blut und Seele! Ach so: Es sind ja ‚Untermenschen', die haben ja keine Seele. Wer wird einst dafür zahlen? Unsere Kinder? [...]" [Eintrag vom 16.1.1942]

NACHKRIEGSAUSSAGEN – ZEITHAIN

„[...] Nach einigen Tagen ludt man uns in einen Güterwagen zu 100–120 Personen, die Waggons wurden mit Schlössern verschlossen, man schlug die Fenster ein, und unter verstärkter Bewachung der Hitlersoldaten schleppte sich der Zug in unbekannte Richtung. Einige Tage pochten die Räder der Waggons auf den eisernen Schienen entlang, und wir waren erschöpft von den Wunden, vor Hunger und anderen Nöten. Man hört nur das Gebell eines Schäferhundes ähnlich diesem Geräusch. Das im Waggon Durchlebte läßt sich nicht mit dem menschlichen Geist beschreiben. Menschen verbluteten, schmutzige Wunden ätzten alles schwarz, in jedem Waggon starben zum Tode verurteilte Menschen an Blutverlust, Wundstarrkrampf, Blutvergiftung, Hunger, Wasser- u. Luftmangel, sowie anderen Entbehrungen. [...] Der Zug hielt an und stand einige Stunden. Es begann das Ausladen der Kriegsgefangenen aus den Waggons. Es war zur Mittagszeit. Der frische Wind, der für kurze Zeit in den offenen Waggon hineinströmte, brachte für kurze Zeit Erleichterung. [...] Die Toten wurden aus den Waggons auf den Platz geworfen. Diejenigen, die sich nicht fortbewegen konnten, wurden mit Maschinenpistolen niedergeschossen. Auf die erschöpften und zur Erde sinkenden warfen sich rasende Schäferhunde. Nur die, die sich mit Mühe selbst oder mit Hilfe ihrer Genossen fortbewegen konnten, wurden, nachdem sie einen Schlag mit dem Kolben bekommen hatten, in die Reihe gestellt. [...]"

Gedenkstätte Ehrenhain Zeithain

4. Dezember 1961

Nikolaj G.,
ehemaliger sowjetischer
Kriegsgefangener

„[...] Meine Aufgabe war vor allen Dingen den Aufbau der Barracken für die Kriegsgefangenen zu fördern. Mir unterstanden direkt etwa 160 Mann Lagerpersonal. Die Wachkompanien, die außerhalb des Lagers mit der Außenbewachung beauftragt waren, hatten die Unterkunft in meinem Bereich, unterstanden sonst aber direkt dem Kommandanten, d.h. ich hatte keine Weisungsbefugnis über sie. Nördlich dieses sogen. Zwischenlagers befand sich das Lagerlazarett für Kg. (unter Stabsarzt Dr. Sonntag) und noch weiter nördlich das Vorlager, Aufnahmelager mit Entlausungsanstalt, unter Hauptm. Zerbes. Die besondere Schwierigkeit war, daß trotz Einsatz eines franz. Pionierbattallions der Aufbau der Barracken nicht Schritt halten konnte mit den schnell aufeinander eintreffenden Transporten der kriegsgefangenen Russen, z.B. einmal an einem Tage drei Züge mit 8400 Kriegsgefangenen, die teilweise schon in gesundheitlich schlechtem Zustand ankamen. Ein Verhängnis war der zeitig eintretende Herbst mit viel Regen. [...]"

Nds. Hauptstaatsarchiv Hannover, Nds. 721 Göttingen, Acc. 103/87, Bd. 14, Bl. 199–201, Zitat Bl. 199 f.

30. Januar 1967

Alfred L.,
ehemaliger Angehöriger
der Wachmannschaft im
Stalag 304

„AUSSONDERUNGEN"

Wie im Zuständigkeitsbereich des Oberkommandos des Heeres wurden auch im Reichsgebiet politisch „verdächtige" und jüdische Kriegsgefangene in den Lagern selektiert. In Kooperation mit den verantwortlichen Wehrmachtsstellen sonderten Einsatzkommandos der Sicherheitspolizei und des SD solche Gefangenen aus und führten Verhöre durch, bevor die sowjetischen Soldaten in ein Konzentrationslager zur Exekution überstellt wurden. Trotz einiger bürokratischer Anstrengungen, die Rotarmisten bereits in den besetzten Gebieten beziehungsweise im Generalgouvernement konsequent zu überprüfen, blieb es bei einer ab Mitte 1942 allerdings reduzierten Aussonderungspraxis im Reichsgebiet.

Wie in den Stammlagern wurden auch im Offizierslager 62 in Hammelburg Selektionen durchgeführt. Einsatzkommandos der Sicherheitspolizei und des SD suchten unter den Offizieren politisch „verdächtige" Personen heraus, diese wurden von der Wehrmacht aus der Kriegsgefangenschaft entlassen und in ein Konzentrationslager überstellt. Die Erschießungen führten dort Angehörige der KZ-Wachmannschaften durch. Allein aus Hammelburg wurden bis zum 24. Januar 1942 insgesamt 652 sowjetische Offiziere in ein Konzentrationslager gebracht und dort ermordet.

Über die Zahl der insgesamt „ausgesonderten" und ermordeten sowjetischen Kriegsgefangenen liegen keine genauen Zahlen vor. Es muß aber von einigen zehntausend Opfern ausgegangen werden. Hinrichtungen hat es in den Konzentrationslagern Auschwitz, Sachsenhausen, Neuengamme, Buchenwald, Dachau, Flossenbürg und Mauthausen gegeben. In Groß-Rosen wurden bis zum Sommer 1942 vermutlich mehr als 2.500 sowjetische Soldaten ermordet. Zu der Hinrichtung von insgesamt 25 Gefangenen am 10. April 1942 sind Dokumente erhalten geblieben. Sie zeigen den bürokratischen Vollzug einer von Wehrmacht und Einsatzkommandos gemeinschaftlich durchgeführten Mordaktion.

Schnellbrief des Chefs der Sicherheitspolizei und des Sicherheitsdienstes an die Staatspolizeileitstellen vom 9.11.1941
StAN, PS–1165

„Die Kommandanten der Konzentrationslager führen Klage darüber, daß etwa 5 bis 10 % der zur Exekution bestimmten Sowjetrussen tot oder halb tot in den Lagern ankommen. Es erweckt daher den Eindruck, als würden sich die Stalags auf diese Weise solcher Gefangener entledigen.

Insbesondere ist festgestellt worden, daß bei Fußmärschen, z.B. vom Bahnhof zum Lager, eine nicht unerhebliche Zahl von Kriegsgefangenen wegen Erschöpfung unterwegs tot oder halbtot zusammenbricht und von einem nachfolgenden Wagen aufgelesen werden muß.

Es ist nicht zu verhindern, daß die deutsche Bevölkerung von diesen Vorgängen Notiz nimmt.

Wenn auch derartige Transporte bis zum Konzentrationslager in der Regel von der Wehrmacht durchgeführt werden, so wird die Bevölkerung doch diesen Sachverhalt auf das Konto der SS buchen.

Um derartige Vorgänge in Zukunft nach Möglichkeit auszuschließen, ordne ich daher mit sofortiger Wirkung an, daß als endgültig verdächtig ausgesonderte Sowjetrussen, die bereits offensichtlich dem Tode verfallen sind (z.B. bei Hungertyphus) und daher den Anstrengungen, insbesondere eines wenn auch kurzen Fußmarsches, nicht mehr gewachsen sind, in Zukunft grundsätzlich vom Transport in die Konzentrationslager zur Exekution auszuschließen sind. [...]"

Befehl des Oberkommandos der Wehrmacht, Allgemeines Wehrmachtamt/Kriegsgef. Allg. (A) vom Juni 1942
Bundesarchiv, RD 19/3, Bl. 42

„Verhalten gegenüber Kommissaren und Politruks.

Um jede Verzögerung im Abtransport der neuanfallenden Kriegsgefangenen ins Reich zu verhindern, wird künftig die Aussonderung der Kommissare und Politruks durch Einsatzkommandos der Sicherheitspolizei n u r n o c h i m G e n e r a l g o u v e r n e m e n t v o r g e n o m m e n.

Im Generalgouvernement geschieht die Aussonderung weiterhin durch die Sicherheitspolizei nach den in der Verfügung Az. 2 f 24.73 AWA/Kriegsgef. Allg. (I a) Nr. 389/42 g vom 24.3.1942 gegebenen Anweisungen. Die von den SD-Kommissionen Ausgesuchten werden künftig in hierfür besonders vorbereitete Lager der Sicherheitspolizei ins Generalgouvernement oder ins Reich überführt und b l e i b e n d o r t i n V e r w a h r u n g. Sonderbehandlung wie bisher findet nicht mehr statt, es sei denn, daß es sich um Leute handelt, denen eine strafbare Handlung, wie Mord, Menschenfresserei und dgl. nachgewiesen ist.

Zur schnelleren Durchführung wird die Sicherheitspolizei ihre Einsatzkommandos im Generalgouvernement verstärken.

Da nunmehr Aussonderungen im R e i c h s g e b i e t nicht mehr vorgenommen werden (siehe hierzu auch Verfügung Az. 2 f 24.73 Chef Kriegsgef. Allg. (I a) Nr. 1155/42 g vom 5.5.1942) sind die Kriegsgefangenen erst nach einwandfreier ‚politischer Quarantäne' aus dem Generalgouvernement weiterabzutransportieren."

Befehlssammlung Nr. 19 des Oberkommandos der Wehrmacht, Chef Kriegsgefangene, vom 5.12.1942 (Abschrift)
Bundesarchiv/Militärarchiv, RW 6/v. 270, Bl. 105 f.

„[...] 218) Betr.: Aussonderung sowjet. Kriegsgefangener.
Bezug:
1) Az 2 f 24.73 AWA/Kriegsgef.Allg.(Ia) Nr. 389/42 g. v. 29.3.42
2) Az 2 f 24.73 Chef Kriegsgef.Allg.(Ia) Nr. 1155/42 g. v. 5.5.42
Aus der Ukraine sind in letzter Zeit Gefangenentransporte ungeprüft durch Einsatzkommandos der Sicherheitspolizei und des Sicherheitsdienstes unmittelbar in das Reich gekommen. Wenn daher künftig im Reich Beamte der Sicherheitspolizei und des SD wieder Aussonderung nach Bezugsbefehl 1 vornehmen wollen, ist ihnen der Zutritt zu den Lagern und im Beisein des Kontrolloffiziers zu den Arbeits.Kdos. dieser neuen Kr.Gef. zum Zwecke der Überprüfung zu gestatten. [...]"

Personalkarten von sowjetischen Kriegsgefangenen aus dem Offizierslager Hammelburg

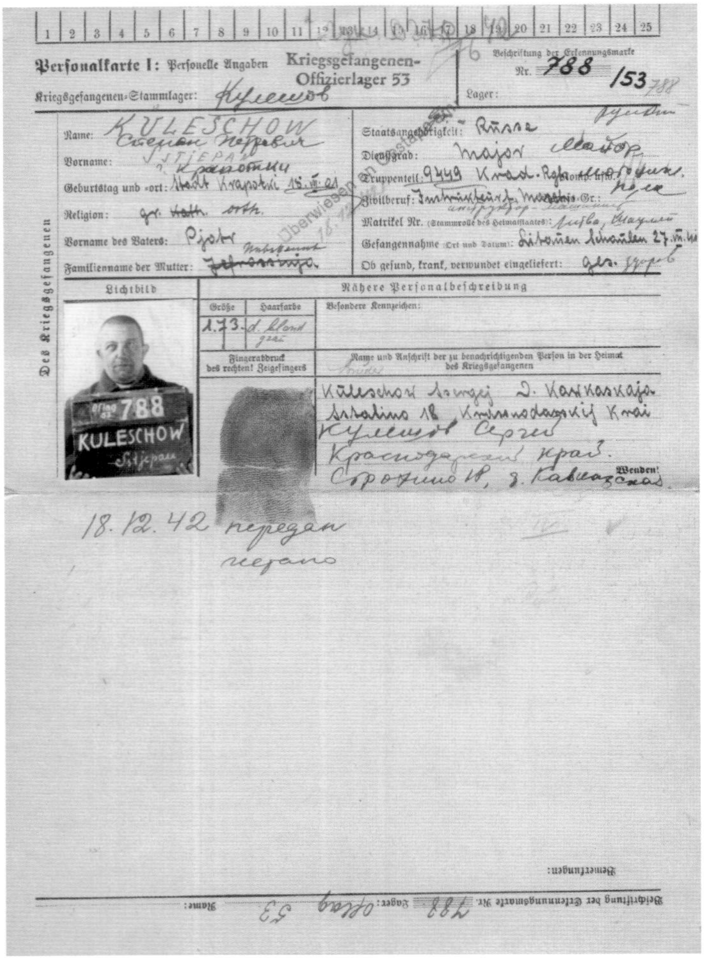

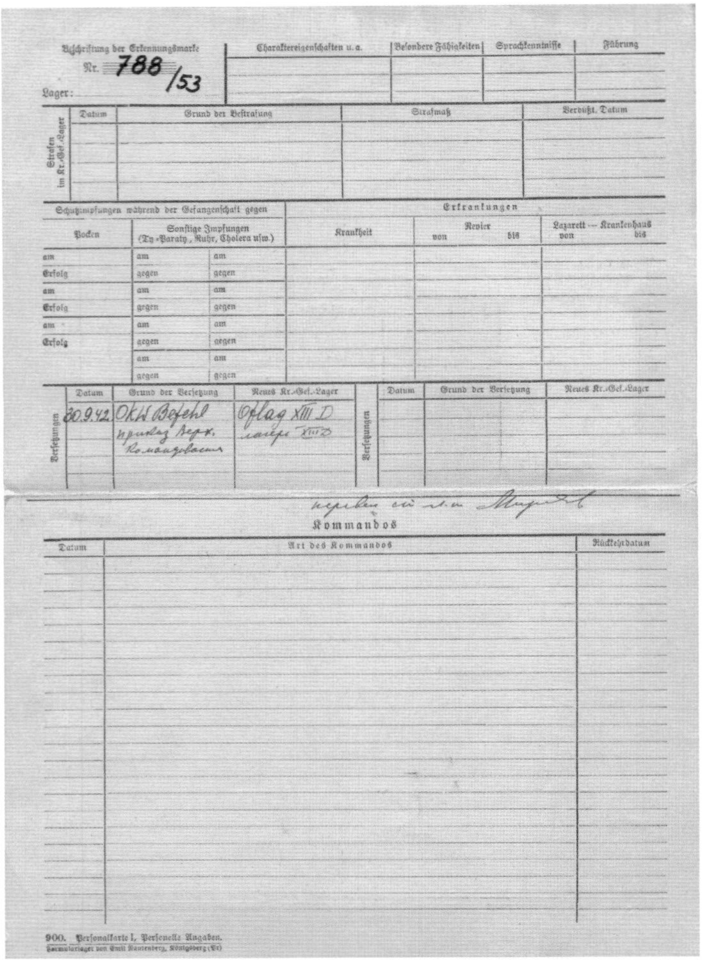

Personalkarte „Sstjepan Kuleschow"

ZAMO, Offizierskartei

Stempel: „Überwiesen an Gestapo am: 18.12.42"

Personalkarte „Sergei Mogila"
ZAMO, Offizierskartei

Stempel: „Überwiesen
an Gestapo am: 18.12.42"

Offizierslager Hammelburg, ohne Datum
VdH, Ortsverband Neunburg vorm Wald

Offizierslager Hammelburg, ohne Datum
VdH, Ortsverband Neunburg vorm Wald

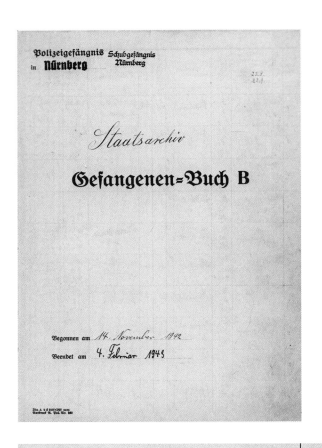

„Sergei Mogila" und „Sstjepan Kuleschow" wurden vom Offizierslager Hammelburg ins Schubgefängnis Nürnberg überstellt, von dort am 26.1.1943 ins Konzentrationslager Flossenbürg deportiert.

Gefangenenbuch des Schubgefängnisses Nürnberg vom 19.12.1942
StAN, Polizeidirektion Nürnberg-Fürth, Nr. 1030

NACHKRIEGSAUSSAGEN – „AUSSONDERUNGEN"

„[...] Nach Aussonderung der Verdächtigen stellte einer der Beamten eine Namensliste der Ausgesonderten zusammen und hinter jeden Namen wurde in Stichworten der Grund der Aussonderung dazugesetzt. Diese Namensliste legte mir der Beamte mit einem kurzen Anschreiben an den Chef der Sipo und des SD in Berlin vor und ich unterzeichnete das Schreiben. [...]
Der Chef der Sipo und des SD benötigte zur Beantwortung zwischen 2 und 10 Tagen. Ein solches Antwortschreiben hiess etwa: ‚Unter Bezugnahme auf den Bericht vom ..... sind die ausgesonderten russ. Kriegsgefangenen in das KZ Dachau zu überstellen.' [...] Unter Zuleitung eines Durchschlages der Namensliste (das Original war vorher nach Berlin gegangen) wurde nunmehr die Entlassung der ausgesonderten Kriegsgefangenen aus der Kriegsgefangenschaft und die Uebergabe an das Einsatzkommando beim Lagerkommandanten beantragt. Dieser hat in keinem Falle widersprochen, da er ja vom OKW die gleichen Befehle wie wir in Händen hatte. [...]"

StAN, Staatsanwaltschaft bei dem Landgericht Nürnberg-Fürth, Nr. 282, Bl. 28 f.

20. September 1950

Paul O.,
ehemaliger Kriminalkommissar
der Gestapostelle Nürnberg

"Sergej Mogila" wurde am 26.1.1943 im Nummernbuch des KZ-Flossenbürg registriert. Er befand sich zu diesem Zeitpunkt im Krankenrevier des Lagers.

Nummernbuch des KZ-Flossenbürg, 1943
NARA, RG 238, 290/D/19/4, Box 534, Book No. 1, Vol. 120

Kudrjaschew,	Iwan	2467	Rp	15. 8.14	16. 6.43	11.11.43	T
Kudrjaschew,	Wassilij	574	Rp	16. 4.21	21.12.42	11. 2.43	Da
Kudrjawzow,	Wladimir	1510	Rp	25. 8.21	6.10.42	3.12.43	Au
Kudyk,	Jan	3675	Pp	20.11.20	21. 1.43	10. 8.43	T
Kübler,	Gottlob	2000	p	22.12.16	6. 4.40	10. 2.41	B
Kühn,	Erich	1608	BV	21. 6.06	26. 4.39	1.2.43	Sa
Kühn,	Richard	2986	VH	29. 2.04	1. 9041	22.11.42	T
Kühn,	Robert	710	BV	6. 7.01	4.11.38	18. 3.42	E
Kühnau,	Fritz	2513	p	29. 5.17	6. 4.40	1. 4.41	T
Kühne,	Alfred	639	VH	18. 6.94	6. 4.40	17. 5.40	T
Kühne, Hellmuth, Bernhard	711		13. 7.02	4.11.38	27. 6.39	T
Kühnemann, Willi	2087	VH	26.10.02	16. 6.41	24. 5.42	T
Künzl,	Ernst	1878	A	9.12.12	29.12.41	3. 9.42	QH
Küper,	Wilhelm	1485	BV	2. 1.97	18. 1.39	5. 8.42	Ng
Küpferle,	Heinrich	193	VH	2. 2.12	16. 2.42	9. 9.42	Sa
Küppers,	Kurt	2550	S	14. 8.17	6. 4.40	9. 9.42	Sa
Küppers,	Peter	901	BV	18. 1.16	17.11.38	12. 1.44	Au
Kuess,	Paul	2262	VH	17. 4.21	8. 6.42	18. 7.42	Ra
Küssner,	Max	712	BV	19. 2.04	4.11.38	4. 5.42	Sa
Küssner,	Rudi	2967	p	29. 5.05	6.10.41	18. 7.42	Ra
Küster,	Adolf	2651	VH	27. 8.04	8.12.41	5. 8.42	Ng
Küwazes,	Takis	2778	Gp	14. 2.23	12. 1.43	8. 2.43	Sa
Kufa,	Wladislaus	2174	p	4. 1.07	6. 4.40	28.12.42	B
Kufel,	Anton	2490	p	27. 5.22	23. 1.41	17. 3.41	E
Kuhlmann,	August	1385	A	3. 1.06	6. 4.40	18. 7.42	Ra
Kuhlmann,	Otto	713		21. 4.96	4.11.38	20. 1.39	E
Kuiper,	Johannes	884	Rp	21.10.98	7.12.42	5. 8.43	T
Kujda,	Stepan	150	Rp	28. 4.15	11. 8.42	29.10.42	Da
Kukee,	Martin	1452	VH	22. 3.08	19. 1.42	4. 5.42	Sa
Kukiela,	Johann	3008	p	9. 7.14	23. 1.41	1. 7141	T
Kuklew,	Nikolaj	4616	Rp	9. 5.17	3. 8.43	28.11.43	T
Kuksenko,	Nikolaj	1043	Rp	29. 6.24	18.12.42	11. 2.43	Da
Kukalski,	Jan	65	VH	25. 5.16	17. 2.41	5. 7.42	St
Kukulski,	Thadäus	2516	Pp	29. 9.20	9.12.40	16.11.44	Bu
Kukuschkin,	Boris	8673	R	26. 4.17	9. 5.44	16.11.44	Bu
Kulagin,	Feofan	330	Rp	8. 3.10	? 5.43	8.11.43	T
Kulak,	Hieronym	4425	Pp	5. 6.04	15. 3.43	3.12.43	Au
Kulakow,	Andre	119	Rp	29. 3.24	27. 7.42	3. 3.43	Da
Kulasowski,	Petro	3556	Pp	13. 1.24	19. 1.43	3. 3.43	Da
Kulbakow,	Iwan	5889	R	25.10.15	6. 3.44	14. 6.44	T
Kulbaskij,	Pietro	8083	R	27.10.22	12. 4.44	16. 7.44	T
Kulbicki,	Georg	2923	p	10. 3.06	23. 1.41	17. 9.41	T
Kulesak,	Kirilow	5970	R	11. 5.13	6. 3.44	24. 8.44	BB
Kuleszki,	Eustachy	86358	P	6. 2.13		26. 5.43	E
Kuleschew,	Alexander	3897	Rp	15. 8.93	26. 1.43	24. 8.44	BB
Kuleschew,	Iwan	215	Rp	15.10.09	? 5.43	28.12.43	T
Kuleschew,	Stepan	4203	Rp	15. 6.01	26. 1.43	7.11.43	T
Kulessa,	Amatol	18024	P	9. 7.91	28. 8.44	20.12.44	T
Kulessa,	Miccnyslaw	2729	p	4. 3.20	23. 1.41	19. 9.41	T
Kulessa,	Zygmunt	4613	P	21. 6.99	6. 2.44	11. 2.45	T
Kuliew,	Kaipala	2950	Rp	1. 2.18	2.10.42	3. 9.43	T
Kulig,	Boleslaw	2510	Pp	22. 1.20	16. 6.43	10.12.43	Sa
Kulik,	Alexander	448	Rp	1. 1.22	11.11.42	17.12.42	Sa
Kulik,	Gregori	2812	Rp	7.10.85	17. 7.42	18.12.43	T
Kulik,	Iwan	664	Rp	18. 2.19	29.12.42	3. 3.43	Da
Kulik,	Iwan	2906	Rp	17.11.26	17. 7.42	24. 9.42	Sa
Kulik,	Iwan	5499	R	1. 9.25	15.12.43	8. 3.44	BB
Kulik,	Iwan	5098	R	27. 9.98	6. 3.44	29. 8.44	T
Kulik,	Michael	82	p	19	20. 5.40	5. 2.41	T
Kulik,	Nikola	1999	Rp	6.11.08	30. 9.42	9. 2.43	Da

"Stepan Kuleschow" wurde am 26.1.1943 im KZ-Flossenbürg registriert. Er verstarb am 7.11.1943.

Nachkriegsaufstellung der 3. US-Armee zu Häftlingen des KZ-Flossenbürg, ohne Datum
KZ-Gedenkstätte Flossenbürg

Personalkarten Stalag III B (Fürstenberg)

Personalkarte „Walery Gerasimenko"
ZAMO, Offizierskartei

Personalkarte „Alexej Buraschnikow"
ZAMO, Offizierskartei

Konzentrationslager Groß-Rosen.
-Schutzhaftlager-
Az.: KL. 14 a 4 / 1o.4.42 /Th.E.

Groß-Rosen, den 1o.4.1942

Kommandantur

Ü b e r g a b e v e r h a n d l u n g.

Ich habe heute den 1o. April 1942 an den Schutzhaftlager -
führer KL. Groß-Rosen, SS-Untersturmführer T h u m a n n ,
25 Sowjet-Russische Kriegsgefangene (in Worten fünfundzwanzig)
richtig übergeben.

Der Transportleiter

Eisenblätter

Unteroffizier

Ich habe heute den 1o. April 1942, vom Transportleiter
Uffz. Eisenblätter, M.Stalag III B, Fürstenberg / Oder
25 Sowjet-Russische Kriegsgefangene (in Worten fünfundzwanzig)
richtig übernommen.

Der Schutzhaftlagerführer

SS - Untersturmführer

Konzentrationslager Gross-Rosen
Kommandantur
Gr.Ro./Az.KL.14f 14/4.42/Su./Wa
Geh.Tgb.Nr.58/42

Gross-Rosen, den 10. April 1942.

Geheim

Betrifft: Exekution von russischen Kriegsgefangenen.
Bezug: FS-Erlaß des Chefs der Sicherheitspolizei und des
SD vom 11.10.1941 - IV A 1 o - B.Nr. 639 B/41 g
und Schreiben der Staatspolizeistelle Frankfurt/O
vom 28.3.42 Tgb.Nr.31/42 g.Rs.

Anlagen : - 3 -

An
das SS-Wirtschafts-u.Verwaltungshauptamt
Amtsgruppe D
O r a n i e n b u r g , b.Berlin

Die Kommandantur des Konzentrationslagers Gross-Rosen überreicht
in der Anlage eine Liste in doppelter Ausfertigung von denjenigen russischen Kriegsgefangenen, welche am 10.4.1942
in der Zeit von 8 - 9 Uhr exekutiert und im Anschluß daran
eingeäschert wurden.
Eine Abschrift des Schreibens der Geheimen Staatspolizei -
Staatspolizeistelle Frankfurt/Oder vom 28.3.42 liegt bei.
SS-Gruppenführer Müller wurde von hieraus gesondert
verständigt.

Der Lagerkommandant des Konz.-Lagers
Gross-Rosen

SS-Obersturmbannführer.

Protokoll der Gefangenenübergabe an das KZ Groß-Rosen, 10.4.1942
RGVA–Moskau, 1367–2–4, Bl. 16

Schreiben des Lagerkommandanten des KZ Groß-Rosen vom 10.4.1942
RGVA–Moskau, 1367K–2–4, Bl. 2 ff.

Liste der im Stalag III B ausgesonderten sowjetruss. Kriegsgefangenen.

Lfd. Nr.	Name:	Vorn:	Gef.Nr.:	Stalag:
1.)	Baskurski	Jwan	61121	III B
2.)	Tumdow	Alex	60295	III B
3.)	Jermolajew	Wladimir	61858	III B
4.)	Brakowski	Gregori	62834	III B
5.)	Tscherkasow	Grigori	60984	III B
6.)	Golubew	Alkadi	62613	III B
7.)	Melkonian	Iwlodia	61907	III B
8.)	Gusew	Michel	62145	III B
9.)	Romanowski	Koma	62815	III B
10)	Sobtschenko	Wasili	60719	III B
11)	Polowitschi	Simon	60247	III B
12)	Livschütz	Gregori	147659	III B
13)	Gladusch	Feodor	62340 Im Lager ver- III B
14)	Kosarew	Danili	62583 Im Lager storben. III B
15)	Kutscherenko	Buton	18310	III B
16)	Jachnitsch	Benja	146175	III B
17)	Sukorenko	Grigori	11230	III B
18)	Plehun	Semen	6605	III B
19)	Werbitzki	Boris	20069	III B
20)	Kukalow	Iwan	146877	III B
21)	Uwarow	Wasili	149765	III B
22)	Achmetow	Illia	139767	III B
23)	Burgaschnik	Alex	140237	III B
24)	Harasimenko	Valentin	140168	III B
25)	Ljansin	Alex	140675	III B
26)	Starinski	Iwan	142492	III B
27)	Pietschontin	Anatoli	147562	III B
28)	Solodew	Petro	146862	III B
29)	Pajmakow	Serge	142235	III B
30)	Danilow	Jakob	11177	III B

Liste der im Stalag III B ausgesonderten sowjetischen Kriegsgefangenen
RGVA–Moskau, 1367K–2–4, Bl. 4

Liste

über die am 10.4.1942 im hiesigen Lager exekutierten und eingeäscherten sowjet-russischen Kriegsgefangenen.

Lfd. Nr.	Zu – und Vorname		Geb. Datum	Gefg.Nr.	Stalag
1.	Tumdow	Alex	Juni 1920	60295	III B
2.	Jermolajew	Wladimir	20.2.20	61858	"
3.	Brakowski	Gregori	unbekannt	62834	"
4.	Tscherkasow	Grigori	10.7.15	60984	"
5.	Golubew	Alkadi	12.12.24	62613	"
6.	Melkonian	Iwladia	15.5.19	61907	"
7.	Gusew	Michel	April 1909	62145	"
	Romanowski	Koma	14.11.05	62815	"
9.	Sobtschenko	Wasili	24.7.18	60719	"
10.	Polowitschi	Simon	15.9.06	60247	"
.1.	Livschütz	Gregori	20.1.09	147659	"
.2.	Kutscherenko	Buton	2.2.22	18310	"
3.	Jachnitsch	Benja	28.9.20	146175	"
4.	Sukorenko	Grigori	1.4.18	11230	"
15.	Plehun	Semen	17.4.20	6605	"
6.	Werbitzki	Boris	18.9.15	20069	"
7.	Uwarow	Wasili	4.4.02	149765	"
8.	Achmetow	Jllia	20.7.13	139767	"
9.	Burgaschnik	Alex	20.3.13	140237	"
20.	Garasimenko	Valentin	20.9.20	140168	"
.1.	Starinski	Iwan	10.9.03	142492	"
2.	Pietschontin	Anatoli	25.12.16	147562	"
3.	Pajmakow	Serge	5.8.20	142235	"
4.	Danilow	Jakob	20.3.18	11177	"
25.	Ljansin	Alex	19.3.12	140675	"

Gross-Rosen, den 10. April 1942.

Der Lagerarzt des Konz.-Lagers Gross-Rosen

Der Lagerkommandant des Konz.-Lager Gross-Rosen

SS-Untersturmführer.

SS-Obersturmbannführer.

Liste über die am 10.4.1942 im KZ Groß-Rosen exekutierten und eingeäscherten sowjetischen Kriegsgefangenen
RGVA–Moskau, 1367K–2–4, Bl. 3

„Walery Gerasimenko"

und „Alexej Buraschnikow"

wurden am 10.4.1942 im

KZ Groß-Rosen ermordet.

MEDIZINISCHE VERSUCHE

Die während des Zweiten Weltkrieges durchgeführten medizinischen Versuche an lebenden Menschen wurden nicht ausschließlich von SS-Ärzten, sondern auch von Wehrmachtsärzten geleitet. Sie experimentierten hinter der Front oder in den rückwärtigen Armee- und Heeresgebieten sowie im Reichsgebiet insbesondere im Bereich der Kriegschirurgie, forschten zu diversen Infektionserkrankungen oder machten Versuche mit Kampfstoffen. Die Wehrmachtsärzte bedienten sich der sowjetischen Kriegsgefangenen als Versuchsobjekte und kalkulierten ihren qualvollen Tod skrupellos ein.

Der Stabsarzt Heinrich Berning führte seit Herbst 1941 im Auftrag der Heeressanitätsinspektion Hungerversuche an sowjetischen Kriegsgefangenen aus dem Stalag Wietzendorf durch. Er ging mit seinen Experimenten der Frage nach, ob Vitamin- oder Eiweißmangel zu Hungerödemen führten. Zwölf der insgesamt 56 Kriegsgefangenen, die Berning im Reserve-Lazarett V in Hamburg-Wandsbek beobachtete, starben während der Versuche. Die Ergebnisse seiner Forschung veröffentlichte Berning 1942 unter dem Titel: „Über das Ernährungsödem". Heinrich Berning wurde nach dem Krieg Ärztlicher Direktor des Allgemeinen Krankenhauses Hamburg-Barmbek. In den achtziger Jahren lief gegen ihn ein Ermittlungsverfahren, das aber aus Mangel an Beweisen eingestellt wurde. Heinrich Berning starb am 23. Februar 1994.

Heinrich Berning, 1938
Bundesarchiv, BDC–RS

Personalakte Heinrich Berning
Bundesarchiv, BDC–RS

„3.IV.44
Beurteilung von B e r g – Hamburg:
‚B. ist wohl derjenige unter meinen Mitarbeitern der in seiner
ganzen Arbeitsrichtung der Vielseitigste ist und vielleicht am
Meisten befähigt ist, Anregungen aufzugreifen und in bester
niedersächsischer Gründlichkeit (er wie Beckermann sind
Westfalen) mit eigener Prägung und höchster Zuverlässigkeit
zum Siege zu führen. Er ist derjenige, der die Frage der Hiatus-
brüche in einer schönen Arbeit in den Ergebnissen der
inn.Med.u.Kdhkde abschliessend und widerspruchslos bearbeitet hat. In einer weiteren Arbeit in den Ergebnissen hat er
unser Wissen um die Bauchsymptomatologie des diabetischen
Komas durch neue Tatsachen mit wunderschönen Kontrollen
erweitert und hat in Fortentwicklung dieses Gedankens nachgewiesen, dass die sog. Magenatonie nicht eine path.anat. Ver-
schlusskrankheit durch die Radix mesenterii ist, sondern eine
Stoffwechselstörung. Seine umfassendsten Studien aber betreffen das grosse wehrmedizinisch wichtige Gebiet des
Ernährungsoedems. Hier liegen dicke Bände in den Panzer-
schränken der Heeressanitätsinspektion. Und ein Auszug daraus wird in den Veröffentlichungen der Militärärztlichen Aka-
demie unter der Ägide von Prof. Dr. Lang erscheinen. Was als
Sonderdruck hier beigelegt werden kann, ist nur der unver-
fängliche Teil, der bisher gedruckt werden konnte. Ich schrieb
Ihnen schon, dass die im Wehrkreis X hier von mir damals ange-
kurbelten Studien zur Frage des Ernährungsoedems bisher
vielleicht die umfassendsten der Wehrmacht in diesem Kriege
geworden sind. B. hat den Hauptteil der klinischen und experi-
mentellen Arbeit dazu getan und die Arbeiten sind noch nicht
ganz abgeschlossen. Aber was dieser Junge geleistet hat, bewirkt zusammen mit seinem famosen Charakter, dass ich auf
ihn so stolz wie ein Vater sein kann.'"

Heinrich Berning: „Vorläufiger Bericht über die klinischen
Untersuchungen an sowjetischen Kriegsgefangenen", 15.11.1942

Abschrift.   Geheim   Eingegangen am 14.12. unter Tgb.
Nr. 148/42 geh.

Dozent Dr. Heinrich B e r n i n g   Hamburg, 15. XI. 42.
Stabsarzt d. Res.
Universitätskrankenhaus
Hamburg - Eppendorf, I.Med.Klinik
Res.-Laz. V Hamburg - Wandsbek.

Vorläufiger Bericht über die klinische Untersuchungen an
sowjetischen Kriegsgefangenen.

Die ausführlichen Mitteilungen wurden unter dem Titel
"Über das Ernährungsödem" als erste Mitteilung in Form einer
Festschrift zum 60. Geburtstag des Herrn Generalstabsarztes
Dr. K e r s t i n g am 27.8.1942 vorgelegt, und beschäftigen
sich vorwiegend mit dem klinischen Bild Die Untersuchungen
fanden an 56 stationär über Monate im Res.-Laz. V Hamburg-
Wandsbek beobachteten ödemkranken Russen in der Zeit vom
September 1941 bis zum August 1942 auf Anregung und unter
der Leitung des beratenden Internisten beim stellv. Gen.-
Kdo. X. A.K., Oberstabsarzt Prof. Dr.H.H. B e r g statt
und werden weiter fortgesetzt.

Z u s a m m e n f a s s u n g.

Gut ein Drittel der untersuchten Russen klagte über
unzureichende Ernährung in Russland im Zivilleben, insbesondere über Mangel an Fleisch, Milch, Fett und Gemüsen. Besonders die Bauern in den Kolchosen waren schlecht gestellt.
Ihre Hauptnahrung bestand in Kartoffeln und Brot. Bei einigen Russen hatte in ihren heimatlichen Wohngebieten 1932
und 1933 Hungersnot geherrscht. Ein Kranker litt schon 1933
an Hungerödemen.

Die Lagerkost, die bis zum 20.8.1941 in etwa den
Sätzen der Zivilbevölkerung entsprach, betrug bis Anfang
Oktober 1941 1500 bis 1800 Kalorien bei einer täglichen
Eiweißzufuhr von 40 bis 45 gr. Davon wurde 1/7 durch ani-
malisches Eiweiß gedeckt. Das hauptsächliche Nahrungsmittel
war die Kohlrübe neben Brot und Kartoffeln. Seit Anfang
Oktober 1941 wurden täglich 1900 bis 2050 Kalorien unter
Zulage von Brot und Kartoffeln verabfolgt.

- 2 -

Die klinischen Symptome entsprechen im Wesentlichen
denen des Weltkrieges. Folgende, zum Teil erstmalige Beobachtungen können besonders herausgestellt werden. Die häufige Auftreibung des Bauches war nur unwesentlich auf den
Ascites und vorwiegend auf die ödematöse Durchtränkung der
Organe (Netz, lockeres retroperitoneales Gewebe, Appendices
epiploicae, Dickdarmwand) zurückzuführen. Besonders stark
war die ödematöse Quellung des Dickdarms bis zu kissenarti-
gen Ödempolstern der Submucosa. Dünndarm, Duodenum und Magen
erwiesen sich als nur gering beteiligt. Rund 50 % der Ödemkranken hatten Durchfälle vor oder während der Ödementstehung
seltener blutig-schleimigen Charakters, 30 % normale Stuhl-
verhältnisse, 20% Verstopfung. Nur 7% boten blutig-schlei-
mige, ruhrartige Durchfälle. Bakteriologisch und serologisch
fanden sich keine Anhaltspunkte für Typhus, Paratyphus oder
Ruhr.

Die Grundlage der Durchfälle lag in dem Ödem des Dickdarms, das besonders bei umfangreichem äusseren Ödem auftrat.
Es kam aber auch bei geringem äusseren Ödem erhebliches Co-
loödem vor und umgekehrt. Dieses liess sich röntgenologisch
nachweisen. Die Häufigkeit und der Umfang der Durchfälle
richteten sich jeweils nach dem Ödemzustand des Dickdarms.
Die resorptive Leistung der schwerödematösen Dickdarmschleimhaut war stark beeinträchtigt. In dieser Resorptionsstörung
des wie ein steifes Rohr verhaltenden Dickdarms lag
die wesentliche Ursache der Durchfälle.

Diese protrahierten Durchfälle verstärkten infolge der
mangelhaften Resorption die zum Ödem führenden ursächlichen
Bedingungen (Eiweißmangel, Hyproteinämie, weitere Senkung
des kolloidosmotischen Druckes) und führten so zu einem
circulus vitiosus. Länger anhaltende Durchfälle beim Inani-
tionsödem waren darum eine gefährliche Komplikation. Das
Dickdarmödem erwies sich mit der allgemeinen Ausschwemmung
als rückbildungsfähig und war nicht als Ursache, sondern
als Folge der Ödementstehung anzusehen.

Die ödematöse Dickdarmschleimhaut war in erhöhtem
Masse für banale Infekte anfällig. Es traten dann hämorrha-
gische, stellenweise oberflächlich verschorfende Colitiden

- 3 -

mit ruhrähnlichen Stühlen auf, die meistens tödlich verliefen. Auch autoptische wurden keine Befunde einer echten Dys-
enterie am Darm gesehen (Oberarzt Prof. Dr. G r ä f). Entgegen den Auffassungen von R u m p e l und K n a c k
wurde die Ruhr nicht zum Krankheitsbild des Ernährungsödem
gerechnet, auch nicht als Ursache der Durchfälle.

Die Untersuchung der Magensaftverhältnisse ergab in
34 % Anacidität, in 17 % Subacidität, in 34 % Normacidität,
in 14 % Superacidität. Der Säuremangel hatte mit den Durchfällen höchstens unterstützenden Zusammenhang. Wesentliche
Anzeichen einer Pankreasunterfunktion (mangelhafte Stuhl-
ausnutzung) fanden sich nicht. Dem Pankreas kam keine Bedeutung bei der Entstehung der Durchfälle.

Röntgenologisch sah man einen erheblichen Luftgehalt
des Darmes unter Bevorzugung des Dünndarms. Kranke mit normalem Stuhlgang oder Obstipation zeigten eine z.T. hochgra-
dige Atonie des gesamten Dickdarms unter Bevorzugung des
Descendens, Sigma und Rektum. Zum Einlauf wurden bis zu
4 Liter Kontrastmenge benötigt. Das Sigma und Colon descendens waren äusserst haustren arm, bei ausgesprochen
atonischen Fällen ohne jede Haustrierung. Das Schleimhaut-
relief war bei solchen Fällen zart und unverändert, auch
bei starkem äusseren Ödem.

Ödemkranke mit Durchfällen zeigten keine Atonie, im
Gegenteil oft erhöhte Kontraktionsneigung. Die Schleimhaut
war in von Fall zu Fall wechselnder Intensität ödematös
geschwollen, besonders im Descendens und Sigma.

Bei der Herzuntersuchung fiel die manchmal erhebliche
Verkleinerung auf (bei einem Kranken 145 G gegenüber 250 bis
350 G normal). Herzdilatationen lagen nicht vor. Mässige
Herzbeutelergüsse im Gegensatz zum Schrifttum wurden gese-
hen. Die reguläre, fast immer anzutreffende Bradykardie
ging nach Vaguslähmung durch Atropin vorübergehend zurück.
Eine Hypotonie war fast immer vorhanden (82 % unter 120 mm
Hg, 39% unter 100 mm Hg). Nach Belastung fiel die erhebliche
Frequenzsteigerung und die mangelhafte oder fehlende Blut-
drucksteigerung auf. Das Absacken des Blutes in die Peripherie

- 4 -

und die mangelhafte periphere Verengerung des arteriellen
und venösen Querschnitts wurden als Ursache angenommen. Auf
Adrenalininjektionen erfolgte eine auffallend geringe oder
negative Blutdruck- und Frequenzreaktion.

Elektrocardiographisch zeigten 47% normale Verhältnisse. Bei 40 % wurden Veränderungen der Nachschwankung
mit flachem bzw. isoelektrischem Verlauf gesehen. 33 % wiesen flache Vorhofzacken in allen drei Ableitungen auf, die
vielleicht mit der Atrophie der Vorhofmuskulatur in Beziehung stehen. Bei 28 % nahmen wie nach dem Ekg-Befund einen
Myocardschaden an. Sichere Störungen der Reizbildung und
Reizleitung, die auf das Ernährungsödem bezogen werden
könnten, lagen nicht vor. Die Gegenüberstellung der Ekg-
Befunde bei Beri-Beri und beim Hungerödem liess keine Gemeinsamkeiten erkennen. Es fanden sich aber deutliche Ana-
logien zum Ekg. bei Myxödemkranken. Die Unterfunktion der
Schilddrüse als Folge der Unterernährung und als prägender
Faktor des klinischen Bildes des Hungerödems wurde ange-
nommen und die Bradycardie damit in Beziehung gebracht.

Histologisch zeigten sich am Herzmuskel bei der Beri-
Beri und beim Ernährungsödem gleichartige degenerative Veränderungen (W e n k e b a c h , L u c k n e r und
S c r i b a , G i e s e), die sich als "Sarkolyse" bzw.
"Fibrillenzerfall" demonstrierten. Es stand zur Diskussion,
aus welchen Gründen bei den Krankheiten trotz analoger
morphologischer Befunde klinisch verschiedene Kreislauf-
bilder resultierten. Es sei bei Beri-Beri mit überwiegender
Rechtsinsuffizienz mit venöser Stauung bis zum völligen
Versagen des Herzens, beim Ernährungsödem mit rein peri-
pherer Kreislaufschwäche ohne manifeste Insuffizienzzeichen
des Herzens. In dem Verhalten der Kreislaufperipherie wurde
der Faktor gesehen, der trotz ähnlicher morphologischer
Befunde zu den völlig verschiedenen klinischen Kreislauf-
bildern bei beiden Krankheiten führte. Beim Ernährungsödem
fehlten alle Zeichen einer muskulären Herzinsuffizienz
(Dilatation, Stauungsorgane). Im Vordergrund stand eine
periphere Kreislaufschwäche (Akrocyanose, auffällige Dilatation und Blutfüllung der Kapillaren, mangelhafte Fähigkeit

zur Engerstellung des arteriellen und venösen Querschnitts,
unzureichende Entspeicherung der Blutspeicher bei Belastung).
Auffällig war die gute resorptive Leistung der Kapillaren
bei der Ausschwemmung im Gegensatz zum nephrotischen oder
cardialen Ödem.

Die Nebennierenunterfunktion wurde als Inanitionsfolge
und zugleich als ursächliches Moment der peripheren Kreislaufschwäche in Erwägung gezogen und für möglich erachtet.
Die peripheren Kreislaufstörungen gingen unter gleichblei-
bender Kost nach Behandlung mit Nebennierenrindenextrakt etwas
zurück, der Ruheblutdruckwert stieg ebenfalls ein wenig.
Die mangelhafte Reaktion auf Adrenalin änderte sich aber
nicht. Der Tyrosinmangel (Muttersubstanz der Hormone Adrenalin und Thyroxin) beim Ernährungsödem liess an die Möglichkeit einer unzureichenden Hormonbildung denken. An der
Schilddrüse fand dieses in dem histologischen Bild der
ruhenden kolloidarmen Drüse ihren morphologischen Ausdruck.
Analoge mikroskopische Nebennierenbefunde wurden nicht
übereinstimmend gefunden.

Zwei Beobachtungen von Herzklappenentzündung bei
Ödemkranken liessen das subendotheliale Ödem der Klappen
als Grundlage der verrucösen Endocarditis vermuten.

Hämatologisch sah man bei frischen Ödemformen die
Neigung zu normalen bzw. gesteigerten Hämoglobin- und
Erythrocytenwerten (Bluteindickung). Bei länger bestehenden Ödemen herrschten durchweg Anämien mit auffällig reicher
Hämoglobinausstattung der zahlenmässig verringerten Erythrocyten vor. Diese Anämien mit einem Färbeindex von 1 waren
auch nach Ödemausschwemmung noch vorhanden, also nicht auf
eine Hydrämie zurückzuführen. Reticulocyten, Erythrocyten-
durchmesser und Leukozyten lagen innerhalb der Norm. Eine
relative Lymphocytose war fast immer zu sehen (bis 72 %).
Auffällige Linksverschiebungen bis zu den Myelocyten kamen
vor. In der Ödemphase wurden fast immer toxische Veränderungen der Neutrophilen gefunden (grobkörnige, vermehrt basophile Granulationen, Protoplasmabasophilie), die nach Ödemausschwemmung schwanden. Sie galten als Zeichen einer über-

stürzten und fehlgeleiteten Regeneration im Ödemstadium.
Die Blutungs- und Blutgerinnungszeit war nahezu immer deutlich verkürzt. Anämische Kranke neigten zu Thrombopenien;
die Zahlen lagen aber immer oberhalb des kritischen Wertes.
Die Erythrocytenresistenz war normal.

Durch Sternalpunktionen liess sich in der Ödemphase
eine hypoplastische Anämie wechselnden Ausmasses als charakteristisch nachweisen. Fast immer waren z.T. erhebliche
Reifungsstörungen der Erythropoese sichtbar mit Zurücktreten
der Normoblasten und Überwiegen der Makroblasten und, wenn
auch seltener, der Proerythroblasten. Der prozentuale Zell-
anteil der Erythroblasten lag deutlich unter dem physiolo-
gischen Drittel. Die Anämie im peripheren Blut hinkte der
Störung der Erythropoese infolge der langen Lebensdauer der
Erythrocyten nach. Mit der Ödemausschwemmung normalisierte
sich die Erythropoese. Die häufige basophile Punktierung
der Normoblasten im Mark wurde auch als pathologische Rege-
nerationserscheinung bewertet. Perniciosaartige Knochenmarks-
befunde fehlten.

Zeichen eines gesteigerten Blutzerfalls bestanden
nicht (normale Werte für Bilirubin im Serum, Urobilin, Uro-
bilinogen, Gesamtporphyrin im Stuhl, Prophyrin im Serum
und Urin, Hämatin im Serum). Das Plasmaeisen war erheblich
erhöht (185 - 286 g %) entsprechend der Siderose der paren-
chymatösen Organe. Es wurde angenommen, dass die Eisenan-
reicherung trotz normaler Blutmauserung durch den als Folge
der hypoplastischen Erythropoese unzureichenden Verbrauch
zustande kam. Für eine Hämoglobinbildungsstörung - Globin-
mangel infolge Mangels an als Grundsubstanz dienender
Aminosäuren (Histidin, Tryptophan, Leucin, Lysin) - war bei
der reichen Hämoglobinausstattung der einzelnen Zellen kein
beweisender Anhalt. Der wesentlichste Anteil am Eisenreich-
tum beim Ernährungsödem dürfte beim Abbau von Körpergewebe
(Muskulatur) frei werden (G i e s a).

Die Anämie beim Ernährungsödem wurde zu den hypoplastischen Anämien gerechnet. Ihre Deutung als Pellagraanämie
konnte in Anbetracht des Fehlens manifester Pellagrasymptome
ausgeschlossen werden. Dem Mangel an zum Zellaufbau notwendigen Stoffen (Aminosäuren) war bei Berücksichtigung tier-
experimenteller Befunde bei der Hypoplasie der Erythropoese
ursächliche Bedeutung zuzubilligen. Man würde darum am be-

sten von einer Eiweißmangelanämie sprechen. Bei der Genese
der Anämie des Hungerödems hatte evtl. auch der Schilddrüsen-
hormonmangel pathogenetische Beziehungen (cf. Myxödemanämie,
morphologisch anaktive, ruhende Hungerödemschilddrüse).

Die Regenerationsstörung der weissen Blutzellen im Kno-
chenmark war nicht so gesetzmässig wie die der roten, aber
auch oft vorhanden. Es kam im Ödemstadium nach Ausschwemmung
der reifen Formen zum Überwiegen unreifer Zellstufen, insbesondere der Myelocyten und Promyelocyten, seltener der Myelo-
blasten. Im peripheren Blut traten manchmal ausgesprochene
Linksverschiebungen ohne wesentliche Leukocytose auf, die in
Anbetracht des Hervortretens unreifer Zellformen im Mark als
Ausdruck der Markhemmung und nicht der Knochenmarksreizung
gedeutet wurden. Allgemein gesehen erwies sich die Leukopoese
beim Ernährungsödem als wesentlich widerstandsfähiger als
die Erythropoese.

Psychisch wurden meistens Teilnahmslosigkeit, Stumpf-
heit, Antriebsmangel beobachtet. Psychosen kamen nicht vor.
Neurologisch sah man im Ödemstadium häufig Hyporeflexien und
Hyposensibilitäten für alle Qualitäten im ödematösen Bereich
an den Beinen. Störungen der Tiefensensibilität lagen nicht
vor. Eindrucksvoll war die starke Herabsetzung der groben
Kraft als Folge der Muskelatrophie (Inanition, keine Lähmungs-
atrophie). Die neurologischen(?)Befunde kamen und gingen mit
dem Ödem und dem Inanitionsmuskelschwund und waren nicht
als neuritische aufzufassen. Trotz vorliegender Hypocalzämie
fanden sich keine tetanischen Zeichen. Zwei Kranke unter 56
zeigten eine Polyneuritis vorwiegend der unteren Gliedmassen
mit Sensibilitätsstörungen ohne Beteiligung motorischer Bahner
die sich mit Ödembeseitigung und Besserung des Allgemeinzu-
standes zurückbildete. Sie wurde zu den endotoxischen Formen
gerechnet. Auch Kälteschäden könnten eine Rolle spielen.
Die Seltenheit der Polyneuritis beim Ernährungsödem berechtigte nicht dazu, in ihr eine Brücke zur Beri-Beri zu sehen.

25 % der Kranken wiesen eine aktive Lungentuberkulose
bzw. tuberkuloseverdächtige Lungenaffektion auf. Bei den Sekti-
onen zeigten 58 % eine aktive Lungentuberkulose. Es handelte
sich immer um exsudative, schnell verlaufende Tuberkulose-
formen mit ausgesprochener Zerfallsneigung und schlechter
Abwehrreaktion. Der Zusammenhang der Tuberculoseanfälligkeit
mit der Unterernährung war naheliegend.

Manche Kranken boten eine erhöhte Neigung zu Bronchiti-
den und ein mässiges Emphysem.

In einer weiteren Mitteilung sollen die blutchemischen
Befunde, die Veränderungen im Mineralhaushalt, die Stoffwech-
selbefunde und die Pathogenese des Ernährungsödems näher besprochen werden.

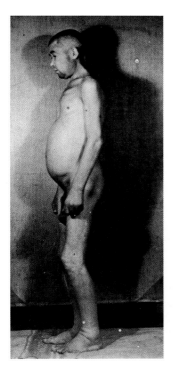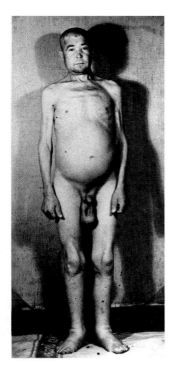

Zeitgenössische Fotos der Versuchspersonen, 1941/42

Bundesarchiv/Militärarchiv, RH 12–23/361

Prof. Dr. med. Heinrich Berning 75 Jahre

Am 21. Mai 1908 wurde Heinrich B e r n i n g in Münster als Sohn eines Beamten in einer kinderreichen Familie geboren. Er besuchte in Münster das humanistische Gymnasium Paulinum, das sich damals durch eine große Tradition (Gründung zur Zeit Karls des Großen) und durch einen universalen Lehrstoff auszeichnete. Sein Medizinstudium absolvierte Berning in Münster, Köln, München und Berlin.

Durch seine Assistenzarzt-Tätigkeit bei *Schridde* in Dortmund wurde das wissenschaftliche und anatomische Interesse geweckt. Heinrich *Berg,* der damals eine Klinik in Dortmund leitete, fiel der junge Assistent in der Pathologie auf, so daß er ihm, nachdem er 1935 einen Ruf nach Hamburg erhalten hatte, eine Volontärstelle in der Medizinischen Universitätsklinik anbot. Die Bezahlung bestand damals übrigens in einem kostenlosen Essen. 1939 erfolgte die Habilitation.

Im Zweiten Weltkrieg zog sich Heinrich Berning in Frankreich eine Granatsplitterverletzung der Hand zu. Daraufhin wurde er bis Kriegsende als Stabsarzt im Standortlazarett Wandsbek eingesetzt. Dort oblag ihm die Versorgung von Schwerkranken, die – nicht zuletzt wegen knappen, sondern darüber hinaus auch zu kurz ausgebildeten Personals – seine ganze Kraft erforderte. Als Internist mußte er 200 Patienten betreuen und zusätzlich Tonsillektomien und Rippenteilresektionen bei Empyemen durchführen.

208

Nach Kriegsende war Berning vorübergehend gemeinsam mit seiner Frau in deren Praxis in Bayern tätig. Dort schrieb er eine wissenschaftliche Abhandlung über Dystrophie. 1948 kehrte er ins UK Eppendorf zurück.

1951 folgte Berning einer Einladung nach Venezuela, um bis 1954 am Aufbau einer medizinischen Abteilung der Universitätsklinik in Caracas mitzuwirken. In dieser Zeit widmete er sich intensiv der Chagaskrankheit, die dort als Volksseuche 30 % des Krankengutes stellte.

1958 wurde Heinrich Berning zum Chefarzt der Zweiten Medizinischen Abteilung des AK Barmbek ernannt. Von 1960–1975 leitete er als Ärztlicher Direktor das Krankenhaus. Die im UKE angefangenen wissenschaftlichen Untersuchungen über die Pyelonephritis wurden fortgeführt und fanden in dem Handbuch für Innere Medizin ihren Niederschlag. Mit dem 66. Lebensjahr schied Prof. Berning aus dem Krankenhausdienst aus.

Heinrich Berning besitzt als Erbteil des Vaters eine hohe Pflichtauffassung, eine Strenge gegen sich und andere in der Arbeitsleistung, eine absolute Verläßlichkeit und Ehrlichkeit, von der Mutter den goldenen Humor. Durch diese günstigen Gaben herrschte in seiner Klinik eine patriarchalische und auch kameradschaftliche Atmosphäre. Als langjähriger Berg-Schüler bewies Heinrich Berning am Krankenbett seine großen diagnostischen Fähigkeiten als Kliniker. Diese Gaben hat er mehreren Ärztegenerationen für ihren weiteren Beruf vermitteln können.

Seine Frau Inge war bis zu ihrem frühen Tode für ihn eine wichtige ärztliche Mitarbeiterin und ein treuer, immer heiterer Lebenskamerad. Gemeinsam zogen sie in die Berge zum Skilaufen und Bergwandern. Ein inniges Verhältnis verbindet Heinrich Berning mit seinen beiden Kindern und den Enkelkindern.

Seine ehemaligen Mitarbeiter wünschen ihm weitere schöne Jahre nach einem erfüllten ärztlichen Leben.   R. Fischer

Hamburger Ärzteblatt zum 75. Geburtstag von Heinrich Berning, 1983
Hamburger Ärzteblatt, 37, 1983, H. 6, S. 208

ERNÄHRUNGSKRIEG

Um die Versorgung der Wehrmacht und der „Volksgemeinschaft" in Deutschland während des Krieges sicherzustellen, sollten die besetzten Gebiete der Sowjetunion radikal geplündert werden. Daß damit Millionen von Menschen dem Hungertod ausgesetzt sein würden, war den Verantwortlichen durchaus bewußt.

In der Umsetzung der zentralen Planungen beeinflußten militärische Ziele, massive Nachschubprobleme, wirtschaftspolitische Interessen und rassenideologische Vernichtungsabsichten vor dem Hintergrund einer angeblichen „Kriegsnotwendigkeit" die Entscheidungen vor Ort. Die Wehrmacht nutzte ihre Befugnisse wiederholt dazu, ohne Rücksicht auf die zivile Bevölkerung und den Erhalt der regionalen Wirtschaft zu requirieren.

Drei Beispiele aus den Jahren 1941 und 1942 dokumentieren die Beteiligung der Wehrmacht an der deutschen Hungerpolitik. Es geht zum einen um die 500 Tage dauernde systematische Einschließung von Leningrad, deren Verteidigern die Möglichkeit zur Kapitulation verweigert werden sollte. Unter bewußtem Verzicht auf die Einnahme der Stadt verfolgte die Wehrmacht vor Leningrad eine Strategie, die den Hungertod der zivilen Stadtbevölkerung bewußt einkalkulierte. Insgesamt verhungerten dabei mindestens 632.000 Einwohner.

Zwei weitere Beispiele stellen die rücksichtslose Ausbeutung bereits besetzter Gebiete in den Mittelpunkt. Die ukrainische Großstadt Charkow stand 1941/42 unter militärischer Verwaltung. Aufgrund der rigiden Requirierungen durch die 6. Armee und der Abriegelung der Stadt glich Charkow zeitweise einem Hungerghetto. Mindestens 11.918 Menschen starben bis Ende September 1942 an den Folgen der Mangelversorgung. Auch auf der Halbinsel Krim im Süden der Sowjetunion verursachten die Requirierungen der 11. Armee akute Hungersnöte unter der zivilen Bevölkerung. Die genaue Anzahl der Opfer ist nicht bekannt.

„KAHLFRASSZONEN"

Die Planung, Organisation und Durchführung der wirtschaftlichen Ausplünderung der besetzten Gebiete lag in den Händen des Wirtschaftsstabes Ost. In ihm liefen die Kompetenzen der Reichsministerien und der Wirtschaftsabteilungen der Wehrmacht zusammen. In allen unter militärischer Verwaltung stehenden Regionen erfaßten die Armeen und der Wirtschaftsstab Ost die sowjetischen Kollektivbetriebe. Durch die Kontrolle über die vorhandenen Wirtschaftsein-richtungen und Lebensmittellager konnte mit der Versorgung der Truppe aus dem Land sowie mit den Lebensmittellieferungen ins Reich begonnen werden.

Die daraus in einigen Gebieten entstehende Unterversorgung der ortsansässigen Bevölkerung rief bei den einzelnen Wehrmachtsverbänden unterschiedliche Reaktionen hervor. Einerseits wurde ohne Rücksicht auf die hungernden Zivilisten requiriert und geplündert, andererseits ver-teilten Wehrmachtssoldaten die ihnen zur Verfügung stehenden Rationen an die sowjetische Bevölkerung. Gegen dieses als „mißverstandene Menschlichkeit" bezeichnete Verhalten erließen einige Oberbefehlshaber rigide Befehle, in denen sie den Hungertod nicht-arbeitender Zivilisten als Kriegsnotwendigkeit rechtfertigten.

Gleichzeitig hatten die umfassenden Requirierungen aber auch negative Folgen für die Wehrmacht selbst. Der Wirtschaftsstab Ost befürchtete, daß die Wirtschaftskraft der südlichen Landesteile langfristig zerstört würde. Dies war keine unberechtigte Sorge: In den Bereichen der 6. und 11. Armee entstanden ab Herbst 1941 sogenannte „Kahlfraßzonen", in denen aufgrund der Requirierungen keinerlei landwirtschaftliche Güter mehr vorhanden waren. Teilweise standen bis zu einer Tiefe von 150 bis 300 Kilometern hinter der Front weder Lebensmittel noch Saatgut mehr zur Verfügung.

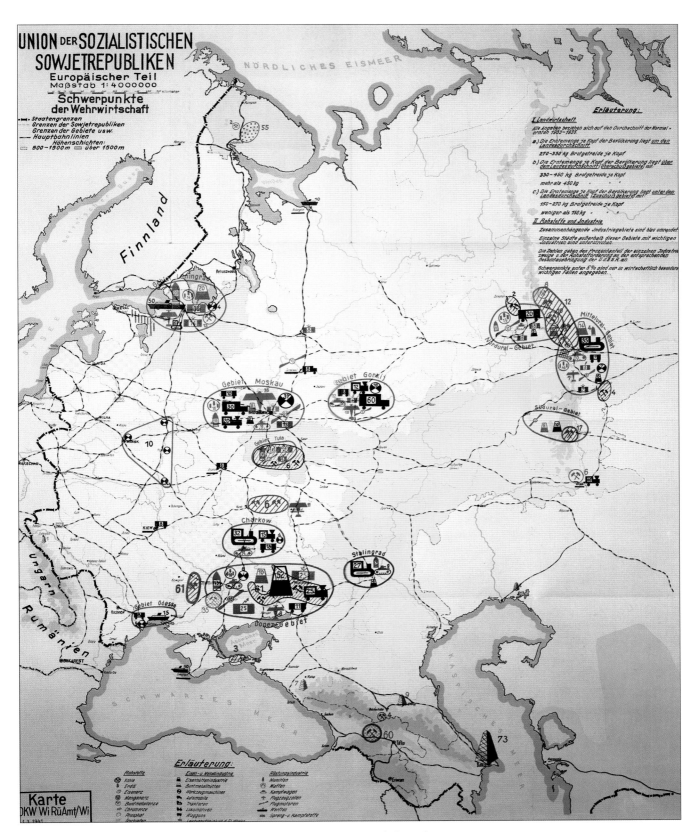

„Überschußgebiete" und „Zuschußgebiete" der Sowjetunion, erarbeitet vom Wehrwirtschafts- und Rüstungsamt, 1.3.1941

Bundesarchiv/Militärarchiv, RWD 16/34

Richtlinien für die Führung der Wirtschaft in den neubesetzten Ostgebieten (Grüne Mappe), Teil I: Aufgaben und Organisation der Wirtschaft, erarbeitet vom Wehrwirtschafts- und Rüstungsamt, Juni 1941
Bundesarchiv/Militärarchiv, RW 31/128

Mit den Richtlinien für die Führung der Wirtschaft setzte das Wehrwirtschafts- und Rüstungsamt unter Leitung von General Georg Thomas die zentralen Wirtschaftspläne zur Ausplünderung der Sowjetunion in konkrete Weisungen für die vor Ort Verantwortlichen um.

„[...] Die ‚Grüne Mappe', Teil I, dient der Truppenführung und den Wirtschaftsdienststellen zur Orientierung über die w i r t - s c h a f t l i c h e n A u f g a b e n in den neu zu besetzenden Ostgebieten. Sie enthält Weisungen für die V e r s o r g u n g d e r T r u p p e aus dem Lande und gibt Richtlinien für die T r u p p e z u r U n t e r s t ü t z u n g d e r W i r t s c h a f t. Die in der ‚Grünen Mappe' enthaltenen Anordnungen und Richtlinien entsprechen den vom OKW und den Wehrmachtteilen gegebenen militärischen Befehlen.[...]

II. Die Ausnutzung der neu zu besetzenden Gebiete hat sich in erster Linie auf den Gebieten der E r n ä h r u n g s - und M i n e r a l ö l w i r t s c h a f t zu vollziehen. Soviel wie möglich Lebensmittel und Mineralöl für Deutschland zu gewinnen, ist das w i r t s c h a f t l i c h e H a u p t z i e l d e r A k t i o n. [...]

Völlig abwegig wäre die Auffassung, daß es darauf ankomme, in den besetzten Gebieten einheitlich die Linie zu verfolgen, daß sie baldigst wieder in Ordnung gebracht und tunlichst wieder aufgebaut werden müßten. Die Behandlung der einzelnen Landstriche wird im Gegenteil durchaus verschiedenartig sein müssen. Nur diejenigen Gebiete werden wirtschaftlich gefördert und vordringlich in Ordnung gehalten werden müssen, in denen bedeutende Ernährungs- und Mineralölreserven für uns erschlossen werden können. In anderen Landesteilen, die sich nicht selbst ernähren können — also in großen Teilen Nord- und Mittelrußlands —, muß sich die Wirtschaftsführung auf die Ausnutzung der vorgefundenen Vorräte beschränken.

Welche Rüstungsbetriebe aufrechtzuerhalten oder wieder aufzubauen sein werden, bleibt späterer Entschließung vorbehalten.

III. Für die einzelnen Sachgebiete ergibt sich folgendes:

a) E r n ä h r u n g u n d L a n d w i r t s c h a f t.

1. die erste Aufgabe ist es, sobald wie möglich zu erreichen, daß die d e u t s c h e n T r u p p e n r e s t l o s aus dem besetzten Gebiet v e r p f l e g t werden, um so die Verpflegungslage Europas zu erleichtern und die Verkehrswege zu entlasten. Der Gesamtbedarf der Wehrmacht an Hafer ist aus dem mittleren Rußland, dem Hauptanbaugebiet für Hafer, zu decken, soweit er nicht aus anderen besetzten Gebieten beschafft werden kann. In Südrußland ist zu erstreben, statt Hafer auch Gerste und Mais zu verfüttern.

2. Das Schwergewicht bei der Erfassung von Nahrungsmitteln für die heimische Wirtschaft liegt bei Ö l f r ü c h t e n u n d G e t r e i d e. Die in den Südgebieten anfallenden Ernteüberschüsse und Vorräte sind mit allen Mitteln zu sichern, der ordnungsmäßige Ablauf der Erntearbeiten ist zu beaufsichtigen, der Abfluß in die landwirtschaftlichen Zuschußgebiete Mittel- und Nordrußlands ist rücksichtslos zu unterbinden, soweit nicht Ausnahmen angeordnet werden oder durch die Verpflegung der Truppen geboten sind. [...]

c) D i e I n d u s t r i e n, welche die Voraussetzung für das Funktionieren der im deutschen Interesse betriebenen land-

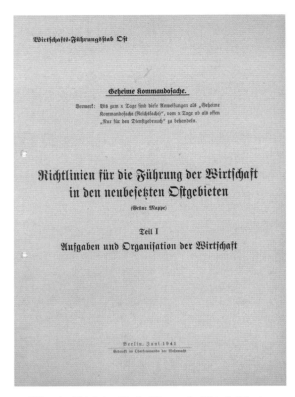

Deckblatt der Richtlinien für die Führung der Wirtschaft in den neubesetzten Ostgebieten (Grüne Mappe), Teil I: Aufgaben und Organisation der Wirtschaft, Juni 1941, erarbeitet vom Wehrwirtschafts- und Rüstungsamt
Bundesarchiv/Militärarchiv, RW 31/128

wirtschaftlichen Produktion in den Überschußgebieten, der Mineralölerzeugung und der Rohstofförderung bilden, sind bevorzugt und rasch in Betrieb zu setzen.

Über die Ingangsetzung von Verbrauchsgüterindustrien zur Versorgung insbesondere der Südgebiete wird später zu entscheiden sein. [...]

e) F ü r d i e s o n s t i g e i n d u s t r i e l l e P r o d u k t i o n gilt folgendes: [...]

3. In den landwirtschaftlichen Zuschußgebieten Nord- und Mittelrußlands ist ein durch Abwandern von Arbeitern aufs Land eintretender industrieller Produktionsausfall grundsätzlich in Kauf zu nehmen.

4. Betriebe, die in landwirtschaftlichen Überschußgebieten zunächst stilliegen müssen, sind weiterhin betriebsfähig zu erhalten. [...]

Die Durchführung der wirtschaftlichen Einzelaufgaben.

1. Innerhalb der E r n ä h r u n g s w i r t s c h a f t steht im Vordergrund die Gewinnung von G e t r e i d e u n d ö l h a l - t i g e n P f l a n z e n f r ü c h t e n. Alle Maßnahmen hierfür sind auf lange Sicht abzustellen (Bergung der Ernte, Sicherung der Lagerung, Vorsorge und Durchführung der Herbstbestellung, Bereitstellung der Arbeitskräfte und der Maschinen, des Saatgutes, der Düngemittel, Drosselung des Verbrauchs der einheimischen Bevölkerung. Von der Einrichtung einfachster Gemeinschaftsküchen ist weitestgehend Gebrauch zu machen.) [...]"

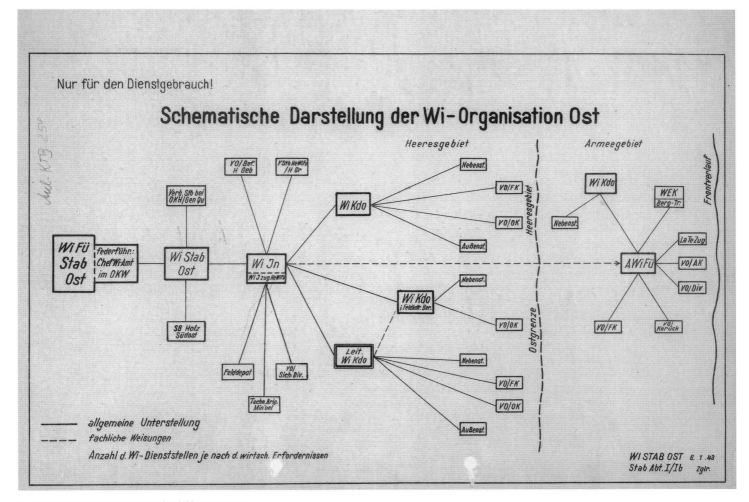

Die Wirtschaftsorganisation Ost, Schaubild vom 6.1.1943

Bundesarchiv/Militärarchiv, RW 31/28

Der Wirtschaftsstab Ost
verfügte in den besetzten
Gebieten der Sowjetunion über
regionale Dienststellen: die
Wirtschaftsinspektionen (Wi In)
und -kommandos (Wi Kdo). Im
Armeegebiet unterstanden
die Wirtschaftskommandos den
Armeewirtschaftsführern.

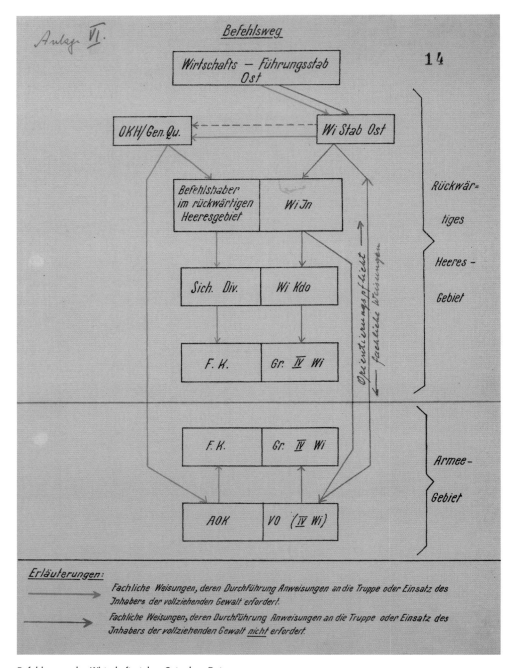

Befehlswege des Wirtschaftsstabes Ost, ohne Datum
Bundesarchiv/Militärarchiv, RW 31/11, Bl. 14

Richtlinien für militärische Hoheitsrechte, Sicherung und Verwaltung in den neuerworbenen Gebieten ostwärts des Dnjestr, vom Oberquartiermeister der 11. Armee, 3.8.1941
Bundesarchiv/Militärarchiv, RH 20–11/381

„[...] 1.) Wirtschaftsführung:

Die vordringlichste Aufgabe ist die Sicherung der Ernte. Die Leitung der Kollektiv-Güter ist meistens geflohen, deshalb Ernennung geeigneter Verwalter (Dorfälteste, erfahrene Landwirte), da ohne Befehl jede Arbeit ruht. Es muss versucht werden, die Grundzüge der gemeinschaftlichen Felderbewirtschaftung auf genossenschaftlicher Grundlage beizubehalten.

Sicherstellung der Ernte mit allen Mitteln, auch bei Ausfall der üblichen Maschinen und Lagerräume.

Feste Zusicherung an die Bevölkerung geben, dass sie ihren notwendigen Bedarf von der Ernte erhalten wird!

Verteilung von Boden, Vieh und sonstigem Gemeindeeigentum ist unter Hinweis auf eine spätere Regelung zu verbieten. Bei guter Arbeitsleistung Naturallöhne erhöhen! [...]

Inbetriebsetzung aller lebenswichtiger Betriebe, gegebenenfalls durch kommissarische Leiter. – Erfassung von Vorräten aller Art. –

Landwirtschaftliche Industrie (Mühlen, Sägewerke usw.) sofort der dörflichen Gemeinschaft eingliedern. Verhindern, dass einzelne sich dieser Objekte bemächtigen.

In der Industrie die bisherige jüdische oder grossrussische Leitung nur für unentbehrliche Spezialistenstellen verwenden. Leitung stets in ukr. Hand legen! [...]

4.) Propaganda:

Es wird nochmals darauf hingewiesen, daß die beste Propaganda nichts nützt, wenn Truppen raubend und plündernd durch das Land ziehen! [...]

D. Beutewesen: [...]

3.) Unbeschadet der abzuwartenden Bestimmungen über die planmässige Verwaltung des eroberten Feindgebiets ostw. des Dnjestr werden vom A.O.K. solche Verwaltungsmassnahmen ergriffen, die zur Sicherung des rückw. Gebiets und Ausnutzung des Landes für die Truppen unbedingt erforderlich sind. Die notwendigen wirtschaftlichen Massnahmen werden durch das Wehrwirtschafts- u. Rüstungsamt in engster Anlehnung an das Armeeoberkommando durchgeführt werden. [...]

7.) Nicht zur Nährung der Operation benötigte Bestände werden von der Armee deutschen rückw. Einrichtungen übergeben bzw. zur Rückführung in die Heimat bereitgestellt. [...]"

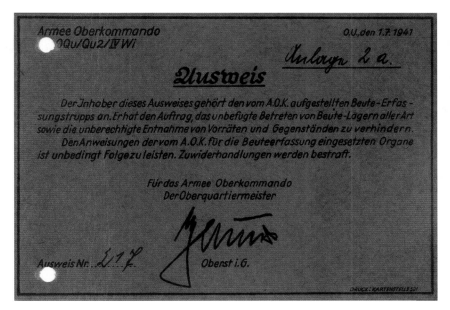

Dienstausweis für Angehörige eines vom Armeeoberkommando 11 aufgestellten Beute-Erfassungstrupps, 1941
Bundesarchiv/Militärarchiv, RW 46/207

„Es wird nochmals darauf hingewiesen, daß die beste Propaganda nichts nützt, wenn Truppen raubend und plündernd durch das Land ziehen!"

Richtlinien für wirtschaftliche Fragen.

Deutscher Soldat!

Vermeide nach Möglichkeit unnötige Zerstörungen in landwirtschaftlichen Betrieben und Verarbeitungsstätten wie Zuckerfabriken, Mühlen, Molkereien usw.!

Schone vor allen Dingen Traktoren (Schlepper, Trecker), Maschinen und Geräte auf den landwirtschaftlichen Betrieben und den dazugehörigen M.T.S. (Motoren-Traktoren-Stationen). Die Landwirtschaft der Sowjetunion ist fast voll mechanisiert, und ohne Maschinen und Geräte ist daher die Ernte und Bestellung nicht möglich.

Schone und schütze Vorräte von Lebens- und Futtermitteln. Jede Vernichtung schädigt Dich selbst, Deine Kameraden und die Heimat. Jede Vergeudung und mutwillige Zerstörung von Lebensmitteln wird strengstens bestraft.

Zucht- und Jungvieh darf nicht geschlachtet werden. Denke stets daran, daß es zum Wiederaufbau der Viehbestände unersetzlich ist. Der Schlachtwert des Jungviehs (Kälber, Ferkel, Lämmer) ist außerdem so gering, daß der Schaden durch die Abschlachtung für die Allgemeinheit viel größer ist, als Dein augenblicklicher Vorteil. Melde Deinem Vorgesetzten sofort, wenn Du beobachtest, daß Vorräte durch Zerstörung der Lagerräume, Brand oder Plünderung gefährdet sind und greife sofort selbst zu, wenn Du Schaden verhindern kannst.

Erstatte sofort Meldung, wenn Du beobachtest, daß die Bevölkerung Sabotage treibt, Vorräte, Maschinen usw. zerstört oder verkommen läßt.

Als Saatgut gekennzeichnete Vorräte darfst Du unter keinen Umständen angreifen. Bedenke, daß jeder Ausfall von Saatgut die Ernte des nächsten Jahres um die vielfache Menge des vergeudeten Saatgutes vermindert.

Wer gegen diese Forderungen verstößt, versündigt sich an der deutschen Ernährungswirtschaft!

BUNDESARCHIV
Militärarchiv
-Amtsdrucksachen-

RHD 200/43.21

Flugblatt „Richtlinien für wirtschaftliche Fragen", ohne Datum
Bundesarchiv/Militärarchiv, RHD 200/43–21

Reisebericht von Major von Payr, Heeresgruppe Mitte, vom 21.7.1941
Bundesarchiv/Militärarchiv, RW 19/473, Bl. 113–116, Zitat Bl. 113 und 116

„[…] Die Bauernbevölkerung war zum grössten Teil deutschfreundlich und bolschewikenfeindlich eingestellt. Sie hat die deutschen Truppen teilweise mit Blumen empfangen und sie vor Waldstücken gewarnt, in denen Bolschewisten sassen. Durch vielfach ungeschicktes Benehmen der deutschen Truppen ist diese Stimmung jedoch sehr bald wieder umgeschlagen. Häufig haben deutsche Soldaten den Bauern tragende Kühe und Zuchtsauen weggenommen, auch wenn anderes Vieh vorhanden war, sodass beim Russen sehr schnell der Eindruck entstand, sie werden von den deutschen Soldaten nicht besser behandelt als von den Bolschewisten.

Auch sonst beklagte sich Oberstlt. F a c h wiederholt über völlig sinnlose Zerstörung seitens des deutschen Militärs. So ist z.B., als die 4. Panzer-Armee in Minsk einrückte, das neue Universitätsviertel relativ verschont gewesen, und es wurden in einem Institut über 200 tadellose Mikroskope festgestellt. Der Raum wurde durch deutsches Militär bewacht, sodass Russen keinen Zutritt mehr hierzu hatten. Als am Abend die Mikroskope geborgen werden sollten, waren nur noch 20 Mikroskope brauchbar. Alle übrigen waren sinnloserweise zerstört, sodass sie dem von veterinärärztlicher Seite dringendst benötigtem Zweck nicht mehr zugeführt werden konnten. Ähnliche Fälle häufen sich. Nicht nur der gemeine Mann versagt häufig in dieser Beziehung. Ebenso undiszipliniert sind häufig Offiziere. Es kommt immer wieder vor, dass irgendwelche Bestände, die sichergestellt sind und von einem Soldaten mit Karabiner bewacht werden, von deutschen Offizieren gefordert werden. […]

Nach den Panzerdivisionen, die bereits ihre eigenen Erkunderstäbe haben, folgen dann die Panzerarmeen und die in dem Abschnitt eingesetzte 2. und 9. Armee. Da befehlsgemäss der Verbindungsoffizier in erster Linie für den Sofortbedarf der Truppe zu sorgen hat, saugen sich nun erst diese 3 Armeen mit allem voll, was sie noch irgendwie brauchen können. Was dann noch in dieser völlig verarmten Gegend übrig bleibt und der Verbindungsoffizier dem Wi Kommandi als meldereife Beute übergeben kann, ist nur noch das, was die Truppe beim besten Willen nicht verbrauchen oder mitschleppen konnte, also z.B. einige Waggons Flachs, Roggen und dergleichen. Keinesfalls ist in dem besuchten Gebiet mit grösseren Beständen zu rechnen, welche Deutschland irgendwie nennenswert entlasten könnten. […]"

Schreiben des Oberkommandos der Wehrmacht vom 17.8.1941 mit der Abschrift zum Befehl des Reichsmarschalls des Großdeutschen Reiches, Hermann Göring, an die Oberbefehlshaber der Wehrmachtteile vom 15.8.1941
Bundesarchiv/Militärarchiv, RW 19/669

„Betrifft: Befehl über Massnahmen gegen Verschleuderung von Beute und Landesbeständen in den besetzten Ostgebieten [...] Zahlreiche Meldungen zeigen, daß Einheiten und einzelne Angehörige der Wehrmacht und der von ihr eingesetzten, nicht militärischen Organisationen (Wehrmachtsgefolge) Beutegut und willkürlich beschlagnahmte oder zusammengekaufte Waren zur freien Verfügung der einzelnen Wehrmachtsangehörigen usw. verteilen, bezw. mitnehmen und in grossem Umfang in das Reichsgebiet verbringen. Dieses Vorgehen erstreckt sich etwa nicht nur auf Bestände der Sowjetwehrmacht, sondern zum grossen Teil auf Waren, die für den zivilen Verbrauch bestimmt sind.
Hieran sind überwiegend die rückwärtigen Dienste und die nicht militärischen Organisationen beteiligt. Die kämpfende Truppe hat hierzu weder Zeit noch Gelegenheit.
Eigenmächtige und willkürliche Zugriffe gefährden die Versorgungsquellen und Bestände des Landes, die nicht zur Versorgung der Truppe, sondern zur Ausnützung für die Kriegswirtschaft des Reiches unbedingt erhalten werden müssen. [...]"

Befehl des Oberbefehlshabers der 6. Armee vom 10.10.1941
Bundesarchiv/Militärarchiv, RH 20–16/1015

„[...] Das Verpflegen von Landeseinwohnern und Kriegsgefangenen, die nicht im Dienste der Wehrmacht stehen, an Truppenküchen ist eine ebenso mißverstandene Menschlichkeit wie das Verschenken von Zigaretten und Brot. Was die Heimat unter großer Entsagung entbehrt, was die Führung unter größten Schwierigkeiten nach vorne bringt, hat nicht der Soldat an den Feind zu verschenken, auch nicht, wenn es aus der Beute stammt. Sie ist ein notwendiger Teil unserer Versorgung."

Befehl Mansteins, Oberbefehlshaber der 11. Armee, vom 20.11.1941
StAN, PS 4064

„[...] Die Ernährungslage der Heimat macht es erforderlich, daß sich die Truppe weitgehendst aus dem Lande ernährt und daß darüber hinaus möglichst große Bestände der Heimat zur Verfügung gestellt werden. Besonders in den feindlichen Städten wird ein grosser Teil der Bevölkerung hungern müssen. Trotzdem darf aus mißverstandener Menschlichkeit nicht von dem, was die Heimat unter Entbehrungen abgibt, an Gefangene und Bevölkerung – soweit sie nicht im Dienste der deutschen Wehrmacht stehen – verteilt werden. [...]"

Generalfeldmarschall Walter von Reichenau, Oberbefehlshaber der 6. Armee, 1942
Bundesarchiv, Bild 146/84/19/27

Generalfeldmarschall Erich von Manstein, Oberbefehlshaber der 11. Armee, 1942
bpk

Abtransport von Vieh zur Versorgung der deutschen Truppen und für das Reich, 1942
SV-Bilderdienst

Beschlagnahmung von Tabak für die Truppe,
vermutlich November 1941
ullstein bild

Getreidebeschlagnahmungen in Siewerskaja, 17.9.1942
PK-Fotograf: Haustein
SV-Bilderdienst

Kriegstagebuch Wirtschaftsstab Ost, Eintrag vom 26.1.1942
Bundesarchiv/Militärarchiv, RW 31/16

„[...] Zufolge Reisebericht Ministerialdirektor Riecke vom 26.1. ist der Stand der Versorgung der Armeen im Bereich der Befehlsstelle Süd folgender:

Im Operations- und im Armeegebiet entnehmen die meisten Armeen die Vorräte so, wie sie sie finden, auf dem Lande. Was ihnen fehlt, fordern sie bei der Befehlsstelle an, der sie ihre Vorräte melden. Diese Meldungen sind jedoch unvollkommen, und die Armeen müssen Vorräte in der Hand haben, die sie nicht angeben. [...]

Infolge mangelnden Nachschubs haben die Armeen schon erhebliche Eingriffe in Saatgetreidebestände vorgenommen. Hinter der Front bildet sich in einer sich über etwa 150 km erstreckenden Breite ein Gebiet, in dem völliger ‚Kahlfraß' eingetreten ist, bezw. noch eintritt. [...]

Die Versorgungslage der Zivilbevölkerung spitzt sich täglich zu, da die gehamsterten zivilen Vorräte der Stadtbevölkerung bald zu Ende gehen dürften. [...]"

Niederschrift der Besprechungen mit den Inspekteuren Ost im Wehrwirtschafts- und Rüstungsamt am 23.2.1942
Bundesarchiv/Militärarchiv, RW 19/555

„[...] I. <u>Kurzer Bericht der Inspekteure aus ihrem Bereich.</u>
<u>Süd: Generalmajor von Nostitz-Wallwitz:</u>
Die Transportlage ist aussschlaggebend für die Versorgung der Truppe und für die bereits beginnende katastrophale Ernährungslage der Bevölkerung. Sie ist immer noch äußerst schlecht. Die Truppe braucht z.Zt. den gesamten zur Verfügung stehenden Transportraum. [...]
<u>Mitte: Generalleutnant Weigandt:</u>
Hier ist die Situation nicht ganz so katastrophal wie eben von Süd geschildert. Die Transportlage ist ebenfalls völlig unzureichend, die Kraftfahrzeuge sind in einem unglaublichen Zustand.

Etwa das halbe Gebiet ist durch die russischen Angriffe verloren gegangen, die dort eingesetzte La-Organisation herausgedrückt. Die Truppe ist dazu übergegangen, sich selbst zu versorgen. Vor kurzem erst ist der Wunsch geäußert, 18 weitere Rayons aus dem Gebiet des Bef. rück. zum Furagieren [zur Futterbeschaffung] zu erhalten. Dies bedeutet die völlige Entblößung des Landes von jeglichen Nahrungsmitteln sowohl an Getreide, Futter und Vieh. Auch die letzte Kuh wird in solchen Bezirken der Bevölkerung fortgenommen. Ob ein solches Verfahren angesichts der späteren Versorgung der Truppen, sobald wieder stabile Verhältnisse eingetreten, richtig ist, muß bezweifelt werden. [...]"

Dienstanweisung für den Armeewirtschaftsführer bei einem Armeeoberkommando vom 25.4.1942
Bundesarchiv/Militärarchiv, RW 19/688, Bl. 9–10a

„[...] <u>I. Stellung:</u>

1.) Der Armeewirtschaftsführer ist dem Chef des Generalstabes des AOK unterstellt und als Sachbearbeiter für wirtschaftliche Fragen (IV Wi) dem O Qu zugeteilt. Er ist zugleich Verbindungsoffizier des OKW/Wi Rü Amtes beim AOK und hat in dieser Eigenschaft die wehr- und rüstungswirtschaftlichen Belange der Wehrmacht und des Wirtschaftsführungsstabes Ost beim AOK zu vertreten; er untersteht insoweit dem Chef Wi Rü Amt im OKW. Er ist an fachliche Weisungen des Wirtschaftsstabes Ost und der für den Bereich der Heeresgruppe zuständigen Wirtschaftsinspektion gebunden, soweit diese mit den Versorgungsbedürfnissen der Armee nicht im Widerspruch stehen. [...]

2.) Dem Armeewirtschaftsführer unterstehen alle im Armeebereich eingesetzten Dienststellen und Einheiten der Wehrwirtschafts- und Rüstungsorganisation und zwar je nach den wehrwirtschaftlichen Erfordernissen im Armeegebiet: [...]

<u>II. Aufgaben:</u>

1.) <u>Zweckdienliche Ausnutzung des Armeegebietes zur laufenden Versorgung der Truppe aus dem Lande</u> und sofortige Ingangsetzung der Versorgungsbetriebe [...].

2.) <u>Vorbereitung und Leitung der allgemeinen wirtschaftlichen Ausnutzung des Armeegebietes für die deutsche Kriegswirtschaft</u> nach den wirtschaftlichen Erfordernissen oder nach den auf Grund der Richtlinien des Wirtschaftsführungsstabes Ost ergehenden fachlichen Weisungen von OKW/Wi Rü Amt, des Wirtschaftsstabes Ost und der zuständigen Wirtschaftsinspektion. Die Versorgungsbedürfnisse der Truppe haben hierbei den Vorrang. [...]

5.) [...] Alle von den zentralen Beschaffungsstellen der Wehrmacht und der Wehrmachtteile mit wirtschaftlichen Aufträgen einschliesslich der Erfassung wirtschaftlicher Kriegsbeute in das Armeegebiet vorgeschickten Dienststellen und Persönlichkeiten haben sich vor Aufnahme ihrer Tätigkeit beim Armeewirtschaftsführer zu melden und sind an seine Weisungen gebunden. [...]"

Niederschrift über eine Besprechung des Wirtschaftsführungsstabes Ost am 6.5.1942
Bundesarchiv/Militärarchiv, RW 19/555, Bl. 130 f.

„[...] Staatssekr. Körner: fordert nach kurzer Schilderung der allgemeinen Wirtschaftslage engste Zusammenarbeit zwischen
den wirtschaftl. Dienststellen und der Truppe, um damit Überraschungen, Störungen zu vermeiden. Die Anforderungen des
Gen Qu für das Ostheer 1942/43 sind gewaltige, müssen aber
erfüllt werden.
Min.Dir. Riecke: [...] Vom 1.9. bis 30.4. sind abgefahren und zwar
zum allergrößten Teil für die Versorgung des Ostheeres, zum
geringen Teil in das Reich

von   800 000 to Getreide   145 000 to in das Reich
  „   160 000 to Fleisch   23 500 „   „   „   „
  „   32 000 to Fett   14 000 „   „   „   „

Die Transportmöglichkeit hat sich letzthin erheblich gebessert. Dennoch könnten 8 bis 900 000 to Getreide mehr abgefahren sein. Es befinden sich schätzungsweise noch 1,3 Mill. to
Getreide im Lande und zwar
rd. 500 000 to ungedroschen
800 000 to auf den Kolchosen. [...]
Min.Dir. Riecke: [...] Hinter unserer Front hat sich das kahl-
gefressene Gebiet auf rd. 300 km erweitert. [...]“

Bericht des Oberleutnants Jensen über eine Reise im Kaukasus
vom 11.11.1942
Bundesarchiv/Militärarchiv, RW 19/473, Bl. 18–20

„[...] Der A Wi Fü ist völlig abhängig vom O Qu. Der O Qu erteilt
Anordnungen, die der A Wi Fü keineswegs befolgen kann. Das
Pz.AOK I hat in eigener Regie Meiereien, Mühlen, und Fabriken
aller Art. Der O Qu denkt gar nicht daran, die Betriebe den
Dienststellen des Wehrwirtschaftsamtes zu überlassen, mit
der Behauptung, alsdann würde es der Pz.Armee noch viel
schlechter gehen als bisher. Die Verpflegung der Truppen und
der rückwärtigen Dienststellen ist äußerst schlecht. [...] Dasselbe wurde mir vom Stabszahlmeister der 23. Pz.Div. bestätigt,
der sich äußerst erregt über die Arbeiten des A Wi Fü aussprach.
Ganz besonders hetzte er gegen die Arbeit der La-Führer. Die
Truppe dächte gar nicht daran, sich den Anordnungen der
Wehrwirtschaftlichen Dienststellen zu fügen. Sie würde sich
selber helfen, indem abgeschlachtet wird, was nur zu erreichen
ist. [...] Der Gebietslandwirt von Pjatigorsk erklärte mir, daß
von ihm aus hinsichtlich der Ernährung der Truppe und der
rückw. Dienststellen nichts zu erwarten sei, da die Truppe ohne
Rücksicht auf Anordnungen und Befehle aus den Kolchosen und
Sowchosen Vieh evakuiert, abschlachtet und rücksichtslos die
letzte magere Kuh aus den Ställen treibt. [...]
3.) Rücksprache Oberst Dr. Petri, Chef des Stabes, Wi In Kaukasus,
Woroschilowsk.
Ich habe Herrn Oberst Petri von meinen Eindrücken beim A Wi
Fü unterrichtet. Oberst Petri war grundsätzlich derselben
Meinung und sagte mir, daß man in Berlin auch über die Stel-
lung der Wirtschafts-Inspektion bei den Armeen ein falsches
Bild hätte. Die Abhängigkeit zu den Armeen ist viel größer als
man sich vorstellt. [...]“

VERSORGUNG DER ZIVILBEVÖLKERUNG

Erhebliche Teile der sowjetischen Zivilbevölkerung waren durch die rigiden Requirierungen der Armeen von ihrer bisherigen Lebensmittelversorgung abgeschnitten. Während die Wehrmacht einerseits diese Situation selbst verursachte, befürchtete sie andererseits, die unzufriedene Bevölkerung könne sich zunehmend der Partisanenbewegung anschließen oder den kriegswirtschaftlich unverzichtbaren Arbeitseinsatz verweigern.

Im September 1941 erließ daher der Wirtschaftsstab Ost in Absprache mit dem Generalquartiermeister des Heeres allgemeine Verpflegungssätze. Arbeitende Zivilisten sollten mit 1400 Kalorien pro Tag eine Grundversorgung erhalten, die allerdings kaum zum Überleben reichte und oft nicht in voller Höhe ausgegeben wurde. Die nicht-arbeitende Bevölkerung mußte mit 800 Kalorien pro Tag auskommen, während Kindern gerade einmal die Hälfte zukam. Gleiches galt für die jüdische Bevölkerung. Die Verpflegungssätze zielten darauf ab, die für das Militär „nützlichen" Einwohner zu erhalten, hingegen blieben Nicht-Arbeitsfähige weitgehend sich selbst überlassen. Opfer der Hungerpolitik wurden vor allem jene, die kriegswirtschaftlich als „nutzlos" galten oder aus ideologischen Gründen ohnehin sterben sollten. Einzelne Armeen waren zwar durchaus gewillt, zusätzliche Lebensmittel aus Heeresbeständen an die hungernde Bevölkerung abzugeben. Solche Anträge lehnte der Generalquartiermeister des Heeres, General Eduard Wagner, aber kategorisch ab.

O.U., den 3. Oktober 1941.

La-III/411 -26850

Geheim

III.

Vermerk

Betrifft: Versorgung der Städte Rußlands im noch unbesetzten Gebiet.

Nach allen bisher gemachten Erfahrungen werden von den Russen vor oder während des Rückzuges alle Lebensmittel systematisch abtransportiert oder zerstört. Die städtische Bevölkerung wird daher im Falle der Einnahme der Städte durch die deutsche Wehrmacht von dieser verpflegt werden, oder hungern müssen.

Die Führung der Russen verfolgt damit offensichtlich den Zweck, die schwierige Versorgungslage des deutschen Reiches weiter zu gefährden und durch die zusätzliche Belieferung von Lebensmitteln an die russische Stadtbevölkerung, die heimische Ernährungsdecke zu verringern; Denn tatsächlich ist bei der augenblicklichen Ernährungslage eine Abgabe von Lebensmitteln an die russische Stadtbevölkerung nur möglich, wenn entweder die Truppenverpflegung gekürzt, oder die Lebensmittelration in der Heimat gesenkt werden. Die Ernte dieses Jahres hat nicht gehalten, was sie zunächst versprach. Die Getreideernte liegt um 100- bis 200 000 to niedriger als im Vorjahre, während die Kartoffelernte sogar um fast 10 000 000 to geringer ausgefallen ist. Das bedeutet einen Rückgang in der Produktion an Schweinefleisch, oder eine weitere Senkung der Fleischration, wenn nicht ein Ausgleich aus dem besetzten Ostraum vorgenommen werden kann.

Der nördliche Teil Rußlands ist stets ein Zuschussgebiet gewesen. Nach den vorliegenden statistischen Unterlagen hat das altrussische Gebiet der Wi In Nord einen Fehlbedarf von 1 275 000 to Getreide (Kartoffeln in Brotgetreide umgerechnet) gehabt. Der Bedarf für die Stadt Leningrad beträgt ca. 700 000 to. Daraus ergibt sich, daß nicht nur für Leningrad selbst, sondern auch für alle größeren Orte des Gebietes ein Fehlbedarf besteht.

Leningrad

Leningrad und das umliegende Gebiet leben im Frieden aus Zufuhren vom fernen Osten und Südosten, die jetzt aber abgeschnitten sind.

Ähnlich liegen die Verhältnisse bei der Stadt Moskau und dem umliegenden Gebiet.

Auch im Süden werden in den Städten keine Vorräte mehr gefunden werden, sodaß auch hier die Ernährung durch die deutsche Wehrmacht übernommen werden müßte.

Daß ist bei der eingangs geschilderten Lage auf die Dauer nicht möglich. Als äußerste Maßnahme kann nur eine notdürftige Verpflegung aus Gemeinschaftsküchen unter Verwendung von Hirse oder Buchweizen in Frage kommen. Da der Russe an sich das Hungern bis zu einem gewissen Grade gewöhnt ist, mag eine gewisse Linderung der Not möglich sein. Auf welche Zeit diese Maßnahme gewährleistet werden kann, läßt sich jedoch nicht übersehen.

Auch mit einem Herauslassen der städtischen Bevölkerung auf das Land ist nichts geholfen, da die Menschen auf dem Lande dann stehlen, und die Erfassung der bereits versteckten Vorräte der Landbevölkerung erschweren werden.

Es kann daher nur vorgeschlagen werden, daß die größeren Städte die noch zu erobern sind, abgeschnitten und abgeriegelt werden, und daß eine etwaige Kapitulation nicht angenommen wird. Jedes Entgegenkommen bedeutet eine Gefährdung der deutschen Ernährung.

Vermerk der Chefgruppe Landwirtschaft des Wirtschaftsstabes Ost vom 3.10.1941
Bundesarchiv/Militärarchiv, RW 31/310

Aktennotiz zu einer Besprechung über Wirtschaftspolitik und Wirtschaftsorganisation in den neubesetzten Ostgebieten bei Hermann Göring am 8.11.1941
Bundesarchiv/Militärarchiv, WI ID/1222

Hermann Göring hält zur Versorgung der Zivilbevölkerung fest, daß „das grösste Sterben seit dem dreissigjährigen Kriege" einsetzen werde.

„[...] Hinsichtlich der Ernährung bemerkte er [Göring], daß die Truppe ihren Bedarf an Konserven wesentlich einschränken müsse. Der Wehrmacht mache er den Vorwurf, dass sich im Gebiet um Minsk in den Wäldern noch grosse Viehherden herumtreiben, die aber wegen der Partisanen noch nicht geborgen werden können. Einsatz von Truppen sei unbedingt notwendig. Das Schicksal der Grosstädte insbesondere Leningrads sei ihm völlig schleierhaft. In diesem Kriege werde das grösste Sterben seit dem dreissigjährigen Kriege sein.
Wenn das Getreide aus der Ukraine nicht abbefördert werden kann, soll dieses zur Schweinezucht verwandt werden. Ab 1943 verlange er eine Höchstausnutzung der Ukraine. Die Versorgung ganz Europas müsse dann sichergestellt sein. [...]"

Chefgruppe La.
Eing. am 8/11./41
La. Br. B. Nr. /41

Fü/Ia
Eingang 845
7. 11.

Geheim

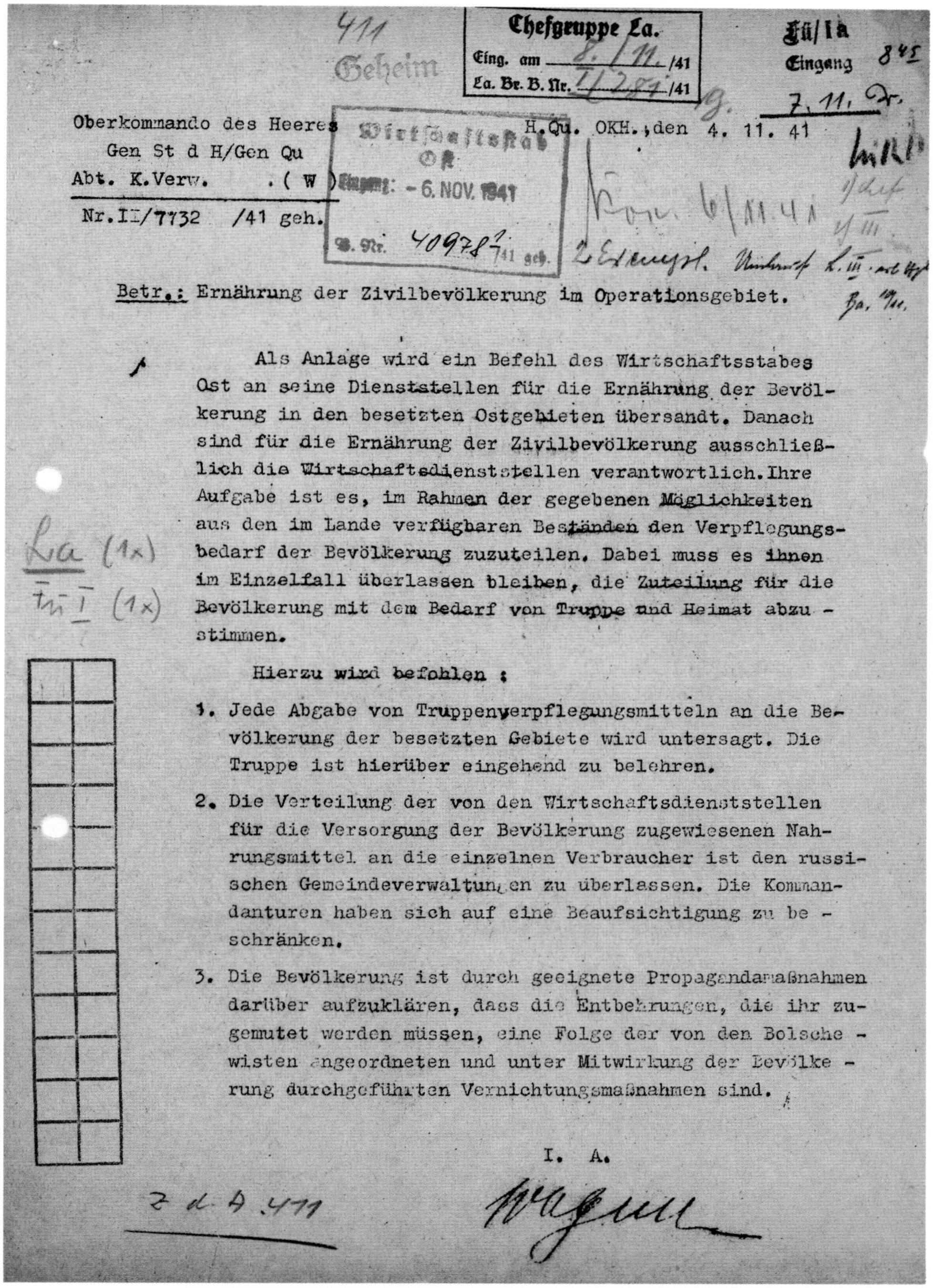

Oberkommando des Heeres
Gen St d H/Gen Qu
Abt. K.Verw. .(W)
Nr.II/7732 /41 geh.

Wirtschaftsstab Ost
Eingang: – 6. NOV. 1941
B. Nr. 40978/41 geh.

H.Qu. OKH.,den 4. 11. 41

Betr.: Ernährung der Zivilbevölkerung im Operationsgebiet.

Als Anlage wird ein Befehl des Wirtschaftsstabes Ost an seine Dienststellen für die Ernährung der Bevölkerung in den besetzten Ostgebieten übersandt. Danach sind für die Ernährung der Zivilbevölkerung ausschließlich die Wirtschaftsdienststellen verantwortlich. Ihre Aufgabe ist es, im Rahmen der gegebenen Möglichkeiten aus den im Lande verfügbaren Beständen den Verpflegungsbedarf der Bevölkerung zuzuteilen. Dabei muss es ihnen im Einzelfall überlassen bleiben, die Zuteilung für die Bevölkerung mit dem Bedarf von Truppe und Heimat abzustimmen.

Hierzu wird befohlen :

1. Jede Abgabe von Truppenverpflegungsmitteln an die Bevölkerung der besetzten Gebiete wird untersagt. Die Truppe ist hierüber eingehend zu belehren.
2. Die Verteilung der von den Wirtschaftsdienststellen für die Versorgung der Bevölkerung zugewiesenen Nahrungsmittel an die einzelnen Verbraucher ist den russischen Gemeindeverwaltungen zu überlassen. Die Kommandanturen haben sich auf eine Beaufsichtigung zu beschränken.
3. Die Bevölkerung ist durch geeignete Propagandamaßnahmen darüber aufzuklären, dass die Entbehrungen, die ihr zugemutet werden müssen, eine Folge der von den Bolschewisten angeordneten und unter Mitwirkung der Bevölkerung durchgeführten Vernichtungsmaßnahmen sind.

I. A.

Wagner

z. d. A. 411

Schreiben des Generalquartiermeisters, Eduard Wagner, vom 4.11.1941 an die Armeen und Panzergruppen

Bundesarchiv/Militärarchiv, RW 31/310

Generalquartiermeister des Heeres, Eduard Wagner, ohne Datum

Bundesarchiv, Bild 146/81/41/16A

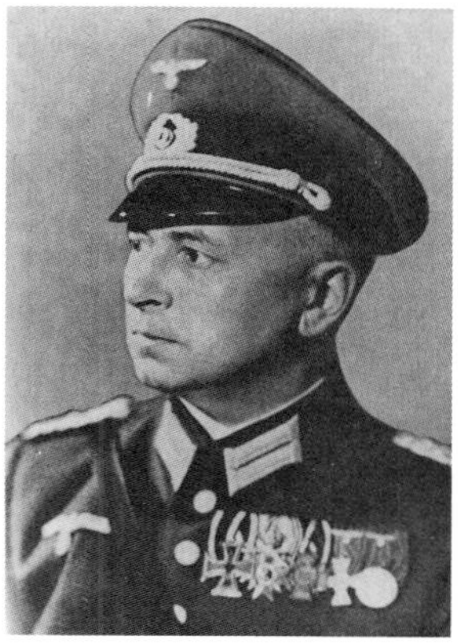

Besondere Anordnung Nr. 44 des Wirtschaftsstabes Ost vom 4.11.1941 über die Verpflegung der Zivilbevölkerung in den besetzten Gebieten (Abschrift)
Bundesarchiv/Militärarchiv, RW 31/310

„[...] Verpflegung der Zivilbevölkerung in den besetzten Gebieten
Unter Aufhebung der besonderen Anordnung Nr. 31 des Wi Stabes Ost Fü Ia Nr. 3584/41 v. 4.9.41 wird für die Verpflegung der Zivilbevölkerung in den besetzten Ostgebieten mit Ausnahme der drei baltischen Vorgängerstaaten die nachstehende Regelung angeordnet. Die Reichskommissare für die Ukraine und für das Ostland werden in ihrem Zuständigkeitsbereich für die altrussischen und ehemals polnischen Gebiete entsprechend verfahren:

Rücksichtslose Plünderungen und Zerstörungen der Bolschewisten haben das Wirtschafts- und Verkehrsleben in den besetzten Ostgebieten auf das schwerste erschüttert. Not und Elend sind für die einheimische Bevölkerung, insbesondere in den Großstädten, die unvermeidliche Folge. Die Verantwortung dafür liegt ausschließlich bei den sowjetischen Machthabern, die den Befehl zur sinnlosen Zerstörung gegeben haben.

Aufgabe der Wirtschaftsdienststellen im Operationsgebiet ist es trotzdem, die Ernährung der Zivilbevölkerung sicherzustellen, soweit es ohne Beeinträchtigung der deutschen Belange möglich ist.

Für die Landbevölkerung sind besondere Ernährungsvorschriften nicht vorgesehen, weil diese im allgemeinen in der Lage ist, sich selbst zu versorgen. Die Lebensmittelversorgung der städtischen Bevölkerung muß insbesondere hinter die Bedarfsdeckung der Wehrmacht, den deutschen Behörden und die Lieferungsauflagen ins Reich zurücktreten.

Der Stadtversorgung sind daher die nachfolgenden Rations-Höchstsätze zu Grunde zu legen, die überdies nur im Rahmen der obigen Voraussetzung Anwendung finden dürfen.

Wochenhöchstsätze in g.
a) Für Bevölkerung, die keine nennenswerte Arbeit leistet:

Fleisch- und Fleischwaren	Keine
Fett	70
Brot	1500
Kartoffeln	2000

b) Für Bevölkerung, die nützliche Arbeit leistet:

Fleisch und Fleischwaren	100	
Fette	100	
Brot	1500)	Im Bereich der H.Gr.
Kartoffeln	4000)	Nord und Mitte
Brot	2000)	Im Bereich der H.Gr.
Kartoffeln	2500)	Süd.

c) Für Bevölkerung, die dauernd schwere körperliche Arbeit leistet:
Zulagen zu den Sätzen lt. b)

Fleisch und Fleischwaren	100
Fett	50
Brot	500
Kartoffeln	1000

d) Für Kinder unter 14 Jahren und Juden:
Die Hälfte der Höchstsätze lt. a).

Andere als die oben angeführten Erzeugnisse dürfen der Stadtbevölkerung ebenfalls erst nach Sicherstellung der sonstigen Bedarfsdeckung zugeteilt werden.

Dabei ist insbesondere zu berücksichtigen, daß
a) die Ernährungs- und Transportlage eine großzügige Behandlung der Zivilversorgung nicht zuläßt und jede Überschreitung der festgesetzten Höchstsätze untragbare Nachteile für die Ernährung der Heimat nach sich zieht,
b) Wehrmacht oder für Wehrmachts- bzw. Reichsbedarf vorgesehene Bestände auf keinen Fall zur Verpflegung der Zivilbevölkerung herangezogen werden dürfen und
c) die Bevölkerung zunächst vielfach noch über Vorräte verfügt, weil mit dem Abzug der russ. Wehrmacht die vorhandenen Lebensmittelvorräte verteilt oder von ihr geplündert wurden. Eine wirkliche Notlage tritt deshalb im allgemeinen erst später ein.

Im einzelnen wird für die Durchführung im Einvernehmen mit OKH/Gen Qu folgendes Verfahren angeordnet:
1.) Die Kommandaten bzw. die sonst dafür zuständigen Stellen ermitteln möglichst rasch die Einwohnerzahl und teilen sie den zuständigen Wi Kdos bzw. den örtlichen La-Führern mit. Für die Anwendung der Höchstsätze lt. b) ist ein nach den örtlichen Verhältnissen angemessener Prozentsatz der Einwohnerzahl (im Höchstfalle bis zu 20%) in Vorschlag zu bringen. Für die Zulagen lt. c) darf nur die Belegschaft der im deutschen Interesse weiterzuführenden Betriebe (z.B. Rüstungsbetriebe) in Vorschlag gebracht werden.
2.) Verantwortlich für die Beschaffung der Verpflegung für die Zivilbevölkerung sind die Wi Kdos (Gruppen La) und die ihnen unterstellten örtlichen La-Führer.
3.) die Wi Kdos (Gr.La) setzen die Höhe der Wochenrationen fest, die nach Sicherstellung der sonstigen Bedarfsdeckung (Wehrmacht, Reichsauflagen usw.) innerhalb der festgelegten Höchstsätze zur Verfügung gestellt werden können.[...] Bei der Festlegung der Wochenrationen ist jedoch folgendes zu beachten:
Die Rationen sind in der ersten Zeit möglichst niedrig zu halten, um die Bevölkerung zum Verbrauch der aufgestapelten Eigenvorräte zu zwingen und eine Beeinträchtigung des wegen der Transportlage oft nur schwer sicherzustellenden Wehrmachtbedarfs zu verhindern.

Fleisch und Fett sollen zunächst überhaupt nicht vorgesehen werden. Kartoffeln sind im Rahmen des Möglichen durch Rüben aller Art, Brot durch Buchweizen und Hirse zu ersetzen.

Allmählich können die Rationen dann bis zur vorgesehenen Höchstgrenze gesteigert werden. [...]“

Beurteilung der Lage, Schreiben der 339. Infanteriedivision
an den Befehlshaber des rückwärtigen Heeresgebietes Mitte
vom 5.11.1941
Bundesarchiv/Militärarchiv, RH 26–339/5

„1.) Im Sicherungsbereich der Division ist sowohl eine scheinbare
als auch eine tatsächliche Zunahme der Partisanentätigkeit
festzustellen. Die ursächlichen Zusammenhänge hierfür sind
folgende.
a) Durch erhöhten Einsatz von Hilfsmannschaften (kriegsgefangenen Ukrainern, je Rgt 4 Züge a 80 Mann) im Rahmen der
Truppe für Sicherungs- und Bewachungsaufgaben gelang es,
bedeutende Kräfte aus der passiven Aufgabe der Bewachung in
den aktiven Einsatz zur Bekämpfung der Partisanen zu bringen.
[…]

4.) Im Winter ist mit einer verstärkten Partisanentätigkeit zu
rechnen.
Gründe:
a) Moskau wird weiterhin versuchen, die Partisanentätigkeit zu
fördern und hierzu geeignete Leute mittels Flugzeug absetzen.
b) Die vorhandenen Partisanen werden aus Versorgungsgrün-
den in noch stärkerem Maße als bisher die Bevölkerung terro-
risieren und sich unter Gewaltanwendung das holen, was sie
brauchen. Aus diesem Grunde muß auch mit häufigeren Überfällen auf einzelfahrende LKW. (Versorgungsträger) gerechnet
werden.
c) Bei nicht gesicherter Versorgung der Landeseinwohner (besonders in Städten) werden die Partisanen von dieser Seite
aus wirtschaftlicher Not heraus Verstärkung bekommen oder
es bilden sich, wie bereits an einer Stelle festgestellt, besondere bewaffnete Banden heraus, die auf dem Lande mit Gewalt
Lebensmittel rauben. […]

Wenn die Verpflegungslage eine reichlichere Verpflegung der
Hilfsmannschaften nicht zulässt, wäre es besser, bevor man zu
einer so knappen Zumessung schreitet, alle Schädlinge und
unnützen Esser auszumerzen (geflohene und wieder aufgegriffene Kriegsgefangene, Landstreicher, Juden und Zigeuner.) […]"

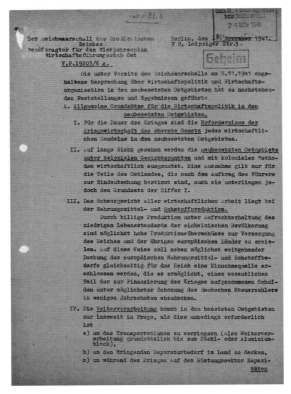

Protokoll einer Besprechung über Wirtschaftspolitik und
Wirtschaftsorganisation in den neubesetzten Ostgebieten bei
Hermann Göring am 18.11.1941
Bundesarchiv/Militärarchiv, WI ID/1222

Chefbesprechung in Orscha am 13.11.1941
StAN, NOKW–1535

„[...] Bemerkungen des Generalquartiermeisters [Wagner] nach
dem Abendessen.

[...] Die Frage der Ernährung der Zivilbevölkerung ist katastrophal. Um überhaupt zu einem Ergebnis zu kommen, mußte man
zu einer Klassifizierung schreiten. Es ist klar, daß innerhalb
dieser Klassifizierung an oberster Stelle die Truppe und ihre
Bedürfnisse stehen müssen. Der Bevölkerung kann nur ein Exi-
stenzminimum zugebilligt werden. Dabei wird das flache Land
noch einigermaßen erträglich dastehen. Unlösbar dagegen ist
die Frage der Ernährung der Großstädte. Es kann keinem Zweifel unterliegen, daß insbesondere Leningrad verhungern muß,
denn es ist unmöglich, diese Stadt zu ernähren. Aufgabe der
Führung kann es nur sein, die Truppe hiervon und von den
damit verbundenen Erscheinungen fern zu halten. [...]"

„[...] Die unter Vorsitz des Reichsmarschalls am 8.11.1941 abge-
haltene Besprechung über Wirtschaftspolitik und Wirtschaftsorganisation in den neubesetzten Gebieten hat zu nachstehen-
den Feststellungen und Ergebnissen geführt:

A. Allgemeine Grundsätze für die Wirtschaftspolitik in den
neubesetzten Ostgebieten.

I. Für die Dauer des Krieges sind die Erfordernisse der Kriegswirtschaft das oberste Gesetz jedes wirtschaftlichen Handelns
in den neubesetzten Ostgebieten.

II. Auf lange Sicht gesehen werden die neubesetzten Ostgebiete
unter kolonialen Gesichtspunkten und mit kolonialen Methoden wirtschaftlich ausgenutzt. Eine Ausnahme gilt nur für die
Teile des Ostlandes, die nach dem Auftrag des Führers zur Ein-
deutschung bestimmt sind, auch sie unterliegen jedoch dem
Grundsatz der Ziffer I.

III. Das Schwergewicht aller wirtschaftlichen Arbeit liegt bei
der Nahrungsmittel- und Rohstoffproduktion.

Durch billige Produktion unter Aufrechterhaltung des niedri-
gen Lebensstandards der einheimischen Bevölkerung sind
möglichst hohe Produktionsüberschüsse zur Versorgung des
Reiches und der übrigen europäischen Länder zu erzielen. Auf
diese Weise soll neben möglichst weitgehender Deckung des
europäischen Nahrungsmittel- und Rohstoffbedarfs gleichzeitig für das Reich eine Einnahmequelle erschlossen werden, die
es ermöglicht, einen wesentlichen Teil der zur Finanzierung
des Krieges aufgenommenen Schulden unter möglichster
Schonung des deutschen Steuerzahlers in wenigen Jahrzehnten abzudecken. [...]

e) Versorgung der Bevölkerung:

1. Die Versorgung der bäuerlichen Bevölkerung wird keine
besonderen Schwierigkeiten machen.

2. Die städtische Bevölkerung kann nur ganz geringfügige
Lebensmittelmengen erhalten. Für die Großstädte (Moskau,
Leningrad, Kiew) kann einstweilen überhaupt nichts getan
werden. Die sich hieraus ergebenden Folgen sind hart, aber
unvermeidlich.

3. Die in unmittelbarem deutschen Interesse arbeitenden Menschen sind durch unmittelbare Nahrungsmittelzuteilungen in
den Betrieben so zu ernähren, daß ihre Arbeitskraft einigermaßen erhalten bleibt.

4. Auch im Ostland sind die Ernährungssätze der bodenständigen Bevölkerung auf einen Stand zu bringen, der erheblich
unter dem deutschen liegt, damit auch von dort möglichst
hohe Überschüsse für das Reich herausgewirtschaftet werden
können. [...]"

„Entlohnung" sowjetischer Zivilisten mit Lebensmitteln,
September 1941
PK-Fotograf: Paul
Bundesarchiv, Bild 183/B 25420

Sowjetische Frauen bei der Arbeit in einer Feldküche,
Russanowa, September 1941
PK-Fotograf: Böhmer
SV-Bilderdienst

Zivilisten zerlegen ein totes Pferd, Februar 1942
PK-Fotograf: Langner
Bundesarchiv, Bild 183/B 15171

Schreiben des Generalquartiermeisters Wagner beim Oberkommando des Heeres an den Wirtschaftsführungsstab am 3.8.1942
Bundesarchiv/Militärarchiv, RW 31/310

„[...]Ohne die schwierige Gesamternährungslage zu verkennen, die neben weitgehender Versorgung der Wehrmacht aus dem russischen Raum Rückführungen von Lebensmitteln in das Reich notwendig macht, bleibt die Erhaltung des notdürftigen Lebensstandards der einheimischen – vor allem städtischen – Zivilbevölkerung die Voraussetzung für die Aufrechterhaltung von Ruhe und Ordnung hinter der Front. [...]

Da es bisher nicht gelungen ist, auch nur die notdürftigste Ernährung der Bevölkerung, die zum grossen Teil für die Wehrmacht arbeitet, sicherzustellen, häufen sich die – vom Truppenstandpunkt aus verständlichen – Anträge der A O K und der Bfh. in den H. Geb. Lebensmittel aus Heeresbeständen für die Zivilbevölkerung freizugeben, um die Arbeitskraft der Bevölkerung zu erhalten und ein weiteres Überhandnehmen des Partisanenunwesens zu unterbinden.

Das Oberkommando des Heeres muss diese Anträge ablehnen, da

1.) die Versorgung der Zivilbevölkerung zur ausschliesslichen verantwortlichen Zuständigkeit der dem Wirtschaftsführungsstab nachgeordneten Dienststellen gehört,

2.) die der Wehrmacht vom Reichsmin. für Ernährung und Landwirtschaft zur Verfügung gestellten Kontingente Abgaben an andere Bedarfsträger nicht zulassen,

3.) die für Verpflegungstransporte des Heeres zur Verfügung stehenden Zugkontingente restlos ausgeschöpft werden müssen, um die neben der laufenden Versorgung für die Schlammperiode und den Winter notwendigen Bevorratungen durchzuführen.

Jede Aushilfe aus Heeresbeständen kann sich daher nur zu Ungunsten der Truppenversorgung auswirken. Andererseits erfordert die derzeitige Lage ein sofortiges Eingreifen, um zumindestens die für die deutsche Kriegführung arbeitende Zivilbevölkerung in ihrer Arbeitskraft und Arbeitswilligkeit zu erhalten.

Es wird gebeten, deshalb nochmals zu prüfen, welche Möglichkeiten der Abhilfe gegeben sind und welche Wege eingeschlagen werden können. Da die Frage aus den erörterten Gründen unter allen Umständen in irgendeiner Form gelöst werden muss, darf um alsbaldige Mitteilung gebeten werden. "

Bericht des Oberquartiermeisters beim Oberkommando der Heeresgruppe Mitte an den Generalquartiermeister Eduard Wagner vom 8.1.1943

Bundesarchiv/Militärarchiv, RW 31/310

„A) <u>Bericht über Erfahrungen mit derzeitiger Regelung.</u>

Die derzeitige Regelung für die Ernährung der städtischen Zivilbevölkerung hat sich nach Anlaufschwierigkeiten insoweit bewährt, als die unmittelbar für die Wehrmacht arbeitende Bevölkerung im allgemeinen das erhält, was für die Erhaltung der Arbeitsfähigkeit notwendig ist. Hierdurch hat sich die Stimmung der Bevölkerung und ihre Einstellung gegenüber der Wehrmacht vorwiegend gebessert. [...]

B) <u>Vorlage von Abänderungsvorschlägen und Stellungnahme auf Höhe der Rationssätze.</u>

[...] Das Oberkommando der Heeresgruppe Mitte beantragt, die bisher ergangenen Befehle betreffs Verpflegungssätze für die Ernährung der Zivilbevölkerung aufzuheben [...]. Im Einvernehmen mit der Wirtschaftsinspektion Mitte werden für den Bereich der Heeresgruppe Mitte folgende [...] Gruppeneinteilungen und Verpflegungssätze vorgeschlagen:

<u>Gruppe I.:</u>   (Kinder unter 14 Jahren)

Roggen	553 gr. pro Woche
Hirse, Buchweizen oder Graupen	88 g
Kartoffeln	1250 g.

<u>Gruppe II:</u>   (Unverschuldet Arbeitslose und Angehörige von Arbeitern)

Roggen	1105 g pro Woche
Hirse, Buchweizen oder Graupen	175 g
Kartoffeln	2500 g

Fleisch, Fett, Magermilch, Gemüse für Graupen I und II je nach Anfall und Freigabe durch die Wehrmacht sowie unter besonderer Berücksichtigung der Werktätigen.

<u>Gruppe III a:</u>   (Leichtarbeiter)

Wochenrationssätze:

Roggen	1300 g
Hirse und Buchweizen	200 g
Kartoffeln	3000 g

Fleisch, Fett und Gemüse je nach Anfall und Freigabe durch die Wehrmacht.

<u>Gruppe III b:</u>   (Normalarbeiter)

	Grundsatz	Zulagen für Werksküchenverpfleg.	Summe
Brotgetreide	1300 g	150 g	1450 g
Kartoffeln	2000 g	2000 g	4000 g
Buchweizen oder Hirse	200 g	––	200 g
Fleisch	––	50 g	50 g
Fett	––	35 g	35 g
Gemüse:	je nach Anfall		

<u>Gruppe IV:</u>   (Schwerarbeiter)

Brotgetreide	1400 g	150 g	1550 g
Kartoffeln	2500 g	2000 g	4500 g
Buchweizen oder Hirse	225 g	––	225 g
Fleisch	50 g	50 g	100 g
Fett	65 g	35 g	100 g
Gemüse je nach Anfall			

<u>Gruppe V:</u>   (Schwerstarbeiter)

Brotgetreide	1580 g	150 g	1730 g
Kartoffeln	3000 g	2000 g	5000 g
Buchweizen oder Hirse	250 g	––	250 g
Fleisch	75 g	50 g	125 g
Fett	65 g	35 g	100 g
Gemüse je nach Abfall			

<u>Gruppe VI:</u>   (Lokpersonal)

Brotgetreide	1500 g pro Woche		
Kartoffeln	7000 g	”	”
Fleisch	300 g	”	”
Fett	200 g	”	”
Zucker	50 g	”	”

Höhere Verpflegungssätze sind nicht tragbar, weil der sich daraus ergebende Bedarf an Lebensmitteln entweder aus dem Heeresgruppengebiet nicht zu decken ist (Kartoffeln und Brotgetreide) oder den für die Truppe zugeführten Nachschub an Fett, Fleisch, Zucker u.a. zu stark belasten würde. Die Sätze werden aber unter Berücksichtigung der Entbehrungsfähigkeit des Russen auch für gerade noch ausreichend erachtet. Eine radikale Lösung, nur voll arbeitsfähige Kräfte besser zu ernähren und beschränkt oder gar nicht Arbeitsfähige ihrem – allerdings in Sowjetrußland nicht ungewohnten – Schicksal zu überlassen, erscheint aus propagandistischen Gründen nicht angebracht. [...]

Für die Aufbringung der Verpflegungsmittel trägt Wirtschaftsinspektion Mitte/Chefgruppe La, für die Verteilung die Militärverwaltung (Gruppe bzw. Abteilung VII der Kommandobehörden) die alleinige Verantwortung.

Soweit Wirtschaftsinspektion Mitte einen etwa erforderlichen Ausgleich an Verpflegungsmitteln nicht aus eigenem Aufkommen decken kann, ist dieser von ihr vorausschauend bei Wirtschaftsstab Ost zu beantragen. Ist auch auf diesem Wege keine Bedarfsdeckung zu erzielen, fordert Wirtschaftsinspektion Mitte/Chefgruppe La bei Oberkommando der Heeresgruppe Mitte/O.Qu./IVa den Fehlbedarf an, Oberkommando der Heeresgruppe Mitte/O.Qu./IVa deckt diesen Fehlbedarf aus Wehrmachtbeständen, gleichgültig ob aus Landesentnahme oder Nachschub stammend, nach Maßgabe der Bestandslage und soweit es ohne Gefährdung der Truppenversorgung möglich ist. [...]"

HUNGERPOLITIK

LENINGRAD

Die fast 500 Tage andauernde Einschließung der Stadt
Leningrad vom 8. September 1941 bis zum 18. Januar 1943
war nicht nur eine militärische Belagerung, sondern diente
zugleich dem Ziel, eine ganze Stadtbevölkerung vorsätzlich
und systematisch verhungern zu lassen. Im Herbst 1941
lebten rund drei Millionen Menschen in der Stadt. Nach
sowjetischen Angaben starben während der Hungerblockade
insgesamt 632.000 Einwohner, nach westlichen Schätzungen sollen es über eine Million Menschen gewesen sein.

Hitler hatte wiederholt seine Absicht bekundet, Leningrad zu zerstören. Die entscheidenden Befehle
zum Verzicht auf die militärische Einnahme der Stadt und zur Hungerblockade entstanden in Übereinstimmung mit dem Oberkommando der Wehrmacht und dem Oberkommando des Heeres. Sie
gipfelten in der Entscheidung, ein mögliches Kapitulationsangebot nicht anzunehmen.

Die Heeresgruppe Nord unter Generalfeldmarschall Ritter von Leeb und das Armeeoberkommando
18 unter Generaloberst von Küchler stellten sich auf die angeordnete Vernichtungsstrategie durch
Hunger ein. Allerdings fürchteten die Befehlshaber, eine Konfrontation mit der hungernden Zivilbevölkerung könne die Moral der Soldaten untergraben. Schießbefehle bei Ausbruchsversuchen wurden
erteilt und ausgeführt, Minengürtel gelegt und Artillerieeinsatz einkalkuliert, „damit es der Infanterie
möglichst erspart wird, auf Zivilisten zu schiessen". Trotz gewisser Skrupel zeigte die militärische
Führung vor Leningrad insgesamt eine kompromißlose und unbarmherzige Haltung.

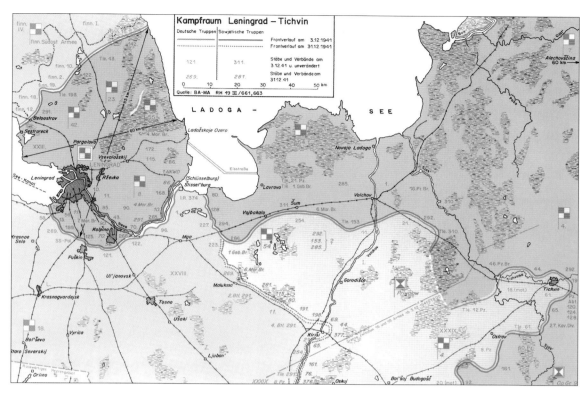

„Kampfraum Leningrad – Tichvin", 1941
Horst Boog u. a., Der Angriff auf die Sowjetunion, Beiheft, Stuttgart 1983, Karte 21

Aus dem persönlichen Kriegstagebuch von Generaloberst
Franz Halder, Eintragung vom 8.7.1941
Generaloberst Halder, Kriegstagebuch, Bd. III: Der Rußlandfeldzug bis zum Marsch auf
Stalingrad (22.6.1941–24.9.1942), bearb. von Hans-Adolf Jacobsen, Stuttgart 1964, S. 53

„[...] 8.7.1941: *Ergebnis:* [...]
2. Feststehender Beschluß des Führers ist es, Moskau und Leningrad dem Erdboden gleich zu machen, um zu verhindern, daß
Menschen darin bleiben, die wir dann im Winter ernähren müßten. Die Städte sollen durch die Luftwaffe vernichtet werden.
Panzer dürfen dafür nicht eingesetzt werden. [...]"

FRANZ HALDER (1884–1972) wurde in Würzburg als Sohn eines
Offiziers geboren. 1904 kam er als Leutnant zum 3. Bayerischen
Feldartillerieregiment und nahm am Ersten Weltkrieg als Generalstabsoffizier teil. 1920 wurde er in die Reichswehr übernommen.
1936 stieg er zum Generalleutnant Oberquartiermeister II im
Generalstab des Heeres auf und war als solcher 1936/37 zum
Reichskriegsministerium abkommandiert, wo er als Leiter des
Stabes für Wehrmachtsmanöver fungierte. Ab 1938 war er Oberquartiermeister I im Generalstab des Heeres, dessen Chef er am
1. September 1938 wurde. In der Nachfolge des aus Opposition
zu Hitler zurückgetretenen Generals Beck reifte Halder trotz
anfänglich ebenfalls oppositioneller Haltung zum „Organisator"
der deutschen Blitzkriege von 1939 bis 1941. 1942 wurde Halder
entlassen und zur Führerreserve versetzt. Nach dem Attentat auf
Hitler vom 20. Juli 1944 wurde er verhaftet und ins KZ eingewie-
sen, wo ihn US-amerikanische Truppen im Mai 1945 befreiten.
Er verblieb zunächst in amerikanischer und britischer Kriegsgefangenschaft und war dann von 1946 bis 1961 Leiter der deutschen
Abteilung der Historical Division der US-Armee in Königstein/
Taunus und Karlsruhe.

Chef des Generalstabs des
Oberkommandos des Heeres,
Generaloberst Franz Halder,
ca. 1942
ullstein bild

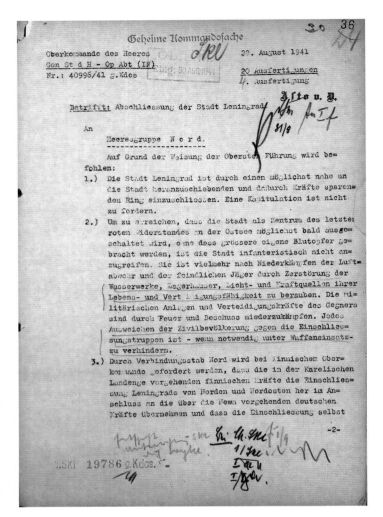

**Befehl des Oberkommandos des Heeres an die Heeresgruppe Nord
über die Abschließung der Stadt Leningrad vom 28.8.1941**
Bundesarchiv/Militärarchiv, RM 7/1014

Noch bevor die Einschließung

der Stadt vollzogen war, wies

das OKH die Heeresgruppe

Nord an, auf eine Kapitula-

tionsforderung zu verzichten

und ein „Ausweichen der Zivil-

bevölkerung" zu verhindern.

GENERALSTAB DES HEERES
DER GENERALQUARTIERMEISTER

HAUPTQUARTIER, DEN_____1941

Brief von Generalquartiermeister Eduard Wagner an seine Frau vom 9.9.1941
Bundesarchiv/Militärarchiv, N 510/48

Für Generalquartiermeister Eduard Wagner, dem im Oberkommando des Heeres die Versorgung der Heeresverbände unterstellt war, hatte die Bevölkerung der sowjetischen Großstädte, vor allem aber Leningrads, keine Aussicht auf ausreichende Ernährung.

„[…] Der Nordkriegsschauplatz ist so gut wie bereinigt, auch wenn man nichts davon hört. Zunächst muß man sie in Petersburg schmoren lassen, was sollen wir mit einer 3 ½ Mill-Stadt, die sich nur auf unser Verpflegungsportemonnaie legt. Sentimentalitäten gibt's dabei nicht. […]"

In allen vorgeschlagenen
Varianten wie im abschließen-
den Vorschlag kalkulierte
das OKW den Hungertod von
Zehntausenden ein. Das Leben
der Zivilbevölkerung geriet
vollends zum militärtaktischen
Faktor.

144

Geheime Kommandosache

ung Landesverteidigung
02119/41 g.Kdos.(I Op.)

F.H.Qu., den 21.9.41

6 Ausfertigungen
.Ausfertigung

Vortragsnotiz Leningrad.

Möglichkeiten:

1.) Stadt besetzen, also so verfahren, wie wir es mit anderen
russischen Großstädten gemacht haben:

   Abzulehnen, weil uns dann die Verantwortung für die Ernährung zufiele.

2.) Stadt eng abschliessen, möglichst mit einem elektrisch gela-
denen Zaun umgeben, der mit M.Gs. bewacht wird:

   Nachteil: Von etwa 2 Millionen Menschen werden die
   Schwachen in absehbarer Zeit verhungern, die Starken
   sich dagegen alle Lebensmittel sichern und leben bleiben.
   Gefahr von Epidemien, die auf unsere Front übergreifen.
   Ausserdem fraglich, ob man unseren Soldaten zumuten kann,
   auf ausbrechende Frauen und Kinder zu schiessen.

3.) Frauen, Kinder, alte Leute durch Pforten des Einschliessungs-
ringes abziehen, Rest verhungern lassen:

   a) Abschieben über den Wolchow hinter die feindliche Front
   theoretisch gute Lösung, praktisch aber kaum durchführbar.
   Wer soll Hunderttausende zusammenhalten und vorwärtstrei-
   ben? Wo ist dann die russische Front?

   b) Verzichtet man auf den Abmarsch hinter die russische Front,
   verteilen sich die Herausgelassenen über das Land.

   Auf alle Fälle bleibt Nachteil bestehen, dass die verhungernde
   Restbevölkerung Leningrads einen Herd für Epidemien bildet
   und dass die Stärksten noch lange in der Stadt weiterleben.

   - 2 -

- 2 -

4.) Nach Vorrücken der Finnen und vollzogener Abschliessung der
Stadt wieder hinter die Newa zurückgehen und das Gebiet nördlich dieses Abschnitts den Finnen überlassen.

Finnen haben inoffiziell erklärt, sie werden Newa
gern als Landesgrenze haben, Leningrad müsse aber weg.
Als politische Lösung gut. Frage der Bevölkerung Leningrads aber nicht durch Finnen zu lösen. Das müssen wir
tun.

Ergebnis und Vorschlag:

Befriedigende Lösung gibt es nicht. H.Gr.Nord muss aber, wenn es
so weit ist, einen Befehl bekommen, der wirklich durchführbar
ist.

Es wird vorgeschlagen:

a) Wir stellen vor der Welt fest, dass Stalin Leningrad als Festung verteidigt. Wir sind also gezwungen, die Stadt mit ihrer
Gesamtbevölkerung als militärisches Objekt zu behandeln. Trotzdem tun wir ein Übriges: Wir gestatten dem Menschenfreund Roosevelt, nach einer Kapitulation Leningrad die nicht in Kriegsgefangenschaft gehenden Bewohner unter Aufsicht des Roten Kreu-
zes auf neutralen Schiffen mit Lebensmitteln zu versorgen oder

in seinen Erdteil abzubefördern und sagen für diese Schiffsbe-
wegung freies Geleit zu (Angebot kann selbstverständlich nicht
angenommen werden, nur propagandistisch zu werten).

b) Wir schliessen Leningrad zunächst hermetisch ab und schlagen
die Stadt, soweit mit Artillerie und Fliegern möglich, zusammen (vorerst nur schwache Fliegerkräfte verfügbar!).

c) Ist die Stadt dann durch Terror und beginnenden Hunger reif,
werden einzelne Pforten geöffnet und Wehrlose herausgelassen.
Soweit möglich, Abschub ins innere Russland, Rest wird sich
zwangsläufig über das Land verteilen.

- 3 -

- 3 -

a) Rest der "Festungsbesatzung" wird den Winter über sich
selbst überlassen. Im Frühjahr dringen wir dann in die
Stadt ein (wenn die Finnen es vorher tun, ist nicht einzu-
wenden), führen das, was noch lebt, nach Innerrußland
ab... in die Gefangenschaft, machen Leningrad durch Sprengungen dem Erdboden gleich und übergeben den Raum nördlich
der Newa den Finnen.

Verteiler:
	1. Ausf.
Chef L/Ktb.	2. Ausf.
I H	3. Ausf.
I K	4. Ausf.
I L	5. Ausf.
IV	6. Ausf.

Vortragsnotiz aus dem Wehrmachtsführungsstab im Oberkommando der Wehrmacht über mögliche Varianten
der Belagerung Leningrads vom 21.9.1941
Bundesarchiv/Militärarchiv, RW 4/v. 578, Bl. 144–146

Schreiben des Marineverbindungsoffiziers bei der Heeresgruppe Nord

Heeresgruppe Nord.
Mar. Verb. Offz. Geheime Kommandosache.
Nr. 747/41g. Kdos. Ch.
Ob. d. M.
öp 1567/41
Eing.: 23.9.41

H. Q. , den 22.9.41.

Sehr verehrter Herr Admiral,

Ich schreibe Jhnen wegen des Schicksals von Leningrad, welches jetzt der Entscheidung entgegengeht. Als ich am 19. dem Grossadmiral in Reval Vortrag hielt, war ihm offenbar unbekannt, dass es nicht beabsichtigt ist, in die Stadt hineinzugehen. Bei der Eroberung von Warschau haben wir damit zu böse Erfahrungen gemacht. Das weitere Vorgehen hatte sich der Führer, als er vor etwa 3 Wochen die Heeresgruppe besuchte, persönlich vorbehalten.

Ich habe aus gewissen Andeutungen, die mir der hiesige Chef des Generalstabes machte, den Eindruck, dass die Entscheidung etwa in folgendem Sinne nunmehr gefallen ist:

Leningrad ist die Geburtsstätte des Bolschewismus. Solange sie in deutscher Hand ist, wird sie dieselbe Rolle spielen, wie Konstantinopel für das zaristische Russland. Ihre Rückeroberung wird Programmpunkt Nr. 1 für den Bolschewismus sein, den der Führer in den asiatischen Raum zurückdrängen will. Die Stadt muss daher vom Erdboden verschwinden, wie s. Zt. Karthago.

Auch aus raumpolitischen Gründen ist dies erforderlich, da die Newa die Grenze zwischen Finnland und Ostland werden soll.

Zudem ist es klar, dass wir die Einwohner, z. Zt. auf etwa 5 Millionen geschätzt, nicht ernähren können.

Vermutlich soll die Stadt durch Artillerie, Bomben, Feuer, Hunger und Kälte vernichtet werden, ohne dass ein deutscher Soldat ihren Boden betritt.

Jch persönlich möchte bezweifeln, dass das bei der unglaublichen Zähigkeit des russischen Menschen gelingt. M. E. lassen sich nicht 4 - 5 Millionen Menschen so einfach umbringen.

Jch habe das aus eigner Anschauung in Kowno gesehen,

„Leningrad ist die Geburtsstätte des Bolschewismus. Solange sie in deutscher Hand ist, wird sie dieselbe Rolle spielen, wie Konstantinopel für das zaristische Russland. Ihre Rückeroberung wird Programmpunkt Nr. 1 für den Bolschewismus sein, den der Führer in den asiatischen Raum zurückdrängen will. Die Stadt muss daher vom Erdboden verschwinden, wie s. Zt. Karthago."

wo die Letten 5000 Juden erschossen haben, darunter Frauen und
Kinder. Selbst ein so rohes Volk wie die Letten konnten dieses
Morden schliesslich nicht mehr ansehen. Die ganze Aktion ver-
lief dann im Sande. Wieviel schwieriger wird das mit einer
Millionenstadt sein.

Zudem würde das m.E. einen Entrüstungssturm in der ganzen
Welt auslösen, den wir uns politisch nicht leisten können.

Jch schneide diese Fragen an, da sie marine - politisch
von grosser Bedeutung sind.

Als Hafen ist Leningrad ohne Zweifel eine Gewaltlösung,
die Peter der Grosse zwangsweise wählen musste. Für das kommende
Ostland wird der eisfreie Hafen von Reval oder Baltischport das
Einfallstor zur See sein. Vielleicht kommt noch als Sommerhafen
ein weiter ostwärts gelegener Hafen, z. B. Ust - Luga oder
Oranienbaum in Frage.

Betreten wir Leningrad nicht, so bleibt der Marine die
Jngangsetzung der Werften versagt. Es bleibt die Frage offen, ob
wir uns das bei dem noch bevorstehenden Endkampf gegen England -
U.S.A. leisten können. Schliesslich kann Leningrad auch später
verschwinden, wenn wir den Seekrieg gewonnen haben.

Jch denke mir folgende Lösung: Wir erklären, dass wir
wegen der Blokade durch England nicht in der Lage sind, die Bevölkerung dieser Riesenstadt noch zusätzlich zu ernähren. Zumal
in einem Lande, dessen Ernährungsbasis durch die bolschewistische
Misswirtschaft so verkommen ist. Wir gestatten den Frauen, Kindern
und alten Männern freien Abzug. England und U.S.A. können Schiffe
schicken, um sie an einen anderen Ort der Welt nach freier Wahl
zu fahren. Die wehr- und arbeitsfähigen Männer kommen in Gefangenschaft.

Lehnt England / U.S.A. das Angebot ab, so tragen sie vor
der Weltöffentlichkeit die Schuld am Untergang dieser Menschen.
Nehmen sie es an, so sind wir die Sorge los und ihnen kostet es
erheblichen Frachtraum.

Wir nehmen gleichzeitig die Werften und einige wenige
Versorgungsbetriebe mit Kriegsgefangenen in Betrieb und bauen dort
ohne Luftgefährdung die Flotte, die wir für den Endkampf brauchen.

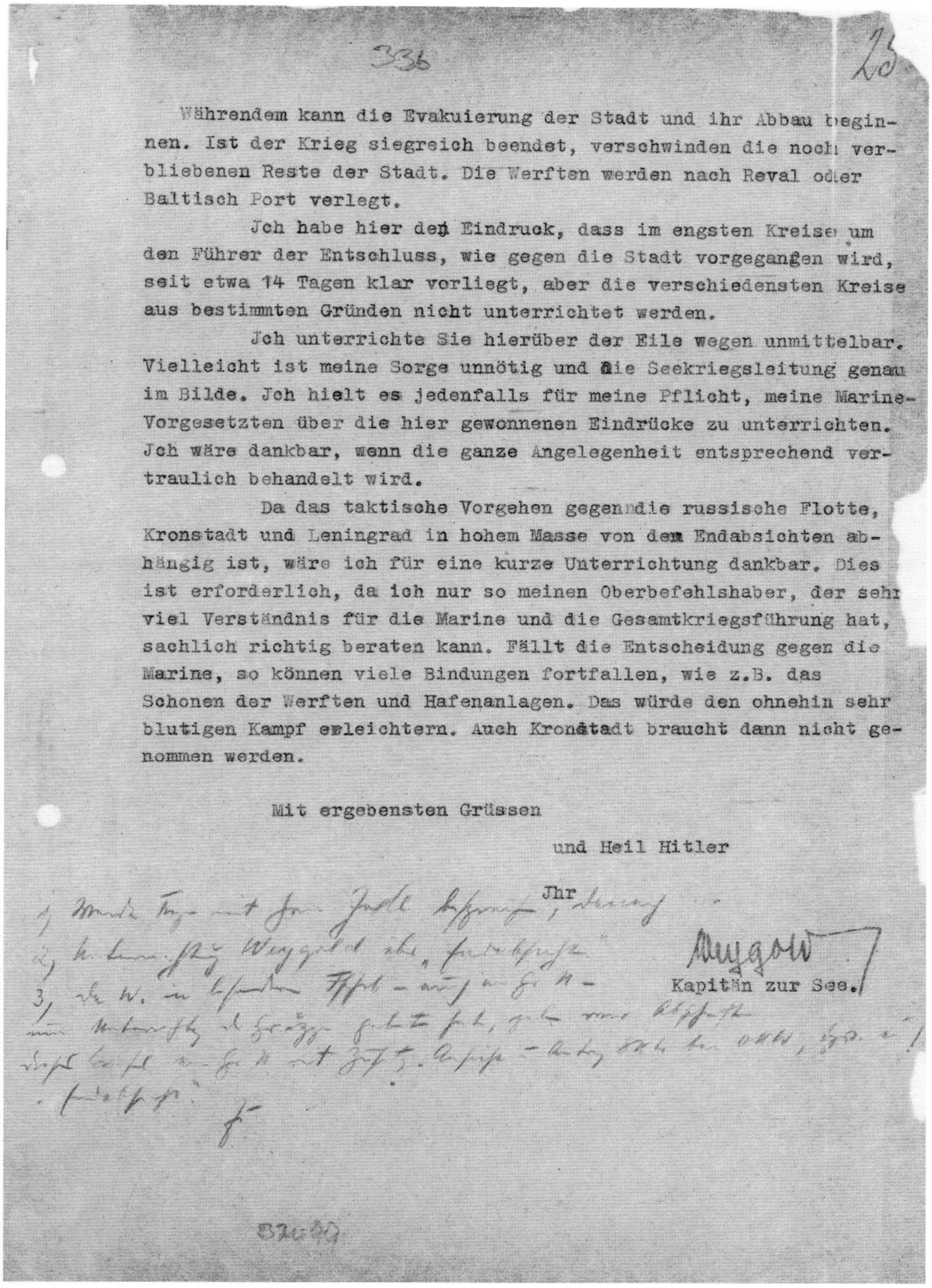

Währendem kann die Evakuierung der Stadt und ihr Abbau beginnen. Ist der Krieg siegreich beendet, verschwinden die noch verbliebenen Reste der Stadt. Die Werften werden nach Reval oder Baltisch Port verlegt.

Ich habe hier den Eindruck, dass im engsten Kreise um den Führer der Entschluss, wie gegen die Stadt vorgegangen wird, seit etwa 14 Tagen klar vorliegt, aber die verschiedensten Kreise aus bestimmten Gründen nicht unterrichtet werden.

Ich unterrichte Sie hierüber der Eile wegen unmittelbar. Vielleicht ist meine Sorge unnötig und die Seekriegsleitung genau im Bilde. Ich hielt es jedenfalls für meine Pflicht, meine Marine-Vorgesetzten über die hier gewonnenen Eindrücke zu unterrichten. Ich wäre dankbar, wenn die ganze Angelegenheit entsprechend vertraulich behandelt wird.

Da das taktische Vorgehen gegen die russische Flotte, Kronstadt und Leningrad in hohem Masse von dem Endabsichten abhängig ist, wäre ich für eine kurze Unterrichtung dankbar. Dies ist erforderlich, da ich nur so meinen Oberbefehlshaber, der sehr viel Verständnis für die Marine und die Gesamtkriegsführung hat, sachlich richtig beraten kann. Fällt die Entscheidung gegen die Marine, so können viele Bindungen fortfallen, wie z.B. das Schonen der Werften und Hafenanlagen. Das würde den ohnehin sehr blutigen Kampf erleichtern. Auch Kronstadt braucht dann nicht genommen werden.

Mit ergebensten Grüssen

und Heil Hitler

Ihr

Kapitän zur See.

Schreiben des Marineverbindungsoffiziers bei der Heeresgruppe Nord vom 22.9.1941
Bundesarchiv/Militärarchiv, RM 7/1014, Bl. 39–41

Oberbefehlshaber der Heeresgruppe Nord, Generalfeldmarschall
Wilhelm Ritter von Leeb,
ohne Datum
bpk

WILHELM RITTER VON LEEB (1876–1956) wurde in Landsberg am Lech (Bayern) als Sohn eines Majors geboren und trat 1895 als Fahnenjunker in die bayerische Armee ein. Während des Ersten Weltkrieges, an dem er als Generalstabsoffizier teilnahm, erhielt er zahlreiche Auszeichnungen und wurde 1916 in den Ritterstand erhoben. Nachdem er 1938 zunächst als Generaloberst aus dem aktiven Wehrdienst verabschiedet worden war, erfolgte noch im selben Jahr im Zuge der Besetzung des Sudetenlandes seine Reaktivierung. Ab 26. August 1939 hatte von Leeb den Oberbefehl über die Heeresgruppe C. 1941, beim Beginn des Überfalls auf die Sowjetunion, war Generalfeldmarschall von Leeb Oberbefehlshaber der Heeresgruppe Nord, die er unter anderem beim Vormarsch auf Leningrad führte. Im Januar 1942 erfolgte „seinem Wunsche entsprechend auf Grund seines Gesundheitszustandes" die Versetzung in die Führerreserve des Oberkommandos des Heeres. Im Mai 1945 geriet von Leeb in US-amerikanische Gefangenschaft und wurde am 22. Oktober 1948 im sogenannten OKW-Prozeß durch den Internationalen Militärgerichtshof in Nürnberg zu drei Jahren Haft verurteilt, die bereits als verbüßt galt.

Tagebuchaufzeichnungen von Generalfeldmarschall Wilhelm Ritter von Leeb zur „Behandlung von Leningrad"
Generalfeldmarschall Wilhelm Ritter von Leeb, Tagebuchaufzeichnungen und Lagebeurteilungen aus zwei Weltkriegen, aus dem Nachlaß hrsg. von Georg Meyer, Stuttgart 1976, S. 349 und 373 f.

Eintragung vom 5.9.1941:
„[...] Bezüglich der Behandlung der Stadt Leningrad ist vorgesehen, daß Leningrad nicht weggenommen, sondern nur eingeschlossen werden soll. Ich habe die Ansicht geäußert, daß, wenn Leningrad sich vielleicht etwa vom Hunger getrieben, übergeben sollte, es sich wenigstens nicht erneut wehren kann, d. h. es müssen alle Soldaten und Wehrpflichtigen in die Kriegsgefangenschaft abgeführt und alle Waffen abgeliefert werden. Dann braucht man nur wenige Kräfte vor Leningrad stehen zu lassen; die übrigen werden frei. [...]"

Eintragung vom 12.10.1941:
„[...] Es ist heute die Entscheidung des OKW [vom 7.10.1941] bezüglich der Stadt Leningrad gekommen; danach darf eine Kapitulation nicht angenommen werden. In einem Schreiben der H.Gr. an das OKH wurde daraufhin angefragt, ob denn nicht in diesem Falle die russischen Truppen in die Kriegsgefangenschaft abgeführt werden können. Soll das nicht geschehen, so führt der Russe einen Verzweiflungskampf weiter, der unsererseits Opfer und wahrscheinlich schwere fordern wird. [...]"

Tätigkeitsbericht des Nachrichtenoffiziers (Ic) beim Generalkommando des XXVIII. Armeekorps vom 3.11.1941
Bundesarchiv/Militärarchiv, RH 24–28/109

19.9.1941:
„[...] Vom A.O.K. 18 ging nunmehr der Befehl ein, ein Herausdrängen der Zivilbevölkerung aus Leningrad, wenn nötig unter Anwendung von Gewalt, zu verhindern. Auch Bewegungen von Zivilisten ausserhalb ihres Heimatdorfes seien unter allen Umständen zu unterbinden. [...]"

20.9.1941:
„[...] Der zweite Befehl [des Generalkommandos XXVIII. Armeekorps] befiehlt nachdrücklich die Unterbindung des Zivilverkehrs durch die eigene vordere Linie [...]."

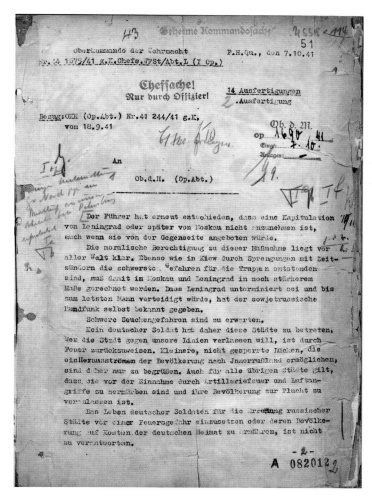

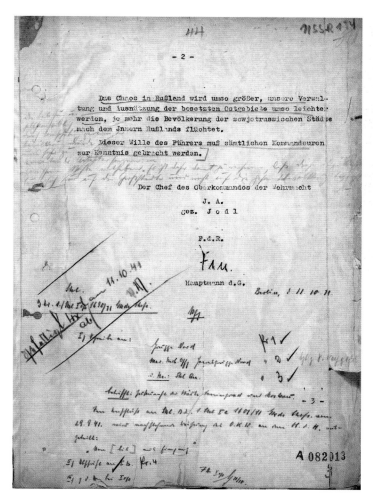

Befehl des Oberkommandos der Wehrmacht an den Oberbefehlshaber des Heeres über die Ablehnung von Kapitulationsangeboten aus Leningrad oder Moskau vom 7.10.1941

Bundesarchiv/Militärarchiv, RM 7/1014, Bl. 51 f.

Der OKW-Befehl vom 7. Oktober 1941 erneuerte Hitlers Weisung, keine Kapitulationsangebote aus der Stadt entgegenzunehmen. Wenn hier ein Entweichen der Stadtbevölkerung „nach Innerrußland" zugestanden wurde, so ist das allein ernährungspolitisch zu verstehen. Den Einwohnern Leningrads wurde der zweifelhafte Ausweg in die unterversorgten „Zuschußgebiete" aufgedrängt.

Tag	Darstellung der Ereignisse
Uhrzeit	(Dabei wichtig: Beurteilung der Lage [Feind und eigene]
Ort und Art der Unterkunft	Eingangs- und Abgangszeiten von Meldungen und Befehlen)

24.10.1941
07.00 Uhr

Ia fährt in den Bereich der 18. Armee.
Aktennotiz über die Fahrt des 1.Genst.Offz. am 24.10. in den Bereich der 18. Armee.

1.) Es wurden aufgesucht:
a) Gen.Kdo. L. A.K. (Krasnogwardeisk),
b) Artl.-B-Stelle auf Höhe 112 hart ostw. Krasnoje Sjelo,
c) Sicherungen an der Kronstädter Bucht bei Strjelna, Uritzk (A.A. 212),
d) Stab 58.I.D.,
e) AOK 18.

2.) Begleiter Bei allen aufgesuchten Stellen wurde die Frage aufgeworfen, wie man sich zu verhalten hat, wenn die Stadt Leningrad ihre Übergabe anbietet und wie man sich gegenüber der aus der Stadt herausströmenden hungernden Bevölkerung verhalten soll. Es entstand der Eindruck, daß die Truppe vor diesem Augenblick große Sorgen hat. Der Kdr. der 58.I.D. betonte, daß er in seiner Div. den Befehl gegeben hat, den er auch von höherer Stelle erhielt und der den gegebenen Weisungen entspricht, daß auf derartige Ausbrüche zu schießen ist, um sie gleich im Keime zu ersticken. Er war der Ansicht, daß die Truppe diesen Befehl auch ausführen wird. Ob sie aber die Nerven behält, bei wiederholten Ausbrüchen immer wieder auf Frauen und Kinder und wehrlose alte Männer zu schießen, bezweifelte er. Bemerkenswert ist seine Äußerung, daß er vor der militärischen Gesamtlage, die gerade bei seinem Flügel bei Uritzk immer gespannt sei, keine Angst habe, daß aber die Lage gegenüber der Zivilbevölkerung immer Angst verursache. Dies sei nicht nur bei ihm, sondern bis zur Truppe herunter der Fall. In der Truppe bestehe volles Verständnis dafür, daß die Millionen Menschen, die in Leningrad eingeschlossen seien, von uns nicht ernährt werden können, ohne daß sich dies auf die Ernährung im eigenen Land nachteilig auswirkt. Aus diesem Grunde würde der deutsche Soldat auch mit Anwendung der Waffe derartige Ausbrüche verhindern. Nur zu leicht könne das aber dazu führen, daß der deutsche Soldat dadurch seine innere

Tag	Darstellung der Ereignisse
Uhrzeit	(Dabei wichtig: Beurteilung der Lage [Feind und eigene]
Ort und Art der Unterkunft	Eingangs- und Abgangszeiten von Meldungen und Befehlen)

noch 24.10.41

Haltung verliert, d.h. daß er auch nach dem Kriege vor derartigen Gewalttätigkeiten nicht mehr zurückschrecke.

Führung und Truppe bemühen sich eifrig, eine andere Lösung dieser Frage zu finden, haben aber bisher noch keinen brauchbaren Weg gefunden.

3.) Das Kampfgebiet, sowohl am Einschließungsring von Leningrad, wie auch im Küstengebiet südl. Kronstadt wird z.Zt. von der dort noch wohnenden Zivilbevölkerung evakuiert. Dies ist notwendig, da diese Zivilbevölkerung dort nicht mehr ernährt werden kann. Der Abschub erfolgt korpsweise so, daß die Zivilbevölkerung in das rückw. Heeresgebiet gebracht wird und dort auf die Bauerndörfer verteilt wird. Unbeschadet dessen hat sich ein größerer Teil der Zivilbevölkerung selbständig auf den Weg nach Süden gemacht, um sich neue Unterkunft und Lebensmöglichkeit zu suchen. Entlang der großen Straße Krasnogwardeisk, Pleskau läuft z.Zt. eine Flüchtlingsbewegung von mehreren Tausend Menschen, in der Hauptsache nur Frauen, Kinder und ältere Männer. Wo diese hinziehen, wie sie sich ernähren, ist nicht festzustellen. Es besteht der Eindruck, daß diese Menschen über kurz oder lang dem Hungertode verfallen müssen. Auch dieses Bild wirkt sich auf den deutschen Soldaten, der an dieser Straße zu Bauarbeiten eingesetzt ist, nachteilig aus.

A.O.K.
18. Armee macht darauf aufmerksam, daß z.Zt. nach Leningrad immer noch Flugblätter hereingeworfen werden, die zum Überlaufen auffordern. Das steht nicht im Einklang mit der Weisung, daß Überläufer nicht angenommen werden dürfen. Zunächst werden Überläufer, die Soldaten sind (das sind täglich rund 100 - 120 Mann), noch angenommen. Eine Änderung der Flugblattpropaganda soll aber eintreten.

07.55 Uhr

AOK 16 meldet Abwehr von Übersetzversuchen südwestl. B. Petruschkino.

(Morgenmeldung)

Bericht des Generalstabschefs (Ia) der Heeresgruppe Nord über eine Frontreise zur 18. Armee, Kriegstagebuch der Heeresgruppe Nord vom 24.10.1941
Bundesarchiv/Militärarchiv, RH 19III/168

Der Kommandeur der 58. Infanteriedivision betonte, daß es in der Truppe „volles Verständnis" gebe, „daß die Millionen Menschen, die in Leningrad eingeschlossen seien, von uns nicht ernährt werden können, ohne daß sich dies auf die Ernährung im eigenen Land nachteilig auswirkt".

Vorbereitung von Beeten für die Aussaat
von Gemüse in der Innenstadt Leningrads, Juni 1942
Fotograf: V. Tarasevič
TsGAKFFD SPb, Ar–178018

Kriegstagebuch Heeresgruppe Nord vom 27.10.1941
Bundesarchiv/Militärarchiv, RH 19III/168

„[...] 2.) Die Frage Leningrad und besonders der dortigen Zivilbevölkerung beschäftigt O.B. [FM von Leeb] in starkem Maße.
Ob.d.H. [von Brauchitsch] hat vorgeschlagen, vorwärts der eigenen Linien Minenfelder auszulegen, um der Truppe den unmittelbaren Kampf gegen die Zivilbevölkerung zu ersparen.
Wenn sich die roten Truppen im Raum um Leningrad und Kronstadt ergeben, die Waffen abgeliefert und in Gefangenschaft
abgeführt sind, sieht O.B. keinen Grund mehr, die Einschließung der Stadt aufrecht zu erhalten. Die Truppe wird in die Un-
terkunftsräume verlegt werden. Auch dann wird ein großer Teil
der Bevölkerung zu Grunde gehen, aber doch wenigstens nicht
unmittelbar vor unseren Augen. Auch die Möglichkeit, Teile der
Bevölkerung auf der Straße nach Wolchowstroj abzuschieben,
muß überlegt werden. [...]“

„O.B. 18. Armee [von Kuechler] bemerkt, daß die Ausführungen
des O.B. [von Leeb] in jeder Hinsicht seiner eigenen Auffassung
entsprechen. [...]“

> „[...] Minenfelder auszulegen,
> um der Truppe den unmittel-
> baren Kampf gegen die Zivil-
> bevölkerung zu ersparen“.

Kriegstagebuch des Generalkommandos des L. Armeekorps, 18.9.1941 – 6.5.1942
Bundesarchiv/Militärarchiv, RH 24/5015

24.10.1941:
„Der Kdr. General besuchte eine Reihe Feuerstellungen schwerer
und leichter Batterien des A.R. 269. Der Kdr. General besichtig-
te die Einrichtungen für den Winter und den Stellungsbau und
besprach dann mit den Kommandeuren und Batteriechefs den
Einsatz der Art. für den Fall, dass die russ. Zivilbevölkerung
Ausbruchsversuche aus Leningrad machen sollte. Ein solches
Herausdrängen ist laut Armeebefehl vom 18.9.1941. Nr. 2737/41
geh. notfalls mit Waffengewalt zu verhindern. Es ist Aufgabe
der Artillerie, durch frühzeitige Feuereröffnung jedes derartige Unternehmen möglichst weit vor der eigenen Linie abzuwei-
sen, damit es der Infanterie möglichst erspart wird, auf Zivilisten zu schiessen.
In gleicher Weise waren bei den Truppenbesuchen in den letzten Tagen die Art.-Regimenter der SS-Pol.Div. und 58. I.D. angewiesen worden. [...]“

15.11.1941:
„[...] Einige Zivilisten, die sich der eigenen Linie nähern wollten,
wurden erschossen. [...]“

> Frühzeitiges Artilleriefeuer,
> „damit es der Infanterie
> möglichst erspart wird, auf
> Zivilisten zu schiessen“.

„Möglichkeiten für die Behandlung der Zivilbevölkerung von Petersburg", Studie aus dem Armeeoberkommando 18/Ia, Kriegstagebuch Nr. 4a, Eintrag vom 4.11.1941
StAN, NOKW–1548

„A.H.Qu., den 4.11.41
<u>M ö g l i c h k e i t e n</u>
<u>Für die Behandlung der Zivilbevölkerung von</u>
<u>Petersburg.</u>

1.) <u>Die Stadt bleibt abgeschlossen und alles verhungert.</u>
2.) <u>Die Zivilbevölkerung wird durch unsere Linien herausgelassen und in unser Hintergelände abgeschoben.</u>
3.) <u>Die Zivilbevölkerung wird durch einen Korridor hinter die russische Front abgeschoben.</u>

<u>Die Voraussetzung</u> für diese 3 Punkte ist, daß die russische Wehrmacht, d.h. die Kräfte in Petersburg und die 8. Armee, möglichst auch die Besatzung von Kronstadt ausgeschaltet ist und zwar entweder durch Kapitulation oder durch Zusammenbruch und Auflösung.

<u>Zu 1.):</u>
V o r t e i l e :
a.) Ein großer Teil der kommunistischen Bevölkerung Rußlands, der gerade unter der Bevölkerung von Petersburg zu suchen ist, wird damit ausgerottet.
b.) Wir brauchen 4 Millionen Menschen nicht zu ernähren.

N a c h t e i l e :
a.) Seuchengefahr.
b.) Die seelische Einwirkung durch die vor unserer Front verhungernden Massen auf unsere Truppen ist groß.
c.) Der feindlichen Presse wird ein wirksames Propagandamittel in die Hand gegeben.
d.) Nachteilige Auswirkung auf die innenpolitische Entwicklung hinter der russischen Front.
e.) Alle deutschen, finnischen und noch vorhandenen wertvollen russischen Elemente werden als erste umkommen.
f.) Wir können keinerlei Material aus der Stadt herausholen, da wir nicht hineinkönnen.

V o r b e d i n g u n g :
a.) Eine starke Absperrung vor unserer Linie ist erforderlich.
b.) Der Ladogasee muß abgesperrt werden, sonst verhungert die Bevölkerung, vor allem aber die Truppe in Petersburg nicht.

<u>Zu 2.):</u>
V o r t e i l e :
a.) Wir entlasten uns sowohl vor der Welt als auch vor unserem eigenen Volk dadurch, daß wir für die Bevölkerung Petersburgs das einzige in unserer Macht liegende tun.
b.) Der Weltpresse wird die Unterlage für die Propaganda zu einem großen Teil entzogen.
c.) Deutsche, finnische und noch vorhandene wertvolle russische Elemente können gerettet werden.

N a c h t e i l e :
a.) Die Petersburger Bevölkerung fällt der Bevölkerung in unserem rückwärtigen Gebiet zur Last und beeinträchtigt damit auch unsere Ernährungslage.
b.) Seuchen können übertragen werden.
c.) Ein großer Teil der aus Petersburg herauskommenden wird auch so verhungern und es ergibt sich auch damit eine starke seelische Belastung für unsere Truppe.
d.) Ein großer Haufe kommunistischer Elemente ergießt sich in unser Hinterland. Damit Vermehrung der Partisanen und Aufhetzung der z. Zt. gutwilligen Landbevölkerung.
e.) Die wehrfähigen Männer werden wahrscheinlich auch in Kriegsgefangenschaft überführt werden müssen. Damit Vermehrung der zu Ernährenden.

V o r b e d i n g u n g :
a.) Beim Herauslassen der Bevölkerung Untersuchung auf Waffen.
b.) Geregelter Abschub weit nach hinten.

<u>Zu 3.):</u>
V o r t e i l e :
a.) Vermehrte Entlastung wie unter 2.)a.).
b.) Die Unterlage für die Weltpresse wird abgeschwächt wie bei 2.)b.).
c.) Unsere Truppe wird seelisch nicht so stark beeindruckt wie bei Möglichkeit 2.).
d.) Wir werden die kommunistischen Elemente los.
e.) Die Ernährungslage im Hinterland wird dadurch nicht berührt.
f.) Man kann deutsche, finnische und vielleicht auch wertvolle russische Elemente herausziehen.
g.) Nehmen die Russen die Bevölkerung aus Petersburg nicht auf, so haben wir ein gutes Propagandamittel gegen die Sowjetregime in der Hand.

N a c h t e i l e :
a.) Auf dem Marsch werden sehr viele Leute umkommen und die Feindpresse wird den ‚Hungermarsch' propagandistisch ausschlachten.
b.) Für die ‚spalierbildende' Truppe wird dieser Hungermarsch eine starke seelische Belastung.

V o r b e d i n g u n g :
a.) Die Russen müssen sich bereiterklären, die Bevölkerung aufzunehmen.
b.) Der Abmarsch muß erfolgen:
nördl. der Newa nach Schlüsselburg, dort über eine Pontonbrücke, dann längs des Ladogasees, sodaß möglichst wenig Kräfte für das ‚Spalier' benötigt werden."

Das AOK 18 formulierte am 4.11.1941 in aller Deutlichkeit, daß weder Kapitulation noch „Zusammenbruch und Auflösung" die Leningrader Stadtbevölkerung vor Hunger und Not bewahrten. Hauptziel war vielmehr, die Wehrmacht von der Aufgabe zu entbinden, die Zivilbevölkerung zu versorgen.

Leningrad: Tote an der Ecke Newski-Prospekt/Ligowka
nach deutschem Artilleriebeschuß, Herbst 1941
ullstein bild

Handel in Leningrad: Tausch gegen Brot und Lebensmittel,
März 1942
TsGAKFFD SPb, Ar – 14836

Öffentliche Speisung in Leningrad, Juni 1942
Fotograf: V. Fedoseev
TsGAKFFD SPb, Ar – 22712

**Merkpunkte des Chefs des Generalstabes der 18. Armee,
Oberst Hasse, aus der Chefbesprechung in Orscha am 13.11.1941**
StAN, NOKW – 1535

Bericht über Ausführungen Wagners (Auszug):
„[…] Unlösbar dagegen ist die Frage der Ernährung der Großstädte. Es kann keinem Zweifel unterliegen, daß insbesondere
Leningrad verhungern muß, denn es ist unmöglich, diese Stadt
zu ernähren. Aufgabe der Führung kann es nur sein, die Truppe
hiervon und von den damit verbundenen Erscheinungen fern
zu halten. […]“

Totenstatistik für Leningrad um die Jahreswende 1941/42
Leningrad während der Blockade. Dokumentensammlung, hrsg. von A. R. Dzeniskevitsch u. a.,
St. Petersburg 1995, S. 298 und 314 (russisch)

	Amtlich registrierte Tote
1941	
Juli	4.162
September	6.808
Oktober	7.353
November	11.085
Dezember	52.881
1942	
Januar	96.751
Februar	96.015
März	81.507

Ereignismeldung UdSSR Nr. 154 vom 12.1.1942
Bundesarchiv, R 58/220

„[…] Erkundung Petersburg.
Bevölkerung:
Die Bevölkerung Leningrads hat sich mittlerweile an den ständigen Artilleriebeschuss derart gewöhnt, dass kaum jemand
die Schutzräume aufsucht. […] Die Verluste unter der Zivilbevölkerung sind demgemäss stark angestiegen. Trotzdem dürften die Verluste durch Artillerie und Bombeneinwirkung nach
übereinstimmenden Schätzungen aufs Ganze gesehen gering
sein und nur einige Tausend Personen betragen. Demgegen-
über sollen in der letzten Zeit sich die Fälle von Hungertod beträchtlich vermehrt haben und in den letzten Wochen etwa das
Vierfache der Verluste durch Artilleriebeschuss ausmachen. So
wurde beispielsweise am 17. Dezember von einer Person auf der
Statschekstrasse, zwischen Narwa-Tor und Stadtrand, also auf
einer Strecke von 5 Kilometer beobachtet, dass allein 6 Personen entkräftet zusammenbrachen und liegenblieben. Diese
Fälle häufen sich bereits derart, dass sich niemand mehr um
die liegengebliebenen Personen kümmert, zumal bei der allgemeinen Entkräftung auch die Wenigsten in der Lage sind, tat-
kräftige Hilfe zu leisten. […]“

Die Ereignismeldung der
Sicherheitspolizei und des SD
betonte, daß sich der Hunger
nachhaltiger auswirke als
Artilleriebeschuß.

Ereignismeldung UdSSR Nr. 170 vom 18.2.1942
Bundesarchiv, R 58/220

„[...] Schon im Dezember wiesen große Teile der Zivilbevölkerung Leningrads Hungerschwellungen auf. Es passierte immer wieder, daß Personen auf den Strassen zusammenbrachen und tot liegen blieben. Im Laufe des Januar begann nun unter der Zivilbevölkerung ein regelrechtes Massensterben. Namentlich in den Abendstunden werden die Leichen auf Handschlitten aus den Häusern nach den Kirchhöfen gefahren, wo sie, wegen der Unmöglichkeit, den hartgefrorenen Boden aufzugraben, einfach in den Schnee geworfen werden. In der letzten Zeit sparen sich die Angehörigen meist die Mühe des Weges bis zum Friedhof und laden die Leichen schon unterwegs am Strassenrand ab. Ein Überläufer machte sich Ende Januar die Mühe, an einer verkehrsreichen Strasse in Leningrad am Nachmittag die vorübergeführten Handschlitten mit Leichen zu zählen und kam im Verlauf einer Stunde auf eine Zahl von 100. Vielfach werden Leichen auch schon in den Höfen und auf umfriedeten freien Plätzen gestapelt. Ein im Hof eines zerstörten Wohnblocks angelegter Leichenstapel war etwa 2 m hoch und 20 m lang. Vielfach werden die Leichen aber gar nicht erst aus den Wohnungen abtransportiert sondern bloß in ungeheizte Räume gestellt. In den Luftschutzräumen findet man häufig Tote, für deren Abtransport nichts geschieht. Auch beispielsweise im Alexanderowskaja-Krankenhaus sind in den ungeheizten Räumen, Gängen und im Hofe 1.200 Leichen abgestellt. Schon Anfang Januar wurde die Zahl der täglichen Todesopfer des Hungers und der Kälte mit 2–3.000 angegeben. Ende Januar ging in Leningrad das Gerücht, daß täglich bereits an die 15.000 Menschen sterben und im Laufe der letzten 3 Monate bereits 200.000 Personen Hungers gestorben seien. Auch diese Zahl ist im Verhältnis zur Gesamtbevölkerung nicht allzu hoch. Es ist aber zu berücksichtigen, daß sich die Todesopfer mit jeder Woche ungeheuer steigern werden, wenn die jetzigen Verhältnisse – Hunger und Kälte – bestehen bleiben. Die eingesparten Lebensmittelrationen auf die einzelnen verteilt sind jedoch ohne Bedeutung.
In besonderem Maße sollen Kinder Opfer des Hungers werden, namentlich Kleinkinder, für die es keine Nahrung gibt. In der letzten Zeit soll zudem noch eine Pocken-Epidemie ausgebrochen sein, die außerdem noch unter den Kindern zahlreiche Opfer fordert. [...]"

„Im Laufe des Januar begann nun unter der Zivilbevölkerung ein regelrechtes Massensterben."

„Schon Anfang Januar wurde die Zahl der täglichen Todesopfer des Hungers und der Kälte mit 2–3.000 angegeben."

Ereignismeldung UdSSR Nr. 191 vom 10.4.1942
Bundesarchiv, R 58/221

„[...] In gesteigertem Masse wurde die Verbindungsstrasse über das Eis des Ladoga-Sees von den Leningrader Behörden auch weiterhin nicht nur zur Heranschaffung von Kriegsmaterial und Lebensmitteln, sondern in gesteigertem Masse auch zur Evakuierung eines Teils der Bevölkerung nach dem Innern der Sowjetunion benutzt. [...]
Umfangmässig weit bedeutender als der Abzug über den Ladogasee ist die Verminderung der Leningrader Bevölkerung durch das unverändert anhaltende Massensterben. Die angegebenen Zahlen der täglichen Todesfälle schwanken, liegen aber durchweg über 8.000. Die Todesursachen sind Hunger, Erschöpfung, Herzschwäche und Darmkrankheiten. [...]"

Leningrad: Ein Einwohner nach Erhalt seiner Brotration, 7.4.1942
Fotograf: G. Konovalov
TsGAKFFD SPd, Ar–10247

Zusatzvermerk: „Bei Verlust wird die Karte nicht erneuert"

Brotkarte für Dezember 1941
Reinhard Rürup (Hg.), Der Krieg gegen die Sowjetunion 1941–1945. Eine Dokumentation, Berlin 1991, S. 73

Einwohnerinnen Leningrads warten auf ihre Evakuierung, 1942
Fotograf: G. Čertov
TsGAKFFD SPb, Ar–67676

Getreide für Leningrad, Ladogatrasse 4.12.1941
Fotografen: V. Tarasevič und V. Fedoseev
TsGAKFFD SPb, Ar–10278

Angriffe auf die Trasse, Ladogasee 1942
Fotografen: [unleserlich] und V. Fedoseev
TsGAKFFD SPb, Ar–5489

Paßfotos von S. I. Petrova aus Leningrad vom Mai 1941 (links), Mai 1942 (Mitte) und Oktober 1942 (rechts)
Staatliches historisches Museum, St. Petersburg, ohne Signatur

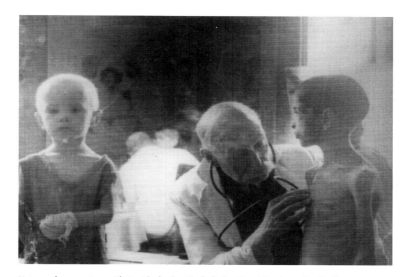

Untersuchung unterernährter Kinder im Kinderheim Nr. 38 in einem Stadtteil
von Leningrad, 1942
TsGAKFFD SPb, Wrp 358

CHARKOW

Die 6. Armee praktizierte in Charkow die systematische Ausplünderung der 430.000 Einwohner zählenden ukrainischen
Stadt. Durch diese rücksichtslose Politik zur Sicherung des
eigenen Bedarfs kam es während der militärischen Besatzung
1941/42 zu einer Hungerkatastrophe, der – nach Angaben
der eingesetzten Stadtverwaltung – bis Ende September 1942
mindestens 11.918 Menschen zum Opfer fielen.

Trotz der zu erwartenden Versorgungsnöte der Bevölkerung und in klarer Kenntnis der Folgen einer
solchen Requirierungspolitik zeigten der Oberbefehlshaber der 6. Armee, Generalfeldmarschall
Walter von Reichenau, sowie der erste Stadtkommandant, General Erwin Vierow, kein Interesse am
Schicksal der Zivilisten. Ganz im Gegenteil: Die Bewegungsfreiheit der Bevölkerung wurde eingeschränkt und Möglichkeiten zur Selbsthilfe beschnitten. Charkow glich alsbald einem Hungerghetto.
Ziel dieser Maßnahmen war es, die 6. Armee restlos aus dem Land zu versorgen. Auf die Zerstörung
von Landwirtschaft und Industrie wurde keine Rücksicht genommen. Die verantwortlichen Militärs
ordneten die direkte Entnahme von Lebensmitteln, Vieh und Getreide an. Der Großraum Charkow
wurde in „Erfassungsräume" eingeteilt, die den einzelnen Verbänden zugewiesen waren. Das
Umland von Charkow verkam zur „Kahlfraßzone".

Erst als sich die Folgen dieser Politik – Seuchengefahr, nachlassende Wirtschaftskraft, Arbeitskräftemangel – auch für die deutschen Verbände negativ auszuwirken drohten, hob die Militärverwaltung
die Abriegelung der Stadt auf. Die Versorgungsprobleme in der Stadt änderten sich dadurch jedoch
nicht grundlegend. Gezielte Maßnahmen ergriff die Militärverwaltung nur für die zeitweise rund
24.000 Einwohner, die für die Wehrmacht arbeiteten, sowie für die etwa 2.000 ansässigen „Volksdeutschen". Sie erhielten Lebensmittelrationen, die allerdings kaum zum Überleben ausreichten.

Stadtplan Charkow mit Kennzeichnung der vollständigen Abriegelung

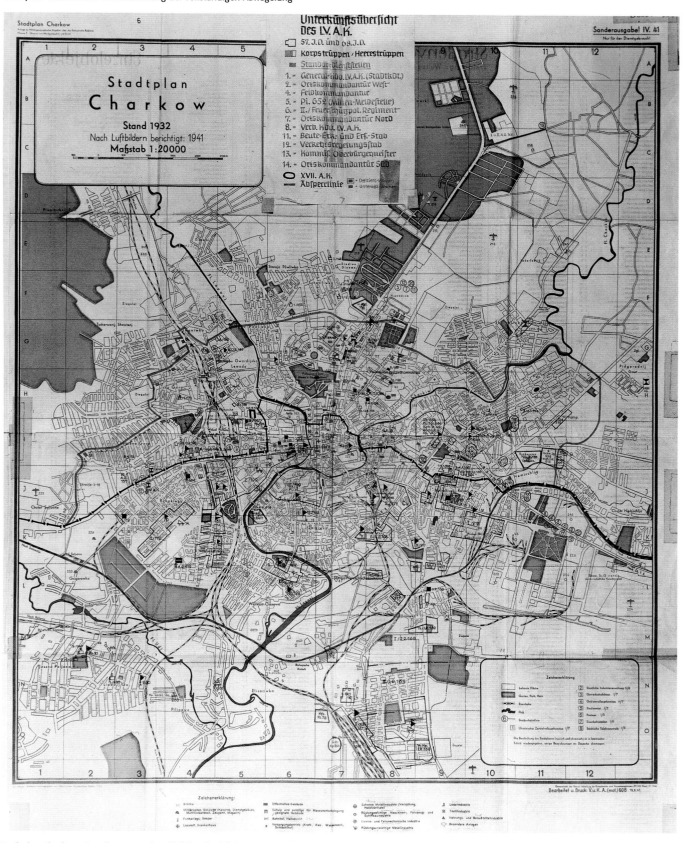

Stadtplan Charkow, Stand 1932, nach Luftbildern berichtigt 1941, Stand 28.11.1941

Bundesarchiv/Militärarchiv, RH 24–55/13, Anl. 28 (Umschlag)

Generalfeldmarschall von Reichenau: „[…] noch weitgehender aus dem Lande leben wie bisher […]."

Der Oberbefehlshaber
der 6.Armee.

A.H.Qu.,den 28.9.1941

Iv 53-
76

ARMEE-BEFEHL

Beim weiteren Vormarsch nach Osten muß die Truppe zur Entlastung der heimischen Ernährungswirtschaft noch weitgehender aus dem Lande leben wie bisher, mit dem Ziele, sich mit Ausnahme von wenigen im Lande nicht auffindbaren Lebens- und Genußmitteln vom Verpflegungsnachschub frei zu machen. Zur Erreichung dieses von höheren Gesichtspunkten diktierten Zieles wird die Truppe auf manche Lebensmittel verzichten müssen, die sie bisher gewöhnt war und sich begnügen müssen mit dem, was die Ukraine an einheimischen Lebensmitteln in reichem Umfange bietet. Verbrauch aller Lebens- und Futtermittel in Grenzen der vorgeschriebenen Sätze!

Vergeudung und Verschwendung verkürzt, Sparsamkeit verlängert die Zeit, in der aus dem Lande gelebt werden kann. Vermehrter Verbrauch von Fleisch in warmem oder kaltem Zustande als Abendkost schont die nicht in unbegrenzter Menge vorhandenen Konservenbestände, die für eine bewegliche Kriegführung in Gegenden dienen, in denen Vieh knapp ist. In der Ukraine ist dies nicht der Fall.

Erprobte Rezepte zur Zubereitung ukrainischer Landesprodukte werden in der „O s t f r o n t " und durch Merkblätter bekanntgegeben.

Ich erwarte, daß alle Kommandeure und Einheitsführer diesem Befehl größtes Verständnis entgegenbringen, da die weitgehendste Ausnutzung des Landes von entscheidender Bedeutung ist für eine glückliche Beendigung dieses Krieges, der ebenso wie der letzte Weltkrieg nicht nur ein Krieg der Waffen, sondern auch ein Wirtschaftskrieg größten Stiles ist.

Alle unsere Feinde sind gescheitert an der Wucht der deutschen Waffen. Wir alle, bis zum letzten Soldaten, wollen dazu beitragen, daß auch die englische Blockade zuschanden wird!

Dieser Befehl ist von Zeit zu Zeit allen Offizieren,Beamten, Unteroffizieren und Mannschaften bekanntzugeben.

Die Ausführungsbestimmungen hierzu erläßt der Armeeintendant im Einvernehmen mit dem Oberquartiermeister.

v.R e i c h e n a u
Generalfeldmarschall

Verteilt bis zu den Kompanien.

Armee-Befehl des Oberbefehlshabers der 6. Armee, Generalfeldmarschall
von Reichenau, vom 28.9.1941
Bundesarchiv/Militärarchiv, RH 20 – 6/133, Bl. 76

WALTER VON REICHENAU wurde 1884 in Karlsruhe geboren und trat 1903 als Fahnenjunker ins Heer ein. Während und nach dem Ersten Weltkrieg war er Generalstabsoffizier bei verschiedenen Truppenteilen. 1933 wurde er Abteilungschef im Reichswehrministerium. Als Oberbefehlshaber der 10. Armee nahm von Reichenau am Einmarsch in die Tschechoslowakei sowie am Polenfeldzug teil und war anschließend Befehlshaber der 6. Armee an der Westfront, ab 1940 im Rang eines Generalfeldmarschalls. 1941 befehligte er die 6. Armee bei der Heeresgruppe Süd, deren Oberbefehlshaber er Ende des Jahres wurde. Von Reichenau verstarb 1942 nach einem Schlaganfall bei Poltawa.

Generalfeldmarschall Walter
von Reichenau, ca. 1940
bpk

Armee-Oberkommando 6   A.H.Qu., 10. Oktober 1941
Abt. Ia - Az. 7

Betr.: Verhalten der Truppe im Ostraum

Hinsichtlich des Verhaltens der Truppe gegenüber dem
bolschewistischen System bestehen vielfach noch unklare
Vorstellungen.

Das wesentlichste Ziel des Feldzuges gegen das jüdisch-
bolschewistische System ist die völlige Zerschlagung der
Machtmittel und die Ausrottung des asiatischen Einflusses
im europäischen Kulturkreis.

Hierdurch entstehen auch für die Truppe Aufgaben, die
über das hergebrachte einseitige Soldatentum hinausgehen.
Der Soldat ist im Ostraum nicht nur ein Kämpfer nach den
Regeln der Kriegskunst, sondern auch Träger einer unerbittlichen völkischen Idee und der Rächer für alle Bestialitäten, die deutschem und artverwandtem Volkstum zugefügt wurden.

Deshalb muß der Soldat für die Notwendigkeit der harten,
aber gerechten Sühne am jüdischen Untermenschentum volles
Verständnis haben. Sie hat den weiteren Zweck, Erhebungen
im Rücken der Wehrmacht, die erfahrungsgemäß stets von
Juden angezettelt wurden, im Keime zu ersticken.

Der Kampf gegen den Feind hinter der Front wird noch
nicht ernst genug genommen. Immer noch werden heimtückische, grausame Partisanen und entartete Weiber zu Kriegsgefangenen gemacht, immer noch werden halb uniformierte
oder in Zivil gekleidete Heckenschützen und Herumtreiber
wie anständige Soldaten behandelt und in die Gefangenenlager abgeführt. Ja, die gefangenen russischen Offiziere
erzählen hohnlächelnd, daß die Agenten der Sowjets sich
unbehelligt auf den Straßen bewegen und häufig an den
deutschen Feldküchen mitessen. Ein solches Verhalten der
Truppe ist nur noch durch völlige Gedankenlosigkeit zu
erklären. Dann ist es aber für die Vorgesetzten Zeit,
den Sinn für den gegenwärtigen Kampf wachzurufen.

Das Verpflegen von Landeseinwohnern und Kriegsgefangenen,
die nicht im Dienste der Wehrmacht stehen, an Truppenküchen ist eine ebenso mißverstandene Menschlichkeit wie
das Verschenken von Zigaretten und Brot. Was die Heimat
unter großer Entsagung entbehrt, was die Führung unter
größten Schwierigkeiten nach vorne bringt, hat nicht der
Soldat an den Feind zu verschenken, auch nicht, wenn es
aus der Beute stammt. Sie ist ein notwendiger Teil unserer Versorgung.

Die Sowjets haben bei ihrem Rückzug häufig Gebäude in
Brand gesteckt. Die Truppe hat nur soweit ein Interesse
an Löscharbeiten, als notwendige Truppenunterkünfte erhalten werden müssen. Im Übrigen liegt das Verschwinden
der Symbole einstiger Bolschewistenherrschaft, auch in
Gestalt von Gebäuden, im Rahmen des Vernichtungskampfes.
Weder geschichtliche, noch künstlerische Rücksichten
spielen hierbei im Ostraum eine Rolle. Für die Erhaltung
der wehrwirtschaftlich wichtigen Rohstoffe und Produktionsstätten gibt die Führung die notwendigen Weisungen.

Die restlose Entwaffnung der Bevölkerung im Rücken der
fechtenden Truppe ist mit Rücksicht auf die langen, empfindlichen Nachschubwege vordringlich. Wo möglich, sind
Beutewaffen und Munition zu bergen und zu bewachen. Erlaubt dies die Kampflage nicht, so sind Waffen und Munition unbrauchbar zu machen. Wird im Rücken der Armee
Waffengebrauch einzelner Partisanen festgestellt, so ist
mit drakonischen Maßnahmen durchzugreifen. Diese sind
auch auf die männliche Bevölkerung auszudehnen, die in
der Lage gewesen wäre, Anschläge zu verhindern oder ihnen
zuvorzukommen. Die Teilnahmslosigkeit zahlreicher angeblich sowjetfeindlicher Elemente, die einer abwartenden Haltung entspringt,
muß einer klaren Entscheidung zur aktiven Mitarbeit gegen
den Bolschewismus weichen. Wenn nicht, kann sich niemand
beklagen, als Angehöriger des Sowjetsystems gewertet und
behandelt zu werden. Der Schrecken vor den deutschen
Gegenmaßnahmen muß stärker sein als die Drohung der umherirrenden bolschewistischen Restteile.

Fern von allen politischen Erwägungen der Zukunft hat der
Soldat zweierlei zu erfüllen:

1.) die völlige Vernichtung der bolschewistischen Irr-
    lehre, des Sowjetstaates und seiner Wehrmacht,

2.) die erbarmungslose Ausrottung artfremder Heimtücke
    und Grausamkeit und damit die Sicherung des Lebens
    der deutschen Wehrmacht in Rußland.

Nur so werden wir unserer geschichtlichen Aufgabe gerecht, das deutsche Volk von der asiatisch-jüdischen
Gefahr ein für allemal zu befreien.

Der Oberbefehlshaber:

v. Reichenau
Generalfeldmarschall

Verteilt
bis zu den Kpn. usw.

Armeebefehl des Oberbefehlshabers der 6. Armee,
Generalfeldmarschall von Reichenau, vom 10.10.1941
Bundesarchiv/Militärarchiv, RH 20-6/493

„Das Verpflegen von Landeseinwohnern […] ist eine ebenso
mißverstandene Menschlichkeit wie das Verschenken von
Zigaretten und Brot."

Generalkommando IV.A.K. K.H.Qu., den 28.10.41 Aul 2
Ia/op.Nr.1919/41 _____ 44 Uhr

16

Anlagen - 2 -

Korpsbefehl für die Besetzung der Stadt Charkow

und für Übernahme der Geschäfte der Stadtkommandantur Charkow durch

das Gen.Kdo. LV.A.K.

(Karte: Mil.-Geo.-Plan von Charkow)
Sonderausgabe VII./41

I.
====

1.) Es ist damit zu rechnen, dass der Feind Brücken, wichtige Strassenkreuzungen und Gebäude zur Sprengung vorbereitet hat.

2.) Bei der Besetzung der Stadt kommt es zunächst darauf an, 1 - 2 Durchgangsstrassen südl. der Grenze gemäss Anlage 1 in West-Ost-Richtung in die Hand zu bekommen, zu sichern und zu bezeichnen.

3.) Für den Einmarsch sind gemischte Abteilungen mit Art., Sturmgeschützen, schw. Inf.-Waffen, Pioniertrupps und Flammenwerfern zu bilden.

4.) Der Zivilverkehr auf den Durchmarschstrassen ist nach Möglichkeit einzuschränken; Zusammenrottungen sind zu verhindern.

5.) Das Zentrum der Stadt begrenzt durch Fl. Charkow - Theaterplatz - Mordwinowskij - Fl. Lopanj ist nicht zu belegen und abzuschliessen.

6.) Alle gemäss Mil.-Geo.-Plan von Charkow nummeriert bezeichneten Gebäude gelten als verdächtig. Sie sind mit Plakaten "Achtung Sprenggefahr, Betreten verboten!" zu versehen. Wassertürme, Elektrizitätswerke, Getreidemühlen, Schlachthof, Post-, Telegraphenamt und Bahnhöfe sind von den Divisionen durch starke Wachen zu sichern und durch Pionierkommandos auf Sprengungsvorbereitungen zu untersuchen.

- 2 -

17

- 2 -

7.) Um die Sprengung der zahlreichen Brücken und der o.a. wichtigen Objekte zu verhindern, werden 57. J.D. Pi.Btl. 652, von 100.le. und 101.le.J.D. je 2 Pi.-Kp. sowie russ. Pionier-Gefangene zugeführt und unterstellt. Pi.Kp. 101.le.J.D. werden der Div. vor ihrem Einmarsch wieder zugeführt.

8.) Zur Verhinderung von Fernzündungen werden westl. Charkow Störsender aufgestellt.

9.) Die nicht eingesetzten Truppen sind in gemischten Abteilungen geschlossen am Stadtrande in ungefährdeten Gebäuden in Alarmbereitschaft unterzubringen.

10.) Die Stadt ist nach außen abzuschliessen. Alle Ausfällstrassen, außer den Durchmarschstrassen, sind abzusperren. Ein Betreten und Verlassen der Stadt ist Angehörigen der deutschen Wehrmacht und Heeresgefolge nur an den Durchmarschstrassen gegen Ausweis AOK. oder des Gen.Kdo. LV. A.K. gestattet.
Ebenso ist der Zugang der Bevölkerung zu verhindern. Die Flucht der Bevölkerung bei und nach der Besetzung der Stadt nach Osten ist zu fördern.

11.) Das Betreten öffentlicher oder privater Gebäude ist nur im dienstlichen Interesse und auf schriftlichen Befehl Vorgesetzter vom Batl.-Kdr. an aufwärts erlaubt.

12.) Jeglicher Versuch der Plünderung ist mit schärfsten Mitteln zu verhindern.

13.) Selbsttätige Erfassungen durch die Truppe sind verboten. Einsatz von Erfassungskommandos wird gesondert befohlen.

14.) Zur frühzeitigen Erfassung wichtiger Dokumente und Personen wird eine Anzahl Sonderkommandos mit den vordersten Truppen in Charkow einrücken.

15.) Gegen feindselige Elemente ist mit bedenkenloser Härte vorzugehen. Saboteure sind sichtbar aufzuhängen.

- 3 -

Nach der Besetzung der Stadt wurden die Zugänge abgeriegelt. Die Militärverwaltung wollte den Rückfluß der geflohenen Stadtbevölkerung verhindern. Abwanderung aus der Stadt war dagegen erwünscht – aber nur „nach Osten", das hieß, in Richtung Kampfgebiet.

aus bereits
vervielf. —

- 3 -

II.

1.) Nach der Besetzung übernimmt das Gen.Kdo.LV.A.K. die Geschäfte der Stadtkommandantur von Charkow.

2.) Geschäftseinteilung des Gen.Kdo. hierfür gemäss Anlage 2 (folgt).

3.) Einsatzbefehl für unterstellte
   Feldkommandantur,
   Ortskommandanturen,
   Landesschützen-Batl.,
   Verkehrsregelungs-Batl.,
   Dulag,
   Feuerschutz-Polizei-Rgt. Sachsen,
   Beuteerkundungs- und -Erfassungsstab,
   G.F.P.,
   Frontsammelstelle 71
   folgt.

4.) Nach Besetzung der Stadt ist baldigst kurzer Bericht über Verhalten der Bevölkerung bei und nach dem Einmarsch vorzulegen.

Der Kommandierende General

Verteiler:
57.I.D.	=	2
100.le.I.D.	=	2
101.le.I.D.	=	2
Ia	=	3
Ic	=	3
Qu.	=	5
Arko 124	=	2
Reserve	=	20
		39

Bem.: Anlage 1 (Stadtplan) nur für 57. und 101.le.I.D. und Stabsverteiler.

Befehl des LV. Armeekorps über die Besetzung der Stadt Charkow und die Übernahme der Geschäfte der Stadtkommandantur Charkow vom 21.10.1941
Bundesarchiv/Militärarchiv, RH 24–55/13, Bl. 16–18

Anlage 1 zu Gen.Kdo.LV.A.K.
(Stadtkommandantur Charkow)
Abt.Qu. v.23.10.41.

Richtlinien
für die Behandlung der Zivilbevölkerung.

1.) Alle Mittel des Siegers sind recht, die Ruhe und Ordnung in Charkow wiederherzustellen und aufrecht zu erhalten.

2.) Aufsässige Elemente, Saboteure und Partisanen, die fast ausschließlich in Judenkreisen zu suchen sind, sind mit dem Tode zu bestrafen. Gegebenenfalls öffentliche Hinrichtung durch Erhängen und Hängenlassen zur Abschreckung. Bewachung der Hingerichteten durch Hilfspolizei.
   Juden, jüdische Geschäfte und jüdische Unternehmen sind kenntlich zu machen.

3.) Die deutsche Wehrmacht hat am Unterhalt der Stadtbevölkerung Charkows keinerlei Interesse. Die Fürsorge für die Bevölkerung unterliegt allein der Verantwortung der Stadtverwaltung.

4.) Die deutsche Wehrmacht hat kein Interesse, die Bevölkerung Charkows in der Stadt zu halten. Abwanderungsabsichten sind zu unterstützen und zu fördern, jedoch nur in ostwärtiger Richtung. Vorsicht bei der männlichen Bevölkerung ist geboten, um eine Stärkung der russischen Wehrkraft zu verhindern

5.) Äusserste Härte in der Behandlung der Bevölkerung ist notwendig und erforderlich.

6.) Am Aufbau der Stadt Charkow besteht nur in sofern ein Interesse, als die Fürsorge für die Truppe dies erfordert.

Richtlinien der Stadtkommandantur Charkow für die Behandlung der Zivilbevölkerung vom 23.10.1941
Bundesarchiv/Militärarchiv, RH 24–55/13, Bl. 23

Stadtkommandantur Charkow:

„Die deutsche Wehrmacht hat am Unterhalt der Stadtbevölkerung Charkows keinerlei Interesse."

Die Versorgung der Bevölkerung wurde der neu gebildeten zivilen Stadtverwaltung übertragen, während sich die deutsche Militärverwaltung diesbezüglicher Verpflichtungen entledigte: „Ein Eingreifen militärischer Dienststellen zur Versorgung der Zivilbevölkerung hat zu unterbleiben."

Anlage 2 zu Gen.Kdo.LV.A.K.
(Stadtkommandantur
Charkow) Abt. Qu.
vom 23.10.41.

A u f g a b e n
der Stadtverwaltung Charkow.

Die zu bildende Stadtverwaltung von Charkow ist voll verantwortlich zu machen für die Versorgung der Bevölkerung. Sie steht unter der unmittelbaren Aufsicht der Feldkommandantur. Ein Eingreifen militärischer Dienststellen zur Versorgung der Zivilbevölkerung hat zu unterbleiben.
Die Versorgung der Zivilbevölkerung bezieht sich auf alle Versorgungsgebiete wie:

Verpflegung,
Bekleidung,
ärztliche Betreuung,
Hygiene, (Strassenreinigung)
Nahrungsmittelpolizei,
Eröffnung von Geschäften,
polizeiliche Beaufsichtigung und Überwachung der Zivilbevölkerung,
Ingangbringung von Betrieben,
Einrichtung eines Feuerlöschdienstes.

Anordnung der Stadtkommandantur Charkow
über die Aufgaben der Stadtverwaltung vom 23.10.1941
Bundesarchiv/Militärarchiv, RH 24–55/13, Bl. 23a

Der erste Stadtkommandant
von Charkow, Erwin Vierow, 1941
ullstein bild

ERWIN VIEROW wurde 1890 in Berlin als Sohn eines Kaufmannes geboren. Er trat 1908 als Fahnenjunker ins Infanterieregiment 64 ein und nahm am Ersten Weltkrieg als Adjutant und Stabsoffizier teil. Nach dem Krieg war er 1919 bei der Heeres-Friedenskommission und wurde 1920 Kompaniechef eines Infanterieregimentes. 1939 wurde Vierow Kommandeur der 96. Division, 1940 Kommandeur der 9. Infanteriedivision, 1941, als General der Infanterie, Kommandierender General des LV. Armeekorps. Vom 17. Oktober bis zum 3. Dezember 1941 war er vorübergehend mit der Wahrnehmung der Geschäfte des Stadtkommandanten Charkow beauftragt. 1943 wurde er Befehlshaber Nordwest-Frankreich und geriet am 1. September 1944 als Kommandierender General des Generalkommandos Somme in britische Kriegsgefangenschaft. Vierow starb 1982 in Tecklenburg.

Armee-Oberkommando 6
Abt.Ia - Az. 7

A.H.Qu., den 1.November 1941

Betr.: Verhalten der Truppe im Ostraum

Durch Truppenbesuche habe ich den Eindruck gewonnen, daß meine Verfügung vom 10.10.41 über das Verhalten der Truppe im Ostraum den Mannschaften noch nicht genügend klargemacht wurde.

Die Bekanntgabe der Verfügung hat nunmehr der Führer und Oberste Befehlshaber im Bereich des ganzen Heeres angeordnet.

Alle Vorgesetzten haben dafür zu sorgen, daß auch der letzte Mann weiß, worum es geht und weshalb im Ostraum Maßnahmen getroffen werden, die in kultivierten Ländern nicht zur Anwendung kommen.

Der Oberbefehlshaber:

gez.v.Reichenau
Generalfeldmarschall

100.le.Jnf.Div.
Ia

Div.St.Qu. Charkow, den 10.11.1941

Vorstehende Verfügung zur Kenntnis unter Hinweis auf die mit 100.le.Jnf.Div.Ia v.15.10.41 ergangenen Zusätze der Division zum Erlaß "Verhalten der Truppe im Ostraum"./.

Verteiler
bis Komp.usw.

Anweisung des Befehlshabers der 6. Armee vom 1.11.1941
Bundesarchiv/Militärarchiv, RH 26 – 100/23

Von Reichenau bekräftigt: Im Osten werden „Maßnahmen getroffen […], die in kultivierten Ländern nicht zur Anwendung kommen".

Luftaufnahme der zerstörten Stadt, 1942
PK-Fotograf: Hermann Hoeffke
bpk

Abschrift!

Armeeoberkommando 6
O.Qu./IVa/Qu.2　　　　　　　　　A.H.Qu., den 28.10.1941

Betr.: Sicherstellung der Ernährung für den Winter 1941/42.
Beil.: 1 Planpause mit Anhang. (nur an Div.)

1.) Die Truppe ist für den Winter 1941/42 für die Ernährung voll auf
die Erträgnisse und Vorräte des besetzten Gebietes angewiesen.
Mit einem Nachschub der hauptsächlichsten Verpflegungsmittel,
Fleisch, Mehl, Hafer, Kartoffeln, Gemüse ist nicht zu rechnen.
Eine ausreichende Winterbevorratung muss daher sofort im Lande
vorgenommen werden.

2.) Die Unterbringungsräume und Erfassungsräume der Divisionen, in
denen sich die Truppe an der Erfassung und Bergung der Winterbevorratung beteiligt, sind aus der Planpause mit Anhang zu ersehen.
In die Ortschaften der Erfassungsräume, die nicht von der Truppe
belegt sind, sind sofort Erfassungsstäbe und Ortskommandanturen
zu entsenden, die die Arbeiten durch die Bevölkerung durchführen
lassen und beaufsichtigen.

3.) Da eine russische zivile und landwirtschaftliche Organisation
nicht verfügbar ist, hat die Truppe die Arbeiten für diese Winterbevorratung selbst in die Hand zu nehmen. Unter ihrer Leitung hat
ein rücksichtsloser Einsatz der gesamten Zivilbevölkerung von
Stadt und Land (einschl. der Frauen und Kinder) sowie der verfügbaren Kriegsgefangenen zu erfolgen. Wo aktiver oder passiver Widerstand geleistet wird, ist von kollektiven Strafmaßnahmen Gebrauch zu machen.

4.) Den Divisionen werden Landwirtschaftsführer als Berater zugeteilt.
Soweit die Div. schon Landwirtschafts-Offiziere eingeteilt haben,
haben diese vorerst die Funktion der Landwirtschaftsführer zu
übernehmen. Diese Landw.Führer haben in erster Linie die Truppe
bei der Versorgung aus dem Lande zu unterstützen. Sie haben in
dem Unterkunftsbereich der Truppen gleichzeitig die Aufgaben der
bodenständigen landwirtschaftlichen Organisationen wahrzunehmen.

5.) In diesen Räumen sind durch die Korps- und Div.Kommandos folgende
Arbeiten zur Einbringung der Ernte und Einlagerung der Wintervorräte durchzuführen:

I. Lebensmittel:

1) Fleisch- und Frischwurstversorgung. Einrichtung grösserer Vieh-
parke in Kolchosen und Sowchosen oder an anderen hierfür geeigneten Örtlichkeiten. Beschaffung des hierzu notwendigen
Viehes (Kälber, Rinder, Ochsen, Schweine, Schafe, Hammel) durch
berittene Kommandos. Anlage von Behelfseinrichtungen zum
Schlachten und zur Herstellung von Frischwurst, soweit die
Truppe nicht in Städten untergebracht ist, wo sich Schlacht-
höfe und -Betriebe durch zur Frischwurstherstellung befinden.

2) Brotversorgung. Beschaffung von Getreidevorräten, Ausdrusch
und Vermahlung unter Heranziehen der Zivilbevölkerung.

3) Kartoffelversorgung. Einmieten und Einlagern von Kartoffeln.
Ein Gebiet, dem besondere Aufmerksamkeit geschenkt werden muss,
weil nach Eintritt von Frostwetter und etwaiger Andauer desselben die Ansammlung von Vorräten und der Transport nicht
mehr möglich sind. Einmieten und Einlagern von Kartoffeln ausserdem nur bei regenfreiem Wetter durchführbar.

---

4) Frischgemüseversorgung. Einmieten und Einlagern von Frischge-
müsen aller Art zur Schaffung der notwendigen Abwechslung in
der Kost und zur Befriedigung des Vitamingehalts, dem von erst-
licherseits zur Gesunderhaltung der Truppe grösste Bedeutung
beigemessen wird.

II. Futtermittelversorgung:

1) Maßnahmen zur Förderung des Haferausdrusches durch Heranziehung
der Landeseinwohner.

2) Beschaffung von Hafer und Rauhfutter, dessen Ansammlung besonders umfangreichen Transportraum beansprucht, zumal Rauhfutter-
pressen bis jetzt nicht ausfindig gemacht werden konnten.

6.) Höhe der Bevorratung:
a) Vieh: Bedarf für einen Monat, der fortlaufend zu ergänzen ist.
b) Getreide: Weizen und Roggen zur Vermahlung. Bedarf an Ergänzung
wie bei a).
c) Kartoffeln: Für etwa 10 Monate (November 1941 - August 1942).
Für die Bevölkerung ist zugrunde zu legen: ein Portionssatz
von 750 g pro Kopf und Tag.
d) Frischgemüse: Möglichst grosse Bestände an Frischgemüse all.Art.
e) Futtermittel: Hafer, Gerste und Rauhfutter für einen Monat, der
fortlaufend zu ergänzen ist. Soweit Heu fehlt, durch gleiche
Menge Stroh ersetzen.
Hierzu ist ein Zwangsvertrag mit den Gemeinden aufzustellen.
(Muster siehe Anlage 1).

7.) Ein Zusammenfassen dieser Vorräte in Grosslagern kommt wegen fehlender Transportmittel und der schwierigen Wegeverhältnisse nicht
in Frage. Ausserdem könnte dann bei Frostwetter eine Verteilung
auf die Truppe von bestimmten Lebensmitteln (Kartoffeln, Frischgemüse) nicht erfolgen. Um in kürzester Zeit eine Bevorratung zu erreichen, hat jeder Wirtschaftstruppenteil in unmittelbarer Nähe der
Unterkunft ein winterfestes Vorratslager anzulegen. Orte mit Bahn-
anschluß sind dabei zu berücksichtigen.

8.) Gesichtspunkte für die Einlagerung: Massgebend ist das vom AOK 6
O.Qu. am 16.10.41 ausgegebene Merkblatt "Versorgung im Winter"
Teil 4 - Verpflegung.

Für das A.O.K.6
Der Chef des Gen.Stabes
gez. H e i m

Anlage 1.

1.) Die Stadt (Gemeinde) .... hat bis zum 1941
.... to Kartoffel, ... to Frischgemüse aufzubringen und
winterfest einzulagern.
Ort der Einlagerung wird von .... bestimmt.

2.) Die Naturalien sind aus der Umgebung der Stadt (Gemeinde)
durch die Landeseinwohner aufzubringen.
Bezahlung nach den ortsüblichen Sätzen durch.

3.) Bei Nichtaufbringung der Naturalien werden ...... Einwohner
der Stadt (Gemeinde) erschossen. Außerdem werden alle im Besitz der Bevölkerung befindlichen Lebensmittel durch die
Deutsche Wehrmacht beschlagnahmt werden.

Vom Generalstabschef gezeichneter Befehl über die „Sicherstellung der
Ernährung für den Winter 1941/42" vom 28.10.1941, der von der Abteilung
des Oberquartiermeisters erarbeitet wurde

Bundesarchiv/Militärarchiv, RH 24–55/112, Bl. 226 f.

Muster!

1.

Die Stadt ....hat bis zum 1941

300 to Kartoffeln
100 to Frischgemüse

aufzubringen und winterfest einzulagern.
Ort der Einlagerung wird von der Orts-Kommandantur bestimmt.

2.

Die Naturalien sind aus der Umgebung der Stadt durch die Landeseinwohner aufzubringen.
Bezahlung erfolgt nach den ortsüblichen Sätzen durch die Ortskommandantur.

3.

Bei Nichtaufbringung der Naturalien werden 100 Einwohner der Stadt erschossen.
Ausserdem werden alle im Besitz der Bevölkerung befindlichen Lebensmittel durch die zukünftige deutsche Garnison beschlagnahmt werden.

Vom Oberquartiermeister der 6. Armee, Oberstleutnant Pamberg, entworfener Mustervertrag für ukrainische Städte zur Ablieferung von Nahrungsmitteln vom 28.10.1941
Bundesarchiv/Militärarchiv, RW 46/150 533

BERNHARD PAMBERG wurde 1897 in Dresden als Sohn des Proviantmeisters a.D. Pampel geboren. 1916 trat er als Kriegsfreiwilliger in das Infanterieregiment 178 ein und nahm am Ersten Weltkrieg unter anderem als Zug- und Kompanieführer teil. 1939 war Pamberg, nun im Rang eines Oberstleutnants, Quartiermeister 1 im Generalstab der 4. Armee, sodann Generalstabsoffizier Ia bei der 268. Infanteriedivision und ab Mitte 1940 Oberquartiermeister der 6. Armee. Als Oberst wurde er 1942 Chef des Generalstabes beim XXXXIV. Armeekorps und kurz darauf Oberquartiermeister der Außenstelle Süd des Generalquartiermeisters, ab Mai 1943 war er Chef des Generalstabes des XXXVIII. Armeekorps. Pamberg wurde 1944 der Führerreserve der Heeresgruppe Mitte zugewiesen. 1945–1947 war er in britischer Kriegsgefangenschaft.

Oberquartiermeister
Bernhard Pamberg (Pampel),
ohne Datum
Bundesarchiv/Militärarchiv, MSg 109/1942

Am Beispiel der 57. Infanterie-division läßt sich die Dimension eines „Erfassungsraumes" verdeutlichen. Hier deckten Einheiten des Verbandes ihre Wintervorräte. Der „rück-sichtslose Einsatz der Zivil-bevölkerung" zur Erfassung der Vorräte war am 26.10.1942 angeordnet worden.

„Gesamterfassungsraum der 57. Div. nach Übernahme des bisherigen Erfassungsraumes der 68. Division", 1941
Bundesarchiv/Militärarchiv, RH 26–57/114

Kriegstagebuch des IVa der 57. Infanteriedivision, Eintrag für den Zeitraum 15.–20.11.1941
Bundesarchiv/Militärarchiv, RH 26–57/115

Besprechung über die „Versorgung der Truppe aus dem Lande"
vom 7.11.1941
Bundesarchiv/Militärarchiv, RW 46/151

„[...] Oberst D i e t r i c h [Chef des Stabes der Wi In Süd] und
die Herren vom Wi Kdo äusserten schwere Bedenken gegen den
Befehl des A.O.K. 6/O.Qu./IVa/Qu. 2 vom 26. 10. 41, betr. Sicherstellung der Ernährung für den Winter 1941/42. Sie fürchteten,
dass die Truppe, und zwar nicht nur die Wirtschaftseinheiten,
sondern jeder Zug und jedes kleine Kommando, den Befehl als
einen Freibrief ansehen würde, auf Grund dessen sie willkürlich
Vieh und andere Lebensmittel entnehmen könnten. Die Folge
würde sein, dass
1.) weitaus mehr verzehrt würde, als der Truppe nach den Ver-
pflegungssätzen zusteht und
2.) die vorhandenen Mengen bereits in wenigen Monaten verzehrt sein würden und dass gegen Ende des Winters nichts
mehr da sein würde. [...]
Wenn jede Kompanie sich berechtigt fühlt, Milch- und
Schlachtvieh auf einzelnen Kolchosen zusammenzutreiben,
Hühner- und Gänsefarmen einzurichten, wird ein wilder Wett-
lauf entstehen und auf jeden Fall mehr verbraucht werden, als
der Truppe zusteht. [...]"

KARL MAIER (geb. 1891) wurde in Herrentierbach/Württemberg
als Sohn eines Pfarrers geboren. 1909 trat er als Fahnenjunker
ins Infanterieregiment 121 ein und nahm am Ersten Weltkrieg
unter anderem als Kompanieführer und Ausbilder teil. 1917 geriet
er in englische Kriegsgefangenschaft, aus der er 1919 zurückkehrte. Danach war er bis zu seiner Verabschiedung 1924 Kompaniechef bei der Reichswehr. Bis 1936 übte er im Zivilberuf unter
anderem eine Tätigkeit als Kaufmännischer Angestellter und
später Mitinhaber einer Silberwarenfabrik in Schwäbisch
Gmünd aus. Am 1. September 1936 erfolgte seine militärische
Wiederverwendung als Leiter der Wehrwirtschaftsstelle Würzburg. 1939 wurde er zunächst versetzt zum Armeeoberkommando 7, 1940 zum Armeeoberkommando 4, jeweils als Verbindungsoffizier des Oberkommandos der Wehrmacht. Am Überfall auf
die Sowjetunion nahm er als Wehrwirtschaftsoffizier (das spätere
Amt des Armeewirtschaftsführers) teil. Ab 14. Januar 1942 war er
in Personalunion Armeewirtschaftsführer beim Armeeoberkommando 6 und Kommandeur des Wirtschaftskommandos Charkow. Noch im selben Jahr wurde er Heereswirtschaftsführer bei
der Heeresgruppe Don bzw. Süd.

Armeewirtschaftsführer beim
Armeeoberkommando 6, Karl
Maier, ohne Datum
Bundesarchiv/Militärarchiv, Pers 6/11773

- 107 -

19

18.11.41   Dienstag.

Das AOK 6 hat unterm 14.11.41 einen Befehl herausgegeben
betreffend die Sicherstellung der Ernährung. In diesem Befehl wird darauf hingewiesen, daß die Ernährung für den
kommenden Winter aus dem besetzten Gebiet erfolgen muß. Es
wird daher unter anderem befohlen:
Die Sicherstellung der Ernährung ist von den Divisionen und
Wirtschaftstruppenteilen im engsten Einvernehmen mit den Außenstellen des Wi-Kdos Charkow durchzuführen und sie sind an
die Weisungen des Wi-Kdos Charkow und seiner Außenstellen
gebunden. Vieh und andere Verpflegungs- und Futtermittel
dürfen von jetzt an im Gebiet Poltawa nicht mehr von der
Truppe, sondern nur noch von den La-Führern sichergestellt
oder beschlagnahmt werden.
Auf Anfordern der La-Führer sind von der Truppe für landwirtschaftliche Betriebe und Vorräte an Verpflegungs- und
Futtermitteln Bewachungskräfte zu stellen. Es ist zu hoffen,
daß durch diesen Befehl nun geordnete Zustände im Gebiet
Poltawa-Charkow einziehen, denn durch einen früheren Befehl
vom 26.10.41 hatte die Truppe das Recht, alles aus dem Lande
fortzunehmen. Damit war dem Requirieren der Truppen Tür und
Tor geöffnet und irgendwelche Bewirtschaftung und Feststellung der vorhandenen Bestände unmöglich. So ist durch
den neuen Befehl zu hoffen, daß nun auch in diesem Bezirk
das Wi-Kdo seine volle Tätigkeit aufnehmen kann, die sich
auswirken soll zum Nutzen von Wehrmacht, Heimat und unter-
worfenem Gebiet.

„Damit war dem

Requirieren der Truppen

Tür und Tor geöffnet [...]."

Eintrag vom 18.11.1941 im Kriegstagebuch Nr. 2a des Wirtschaftskommandos Charkow über die Koordination in Ernährungsfragen
Bundesarchiv/Militärarchiv, RW 31/694, Bl. 19

Bericht des Korpsintendanten des LV. Armeekorps über die
Ernährungslage im Winter 1941/42 vom 11.11.1941
Bundesarchiv/Militärarchiv, RH 24–55/111

Die Folgen des Charkower Hungerregimes waren bekannt und wurden offen benannt, beispielsweise vom Korpsintendanten des LV. Armeekorps, Oberst Dr. Fersch. Gleichwohl reichten auch seine Alternativvorstellungen nur bis zu der Überlegung, den russischen Bevölkerungsteil aus der ukrainischen Stadt zu deportieren.

„[...] 4.) Die Lösung dieses Fragenkomplexes erfährt nun dadurch noch eine Erschwerung, daß auch die Stadtbevölkerung Charkows aus diesen auf die Divisionen aufgeteilten Erfassungsgebieten ernährt werden soll. Eine solche Regelung kann nicht befürwortet werden, wenn nicht die Ernährungslage der Truppe noch mehr erschwert werden soll.

Es ist ja nun bereits verschiedentlich die Absicht geäußert worden, man kann ja die Bevölkerung langsam verhungern lassen, wobei als Begründung für diese Lösung auf die Handlungsweise unserer Feinde (z.B. Engländer im Fall des Burenkrieges, Russen selbst im Hinblick auf die bisherigen Erfahrungen mit den Bolschewiken) hingewiesen wird.

Eine Handlungsweise, die wir bei anderen als falsch beurteilen, dürfte aber dadurch nicht richtig werden, daß wir vorgeben, wir handeln in Wiedervergeltung, zumal auch diese Art der Wiedervergeltung vor der Geschichte nicht als begründet anerkannt werden dürfte, da sie ja ganz andere Personen trifft, als die, die uns als schlechtes Beispiel aus der Vergangenheit vor Augen stehen. Abgesehen davon, würde unsere Lage durch ein solches Aushungerungsverfahren und die dadurch drohenden Hungerrevolten nicht gerade verbessert werden.

Die einzig richtige Lösung, die auch vielleicht der deutschen Gemütseinstellung am meisten Rechnung tragen würde und auch vor der Geschichte bestehen könnte, ist die Evakuierung des russischen Teils der Charkower Bevölkerung. Soviel mir bekannt, ist der grösste Teil der Bevölkerung großrussisch, die weder ukrainisch sprechen noch verstehen. Diesen Teil der Charkower Bevölkerung durchzufüttern, hat die deutsche Wehrmacht nicht den geringsten Anlaß. Dieser Teil muß evakuiert werden. Diesen Leuten kann aus den bereits in ihrem Besitz befindlichen Verpflegungsmitteln ein Verpflegungsvorrat für etwa 6 Tage belassen werden, den sie dann mit einem kleinen Teil ihres sonstigen notwendigen Hab und Guts (Decken usw.) auf Panjefahrzeugen bis über den Donez mitführen können, etwa ähnlich wie im Herbst 1918 die Evakuierung der franz. Bevölkerung beim Rückmarsch der deutschen Truppen durchgeführt wurde.

Mit der Durchführung dieser Evakuierung würde zweckmässig ein Sonderbeauftragter (SS) beauftragt werden. Die zurückbleibende ukrainische Bevölkerung von Charkow dürfte zur Deckung der hier benötigten Arbeitskräfte ausreichen, außerdem würde dadurch Unterkunftsraum für die Truppe gewonnen, sowie sonstige Geräte, wahrscheinlich auch Bestände an Lebensmitteln und die Ernährungsfrage der Restbevölkerung ließe sich leichter lösen.

gez. Dr. Fersch"

Anordnung zur Sicherstellung der Ernährung für den Winter 1941/42 von der Abteilung IVa beim Quartiermeister des Generalkommandos, LI. Armeekorps, vom 19.11.1941

Bundesarchiv/Militärarchiv, RH 24–51/73

„[...] I. Zur Bezugsverfg. des Gen.Kdos. Wird auf Grund der bisher gemachten Erfahrungen noch folgendes befohlen:

1 Die Sicherstellung der Ernährung ist von den Divisionen und Wirtschaftstruppenteilen im engsten Einvernehmen mit den Außenstellen (Landwirtschaftsführern) des Wirtschaftskommandos (Wiko) Charkow (z.Zt. noch in Poltawa, später in Charkow) durchzuführen.

Verzeichnis der Landwirtschaftsführer siehe Anlage.

Die Divisionen und Wirschaftstruppenteile sind bei der Durchführung des Befehls vom 29.10.41. an die Weisungen des Wiko Charkow und seiner Außenstellen (Landwirtschaftsführer) gebunden, um den vom Wiko durchzuführenden Wiederaufbau der bisherigen russischen Erfassungsorganisation nicht zu stören oder ganz zu unterbinden.

Die zur Versorgung der Truppe notwendigen Verpflegungs- und Futtermittel werden auf Anfordern von den genannten Außenstellen nachgewiesen. Soweit diese noch nicht eingesetzt oder noch nicht dazu in der Lage sind, erfaßt die Truppe selbst.

Engste Zusammenarbeit zwischen den Erfassungskommandos der Truppe und Unterstützung der Landwirtschaftsführer durch die Truppe dabei unbedingt notwendig.

2) Alles von der Truppe beschaffte und noch zu beschaffende Brotgetreide ist den La.-Führern zur Ausmahlung zur Verfügung zu stellen. Soweit diese noch nicht eingetroffen sind, ist das Getreide durch die Truppe bis dorthin zu sichern.

Der Truppe verbleibt ein Monatsbedarf an Mehl für ihre Verpfl.-Stärke unter Zugrundelegung einer Mehlportion von 430 g. Dazu ist ein Monatsbedarf an Backsalz aus den Verteilungslagern bereitzuhalten.

Der Betrieb von Mühlen, Zuckerfabriken, Ölpressen, Brauereien, Molkereien und anderen Verarbeitungsstätten landwirtschaftlicher Erzeugnisse wird ausschließlich von den Landwirtschaftsführern geleitet, welche die verfügbaren Erzeugnisse den führenden Dienststellen des Bereiches (IVa der Divisionen, im rückwärtigen Erfassungsraum K.Pi.-Fhr., Orts-Kdtr. Achtyrka, Beob.Abt. 28 Senkoff) laufend zur Verwertung und Verteilung zur Verfügung stellen, wobei sie Preis und Zahlungsart festsetzen.

3) Saatgut darf auf keinen Fall für die Verpflegung der Truppe verwendet werden. Was als Saatgut anzusehen ist, bestimmt der Landwirtschaftsführer.

4) Zuchtvieh ((Milchkühe, Sauen, Vatertiere und Jungvieh) ist den Einwohnern und den landwirtschaftlichen Betrieben unter allen Umständen zu belassen.

5) Mit Rücksicht darauf, daß die Ernährungslage Deutschlands besondere Sparsamkeit im Fleischgenuß und die restlose Verwertung von Tierhäuten und aller Schlachtabfälle zwingend erfordert, darf die Truppe nur dann selbst schlachten, wenn die Fleischversorgung durch die Schlächt.-Kompn. der Divisionen und der Armee nicht gewährleistet ist.

6) Die von den Divisionen und Wirtschaftstruppenteilen gem. Befehl vom 29.10.41. übernommenen und in den Unterkunftsbereichen eingelagerten Lebens- und Futtermittel sind ein eiserner Vorrat für solche Zeiten, in denen infolge schwieriger Wege und Witterungsverhältnisse die laufende Versorgung durch die Verpfl.-Ämter und durch Entnahme aus dem Lande unterbrochen ist.

Mit Kartoffeln muß besonders haushälterisch umgegangen werden, da die volle Aufbringung aus dem Korpsbereich nicht möglich ist und während des Winters Kartoffeln nicht zugeführt werden können.

Falls Tauwetter eintreten sollte, ist mit größter Beschleunigung die Bergung der noch im Boden befindlichen Kartoffeln und deren frostsichere Einlagerung zu betreiben.

Die Ausgabe von Verpfl.- und Futtermitteln aus diesen Reservebeständen obliegt den Zahlmeistern und bei den Wirtschaftseinheiten den Rechnungsführern. Sie haben die aus dem Lande entnommene Verpfl.- und Futtermittel nach den vorgeschriebenen Portions- und Rationssätzen an die Truppe auszugeben.

Die Buchführung und Abrechnung hierüber ist gem. den Richtlinien für den Rechnungsführer vom 1.3.41. Ziff. 10 und 11 durchzuführen.

7) Alle entnommenen Verpfl.- und Futtermittel, die nicht zweifelsfrei Beute, d.h. ehemaliges Eigentum der sowjetrussischen Wehrmacht sind, sind ordnungsgemäß zu bezahlen. Beträge bis zu 1000 RM sind bar zu bezahlen, über Beträge darüber hinaus sind Empfangsbescheinigungen auszustellen. Hierzu sind ausschließlich die vom AOK ausgegebenen Bescheinigungshefte zu verwenden. Nachempfang solcher bei der Armee-Feldkasse und den Divisions-Feldkassen möglich.

8) Auf Anfordern der La-Führer sind von der Truppe für landwirtschaftliche Betriebe und Vorräte an Verpfl.- und Futtermitteln Bewachungskräfte zu stellen.

9) Oberster Grundsatz muß sein: Nur ordnungsmäßiger Verbrauch der im Lande vorhandenen Verpfl.- und Futtermittel gewährleistet ausreichende Verpflegung der Truppe auf längere Sicht und Entlastung der Heimat. Da jeder Truppenteil auf ein bestimmtes Erfassungsgebiet angewiesen ist, liegt es in seinem eigensten Interesse, diesen nicht durch verschwenderische Wirtschaft vorzeitig leerzufressen. Die Folgen verschwenderischer Wirtschaft muß jeder Truppenteil selbst tragen, da ihm die vorschnell verbrauchten Vepfl.- und Futtermittel später fehlen.

II. Die Truppenbefehlshaber und Einheitsführer sind für die Durchführung des Befehls vom 29.10.41. und dieses Zusatzbefehls verantwortlich.[...]"

Eintrag vom 23.11.1941 im Kriegstagebuch Nr. 2a des Wirtschaftskommandos Charkow über die Problematik des AOK-Befehls vom 26.10.1941
Bundesarchiv/Militärarchiv, RW 31/694

„[...] für 10 Monate eindecken [...]."

„[...] Schwerwiegende Bedenken verursacht, daß das beste Vieh von den Truppen fortgeführt worden ist. Im westlichen Teil liegen die Verhältnisse besser als im östlichen, sodaß 2/3 des Viehbestandes als vorhanden angenommen werden können. Der Teil um Charkow und östlich davon hat sehr gelitten. Die Hauptursache liegt an einem Befehl des AOK 6, daß die Truppe alles aus dem Lande fortzunehmen hat und sich für 10 Monate eindecken soll. [...]"

Eintrag vom 29.12.1941 ins Kriegstagebuch des Wehrwirtschaftsoffiziers beim Armeeoberkommando 6 über die Ernährungslage
Bundesarchiv/Militärarchiv, RW 46/151

„[...] in rund 42 km Tiefe [ist] mit Kahlfrass für dieses und das folgende Jahr zu rechnen [...]."

„[...] 29. Dezember 1941:
[...] Es wird festgestellt, dass im Gefechtsgebiet, d.h. in rund 42 km Tiefe mit Kahlfrass für dieses und das folgende Jahr zu rechnen ist, da auch die erforderlichen Mengen an Saatkartoffeln und -getreide im Frühjahr nicht herangebracht werden können. Nachschub ist z.Zt. nur von Vieh und Hafer möglich. Im übrigen muss die ganze Armee aus dem Lande, in erster Linie aus dem rückwärtigen Armeegebiet versorgt werden. [...]"

Eintrag vom 26.1.1942 ins Kriegstagebuch Wirtschaftsstab Ost
Bundesarchiv/Militärarchiv, RW 31/16

„Hinter der Front bildet sich in einer sich über etwa 150 km erstreckenden Breite ein Gebiet, in dem ein völliger ‚Kahlfraß' eingetreten ist, bezw. noch eintritt."

„[...] Zufolge Reisebericht Ministerialdirektor Riecke vom 26.1. ist der Stand der Versorgung der Armeen im Bereich der Befehlsstelle Süd folgender:
Im Operations- und im Armeegebiet entnehmen die meisten Armeen die Vorräte so, wie sie sie finden, auf dem Lande. Was ihnen fehlt, fordern sie bei der Befehlsstelle an, der sie ihre Vorräte melden. Diese Meldungen sind jedoch unvollkommen, und die Armeen müssen Vorräte in der Hand haben, die sie nicht angeben. [...]
Infolge mangelnden Nachschubs haben die Armeen schon erhebliche Eingriffe in Saatgetreidebestände vorgenommen. Hinter der Front bildet sich in einer sich über etwa 150 km erstreckenden Breite ein Gebiet, in dem völliger ‚Kahlfraß' eingetreten ist, bezw. noch eintritt. [...]
Die Versorgungslage der Zivilbevölkerung spitzt sich täglich zu, da die gehamsterten zivilen Vorräte der Stadtbevölkerung nunmehr bald zu Ende gehen dürften. [...]"

Auf Anweisung der Stadt-kommandantur wurde Charkow zunächst abgeriegelt. Bewegungsmöglichkeiten gab es nur, soweit sie den Interessen der Besatzungsbehörden entsprachen. Selbsthilfe-maßnahmen der Bevölkerung, etwa zur Beschaffung von Lebensmitteln, waren unter diesen Bedingungen erschwert.

Tauschhandel in den Straßen Charkows, 1942
PK-Fotograf: Hermann Hoeffke
bpk

In der Perspektive der deut-schen Propaganda-Fotografie verdeckt die „malerische" Kulisse und das „exotische" Ensemble das reale Elend einer hungernden Stadtbevölkerung. Die „Frau mit Kind im Elend" bleibt isoliert. Die Stadtbevöl-kerung war auf den privaten Tauschhandel angewiesen, weil es im freien Handel keine Nah-rungsmittel zu kaufen gab.

Straßenszene im besetzten Charkow, 1942
PK-Fotograf: Hermann Hoeffke
bpk

Charkow, ohne Datum
PK-Fotograf: Hermann Hoeffke
bpk

Eintragungen im Kriegstagebuch 2a des Wirtschaftskommandos Charkow, Januar 1942
Bundesarchiv/Militärarchiv, RW 31/694

Eintragung vom 3.1.1942:

„[...] Die hiesige katastrophale Ernährungslage und das fast völlige Stilliegen der Betriebe kommen der Werbung sehr entgegen, sodaß eine Arbeitsaufnahme im Reich von den meisten direkt gewünscht wird. [...]"

Eintragung vom 8.1.1942:

„[...] Die Ernährungslage der Bevölkerung Charkows bleibt trotz aller Maßnahmen, die bisher getroffen wurden, trostlos. Da die Armee bestimmte Einzugsgebiete für die Truppenverpflegung festlegte, lassen sich die Verpflegungsmittel für die Stadt Charkow nur in ganz geringem Maße freimachen, mit denen man aber die Bevölkerung nicht ernähren kann. So entstand für die Stadtbevölkerung die Zwangslage, selbst aufs Land hinauszugehen um Lebensmittel zu beschaffen. Dieser alltägliche Strom ist schon 60 km vor Charkow festzustellen. Gegen Kleidungsstücke und Bedarfsgegenstände werden Lebensmittel eingetauscht. Es ist zu befürchten, daß, wenn dieser Tauschhandel sich weiter ausdehnt, die Erfassungsarbeit der Abteilung La stark behindert wird.

Wie trostlos die Ernährungslage Charkows ist, zeigt eine Meldung des techn. Batl. (mot.) 6. Nach dieser Meldung fallen täglich in den vom Batl. betreuten Versorgungsbetrieben der Stadt Charkow technische Spezialisten, die für die Strom- und Kraftversorgung unentbehrlich sind, an ihren Maschinen ohnmächtig um oder bleiben wegen allgemeiner Körperschwäche ganz weg. Das Bataillon bittet deshalb, diesen Kräften eine Nahrungsmittelzulage zu bewilligen."

> „Die Ernährungslage der Bevölkerung Charkows bleibt trotz aller Maßnahmen, die bisher getroffen wurden, trostlos."

Eintragung vom 12.1.1942:

„[...] Obwohl diese Bitte [um Mitversorgung der Familienangehörigen in kriegswichtigen Betrieben] begründet ist, kann unter Berücksichtigung der derzeitigen Versorgungslage Charkows ihr nicht entsprochen werden.

Es sollen in Zukunft verpflegt werden:

Arbeiter in Wehrmachtsbetrieben	20 000
Angehörige dieser Arbeiter	60 000
Angehörige der ins Reich verschickten Facharbeiter	50 000
Volksdeutsche	2 000

Aus dem zugewiesenen Erfassungsraum ist dies nicht möglich. Es müßten, um diese Menschen ernähren zu können, täglich mindestens 30 t Getreide oder Mehl von rückwärts anrollen, bei einem täglichen Satz von 200 g je Kopf.

Zur Verfügung stehen im Rayon Dergatschi 30 t und im Rayon Walki 20 t. Sobald es die Wetterlage erlaubt, werden diese Mengen abgefahren. Das im bisherigen Erfassungsraum (25 km Radius) im Osten der Stadt durch eine besondere Dreschaktion gedroschene Getreide kann nicht abgefahren werden, da es die Wehrmacht nicht freigibt. Infolge Treibstoffmangels stehen in den umliegenden Rayons fast sämtliche Dreschmaschinen still. Knapp ist z.Zt. auch das Pferdefleisch. Zugeteilt wurde bis jetzt 300 g pro Kopf wöchentlich. Wenn in Bälde keine größere Zuweisung von Schlachtpferden erfolgt, muß die Zuteilung wesentlich verringert werden.

Täglich gehen hunderte von Einwohnern aufs Land, um sich irgendwie Lebensmittel zu beschaffen."

**Bericht des Vertreters des Auswärtigen Amts beim Armee-
oberkommando 6 über die „Ernährungslage in Charkow",
vom 25.3.1942**
PAAA, R 60763

„[...] Die Zivilbevölkerung Charkows umfasst z.Z. etwa 450.000
Köpfe gegenüber etwa 800.000 vor dem Kriege. Vor der Besetzung der Stadt wurde ein grosser Teil der Bevölkerung von den
Sowjets evakuiert und weiter nach Osten verbracht. Da diese
fast alle grösseren Betriebe, Transportmittel und Lebensmittelvorräte restlos zerstört hatten, gestaltete sich die Heranschaffung und Verteilung der Lebensmittel sehr schwierig. Für
den grösseren Teil der Bevölkerung ist vorläufig nichts da. Sie
ist deshalb darauf angewiesen, sich Lebensmittel auf dem
Lande zu holen. Täglich sieht man Karawanen von Menschen
mit kleinen Handschlitten, die mit Möbeln, Hausrat und Dingen
des täglichen Bedarfs vollgepackt sind, weit hinaus aufs Land
wandern, um dort bei den Bauern die notwendigsten Lebensmittel einzutauschen. Man rechnet, dass auf diese Weise schätzungsweise 300 t Lebensmittel täglich in die Stadt hereinkom-
men. Auch können Lebensmittel, allerdings zu horrenden Prei-
sen, auf dem Markt erworben werden. Durch diesen, sozusagen
konzessionierten Schleichhandel ist es möglich, einen grösseren Teil der Bevölkerung am Leben zu erhalten.

Vordringlichste Aufgabe ist es, die Ernährung der Truppe aus
dem Lande sicherzustellen und sie damit kampfkräftig zu erhalten. Darüber hinaus werden aber auch die in den wehrwirtschaftlichen Betrieben beschäftigten Arbeiter (etwa 25.000
Mann), allerdings zu wesentlich herabgesetzten Lebensmittel-
sätzen, vom A.V.L. verpflegt. Für die immer mehr anwachsende
Zahl der nicht vom A.V.L. verpflegten, für die Wehrmacht aber
wichtigen Arbeiter sorgt die Standortkommandantur in enger
Zusammenarbeit mit dem Kreislandwirtschaftsführer Char-
kow-Stadt, wozu sie in engen Grenzen in der Lage ist. Damit
konnte ein Zustand beseitigt werden, dass die für die Wehrmacht arbeitenden Zivilisten sich schlechter stehen, als die
arbeitslosen Männer, die teilweise in der Lage sind, sich vom
Lande in gewissem Umfange Lebensmittel zu holen. Auch die
Angehörigen der nach Deutschland vermittelten und bereits
abtransportierten Facharbeiter können jetzt mit kleinen
Mehlmengen versorgt werden, was sich auf die weitere Werbung von Facharbeitern schon günstig ausgewirkt hat. Für die
Intelligenz, die in Charkow verhältnismässig stark vertreten
ist, konnte insofern gesorgt werden, als der Abtransport eines
Teils der für Deutschland wichtigen Professoren, Techniker,
Ingenieure usw. bereits begonnen hat und weiter fortgesetzt
wird. Auch die wertvollen Teile der Volksdeutschen werden in
Kürze umgesiedelt werden.

Praktisch können somit einstweilen nur die vom A.V.L. nicht
übernommenen Arbeiter sowie die Angehörigen der unmittelbar oder mittelbar für die Wehrmacht beschäftigten Arbeiter
berücksichtigt werden. Ausserdem wird für wichtige Kranken-
häuser, Kinderheime usw. und für wertvolle Einzelpersonen gesorgt werden. Im ganzen schätzungsweise 50–60.000 Personen.

Mit Sorgen sieht man dem Frühjahr entgegen. Durch die dann
einsetzende Schneeschmelze wird es dem Teil der Bevölkerung,
der z.Zt. mit Handschlitten – andere Transportmittel gibt es
nicht – seine Lebensmittel auf dem Lande holt, nicht mehr
möglich sein, sich auf diesem Wege weiterhin Lebensmittel zu
beschaffen, obwohl man auch hier in Rechnung stellt, dass ein
grosser Teil sich für die Schlammperiode bevorratet hat. Auch
ist bei Eintritt der wärmeren Jahreszeit mit einem starken An-
steigen der Todesfälle zu rechnen, da die völlig erschöpfte Bevölkerung für Krankheiten aller Art viel anfälliger ist. Schon
jetzt sterben – nach den bei den städtischen Meldestellen eingehenden Meldungen – täglich mindestens 50 Menschen den
Hungertod. Wahrscheinlich ist die Zahl jedoch grösser, da z.Zt.
in vielen Fällen die Todesursache als „unbekannt" bezeichnet
wird. Diese Fälle sind in der obigen Zahl nicht enthalten. Ausserdem werden viele Todesfälle überhaupt nicht gemeldet.
Damit fallen immer mehr Arbeitskräfte für die Landwirtschaft
und für die Betriebe in der Stadt aus, die dringend gebraucht
und niemals zu ersetzen sind, was sich jetzt schon fühlbar
macht.

Zur Zeit wird die Frage geprüft, wie die zukünftige Versorgung
der Stadt gesichert werden kann. Geplant ist, der Stadt eine
genügend grosse Anzahl von Staatsgütern in der Nähe der
Stadt zu überlassen. Die Güter sollen von der Stadt unter Aufsicht der Organe des Gebietslandwirtes bewirtschaftet werden, und man nimmt an, dass die Stadt, wenn sie selbst interessiert ist, mehr aus den Gütern herausholen kann.

Die Stimmung der städtischen Bevölkerung ist infolge der
katastrophalen Ernährungslage und des völligen Fehlens von
Brennstoffen sehr gedrückt. Das Verhalten gegenüber der
Deutschen Wehrmacht wird hiervon jedoch nicht berührt. Allgemein wird anerkannt, dass von deutscher Seite alles versucht wird, um die Enährungsfrage auch nur einigermassen zu
lösen. Auch leuchtet es jedem ein, dass nach der Zerstörung
fast aller für den Winter bereits eingelagerten Vorräte durch
die Bolschewisten diese jetzt für die Volksernährung fehlen,
und dass es hauptsächlich eine Transportfrage ist, wenn nicht
genügend Lebensmittel vom Lande herangebracht werden können, wo noch genügend Lebensmittel auch für eine notdürftige
Ernährung der Stadtbevölkerung vorhanden sein dürften. Über
allen aber lastet eine panische Angst vor der Rückkehr der
Bolschewisten, die sie selbst das härteste Los leichter ertragen lässt. [...]"

„Schon jetzt sterben – nach
den bei den städtischen Meldestellen eingehenden Meldungen – täglich mindestens
50 Menschen den Hungertod."

„Die Stimmung der städtischen
Bevölkerung ist infolge der
katastrophalen Ernährungslage
und des völligen Fehlens von
Brennstoffen sehr gedrückt."

Eintrag im Kriegstagebuch des Kommandanten des
rückwärtigen Armeegebiets (Korück 585), abgeschlossen am
31.1.1942, über den Zustand der Zivilverwaltung und der
Zivilbevölkerung in Charkow
Bundesarchiv/Militärarchiv, RH 23/330

„[…] Nur ganz geringe Mengen konnten die La-Führer der
Ernährung der Zivilbevölkerung zuführen. Ein großer Teil hatte
anfangs auch noch Vorräte, die mehrere Wochen reichten,
nachdem sich die Bevölkerung bei Abzug der Bolschewisten
eifrig am Plündern der Lager beteiligt haben soll.
Da aber sämtliche Vorräte des Landes von der Truppe in Anspruch genommen oder für sie reserviert waren, stand auch
im weiten Umkreis nichts für eine geordnete Versorgung zur
Verfügung. Die Heranschaffung aus rückwärtigem Heeresgebiet scheiterte am Transportraum. Das Schicksal der Zivilbevölkerung ist nicht mehr aufzuhalten. Bei dieser katastrophalen Ernährungslage mußte schließlich für die bei der Wehrmacht beschäftigten russ. Arbeiter anderweitig gesorgt
werden. Die Erfassung dieses Personenkreises ist z. Zt. im
Gange. Falls der beantragte Anschluß an das A.V.L. nicht geneh-
migt wird, bleibt als letzter Ausweg nur noch der Befehl an die
Divisionen, von den im Herbste dem Lande entnommenen
Vorräten für die Wehrmachtsarbeiter Charkows abzugeben.
[…]"

„Das Schicksal der Zivil-
bevölkerung ist nicht mehr
aufzuhalten."

Lagebericht des Wirtschaftskommandos Charkow zur Versorgung
bestimmter Bevölkerungsgruppen, Berichtzeitraum
16.4. – 15.5.1942
Bundesarchiv/Militärarchiv, RW 31/701

„[…] II. Ernährungslage.
a) Ernährung der Bevölkerung.
Die Ernährungslage der Stadt Charkow ist nach wie vor sehr
angespannt. Zieht man zur Prüfung der Frage, welcher Teil der
Bevölkerung mit einer einigermaßen geregelten Versorgung
rechnen kann, die oben unter Ziffer 5 (‚Berufsverbände') angegebenen Zahlen heran, so darf folgendes nicht übersehen
werden.

„Die Ernährungslage der Stadt
Charkow ist nach wie vor sehr
angespannt."

1. 22.500 Arbeiter der Wehrmachtsbetriebe: Hiervon erhalten
   rund 14.000 die AVL-Verpflegung für ihre Person sowie ausserdem pro Dekade 1 kg Mehl und Pferdefleisch nach Anfall.
   Die übrigen beschäftigten erhalten je Dekade für ihre Familie nur 2 kg Mehl und Pferdefleisch nach Anfall durch das
   Ernährungsamt.
2. 22.600 und 13.200 Angehörige: Diese erhalten keine Versorgung und müssen von den zu 1. benannten Personen mit-
   ernährt werden.
3. 25.000 Facharbeiterangehörige: Diese erhalten pro Person
   1 ½ kg Mehl pro Dekade.

Es ist also nur ein sehr geringer Bruchteil der für eine Bevölkerung von rund 355.000 Köpfen benötigten Nahrungsmittel,
der bisher bereitgestellt werden konnte. [...]"

Angaben der eingesetzten Stadtverwaltung Charkows über
die Sterblichkeit der Bevölkerung vom September 1942
USHMM, RG – 31.010M, R. 7, 2982/4/390a

„D a t u m	Insgesamt starben	Darunter von Hunger	Prozentsatz v. Hunger ge- storb. zu d. Gesamtzahl der Gestorb.
Zweite Hälfte d.Monats Dezember 1941 J.	500	118	23,6
Erste Hälfte d.Monats Januar 1942	591	218	36,8
Zweite Hälfte d.Monats Januar 1942	1012	334	33,0
Erste Hälfte d.Monats Februar 1942	1184	711	60,0
Zweite Hälfte d.Monats Februar 1942	949	572	60,5
Erste Hälfte d.Monats März 1942	1260	782	62,0
Zweite Hälfte d.Monats März 1942	1439	1009	72,3
Erste Hälfte d.Monats April 1942	1491	984	64,5
Zweite Hälfte d.Monats April 1942	1462	1137	77,7
Erste Hälfte d.Monats Mai 1942	1711	1202	70,3
Zweite Hälfte d.Monats Mai 1942	1450	1035	71,3
Erste Hälfte d.Monats Juni 1942	1350	777	57,5
Zweite Hälfte d.Monats Juni 1942	1076	598	55,5
Erste Hälfte d.Monats Juli 1942	1047	542	51,7
Zweite Hälfte d.Monats Juli 1942	919	547	59,6
Erste Hälfte d.Monats August 1942	792	398	50,3
Zweite Hälfte d.Monats August 1942	573	327	57,2
Erste Hälfte d.Monats September 1942	524	293	56,0
Zweite Hälfte d.Monats September 1942	654	324	49,7
[…]			
[Gesamt:	19 984	11 918	59,6]

Bemerkung: Die Intensivität der Sterblichkeit in der St. Charkow
f. d. Jahre 1924 – 28 im Durchschnitt wurde folgendermassen
festgestellt 11,8%. [...]"

KRIM

Die Halbinsel Krim im Süden der Sowjetunion stand während der gesamten deutschen Besatzung unter militärischer Verwaltung. Die von Generalfeldmarschall Erich von Manstein geführte 11. Armee betrieb auf der Krim bis September 1942 eine systematische Politik der Selbstversorgung. Die genaue Anzahl der Hungertoten im Winter 1941/42 ist nicht bekannt.

Militärisch war die Krim 1941 keineswegs „befriedet". Daher richtete sich das Augenmerk der Wehrmacht auch vornehmlich auf die Kriegführung. Der Verpflegungsnachschub für die eigenen Verbände wurde dem an Munition und Waffen nachgeordnet. Im Ergebnis führte dies zu einem massiven Raubbau an den ohnehin kargen Nahrungsreserven auf der Krim. Hunger und Elend der einheimischen Bevölkerung gehörten zu den im militärischen Gesamtplan einkalkulierten „Härten". Wie in Charkow wurden auch auf der Krim die Möglichkeiten zur Selbsthilfe für die Einwohner eingeschränkt. Anfang 1942 herrschte in zahlreichen größeren Orten akute Hungersnot. Im Kalkül der Hungerstrategie lag es auch, durch die mit Wissen der Militärverwaltung beschleunigte Ermordung der Juden die Anzahl der zu versorgenden Einwohner auf der Krim zu reduzieren.

Sofern es Abmilderungen der grundsätzlichen Hungerpolitik gab, folgten sie militärischen und volkstumspolitischen Gesichtspunkten. Die Arbeitskräfte und die Landbevölkerung, darunter die Mehrheit der Tataren, wurden bevorzugt, obwohl auch sie nicht vor Requirierungen geschützt waren. Erst als sich die militärische Lage zuspitzte und die Partisanengefahr anstieg, ergriffen die verantwortlichen Militärs Maßnahmen, um die Versorgung der städtischen Zentren etwas zu verbessern.

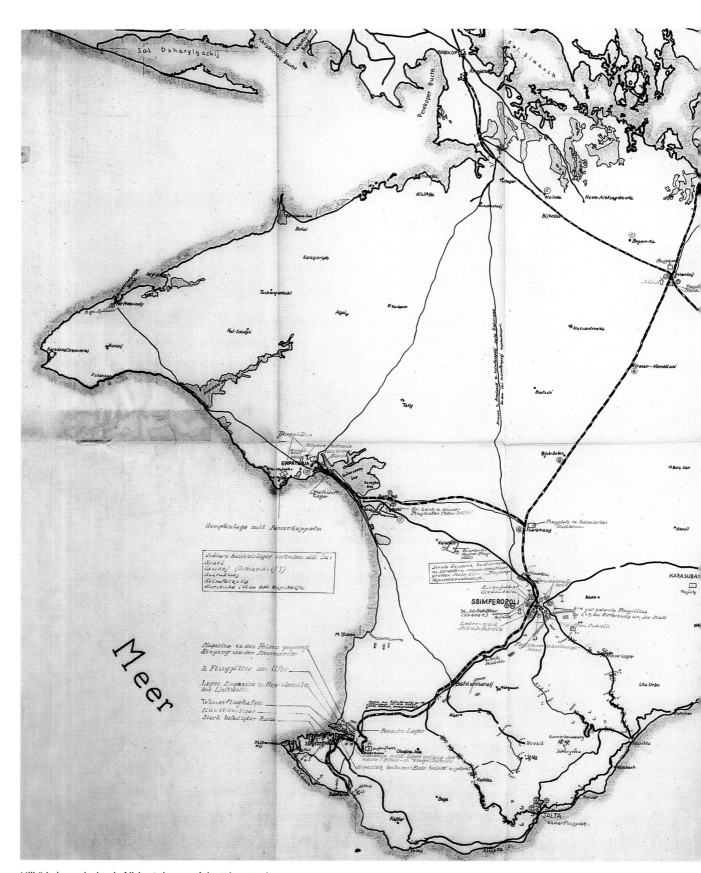

Militärische und wirtschaftliche Anlagen auf der Krim, 1941/42

Bundesarchiv, RW 46/207

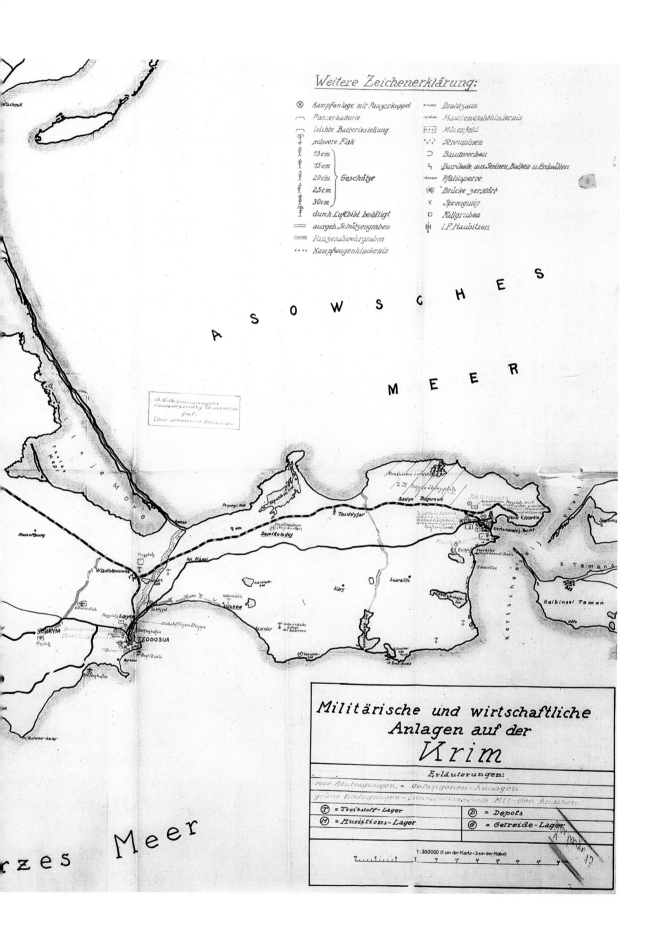

**Armeebefehl des Oberbefehlshabers der 11. Armee,
General Erich von Manstein, vom 20.11.1941**
StAN, PS – 4064

Der Befehl von Mansteins vom 20. November 1941 über das Verhalten der Truppe in den besetzten Gebieten beschreibt den Grundkonflikt der militärischen Besatzungspolitik. Einerseits sollte die Truppe „weitgehendst aus dem Lande ernährt", andererseits sollte den Erfordernissen einer „gerechten Behandlung aller nichtbolschewistischen Teile der Bevölkerung" Rechnung getragen werden.

„[...] Die Ernährungslage der Heimat macht es erforderlich, dass sich die Truppe weitgehendst aus dem Lande ernährt und dass darüberhinaus möglichst grosse Bestände der Heimat zur Verfügung gestellt werden. Besonders in den feindlichen Städten wird ein grosser Teil der Bevölkerung hungern müssen. Trotzdem darf aus missverstandener Menschlichkeit nichts von dem, was die Heimat unter Entbehrungen abgibt, an Gefangene und Bevölkerung – soweit sie nicht im Dienste der deutschen Wehrmacht stehen – verteilt werden.[...]

Von den nichtbolschewistischen Ukrainern, Russen und Tartaren muss erwartet werden, dass sie sich zu der neuen Ordnung bekennen. Die Teilnahmlosigkeit zahlreicher, angeblich sowjetfeindlicher Elemente muss einer klaren Entscheidung zur aktiven Mitarbeit gegen den Bolschewismus weichen. Wo sie nicht besteht, muss sie durch entsprechende Massnahmen erzwungen werden.

Die freiwillige Mitarbeit am Aufbau des besetzten Landes bedeutet für die Erreichung unserer wirtschaftlichen und politischen Ziele eine absolute Notwendigkeit.

Sie hat eine gerechte Behandlung aller nichtbolschewistischen Teile der Bevölkerung, die z.T. jahrelang gegen den Bolschewismus heldenhaft gekämpft haben, zur Voraussetzung.

Die Herrschaft in diesem Lande verpflichtet uns zur Leistung, zur Härte gegen sich selbst und zur Zurückstellung der Person. Die Haltung jedes Soldaten wird dauernd beobachtet. Sie macht eine feindliche Propaganda zur Unmöglichkeit oder gibt Einsatzpunkte für sie. Nimmt der Soldat auf dem Lande dem Bauern die letzte Kuh, die Zuchtsau, das letzte Huhn oder das Saatgut, so kann eine Belebung der Wirtschaft nicht erreicht werden. [...]"

Der Oberbefehlshaber der 11. Armee, Erich von Manstein, 1942
bpk

Armeeoberkommando 11
O.Qu./Nr.354/41 geh. C.U., den 19. November 1941.

Versorgung der Truppen
im Winter 1941/42.

I. Grundsätze.

Die Hauptversorgungsgebiete während der Überwinterung sind:
Verpflegung,
Unterbringung,
Bekleidung und Ausrüstung,
gesundheitliche und veterinärärztliche Betreuung.
Hierfür sind alle Mittel und Kräfte vordringlich einzusetzen.
In zweiter Linie steht
Kraftfahrwesen, insbesondere Instandhaltung und
Instandsetzung der Kraftfahrzeuge,
Munitionsergänzung,
Nachschub und Instandsetzung von Waffen und Gerät,
Feldpost.
Alles andere hat vor diesen lebenswichtigen Forderungen zurückzustehen.

Die Versorgung der Armee stützt sich auf
a) Landesvorräte und Erzeugnisse landwirtschaftlicher
und industrieller Art,

b) den Nachschub aus der Heimat.

Der Heimatnachschub erfolgt auf der Eisenbahn. Mit Nachschub über See ist kaum zu rechnen.
Die Strecke Dnjepropetrowsk, Sinelnikowo, Janzewo, Saporoshje, Melitopol, Dshankoj wird im Laufe des Dezember wiederhergestellt werden.
Daneben wird wie bisher die Strecke Cherson, Armjansk, Dshankoj benutzt werden.

-2-

– 2 –

Die Sicherung gegen Anschläge und die Instandhaltung der Bahnlinien, insbesondere Freihalten von Schneeverwehungen sind lebenswichtige Forderungen für die Versorgung.

Oberster Grundsatz ist, zur Entlastung der Heimat in jedem nur möglichen Umfange die Landesvorräte und -erzeugnisse zu erfassen und auszunützen. Die Ausnützung ist scharf zu regeln. Alle Vorgesetzten sind verantwortlich dafür, dass wilde Requisitionen und Plünderungen verhindert werden.

Aus der Heimat und aus Rumänien werden nur solche Versorgungsmittel nachgeschoben, die durch Ausnützung des Landes nicht erfasst werden können.

II. Zusammenarbeit von Truppen
und Wirtschaftsdienststellen.

Die Erfassung der Landesvorräte und -erzeugnisse auf der Krim und ihre Bereitstellung für die Truppen ist Aufgabe der Wirtschaftsdienststellen des Wirtschaftskommandos Krim, insbesondere der Landwirtschaftsführer. Die Landwirtschaftsführer auf der Krim sind mit "Besondere Anordnungen für die Versorgung" Nr. 45 vom 15.11. Ziffer 10 bekanntgegeben worden.

Die Wirtschaftsdienststellen sorgen dafür, dass Herstellungsbetriebe für Lebensmittel, Bekleidung und Unterkunftsbedarf in Gang gesetzt und mit Rohstoffen und Betriebsmitteln versorgt werden. Bevor die Versorgung der Truppen für den kommenden Winter nicht sichergestellt ist, dürfen Versorgungsmittel für Verpflegung, Bekleidung und Unterkunft einschl. Heizung und Beleuchtung sowie für die Instandsetzung von Waffen und Gerät ohne Genehmigung der Armee aus dem Operationsgebiet nicht abtransportiert werden.

Das A.O.K. erteilt den Wirtschaftsdienststellen Weisungen für die Versorgung der Truppen aus dem Lande. Es versorgt die ihm unmittelbar unterstellten Verbände und Einheiten.

Im übrigen sind die Divisionen die Träger der Zusammenarbeit mit den Wirtschaftsdienststellen, insbesondere mit den Landwirtschaftsführern. Sie fordern die nötigen Mittel für Verpflegung, Bekleidung und Unterkunft der Truppen bei den zuständigen Wirtschaftsdienststellen an. Enge kameradschaftliche

-3-

Anweisung des Oberquartiermeisters der 11. Armee, Oberst im Generalstab Friedrich Hauck, zur Versorgung der Truppe im Winter 1941/42, vom 19.11.1941 (Auszug)

Bundesarchiv/Militärarchiv, RH 20–11/400

Truppenversorgung im Winter 1941/42 : „Oberster Grundsatz" ist die „Entlastung der Heimat in jedem nur möglichen Umfange […]."

Oberquartiermeister der 11. Armee,
Friedrich-Wilhelm von Hauck,
ohne Datum
Bundesarchiv/Militärarchiv, Pers 6/607

FRIEDRICH-WILHELM VON HAUCK wurde 1897 in Breslau als
Sohn eines Regierungsrates geboren. Am Ersten Weltkrieg nahm
er unter anderem als Geschützführer und Ordonnanzoffizier teil.
Von 1919 bis 1923 war er in der Reichswehr bei den Rückwärtigen Artillerieregimentern 6 und 3. 1940 wurde er Chef des Generalstabes Höheres Kommando XXXVII, einige Monate später erfolgte die Beförderung zum Oberst. 1941 wurde von Hauck Oberquartiermeister bei der 11. Armee, mit der er unter anderem am
Vorstoß auf die Krim beteiligt war. Ab Dezember 1941 führte er
das Grenadierregiment 386. Als Generalmajor wurde er 1943
Kommandeur der 305. Infanteriedivision, ein Jahr später beför-
derte man ihn zum Generalleutnant. Kurz vor Kriegsende wurde
er General der Artillerie und Kommandierender General des
LI. Armeekorps. 1945 bis 1948 war von Hauck in Kriegsgefangenschaft. Er starb am 15.4.1979 in Überlingen.

Stellungnahme des Oberquartiermeisters der 11. Armee,
Oberst von Hauck, zu Fragen der Vieherfassung auf der
Krim in einer Besprechung am 26.11.1941
Bundesarchiv/Militärarchiv, RH 20–11/407

Die Stellungnahme des
Oberquartiermeisters der
11. Armee, Oberst von Hauck,
zu Fragen der Vieherfassung
unterstreicht den Primat
des Munitionsnachschubs
gegenüber der Versorgung
mit Nahrungsmitteln.

„Es ist notwendig, das Vieh auf der Krim voll zu erfassen und gerecht zu verteilen. Nach jetzt vorliegendem Überblick reicht
der vorhandene Viehbestand noch etwa für 14 Tage, dann muss
der weitere Bedarf aus dem Bug-Dnjepr-Gebiet mit Eisenbahn
herangeführt werden. Das ganze Problem muss gesehen werden im Lichte unserer gegenwärtigen Aufgabe der Einnahme
von Sewastopol. Zur Zeit liegen die größten Schwierigkeiten
auf der Eisenbahnstrecke südl. des Dnjepr vor (Zugentgleisun-
gen, beide Eisenbahnfähren am Dnjepr eingefroren), die den
Nachschub für die Armee erheblich verzögern. Aus diesen
Gründen muß der Angriff auf Sewastopol von Tag zu Tag verschoben werden. Wenn aber zu der jetzt laufenden Munitionie-
rung noch vermeidbare Viehtransporte laufen müßten, so würden wir ein Verbrechen an unserer Aufgabe begehen. [...]"

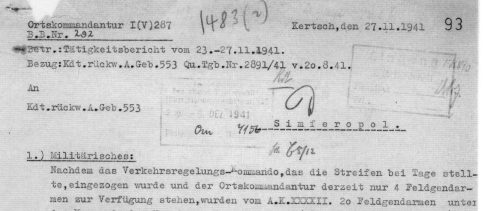

Ortskommandantur I(V)287   Kertsch,den 27.11.1941   93
B.B.Nr. 292

Betr.:Tätigkeitsbericht vom 23.-27.11.1941.
Bezug:Kdt.rückw.A.Geb.553 Qu.Tgb.Nr.2891/41 v.2o.8.41.

An

Kdt.rückw.A.Geb.553

                                                        S i m f e r o p o l .

1.) Militärisches:

Nachdem das Verkehrsregelungs-Kommando,das die Streifen bei Tage stellte,eingezogen wurde und der Ortskommandantur derzeit nur 4 Feldgendarmen zur Verfügung stehen,wurden vom A.K.XXXXII. 2o Feldgendarmen unter
dem Kommando des Hauptmann Haja der O.K.I/287 unterstellt,deren Aufgabe in erster Linie die sein wird,die aufbauende Arbeit im Stadtge-
biet energisch durchzudrücken,die Streifen bei Tag zu stellen und die
Ordnung mit nachdrücklichsten Mitteln wiederherzustellen.
Die Nachtstreifen stellt nach wie vor das I.R.213.
Das Pionier Batl.173 ist mit der Aushebung und Unschädlichmachung der
Partisanen in den Steinhöhlen südlich von Kertsch beschäftigt.

2.) Politisches:

Ausweise an Volksdeutsche wurden bisher an einem Mann und 13 Frauen
ausgegeben.Sie sind listenmässig erfasst und werden gesondert nach-
gemeldet.
Das Gefängnis in Kertsch wurde vom Sonderkommando 1ob übernommen und
als Sammellager eingerichtet.Die Erfassung der in Kertsch lebenden
jüdischen Bevölkerung ist noch nicht abgeschlossen.
Die Liquidation der Juden wird wegen der gefährdeten Ernährungslage
der Stadt beschleunigt durchgeführt werden.
Erkundungen der Geheimen Feldpolizei haben ergeben,dass vielfach unter-
irdische Gänge von Haus-und Werkskellern in vielfacher Verzweigung zu
den Steinhöhlen und Festungswerken führen,in denen sich lichtscheues
Gesindel,mutmasslicherweise sogar Partisanen herumtreiben,die, nicht
ausgeschlossen,sogar Verbindung zu den eingenisteten Partisanengruppen
ausserhalb der Stadt haben.

3.Verwaltung:

Die nunmehr endgültig gebildete Stadtverwaltung setzt sich aus folgenden Personen zusammen:
    Bürgermeister: Tokareff Timofei, Agronom, Russe
    Bürgerm.Stellv.:Petroff Dimitri, Ingenieur, Russe
    Leiter d.Ernährungswesens: Pambuktschieff Eugen,Brotverkäufer,Ar-
                                                                 menier
    Leiter d.Bildungswesens:Terentschenko Michail,Lehrer,Ukrainer

Tätigkeitsbericht der Ortskommandantur Kertsch, 23.–27.11.1941
Bundesarchiv/Militärarchiv, RH 23/72, Bl. 93

Schon zu Beginn der Besat-
zungszeit waren die Versor-
gungsengpässe absehbar.
Die Ortskommandantur von
Kertsch nahm darauf Bezug:
„Die Liquidation der Juden
wird wegen der gefährdeten
Ernährungslage der Stadt
beschleunigt durchgeführt
werden."

Vorlage des Oberquartiermeisters zur Ernährungslage der Zivilbevölkerung auf der Krim vom 14.12.1941
Bundesarchiv/Militärarchiv, RH 20–11/407

„[...] Die Bereitstellung der notwendigsten Lebensmittel für die Zivilbevölkerung ist zwar Aufgabe der zuständigen Wirtschaftsdienststellen. Die Armee hat aber ein dringendes Interesse an der Lösung dieser Frage, deren Folgen sich u.U. entscheidend auf die Besatzungstruppen auswirken können. Da das Wiko ausserdem allein dieser Dinge nicht Herr werden kann, muss sich die Armee auch aus diesem Grunde einschalten und legt folgenden mit Bezugsvorgang S.8 Absatz 2 angekündigten Bericht vor:

Die Versorgungslage der in Kertsch, Simpferopol und besonders in den Städten an der Südküste der Krim vorhandenen Zivilbevölkerung ist äusserst gespannt. Notdürftigste Versorgung ist durch örtliche Hilfsmittel bis Ende Dezember – Anfang Januar sichergestellt. In den Notstandsgebieten an der Südküste (Ssudak, Aluschta, Jalta, Alupka) herrscht bereits jetzt bei Teilen der Zivilbevölkerung Hungersnot, der vor dem Fall von Sewastopol nicht wirksam entgegengetreten werden kann. <u>Für die Folgezeit sieht die Armee drei Möglichkeiten:</u>

1.) Die Zivilbevölkerung der grossen Städte sich selbst zu überlassen,

2.) die Bevölkerung aus den Städten zu evakuieren,

3.) die Ernährung der Zivilbevölkerung durch Wiko und Truppe zu steuern.

<u>Zu 1.):</u> Eine <u>Hungersnot</u> grösseren Umfanges unter der Zivilbevölkerung bringt der Armee bzw. der späteren Besatzungstruppe unerträgliche Verhältnisse. Sie treibt die Masse der Bevölkerung den Partisanen in die Arme. Die zu erwartende Unruhe in der Bevölkerung wird so starke militärische Kräfte binden, dass dadurch die Kriegführung ernstlich beeinträchtigt werden kann. Wichtige Betriebe kommen zum Erliegen, sowjetische Aktionen werden in der Zivilbevölkerung Unterstützung finden. Seuchen, durch die auch die Besatzungstruppe kaum unberührt bleiben würde, werden sich ausbreiten.

Die Armee hält es daher für ausgeschlossen, die Zivilbevölkerung, die ganz auf Kollektivbetrieb, Konsumvereine usw. eingestellt war, sich selbst zu überlassen.

<u>Zu 2.):</u> <u>Eine Evakuierung</u> grossen Stiles während des Winters ist nicht möglich. Sie wäre voraussichtlich gleichbedeutend mit einer Verwandlung der Nachschubstrassen in Leichenfelder, ganz abgesehen davon, dass die zur Durchführung einer zwangsweisen Evakuierung erforderlichen Kräfte fehlen. Zu bedenken ist dabei ferner, dass die Zivilbevölkerung der grossen Städte, die zu einem sehr hohen Prozentsatz aus Industrieproletariat besteht, auf das bisher ruhige flache Land Unruhe bringen und die Partisanengefahr steigern würde. Spionage und Sabotage auf dem Lande würden in unerträglichem Maße einsetzen, ihre Abwehr würde mit Rücksicht auf die Weite des Raumes und die geringen zur Verfügung stehenden Kräfte sehr schwierig, wenn nicht unmöglich sein. Die Gefahr der Seuchenverschleppung auf das flache Land unterstreicht nur die Ablehnung einer zwangsweisen Evakuierung im Winter.

<u>Daher Vorschlag der Armee:</u>

Rückführung – zunächst nach dem Grundsatz der Freiwilligkeit – derjenigen Teile der Zivilbevölkerung aus den grösseren Städten

a) die auf dem Lande Verwandte haben,

b) die bereits vor ihrer Übersiedlung in die Stadt auf dem Lande gelebt und gearbeitet haben,

c) die Lust und Liebe haben, auf dem Lande zu arbeiten.

[...] <u>Schlussfolgerung:</u>

<u>Ab Anfang Januar ist die Zuführung des allernotwendigsten Brotgetreides für Kertsch</u> (450–500 to pro Monat), <u>für die Städte der Südküste</u> (400 to pro Monat) sowie gegebenenfalls <u>für Sewastopol</u> (400–500 to) <u>unerlässlich.</u> Für <u>Simferopol</u>, wo die Verhältnisse anscheinend günstiger liegen, kann die Forderung erst später nach Durchführung der laufenden Aktion festgelegt werden. Die Armee trägt der allgemeinen Ernährungslage dadurch Rechnung, dass sie nur Getreide anfordert und auch dabei nur soviel, wie ausreicht, um der Zivilbevölkerung ein Existenzminimum zu geben, d.h. sie vor dem völligen Verhungern zu bewahren.

Die Abgabe von Getreide bzw. Mehl an die Bevölkerung geht – wenn es aus den auf der Krim vorhandenen Vorräten genommen werden muss – in allen Fällen zu Lasten der insgesamt auf der Krim vorhandenen in erster Linie der Versorgung der Wehrmacht dienenden Getreidemengen. Aus diesem Grunde wäre die <u>Zuführung von 4 Mehl- bzw. Getreidezügen monatlich ab Januar</u> für die Zivilbevölkerung aus versorgungsmässig günstiger gestellten Gebieten sehr erwünscht, um die Vorräte auf der Krim für die Wehrmacht zu strecken und die später unbedingt notwendige Zufuhr von Saatgetreide nicht noch zu erhöhen.

Das A.O.K. hat das Wiko Krim gebeten, auf seinem Dienstwege einen entsprechenden Bericht vorzulegen. [...]“

Lagebericht des Wehrwirtschaftsoffiziers im Armeeoberkommando 11 zur Ernährungslage im Januar 1942 vom 13.1.1942
Bundesarchiv/Militärarchiv, RW 46/211

„[...] 6.) Ernährungswirtschaft
I. Landwirtschaft
a) Ernteeinbringung
Jahreszeit bedingt keine Ernteeinbringung.
b) Bestellungsarbeiten
Infolge Frost und Schnee Bestellungsarbeiten nicht möglich.
c) Maschinenpark
Gänzlich unzureichend. Instandsetzungsarbeiten nur beschränkt möglich, da MTS-Stationen ganz oder teilweise von der Wehrmacht belegt sind. Reparaturmaterial und Lagermetall fehlt.
d) Viehwirtschaft
Schlachtviehbestände aufgebraucht. Zuchtviehbestände zu Schlachtzwecken erheblich beansprucht. Für die Restbestände ist die Futterversorgung infolge außerordentlicher Anforderungen der Wehrmacht gefährdet.
e) Getreidewirtschaft
Brotgetreide auf der Krim einschl. der nogaischen Steppe ausreichend für Armee und die notdürftigste Versorgung der Zivilbevölkerung bis Anfang Mai 1942. Futtergetreidebestände werden voraussichtlich Mitte Februar aufgebraucht sein. Saatgut für die Frühjahrsaussaat ist nicht vorhanden, sondern mußte für den Futterverbrauch der Wehrmacht zur Verfügung gestellt werden. Saatgutbedarf für Frühjahr beläuft sich auf 80.000 t Hafer, Gerste und Sommerweizen.
f) Hackfrüchte und techn. Kulturen
Eßkartoffel und Saatkartoffel sind nicht mehr vorhanden. Für Saatzwecke werden etwa 30.000 t Kartoffeln benötigt.
g) Nahrungsmittelindustrie
Der größte Teil der Mühlen ist zerstört. Die in Betrieb befindlichen Mühlen arbeiten in erster Linie für die Wehrmacht. Ihre Weiterarbeit ist, da sie fest ausschließlich mit Naphta betrieben werden, von dem Nachschub größerer Mengen Naphta abhängig. Die hiesigen Naphta-Bestände sind in Kürze aufgebraucht. – Konservenfabriken ruhen. Die meisten Betriebe sind zerstört oder erheblich beschädigt. 2 Betriebe arbeiten Restbestände an Obst und Marmelade für die Wehrmacht. (Davon 1 Betrieb in Ssimferopol und 1 Betrieb in Bachtschissary) Eine Nudelfabrik ist in Ssimferopol in Betrieb gesetzt worden. Sie leistet täglich ca. 5 t.“

WILHELM OSWALDT wurde 1887 in Gudensberg bei Fritzlar als Sohn eines Sanitätsrates geboren und trat 1907 als Fahnenjunker ins Rheinische Fußartillerieregiment 8 ein. Im Ersten Weltkrieg war er unter anderem Batterieführer und Kommandeur eines Fußartilleriebataillons. 1919 nahm er als Freiwilliger im Regiment Reinhardt an der Niederschlagung der Spartakusunruhen teil und quittierte 1920 den aktiven Militärdienst. Bis 1936 übte er im Zivilberuf unter anderem Tätigkeiten als Beamter bei der Reichsfinanzverwaltung sowie als beratender Volkswirt und Abteilungsleiter beim Reichskommissar für die Allgemeine Ortskrankenkasse Berlin aus. 1924 wurde er an der Friedrich Wilhelm Universität in Berlin mit seiner Arbeit zur „Zwangswirtschaft in Deutschland nach dem Kriege 1914–1918" promoviert. 1936 erfolgte die Wiedereinberufung in den Wehrdienst beim Wehrwirtschaftsstab Eisenach, 1939 wurde Oswaldt Leiter der Wehrwirtschaftsstelle Brünn/Mähren bei der Wehrwirtschaftsinspektion Prag (später „Rüstungskommandeur Brünn bei der Rüstungsinspektion Prag"). 1940 bekleidete er im Rang eines Oberstleutnants (Ergänzungsoffizier) den Posten als Rüstungskommandeur Herzogenbusch und Leiter der Zentralabteilung der Rüstungsinspektion IX (Kassel), 1941 nahm er als Wehrwirtschaftsoffizier (das Amt des späteren Armeewirtschaftsführers) beim Armeeoberkommando 11 am Überfall auf die Sowjetunion teil und wurde im selben Jahr zu den aktiven Truppenoffizieren überführt. Oswaldt ließ sich Ende September 1942 beurlauben und wurde in die Wehrwirtschaftsersatzabteilung 3 in Dresden-Radebeul (Führerreserve) versetzt. 1943 kehrte er zurück und wurde Kommandeur des Rüstungsbereichs Brünn/Mähren bei der Rüstungsinspektion Prag.

Armeewirtschaftsführer und Wehrwirtschaftsoffizier der 11. Armee, Dr. Wilhelm Oswaldt, ohne Datum
Bundesarchiv/Militärarchiv, Pers 6/11346

Aufgrund der Frontnähe und der labilen militärischen Lage auf der Krim schaltete sich das Armeeoberkommando – anders als in Charkow – aktiv in die Versorgung der Zivilbevölkerung ein.

5.Dezember 1941.
Simferopol.

Mittags findet eine Besprechung bei O.Qu. über Ernährung der Zivilbevölkerung statt. Teilnehmer: Qu.2, Qu.Korück, IV Wi, Rittmeister v. Weihe Wiko Krim, von der russischen Stadtverwaltung, Bürgermeister, erster Vertreter, Ernährungsbearbeiter und Dolmetscher. Die Russen machen einen recht guten Eindruck, waren zurückhaltend und etwas schüchtern, jedoch zur Mitarbeit bereit.

O.Qu. stellt zunächst die Schuld der Sowjets an dem Einwohnerelend heraus sowie die Tatsache, dass die Zerstörungen nur die Zivilbevölkerung nicht den deutschen Soldaten träfen, gab die Möglichkeit einer teilweisen Evakuierung bekannt, betonte die Notwendigkeit, die geplünderten Lebensmittel allen Einwohnern zugute kommen zu lassen und stellte als Grundsatz für die Zusammenarbeit zwischen Deutscher Wehrmacht und Zivilbehörden auf: Selbsthilfe der Zivilbehörde, soweit nötig mit Unterstützung der Deutschen Wehrmacht. Als ersten Schritt hat die Stadtverwaltung bis morgen mittag Entwurf zu einem Aufruf an die Bevölkerung von Simferopol vorzulegen, der zum Gegenstand hat,

1.) Rückwanderung der vom Land in die Stadt Zugewanderten aufs Land,
2.) Ablieferung aller über ein festzusetzendes Höchstmass vorhandenen Lebensmittel.

Auf die Frage von O.Qu., wieviel Vorräte wahrscheinlich in der Zivilbevölkerung vorhanden seien, gibt der Vertreter des Bürgermeisters ihre Höhe mit 150 to Getreide und Mehl an. Das wäre für eine Bevölkerung von 100 000 Köpfen Brot nur für 7 Tage. Danach müsste die Bevölkerung jetzt bereits verhungert sein. Es ist anzunehmen, dass die Menge grösser ist, sie wird aber keinesfalls eine schwere Hungersnot verhindern können.

An O.K.H. Gen.Qu. und Befehlsstelle Süd wird zusammenfassend (über die Verpflegungslage der Armee) berichtet. Siehe Anlage P 61 . Das Endurteil des Berichtes wird Oberst Weinknecht, Befehlsstelle Süd, fernmündlich übermittelt.

Eintrag im Kriegstagebuch des Oberquartiermeisters des Armeeoberkommandos 11 vom 5.12.1941 über die Ernährungslage der Zivilbevölkerung
Bundesarchiv/Militärarchiv, RH 20–11/398, Bl. 52

Aufruf an die Zivilbevölkerung von Simferopol, Lebensmittel zur Gemeinschaftsversorgung abzugeben,
ca. Dezember 1941 (dtsch./russ.)
Bundesarchiv/Militärarchiv, RH 20–11/407

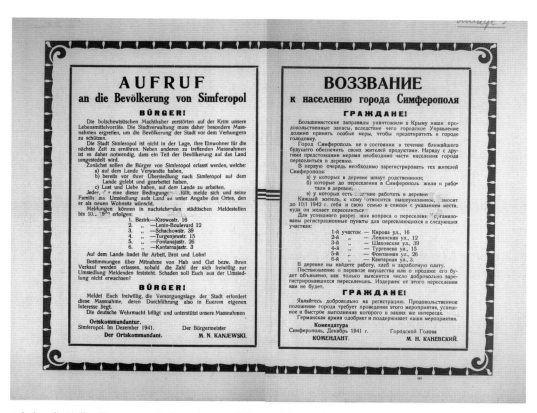

Aufruf an die Zivilbevölkerung von Simferopol zur Umsiedlung auf das Land,
ca. Dezember 1941 (dtsch./russ.)
Bundesarchiv/Militärarchiv, RH 20–11/407

Die auf der Krim andauernden Partisanenaktionen führten zu einer vorsichtigeren Politik gegenüber der Landbevölkerung. Später wurde versucht, die gesamte Zivilbevölkerung in kärgliche Versorgungsmaßnahmen einzubeziehen.

Anordnung des Oberquartiermeisters der 11. Armee über die „letzte Kuh" der Landbevölkerung vom 4.1.1942
Bundesarchiv/Militärarchiv, RH 20–11/401

„[...] <u>Ankauf von Schlachtvieh.</u>
Die bisher stets entgegenkommende Einstellung der Zivilbevölkerung gegenüber der deutschen Wehrmacht muß unter allen Umständen erhalten werden. Es ist daher verboten, dem Bauern die für seine Lebenshaltung unbedingt notwendige <u>letzte</u> Kuh aus dem Stall zu holen. Eine unruhige und u.U. die Partisanentätigkeit begünstigende Zivilbevölkerung im Hinterlande stellt für die Truppe eine schwere Belastung dar. [...]"

Tag / Uhrzeit / Ort und Art der Unterkunft	Darstellung der Ereignisse
21.2.42 Simferopol	Armee- und Wirtschaftsdienststellen haben weitere Massnahmen durchgeführt, um eine ernste Hungersnot der Zivilbevölkerung zu verhindern. Es handelt sich dabei
	1.) um Zuführung von Getreide,
	2.) Abgabe von Betriebsstoff für Mühlen,
	3.) Umsiedlung eines Teiles der Bevölkerung aus den ernährungsmässig schlecht gestelltem Gebiet auf das Land nördlich des Jailagebirges.
	Die Besserung der Ernährungslage des gutgesinnten Teiles der Einwohner, deren Männer vielfach im Dienste der deutschen Wehrmacht stehen, muss besonders angestrebt werden. Der volle Erfolg der eingeleiteten Massnahmen hängt von der Entwickelung der Lage, der Transportverhältnisse u.a. ab. Ausser den oben von militärischer Seite ergriffenen Massnahmen, wird auch die Beschaffung von Lebensmitteln durch die Bevölkerung selbst gewisse Erleichterungen bringen. Sie soll daher nicht grundsätzlich unterbunden werden, es ist aber notwendig, dass der sich daraus ergebende Verkehr von Ort zu Ort von uns genau überprüft wird. Die ausgegebenen Ausweise werden durch Posten und Streifen kontrolliert.
22.–24.2.	Keine besonderen Ereignisse. **017001**
25.2.42 Simferopol	Die Hartfutterbestände auf der Krim, soweit sie in grösseren Mengen zusammengefahren und für die Armee greifbar waren, könne als verbraucht angesehen werden. Mit ausreichendem und regelmässigem Nachschub ist nicht zu rechnen. Die Pferde, der vor allem an der Südküste liegenden Truppen werden daher nach Norden verbracht. Den Kommandos sind bestimmte Räume zugewiesen,

Eintrag im Kriegstagebuch des Wehrwirtschaftsoffiziers im Armeeoberkommando 11 vom 21.2.1942
Bundesarchiv/Militärarchiv, RW 46/206, Bl. 45

Kriegstagebuch des Oberquartiermeisters/Qu.2 vom 31.1.1942
Bundesarchiv/Militärarchiv, RH 20–11/407

„[...] Nach Genehmigung durch Oberste Führung werden tatarische Freiwillige durch S.D. [d. i. die Einsatzgruppe D] angeworben. Vorläufige Versorgungsbestimmungen für die in deutsche Verbände eingereihte[n] Tataren: Verpflegung und Besoldung wie deutsche Soldaten. [...]"

Eintrag im Kriegstagebuch Nr. 5 des Oberquartiermeisters der 11. Armee über die Hungersnot an der Südküste der Krim 1.2.–31.3.1942, Eintrag vom 5.2.1942
Bundesarchiv/Militärarchiv, RH 20–11/399

„[...] Am Abend Besprechung mit Qu.2, IV Wi und Wiko, Abt. La über Ernährung der Bevölkerung an der Südküste. Dort herrscht Hungersnot. Es sterben schätzungsweise täglich 5 bis 10 Menschen an Entkräftung. O.Qu. wird dem Wiko mit 2 cbm Betriebsstoff täglich für Lkw.Transport von Getreide von Simferopol zur Südküste aushelfen und für Anfahrt des Getreides mit Bahn nach Simferopol sorgen. Ausserdem wird Stab Schröder in Jalta angehalten, den Fischfang wieder in Gang zu bringen, was auch unter Wahrung der Verteidigungsnotwendigkeiten ohne weiteres möglich ist. [...]"

Lagebericht des Wehrwirtschaftsoffiziers im Armeeoberkommando 11 über „Haltung und propagandistische Bearbeitung der Bevölkerung" vom 23.3.1942
Bundesarchiv/Militärarchiv, RW 46/211

„[...] Die deutsche Propaganda hat es unter den derzeitigen Umständen schwer, da die Verhältnisse gegen sie sprechen. Durch Feindpropaganda werden unter der Bevölkerung die unsinnigsten Gerüchte verbreitet, wie z.B., die deutsche Wehrmacht werde in Kürze alle Zivilisten über 50 Jahre erschießen und zu Seife verarbeiten lassen. Des weiteren wird von der Bevölkerung behauptet, daß die deutsche Wehrmacht nur alles aufißt und wenn noch etwas übrig bliebe, würde dies in das hungernde Deutschland geschickt. [...]"

Ereignismeldung UdSSR Nr. 190 vom 8.4.1942
Bundesarchiv, R 58/221

„[...] Die sonstige wirtschaftliche Lage ist gekennzeichnet durch die nahezu vollständige Auspumpung des Landes und grosse Schwierigkeiten bei der Frühjahrsbestellung infolge Fehlens von Saatgut und Arbeitsmitteln. [...]"

Bericht des Wehrwirtschaftsoffiziers im Armeeoberkommando 11 über die Versorgungslage von Armee und Zivilbevölkerung im April 1942, vom 2.5.1942
Bundesarchiv/Militärarchiv, RW 46/208

„[...] In der Stimmung der Bevölkerung ist gegenüber dem ersten Bericht vom 30.3.42 entschieden eine gewisse Besserung zu beobachten. Es mag dies damit zusammenhängen, daß sie mit dem Eintritt der warmen Witterung glaubt, daß nun das Schlimmste überwunden ist. [...] Die Versorgung der Armee erfolgt nunmehr fast restlos durch Nachschub. Aus der Krim ist nichts mehr zu holen. [...]"

Generalmajor Nagel an den Chef des Wehrwirtschaftsamtes, Bericht über eine Reise vom 8.–16.6.1942, vom 19.6.1942
Bundesarchiv/Militärarchiv, RW 19/555

„[...] Ernährung der Zivilbevölkerung. – Beim AOK in Simferopol wird die Ansicht vertreten und durchgeführt, dass die Zivilbevölkerung ganz allgemein zu ernähren ist, gleichgültig ob sie für uns arbeitet oder nicht. Abstufungen sind natürlich erforderlich. Würde man die für uns nicht arbeitenden Zivilisten nicht ernähren, so werden sie mehr und mehr zu den Partisanen übergehen oder von Diebstahl leben. Im Interesse der Aufrechterhaltung der Ruhe tritt der OB nachdrücklich für die Ernährung aller Zivilisten ein. Entsprechend hat er auch den AWiFü und das Wi Kdo angewiesen. Dieselbe Ansicht wird, wie ich in meinem April-Bericht erwähnt habe, auch vom Befh. d. H Gr Nord vertreten, der es für eine völlige Verkennung der Verhältnisse ansieht, wenn mam glaube, Erfolge in der Befriedung des Gebietes und damit auch in der wirtschaftlichen Betätigung zu erreichen, ohne sich um die Masse der Zivilisten ernährungswirtschaflich zu kümmern. – Diese Überlegungen haben auch bei früheren Einmärchen schon eine Rolle gespielt. Es ist bisher fast jedesmal so gewesen, dass man sich nur um die Bevölkerung ernährungswirtschaftlich kümmern wollte, die im deutschen Interesse arbeitete. Nach und nach ist dieses Prinzip immer wieder durchbrochen und im Endergebnis ist die gesamte Zivilbevölkerung ernährt worden. Ich stehe auf dem Standpunkt, dass die gesamte Zivilbevölkerung ernährungswirtschaftlich betreut werden muss, wobei die Formen sehr verschieden sein können. Mit dem einfachen Hinweis, dass auch zu russischen Zeiten Millionen Menschen verhungert seien, kommt man in einem Gebiet, dessen Befriedung für uns notwendig ist, nicht durch, wenn man auf so schwache Sicherungstruppen angewiesen ist, wie es z.Zt. der Fall ist. [...]"

Das Dokument trägt die handschriftliche Notiz des Oberstleutnant des Generalstabes Emmerich, Zentralhauptgruppe, daß der Wirtschaftsstab Ost erneut die „Verpflichtung zur Versorgung Gesamtbevölkerung, soweit überhaupt möglich, herausgeben" wird.

DEPORTATIONEN

Millionen sowjetischer Zivilisten wurden während des Krieges als Arbeiterinnen und Arbeiter deportiert. Unmittelbar nach dem Überfall auf die Sowjetunion am 22. Juni 1941 begann die Wehrmacht, Arbeitskräfte für den Straßen-, Eisenbahn- und Stellungsbau im Operationsgebiet heranzuziehen. Als der Blitzkrieg im Winter 1941/42 scheiterte und die deutsche Kriegsproduktion umgestellt werden mußte, herrschte aber auch im Reich akuter Arbeitskräftemangel. Ein Großteil der Millionen von sowjetischen Kriegsgefangenen in deutscher Hand, die zur Arbeit eingesetzt werden sollten, war jedoch inzwischen durch Hunger, Seuchen und Entkräftung umgekommen. Daher wurden nun sowjetische Zivilisten nach Deutschland gebracht.

Grundsätzlich lassen sich vier Formen der Arbeitskräfterekrutierungen unterscheiden. Zum einen zogen Arbeitsverwaltung und Wehrmacht Hunderttausende Zivilisten zum Straßen-, Eisenbahn- und Stellungsbau innerhalb des Operationsgebietes heran. Gleichzeitig verschleppten die speziell für den Reichseinsatz eingesetzten „Sauckel-Kommissionen" zivile Arbeitskräfte zur Zwangsarbeit nach Deutschland. Darüber hinaus nutzten Zivilverwaltung, SS, Polizei und Wehrmacht die ab 1942 gegen Partisanengruppen durchgeführten „Großaktionen", um die in „Bandengebieten" ortsansässige Zivilbevölkerung zur Arbeit zu zwingen. Und schließlich wurden im Zuge des ab 1943 einsetzenden Rückzuges der deutschen Wehrmacht ebenfalls Zivilisten deportiert, die anschließend für die Wehrmacht oder in der deutschen Kriegswirtschaft arbeiten mußten.

Die Beteiligung der Wehrmacht an den Arbeitsrekrutierungen läßt sich am Beispiel der 3. Panzerarmee dokumentieren. Sie operierte während des Krieges gegen die Sowjetunion unter Führung von Generaloberst Hans Reinhardt im Bereich der Heeresgruppe Mitte. Die Rekrutierung ziviler Arbeitskräfte sowohl für den eigenen Bedarf als auch für den Arbeitseinsatz im Reich gehörte in zunehmendem Maße zu ihren Aufgaben, denn die deutsche Arbeitsverwaltung verfügte über keine eigenen Exekutivkräfte, um Zwangsmaßnahmen durchzusetzen. Nur die Armee hatte das Personal und die Logistik, Zehntausende Menschen auch gegen ihren Willen zum Arbeitseinsatz zu bringen.

ARBEITSKRÄFTE FÜR DIE WEHRMACHT: DEPORTATIONEN IM OPERATIONSGEBIET

Mit dem Einmarsch deutscher Truppen in die Sowjetunion am 22. Juni 1941 begann zugleich die Rekrutierung von Arbeitskräften, denn die Wehrmacht benötigte dringend zivile Arbeiter in der Landwirtschaft, Industrie und im Gewerbe sowie im Straßen-, Eisenbahn- und Stellungsbau.

Für die Bevölkerung der zivilverwalteten Ostgebiete galt nach einer Verordnung des zuständigen Reichsministers Rosenberg bereits ab 5. August 1941 Arbeitszwang. Die Wehrmacht erließ zunächst keine gesonderte Regelung für die militärverwalteten Gebiete, sondern konnte sich bei der Rekrutierung von Arbeitskräften auf diese Verordnung beziehen. Mit der veränderten Kriegslage ab 1942/43 wurde das Arbeitskräfteproblem immer eklatanter, so daß das Oberkommando des Heeres am 6. Februar 1943 über die bestehenden Anordnungen hinaus eine generelle Arbeitspflicht für das Operationsgebiet aussprach. Die zuständigen Ortskommandanturen schritten bei „Arbeitsverweigerung" oder „Arbeitssabotage" rücksichtslos ein und schreckten auch vor Todesstrafen nicht zurück.

In der Regel rekrutierten die deutschen Arbeitsbehörden die zivilen Arbeitskräfte. Sie erfaßten mit Hilfe der landeseigenen Verwaltungen die arbeitsfähige Bevölkerung, stimmten die Höhe der Bedarfsquoten ab und wiesen die Zwangserfaßten den Heeresdienststellen zu. Allerdings fehlte es den Arbeitsämtern an eigenen Exekutivkräften. In der Praxis waren daher auch Wehrmachtseinheiten sowie die regionale Hilfspolizei an den „Aushebungen" beteiligt.

Verordnung über die Einführung der Arbeitspflicht in den besetzten Ostgebieten (Reichsminister Rosenberg) vom 5.8.1941
Bundesarchiv/Militärarchiv, R 26 IV/33b, Bl. 84

„[...] Auf Grund des § 8 des Erlasses des Führers über die Verwaltung der neubesetzten Ostgebiete vom 17. Juli 1941 verordne ich:

§ 1.

(1) Alle Bewohner der besetzten Ostgebiete zwischen dem 18. und dem 45. Lebensjahr unterliegen nach Maßgabe ihrer Arbeitsfähigkeit der öffentlichen Arbeitspflicht.

(2) Die Reichskommissare können für bestimmte Bevölkerungsgruppen die Arbeitspflicht ausdehnen oder einschränken.

(3) Für Juden ergeht Sonderregelung.

§ 2.

Personen, die eine dauernde gemeinschaftsnützliche Beschäftigung nachweisen können, sollen zur Erfüllung der öffentlichen Arbeitspflicht nicht herangezogen werden.

§ 3.

(1) Die Entlohnung geschieht nach gerecht erscheinenden Sätzen.

(2) Die Fürsorge für die Arbeitspflichtigen und ihre Familien ist im Rahmen des Möglichen sicherzustellen.

§ 4.

(1) Die zur Durchführung dieser Verordnung erforderlichen Vorschriften erlassen die Reichskommissare.

(2) Zuwiderhandlungen gegen diese Verordnung und die zu ihrer Durchführung erlassenen Vorschriften werden mit Zuchthaus oder Gefängnis bestraft.

Zur Aburteilung sind die Sondergerichte zuständig. [...]"

Deutsches Arbeitsamt Smolensk, November 1942 (Rückwärtiges Heeresgebiet Mitte)
PK-Fotograf: Stuth
SV-Bilderdienst

Wartende Zivilisten vor dem deutschen Arbeitsamt in Smolensk, November 1942
PK-Fotograf: Stuth
SV-Bilderdienst

Regionaler Arbeitseinsatz von Zivilisten in Bolchow, April 1942
(Operationsgebiet 2. Panzerarmee/Heeresgruppe Mitte)
PK-Fotograf: Hermann Schambortzki
SV-Bilderdienst

Regionaler Arbeitseinsatz von Zivilisten in Bolchow, April 1942
(Operationsgebiet 2. Panzerarmee/Heeresgruppe Mitte)
PK-Fotograf: Hermann Schambortzki
SV-Bilderdienst

Tätigkeitsbericht der Geheimen Feldpolizei 647 vom 26.7.1942
Bundesarchiv/Militärarchiv, RH 20–11/337

„[...] Die Russin Retko, 24 Jahre alt, wurde wegen Arbeitsverweigerung festgenommen. Trotz mehrmaliger Aufforderung durch
den Ortskommandanten, auf ihrer Arbeitsstelle zu erscheinen,
kam sie dieser Aufforderung nicht nach. Ausserdem stellte sich
bei ihrer Vernehmung heraus, dass sie 2 weitere Russinnen
beeinflusst hat, ihren Arbeitsstellen fernzubleiben. Wegen
Arbeitssabotage wurde sie erschossen. [...]"

**Befehl des XXIX. Armeekommandos zum Einsatz
der Zivilbevölkerung beim Stellungsbau vom 24.1.1943**
StAN, NOKW–3008

„[...] In den stellungsnahen Ortschaften sind alle Männer und
Frauen zwischen 16 und 60 Jahren zu erfassen, in Arbeitskommandos einzuteilen und zum Stellungsbau heranzuziehen. In
den rückw. Ortschaften der Div.-Abschnitte sind Arbeitskolonnen aufzustellen, nach vorn zu verlegen, dort geschlossen unterzubringen und einzusetzen. [...]"

**Wirtschaftsstab Ost zum Arbeitseinsatz im Operationsgebiet
vom 15.7.1943**
Bundesarchiv/Militärarchiv, RW 31/33

„[...] Bei den Anforderungen der Wehrmachtsstellen steht der
Bedarf für den Stellungs- und Befestigungsbau im Vorder-
grund. Eingesetzt sind bisher schätzungsweise rund 210 000
Arbeitskräfte. Zu stellen sind noch 35 500. [...]"

**Wirtschaftsstab Ost zum Arbeitseinsatz im Stellungsbau
vom 29.2.1944**
Bundesarchiv/Militärarchiv, RW 31/39

„[...] Stellungsbau.
Beim Stellungsbau waren rund 220 000 Personen beschäftigt;
rund 56 000 Kräfte werden noch benötigt. Die Lage in den einzelnen Heeresgruppenbereichen zeigt nachfolgende Übersicht:

Bereich:	Beschäftigtenstand:	Bedarf:
Krim	13 984	5 859
H.Gr. A ohne Krim	23 636	2 589
H.Gr. Süd	40 922	33 040
H.Gr. Mitte	71 000	15 000
H.Gr. Nord	70 582	–
insgesamt	220 124	56 488

[...]"

Verordnung

über Arbeitspflicht und Arbeitseinsatz im Operationsgebiet der neu besetzten Ostgebiete

Zur Sicherstellung der militärischen und wirtschaftlichen Erfordernisse im Operationsgebiet wird im Einvernehmen mit Wirtschaftsstab Ost verordnet:

Abschnitt I

Arbeitspflicht

§ 1

Alle Bewohner des Operationsgebietes zwischen dem vollendeten 14. und 65. Lebensjahr unterliegen der öffentlichen Arbeitspflicht nach Maßgabe ihrer Arbeitsfähigkeit; sie haben sich nach Aufruf bei der örtlich zuständigen Arbeitsbehörde oder der sonst hierfür bestimmten Dienststelle zur Registrierung anzumelden.

Die Arbeitspflicht kann sich auch auf Arbeitsleistung außerhalb des gewöhnlichen Wohnortes oder außerhalb des Operationsgebietes erstrecken.

Der Arbeitspflichtige erhält bei Heranziehung zur Arbeitsleistung einen Verpflichtungsbescheid.

Für Juden ergeht Sonderregelung.

§ 2

Die Arbeitspflicht nach Maßgabe des § 1 umfaßt auch die Verpflichtung, sich nach Aufforderung der zuständigen Arbeitsbehörde einer bestimmten Berufsausbildung, Anlernung oder Umschulung zu unterziehen.

Abschnitt II

Beschränkung des Arbeitsplatzwechsels

§ 3

Arbeitnehmer (Arbeiter, Angestellte und Lehrlinge) dürfen ihren Arbeitsplatz nur mit vorheriger Zustimmung der örtlich zuständigen Arbeitsbehörde aufgeben; desgleichen bedürfen auch Arbeitgeber zur Entlassung von Arbeitnehmern der vorherigen Zustimmung der Arbeitsbehörde. Eine Aufgabe des Arbeitsplatzes oder eine Entlassung ohne die erforderliche Zustimmung ist rechtsunwirksam.

Einer Zustimmung der Arbeitsbehörde nach Absatz 1 bedarf es nicht, wenn

a) der Betrieb (Baustelle) stillgelegt wird oder

b) die Einstellung des Arbeitnehmers von vornherein auf weniger als 1 Monat befristet war.

§ 4

Betriebe (private und öffentliche Betriebe und Verwaltungen aller Art) und Haushaltungen dürfen Arbeitnehmer nur einstellen, wenn die vorherige Zustimmung der örtlich zuständigen Arbeitsbehörde vorliegt. Die Zuweisung von Arbeitskräften durch die Arbeitsbehörde schließt die Erteilung der Zustimmung in sich.

Eine Zustimmung ist nicht erforderlich zur Einstellung in Betriebe der Land- und Forstwirtschaft, der Binnenschifferei sowie in Betriebe des Bergbaus und der Mineralölgewinnung.

§ 5

Die Vorschriften der §§ 3 und 4 finden allgemein keine Anwendung in der Gefechtszone sowie auf Entlassungen und Einstellungen durch Einheiten der Truppe.

§ 6

Arbeitnehmer, die aus einem Beschäftigungsverhältnis ausgeschieden sind, haben sich unverzüglich bei der örtlich zuständigen Arbeitsbehörde oder der sonst hierfür bestimmten Dienststelle zu melden.

Abschnitt III

Arbeitsplatzaustausch

§ 7

Arbeiter und Angestellte, insbesondere gelernte Facharbeiter, die nicht ihrer beruflichen Vorbildung entsprechend (berufsfremd) beschäftigt sind, müssen auf Anforderung der örtlich zuständigen Arbeitsbehörde, soweit notwendig gegen Ersatzgestellung, entlassen und dem Arbeitseinsatz in dem erlernten Beruf zur Verfügung gestellt werden. Unabhängig davon ist der Arbeitgeber verpflichtet, berufsfremd beschäftigte Arbeitnehmer ohne besondere Aufforderung der örtlich zuständigen Arbeitsbehörde namhaft zu machen.

Sinngemäß ist hinsichtlich in Arbeit stehender lediger oder diesen gleichgestellter Personen zu verfahren, die für auswärtige Arbeitsleistung (Arbeit außerhalb des gewöhnlichen Wohnortes oder außerhalb des Operationsgebietes) benötigt werden; sie sind erforderlichenfalls durch ortsgebundene oder sonst beschränkt einsatzfähige Arbeitskräfte zu ersetzen.

§ 8

Berechtigungsscheine zur Ausübung eines stehenden Handwerks oder Gewerbes, Wandergewerbescheine, Stadthausierscheine oder ähnliche Berechtigungen dürfen nur nach vorheriger Zustimmung der örtlich zuständigen Arbeitsbehörde erteilt werden.

Bereits erteilte Berechtigungen können auf Antrag der Arbeitsbehörde entzogen werden.

Abschnitt IV

Gestaltung der Lohn- und Arbeitsbedingungen

§ 9

Die Arbeitspflichtigen werden zu angemessenen Bedingungen unter weitgehendster Zugrundelegung des Leistungsprinzips entlohnt. Nur diejenigen Arbeiten, die eine Entlohnung im Akkord- oder Prämiensystem nicht zulassen, dürfen im Zeitlohn abgegolten werden.

Soweit die Beschäftigung außerhalb des Operationsgebietes erfolgt, gelten die für den Beschäftigungsort maßgeblichen Bestimmungen.

§ 10

Die wöchentliche Arbeitszeit beträgt 54 Stunden; über diese Arbeitszeit hinaus ist jeder Arbeitspflichtige zur Leistung von Mehr-, Nacht-, Sonn- und Feiertagsarbeit in angemessenen Grenzen verpflichtet.

§ 11

Soweit es die Verhältnisse des Betriebes zulassen, sind für Arbeitnehmer Werksküchen sowie Verkaufsstellen für Lebens- und Genußmittel und Gegenstände des täglichen Bedarfs einzurichten. Die Verkaufsstellen sind nach Möglichkeit auch den Angehörigen der im Betrieb tätigen Personen zur Verfügung zu stellen.

Abschnitt V

Kranken- und sonstige Fürsorge

§ 12

Arbeitnehmer, die ihrer Arbeitspflicht innerhalb des Operationsgebietes bei zivilen oder militärischen Dienststellen oder bei Betrieben der Wirtschaft einschließlich Land- oder Forstwirtschaft genügen, erhalten für den Fall der Krankheit oder für die Folgen eines Arbeitsunfalles Krankenversorgung (Krankenpflege und Krankengeld; Krankenhauspflege) nach Maßgabe besonderer Bestimmungen.

Bei Beschäftigung außerhalb des Operationsgebietes gelten die für den Beschäftigungsort maßgeblichen Bestimmungen.

§ 13

Wer der Arbeitspflicht außerhalb des gewöhnlichen Wohnortes oder außerhalb des Operationsgebietes genügt und deshalb von seiner Familie getrennt lebt, erhält auf Antrag zur Sicherung des angemessenen Lebensunterhalts seiner Angehörigen Unterstützung nach Maßgabe der besonderen Bestimmungen des Wirtschaftsstabes Ost.

§ 14

Arbeitnehmer, die ihrer Arbeitspflicht durch Arbeitsleistung außerhalb des gewöhnlichen Wohnortes oder außerhalb des Operationsgebietes genügen, werden, soweit sie nach Persönlichkeit, Können und Leistung zur selbständigen Bodenbewirtschaftung befähigt sind, bei Durchführung der neuen Agrarordnung nach den bestehenden Vorschriften in Bezug auf Zuteilung von Land, Zug- und Nutzvieh und von Inventar in vollem Umfang berücksichtigt.

Abschnitt VI

Durchführungs- und Strafbestimmungen; Inkrafttreten

§ 15

Der Generalquartiermeister erläßt im Einvernehmen mit Wirtschaftsstab Ost die zur Durchführung und Ergänzung vorstehender Verordnung erforderlichen Bestimmungen.

§ 16

Zuwiderhandlungen gegen vorstehende Verordnung und die zu ihrer Durchführung und Ergänzung erlassenen Bestimmungen, insbesondere die Verweigerung und die Zurückhaltung der Arbeitsleistung sowie das pflichtwidrige Fernbleiben von der Arbeit, unterliegen strenger Bestrafung nach näherer Maßgabe der Durchführungsbestimmungen.

§ 17

Vorstehende Verordnung tritt mit sofortiger Wirkung in Kraft.

Hauptquartier OKH., den 6. Februar 1943

Der Chef des Generalstabes des Heeres

[Unterschrift]

General der Inf.

Verordnung über Arbeitspflicht und Arbeitseinsatz im Operationsgebiet der neu besetzten Ostgebiete vom 6.2.1943
Bundesarchiv/Militärarchiv, RW 31/28

ARBEITSKRÄFTE FÜR DAS REICH

Im September 1944 hielten sich 5,9 Millionen ausländische Zivilarbeiter im Deutschen Reich auf. Mehr als ein Drittel von ihnen stammte aus der Sowjetunion. Das Scheitern des sogenannten Blitzkrieges im Winter 1941/42 und die damit notwendige Umstellung der deutschen Kriegswirtschaft auf einen längeren Abnutzungskrieg hatten die verstärkte Einberufung deutscher Arbeiter in die Wehrmacht zur Folge. Bereits im Oktober 1941 fehlten in der deutschen Rüstungsindustrie 800.000 Arbeitskräfte.

Am 21. März 1942 ernannte Hitler Fritz Sauckel zum „Generalbevollmächtigten für den Arbeitseinsatz" (GBA). Er erhielt den Auftrag, in den annektierten und besetzten Gebieten Europas so viele Arbeitskräfte wie möglich für das Reich zu rekrutieren. Zunächst auf freiwilliger Basis, ab April 1942 zunehmend unter Zwang wurden bis 30. Juni 1944 insgesamt etwa 2,8 Millionen sowjetische Zivilisten nach Deutschland transportiert. Die Hälfte von ihnen war in den militärverwalteten Gebieten „ausgehoben" worden. Hauptverantwortlich für die Rekrutierungen waren die sogenannten „Sauckel-Kommissionen" und der Wirtschaftsstab Ost.

Die Wehrmachtsführung stand den Rekrutierungen nicht uneingeschränkt positiv gegenüber. Stimmte man grundsätzlich der „Anwerbung" von Arbeitskräften auch zu, so befürchtete insbesondere das Oberkommando des Heeres (OKH) die Deportation derjenigen Zivilisten, die vom OKH selbst beansprucht wurden. Zudem förderten die radikalen und teilweise brutalen Rekrutierungsmaßnahmen den Widerstand der Zivilbevölkerung.

Gleichzeitig waren die Militärverwaltungen aber auch in die Durchführung der Rekrutierungen eingebunden. Das Oberkommando des Heeres ordnete ab April 1942 nicht nur die Sicherung der Bahntransporte an, das Oberkommando der Wehrmacht rief zudem alle militärischen Stellen dazu auf, die „Werbemaßnahmen" des Wirtschaftsstabes Ost und der „Sauckel-Kommissionen" zu unterstützen.

Erlaß Hitlers zur Ernennung Fritz Sauckels zum „Generalbevollmächtigten für den Arbeitseinsatz" vom 21.3.1942
Bundesarchiv/Militärarchiv, RW 31/417, Bl. 143

„[...] Die Sicherstellung der für die gesamte Kriegswirtschaft, besonders für die Rüstung erforderlichen Arbeitskräfte bedingt eine einheitlich ausgerichtete, den Erfordernissen der Kriegswirtschaft entsprechende Steuerung des Einsatzes sämtlicher verfügbaren Arbeitskräfte einschließlich der angeworbenen Ausländer und der Kriegsgefangenen sowie der Mobilisierung aller noch unausgenutzten Arbeitskräfte im Grossdeutschen Reich einschließl. des Protektorats sowie im Generalgouvernement und in den besetzten Gebieten.
Diese Aufgabe wird Reichsstatthalter und Gauleiter Fritz Sauckel als Generalbevollmächtigter für den Arbeitseinsatz im Rahmen des Vierjahresplans durchführen. In dieser Eigenschaft untersteht er dem Beauftragten für den Vierjahresplan unmittelbar.
Dem Generalbevollmächtigten für den Arbeitseinsatz stehen zur Durchführung seiner Aufgaben die zuständigen Abteilungen III (Lohn) und V (Arbeitseinsatz) des Reichsarbeitsministers und dessen nachgeordnete Dienststellen zur Verfügung. [...]"

FRITZ SAUCKEL wurde 1894 in Haßfurt/Unterfranken geboren. Bereits in den zwanziger Jahren war er in der nationalsozialistischen Bewegung aktiv, seit 1927 als Gauleiter in Thüringen. Dort wurde er 1932 zunächst Ministerpräsident, nach der Machtübernahme der nationalsozialistischen Regierung übte er das Amt des Reichsstatthalters in Thüringen aus. Mit Kriegsbeginn fungierte Sauckel zunächst als Reichsverteidigungskommissar für den Wehrkreis IX (Kassel), bevor er am 21. März 1942 von Hitler zum „Generalbevollmächtigten für den Arbeitseinsatz" ernannt wurde. Im Nürnberger Kriegsverbrecherprozeß mußte Sauckel sich für seine Tätigkeit als Generalbevollmächtigter verantworten. Er wurde zum Tode verurteilt und am 16. Oktober 1946 hingerichtet.

Fritz Sauckel, 1942
ullstein bild

Rede Fritz Sauckels auf einer Tagung der Arbeitseinsatzstäbe in Weimar am 6.1.1943
„Totaler Arbeitseinsatz für den Sieg. Mobilisierung der europäischen Leistungsreserve".
Rede des Generalbevollmächtigten für den Arbeitseinsatz, Gauleiter und Reichsstatthalter Fritz Sauckel, auf der ersten Tagung der Arbeitseinsatzstäbe am 6. Januar 1943 in Weimar, Sonderdruck des GbA, Weimar o. J. [1943], zit. n. Der Krieg gegen die Sowjetunion 1941–1945. Eine Dokumentation, hrsg. von Reinhard Rürup, Berlin 1991, S. 210–212

„[...] Ich komme nun zu den Grundsätzen unserer Werbung:
1. Wo die Freiwilligkeit versagt, tritt die Dienstverpflichtung an ihre Stelle. Meine Herren Beauftragten, das ist nun das eiserne Gesetz dieses Jahres beim Arbeitseinsatz. [...]
Sie haben gehört, meine lieben Kameraden, daß ich jeder Notwendigkeit und jeder Forderung, die an uns gestellt wird, gerecht werden will, und daß ich dabei hart sein muß. Ich weiß, es ist bitter schwer, Menschen aus ihrer Heimat und von ihren Kindern loszureißen. Aber wir haben den Krieg nicht gewollt! Das Kind, das an der Front seinen Vater verliert, ist härter getroffen, und die Mutter hat es nicht leichter. Sie sehen, daß ich hier jeder Gefühlsregung abgeschworen habe.
2. Wenn ich auch der Härte des Krieges gerecht werden will, so bitte ich trotzdem, unter gar keinen Umständen die deutsche Nation, den Namen des Führers, meinen eigenen und auch Ihren eigenen Namen der Schande auszusetzen. Was wir tun müssen, wird getan. Aber es wird so getan, daß bei aller Härte – und da werde ich unerbittlich ahnden, wo es notwendig ist – den Grundsätzen deutscher Korrektheit Rechnung getragen wird. Wir sind keine perverse, bestialisch veranlagte Nation, deren höchste Freude es ist, Gefangene zu martern. Unsere Feinde sind darin Meister. Wir tun das nicht! Bei uns geschieht alles ordnungsgemäß, aber es geschieht in deutscher, anständiger Haltung, die der deutsche Soldat inzwischen tausendfach bewiesen hat. [...]"

Tabelle zur Staatsangehörigkeit der männlichen und weiblichen zivilen Arbeitskräfte, 30.9.1944

Staatsangehörigkeit	Männer	Frauen	zusammen	%-Anteil der Frauen (gerundet)	Zusammen in % aller ausl. Zivilarbeiter (gerundet)
Belgien	170.058	29.379	199.437	14,73	3,34
Frankreich	603.767	42.654	646.421	6,60	10,82
Italien	265.030	22.317	287.347	7,77	4,81
Ehem. Jugoslawien (ohne Kroatien)	29.192	8.415	37.607	22,38	0,63
Kroatien	43.071	17.082	60.153	28,40	1,01
Niederlande	233.591	20.953	254.544	8,23	4,26
Slowakei	20.857	16.693	37.550	44,46	0,63
Ungarn	17.206	7.057	24.263	29,09	0,41
Altsowjetrussisches Gebiet	1.062.507	1.112.137	2.174.644	51,14	36,39
Generalgouvernement und Bezirk Białystok	684.328	368.699	1.053.027	35,01	17,62
Sonstige	856.699	344.981	1.201.680	28,71	20,11
insgesamt	3.986.306	1.990.367	5.976.673	33,30	100

Zusammengestellt nach Angaben aus: Die Ergebnisse der Ausländererhebung vom 30. September 1944, in: Der Arbeitseinsatz im Großdeutschen Reich, hrsg. vom Beauftragten für den Vierjahresplan/Generalbevollmächtigten für den Arbeitseinsatz, Berlin, 30. Dezember 1944, Nr. 11/12, S. 10–28, hier S. 11

Gesamt- und Einzelergebnisse der Arbeitseinsatzwerbung des Wirtschaftsstabes Ost für den Einsatz im Reich, Januar 1942–Juni 1944

| | aus dem Operationsgebiet abtransportierte Arbeitskräfte | | | | |
	insgesamt	Wi In* Süd	Wi In* Mitte	Wi In* Nord	Wi In* Kaukasus
1942					
Januar	8 889	8 889	–	–	
Februar	16 995	7 837	659	8 449	
März	39 063	26 649	5 985	6 429	
April	91 893	72 242	11 857	7 794	
Mai	147 915	118 523	15 446	13 946	
Juni	163 998	131 404	20 956	11 638	
Juli	96 235	69 404	25 861	970	
August	47 033	35 191	11 277	565	
September	47 616	41 715	5 901	–	
Oktober	83 331	81 375	1 677	279	
November	41 632	33 510	8 122	–	
Dezember	20 536 **	9 864	6 965	370	3 337
1943					
Januar	4 475	842	925	300	2 408
Februar	5 384	1 633	3 471	280	
März	17 516	12 657	4 441	418	
April	23 269	18 337	4 506	426	
Mai	23 875	19 805	3 960	110	
Juni	17 358	11 384	5 830	144	
Juli	13 302	9 801	3 501	–	
August	28 424	4 411	24 013	–	
September	8 611	1 238	7 373	–	
Oktober	13 032	504	11 124	1 404	
November	34 978	21 947	11 769	1 262	
Dezember	21 746	11 221	10 312	213	
1944					
Januar	35 718	28 901	5 122	1 695	
Februar	78 645	56 147	11 262	11 236	
März	103 907	56 104	22 115	25 688	
April	40 124	18 897	12 653	8 574	
Mai	65 036	32 298	24 921	7 817	
Juni	57 995	19 055	25 923	13 017	
Insgesamt	**1 398 531**	**961 785**	**307 927**	**123 074**	**5 745**

Zwischen Januar 1942 und Juni 1944 wurden insgesamt 1,4 Millionen sowjetische Zivilisten aus den militärverwalteten Gebieten ins Reich transportiert.

* Wirtschaftsinspektion   ** Geringfügiger Summierungsfehler im Original der Monatsmeldung korrigiert.

Zusammengestellt aus den Monatsberichten und dem KTB des WiStabes Ost, ab Januar 1944 einschließlich der zivilverwalteten Gebiete, zit. n. Die deutsche Wirtschaftspolitik in den besetzten sowjetischen Gebieten 1941–1943. Der Abschlußbericht des Wirtschaftsstabes Ost und Aufzeichnungen eines Angehörigen des Wirtschaftskommandos Kiew, hrsg. und eingel. von Rolf-Dieter Müller, Boppard am Rhein 1991, S. 549 f.

6. Verfügung des Oberkommandos des Heeres über die Mitwirkung der militärischen und landeseigenen Verwaltungsstellen bei der Arbeiteranwerbung vom 10. Mai 1942.

Oberkommando des Heeres

Gen St d H/Gen Qu
Abt. K. Verw. (Wi)
Nr. II/3210/42 geh.

H. Qu. OKH, den 10. Mai 1942.

Betr: Anwerbung russischer Arbeitskräfte für das Reich.
Bezug: OKH/Gen Qu/(Wi) II/2877/42 g vom 25. April 1942,
OKH/Gen Qu/Abt. K. Verw. II/3158/42 g vom 6. Mai 1942.

— Der vom Führer ernannte Generalbevollmächtigte für den Arbeitseinsatz, Gauleiter Sauckel — vgl. OKH/Gen Qu/II 4045/42 vom 31. März 1942 —, hat mit Rücksicht auf den vermehrten Rüstungsbedarf des Reiches zur Sicherstellung des Kräftebedarfs der deutschen Kriegs- und Rüstungswirtschaft angeordnet, daß die Anwerbung russischer Arbeitskräfte und ihre Überführung in das Reich wesentlich zu steigern und zu beschleunigen ist. Zur Durchführung dieser Anwerbungsaktion, die sich auf die gesamten besetzten Ostgebiete einschließlich der rückwärtigen Heeresgebiete und der Armeegebiete erstreckt, sind besondere Maßnahmen erforderlich, weil die Organisation der Arbeitseinsatzdienststellen und die Werbekommissionen des Generalbevollmächtigten für den Arbeitseinsatz allein nicht ausreichen. Es genügt nicht, die Werbemaßnahmen auf die mit Arbeitseinsatzdienststellen besetzten städtischen Bezirke zu beschränken. Vielmehr muß in breitestem Ausmaß auch die auf das Land abgewanderte Stadtbevölkerung erfaßt werden sowie die einheimische Landbevölkerung, soweit sie von den zuständigen landwirtschaftlichen Dienststellen als entbehrlich freigegeben wird. Dies setzt eine maßgebliche Mitwirkung der militärischen und landeseigenen Verwaltungsstellen (Feldkommandanturen, Ortskommandanturen, La-Organisation des Wirtschaftsstabes Ost, Rayonverwaltungen, Bürgermeister usw.) voraus. Es handelt sich um eine Aufgabe von kriegsentscheidender Bedeutung. Die Arbeitslage des Reiches erfordert vordringliche und großzügige Durchführung der angeordneten Maßnahmen. Dies ist allen Stellen zur besonderen Pflicht zu machen.

Vorrang des Kräftebedarfs von Truppe und Wirtschaft im Osten.

Der unmittelbare Kräftebedarf der Truppe hat den Vorrang vor der Anwerbung für das Reich insoweit, als es sich um einen tatsächlich zwingenden und sowohl der Zeit als der Höhe nach unabänderlichen Bedarf handelt. Über den Umfang des Truppenbedarfes entscheiden die Armeen, die Befehlshaber der Heeresgebiete und die Wehrmachtbefehlshaber. Dabei ist jedoch mit Rücksicht auf den dringenden Kräftebedarf des Reiches, der in erster Linie der Rüstung und damit der Wehrwirtschaft und Truppe zugute kommt, der allerschärfste Maßstab anzulegen. Insbesondere ist auf die Höhe des eingesetzten Kräftebedarfes sorgfältig nachzuprüfen. Dies gilt auch für Arbeitskräfte, die bereits bei der Truppe eingesetzt sind. Ergibt die verschärfte Nachprüfung, daß auch bereits eingesetzte Arbeitskräfte nicht zwingend benötigt werden, so sind sie sofort freizugeben. Auch bei den unentbehrlichen Kräften ist zu prüfen, ob sich darunter Facharbeiter befinden, die nicht ihren beruflichen Kenntnissen entsprechend eingesetzt sind. Diese sind Zug um Zug gegen Ersatzstellung von anderen Kräften beschleunigt abzugeben. Die Beschäftigung in der Kriegswirtschaft voll einsatzfähiger Arbeitskräfte zu persönlichen Diensten kann als vordringlicher Truppenbedarf nicht anerkannt werden.

Nach den gleichen Gesichtspunkten ist von den Wirtschaftsdienststellen der Kräftebedarf der für die Versorgung der Truppen arbeitenden Wirtschaft in den besetzten Ostgebieten zu überprüfen. Aufbauarbeiten und Planungen, die ohne Schaden für die Truppenversorgung aufgeschoben werden können, sind zurückzustellen, weil sie Kräfte binden, die gegenwärtig in der Rüstungswirtschaft des Reiches dringender benötigt werden. Es ist Aufgabe der für die Produktion verantwortlichen Wirtschaftsdienststellen, ihren Kräftebedarf gegenüber den Anwerbungsmaßnahmen für das Reich unter Anlegung gleichfalls des schärfsten Maßstabes auf den unbedingt erforderlichen Umfang zu beschränken.

Grundsatz der Freiwilligkeit.

Die Meldung zum Arbeitseinsatz im Reich soll grundsätzlich freiwillig sein. Wo die Zahl der Bewerber jedoch hinter den Erwartungen zurückbleibt, werden die betreffenden Gemeinden Mindestauflagen zu erfüllen haben. Daher muß die Bevölkerung durch überzeugende Werbemaßnahmen der Bürgermeister in geeigneter Form zum Bewußtsein gebracht werden, was ihre Pflicht ist.

142

Arbeitsbedingungen.

Der Einsatz der russischen Arbeiter im Reich erfolgt zu angemessenen Arbeitsbedingungen. Verpflegung erfolgt nach deutschen Normalsätzen zuzüglich Schwer- und Schwerstarbeiterzulagen je nach der Art des Einsatzes. Unterbringung in sauberen, sanitär gut ausgestatteten Wohnlagern. Für die zurückbleibenden Familienangehörigen wird gemäß OKH/Gen Qu (IV a) (III,3) Nr. I/7400/42 vom 19. Februar 1942 gesorgt (bevorzugte Arbeits- und Lebensmittelzuweisung, ggf. Barunterstützung bis zu 130 Rubeln monatlich). Bei Durchführung der neuen Agrarordnung werden die im Reich eingesetzten Arbeitskräfte — Bauernfähigkeit vorausgesetzt — bevorzugt berücksichtigt.

Über die näheren Einzelheiten erfolgt Unterrichtung durch die Dienststellen der Arbeitseinsatzorganisation.

Organisationsrichtlinien.

Die fachliche Steuerung der Anwerbeaktion obliegt den Arbeitseinsatzdienststellen (im rückwärtigen Heeresgebiet den Chefgruppen Arbeitseinsatz der Wirtschaftsinspektionen, Gruppen Arbeit der Wi Kdo's, Arbeitsämtern und Werbekommissionen, im Armeegebiet den Armeewirtschaftsführern bzw. IV Wi der Armeen). Ihren fachlichen Forderungen haben die Feld- und Ortskommandanturen zu entsprechen.

Bezüglich der technischen Durchführung der Anwerbung und des Abtransportes wird im allgemeinen folgende Arbeitsteilung zwischen den Arbeitseinsatzdienststellen und den Feld- und Ortskommandanturen bzw. den unter ihrer Aufsicht arbeitenden landeseigenen Verwaltungsstellen einzuhalten sein:

Den Feld- und Ortskommandanturen obliegt die Anwerbung auf dem Lande sowie in den städtischen Bezirken, die nicht mit Arbeitseinsatzdienststellen besetzt sind. Der Abtransport der angeworbenen Arbeiter ist von ihnen bis zu den Abgangsbahnhöfen bzw. den dort einzurichtenden Wartelagern durchzuführen.

Den Arbeitseinsatzdienststellen obliegt die Anwerbung in ihrem eigenen Arbeitsbereich und die Durchführung der Transporte vom Abgangsbahnhof (Wartelager) in das Reich.

Auch soweit die Durchführung des Abtransportes der russischen Arbeiter Aufgabe der Arbeitseinsatzdienststellen ist, sind diese von allen in Betracht kommenden militärischen Dienststellen auf Anfordern weitestgehend zu unterstützen. Entsprechend ist die La-Organisation des Wirtschaftsstabes Ost angewiesen, auf Anfordern der Feld- und Ortskommandanturen mitzuarbeiten.

Die Feld- und Ortskommandanturen betrauen einen Offizier — bei Feldkommandanturen mit Abt. VII einen Militärverwaltungsbeamten — verantwortlich mit der Bearbeitung aller mit der Anwerbungsaktion zusammenhängenden Fragen und benennen ihn namentlich der nächsten Arbeitseinsatzdienststelle (Wi Kdo oder Arbeitsamt). Die Wirtschaftsinspektionen werden auf Anfordern zu den Befehlshabern der Heeresgebiete — nach Bedarf auch zu den Sicherungsdivisionen und Sicherungsbrigaden — je einen Verbindungsbeamten der Arbeitseinsatzorganisation abkommandieren, der im Rahmen der Abt. VII die sich aus der Mitwirkung der Feld- und Ortskommandanturen bei der Anwerbungsaktion ergebenden Fragen bearbeitet. Ebenso können die Wi Kdos bei Bedarf Verbindungsbeamte zu den Feld- und Ortskommandanturen abstellen.

Einzelmaßnahmen der Feld- und Ortskommandanturen.

1. Anweisung an Rayonchefs und Bürgermeister, Anwerbeaktion unter persönlicher Verantwortung mit allen verfügbaren Mitteln durchzuführen. Errichtung von Meldestellen bei den Rayon- und Gemeindeverwaltungen.

2. Anwerbungspropaganda (Aufrufe, Werbeartikel in örtlicher Presse, Versammlungen, Einsatz von Lautsprecherwagen). Einheitliche Abstimmung mit Arbeitseinsatzdienststellen. Zusammenarbeit mit Propagandakompanien.

3. In erster Linie sollen Arbeitskräfte (beiderlei Geschlechts) für einen Einsatz in nachfolgenden Wirtschaftszweigen angeworben werden:

   Bergbau,
   Bahnunterhaltung,
   Eisen- und Metallwirtschaft,
   Landwirtschaft,
   Bauwirtschaft,

143

Das Oberkommando des Heeres verfügte im Mai 1942 die „maßgebliche Mitwirkung der militärischen und landeseigenen Verwaltungsstellen (Feldkommandanturen, Ortskommandanturen, La-Organisation des Wirtschaftsstabes Ost, Rayonverwaltungen, Bürgermeister usw.)" bei der Rekrutierung von Zivilarbeitskräften für den Reichseinsatz.

Großwerkstätten (Schustereien),
Sonderkommandos für dringende Gelegenheits- und Notstandsarbeiten.

4. Nicht angeworben werden dürfen.
Personen unter 14 und über 50 Jahre (Ausnahme bei letzteren nur für besonders rüstige),
politisch und kriminell Unzuverlässige, Asiaten und Juden,
Volksdeutsche.

5. Abwehrmäßige Prüfung ist durch den S.D. zu veranlassen.

6. Ärztliche Untersuchung durch russische Ärzte unter Aufsicht und Stichproben von Sanitätsoffizieren. Bewerber müssen gesund und mindestens tauglich für mittelschwere Industrie- und Landarbeit sein.

7. Die Bewerber sind nach durchgeführter ärztlicher und abwehrmäßiger Überprüfung listenmäßig nach Geschlechtern getrennt zu erfassen mit Vor- und Zuname, Beruf, Geburtstag, Volkstumszugehörigkeit, sanitätsmäßig überprüft durch . . . . (Arzt). Die Listen sind wöchentlich von den Feld- und Ortskommandanturen der nächsten Arbeitseinsatzdienststelle zuzuleiten.

8. Die Arbeitseinsatzdienststellen fordern die gemeldeten und angeworbenen Arbeitskräfte bei den Feld- und Ortskommandanturen an, die sie zu den Abgangsbahnhöfen oder Wartelagern in Marsch zu setzen haben.

9. Vor dem Abtransport ist nach Möglichkeit eine Entlausung durchzuführen.

10. Die Angeworbenen müssen zur Feststellung der Identität mit einem Personalausweis sowie mit einem in Verbindung mit dem Personalausweis gültigen Anwerbeschein (in deutscher und Landesschrift) mit Angaben über Personalien, Beruf, Bestätigung der Anwerbung, Vermerk über erhaltene Marschverpflegung, Gesundheitszustand, Entlausung und Dienststempelabdruck versehen sein.

11. Heranführen der Angeworbenen zum Abgangsbahnhof oder zum Wartelager in der Regel im Fußmarsch. Erforderlichenfalls Einsatz von Kraftfahrzeugen oder Panjekolonnen mit Straßendienststellen abstimmen.

12. Arbeitskleidung und Schuhwerk haben die angeworbenen Arbeitskräfte selbst mitzubringen. Marschverpflegung bis zum Abgangsbahnhof oder Wartelager, mindestens aber für 2 Tage, mit La-Dienststellen regeln.

13. Fürsorge für die zurückbleibenden Angehörigen gemäß OKH/Gen Qu/IV a/III. 3 Nr. I/7400/42 vom 19. Februar 1942.

Am Abgangsbahnhof oder im Wartelager erfolgt Übernahme der Angeworbenen durch die Arbeitseinsatzdienststellen, die für die Einrichtung der Wartelager, Zusammenstellen der Zugtransporte, Unterwegsverpflegung und Bewachung bis zur Reichsgrenze sorgen. Von dort erfolgt die Betreuung der Arbeitertransporte durch Stellen des Reiches.

Örtlich gebotene Abweichungen von den Organisationsrichtlinien und vorgesehenen Einzelmaßnahmen sind zwischen Heeresgruppen und Wirtschaftsinspektionen abzustimmen. Engste Zusammenarbeit zwischen militärischen Dienststellen und Arbeitseinsatzdienststellen ist erforderlich. Arbeitseinsatzdienststellen sind vom Wirtschaftsstab Ost mit entsprechenden Richtlinien zu versehen.

Die Vorbereitungen für die Anwerbungsaktion sind sofort aufzunehmen. Feld- und Ortskommandanturen haben sich unverzüglich mit der nächsten Arbeitseinsatzdienststelle in Verbindung zu setzen. Verzeichnis der Arbeitseinsatzdienststellen ist mit OKH/Gen Qu II/4035/42 vom 1. April 1942 übersandt worden.

AOK und Befehlshaber in den Heeresgebieten melden die Zahl der aus ihrem Bereich abtransportierten russischen Arbeitskräfte laufend zum 1. eines jeden Monats — erstmalig am 1. Juni 1942 — den Heeresgruppen. Diese berichten zusammenfassend an OKH/Gen Qu.

Die nachgeordneten Dienststellen sind von dort zu unterrichten.

J. A.
Wagner.

144

Verfügung des Oberkommandos des Heeres über die Mitwirkung der militärischen und landeseigenen Verwaltungsstellen bei der Arbeiteranwerbung vom 10.5.1942
Bundesarchiv/Militärarchiv, RW 31/131, Bl. 142–144

Teilabschrift!

Heeresgruppe Süd
I b   H.Qu., den 3.5.42   83

Betr.: Arbeitskräfte für das Reich.

1. Um den im Reich durch die Einberufung zur Wehrmacht entstandenen Mangel an Arbeitskräften notdürftig auszugleichen, ist von dem "Beauftragten für den Vierjahresplan, Geschäftsgruppe Arbeit", Gauleiter Sauckel, befohlen worden, dass in den nächsten Monaten je 150 000 Arbeitskräfte aus dem Operationsgebiet der Heeresgruppe Süd in das Reich überführt werden.
Die Durchführung dieser Aufgabe unterliegt der Wirtschaftsinspektion Süd.

2. . . . .

3. Für den Monat Mai sind aus den Oblasten folgende Arbeitskräfte herauszuziehen.

        Oblast Krim . . . . 12 000 Arbeitskräfte
Für die weiteren Monate Juni und Juli werden die Zahlen an die Feldkommandanturen direkt bekanntgegeben. Arbeitskräfte, die in Betrieben beschäftigt sind, die für die Wehrmacht arbeiten, dürfen nicht herausgezogen werden.

4. Die Feldkommandanturen haben gemeinsam mit den Wi. Kdos. diese Zahlen auf die Bezirke der kommunalen Dienststellen aufzuschlüsseln. Das Herausziehen dieser Arbeitskräfte erfolgt durch Auflage an die Leiter der kommunalen Dienststellen. Die Auflagen sind durch die Feldkommandanturen auszusprechen. Nach Gestellung der Kräfte werden die Wi. Kdos. überprüfen, ob die zur Verfügung gestellten Kräfte für das Reich geeignet sind.
Die durch die Wi. Kdos. ausgesuchten Leute sind von den Feldkommandanturen zu noch festzusetzenden Tagen an die Eisenbahnstation in Marsch zu setzen, von denen der Transport in das Reich abgeht. Die Stationen werden durch die Wi. Kdos. den Feldkommandanturen bekanntgegeben.

5. Für die Verpflegung der Arbeiter hat im allgemeinen die Wirtschaftsinspektion Süd zu sorgen. In Ausnahmefällen haben im Armee-Verpflegungsdienststellen, im Bereich des Bfh. rückw. H.Geb. Süd die Heeresverpflegungs-Dienststellen, vorschussweise Verpflegung zu stellen.
Im Interesse einer wirksamen Propaganda haben die Wi. Kdos. dafür zu sorgen, dass kein Arbeitertransport ohne ausreichende Verpflegung in Marsch gesetzt wird. Die Unterstützung durch die Feldkommandanturen ist dabei unerlässlich.

Für das Heeresgruppenkommando Süd
Der Chef des Generalstabes
gez. v. Hanstein
Oberst i.G.

20

Heeresgruppe Süd über die Mitwirkung der Feldkommandanturen bei der Arbeitskräfterekrutierung vom 3.5.1942
Bundesarchiv/Militärarchiv, RH 23/99, Bl. 83

Am Beispiel der Heeresgruppe Süd läßt sich die Organisation der Arbeitskräfterekrutierung für das Reich verdeutlichen. Es zeigt sich die enge Kooperation zwischen der regionalen Militärverwaltung, der Wirtschaftsinspektion Süd und den zivilen Verwaltungsstellen.

Kriegstagebuch des Wirtschaftskommandos Charkow
vom 3.1.1941
Bundesarchiv/Militärarchiv, RW 31/694

„[...] Die Erfassung der Facharbeiter und die Zuweisung zu einem
Transport ins Reich wird durchweg mit großer Genugtuung
entgegengenommen. Ausübung eines Zwangs ist nicht notwendig. Die hiesige katastrophale Ernährungslage und das völlige
Stilliegen der Betriebe kommen der Werbung sehr entgegen,
sodaß eine Arbeitsaufnahme im Reich von den meisten direkt
gewünscht wird. [...]"

Erfassung und Abtransport ziviler Arbeitskräfte aus Charkow, Winter 1941/42

Im Winter 1941/42 herrschte in
Charkow aufgrund der deutschen Versorgungspolitik
akute Hungersnot unter der
sowjetischen Zivilbevölkerung.
Angesichts des drohenden
Hungertodes lassen sich die
zahlreichen Meldungen für den
Arbeitseinsatz im Reich nicht
als freiwillig bezeichnen.

Die Fotoserie des PK-Fotografen Johannes Hähle zeigt
die Erfassung, Musterung und
den Abtransport von Ein-
wohnern der Stadt Charkow
im Winter 1941/42.

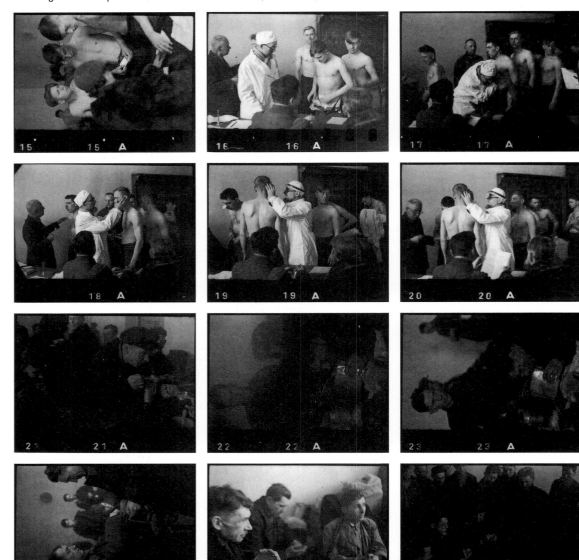

Abtransport ziviler Arbeitskräfte aus Charkow, Herbst/Winter 1941/42
PK-Fotograf: Johannes Hähle
Bundesarchiv, 101 I/21/2076–2079

Lagebericht des Wirtschaftsrüstungsamtes vom 14.5.1942
Bundesarchiv/Militärarchiv, RW 46/323

„[...] 9. Stimmung der Bevölkerung.
Im Mittelpunkt des allgemeinen Interesses steht der Abtransport der ukrainischen Arbeiter ins Reich. Die Bereitwilligkeit und der in der ersten Zeit der Besatzung zum Ausdruck gekommene Wunsch zum Arbeitseinsatz in Deutschland konnte im Berichtmonat nur noch vereinzelt festgestellt werden. Die Folge war, daß zur Erfüllung der harten Notwendigkeiten des Kriegsgeschehens auch in diesem Sektor Methoden zur Anwendung kommen mußten, die eine teilweise Verstimmung der Bevölkerung mit sich brachten. Auf Grund von Briefen ukrainischer Arbeiter aus dem Reich sollen diese kaserniert und freiheitsbeschränkt sein. Wieweit diese Gerüchte den Tatsachen entsprechen, läßt sich von hier aus nicht feststellen; [...].
10. Der Abtransport von Arbeitern ins Reich.
hat in der Berichtszeit eine beträchtliche Steigerung erfahren. [...] Bis zum 30.4. wurden aus dem Gebiet der Panzerarmee 1 insgesamt etwa rund 60.000 Arbeiter und Arbeiterinnen abtransportiert, davon entfallen auf
Bergarbeiter 18.000
weibl. Fabrikarb. 26.000
Metallfacharb. 16.000 [...]“

Die von den „Sauckel-Kommissionen" durchgeführten Arbeitsrekrutierungen konkurrierten mit den Interessen der Wehrmacht, die ebenfalls zivile Arbeitskräfte für den eigenen Bedarf beanspruchte.

Vereinbarung zwischen dem Oberkommando der Wehrmacht und dem Generalbevollmächtigten für den Arbeitseinsatz vom 30.9.1942 (Abschrift)
Bundesarchiv, R 3901/20280

„[...] Der Chef des Oberkommandos der Wehrmacht und der Generalbevollmächtigte für den Arbeitseinsatz sind darüber einig, daß bei der Anwendung des Erlasses des Führers zur Durchführung des Erlasses über einen Generalbevollmächtigten für den Arbeitseinsatz vom 30. September 1942 über Weisungen an militärische Dienststellen im Operationsgebiet die für die Verwaltung dieser Gebiete verantwortlichen militärischen Befehlshaber vorher zu unterrichten sind und aus zwingenden Gründen die Durchführung anhalten können, soweit und solange es die militärische Lage erfordert. [...]“

Oberbefehlshaber der Heeresgruppe Mitte zur „Generalvollmacht" des „Generalbevollmächtigten für den Arbeitseinsatz" vom 28.10.1942
Bundesarchiv/Militärarchiv, F 42860, Bl. 319 f.

„[...] Die Armeen und Befehlshaber Heeresgebiet Mitte haben die ihnen unterstellen Dienststellen anzuweisen, dass sie die Anwerbung – wie bisher – tatkräftig und mit allen Mitteln unterstützen, damit das geforderte Anwerbesoll erreicht wird. Erforderlichenfalls sind die Beauftragten des Gauleiters Sauckel laut Vereinbarung mit dem OKW bemächtigt, in besonderen Ausnahmefällen Zwangsmassnahmen anzuwenden. [...]“

Aktenvermerk des Wirtschaftsstabes Ost zu einer Chefbesprechung am 5.2.1943
Bundesarchiv/Militärarchiv, RW 31/28

„[...] Nach einem Erlass OKH vom 6.9.42 (II 5897/42 geh.) ist für die Anwerbung von Ostarbeitern Zwang zugelassen. [...]“

Kriegstagebuch des Wirtschaftsstabes Ost, Eintrag vom 9.3.1943
Bundesarchiv/Militärarchiv, RW 31/27, Bl. 144–147, Zitat Bl. 145 f.

„[...] Anwerbesperre im Bereich der Heeresgruppe Süd.
Die Chefgruppe Arbeit der Wi In Süd teilt mit, daß der Befehlshaber im Heeresgebiet Süd (General Friederici) bei der Heeresgruppe Süd den Antrag gestellt hat, im Gesamtgebiet der Wi In Süd die Reichswerbung aus politischen Gründen vorläufig einzustellen. Unter Hinweis auf die äußerst angespannte Arbeitseinsatzlage in der deutschen Landwirtschaft und Rüstungsindustrie und unter Hinweis auf die sehr schweren Folgen der im Bereich der Heeresgruppe B im November vorigen Jahres verhängten Anwerbesperre wurde der Chefgruppe Arbeit der Wi In Süd mitgeteilt, daß seitens der Chefgruppe Arbeit des Wi Stabes Ost gegen eine erneute Anwerbesperre schon jetzt schärfste Verwahrung eingelegt werden muß. [...] Der Oberbefehlshaber der Heeresgruppe A, Generalfeldmarschall Kleist, hat eine allgemeine Anordnung über die Behandlung der einheimischen Bevölkerung herausgegeben und sich in diesem Zusammenhang gegen ‚unmenschliche Werbemethoden' ausgesprochen. Er ordnete an, daß künftighin nur noch auf freiwilliger Grundlage geworben werden dürfe, da die Bewohner der Krim und die ukrainische Bevölkerung als unsere Verbündeten angesehen werden müssen. [...]“

Kriegstagebuch des Wirtschaftsstabes Ost, Eintrag vom 13.3.1943
Bundesarchiv/Militärarchiv, RH 31/27, Bl. 154

„[...] Auf Grund des Einspruchs des Generalbevollmächtigten für den Arbeitseinsatz, Gauleiter Sauckel, gegen die von der Heeresgruppe Süd beabsichtigte Anwerbesperre (s. Eintragung vom 11.3.43) hat OKH Gen Qu unter dem 11.3.43 sämtlichen Heeresgruppen mitgeteilt, daß gemäß Mitteilung Chef-OKW der Führer entschieden hat, daß angesichts der angespannten Personal- und Arbeitslage in der Rüstung, verstärkte Werbung und deren Unterstützung durch die Wehrmacht gefordert werden muss. OKH Gen Qu hat die Aufhebung aller entgegenstehenden Befehle angeordnet und den Heeresgruppen die Vorkehrung von Massnahmen zur vollen Durchführung der Reichswerbung befohlen. [...]“

Werbeplakate zum Arbeitseinsatz im Reich

Bundesarchiv, Plakate Drittes Reich, 3/42/7

Frauen und Mädchen!
In deutschen Haushalten findet ihr alle Arbeit!

Bundesarchiv, Plakate Drittes Reich, 3/42/16

Wir sind in Deutschland!
Deutschland ist im gegenwärtigen Krieg zum Versorgungszentrum Europas geworden. Arbeiter aller Nationen, die am Aufbau des Neuen Europa teilnehmen, kommen hierher, um durch fleißige Arbeit ihrer Heimat zu helfen.

Bundesarchiv, Plakate Drittes Reich, 3/42/20

Deine Arbeit in Deutschland ist ein vernichtender Schlag gegen den Bolschewismus

Bundesarchiv, Plakate Drittes Reich, 3/42/21

Ich lebe bei einer deutschen Familie und fühle mich sehr wohl.
Fahre nach Deutschland zur Hilfsarbeit im Haushalt.

Bundesarchiv, Plakate Drittes Reich, 3/42/28

Indem du in Deutschland arbeitest, verteidigst du dein Vaterland!
Fahre nach Deutschland!

Bundesarchiv, Plakate Drittes Reich, 3/42/36

Wir fahren nach Deutschland, um für den Frieden und eine bessere Zukunft zu arbeiten.
Mit den erworbenen Kenntnissen wirst du bei deiner Rückkehr in die Heimat immer eine
gute Stelle finden.

Stimmungsbericht des Oberkommandos des Heeres
vom 11.4.1943
Bundesarchiv/Militärarchiv, RH 2/2560, Bl. 131

„[...] Einen solchen Umschwung in der Haltung des ukrainischen
Volkes, das sich 1941 eindeutig auf die Seite Deutschlands gestellt hatte, führte in erster Linie die berüchtigte Menschen-
behandlung seitens der nichtmilitärischen deutschen Organe
auf dem ukrainischen Volksboden herbei. Insbesondere trifft
das auf die Schandmethoden bei der Anwerbung von Arbeitskräften für das Reich zu. Vor der nationalsozialistischen ‚Neger-
politik' verblassen in den Augen des Ukrainertums selbst die
Schrecken der Sowjetzeit. [...]"

Anlage 9 zum Monatsbericht des Wirtschaftsstabes Ost
vom 18.8.1943
Bundesarchiv/Militärarchiv, RW 31/33

„[...] In der Berichtszeit war die Haupttätigkeit der Arbeitsämter
auf die Registrierung der arbeitspflichtigen Bevölkerung sowie
auf die Erfassung der Jahrgänge 1925 und 1926 zur Ableistung
der Arbeitspflicht im Reichsgebiet gerichtet. Die Heeresgruppe
hat die Kommandobehörden angewiesen, den Arbeitseinsatz-
behörden bei der Erfassung der Jahrgänge 1925/26 die notwendige Unterstützung zu gewähren, weil nach den Erfahrungen
der Aushebung der weiblichen Jahrgänge 1918 bis 1927 nicht
damit zu rechnen ist, daß Arbeitskräfte auf freiwilliger Grundlage für den Einsatz im Reich zu gewinnen sind. [...]"

Monatsbericht des Wirtschaftsstabes Ost
vom 18.9.1943
Bundesarchiv/Militärarchiv, RW 31/33

„[...] Insbesondere die Einziehung der jungen Jahrgänge hatte
im Südwesten eine panikartige Massenflucht ganzer Familien
zu den Banden zur Folge. [...] Die Mehrzahl der Jugendlichen
einschl. der älteren Schüler ist mit Beginn der Aushebung der
Jahrgänge 25/26 für den Reichseinsatz in die Wälder geflüchtet.
[...]"

PARTISANENKRIEG UND ZWANGSDEPORTATIONEN

In keinem Heeresgebiet gab es eine größere Partisanenbewegung als im Bereich der Heeresgruppe Mitte. Im August 1943 galten 46 Prozent des rückwärtigen Heeresgebietes Mitte als „bandenverseucht" und 31 Prozent als „bandengefährdet". SS und Wehrmacht gingen in der Partisanenbekämpfung dazu über, im Rahmen von „Großaktionen" ganze Landstriche zu zerstören, um die Gebiete besser kontrollieren zu können und regionalen Partisanenverbänden die Versorgungsmöglichkeiten abzuschneiden.

Ab Ende 1942 spielten bei diesen „Unternehmen" zunehmend auch wirtschaftliche Ziele eine Rolle. Zivilverwaltung, Wehrmacht und SS selektierten während der „Großaktionen" arbeitsfähige Zivilisten. Nach Schätzungen verschleppten sie während 1943/44 in Weißrußland mindestens 100.000 Menschen.

Durch den anhaltenden Arbeitskräftemangel wurden ab Sommer 1943 auch nicht mehr alle „Partisanenverdächtigen" erschossen, sondern als Zwangsarbeiter rekrutiert. Selbst auf bewaffnet angetroffene Partisanen wollten die deutschen Behörden nicht mehr verzichten. Alte Menschen und Frauen mit kleinen Kindern, die ebenfalls während der „Großaktionen" erfaßt worden waren, kamen in sogenannte „Sperrgemeinden", die am Rand des jeweiligen Operationsgebietes lagen.

Nicht alle im Zuge von Partisanenaktionen rekrutierten Arbeitskräfte kamen im Operationsgebiet oder im Reich zum Einsatz, einige zehntausend Zivilisten wurden zudem von der SS in die im besetzten Polen errichteten Konzentrationslager zur Zwangsarbeit verschleppt. Der Wehrmachtführungsstab unterstützte diese Maßnahmen ausdrücklich: Laut Befehl vom 21. März 1943 sollten „Bandenhelfer und Bandenverdächtige" zwecks „Überführung in Konzentrationslager den zuständigen Höheren SS- und Polizeiführern" übergeben werden.

In der Regel betonte die deutsche Propaganda die Freiwilligkeit der deportierten Zivilisten. Dieses Foto ist insofern eine Ausnahme, da durch die Beschriftung ein direkter Bezug zu einer nicht genauer bezeichneten „Partisanenaktion" hergestellt und der Abtransport der Zivilisten nicht als freiwillig ausgegeben wird. Gleichwohl liegt die propagandistische Tendenz offen: Bei den deportierten Zivilisten soll es sich um „Partisanenhelfer" handeln.

Abtransport von Dorfbewohnern wegen Unterstützung von Partisanen, bei Brjansk 1942
PK-Bildbeschriftung: Evakuiert – Nach einem bestimmten Termin werden die Bewohner von Ortschaften, die versprengten sowjetischen Truppen und Banden Unterstützung gewährten, evakuiert und in ein Sammellager gebracht. Ein Zug von 450 Dorfbewohnern auf dem Wege in ein Sammellager.
PK-Fotograf: von Kaler
SV-Bilderdienst

Richtlinien des Reichsfeldmarschalls Göring zur Zwangserfassung der Bevölkerung in den Partisanengebieten für den Reichsarbeitseinsatz vom 26.10.1942

Der Prozeß gegen die Hauptkriegsverbrecher vor dem Internationalen Militärgerichtshof (International Military Tribunal), Nürnberg, 14. Nov. 1945–1. Okt. 1946, Bd. 28, Nürnberg 1948, S. 1 f.

„[...] Bei der Durchführung der durch den Führer angeordneten verstärkten Bekämpfung der Bandentätigkeit und Säuberung, insonderheit des rückwärtigen Gebietes der Heeresgruppe Mitte, bitte ich, daß nachstehende Gesichtspunkte berücksichtigt werden bzw. die sich daraus ergebenden Folgerungen zur Durchführung gelangen.

1) Bei der Bekämpfung der Bandengruppen und der Durchkämmung der von ihnen verseuchten Räume sind gleichzeitig sämtliche dort vorhandenen Viehbestände in gesicherte Gebiete abzutreiben, desgleichen die Lebensmittelvorräte so wegzuschaffen und zu sichern, daß sie den Banden nicht mehr zugänglich sind.

2) Sämtliche männlichen und weiblichen Arbeitskräfte, die irgendwie für einen Arbeitseinsatz in Frage kommen, sind zwangsmäßig zu erfassen und dem Generalbevollmächtigten für den Arbeitseinsatz zuzuführen zur Verwendung in den rückwärtigen gesicherten Gebieten oder in der Heimat. Die Unterbringung der Kinder ist in rückwärtigen Lagern gesondert zu regeln. [...]"

Weisung des Oberkommandos der Wehrmacht zur Deportation von Angehörigen der sowjetischen Zivilbevölkerung in Konzentrationslager vom 21.3.1943 (Abschrift)

DZA Potsdam, Fall 12, ADB 126, Bl. 39, zit. n. Norbert Müller, Dokumente zur Rolle der Wehrmacht bei der Deportation sowjetischer Bürger zur Zwangsarbeit in Deutschland 1941–1944, in: Bulletin des Arbeitskreises „Zweiter Weltkrieg", Nr. 4, 1970, S. 29–62, Zitat S. 56 f.

„[...] In den Ziffern 85 u. 86 und 104 der ‚Kampfanweisung f. d. Bandenbekämpfung im Osten' (OE/WFSt/Op.Nr. 1216/42 vom 11.11.42) ist als Strafmassnahme für Bandenhelfer und Bandenverdächtige u.a. auch Überführung zum Arbeitseinsatz ins Reich vorgesehen. Diese Bestimmung hat sich nach Mitteilung des G.B.A nachteilig auf die Werbung von freiwilligen Ostarbeitern für den Einsatz im Reich ausgewirkt. In Ergänzung der ‚Kampfanweisung für die Bandenbekämpfung' wird daher befohlen:

1) Bandenhelfer und Bandenverdächtige sind, soweit sie nicht sofort erschossen bzw. erhängt oder ausnahmsweise gemäss Ziffer 11 der ‚Kampfanweisung' in die eigene Bandenbekämpfung eingespannt werden, zwecks Überführung in Konzentrationslager den zuständigen höheren SS- und Polizeiführern zu übergeben.

2) Der Bevölkerung gegenüber ist klar der Unterschied zwischen der unter härtesten Bedingungen stattfindenden ‚Strafarbeit' der diese Leute zugeführt werden, und dem ‚Arbeitseinsatz im Reich' auf Grund der Werbung des G.B.A. herauszustellen. [...]"

Weisung des Oberkommandos der Wehrmacht über Sondermaßnahmen zur beschleunigten Rekrutierung zusätzlicher sowjetischer Arbeitskräfte für den deutschen Kohlebergbau vom 8.7.1943

Der Prozeß gegen die Hauptkriegsverbrecher vor dem Internationalen Militärgerichtshof (International Military Tribunal), Nürnberg, 14. Nov. 1945–1. Okt. 1946, Bd. 26, Nürnberg 1947, S. 284–287, Zitat S. 284 f.

„[...] Der Führer hat am 7.7. für die Durchführung des erweiterten Eisen- und Stahlprogramms die unbedingte Sicherstellung der nötigen Kohle-Förderung und hierzu die Deckung des Kräftebedarfs aus Kriegsgefangenen befohlen.

Der Führer fordert, dass nachstehende Maßnahmen mit aller Beschleunigung getroffen werden, um im Endziel dem Kohlenbergbau 300 000 zusätzliche Arbeitskräfte zuzuführen. [...]

4.) Die in den Bandenkämpfen des Operationsgebietes, der Heeresgebiete, der Ostkommissariate, des Generalgouvernements und des Balkans gemachten männlichen Gefangenen im Alter von 16–55 Jahren gelten künftig als Kriegsgefangene. Das Gleiche gilt für diese Männer in neu eroberten Gebieten des Ostens. Sie sind den Kriegsgefangenen-Lager zuzuführen und von dort zum Arbeitseinsatz ins Reich zu bringen. Über Erfassung und weitere Behandlung der Familienangehörigen geben Chef d.Genst.d.H. und Reichsführer SS für ihren Bereich die nötigen Anweisungen im gegenseitigen Einvernehmen. [...]"

Oberbefehlshaber der Heeresgruppe Mitte Günther von Kluge vom 14.7.1943

Bundesarchiv/Militärarchiv, F 42860, Bl. 621

„[...] Zur weiteren Erhöhung des Reichseinsatzes sind grundsätzlich im Zuge von Bandenunternehmen alle arbeitsfähigen Personen aus Bandengebieten, die nur vorübergehend besetzt werden, zu erfassen und ins Reich abzubefördern. [...]"

„Bandenhelfer und Bandenverdächtige sind [...] zwecks Überführung in Konzentrationslager den zuständigen höheren SS- und Polizeiführern zu übergeben."

„VERBRANNTE ERDE"

Mit dem Rückzug der deutschen Wehrmacht, insbesondere seit Anfang 1943, wurde die von Hitler befohlene Politik der „Verbrannten Erde" umgesetzt. Dabei handelte es sich um ein System ineinandergreifender Maßnahmen, die zur Räumung und Zerstörung der jeweils aufzugebenden Gebiete führten. Der Roten Armee sollten bei ihrem Vormarsch keine verwertbaren Güter in die Hände fallen, auch keine Arbeitskräfte. Daher war die Massenverschleppung der Zivilbevölkerung ein zentraler Bestandteil der Rückzugsstrategie. Die Gebiete wurden zu menschenleeren „Wüstenzonen".

Nicht jeder, der mit der Wehrmacht nach Westen ging, tat dies unter Zwang. „Volksdeutsche", Kollaborateure und Kriegsflüchtlinge schlossen sich den deutschen Truppen auch freiwillig an. Gleichzeitig ergriffen die Militärverwaltungen jedoch Zwangsmaßnahmen, um die nicht evakuierungswillige Zivilbevölkerung zu deportieren. Zentrale Instanz für die Organisation der Räumungen war der Wirtschaftsstab Ost. Ihm oblag die Planung und Vorbereitung der Maßnahmen, allerdings entschieden allein die Militärs vor Ort, wann und wie geräumt, zerstört und deportiert wurde. Nur die Militärverwaltungen verfügten über das Personal, die Bewaffnung und die Logistik, um Hunderttausende Menschen – notfalls unter Anwendung von Gewalt – in die rückwärtig gelegenen Auffanglager zu bringen. Von dort sollten sie dem Arbeitseinsatz zugeführt werden.

Die überwiegend zu Fuß durchgeführten Transporte bedeuteten für die betroffenen Zivilisten enorme Strapazen. Familien wurden voneinander getrennt, da die arbeits- und wehrfähige Bevölkerung separiert und zur Arbeit herangezogen wurde. Für alte Menschen, Kinder und kranke Personen waren die Gewaltmärsche bis zu 100 Kilometern kaum zu bewältigen, zudem gingen die Zwangsverschleppten unter Verlust ihrer Heimat und ihres Eigentums einer völlig ungewissen Zukunft entgegen.

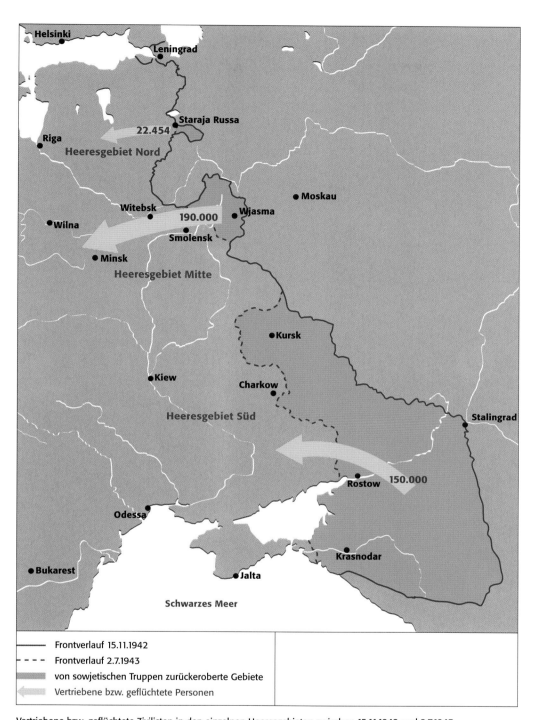

Helsinki

Leningrad

Staraja Russa

22.454

Riga

Heeresgebiet Nord

Moskau

Witebsk • • Wjasma

190.000

Wilna

Smolensk

Minsk

Heeresgebiet Mitte

Kursk

Kiew

Charkow

Stalingrad

Heeresgebiet Süd

Rostow **150.000**

Odessa

Krasnodar

Bukarest

Jalta

Schwarzes Meer

Frontverlauf 15.11.1942

- - - Frontverlauf 2.7.1943

von sowjetischen Truppen zurückeroberte Gebiete

Vertriebene bzw. geflüchtete Personen

Vertriebene bzw. geflüchtete Zivilisten in den einzelnen Heeresgebieten zwischen 15.11.1942 und 2.7.1943

Erstellt auf der Grundlage von: Die deutsche Wirtschaftspolitik in den besetzten sowjetischen Gebieten 1941–1943. Der Abschlußbericht des Wirtschaftsstabes Ost und Aufzeichnungen eines Angehörigen des Wirtschaftskommandos Kiew, hrsg. und eingel. von Rolf-Dieter Müller, Boppard am Rhein 1991, S. 326; sowie Bundesarchiv/Militärarchiv, RW 31/27 und RW 31/29

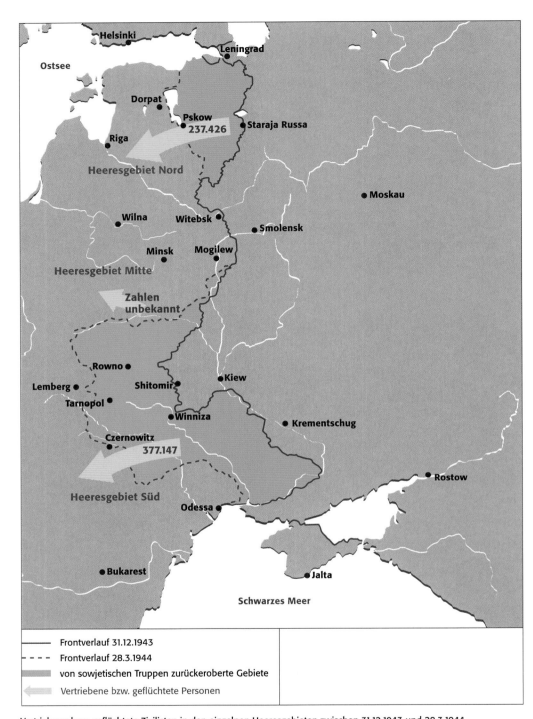

Vertriebene bzw. geflüchtete Zivilisten in den einzelnen Heeresgebieten zwischen 31.12.1943 und 28.3.1944

Erstellt auf der Grundlage: Die deutsche Wirtschaftspolitik in den besetzten sowjetischen Gebieten 1941–1943. Der Abschlußbericht Wirtschaftsstabes Ost und Aufzeichnungen eines Angehörigen des Wirtschaftskommandos Kiew, hrsg. und eingel. von Rolf-Dieter Müller, Boppard am Rhein 1991, S. 331 f.

Helsinki

Leningrad

260.240

225.310

Riga

Staraja Russa

Heeresgebiet Nord

Moskau

Wilna

Witebsk

Smolensk

Minsk

Heeresgebiet Mitte

Brjansk

885.000

541.000

Gomel

Shitomir

Kiew

Heeresgebiet Süd

Charkow

520.500

Poltawa

Winniza

Krementschug

Stalingrad

375.000

Dnjepropetrowsk

Rostow

Odessa

77.182

Bukarest

Jalta

Schwarzes Meer

———	Frontverlauf 2.7.1943
- - - -	Frontverlauf 31.12.1943
▬	von sowjetischen Truppen zurückeroberte Gebiete
⬅	in Marsch gesetzte Personen
⬅	erfaßte Personen

In Marsch gesetzte und erfaßte Personen in einzelnen Heeresgebieten zwischen 2.7.1943 und 31.12.1943

Erstellt auf der Grundlage: Die deutsche Wirtschaftspolitik in den besetzten sowjetischen Gebieten 1941–1943. Der Abschlußbericht des Wirtschaftsstabes Ost und Aufzeichnungen eines Angehörigen des Wirtschaftskommandos Kiew, hrsg. und eingel. von Rolf-Dieter Müller, Boppard am Rhein 1991, S. 329

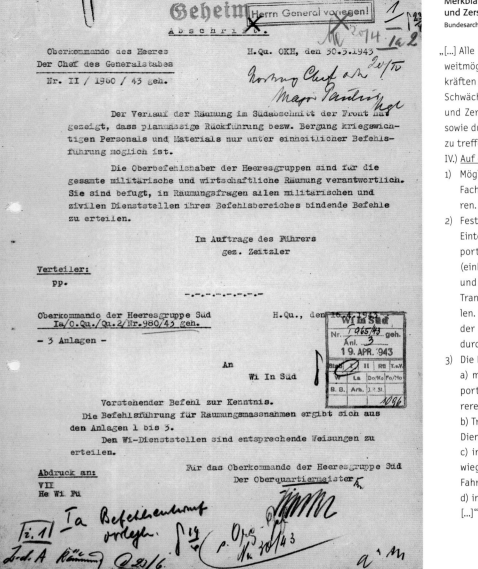

Oberkommando des Heeres, Chef des Generalstabes, über die Befehlszuständigkeiten bei Räumungen vom 30.3.1943
Bundesarchiv/Militärarchiv, RW 31/502

„Die Oberbefehlshaber

der Heeresgruppen sind für

die gesamte militärische

und wirtschaftliche Räumung

verantwortlich."

Merkblatt des Wirtschaftsstabes Ost über Räumungs-, Lähmungs- und Zerstörungsaufgaben vom 21.2.1943
Bundesarchiv/Militärarchiv, RW 31/28

„[...] Alle Massnahmen sind unter dem Gesichtspunkt der weitmöglichsten Erhaltung von Wirtschaftsgütern und Arbeitskräften für die deutsche Kriegswirtschaft, und der Schwächung des feindlichen Kriegspotentials durch Lähmung und Zerstörung der Produktionsanlagen und ihrer Produkte sowie durch Rückführung der Arbeitskräfte
zu treffen. [...]

IV.) Auf dem Gebiet des Arbeitseinsatzes.

1) Möglichst frühzeitige und geschlossene Rückführung aller Facharbeiter und Arbeiterinnen im Alter von 18 bis 50 Jahren. [...]

2) Festlegung bestimmter Sammelplätze. Für die Sammlung, Einteilung und Rückführung der Arbeitskräfte müssen transportweise Kolonnenführer und Bewachungsmannschaften (einheimisches Personal der Arbeitsämter, Ordnungsdienst und Miliz) bereitgestellt werden. Grössere geschlossene Transporte sind möglichst unter deutsche Leitung zu stellen. Wenn es die Umstände erfordern, ist die Rückführung der Arbeitskräfte ohne Rücksicht auf Familienbindungen durchzuführen.

3) Die Rückführung erfolgt
a) mit öffentlichen Verkehrsmitteln (geschlossene Transportzüge der Eisenbahn oder auch mit einzelnen oder mehreren Waggons),
b) Transportmitteln der wirtschaftlichen und militärischen Dienststellen (Lkw's, Pkw's, Panjewagen, Schlitten),
c) in geregelten Landtreks (Kolonnen-Relais-System) vorwiegend bei ländlicher Bevölkerung unter Mitnahme von Fahrzeugen, Großvieh, Hausrat, Lebensmitteln,
d) in ungeregelten Treks einzeln und in kleineren Gruppen.
[...]"

Führerbefehl Nr. 4 vom 28.2.1943 (Abschrift)
StAN, NOKW–1965

„Auf Grund mir erstatteter mündlicher Meldungen muss ich nochmals auf folgende Forderungen hinweisen und ihre strikte Durchführung durch Führung und Truppe verlangen. Sie liegen im ureigensten Interesse der schwer kämpfenden Truppe selbst. Ihre Nichtdurchführung bringt dem Feind unübersehbaren Vorteil. [...]

3.) Bei Räumungen sind alle Männer zwischen 15 u. 65 Jahren von der Truppe mitzuführen. Die Truppe hat so immer Arbeitskräfte für Schanzarbeiten bei sich, und es werden Kriegsgefangene für neue Verwendung (Abgabe an Luftwaffe als Ersatz für abgegebene Mannschaften) freigemacht. Der Feind kann so nicht, wie er es jetzt massenweise macht, die gesamte männliche Bevölkerung als Kämpfer einziehen.

4.) Bei planmässigen grösseren Räumungen ist, wenn irgend möglich, die Masse der Zivilbevölkerung mitzunehmen und später als Arbeitskraft zu verwenden. Die Dörfer sind dann zu vernichten. [...]“

Privatbrief des Militärverwaltungsrates Walter Schumann an seinen Amtskollegen beim Oberkommando der Heeresgruppe A, Freiherr von Dellingshausen, vom 7.3.1944
Bundesarchiv/Militärarchiv, WF–03/5068, Bl. 610

„[...] Die Zwangsevakuierung der Wehrfähigen ist die verhängnisvollste Maßnahme, die ich im Osten in 2 Jahren erlebt habe. – So sind die Sklavenhändler vor Zeiten von einem Negerdorf zum anderen gezogen, nur schossen die damals noch nicht mit MPi's. [...]“

Wirtschaftsstab Ost zu Evakuierungen im Bereich der Heeresgruppe Mitte vom 13.3.1943
Bundesarchiv/Militärarchiv, RW 31/27 Bl. 154 f., Zitat Bl. 155

„[...] Evakuierung im Bereich Mitte
Wie die Wi In Mitte, Chefgruppe Arbeit, berichtet, sind im Rahmen des Unternehmens ‚Zugvogel' aus dem Bereich des AOK 4 etwa 16.000 und aus dem Bereich des AOK 9 etwa 20.000 Menschen in Marsch gesetzt worden. Hierbei soll es sich grösstenteils um alte Frauen, Kinder und Greise handeln, die erst teilweise und in völlig erschöpftem Zustande in den Zielorten angelangt sind und daher augenblicklich für einen Arbeitseinsatz noch nicht in Frage kommen. Die arbeitsfähigen Personen sollen für die Truppen als Hiwi zurückbehalten worden sein.“

„Generalbevollmächtigter für den Arbeitseinsatz (GbA)" zur Arbeitsrekrutierung während der Räumungen vom 8.9.1943 (Abschrift)
Bundesarchiv/Militärarchiv, RW 31/33

„[...] Erlaß.
über die Berücksichtigung arbeitseinsatzmäßiger Erfordernisse bei der Räumung besetzter Gebiete im Osten: [...]

7. Sind die Treks und Rücktransporte in den Auffanglagern der Auffangräume angelangt, so erfolgt die Verteilung und der Weitertransport der Arbeitskräfte und ihr Einsatz ausschließlich nach den Weisungen des GBA bzw. seiner Beauftragten in den besetzten Ostgebieten.

8. Dabei ist folgendes sicherzustellen:
a) alle Facharbeiter und Spezialisten der verschiedenen Branchen sind noch vor Eintritt des Winters ins Reich zu überführen.
b) für den Bau des Ostwalls sind die benötigten Arbeitskräfte, Männer und Frauen der OT bzw. den sonst an dieser Maßnahme beteiligten zivilen und militärischen Stellen zur Verfügung zu stellen. Das gleiche gilt für sonstige vordringliche militärische Aufgaben. [...]

11. Mit den militärischen und sonst beteiligten zivilen Dienststellen ist dabei engste und laufende Fühlung zu halten. [...]“

WB 4050-2   10

Bezirkskommandantur Lampowo   Anlage 2 zu AOK.18 -Ic/AO/O. u.
                                     Nr.650/43 g.K.v.7.10.43

Betr.: Befehl über die Evakuierung der
       Zivilbevölkerung im gesamten Armee-
       bereich vom 26.9.1943
       O.Qu./Qu.2 Nr.1337/43 g.Kdos.

Bezug: AOK 18 O.Qu./Qu.2 Nr.1168/43 g.Kdos. vom 9.9.1943.

Auf Befehl Oberkdo. Heeresgruppe Nord ist die Zivilbevölkerung des Armeebereichs zu evakuieren. Mit den vorbereitenden
Maßnahmen hierfür ist im Bereich der Bezirkskommandantur Lampowo begonnen worden. Die Bürgermeister sind unterrichtet worden
und haben von sich aus die Bevölkerung auf die Notwendigkeit
der Maßnahme hingewiesen und Verständnis dafür zu wecken versucht. Wie jedoch die Bürgermeister übereinstimmend berichten,
sind sie auf völlige Verständnislosigkeit gestoßen. Die Bekanntgabe der bevorstehenden Evakuierung hat eine Panik unter der
Bevölkerung hervorgerufen, die sich stimmungsmäßig gegen die
Besatzungstruppe auswirkt. Selbst Personen, die bis jetzt zu
uns gehalten haben, zeigen sich aufsässig und wollen sich lieber totschlagen lassen, als ihre Heimstätte aufgeben. Ihre Argumentation geht dahin, daß sie von den Russen vielleicht geschont, in der Fremde jedoch sicher zugrunde gehen werden. Es
ist bekannt, daß der Russe mit allen Fasern an seinem Dorf und
Hause hängt und das Verlassen von Haus und Hof als ein großes
Unglück betrachtet.

Die Einwohner beginnen, bei Einbruch der Dunkelheit ihre
Habe und Vorräte zu vergraben, was darauf schließen läßt, daß
sie schon jetzt in die Wälder flüchten wollen, um sich von der
vermeintlich nachrückenden Roten Armee auffangen zu lassen.
Andererseits steht zu erwarten, daß die Teile der Bevölkerung,
die sich zunächst der Gewalt fügen und dem befohlenen Treck
anschließen, bei der ersten besten Gelegenheit, also vorzugs-
weise an Rastplätzen, das Weite suchen werden.

Ganz abgesehen von diesen Erwägungen muß jedoch allen
Ernstes darauf aufmerksam gemacht werden, daß die Evakuierung,
selbst wenn die Bevölkerung guten Willens wäre, in der beabsichtigten Form nicht durchführbar ist. Das soll im Nachstehen-
den an Hand statistischen Materials belegt werden.

10.

„Die Bekanntgabe der bevorstehenden Evakuierung hat
eine Panik unter der Bevölkerung hervorgerufen, die sich
stimmungsmäßig gegen die
Besatzungstruppe auswirkt.
Selbst Personen, die bis jetzt
zu uns gehalten haben, zeigen
sich aufsässig und wollen sich
lieber totschlagen lassen, als
ihre Heimstätte aufgeben."

Die Bezirkskommandantur Lampowo (7,5 km südlich Bhf. Ssi-worskaja) betreut insgesamt 782 Einwohner.

Unter diesen befinden sich

a)	Kinder im Alter bis zu 6 Jahren	133
b)	" über 6 bis zu 14 Jahren	138
c)	Personen männl. Geschlechts zw.15 u.60 Jahren	105
d)	" weibl. " zw.15 u.60 Jahren	287
e)	über 60 Jahre alte Personen	119
	insgesamt	782

Hierunter befinden sich 105 Sieche, Gebrechliche und Geistes-kranke.

Für den Transport der beweglichen Habe dieser 782 Personen stehen 40 einspännige landesübliche Fahrzeuge zur Verfügung, so-daß auf je 20 Personen 1 Panjewagen entfällt. Dazu muß bemerkt werden, daß Lampowo noch verhältnismäßig gut mit Pferden bestückt ist. Bei anderen Gemeinden dürften die Verhältnisse noch wesent-lich ungünstiger liegen. Es ist völlig klar und bedarf keiner weiteren Erörterung, daß bei dieser Sachlage die Evakuierten nicht imstande sind, auch nur das Allernotwendigste für den Lebens-unterhalt mitzuführen, vom Hausrat ganz zu schweigen. Von Seiten der ortsansässigen Truppeneinheiten sollen und können für diesen Zweck Fahrzeuge nicht zur Verfügung gestellt werden. Die Frage, wie die rund 250 Klein-Kinder, Gebrechliche, Sieche, Greise und Irre befördert werden sollen, muß ganz offen bleiben. Den Anstrengun-gen eines Fußmarsches von täglich 12 bis 15 km sind sie, noch dazu unter den augenblicklichen Witterungsverhältnissen, auf keinen Fall gewachsen. Schuhwerk ist in der Bevölkerung überhaupt kaum vorhanden.

Nach diesen Ausführungen muß mit Fug und Recht bezweifelt werden, daß die Evakuierung, wie vorgesehen, im Treck möglich ist. Sofern nicht Fahrzeuge in ausreichender Menge zur Verfügung gestellt werden können, muß das Unterfangen von vornherein als aussichtslos bezeichnet werden.

In Lampowo verbleiben nach der Evakuierung, sofern diese überhaupt durchführbar ist, 23 Personen, die zur Gruppe B gehören. Für deren Zurückführung im Bedarfsfalle ist die Truppe verant-wortlich.

Hauptmann
als Bezirkskommandant.

„Nach diesen Ausführungen muß mit Fug und Recht bezweifelt werden, daß die Evakuierung, wie vorgesehen, im Treck möglich ist."

Bericht der Bezirkskommandantur Lampowo vom 7.10.1943
Bundesarchiv/Militärarchiv, RH 20–18/1628, Bl. 10 f.

„BRUCHSTÜCKE"

Die Fotoüberlieferung in den Archiven für die im Zuge des Rückzugs verfolgte Politik der „Verbrannten Erde" umfaßt überwiegend Aufnahmen der Propagandakompanien. Die PK-Fotografen betonen in ihren Kommentierungen, daß es sich bei dem Abtransport der zivilen Bevölkerung um freiwillige Rückführungen gehandelt habe. Inwiefern diese Angaben zutreffen, läßt sich im Einzelfall kaum entscheiden, allerdings weisen die schriftlichen Dokumente eindeutig nach, daß ein erheblicher Teil der Transporte unter Zwang stattfand. Daher ist die Bildkommentierung der offiziellen Berichterstatter weitgehend den propagandistischen Verwertungsinteressen geschuldet. Trotz dieser quellenkritischen Probleme geben die überlieferten Fotos aber einen Einblick in die Maßlosigkeit der Zerstörungen während des Rückzugs.

Die Aufnahme des PK-Fotografen Hermann Beissel vermittelt den Eindruck einer freiwilligen Evakuierung während des Rückzuges. Eindeutig ist dies allerdings nicht, zumal eine Begleitung von Transporten durch Angehörige der Feldgendarmerie auffällig ist.

Evakuierung von Zivilisten unter Einsatz von Feldgendarmerie, Oktober 1943
PK-Bildbeschriftung: Auf dem Wege in die neue Heimat. Überall, wo unsere Truppen im Zuge der planmäßigen Räumung gewisser Gebiete im Osten den Rückmarsch antreten, verlässt die Zivilbevölkerung mit Sack und Pack ihre bisherigen Wohnstätten und folgt unseren Soldaten vertrauensvoll in die neue Heimat.
PK-Fotograf: Hermann Beissel
SV-Bilderdienst

Abtransport von Vieh im Zuge des Rückzuges, September 1943
PK-Bildbeschriftung: Nichts, was für die Bolschewisten Wert hätte, bleibt zurück.
Planmässig und ungestört vom Gegner wird aus den von uns geräumten Gebieten,
im Zuge der beweglichen Kriegsführung, das gesamte Vieh abtransportiert.
PK-Fotograf: Lechner

ullstein bild

Sprengung von Industrieanlagen in Smolensk, 1943
PK-Bildbeschriftung: Nach planmäßiger Zerstörung aller wehrwirtschaftlicher
Anlagen und Sprengung aller Räume, Unterkünfte, Straßen und Brücken wurde
die Stadt Smolensk befehlsgemäß von den deutschen Truppen geräumt. Riesige
Feuersäulen leuchten in der Nacht auf. Der Feind wird hier nur noch Trümmer
vorgefunden haben.
PK-Fotograf: Klunker

ullstein bild

Politik der „Verbrannten Erde", September 1943
PK-Bildbeschriftung: Die letzten Sicherungskräfte verlassen das planmäßig zerstörte Gebiet.
Pk-Fotograf: Grönert (SS)

ullstein bild

DEPORTATIONEN UND ZWANGSARBEIT –
DIE 3. PANZERARMEE

REKRUTIERUNGEN IM OPERATIONSGEBIET DER 3. PANZERARMEE

Wie alle übrigen Armeen benötigte auch die 3. Panzerarmee ab 1942 verstärkt zivile Arbeitskräfte, insbesondere im Straßen-, Bahn- und Stellungsbau. Bereits im Winter 1941/42 ging sie daher dazu über, arbeitsfähige Zivilisten – Frauen und Männer – in ihrem Operationsgebiet zu rekrutieren.

Wenn vor Ort nicht genügend Arbeitskräfte vorhanden waren, wurden Menschen an den Einsatzort deportiert und in Arbeitslagern kaserniert. In den Städten leiteten die Arbeitsämter die Rekrutierungen, in den ländlichen Gebieten vollzogen die Kommandanturen unter Einbindung der landeseigenen Verwaltungen die Zwangsmaßnahmen. Die im damaligen Sprachgebrauch als „Aushebungen" be-zeichneten Rekrutierungen nahmen auch im Bereich der 3. Panzerarmee rigide Formen an. Die zivile Bevölkerung versuchte sich zunehmend den Arbeitsverpflichtungen zu entziehen, was mit Gewalt beantwortet wurde. Beispielsweise meldete der Kommandant des rückwärtigen Armeegebietes 590 am 29. November 1942, daß „fast alle Arbeitskräfte […] buchstäblich an den Haaren herbeigezogen werden" müßten.

Diese Situation spitzte sich 1943/44 weiter zu. Zivile Arbeitskräfte sollten nun auch – „wenn es die Lage irgend zuläßt" – in den vorderen Kampfgebieten eingesetzt werden, beispielsweise beim Ausbau von Verteidigungslinien, wie der „Linie 5" in der Nähe von Witebsk. Die Lage – so das Generalkommando LIII – fordere „die Ausnutzung aller Arbeitskräfte ohne Rücksicht auf Alter und Geschlecht bis zum Äußersten". Im Bereich der 3. Panzerarmee waren 1943/44 durchschnittlich zwischen 15.000 und 25.000 Menschen im Stellungsbau eingesetzt.

Frontverlauf, 27.2.1944

Bundesarchiv/Militärarchiv, Kart RH 2 Ost/940

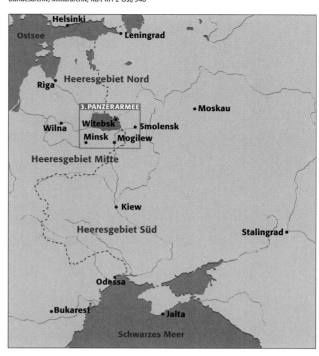

Operationsgebiet der 3. Panzerarmee, 27.2.1944

Bundesarchiv/Militärarchiv, Kart RH 2 Ost/940

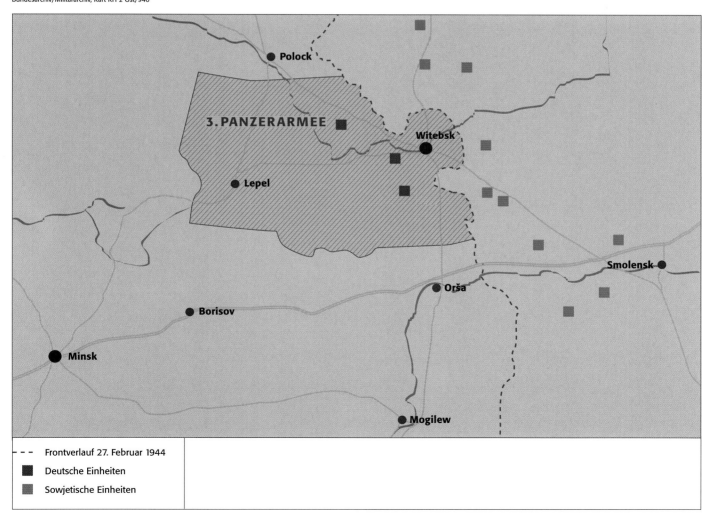

- - - Frontverlauf 27. Februar 1944

▪ Deutsche Einheiten

▪ Sowjetische Einheiten

Nachfolgende Aufnahmen gehören zu einer Fotoserie, die vom PK-Fotografen Johannes Bergmann aufgenommen wurde. Im Bundesarchiv Koblenz sind die Fotos mit dem Eintrag „Rußland bei Witebsk, März 1944" versehen. Jedoch weisen die Kleidung der abgebildeten Personen sowie der deutlich erkennbare hohe Getreidestand auf eine eher frühsommerliche Datierung hin. Die Fotos können daher nicht im März 1944 aufgenommen worden sein. Der Fotograf Johannes Bergmann gehörte zwischen Mai 1942 und Juli 1944 der Propagandakompanie 697 an, die wiederum der 3. Panzerarmee unterstand. Nachweislich war die PK 697 bei den Abwehrkämpfen nahe Witebsk 1944 vor Ort. Da für den Fotografen Johannes Bergmann eine auf den 25. Juli 1944 datierte Verlustmeldung vorliegt, müssen die Fotos vorher, vermutlich im Juni oder Juli 1944 in der Nähe von Witebsk aufgenommen worden sein.

Stellungsbau im Bereich der 3. Panzerarmee

Bundesarchiv, Bild 101 I/279/925/3

Bundesarchiv, Bild 101 I/279/925/9

Bundesarchiv, Bild 101 I/279/925/16

Bundesarchiv, Bild 101 I/279/925/32

Bundesarchiv, Bild 101 I/279/925/33

Stellungsbau im Bereich der 3. Panzerarmee in der Nähe von Witebsk
PK-Fotograf: Johannes Bergmann
Bundesarchiv, Bild 101 I/279/925/35

Das Panzerarmeeoberkommando 3 zum Arbeitseinsatz von Kriegsgefangenen und Zivilbevölkerung vom 18.10.1942
StAN, NOKW–3539

„[…] Die Gen.Kdos., Standortkdtur. Wjasma und Korück 590 erfassen in allen Orten ihres Bereiches die arbeitsfähige Zivilbevölkerung. […]

Für die Betreuung von Kindern, deren Mütter zur Arbeit gehen, müssen die Gemeinden sorgen. Es ist zu bedenken, dass die russ. Bevölkerung eine weitgehende und rücksichtslose Heranziehung zur Arbeit gewöhnt ist. […]

Zur Dienstleistung kommen alle arbeitsfähigen männlichen und weiblichen Personen von 14 Jahren an aufwärts in Frage, […].

Heranziehung der Zivilbevölkerung zur Arbeit erfolgt durch:

a) Erteilung von Auflagen an die Einheitsgemeinden oder Dörfer. Den Bürgermeistern oder Dorfältesten wird dabei die Auflage gemacht, eine bestimme Zahl von Arbeitskräften (Männer, Frauen und Jugendlichen) für eine anzuordnende Zeit und Arbeitsstelle, mit den erforderlichen Arbeitsgeräten ausgestattet, zur Verfügung zu stellen.

b) Aufstellung kasernierter Arbeitskolonnen.

Die herangezogenen Zivilisten sind in der Nähe der Arbeitsvorhaben geschlossen nach Frauen und Männer getrennt, unterzubringen. Nach Möglichkeit sind sie wöchentlich bis monatlich abzulösen und durch neue zu ersetzen. Soweit es die Verhältnisse erfordern, ist der bewegliche Einsatz solcher Kolonnen sicherzustellen. […]“

„Es ist zu bedenken, dass die russ. Bevölkerung eine weitgehende und rücksichtslose Heranziehung zur Arbeit gewöhnt ist."

Kommandant des rückwärtigen Armee-Gebietes 590 an das Panzerarmeeoberkommando 3 vom 29.11.1942
Bundesarchiv/Militärarchiv, RH 21–3/627, Bl. 160–165, Zitat Bl. 164

„[…] Lust und Neigung für diesen Arbeitseinsatz ist nirgends vorhanden, ja, es ist sogar vorgekommen, daß die Männer beim Abtransport geweint haben. Fast alle Arbeitskräfte müssen buchstäblich an den Haaren herbei gezogen werden. […]“

Lagebericht des Panzerarmeeoberkommando 3 vom 3.12.1942
Bundesarchiv/Militärarchiv, RH 21–3/627, Bl. 166–171, Zitat Bl. 166, 166R, 170R und 171

„[…] Die unvermeidliche Zwangsanwendung bei der Heranziehung der Bevölkerung zur Arbeit, die schon im vorigen Lagebericht als besondere Belastungsprobe bezeichnet wurde, beginnt aber schon ihre Auswirkungen zu zeigen. Erschwerend kommen die unzureichenden Verpflegungssätze hinzu, bei denen die Bevölkerung nach übereinstimmenden Meldungen aus allen Bereichen nicht satt wird. […] Beachtung verdient die allgemeine Feststellung, daß die Zahl der Personen, die von der Arbeit wegbleiben oder unter Zwangsanwendung geholt werden müssen, im Wachsen begriffen ist. […] Es bleibt nicht aus, daß unter den von den Kommandanturen usw. aufgebrachten Arbeitskräften sich häufig mehrere nicht arbeitseinsatzfähige Menschen befinden. […] Das Ausmaß der zu überwindenden Schwierigkeiten wird klar, wenn man bedenkt, daß fast alle Arbeitskräfte mit Zwang beordert und zum Teil einzeln herangeholt werden müssen unter Einsatz von Soldaten, Kosaken und O.D.-Angehörigen. […]“

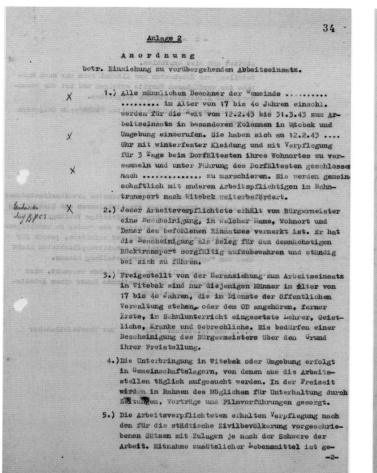

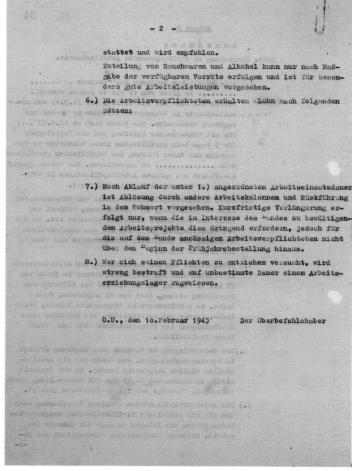

**Anlage 2 zum Schreiben des Panzerarmeeoberkommandos 3
zur Aufstellung von zivilen Arbeitskolonnen vom 10.2.1943**
Bundesarchiv/Militärarchiv, RH 21–3/640, Bl. 34 f.

**Generalkommando LIII zur Rekrutierung von Arbeitskräften
im Divisionsbereich vom 14.10.1943**
StAN, NOKW–2388

„[...] Die Erfassung der zivilen Arbeitskräfte im gesamten Div.-
Bereich hat schlagartig anzulaufen. Aufgabe der Div. ist es, die
Arbeitskräfte aus den im Div.Bereich liegenden Ortschaften
vollzählig heranzuziehen. Bei größeren Entfernungen von den
Wohnstätten zu den Arbeitsstellen sind die Arbeitskolonnen in
der HKL unterzubringen (Erdhütten) und zu verpflegen. [...]
Die Lage fordert die Ausnutzung aller Arbeitskräfte ohne
Rücksicht auf Alter und Geschlecht bis zum Äußersten. [...]"

**Generalkommando LIII zum Arbeitseinsatz in der „Linie 5"
vom 12.12.1943**
StAN, NOKW–2565

„[...] Die Linie ‚5' (Ssmolowka-Riegel) ist ab 13.12.43 mit größtem
Nachdruck auszubauen. [...]
Ich verlange, daß innerhalb von 8 Tagen alle 200 m ein fertiger
Unterstand und einzelne Unterschlupfe stehen [...].
Die Dringlichkeit der Lage erfordert:
a) Heranziehen der gesamten Zivilbevölkerung in der näheren
und weiterer Umgebung der Linie ‚5'.
Durch besondere Erfassungskommandos ist sicherzustellen,
daß nunmehr auch die letzte russische Arbeitskraft in den
Dienst des Stellungsausbaus gestellt wird.
Die Arbeitskräfte sind unter straffe deutsche Aufsicht und An-
leitung zu stellen. [...] Die vor der Linie liegenden Häuser, soweit
nicht belegt, sind schon jetzt dem Erdboden gleich zu machen,
um Schußfeld zu erhalten. [...]"

„Heranziehen der gesamten

Zivilbevölkerung [...]."

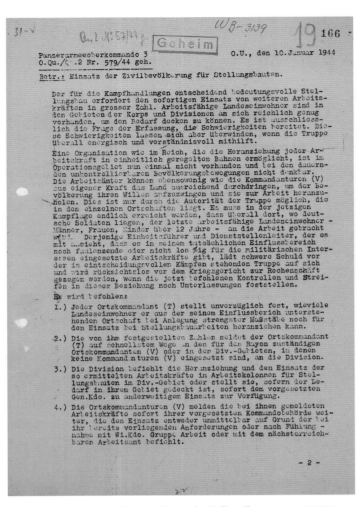

Panzerarmeeoberkommando 3 zum Einsatz der Zivilbevölkerung vom 10.1.1944
Bundesarchiv/Militärarchiv, RH 21–3/671, Bl. 166 f.

Panzerarmeeoberkommando 3 vom 6.1.1944
StAN, NOKW–2227

„[...] Jeder Einheitenführer hat sofort zu überprüfen, welche Zivilarbeitskräfte bei seiner Einheit unter Anlegung strengsten Maßstabes entbehrlich sind. Die freiwerdenden Arbeitskräfte sind divisionsweise zu Arbeitskolonnen für Stellungsbau zusammenzustellen, damit hier ihre bisher nicht ausgenutzte Arbeitskraft der Truppe zugute kommt. [...]

Ich werde ab 15.1.44 laufend durch die Heeresstreifen bei den Einheiten überprüfen lassen, ob die vorhandenen Zivilarbeitskräfte voll ausgelastet sind. Einheitsführer, die verantwortungslos Zivilarbeitskräfte über den Rahmen des unbedingt Notwendigen beschäftigen oder beköstigen, werde ich wegen Sabotage an der Wehrkraft des deutschen Volkes zur Verantwortung ziehen."

Standortkommandantur 282,
M.V.-Rat Mathes.

O.U., den 20.Januar 1944.

Lieber Herr Dr.Rooschüz!

97

Haben Sie zunächst herzlichen Dank für Ihren Neujahrsbrief.Ihre guten Wünsche für 1944 erwidere ich selbstredend auf das herzlichste.Es ist bedauerlich,dass infolge der Ereignisse lange Zeit die Verbindung mit O.Qu./VII nahezu restlos abgerissen ist und auch jetzt noch aus den verschiedensten Gründen mit Schwierigkeiten verbunden ist.

Wie Innen ja auch bekannt ist,ist der Dienstbereich der 282 ziemlich erheblich eingeengt worden.Wenn der Kommandantur wenigstens auf dem Papier in den Bereichen anderer Korps an sich das Recht der Verwaltung noch zusteht,so sind die praktischen Möglichkeiten zu einer vernünftigen Verwaltungsarbeit gleich Null.Es ist nun mal so,dass in einem so frontnahen Gebiet wie es das Gebiet rund um Witebsk geworden ist,die taktischen Belange vor den verwaltungsmässigen den Vorrang haben müssen.Die Tätigkeit der Abt.VII von 282 war daher auf allen Gebieten zunächst eine die taktischen Bedürfnisse unterstützende.Unter diesen Gesichtspunkt war alle Arbeit der letzten Monate und Wochen untergeordnet.

In erster Linie haben wir in der letzten Zeit an der Heranschaffung von Stellungsbauarbeitern gearbeitet.Die Abt.VII hat seit dem 5.12. bis 20.1. nahezu 1800 Stellungsbauarbeiter zur Verfügung stellen können – ein Ergebnis,das die Anerkennung von General Jordan anlässlich eines kürzlichen Besuches gefunden hat.Die Arbeit war mit viel,viel Schwierigkeiten verbunden und ist infolge der Härten,die diese Sache nun einmal mit sich bringt,für keinen der Beteiligten angenehm.Diese ewigen Heulszenen der Angehörigen bei der Abt.VII,der Feldgendarmerie,beim Abtransport usw. sind alles eher als schön.Die Gendarmerie zieht die Leute jetzt bereits aus Kellerlöchern usw.heraus.Bemerkenswert ist,dass von den 1800 Arbeitskräften rund 1400 aus der Stadt Witebsk sind.

Mit einer Unzahl von Besprechungen,Rückfragen und Besuchen sind die Massnahmen bei den Jahrgängen 15 – 45 und 15 – 65 verbunden.Manche Leute wollen um alles in der Welt nicht kapieren,um was es sich dabei handelt.

Inwieweit sich die getroffenen Massnahmen im Ernstfall bewähren werden,wird sich erweisen.Ich habe einige Zweifel,ob dieser Befehl wirklich restlos durchführbar ist.

Das restlose Abrücken des Wi.Kdos und die praktische Arbeitsunfähigkeit des Arbeitsamtes haben weitere Arbeit gebracht.Jetzt ist natürlich für alles,aber auch alles die Abt.VII da.

Das ja schon längst erfolgte Abrücken des S.D. war m.E. ein schwerer Missgriff.Es wirkt sich insbesondere auf dem Gebiet des Passwesens aus.Die Notwendigkeit zur Ausstellung neuer Pässe ist infolge der fast

durchwegs geübten Praxis der Einheiten,den Evakuierten,entlassenen Stellungsbauarbeitern usw. die Pässe abzunehmen,die überdies nie mehr zu bekommen sind,eine äusserst dringende geworden.Wer aber kann hier dafür verantwortlich sein?Schliesslich stelle ich einem Bandenhäuptling einen Pass aus,da ich keinerlei Möglichkeiten zu einer Überprüfung habe. Ich habe es jedenfalls bis jetzt abgelehnt,die Verantwortung für die Ausstellung neuer Pässe zu tragen.

Ein weiteres Problem ist allmählich die materielle Betreuung der Flüchtlinge,die sich im Laufe der Zeit trotz aller entgegenstehenden Befehle in Witebsk angesammelt haben.Ich schätze,dass ungefähr 2500 Flüchtlinge aus dem Osten jetzt da sind,für die infolge Alters usw. keine Verwendungsmöglichkeit besteht.Diese Leute stehen aber auch nicht in der normalen Verpflegung,weil sie nicht arbeiten können.Ein Teil ist in dem bekannten Roggenlager untergebracht und bekommt von der Abt.VII wenigstens etwas Brot und Fett.Eine Dauerlösung ist das aber wohl nicht.Wenn man sie nur evakuieren könnte.

In den Finanzsachen bitte ich Nachsicht zu üben und insbesonder keine schriftlichen Mahnungen zu schicken.Ich frage mich nur manchmal, was auf diesem Gebiet hier eigentlich jemals gemacht worden ist.

Im übrigen aber kann hier keine auch nur annähernd geordnete Finanzwirtschaft getrieben werden.Dazu fehlen jegliche Voraussetzungen.

Das wären im Augenblick so die wichtigsten Dinge,die zu bearbeiten und zu erörtern sind.Ich hoffe,dass Sie jetzt über 282 wieder etwas im Bilde sind.

Mit den besten Wünschen für Ihr persönliches Wohlergehen und herzlichen Grüssen

Heil Hitler!

Ihr
Mathes

Standortkommandantur 282 über die Rekrutierung ziviler Arbeitskräfte
vom 20.1.1944

Bundesarchiv/Militärarchiv, RH 21–3/684, Bl. 97 f.

„Diese ewigen Heulszenen
der Angehörigen […] sind alles
eher als schön."

Erfahrungsbericht des Festungs-Pionierstabs 7
über die Flucht ziviler Arbeitskräfte vom 6.3.1944
Bundesarchiv/Militärarchiv, RH 21–3/671, Bl. 235 f.

„[...] Die hohe Zahl der trotz Bewachung von den Arbeitsstellen und aus den Unterkünften entwichenen russ. Arbeitskräfte ist zum großen Teil auf folgende Gründe zurückzuführen:

1.) Art der Beitreibung

Die Arbeitskräfte wurden zum Teil auf der Straße aufgegriffen und unter dem Vorwand einer 2–3tägigen Arbeit ohne Winterbekleidung, Schuhe, Eßbehälter und Schlafdecken herangeführt. In einigen Fällen wurde den Russen erklärt, daß nur ihre Personalien aufgenommen würden und sie dann wieder nach Hause könnten. Ehepaare wurden abgeholt, die Kinder blieben allein zurück. Vom O.D. wurden Russen in der Nacht aus den Häusern geholt, konnten sich jedoch teilweise durch Abgabe von Alkohol an die O.D.-Leute von der Heranziehung freikaufen. Diese Art von Beitreibung fördert die Arbeitswilligkeit der Russen nicht.

Vom Arbeitslager Witebsk wurden Männer und Frauen zur Arbeit abgestellt, die schon länger arbeitsuntauglich waren. Diesen wurde gesagt, daß sie in ein Lazarett kämen. Unter ihnen befanden sich 78-jährige, Blinde, Gelähmte, Herzkranke, die bei geringster Arbeit umfielen, Epileptiker, hochschwangere Frauen bis zum 9. Monat, Kranke mit schweren Abszessen, denen Eiter aus den Schuhe herauslief und einige mit erfrorenen Gliedern. Die hohe Zahl von Neukranken in den Arbeitslagern ist auf die schlechte Bekleidung zurückzuführen.

Auf den Baustellen versuchen die Russen auf jede mögliche Art zu entkommen.

Festgestellt wurde, daß Frauen, die zum Austreten gingen, in einer Spur liefen, die Spur mit nachschleppenden Zweigen verwischten, dann im Wald kreuz und quer liefen und sich schließlich im Schnee versteckten.

Um die Fluchtspur zu verwischen und eine falsche Richtung vorzutäuschen binden sie Bast- oder Überschuhe verkehrt unter die Füße; in anderen Fällen melden sie sich während der Arbeit krank, werden zum Revier gebracht und verschwinden dann auf dem Weg vom Revier zur Unterkunft.

2.) Nicht ausreichende Verpflegung.

Am 25.2. versuchten Frauen von der Arbeitsstelle (Bauleitung Stanki Saale 5) zu entfliehen. Nach mehreren Schüssen in die Nähe der Flüchtenden warfen sich diese auf die Erde. Festgenommen und befragt, antworteten sie, daß sie nicht genug zu essen bekämen und Hunger hätten. Bei einem anderen Fluchtversuch am 25.2. bei der Bauleitung Kitschino (3. Komp.) wurden die gleichen Gründe angegeben.

Der Russe ist als starker Brotesser bekannt. Das Mittagessen kann mit den z.Zt. gelieferten Mengen nur dünn hergestellt werden. Beim letzten Verpflegungsempfang wurde vom V.L. bekanntgegeben, daß der zustehende Kartoffelsatz von 1 kg bei der nächsten Ausgabe auf 700 g herabgesetzt würde. Die ausgegebenen Kartoffeln sind stark angefroren und haben beim Verbrauch großen Abfall. Vom Jntendanten des Höheren Pionierführer zbV.8 wurde Sauerkraut als Beigabe in Aussicht gestellt, jedoch bisher nicht geliefert. Bei der Verpflegung wird nur wenig Fett ausgegeben (pro Kopf und Tag 9 g), dafür allerdings Fleisch zusätzlich ausgeteilt.

Bei früheren Einsätzen war die Verpflegung der Russen bedeutend besser; außerdem wurde auch noch zusätzlich Pferdefleisch ausgegeben. Dadurch konnte das Essen kräftiger und fetthaltiger zubereitet werden. Selbst bei diesem Essen jedoch brachten sich die Russen noch Brot von Hause mit, da sie alle 2–3 Wochen abgelöst wurden.

Der von anderer Seite erfolgte Einwand, daß bei den von den Divisionen aufgestellten Arbeitsbataillonen die Russen mit der zugeteilten Verpflegung auskämen, kann dadurch widerlegt werden, daß beobachtet wurde wie diese Abteilungen im Sommer und Herbst genügend Roggen und Kartoffeln als zusätzliche Verpflegung ernteten, sodaß sie davon heute noch zehren können. Nach den bisherigen Erfahrungen läßt sich die Arbeitsleistung bei einer besseren Verpflegung bedeutend steigern."

„Unter ihnen befanden sich 78-jährige, Blinde, Gelähmte, Herzkranke, die bei geringster Arbeit umfielen, Epileptiker, hochschwangere Frauen bis zum 9. Monat, Kranke mit schweren Abszessen, denen Eiter aus den Schuhe herauslief und einige mit erfrorenen Gliedern."

Qu.2
====

O.U., den 12.3.1944   236

Vortragsnotizen

1.) **Maßnahmen zur Abhilfe.**

   a) **Verpflegung** der Stellungsbauarbeiter:
      A Wi Fü hat seinen Bearbeiter sofort zum Höh.Pi.Fü.zbV 8 und zum
      Festungs-Pi-Stab 7 geschickt und eine zusätzliche Suppe mit Mager-
      milch und Weizenmehl bewilligt. An sich ist ihm von dem verant-
      wortlichen Beamten erklärt worden, daß bisher die vollen zustehen-
      den Sätze (entsprechende OKH-Regelung) ausgegeben seien, auch
      Kartoffeln, die allerdings zum Teil angefroren sein könnten.

   b) **Verbesserte Auswahl** der Arbeitskräfte:
      O.Qu.-Befehl an die Gen.Kdos., daß bei Aktionen zur Aufbringung
      von Arbeitskräften von vornherein Arbeitseinsatzbeamter zu betei-
      ligen ist. A Wi Fü Gruppe Arbeit kann an sich Beamten stellen;
      ob jedoch in jedem Falle die Einschaltung rasch genug praktisch
      durchführbar ist, steht dahin.

2.) Die bemängelten Mißstände bei der Aufbringung von Arbeitskräften
   (Aufgreifen auf der Straße, Bestechlichkeit der OD-Leute usw.) sind,
   zumal bei plötzlichen Anforderungen, nie ganz auszuschalten. Möglicherweise handelt es sich bei den Beanstandungen um die Aktion
   Kaminski, der einmal 750 Arbeitskräfte aufgebracht hat. Aber auch in
   den Div.-Gebieten sind derartige Mißgriffe nicht ganz unvermeidbar.

   Bei den „78-jährigen, Blinden, Gelähmten usw." handelt es sich
   laut Aussage Festungs-Pi-Stab 7 nur um eine einmalige Gruppe von 15 -
   20 Menschen, die Anfang Februar anscheinend versehentlich mit unter
   einen Transport geraten sind. Schuldfrage nicht mehr zu klären, da
   in Witebsk hierüber nichts bekannt.

   Im allgemeinen erkennt auch Festungs-Pi-Stab 7 an, daß das Gesamtergebnis der Aufbringung von Arbeitskräften durchaus positiv zu werten
   ist, und daß die Beanstandungen nur verhältnismäßig geringfügige
   Begleiterscheinungen sind. Festungs-Pi-Stab 7 empfindet es nur als
   außerordentlich lästig, daß über jeden geflohenen Zivilisten usw.
   angeblich jeweils genaue Meldungen vorgelegt werden müssen, und
   weist auf die ausserordentlichen Schwierigkeiten der Bewachung hin.

Vortragsnotiz des Panzerarmeeoberkommandos 3 zum Erfahrungsbericht des Festungs-Pionierstabs vom 12.3.1944
Bundesarchiv/Militärarchiv, RH 21 – 3/671, Bl. 236

„BRUCHSTÜCKE"

Der Einsatz ziviler Arbeitskräfte im Operationsgebiet ist nicht für alle Armeen umfassend überliefert. Vielmehr existiert eine große Zahl von Einzelquellen, die in ihrer Aussagekraft bemerkenswert sind, sich aber kaum durch anderes Material ergänzen lassen. Wenn diese Quellen auch „Bruchstücke" bleiben müssen, so sollte ihr dokumentarischer Wert doch nicht verlorengehen.

Generalkommando XXIX. Armeekommando, Abt. Ia, vom 24.1.1943
StAN, NOKW–3008

„[...] 4.) <u>Erfassung von Landeseinwohnern:</u>
In den stellungsnahen Ortschaften sind alle Männer und Frauen zwischen 16 und 60 zu erfassen, in Arbeitskommandos einzuteilen und zum Stellungsbau heranzuziehen. In den rückw. Ortschaften der Div.-Abschnitte sind Arbeitskolonnen aufzustellen, nach vorn zu verlegen, dort geschlossen unterzubringen und einzusetzen. [...]
Wer sich weigert oder die Arbeit sabotiert, ist zu erhängen. Den Befehl hierzu erteilt der nächst erreichbare Offizier. [...]"

„Wer sich weigert oder die Arbeit sabotiert, ist zu erhängen."

Pionier-Regimentsstab (mot) 520 zum Ausbau der Hauptkampflinie vom 27.1.1943
StAN, NOKW–2894

„[...] Die Einheiten haben nach Übereinkommen mit den Abschnittsführern sämtliche Zivilisten im Alter von 16–60 Jahren, soweit sie vom Abschnittsführer für die Ortsverteidigung nicht gebraucht werden, für den Ausbau mit einzusetzen. Mindestarbeitszeit 9 Stunden täglich, ohne Anrechnung der Arbeitspausen. Offiziere sind befugt, sich weigernde Zivilisten erhängen zu lassen. [...]"

„Offiziere sind befugt, sich weigernde Zivilisten erhängen zu lassen."

Stabsarzt Dr. Atenstädt zur hygienischen Überwachung der Arbeits- und Kriegsgefangenenlager in Pokrowskoje und Ssolonyj vom 1.6.1943
Bundesarchiv/Militärarchiv, RH 24–29/169

„An <u>XXIX. Armee-Korps.</u>

1.) Am 1.6.43 wurden von mir die Arbeits-bezw. Kr.-Gefangenen-Lager bei der 15. Luftw.Feld-Division in Pokrowskoje—Bahnhof und Ssolonyj besichtigt.

a) Lager Pokrowskoje—Bahnhof:
Die Unterbringung der 200 russischen Arbeitskräfte und der 40 Kriegsgefangenen im Lager ist einwandfrei und sauber. Die Brunnenverhältnisse sind gut. Die Abortanlagen einwandfrei angelegt. Infolge Mangel an Chlorkalk wird täglich Erde überschüttet. Waschgelegenheiten sind im Lager vorhanden, ausserdem werden die Insassen wöchentlich 2 x an den Mius zum Baden geführt. Die ärztliche Überwachung ist durch 2 russische Ärzte, die täglich nachmittags von 15–17 Uhr Revierstunde in extra dafür eingerichteten Räumen abhalten, gewährleistet. Zur weiteren ärztlichen Versorgung steht der Standortarzt Dr. Barth, sowie das Luftwaffenlazarett Pokrowskoje zur Verfügung. Gehäuftes Auftreten von Infektionskrankheiten war nicht festzustellen. Im April ein Fall von Fleckfieber, vereinzelt Fälle von Malaria. Vorkehrungen wurden getroffen.

Gesundheitszustand der Insassen (soweit diese anwesend waren) zufriedenstellend, jedoch ist die Verpflegung meines Erachtens (zu Gefangenensätzen) sehr kurz gehalten. Der immerhin schwere und gefahrvolle Stellungsbau (11 Tote, 30 Schwerverletzte) sowie das Überschreiten der Arbeitsstunden, die langen Anmärsche liessen eine Zulage in Form von einer morgendlichen Hirsesuppe, sowie Maisbrotzulage rechtfertigen. Die drei vorhandenen Feldküchen reichen zum Kochen aus. Weiterhin halte ich eine sich wiederholende Entlausung, die beim H.V.Pl.Nord und Süd in Pokrowskoje durchgeführt werden könnte, für dringend erforderlich. Sie scheiterte bisher an der Holzfrage. Zur Reinhaltung der Unterkünfte müssten Desinfektionsmittel sowie Stroh bezw. Steppengras zugewiesen werden.

b) Lager Ssolonyj
Die etwa 100 Mann starke Belegschaft ist in 8 Finnenzelten untergebracht. Die Reinlichkeit der Unterkünfte ist zufriedenstellend. Auch hier müsste in Abständen desinfiziert werden. Die Abänderung der Abortanlagen ist von mir befohlen. Waschgelegenheiten sind zufriedenstellend, stossen aber auf Abneigung. Die Wache ist angehalten, die Reinlichkeit zu überwachen, da mehrere Fälle von Dreckkrankheiten auftraten. Der Gesundheitszustand ist zufriedenstellend. Die Verpflegung wird vom Lager Pokrowskoje geregelt. Über Menge siehe Ausführung bei a).

2.) Eventuelle Verbesserungen:

a) Sich wiederholende Entlausung, besonders der Neuzugeführten.
b) Laufende Reinigung der Unterkunft mit Desinfektionsmitteln (Kresolseifenlösung, Chlorkalklösung, Russlapuder).
c) Zusätzliche Verpflegung mit Hirsesuppe morgens und Maisbrotzulage.

Stabsarzt u. Abt.-Arzt."

ARBEITSKRÄFTE FÜR DAS REICH

Die 3. Panzerarmee war in die Rekrutierung von zivilen
Arbeitskräften für das Reich weitreichend involviert. 1942/43
initiierte sie die „Aushebungen" auf dem flachen Land. Da
dort in der Regel keine deutschen Arbeitsämter vorhanden
waren, wurden die örtlichen Bürgermeister zur Durchführung
der Maßnahmen herangezogen.

Anfangs lehnte die Armeeführung Gewaltanwendung bei der Arbeiterrekrutierung ab, weshalb die
Meldungen unter den geforderten Quoten blieben. Die Heeresgruppe Mitte ging daher dazu über,
die Menschen jahrgangsweise zu verpflichten. Auch die 3. Panzerarmee wandte seit dem Sommer
1943 diese Methode an, bei der die Zwangsaushebungen als „Dienstverpflichtung" deklariert wurden,
und ließ die Jahrgänge 1925 und 1926 rekrutieren. Davon waren in ihrem Zuständigkeitsbereich
etwa 20.000 Menschen betroffen. Unter der Regie der Armee wurden die Menschen erfaßt, anschließend unter Einbeziehung der örtlichen Bürgermeister gesammelt und in sogenannte Auffanglager verschleppt. Dort erfolgte die Musterung durch die Arbeitsämter sowie der Abtransport ins Reich.

Durch die militärischen Offensiven der Roten Armee war die „Jahrgangsaushebung" ab Herbst 1943
nicht mehr vollständig durchführbar. Die 3. Panzerarmee bereitete indes ihren Rückzug vor. Als sie
die Auflage erhielt, bis September 1944 weitere 15.000 Arbeitskräfte für den Reichseinsatz zu
stellen, nutzte sie die Räumung der Stadt Witebsk dazu, die geforderte Quote zu erfüllen. Während
des Rückzugs aus Witebsk im März 1944 wurden mindestens 11.000 Zivilisten selektiert und ins
Reich deportiert.

General Hans Reinhardt für das Panzerarmeeoberkommando 3 zum Arbeitseinsatz von Kriegsgefangenen und der Zivilbevölkerung vom 4.11.1942
StAN, NOKW–3539

„[...] Die Beschaffung der für die Rüstungswirtschaft des Reiches und für die Truppe im Operationsgebiet benötigten Arbeitskräfte ist von kriegsentscheidender Bedeutung.
Der Führer hat den Gauleiter Sauckel mit der Steuerung des Gesamt-Arbeitseinsatzes bis in das Operationsgebiet hinein beauftragt. Durch verständnisvolles Zusammenwirken der militärischen Dienststellen mit den Organen der Arbeits-Einsatzverwaltung muß es gelingen, die Arbeitskraft der gesamten arbeitsfähigen Bevölkerung zu mobilisieren. Wenn der Erfolg nicht anders erreicht werden kann, sind nunmehr – auch bei der Anwerbung der für den Einsatz im Reich angeforderten Abeitskräfte [...] – Zwangsmassnahmen anzuwenden.
Im Interesse der Befriedung des Landes ist jedoch mit allen Mitteln einer geschickten Werbung auch weiterhin zu versuchen, ohne Zwang auszukommen. [...]“

Aktennotiz des Panzerarmeeoberkommandos 3, ohne Datum [vermutlich Juni 1943]
Bundesarchiv/Militärarchiv, RH 21–3/653

„[...] **Arbeitseinsatz Reich** ist für die Bevölkerung nach wie vor ein ungewöhnliches Schreckgespenst. Freiwillige Meldungen trotz verstärkter Propaganda nicht zu erzielen. Ursache die allgemein bekannt gewordenen früheren Misstände beim Arbeitseinsatz Reich und die hierüber auch heute noch durchkommenden Meldungen: Entehrendes Ostabzeichen, Stacheldraht, mangelnde Fürsorge, Beleidigungen, Prügel. Durchsetzung anständiger Behandlung der Ostarbeiterfrage durch jede Lagerleitung ist unbedingt erforderlich.“

HANS REINHARDT wurde am 1. März 1887 in Bautzen/Sachsen geboren. Nach dem Abitur trat er 1907 als Fahnenjunker in die Armee ein. Während des Ersten Weltkrieges stieg er bis zum Hauptmann auf und bekleidete verschiedene Generalstabspositionen. Er gehörte während der Weimarer Republik der Reichswehr an. Zwischen 1933 und 1937 war Hans Reinhardt Chef der Heeres- und Ausbildungsabteilung im Oberkommando des Heeres. Mit der unter seiner Führung stehenden 1. Schützenbrigade marschierte er im Oktober 1938 in die Tschechoslowakei ein und nahm als Kommandeur der 4. Panzerdivision an der anschließenden Besetzung des gesamten Landes teil. Mit Kriegsbeginn am 1. September 1939 führte er in den Feldzügen gegen Polen, Belgien und Jugoslawien verschiedene Panzerdivisionen, bis er 1941 das XXXXI. Panzerkorps in der Heeresgruppe Nord übernahm. Im Oktober 1941 wurde Reinhardt Kommandeur der Panzergruppe 3, die kurze Zeit später in 3. Panzerarmee umbenannt wurde. Diese Funktion übte er bis zu seiner Beförderung zum Oberbefehlshaber der Heeresgruppe Mitte im August 1944 aus. Hitler enthob Reinhardt im Januar 1945 seines Amtes, weil er mit seinem Führungsstil nicht mehr einverstanden war. Wegen Kriegsverbrechen und Verbrechen gegen die Menschlichkeit wurde Reinhardt 1948 im „Fall 12“ (OKW-Prozeß) angeklagt und zu 15 Jahren Haft verurteilt. Er starb am 22. November 1963 in München.

Generaloberst Hans Reinhardt, ca. 1943
Bundesarchiv, Bild 146/84/57/30A

Anlage 2 zu Pz.AOK 3 O.Qu./Qu.2
Nr.5377/43 geh.v.19.7.43

B e k a n n t m a c h u n g
über
Arbeitseinsatz im Reich.

Aufgrund des § 1 Abs.2 der Verordnung über Arbeitspflicht und
Arbeitseinsatz im Operationsgebiet der neu besetzten Ostgebiete
wird angeordnet:

§ 1 Alle Angehörigen des Jahrganges 1925 haben ihre Arbeitspflicht im Reichsgebiet abzuleisten mit Ausnahme derjenigen,
die als Hilfswillige bei landeseigenen Verbänden oder beim
O.D. eingestellt sind.

§ 2 Freistellungen aus Gründen der Unabkömmlichkeit aus Betrieben, Dienststellen, Truppeneinheiten usw., bei denen
Angehörige des Jahrganges 1925 beschäftigt sind, erfolgen
in keinem Falle.

§ 3 Über Freistellungsanträge der Dienstverpflichteten aus gesundheitlichen oder sonstigen zwingenden Gründen, die die
Einberufung zum Arbeitseinsatz im Reich als ungewöhnliche
Härte für den Dienstverpflichteten oder seine nächsten Angehörigen erscheinen lassen, entscheidet das Arbeitsamt
nach vorangegangener Musterung des Antragstellers. Die Entscheidung ist endgültig.

§ 4 Nach ergangener Aufforderung durch die zuständige deutsche
Kommandantur für die einzelnen Gemeinden haben die Angehörigen des Jahrganges 1925 sich zu dem befohlenen Zeitpunkt an dem befohlenen Platz marschbereit mit der für den
Arbeitseinsatz im Reich erforderlichen Ausrüstung und Bekleidung einschl. vollständiger Winterausrüstung und -Be-
kleidung einzufinden.

Die Bürgermeister der Städte und Einheitsgemeinden sind für
vollzähliges Erscheinen der Dienstverpflichteten verantwortlich.

§ 5 Wer sich seiner Dienstverpflichtung zu entziehen versucht,
wird streng bestraft. Das Gleiche gilt auch für Personen,
die einen (einer) Dienstverpflichteten durch Unterkunfts-
gewährung oder auf irgendeine sonstige Weise bei dem Versuch, sich der Dienstverpflichtung zu entziehen, Unterstützung gewähren oder ihn in der Absicht, sich zu entziehen, bestärken. Anstelle des nichterschienenen Dienstverpflichteten können darüber hinaus dessen nächste Ange-

-2-

- 2 -

hörige ohne Rücksicht auf die persönlichen Verhältnisse
zum Arbeitseinsatz im Reich herangezogen werden.

§ 6 Vom Zeitpunkt ihrer Marschbereitschaft an stehen die
Dienstverpflichteten ebenso wie die Freiwilligen unter
dem Schutz der deutschen Verwaltung. Sie werden im Rahmen
der besonders veröffentlichten "Allgemeinen Einsatzbe-
dingungen für Ostarbeiter im Reich" versorgt und betreut.

§ 7 Die deutschen Kommandanturen werden ermächtigt, die für
ihren Bezirk erforderlichen weiteren Anordnungen zur
Durchführung der Verordnung über Arbeitspflicht und
Arbeitseinsatz im Operationsgebiet im Rahmen der gesetzlichen Bestimmungen zu erlassen.

1. August 1943
Der deutsche Oberbefehlshaber

Bekanntmachung des Panzerarmeeoberkommandos 3
über den Arbeitseinsatz im Reich vom 1.8.1943 (Anlage 2)
Bundesarchiv/Militärarchiv, RH 24–59/189, Bl. 20 f.

Anlage 3 zu Pz.AOK 3 O.Qu./Qu.2
Nr.5377/43 geh.v.19.7.43

Erläuterung zur Bekanntmachung über Arbeitseinsatz
im Reich.

Die endgültige Vernichtung des Bolschewismus und die Befreiung
der Völker von seinen Methoden der brutalen Unterdrückung und
der menschenunwürdigen Recht- und Besitzlosigkeit ist das Ziel
aller an der Seite Deutschlands und seiner Verbündeten zum
Kampf angetretenen Nationen. Nahezu alle europäischen Völker
leisten ihren Beitrag zu dem kommenden Siege über den Bolschewismus und damit zur Sicherung ihrer eigenen Zukunft, indem
sie alle Kräfte mobilisieren, wenn nicht als Waffenbrüder der
deutschen Soldaten, so doch jedenfalls als Arbeiter in den
landwirtschaftlichen und gewerblichen Betrieben des Reiches.
Dieser gleiche Beitrag muß auch von den vom bolschewistischen
Bluterror befreiten vormals sowjetischen Gebieten verlangt
werden. Wenn sich auch schon mancher Landeseinwohner freiwillig
für den Arbeitseinsatz im Reich zur Verfügung gestellt hat, so
genügen die auf diese Weise aufgekommenen Zahlen doch noch nicht
im Vergleich zu den Beiträgen der anderen großen europäischen
Völker. Die harten Notwendigkeiten des Krieges verlangen die
äußerste Kraftanstrengung auch dieser Gebiete, denn je größer
die Arbeitsleistung aller Schaffenden im Reich ist, desto eher
liegt der schon die letzten Reserven sammelnde Bolschewismus
endgültig am Boden.

Für jüngere Menschen ist es am wenigsten hart, wenn sie für
einige Zeit die Heimat verlassen müssen, zumal wenn sie mit
Altersgenossen aus ihrer Heimat gemeinschaftlich reisen können.
Es hat noch keinem jungen Menschen geschadet, daß er neue
Länder kennengelernt und neue Erfahrungen für das Leben gesammelt hat. Familien, die sich von keinem Angehörigen trennen
oder in bandengefährdeten Gebieten sich vor den Bedrohungen
an Gut und Leben in Sicherheit bringen möchten, können sich
zu geschlossenem Einsatz im Reich melden; in diesem Falle wird
ihr Einsatz auf dem Lande erfolgen. Wären die Deutschen nicht
in dieses Land gekommen, so hätten die bolschewistischen Blut-
schergen alle Bewohner in der brutalsten Weise zum Waffendienst
getrieben und bis zur Erschöpfung ausgebeutet, unzählige Familien für immer auseinander gerissen und Leben und Besitz mit
Füssen getreten. Die deutsche Führung dagegen bemüht sich, trotz
der unvermeidlichen Kriegsnotwendigkeiten Gerechtigkeit walten
zu lassen und übermäßige Härten zu vermeiden. Sie will daher
auch nicht wahllos in die ansässige Bevölkerung hineingreifen
derart, daß etwa jede Frau und jeder Mann ohne Rücksicht auf
die häuslichen Verhältnisse jederzeit mit seiner Dienstverpflichtung in das Reich rechnen müßte. Sie erläßt stattdessen
ein Gesetz, das die Angehörigen jüngerer Jahrgänge verpflichtet,

-2-

- 2 -

ihre Arbeitspflicht im Reich abzuleisten, und sie wird, wenn
dieses Gesetz von der ganzen Bevölkerung mit dem notwendigen
Verständnis aufgenommen und von den Dienstverpflichteten befolgt wird, von der Heranziehung anderer Frauen und Männer,
die nicht zu den aufgerufenen Jahrgängen gehören, für den Arbeitseinsatz im Reich Abstand nehmen. Abgesehen von den für
das Reich verpflichteten zu dem aufgerufenen Jahrgang gehörigen
Personen braucht denn also niemand mit einem Einsatz im Reich
zu rechnen, der sich nicht freiwillig hierfür meldet. Wenn
allerdings das Verständnis ausbleiben und das Gesetz nicht
willig befolgt werden sollte, ist es selbstverständlich, daß
die deutsche Führung die schärfsten Massnahmen ergreifen wird.
Ebenso unvermeidlich ist es, daß für Bandengebiete besondere
Massnahmen notwendig werden können.

Freiwillige Meldungen werden nach wie vor von allen Arbeitsämtern entgegen genommen. Die fürsorgliche Betreuung für die
im Reich eingesetzten Arbeitskräfte ist von Monat zu Monat
weiter verbessert worden. Über die allgemeinen Einsatzbe-
dingungen für Ostarbeiter im Reich gibt die hierüber erlassene
besondere Veröffentlichung Auskunft.

**Erläuterung zur Bekanntmachung des Panzerarmeeoberkommandos 3
über den Arbeitseinsatz im Reich vom 1.8.1943 (Anlage 3)**
Bundesarchiv/Militärarchiv, RH 24–59/189, Bl. 21 f.

**Lagebericht des Panzerarmeeoberkommandos 3 an die
Heeresgruppe Mitte vom 3.9.1943**
Bundesarchiv/Militärarchiv, RH 21–3/663, Bl. 167

„[...] Die Aushebung der Jahrgänge 1925 und 1926 zum Arbeitseinsatz im Reich ist sehr planmäßig vor sich gegangen. Die
Leute sind im allgemeinen anstandslos erschienen, z.T. ganze
Familien freiwillig. Andererseits sind verschiedentlich junge
Leute (zum Teil mit der ganzen Familie) geflohen oder von Banden verschleppt worden. In einer größeren Zahl von Fällen sind
Selbstversümmelungen und Fälschungen der Ausweispapiere
vorgekommen. Die Stimmung der Eingezogenen ist den Umständen entsprechend befriedigend, zumal da für ihre Betreuung alles, was möglich ist, getan wird. Jedoch werden bereits
Klagen laut, dass die Behandlung von der Reichsgrenze ab zu
wünschen übrig lasse. [...]"

Die Berichte zu den Arbeitskräfterekrutierungen geben je nach aktuellem Stand unterschiedliche Zahlen an, es ist aber insgesamt von mindestens 11.000 deportierten Zwangsarbeitern auszugehen.

Kriegstagebuch des Armeewirtschaftsführers des Panzerarmeeoberkommandos 3 vom 18.3.1944
Bundesarchiv/Militärarchiv, RW 46/360

„[...] Die Evakuierung der Stadt Witebsk ist beendet. Insgesamt wurden 26 582 Menschen evakuiert, von denen 9 647 zum Arbeitseinsatz Reich und 715 zum Arbeitseinsatz im eigenen Bereich verwendet wurden. In der Stadt selbst sind verblieben 3 318 unbrauchbare Kräfte (alte Leute und Mütter mit Kindern) und 552 Bevorzugte, deren Abtransport aus Mangel an Bergungsraum im rückw. Heeresgebiet scheiterte."

Panzerarmeeoberkommando 3 zur Forderung von zivilen Arbeitskräften vom 21.2.1944
StAN, NOKW – 2647

„[...] für Arbeitseinsatz Reich 15.000 Arbeitsfähige bis 30.9.44 (Führerbefehl, vordringlich aus kriegsentscheidender Notwendigkeit!)
Es muß sich durchweg um Arbeitsfähige handeln, kein Familienanhang! [...]"

Im Zuge der Arbeitskräfterekrutierungen für das Reich deportierte die 3. Panzerarmee ab 4. März 1944 Zivilisten aus Witebsk ins Auffanglager Borissow. Das Lager selbst befand sich im Operationsgebiet der 4. Armee, vermutlich standen im Armeegebiet der 3. Panzerarmee nicht genügend Auffangkapazitäten zur Verfügung. In Borissow erfolgte die Musterung der Zivilisten. Von dort wurden sie ins Reich transportiert. Ob diese Fotos Einwohner aus Witebsk zeigen, läßt sich nicht eindeutig feststellen, da in Borissow auch Zwangsrekrutierte aus anderen Gebieten konzentriert wurden.

Lager Borissow, März 1944

Abtransport ziviler Arbeitskräfte vom Auffanglager Borissow am 27.3.1944
Bundesarchiv/Militärarchiv, RW 31/860

ARBEITSREKRUTIERUNGEN UND PARTISANENKRIEG

Das Operationsgebiet der 3. Panzerarmee galt 1943 zu zwei Drittel als „partisanenverseucht". Im Zuge der Partisanenbekämpfung sollten nach Auffassung Himmlers diejenigen, die man als „Bandenhelfer" bezeichnete, nicht mehr erschossen, sondern in ein Konzentrationslager deportiert und dort zur Zwangsarbeit eingesetzt werden. Die 3. Panzerarmee setzte diesen Befehl bereits ab Frühjahr 1943 um.

Nach mehreren „Aktionen" im Umkreis von Witebsk wurden im Durchgangslager 230 mehr als 3.000 Männer, Frauen und Kinder konzentriert, um sie an den Sicherheitsdienst (SD) zu übergeben. Dieser plante ihre Deportation nach Lublin und Auschwitz. Allerdings war der SD nur an den arbeitsfähigen Zivilisten interessiert und überließ es der Armee, sich um die Kinder und Greise zu kümmern. Da sich das Militär dieser Menschen entledigen wollte, wurden auch sie nach Auschwitz deportiert. Über ihr Schicksal herrscht bis heute Unklarheit.

Generell nahm die Partisanenbekämpfung im Gebiet der Heeresgruppe Mitte ab 1943 andere Formen an. In Kooperation mit der SS führte die Wehrmacht nun „Großaktionen" durch, wie beispielsweise die „Unternehmen Regenschauer" und „Frühlingsfest". Daran beteiligt waren die 3. Panzerarmee, die 201. Sicherungsdivision, Teile der 97. und der 225. Infanteriedivision sowie die SS-Kampfgruppe von Gottberg. Während der „Großaktionen" wurden die Partisanengebiete eingekesselt, „durchkämmt" und anschließend „dem Erdboden gleichgemacht". Nach Angaben des Heeresgruppenwirtschaftsführers wurden im April/Mai 1944 insgesamt 7.011 Menschen getötet, 6.928 Gefangene genommen sowie 11.233 Arbeitskräfte deportiert. Die Verluste auf deutscher Seite betrugen 300 Mann. Die nicht-arbeitsfähige Bevölkerung – die Berichte nennen eine Zahl von 20.000 Personen – kam in sogenannte „Sperrgemeinden", in denen man die Menschen bei unzureichender Versorgung ihrem Schicksal überließ.

Panzerarmeeoberkommando 3 über die Behandlung von „Bandenhelfern und Bandenverdächtigen" vom 30.3.1943
StAN, NOKW–1976

„[...] Bandenhelfer und Bandenverdächtige sind, soweit sie nicht sofort erschossen bzw. erhängt oder ausnahmsweise gemäss Ziffer 11 der ‚Kampfanweisung' in die eigene Bandenbekämpfung eingespannt werden, zwecks Überführung in Konzentrationslager den zuständigen Höheren SS- und Polizeiführern zu übergeben. [...]"

Panzerarmeeoberkommando 3 über die Räumungen im Raum Wymno-See vom 19.8.1943
StAN, NOKW–2354

„Die Bitte an S.D. Witebsk, ausgesprochene Bandenelemente im Dulag 230 auszusondern und zwecks Unterbringung in Lublin zu übernehmen, bleibt aufrecht erhalten. [...]
Dulag 230 sorgt ausser einwandfreier allgemeiner Betreuung und der bereits befohlenen Verpflegung auch für die gebotene propagandistische Einwirkung (insbesondere auch für die Aufklärung über den Grund der Evakuierung (Bandenhelferdienste weiter Bevölkerungskreise; Unschuldige müssen mit den Schuldigen leiden.)). [...]"

Kriegstagebuch des 3. Panzerarmeeoberkommandos zum Verbleib der ausgesonderten Greise und Kinder vom 19.10.1943
Bundesarchiv/Militärarchiv, RH 21–3/652

„[...] Besuch GFP Gruppe 717 wegen der Frage, in welche Lager Zivilgefangene eingeliefert werden können, die alt und gebrechlich sind und kleine Kinder haben, und deren Angehörige als Banditen oder Bandenhelfer hingerichtet oder an den S.D. zum Abtransport nach Lublin übergeben sind. Eine Ansiedlung dieser Personen irgendwo im Armeegebiet erscheint untragbar, weil sie eine äußerst giftige Atmosphäre gegen die Deutschen verbreiten. [...]"

Pz. AOK. 3   1

MERKBLATT

für die Erfassung der Landeseinwohner und Wirtschaftsgüter bei „Regenschauer" und „Frühlingsfest"

Die Schuldigen an den von Banditen begangenen Grausamkeiten sind meist die Führer und Vorkämpfer der Banden. Frauen und Kinder gehen oft nur gezwungen in die Wälder zu den Banditen. Grausamkeiten sind des deutschen Soldaten unwürdig, vermeidet sie. Seid hart, wo es nötig ist, aber seid gerecht. Der Gegner arbeitet mit allen Mitteln, seid daher wachsam und unterlaßt alle Vertraulichkeiten gegenüber der Bevölkerung in den Bandengebieten.

1. Banditen

a) Banditen im Kampf vernichten.

b) Gefangene und Ueberläufer werden nicht erschossen. Wenn Neigung zum Ueberlaufen bei den Banditen bekannt wird, so ist ihnen hierzu auch die Möglichkeit zu geben. Jeder übergelaufene Bandit erspart Kampf und Blut. Gefangene und übergelaufene Banditen sind unter scharfer Bewachung zu den befohlenen Gefangenensammelstellen zu führen, soweit nicht von der Geheimen Feldpolizei, die jeder Kampfgruppe beigegeben ist, an Ort und Stelle nach Verhör die Aburteilung übernommen wird. **Grundsatz hierbei muß sein: Keine gefangenen oder übergelaufenen Banditen zu erschießen, bevor nicht von der GFP. bezw. den Abwehrtrupps und dem SD. eine eingehende Vernehmung stattgefunden hat.** Nur so können wertvolle Erkenntnisse über die Bandenführung und Bandenorganisation zur Auswertung für künftige Bandenunternehmungen gewonnen werden.

2. Uebrige Bevölkerung

Keine überflüssigen Esser und lästigen Mitbewohner nach rückwärts schaffen, aber jede mögliche, d. h. nur gesunde und volltaugliche Arbeitskraft für die Heimat und den Stellungsbau erfassen. Sachlich strenge Behandlung ohne jede unnötige Quälerei.

Mütter von ihren kleinen Kindern nicht gewaltsam trennen.

Durchführung: Soweit Beauftragte der Arbeitsverwaltung der Truppeneinheit zugeteilt, obliegt ihnen Aussonderung der Arbeitskräfte nach fachlichen Gesichtspunkten, andernfalls erfolgt Einteilung der angetroffenen Zivilbevölkerung durch die Truppeneinheit in folgende Gruppen:

a) **Wehr- und arbeitsfähige Männer** von 15 bis 60 Jahren als Gefangene zu den befohlenen Gefangenensammelstellen führen, da grundsätzlich bandenverdächtig. Möglichst Arbeitskleidung für Winter und Sommer so-

wie Mundvorrat für zwei Tage mitnehmen lassen. In den Gefangenensammelstellen erfolgt eine nochmalige Ueberprüfung durch Abwehr-
organe auf getarnte Banditen, die nach erfolgter Vernehmung entsprechend ihrer Bandentätigkeit dann abgeurteilt werden.

b) **Krüppel, Kranke, alte Leute sowie Mütter mit Kindern**, von denen
mehr als die Hälfte unter 10 Jahre alt ist:

> Zur Neuansiedlung in besonders befohlene Gemeinden (Sperr-
> gemeinden, siehe 4. b) leiten. Mitnahme der notwendigsten Hab-
> seligkeiten als Handgepäck nicht verhindern. Keinesfalls zu den
> rückwärtigen Sammelstellen leiten.

c) **Arbeitsfähige Frauen von 15 bis 60 Jahren**, darunter auch Mütter
mit Kindern, wenn von diesen mindestens die Hälfte über 10 Jahre alt ist:

> Unter Bewachung zur nächsten Sammelstelle für Arbeitskräfte
> führen. Arbeitskleidung für Winter und Sommer möglichst reich-
> lich mitnehmen lassen, ebenso Mundvorrat für zwei Tage. Für
> derartiges Gepäck gegebenenfalls ein oder zwei Panjefahrzeuge
> belassen.

3. Wirtschaftsgüter

Alles erfassen. Ausnahme für Sperrgemeinden gemäß 4. b.

Durchführung: Soweit LA-Führer der Truppeneinheit zugeteilt, obliegt ihm Verfügung über vorgefundene Wirtschaftsgüter nach Weisung
A.Wi.Fü. mit Unterstützung durch Einheitsführer.

Vieh und Pferde, Lebensmittel, Gerät und sonstige Wirtschaftsgüter
dem nächsten wirtschaftlichen Erfassungskommando zuführen oder zur
Abholung genau bezeichnen (Art, Mengen, Ort).

b) **Keine einseitigen Rückgriffe der Truppe** auf die vorgefundenen
Güter, da für Truppenversorgung und Arbeiterverpflegung dringend benötigt.

c) in Sperrgemeinden (siehe 4. b) Vorräte und Wirtschaftsgeräte für
notdürftige Existenz der Bewohner zurücklassen.

4. Dörfer

Außerhalb unmittelbarer Kampfhandlungen **keine Dörfer zerstören, die**

a) **3 Kilometer beiderseits von Hauptstraßen liegen**

b) als Sperrgemeinden benötigt werden. Sperrgemeinden sind diejenigen besonders befohlenen Dörfer, die — von Hauptstraßen weit ab-
gelegen — zur Aufnahme der nicht arbeitsfähigen Bevölkerung (siehe 2. b)
vorgesehen sind. Dort möglichst alle Unterkünfte schonen, da auch aus
den Div.-Gebieten mehrere tausend nicht arbeitsfähige Zivilisten in die
bisherigen Bandenräume evakuiert werden müssen.

5. Sammelstellen

werden eingerichtet (auszufüllen von der Gruppe von Gottberg)

a) **Für Gefangene:**

I. in ....

II. in ....

III. in ....

b) **Für Arbeitskräfte und Wirtschaftsgüter:**

I. in ....

II. in ....

III. in ....

Jede Truppeneinheit führt die von ihr eingebrachten Gefangenen,
Arbeitskräfte und Wirtschaftsgüter der für sie nächst erreichbaren Sammelstelle zu. Jede Sammelstelle ist für Weiterleitung bis zur nächsten
Sammelstelle in Richtung auf die Panzerarmee-Lager (siehe 6.) verantwortlich.

6. Panzerarmee-Lager

befinden sich:

a) für Gefangene:

I. in Parafjanowo (Dulag 230)

II. in Glebokje (AGSSt. 8)

III. in Borowka (Versorgungsstützpunkt an der Straße
Lepel—Kamen)

b) für Arbeitskräfte:

I. in Parafjanowo (Dulag 230)

II. in Glebokje (AGSSt. 8)

III. in Borowna, 7 km östlich Lepel.

Frontdruckerei „Panzerfaust"

Merkblatt für die Erfassung der Landeseinwohner und Wirtschaftsgüter bei „Regenschauer" und „Frühlingsfest" vom 8.4.1944
Bundesarchiv/Militärarchiv, RH 21–3/337a

„Unternehmen Frühlingsfest", Ende April/Anfang Mai 1944
PK-Fotograf: Johannes Bergmann
Bundesarchiv, Bild 146/90/86/2

WB-3148 (2) Für. Zw.

118

320

Aus Unternehmen "Frühlingsfest" erfaßte

Arbeitskräfte (abschließende Zusammenstellung).

A. Kriegsgefangene.

Abtransportiert nach Weisung der Heeresgruppe

am 7.5.	von Borowka		nach Maloryta	650	
" 8.5.	" "		" Wlodawa	350	
" 8.5.	" "		" Lachwa	600	
" 9.5.	" "		" Mikachewitschi	400	
" 13.5.	" "		" Parochonsk	500	
" 14.5.	" "		" Lachwa	500	
" 15.5.	" Lepel		" Minsk	1 000	689
" 21.5.	" Parafianowo		" Minsk-Ost	163	
" 21.5.	" Borowka		" Mikachewitschi	500	
" 23.5.	" Glebokie		" Kobryn	497	
" 24.5.	" Parafianowo		" Grajewo	140	
" 25.5.	" Borowka		" Grajewo	450	

5 750

AKP 644 Neu-Wilna   60

aus Borowka zum Abtransport nach Grajewo vorgesehen   130

vorläufig wegen Krankheit, Ansteckungsgefahr, Ver-
mehmungen, als Sanitätspersonal usw. in den Lagern
Glebokie, Borowka und Parafianowo zurückbehalten   109

Bei Höh.SS-u.Pol.Führer Rußland-Mitte u. Weißruthenien   63

Gesamt: 6 112

B. Ziviler Arbeitseinsatz:

Arbeitseinsatz Reich (durch A Wi Fü, Gruppe Arbeit)
und durch Gen.Kommissar(Arb.Verw.)   950

Arbeitseinsatz im Bereich Generalkommissar (in Lusino)   226

Höh.Pi.Fü. zbV 8   900

Kodeis 3   525

OT   1 654

IX.A.K.   502

Festungs-Pi-Stab 7   200

O.K.I/767 Lepel   147

5 104

C. Überläufer (zur Zeit in Borowka):   17

Arbeitskräfte insgesamt: 11 233

01.

Zusammenstellung der während des „Unternehmens Frühlingsfest" erfaßten Arbeitskräfte, ohne Datum
Bundesarchiv/Militärarchiv, RH 21–3/671, Bl. 320

Heeresgruppenwirtschaftsführer beim Oberkommando der
Heeresgruppe Mitte vom 5.6.1944
Bundesarchiv/Militärarchiv, F 42862, Bl. 577

„[…] Im Raum Uschatschi (33 km n. Lepel) wurden durch die Unternehmen ‚Frühlingsfest' und ‚Regenschauer' 14288 Banditen unschädlich gemacht (7011 gezählte Feindtote, 6928 Gefangene, 349 Überläufer); rd. 11.000 Personen konnten zum Arbeitseinsatz gebracht werden. […]"

DIE POLITIK DER „VERBRANNTEN ERDE"

Der Rückzug der 3. Panzerarmee aus dem Raum Witebsk setzte im September 1943 ein und zog sich bis Mai 1944 hin. Zunächst war geplant, die gesamte Zivilbevölkerung in die rückwärtigen Gebiete mitzunehmen. Die Planung und Koordinierung der Massentransporte oblag den Kommandanturen vor Ort.

Die Räumung der ländlichen Gebiete bereitete allerdings Schwierigkeiten: Die meisten Zivilisten waren nicht gewillt, den abrückenden Truppen zu folgen. Für durchgreifende Zwangsmaßnahmen fehlte der Militärverwaltung indes das erforderliche Personal. Starke militärische Kräfte wurden nur bei der Räumung größerer Städte eingesetzt, wie im Fall Witebsk. Nachdem im November/Dezember 1943 in einer ersten Welle bereits 12.000 Menschen aus Witebsk evakuiert worden waren, folgte im März 1944 die zweite Räumung. Betroffen waren diesmal über 20.000 Menschen, die von Soldaten zusammengetrieben und in ein nahe gelegenes Durchgangslager gebracht wurden. Die Zivilisten wurden hier von einem Arbeitsstab selektiert, weil die Armee inzwischen dazu übergegangen war, nur noch die wehr- und arbeitsfähige Bevölkerung zu deportieren. Der „Abtransport lästiger Esser" lag nicht „im deutschen Interesse".

Von der arbeitsfähigen Bevölkerung wurden 1.000 Personen zum Straßen- und Bahnbau herangezogen, mindestens 11.000 Zivilisten zur Zwangsarbeit ins Reich deportiert und 4.081 Personen in das Auffanglager Olita/Litauen verlegt. Die Nicht-Arbeitsfähigen – etwa 8.000 bis 9.000 Menschen – sollten zur Hälfte im Rayon Tschaschniki neu angesiedelt werden, den anderen Teil – überwiegend Alte und Frauen mit kleinen Kindern – schickte die Armee zurück nach Witebsk. Erst bei der endgültigen Räumung der Stadt am 22. Mai 1944 deportierte die Armee sie in ein sogenanntes „Endlager" in Frontnähe. Dort sollten sie von der sowjetischen Front überrollt werden.

Panzerarmeeoberkommando 3 zur Durchführung der Zwangsevakuierung in Witebsk und Polozk vom 25.11.1943
Bundesarchiv/Militärarchiv, RH 21–3/653

„[...] der Abtransport lästiger Esser in die rückw. Gebiete [liegt] nicht im deutschen Interesse."

„Abgesehen von der Notwendigkeit, die noch benötigten Arbeitskräfte zurückzubehalten, ist die Evakuierung auch unter dem Geschichtspunkt durchzuführen, daß der Abtransport lästiger Esser in die rückw. Gebiete nicht im deutschen Interesse liegt. Von der Zwangsevakuierung sind daher folgende Personenkreise auszunehmen:

1) Die noch benötigten Arbeitskräfte und, sofern nicht ausdrücklich um Abtransport gebeten wird, auch deren Angehörige.

2) Kranke, gebrechliche und alte Leute, sowie diejenigen Personen, die zu deren Pflege unentbehrlich sind (nach Möglichkeit keine arbeitsfähigen).

3) Familien, zu denen nicht oder nur zu einem geringen Anteil arbeits- oder wehrfähige Personen gehören, es sei denn, daß ein besonderes Schutzbedürfnis dieses rechtfertigt (z.B. Angehörige von O.D.-Männern, von Beamten der Landesverwaltung oder dergl.). [...]"

Panzerarmeeoberkommando 3 über die Zivilbevölkerung im Räumungsfall Witebsk vom 13.2.1944
Bundesarchiv/Militärarchiv, RH 21–3/671

„Betr.: Zivilbevölkerung in Räumungsfalle Witebsk.

1.) Gen.Kdo. VI.A.K. trifft unter Einschaltung der Standortkommantatur 282 alle Vorbereitungen, um im Falle der Räumung von Witebsk einen rechtzeitigen Abtransport des für eine Rückführung in Frage kommenden Teiles der Zivilbevölkerung zu gewährleisten, soweit es unter Ausnutzung aller Möglichkeiten eben durchführbar ist. Es muß alles getan werden, die gesamte wehr- und arbeitsfähige Zivilbevölkerung den Zugriff des Feindes zu entziehen und für den Arbeitseinsatz im Dienste des Reiches zu erhalten.

„Es muß alles getan werden, die gesamte wehr- und arbeitsfähige Zivilbevölkerung den Zugriff des Feindes zu entziehen und für den Arbeitseinsatz im Dienste des Reiches zu erhalten."

2.) Für eine Rückführung im Räumungsfalle kommen in Betracht:
a) die im Dienste von deutschen Einheiten, Dienststellen und Betrieben beschäftigten Landeseinwohner,
b) deren nächste Angehörige. Es darf nicht zugelassen werden, daß sich an eine wehr- oder arbeitsfähige Person eine über den engsten Verwandtenkreis (Kinder, Eltern, Geschwister) hinausgehende Vielzahl von arbeitsuntauglichen sogenannten Angehörigen anhängt.
c) die übrige erfassbare wehr- und arbeitsfähige Zivilbevölkerung.
Eine Mitnahme von (arbeitsuntauglichen) Angehörigen dieses Personenkreises scheitert von vornherein an den Transportmöglichkeiten und hat daher zu unterbleiben, soweit es sich nicht um einzelne Ausnahmen handelt, die nicht ins Gewicht fallen und zur Vermeidung ungewöhnlicher Härten geboten sind.

3.) Für die Rückführung ist verantwortlich zu machen:
a) jede Einheit, Dienststelle und jeder Betrieb, soweit sie zum Abtransport der bei ihnen beschäftigten Zivilpersonen mit Anghörigen selbst in der Lage sind;
b) im übrigen die Standortkommandatur 282.

Gen.Kdo. VI.A.K. legt die Verantwortlichkeiten für jede einzelne Einheit, Dienststelle usw. fest und überzeugt sich von der Wirksamkeit der getroffenen Vorbereitungen, die ständig auf dem Laufenden zu halten sind.

4.) Die Rückführung erfolgt grundsätzlich in E-Transporten, notfalls – im Rahmen des Möglichen – durch Lkw., die die Standortkommandatur 282 schon jetzt vorbereitend für den Räumungsfall einheitlich für alle Zivilkolonnen bei der Befehlsstelle des Kdr. d.Pz.A.Nachsch.Tr.3 in Witebsk anzumelden und eintretendenfalls zu beantragen hat.

5.) Die Inmarschsetzung von Trecks ist auf alle Fälle rücksichtslos zu verhindern, weil die Strassen für den militärischen Verkehr völlig frei bleiben müssen.

6.) Soweit keine anderweitigen Aufnahmeräume für die zurückzuführenden Zivilpersonen festgelegt sind, sind die E-Transporte nach Olita zu leiten. Hier verfügt die Arbeiterverwaltung den weiteren Einsatz der Flüchtlinge.
Für Lkw.-Transporte sind die Zielorte vorher bei Pz.AOK 3 O.Qu./Qu.2 zu erfragen; falls dies infolge der Lage nicht möglich ist, gilt notfalls als vorläufiger Zielort Lepel, obwohl dort bisher noch keinerlei Unterbringungsmöglichkeiten bereitgestellt werden konnten. Korück trifft die für den Notfall erforderlichen Vorbereitungen.

7.) Die in Witebsk zurückbleibende Zivilbevölkerung ist durch die Standortkommandantur 282 weiterhin notdürftig zu versorgen. Da mit einer gewissen Eigenbevorratung der jetzt noch in Witebsk lebenden Zivilpersonen gerechnet werden kann, genügt im allgemeinen die Versorgung mit Brot nach näherer Weisung durch Pz.AOK 3 O.Qu./IVa.

8.) Entlassungen von Arbeitskräften dürfen keinesfalls erfolgen, ohne daß deren sofortige Übernahme durch andere Dienststellen zwecks Einsatz bei Stellungsbauten oder Unterbringung im Reich gewährleistet ist. Einheiten, Dienststellen und Betriebe, die ihre Zivilarbeitskräfte schon jetzt entlassen wollen und für sie keinen Aufnahmeort in den rückw. Gebieten haben, wenden sich im Zweifelsfalle an A.Wi.Fü. Gruppe Arbeit bei Pz.AOK 3 oder Arbeitsamt Witebsk.

Verteiler

Für das Pz.Armeeoberkommando
Der Chef des Generalstabes
i.V.
Engele"

Armeewirtschaftsführer des Panzerarmeeoberkommandos 3 vom 22.3.1944

Bundesarchiv/Militärarchiv, RW 46/360

„[...] Arbeitseinsatz im Operationsgebiet

Die Evakuierung der Stadt Witebsk lief am 29.2.44 an. Ein Feld-gend-Kdo. (120 Mann), von vorübergehend anwesander Truppe unterstützt (bis zu 200 Mann), hat die Stadt abschnittsweise durchgekämmt und die erfaßten Kräfte im Dulag abgeliefert. Hier erfolgte Aussortierung durch Arbeitseinsatzstab. Bis Ende der Berichtszeit hatten 21 589 Personen das Dulag passiert. Es wurden in dieser Zeit überstellt: 4 118 Personen nach Olita, 11 682 nach Orscha und Borissow zur Weiterbehandlung als Arbeitseinsatz Reich, 1 524 nach Grajewo zum Arbeitsein-satz Reich, 715 nach Parafianowo zum Bahnbau, 3 803 in das rückw. Armeegebiet (Tschaschniki) zur Ansiedlung an Randge-bieten. Durch die Eisenbahn wurden ferner 871 Personen nach Brest als Eisenbahnfachkräfte mit Familien zurückgeführt. [...] Die Evakuierung von Witebsk hat gezeigt, daß die Bevölkerung wohl an ihren wenigen Halbseligkeiten hängt, sich jedoch im Ernstfall, wenn auch unter Tränen, den mit militärischen Nach-druck angeordneten Maßnahmen fügt. [...]"

> Die Bevölkerung fügt sich „den mit militärischen Nachdruck angeordneten Maßnahmen".

Panzerarmeeoberkommando 3 über die Evakuierung von Witebsk am 23.3.1944

Bundesarchiv/Militärarchiv, RH 21–3/671, Bl. 247 f.

Vortragsnotizen des Quartiermeisters 2 des Panzerarmee-oberkommandos 3 vom 4.4.1944
Bundesarchiv/Militärarchiv, RH 21–3/671

„Evakuierung von Witebsk.
Durchführung vom 29.2.–18.3.44. Durchgelaufen durch Anlagen des früheren Dulag rund 26 000 Personen. Davon für den Arbeitseinsatz Reich tauglich befunden und abbefördert rund 11 000, nach Olita zur Ansiedlung familienweise rund 4 000, für Feldbahn- und Straßenbau Parafianowo rund 1 000, in Räume südlich und südostwärts Tschaschniki rund 4 000, wieder nach Witebsk entlassen zwischen 3 und 4 000 (Greise, Kinder und Mütter).
In Witesbk befinden sich 7–8 000 Zivilisten und zwar außer den wieder entlassenen Greisen, Kindern und Müttern 1 300 Personen als unentbehrliche Arbeitskräfte bei Dienststellen, in Krankenanstalten 1 200 und unerfaßt schätzungsweise 1 500. Notdürftige Ernährung in Witebsk sichergestellt, trotz unbe-friedigender Versorgungsmöglichkeit, da keine Stadtverwaltung usw. vorhanden. 246. I.D. hat bereits beim Gen.Kdo restlose Evakuierung beantragt. Es fehlt jedoch Aufnahmemöglichkeit der Kranken und Arbeitsunfähigen, deren weitere <u>Zurück</u>führung ohnehin nicht zu verantworten ist. […]"

„Notdürftige Ernährung in Witebsk sichergestellt, trotz unbefriedigender Versorgungs-möglichkeit, da keine Stadt-verwaltung usw. vorhanden."

Panzerarmeeoberkommando 3 am 22.5.1944 über das in Frontnähe einzurichtende „Endlager"
Bundesarchiv/Militärarchiv, RH 21–3/671

„[…] Erst im letzten Augenblick unmittelbar vor Abrücken der Truppe aus dem Endlager kann je nach der Situation gesagt werden, daß die Übergabe der Zivilisten an die andere Seite aus Mangel an eigener Unterbringungsmöglichkeit und wegen Ernährungsschwierigkeiten erfolgt […]."

„BRUCHSTÜCKE"

Der konkrete Ablauf von Massendeportationen während des militärischen Rückzuges läßt sich am Beispiel der 3. Panzerarmee und der von ihr durchgeführten Räumung der Stadt Witebsk nachzeichnen. Eine so dichte Quellenüberlieferung ist für kaum eine andere Armeen vorhanden. Gleichwohl existieren zu anderen regionalen Verbänden Dokumente, in denen zusätzliche Hinweise zum Ablauf der vollzogenen Zwangsmaßnahmen enthalten sind. Insbesondere die wenigen Berichte, die über die chaotischen Zustände auf den Evakuierungsmärschen Auskunft geben, lassen erahnen, was die Deportation Hunderttausender Zivilisten in die rückwärtigen Gebiete für die Betroffenen bedeutete.

Merkblatt

für das Verhalten bei der Rückführung der Zivilbevölkerung

Jeder Deutsche ist sich klar darüber, daß die Rückführung der Bevölkerung eine harte Maßnahme darstellt. Er braucht sich nur in die Lage derer zu versetzen, die Haus und Hof verlassen müssen. Die deutsche Führung ist bestrebt, der Bevölkerung die vorübergehende Trennung von der Heimat zu erleichtern, daher wird die Rückführung nach Möglichkeit im Familienverband oder in der Dorf- und Betriebsgemeinschaft vorgenommen.

Jeder Deutsche, der mit der Rückführung der Zivilbevölkerung zu tun hat, oder mit den Trecks in Berührung kommt, hat eine hohe Verantwortung. In seiner Hand liegt es, ob durch die Behandlung der Bevölkerung der deutschen Sache Freunde oder Feinde entstehen.

Folgende Richtlinien sind daher zu beachten:

1. Das Vertrauen der Bevölkerung zu der deutschen Wehrmacht und den zivilen deutschen Dienststellen darf nicht enttäuscht werden.

2. Durch verständnisvolle Fürsorge ist der Bevölkerung das Gefühl der Geborgenheit im Schutze der deutschen Wehrmacht zu geben.

3. Die Bevölkerung ist in der Regel bereit, die größten Entbehrungen zu ertragen und Befehle willig zu erfüllen, wenn ihr die Notwendigkeit der betreffenden Maßnahmen verständlich erklärt wird.

4. Nicht ungeduldig werden, wenn man nicht verstanden wird. Oft bilden Sprachschwierigkeiten die Grundlage zu Mißverständnissen.

5. Der Bereitwilligkeit und Disziplin, die die Bevölkerung bei der erforderlichen Räumung beweist, ist Anerkennung zu zollen. Die freiwillige Mitarbeit der Bevölkerung wird dadurch gefördert.

6. Der Russe usw. kann streng angefaßt werden, vorausgesetzt, daß er gerecht behandelt wird.

7. Ueberheblichkeit, Grobheit, lautes Schreien, Fluchen und Handgreiflichkeiten führen zu passiver oder aktiver Widersetzlichkeit und sind daher falsch.

8. Die überzeugten Bolschewisten machen nur einen kleinen Teil der Bevölkerung aus. Nationalbewußtsein ist nicht gleichbedeutend mit Bolschewismus.

9. Die Bevölkerung ist nicht nach ihrem proletarischen Aeußeren zu beurteilen, das oft nur eine Tarnung gegenüber der bolschewistischen Gleichmacherei war.

10. Den Frauen und Mädchen gegenüber ist Zurückhaltung zu beobachten. Der Bolschewismus hat die Moral der östlichen Frauen nicht untergraben.

11. Wer sich an Hab und Gut, insbesondere an Zugvieh und Geführt der Bevölkerung vergreift, handelt gegen einen strengen Befehl und gegen jede Vernunft. Eigenmächtiges Organisieren und willkürliche Beschlagnahme von Lebensmitteln und Gebrauchsgegenständen erzeugen bei der Bevölkerung das Gefühl der Rechtlosigkeit und führen zur Verbitterung gegen die Deutschen.

12. Gute Behandlung der Bevölkerung braucht nicht zu argloser Vertrauensseligkeit zu führen. Es ist damit zu rechnen, daß Agenten des Gegners jede Gelegenheit ausnutzen werden, um die Räumung und den weiteren Einsatz der Bevölkerung zu erschweren.

13. Eine Zunahme der feindlichen Propaganda ist zu erwarten. Durch sachliche Widerlegung umlaufender, falscher Gerüchte ist der feindlichen Propaganda der Nährboden zu entziehen.

Jeder Deutsche sei dessen eingedenk, daß die Rückführung der Zivilbevölkerung und ihr weiterer Einsatz eine kriegswichtige Maßnahme darstellt. Von dem Verhalten aller Beteiligten hängt ihr Erfolg ab!

Der Oberbefehlshaber

Merkblatt für das Verhalten bei der Rückführung der Zivilbevölkerung, ohne Datum
Bundesarchiv/Militärarchiv, RH 26–285/40

„Durch verständnisvolle Fürsorge ist der Bevölkerung das Gefühl der Geborgenheit im Schutze der deutschen Wehrmacht zu geben."

11. Panzerdivision zur Politik der „Verbrannten Erde" vom 13.9.1943
StAN, NOKW – 3101

„Da für die Evakuierung der Zivilbevölkerung nicht genügend Begleitmannschaften zur Verfügung stehen, sucht die Bevölkerung sich in Schluchten und Sonnenblumenfeldern einem Abtransport nach Westen zu entziehen.

Wenn sich auch sicher restlose Evakuierung nicht ermöglichen läßt, so müssen doch die Einheiten alles daran setzen, mit dem letzten Fahrer diese Verstecke ausfindig zu machen und den Weiterschub dieser Kolonnen zu versuchen, gegebenenfalls unter Gebrauch der Schußwaffe. Notfalls sind durch Erschießen des mitgeführten Viehs und Vernichtung der Lebensmittelvorräte der Bevölkerung die Lebensmöglichkeiten zu nehmen. Falsche Humanität kostet nur unser Blut!

Nur durch wiederholte Belehrung der Truppe läßt sich das große Ziel, eine weite menschenleere Zone vor unserer HKL zu schaffen, erreichen.

Dieser Befehl ist nach Bearbeitung und Kenntnisgabe zu vernichten. [...]"

„Falsche Humanität kostet nur unser Blut!"

Generalkommando XXXXII. Armeekorps zu Selektionen in den Sammelstellen vom 8.6.1943
Bundesarchiv/Militärarchiv, RH 20 – 8/203, Bl. 17 f.

„[...] Nachteilig für den Weitertransport von der Sammelstelle Zirkuny und die Stimmung wirkte sich aus, daß bereits in der Sammelstelle die für den Reichseinsatz vorgesehenen Leute gemustert und sofort abtransportiert wurden. Dadurch wurden Kinder unversorgt zurückgelassen. [...]"

„Dadurch wurden Kinder unversorgt zurückgelassen."

Generalkommando XX. Armeekorps zum Abschub der Zivilbevölkerung, Anlage 1 vom 2.8.1943
Bundesarchiv/Militärarchiv, RH 23/263

„[...] Zurückzulassen sind Kranke (Fleckfieber! und sonstige Seuchen), Krüppel, sowie Männer und Frauen, die infolge hohen Alters nicht mehr marschfähig sind.

Es ist nach dem allgemeinen Grundsatz zu verfahren, dass alles das zurückbleibt, was für den Feind bezw. uns gegebenenfalls eine Belastung bedeutet und alles das mitzuführen ist, was für den Feind bezw. uns von Nutzen sein kann.

Wehrfähige dürfen auf keinen Fall in Feindeshand fallen.

Familien sind jedoch nicht zu sehr zu zerreißen. Die Leute gehen dann lieber mit. Zufassen mit Härte, zugleich aber mit Fürsorge. [...]"

„Zufassen mit Härte, zugleich aber mit Fürsorge."

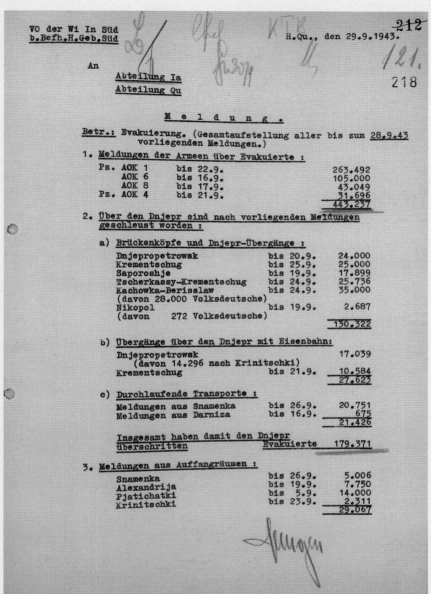

VO der Wi In Süd
b.Befh.H.Geb.Süd   H.Qu., den 29.9.1943.

        An

        Abteilung Ia
        Abteilung Qu

                    M e l d u n g .

Betr.: Evakuierung. (Gesamtaufstellung aller bis zum 28.9.43
                    vorliegenden Meldungen.)
    1. Meldungen der Armeen über Evakuierte :

        Pz. AOK 1   bis 22.9.   263.492
            AOK 6   bis 16.9.   105.000
            AOK 8   bis 17.9.   43.049
        Pz. AOK 4   bis 21.9.   31.696
                                              443.237

    2. Über den Dnjepr sind nach vorliegenden Meldungen
       geschleust worden :

        a) Brückenköpfe und Dnjepr-Übergänge :

            Dnjepropetrowsk   bis 20.9.   24.000
            Krementschug   bis 25.9.   25.000
            Saporoshje   bis 19.9.   17.899
            Tscherkassy-Krementschug bis 24.9. 25.736
            Kachowka-Berisslaw   bis 24.9.   35.000
            (davon 28.000 Volksdeutsche)
            Nikopol   bis 19.9.   2.687
            (davon   272 Volksdeutsche)
                                               130.322

        b) Übergänge über den Dnjepr mit Eisenbahn:

            Dnjepropetrowsk   17.039
               (davon 14.296 nach Krinitschki)
            Krementschug   bis 21.9.   10.584
                                               27.623

        c) Durchlaufende Transporte :

            Meldungen aus Snamenka   bis 26.9. 20.751
            Meldungen aus Darniza   bis 16.9.   675
                                               21.426

            Insgesamt haben damit den Dnjepr
            überschritten   Evakuierte 179.371

    3. Meldungen aus Auffangräumen :

            Snamenka   bis 26.9.   5.006
            Alexandrija   bis 19.9.   7.750
            Pjatichatki   bis 5.9.   14.000
            Krinitschki   bis 23.9.   2.311
                                               29.067

Meldung der Wirtschaftsinspektion Süd vom 29.9.1943 über die bisherigen Evakuierungen
im Bereich der Heeresgruppe Süd
Bundesarchiv/Militärarchiv, RH 22/104

Bis zum 28. September 1943
wurden im Bereich der Heeresgruppe Süd mehr als 440.000
Menschen evakuiert.

Leutnant Ries über die Zerstörung der Stadt Mariupol vom 9.9.1943
Bundesarchiv/Militärarchiv, RH 20–6/820

„Die beiden großen Werke Jlitsch und Asowwerk sind restlos vernichtet. Sämtliche großen Gebäude brennen, sowie eine große Anzahl von kleinen Zivilhäusern. Der Hafen wurde zerstört, Getreidesilo mit 6 000 to wird ebenfalls gesprengt. 6 000 to Kohle fallen der Vernichtung anheim. Die ganze Stadt zeigt ein Bild völliger Zerstörung. [...]"

„Die ganze Stadt zeigt ein Bild völliger Zerstörung."

Kriegstagebuch des Armeeoberkommandos 6 vom 16.9.1943
Bundesarchiv/Militärarchiv, RH 20–6/821

„[...] Wegen Nichtbefolgung des Evakuierungsbefehls wurden 105 Zivilisten erschossen. An Vieh, das nicht mehr mitgeführt werden konnte, wurden 320 Kühe, 4 Pferde, 20 Schafe, 5 Ziegen und 12 Schweine abgeschossen. [...]"

„[...] 105 Zivilisten erschossen."

Kommandant des rückwärtigen Armeegebietes 593 an das Armeeoberkommando 6, vom 22.9.1943
Bundesarchiv/Militärarchiv, RH 23/355

„Durch die Korück 593 unterstellten Feld- und Ortskommandanturen wurden im Zuge der Frontbegradigung nach den bisher vorliegenden Meldungen bis zum 18.9.43 evakuiert:
Personen ca. 218 000
Rinder ca. 35 000
Pferde ca. 14 000
Schafe ca. 21 000.
Bei den angegebenen Zahlen handelt es sich fast ausschließlich um zwangsweise Evakuierte. [...]
Aus Melitopol wurden durch Feldgend. Abt. 571 und 682 am 20. und 21. Sept. 12 330 Personen zwangsevakuiert."

„Bei den angegebenen Zahlen handelt es sich fast ausschließlich um zwangsweise Evakuierte."

Bericht der Propagandakompanie K an das Oberkommando der Heeresgruppe A, Oktober 1943 (Abschrift)
Bundesarchiv/Militärarchiv, RH 23/355

„[...] Die Evakuierten selbst wissen nicht wohin sie kommen und was überhaupt mit ihnen geschieht. [...]
Auf Grund der starken Belegung der Ortschaften durch Wehrmacht ist es nicht möglich, die Evakuierten während der Nacht in Häusern unterzubringen, sie müssen mit Frauen, Greisen und Kindern zusammen mit ihrem Vieh und Hausrat unter freiem Himmel übernachten. Unter dem ständigen starken Wind und der kürzlich eingesetzten kalten Witterung leiden insbesondere die Frauen und Kinder sehr. Die Stimmung der Evakuierten ist trostlos.
II. Es wurde festgestellt, daß manche Trecks beim Eintreffen in den Übergabepunkten 4–5 Tage keine Verpflegung bekommen haben.
Viele Evakuierte lösen sich von den Trecks los und versuchen wieder in ihre Dörfer zurückzukehren oder graben sich auf den Feldern Löcher in denen sie hausen wollen, ‚bis zur Ankunft der Roten'. Besonders deprimierend für die Evak. ist, daß sie nicht wissen, wo sie jenseits des Dnjepr hinkommen [...].
Evakuierte von Melitopol sind bereits schon einen Monat unterwegs bis Iwanowka und haben noch nie in geschützten Unterkünften übernachtet. Da sie erst ca 2 Stunden vorher von der Evakuierung verständigt werden konnten, war es ihnen nicht möglich, die notwendigen Kleidungsstücke usw. mitzunehmen.
Stimmungsbilder:
In Iwanowka (Sitz der F.K. 454) übernachteten bereits schon 3 Tage unter freiem Himmel und stürmischem Wetter 1300 Evakuierte. Stimmung trostlos, Säuglinge und Kinder schreien vor Kälte und Hunger. Frauen weinen, weil ihre Männer zum Arbeitseinsatz an die Front geschickt wurden. Wollen wieder zurück in ihre Dörfer. Können nicht verstehen, warum sie evakuiert wurden. Es ist ihnen alles gleichgültig. Wissen nicht wann sie weiterkommen und wann. [...]
10 km von Maxim Gorki wurde auf der Straße rastend ein Treck von ca 800 Personen angetroffen, welche bereits 4 Tage keine Verpflegung bekommen hatten. Säuglinge und Kinder auf Schubkarren verladen, dem Sturm ausgesetzt, schreien und weinen, Frauen weinen, weil sie den Kindern nichts zu essen geben können. Stimmung trostlos. Kein Marschziel. [...]"

PARTISANENKRIEG

Der Krieg gegen die Sowjetunion fand nicht nur an der Tausende Kilometer langen Front statt. Er war auch ein Partisanenkrieg in den besetzten Gebieten. In den ersten Kriegsmonaten stieß die Wehrmacht auf überwiegend schlecht organisierte Partisanengruppen, die trotz Stalins Aufruf keinerlei militärische Bedeutung erlangten.

Die Gegenoffensive der Roten Armee im Winter 1941/42 sorgte insbesondere im Heeresgebiet Mitte für einen Abzug starker Besatzungskräfte. Jetzt konnten die inzwischen gut ausgebildeten und bewaffneten Partisanen hinter den deutschen Linien ganze Gebiete unter ihre Kontrolle bringen und den deutschen Besatzungstruppen militärisch zusetzen.

Der Kampf der Wehrmacht und der SS gegen die in den besetzten Gebieten der Sowjetunion aktiven Partisanen hatte nicht nur die Abwehr einer militärischen Bedrohung zum Ziel. Die gegen Partisanen durchgeführten Einsätze wurden zugleich als Terrorinstrument gegenüber der Zivilbevölkerung und zum Mord an den sowjetischen Juden genutzt. Die Wehrmacht hatte dabei in vielen Fällen die Befehls- und Einsatzbefugnis. Dort, wo SS- und Polizeiführer hauptverantwortlich waren, wurden sie immer wieder von Wehrmachtseinheiten unterstützt.

Der Krieg gegen die Partisanen war ab 1942 nicht mehr zu gewinnen. Um den Partisanenverbänden die Infrastruktur zu nehmen, gingen SS, Polizei und Wehrmacht dazu über, in „Großaktionen" ganze Landstriche in „Wüstenzonen" zu verwandeln. Dörfer wurden niedergebrannt, Tausende von Zivilisten ermordet oder zur Zwangsarbeit verschleppt. Die Forschung geht inzwischen davon aus, daß während der deutschen Besatzung in Weißrußland zwischen 300.000 und 350.000 Menschen getötet wurden. Wie viele unbewaffnete Zivilisten ermordet wurden, läßt sich nicht mehr rekonstruieren.

DAS JAHR 1941

Die sowjetische Bevölkerung reagierte zwar regional unterschiedlich, insgesamt aber nicht unbedingt feindlich auf den Einmarsch der deutschen Truppen. Die Rundfunkrede Stalins am 3. Juli 1941, in der er die Bevölkerung zum Widerstand und zur Bildung von Partisaneneinheiten aufrief, fand nicht den erhofften Widerhall. Es gab in den ersten Kriegsmonaten zwar Versuche, eine Partisanenbewegung mit zentraler Führung aufzubauen und sie in die besetzten Gebiete einzuschleusen, dies scheiterte jedoch an dem schnellen Vormarsch der deutschen Truppen. Regional schlossen sich versprengte Rotarmisten zu neuen Kampfverbänden zusammen, sie blieben jedoch von der Versorgung mit Waffen und Munition abgeschnitten. Eine militärische Bedeutung erlangten die Partisanen 1941 nicht.

Dennoch hielt die Wehrmachtsführung an ihrer Terrorpolitik fest, allerdings scheint sich zunächst nicht jeder Soldat an diese Vorgaben gehalten zu haben. Statt Partisanen oder „Partisanenverdächtige" zu erschießen, wurden manche in die Kriegsgefangenenlager überstellt oder freigelassen. Das Oberkommando der Wehrmacht und die Oberbefehlshaber einiger Heeresgruppen und Armeen bekräftigten daher ihre verbrecherischen Befehle. Die Soldaten wurden angewiesen, generell härter vorzugehen.

Rundfunkrede Stalins vom 3.7.1941
Bundesarchiv/Militärarchiv, XIX. Gebirgskorps, 15085/26, zit. n. Gerd R. Ueberschär und Wolfram Wette (Hg.), „Unternehmen Barbarossa" Der deutsche Überfall auf die Sowjetunion 1941. Berichte, Analysen, Dokumente, Paderborn 1984, S. 326–329, Zitat S. 328

„[...] Die Rote Armee, die Rote Flotte und alle Bürger der Sowjetunion müssen jeden Fußbreit Sowjetboden verteidigen, müssen bis zum letzten Blutstropfen um unsere Städte und Dörfer kämpfen, müssen die Kühnheit, Initiative und Findigkeit an den Tag legen, die unserem Volk eigen sind. [...]
In den vom Feind okkupierten Gebieten müssen Partisanenabteilungen zu Pferd und zu Fuß gebildet und Diversionsgruppen geschaffen werden zum Kampf gegen die Truppenteile der feindlichen Armee, zur Entfachung des Partisanenkrieges überall und allerorts, zur Sprengung von Brücken und Straßen, zur Zerstörung der Telephon- und Telgraphenverbindung, zur Niederbrennung der Wälder, der Depots und der Trains. [...]
Den Krieg gegen das faschistische Deutschland darf man nicht als einen gewöhnlichen Krieg betrachten. Er ist nicht nur ein Krieg zwischen zwei Armeen. Er ist zugleich der große Krieg des ganzen Sowjetvolkes gegen die faschistischen deutschen Truppen. [...]"

„Den Krieg gegen das faschistische Deutschland darf man nicht als einen gewöhnlichen Krieg betrachten."

Übersetzung:

„Entfacht den Partisanenkrieg im faschistischen Hinterland! Vernichtet Nachrichtenverbindungen, Brücken, Straßen, Treibstoff, Vorratslager, die feindlichen Banden!"

Plakat von A. Kokorenkin aus dem Jahr 1941

Plakate des Jahres 1941, Katalog der Sammlung des Belorussischen Staatlichen Museums der Geschichte des Großen Vaterländischen Krieges, zusammengest. von G. V. Pavlovskaja, Red. I. Ju. Voronkova, Minsk 1998 (russisch)

Корецкий В., Гицевич В. «Партизаны бейте врага без пощады !»
М.-Л., «Искусство», 1941. Ц. л., 86,5x60, тираж 100 000.

Plakat von A. Koreckij und V. Gricevič aus dem Jahr 1941
Plakate des Jahres 1941, Katalog der Sammlung des Belorussischen Staatlichen Museums der Geschichte des
Großen Vaterländischen Krieges, zusammengest. von G. V. Pavlovskaja, Red. I. Ju. Voronkova, Minsk 1998 (russisch)

Abschrift

Oberkommando des Heeres   Hauptquartier OKH, den 18.7.1941.
General z.b.V. beim
Oberbefehlshaber des Heeres
Az. 454 Gr. R Wes
Nr. 1260/41 g

An

die Heeresgruppen,

A O K 's und

Panzergruppen.

Betr.: Partisanen-Abteilungen
der Sowjets.
Bezug: OKH v.15.7.41 Abt.Frd Heere
Ost (II) Nr. 3016/41 geh.

Angehörige sowjetischer „ Partisanen " - Abteilungen, die vor oder hinter unserer Front auftreten
und hinsichtlich Beachtung der Kriegsgesetze, Bekleidung, Ausrüstung oder Erkennbarkeit nicht einwandfrei
die Voraussetzungen erfüllen, die an eine kriegsführende
Truppe, an Milizen und Freiwilligenkorps zu stellen
sind, sind als Freischärler zu behandeln. Dabei ist
gleichgültig, ob sie bisher Soldaten waren, sich noch
als Soldaten bezeichnen oder Nicht - Soldaten sind.

Zivileinwohner, die solchen Partisanen-Abteilungen
in irgend einer Weise Vorschub leisten, unterstützen
damit irreguläre Kampfhandlungen und sind damit nach
Kriegsbrauch ebenfalls als Freischärler anzusehen.

I. A.

gez. Müller

F. d. R. d. Abschrift:

Major i.G.

Schreiben des Generals zur besonderen Verwendung im Oberkommando des Heeres, Eugen Müller,
an die Heeresgruppen, Armeeoberkommandos und Panzergruppen vom 18.7.1941
Bundesarchiv/Militärarchiv, RH 22/271, Bl. 73

Sowjetisches Flugblatt vom 1.8.1941 (Übersetzung)
StAN, NOKW–2653

„Abschrift!

Übersetzung.

An alle Landkomites, Stadtkomies, Kreiskomites, an die Kommunistische Partei, an das Land-, Stadt- und Kreisvollzugskomite und an den Rat der Arbeit.

Richtlinien Nr. 4 der Volkskommissare Weißrusslands und des Zentralkomites X der kommunistischen Partei Weißrusslands. Betrifft die Organisation der Volksverteidigung (Partisanen).

Der Volksrat Weißrusslands und das Zentralkomite der Kommunistischen Partei befiehlt lt. Befehl des Genossen S t a l i n die sofortige Aufstellung von Abteilungen der Volksverteidigung (Partisanen), zur Unterstützung der Roten Armee

__1. Die Organisation der Partisanen.__

1.) Bei jedem Betrieb, Transportwesen, bei jeder Staats- und Kollektivwirtschaft bilden sich Partisanenabteilungen, bestehend aus Männern, Frauen und genau so aus der Jugend, die fähig ist, die Aufgaben der Volksverteidigung (Partisanen) zu erfüllen. [...]

4.) Die Partisanenabteilungen teilen sich auf in Kompanien, Züge und Gruppen.

5.) Die Partisanenabteilungen organisieren sich wie folgt:

a) Züge, die mit Gewehren ausgerüstet sind zur Zerstörung der gegenerischen Schlagkraft;

b) Panzer und Flugzeuge, die sich mit Granaten und Benzinflaschen ausrüsten, um die gegnerischen Panzer und Flugzeuge zu vernichten;

c) Spezialgruppen im Rücken des Feindes organisieren sich zur Zerstörung von Bahnlinien, zu Eisenbahnattentaten, zu Brückensprengungen, zur Vernichtung von Munitionslagern, Benzinvorräten, Proviant usw;

d) Aufklärungsgruppen zur Tiefenaufklärung im Rücken des Feindes;

e) Fußtruppen, bespannte Einheiten und Nachrichtenleute, die die Verbindung zwischen den Gruppen, ihren Kommandeuren und den Einheiten der Roten Armee sicherstellen.

__2. Die Aufgaben der Partisanen.__

1.) Die Partisanenabteilungen stellen sich zusammen aus Stadt- und Landbevölkerung, zum Kampf gegen die deutschen Faschisten und zur Unterstützung der Roten Armee, in dem sie ihre Operationen verfolgen, die Sicherung des Nachschubs leistet, die Verbindung zur Stadt, Industrie, Kollektivwirtschaft, Brücken hält, usw. [...]"

„Der Volksrat Weißrusslands und das Zentralkomite der Kommunistischen Partei befiehlt lt. Befehl des Genossen Stalin die sofortige Aufstellung von Abteilungen der Volksverteidigung (Partisanen), zur Unterstützung der Roten Armee"

Schreiben des Befehlshabers der Sicherheitspolizei und des SD an den Befehlshaber des rückwärtigen Heeresgebietes Nord vom 14.8.1941
Bundesarchiv/Militärarchiv, RH 22/271

„Im Gebiet der Heeresgruppe Nord sind folgende verschiedene Gruppen von Partisanen von den Kommandos der Sicherheitspolizei festgestellt worden:

1. Partisanen, die aus den Leningrader Stadtbezirken aufgestellt wurden. Nach der Vernehmung von Gefangenen haben 10 Stadtbezirke die Auflage erhalten, je 1 Regiment in Stärke von 1000 Mann aufzustellen. [...]

2. Partisanen, die aus zerschlagenen russischen Regimentern stammen. In einer grossen Zahl von Fällen wurde festgestellt, dass Soldaten aus niedergekämpften Regimentern von ihren Kommandeuren und Kommissaren den Befehl erhalten haben, sich als Partisanen zu betätigen. In mehreren Fällen wurden für solche Partisanen Marschrouten ausgegeben, die erfasst werden konnten. Als Ziel wurde in zahlreichen Fällen Porchow angegeben. (Die 16. Armee wurde verständigt). Während die Partisanen zu 1. zwar keine Uniformen mit Abzeichen, wohl aber einheitliche Kleidung tragen, sind die Partisanen zu 2 ausnahmslos im Zivil angetroffen worden.

3. Partisanen, die aus Kommunisten, insbesondere Kommissaren und Funktionären bestehen. [...]

4. Partisanen, die von der sowjet-russischen Luftwaffe als Fallschirmspringer abgesetzt werden. Von der Sicherheitspolizei konnte bisher nur eine solche Gruppe, u. zw. am 9.8.41 nordwestlich von Ogre festgenommen werden. Es handelt sich dabei um 6 Männer und 3 Mädchen. [...]

5. Partisanen, die von der Insel Ösel aus an der lettischen Küste abgesetzt wurden. Von der Sicherheitspolizei konnten 5 derartige Partisanen erfasst werden, die bei Kasirbe gelandet waren. [...]

6. Ausserdem wurden einige Personen festgenommen, darunter auch Frauen, die angaben, zum speziell aufgestellten Vernichtungs- und Zerstörungstrupp zu gehören. Ein genauer Überblick über die Organisation wird noch beschafft. Die Bekämpfung der Partisanen ist dadurch erschwert, dass die russische Bevölkerung ihnen fast ausnahmslos Hilfe leistet. Dies geschieht nicht wie vielfach angenommen wird, nur unter dem Druck der Partisanen, sondern auch durchaus freiwillig, obwohl dieselben Personen von sich aus zu Wehrmachtsstellen kamen, um sich für die Befreiung vom Bolschewismus zu bedanken. Die Sicherheitspolizei ist in der letzten Zeit dazu übergegangen, die Partisanen durch Zivilerkunder festzustellen, gleichzeitig damit aber auch die Einstellung der Bevölkerung allgemein zu den Partisanen zu erkunden. Soweit die Bevölkerung auch diesen Zivilerkundern, die sie für russische Partisanen halten von sich aus Hilfe leisten, muss gegen diese entsprechend vorgegangen werden. Bei entsprechendem Bekanntwerden ist anzunehmen, dass die Bevölkerung den echten Partisanen die Hilfe in zahlreichen Fällen verweigern wird, da sie befürchten muss, es mit Zivilerkundern zu tun zu haben."

Befehl von Generalfeldmarschall von Reichenau vom 10.10.1941 (Abschrift)
StAN, NOKW–309

„[...] Armee-Oberkommando 6, Abt. Ia – Az. 7, A.H.Q., den 10.10.41.
Betr.: Verhalten der Truppe im Ostraum.

Hinsichtlich des Verhaltens der Truppe gegenüber dem bolschewistischen System bestehen vielfach noch unklare Vorstellungen.

Das wesentlichste Ziel des Feldzuges gegen das jüdischbolschewistische System ist die völlige Zerschlagung der Machtmittel und die Ausrottung des asiatischen Einflusses im europäischen Kulturkreis.

Hierdurch entstehen auch für die Truppe Aufgaben, die über das hergebrachte einseitige Soldatentum hinausgehen. Der Soldat ist im Ostraum nicht nur ein Kämpfer nach den Regeln der Kriegskunst, sondern auch Träger einer unerbittlichen völkischen Idee und der Rächer für alle Bestialitäten, die deutschem und artverwandtem Volkstum zugefügt wurden.

Deshalb muss der Soldat für die Notwendigkeit der harten, aber gerechten Sühne am jüdischen Untermenschentum volles Verständnis haben. Sie hat den weiteren Zweck, Erhebungen im Rücken der Wehrmacht, die erfahrungsgemäss stets von Juden angezettelt wurden, im Keime zu ersticken.

Der Kampf gegen den Feind hinter der Front wird noch nicht ernst genug genommen. Immer noch werden heimtückische, grausame Partisanen und entartete Weiber zu Kriegsgefangenen gemacht, immer noch werden halb uniformierte oder in Zivil gekleidete Heckenschützen und Herumtreiber wie anständige Soldaten behandelt und in die Gefangenenlager abgeführt. [...] Wird im Rücken der Armee Waffengebrauch einzelner Partisanen festgestellt, so ist mit drakonischen Maßnahmen durchzugreifen. Diese sind auch auf die männliche Bevölkerung auszudehnen, die in der Lage gewesen wäre, Anschläge zu verhindern oder zu melden. Die Teilnahmslosigkeit zahlreicher angeblich sowjetfeindlicher Elemente, die einer abwartenden Haltung entspringt, muß einer klaren Entscheidung zur aktiven Mitarbeit gegen den Bolschewismus weichen. Wenn nicht, kann sich niemand beklagen, als Angehöriger des Sowjetsystems gewertet und behandelt zu werden. Der Schrecken vor den deutschen Gegenmaßnahmen muss stärker sein als die Drohung der umherirrenden bolschewistischen Restteile.

Fern von allen politischen Erwägungen der Zukunft hat der Soldat zweierlei zu erfüllen:

1.) die völlige Vernichtung der bolschewistischen Irrlehre, des Sowjetstaates und seiner Wehrmacht,

2.) die erbarmungslose Ausrottung artfremder Heimtücke und Grausamkeit und damit die Sicherung des Lebens der deutschen Wehrmacht in Rußland.

Nur so werden wir unserer geschichtlichen Aufgabe gerecht, das deutsche Volk von der asiatisch-jüdischen Gefahr ein für allemal zu befreien.

Der Oberbefehlshaber, gez. v. Reichenau, Generalfeldmarschall."

Schreiben des Generals z.b.V. im Oberkommando des Heeres, Eugen Müller, vom 13.9.1941 (Abschrift)
StAN, NOKW–3491

„Betr.: Kämpfe hinter der Front.

Die Frage, ob Angehörige russischer Bataillone in Rotarmisten-Uniform – eingeteilt in Gruppen von 10-20 Mann unter Führung von Offizieren und mit dem Auftrag hinter die deutsche Front entsandt, das rückwärtige Gebiet zu beunruhigen – als Soldaten oder als Freischärler zu behandeln sind, hat der Herr Oberbefehlshaber des Heeres nach Vortrag folgendermassen entschieden:

Russische Kampftruppen, die unter verantwortlicher Führung von Offizieren während der Kämpfe hinter unsere Front gelangen und dazu bestimmt sind, Kampfaufgaben durchzuführen, haben, soweit sie nicht im Kampf erledigt werden, bei Gefangennahme Anspruch auf Behandlung als Kriegsgefangene.

Russische Soldaten und Gruppen, die dagegen nach Erlöschen der eigentlichen Kämpfe aus Verstecken hervorkommen, sich erneut zusammenschließen, zu den Waffen greifen und gegen unsere rückwärtigen Verbindungen zusammenhanglos auf eigene Faust kämpfen, sind als Freischärler anzusehen.

Es ist Sache der Truppenkommandeure bezw. Befehlshaber, im Einzelfall nach der taktischen Lage die Entscheidung zu treffen. Die Bezeichnung ‚Partisan' wird augenblicklich auf alle Soldaten, Truppeneinheiten und Gruppen in Zivil angewendet, die ‚volkskriegs' ähnliche Aufgaben im rückwärtigen Gelände (Brückensprengung, Überfälle auf Einzelfahrzeuge, Quartiere usw.) durchführen."

„Die Bezeichnung ‚Partisan' wird augenblicklich auf alle Soldaten, Truppeneinheiten und Gruppen in Zivil angewendet, die ‚volkskriegs' ähnliche Aufgaben im rückwärtigen Gelände [...] durchführen."

EUGEN MÜLLER wurde am 19.7.1891 in Pantières bei Metz geboren. Seit 1910 war er Soldat und nahm am Ersten Weltkrieg als Stabsoffizier teil. 1916 wurde er bereits zum Oberleutnant befördert. Auch während der Weimarer Republik blieb er Offizier im „Hunderttausend-Mann-Heer", unter anderem von 1923 bis 1927 im Reichswehrministerium. Nach 1933 war er zunächst als Kommandeur verschiedener Regimenter tätig, bevor er ab 1937 unterschiedliche Funktionen im Generalstab und beim Oberbefehlshaber des Heeres ausübte, unter anderem war er 1939/1940 als Generalquartiermeister des Heeres für die Versorgung der Truppen verantwortlich. Nach seiner Absetzung blieb er ab September 1940 dem Oberbefehlshaber des Heeres als General zur besonderen Verfügung erhalten. In dieser Funktion befaßte er sich auch mit Rechtsfragen und war aktiv an der Erarbeitung des „Kommissarbefehls" und des „Kriegsgerichtsbarkeitserlasses" beteiligt. Nach Kriegsende war Müller zwei Jahre in Kriegsgefangenschaft. Er starb am 9.6.1951 in Berlin.

General zur besonderen Verfügung beim Oberbefehlshaber des Heeres, Eugen Müller, ca. 1935
Bundesarchiv/Militärarchiv, Pers. 6/283, Personalbogen Eugen Müller

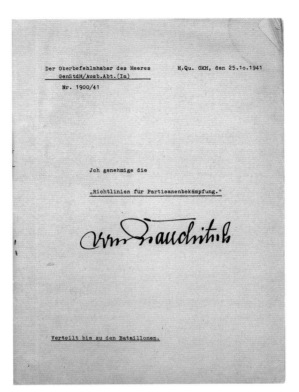

„Richtlinien für Partisanenbekämpfung" vom 25.10.1941
Bundesarchiv/Militärarchiv, RH 26–707/3

„[...] Die Partisanenbewegung macht vor dem Leben und Gut der eigenen, unbeteiligten Volksgenossen nicht Halt. Das russische Volk, insbesondere der Bauer, lehnt diese aus dem Terror geborene Kampfesart ab. Der heutige Partisanenkampf ist ein Kampf für den Bolschewismus, er ist keine Volksbewegung.
Die Kampfesart der Partisanen ist hinterhältig und heimtückisch. [...]
Der Feind muß <u>vollständig vernichtet</u> werden. Die ununterbrochene Entscheidung über Leben und Tod gestellter Partisanen oder Verdächtiger ist auch für den härtesten Soldaten schwer. Es muß gehandelt werden. Richtig handelt, wer unter vollkommener Hintansetzung etwaiger persönlicher Gefühlsanwandlungen rücksichtslos und unbarmherzig zupackt. [...]"

Deckblatt der „Richtlinien für Partisanenbekämpfung" vom 25.10.1941 mit der Genehmigung des Oberbefehlshabers des Heeres, Walther von Brauchitsch
Bundesarchiv/Militärarchiv, RH 26–707/3

OPFER DES DEUTSCHEN PARTISANENKRIEGES

Um die besetzten Gebiete mit ihren personell schwachen Truppen kontrollieren zu können, setzten die Befehlshaber der rückwärtigen Heeresgebiete regionale Selbstverwaltungen ein. Mit Hilfe der persönlich haftenden Bürgermeister wurden alle Einwohner einer Gemeinde registriert, Ausweise ausgegeben und Sperrstunden verhängt. Die Erfassung der Bevölkerung ermöglichte es, ortsfremde Personen, die generell unter Partisanenverdacht standen, zu identifizieren.

Opfer dieses im militärischen Sprachgebrauch als „Durchkämmen" bezeichneten Vorgehens konnten reisende Zivilisten oder versprengte Rotarmisten sein, die sich in ihre Heimat durchzuschlagen versuchten oder als Arbeitskräfte untertauchen wollten. Auch registrierte Zivilisten liefen Gefahr, als „Partisanenunterstützer" verhaftet zu werden. Insbesondere Juden galten als verdächtig: Sie wurden pauschal der Freischärlerei oder der Unterstützung von Partisanen bezichtigt. Juden waren daher die bevorzugten Opfer von völkerrechtswidrigen Repressalien. Die nicht-jüdische Bevölkerung mußte ebenfalls fürchten, im Rahmen „kollektiver Gewaltmaßnahmen" pauschal haftbar gemacht zu werden, wenn aus ihrer Ortschaft auf deutsche Soldaten geschossen oder in der Nähe Sabotageakte verübt worden waren.

Der Befehlshaber des rück-
wärtigen Heeresgebietes Mitte,
Max von Schenckendorff
Bundesarchiv/Militärarchiv, RH 22/233, Bl. 115

MAX VON SCHENCKENDORFF, geboren 1875, gehörte zu den
dienstältesten Generälen in der deutschen Wehrmacht. Mit
19 Jahren war er bereits Offizier in der preußischen Armee. Im
Ersten Weltkrieg zunächst Major und Bataillonsführer, wurde er
nach der Niederlage in die Reichswehr übernommen und war
von 1920 bis 1923 Bataillonskommandeur des Infanterieregiments 9. Seit 1926 befahl er das Infanterieregiment 8, zuletzt
als Generalmajor.

Schenckendorffs Abschied aus dem Militärdienst im Februar
1930 sollte nur neun Jahre dauern. Vier Tage vor dem Überfall
auf Polen 1939 wurde er als Kommandeur des Grenzschutz-
Abschnittskommandos 13 in Glogau mit militärischen Sicherungsaufgaben betraut. Im Oktober ernannte man ihn zum Kommandanten von Posen (Poznań).

Mit der Errichtung der rückwärtigen Heeresgebiete als militäri-
sche Sicherungsterritorien bei der Planung des Überfalls auf die
Sowjetunion fand Max von Schenckendorff erneut Verwendung.
Als General der Infanterie und Befehlshaber im rückwärtigen
Heeresgebiet Mitte sorgte er bereits ab April 1941 für die Aus-
bildung von Sicherungsdivisionen. Seine Tätigkeit galt in erster
Linie der Sicherung der Versorgungslinien zur Front. Mit dem
Jahreswechsel 1941/42 hieß dies in erster Linie den Kampf gegen
die wachsende Partisanenbewegung zu führen.

Max von Schenckendorff starb am 6. Juli 1943 während eines
Kuraufenthaltes an einem Herzschlag.

Verwaltungs-Anordnungen Nr. 1 des Befehlshabers
des rückwärtigen Heeresgebietes Mitte vom 7.7.1941
Belorussisches Nationalarchiv Minsk, 409–1–1, Bl. 73–73R

„Verwaltungs-Anordnungen Nr. 1.

I. Bestellung von Buergermeistern in den Gemeinden:

1. In erster Linie sind politisch und fachlich zuverlaessige Personen, die nach Moeglichkeit der Volksgruppe der Weissruthenen angehoeren sollen, bis auf Widerruf mit der Leitung des Buergermeisteramtes zu beauftragen.

2. Der Buergermeister vertritt die Gemeinde. [...]

5. Alle Einwohner, die bereits am 21.6.41 in der Gemeinde ansässig waren, sind durch den Buergermeister neu zu erfassen und zu registrieren.

6. Die Buergermeister haben sofort dafuer zu sorgen, dass alle
Einwohner mit entsprechenden Personalausweisen versehen werden, aus denen hervorgeht: Name, Vorname, Ge-
burtsdatum und -ort, Wohnung, Familienstand, Beruf, Aufenthalt und Beschaeftigung, Zustaendigkeit, Konfession,
Volksgruppenzugehoerigkeit und Staatsangehoerigkeit.

7. Den Buergermeister trifft die Mithaftung bei Veruebung
von Sabotageakten innerhalb des Gemeindebezirkes. Er hat
mit allen Mitteln Sabotageakte zu verhindern. Seine Pflicht
ist es, insbesondere fuer eine Ueberwachung der lebenswichtigen Betriebe Sorge zu tragen.

8. Den Buergermeister und seinen Stellvertreter beruft in Gemeinden bis zu 20.000 Einwohnern der Ortskommandant und
in Orten über 20.000 Einwohnern der Feldkommandant.

II. Verbot des Verlassens der Wohnung waehrend der Nacht:

1. Die Bevoelkerung hat sich in der Zeit von 21.00 Uhr abends
bis 5.00 Uhr morgens in ihren Wohnungen aufzuhalten. [...]

III. Kennzeichnung von Juden und Juedinnen:

1. Alle Juden und Juedinnen, die sich im besetzten Gebiet aufhalten und das 10. Lebensjahr ueberschritten haben, sind
mit sofortiger Wirkung verpflichtet, am rechten Aermel der
Kleidung und Ueberbekleidung einen – mindestens 10 cm
breiten – weissen Streifen mit dem gelben Zionsstern oder
einen 10 cm großen gelben Fleck zu tragen. [...]"

Left page (174)

Sind Partisanen in dieser[1] Gegend?	*jeßti partiisanü wetoj[1] meßtnoßti?*	Есть партизаны в этой местности?
B.: Bisher sind keine Partisanen aufgetreten.	*pakå (oder: da ßich por) partiisanü ne[2] pakasüwalißi.*	Пока (оди: до сих пор) партизаны не показывались.
O.: Jeder, der auf Partisanen stößt, oder weiß, wo sie sich aufhalten, muß mir das auf schnellstem Wege mitteilen.	*ße, kto ßtretiit[3] partiisanof, ili snajet, gdie ani nachodiatza, daljnü mne nemedlenno ßaapschtschiti ab etom[4].*	Все, кто встретит партизан, или знает, где они находятся, должны мне немедленно сообщить об этом.
Wer Partisanen hilft, wer ihnen Mitteilungen macht,	*kto partiisanam budiet pamagati[5], kto jim budiet ßaapschtschati ßwedienija[6],*	Кто партизанам будет помогать, кто им будет сообщать сведения,
[den] Weg zeigt,	*budiet pakasüwati darogu[7],*	будет показывать дорогу,
Verpflegung gibt,	*budiet dawciti ßjeßtnüje pripaßü[8]*	будет давать с'естные припасы,
gilt auch als Partisan und wird erschossen.	*schtschitajetza i ßam partisanom[9] i budiet raßßtrelen[10].*	считается и сам партизаном и будет расстрел...
Wenn hier im Dorf Partisanen versteckt werden, so wird [das] ganze Dorf niedergebrannt.	*jeßli sdießi wderewne budut ßkrütü partiisanü[11] to fßia derewnia budiet saßjena[12].*	Если здесь в дере... будут скрыты партизаны, то вся деревня будет сожжена.

[1] Hinweisendes Fürwort, siehe Sprachlehre, S. 246. [2] „kein" ist dur... ne не „nicht" wiederzugeben, wenn „kein" bloß Verneinung ist und nic... den Sinn hat: kein einziger. „Bisher Partisanen nicht sich haben gezeigt... [3] „Alle, wer treffen wird Partisanen..." (Wortstellung!). kto кто „wer" wir... auch als bezügliches Fürwort gebraucht: „der", „welcher" und kann auch au... Mehrzahlformen bezogen werden. [4] „müssen mir unverzüglich mittei... über dieses." [5] Wörtlich: „wird helfen"; ebenso steht weiterhin im Rus... schen die Zukunftform! [6] „wird mitteilen Nachrichten." [7] „w... zeigen den Weg." [8] „wird geben Lebensmittel." [9] „gilt auch selb... als Partisan." „partisanom" ist Werkfall zu *partisan* партизан [10] „w... erschossen werden." [11] „werden versteckt werden Partisanen." [12] „... so das ganze Dorf wird verbrannt werden."

174

Right page (175)

Haben Sie verstanden?	*wü pon..li[1]?*	Вы поняли?
B.: Jawohl, Herr Offizier.	*poneli[2], gaßpadiin afizer.*	Понял, господин офицер.
O.: Ab morgen melden Sie sich bei mir um 9 Uhr früh, um 12 Uhr und um 3 Uhr nachmittags.	*ßßaftreschnewo dnia jawliajtießi ka mne wdieweti tscheßof[3] utra, wdiwenatzati tscheßof i ftri tscheßa[3] papaludni.*	С завтрашнего дня являйтесь ко мне в девять часов утра в двенадцать часов и в три часа пополудни.
Außerdem stellen Sie mir jeden Morgen	*krome tawo, kajdoje utro narejajte wmajo raßparejenije[4]*	Кроме того, каждое утро наряжайте в мое распоряжение
2 Gespanne (Wagen, Pferd und Fahrer).	*diwe padwodü (tielegu, loschati i woschtschika).*	две подводы (телегу, лошадь и возчика).
So, jetzt schnell an [die] Arbeit!	*tak, tieperi ßkarej sa rabotu!*	Так, теперь скорей за работу!

2. Verpflegung
a) Frühstück im Quartier

Soldat: Guten Morgen! Haben Sie Brot und Butter?	*sdraßtwujtie! jeßti u waß chlep i maßlo?*	Здравствуйте! Есть у вас хлеб и масло?
Wir haben Hunger und wollen etwas essen!	*mü pragaladalißi[5] i chatiim tschewo-nibuti[6] pajeßti.*	Мы проголодались и хотим чего-нибудь поесть.
Russe: Hier sind zwei Brote. Butter haben wir nicht.	*wot dwa chleba. maßla u naß net.*	Вот два хлеба. Масла у нас нет.
S.: Sie haben keine Butter?	*maßla u waß net?*	Масла у вас нет?
Wie kommt denn das?	*kak tak?[7]*	Как так?
R.: Wir haben keine Kuh mehr.	*karowü u naß uje net[8].*	Коровы у нас уже нет.

[1] „Sie haben verstanden?" — In der Frage kann die Wortstellung der Aus... ...ge beibehalten werden, der Frageton kennzeichnet die Frage. Vgl. S. 169. [2] Über Antwort siehe S. 162, Fußnote 4, S. 163, Fußnote 5 u. a. [3] Uhrzeiten siehe S. 256. [4] „jeden Morgen bestimmen Sie in meine Ver...gung zwei Gespanne." [5] Wörtlich: „wir sind hungrig geworden." [6] Wesfall von *schto-nibuti* что-нибудь irgend etwas. [7] „wie so?" [8] Wörtlich: „Kuh bei uns schon nicht vorhanden."

175

Sprachführer für deutsche Soldaten (Auszug)

Der Osten, Allgemeinbildender Sonderlehrgang, 2. Teil Sowjetrussland, hrsg. vom Oberkommando der Wehrmacht, Breslau und Leipzig 1942

(47. Sammelband der Schriftenreihe „Soldatenbriefe zur Berufsförderung"), S. 174 f.

Verwaltungs-Anordnungen Nr. 2 des Befehlshabers
des rückwärtigen Heeresgebietes Mitte vom 13.7.1941
Belorussisches Nationalarchiv Minsk, 409–1–1, Bl. 71–72R

„[...] XVI. Meldepflicht fuer versprengte russische Wehrmachtsangehoerige.

1. Versprengte russische Wehrmachtsangehoerige haben sich
   sofort bei der naechsten Truppe als Kriegsgefangene zu
   melden. Wer dieser Aufforderung nicht nachkommt, laeuft
   Gefahr, als Freischaerler angesehen und auf der Stelle erschossen zu werden.

2. Aufgegriffene russische Wehrmachtsangehoerige sind dem
   naechsten Ortskommandanten zuzufuehren.
   Dieser entscheidet, ob der Zugefuehrte als Freischaerler zu
   erschiessen oder als Kriegsgefangener dem naechsten
   Dulag zuzufuehren ist.

XVII. Gewaehrung von Belohnungen.

1. Wer von einem verbotswidrigen Waffen- oder Munitionsbe-
   sitz, Lebensmittellager oder vom Verborgenhalten russischer nicht kriegsgefangener Offiziere oder Soldaten oder
   eines gefluechteten Kriegsgefangenen Kenntnis erhaelt
   und der deutschen militaerischen Dienststelle unverzueglich Nachricht gibt, sodass Sicherstellung bezw. Festnahme
   erfolgen kann, erhaelt eine Belohnung.
   Die Belohnung kann im Einzelfalle bis zu 5000 Rubel betragen. [...]“

Der Ortskommandant
entscheidet, ob versprengte
Rotarmisten als Partisanen
zu erschießen sind.

Feldkommandantur Minsk-Land, Abteilung VII, Kriegsverwaltung,
Verwaltungs-Anordnungen Nr. 7 vom 19.8.1941
Belorussisches Nationalarchiv Minsk, 409–1–1, Bl. 31 f.

„[...] 2.) Russische Kriegsgefangene bezw. ehemalige russische
Soldaten in der Landwirtschaft.

Die 87. Division hat folgendes angeordnet:

a) Wie festgestellt ist, sind zur Zeit auf den Kolchosbetrieben
   ehemalige russische Soldaten beschäftigt, die an sich nach
   den neuen Bestimmungen ab 15 ds. Mts. als Freischärler zu
   behandeln wären. Es handelt sich hierbei um solche ehemalige russische Soldaten, die

a) entweder gleich zu Beginn des Krieges die Waffen niedergelegt haben und in ihren Heimatort zurückgekehrt sind,

b) oder nach Beginn der Kampfhandlungen aus der Roten
   Armee geflohen sind und auf irgend einem Kolchosbetrieb
   Arbeit gesucht und gefunden haben,

c) oder als Kriegsgefangene in deutsche Hand gefallen sind,
   aber von den Gefangenenlagern aus wegen mangelnder
   Verpflegung aufs Land entlassen worden sind und nunmehr
   auf den Kolchosbetrieben arbeiten.

Diesen ehemaligen russischen Soldaten können, sofern sie
auf Grund ihrer bisherigen Arbeitsleistungen als einwandfrei angesehen werden können und ihr Verbleib auf dem
landwirtschaftlichen Betriebe im dringenden landwirtschaftlichen Interesse gelegen ist, von den Orts- bezw. Stan-
dortkommandanturen auf entsprechenden Antrag der Bürgermeister bezw. der Kolchosvorsitzenden Ausweise dahingehend ausgestellt werden, dass sie berechtigt sind, bis auf
weiteres in dem landwirtschaftlichen Betriebe.......
weiterzuarbeiten und sich dort aufzuhalten. Sie sind
jedoch verpflichtet, sich jeden zweiten Tag bei ihrem
Kolchosvorsitzenden bezw. Bürgermeister zu melden.
Unterbleibt die Meldung, so ist sofortige Inhaftnahme zu
veranlassen. [...]

Solche russischen Gefangenen, die den genannten Voraussetzungen nicht entsprechen, sind aufzubringen und in die
Dulags abzuliefern. [...]“

„Durchkämmen" und „Säubern": Nach Angaben des PK-Berichters
soll es sich bei dem abgebildeten Zivilisten um einen sowjetischen
Soldaten handeln, der versucht habe, in Zivil unterzutauchen,
ohne Datum
PK-Fotograf: Holzapfel (Filmaufnahmen)
SV-Bilderdienst

240

Kommandant für das
rückw. Armeegebiet 580

St. Qu. Rogatschew, den 31. Aug. 41

Az: op.

Richtlinien

für Säuberung, Befriedung und Beuteerfassung

1.) Feststellen, wer nicht ortsansässig. Für Zugewanderte(Flücht-
linge, Arbeiter pp.) muss Ortsvorsteher Verantwortung über-
nehmen. Listenmäßig führen. Leute mussen immer da sein.
Zweifelhafte Elemente(Soldaten) entfernen.
Auf Stimmung der Bevölkerung achten:
Viele Orte sind ausgesprochen deutschfreundlich. Dies durch
Hilfe gegen deutschfeindliche Elemente (wie Partisanen, Juden
usw.) unterstützen.

2.) Fahndung nach russischen Soldaten in Zivil. Frist stellen,
bis wann sie sich melden können. Wer nachher angetroffen wird,
wird erschossen. (Maueranschläge und Handzettel folgen)

3.) Einwohner nach Aufenthalt russischer Soldaten befragen,sowie
nach Leuten, die sich hetzerisch oder sonstwie gegen die deutsche Wehrmacht betätigen. Vorsicht vor Spitzelaussagen. Niemals
nur eine Aussage, sondern ganz verschiedene Leute getrennt aus-
fragen.

4.) Feststellen von kleineren oder größeren Banden.Einwohner befragen. Aber auch da nicht auf übertriebene Einzelaussagen
hören, sondern durch Befragen von verschiedenen Einwohnern
Wahrscheinlichkeit feststellen.
Festgestellte Banden sofort angreifen und vernichten. Ebenfalls
alle Leute, die festgestelltermaßen Banden irgendwie unterstützen. (Lebensmittel, Unterkunft, Zivilkleidung usw.)

5.) Säuberung der Straßen von wandernden Soldaten und Ortsfremden.
Nur solche Leute durchlassen, von denen einwandfrei feststeht,
daß sie in nächster Nähe ansässig sind, zur Arbeit gehen, oder
dergl. Sonstige Wanderer grundsätzlich festnehmen bezw. beseitigen.
Vorsicht vor Tarnung. Manche Soldaten nehmen sich von einem
Ort bis jeweils zum nächsten Ort Frauen und Kinder mit, um
vorzutäuschen, daß es sich um Flüchtlingsfamilien handelt.
Daher grundsätzlich sofort trennen und einzeln vernehmen.

6.) Juden und deren Betätigung besonders eingehend feststellen.
Es ist festgestellt, daß Juden sowohl den Rotarmisten, wie vor
allem den Bolschewistischen Funktionären weitgehendst Spitzeldienste leisten und Verbindung mit ihnen halten.

7.) Auch azf Jugendliche achten.Komsomolzen (Stalinjugend) haben
vielfach Brandstiftungen, Sabotageakte und dergl.begangen und
leisten Aufklärungs-Warnungs- und Spitzeldienste.

- 2 -

8.) Kurze Frist für Abgabe von Waffen, Munition, russischem und deutschem Beutegut aller Art, militärische Ausrüstungsstücke pp. stellen. Alles an einem Punkt zusammenbringen lassen. Nach Ablauf der Frist Haussuchungen.
Wer dann noch russ. oder deutsches Wehrmachtsgut irgendwelcher Art hat, wird erschossen. (Maueranschläge folgen).

9.) Beutegut und zurückgelassenes deutsches Militärgut(Waffen, Munition Kfz. usw.) feststellen und sammeln. Evtl.Zusammenfahren durch Einwohnerfahrzeuge.
Jn erster Linie alles das sicherstellen und abfahren, was zur Bewaffnung von Partisanen dienen kann(Handwaffen, Munition dazu, Handgranaten, Sprengmunition pp.)
Falls Beutegut grösser als vorhandener Transportraum, Waffen und Munition vernichten.
Grössere Artl.-Munition Mengen, Geschütze, Panzer pp., die nicht zusammengefahren werden können, melden.

10.) Minenfelder feststellen, zur Sicherung nachkommender Truppen ausreichend bezeichnen und melden.

11.) Über Wegezustand kurz berichten.
   a) Feste Straße, gut - mittel - schlecht.
   b) Landweg: Sand - Sand mit nassen Stellen - sumpfig.
   c) Für Kfz. fahrbar - nur bei gutem Wetter fahrbar - nicht fahrbar.

12.) Kurz über Brückenzustand berichten.
   a) für LKW. fahrbar - nicht fahrbar.
   b) ausbesserungsbedürftig.

13.) Bei Brücken über grössere Wasserläufe feststellen, ob hochwasserfrei und ob durch Treibholz gefährdet oder nicht. Treibholz durch Einwohner entfernen lassen. Veranlasstes melden.

Richtlinien für Säuberung, Befriedung und Beuteerfassung des Kommandanten
für das rückwärtige Armeegebiet 580 (2. Armee) vom 31.8.1941
Bundesarchiv/Militärarchiv, RH 23/170, Bl. 240 f.

Schreiben des Befehlshabers des rückwärtigen Heeresgebietes Mitte vom 12.8.1941
Bundesarchiv/Militärarchiv, RH 26–221/13b

„<u>Betr.</u>: Kollektive Gewaltmaßnahmen.

In der letzten Zeit haben verschiedentlich in den rückw. Gebieten Überfälle bewaffneter Banden auf kleinere Trupps und Kommandos von Wehrmachtangehörigen stattgefunden. Entsprechende Sicherungsmaßnahmen sind hierfür von den Armeen usw. getroffen worden.

Dabei sind in einigen Fällen durch die Truppe kollektive Gewaltmaßnahmen durchgeführt worden gegen Ortschaften, <u>in deren Nähe</u> Überfälle stattgefunden haben.

Hierzu ist folgendes zu bemerken: Die weißrussische Landbevölkerung tritt im allgemeinen dem deutschen Soldaten nicht feindlich gegenüber und begrüßt ihn vielfach als Befreier vom bolschewistischen Joch. Sie wird in den meisten Fällen mit den Partisanenbanden schon deshalb nicht in Verbindung stehen, weil sie selbst von diesen ausgeplündert und bedroht wird.

Die Erregung der Truppe wegen derartiger Überfälle und wegen der Auffindung der Leichen ermordeter Soldaten ist zu verstehen. Sie darf jedoch nicht dazu führen, daß Gewaltmaßnahmen an Einwohnern vorgenommen werden, <u>falls nicht einwandfrei erwiesen ist, daß diese die Täter waren oder in Verbindung mit den Tätern standen</u>.

Es wird darauf hingewiesen, daß kollektive Gewaltmaßnahmen gemäß Führererlaß vom 13.5.41, Ziff. 4, Absatz 2, <u>nur auf Anordnung eines Offiziers in der Stellung mindestens eines Batlns.- usw. Kommandeurs</u> durchgeführt werden dürfen.

Für den Befehlshaber des rückw. H.G. Mitte.

Der Chef des Generalstabes, gez. Rübesamen.“

Aufruf!

Russen! Die Befriedung Rußlands und Eure eigene friedliche Arbeit wird immer wieder gestört und sabotiert durch gemeine Verbrechen gegen die deutsche Wehrmacht. Wir deutschen Soldaten legen Wert darauf, daß Ihr ruhig Eurer Arbeit nachgehen könnt; wir müssen aber auch von Euch verlangen, daß Ihr die Verbrecher - seien es einzelne oder ganze Banden - in keiner Weise unterstützt, sondern mithelft, sie auszumerzen. Die deutsche Wehrmacht ist bereit, Euch in jeder Weise zu unterstützen, ja Eure Mitarbeit an dem gemeinsamen Werk der Ausrottung des Bolschewismus zu belohnen. Je nach Leistung kann für verdienstvolle Taten eine Belohnung außer in Geld auch in Form von lebendem Vieh, Lebensmittel wie Brot, Zucker, Mehl u.ä., ferner Sprit und Tabak zugesprochen werden.

Die deutsche Wehrmacht ist aber nicht gewillt, noch länger zu dulden, daß weitere Verbrechen und feindselige Handlungen zum Teil mit Eurem Wissen, zum Teil mit Eurer Unterstützung begangen werden. Es werden daher vom 16.9.41 an folgende verschärfte Bestimmungen erlassen:

1.) Wer einem Rotarmisten oder Partisanen Unterschlupf gewährt, ihm Nahrungsmittel aushändigt oder ihn sonstwie - z.B. durch Nachrichtenvermittlung - unterstützt, wird mit dem Tode bestraft und erhängt. Dies gilt auch für weibliche Personen. Hiervon wird nur dann abgesehen, wenn erwiesen ist, daß der Betreffende das Vorkommnis so bald und so schnell wie möglich der nächsten Wehrmachtdienststelle gemeldet hat.

2.) Wenn irgendwo ein Überfall, eine Sprengung oder eine sonstige Beschädigung deutscher Wehrmachteinrichtungen, z.B. Fernsprechkabel, Eisenbahnen usw., erfolgt, so werden vom 16.9. ab die Schuldigen am Tatort als abschreckendes Beispiel erhängt. Sind die Täter nicht sofort zu ermitteln, so werden aus der Bevölkerung Geiseln festgenommen; diese Geiseln werden erhängt, wenn die Täter oder der Tat dringend Verdächtigen oder sonstigen Spießgesellen der Täter nicht binnen 24 Stunden beigebracht werden.

Wird die feindselige Handlung an der gleichen Stelle oder in nächster Nähe wiederholt, so wird jeweils die doppelte Anzahl von Geiseln festgenommen bezw. erhängt werden.

Im Felde, den 12.9.1941.

Der Oberbefehlshaber der Armee.

ОБЯВЛЕНИЕ НАСЕЛЕНИЮ.

Возобновление порядка в России и ваш мирный труд саботируется преступной деятельностью, направленной против германских войск. Командование германскими военными силами желает, чтобы каждый из вас мог спокойно продолжать свою обычную мирную работу. Для этого оно вынуждено требовать и от вас, чтобы вы никоим образом не поддерживали отдельных или банды действующих преступников, но чтобы вы помогли германским войскам с ними бороться.

Для этого германское командование готово не только оказать вам всемерную поддержку, но и вознаградить вас за ваше содействие в искоренении большевизма. В зависимости от рода оказанных услуг, вознаграждение за них может быть не только денежным, но и продуктами, как то: хлебом, сахаром, мукой, спиртом и табаком.

Германское командование не намерено в дальнейшем терпеть подобные преступные деяния, производимые иногда с вашего ведома а иногда даже с вашей поддержкой.

Поэтому с 16 сентября с.г. вступают в силу нижеследующие усиленные постановления:

1/ Кто укроет у себя красноармейца или партизана, или снабдит его продуктами или чем либо ему поможет /сообщив ему, например, какие нибудь сведения/, тот карается смертной казнью через повешение. Это постановление имеет силу также и для женщин. Повешение не грозит тому, кто скорейшим образом известит о происшедшем ближайшую германскую военную часть.

2/ В случае, если будет произведено нападение, взрыв или иное повреждение каких нибудь сооружений германских войск, как то полотна железной дороги, проводов и т. д., то виновные, начиная с 16.9.41.г., будут в назидание другим повешены на месте преступления. В случае же, если виновных не удастся немедленно обнаружить, то из населения будут взяты заложники. Заложников этих повесят, если в течении 24 часов не удастся захватить виновных, заподозренных в совершении злодеяния или соумышленников виновных. Если преступное деяние повторится на том же месте или вблизи его, то будет взято - и при вышеприведенном условии и повешено - двойное число заложников.

ГЛАВНОКОМАНДУЮЩИЙ АРМИЕЙ.

На фронте, 12.9.41г.

Aufruf vom Oberbefehlshaber der 3. Panzerarmee vom 12.9.1941
Bundesarchiv/Militärarchiv, RH 21–3/v. 743, Bl. 202

„Wenn irgendwo ein Überfall, eine Sprengung oder eine sonstige Beschädigung deutscher Wehrmachteinrichtungen [...] erfolgt, so werden [...] die Schuldigen am Tatort als abschreckendes Beispiel erhängt. Sind die Täter nicht sofort zu ermitteln, so werden aus der Bevölkerung Geiseln festgenommen; diese Geiseln werden erhängt [...]."

„Bandenbekämpfung", ohne Ort, 19.10.1943
PK-Fotograf: Dreyer
Bundesarchiv, Bild 146/93/66/23A

Niederbrennen eines Dorfes auf Befehl des Korps-Generals des
49. Armeekorps als „Vergeltung für Heckenschützen-Überfälle",
Halusince (Ukraine) 15.7.1941
Bundesarchiv, Bild 146/98/56/23A

**Anweisung des Kommandanten für das rückwärtige Armeegebiet
580 vom 27.9.1941**
Bundesarchiv/Militärarchiv, RH 23/171, Bl. 60 f.

„1.) Die mit Befehl Kdt.r.A.G. 580/Qu.op. vom 22.9.41 befohlene
Bildung und Aufstellung von Einwohnerwehren zur Sicherung von lebenswichtigen Bahnen und Strassen scheint sich
zu bewähren. Trotzdem kommen in Gebieten abseits so ge-
schützter Räume immer wieder Überfälle von Partisanen
auf deutsche Soldaten vor. So wurden z.B. am 26.9.41 nordw.
Klentnja 5 deutsche Offiziere und Soldaten hinterrücks an-
gefallen und niedergeschossen.

2.) Es ist daher erforderlich und wird befohlen, dass im rückw.
Armeegebiet zur Erhöhung der Sicherheit folgende Massnahmen durchgeführt werden:

In allen erreichbaren Orten des rückw. Armeegebietes ist
zunächst durch Dolmetscher, später durch Plakate, die von
der Armee geliefert werden, bekannt zu machen:

a) Der Dorfälteste ist verantwortlich für die Sicherheit aller
aus dem Dorf herausführenden Wege bis halbwegs zum
nächsten Dorf. Die Bewachung ist durch Ortseinwohner Tag
und Nacht durchzuführen.
Kennzeichen der Wachmannschaften durch weisse Binde.

b) Bei einem Partisanenangriff im Bereich der zu sichernden
Wege wird das Dorf dafür verantwortlich gemacht.
Es werden von den Dorfbewohnern doppelt soviel Einwohner
erschossen als deutsche Soldaten bei dem Angriff zu Schaden kommen. Für jeden Angriff wird ein Haus des Dorfes, beginnend bei dem Haus des Bürgermeisters, niedergebrannt.

c) Bei einem Anschlag auf die Sicherheit des Weges – Brückenzer-
störung, Mineneinbau usw. werden 3 Einwohner erschossen.

d) Wer nicht zur Dorfgemeinschaft gehörende Personen beherbergt oder durch Lebensmittel oder sonst unterstützt,
wird erschossen.

e) Alle ortsfremden Personen sind der nächsten deutschen
Dienststelle zu melden. [...]"

„Bei einem Partisanenangriff
im Bereich der zu sichernden
Wege wird das Dorf dafür verantwortlich gemacht. Es werden
von den Dorfbewohnern doppelt
soviel Einwohner erschossen
als deutsche Soldaten bei dem
Angriff zu Schaden kommen.
Für jeden Angriff wird ein Haus
des Dorfes, beginnend bei dem
Haus des Bürgermeisters,
niedergebrannt."

„Durchkämmen" eines Dorfes bei Pleskau am 7.8.1941,
Wachbataillon 706, Sicherungsregiment 3
Bundesarchiv, Bild 146/98/56/22A

„Durchkämmen" und „Säubern" in der Nähe von Pleskau
am 7.8.1941, Wachbataillon 706, Sicherungsregiment 3
Bundesarchiv, Bild 146/2001/20

Besondere Anordnungen für die Partisanenbekämpfung der 17. Armee vom 7.12.1941
StAN, NOKW–1163

„In der Anlage geht ein von der Armee zusammengestellter Auszug über Art und Form der Durchführung von Partisanenvernehmungen zu. Der Auszug darf beim Einsatz nicht mitgeführt werden. [...]

B. Für das Verhör gilt als Richtlinie:

Es ist noch nie vorgekommen, daß ein Verhörter auch nur eine Person belastet hätte, ohne daß er scharf angefaßt worden wäre. Daher ist folgendes zu beachten:

Alle Verhörten sind schärfstens zur Wahrheit zu ermahnen. Sie erwarten von Hause aus, nach Methoden der NKWD verhört zu werden, d.h. sie rechnen von vornherein mit Prügel.

Nachfolgende Kategorie von Menschen ist zuerst eindringlich (25 auf den Hintern, bei Frauen mit Gummischlauch, bei Männern mit Ochsenziemer und Gummiknüppel) zu vernehmen:

1.) Zug- und Truppführer des Vernichtungs-Batls.

2.) Zurückgekehrte Colchos- und Ortsvorsteher.

3.) Alte Partisanen.

4.) Von gequälten Leuten namhaft gemachte Individuen.

5.) Fahrer von hohen Parteifunktionären.

Nunmehr wird der eine oder andere Aussagen über Partisanen machen. Da der Betr. erfahrungsgemäß vorher nichts wußte und jetzt Angaben macht, wird er in eingehendes Verhör genommen. (weitere 25 mit Vollgummi oder Ochsenziemer, wobei während des Streichorchsters fortwährend die gestellte Frage wiederholt wird mit dem Zusatz: Hovere! (Rede!), also beispielsweise:

Wo ist der Führer der Partisanengruppe? – Hovere!

Welche Aufgaben hast Du übertragen bekommen? – Hovere! usw,

Der Betr. wird weiter sprechen, und es sind ihm weitere 25 zu verpassen, nachdem er vorher die Aufforderung bekommen hat, alles zu erzählen, was er noch weiß, [...]

Die in strengstes Verhör genommenen Personen, sowie bereits Überführte (Gegenüberstellung vornehmen) müssen am Ende des strengsten eingehenden Verhörs liquidiert werden.

Bevor man sich zum strengsten Verhör entschließt, muß man klar darüber sein, ob die damit erledigte Person es verdient hat und ob die gerecht denkende Bevölkerung die Beseitigung als Erleichterung empfinden wird. Es muss unbedingt vermieden werden, einen Märtyrer im Orte zu schaffen. Nur so wird die Bevölkerung für uns und die neue Gerechtigkeit gewonnen. Vor endgültiger Erledigung ist dem zuständigen I c jeder Fall kurz darzustellen und seine Entscheidung einzuholen. Im allgemeinen sind die Liquidierungen unauffällig durch Genickschuß vorzunehmen. Die Leichen sind so zu vergraben, daß es den Angehörigen nicht mehr möglich ist, die Leichen auszugraben. Markante Persönlichkeiten und brutale Gewaltmenschen sind aufzuhängen, mit einem Zettel in drei Sprachen zu versehen, woraus ihre Verbrechen hervorgehen. [...]"

Überprüfung von Zivilisten, Heeresgruppe Mitte, Juli 1942
PK-Fotograf: Schubert
SV-Bilderdienst

Ausweiskontrollen, südwestlich von Charkow, März 1943
PK-Fotograf: Augustin (SS)
SV-Bilderdienst

„GROSSAKTIONEN"

1942 gelang es der zentralen Partisanenführung in Moskau und der sowjetischen Armee, gut organisierte, mit schweren Waffen ausgerüstete Partisanenverbände hinter die in manchen Abschnitten nur unzureichend gesicherte Front zu schleusen. Besonders in Weißrußland bekamen ab Herbst 1942 die regionalen Partisanengruppen Zulauf aus der Bevölkerung, die unter der deutschen Besatzung litt.

Als Gegenmaßnahme versuchte die Militärverwaltung, die Bevölkerung propagandistisch für sich zu gewinnen. Personell verstärkte sie die eigenen Truppen durch litauische, lettische und ukrainische Schutzmannschaften. Gleichzeitig führten Wehrmachtsverbände nun in Kooperation mit Waffen-SS, Einsatzgruppen der Sicherheitspolizei und des SD sowie mit der Ordnungspolizei sogenannte „Großaktionen" durch. Konkret hieß das: Absperrung eines Gebietes und Kesselbildung, Verengung des Kessels und konzentrische Angriffe auf Partisaneneinheiten, abschließend die rückwärtige „Durchkämmung" des gesamten Kessels, die Erfassung der landwirtschaftlichen Erzeugnisse und des Viehs sowie die Ermordung oder Verschleppung der ortsansässigen Bevölkerung. Vergleicht man die Todeszahlen solcher „Aktionen" mit den dabei erbeuteten Waffen, zeigt sich, daß weniger Partisanen als unbewaffnete Zivilisten die Opfer waren.

Der Befehlshaber des rückwärtigen Heeresgebietes Mitte, General Max von Schenckendorff, versuchte im Sommer 1942 den Terror gegenüber der Zivilbevölkerung aus Furcht vor einem weiteren Anwachsen der Partisanenbewegung abzuschwächen. Doch weder Hitler noch das Oberkommando der Wehrmacht unterstützten Schenckendorffs Initiative.

Deckname	Zeit	Region	Zahl der Todesopfer	Waffenbeute (MG, MPi, Gewehre)	Tote d. dt. und verbünd. Einheiten	beteiligte Einheiten	Beute an Agrargütern
1942							
„Bamberg"	26.3. – 6.4.	S Glusk (SW Bobruisk)	mind. 4.396	47	7	707. Inf.Div. slowak. Inf.Rgt. 102, PolBtl. 315	5.061 Stück Vieh 115 t Getr., 120 t Kartoffeln
?	9. – 12.5.	N Klitschew N Bobruisk	mind. 520	3	10	verstärktes Btl.d.Pol.Rgt. Mitte; SK Dirlewanger	?
?	Anfang Juni	Slowodka N Bobruisk	1.000 – 1.500	?	?	PolBtl. 51 u. 122, SichBtl. 122 u. 473	260 Pferde
?	15.6.	Borki zw. Bobruisk u. Mogilew	1.741 (2.027?)	7	0	SK Dirlewanger, EK 8 u. a.	?
?	21.6.	Zbyschin NO Bobr.	1.076	?	?	?	?
?	25.6.	Timkowitschi W Sluzk	mind. 900	?	?	?	?
?	26.6.	Studenka S Mogilew	836	?	?	?	?
?	18.7.	Rayon Jelsk	1.000	?	?	Gendarmerie Mosyr u. a.	?
„Adler"	15.7. (ca.) – 7.8.	Raum Bobruisk-Mogilew-Beresino	1.381 dazu 428 „Gefangene"	399, 39 Stück schwere Waffen	25	286. u. 203. Sich.Div., Pol.Rgt. 2, SK Dirlewanger, Kos.Abt. 102 u. a.	2.839 Stück „Grossvieh"
„Greif"	14. – 20.8.	zw. Orscha u. Witebsk	796 u. „599 Gefangene Insgesamt 1.395"	?	26	286. Sich.Div., 2 Pol.Rgter., frz. Btl. u. a.	?
„Sumpffieber"	22.8.–21.9.	ganzes GK Weißruthenien	10.063 davon 8.350 Juden; 1.217 Personen umgesiedelt	gering	?	1.SS-Inf.Brig. 2 PolBtle., 7 Schumabtle., bis 2000 Mann Sipo	gering („62 Pferde, 5 Kühe sowie Lebensmittel")
-	22.–26.9.	Rayon Malorita SO Brest	4.038 viele evakuiert	0	0	III./Pol. 15, PolKp. „Nürnberg"	3.951 Stück Vieh, viele Panjewagen, Landmaschinen
„Blitz"	23.9. – 3.10.	zw. Polozk u. Witebsk	567	?	8	4 Btle. 286. Sich.Div., KosAbt. 600	?
„Karlsbad"	11. – 23.10.	zw. Orscha u. Witebsk	1.051	178	24	1. SS-Inf. Brig., SK Dirlew., I/ Pol.Rgt. 14	?
„Nürnberg"	23.–29.11.	Raum Dubrowka NW Glebokie	2.974 davon 1.826 Juden	?	6	1. SS-Inf. Brig., Pol.-Rgt. 14 u. a.	?
„Hamburg"	10. – 21.12.	Njemen-Schtschara-Dreieck N Slonim	6.172 (6.874?) davon 2.988 (3.658?) Juden	? 17 MG, 11 schwere Waffen	7	4 PolBtle., 3 Schuma-Btle. u. a.	7.907 Stück Vieh, 1.678 t Getr. u. Leguminosen u. a.
„Altona"	22.–29.12.	südliches Gebiet Slonim	1.032 (126 Juden)	wenig	0	ähnlich	erheblich

Großaktionen in Weißrußland, 1942

Christian Gerlach, Kalkulierte Morde. Die deutsche Wirtschafts- und Vernichtungspolitik in Weißrußland 1941 bis 1944, Hamburg 1999, S. 899 f.

Vorschläge vom Befehlshaber des rückwärtigen Heeresgebietes Mitte zur Vernichtung der Partisanen vom 1.3.1942

Bundesarchiv/Militärarchiv, RH 22/230, Bl. 134–145, Zitat Bl. 134, 137, 141 f. und 145

Max von Schenckendorff, Befehlshaber des rückwärtigen Heeresgebietes Mitte, legt am 1.3.1942 einen Maßnahmenkatalog vor, um gegen die ab 1942 anwachsende Partisanenbewegung effektiver vorgehen zu können.

„Vorschläge zur Vernichtung der Partisanen im rückw. Heeresgebiet und in den rückw. Armeegebieten.

Die Partisanenbekämpfung muß unter zwei großen Gesichtspunkten erfolgen:

1) Propagandistische Bearbeitung der russischen Bevölkerung.

2) Militärische Vernichtung der Partisanen.

Hierzu wird im einzelnen ausgeführt:

A. Propaganda.

Vorbedingung einer nachhaltigen Partisanenvernichtung ist die Freundwilligkeit der russ. Bevölkerung. Wird diese nicht von der deutschen Truppe erreicht, haben die Partisanen jeden Rückhalt bei der Bevölkerung in Bezug auf Versorgung und Rekrutierung.

Bisher ist von unserer Seite wenig dazu getan worden, die Sympathie der Bevölkerung zu gewinnen. Die bisherige Propaganda, die nur darin bestand, den Russen die Zerschlagung des Bolschewismus darzustellen, genügt keinesfalls. [...]

B. Partisanenkampf.

a. Der Gegner.

In der Kampfesweise der Partisanen ist im Laufe des Winters ein deutlicher Wandel eingetreten. Während die Partisanen früher fast ausnahmslos nur in kleinen Gruppen, mangelhaft bewaffnet und ohne militärisch geschulte Führer auftraten, nach erfolgtem Überfall sich sofort abzusetzen und der nachstoßenden Truppe auszuweichen pflegten, haben sie sich jetzt zu größeren Abteilungen unter straffer militärischer Führung zusammengefunden, sind mit allen modernen Infanteriewaffen, teilweise sogar mit Artillerie ausgerüstet und führen einen Kampf, der sich in nichts von dem einer regulären Truppe unterscheidet. Durch Kenntnis des Landes und seiner Bevölkerung, durch Ausnutzung der Furcht vor der Rückkehr der Bolschewisten und durch geschickte Propaganda sind sie der Besatzungstruppe überlegen.

b) Eigene Lage

Die Entwicklung der Lage an der Front hat zu einem allmählichen Wegzug sämtlicher zur Bekämpfung eines solchen Gegners geeigneten Truppen aus dem rückw. Heeresgebiet und den rückw. Armeegebieten geführt. [...]

6) Einrichtung des OD.

Die Einrichtung des russ. Ordnungsdienstes, der zu einem gewissen Prozentsatz mit Gewehren bewaffnet ist, hat sich ausgezeichnet bewährt. Ihm dürfte für die Folge ganz besondere Bedeutung zufallen. Voraussetzung ist naturgemäß, dass die GFP und der SD die einzelnen Leute so gewissenhaft wie möglich prüfen. [...]

7) Zuführung landeseigener Polizeikräfte.

Einer zu starken Zuführung von landeseigenen Polizeikräften (Letten, Litauer, Ukrainer usw.) stehe ich vorläufig etwas skeptisch gegenüber, wenn sich auch die Einrichtung der Kosakenschwadron des Befehlshabers durchaus bewährt hat.

Es ist sehr schwer, die richtigen Führer für diese landeseigene Polizei zu finden, denn nur wenn diese einwandfrei sind, dürfte die immerhin nicht zu unterschätzende Gefahr, die in diesen Polizeikräften liegt, zu bannen sein. Werden diese Btle. auch bei den Kompanien von Offz. geführt, deren Zuverlässigkeit nach scharfer Prüfung als verbürgt betrachtet werden kann, dann können diese Btle. ohne Zweifel von größtem Nutzen für die Partisanenbekämpfung sein. Wenn sie in großer Zahl zugeführt werden, oder entgegen den zuletzt gegebenen Bestimmungen auch noch weiterhin im Bereich des rückw.H.Geb. und der rückw. Armeegebiete aufgestellt werden dürfen, dann muß im Interesse einer einheitlichen Führung gefordert werden, daß sie dem Befh. des rückw.H.Geb. unmittelbar unterstellt werden, der sie nach Bedarf den Sich.Div. oder dem Höh. SS- u. Pol.Fhr. zuteilt.

8) Aufstellung einheimischer Pol.Btle.

Bei dem Befh. rückw.H.Geb.Mitte ist eine Kosakenschwadron und mehrere Ukrainer-Hundertschaften aufgestellt.

Soweit Teile bis jetzt eingesetzt wurden, haben sie sich gut bewährt. Ihre Brauchbarkeit und Zuverlässigkeit ist ganz abhängig von der Güte der Offiziere. Auf ihre Wahl muß daher größte Sorgfalt verwendet werden. Es wäre erwünscht, wenn die Aufstellung von Pol.-Formationen dem Ermessen des Befh. d. rückw. H.Geb. Mitte anheimgestellt würde. [...]

von Schenckendorff

General der Infanterie"

Lagebericht vom Befehlshaber des rückwärtigen Heeresgebietes Mitte vom 13.3.1942
Bundesarchiv/Militärarchiv, RH 22/230, Bl. 182–189, Zitat Bl. 183 f.

„[...] 3.) Partisanenlage.

Umso größere Sorge bereitet die wachsende Ausbreitung der Partisanen sowohl im rückw. Heeresgebiet wie in den rückw. Armeegebieten. Der Mangel an Truppen läßt eine offensive Bekämpfung der Partisanen nicht mehr in größerem Umfange zu. Kleine Unternehmungen haben aber keinen Erfolg. Die Kampfweise der Partisanen hat gewechselt. Traten sie bisher vorwiegend in kleineren Gruppen ohne schweren Waffen und ohne militärisch geschulte Führer auf, haben sie sich nunmehr zu größeren Abteilungen zusammengerottet, sind mit allen Infanteriewaffen, teilweise auch mit Artillerie ausgestattet und werden von militärisch geschulten Persönlichkeiten (in der Regel mit Fallschirm abgesprungenen) einheitlich geführt. Sie treten in aller Öffentlichkeit auf, töten die Bürgermeister und O.D.-Leute; die wehrfähige Bevölkerung wird von ihnen ausgehoben und ausgebildet. Zur Zeit stellen die Partisanen eine Gefahr dar, durch die die Sicherheit der Nachschubwege auf das ernsteste gefährdet ist, wenn auch bisher noch keine wesentlichen Störungen eingetreten sind. [...]“

Feldgendarmeriestreife mit einem Hinweisschild zur „Partisanen-Gefahr", bei Wilna, Sommer 1942
Bundesarchiv, Bild 101 I/7/2477/7

Lagebericht vom Befehlshaber des rückwärtigen Heeresgebietes Mitte vom 25.5.1942
Bundesarchiv/Militärarchiv, RH 22/231, Bl. 259–262, Zitat Bl. 260 und 262

„[...] 3) Partisanenlage:

Die Bedrohung des H.Geb. Mitte nimmt weiter zu. Die Banden verstärken sich bezw. schließen sich zusammen. Während früher Trupps von 10–20 Mann auftraten, greifen jetzt Banden von 100 bis 200 Mann die Dörfer, Eisenbahnlinien und Magazine an. Transporte von Getreide oder Vieh können nur noch unter starkem Begleitschutz durchgeführt werden. Die Wi In Mitte meldete die Einstellung aller Arbeiten in den Wäldern, da die Forstbeamten und Waldarbeiter nicht mehr wagen, in den Wäldern zu arbeiten. Jeder Verkehr von Einzelfahrzeugen abseits der großen Straßen ist unmöglich. [...]

5) Versorgungslage:

[...] Wi In Mitte wies auf die Gefährdung der gesamten Versorgung der Wehrmacht und der Zivilbevölkerung durch Überhandnehmen des Partisanenunwesens hin. [...]“

Der Kommandierende General der Sicherungstruppen und Befehlshaber im Heeresgebiet Mitte
Ia

WB - 4330

H.Qu., den 3.August 1942

K.T.B. 34

Es ist in letzter Zeit immer wieder vorgekommen, daß im Zuge von Säuberungs- und Befriedungsunternehmungen sogenannte "Vergeltungsmaßnahmen" zur Anwendung kamen, die im Gegensatz zu der von mir vertretenen grundsätzlichen Auffassung stehen, daß es darauf ankommt, die Bevölkerung für uns zu gewinnen und mit ihr zusammen Ruhe und Ordnung sicherzustellen. Terrormaßnahmen, wie Niederbrennen von Ortschaften und Erschießen von Einwohnern, insbesondere von Frauen und Kindern, wirken im entgegengesetzten Sinne. So sehr den in Kampf mit uns stehenden Partisanen gegenüber Härte am Platz und Schonung falsch ist, so sicher ist es auch, daß mit den sogenannten Vergeltungsmaßnahmen in der weitaus größten Mehrzahl der Fälle Einwohner getroffen werden, die weder auf der Seite der Partisanen stehen, noch sie unterstützen, sondern die meist nur unter dem Terror der Partisanen zu Quartier- und Verpflegungsleistungen gezwungen sind. Dem Terror der Partisanen einen deutschen Terror entgegenzustellen, heißt Zustände heraufbeschwören, die zu einer unhaltbaren Unsicherheit führen und letzten Endes unsere Aufbauarbeit und damit die Lebensgrundlage der Truppe zerstören müssen.

Ich ordne daher - zugleich im Einvernehmen mit dem Höheren SS und Polizeiführer für die Ordnungs- und Sicherheitspolizei - folgendes an:

1.) Kollektiv- und Strafmaßnahmen, soweit sie die Erschießung von Einwohnern und Niederbrennen von Ortschaften betreffen, dürfen grundsätzlich nur auf Befehl eines Offiziers mindestens in der Stellung eines Btls.Kdrs. durchgeführt werden, wenn eindeutig die Unterstützung der Partisanen durch die Bevölkerung oder bestimmte Personen erwiesen ist.
Der anordnende Offizier trägt mir gegenüber die Verantwortung für die Notwendigkeit der Maßnahme und hat mir in jedem einzelnen Falle auf dem Dienstwege zu berichten.

2.) Ich verbiete die Erschießung von Frauen und Kindern, Flintenweiber ausgenommen.
Fälle, in denen Strafmaßnahmen gegen Frauen und Kinder geboten sind, sind mir a.d.D. - seitens der Ordnungs- und Sicherheitspolizei über den Höh.SS u.Pol.Führer - zur Entscheidung vorzulegen.
- 2 -

- 2 -

WB 4330

67

3.) Verstöße gegen die Befehle zu 1.) und 2.) werden kriegsgerichtlich geahndet.

Ich weise noch besonders darauf hin, daß auch in den Fällen, in denen die Truppe auf geräumte Ortschaften stößt, nicht ohne sorgfältige Prüfung angenommen werden darf, daß die Einwohner sich den Partisanen angeschlossen haben. Durch die gewaltsame Mitnahme der Einwohner und des Viehs versuchen vielmehr die Partisanen bei uns den Anschein zu erwecken, daß die Einwohner sich auf ihre Seite gestellt haben. Sie wollen uns hierdurch zu Strafmaßnahmen verleiten, die sie dann propagandistisch gegen uns ausnutzen.

Das Verfahren bei Säuberungsunternehmen, Einwohner zunächst festzunehmen und dann eingehend zu überprüfen, hat sich dagegen bestens bewährt. Dieses Mittel kann daher besonders empfohlen werden.

Die sogenannten "Freundschaftsunternehmen" haben sich bisher als besonders wirkungsvoll erwiesen. Sie sind noch mehr als bisher auszuführen.

Wir führen keinen Krieg gegen die Bevölkerung, zumal sie sich, im großen gesehen, willig und zur Mitarbeit bereit zeigt. Wir bekämpfen auch nicht den einzelnen Russen, der ehrlich mit uns arbeiten will, nur deswegen, weil er Mitglied der kommunistischen Partei war.

Die Bereitschaft zur Mitarbeit der russischen Bevölkerung uns zu erhalten, muß für jeden von uns Pflicht sein, denn sie ist die erste Voraussetzung für das Gelingen unserer Aufgabe, Ruhe und Ordnung in dem uns anvertrauten Gebiet herzustellen, zur Sicherung der Versorgung der Armeen und zur Entlastung der Heimat.

In diesem Sinne ist die Befriedung des Heeresgebietes von kriegsentscheidender Bedeutung.

Der Kommandierende General
General der Infanterie

Verteiler:
bis zu den Btln.pp.
einschl.Feld-u-Ortskdtr.

Anweisung des Kommandierenden Generals der Sicherungstruppen und Befehlshaber im Heeresgebiet Mitte, General von Schenckendorff, am 3.8.1942
Bundesarchiv/Militärarchiv, RH 22/233, Bl. 66 f.

Der Chef des Oberkommandos der Wehrmacht mit Führerbefehl vom 16.12.1942
StAN, NOKW-068

„Wenn dieser Kampf gegen die Banden sowohl im Osten wie auf dem Balkan nicht mit den allerbrutalsten Mitteln geführt wird, so reichen in absehbarer Zeit die verfügbaren Kräfte nicht mehr aus, um dieser Pest Herr zu werden."

„[...] Der Feind setzt im Bandenkampf fanatische, kommunistisch geschulte Kämpfer ein, die vor keiner Gewalttat zurückschrecken. Es geht hier mehr denn je um Sein oder Nichtsein. Mit soldatischer Ritterlichkeit oder mit den Vereinbarungen in der Genfer Konvention hat dieser Kampf nichts mehr zu tun. Wenn dieser Kampf gegen die Banden sowohl im Osten wie auf dem Balkan nicht mit den allerbrutalsten Mitteln geführt wird, so reichen in absehbarer Zeit die verfügbaren Kräfte nicht mehr aus, um dieser Pest Herr zu werden.

Die Truppe ist daher berechtigt und verpflichtet, in diesem Kampf ohne Einschränkung auch gegen Frauen und Kinder jedes Mittel anzuwenden, wenn es nur zum Erfolg führt.

Rücksichten gleich welcher Art, sind ein Verbrechen gegen das deutsche Volk und den Soldaten an der Front, der die Folgen der Bandenanschläge zu tragen hat und keinerlei verständnis für irgendwelche Schonung der Banden oder ihrer Mitläufer haben kann.

Diese Grundsätze müssen auch die Anwendung der ‚Kampfanweisung für die Bandenbekämpfung im Osten' beherrschen.

Kein in der Bandenbekämpfung eingesetzter Deutscher darf wegen seines Verhaltens im Kampf gegen die Banden und ihre Mitläufer disziplinarisch oder kriegsgerichtlich zur Rechenschaft gezogen werden

Die Befehlshaber der im Bandenkampf eingesetzten Truppen sind dafür verantwortlich, dass sämtliche Offiziere der ihnen unterstellten Einheiten über diesen Befehl umgehend in der eindringlichsten Form belehrt werden, ihre Rechtsberater von diesem Befehl sofort Kenntnis erhalten, keine Urteile bestätigt werden, die diesem Befehl widersprechen."

„WÜSTENZONEN"

1943 erlangten die Partisanenverbände eine zentrale militärische Bedeutung, indem sie wirtschaftlich schweren Schaden verursachten, ganze Gebiete unter ihre Kontrolle brachten und die Rote Armee bei ihrem Vormarsch erfolgreich unterstützten. Eine offene militärische Konfrontation war für die Wehrmachtsverbände zunehmend aussichtslos. Die „Großaktionen" zielten inzwischen darauf ab, die regionale Infrastruktur durch das Niederbrennen ganzer Dörfer zu zerstören. Lebensmittel, Vieh und Erntebestände wurden abtransportiert, die erfaßten Zivilisten erschossen oder zur Zwangsarbeit herangezogen. Wehrmacht und SS schufen dadurch menschenleere Räume, in denen jegliche Neuansiedlung verboten war. Ganze Landstriche verkamen zu „Wüstenzonen". Alternative Pläne, die Partisanenbewegung durch eine bessere Behandlung der Zivilbevölkerung zu schwächen, wurden zwar diskutiert, aber kaum umgesetzt.

Großaktionen in Weißrußland 1943/44

Deckname	Zeit	Region	Zahl der Todesopfer	Waffenbeute (MG, MPi, Gewehre)	Tote d. dt. und verbünd. Einheiten	beteiligte Einheiten	Beute an Agrargütern
1943							
„Franz"	6.–14.1.	bei Grodsjanka NW Bobruisk	2.025, 1.000 Arbeitskräfte „abgeschoben"	280	19	Kampfgruppe Kutschera (Polizei)	2.200 Stück Vieh, 60 t Getreide
„Peter"	um 10./11.1.	Klitschew-Kolbtscha SW Mogilew	mind. 1.400	?	?	SichRgt. 613, Pol I./24, 3 Ost- bzw. Schumabtle.	?
?	18.–23.1.	Sluzk-Minsk-Tscherwen	825	141	0	?	1.340 Rinder, 134 t Getr.
„Waldwinter"	bis 1.2.	Sirotino-Trudy NW Witebsk	1.627, zum „Arbeitseinsatz" 2.041	159	20	286.Sich.Div.	„Rationen": 167.460 Fleisch, Gemüse 139.890, 8.000 St. Vieh
„Erntefest I"	bis 28.1.	Tscherwen-Ossipowitschi	1.228, 82 Arbeitskräfte deportiert	163	7	11 PolBtle. u. Schumabtle., KdS Minsk	3.589 Stück Vieh, 218 t Getreide usw.
„Erntefest II"	bis 9.2.	Sluzk-Kopyl	2.325, 1.308 Arbeitskräfte deportiert	314	6	ebenso	4.866 Stück Vieh, 471 t Getreide, 2 t Leinsamen 232 m³ Holz
„Hornung"	8.–26.2.	Lenin-Hansewitschi SW Sluzk	12.897 (davon 3.300 Juden)	133	29 (Schuma 27)	KdS Minsk, Sbtl. Dirlew.	16.122 Stück Vieh, 222,8 t Getr. usw.
„Schneehase"	28.1.–15.2.	Polozk-Rossony-Krasnopolje	2.283, 288 Arbeitskräfte deportiert	54	37	4 Sich.Rgter. 3 GFP-Gruppen, EK 9	2.789 Stück Vieh, 85 t Getreide, 143 t Heu
„Winterzauber"	15.2.–Ende März	Osweja-See-lettische Grenze	3.904, 7.465 Arbeitskräfte deportiert	?	30	HSSPF Ostland, SSPF Riga Schuma	5.936 Stück Vieh
„Kugelblitz"	22.2.–8.3.	Polozk-Osweja-Drissa-Rossony	3.780	583	117	201.Sich.Div. GFP, EK 9	?
„Nixe"	bis 19.3.	N Ptitsch-Mikaschewitschi, O Pinsk	400, 1.000 Personen evakuiert	?	?	HSSPF u. BdS Ukraine	?
„Föhn"	bis 21.3.	NW Pinsk	543, 1.226 Arbeitskräfte deportiert	?	12	HSSPF Rußland-Mitte, Wehrmacht	2.608 Stück Vieh
„Donnerkeil"	21.3.–2.4.	Polozk-Witebsk	542 (914?) 345 Arbeitskräfte dep., 700 evakuiert	91	5	201. Sich.Div. 8. Pz.Div., 6 Kosaken-u.Ostbtle.	45,5 t Kartoffeln, 10,5 t Getreide
„Draufgänger II"	1.–9.5.	Rudnja- u. Manyly-Wald N Minsk	mind.680, 33 Arbeitskräfte deportiert	110	0	SB Dirlew. Schumabtl. 118, PolKp. 12	415 Stück Vieh u. a.
„Maigewitter"	17.–21.5.	Witebsk-Surash-Gorodok	2.441	143	?	8. Pz.Div. u. a.	292 Kühe, 7,5 t Getreide
„Cottbus"	20.5.–23.6.	Lepel-Begoml-Uschatschi N Borissow	9.796 plus 2–3.000 bei „Entminung", 500 „Gefangene", 6.053 Arbeitskräfte deportiert	1.009, 48 schwere Waffen	128	SS-PolRgt. 2 u. 13, 8 Schuma- und 7 Sichbtle. d. 286. Sich.Div. 6 GendZüge SB Dirlew. u. a.	6.346 Stück Vieh, 684 t Getreide u. a.
„Weichsel"	27.5.–10.6.	Dreieck Dnjepr-Pripjet SW Gomel	4.018, 18.860 Arbeitskräfte deportiert	1.570	dt.28	SS-Kav.Div. Einsatzgruppe D, 454. Sich.Div u. a.	ca. 21.000 Stück Vieh
„Ziethen"	13.–16.6.	W Retschitza	160 971 evakuiert	?	5	SS-Kav.Div.	ca. 1.600 Stück Vieh
„Seydlitz"	25.6.–27.7.	Owrutsch-Mosyr	5.106, 603 „Gefangene"; 9.166 Evakuierte	528	34	SS-Kav.Div. Einsatzgruppe D u. a.	19.941 Stück Vieh u. a.
?	30.7.	W Mosyr	501	?	?	SK 10a	?

Deckname	Zeit	Region	Zahl der Todesopfer	Waffenbeute (MG, MPi, Gewehre)	Tote d. dt. und verbünd. Einheiten	beteiligte Einheiten	Beute an Agrargütern
1943							
„Günther"	bis 14.7.	Woloshin-Lagoisk N Minsk	3.993	?	11	SBtl. Dirle-wanger	?
„Hermann"	13.7.–11.8.	Iwje-Nowo-grodek-Wolo-shin-Stolbzy W Minsk	4.280, 20.954 Arbeitskräfte deportiert	986	52	1. SS-Inf. Brig., SS-Pol. Rgt. 2, SBtl Dirlew. u.v.a.	ca. 21.000 Stück Vieh, 11 t Getr., über 100 Land-maschinen
„Fritz"	24.9.–10.10.	ganzes Gebiet Glebokie	509, 227 „Gefangene"; 12.824 Arbeits-kräfte deportiert	46	12	Kräfte des HSSPF Ostland	ca. 32.000 Stück Vieh, 1.680 t Getr., 4.104 t Kar-toffeln
? (gegen Partisanen-verband Grischin)	9.–22.10.	Stary Bychow S Mogilew	1.769, 463 „Gefangene"; 1.000 Evakuierte	302	64	XXXXI. PzKp, 5 Ost-Komp, Art.-Batterie, Pionierbtle.	110 Stück Vieh
„Heinrich"	1.–18.11.	Rossony-Polozk-Idritza N Polozk	5.452, 136 „Gefangene", 7.916 „Ostar-beiter", 7.894 umgesiedelt	476, schwere Waffen	358 (ging in Fronteinsatz über)	Heeresgr. Nord, Kräfte HSSPF Rußland-Mitte u. Weißruth.	?
?	Dezember	Gemeinde Spaskoje, R. Sirotino, Witebsk	628	?	?	391. Feldaus-bildungs Div.	?
?	Dezember	Beloje, R. Mechowskoje,	1.453	?	?	391. Feldaus-bildungs Div.	?
„Otto"	20.12.–1.1.1944	Osweja N Polozk	1.920, 565 „Gefangene"	30	21	Kampfgruppe Jeckeln	742 Stück Vieh
1944							
?	14.1.	Ala, Rayon Paritschi S Bobruisk	1.758	?	?	?	?
?	22.1.	Bajki b. Pruzany	987	?	?	KdS Bialystok	?
„Wolfsjagd"	3.–15.2.	SW Glusk SW Bobruisk	467, 335 Arbeitskräfte, 39 Kinder	„mehrere"	6	4 SichBtle., Korück 532 (9. Armee)	527 Stück Vieh, 10.000 t Kartoffeln
„Sumpfhuhn"	bis 19.2.	ähnlich (?)	538	„zahlreiche"	6	Korück 532	1.503 Stück Vieh, viel Rog-gen u. Kartoffeln
?	Anfang März	zw. Beresino u. Belynitschi W Mogilew	686, 290 „Ge-fangene", 162 „Verwundete"	?	„gering"	SichBtle. (4. Armee), frz. Inf.Rgt. 638	?
„Auerhahn"	7.–17.4.	Raum Bobruisk	etwa 1.000 757 „Gefan-gene", 2.428 Arbeitskräfte	?	?	Korück 9. Armee	519 Stück Vieh, Flachs, Hanf, Leder
„Frühlingsfest" einschl. „Regen-schauer"	17.4.–12.5.	Polozk-Uschatschi	7.011 dazu 6.928 „Gefan-gene"; 11.233 Arbeitskräfte deportiert	1.065 (1.296?)	300	Kampfgruppe v. Gottberg, 3. Pz.Armee 201. Sich.Div. 95. Inf.Div.	wenig Vieh mindestens 51,5 t Getreide
„Pfingstausflug"	Juni	Senno SW Witebsk	653, 3.027 Arbeitskräfte	?	?	3. Pz.Armee	?
„Wirbelwind"	Juni	Chidra	560; 175 Gefangene, 926 Arbeits-kräfte deportiert	103	3	?	?
„Pfingstrose"	2.–13.6.	Talka SO Minsk	499, 314 Gefan-gene, 2.344 Arbeitskräfte	?	?	?	1.769 Stück Vieh
„Kormoran"	25.5.–17.6.	Dreieck Wilejka-Borissow-Minsk	7.697, 5.286 Gef. mind. 5.973 Arbeits-kräfte depor-tiert	? (mind. 325)	? (mind. 110)	22 Btle. des WBfh. Weiß-ruthenien, 18 Btle. SS und Polizei	5.817 Stück Vieh, 70,7 t Getreide, 10,4 t Kartoffeln

Großaktionen in Weißrußland, 1943/44

Christian Gerlach, Kalkulierte Morde. Die deutsche Wirtschafts- und Vernichtungspolitik in Weißrußland 1941 bis 1944, Hamburg 1999, S. 900–904

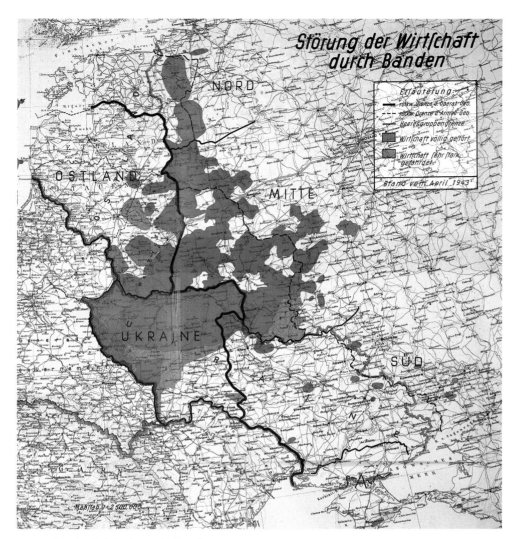

Störung der Wirtschaft durch „Banden", April 1943
RGVA-Moskau, 700–1–50, Bl. 185

Weisung Hitlers vom 27.4.1943 zur weiteren Verschärfung
der Partisanenbekämpfung (Grundlegender Befehl Nr. 14
des Oberkommandos des Heeres)

Bundesarchiv/Militärarchiv, WF 10/2958, Bl. 981–983, zit. n. Europa unterm Hakenkreuz.
Die faschistische Okkupationspolitik in den zeitweilig besetzten Gebieten der Sowjetunion
(1941–1944), Dokumentenauswahl und Einl. von Norbert Müller, unter Mitarb. von Uwe
Löbel und Ulrich Freye, Berlin 1991, S. 416 f.

„Der Russe führt den Bandenkampf jetzt immer intensiver.
Er setzt Generale als Führer ab, hat einen dauernden Nach-
schub-, Kurier- und Funkverkehr, ja sogar Urlauberverkehr für
Banden mit Flugzeugen eingerichtet.
Im Operationsgebiet des Heeres sind zur Zeit etwa 80.000
Mann als Banden festgestellt, abgesehen von den zahlreichen
Banden im Gebiet des W. B. Ukraine und Ostland. [...]
1.) Die *Bandenbekämpfung* ist als Kampfhandlung wie jede
Front-Kampfhandlung anzusehen. Sie ist von der Führungs-Abt.
der Armeen und Heeresgruppen zu bearbeiten und zu leiten.
Es muss dauernd *geführt* werden. [...]

8.) Bei der Bandenbekämpfung ist *rücksichtsloses Durchgreifen*
auch gegen Helfer von Banden notwendig. Wir haben es bei den
Banden mit einem Feind zu tun, der mit allen Mitteln kämpft
und nur mit gleichen Mitteln und gleicher Härte zu treffen ist.
9.) Es ist von allen Täuschungs- und Tarnmitteln Gebrauch zu
machen. Auch der Einsatz von falschen Banden (in deutschem
Dienst und unter deutscher Führung stehende Landeseinwohner) hat sich bewährt. Dadurch wird man wichtige Nachrichten
und Erkenntnisse sammeln. [...]"

Zeitgenössische Schaubilder zu den Auswirkungen des Partisanenkrieges

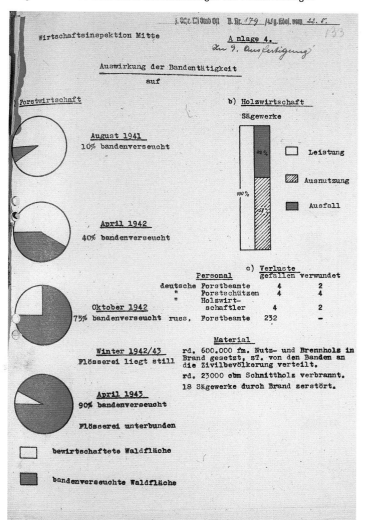

Auswirkung der „Bandentätigkeit" auf Forst- und Landwirtschaft, Mai 1943
RGVA-Moskau, 700–1–50, Bl. 133

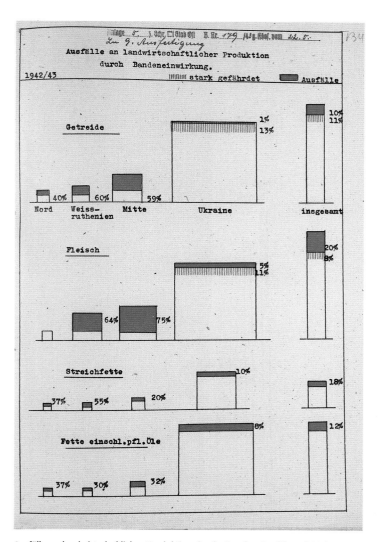

Ausfälle an landwirtschaftlicher Produktion durch „Bandeneinwirkung", Mai 1943
RGVA-Moskau, 700–1–50, Bl. 134

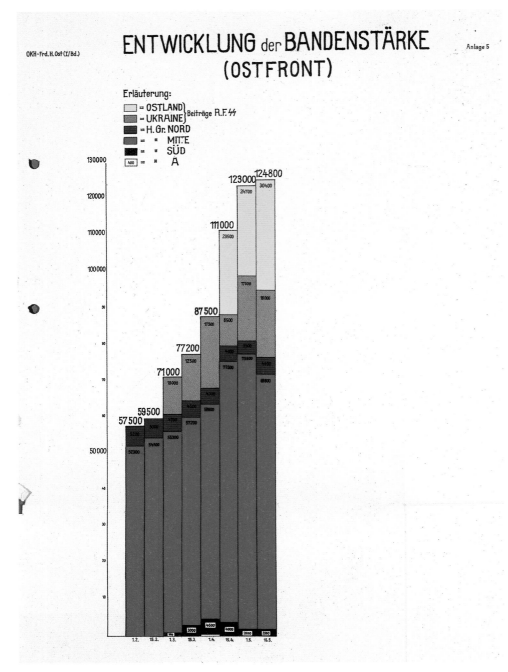

Entwicklung der „Bandenstärke" Ostfront, Mai 1943

RGVA-Moskau, 700–1–50, Bl. 176a

Anweisung des Chefs des Oberkommandos der Wehrmacht
vom 8.7.1943
StAN, PS–744

„Betr.: Kräfte für Kohlenbergbau.

Der Führer hat am 7.7. für die Durchführung des erweiterten
Eisen- und Stahlprogramms die unbedingte Sicherstellung der
nötigen Kohle-Förderung und hierzu die Deckung des Kräftebedarfs aus Kriegsgefangenen befohlen.

Der Führer fordert, dass nachstehende Maßnahmen mit aller
Beschleunigung getroffen werden, um im Endziel dem Kohlenbergbau 300.000 zusätzliche Arbeitskräfte zuzuführen. [...]

4. Die in den Bandenkämpfen des Operationsgebietes, der
Heeresgebiete, der Ostkommissariate, des Generalgouvernements und des Balkans gemachten männlichen Gefangenen im
Alter von 16–55 Jahren gelten künftig als Kriegsgefangene.
Das Gleiche gilt für diese Männer in neu eroberten Gebieten
des Ostens. Sie sind den Kriegsgefangenen-Lagern zuzuführen
und von dort zum Arbeitseinsatz im Reich zu bringen.

Über Erfassung und weitere Behandlung der Familienangehörigen geben Chef d. Genstb. d. H. und Reichsführer-SS
für ihren Bereich die nötigen Anweisungen im gegenseitigen
Einvernehmen.

Zum Vortrag beim Führer meldet Chef Kriegsgefangenenwesen
mir 10-täglich den Ablauf der Aktion, erstmalig zum 25.7.43
mit Stichtag: 20.7.43.

Keitel.“

Niederschrift über eine Besprechung am 24.1.1944 zwischen
dem Oberkommando der Heeresgruppe Mitte und der Polizei
über Antipartisanenmaßnahmen
StAN, NOKW–024

„Einrichtung von Wehrdörfern.

[...] Der Herr Oberbefehlshaber eröffnete um 10,40 Uhr die Besprechung und begrüsste die Anwesenden, insbesondere den
Herrn Generalkommissar, SS-Gruppenführer von Gottberg. [...]
Der Chef des Generalstabes wies darauf hin, dass Zweck der Besprechung die Ausnutzung der Erfahrungen der verschiedenen
Dienststellen und die Festlegung weiterer Richtlinien und die
Errichtung weiterer Wehrdörfer sei. Wehrdorf ist eine Einrichtung bäuerlichen Selbstschutzes, die auf dem Grundgedanken
des Selbstschutzes der bäuerlichen Arbeit und des bäuerlichen Besitzes aufgebaut ist. Voraussetzung daher ist Verteilung des Landes an Bauern und Organisierung der Bauern im
örtlichen Selbstschutz. Es wurden bereits Erfahrungen gesammelt, jedoch kommt es jetzt auf planmässige Organisation des
Wehrdorfgedankens an. [...]

I. Aufstellung von Wehrdörfern.

Die Vertreter der Armeen wurden aufgefordert, über ihre
bisherigen Erfahrungen beim Aufbau von Wehrdörfern zu
sprechen.

Der Vertreter von Pz AOK 3 wies darauf hin, dass infolge der
starken Bandengefahr und durch die Unterstellung des rückwärtigen Bereiches der Armee unter Kaminski eine Möglichkeit
zum Aufbau von Wehrdörfern bisher nicht gegeben sei. [...]

Reg.Rat Dr. Weimert vom HeWiFü berichtete aus seinen Erfahrungen, dass vor zwei bis drei Wochen noch genügend männliche Bevölkerung in den Wehrdörfern um Borissow und auch um
Krupka und Cholopenitschi vorhanden gewesen seien. Die
Arbeiten zur Einrichtung weiterer Wehrdörfer in diesem Raum
mussten infolge Herausziehens vom OD zum Stellungsbau eingestellt werden.

Der Heeresgruppenwirtschaftsführer wies auf die Erfahrungen in Klinzy hin, wo zwar der Aufbau von Wehrdörfern gelungen sei, die Dörfer aber infolge ihrer Errichtung in der Nähe
der Front mit ihrer Ausstattung in die Hände der Sowjets gefallen seien. Die Wehrdörfer müssten daher möglichst weit von
der Front entfernt in den Armeegebieten errichtet werden.
[...]“

PARTISANENKRIEG IN WEISSRUSSLAND

SCHULE DES TERRORS

Am 16. September 1941 lud der Befehlshaber des rückwärtigen Heeresgebietes Mitte, General der Infanterie Max von Schenckendorff, zu einem Lehrgang ein, um Erfahrungen im Partisanenkrieg zwischen Wehrmacht und SS auszutauschen. Dieser „Kursus" fand zwischen dem 24. und 26. September 1941 an seinem Dienstsitz in Mogilew statt. Neben Vertretern des Oberkommandos des Heeres, der Heeresgruppe Mitte und Kommandeuren von Sicherungsverbänden waren auch Befehlshaber von SS- und Polizeiverbänden anwesend, insgesamt 61 Personen.

SS-Brigadeführer Arthur Nebe, Chef der Einsatzgruppe B, sprach über die „Judenfrage mit besonderer Berücksichtigung der Partisanenbewegung", SS-Gruppenführer Erich von dem Bach-Zelewski, Höherer SS- und Polizeiführer Rußland-Mitte, über das „Erfassen von Kommissaren und Partisanen".

General von Schenckendorff plante zum Ende des Lehrgangs „ein Unternehmen" in einem nahe gelegenen Ort, „in dem nach den letzten Nachrichten mit oder ohne die Einwohner Partisanentätigkeit gemeldet ist [...]". Die Lehrgangsteilnehmer sollten das Umstellen des Ortes, die „systematische [...] Überprüfung" der Bevölkerung sowie „die Ergreifung von Partisanen, Kommissaren und Kommunisten" aus nächster Nähe beobachten können. Am 25. September wurde das Dorf Knjashitschi von einer Polizeieinheit, tags darauf die Ortschaft Kussikowitschi von Teilen des Sicherungsregiments 2 besetzt. Neben der Selektion „verdächtiger Elemente" in Kussikowitschi wurden in Knjashizy 13 Juden und 19 Jüdinnen ermordet.

Korpsbefehl Nr. 53 des Befehlshabers des rückwärtigen
Heeresgebietes Mitte vom 16.9.1941
Bundesarchiv/Militärarchiv, RH 22/225, Bl. 63 f.

„Erfahrungsaustausch.
Korpsbefehl Nr. 53
1.) Ein Erfahrungsaustausch für den Kampf gegen Partisanen
findet in der Zeit vom 24.–26.9. als Lehrgang beim Stabe des
Befehlshabers in Mohilew statt.
2.) Leitung des Lehrgangs: der Befehlshaber
Organisationsleiter: Kdr.d.Pol.Rgt.Mitte, Oberstlt. Montua [...]
Die Offiziere sind nach ihren Leistungen und Erfahrungen im
Kampf gegen die Partisanen derart auszuwählen, daß jeder
einen Erfahrungsbericht über eine von ihm geführte Unternehmung als wertvollen Beitrag zum Lehrgang erstatten kann.
Die Erfahrungsberichte sind vorzubereiten.
Dauer: höchstens 1/4 Stunde. [...]
7.) Für den 26.9. (gegebenenfalls am 25.9. abends beginnend)
ist von der SS-Kav.Brigade, vom Sich.Rgt.2 und vom Pol.Rgt.
Mitte für einen Ort der Sicherungsbereiche, in dem nach den
letzten Nachrichten mit oder ohne die Einwohner Partisanentätigkeit gemeldet ist, ein Unternehmen vorzubereiten.
Der Befehlshaber behält sich vor, die Durchführung des einen
oder des anderen dieser vorbereiteten Unternehmen je nach
den letzten eingegangenen Meldungen ab 25.9. morgens zu befehlen.
Es ist beabsichtigt, die Lehrgangsteilnehmer an diesem Unternehmen, insbesondere an der systematischen Überprüfung der
Ortschaft, als Zuschauer teilnehmen zu lassen. [...]"

„Es ist beabsichtigt, die Lehrgangsteilnehmer an diesem
Unternehmen, insbesondere
an der systematischen
Überprüfung der Ortschaft,
als Zuschauer teilnehmen zu
lassen."

Der Befehlshaber des rückwärtigen Heeresgebietes Mitte, Max von Schenckendorff (Bildmitte), 1942
Bundesarchiv/Militärarchiv, RH 22/233, Bl. 115

KTB 72

T a g e s o r d n u n g

für den Kursus

" Bekämpfung von Partisanen "

vom 24. - 26.9.1941.

24.9.   9.00 Uhr   Begrüssung durch den Befehlshaber
         9.10 "   Bekanntgabe des Tagungsprogrammes durch den
                    I a
         9.15 "   Vortrag Ia " Organisation der russ.Partisanen-
                                 und Diversions-Gruppen "
                    Vorträge über Erfahrungen im Kampf gegen
                    Partisanen:
         9.30 "   Kdr. Sich.Rgt. 2
         9.45 "   "   Pol.Rgt. Mitte
        10.00 "   "   eines Rgt. Sich.Div. 286
        10.15 "   P a u s e
        10.30 "   Btls.Kdr. Sich.Rgt. 2
        10.45 "   "   Pol.Rgt. Mitte
        11.00 "   Kdr. Feldgend.Abt. 690
        11.15 "   Führer SS-Kav.Brigade
        11.30 "   Vortrag des General Nebe über Zusammenarbeit
                    mit dem SD
        12.00 "   Meinungsaustausch und
                    Schlußworte des Befehlshaber

        12.30 "   M i t t a g e s s e n

                    Am Nachmittag findet eine Vorführübung des
                    Pol.Rgt. Mitte in der Nähe von Mohilew statt,
                    Thema: " Besetzen einer Ortschaft mit Ausstellen
                    von Sperrposten und Flugblätterverteilung".
                    Anschließend Durchkämmen eines Waldstückes.
                    Abfahrt der Teilnehmer: um 13.45 Uhr mit
                    Autobus vom Stabsgebäude.
                    Rückkehr: gegen 16.30 Uhr

K a m e r a d s c h a f t s - A b e n d   aller Teilnehmer
abends 21.00 Uhr nach dem Abendessen.

73

25.9.   9.00 Uhr   Vortrag des Gruppenführer v.d.Bach über
                    " Erfassen von Kommissaren und Partisanen".
                    Es folgen Erfahrungsberichte uzw.:
         9.30 "   Rgts.Kdr. Sich.Div. 221
         9.45 "   "   "   "   403
        10.00 "   Rgts.Kdr. SS-Kav.Brigade
        10.15 "   P a u s e
        10.30 "   1 Kp.-Fhr. Sich.Rgt. 2
        10.45 "   1 Kp.-Fhr. Pol.Rgt.Mitte
        11.00 "   1 Schwadrons-Fhr. SS-Kav.Rgt.
        11.15 "   1 Kp.Fhr. Sich.Div. 286
        11.30 "   1 Kp.Fhr. Sich.Div. 403
        11.45 "   1 Kp.Fhr. Feldgend.Abt. 690
        12.00 "   Meinungsaustausch und Abschlußwoerte des Befh.

        12.45 "   M i t t a g e s s e n

        14.00 "   Vortrag General Nebe " Die Judenfrage " –
                    mit besonderer Berücksichtigung der
                    Partisanenbewegung.
        14.30 "   Vortrag Gruppenführer v.d.Bach über Einsatz
                    von V-Leuten
        15.00 "   Vortrag K.Vw.Abt.Chef Dr. Tesmar über
                    " Behandlung der Bevölkerung unter besonderer
                    Berücksichtigung der Partisanenunterstützung".
        15.30 "   Bekanntgabe der Lage für die am 26.9. statt-
                    findende Aushebung eines gemeldeten
                    Partisanennestes südl. Mohilew durch Kdr.
                    Sich.Rgt. 2.

26.9.   Auf Grund von eingegangenen Meldungen über Partisanen
                 werden Teile des Sich.Rgt. 2 eine Ortschaft um-
                 stellen und die Aushebung der Partisanen betreiben.
                 Dabei ist Gelegenheit gegeben, nicht nur die Erfassung
                 eines solchen Ortes, sondern auch die Ergreifung von
                 Partisanen, Kommissaren und Kommunisten und die Durch-
                 kämmung der Bevölkerung praktisch mitzuerleben.
                 Alle Kursusteilnehmer nehmen daran teil.
                 Die Aktion findet bei Morgengrauen statt, genauer Zeit-
                 punkt der Abfahrt mit Autobus wird noch befohlen.

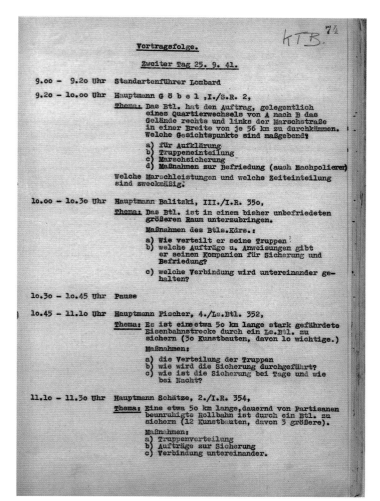

Vortragsfolge.

Zweiter Tag 25. 9. 41.

9.oo – 9.2o Uhr   Standartenführer Lombard

9.2o – 1o.oo Uhr   Hauptmann G ö b e l , I./S.R. 2,

        Thema: Das Btl. hat den Auftrag, gelegentlich
        eines Quartierwechsels von A nach B das
        Gelände rechts und links der Marschstraße
        in einer Breite von je 56 km zu durchkämmen.
        Welche Gesichtspunkte sind maßgebend?

        a) für Aufklärung
        b) Truppeneinteilung
        c) Marschsicherung
        d) Maßnahmen zur Befriedung (auch Nachpolizerei)

        Welche Marschleistungen und welche Zeiteinteilung
        sind zweckmäßig.

1o.oo – 1o.3o Uhr   Hauptmann Balitzki, III./I.R. 35o,

        Thema: Das Btl. ist in einem bisher unbefriedeten
        größeren Raum unterzubringen.

        Maßnahmen des Btls.Kdrs.:

        a) Wie verteilt er seine Truppen
        b) welche Aufträge u. Anweisungen gibt
           er seinen Kompanien für Sicherung und
           Befriedung?
        c) welche Verbindung wird untereinander ge-
           halten?

1o.3o – 1o.45 Uhr   Pause

1o.45 – 11.1o Uhr   Hauptmann Fischer, 4./Ls.Btl. 352,

        Thema: Es ist eine etwa 5o km lange stark gefährdete
        Eisenbahnstrecke durch ein Ls.Btl. zu
        sichern (3o Kunstbauten, davon 1o wichtige.)

        Maßnahmen:

        a) die Verteilung der Truppen
        b) wie wird die Sicherung durchgeführt?
        c) wie ist die Sicherung bei Tage und wie
           bei Nacht?

11.1o – 11.3o Uhr   Hauptmann Schätze, 2./I.R. 354,

        Thema: Eine etwa 5o km lange, dauernd von Partisanen
        beunruhigte Rollbahn ist durch ein Btl. zu
        sichern (12 Kunstbauten, davon 3 größere).

        Maßnahmen:

        a) Truppenverteilung
        b) Aufträge zur Sicherung
        c) Verbindung untereinander.

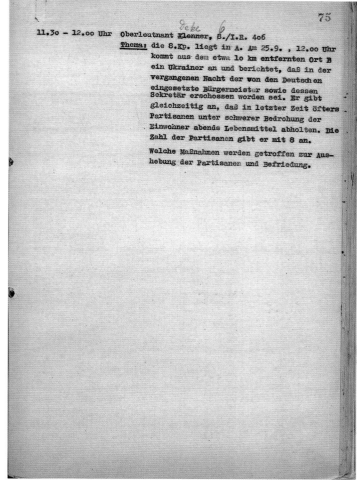

11.3o – 12.oo Uhr   Oberleutnant Klenner, 8./I.R. 4o6

        Thema: die 8.Kp. liegt in A. Am 25.9. , 12.oo Uhr
        kommt aus dem etwa 1o km entfernten Ort B
        ein Ukrainer an und berichtet, daß in der
        vergangenen Nacht der von den Deutschen
        eingesetzte Bürgermeister sowie dessen
        Sekretär erschossen worden sei. Er gibt
        gleichzeitig an, daß in letzter Zeit öfters
        Partisanen unter schwerer Bedrohung der
        Einwohner abends Lebensmittel abholten. Die
        Zahl der Partisanen gibt er mit 8 an.

        Welche Maßnahmen werden getroffen zur Aus-
        hebung der Partisanen und Befriedung.

Tagesordnung für den „Kursus ‚Bekämpfung von Partisanen'"
Bundesarchiv/Militärarchiv, RH 22/225, Bl. 72–75

Der Befehlshaber des rückw.
Heeres-Gebietes Mitte
IIa

KTB 76

H.Qu., 23.9.1941

Teilnehmer - Verzeichnis

am Partisanen-Lehrgang vom 24. - 26.9.1941.

Nr.	Einheit	Name	Dienstgrad	Übernachtg.	Verpflg.
	Vertreter der Heeresgruppe:				
1	Ia oder Vertreter				
2	Ib	Gericke	Major	Haus Befh.	Befh.
3		Graf von Hardenberg	Major	Haus Befh.	Befh.
4	Vertreter OKH:	Foerster	Hauptmann	Haus Befh.	Befh.
	Stab Befh.r.H. Mitte:				
	a) Teilnehmer:				
5	Chef d. Gen.Stab.	Rübesamen	Oberstlt.i.G.	bodenstdg.	bodenstg.
6	I a	v. Kraewel	Major	"	"
7	Qu	Dr. Hoffmann	Major i.G.	"	"
8	I c	Stürmer	Oberlt.	"	"
9	Ic/A.O.	Dr.Kießler	Rittm.	"	"
1o	Ic/Prop.	Dr. Hauke	Sonderfhr.	"	"
11	GFP	Härtl	GFP-Dir.	"	"
12	VII	Tesmer	K.V.Abtg.Chef	"	"
	b) Zuhörer:				
13	III	v. Bünau	Ob.Kr.Ger.Rat	"	"
14	O. 1	Dr. Langen	Oberlt.	"	"
15	H.Qu.	Müller	Leutnant	"	"
	Sich.Div. 221:				
	a) Teilnehmer:				
16	III./J.R. 350	Balitzki	Hauptmann	Hotel Z.Nr.12	Kasino
17	4./Lds.Btl. 352	Fischer	Hauptmann	" " " 12	"

- 2 -

Nr.	Einheit	Name	Dienstgrad	Übernchtg.	Verpflg.
	b) Zuhörer:				
18	I c oder Vertreter			Hotel Z.Nr.34	Kasino
19	J.R. 35o	Macholz	Leutnant	" " " 34	"
	Sich.Div. 286:				
	a) Teilnehmer:				
2o	Kdr. J.R. 354	v.Rekowski	Oberstlt.	Hotel Z.Nr. 6	Befh.
21	Kdr.III./J.R.354	Waldow	Major	" " " 2	Kasino
22	Chef 2./J.R.354	Schütze	Hauptmann	" " " 28	"
	b) Zuhörer:				
23	Chef 6.c/J.R.691	Nikolai	Hauptmann	" " " 38	"
24	I c	Müller	Oberlt.	" " " 11	"
25	O. 1	Knoblich	Oberlt.	" " " 11	"
26	Adj. J.R. 354	Lohmann	Leutnant	" " " 9	"
	Sich.Div. 4o3:				
	a) Teilnehmer:				
27	Kdr.III./J.R. 4o6	Tiesler	Hauptmann	Hotel Z.Nr.37	Kasino
28	Chef 8./J.R.4o6	Klenner	Oberlt.	" " " 14	"
	b) Zuhörer:				
29	O. 3	Lortz	Leutnant	" " " 13	"
3o	Chef 9./J.R.693	Geigengack	Oberlt.	" " " 14	"
31	Von 6./J.R. 693	Kießler	Leutnant	" " " 13	"
	339. Inf.Div.:				
	a) Teilnehmer:				
32	Vertr. I a	Sild	Oberlt.	Hotel Z.Nr.17	Kasino
33	Kdr. I./J.R. 693	Tillessen	Oberstlt.	" " " 1	"
34	Kp.Chef im J.R.691			" " " "	"
	b) Zuhörer:				
35	Kdr. J.R. 693	Vüllers	Oberst	" " " 7	Befh.
36	I c	Knell	Hauptmann	" " " 37	Kasino
	Höh. SS- u.Pol.Fhr.:				
	a) Teilnehmer:				
37	Kommandeur	v. dem Bach	Gen.Leutn.	bodenstdg.	bodenstdg.

- 3 -

- 3 -

Nr.	Einheit	Name	Dienstgrad	Übernachtg.	Verpflg.
	b) Zuhörer:				
8	I a	Cranz	Major	bodenständig	bodenstdg.
9	Nachr.O.	Schulz	Hauptmann	"	"
	Chef Sipo u. SD:				
0	Kommandeur	Nebe	Gen.Major	SS- u.Pol.Fhr.	SS- u.Pol.Fhr.
	SS-Kav.Brigade:				
	Teilnehmer:				
1	Kommandeur	Fegelein	SS-Staf.	SS- u.Pol.Fhr.	Gruppenführer x)
2	Kdr. SS-Kav.Rgt.1	Lombard	SS-Stubaf.	" "	" x)
3	Schwadr.Chef	Fritsche	SS-H.Stuf.	" "	"
					x) mittags Befh.
	Sich.Regt. 2:				
	a) Teilnehmer:				
4	Kommandeur	Ronicke	Oberst	Hotel Z.Nr. 8	Befh.
5	Kdr. I./S.R. 2	Göbel	Hauptmann	" " " 35	Kasino
6	6./S.R. 2	Müller	Leutnant	" " " 17	"
	b) Zuhörer:				
7	Ord.Offz.	Wunder	Hauptmann	" " " 35	"
8	Adj. II./S.R. 2	Walter	Oberlt.	" " " 17	"
	Pol.Rgt. Mitte:				
	Teilnehmer:				
9	Kommandeur	Montua	Oberstlt.	bodenständig	bodenstdg.
0	Kdr.Pol.Btl.307	Stahr	Major	Pol.Rgt.Mi.	Pol.Rgt.M.
1	Pol.Btl. 316	Nord	Hauptmann	" " "	" "
	Feldg.Abtg. 690:				
	a) Teilnehmer:				
2	Kommandeur	Lindenberg	Hauptmann	Fg.Abtg. 690	Fg.Abtg. 690
3	3./Fg.Abtg.690	Horn	Hauptmann	Fg.Abtg. 690	Fg.Abtg. 690

- 4 -

- 4 -

Nr.	Einheit	Name	Dienstgrad	Übernachtg.	Verpflg.
	b) Zuhörer:				
54	1./Fg.Abtg. 690	Wendt	Hauptmann	Fg.Abtg.690	Fg.Abtg.690
55	Zugf.2./Fg.A.690	Schadt	Leutnant	" " "	" " "
	Feld-Kdtr. 191:				
	Teilnehmer:				
56	Kommandant	v.Jagwitz	Oberstlt.	bodenständig	bodenständig
57	Kdt. OK I/284	Fröhlich	Major	bei FK 191	bei FK 191
	Feld-Kdtr. 581:				
	Zuhörer:				
58	Maj.b.Stabe	Pape	Major	Hotel Z.Nr. 3	Kasino
	Wi.In. Mitte:				
	Zuhörer:				
59	Lag.-Kdt. Borisow	Zipperling	Oberstlt.	Dnjeprstr.33	F.K. 191
60	Verb.Offz.	Kling	Oberstlt.	bodenständig	bodenstdg.
	Pi.Batl. 339:				
	Teilnehmer:				
61	Kdr. od. Vertreter			bodenständig	bodenständ.

Teilnehmer-Verzeichnis des „Partisanen-Lehrgangs" vom 24.–26.9.1941
Bundesarchiv/Militärarchiv, RH 22/225, Bl. 76 f.

Aktennotiz über den Lehrgang „Bekämpfung von Partisanen"
vom 2.10.1941
Belorussisches Nationalarchiv Minsk, 655–1–1, Bl. 9–280, Zitat Bl. 279 f.

„H.Qu., 2.10.1941.
Aktennotiz über Kursus ‚Bekämpfung von Partisanen' beim
Bef.rückw.H.Geb.Mitte (25. u. 26.9.1941).

1.) Am vorausgegangenen 1. Tag (24.9.) und am Vormittag des
25.9. hatten Vorträge über Erfahrungen im Kampfe mit Partisanen und eine Aussprache der an dem Kursus teilnehmenden
Rgts.- und Batls.-Kdre. stattgefunden. Das Ergebnis wird in
einer Anweisung ‚Bekämpfung von Partisanen' ihren Niederschlag finden, die der Heeresgruppe durch Bef.rückw.H.
Geb.Mitte zugestellt wird.

2.) 25.9. nachmittags Vorführungen im Gelände.
Russisches und deutsches Minensuchgerät,
Wirkung russischer und deutscher Minen,
Scharfschiessen aus dem Schalldämpfer-Partisanengewehr u.
Scharfschiessen mit Partisanen-Brandmunition.

Anschliessend wurde eine Polizei=Schulübung vorgeführt:

Auf Grund einer Kriegslage das schlagartige Besetzen einer
Ortschaft (Knjashitschi 18 km nordwestlich Mohilew an der
Minsker Landstraße) von innen heraus mit anschliessender
Durchsuchung der Häuser und Verhör der Einwohner.

Der Einsatz der Polizei-Mannschaften zur Abriegelung des Dorfes hätte unter zweckmässigerer Berücksichtigung der Gelände-
verhältnisse erfolgen können. Die Durchsuchungsaktion und
das Verhör fanden die Zustimmung des Übungsleiters.
Es wurden neben einigen Juden verdächtige Ortsfremde vorgefunden (32 Exekutionen).

3.) 26.9. Unternehmen gegen Ortschaft Kussikowitschi (30 km
südl. Mohilew).

Es kam darauf an, die grosse Ortschaft, in der in letzter Zeit
Partisanen genächtigt hatten und kommunistisch verdächtigte Einwohner festgestellt waren, in der Nacht zu umstellen
und mit Hellwerden zu säubern. Die Durchführung der Aufgabe
durch eine verstärkte Kompanie des Sich.Regt.2 vollzog sich in
sehr zweckmässiger Weise und es gelang unter voller Absperrung des Dorfes, die gesamte Bewohnerschaft in verhältnismässig kurzer Zeit überraschend zu sammeln.
Das Verhör der Einwohner, das Abtrennen verdächtiger Elemente und das Gewinnen von Nachrichten über Partisanentrupps
waren für alle Kursusteilnehmer, die von der Bereitstellung an
das gesamte Unternehmen mitgemacht hatten, eine ausgezeichnete Unterrichtung. […]"

„Das Verhör der Einwohner,
das Abtrennen verdächtiger
Elemente und das Gewinnen
von Nachrichten über
Partisanentrupps waren für
alle Kursusteilnehmer […]
eine ausgezeichnete Unterrichtung."

Kriegstagebuch des Polizeibataillons 322 vom 25.9.1941
Militärhistorisches Archiv Prag, ohne Signatur

„25.September 1941
Unterkunft des Batls. unverändert.
7.Komp.Befriedungsaktion in Knjasjizy, 14 km nordw. Mogilew,
anläßlich eines Erfahrungsaustausches in der Zeit vom 24./
26.9.1941 als Lehrgang beim Stabe des Befehlshabers rückw.-
Heeresgebietes Mitte gem. Korpsbefehl Nr. 53 vom 16.9.1941.
Die Aktion, erst als Lehrübung eingesetzt, wurde im Ort selbst
ernstfallmäßig angesetzt. Ortsfremde Personen, insbesondere
Partisanen, konnten nicht festgestellt werden. Dagegen ergab
die Überprüfung der Bevölkerung das Vorhandensein von 13
Juden, 27 Judenfrauen und 11 Judenkindern. Von diesen wurden 13 Juden und 19 Jüdinnen in Zusammenarbeit mit dem SD.
exekutiert.
8.Komp. Fortsetzung der Suchaktion nach Beutematerial und
Minen.
9.Komp. Wachtkompanie.
Nach sternenklarer, kühler Nacht, kühles trübes Wetter, bedeckt, kleine Niederschläge, normale Sichtverhältnisse."

DER JUDE IST DER PARTISAN,
DER PARTISAN IST DER JUDE

Von September 1941 bis März 1942 war die 707. Infanteriedivision für die militärische Sicherung im westlichen Teil Weißrußlands zuständig. Sie unterstand dem Wehrmachtbefehlshaber Ostland. Ihr Kommandeur, Generalmajor Gustav Freiherr von Bechtolsheim, war ein militanter Antisemit. Der Kampf gegen Partisanen war in seinen Augen zugleich ein Kampf gegen das Judentum. „Wenn in einem Dorfe ein Sabotageakt ausgeführt wurde", schrieb von Bechtolsheim am 19. Oktober 1941, „und man vernichtet sämtliche Juden in diesem Dorfe, so kann man sicher sein, daß man den Täter oder wenigstens den Urheber vernichtet hat."

Im Stab der 707. Infanteriedivision fand von Bechtolsheim Gleichgesinnte. Der Bitte um personelle Verstärkung durch SS- und Polizeikräfte wurde Anfang Oktober 1941 vom Befehlshaber der Ordnungspolizei entsprochen. Zwei Kompanien des Reserve-Polizei-Bataillons 11 und drei Kompanien litauischer Hilfspolizisten wurden der 707. Infanteriedivision zum Zwecke der Partisanenbekämpfung zugeteilt. Sie waren ihr für eine gewisse Zeit direkt unterstellt und erhielten von dort ihre Befehle.

Seitens der 707. Infanteriedivision wurde die „Lösung der Judenfrage" aus Gründen der militärischen Sicherheit forciert. Bis Dezember 1941 wurden unter ihrem Kommando etwa 19.000 Menschen getötet, ein erheblicher Teil waren Juden.

Der Wehrmachtbefehlshaber
Ostland, Walter Braemer,
ohne Datum
Bundesarchiv/Militärarchiv, MSG 109/274

Schreiben des Wehrmachtbefehlshabers Ostland, Walter Braemer, dem direkten Vorgesetzten Gustav Freiherr von Bechtolsheims, vom 20.9.1941 (Abschrift)
LVVA, P 69–1a–6, Bl. 85

„Betr.: Juden in den neu besetzten Gebieten.
Bezug: OKW/WFSt/Abt. L (IV Qu)
Nr. 02041/41 geh. vom 12.9.41.
Das OKW hat mit der Bezugsverfügung befohlen:
,Der Kampf gegen den Bolschewismus verlangt ein rücksichtsloses und energisches Durchgreifen vor allem auch gegen die Juden, die Hauptträger des Bolschewismus.
Es ist daher jegliche Zusammenarbeit der Wehrmacht mit der jüdischen Bevölkerung, die offen oder versteckt in ihrer Einstellung deutschfeindlich ist, und die Verwendung von einzelnen Juden zu irgendwelchen bevorzugten Hilfsdiensten für die Wehrmacht zu unterbleiben. Ausweise, die den Juden ihre Verwendung für Zwecke der Wehrmacht bestätigen, sind durch militärische Dienststellen keinesfalls auszustellen.
Hiervon ausgenommen ist lediglich die Verwendung von Juden in besonders zusammengefaßten Arbeitskolonnen, die nur unter deutscher Aufsicht einzusetzen sind.'
Die Truppe ist entsprechend zu unterrichten.
Für den Wehrmachtsbefehlshaber
Der Chef des Generalstabes."

Lagebericht des Kommandanten in „Weißruthenien", Gustav Freiherr von Bechtolsheim, vom 10.9.1941 für den Zeitraum 1.9.–10.9.1941 (Abschrift)
Belorussisches Nationalarchiv Minsk, 651–1–1, Bl. 24–27

„1.) Politische Lage: [...]
Was die deutschen Militärbehörden veranlaßte, die Rechte der Polen auf Kosten der Weißruthenen zu vergrößern, ist wohl die Tatsache, daß der Pole in seiner Falschheit und scheinbaren Unterwürfigkeit es besser verstand, sich einzuschmeicheln als die durch jahrhundertelange Unterdrückung u. Versklavung etwas mißtrauisch und abwartend eingestellten, auch schwerfälligeren Weißruthenen.
Die jüdische Schicht, die in den Städten den größten Teil der Bevölkerung stellt, ist die treibende Kraft der sich mancherorts anbahnenden Widerstandsbewegung. Im Verein mit eingefleischten Bolschewisten, Weißruthenen, Polen und Großrussen, bedeuten sie weiterhin eine große Gefahr. (Neben die politische Sabotage tritt noch die wirtschaftliche, die sich in Schiebereien usw. auswirkt).
Nach Meldungen der G.F.P. versuchen die Juden durch Drohung, die Bauern zu zwingen, die Ernte nicht mehr einzubringen bzw. die Ernte zu vernichten. Bei Nichtbefolgung werden Vergeltungsmaßnahmen bei der zu erwartenden Rückkehr der Bolschewisten angedroht.
Diese Drohungen bewirken bei den Bauern, wenn nicht gerade die Ausführung der Weisungen, so doch zum mindesten eine ebenso verhängnisvolle abwartend und passive Haltung.
Zu der ganzen politischen Lage in Weißruthenien ist folgendes zu sagen.
Die jüdische Bevölkerung ist bolschewistisch und zu jeder deutschfeindlichen Haltung fähig. Zu ihrer Behandlung bedarf es keiner Richtlinien.
Die Polen sind zum größten Teil durchaus deutschfeindlich. Sie streben nach der Wiederaufrichtung des polnischen Staates und versuchen durch Falschheit und Hinterlist sich einschmeichelnd sozusagen unter dem Schutz der Deutschen dieses Ziel zu erreichen. Hier kann nur mit Gewalt und rücksichtslosem Vorgehen bzw. Entfernung aller Polen aus leitenden Stellen vorgegangen werden. Der Pole ist und bleibt deutschfeindlich und ist durch keine noch so zuvorkommende Behandlung von dieser deutschfeindlichen Gesinnung abzubringen. [...]"

Unterstützung bei der
„Partisanenbekämpfung"
durch das Reserve-Polizei-
bataillon 11 und durch
litauische Hilfspolizei

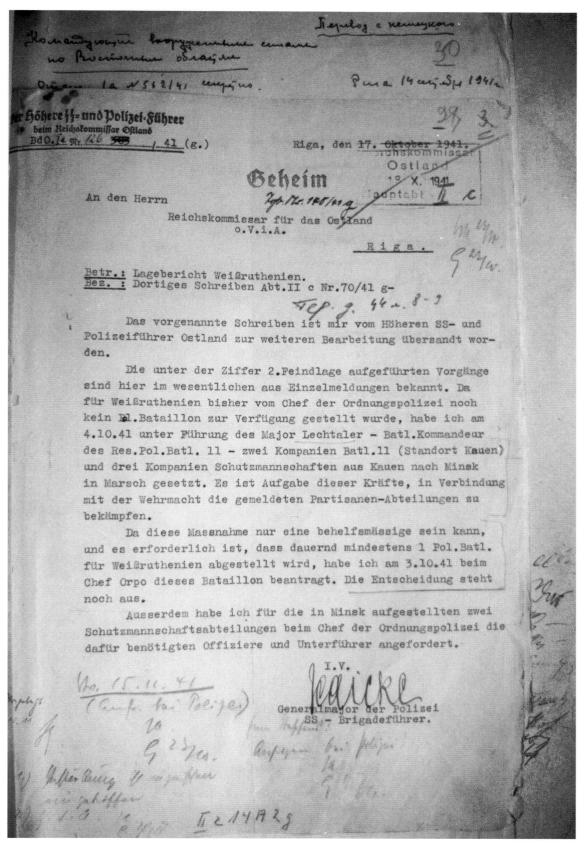

Schreiben des Befehlshabers der Ordnungspolizei beim Höheren SS- und Polizeiführer
über die Abstellung des Reserve-Polizeibataillons 11 nach „Weißruthenien" vom 17.10.1941
Belorussisches Nationalarchiv Minsk, 651–1–1, Bl. 28

Lagebericht des Reserve-Polizeibataillons 11 vom 21.10.1941
über den Zeitraum 14.–21.10.1941
Belorussisches Nationalarchiv Minsk, 651–1–1, Bl. 3–7

„Zu Nr. 176/41 g   Beglaubigte Abschrift

Res.Pol.-Btl.11
          Minsk, den 21. Oktober 1941

L a g e b e r i c h t
ueber den Sondereinsatz in Minsk
fuer die Zeit vom 14.-21.10.41.

Allgemeine Lage: Die weissruthenische Bevoelkerung verhaelt sich im allgemeinen ruhig. Nur vereinzelt werden ehemalige Kommunisten gefasst, die mit Agenten der Sowjetregierung und mit Partisanen in Verbindung treten. Ab und zu laufen auch noch Meldungen von den Dorfbewohnern ein ueber Partisanen, die mit Waffengewalt Lebensmittel bei der Landbevoelkerung requirieren. Die Juden sollen dagegen mit den Partisanen sympathisieren und sie unterstuetzen, soweit es moeglich ist. Ueberall da, wo die Juden unschaedlich gemacht worden sind, ist anscheinend Ruhe eingetreten.

2.) Kraefte:
a) Geschlossene Einheiten.

Formation	Standort	Strasse	Offz.	Rev.-Offz.	Verw. Beamte	Aerzte	Meister u. Wachtmstr.
Stab	Minsk	Westkaserne	2	–	1	–	3
N.-Zug	,,	,,	–	–	–	–	13
[unleserlich].-Staffel	,,	,,	–	–	–	–	22
[unleserlich].Kp.	,,	,,	2	1	1	–	124
4.Kp.	,,	,,	2	–	1	–	122
[unleserlich].NSKK.-Kp.	,,	,,	–	–	–	–	20
II.lit. Schutzm. Abt.							
Stab	,,	Suedkaserne	4	–	5	1	9
						–	
K.-Staffel	,,	,,	–	–	–	–	18
1. Kp.	,,	,,	4	–	–	–	139
2. Kp.	,,	,,	5	–	–	–	141
3. Kp.	,,	,,	4	–	–	–	129
[unleserlich]n.-Staffel	,,	,,	–	–	–	1	1

b) Einzeldienst der Schutzpolizei und Gendarmerie: ./.
c) Unterstellte Kraefte anderer Organisationen: ./.

3.) Befehlsstellen: Stab des Res.Pol.-Btl.11 in Minsk, Westkaserne, Stab der II.Schutzm.Abt.in Minsk, Suedkaserne.

4.) Nachrichtenverbindung: Durch eigenen Funkwagen Verbindung mit dem Stab des Restbataillons in Kauen; Fernsprechverbindung mit der Wehrmachtstandortvermittlung in Minsk.

5.) Taetigkeitsbericht:
a) Taetigkeit der geschlossenen Einheiten

Am 14.10.41 wurde durch 2.,4.Kp. und 2 Kompanien Schutzleute der Ort Smilowicze (etwa 35 km suedostwaerts Minsk) von Juden, Kommunisten und deutschfeindlichen Elementen gesaeubert und 1300 Koepfe liquidiert. Etwa 1000 Rubel Bargeld, einige Silber-, Messing-, Nickelgegenstaende und stark abgetragene Bekleidungsstuecke wurden sichergestellt und an den SS- und Polizeifuehrer in Weissruthenien uebergeben.

Am 15.und 16.10.41 wurde die Gegend um Lohojsk (etwa 40 km nordostwaerts Minsk) befriedet.
Am 15.10.41 wurde Lohojsk (Grossblatt 334a 1:100000, etwa 40 km nordostwaerts Minsk, Rollbahn Minsk–Lepel) Ponizowie (etwa 5 km ostwaerts Lohojsk, Grossblatt wiezuvor), Jukowicze (etwa 12 km nordostwaerts Lohojsk, Grossblatt 330a, 1:100000), Plessczenice (etwa 25 km noerdlich Lohojsk, Grossblatt wiezuvor, Rollbahn Minsk–Lepel), Okolowo (etwa 33 km noerdlich Lohojsk, Grossblatt wie zuvor, Rollbahn Minsk–Lepel), Koren (etwa 60 km nordwestlich Lohojsk, Grossblatt wie zuvor, an westlicher Strasse Lohojsk–Plessczenice), Jakubowicze (etwa 14 km nordwestlich Lohojsk, Grossblatt wie zuvor, Strasse ueber Hajna) und Sucha-Gora (etwa 17 km westlich Lohojsk, Grossblatt 334a, 1:100000), durchsucht.
In Lohojsk wurden 6 Partisanen und 1 Kommunist, in Plessczenice 52 Juden und 2 Partisanen, in Sucha-Gora 1 Mann, der Munition versteckt hatte, erschossen. In den uebrigen Orten waren keine der obengenannten Elemente zu finden.
2 Kompanien der litauischen Schutzmannschaft waren unter Fuehrung eines Rev.-Offiziers zur Raeumung des Zivilgefangenenlagers in Minsk eingesetzt und liquidierten 625 Kommunisten.
Nach Uebernachtung in Lohojsk wurden am 16.10.41 die Orte: Bieholin (etwa 65 km nordostwaerts Lohojsk, Grossblatt 330a, 1:100000, Rollbahn Minsk–Lepel), Berezyna (etwa 21 km nordostwaerts Bieholin,Kartenblatt U 55 Wileyka, 1:100000, an der Berezyna), Wolcza (etwa 5 km suedostwaerts Bieholin, Grossblatt 330a, 1:100000, Strasse Bieholin–Ziembin (etwa 30 km nordostwaerts Lohojsk, Grossblatt wie zuvor) durchsucht. In Wolcza wurde 1 auf der Strasse angetroffener Partisane erschossen. In den uebrigen Orten verlief die Aktion ergebnislos. (Die Juden waren bereits durch den SD aus Borissow liquidiert worden).
Am 17.10.41 wurde die 1 Kompanie der litauischen Schutzmannschaft der Geh.-Feldpolizei gestellt, die das Dorf Kajkow (etwa 20 km suedostwaerts Minsk, Grossblatt 338a, 1:100000, etwa 4 km westlich Bahnstrecke Minsk–Rudiensk), durchsuchte. Saemtliche Dorfbewohner wurden gesammelt, verhoert und ihre Ausweise geprueft.
Die Aktion verlief ergebnislos.

Am 18.10.41 wurden 4 Einsatzkommandos entsandt und zwar:

1. Eine Kompanie der Schutzmannschaft raeumte das Zivilgefangenenlager in Minsk und liquidierte 1150 Kommunisten.

2. Da von dem weissruthenischen Ordnungsdienst gemeldet wurde, dass sich in der Gegend Sawski Bor (etwa 35 km suedwestlich Lepel) etwa 3000 bewaffnete russische Partisanen aufhalten und die dortige Bevoelkerung belaestigen und auspluendern sollten, wurde ein von deutschen Wachtmeistern und litauischen Schutzleuten gemischter Zug zur Erkundung des dortigen Sumpfgelaendes durch kampfkraeftige Spaehtrupps entsandt. Der Auftrag blieb ergebnislos. Die dortige Bevoelkerung sagte einstimmig aus, dass dort seit 14 Tagen voellige Ruhe herrsche.

3. Eine gemischte Kompanie, unter Fuehrung von Hptm. d.Sch. Papenkort, hatte den Auftrag, Orte und Umgebung um den Muchasee (etwa 43 km suedostwaerts Minsk), die bereits in voriger Woche eingehend durchsucht worden waren, abermals zu durchkaemmen, um dort wieder aufgetauchte Partisanen zu stellen. Partisanen wurden nicht angetroffen, jedoch sagten die Dorfbewohner in Wolosacz (etwa 4 km westlich des Muchasees) uebereinstimmend aus, dass sich in den ausgedehnten Suempfen und Waeldern etwa 8–15 km westlich des Muchasees eine staerkere bewaffnete Bande aufhalten solle, deren Bekaempfung allerdings erst nach staerkerem Frosteintritt und mit einem grossen Kraefteaufgebot (etwa 3 Bataillone) moeglich sein wird.

4. Eine andere gemischte Kompanie wurde auf der Rollbahn Minsk – Sluck zur Kontrolle aller verdaechtigen Passanten auf vorschriftsmaessige Paesse eingesetzt, um entwichene Gefangene und Wegelagerer zu stellen. Hierbei wurden 3 Juden, die das fuer sie vorgeschriebene Kennzeichen verdeckt hatten, und ein Russe, der die Bauern zum Ungehorsam gegen die deutschen Anordnungen aufwiegelte, erschossen.

Am 20.10.41 musste die fuer Kojdanow (etwa 40 km suedwestlich Minsk) angesetzte Aktion abgebrochen werden, da die Fahrzeuge infolge starken Regenfalls die aufgeweichten Wege nicht passieren konnten.
Am 21.10.41 wurden 2., 4.Kp. und 2 Kompanien Schutzleute zur Durchsuchung und Saeuberung von Kojdanow (etwa 40 km suedwestlich Minsk) beordert.
1000 Juden und Kommunisten wurden liquidiert.

b)   Taetigkeit des Einzeldienstes: ./.

c)   Taetigkeit der unterstellten Kraefte: ./.

d)   Ergebnis und Stand der Befriedung: Wenn die durchgefuehrten Aktionen auch nur vereinzelt die erhofften Ergebnisse brachten so scheinen sie doch wenigstens moralisch auf die Bevoelkerung gewirkt zu haben. Nach den Unternehmungen sind naemlich aus diesen Orten und Gegenden keine Meldungen ueber Unruheherde eingegangen. Bis auf das Gebiet westlich des Muchasees kann also der Bereich der Sich.Div. 707 von Weissruthenien im allgemeinen als befriedet gelten.

e) Beabsichtigte Taetigkeit in naechster Zeit: Weitere Befriedung des Einsatzgebietes. Die Sich.-Div. fordert hierzu jedoch meistens nur litauische Schutzleute an, weshalb die deutschen Kraefte kaum noch erforderlich sind.

6.) Kraftfahrwesen: Die Teilmotorisierung und die ueberholungsbeduerftigen Fahrzeuge machen sich immer wieder unangenehm bemerkbar, so dass groessere Aktionen nie schlagartig erfolgen koennen und der Erfolg dementsprechend immer in Frage gestellt bleiben wird. Die russischen Landwege sind fuer die Fahrzeuge des Bataillons z.Z. voellig unpassierbar und haben immer weiteren Ausfall zur Folge. Zur Zeit liegen 8 Kraftfahrzeuge in der Reparaturwerkstaette, fuer die Ersatzteile wahrscheinlich nicht beschafft werden koennen.

7.) Wirtschaftliche Versorgung: Grosse Schwierigkeit macht die Anfuhr von Holz, Kartoffeln und Gemuese. Diese Produkte muessen naemlich aus etwa 60 km Entfernung auf schlechtesten Landwegen angefahren werden. Da es in letzter Zeit taeglich geregnet hat, sind die Wege aufgeweicht, sodass die Fahrzeuge darin stecken bleiben und abgeschleppt werden muessen.

Aus der litauischen Schutzmannschaft hoert man vereinzelt Klagen ueber zu geringe Entlohnung. Viele Schutzleute aeussern sich in der Weise, dass sie aus der Schutzmannschaft ausscheiden wollen, um im Zivilberuf mehr zu verdienen.
Die vom Batl. bezogenen Durchgangsquartiere sind fuer einen laengeren Aufenthalt voellig ungeeignet, da seit einigen Tagen die Abwaesser aus der Kanalisation durch die Decken und Waende in die einzelnen Mannschaftsstuben dringt. Ausserdem sind die Raeume kalt, sodass in der letzten Woche viele Maenner infolge Erkaeltung erkrankt sind.

8.) Selbstschutz: ./.

9.) Schutzmannschaft: ./.

10.) Sonstiges: ./.

11.) Verluste, Unfaelle, Krankenstand:

a)	Verluste:		keine	
b)	Unfaelle:		keine	
c)	Krankenstand:	2.Kp.	= 10	Wachtm.
		4.Kp.	= 9	"
		K.-Staffel	= 3	"
		II.-Schutzm.	=	
		Abt.	= 12	"

12.) Stimmung der Truppe: G u t .

Beglaubigt:

Reg. Inspektor"

Der Kommandant in „Weiß-
ruthenien", Gustav Freiherr von
Bechtolsheim (Mauchenheim),
als junger Offizier, ohne Datum
Bundesarchiv/Militärarchiv, Pers. 6/1616

GUSTAV FREIHERR VON MAUCHENHEIM, genannt von Bechtolsheim, wurde am 16. Juni 1889 in München geboren. Er folgte der
Familientradition und wurde nach Abschluß der Schule Berufsoffizier. Im Ersten Weltkrieg stieg er zum stellvertretenden Bataillonsführer auf und wechselte 1918 in den Stab des Regiments.
Nach Kriegsende schloß sich von Bechtolsheim dem Freikorps
Epp an, welches durch die Beteiligung an der Niederschlagung
der Münchner Räterepublik bekannt wurde. Er kehrte zum regulären Militär zurück, heiratete ein Jahr später seine Frau Valerie
und stieg während der Weimarer Republik kontinuierlich in der
Militärhierarchie auf. Nach 1933 setzte er seine Karriere fort und
übernahm kurz vor Beginn des Zweiten Weltkrieges als Kompaniechef einen Kampfverband. Im Mai 1941 wurde er schließlich
mit der Führung der 707. Infanteriedivision betraut, die nach dem
Überfall auf die Sowjetunion in Weißrußland „Sicherungsaufgaben" übernahm. Die 707. Infanteriedivision kam anschließend
zum Fronteinsatz. Von Bechtolsheim wurde wegen der mangelhaften Kampfleistung seiner Soldaten 1943 abgelöst und mit der
Führung der Wehrersatz-Inspektion in Regensburg beauftragt.
Nach Kriegsende geriet von Bechtolsheim in einjährige Kriegsgefangenschaft. Für die unter seiner Führung verübten Verbrechen
der 707. Infanteriedivision stand er nie vor Gericht. Bechtolsheim
starb am 25. Dezember 1969 in Münster.

Lagebericht des Kommandanten in „Weißruthenien",
Gustav Freiherr von Bechtolsheim, vom 19.10.1941 für den
Zeitraum 1.10.–15.10.1941
Belorussisches Nationalarchiv Minsk, 651–1–1, Bl. 12–15, Zitat 14 f.

„[...] Juden

Die Juden als die geistigen Führer und Träger des Bolschewismus und der kommunistischen Idee sind unsere Todfeinde. Sie
sind zu vernichten. Immer und überall, wo Meldungen über
Sabotageakte, Aufhetzung der Bevölkerung, Widerstand usw.
zu Aktionen zwangen, wurden Juden als die Urheber und Hintermänner festgestellt, zum größten Teil auch als die Täter
selbst. Es gibt wohl kaum mehr einen deutschen Soldaten, der
daran zweifelt, daß die Juden bei einer geglückten Invasion
der Bolschewisten in Europa alles Deutsche restlos vernichtet
hätten. Es ist um so unverständlicher, daß bei einem Truppenteil, bei dem durch eine Streife 7 Juden erschossen wurden,
noch gefragt wird, warum man sie erschossen hat. Wenn in
einem Dorfe ein Sabotageakt ausgeführt wurde und man
vernichtet sämtliche Juden in diesem Dorfe, so kann man sicher
sein, daß man den Täter oder wenigstens den Urheber vernichtet hat. Wenn durch eine Streife festgestellt wird, daß in einem
Dorf die Stimmung der Bevölkerung abwartend und ängstlich
ist und man vernichtet in diesem Dorfe die Juden und ihren bolschewistischen Anhang, dann wird man ein freies Aufatmen in
diesem Dorfe nach kürzester Zeit verspüren und der aufrichtigen
Unterstützung der weißruthenischen Bevölkerung gewiss sein.
Um die politische Lage im Raum Weißruthenien klären und die

Befriedung in diesem Lande durchführen zu können, muß sich
jeder Soldat und jeder Führer über diese Tatsachen im klaren
sein. Hier gibt es keinen Kompromiss, hier gibt es nur eine ganz
klare und eindeutige Lösung und die heißt insbesondere hier
im Osten restlose Vernichtung unserer Feinde. Diese Feinde
aber sind keine Menschen mehr in europäischen Kultursinn,
sondern von Jugend auf zum Verbrecher erzogene und als
Verbrecher geschulte Bestien. Bestien aber müssen vernichtet
werden.
Es ist notwendig, daß in diesem Zusammenhang gerade an den
Aufruf des Führers und Obersten Befehlshabers der Wehrmacht
an die Soldaten der Ostfront v. 2. Oktober 1941 hingewiesen
wird. Jeder Soldat hat sich dieses Gedankengut zu Eigen zu
machen und danach zu handeln und seine Pflicht zu tun. [...]

4.) Volkstumskämpfe
Ortskommandantr. Glebokie. 12.10.41.

Die 12./747 in Krolewszezizna und sieben anderen Ortschaften
im Bereich der O.K. Glebokie Haussuchungen durchgeführt und
etwa 40 Personen verhaftet, ausschließlich Weißruthenen, die
verdächtigt sind, kommunistische Agitation, Arbeitsverweigerung und durch Verbreitung von Gerüchten Vorbereitung von
Unruhen zu betreiben. Die Anzeige ging vom Selbstschutz der
genannten Ortschaften aus, der nur aus Polen zusammenge-
setzt ist. Bei den Haussuchungen konnten weder Waffen noch
Munition oder Sprengstoffe gefunden werden, sodaß 29 Personen, gegen die absolut nichts vorlag, wieder entlassen wurden.
Nur gegen 11 Personen mußte eine eingehende Untersuchung,
und deshalb Überführung nach Glebokie angeordnet werden.
Wie die Erfahrung gezeigt hat, handelte es sich bei allen Anzeigen durch Polen gegen Weißruthenen immer wieder um Zweck-
handlungen, durch welche die den Polen mißliebigen Weißruthenen ausgeschaltet werden sollten und vielfach zu Unrecht
verdächtigt werden.

Meldung über den Einsatz des Rs.Pol.Batl.11
Am 7.10. wurde die 2.Kp. zur Unterstützung der Abwehrstelle
Riga, Außenstelle Minsk bei der Durchsuchung des Kgf.-Laza-
retts eingesetzt.
Am 8.10. wurden die Dörfer Dukora (30 km südostr. Minsk). Us-
lany. Jeziors sowie das Waldstück 1 km ostw. Uslany nach Juden,
Partisanen, Banditen und politisch unzuverlässigen Elementen
durchsucht. Es wurden 618 Gefangene gemacht, davon wurden
617 erschossen.
Am 10. und 11.10. wurde im Raume Budensk (43 km südostw.
Minsk an der Bahn Minsk Bobruisk), eine weitere Aktion durch-
geführt. 189 Gefangene, davon 188 erschossen.
Am 14.10. wurden bei einer Aktion in Smilowitsche 1 338 Juden,
Kommunisten und unzuverlässige Elemente erschossen.
Am 15.10. Aktion in der Gegend zwischen Lohoijsk (40 km nor-
dostw. Minsk) und Bieholin (65 km nordostw. Lohojsk). Ergebnis:
63 Gefangene, die alle erschossen wurden.
Gesamtzahl der Gefangenen im Bereich des Kdt.f.WR. vom
1.–15.Okt. 1941: 2 721 Gefangene, davon 2 053 erschossen."

MINSK AM 26. OKTOBER 1941

Am 26. Oktober 1941, einem Sonntag, wurden in Minsk zwölf Personen öffentlich hingerichtet. Militärisch unterstand die Stadt zu diesem Zeitpunkt der 707. Infanteriedivision. Acht Männer und vier Frauen wurden am Vormittag unter Trommelwirbel zu vier verschiedenen Exekutionsorten geführt. Sie trugen in deutscher und russischer Sprache beschriftete Schilder um den Hals: „Wir sind Partisanen und haben auf deutsche Soldaten geschossen."

Die Opfer waren weder Partisanen noch hatten sie auf deutsche Soldaten geschossen. Allerdings gehörten sie einer Widerstandsgruppe an, die genesende Rotarmisten, die sich im Lazarett des Infektionskrankenhauses befanden, mit falschen Pässen und Zivilkleidung versorgt hatte, um sie anschließend in Richtung Front zu den eigenen Linien zu führen.

Der Kommandeur der 707. Infanteriedivision und Territorialbefehlshaber in Weißrußland, General-major Gustav Freiherr von Bechtolsheim, ließ im Monatsbericht vom 10. November 1941 rückblickend festhalten: „Als abschreckendes Beispiel wurden in Minsk zwölf Personen öffentlich gehängt, die zu einer Partisanen-Werbe-Passfälscher und -Umkleidestelle gehörten."

In den vergangenen Jahren konnten acht Namen der zwölf Gehängten identifiziert werden: Olga Scherbazewitsch, ihr Sohn Wladlen und ihr Bruder Petr, Jelena Ostrowskaja, Kirill Iwanowitsch Trus, Nadeshda Januschkewitsch, Nikolaj Kusnezow sowie ein politischer Leiter der Roten Armee namens Leonid Sorin. Trotz aufwendiger Recherchen gelang es nicht, den Namen jener jungen Frau zu klären, deren Bild seit Jahren um die Welt geht. Es zeigt sie durch ein Spalier von Wehrmachts-soldaten gehend, mit dem Schild um den Hals. Im Holocaust Memorial Museum in Washington wird sie als Masha Bruskina und jüdische Widerstandskämpferin der ersten Stunde geehrt, auf einem Denkmal des Dorfes Nowyje Seljonki unweit von Minsk wird an Alexandra Wassiljewna Line-witsch erinnert. Nach Aussagen von Verwandten soll sie die junge Frau sein, die am 26. Oktober 1941 in Minsk hingerichtet wurde.

Zu den insgesamt vier Erhängungen in Minsk am 26. Oktober 1941 existieren zahlreiche Fotos, die unter anderem im Bundesarchiv Koblenz, im Museum des Großen Vaterländischen Krieges in Minsk, im Belorussischen Staatsarchiv für Kino-, Foto- und Phonodokumente, Dzershinsk, sowie im Militärhistorischen Archiv Prag archiviert sind.

Während Ort und Zeit der Aufnahmen bekannt und eindeutig sind, gibt es keinerlei Angaben dazu, wer die Bilder aufgenommen hat. Es ist jedoch davon auszugehen, daß die Fotos von mehreren Fotografen gemacht wurden.

Die erste Erhängung

Bundesarchiv Koblenz

Belorussisches Staatsarchiv für Kino-, Foto- und Phonodokumente, Dzershinsk

Bundesarchiv, Bild 146/72/26/43

Belorussisches Staatsarchiv für Kino-, Foto- und Phonodokumente, Dzershinsk, Nr. 0 – 13773

Belorussisches Staatsarchiv für Kino-, Foto- und Phonodokumente, Dzershinsk, Nr. 0 – 70229

Museum des Großen Vaterländischen Krieges, Minsk

Museum des Großen Vaterländischen Krieges, Minsk, 27– 21815

Museum des Großen Vaterländischen Krieges, Minsk, 56 – 14457

Museum des Großen Vaterländischen Krieges, Minsk, 56 – 14455

Die zweite Erhängung

Belorussisches Staatsarchiv für Kino-, Foto- und Phonodokumente, Dzershinsk, Nr. 0 – 30475

Museum des Großen Vaterländischen Krieges, Minsk, 15 – 2988

Die dritte Erhängung

Museum des Großen Vaterländischen Krieges, Minsk, 22–19408

Museum des Großen Vaterländischen Krieges, Minsk, 8–453

Militärhistorisches Archiv Prag, Nr. 22766

Die vierte Erhängung

Museum des Großen Vaterländischen Krieges, Minsk, 35 – 38466

Museum des Großen Vaterländischen Krieges, Minsk, 35 – 38467

Belorussisches Staatsarchiv für Kino-, Film- und Phonodokumente, Dzershinsk, Nr. 0 – 30347

Militärhistorisches Archiv Prag, Nr. 15265

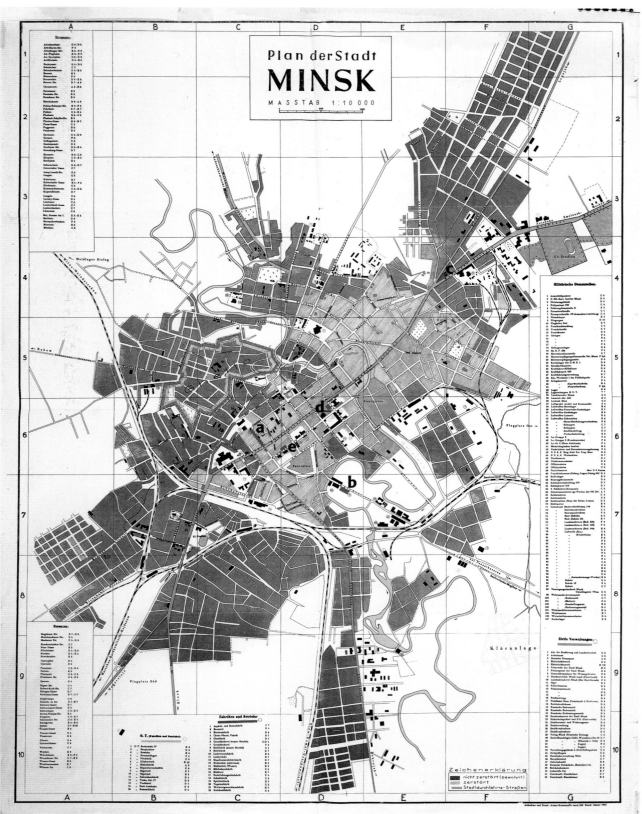

Plan der Stadt
MINSK
MASSTAB 1:10 000

a) Der Weg der
Gefangenen zur
1. Erhängung

b) 1. Erhängung

c) 2. Erhängung

d) 3. Erhängung

e) 4. Erhängung

Stadtplan Minsk, aufgenommen und gedruckt von der Armee-Kartenstelle (mot) 533, Stand: Januar 1942
Archiv des Hamburger Instituts für Sozialforschung, NS – O 021

„UNTERNEHMEN BAMBERG"

Das erste große „Unternehmen" gegen Partisanen nach der sowjetischen Winteroffensive trug den Decknamen „Bamberg". Mitte März 1942 erhielt die 707. Infanteriedivision den Befehl, nahe der Stadt Bobruisk ein Gebiet zu „befrieden", in dem man 1.700 Partisanen vermutete.

Die Befehlsgewalt lag in den Händen der Wehrmacht. Den Infanterieregimentern 727 und 747 wurden für die Dauer des Einsatzes weitere Einheiten unterstellt: Infanterieregiment 102 der slowakischen Division, das deutsche Polizeibataillon 315, die Kosakenschwadron 102, ein Teilkommando der Sicherungsbrigade 203, zwei Gruppen der Geheimen Feldpolizei sowie zwanzig Mann des Sicherheitsdienstes (SD). Der jeweilige Anteil der am „Unternehmen Bamberg" beteiligten Einheiten läßt sich aus den Quellen allerdings nicht mehr entnehmen.

In den Einsatzplänen wurde gefordert, es nicht zu einer „Strafexpedition" kommen zu lassen und nur „wirklich Schuldige und alle ortsfremden Elemente" zu töten. In der Praxis hieß das: Juden und andere „Helfer" wurden erschossen, das Gebiet von Juden und Partisanen „frei" hinterlassen. Die geringe Zahl der als erbeutet gemeldeten Waffen und die Diskrepanz zwischen den Toten auf beiden Seiten läßt darauf schließen, daß ein überwiegender Teil der Opfer Zivilisten waren. Eine erste Bilanz vom 7. April 1942 resümierte lapidar: „3 423 Partisanen u. Helfer erschossen". Zu den eigenen Verlusten hieß es: „insgesamt: 7 tot 8 verwundet. ausserdem 5 krank".

Meldungen des Infanterieregiments 727 während des „Unternehmens Bamberg" (Auszug)
Bundesarchiv/Militärarchiv, RH 22/231, Bl. 44–46

„[...] Zwischenziel kampflos erreicht und grossen Bunker vernichtet. Fortsetzung und Durchführung Angriff 2.4.42. 5.00 Uhr.

2.4.42.

8.50 Uhr: I./727 hat am 31.3.42. 16.00 Uhr Leski erreicht. Karpilowka frei von Partisanen. Gleichzeitiges Angreifen der Slowaken. Nach Mitteilung der Slowaken sind Partisanen am 30. und 31.3.42. nach Süden durchgebrochen, Teile davon vernichtet. Durchstreiftes Gebiet frei von Juden und Partisanen.

9.00 Uhr: O.D. Wasiljewka meldet: Kowschitschi I (12 km südwestl. Wasiljewka) von Partisanen besetzt.

20.00 Uhr: Ergebnismeldung: Juden, von Partisanen entlassen, erschossen 133. Keine Waffenbeute. An Lebensmitteln und Vorräten: 250 Kühe, 250 Schafe, 28 dz. Heu, 33 dz. Stroh.

20.00 Uhr: Lage um 14.00 Uhr: Bahnlinie zwischen Karpilowka–Rudobelka erreicht. Stab III./727 in Sabosje. Mit Westostdurchkämmung mit II./ und I./Batl. begonnen. Rgt.-Stab zieht nach Saoserje. Keine weiteren Beutemeldungen.

24.00 Uhr: Ergebnismeldung des I./727 nach dem Stand vom 2.4.42. 18.00 Uhr: 224 Partisanen erschossen, keine Waffenbeute; durch La. Führer 1 000 St. Schlachtvieh sichergestellt.

Nachtragsmeldung des I.R. 727

Am 30.3.42 I./727 besetzt über Ospino, das um 10.00 Uhr erreicht wurde, mit Stab und 2. Kpn. Redkow, mit einer Kp. Kaloscha und Mikuli Gorodok und der 3./Kp. Ljuban ohne Feindberührung. II./727 besetzt mit Stab und 5./727 Stalino, mit 6./ und 7./727 Goduny, beide Orte feindfrei. 8./727 hält in Moisejewka Verbindung zum III./727. Ein Spähtrupp der 6./727 stiess 1,5 km nordwestl. Goduny auf eine Gruppe Partisanen, die sich auf dem Wege nach Goduny befanden. Die Partisanen flohen unter Zurücklassung von 14 Pferden und 15 Schlitten.

III./727 meldet: In der Nacht vom 29./30.3.42. haben etwa 40 Partisanen die Sperrlinie durchbrochen und halten sich im Wald südl. Romanischtsche versteckt. Ein Zug der 11./727 wird nach Buda zur 12./727 gelegt mit dem Auftrag, die Verbindung zur 10./727 aufrecht zu erhalten. 9./727 erreicht Paritschi und hat Verbindung zur 10./727 und zum II./727. Aufklärung durch 11./ und 12./727 über Verbleib der gemeldeten 500 Partisanen im Walde südl. Buda. Um 12.00 Uhr flüchteten aus Kalinina etwa 150 Partisanen nach Westen unter Zurücklassung von Pferdegespannen, Schlachtvieh, Fleisch und Nachzügler; einige Baumschützen abgeschossen. Keine eigenen Verluste.

Kosakenschwadron 102 stellt 9.30 Uhr Verbindung mit 11./747 in Subarewschtschina her und beobachtet bei Aufklärung gegen Schkawa eine Partisanengruppe, die sich dort zur Verteidigung einrichtet. Durch Streifen stetige Feindberührung im Raume Osemlja – Schkawa – Saosertschino. Vereinzelte Versuche des Gegners, nach Norden und Nordosten durchzubrechen, wurden abgewiesen und Verfolgung aufgenommen. 9./727 mit Bahntransport in Bobruisk eingetroffen, Mannschaften auf LKW nach Paritschi vorgezogen.

3.4.42.

8.30 Uhr: Im Rahmen der Bewegung ‚Bamberg–Y' hat das Rgt. am 2.4. erreicht, und zwar bis abends: Gati ausschl. – Lipa – 135,5 – Uretschie – Schkawa. Schwadron um 17.30 Uhr eingesetzt.

Nachtragsmeldung v. 31.3.42.

I./727 kämmt im Laufe des Tages Linie Gremlja – Bach – Nordrand Ljubani und Bach zwischen Poroslischtsche und Ljubani durch und hat gegen Abend die zweite Ausgangsstellung eingenommen. In Redkow wurden 7 Verbindungsmänner der Partisanen durch G.F.P. erschossen, sonst keine Feindberührung. II./727 hat gegen 18.00 Uhr die zweite Ausgangsstellung eingenommen u. die umliegenden Gehöfte gesäubert. Keine Feindberührung. III./727 stellte bei Aufklärung fest, dass in Schkawa eine Bande von etwa 100 Mann 15 junge Leute zwangsrekrutierte. (Ausführliche Meldg. siehe Seite 4.) Das Batl. hatte mit der Schwadron u, 18.00 Uhr die zweite Ausgangsstellung bezogen.

4.4.42.

21.00 Uhr: Gesamtergebnis bis 3.4.42.: erschossen 651 Partisanen, davon ehem. Soldaten 64 u. 47 Juden. Beute: 3 Rundfunkgeräte, 21 Gewehre, 5 Kasten russ. Gr.W.Mun., 5 Kasten deutsche M.G.-Mun., ein Kasten russ. Pak Mun., 100 Schuss russ.Gr.W.-Mun., verschiedene Ausrüstungsgegenstände, darunter 5 gr. Ballen Winterbekleidung u. Wäsche. Zerstört wurden 20 Partisanenlager und Bunker, 59 Einzelgehöfte u. 30 Waldhütten, Beutevieh 2 123 Stück, 65 Schlitten, 74 Pferde 200 kg. Fleisch, 111 to Getreide, 33 Schlitten mit Getreide u.6.to Rauhfutter.

Nachtragsmeldung vom 2.4.42.

5.00 Uhr: Fortsetzung des konzentrischen Angriffes vom 1.4.42. gegen Rudobelka – Karpilowka – Leski mit der Kosakenschwadron 102. Rgt.-Gefechtsstand wird von Paritschi nach Moisejewka verlegt, um 16.00 Uhr weitere Verlegung nach Simtscha. I./727 von Ljuban antretend erreicht um 16.00 Uhr Leski gleichzeitig mit einem verst. Slow.Batl. Karpilowka brennt und war frei von Partisanen bereits durch Einheiten des I.R. 747 besetzt. Nach Mitteilung der Slowaken sind Partisanen am 30. und 31..3 nach Süden durchgebrochen, wobei Teile von ihnen durch Slowaken u. Polizei vernichtet werden konnten. Vor ihrer Flucht hatten die Partisanen die Juden entlassen. II./ u. III./727 u. Kosakenschwadron 102 erreichen ohne eigene Verluste das Zwischenziel Salesje – Scjkawa – Soserje. Gegner nach Südwesten ausgewichen.

Nachtragsmeldung vom 3.4.42.

Rgt.-Gefechtsstand wird um 15.00 Uhr wieder in Partischi errichtet. Bei der Durchkämmung des Geländes in umgekehrter Richtung (‚Bamberg Y') erreicht das I./727 um 15.00 Uhr Ljuban, wobei 11 V-Leute der Partisanen erschossen wurden. II./727 erreicht das Gebiet Simtscha – Goduny – Stalino. 31 Partisanen und Helfer erschossen. III./ erreicht Raum um Schkawa. Erschossen wurden 25 Partisanen, zerstört 8 Durchgangslager u. 11 Einzelgehöfte, wobei 10 verbrannte Partisanenleichen gefunden wurden. Kosakenschwadron traf um 17.00 Uhr in Koschtizy I ein. [...]"

27

7o7. Inf. Division   O.U., den 7.4.42.
Abt.Ia Br.Nr.75/42 geh.

Betr.: Unternehmen "Bamberg".
Anlg.: - 1 Planpause -

I. Vorbereitung.

   1. Antransport der Division.
   Nach Übergabe der Kdtur.d.Sich.Gebietes Weissruthenien an
   die Sich. Brig. 2o2 am 17.3.42.erfolgte mit dem 19.3.42.
   Beginnen der Abtransport der Einheiten der Division aus
   dem bisherigen Sicherungsgebiet nach Bobruisk in nachstehen-
   der Reihenfolge:
   Stab I.R. 747, Pi.-Kp. 7o7, Na.-Kp. 7o7, (je mit den besp.
   Teilen).
   Stab I./727, 2./u.4./727.
   1./ u.3./727.
   Stab II./727, 5./u.7./727.
   Stab I./747, 1./2./ u.3./747.
   6./ u.8./727.
   4./747 u. 12./727.
   11./ u. 12./747.
   11./727, Stab l.Art.Abt. 657, 1./Art. 657.
   Stab I.R. 727, Dinaf. 719, 2./Fahrkl. 719.
   Feldlazarett 7o7. Verpflegungsamt 7o7,
   2./Art. 657
   Stab II./727, 5.u.7./727
   1o./727, 3.Art. 657
   Stab III./727, 9./727, 1./Fahrkl. 719
   Vet.-Kp. 7o7.
   Im Fussmarsch wurden herangezogen das II./747 nach Ljuban
   asu dem Bereich Sluzk, ausserdem wurden die mot.-Teile
   der Rgt.-Stäbeder Pi.-Kp. 7o7 und Na.-Kp. 7o7 nach Bobrusik
   und ihren künftigen Einsatzort vorausgeschickt.

                              - 2 -

32

                              - 6 -

war neben der abgebrannten Brücke nur der Übergang
über das Eis des Ptytsch möglich. Die Pi.-Kp. 7o7 wurde daher sofort zur schnellsten Instandsetzung , bezw.
Neuerrichtung der Brücken, eingesetzt.Die direkte Str.
Bobruisk - Glusk und Bobruisk - Rudnja war durch O.T.
vom Schnee zuräumen. Zur Erleichterung und Beschleunigung des Antransportes der Truppen wie für den
Nachschub nach Paritschi war durch Dinaf. 719 eine
Draisine von Bobruisk zu einem Umschlageplatz nördl. n
Broscha in Betrieb gesetzt worden. Ausserdem wurden
für den Nachschub von Dinaf. 719 2 Panjekolonnen mit
5oo Schlitten zusammengestellt und eingesetzt.

II. Durchführung des Unternehmens.
   Das Unternehmen verlief planmässig.
   Unter Säuberung des Zwischengeländes, der Ortschaften u.
   Gehöfte war am 28.3.42. überall die erste Ausgangsstel-
   lung erreicht. Auch das II./747war unter Säuberung der
   im Durchzugsgebiet liegenden Ortschaften an die erste
   Ausgangsstellung herangekommen. Bis zum Eintreffen der
   letzten Teile des III./727 war der rechte Flügel der I.
   R.727 durch die Kosakenschwadron 1o2 und durch die 2./
   Art. 657 verstärkt und der erste Ring geschlossen worden.

   Die Säuberung der Ortschaften, Gehöfte, Wälder und Stützpunkte bis zur zweiten Ausgangsstellung erfolgte ohne
   dass der Gegner irgendwo grösseren Widerstand geleistet
   hätte, mit Ausnahme südl. Subarewskaja Buda und Sselez.
   Die zweite Ausgangsstellung war an allen Stellen am 31.
   3.42. abends erreicht, das I.R.747 war bereits bis zum
   Bahndamm herangekommen, so dass der zweite Ring völlig
   geschlossen war. Der Beginn des letzten konzentrischen
   Angriffes wurde daher von der Division für 1.4.42.5.oo
   Uhr befohlen und durchgeführt. Auch im letzten Teil des
   Unternehmens gab es keinen grösseren Widerstand zu brechen, insbesondere war Karpilowka ohne Widerstand besetzt worden. Bis zum 2.4.42. nachmittags war auch von
   den letzten Teilen des IR.727 das Gelände bis zum Bahn-
                                  - 7 -

                            - 7 -

33

damm gesäubert und erreicht worden.
Die Division befahl für den 3.4.42. früh rückläufige noch-
malige gründliche Säuberung und Durchstreifung des Gebietes bis zur zweiten Ausgangsstellung. Die Beendigung dieser Bewegung war für 6.4.42. 19.oo Uhr befohlen.
Das verstärkte slow. Rgt. 1o2 wurde auf Anforderung des
W. Befh. Ukraine am 3.4.42. beschleunigt herausgezogen,
da der Eisübergang über den Pripet wegen des einsetzenden
Tauwetters gefährdet war. Die Unterstellung unter die Division wurde mit sofortiger Wirkung aufgehoben.
Die Pi.-Kp.7o7 hatte bis zum 2.4.42.abends nachstehende
Brücken dem Verkehr übergeben: eine Strassenbrücke zu 7o
m mit 3o to Tragkraft und eine mit 71 m mit 2o To Tragkraft einspurig auf der direkten Str. Glusk - Bobruisk;
eine Behelfsbrücke 23 m lang und 8 To Tragkraft 7 km nördl.
Glusk,(nach dem die erste Brücke in der Nacht vom 28./29.
3.42. erneut von Partisanen zerstört worden war); und eine
Behelfsbrücke bei Gorodok mit 11o m Länge und 8 to Tragkraft.
Die vorgeschobenen Versorgungsstützpunkte Glusk u.Parit-
schi haben sich voll bewährt.

III. Ergebnis:
   a.) Feindverluste:
      Ausser zahlreichen nicht festzustellenden Verlusten
      des Gegners auf der Flucht während der Säuberung des
      Gebietes wurden bis zum 6.4.42. 3 423 Partisanen u.
      Helfer erschossen.
   b.) Eigene Verluste:
      I.R.727 keiner tot, keiner verwundet.

I.R.747	2 "	3 "
S.Kdo.Kopf	1 "	- "
Slow.Rgt.	- "	1 "
Pol.B.315	4 "	3 "
O.D.	1 "	1 "
insgesamt:	7 tot	8 verwundet.

      ausserdem 5 krank.

                               - 8 -

                            - 8 -

34

c.) Beute an Waffen und Ausrüstung: (bis 5.4.abends).

4	Pak
1	Geschütz (gesprengt)
1	s.Gr.W.
1	Feldküche
1	Krad
12o	Schuss Pakmunition
5	Kisten Gr.W.-Munition
2	M.Pi. mit 5 Magazinen
11	autom. Gewehre
33	Gewehre
1o	tschechische M.G.-Läufe
3	Gaskolben für M.G.
3	Pistolen
3	Trommelrevolver
1	Jagdgewehr
	russ. u.deutsche Handgranaten
2	Leuxtpistolen mit Munition
1	Fliegervisieraufsatz
1	slowakischer Stahlhelm
2	Funkanlagen
6	Radiogeräte
2	russ. Feldfernsprecher
1	Fernrohr, 1 Kompass
24	Tornister
5	Ballen Winterbekleidung
	verschiedene Ausrüstungsstücke u.Uniformstücke
	(darunter eine neue Offz.-Uniform)
119	Schlitten
74	Pferde
1o7	Stück Schlachtvieh
18	Zt. verschiedene Lebensmittel
2	to Fleisch
6o	Schlitten mit Proviant, Ausrüstung u.Bekleidung.
	Heu und Stroh

                                - 9 -

d.) <u>Beute an Landesvorräten</u>:(soweit von den La-Führern bei
den Regimentern gemeldet.)

2 454	Rinder
2 286	Schafe
321	Schweine
115	to Getreide
33	mit Getreide beladene Schlitten
12o	to Kartoffeln
12,5	to Heu und Stroh

IV. <u>Beobachtungen und Erfahrungen</u>:

<u>Zusammensetzung der Partisanen</u>: russ. Offiziere, ehem. russ.
Soldaten, entlassene und entflohene Kgf., <u>Kosaken des im Gebiet zersprengten Kavalleriekorps</u>, Juden, Zwangsrekrutierte
junge Burschen u. sonstige Zivilisten aus den Dörfern, darunter 2 Kolchosverwalter u. einige Bürgermeister.
Eine einheitliche <u>Führung</u> war nicht erkennbar. Duch Gefan-
genenvernehmung und Einwohneraussagen wurden genannt ein
Oberst Parlowski als Partisankdeur.(früher Rgt.Kdeur in
der Stalindivision, welche im Gebiet Bobruisk eingesetzt
war), ferner ein Bandenführer Schander und mit Namen Wassjka.
ka. Zwischen Parlowski und Schander soll es zu Meinungsver-
schiedenheiten gekommen sein, weil Schander keinen genügen-
den Widerstand geleistet haben soll. Die Bande von Wassjka
war in 3 Züge eingeteilt (ein Zugführer hiess Ernika Bkbanda, ausserdem war ein Ärztin dabei).
da, ausserdem war ein Ärztin dabei).
Der Pferdebursche des Oberst Parlowski geriet in Gefangenschaft und wurde der G.P.P. zur weiteren Vernehmung übergeben.
Eine einheitliche <u>Uniformierung</u> war nicht festzustellen.
Ein Teil trug an der Mütze einen roten Tuchstreifen, wie er
auch bei einer Bande südl. Minsk im Februar festgestellt wor
den war. Einzelne hatten z.T. neue Uniformen, deren Herkunft
nicht ermittelt werden konnte.
Auffallend war, dass trotz der Vorbereitung des Widerstandes
und der grossen Zahl ein nachhaltiger Widerstand nur vereinzelt geleistet wurde, so bei Sselez und Buda. Sonst wurden
in der Hauptsache nur kleinere Gruppen und Streifen angescho

- 1o -

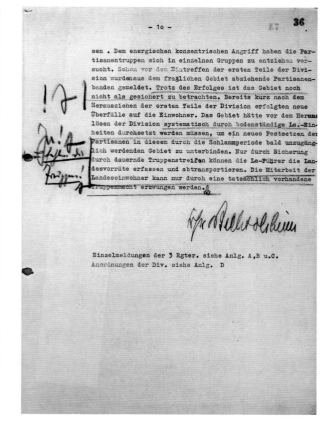

sen . Dem energischen konzentrischen Angriff haben die Par-
tisanentruppen sich in einzelnen Gruppen zu entziehen versucht. Schon vor dem Eintreffen der ersten Teile der Division wurden aus dem fraglichen Gebiet abziehende Partisanenbanden gemeldet. Trotz des Erfolges ist das Gebiet noch
nicht als gesichert zu betrachten. Bereits kurz nach dem
Herausziehen der ersten Teile der Division erfolgten neue
Überfälle auf die Einwohner. Das Gebiet hätte vor dem Heraus
lösen der Division systematisch durch bodenständige La.-Ein-
heiten durchsetzt werden müssen, um ein neues Festsetzen der
Partisanen in diesem durch die Schlammperiode bald unzugäng-
lich werdenden Gebiet zu unterbinden. Nur durch Sicherung
durch dauernde Truppenstreifen können die La-Führer die Landesvorräte erfassen und abtransportieren. Die Mitarbeit der
Landeseinwohner kann nur durch eine tatsächlich vorhandene
Truppenmacht erzwungen werden.

Einzelmeldungen der 3 Rgter. siehe Anlg. A,B u.C.
Anordnungen der Div. siehe Anlg. D

**Bericht der 707. Infanteriedivision zum „Unternehmen Bamberg"
vom 7.4.1942 (Auszüge)**
Bundesarchiv/Militärarchiv, RH 22/231, Bl. 27 und 32–36

**10-Tages-Meldung des Kommandierenden Generals der
Sicherungstruppen und Befehlshabers im Heeresgebiet Mitte
an das Oberkommando des Heeres vom 3.4.1942**
Bundesarchiv/Militärarchiv, RH 22/231, Bl. 17

„[...] 2) Unternehmen ‚Bamberg':
Als 1. Aufgabe wurde für die 707 I.D. die Vernichtung der Partisanen in Gegend nördl. und südl. Bobruisk angeordnet. Deck-
name des Unternehmens: ‚Bamberg'.
Die Aufklärung hatte ergeben, daß das Zentrum der Partisanenbewegung an der Eisenbahn Bobruisk–Koschewitschi in
Gegend Karpilowka–Dubrowa zu suchen sei. Das Gebiet wurde
im Umkreis von 20–30 km umstellt, I.R. 727 im Osten, I.R. 747
im Westen. Von Süden wurde der Kessel durch Kräfte des Wehr-
machtbfh. Ukraine (sIow.I.R.102 und Pol.Btl.315) abgeschlossen.
Nach beendeter Bereitstellung wurde am 29.3. konzentrisch
zum Angriff angetreten. Der Gegner zog sich ohne nenneswer-
ten Widerstand nach der Mitte des Kessels zurück. Das Vorgehen wird auch hier durch die Schneeverhältnisse außerordentlich erschwert. Erfolgsmeldungen lagen in der Berichtszeit
noch nicht vor. [...]"

**10-Tages-Meldung des Kommandierenden Generals der
Sicherungstruppen und Befehlshabers im Heeresgebiet Mitte
an das Oberkommando des Heeres vom 24.4.1942**
Bundesarchiv/Militärarchiv, RH 22/231, Bl. 133

„[...] 3.) <u>Die Partisanenlage</u> hat sich weiterhin verschärft. Das im
Raum südwestl. Bobruisk durchgeführte Unternehmen ‚Bam-
berg' hat leider zu keiner dauernden Erleichterung geführt,
da die eingesetzten Kräfte (707.I.D.) vorzeitig herausgezogen
werden mußte.
Der Ort Klitschew (33 km nördl. Bobruisk) wurde von Partisanen
genommen. Das dort befindliche Lager von 100 to Getreide
wurde in Brand gesteckt. Die Beunruhigungen an den Eisen-
bahnstrecken und Straßen halten an. [...]"

„Die Partisanenlage hat sich

weiterhin verschärft."

„UNTERNEHMEN DREIECK" UND „VIERECK"

Auch im südlichen Abschnitt der Heeresgruppe Mitte nahmen seit dem Frühjahr 1942 die Aktivitäten der Partisanen zu. Eng mit der Roten Armee verbunden, stellten Partisanenverbände im rückwärtigen Armeegebiet 532 inzwischen eine ernsthafte militärische Bedrohung dar. Nach zwei gescheiterten „Säuberungsaktionen" erteilte das Oberkommando der 2. Panzerarmee am 9. September 1942 den Befehl zum „Unternehmen Dreieck" und „Viereck".

Das Infanterieregiment 727, mehrere königlich-ungarische Infanterieregimenter sowie russische Freiwilligenverbände sollten die etwa 4.000 Partisanen, die um den Eisenbahnknotenpunkt Brjansk operierten, in mehreren „Kesseln" stellen und vernichten.

Das „Unternehmen Dreieck" und „Viereck" hinterließ weitläufige „Wüstenzonen": Mindestens 1.000 Menschen waren tot, Erntevorräte und Vieh wurden abtransportiert, die Dörfer dem Erdboden gleichgemacht und die Bewohner des Gebietes, insgesamt 18.596 Personen, deportiert. Für die Behandlung von Juden und „Bandenangehörigen" gab es gesonderte Anweisungen: Sie sollten als „Minensuchgerät 42" eingesetzt werden, das heißt, sie wurden an langen Halsstricken gefesselt und mit Eggen und Walzen über die Minenfelder gejagt. Der Gefechtsbericht stellte zufrieden fest: „Die Bereitstellung zahlreicher ‚Minensuchgeräte' […] hat sich bewährt und der Truppe viel Blut erspart."

Einsatzbefehl für die „Unternehmen Dreieck“ und „Viereck“

Geheime Kommandosache

K o r.ü c k 532
Ia

Nr. 173 /42 g.Kdos.
ab x-Tag geheim.

St.Qu., 9.9.42.

8 Ausfertigungen.
1.Ausfertigung.

kdl. 49 86

Einsatzbefehl

für "D r e i e c k" und "V i e r e c k"

(Karte 1 : 100.000)

1. Unternehmen "Dreieck" umfaßt Säuberung des Dreiecks zwischen Dessna, Eisenbahn Briansk - Nawlja und Rewna.

   Unternehmen "Viereck" umfaßt Säuberung des Vierecks zwischen Dessna, Rewna, Eisenbahn Briansk - Nawlja und Nawlja.
   "Viereck 1": Säuberung des Raumes zwischen Rewna und Wolkowka.
   "Viereck 2": " der Ost-Hälfte des Restraumes.
   "Viereck 3": " der West-Hälfte des Restraumes.

2. Feind.

   Der "Viereck"-Raum ist besetzt von zahlreichen Feindgruppen, die sich in den Dörfern mit schweren Waffen auf Daueraufenthalt eingerichtet haben. Das "Dreieck" enthält die vorgeschobenen Sicherungskräfte gegen von Briansk vermutete Angriffe.

   Einzelheiten der Feindlage im "Dreieck" ergeben sich aus der Anlage.

   Einzelheiten der Feindlage im "Viereck" werden später bekanntgegeben.

3. Auftrag

   Einkreisen und Vernichten des Gegners in mehreren Kesseln. Abbefördern der Erntevorräte, des Viehs und alles Verwertbaren aus dem "Dreieck" und den im W a l d gebiet des "Vierecks" liegenden Dörfern.

   Das ganze "Dreieck" südlich der Eisenbahn Briansk - Potschep sowie das W a l d gebiet des "Vierecks" sind durch Vernichtung der Dörfer, Sprengung der Keller, Brunnen usw. unbewohnbar zu machen. Dieses ganze Gebiet ist von Bewohnern zu räumen.

4. Leitung: Generalleutnant Bernhard.
   Führung: Oberst Jollasse.

- 2 -

Bundesarchiv/Militärarchiv, RH 23/26, Bl. 86

„Unternehmen ‚Dreieck‘ umfaßt Säuberung des Dreiecks zwischen Dessna, Eisenbahn Briansk–Nawlja und Rewna.“

„Dieses ganze Gebiet ist von Bewohnern zu räumen.“

Gefechtsstand Jollasse mit den Kampfgruppen Schlegel,
Zebisch, Platen, Ungarn.

9. <u>Minen</u>

Da mit Verminung zu rechnen ist, ist für Bereitstellung von
Minensuchgerät 42 (Juden oder gefangene Bandenangehörige mit
Eggen und Walzen) in ausreichender Zahl zu sorgen. Die Ein-
heiten haben sich selbst mit Stricken auszurüsten, um die
Juden oder Bandenangehörigen mit langen Halsstricken zu
versehen.
Zur Beseitigung von Minensperren sind allen Kampfgruppen
Pioniere in ausreichender Zahl mitzugeben.

10. <u>Brücken über die Krestowka.</u>

Zur Verstärkung der Brücke zwischen Rjabtschewka nordwestlich Mostki stellt die Feld-Eisb.Betr.Abt.14 60 qm Bohlen
bereit, die bei Verladung der Flak in Briansk einzuladen
sind. Fuhrwerke zum Heranfahren der Bohlen sind von Briansk
mitzuführen. Für rechtzeitige Stellung der Fuhrwerke sorgt
Feldkommandantur 184 im Einvernehmen mit Flak-Regiment 134.
Zur Brückenuntersuchung und zur Aufdeckung etwaiger Minen-
anschläge stellt 7./Eisb.Pionier-Regiment 5 4 Pioniere.
Sie marschieren mit der Kampfgruppe Schlegel unmittelbar
vor der Flak, der sie für die Dauer des Unternehmens zugeteilt werden.

11. <u>Erkennungszeichen</u> siehe besondere Anordnungen.

12. <u>Korück-Gefechtsstand</u> verbleibt Briansk.

<u>Verteiler:</u>
General . . . . 1.Ausfertigung.
Chef. . . . . 2.Ausfertigung.
Ia . . . . 3.Ausfertigung.
Oberst Jollasse . . . . . 4.Ausfertigung.
Major v.Veltheim
  gleichz.zur Unterr.
  der Gruppe Gilsa . . . 5.Ausfertigung
NO . . . . 6.Ausfertigung.
Vorrat . . . . : 7.Ausfertigung.
  " . . . . 8.Ausfertigung.

Einsatzbefehl des Kommandeurs des rückwärtigen Armeegebietes 532 für die „Unternehmen Dreieck" und „Viereck" vom 9.9.1942
Bundesarchiv/Militärarchiv, RH 23/26, Bl. 90

„[...] ist für Bereitstellung von Minensuchgerät 42 (Juden oder gefangene Bandenangehörige mit Eggen und Walzen) in ausreichender Zahl zu sorgen."

Gefechtsbericht über „Unternehmen Dreieck" und „Viereck"
vom 17.9.–2.10.1942
Bundesarchiv/Militärarchiv, RH 23/25, Bl. 3–52, Zitat Bl. 25, 39–42 und 51 f.

„[…] kurzer Bereitstellung zum Angriff auf Nowo Troizkij angetreten. Der Gegner leistet nur mit schwachen Nachhuten Widerstand, während er mit Masse in mindestens Kp.Stärke und schweren Waffen nach Süden abzieht. Durch gutliegendes Flak- und M.G.-Feuer werden ihm dabei noch größere Verluste zugefügt. 8.40 Uhr ist Nowo Troizkij genommen und die Kampfgruppe stößt weiter in Richtung Aleschenka nach Osten vor. Die zur Verfolgung rechts überholende angesetzte 6./I.R.727 erbeutet dabei noch 1 vom Gegner zurückgelassene 4 cm-Flak, 1 s.M.G. und verschiedene andere Waffen und Munition.

Kampfgruppe Zebisch erhält bereits kurz nach Antreten bei Überschreiten des Wolkowka-Baches starkes Feuer aus Waldstellung am Wege nach Paschenki hart südlich Prolyssowo. II./I.R.727, als Vorhut-Bataillon eingeteilt, bricht im raschen Ansturm den Widerstand, trotzdem kommt der Vormarsch infolge starker Verminung nur langsam voran. 4 ‚Minensuchgeräte 42' gehen dabei in die Luft und ersparen der Truppe eigene Verluste. In den Lichtungen bei Paschenki verteidigt sich der Gegner wieder äußerst hartnäckig in stark befestigten Waldstellungen unter Einsatz zahlreicher M.G., Granatwerfer, Pak-Geschütze und Artillerie, sodaß ein Frontalangriff nicht ohne weiteres möglich ist. Erst durch umfassenden Angriff eines weiteren Bataillons werden die Stellungen im schneidigen Ansturm aufgerollt und dem Gegner empfindliche Verluste beigebracht. 8.00 Uhr ist der Feindwiderstand restlos gebrochen und die Kampfgruppe setzt den Vormarsch fort, der wieder durch zahlreiche Minen aufgehalten wird, sodaß erst 10.15 Uhr Klch. Paschenki erreicht ist. Dort haben sich die Banden wieder gesetzt. Im raschen Zupacken werden sie aus ihren Stellungen geworfen und die Kampfgruppe erreicht gegen 11.20 Uhr Podlenjowskije, das erneut zäh verteidigt wird. Wieder macht sich der umfassende Einsatz eines Bataillons nötig, um den Widerstand der besonders mit schweren Inf-Waffen gut ausgerüsteten Banden zu brechen. 12.10 Uhr hat die Spitze Glubokaje Lusha durchschritten und die Kampfgruppe stößt weiter nach […]

Die unterstellten Einheiten werden von Kampfgruppe Schlegel befehlsgemäß entlassen, während Kampfgruppe Zebisch nach Entlassung des II./I.R.727 in den Raum um Bhf. Palushje mit II./Freiw.Rgt.Weise die Bahn überschreitet und den Wald weiter nach Norden bis zur Dessna durchkämmt, jedoch dort auch auf keinerlei Gegner trifft. I./Freiw.Rgt.Weise marschiert nach Erreichen der Bahn nach Ordshonikidsegrad.

16.30 Uhr ist Stab und II./Freiw.Rgt.Weise wie befohlen im Raum Palushje-Ort eingetroffen, um von dort am nächsten Tag auf dem Landmarsch wieder in seinen alten Einsatzraum zu gelangen.

Gruppengefechtsstand verlegt im Laufe des Vormittags zur Verladung nach Ssinesjerki-Bhf.

3

Gruppe Jollasse   Geheim!   Gr.Gef.St., 19. 10. 1942.
(Stab/Pz.Gren.Brig.18)
Ia Br.B.Nr. 605/42 geh.

                    Gefechtsbericht über Unternehmen
                    " D r e i e c k " und " V i e r e c k "
                            vom 17.9. - 2.10.1942.

I.) Feindlage.
        Nach den bei Beginn des Unternehmens vorliegenden Überläufer- und Kundschafteraussagen befanden sich im Raume, begrenzt durch
            im Norden: Eisenbahnlinie Brjansk - Bhf. Wygonitschi,
            im Westen: Lauf der Dessna bis zur Einmündung der Nawlja,
            im Süden: Lauf der Nawlja,
            im Osten: Eisenbahnlinie Brjansk - Nawlja,

        stärkere Banden, deren Gesamtstärke auf etwa 2500 Mann geschätzt wurde (siehe Feindlagenkarte Nr. 1).

        Tatsächlich war der Gegner in diesem Raume mit etwa 4000 Mann bedeutend stärker (siehe Feindlagenkarte Nr. 2), die Organisation und Führung straffer, die Ausrüstung, insbesondere mit schweren Waffen und Versorgung mit Munition, besser als angenommen.

        Weitere Einzelheiten über vermutete und tatsächliche Feindlage siehe Befehle zum Unternehmen "Dreieck" und "Viereck", insbesondere Anlage zum Befehl Nr. 1 für "Viereck Nr. 2" und Ziffer VI,1 nachstehenden Gefechtsberichtes.

II.) Auftrag für Gruppe Jollasse:
        1.) Die in diesem Raum befindlichen Banden zu vernichten. Dazu wurde das gesamte Gebiet in 2 große Räume untergeteilt und zwar:

Gefechtsbericht der Gruppe Jollasse über „Unternehmen Dreieck" und „Viereck" vom 19.10.1942,
Berichtszeitraum 17.9.–2.10.1942
Bundesarchiv/Militärarchiv, RH 23/25, Bl. 3

„An <u>Zivilbevölkerung</u> wurden während dieser Zeit aus dem gesamten Gebiet <u>18 596</u> Frauen, Kinder und Greise ausgesiedelt."

Auch im Gebiet des ‚Dreieck' konnten noch 3 Lager zerstört und kleinere Mengen an Munition erbeutet werden.

<u>Eigene Verluste, Feindverluste und Beute.</u>

1.) <u>Eigene Verluste in der Zeit vom 17.9.–2.10.1942:</u>

a) <u>Deutsche:</u>   gefallen   11 (2 Offz.)
                                      verwundet 55

b) <u>Ungarn:</u>   gefallen   24
                                      verwundet 90 (5 Offz.)
                                      vermißt   1

c) <u>Russ. Freiw.:</u>   gefallen   10
                                      verwundet 30
                                      vermißt   2

<u>Insgesamt:</u>

Gefallen   45
verwundet   175
vermißt   3
Gesamtausfall   223

2.) <u>Feindverluste in der Zeit vom 17.9.–2.10.1942:</u>

a) Gezählte Tote   1064 (darunter 3 Kommissare und
                          8 Flintenweiber)

b) Gefangene   86 (darunter 3 Flintenweiber,
                          die erschossen wurden)

c) Überläufer   366

d) dem Dulag zugeführte
   Männer der Zivilbe-
   völkerung zwischen
   15 u. 60 Jahren   973 (gehörten ausnahmslos min-
                          destens dem Selbstschutz an)

Somit betragen die Ausfälle des Feindes an Bandenangehöri-gen und Bandenverdächtigen männlicher Bevölkerung zwischen 15 und 60 Jahren:

<u>insgesamt 2 489</u>

Die Zahl der Toten ist jedoch erheblich höher, da in dem außer-ordentlich dichten Unterholz der großen Waldgebiete be-stimmt noch eine größere Anzahl von nicht aufgefundenen Feindtoten liegt, wie auch wieder Lager neu entdeckt wurden. Außerdem sind nach mehrfachen glaubwürdigen Einwohner- und Gefangenenaussagen die blutigen Verluste des Gegners sehr beträchtlich gewesen. So soll allein am 22.9. der Gegner durch Flakbeschuß bei Korinjewka über 100 Verwundete ge-habt haben, die in der Mehrzahl durch Flugzeuge abtranspor-tiert worden sind.

3.) An <u>Zivilbevölkerung</u> wurden während dieser Zeit aus dem gesamten Gebiet
<u>18 596</u> Frauen, Kinder und Greise ausgesiedelt.

4.) <u>An Beute wurde eingebracht bzw. vernichtet:</u>

a) <u>Waffen:</u>

    1 le. Panzer
    3 Geschütze 15,2 cm
    5 Geschütze 12,2 cm
    2 le.Flak
    2 Flakläufe
   10 Pak 4,5 cm
    1 überschw. Granatwerfer 12,2 cm
    1 schw. Granatwerfer 8,2 cm
   12 le. Granatwerfer 5,2 cm
    1 Richtaufsatz
   36 s.M.G.
   21 le.G.
      verschiedene M.G.-Ersatzteile (Läufe, Lafetten)
    9 Panzerbüchsen
   20 Maschinenpistolen
  543 Gewehre
    7 autom. Gewehre
      verschiedene Gewehr-Ersatzteile
    4 Pistolen
    2 Leuchtpistolen
    2 Seitengewehre
   22 M.G.-Kästen
   32 M.G.Trommeln und Magazine

b) <u>Munition:</u>

    9 Schuß Artl.Muniton 15,2 cm
   30 Schuß Artl.Munition 7,62 cm
   98 Wurfgranaten 12,2 cm
   20 Wurfgranaten 8 cm
  821 Wurfgranaten 5,2 cm
  473 Pakgranaten 4,5 cm
  224 Panzerhandgranaten
   63 Handgranaten
   90 Schuß Flakmunition
  237 Minen
  354 Kg. Sprengmittel
außerdem weitere große Mengen an Inf.- und Granatwerfer-Munition aller Art sowie Pak-, Sprengmunition und Minen, die beim Anzünden der Dörfer, Lager, Heu-, und Strohschober in die Luft gingen.

c) <u>Ausrüstung</u>

  100 Fallschirme
   30 Abwurfbehälter
    2 Feldfernsprecher
    1 Funkgerät

1 Lichtmaschine
3 Sammler
2 Kopfhörer
1 Rolle le. Feldkabel
1 Doppelfernglas
1 Marschkompaß
1 Windmesser
15 Gasmasken
  versch. Sanitätsmaterial
  versch. Waffenmeister-Gerät
15 Feldküchen
1 Fahrrad
2 Lkw.
8 Autoreifen
  versch. Schustergerät sowie Gerbermaterial

d) <u>Zerstörte Lager:</u>

64 ausgedehnte, großangelegte Lager
   (zahlreiche Blockhütten und unter-
   irdische gut ausgebaute Vorratsräume)
   mit Munition, Sprengstoff, Ausrüstungs-
   gegenständen und Erntevorräten.

Außerdem wurden zahlreiche Bunker und
Feldstellungen zerstört oder gesprengt.

e) <u>Sonstiges:</u>

1683 Kühe und Rinder
 413 Pferde
  37 Schafe
   7 Ziegen
 219 Panjewagen (ein großer Teil unbrauchbar)

   Größere Mengen an Getreide und Kartoffeln
   sowie Heu und Stroh konnten geborgen werden
   Ein großer Teil mußte infolge fehlender
   Möglichkeit zum Abtransport verbrannt
   werden.

[...] stets ausreichend beschickt und trotz der nur wenigen
vorhandenen Hilfskräfte immer voll einsatzbereit. Auch die
zweimal im Laufe des Unternehmens erfolgte Verlegung konnte mit der Bahn ohne Schwierigkeiten durchgeführt werden.

Als nachteilig bei der langen Dauer des Unternehmens erwies
sich das Fehlen jeglicher <u>Instandsetzungsdienste</u> für die beteiligten motorisierten Einheiten. Auch der Einsatz wenigstens 1 zum Abschleppen bzw. als Ersatz dort vorhandenen
Zgkw. wäre wünschenswert.
Die <u>ärztliche Betreuung</u> war im allgemeinen völlig ausreichend.
Die zur Verfügung stehenden Sankas waren z.T. wenig gelän-
degängig, daher muß die Truppe zum Verwundeten-Transport
noch mehr auf Panjewagen zurückgreifen.

d) <u>Aussiedlung der Bevölkerung:</u>

Die für die ausgesiedelte Bevölkerung in Ssinesjerki=Bhf. und
Nawlja vorbereiteten Lager genügten trotz der Höhe des An-
falls allen Anforderungen. Der Abtransport des Viehes machte
im allgemeinen keine Schwierigkeiten. Bereitstellung ausreichender Panjekolonnen, um den Ausgesiedelten die Möglichkeit zu geben, wenigstens etwas an Lebensmitteln und sonstigem lebensnotwichtigen Besitz mitzunehmen, muß gewährleistet sein.

e) <u>Schaffung einer ‚Wüstenzone':</u>

Die gegebenen Anordnungen für das Schaffen einer ‚Wüstenzone' durch Zerstörung der Lager, Niederbrennen der Dörfer usw.
sind überall rücksichtslos durchgeführt worden. Eine Bergung
der zahlreichen Erntevorräte usw. konnte durch die Truppe
selbst aus Mengel an ausreichenden Kräften nicht erfolgen.

Es müssen daher bei Beginn eines Unternehmens Bergungsko-
lonnen (Zivilbevölkerung, Miliz usw.) unter einer energischen
Führung zusammengestellt werden, die aus dem von der Truppe gesäuberten Gebiet alle Vorräte usw., die sonst vernichtet
werden müssen, abtransportieren. Große Werte und Bestände
hätten dadurch erhalten werden können.

Besonders aus dem fruchtbaren Rjewna-Tal wäre es möglich
gewesen, die gesamte Kartoffelernte sowie die dort vorhandenen großen Mengen an Heu und Stroh zu bergen.

f) <u>Zusammenfassend</u> kann gesagt werden, daß in dem Gebiet
‚Dreieck' und ‚Viereck' dem Gegner
   1.) durch die hohen Verluste
   2.) durch die restlose Vernichtung sämtlicher Dörfer und
   zahlreicher Lager und
   3.) durch die Evakuierung der Bevölkerung, durch die er
   insbesondere für die Herbst- und Frühjahrsbestellung
   seine Arbeitskräfte verloren hat,
für die nächste Zeit die Existenzmöglichkeit – zumindest in
größerem Umfange – auf alle Fälle genommen worden ist.

Auch wird durch die Abschirmung an der Nawlja ein Rück-
sickern in das gesäuberte Gebiet verhindert.
Alle an dem Unternehmen ‚Dreieck' und ‚Viereck' beteiligten
deutschen, ungarischen und russ. Freiw.-Verbände haben sich
in diesen 3 Wochen im Kampfe gegen einen gut bewaffneten,
zäh und verbissen kämpfenden Gegner und beim Durchkämmen der urwaldartigen, zum Teil völlig unwegsamen und stark
versumpften Wälder, in vorbildlicher Zusammenarbeit aller
Waffen, ausgezeichnet geschlagen."

„Die gegebenen Anordnungen
für das Schaffen einer
‚Wüstenzone' durch Zerstörung
der Lager, Niederbrennen der
Dörfer usw. sind überall rücksichtslos durchgeführt worden."

Bilanz des „Unternehmens"

„UNTERNEHMEN COTTBUS"

Im Frühjahr 1943 hatte sich im Gebiet zwischen Plesch-tschenize, Dokschyze und Lepel sowie am Palik-See eine Partisanenbewegung etabliert, die aus mehreren tausend ausgebildeten Kämpfern bestand. Sie wurden regelmäßig aus der Luft versorgt, errichteten dauerhafte Befestigungen und verfügten über eine moderne Bewaffnung. Bald sprach man von einer „Partisanen-Republik".

„Cottbus" war einer der größten Einsätze weit hinter der Front. Heer, Luftwaffe, SS und Polizei operierten ab 20. Mai 1943 gemeinsam im schwer zugänglichen Sumpfgebiet gegen die gut aus-gerüsteten Partisanenverbände. Die Zivilverwaltung requirierte Vieh und Erntebestände und deportierte insgesamt über 6.000 zivile Arbeitskräfte ins Reich. Als das „Unternehmen Cottbus" nach sieben Wochen beendet wurde, war das gesamte Gebiet verwüstet: mindestens zwanzig Dörfer waren niedergebrannt, in mehreren Ortschaften hatte man die gesamte Bevölkerung erschossen, Zivilisten starben beim „Aufräumen" von Minenfeldern. Die Anzahl der Gesamtopfer ist nicht bekannt. Der abschließende Gefechtsbericht hält folgende Bilanz fest: 9.796 Tote und 599 Gefangene. Dieses Mal hatte man aber auch höhere eigene Verluste: Fünf deutsche Offiziere sowie 83 Unteroffiziere und Mannschaften waren tot, drei Männer vermißt.

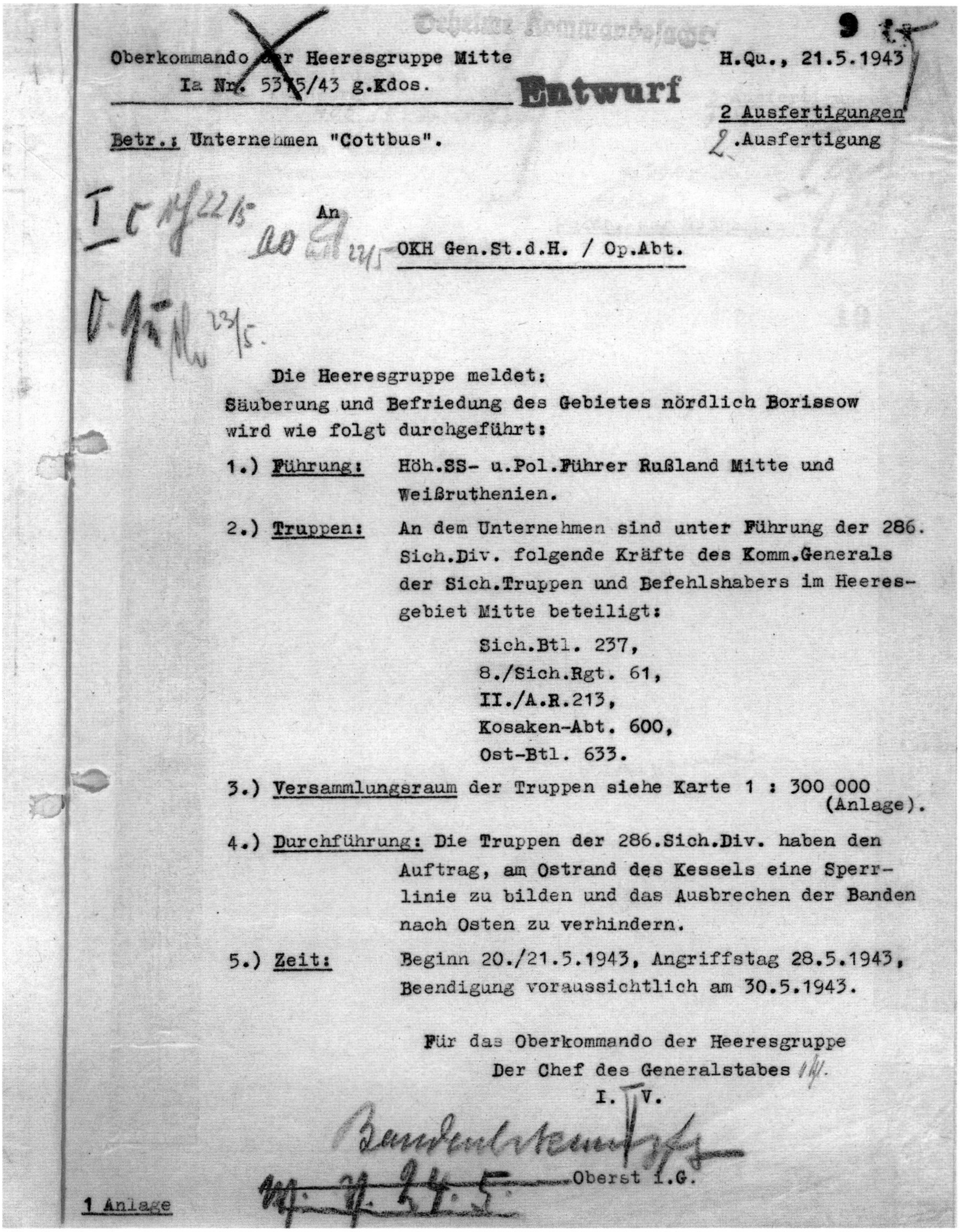

Oberkommando der Heeresgruppe Mitte
Ia Nr. 53?5/43 g.Kdos.   **Entwurf**

H.Qu., 21.5.1943

2 Ausfertigungen
2.Ausfertigung

Betr.: Unternehmen "Cottbus".

An
OKH Gen.St.d.H. / Op.Abt.

Die Heeresgruppe meldet:
Säuberung und Befriedung des Gebietes nördlich Borissow
wird wie folgt durchgeführt:

1.) Führung: Höh.SS- u.Pol.Führer Rußland Mitte und
                    Weißruthenien.

2.) Truppen: An dem Unternehmen sind unter Führung der 286.
                    Sich.Div. folgende Kräfte des Komm.Generals
                    der Sich.Truppen und Befehlshabers im Heeres-
                    gebiet Mitte beteiligt:

                        Sich.Btl. 237,
                        8./Sich.Rgt. 61,
                        II./A.R.213,
                        Kosaken-Abt. 600,
                        Ost-Btl. 633.

3.) Versammlungsraum der Truppen siehe Karte 1 : 300 000
                                                    (Anlage).

4.) Durchführung: Die Truppen der 286.Sich.Div. haben den
                    Auftrag, am Ostrand des Kessels eine Sperr-
                    linie zu bilden und das Ausbrechen der Banden
                    nach Osten zu verhindern.

5.) Zeit: Beginn 20./21.5.1943, Angriffstag 28.5.1943,
                    Beendigung voraussichtlich am 30.5.1943.

Für das Oberkommando der Heeresgruppe
Der Chef des Generalstabes
I. V.

Oberst i.G.

1 Anlage

„Die Truppen der 286.Sich.Div. haben den Auftrag, am Ostrand des Kessels eine Sperrlinie zu bilden und das Ausbrechen der Banden nach Osten zu verhindern."

Entwurf eines Schreibens des Oberkommandos der Heeresgruppe Mitte an den Generalstab des Heeres vom 21.5.1943
Bundesarchiv/Militärarchiv, RH 19 II/176, Bl. 9

286 Sich. Div.
II a N.f.D. Nr. 11/43
286 Sich. Div. 144
I a 1268/43 g.
1
Feld-Kdtr. (V) 244
Abt. J. 286/43 gel.

Kampfgruppe v. G o t t b e r g   Stabs-Quartier, den 28. 6. 1943.
      - I a -

                    Nur für den Dienstgebrauch!
                    ===============================

Anlage Nr. 53
zum Kriegstagebuch
der 286. Sich. Div. Abt. Ia

           G e f e c h t s b e r i c h t

           über das Unternehmen "C o t t b u s" !
           ----

1. F e i n d l a g e :

Schon seit langer Zeit war bekannt, daß sich im Raume um den Palik-See die für Weißruthenien maßgebende Bandenzentrale befindet. Nach Aussage von Gefangenen, Überläufern usw. und nach Aufklärungsergebnissen des SD. mußte etwa in dem Raume Chrost (06/36) - Pleschtschenizy (54/32) - Dokschyze (48/84) - Lepel (08/84) mit Vorhandensein starker Banden, die über ausgebaute Lager und Feldbefestigungen verfügen, gerechnet werden. Außerdem hatte die Aufklärung ergeben, daß dieser Raum voraussichtlich auf Straßen und Wegen stark vermint sein würde.

Nicht bekannt war die tatsächliche Stärke und Bewaffnung des Gegners in diesem Raume ostw. der Beresina. Vielmehr hat hier erst die gewaltsame Aufklärung des Ⴗ-Pol.-Rgt. 2 ergeben, daß neben Banden auch große Teile regulärer Truppen, darunter Fallschirmabspringer, mit schweren und schwersten Waffen in vorzüglich ausgebauten Bunkeranlagen vorhanden waren.

2. A u f t r a g :

Auf Befehl des Chefs der Bandenkampfverbände des RFႷ wurde die Kampfgruppe v. G o t t b e r g unter Führung des ႷႷ-Brigadeführers und Generalmajor d. Pol. v. Gottberg gebildet und beauftragt, diese Banden anzugreifen, zu vernichten, ihre Lager zu zerstören und ihre Vorräte zu bergen.

3. E i g e n e K r ä f t e :

An eigenen Kräften standen zunächst zur Verfügung:
      a) Ⴕ-Pol.-Rgt. 2
      b) ႷႷ-Pol.-Rgt. 13
      c) Ⴕ-Sdr.-Btl. Dirlewanger
      d) Ⴕ-Druschina-Verbände
      e) Schm.-Btl. 15

                                  f)

„[…] beauftragt, diese Banden anzugreifen, zu vernichten, ihre Lager zu zerstören und ihre Vorräte zu bergen."

Gefechtsbericht der Kampfgruppe von Gottberg über das „Unternehmen Cottbus" vom 28.6.1943 (Deckblatt)
Bundesarchiv/Militärarchiv, RH 26–286/9, Bl. 144

Gefechtsbericht der Kampfgruppe Curt von Gottberg über das „Unternehmen Cottbus" vom 28.6.1943 (Auszug)
Bundesarchiv/Militärarchiv, RH 26–286/9, Bl. 144–160, Zitat Bl. 156–160

„Nur für den Dienstgebrauch!

===================

G e f e c h t s b e r i c h t

über das Unternehmen ‚ C o t t b u s '!

[...] 8. Kampferfahrungen:

Die Verminung der meisten Wege und Stege macht die Herrichtung von behelfsmässigen Minensuchgeräten zur Notwendigkeit. Das vom Btl. Dirlewanger hergestellte Minensuchgerät hat sich gut bewährt. Darüber hinaus muß bei Einsätzen, wie beim Unternehmen ‚Cottbus' jede menschliche Rücksicht auf die Bevölkerung ausgeschaltet werden, da wiederholt festgestellt werden mußte, daß die eingesessene Zivilbevölkerung, auch Frauen und Kinder, im Rücken unserer Linien die Straßen wieder erneut verminten.

Zum Zwecke der Entminung müßten Pionierzüge auch bei den Btl. vorhanden sein, die darüber hinaus für Wegeausbesserung und Brückenbau dringend erforderlich wären.

Die Abstellung eines Fliegerverbindungsoffiziers zum Kampfgruppengefechtsstand hat sich bestens bewährt. Wie überhaupt an dieser Stelle nochmals darauf hingewiesen werden muß, daß bei größeren Bandenunternehmungen auf Luftwaffeneinsatz sowohl zur Aufklärung als auch im Kampf nicht verzichtet werden kann. In schwierigen Situationen, die sich teilweise beim Unternehmen ‚Cottbus' ergaben, ist die Luftwaffe darüber hinaus zur Versorgung eigener Truppen mit Munition und Verpflegung aus der Luft eingesetzt worden.

Endlich hat sich gezeigt, daß die Banditen, sobald sie merken, daß sie eingekesselt sind, versuchen, getarnt als harmlose Bauern einzeln zu entkommen oder sich in Sümpfen zu verbergen. Es muß daher angestrebt werden, jedes Sumpfgebiet so eingehend wie nur möglich zu durchkämmen. Auch beim Unternehmen ‚Cottbus' wurden häufig kleinere Bandengruppen aufgefunden, die bis zum Halse im Sumpf standen und sich den Kopf mit Moos bedeckt hatten, so daß sie nur bei schärfster Nachsuche gefunden werden konnten.

Bei der eigenen Truppe hat sich im Sumpfkampf das gegenseitige Anseilen der Männer bestens bewährt.

9. E r g e b n i s des Unternehmens ‚Cottbus':

a) Verluste des Gegners:

im Kampf gefallen:	6 087
Erledigte:	3 709
Gefangene:	599

b) Erfaßte Arbeitskräfte:

männlich:	4 997
weiblich:	1 056

c) Eigene Verluste

Deutsche:

Gefallen:	5 Offiziere (darunter 1 Btl.-Kdr.)
	83 Unterführer und Männer
verwundet:	11 Offiziere (darunter 2 Rgt.-Kdr.)
	374 Unterführer und Männer
vermißt:	3 " " "

Fremdvölkische:

gefallen:	40
verwundet:	152
vermisst:	4

d) Beute:

20	Geschütze 7,62 cm
9	Pak.
1	Flak
18	Granatwerfer
30	sMG.
31	lMG.
1	Flugzeug (vernichtet)
50	Schleppsegler (vernichtet)
16	Pz.-Büchsen
45	MPi.
903	Gewehre
11	Gewehrschäfte
7	Gewehrläufe
13	Pistolen
12	Leuchtpistolen
281	Handgranaten
23	Seitengewehre
1 533	Granaten
1 543	Minen
303	Fliegerbomben
113 025	Schuß Gewehrmunition
7 530	" Pistolenmunition
1053	" Pz.-Munition
32	Kisten Kartuschen
40	MG.-Trommeln
7	Mpi.-Trommeln
3	Bodenplatten für Granatwerfer
2 404	kg Sprengstoff
36	Kisten Sprengstoff
14	" ...... Sprengkapseln
6	" Ekrasitpackungen
305	elektr. Zünder

Der Vertreter des Höheren SS- und Polizeiführers Rußland-Mitte, Curt von Gottberg, ohne Datum
Bundesarchiv, BDC–SSO Curt von Gottberg

„Darüber hinaus muß bei Einsätzen, wie beim Unternehmen ‚Cottbus' jede menschliche Rücksicht auf die Bevölkerung ausgeschaltet werden [...]."

2 Protzen
13 Gasmasken
1 Fernglas
2 Kartentaschen
5 Pferdesättel
2 deutsche Waffenröcke
1 Koppel
2 Schreibmaschinen
9 Funkstellen
2 Fernsprechapparate
1 Bildstelle
1 Filmgerät
1 Lautsprecher
1 Schalldämpfer
530 m Kabel bzw. Zündschnur
1 russ. Voltmesser
1 Anodenbatterie
5 Dahtspanner z. Zerstören von Leitungen
61 Fallschirme
2 Fallschirmtornister
1 Höhenmaske
1 Autobatterie
2 Kraftstoffässer
1 Benzinkanister
1 Nähmaschine
20 Fahrräder
3 Feldküchen

198 Fuhrwerke
430 Schlitten
14 Boote (davon 7 versenkt)
22 Flöße
30 Pferdegeschirre
9 Pflüge

1 Druckerei
2 Apotheken mit chir. und zahnärztl. Besteck
1 med. Bibliothek

Erbeutet bzw. vernichtet wurden außerdem:
Teile von Maschinengewehren, Pistolen, Fallschirmen und Se-
gelflugzeugen, Gleitschienenschlösser, verschiedene Beklei-
dungs- und Ausrüstungs- und Wirtschaftsstücke, große Mengen Propagandamaterial, Papiere, Karteien und Schriftstücke
sowie erhebliche Mengen an Sanitäts- und Verbandsmaterial.

Zerstört wurden:

194 Bandenlager, zum Teil bestehend aus Blockhäusern mit
Bäckerei, Schlächterei, Färberei, Getreidelager usw.

422 Bunker.

An Landesprodukten wurden erfaßt:

3 262 Rinder
2 182 Schafe
904 Pferde
153 Schweine
1 618 Felle verschiedener Art
684 to Getreide
24 to Kartoffeln
38 Zentner Leinsamen
70 " Mehl
3 " Wolle
2 Säcke Flachs
2 " Leinenzwirn.

Die Masse der Beute, abgesehen von den landwirtschaftlichen
Produkten, konnte infolge des überaus schwer zugänglichen
Sumpfgeländes nicht geborgen werden, sondern mußte an Ort
und Stelle vernichtet werden.

Im Entwurf gezeichnet:
v. Gottberg
SS- Brigadeführer und
Generalmajor d. Pol.

Für den Kampfgruppen-Befehlsstab
Major d. Gend."

Bericht des Propagandisten Lauch über die Teilnahme am „Unternehmen Cottbus" vom 2.6.1943
Bundesarchiv, NS 19/1433, Bl. 96–98

„[...] 27.5.43: [...]

Die Tatsache des längeren Aufenthaltes in B. sowie das Ergebnis der Unterredung mit Oberstlt. Kitzinger sowie der weitere Verlauf der Kampfhandlungen veranlaßten mich, meine Teilnahme abzubrechen, da die weiteren Voraussetzungen für eine weitere propagandistische Tätigkeit fehlten. Nach den Ausführungen von Herrn Oberstlt. Kitzinger haben die Aussagen der Gefangenen ergeben, daß ein großer Teil der Partisanen Zivilkleider bekommen hat und die Anweisung erhielt, sich in den Dörfern als Bauern zu betätigen und einen weiteren Zeitpunkt abzuwarten. Hierauf hat sich Oberstlt. K. entschlossen, die Dörfer niederzubrennen und die Bevölkerung zu erschießen. Dadurch ergab sich für mich keine Möglichkeit zur weiteren Arbeit. [...]

Unter Berücksichtigung aller dieser Dinge geht einwandfrei hervor, daß keinerlei Möglichkeit besteht, auf propagandistischem Gebiet mit Erfolg zu arbeiten, da man nicht der Bevölkerung zu sagen vermag, was zu unseren Gunsten spricht. [...]"

Schreiben des Generalkommissars für „Weißruthenien" an den Reichsminister für die besetzten Ostgebiete über den Reichskommissar Ostland vom 3.6.1943
Bundesarchiv, NS 19/1433, Bl. 92

„Im Nachtrage zu dem Bericht des Propagandisten Lauch überreiche ich in der Anlage eine Abschrift einer Meldung des kommissarischen Abteilungsleiters für Politik, Gebietskommissar Langer. [...]

Ich schlage vor, dem Herrn Reichsminister f.d.bes.Ostgebiete zu bitten, die Angelegenheit dem Führerhauptquartier vorzulegen. Die Dinge haben eine große politische Bedeutung. Wird in der bisherigen Form nicht nur von Seiten der Polizei, sondern auch der Wehrmacht und der OT in der Behandlung der einheimischen Bevölkerung in den besetzten Ostgebieten fortgefahren, dann haben wir im nächsten Winter nicht Partisanen, sondern den Aufruhr des ganzen Landes und dann dürften die zur Verfügung stehenden Kräfte der Polizei kaum noch ausreichen, um die gestellten Aufgaben durchzuführen. [...]"

Bericht des Kreislandwirts beim Gebietskommissar in Wilejka, „Weißruthenien", über die landwirtschaftliche Erfassung im „Unternehmen Cottbus", 12.6.1943
Belorussisches Nationalarchiv Minsk, 370–1–1880, Bl. 59

„Im Unternehmen ‚Kottbus' war ich vom Herrn Generalkommissar, Abt. III E, mit der Erfassung landwirtschaftlicher Erzeugnisse beauftragt. Vom Gebiet Glebokie standen mir 10 La-Führer zur Verfügung. [...]

Die ersten Tage hatten den gewünschten Erfolg. Es wurde planmäßig erfaßt. Die Felder waren bis zu 70%, vor allem mit Roggen, bestellt. Es war mir klar, daß hier die Landwirtschaft lebensfähig erhalten bleiben mußte. Leider änderte sich nach einigen Tagen das Bild. 2 Dörfer, Dobrun- und Prodniki, mußten, da sich dort Banden festgesetzt hatten, im Kampf genommen werden. Hierbei wurden die Dörfer vernichtet und die Erfassung konnte 100prozentig durchgeführt werden; d.h., sämtliche Kühe, Schafe und Pferde, soweit vorgefunden, wurden zur Ablieferung mitgenommen. Die genannten Dörfer waren menschenleer.

Je weiter wir in russisches Gebiet vordrangen, umso schwerer wurde uns die Arbeit gemacht. Die Dörfer waren menschenleer und Vieh war nicht vorhanden. Jedoch waren die Felder 70–80% bestellt, besonders mit Roggen. Es wurden sehr viel Felle vorgefunden, die aber alle einzeln aus den Häusern geholt werden mußten. Getreide und Kartoffeln dagegen gab es kaum. Sicher haben die Bauern ihr Brotgetreide, das bis zur Ernte reichen muß, vergraben.

Ganz besonders erschwert wurde uns die Arbeit dadurch, daß die zum Teil in ihre Dörfer zurückgekehrten Bewohner erschossen und die Dörfer restlos vernichtet wurden. Manches Fell und Leinen wurde dabei ein Raub der Flammen. Die gesamte Atkion hatte, vom Standpunkt der Erfassung aus gesehen, nicht den Erfolg den sie hätte haben können.

Auffallend war, wie die Wehrmacht, Polizei und der SD und andere beteiligten Verbände organisierten, was zu organisieren war. Ich hatte den Eindruck, daß die La-Führer bei diesen Einheiten bestimmt nicht gern gesehen sind, ganz besonders nicht bei den Truschina-Verbänden. [...]"

„Auffallend war, wie die Wehrmacht, Polizei und der SD und andere beteiligten Verbände organisierten, was zu organisieren war."

„BRUCHSTÜCKE"

Zur Beteiligung der Wehrmacht am Partisanenkrieg in Weißrußland liegen in den Archiven oftmals nur fragmentarische Quellen. Zu vielen „Großunternehmen" existiert nur eine begrenzte Anzahl von Dokumenten, und Fotos gibt es nur zu sehr wenigen „Aktionen". Das bedeutet jedoch nicht, daß damals keine Aufnahmen gemacht wurden. Der ehemalige Höhere SS- und Polizeiführer Rußland-Mitte, Erich von dem Bach-Zelewski, berichtete nach Kriegsende, daß er „Tausende von Farbfotografien des Partisanenkampfes" besessen habe, die allerdings nach 1945 beschlagnahmt worden seien. Diese Fotos gelten als verschollen.

Bei den heute verfügbaren Bildern handelt es sich überwiegend um Aufnahmen von Propagandakompanien, die in der Regel nur ungenau datiert sind. Konkrete Hinweise, wo die Fotos aufgenommen worden sind, fehlen oft völlig. Daher ist eine Zuordnung des Bildmaterials zu bestimmten Ereignissen schwierig. Zudem sind die Aufnahmen gemacht worden, um sie propagandistisch zu nutzen. Der Aussagewert der zeitgenössischen Bildkommentierungen ist daher problematisch.

Obwohl dieses Fotomaterial nur einen begrenzten Quellenwert besitzt, und obwohl zahlreiche schriftliche Dokumente fragmentarisch bleiben, sind sie als „Bruchstücke" mitunter doch von erheblicher Bedeutung.

Nach Archivangaben ist das Foto vom PK-Fotografen Hermann (Propagandakompanie 612) am 28.6.1941 in Rozanka aufgenommen worden. Die zeitgenössische Bildbeschriftung behauptet, daß die abgebildeten Personen „jüdische Partisanen" seien, die wegen „Verrats" erschossen wurden. Durch diese Bildkommentierung wird zwar das propagandistische Interesse, die Juden als „Verräter" und „Partisanen" darzustellen, offensichtlich, die Ereignisse in Rozanka Ende Juni 1941 lassen sich aber anhand solcher Angaben nicht rekonstruieren.

PK-Beschriftung: „Selbst für eine Kugel zu schade: Diese vertierten Judentypen haben 5 deutsche Soldaten und einige Nationalpolen an Rote verraten: die Verratenen wurden gefangen genommen und von den Rotarmisten zu Tode gemartert. Die hier gezeigten Juden wurden sofort erschossen."
Bundesarchiv, Bild 146/94/92/18A

Am 20. September 1941 berichtete das Infanterieregiment 692 über „Säuberungsaktionen",
bei denen insgesamt 15 Personen erschossen, 63 an die Geheime Feldpolizei und Ortskommandantur übergeben sowie drei Personen in ein Gefangenenlager eingeliefert wurden.
Bemerkenswert ist, daß der Bericht ausdrücklich anzweifelt, „ob die eigentlichen Partisanen"
gefaßt wurden.

**Bericht des Infanterieregiments 692 vom 20.9.1941 über
durchgeführte „Säuberungsaktionen" vom 16.9. – 18.9.1942**
Bundesarchiv/Militärarchiv, RH 26 – 221/21

„1. Aktion I vom 15.9. – 17.9.41.
Einsatz des Regiments gemäß Planpause 1.
Verlauf am 16.9.
Rgt. hatte befehlsgemäß am 15.9. um 21.00 Uhr die Bereit-
stellung beendet. Während der Nacht ereignete sich nichts
Besonderes.
I./I.R. 692 stellte 10,45 Uhr Verbindung mit Teilen des I.R. 350
her.
Im übrigen ruhiger Verlauf des Tages.
Ergebnis: 6 Mann erschossen,
17 Mann zur Überprüfung der G.F.P. übergeben.
Während der Nacht hat I./I.R. 692 durch schnelles Zugreifen
2 akt. russische Offiziere gefangengenommen.
Verlauf am 17.9.
Die beiden Flügelbataillone, I/I.R. 692 um 6.00 Uhr und Part.
Bek.Btl. um 5,30 Uhr antretend, verengten befehlsgemäß den
Einschließungsraum.
II./I.R. 692 trieb kampfkräftige Spähtrupps nach vorne. Gegen
15.30 Uhr wurde die Aktion beendet, da I.R. 350 den Bahnkör-
per erreicht hatte.
Ergebnis am 17.9.:
2 aktiv. russische Offiziere erschossen
2 russische Soldaten ins Gefangenenlager gebracht
7 Mann zur Überprüfung der G.F.P. übergeben.
2. Aktion II vom 17. auf 18.9.41. (Planpause 2).
Noch am 17.9. besetzten Teile des II./I.R. 692 und der I./A.R. 231
sämtliche Übergangsmöglichkeiten über den Fluß. Im Morgen-
grauen wurde befehlsgemäß mit der Säuberung des befohlenen Geländes und mit der Besetzung der Sperrlinie (Eisen-
bahnlinie) begonnen.

Um 6,30 Uhr war Sperrlinie besetzt und Verbindung mit Nachbar hergestellt.
Die Säuberung der Ortschaften, die schlagartig beim Hellwerden durchgeführt wurde, zeigte folgendes Ergebnis:
7 russische Soldaten erschossen,
39 Personen zur Überprüfung der G.F.P. übergeben bzw. an
Ortskommandantur abgeliefert,
3 Mann im Gefangenenlager eingeliefert.
Das zusammenfassende Ergebnis der Säuberungsaktion ergibt:
15 erschossen 63 der G.F.P. u. Ortskommandantur übergeben
5 ins Gefangenenlager eingeliefert.
Bemerkungen zur Durchführung von Säuberungsaktionen.
I. Die vom 15.9. – 18.9. durchgeführten Säuberungsaktionen
haben zwar zahlenmäßig ein gutes Ergebnis gezeitigt, doch ist
es sehr fraglich, ob die eigentlichen Partisanen, die in den ausgedehnten Sumpfgebieten auf Inseln zu finden sind, gefaßt
wurden.
II. Eine gründliche Durchsuchung aller in Sumpf und Wald sich
reichlich bietenden Verstecke dürfte bei dem ä[u]ßerst schwierigen Gelände nur mit Hilfe zahlreicher ortskundiger Führer
möglich sein.
III. Sämtliche vom Regiment erschossenen bzw. verhafteten
Personen wurden mit Unterstützung der Bürgermeister oder
auf Grund von Angaben Volksdeutscher aus den Ortschaften
herausgeholt. Durch Besetzung der Sperrlinie wurde niemand
gefaßt. Auch das Einschwenken der Flügel zeitigte kein positives Ergebnis.
Nach den Meldungen vom 19.9. scheint der am 17.9. durch-
kämmte Raum nicht restlos befriedet zu sein, da bereits am
19.9. mehrere Meldungen über eine lebhafte Partisanentätigkeit vorlagen. [...]"

Die Ortschaften im Umkreis von Demidow waren Ende Januar 1942 schweren Kämpfen ausgesetzt. Der Bericht der Kommandantur in Smolensk erwähnt einerseits Verschleppungen und Erschießungen der männlichen Bevölkerung durch „die Russen", berichtet andererseits aber auch, daß die restliche Zivilbevölkerung vor den deutschen Truppen floh, als diese das Gebiet besetzten. Hierfür seien durchgeführte Erschießungen von Zivilisten verantwortlich, da die „eingesetzten Truppen […] geneigt waren, in jedem Mann einen Partisanen zu sehen".

260

Kommandantur
S m o l e n s k   Smolensk, den 4. März 1942.
Abt.Ic

-.-B.e.r.i.c.h.t.-
über die Bevölkerung in den wiederbesetzten Ortschaften in Gegend Demidow.

Anlässlich der Unternehmung zum Entsatz der Stadt Demidow
wurde festgestellt, daß mehrere Dörfer von der Bevölkerung
vollständig verlassen waren. In den übrigen Dörfern waren
nur noch Frauen, Greise und Kinder zurück geblieben.
Die Menschen machten einen außerordentlich verschüchterten
und eingeschreckten Eindruck. Aus ihren Aussagen ließ sich
nur soviel entnehmen, daß die Russen zuerst eine Aushebung
veranstaltet hatten, später aber die gesamte männliche Bevölkerung verschleppten. Drei Leichen, die in der Nähe des
Dorfes Star.Pressudy gefunden wurden, weisen darauf hin, daß
die Russen auch Erschießungen vorgenommen haben.
Weshalb die restliche Bevölkerung vor Einmarsch unserer Truppen geflohen war, ließ sich nicht einwandfrei feststellen,
weil die wenigen zurückkehrenden Frauen, die angetroffen wurden, keine Auskunft geben wollten. Es ist anzunehmen, daß die
Bevölkerung zum Teil aus Angst vor zu erwartenden Kriegshandlungen, zum Teil wegen vorgekommener Erschießungen von Landeseinwohnern unsererseits geflohen waren. Hierzu ist zu bemerken,
daß die eingesetzten Truppen noch keine Erfahrungen in diesem
Lande hatten und geneigt waren, in jedem Mann einen Partisanen
zu sehen. Es bedürfte eines Befehls des Abteilungsführers, Oberst
H o f f m a n n, daß Erschießungen zu unterlassen, und Verdächtige
dem Stab zuzuführen sind.
Die wirtschaftliche Lage der wiederbesetzten Dörfer ist als äußerst
schlecht zu bezeichnen. Pferde, Vieh und Rauhfutter fehlen fast
vollkommen. Das Saatgetreide der Kolchosen ist zum großen Teil
verschleppt oder verfüttert worden.
Wie der Ortskommandant von Demidow berichtet, hat sich die Bevölkerung und besonders der Ordnungsdienst dieser Stadt während der
Belagerung sehr anerkennenswert verhalten. Der Ordnungsdienst hat
sich auch bei der Verteidigung eingesetzt und hat auch Verluste zu
verzeichnen.
                                        Leutnant.

Bericht der Kommandantur Smolensk über die Bevölkerung in den wiederbesetzten Ortschaften
in der Gegend Demidow vom 4.3.1942
Bundesarchiv/Militärarchiv, RH 22/230, Bl. 260

Am 14. Oktober 1942 meldete das Infanterieregiment 727 einen Sabotageanschlag einer Lehrerin aus Trosna, die dabei selbst ums Leben kam. Als „Vergeltung" wurden der Schuldirektor und sieben Kollegen erhängt. Im Kriegstagebuch des Kommandeurs des rückwärtigen Armeegebietes existiert ebenfalls eine Meldung zu diesem Anschlag, allerdings werden die acht Vergeltungsopfer hier als „Mitwisser" ausgegeben, die an Ort und Stelle erhängt wurden.

Tag Ort	Darstellung der Tätigkeit sowie wichtiger Ereignisse und Maßnahmen
1	2
	befohlene Ausgangsstellung (III) = Linie
	Punkt 22o,4 - Belisna - Wperet - Grabowka - Kotschatow - Usam
	wo - Losew - Newinka - Nowo Setinka - Belewka - Punkt 22o,4.
	Im Vorgehen hielten die Gruppen laufend Fühlung miteinander,
	Feindberührung nur vereinzelt bei Kampfgruppe E.
	Im Walde ostw. Punkt 22o,4 wird durch Gruppe D ein grosses
	Lager mit Bäckerei zerstört. 5 Personen, die bei Kampfgruppe
	die Absperrung zu durchbrechen versuchten, wurden erschossen.
	221.S.D. sperte Flussübergänge über den Iput von Kutschi bis
	Rasrytoje (27 km wnw Kletnja).
	6./747 wurde, da sie die Kampfgruppe E nicht mehr rechtzeit
	erreichen konnte, nach Kletnja als Reserve herangezogen.
	Sicherungsraum J.R.747:
	Während der Nacht wurde eine Verbindungsstreife am Bahnkörper
	und eine Streife 4 km no Rshaniza beschossen. Nachstossen ohne
	Erfolg.
14.1o.42	Sicherungsraum J.R.727:
	II./727: Eine Lehrerin aus Trosna versuchte unter einem im
	Bahnhof haltenden Mun.-Zug eine Mine zu legen. Durch Entglei-
	ten der Mine explodierte diese vorzeitig und zerriss die Leh-
	rerin. Als sofortige Vergeltungsmassnahme wurden an der Tat-
	stelle der Schuldirektor und 7 Lehrer bezw. Lehrerinnen er-
	hängt.
	Unternehmen Klette:
	Um 5.3o traten die Kampfgruppen den Vormarsch auf Sadnja-Terp
	gorewka an.
	K.G.A: Die Battr. behielt ihre Stellung auf der Höhe no Wpere
	da sie von dort ihr Feuer in den gesamten Kampfabschni
	hätte legen können. Die 2-cm-Flak-Battr. bezog Stellg.
	an der Waldspitze 1,2 km sw Punkt 225,3. Der Südflügel
	der Gruppe hatte in den frühen Nachmittagsstunden Ge-
	fechtsberührung mit einer Feindgruppe von etwa 3o Mann;

Eintrag vom 14.10.1942 im Kriegstagebuch der 707. Infanteriedivision
Bundesarchiv/Militärarchiv, RH 26–707/4, Bl. 86R

Brjansk noch 14.10.42.

II. und III./Freiw. Rgt. Dessna und Sich. Btl. 703 setzen erneut über die Dessna, um weit nach Osten vorzustoßen und das Waldgelände zu durchsuchen. Dabei heftiges Feuergefecht bei Jurkowow Pole (9km SO Ssawrossowka), in dem leider der stellvertretende Bataillonsführer, Oblt. Dieterle, der sich große Verdienste um den Aufbau des Freiwilligen Regiments Dessna erworben hat, fällt. Außerdem 4 russische Verwundete. Andererseits 20 gezählte Feindtote.

Sich. Btl. 703 gerät beim Rückmarsch von Glinnoje in Kampf mit starkem Gegner. Dabei 5 eigene Verwundete. Gegnerische Verluste nicht feststellbar.

Die Besetzung der Nawlja-Abschirmfront durch ung. Rgt. 53 wird durchgeführt und die Verbindung zur Gruppe Jollasse hergestellt.

1 km N Bhf. Pogreby (an Strecke nach Lgoff, 10 km N Lokot) werden von Streife 3 Minen ausgebaut.

Stab und 2./Sich.Btl. 313, das der 707.I.D. einsatzmäßig unterstellt wird, treffen in Shukowa ein.

Die Armee befiehlt gründliche Untersuchung der Schuldfrage bei den zahllosen Schienensprengungen an der Strecke nach Lgoff zwischen Derjugino und Ewdokimowo.

Brjansk 15. 10. 42.

Am Bhf. Trossna detoniert die von der Lehrerin des Ortes in einer Tasche getragene Mine in dem Augenblick, als diese Lehrerin versucht, die Mine unter einen auf dem Bahnhofsgelände stehenden Munitionszug anzubringen. 8 Mitwisser des Anschlages werden an der betreffenden Stelle aufgehängt.

Beim Unternehmen "Klette" werden 5 große Lager mit Bäckerei, Schneiderei und Schusterei vernichtet. Gesamtfeindverluste: 27 Tote, 1 Gefangener. Beute: 1 s.MG., 8 Gewehre, 88 Kühe, 36 Pferde, 47 Schafe, 10 Schweine.

Etwa 60 Mann starker Bande, die aus nächster Nähe von Lokot, aus dem 3 km entfernten Miaskij Shuk gegen 100 Kühe wegtrieb, wird der Rückweg von der Miliz verlegt. Erfolg: 4 Feindtote, 12 Gefangene. Alle Kühe wieder zurückgebracht.

Eintrag vom 15.10.1942 im Kriegstagebuch Nr. 2 des Kommandeurs des rückwärtigen Armeegebietes der 2. Panzerarmee
Bundesarchiv/Militärarchiv, RH 23/24, Bl. 170R

Am 6. August 1942 verzeichnete das Kriegstagebuch des Befehlshabers des rückwärtigen Heeresgebietes Mitte ein „Partisanenunternehmen" im Raum Monastyrschtschina. Dem Eintrag ist eine Fotoserie beigefügt, auf der die Umstellung und Durchsuchung von Dörfern sowie die Überprüfung und Verhaftung von „Verdächtigen" festgehalten sind. Bildmotive und Fotoreihung lassen vermuten, daß es sich möglicherweise um gestellte Aufnahmen handelt, die vor allem aus propagandistischem Interesse gemacht wurden.

Kriegstagebucheintrag des Befehlshabers des rückwärtigen Heeresgebietes Mitte vom 6.8.1942
Bundesarchiv/Militärarchiv, 22/232, Bl. 25R–26

„[...] Feldgend.Abt.690 meldet, daß der Raum um Monastyrschtschina nunmehr als befriedet angesehen werden kann. Lichtbilder von Partisanenunternehmen aus diesem Gebiet siehe Anlage.[...]
Anlage 36"

Anlage 36

Anlage 36
Bundesarchiv/Militärarchiv, 22/233, Bl. 73 – 75

REPRESSALIEN UND GEISELERSCHIESSUNGEN

Nach damals geltendem Kriegs- und Völkerrecht war es zulässig, Repressalien (Gegenmaßnahmen) gegen die Zivilbevölkerung zu ergreifen und als „Sühne" sogar Geiseln zu erschießen, um Anschläge auf Soldaten abzuwehren und um die Besatzungsherrschaft zu sichern.

Die deutsche Wehrmacht nutzte in ganz Europa diese Möglichkeit in einem verbrecherischen Maße. Vor allem in Serbien und Griechenland, die unter der militärischen Verwaltung des Oberbefehls- habers Südost standen, litt die Bevölkerung unter dem Terror. Unmittelbar nach der militärischen Be- setzung Serbiens bekämpfte die Wehrmacht entschlossen jeglichen Widerstand und schreckte auch vor Massenhinrichtungen von Zivilisten nicht zurück. Nach dem serbischen Aufstand im Sommer 1941 ging sie dazu über, Zehntausende unbeteiligte Serben als Vergeltung für Partisanenangriffe zu erschießen. Die Opfer der verschärften „Sühnemaßnahmen" waren zunehmend Juden.

In Griechenland radikalisierte sich der Terror gegenüber der Zivilbevölkerung ab 1943, als nach der Kapitulation Italiens auch die ehemals italienisch besetzten Teile von Deutschland okkupiert wurden. Die Furcht vor einer alliierten Invasion und die zunehmenden Partisanenüberfälle ließen die Besat- zungsbehörden zu immer brutaleren Willkürmaßnahmen gegenüber Zivilisten greifen.

DIE ERSTEN BESATZUNGSMONATE IN SERBIEN

Der Angriff auf Jugoslawien im April 1941 war kein langfristig vorbereiteter Krieg. Militärisch ging es vor allem um die Sicherung der Südostflanke für den zu diesem Zeitpunkt bereits geplanten Überfall auf die Sowjetunion. Neben der Wehrmacht beteiligten sich auch italienische, ungarische und bulgarische Truppen am sogenannten „Balkanfeldzug".

Trotz verbreiteter antiserbischer Ressentiments innerhalb der Wehrmacht existierten zunächst keinerlei spezifische Befehle oder Weisungen, wie sich die deutschen Soldaten gegenüber der Zivilbevölkerung verhalten sollten. Ziel war es, das Land binnen kürzester Zeit unter deutsche Kontrolle zu bringen und jeglichen Widerstand rigoros zu brechen. Der Oberbefehlshaber der 2. Armee, Generalfeldmarschall Maximilian von Weichs, nahm vereinzelte Anschläge und Überfälle auf deutsche Soldaten zum Anlaß, die serbische Zivilbevölkerung haftbar zu machen. Am 28. April 1941 befahl er die Festnahme von Geiseln und kündigte an, daß für jeden getöteten deutschen Soldaten 100 Geiseln erschossen würden.

Weichs' Maßnahmen wurden für die militärische Verwaltung Serbiens zunächst nicht maßgeblich. Der Militärbefehlshaber in Serbien, General Ludwig von Schröder, bekräftigte Ende Juli 1941 zwar die Möglichkeit, Geiseln zu nehmen, wollte dies jedoch als die extremste Form der Gegenmaßnahmen verstanden wissen. Zuvor sollten Freiheitsbeschränkungen, Zwangsarbeit und Geldabgaben die Durchsetzung der Besatzungsherrschaft gewährleisten. Eine Festnahme oder gar Erschießung von Geiseln war nur auf besondere Anordnung des Befehlshabers in Serbien zulässig.

Der Oberbefehlshaber der 2. Armee, Freiherr Maximilian von Weichs, ohne Datum
Bundesarchiv/Militärarchiv, Pers 6/62

Besondere Anordnungen von Generalfeldmarschall Maximilian von Weichs, Oberbefehlshaber der 2. Armee, vom 8.4.1941
ZStA Potsdam, Film Nr. 42637, zit. n. Europa unterm Hakenkreuz. Die Okkupationspolitik des deutschen Faschismus in Jugoslawien, Griechenland, Albanien, Italien und Ungarn (1941–1945), Dokumentenauswahl und Einl. von Martin Seckendorf, unter Mitarb. von Günter Keber, Jutta Komorowski, Horst Muder, Herbert Stöcking und Karl Übel, Berlin und Heidelberg 1992, S. 139

„Es muß damit gerechnet werden, daß die serbische Zivilbevölkerung sich an dem Kampfe gegen die deutschen Truppen durch Überfälle (Heckenschützen) und Sabotage in hinterhältiger Weise beteiligt […]
Gegen jeden Gewalt- und Sabotageakt ist mit den schärfsten Mitteln einzuschreiten. Nur rücksichtsloses Durchgreifen gleich zum Beginn der Operationen ermöglicht die Ausrottung dieser Kriegsverbrechen.
Ich mache die Vorgesetzten aller Dienstgrade dafür verantwortlich, daß das Banden- und Heckenschützenwesen mit allen Mitteln im Keime erstickt wird (rechtzeitige und umfangreiche Festnahme von Geiseln, insbesondere der Intelligenz) […]."

Äußerung des Generalquartiermeisters Eduard Wagner, Eintrag im Kriegstagebuch von Generaloberst Halder vom 9.4.1941
Generaloberst Halder, Kriegstagebuch, Bd. II: Von der geplanten Landung in England bis zum Beginn des Ostfeldzuges (1.7.1940–21.6.1941), bearb. von Hans-Adolf Jacobsen, Stuttgart 1963, S. 357

„[…] *Wagner.*
a) Griechische Armee soll ausgesucht gut behandelt, serbische Offiziere sollen ausgesucht schlecht behandelt werden (OKW Befehl). […]"

Richtlinien für das Verhalten der Truppe in Jugoslawien, ohne Datum
Bundesarchiv/Militärarchiv, RH 20–12/397

„[…] 2.) In Alt-Serbien und in den Gebieten nördlich der Donau hat der deutsche Soldat von seiten der serbischen Bevölkerung äußerst feindliche Haltung zu erwarten. Daher ist ihr gegenüber größte Vorsicht geboten und jede Nachsicht — auch bei Gefangenen — zu vermeiden. Der Serbe ist im Kampfe zähe, roh und gefühllos. […]"

Generaloberst Freiherr von Weichs, Oberbefehlshaber der 2. Armee, nimmt am 17.4.1941 in Belgrad die Kapitulation der jugoslawischen Streitkräfte entgegen
bpk

Korpsbefehl Nr. 9 des Kommandeurs des XI. Armeekorps,
General von Kortzfleisch, vom 27.4.1941
StAN, NOKW–1111

„[…] 2.) Ich erwarte, dass mit rücksichtsloser Schaerfe jeder
Widerstand gebrochen wird. Jeder mit der Waffe in der Hand
bei Gegenwehr oder Flucht Angetroffene ist unverzueglich zu
erschiessen, sich Ergebende sind Kriegs- oder Standgerichten
zur sofortigen Aburteilung zu übergeben. Auf Verfuegung OKW
Nr. 27/41 g.Kdos. WR vom 2.4.41 uebersandt mit Ob.d.12. Armee
Nr. 26/41 g.Kdos. (III) vom 5.4.41 wird hingewiesen. In Unruhege-
bieten sind ferner Geiseln festzunehmen, deren Erschiessung bei
Auftreten weiteren feindlichen Widerstandes zu beantragen ist.
Jede Ruecksichtnahme wird den deutschen Truppen als Schwaeche ausgelegt und ist verfehlt.
Die Entwaffnung und Befriedigung der den Divisionen zugewiesenen Raeume (siehe Anlage 1) hat gem. Korpsbefehl Nr. 8 auf
das sorgfaeltigste zu erfolgen. Die Divisionen fuehren Karten,
in denen die von Truppen durchkaemten Raeume unter Angabe
der Daten ersichtlich gemacht werden. […]"

Aufruf des Oberbefehlshabers des Heeres an die Bevölkerung Jugoslawiens, ohne Datum
Serbisches Archiv Belgrad, AS–ZP–V–II/11–480

Schreiben des Befehlshabers Serbien an den Wehrmachtsbefehlshaber Südost vom 2.7.1941
StAN, NOKW–1151

„[...] Aus den Anlagen geht hervor, dass bei einer Division des AOK 2 im Laufe des Monats April 1941 ein Kommando zur Durchfuehrung einer Entwaffnung nach einem serbischen Dorf entsandt wurde. Bei diesem Unternehmen wurde der Fuehrer des Kommandos von einer Komitadschi-Bande erschossen, ein anderer Offizier und ein Wachtmeister schwer verletzt (Formation und Ort sind hier nicht bekannt). Auf Grund dieses Vorkommnisses erliess der Oberbefehlshaber der 2. Armee den beiliegenden Befehl vom 28.4.1941, welchem das in Abschrift beigefuegte Plakat ueber die Erschiessung von 100 Serben und die Androhung der gleichen Massnahme fuer aehnliche Faelle nachgeliefert wurde. Ob und wo diese 100 Serben wirklich erschossen wurden, ist nicht bekannt und konnte nur durch Rueckfrage bei AOK 2 festgestellt werden. [...]

Abschrift

Der Oberbefehlshaber der 2. Armee.
A.H.Qu., 28.IV.1941
Die Zunahme von heimtueckischen Ueberfallen auf deutsche Soldaten macht schaerfste Gegenmassnahmen erforderlich. Nur sofortiges und ruecksichtsloses Durchgreifen gewaehrleistet die Aufrechterhaltung von Ruhe und Sicherheit und die Verhinderung der Bildung von Banden.

1.) Bei einer Division ist ein Kommando zur Durchfueherung der Entwaffnung nach einem serbischen Dorf entsandt worden. Der Fuehrer ist mit einem anderen Offizier und einen Wachtmeister vorausgeritten und dabei von einer Komitadschi-Bande (in serbischer Uniform) ueberfallen und erschossen worden, seine Begleiter wurden schwer verletzt.
Dieser Vorfall gibt zu folgenden Feststellungen Veranlassung:
a) Im ganzen serbischen Raume gibt es nach Abschluss des Waffenstillstandes keinen serbischen Soldaten mehr, der zum Waffentragen berechtigt ist.
b) Wer trotzdem in serbischer Uniform mit der Waffe in der Hand getroffen wird, stellt sich ausserhalb des Voelkerrechts und ist sofort zu erschiessen.
c) Tritt in einem Gebiet eine bewaffnete Bande auf, so sind auch die in der Naehe der Bande ergriffenen wehrfahigen Maenner zu erschiessen, sofern nicht sofort und einwandfrei festgestellt werden kann, dass sie nicht mit der Bande im Zusammenhang gestanden haben.
d) Saemtliche Erschossene sind aufzuhaengen, ihre Leichen sind haengen zu lassen.
e) Eine Festnahme von Geiseln nach einem Ueberfall ist falsch und kommt in keinem Fall in Frage. Vielmehr ist nach Punkt a) bis d) zu verfahren.

2. Als vorbeugenden Schutz fuer die Truppe gegen derartige heimtueckische Ueberfaelle befehle ich:
a) In den noch nicht befriedeten Gebieten ist nicht ohne Sicherung, namentlich Seitensicherung, zu marschieren.
b) In solchen Unterkuenften sind kriegsmaessige Sicherungsmassnahmen zu treffen. [...]
c) Innerhalb der Div.-Bereiche sind mot. Abteilungen (Ausnutzung mot. Kolonnen) bereitzustellen, die zu jeder Zeit verfuegbar sind und zur Durchfuehrung von Sicherungs- und Vergeltungsmassnahmen eingesetzt werden koennen.
d) In den gefaehrdeten Ortschaften sind Plakate auszuhaengen, in denen die Bevoelkerung auf die schweren Folgen von Ueberfaellen hingewiesen wird. (Die Plakate werden gesondert uebersandt.)
e) In jeder von Truppen belegten Ortschaft des gefaehrdeten Gebiets sind sofort Geiseln (aus allen Bevoelkerungsschichten) festzunehmen, die nach einem Ueberfall zu erschiessen und aufzuhaengen sind. Diese Massnahme ist in den Ortschaften sofort bekanntzugeben.
3. Die Herren Divisions-Kommandeure haben bei Ueberfaellen auf die Truppe eingehend zu untersuchen, ob ein schuldhaftes Verhalten des betreffenden Truppenfuehrers vorliegt. In den Meldungen der Divisionen ueber erfolgte Ueberfaelle ist stets und sofort mit zu melden, dass und wie die Ueberfaelle durch ruecksichtslose Massnahmen gesuehnt worden sind.
Gez. Frhr. von Weichs. [...]"

Plakat zum Aushang in noch nicht befriedeten oder gefaehrdeten Ortschaften (Vgl. Befehl des Herrn Oberbefehlshaber der Armee vom 28.4.1941)

„Serben!
Durch einen gemeinen und heimtueckischen Ueberfall sind deutsche Soldaten ums Leben gekommen. Die deutsche Geduld ist zu Ende.
Zur Suehne sind 100 Serben aller Bevoelkerungsschichten erschossen worden. In Zukunft werden fuer jeden deutschen Soldaten, der durch Ueberfall von serbischer Seite zu Schaden kommt, ruecksichtslos jedesmal weitere 100 Serben erschossen werden.
Der Oberbefehlshaber der Armee
Anmerkung:
Auf dem Plakat ist der Text zugleich in serbischer Sprache erschienen."

Verfügung über Vorbeugungs- und Sühnemaßnahmen bei Sabotageakten vom Militärbefehlshaber in Serbien, General Ludwig von Schröder, Belgrad, ohne Datum, Eingangsstempel der 704. Infanteriedivision vom 26.7.1941

Bundesarchiv/Militärarchiv, RH 26–104/8, Anl. 156

„I. Allgemeines.

Werden von Landeseinwohnern Gewalttaten gegen Besatzungsangehörige begangen, Anlagen und Einrichtungen der Wehrmacht beschädigt oder zerstört oder sonst Angriffe gegen die Sicherheit deutscher Einheiten und Dienststellen gerichtet, kriegswichtige Vorräte oder Anlagen aller Art, insbesondere Gas-, Wasser- und Elektrizitätswerke, Schleusen-, Eisenbahn-, Telegrafen-, Telefon- und Lichtanlagen beschädigt oder zerstört und ist bei der gegebenen Sachlage die Bevölkerung des Tatortes oder des engeren Bereiches als mitverantwortlich für diese Sabotagehandlungen anzusehen, so können Vorbeugungs- und Sühnemassnahmen angeordnet werden, durch die die Bevölkerung von der künftigen Begehung, Förderung oder Duldung solcher Taten abgeschreckt werden.

Als mitverantwortlich für die Sabotagehandlungen Einzelner ist die Bevölkerung zu behandeln, wenn sie durch ihr allgemeines Verhalten gegenüber der deutschen Wehrmacht feindselige Handlungen Einzelner begünstigt, durch passiven Widerstand gegen die Aufklärung früherer Sabotagehandlungen böswillige Elemente zu solchen Taten ermutigt oder sonst einen günstigen Boden für Widersetzlichkeiten gegen die deutsche Besatzung geschaffen hat.

Im einzelnen ist zu beachten:

1. Alle Massnahmen müssen so getroffen werden, dass sie auch durchgeführt werden können, Androhung ohne Durchführung wirkt als Schwäche.

2. Es ist stets zu prüfen, ob nach den gesamten Umständen des Falles die Urheber der Sabotagehandlung tatsächlich unter der Bevölkerung zu suchen sind und ob die Täter auch wirklich böswillig und nicht nur unachtsam gehandelt haben. Steht fest, dass die Täter der Bevölkerung angehören und dass sie vorsätzlich zu Werk gegangen sind, so ist mit aller Strenge vorzugehen.

   Massnahmen, die zu Unrecht getroffen sind, schaden dem deutschen Ansehen, weil sie auch die loyale Bevölkerung unnötig verletzen und zurückgenommen werden müssen. [...]

4. Angedrohte oder angeordnete Massnahmen sind in Zusammenarbeit mit der Propagandaabteilung S durch Plakatierung und Veröffentlichung in der örtlichen Presse weitgehend bekanntzumachen.

II. Vorbeugungsmassnahmen.

Als Vorbeugungsmassnahmen kommen in Betracht:

1. Beschränkungen der persönlichen Bewegungsfreiheit und des öffentlichen Lebens. [...]

2. Heranziehung der Bevölkerung zur Aufrechterhaltung der öffentlichen Ordnung durch Einsatz im Wach- und Sicherungsdienst. [...]

3. Sicherheitsleistung mit öffentlichen Mitteln. Zulässig ist es, von den Gemeindeverwaltungen die Hinterlegung von Geldbeträgen bei einer zu bezeichnenden Dienststelle der deut-

schen Militärverwaltung oder eine sonst geeignete Sicherstellung von Geldbeträgen zu deren Gunsten zu verlangen, unter gleichzeitiger Androhung an die Bevölkerung, dass der hinterlegte Betrag im Falle feindseliger Handlungen dem Deutschen Reich verfällt. [...]

4. Festnahme von Geiseln.

Geiseln sind Landeseinwohner, die mit ihrem Leben für ein einwandfreies Verhalten der Bevölkerung einzustehen haben. Die Verantwortung für ihr Schicksal soll also in die Hände ihrer Landsleute gelegt werden. Der Bevölkerung muss deshalb in jedem Fall öffentlich angedroht werden, dass für feindselige Handlungen Einzelner die Geiseln haftbar gemacht werden. Geiseln können nur für Handlungen haftbar gemacht werden, die n a c h ihrer Festnahme und n a c h der öffentlichen Androhung begangen werden. Als Geiseln kommen nur serbische Staatsangehörige in Betracht. [...] In der Geiselnahme ist die grösste Zurückhaltung geboten. Es lässt sich im Augenblick der Festnahme nie voraussehen, ob nicht die spätere Exekution der Geiseln aus politischen Gründen unerwünscht ist und unterbleiben muss. Unterbleibt aber die Exekution, obwohl neue feindselige Handlungen begangen worden sind, so erschüttert die zwecklose Geiselnahme das Ansehen der Besatzung. Im übrigen ist die Wirksamkeit der Geiselnahme zur Vorbeugung gegen feindselige Handlugen fragwürdig, wenn nicht zufällig eine besonders enge Solidarität der Täter mit den Geiseln besteht. Fanatiker und Verbrecher nehmen auf das Leben der Geiseln keine Rücksicht.

Geiseln sind daher nur festzunehmen, wenn mit schweren Gewalttaten zu rechnen ist und andere geeignete Mittel nicht zur Verfügung stehen.

III. Sühnemassnahmen.

Gegen die gesamte Bevölkerung können im Falle ihrer Mitverantwortlichkeit auch einmalige Sühnemassnahmen (Strafen) verhängt werden.

1. Als Sühnemassnahmen kommen in Betracht:

   a) Beschränkungen der persönlichen Bewegungsfreiheit und des öffentlichen Lebens. [...]

   b) Freiheitsbeschränkungen mit reinem Strafcharakter [...]

   c) Heranziehung der Bevölkerung zum Wach- und Sicherungsdienst [...]

   d) Heranziehung der Bevölkerung zu körperlichen Arbeiten [...]

   e) Geldstrafen, die von den Gemeinden zu bezahlen sind [...]

2. Unzulässig ist es, zu Sühnezwecken von der Bevölkerung Sachleistungen zu fordern, etwa Lebensmittel oder Gebrauchsgegenstände für die Truppe.

IV Zuständigkeit für die Anordnung Vorbeugungs- und Sühnemassnahmen [...]

3. Die Festnahme von Geiseln (II.4) bleibt dem Befehlshaber Serbien vorbehalten. Bei Gefahr im Verzug könne die Feld- und Kreiskommandanten bis zur Entscheidung des Befehlshabers geeignete Persönlichkeiten ihres Bezirks in einstweilige Verwahrung nehmen.

Die Entscheidung über die Exekution festgenommener Geiseln ist in jedem Falle dem Befehlshaber vorbehalten. [...]“

Richard Freiherr von Bothmer,
ohne Datum
Bundesarchiv/Militärarchiv, RH 53–18/303

Schreiben von Oberst Freiherr von Bothmer, Feldkommandantur 809, an den Befehlshaber Serbien vom 6.8.1941
StAN, NOKW–1011

„Wie mir soeben der Standortälteste Nisch mitteilte, herrscht in der Truppe des Standorts Beunruhigung und Verständnislosigkeit, weil noch nicht entsprechend früheren Ankündigungen für jedes deutsche Opfer 10 Serben vom Leben zum Tode befördert sind (also entweder 30, wenn nur die Toten gerechnet werden, 70, wenn alle Getroffenen mitgezählt werden). Auf meine wiederholte Frage, wer eigentlich erschossen werden sollte, wusste der Herr Standortälteste auch keine Abtwort. Mein Hinweis unter Bezugnahme auf andere Vorfälle in Serbien, dass die Erschiessung nichtkommunistischer Elemente den zweifellos kommunistischen Tätern volkommen gleichgültig sei, vielleicht sogar begrüsst werden würde, fand anscheinend Verständnis. Zur Zeit ist hier nur noch eine kleine Zahl von Kommunisten in Haft. Ich halte mich nicht für berechtigt, diese Kommunisten einfach erschiessen zu lassen. Meiner Ansicht nach kann ein Feldkommandant, der zugleich Gerichtsherr ist, nur auf Grund von betsätigten Urteilen Erschiessungen vornehmen lassen. Als Ausnahme kann nur in Frage kommen, wenn für einen bestimmten Fall Geiseln festgenommen sind unter Ankündigung, dass sie erschossen werden, falls der bestimmte Fall eintritt. Alles andere muss ich nach gewissenhafter Prüfung auf Grund meines Rechtsgefühls und an meiner ganzen inneren Einstellung ablehnen. Sollten andere Massnahmen erforderlich sein, bzw. höheren Orts für erforderlich gehalten werden, so sind meines Wissens dafür Sonderorganisationen vorhanden, deren Massnahmen ich weder zu beurteilen haben, noch zuzulassen habe, noch hindern kann. Sollte meine Einstellung nicht gebilligt werden, so muss ich zugeben, dass ich nicht am richtigen Platze bin, also anderweit verwendet werden muss. Ich kann niemals von dem Standpunkt abgehen, dass ich als Gerichtsherr nur gesetzmäßig vorzugehen habe, bzw. als Soldat – und zwar mit voller Rücksichtslosigkeit –, sobald es sich um Einschreiten nach frischer Tat bzw. gegen Leute handelt, die in verdächtiger Weise mit Waffen angetroffen werden.
Irgendwelchen Forderungen auf Erschiessungen von unbeteiligten Personen kann ich nicht Folge leisten, zumal meistens anzunehmen ist, dass die betreffenden Attentäter gar nicht berührt werden. [...]"

Schreiben der Wehrmachtverbindungsstelle Belgrad an den Wehrmachtbefehlshaber Südost und Befehlshaber Serbien über die Stimmung in Belgrad vom 31.7.1941 (Auszug)
Bundesarchiv/Militärarchiv, RH 20–12/206

„Die vielen Sabotage-Akte der letzten Zeit sind zweifellos auf die durch die Sender London und Moskau gegebenen Weisungen zurückzuführen. Es ist sicher, dass diese Auslandsnachrichten noch sehr viel abgehört werden und das Abhörverbot bisher ohne wesentliche Wirkung blieb.
Wenn auch öffentlich über die Erschiessung von Juden und Kommunisten als Vergeltung für die Sabotage-Akte gar nicht gesprochen wird, so habe diese Erschiessungen in Belgrad doch tiefen Eindruck hinterlassen. Es ist zweifelhaft, ob die Erschiessungen eine Wiederholung von Sabotage-Akten verhindern werden. Die Sabotuere sind im Lager der ehemaligen serbischen Offiziere, der Cetnici sowie Kommunisten zu suchen, die das gemeinsame Interesse haben, im Land Unruhen zu stiften und die Bevölkerung bis zur Siedehitze gegen die Besatzungsbehörden aufzureizen. In diesem Sinne kann ihnen die Erschiessung nicht unmittelbar Beteiligter geradezu willkommen sein. [Paraphe: trotzdem!] [...]"

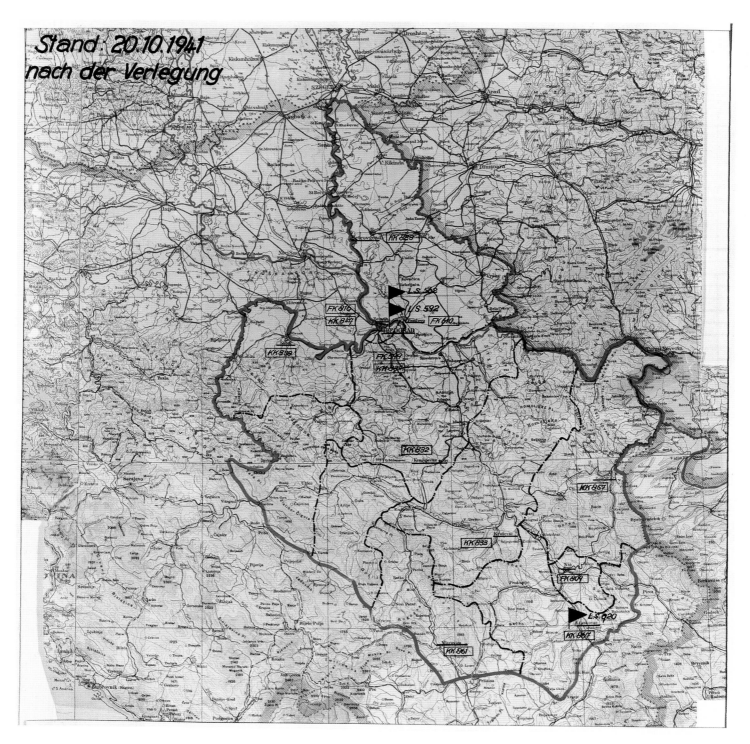

Serbien mit den Verwaltungsgrenzen der Kreis- und Feldkommandanturen, Stand vom 20.10.1941
Bundesarchiv/Militärarchiv, RW 40/12 – 121

„SÜHNEQUOTEN"

Der serbische Aufstand nationaler und kommunistischer Partisanengruppen im Sommer 1941 und die steigende Zahl von Überfällen und Sabotageanschlägen ließen die Wehrmacht zu immer radikaleren Gewaltmaßnahmen gegenüber der Zivilbevölkerung greifen. Bereits die Richtlinien des Oberkommandos der Wehrmacht vom September 1941 legitimierten die Erschießung von 50 bis 100 „Kommunisten, Nationalisten oder Demokraten" für jeden getöteten deutschen Soldaten. In Serbien wurden diese Anordnungen als „Sühnequoten" umgesetzt. Für jeden getöteten deutschen Soldaten wurden 100 und für jeden verwundeten Wehrmachtsangehörigen 50 Geiseln erschossen. Darüber hinaus verfügte der Bevollmächtigte Kommandierende General, Franz Böhme, daß zur Niederschlagung des Aufstandes alle männlichen Juden als Geiseln zu nehmen seien. Sie waren nun die bevorzugten Opfer der deutschen Vergeltungspolitik.

Böhmes Befehl kennzeichnet den Übergang von dem ohnehin verbrecherischen Terror gegenüber serbischen Zivilisten zum systematischen Völkermord an der jüdischen Bevölkerung. Von den insgesamt 75.000 jugoslawischen Juden wurden während der deutschen Besatzung etwa 60.000 Menschen ermordet.

**Generalfeldmarschall
Wilhelm Keitel, 1942**
SV-Bilderdienst

Anweisung des Chefs des Oberkommandos der Wehrmacht, Keitel, vom 28.9.1941 an das Oberkommando des Heeres und den Wehrmachtbefehlshaber Südost betreffs Geiselnahme
Bundesarchiv/Militärarchiv, RH 24–18/213

„[...] Die Überfälle auf Wehrmachtangehörige, die in der letzten Zeit in den besetzten Gebieten erfolgten, geben Veranlassung darauf hinzuweisen, daß es angebracht ist, daß die Militärbefehlshaber ständig über eine Anzahl Geiseln der verschiedenen politischen Richtungen verfügen, und zwar
1) nationalistische,
2) demokratisch-bürgerliche und
3) kommunistische.
Es kommt dabei darauf an, daß sich darunter bekannte führende Persönlichkeiten oder deren Angehörige befinden, deren Namen zu veröffentlichen sind.
Je nach der Zugehörigkeit des Täters sind bei Überfällen Geiseln der entsprechenden Gruppe zu erschießen.
Es wird gebeten, die Befehlshaber entsprechend anzuweisen.
[...]"

Anordnung des Wehrmachtbefehlshabers im Südosten und Oberbefehlshabers der 12. Armee vom 5.9.1941
Bundesarchiv/Militärarchiv, RW 40/11, Bl. 33 f.

„Betr. Niederkämpfen der serbischen Aufstandsbewegung.
1.) Die Lage in Serbien lässt ein weiteres Umsichgreifen der Aufstandsbewegung nicht ausgeschlossen erscheinen. Vermehrte Überfälle auf Soldaten und Wehrmachteinrichtungen durch starke, wohlbewaffnete, anscheinend organisierte und geschickt geführte Banden beweisen, dass die bisherigen Gegenmassnahmen nicht ausreichen.
Befh. Serbien und Höh.Kdo. LXV haben daher sofort alle Vorbereitungen zu treffen, um jeder Verschärfung gewachsen zu sein und das Land noch vor Beginn des Winters endgültig zu beruhigen.
2.) Hierbei ist folgenden Gesichtspunkten Rechnung zu tragen:
[...]
d) Aktive, verstärkte Propaganda in serb. Sprache mit allen zur Verfügung stehenden Mitteln (Rundfunk, Flugblätter, Zeitungen, Bildanschläge usw.).
e) Verschärfter Druck auf die Bevölkerung, in deren Gebieten Aufständische geduldet werden, um die Einwohner dahin zu bringen, das Auftreten von Banden den deutschen Dienststellen anzuzeigen, oder sonst bei der Unschädlichmachung der Unruheherde mitzuwirken.
f) Rücksichtslose Sofortmassnahmen gegen die Aufständischen, deren Helfershelfer und ihre Angehörigen (Aufhängen, Niederbrennen beteiligter Ortschaften, vermehrte Festnahme von Geiseln, Abschieben der Familienangehörigen usw. in Konzentrationslager etc.) [...]"

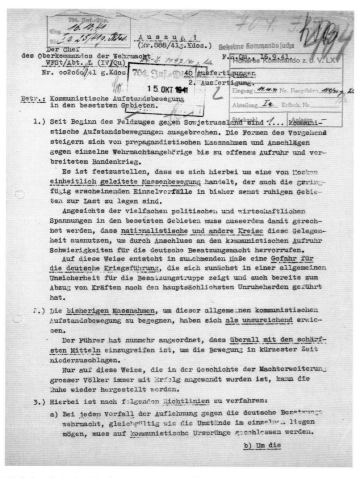

Erlaß des Chefs des Oberkommandos der Wehrmacht, Wilhelm Keitel,
vom 16.9.1941
Bundesarchiv/Militärarchiv, RH 26–104/11

**Erlaß des Chefs des Oberkommandos der Wehrmacht,
Wilhelm Keitel, vom 16.9.1941**

Hans-Adolf Jacobsen, Kommissarbefehl und Massenexekution sowjetischer Kriegsgefangener, in: Anatomie des SS-Staates, München 1994, S. 527–529, Zitat S. 529

„[...] e) Soweit ausnahmsweise *kriegsgerichtliche Verfahren* in
Verbindung mit kommunistischem Aufruhr oder mit sonstigen
Verstößen gegen die deutsche Besatzungsmacht abhängig
gemacht werden sollten, sind die schärfsten Strafen geboten.
Ein wirkliches Mittel der Abschreckung kann hierbei nur die
Todesstrafe sein. Insbesondere müssen Spionagehandlungen,
Sabotageakte und Versuche, in eine fremde Wehrmacht einzu-
treten, grundsätzlich mit dem Tode bestraft werden. Auch bei
Fällen des unerlaubten Waffenbesitzes ist im allgemeinen die
Todesstrafe zu verhängen. [...]"

**Generalfeldmarschall
Wilhelm List, ohne Datum**
Bundesarchiv/Militärarchiv, RH 53–18/302,
XIII–A1–13

**Fernschreiben des Wehrmachtsbefehlshabers im Südosten,
Wilhelm List, vom 4.10.1941**
Bundesarchiv/Militärarchiv, RH 24–18/213

„Mit der männlichen Bevölkerung der von Banden gesäuberten Aufstandsgebiete ist nach folgenden Gesichtspunkten zu verfahren:

1.) Männer, die sich am Kampfe beteiligen, sind standgerichtlich abzuurteilen.

2.) Männer in den Aufstandsgebieten, die nicht kämpfend getroffen wurden, sind zu überprüfen und –

a) wenn ihnen eine frühere Beteiligung am Kampfe nachgewiesen werden kann, standgerichtlich abzuurteilen.

b) wenn sie nur verdächtig sind, am Kampfe teilgenommen zu haben, den Banden Unterstützung irgendwelcher Art gewährt zu haben oder irgendwie gegen die Wehrmacht gehandelt zu haben, in einem Sammellager zu behalten. Sie dienen als Geiseln für den Fall, daß in dem gesäuberten Gebiet oder in ihren Heimatortschaften Banden auftreten oder irgendetwas gegen die Wehrmacht unternommen wird, in solchen Fällen sind sie zu erschießen.

c) Alle anderen unverdächtigen Männer sind unter Bewachung in ihre Heimatorte zu führen. Sie sind in einfachster Form zu verpflichten, Banden keinerlei Unterstützung zu gewähren und gegen die Wehrmacht nichts zu unternehmen. Die Bürgermeister der einzelnen Orte, die unter Umständen neu zu bestellen sind, müssen die Ortsansässigkeit des einzelnen bezeugen. Gebietsfremde Männer sind in den Sammellagern zu behalten. Die Orte sind vorher nach Waffen zu durchsuchen.

3.) Allen unter 2.) genannten Männern ist diese Regelung bekanntzugeben. Ihnen ist ferner zu erklären, daß gegen Orte, vor allem gegen die männliche Bevölkerung solcher Orte, in denen oder in deren Nähe Banden auftreten, Banden unterstützt werden, Überfälle stattfinden Sabotageakte verübt werden oder irgend etwas gegen die Wehrmacht unternommen wird, ohne weitere Untersuchung die schärfsten Strafmaßnahmen ergriffen werden.

4.) Ihnen ist ferner zu erklären, daß mit der männlichen Bevölkerung von Orten und mit den Orten selbst ebenso verfahren wird, aus denen Männer zu Banden stoßen, Überfälle und Sabotageakte verüben oder irgend etwas gegen die Wehrmacht unternehmen. [...]"

**Anweisung des Bevollmächtigten Kommandierenden
Generals in Serbien, Franz Böhme, über die Niederwerfung der
kommunistischen Aufstandsbewegung vom 10.10.1941**
StAN, NOKW–557

„[...]

1) In Serbien ist es auf Grund der ,Balkanmentalität' und der grossen Ausdehnung kommunistischer und national getarnter Aufstandsbewegungen notwendig, die Befehle des OKW in der schaerfsten Form durchzufuehren. Rasche und rücksichtslose Niederwerfung des serb. Aufstandes ist ein nicht zu unterschaetzender Beitrag zum deutschen Endsieg.

2) In allen Standorten in Serbien sind durch schlagartige Aktionen umgehend alle Kommunisten, als solche verdaechtigen maennlichen Einwohner, saemtliche Juden, eine bestimmte Anzahl nationalistischer und demokratisch gesinnter Einwohner als Geisel festzunehmen. Diesen Geiseln und der Bevoelkerung ist zu eroeffnen, dass bei Angriffen auf deutsche Soldaten oder auf Volksdeutsche die Geiseln erschossen werden. [...]

3) Treten Verluste an deutschen Soldaten oder Volksdeutschen ein, so haben die territorial zustaendigen Kommandeure bis zum Rgts.Kdr. abwaerts, umgehend die Erschiessung von Festgenommenen in folgenden Saetzen anzuordnen:

a) Fuer jeden getoeteten oder ermordeten deutschen Soldaten oder Volksdeutschen (Maenner, Frauen oder Kinder) 100 Gefangene oder Geiseln,

b) fuer jeden verwundeten deutschen Soldaten oder Volksdeutschen 50 Gefangene oder Geiseln.

Die Erschiessungen sind durch die Truppe vorzunehmen.

Nach Moeglichkeit ist der durch den Verlust betroffene Truppenteil zur Execution heranzuziehen.

Bei jedem einzelnen Verlustfall ist bei den Tagesmeldungen anzugeben, ob und in welchem Umfang die Suehnemassnahme vollstreckt ist oder wann diese nachgeholt wird.

4) Bei der Beerdigung der Erschossenen ist darauf zu achten, dass keine serbischen Weihestaetten entstehen.

Setzen von Kreuzen auf den Graebern, Schmuck derselben usw. ist zu verhindern. Beerdigungen werden deshalb zweckmaessig an abgelegenen Orten durchgefuehrt.

5) Die bei Kampfhandlungen von der Truppe gefangenen Kommunisten sind grundsaetzlich am Tatort als abschreckendes Beispiel zu erhaengen oder zu erschiessen.

Ortschaften, die im Kampfe genommen werden muessen, sind niederzubrennen, desgleichen Gehoefte, aus denen auf die Truppen geschossen wird. [...]"

O.U., den 2o. Dezember 1941.

Anlage ......
zum Kriegstagebuch Abt.Qu.

A k t e n n o t i z .

zu den

seit Beginn der Aufstandsbewegungen i.Serbien
bis 5.12.1941 vollzogenen Sühnemaßnahmen.

1.) Mit Übergabe der Geschäfte des Bevollm.Kdr.Gen.i.Serbien vom
XVIII. auf das XXXXII.A.K. sollen mit Wirkung vom 5.12. die bis
zu diesem Zeitpunkt vollzogenen Sühnemaßnahmen zusammengefaßt
festgestellt werden.

2.) Grundlegende Befehle liegen im Qu.2 Akt (Bevollm.Kdr.Gen.i.S.
VIII 7) an.

3.) Auf Grund der Truppenmeldungen ergeben sich folgende Abschluß-
zahlen:

	J.R.125 + I./A.R.22o	342.J.D.	Bfh.Serb. Verw.Stb.	113.J.D.	Höh.Kdo. LXV.	III/697
Eigene Verluste						
a) tot	11	32	—	—	117	—
b) verwundet	30	13o	—	—	218	—
Feind Verluste						
a) im Kampf	369	923	24	—	2246	—
b) Sühne- maßnahmen	214	2685	3616	—	4649	— 11.164

Bei dem zugrunde liegenden Schlüssel von 1:1oo bzw. 1:5o ergibt
sich als zu vollziehende Sühnemaßnahme:

$$160 \times 1oo = 16\,000$$
$$378 \times 5o = \underline{18\,900}$$
$$34\,900$$

- 2 -

4.) Durchgeführte Sühnemaßnahme = 11.164

Abgerechnete tote Feinde = 3.562
Quote ./. tot -Feinde = $\underline{34.900}$
31 338

Damit wären noch zu sühnen: 31.338
./. $\underline{11.164}$
2o.174
========

5.) Am 16.12. morgens fehlten zu dieser Meldung noch die Angaben
der 718.J.D. des III./I.R.697 und 113.J.D.

Hptm. von H a a c k e und Hptm. S c h u s t e r wurden zur
fernmündlichen Meldung aufgefordert. Für 718.J.D. ist nichts
veranlaßt.

6.) Es wird eindringlich festgestellt, daß die Meldungen der unterstellten Einheiten lückenhaft und ungenau sind, da vor allem
zu Beginn des Aufstandes die Exekutionen ohne schriftliche
Niederlegung erfolgen und nachträgliche Meldungen ungenau sein
mußten.

Die angegebene Zahl von 11.164 durchgeführten Exekutionen ist
als Faustzahl zu werten.

7.) Um auf dem Sachgebiet Sühnemaßnahmen klare Verhältnisse zu
schaffen, ist die Ausgabe eines neuen Befehls, der klare Melde-
verhältnisse schafft, unterläßlich. Er ist bereits ausgearbeitet und z.Zt. im Druck.

Aktennotiz des Bevollmächtigten Kommandierenden Generals in Serbien
vom 20.12.1941
Bundesarchiv/Militärarchiv, RW 40/23, Bl. 70 f.

Befehl des Bevollmächtigten Kommandierenden Generals in Serbien, General Paul Bader, vom 20.12.1941 über die Erfassung von Gefangenen für Sühnemaßnahmen, Erfassung von Geiseln und sonstigen Gefangenen
Bundesarchiv/Militärarchiv, RW 40/14, Anlage 3, Bl. 95–98, Zitat Bl. 95–97

„[...] Das von höchster deutscher Stelle befohlene harte rücksichtslose Durchgreifen der Truppe bei der Sühne für Menschenleben hat wesentlich zur raschen und erfolgreichen Niederwerfung des Aufstandes in Serbien beigetragen. Die Vollzugsmeldungen des Höh.Kdos. und der Divisionen zeigen,dass der Führerbefehl über Sühnemassnahmen bis zum 5.12.1941 im vollen Umfange durchgeführt worden ist.

Die Sühnemassnahmen werden weiterhin fortgesetzt. Um hierbei etwa bestehende Zweifel auszuschliessen, weise ich darauf hin,dass 3 Gruppen von Gefangenen zu unterscheiden sind:

1.) Sühnegefangene sind Personen,die auf Grund ihrer Einstellung und ihres Verhaltens zur Sühne für deutsche Menschenleben bestimmt sind, z.B. nicht mit der Waffe betroffene Kommunisten, Zigeuner, Juden,Verbrecher u.dergl.

2.) Geiseln sind Personen,die im öffentlichen Leben eine Rolle spielen und auf Grund ihrer Persönlichkeit in ihrem Tätigkeitsbereich einen gewissen Einfluss auf die Bevölkerung ausüben.Sie setzen sich zusammen aus den verschiedensten Schichten der Bevölkerung.Mit ihrem Leben haften sie für die öffentliche Ruhe, Ordnung und Sicherheit in ihrem Landesteil.

3.) Gefangene der Truppe sind Personen, die im Verlauf einer Unternehmung als verdächtig festgenommen wurden.Sie bedürfen einer weiteren Überprüfung durch die Organe der Feld-Kommandanturen.Entweder werden sie frei gelassen oder sie werden zu den Sühnegefangenen überführt.

Behandlung der versch.Gefangenen:

1) Gefangene sind von der Truppe nach kurzer Vernehmung unter Mitgabe des Vernehmungs-Ergebnisses an die nächste zuständige Kreis- oder Feldkommandantur zu überweisen. Die Kreiskommandanturen haben sie an die Feldkommandanturen weiterzuleiten.Nach Überprüfung bei der Feldkommandantur sind sie als Sühnegefangene in den zuständigen Lagern für Vergeltungsmassnahmen bereit zu halten oder zu entlassen.

2) Die Erfassung von Geiseln ist Aufgabe der Feld-, Kreis- und bodenständigen Ortskommandanturen.Die Truppe hat sich damit nur in Ausnahmefällen und zwar in enger Zusammenarbeit mit den Feld-, Kreis- und bodenständigen Ortskommandanturen zu befassen.Sie wirkt bei der Erfassung von Geiseln nur auf Anforderung der bodenständigen Verwaltungsstellen mit.
Die Geiseln sind in Lagern bereitzuhalten. Die Heranziehung zu Sühnemassnahmen sowie ihre evtl. Auswechslung verfügt der Chef des Verwaltungsstabes d. Befehlshabers in Serbien gesondert.

3) Die Feldkommandanturen unterhalten in erforderlichem Ausmasse für diese Zwecke Lager. In Belgrad übergibt die Feldkommandantur ihre Gefangenen dem bereits bestehenden Lager der Einsatzgruppe der S.P. und des S.D.. In Kraljevo ist ein entsprechendes Lager sofort zu errichten.
Sämtliche Lager unterstehen dem Chef des Verw.Stabes d.Bef. in Serb. Die Lagerleitung ist Sache des jeweils den Feldkommandanturen beigegebenen SS-Führers.Die Bewachung ist Angelegenheit der Feldkommandanturen.
Sichtung und Überprüfung aller Gefangenen ist ausschliesslich Aufgabe der jedem Lager zur Verfügung gestellten SS-Führer.

4) Treten Wehrmachtsverluste ein (Tote und Verwundete) so sind sie ausser auf dem IV b Dienstweg mit den Tagesmeldungen an Bev.Kdr.General zu melden.Bei Gefechtsverlusten ist anzugeben,wieviel Feinde im Verlauf des Kampfes gefallen sind.Grundsätzlich sind die bei Kampfhandlungen mit Waffen angetroffenen Aufständischen einschliesslich Mihajlovic-Anhänger zu erschiessen. Sie haben mit der Geiselerfassung nichts zu tun, rechnen jedoch auf die für die Sühnemaßnahmen befohlene Quote.

5) Sühnegefangene und Geiseln dürfen von nun ab nur noch auf meinen vorausgegangenen schriftlichen Befehl, der für jeden Einzelfall einzuholen ist,erschossen werden.Grundsatz ist zwar,dass die Truppe ihre Verluste möglichst selbst rächen soll.Da aber die Sühnegefangenen in wenigen Lagern zusammen gefasst sind, kann dieser Grundsatz nicht immer eingehalten werden, es müssen daher auch zur Exekution Truppen herangezogen werden,die mit dem Fall nichts zu tun haben und nur in der Nähe der Sühnegefangenen- Lager liegen. [...]"

DIE DEUTSCHE BESATZUNGSPOLITIK IN SERBIEN 1942/43

Nachdem im Winter 1941/42 der serbische Aufstand niedergeschlagen und die Partisanengruppen nach Bosnien ausgewichen waren, änderte die deutsche Militärverwaltung ihre Vergeltungspolitik nur graduell. Die „Sühnequoten" wurden zwar herabgesetzt, sie galten ab November 1942 allerdings auch bei Attentaten auf serbische Kollaborateure.

Die Geiselerschießungen verliefen stets nach dem gleichen Muster: Wehrmachtseinheiten meldeten beim Militärbefehlshaber in Serbien ihre Verluste, dieser befahl unverzüglich die Erschießung der entsprechenden Anzahl von „Sühnegefangenen". Die in speziellen Lagern konzentrierten Geiseln wurden daraufhin von den Feld- beziehungsweise Ortskommandanten ausgewählt und sollten – wenn möglich – von den betroffenen Wehrmachtseinheiten selbst erschossen werden.

Erst im Herbst 1943 änderten die deutschen Befehlshaber ihre Besatzungspolitik. Die antikommunistischen Kräfte in Serbien sollten nun für ein Bündnis mit Deutschland gewonnen werden. Die Geiselerschießungen gingen zurück, die „Sühnequoten" wurden aufgegeben. Ein Ende des Terrors bedeutete dies jedoch nicht.

Befehl des Bevollmächtigten Kommandierenden Generals in Serbien, Paul Bader, vom 22.12.1941 (Abschrift)
Bundesarchiv/Militärarchiv, RW 40/14, Bl. 107

„[…] Ich befehle, dass ab 5.12.41 bei Sühnemassnahmen für getötete deutsche Wehrmachtsangehörige und Volksdeutsche folgende Sühnequote zugrunde gelegt wird:
für 1 Toten = 50 Sühnegefangene,
für 1 Verw. = 25   „   „   […]"

General der Artillerie, Paul Bader, ohne Datum
Bundesarchiv, Bild 146/73/139/24

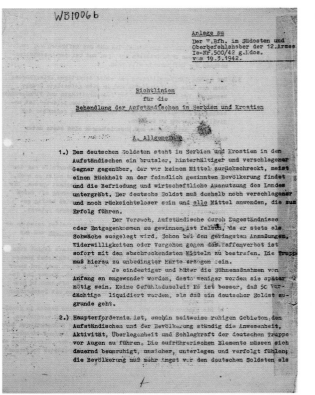

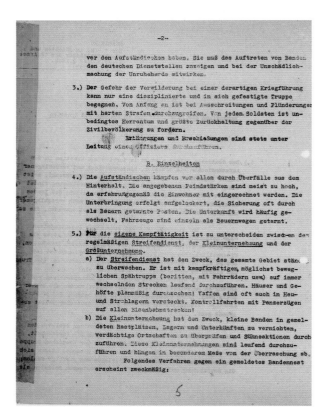

Richtlinien für die Behandlung der Aufständischen in Serbien und Kroatien vom Wehrmachtbefehlshaber im Südosten, General Kuntze, vom 19.3.1942 (Auszug)

Bundesarchiv/Militärarchiv, RH 20–12/140

„Richtlinien
für die
Behandlung der Aufständischen in Serbien und Kroatien

A. Allgemein

1.) Dem deutschen Soldaten steht in Serbien und Kroatien in den Aufständischen ein brutaler, hinterhältiger und verschlagener Gegner gegenüber, der vor keinem Mittel zurückschreckt, meist einen Rückhalt an der feindlich gesinnten Bevölkerung findet und die Befriedung und wirtschaftliche Ausnutzung des Landes untergräbt. Der deutsche Soldat muß deshalb noch verschlagener und noch rücksichtsloser sein und alle Mittel anwenden, die zum Erfolg führen.

Der Versuch, Aufständische durch Zugeständnisse oder Entgegenkommen zu gewinnen, ist falsch, da er stets als Schwäche ausgelegt wird. Schon bei den geringsten Anmaßungen, Widerwilligkeiten oder Vergehen gegen das Waffenverbot ist sofort mit den abschreckensten Mitteln zu bestrafen. Die Truppe muß hierzu zu unbedingter Härte erzogen sein.

Je eindeutiger und härter die Sühnemaßnahmen von Anfang an angewendet werden, desto weniger werden sie später nötig sein. Keine Gefühlsduselei! Es ist besser, dass 50 Verdächtige liquidiert werden, als daß ein deutscher Soldat zugrunde geht.

2.) Haupterfordernis ist, auch in zeitweise ruhigen Gebieten, den Aufständischen und der Bevölkerung ständig die Anwesenheit, Aktivität, Überlegenheit und Schlagkraft der deutschen Truppe vor Augen zu führen. Die aufrührerischen Elemente müssen sich dauernd beunruhigt, unsicher, unterlegen und verfolgt fühlen; die Bevölkerung muß mehr Angst vor den deutschen Soldaten als vor den Aufständischen haben. Sie muß das Auftreten von Banden den deutschen Dienststellen anzeigen und bei der Unschädlichmachung der Unruheherde mitwirken.

3.) Der Gefahr der Verwilderung bei einer derartigen Kriegführung kann nur eine disziplinierte und in sich gefestigte Truppe begegnen. Von Anfang an ist bei Ausschreitungen und Plünderungen mit harten Strafen durchzugreifen. Von jedem Soldaten ist unbedingtes Herrentum und größte Zurückhaltung gegenüber der Zivilbevölkerung zu fordern.

Erhängungen und Erschießungen sind stets unter Leitung eines Offiziers durchzuführen. [...]“

BEKANNTMACHUNG

In letzter Zeit mehren sich die Fälle,

dass im öffentlichen Dienst der serbischen Regierung stehende Personen wie Bürgermeister, Angehörige der Staatswache und der Freiwilligenverbände wegen ihres Dienstes überfallen, verschleppt oder getötet werden.

dass Beamte und Angestellte insbesondere Bürgermeister ihr Amt niederlegen und entlaufen,

dass nach Überfällen öffentliche Urkunden und Lebensmittelvorräte vernichtet und Staatseinrichtungen wie Eisenbahnen, Telefon- und Telegrafenverbindungen zerstört oder beschädigt werden.

Alle diese Vorkommnisse haben-wie aus der Feindpropaganda ersichtlich ist-den Zweck, ohne Rücksicht auf die unausbleiblichen Folgen für das serbische Volk Unruhe und Schrecken im Lande zu verbreiten, die Ordnung zu stören und die Interessen der Deutschen Wehrmacht zu schädigen.

Ausgeführt werden diese Verbrechen durch Anhänger des Draža Mihajlović und durch Komunisten.

Diese Elemente können aber nur dann zur Wirkung kommen wenn sie im serbischen Volk Deckung finden.

Verantwortlich für die Verhinderung solcher Verbrechen ist daher das serbische Volk.

Zur Ausmerzung dieses Banditentums wird daher folgendes bekanntgegeben:

1. Alle im öffentlichen Dienst stehenden Personen sind bei der Ausübung ihres Dienstes unter deutschem Schutz gestellt.

2. Für die Verwundung einer im öffentlichen Dienst stehenden Person werden 5, für die Tötung 10 Geiseln erschossen, wenn die Verwundung oder Tötung in Ausübung ihres Dienstes oder wegen desselben in verbrecherischer Absicht erfolgte.

3. Gemeinden deren Bürgermeister ermordet oder entführt wurden und keinen Ersatz stellen, sowie Gemeinden, deren Bürgermeister entlaufen oder ihr Amt niederlegen, werden unter Zwangsverwaltung gestellt. Für sie wird ein kommissarischer Bürgermeister eingesetz, für den die Kosten die Gemeinde zu tragen hat.

4. **Bürgermeister und andere Personen der öffentlichen Dienste die ihr Amt unbegründet niederlegen und damit Sabotage verüben werden standrechtlich verfolgt, ihr Vermögen beschlagnahmt und ihre Familien in ein Lager überführt.**

5. Für jeden Fall von Eisenbahnsabotage, Zerstörung von Brücken, Nachrichtenverbindungen und industriellen Anlagen werden bis zu 100 Geiseln erschossen.

gez. BADER
Kdr. General u. Bfh. in Serbien

Belgrad, den 21 November 1942.

СAOПШTEЊE

У ПОСЛЕДЊЕ ВРЕМЕ УЧЕСТАЛИ СУ СЛУЧАЈЕВИ:

да се лица која се налазе у јавној служби Српске владе, као што су претседници општина, припадници државне страже и добровољачких одреда, нападају, одводе или убијају због службе коју врше;

да чиновници и намештеници, а нарочито претседници општина, дају оставке на службу и побегну; да се после напада уништавају јавне исправе и залихе намирница, разарају и оштећују државна постројења, као што су жељезнице, телефонске и телеграфске везе.

Свима овим делима, што се из непријатељске пропаганде види, циљ је да се без обзира на неизбежне последице по српски народ, изазову у земљи немир и забуна, да се поремети ред и нанесе штета интересима немачке оружане силе.

Ове злочине извршују присталице ДРАЖЕ МИХАЈЛОВИЋА и комунисти.

Ови пак елементи могу имати успеха само ако налазе подршку у српском народу.

Према томе је српски народ одговоран и дужан да спречава овакве злочине.

У циљу истребљења овог бандитизма саопштава се следеће:

1. Сва лица која се налазе у јавној служби стављају се за време вршења своје дужности под немачку заштиту.

2. У случају да лице које се налази у јавној служби буде рањено, стрељаће се 5 таоца, а у случају убиства 10 таоца, ако је рана или убиство уследило у злочиначкој намери за време вршења дужности или због вршења исте.

3. Општине, чији претседници буду убијени или одведени, а не поставе замену, као и општине, чији претседници побегну или напусте своју дужност, ставиће се под присилну управу. У таквим ће се општинама поставити комесари, чије ће трошкове сносити општина.

4. Претседници општина и друга лица у јавној служби, која безразложно напусте своју дужност и тиме изврше дело саботаже, биће прогоњена по прописима Преког суда, њихова имовина конфискована а њихове породице одведене у логор.

5. За сваки случај саботаже на жељезницама, разарања мостова, обавештајних веза и индустриских постројења стрељаће се до 100 таоца.

БАДЕР, с. р.
Командујући генерал и Заповедник у Србији.

Београд, 21 новембра 1942 г.

Bekanntmachung des Kommandierenden Generals und Befehlshabers in Serbien, General Paul Bader, vom 21.11.1942
Serbisches Archiv Belgrad, AS–ZP–V–II/11–230

Schreiben des Kommandierenden Generals und Befehlshabers in Serbien an den serbischen Ministerpräsidenten Neditsch vom 23.12.1942 (Abschrift)
StAN, NOKW–899

„Der Kdr.General hat sich damit einverstanden erklärt, dass in Zukunft Sühnemaßnahmen für Angriffe Aufständischer gegen Organe der serbischen Regierung, die deren Verletzung oder Tod zur Folge hatten, durch die serbische Regierung selbst gesühnt und öffentlich bekanntgemacht werden.

Es wird jedoch darauf hingewiesen, dass die abschreckende Wirkung der Sühnemaßnahmen nur dann erzielt wird, wenn die zur Tötung bestimmten Personen Gesinnungsgenossen der Täter sind. Es ist daher von Wichtigkeit in jedem Falle festzustellen, ob Kommunisten oder Draza Mihajlovic-Leute die Täter waren. Sollte sich die Regierung ausserstande sehen D.M.-Leute zu Sühnemaßnahmen heranzuziehen, so wird dies von deutscher Seite geschehen. [...]"

BEKANNTMACHUNG

Am 19.11.42 wurde ein deutscher Soldat in Kupci bei Brus entführt.

Da der deutsche Soldat bis 5.12.42 nicht zurückkehrte, wurden am 5.12.42 folgende 10 KOMMUNISTEN UND DRAŽA MIHAJLOVIĆ-ANHÄNGER ERSCHOSSEN:

1. Živanović Živadin, geb. 5. 5. 1916 in Bomurja,
2. Stamenković Milutin, ged. 2.3.1920 in Korman,
3. Milošević Ugrin, geb. 1905 in Saraorci,
4. Januzović Miloš, geb. 1899 in Dvor,
5. Milanović Bogosav, geb. 7. 10. 1904 in Djurdjevo,
6. Obradović Strahinja, geb. 1923 in Bosnjane,
7. Savković Milisav, geb. 1912 in Sepci,
8. Vićentijević Milosav, geb. 1925 in Lepenac,
9. Crnojakić Radovan, geb. 29. 1. 1914 in Martinci,
10. Grujić Borisav, geb. 15. 1. 1910 in Darosava.

Sollte auch weiterhin der entführte deutsche Soldat nicht zurückkehren, so werden am 10. 12., 15. 12., 20. 12, 25. 12. je 10 weitere festgesetzte Kommunisten und Draža Mihajlović-Anhänge des Kreises Kruševac und Leskovac erschossen.

Am Morgen des 5.12.42 wurde die Eisenbahnstrecke zwischen Lapovo und Kragujevac durch eine Bande gesprengt. Gemäss meiner Ankündigung über verschärfte Massnahmen bei Bedrohung von serb. Amtspersonen und bei Sabotage **wurden am 6. 12. 42 in Kragujevac ZUNÄCHST 5 Geiseln erschossen.**

Dies ist ein weiterer Erfolg der Wühlarbeit des DRAŽA MIHAJLOVIĆ!

Belgrad, den 6.12.42.

gez. **BADER**
General der Artillerie
Kdr. General u. Bfh. in Serbien

САОПШТЕЊЕ

19 новембра 1942 одведен је један немачки војник у Купцима код Бруса.

Пошто се овај немачки војник до 5 децембра о. г. није вратио СТРЕЉАНО ЈЕ 5 децембра 1942 следећих 10 КОМУНИСТА и присталица Драже Михаиловића:

1. Живановић Живадин, рођ. 5. 5. 1916 у Бомурји,
2. Стаменковић Милутин, рођ. 2-3-1920 у Корману,
3. Милошевић Угрин, рођ. 1905 у Сараорцима
4. Janузовић Милош, рођ. 1899 у Двору,
5. Милановић Богосав, рођ. 7. 10. 1904 у Ђурђеву,
6. Обрадовић Страхиња, рођ. 1923 у Бошњанима,
7. Савковић Милосав, рођ. 1912 у Сепцима,
8. Вићентијевић Милосав, рођ. 1925 у Лепенцу,
9. Црнојакић Радован, рођ. 29. 1. 1914 у Мартинцима,
10. Грујић Борисав, рођ. 15. 1. 1910 у Даросави.

У случају да се одведени немачки војник ни у међувремену не врати БИЋЕ СТРЕЉАНО 10. XII. 15. XII. 20. XII и 25. XII ЈОШ ПО 10 УХАПШЕНИХ КОМУНИСТА И ПРИСТАЛИЦА ДРАЖЕ МИХАЈЛОВИЋА ИЗ КРУШЕВАЧКОГ И ЛЕСКОВАЧКОГ ОКРУГА.

Ујутро 5 децембра 1942 године једна банда дигла је у ваздух железничку пругу између Лапова и Крагујевца. У смислу мога саопштења о пооштреним мерама за случај угрожавања српских службених лица и саботаже, СТРЕЉАНО ЈЕ У КРАГУЈЕВЦУ 6 ДЕЦЕМБРА ЗА САДА 5 ТАОЦА.

И ово је плод разорног рада ДРАЖЕ МИХАЈЛОВИЋА!

Београд, 6 XII 1942.

БАДЕР, с. р.
Артилериски генерал.
Командујући генарал и Заповедник у Србији.

Bekanntmachung des Kommandierenden Generals und Befehlshabers in Serbien, General Paul Bader, vom 6.12.1942
Serbisches Archiv Belgrad, ohne Signatur

BEKANNTMACHUNG

Da der am 19. 11. 1942 in Kupci bei Brus von Aufständischen entführte deutsche Soldat bis zum 10. Dezember 1942 nicht zurückgekehrt ist, wurden am gleichen Tage, wie angekündigt, 10 weitere Kommunisten und Draža Mihajlović – Anhänger erschossen:

1.) Knežević Sava, Spengler, geb. 8. 1. 1921 in Bunić, wohnh. Belgrad
2.) Kukić Mustafa, Schiffsarb, geb. 3. 4. 1912 in Brezovo, wohnh. Belgrad
3.) Milosavljević Andjelko, Kellner, geb. 3. 10. 1893 in Negbani, wohnh. Belgrad
4.) Jeftović Milorad, Dipl. Jur., geb. 6. 1. 1914 in Čačak, wohnh. Čačak
5.) Ristić Petar, Mechan. geb. 24. 9. 1914 in Batonica, wohnh. Belgrad
6.) Filipović Mladen, Ing., geb. 14. 8. 1914 in Markovac, wohnh. Markovac
7.) Kostić Dragoljub, Lehrer, geb. 8. 1. 1915 in Donji Lubeš, wohnh. Donji Lubeš
8.) Mrgić Ilija, Kürschner, geb. 22. 8. 1920 in Gor. Poloj, wohnh. Belgrad
9.) Ćehić Muharem, Schneider, geb 20. 4. 1914 in Pozor, wohnh. Belgrad
10.) Paunesku Jovan, Typograf, geb. 10. 9. 1918 in Kovin, wohnh. Belgrad

In der Nacht vom 9.-10. Dez. 1942 wurde der Bahnhof Pozekovina auf der Strecke Kraljevo — Kruševac von bewaffneten Banditen des Draža Mihajlović überfallen, die mit der Bahnüberwachung beauftragten Zivilisten im Bahnhofgebäude eingesperrt, die Bahnhofkasse ausgeraubt, die Telefonanlagen zerstört und 1 Lokomotive ohne Personal in Fahrt gesetzt.

Als Vergeltung sind am 12. 12. 42 folgende 10 Anhänger des Draža Mihajlović in Kruševac erschossen worden:

1. Gradištanac Živojin, geb. 1890, Bauer in Medvedja
2. Stojić Radoje, geb. 1881, Bauer in Medvedja
3. Birkić Radan, geb. 1896, Četnik-Intendant in Kruševac
4. Antić Dragoljub, geb. 1911, Schlosser in Globoder
5. Roglić Jovan, geb. 1901, Bauer in Cairi
6. Vasić Milivoje, geb. 1912, Bauer in Pepeljevac
7. Andjelković Živadin, geb. 1897, Bauer in Medvedja
8. Aleksić Vlastimir, geb. 1907, Maler in Kruševac
9. Plocić Dragomir, geb. 1906, Bürgermeister in Meševo
10. Bogičević Velisav, geb. 1892, Bürgermeister in Vitanovac

Belgrad, den 12. 12. 1942.

gez. BADER
General der Artillerie
Kdr. General u. Befh. in Serbien

САОПШТЕЊЕ

Пошто се, 19 - XI - 1942 у Купцима код Бруса од стране побуњеника одведени немачки војник, до 10-XII-1942 није вратио, стрељано је истога дана, као што је било стављено до знања, још 10 комуниста и присталица ДРАЖЕ МИХАЈЛОВИЋА.

1 Кнежевић Сава, лимар, рођен 8-I-1921 у Бунићу, са станом у Београду,
2 Кукић Мустафа, бродарски радник, рођен 3-4-1912 у Брезову, са станом у Београду,
3 Милосављевић Анђелко, келнер, рођен 3-X-1893 у Негбини, са станом у Београду,
4 Јевтовић Милорад, дипл. правник рођ. 6-I-1914 у Чачку, са станом у Чачку,
5 Ристић Петар, механчар, рођ. 24-IX-1914 у Батоници, са станом у Београду,
6 Филиповић Младен, инж., рођ. 14-VIII-1914 у Марковцу, са станом у Марковцу,
7 Костић Драгољуб, учитељ, рођ. 8-I-1915 у Доњем Лубешу, са станом у Д. Лубешу,
8 Мргић Илија, крзнар, рођ. 22-VIII-1920 у Гор. Полоју, са станом у Београду,
9 Чехић Мухарем, кројач, рођ. 20-IV-1914 у Позору, са станом у Београду,
10 Паунеску Јован, типограф, рођ. 10-IX-1918 у Ковину, са станом у Београду.

У ноћи између 9 и 10 XII 1942 наоружана банда ДРАЖЕ МИХАЈЛОВИЋА извршила је препад на железничку станицу у Позековини, на прузи Краљево—Крушевац. Пошто су затворили цивилна лица која су чувала станицу, бандити су опљачкали железничку касу, уништили телефонска постројења и ставили у покрет једну локомотиву, која се налазила без особља.

За одмазду стрељано је у Крушевцу 12 XII 1942 следећих 10 присталица ДРАЖЕ МИХАЈЛОВИЋА:

1 Градиштанац Живојин, рођ. 1890, сељак из Медвеђе,
2 Стојић Радоје, рођ. 1881, сељак из Медвеђе,
3 Биркић Радан, рођ. 1896, четник-интендант из Крушевца,
4 Антић Драгољуб, рођ. 1911, бравар из Глободера,
5 Роглић Јован, рођ. 1901, сељак из Цаира,
6 Васић Миливоје, рођ. 1912, сељак из Пепељевца,
7 Анђелковић Живадин, рођ. 1897, сељак из Медвеђе,
8 Алексић Властимир, рођ. 1907, молер из Крушевца,
9 Плочић Драгомир, рођ. 1906, претседник општине из Мешева,
10 Богичевић Велисав, рођ. 1892, претседник општине из Витановца.

Београд, 12 децембра 1942

БАДЕР с. р.
Артилериски генерал
Командујући генерал и Заповедник у
Србији

Bekanntmachung des Kommandierenden Generals und Befehlshabers in Serbien, General Paul Bader, vom 12.12.1942
Serbisches Archiv Belgrad, AS – ZP – V – II/11 – 226

BEKANNTMACHUNG ‖ САОПШТЕЊЕ

Aus einem Aufruf Aufständischer aus Rasina geht die Ermordung des am 19. 11. 42. in Kupci bei Brus entführten deutschen Soldaten hervor.

Gemäss Ankündigung wurden 30 weitere Kommunisten und Draža Mihajlović – Anhänger erschossen.

Am 15. 12. 42:
1. Kokić Borislav, Abiturient, geb. 30. 9. 22. Leskovac,
2. Petrović Djordje, Arbeiter, geb. 10. 10. 24. Precina,
3. Popović Jovanka, Lehrerin, geb. 1. 6. 12. Sarajevo,
4. Stajković Anna, Studentin, geb. 19. 11. 20. Šabac,
5. Stijković Borivoje, Bauer, geb. 1914 Gor. Presnica,
6. Djordjević Ilija, Bauer, geb. 20. 2. 20. Zdravinje,
7. Evac Vojislav, Volkssänger, geb. 16. 8. 14. Drenova,
8. Tiegermann Stefan, Schlosser, geb. 13. 5. 05. Bela Crkva,
9. Brković Ratomir, Arbeiter, geb. 15. 4. 20. Kos. Mitrovica,
10. Andjelković Živojin, Buchdrucker, geb. 25. 7. 04. Parzane,

Am 20. 12. 42:
1. Živković Draga, Hausfrau, geb. 28. 11. 01. Nisch,
2. Milenković Miodrag, Student, geb. 21. 9. 26. Belgrad,
3. Petrović Stojan, Lehrer, geb. 25. 11. 19. Gornje Gore,
4. Milošević Todor, Bauer, geb. 1889 Gornji Rin,
5. Petković Dragoljub, Gastwirt, 1898 Orana,
6. Radojčić Velja, Bauer, geb. 1889 Dobro Polje,
7. Savković Hranislav, Lehrer, geb. 2. 12. 71. Trnava,
8. Stefanović Jelica, Arbeiterin, geb. 27. 12. 19. Leskovac,
9. Sofrann Rosalija, Arbeiterin, geb. 28. 7. 07. Ivanov,
10. Stojanović Ćira, Bauer, geb. 1917 Donji Dušnik.

Am 25. 12. 42:
1. Hercog Djuro, Schüler, geb. 18. 12. 14. Kupres-Bugojno,
2. Janković Dragiša, Musikant, geb. 1915 Tomislavci,
3. Lazarević Ljutica, Kaufmann, geb. 9. 3. 13. Belgrad,
4. Usković Dragoljub, Mechaniker, geb. 15. 4. 16. Babičku,
5. Paunović Živojin, Maler aus Kruševac, geb. 1892,
6. Obradović Nikola, Sattler aus Kruševac, geb. 1883,
7. Aleksić Novica, Pensionär aus Kruševac, geb. 1889,
8. Popović Rista, Zollbeamter aus Kruševac, geb. 1886,
9. Nikolić Mihajlo, Kaufmann aus Kruševac, geb. 1897,
10. Valjarević Dušan, Pensionar aus Kruševac, geb. 1898.

Belgrad, den 29. Dezember 1942.

Der Kommandierende General und
Befehlshaber in Serbien

На основу прогласа побуњеника из Расине види се да је убијен онај немачки војник, који је 19 XI 1942 одведен из Купаца код Бруса.

Према објави стрељано је још 30 комуниста и присталица ДРАЖЕ МИХАЈЛОВИЋА.

15~XII~1942:
1. Кокић Борислав, абитуријент, рођ. 30-IX-1922 у Лесковцу,
2. Петровић Ђорђе, радник, рођ. 10-X-1924 у Пречини,
3. Поповић Јованка, учитељица, рођ. 1-VI-1912 у Сарајеву,
4. Стојковић Ана, студенткиња, рођ. 19-XI-1920 у Шапцу,
5. Стијковић Боривоје, сељак, рођ. 1914 у Горњој Просници,
6. Ђорђевић Илија, сељак, рођ. 20-II-1920 у Здравињу,
7. Евац Војислав, народни певач, рођ. 16-VIII-1914 у Дренови,
8. Тигерман Стеван, бравар, рођ. 13-V-1905 у Белој Цркви,
9. Брковић Ратомир, радник, рођ. 15-IV-1920 у Кос. Митровци,
10. Анђелковић Живојин, штампар, рођ. 25-VII-1904 у Парцану,

20~XII~1942:
1. Живковић Драга, домаћица, рођ. 28-XII-1901 у Нишу,
2. Миленковић Миодраг, студент, рођ. 21-IX-1926 у Београду,
3. Петровић Стојан, учитељ, рођ. 25-XI-1919 у Горњој Гори,
4. Милошевић Тодор, сељак, рођ. 1889 у Горњем Рину,
5. Петковић Драгољуб, кафеџија, рођ. 1898 у Орани,
6. Радојчић Веља, сељак, рођ. 1889 у Добром Пољу,
7. Савковић Хранислав, учитељ, рођ. 2-XII-1871 у Трнави,
8. Стефановић Јелица, радница, рођ. 27-XII-1919 у Лесковцу,
9. Софран Розалија, радница, рођ. 28-VII-1907 у Иванову,
10. Стојановић Ћира, сељак, рођ. 1917 у Доњем Душнику,

25·XII·1942:
1. Херцог Ђура, ученик, рођ. 18-XII-1914 у Купресу (Бугојно),
2. Јанковић Драгиша, музичар, рођ. 1915 у Томиславцима,
3. Лазаревић Љутица, трговац, рођ. 9-III-1912 у Београду,
4. Ускоковић Драгољуб, механичар, рођ. 15-IV-1916 у Бабичку,
5. Пауновић Живојин, сликар, рођ. 1892 из Крушевца,
6. Обрадовић Никола, сарач, рођ. 1883, из Крушевца,
7. Алексић Новица, пензионер, рођ. 1889, из Крушевца,
8. Поповић Риста, царински чиновник, рођ. 1886, из Крушевца,
9. Николић Михајло, трговац, рођ. 1897, из Крушевца,
10. Ваљаревић Душан, пензионер, рођ. 1898, из Крушевца,

Београд, 29-XII-1942.

Командујући генерал и заповедник
у Србији

Bekanntmachung des Kommandierenden Generals und Befehlshabers in Serbien, General Paul Bader, vom 29.12.1942
Serbisches Archiv Belgrad, AS–ZP–V–II/11–270

Befehl des Kommandierenden Generals und Befehlshabers in Serbien vom 28.2.1943

Bundesarchiv/Militärarchiv, RW 40/38, Bl. 137–143

„Betr.: Sühne durch Tötung von Menschenleben.

Die steigende Bedeutung, welche bei der Bekämpfung der Aufstandsbewegungen in Serbien die einheitliche und klare Handhabung von Sühnemassnahmen und innerhalb dieser der schwersten, nämlich der Tötung von Menschenleben zukommt, macht eine Zusammen- und Neufassung der auf diesem Gebiet geltenden Befehle erforderlich.

Ich mache allen an der Durchführung von Sühnemassnahmen beteiligten Offizieren und Dienststellenleitern die sorgfältige Beachtung der im Folgenden gegebenen Richtlinien zur Pflicht.

I. In welchen Fällen kommen Sühnemassnahmen in Betracht?

1.) Personenschutz:

Gesühnt wird jeder Anschlag gegen Leib und Leben

a) eines Reichs- oder Volksdeutschen (Wehrmacht, Wehrmachtsgefolge oder Zivil-Deutsche),

b) eines Angehörigen des Bulg. Okk. Korps,

c) einer Person, die im Dienste der Besatzungsmächte steht, ohne Rücksicht auf ihre Volkszugehörigkeit,

d) eines Mitgliedes der serb. Regierung oder von leitenden serb. Beamten (Bezirks- u. Kreisvorsteher, Bürgermeister), Offizieren der serb. Staatswache, des serb. Freiw.Korps u.ä.

Sühnemassnahmen werden jedoch nur ausgelöst, wenn

a) die Täter nicht innerhalb 48 Stunden gefasst werden können,

b) der Anschlag auf die geschützte Person aus politischen Gründen erfolgte und

c) der Anschlag zur Verletzung oder Tötung geführt hat. Tötung wird angenommen, wenn ein Entführter nach Ablauf einer gestellten Frist nicht zurückgekehrt ist.[...]

III. Welche Personen sind zu Sühne-Exekutionen zu verwenden?

1.) Das Verfahren, n a c h e i n e m Ueberfall oder Sabotageakt aus der näheren Umgebung des Tatortes w a h l l o s P e r s o n e n zur Sühne zu verhaften, e r s c h ü t t e r t d a s V e r t r a u e n i n d i e G e r e c h t i g k e i t d e r B e s a t z u n g s m a c h t und treibt auch den l o y a l e n T e i l d e r B e v ö l k e r u n g i n d i e W ä l d e r. Diese Form der Durchführung von Sühnemassnahmen wird daher verboten.

Ergibt jedoch die Untersuch an Ort und Stelle die offene oder versteckte Mitwirkung oder ein bewusst passives Verhalten bestimmter Personen gegenüber den Tätern, so sind in erster Linie diese Personen als Banditenhelfer zu erschiessen. In der Bekanntmachung ist ausdrücklich auf ihre Mitschuld hinzuweisen.

2.) Lassen sich derartige Mitschuldige nicht finden, so muss auf Personen zurückgegriffen werden, die, ohne mit der einzelnen Tat in Verbindung zu stehen, trotzdem als mitverantwortlich anzusehen sind. Mitverantwortlich sind in erster Linie solche Personen, die sich entweder zu Draza Mihajlovic oder zum Kommunismus bekennen.

3.) Nicht zu Sühnezwecken zu verwenden sind:

a) Personen, die durch ihr Verhalten bewiesen haben, dass sie den Zielen der Aufständischen ablehnend gegenüberstehen, oder die, wie z.B. Beamte, selbst zu dem geschützten Personenkreis gehören. Ueber besonders begründete Ausnahmen entscheidet der Kdr. General und Befehlshaber.

b) Frauen und Jugendliche unter 16 Jahren. Diese dürfen nur als Täter oder Banditenhelfer erschossen werden.

4.) Die nach diesen Gesichtspunkten zur allgemeinen Sühne geeigneten Personen stellt in der Regel der Bfh. der Sicherheitspolizei aus dem Kreise der ihm gemäss Ia Nr. 509/42 g.Kdos. vom 4.11.1942 durch die laufenden Aktionen der Truppe und der Polizei zugeführten verdächtigen Personen, soweit sie nicht als unschuldig entlassen werden müssen oder in freie oder Zwangsarbeit verschickt werden (Sühnegefangene).

5.) Diese Sühnegefangenen werden kreisweise in Sühnelagern gesammelt. Ueber Einrichtung der Sühnelager ergeht gleichzeitig Befehl. Ein ausreichender Bestand ist laufend in den Lagern zu halten. [...]

6.) Soweit besondere Aktionen zur Gewinnung von Sühnegefangenen erforderlich werden, ist in erster Linie auf die in den überprüften Listen der serb. Kreisvorsteher aufgeführten verdächtigen Personen zurückzugreifen. [...]

7.) Im Einzelfall sind aus den zur Verfügung stehenden Sühnegefangenen diejenigen auszuwählen, die durch Bluts- oder Gesinnungsbande dem vermutlichen Täterkreis verbunden sind. Bei der z.Zt. bestehenden Feindschaft zwischen den beiden Aufständischengruppen würde die Sühne für von DM-Anhängern begangenen Anschlägen durch Tötung kommunistischer Parteigänger und umgekehrt, eher einen Anreiz als eine Abschreckung für die Täter bedeuten. Die Auswahl der Sühnegefangenen im Einzelnen ist daher grundsätzlich von der politischen Zugehörigkeit der Täter abhängig. Wenn sich diese nicht ermitteln lässt, sind Kommunisten und Draza Mihajlovic-Anhänger in gleichem Umfange zur Sühne heranzuziehen. Nach Möglichkeit sollen die zur Exekution Vorgesehenen aus der Gegend stammen, in der die Täter beheimatet sind, oder die Tat stattgefunden hat. [...]

IV. Welche Dienststellen sind für die Durchführung von Sühnemassnahmen zuständig? [...]

3.) Zur Durchführung der Sühnemassnahmen bestimmt der Feldkommandant den Kreiskommandanten, in dessen Bereich die Tat erfolgte oder die Täter beheimatet sind. [...]

4.) Für die Durchführung der Exekution erteilt der zuständige Kreiskommandant die erforderlichen Weisungen. Truppe und Polizei haben seinem Ersuchen um Vornahme von Exekutionen zu entsprechen. Im Allgemeinen werden Verluste, die die Truppe erlitten hat, durch die Truppe gesühnt. Die Polizei stellt das Exekutionskommando zur Sühnung ihrer eigenen Verluste und darüber hinaus aller Angriffe auf geschützte Nichtsoldaten und Objekte. [...]

V. Veröffentlichung von Sühnemassnahmen.

Da die Sühnemassnahmen nicht nur eine Strafe für begangene Verbrechen darstellen, sondern vor allen Dingen der Verhinderung künftiger durch ihre abschreckende Wirkung dienen, muss jede Sühnemassnahme veröffentlicht werden. Die Sühnemassnahmen müssen daher so bekanntgemacht werden, dass sie die Täter und die ihnen nahestehenden Kreise erreichen. [...]"

BEKANNTMACHUNG

Am Vormittag des 15. 2. 1943 wurde auf der Strasse Petrovac – Požarevac bei Toponica ein PKW der deutschen Wehrmacht von kommunistischen Banden überfallen. Die 4 Insassen, 2 Offiziere, 1 Unteroffizier und 1 Mann, wurden heimtückisch ermordet und beraubt, der Kraftwagen wurde in Brand gesteckt.

Als Sühnemassnahme sind heute in Belgrad 400 Kommunisten erschossen worden. Das Dorf Toponica wurde teilweise niedergebrannt. Mehrere hundert Festgenommene, die im Kreisbereich Požarevac aufgebracht worden sind, kehren nicht in ihre Dörfer zurück, sondern werden an anderer Stelle nutzbringender Arbeit zugeführt. Für den Kreis Požarevac ist die Sperrstunde bis auf Weiteres auf 18.00 Uhr festgesetzt worden.

Die deutsche Wehrmacht ist nicht gewillt, dem verhängnisvollen Treiben der Kommunisten und anderer Aufständischer tatenlos zuzusehen.

Belgrad, 19. 2. 43.   Der Kdr. General u. Bfh. in Serbien.

СЛОПШТЕЊЕ

Комунистичке банде извршиле су, 15 фебруара 1943 г., пре подне, препад на један немачки аутомобил. Препад је извршен на путу између Петровца и Пожаревца код села Топонице. Том приликом мучки је убијено и опљачкано 4 путника: 2 официра, 1 подофицир и 1 војник а кола су спаљена.

За казну стрељано је данас у Београду 400 комуниста. Село Топоница спаљено је делимично. Неколико стотина ухапшених лица, похватаних у округу пожаревачком, неће се више вратити у своја села, већ ће бити упућена на користан рад на неко друго место. Слободно кретање грађанства у округу пожаревачком, до даље наредбе, дозвољено је само до 18 часова.

Немачка војна сила није вољна да скрштених руку посматра злочиначки рад комуниста и других бунтовника.

Београд, 19 фебруара 1943 године.   Командујући генерал и Заповедник у Србији.

Bekanntmachung des Kommandierenden Generals und Befehlshabers in Serbien vom 19.2.1943
Serbisches Archiv Belgrad, AS–ZP–V–II/11–716

Befehl von Generalmajor Kurt von Geitner, Chef des Kommandostabs beim Kommandierenden General und Befehlshaber in Serbien, vom 13.7.1943 zur vermehrten Festnahme von Geiseln
Bundesarchiv/Militärarchiv, RW 40/43, Bl. 93

„Durch die erhöhte Inanspruchnahme der letzten Zeit ist das Lager Belgrad erschöpft."

„Es mehren sich die Fälle, daß die Feldkommandanturen für die Durchführung von Sühnemaßnahmen Bereitstellung der Sühnegefangenen aus dem Sammellager des Befehlshabers der Sicherheitspolizei und des SD in Belgrad beantragen. Durch die erhöhte Inanspruchnahme der letzten Zeit ist das Lager Belgrad erschöpft.

Die Feldkommandanturen haben im Einvernehmen mit den örtlichen Dienststellen des Befehlshabers der Sicherheitspolizei und des SD in den eigenen Befehlsbereichen die benötigte Anzahl von Sühnegefangenen sicherzustellen, nötigenfalls sind besondere Aktionen zur Gewinnung von Sühnegefangenen nach dem Befehl ‚Kdr.Gen. und Befh. in Serbien I a Nr. 652/43 geh. Ziff. III/6 vom 28.2.43' durchzuführen.

In der Regel ist in Zukunft der Bedarf für Exekutionen aus den Lagern der Feldkommandanturen zu decken, nur in Ausnahmefällen Gestellung aus dem Sammellager Belgrad zu beantragen. [...]"

Befehl des Kommandierenden Generals und Befehlshabers in Serbien vom 28.2.1943
Bundesarchiv/Militärarchiv, RW 40/35, Bl. 149

„Betr.: Einrichtung von Lagern für Sühnegefangene.
Um eine Beschleunigung und eine erhöhte Wirksamkeit der angeordneten Sühnemassnahmen zu erreichen, wird die Einrichtung von Sühnegefangenenlagern befohlen in
Belgrad für die Kreise Belgrad und Pozarevac,
Sabac für die Kreise Sabac und Valjevo,
Cacak für die Kreise Kraljevo und Uzice,
Kragujevac für die Kreise Kragujevac und Jagodina,
Krusevac für den Kreis Krusevac,
Zajecar für den Kreis Zajecar,
Nisch für den Kreis Nisch,
Leskovac für den Kreis Leskovac.[...]
Die Lager (mit Ausnahme der bereits bestehenden Lager Belgrad, Sabac u. Nisch) sind im Anschluss an vorhandene Räumlichkeiten (Gefängnisse, Baracken, Kasernen usw.) durch die Kreiskommandanturen einzurichten. Sie sollen mindestens 50 Sühnegefangene aufnehmen können.[...]
Die Lager in Belgrad, Sabac und Nisch unterstehen dem Bfh. der Sicherheitspolizei. Höh.SS-u.Pol.Fhr. meldet bis zum 15.3.43, welche weiteren Lager von SD-Aussenstellen übernommen werden können."

Befehl des Kommandierenden Generals und Befehlshabers in Serbien vom 5.8.1943

StAN, NOKW–169

„[...] 1. Der wachsende Terror der Aufstaendischen und kommunistischen Banditen gegen den friedlichen Teil der Bevoelkerung, der die feindlichen Anordnungen nicht befolgt, loyal mit den Besatzungmaechten zusammenarbeitet und den Anordnungen der serbischen Regierung Folge leistet und sie unterstuetzt, die Niedermetzelung schuldloser Angehoeriger des S.F.K. und anderes, erfordern die Durchführung weiterer scharfer Gegenmassnahmen.

2. Es wird daher angeordnet, dass in Erweiterung des Befehles vom 28.2.1943 Ia Nr. 652/43 geh. auch die maennlichen Abkoemmlinge, die Brueder sowie die Vaeter derjenigen Personen, die sich bei den Aufstaendischen oder kommunistischen Banden befinden, zur Durchfuehrung von Gegenmassnahmen herangezogen werden koennen.

Diese Gegenmassnahmen koennen je nach der Schwere des zu suehnenden Vergehens, dessen sich die Aufstaendischen oder kommunistischen Banden schuldig gemacht haben, bestehen in:

a) Auferlegung einer Geldstrafe bis zu 500.000 Dinar,

b) Verschickung nach Deutschland zur Zwangsarbeit,

c) Verwendung zu Suehneexekutionen. [...]“

Befehl des Oberbefehlshabers Südost vom 10.8.1943

Bundesarchiv/Militärarchiv, RW 40/199, Bl. 10

„Behandlung der Gefangenen und Überläufer im Bandenkampf, Sühne- und Evakuierungsmaßnahmen.

1.) Gefangene Bandenmitglieder sind zu den Gefangenensammelstellen abzuschieben; die Befehlshaber überprüfen, ob die bisher eingerichteten Gefangenensammelstellen ausreichen. Von den Sammelstellen aus erfolgt der Weitertransport ins Reich gemäß Einzelanordnung O.Qu.

Eine Ausnahme von dieser Regelung ist nur dann gegeben, wenn die Kampflage einen Abtransport nicht zuläßt.

Die Erfassung einzelner Banditen für Abwehraufgaben (Abwehrtrupps, Asten, S.D., GFP.) bleibt weiterhin notwendig. [...]

3.) Sühnemaßnahmen sind, wie bereits mit O.B. Südost Ia/Id Nr. [unleserlich] geh. vom 14.7.43 befohlen, wie bisher mit den härtesten Mitteln durchzuführen, wenn eine feindliche Haltung der Bevölkerung vorliegt.

In bandendurchsetzten Gebieten, in denen Überfälle durchgeführt worden sind, bleibt die Festnahme von Geiseln aus allen Schichten der Bevölkerung ein erfolgreiches Mittel der Abschreckung.

Darüber hinaus kann es notwendig sein, die gesamte männl. Bevölkerung, soweit sie nicht wegen Teilnahme oder Unterstützung der Banden zu erschießen oder zu erhängen und soweit sie arbeitsfähig ist, erfaßt und den Gefangenensammelstellen zum Weitertransport ins Reich zugeführt wird.

Überfälle auf deutsche Soldaten, Beschädigungen deutschen Eigentums müssen in jedem Falle mit Erschießung oder Erhängen von Geiseln, Zerstören der umliegenden Ortschaften usw. beantwortet werden. Nur dann wird die Bevölkerung Ansammlungen der Banden deutschen Dienststellen bekanntgeben, um dadurch vor Sühnemaßnahmen bewahrt zu bleiben.

Sühnemaßnahmen sind durch die Div.Kdre. bzw. selbst.Rgts, Kdre. anzuordnen, um Übergriffe untergeordneter Dienststellen und einzelnen Soldaten zu vermeiden und eine falsche, ungerechte Behandlung der Bevölkerung zu verhindern.

4.) In für die Kampfführung besonders wichtigen Gebieten sind die männlichen Einwohner von 15 – 60 Jahren zu evakuieren. Sie sind in bewachten Arbeitslagern zusammenzufassen bzw. soweit arbeitsfähig, ins Reich abzuführen. Evakuierungen müssen schlagartig durchgeführt werden, um ein vorzeitiges Entweichen der Bevölkerung zu verhindern. [...]“

Befehl des Oberbefehlshabers Südost, Generaloberst Alexander Löhr, vom 22.12.1943
Bundesarchiv/Militärarchiv, RW 40/89

„Sühnemaßnahmen

Der Führer hat eine einheitliche Gegenaktion gegen die kommunistische Gefahr im Südosten befohlen, mit deren politischen Leitung der Gesandte Neubacher beauftragt ist.

Die bisher üblichen Sühne- Straf- und Vergeltungsmassnahmen müssen in Zukunft der neuen politischen Zeilsetzung Rechnung tragen. Erster Grundsatz muss sein, bei Anschlägen, Sabotageakten usw. die Täter selbst zu fassen und Sühnemassnahmen erst in zweiter Linie zu ergreifen, wenn durch Sühnemassnahmen die Verhütung künftiger Anschläge zu erwarten ist.

Für das Verhalten der Truppe im Kampf gelten die bisherigen Bestimmungen.

Im Einvernehmen mit den Mil.Bfh. Südost und dem Gesandten Neubacher werden folgende Richtlinien gegeben: [...]

Sühnemassnahmen werden jedoch nur ausgelöst wenn

a) die Täter nicht innerhalb 48 Stunden gefasst werden können,

b) und der Anschlag auf die geschützte Person aus politischen Gründen erfolgte und

c der Anschlag zur Verletzung oder Tötung geführt hat. Tötung wird angenommen, wenn ein Entführter nach Ablauf einer gestellten Frist nicht zurückgekehrt ist. [...]

B. Sühnequoten:

1.) Sühnequoten werden nicht festgelegt. Die bisher darüber erlassenen Befehle sind aufzuheben. Der Umfang der Sühnemassnahmen ist in jedem Einzelfall vorher festzulegen.

2.) Sühnemassnahmen bestehen in

a) Erschiessungen bezw. Erhängungen,

b) Vernichtung von Wohnstätten,

c) in Geldbussen, Strafwachen und Haft. [...]

D. Welche Personen sind zu Sühne-Exekutionen zu verwenden?

1.) Das Verfahren, nach einen Überfall oder Sabotageakt aus der näheren Umgebung des Tatortes wahllos an Personen und Wohnstätten Sühnemassnahmen zu vollziehen, erschüttert das Vertrauen in die Gerechtigkeit der Besatzungsmacht und treibt auch den loyalen Teile der Bevölkerung in die Wälder. Diese Form der Durchführung von Sühnemassnahmen wird daher verboten. Ergibt jedoch die Untersuchung an Ort und Stelle die offene oder versteckte Mitwirkung oder ein bewusst passives Verhalten bestimmter Personen gegenüber den Tätern, so sind in erster Linie dieser Personen als Banditenhelfer zu erschiessen und deren Wohnstätten zu vernichten. In der Bekanntmachung ist ausdrücklich auf ihre Mitschuld hinzuweisen. [...]

2.) Lassen sich derartige Mitschuldige nicht finden, so muss auf Personen zurückgegriffen werden, die ohne mit der einzelnen Tat in Verbindung zu stehen, trotzdem als mitverantwortlich anzusehen sind. Mitverantwortlich sind in erster Linie solche Personen, die sich zum Kommunismus bekennen.

3.) Es hat sich als zweckmässig erwiesen, vorsorglich Geiseln festzunehmen, jedoch nur solche, an denen nach den vorstehenden Richtlinien auch Sühnemassnahmen durchgeführt werden können. [...]"

Bekanntmachung! | Саопштење!

Am 3. Dezember 1943 wurden in den Nachmittagsstunden auf der Strasse Topola - Kragujevac bei der Gemeinde Cumic zwei deutsche Personen-Kraftwagen durch Kommunisten aus dem Hinterhalt beschossen.

Ein deutscher Polizei-Offizier fand dabei den Tod.

Als Vergeltung für diesen feigen und hinterhältigen Überfall wurden am 20.1.1944 in Kragujevac und Belgrad insgesamt 50 (fünfzig) Kommunisten erschossen:

Unter anderen:

Radivoj Sikimić	Vučić
Slavko Golubović	Vučić
Milovan Zivadinović	Vučić
Ćedomir Branković	Mirasevac
Milenko Milisavljević	Ćumić

20.1.1944.　　　　DER FELDKOMMANDANT.

---

3. децембра после подне нападнута су из заседе од комуниста 2 немачка војна аутомобила на друму Топола - Крагујевац код Чумићске општине.

Један је немачки полициски официр нашао је при томе смрт.

За одмазду овог кукавичког и подмуклог напада стрељано је у Крагујевцу и Београду укупно 50 (педесет) Комуниста.

Међу осталима:

Радивој Сикимић	из Вучића
Славко Голубовић	из Вучића
Милован Живадиновић	из Вучића
Чедомир Бранковић	из Мирашевац
Миленко Милисављевић	из Чумића

20.1.1944.　　　　ФЕЛДКОМАНДАНТ.

Bekanntmachung des Feldkommandanten, wahrscheinlich in Kragujevac, vom 20.1.1944
Serbisches Archiv Belgrad, AS–ZP–V–II/11–344

GRIECHENLAND

Die deutsche Besatzungspolitik in Griechenland war in den ersten zwei Jahren im Vergleich zu Serbien gemäßigter. Dazu trug nicht nur ein positives Griechenlandbild bei, sondern auch die Tatsache, daß die deutsche Wehrmacht zunächst auf keinen landesweit organisierten Widerstand kommunistischer oder nationaler Partisanengruppen stieß. Vereinzelt kam es jedoch auch schon 1941 zu kollektiven Vergeltungsmaßnahmen gegenüber der griechischen Zivilbevölkerung. Wehrmachtseinheiten erschossen beispielsweise im Frühsommer als „Sühne" für getötete deutsche Soldaten etwa 1.000 Einwohner der Insel Kreta.

Bis September 1943 hielt die Wehrmacht nur die militärstrategisch wichtigsten Gebiete Griechenlands (Zentralmazedonien, Kreta, Teile Attikas) besetzt, während die übrigen Teile unter italienischer beziehungsweise bulgarischer Besatzung standen. Nach der Kapitulation Italiens okkupierte Deutschland auch den Süden des Landes. Die deutschen Verbände wurden daraufhin verstärkt, auch weil man eine Invasion alliierter Truppen befürchtete.

Auf die nun steigende Zahl von Partisanenüberfällen, insbesondere des kommunistisch geführten „Griechischen Volksbefreiungs-Heeres" (ELAS), reagierte die Wehrmacht mit verschärften „Sühnemaßnahmen" gegenüber der Zivilbevölkerung. Gelegentliche Versuche der Militärverwaltung, den Terror unter Kontrolle zu bringen, scheiterten häufig an den regionalen Kommandeuren. Opfer der deutschen Vergeltungspolitik war nicht nur die wehrfähige männliche Bevölkerung, sondern oft auch Frauen, Alte und Kinder. Zwischen April 1941 und September 1944 ermordete allein die Wehrmacht in Griechenland mindestens 20.000 Zivilisten.

Befehl des Kommandierenden Generals des XI. Fliegerkorps, Student, über Sühnemaßnahmen auf Kreta vom 31.5.1941 (Abschrift)
Bundesarchiv/Militärarchiv, RH 28–5/4b, Bl. 412 f.

„Betr.: Vergeltungsmassnahmen.

Es ist einwandfrei festgestellt:
a) Dass sich die Bevölkerung von Kreta (auch Frauen u. Jugendliche) im weitesten Umfange am direkten Kampfe beteiligt hat,
b) dass sie ferner im besonderen als Heckenschützen aus dem Hinterhalt,heraus versucht hat, unsere Verbindungen zu stören,
c) dass sie unsere Verwundeten misshandelt und gequält hat,
d) dass sie gefangene Soldaten in grausamster Weise ermordet hat,
e) und dass sie schliesslich sogar Leichen in rachsüchtiger u. bestialischer Weise verstümmelt hat.
Die Truppe hat sich, soweit ihr dies während der Kampfhandlungen möglich war, aus der Notwehr heraus bereits selbst geholfen.
<u>Jetzt ist die Zeit gekommen, allen derartigen Fällen planmässig nachzugehen, Vergeltung zu üben und Strafgerichte abzuhalten, die auch als Abschreckungsmittel für die Zukunft dienen sollen.</u>
Ich beabsichtige, in dieser Richtung mit äusserster Härte vorzugehen. Zu diesem Zwecke befehle ich:
1.) Alle mir selbst bekannt gewordenen Greueltaten (besonders im Raume Maleme – Kastelli) werde ich selbst sofort sühnen lassen.
2.) Unter Aufsicht der Führer der Gruppen Ost (General Ringel) und West (Oberst Ramcke) sind sofort bei den Rgt. bezw. bisherigen selbständigen Kampfgruppen geeignete ältere Offz. zu bestimmen, die sofort allen derartigen Fällen nachgehen bis zur vollständigen Sühnung.
Hierbei lege ich besonderen Wert darauf, dass die Sühnung selbst – nach Möglichkeit – durch diejenige Truppe erfolgt, die unter den bestialischen Greueltaten gelitten hat.
3.) Als zentraler Bearbeiter beim Gen.Kdo. für Vergeltungsmassnahmen wird Major B o c k bestimmt, für den diese Aufgabe jetzt Hauptaufgabe ist.
Als Vergeltungsmassnahmen kommen in Frage:
1.) Erschiessungen
2.) Kontributionen
3.) Niederbrennen von Ortschaften (vorher Sicherstellung aller Barmittel, die restlos den Angehörigen zugute kommen sollen),
4.) Ausrottung der männlichen Bevölkerung ganzer Gebiete.
Die Genehmigung zu 3.) u. 4.) behalte ich mir vor. Sie ist auf dem kürzesten <u>Wege</u> einzuholen (mit stichwortartiger Begründung).
<u>Es kommt nun darauf an, alle Massnahmen mit grösster Beschleunigung durchzuführen, unter Beiseitelassung aller Formalien u.unter bewusster Ausschaltung von besonderen Gerichten.</u> Bei der ganzen Sachlage ist dies Sache der Truppe und nicht von ordentlichen Gerichten. Sie kommen für Bestien und Mörder nicht in Frage.
Ferner ist sofort das bereits vorhandene u. baldmöglichst das noch hinzukommende Bild - u. schriftl.Material mir vorzulegen, desgleichen die Personalien aller Misshandelten, Ermordeten u. Verstümmelten, nach folgendem Muster:
Dienstgrad Name Truppenteil Befund Nächste Angehörige u. Familienverhältnisse. [...]
Der Kommandierende General: gez. Student. [...]"

General der Flieger, Student (rechts), Befehlshaber der Fallschirm- und Luftlandetruppen, Mai 1941
bpk

Generalkommando z.b.V. LXVIII   *Geheim* 1   9
Abt. Ia Nr. 5506/43 geh.   1. 7. 1943

1.) Die Ereignisse der letzten Zeit lassen ein Aufleben der Bandentätigkeit im gesamten Südostraum erkennen. Auf dem Peloponnes
liegen ebenfalls Anzeichen dafür vor, daß auch hier eine
Zunahme der Banden- und Sabotagetätigkeit zu erwarten ist.

2.) Das OKW hat befohlen, daß, auch in den von Italienern besetzten
Gebieten, nach etwaigen Anschlägen und Sabotageakten rasche
und durchgreifende Sühnemaßnahmen ergriffen werden, um die
Bevölkerung abzuschrecken und den dem Ansehen der deutschen
Wehrmacht zugefügten Schaden wieder gutzumachen. Der Führer
erwartet, daß diese Maßnahmen mit äußerster Tatkraft und in
einer Weise zur Durchführung kommen, die ihre Wirkung auf
weiteste Kreise der Bevölkerung nicht verfehlen.

3.) Zur Bekämpfung von Banden auf dem Peloponnes wird befohlen:

a) Die Divisionen überwachen in ihren Unterkunftsbereichen
die Hauptverkehrsstraßen durch mot.-Streifen zu unregel-
mäßigen Zeiten. Sämtliche Beobachtungen sind dem Generalkommando zu melden; mit den italienischen Dienststellen
sind die Beobachtungen auszutauschen. Es kommt darauf an,
sich bildende Banden frühzeitig zu erkennen und ihre
Bildung im Keime zu ersticken.

b) In jedem durch deutsche Truppen belegten Ort ist ein
Jagdkommando von mindestens Zugstärke zur Bekämpfung von
Banden und Fallschirmjägern zu bilden. Dieses Jagdkommando
ist ständig alarmbereit zu halten, so daß schnellster
Einsatz sichergestellt ist.

Mit den nach Angaben der ital. VIII.A.K. in ital. Standorten vorhandenen ital. Bandenjagdkommandos ist engstens
zusammenzuarbeiten. Etwaigem ital. Ersuchen um Unterstützung
durch deutsche Jagdkommandos ist bei örtlich begrenzten
Kampfhandlungen ohne weiteres zu entsprechen. Größere Unternehmen gegen Banden usw. unter Einsatz stärkerer Kräfte nur
auf besonderen Befehl.

                                                    - 2 -

- 2 -   10

4.) Nach etwa stattgefundenen Sabotageakten oder Anschlägen gegen
deutsche Soldaten, Einrichtungen der deutschen Wehrmacht
sowie alle sonstigen Einrichtungen, die der Truppenversorgung
und den Aufgaben der Truppe dienen, sind strengste Sühnemaßnahmen durchzuführen. Diese Sühnemaßnahmen müssen in
ihrem Ausmaß dem Wert des beschädigten Objektes Rechnung
tragen und müssen besonders empfindlich sein, wenn deutsche
Menschen und deutsches Material zum Opfer gefallen sind.

Die Sühnemaßnahmen haben schnell und in aller Öffentlichkeit
zu erfolgen.

5.) Die Sühnemaßnahmen sind durch die Divisionskommandeure festzusetzen. Es sind, je nach Schwere der zu sühnenden Tat,
folgende Maßnahmen zu ergreifen:

a) Überführte Teilnehmer an Sabotageakten sind in ihre
Heimatbezirke zu verbringen und dort öffentlich zu hängen.

b) Gegen die Familienangehörigen ist mit rücksichtsloser
Strenge vorzugehen. Gegebenenfalls sind sämtliche männlichen Familienmitglieder auszurotten.

c) Ortschaften, die Banden als Zuflucht dienen können, sind
zu zerstören. Die männliche Bevölkerung ist, soweit sie
nicht wegen Teilnahme oder Unterstützung der Bandentätigkeit
erschossen wird, geschlossen zu erfassen und dem Arbeits-
dienst zuzuführen.

Die getroffenen Maßnahmen sind in den Tagesmeldungen zu melden.

6.) Ich erwarte, daß die Richtlinien dieses Befehls in aller
Schärfe und Härte zur Anwendung kommen.

Jede Weichheit wird als Schwäche ausgelegt und kostet deutsches
Blut !

Es ist Pflicht jedes Vorgesetzten, ständig darauf hinzuwirken,
daß jeder deutsche Soldat sich auf die Gegebenheiten des
Balkans einstellt und die Folgerungen daraus zieht.

Verteiler:
1. Pz.Div.
117.Jg.Div.   999
I./Fest.Inf.Btl.
II./ "   "   "
Lw.Jg.Rgt.22
Nachr.Abt.z.b.V.468
I./4.Rgt.Div.Brandenburg
Kdr.Nachsch.Tr.z.b.V.468
Ic
Qu.
Ob.Südost nachr.
entwurf   Verteiler nur auf Entw.

Befehl von General Hellmuth Felmy vom 1.7.1943
Bundesarchiv/Militärarchiv, RH 24 – 68/16, Bl. 9 f.

„Jede Weichheit wird
als Schwäche ausgelegt und
kostet deutsches Blut! Es ist
Pflicht jedes Vorgesetzten,
ständig darauf hinzuwirken,
daß jeder deutsche Soldat
sich auf die Gegebenheiten
des Balkans einstellt und die
Folgerungen daraus zieht."

**General der Flieger
Hellmuth Felmy, 1941**
Bundesarchiv, Bild 1998/0720/501N

Bericht des Dienstaufsichtführenden Kriegsgerichtsrats beim Feldgericht des Kommandierenden Generals des XI. Fliegerkorps über Völkerrechtsverletzungen gegenüber Angehörigen der deutschen Luftwaffe vom 14.7.1941

Bundesarchiv/Militärarchiv, RW 2/135, Bl. 22–27

„[...] Der Kommandierende General erliess am 31.5. einen Befehl, der – unter Ausschaltung kriegsgerichtlicher Verfahren – eine Vergeltungsaktion anordnete. Der Kommandierende General hatte schon vorher dem Reichsmarschall Bericht erstattet. [...] An Leichen gefallener deutscher Soldaten wurden unzählige Verstümmelungen festgestellt; abgeschnittene Geschlechtsteile, ausgestochene Augen, abgeschnittene Ohren und Nasen, Messerstiche im Gesicht, auf der Brust, im Bauch und am Rücken, Schnitte an der Kehle und abgehackte Hände. Bei den festgestellten Verstümmelungen dürfte es sich vorwiegend um Leichenschändungen handeln. Nur in Einzelfällen sprechen die Umstände dafür, dass auch Verwundete misshandelt und zu Tode gequält worden sind. [...]

Nach dem Ermittlungsergebnis ist anzunehmen, dass die Leichenschändungen und Misshandlungen fast ausschliesslich durch kretische Zivilisten begangen worden waren. [...] Nur in Einzelfällen haben auch Soldaten der Feindseite derartige Übergriffe begangen; besonders selten waren Engländer daran beteiligt. [...]

Im Rahmen der befohlenen Vergeltung wurden mehrere Dörfer geschleift, deren Einwohner sich mit besonderer Heftigkeit am Kampfe beteiligt hatten. Auch die Ortschaften, in deren Umgebung besonders zahlreiche Leichenverstümmelungen festgestellt wurden, ereilte dasselbe Los. Ausserdem wurden in diesen Ortschaften die kampffähigen Männer erschossen.

Schon vor Erlass des Vergeltungsbefehls hatte die Truppe während des Einsatzes in Ortschaften, in denen heftiger Widerstand durch Zivilisten festgestellt wurde, einen grossen Teil der Zivilbevölkerung erschossen. [...]"

Befehl für Abwehr und Vergeltungsmaßnahmen gegen die feindliche Bevölkerung vom Oberbefehlshabers Südost, Generaloberst Löhr, vom 14.7.1943

Bundesarchiv/Militärarchiv, RH 27–1/121

„Bei feindl. Landungsangriffen ist mit weitestgehender Beteiligung aufsässiger Bevölkerungsteile auf seiten des Feindes zu rechnen. Die Bandentätigkeit sowohl gegen die eigene Truppe und ihre Versorgungseinrichtungen (Nachschubstrassen usw.), sowie gegen wehrwichtige Objekte, vor allem gegen die Eisenbahn, wird schlagartig [unleserlich]. Um [unleserlich] grossen Gefahr begegnen zu können, sind schon jetzt [unleserlich] Gegenmaßnahmen am Platze:

1.) Ich ermächtige und verpflichte alle Kommandeure von sich aus, ohne vorherige Genehmigung der vorgesetzten Stelle, bei offensichtlich feindseliger Haltung der Bevölkerung schärfste Maßnahmen zu ergreifen. Die ergriffenen Maßnahmen sind zu melden und werden von mir gedeckt werden, Kommandeure hingegen, die aus Nachlässigkeit oder Weichheit Vergeltungsmaßnahmen unterlassen, werden zur Verantwortung gezogen.

2.) Als feindselige Haltung der Bevölkerung sind u.a. alle Streiks anzusehen, auch wenn sie militärische Belange nicht unmittelbar berühren. Ausgehverbot für die gesamte Bevölkerung, Schließen der Läden und Sperren der Versorgung mit Licht und Wasser sind als wirksame Gegenmittel unverzüglich anzuwenden.

3.) Jeder deutsche Soldat hat die Pflicht, einen aktiven Widerstand seitens der Bevölkerung mit der Waffe sofort und unnachsichtig zu brechen. Soldaten, die diese Pflicht verletzen, sind kriegsgerichtlich zu belangen, das Ergebnis ist der Truppe bekanntzugeben. [...]

5.) Bei allen Vergeltungsmaßnahmen ist zu beachten: Rücksichtsloser Kampf und Vergeltung haben sich möglichst nur gegen die feindselig eingestellte Zivilbevölkerung zu richten. Durch einwandfreie Behandlung der freundlich eingestellten Bevölkerung (in Griechenland nur zu einem ganz geringen Prozentsatz vorhanden) muss der Zulauf der Bevölkerung zu den Banden vermieden werden.

Diese Rücksichtnahme darf jedoch nicht dazu führen, dass, wenn z.B. in einer Ortschaft deutsche Truppen beschossen wurden, nichts erfolgt, weil der Täter selbst nicht einwandfrei ermittelt wird. In derartigen Fällen muss mit Sühnemassnahmen durch sofortige Festnahme und Erschießen, noch besser öffentlichem Erhängen einflußreicher Persönlichkeiten der Ortschaft begegnet werden. Das gleiche trifft zu, wenn berechtigter Verdacht besteht, dass die Täter erfolgreich durchgeführter oder auch versuchter Sabotageunternehmungen von der Bevölkerung unterstützt werden. In den meisten Fällen steht die Bevölkerung auf Seite der Banden.

Die Gründe aller Vergeltungsmassnahmen sind sofort öffentlich bekanntzugeben.

Der Umfang einer Vergeltungsmassnahme ist klar zu befehlen, die Durchführung zu überwachen, um Übergriffe der eigenen Truppe zu verhindern. [...]"

„Rücksichtsloser Kampf und Vergeltung haben sich möglichst nur gegen die feindselig eingestellte Zivilbevölkerung zu richten. Durch einwandfreie Behandlung der freundlich eingestellten Bevölkerung (in Griechenland nur zu einem ganz geringen Prozentsatz vorhanden) muss der Zulauf der Bevölkerung zu den Banden vermieden werden."

MASSENERSCHIESSUNGEN IN SERBIEN UND GRIECHENLAND

PANČEVO

In der Nacht vom 20. auf den 21. April 1941 erschossen unbekannte Täter in der Nähe des Friedhofs von Pančevo mindestens einen SS-Soldaten einer Nachschubkompanie. Angehörige der SS-Division „Reich", vermutlich von Wehrmachtssoldaten unterstützt, führten daraufhin in der Nähe des Tatorts Wohnungsdurchsuchungen durch und verhafteten serbische Zivilisten, die man der Tat verdächtigte oder in deren Häusern Waffen gefunden worden waren. Darunter befand sich ein 15jähriger Junge, der den Paradesäbel seines Vaters verstecken wollte.

Der Stadtkommandant von Pančevo, Bandelow, wollte ein Exempel statuieren und beauftragte den Richter der SS-Division „Reich", Rudolf Hoffmann, mit der Durchführung eines Standgerichtsverfahrens. Dieses Verfahren verlief nach Aussage eines Augenzeugen nicht ordnungsgemäß. Den Angeklagten soll keine Möglichkeit gegeben worden sein, zu den Vorwürfen Stellung zu nehmen oder sich zu verteidigen. Der Richter und seine beiden Wehrmachtsbeisitzer verurteilten 36 Angeklagte zum Tode durch Erschießen oder Erhängen.

Die Hinrichtungen am 21. und 22. April 1941 wurden zur Einschüchterung der serbischen Bevölkerung öffentlich inszeniert. Sie fanden aus symbolischen Gründen bei und auf dem Friedhof von Pančevo statt. Am selben Tag wurden mit großem Aufwand neun „Volksdeutsche" beerdigt, die eine Woche zuvor von der jugoslawischen Armee getötet worden sein sollten.

Gleichzeitig gab der Stadtkommandant von Pančevo, Bandelow, durch Plakataushang bekannt, daß in Zukunft „für jeden verwundeten oder ermordeten deutschen Soldaten […] 10 Serben erhängt" würden.

photo cinéma vidéo des armées, DAT 338 L 14

photo cinéma vidéo des armées, DAT 338 L 15

SS- und Wehrmachtsangehörige bewachen die verhafteten
Serben, die auf auf ihre Standgerichtsverhandlung warten,
Pančevo, 21. oder 22.4.1941
PK-Fotograf: Springmann
ECPAD, DAT 338 L 16

**Tätigkeitsbericht der 2. Sanitätskompanie der SS-Division
„Reich" für den Monat April 1941**
Bundesarchiv/Militärarchiv, RS 3–2/10, Bl. 169

„[...] Während des Aufenthaltes der Kompanie in Pancevo kam es
in mehreren Nächten zu Schießereien in der nächsten Umgebung der Kompanieunterkunft. Schon in der Nacht vom 19. auf
20.4. wurde der nahe gelegene serbische Friedhof von einem
Zug der Kompanie untersucht. In der Nacht vom 20./21.4 erhielt ein SS-Mann der Nachschubkompanie einen tödlichen
Halsschuß aus diesem Friedhof. Daraufhin kam es zu einem leb-
haften Schußwechsel, wobei SS-Mann Hubmann am IMG einen
Lungendurchschuß erhielt und sofort ins Ortslazarett eingeliefert wurde. Teile der Kompanie beteiligten sich anschließend
an den Durchsuchungen verdächtiger Häuser und nahmen
zwölf Serben fest, in deren Wohnungen Bündel von Zivilklei-
dern und Uniformstücke gefunden worden waren. Ein weiterer
Angehöriger der Kompanie hatte einen Pistolenschuß in die
rechte Brustseite erhalten, der glücklicherweise in einem Zi-
garettenetui stecken geblieben war. Wegen dieser Fälle von
Freischärlerei wurden am 22.4. über 30 Serben erhängt und erschossen [...]."

Die Verhaftung serbischer
Zivilisten in Pančevo durch
Angehörige der SS-Division
„Reich".

18. 4. 41   Bearbeitung der laufenden Sachen.

Standgericht bei Stab III./ ⚡ "D."
Vorsitzer: ⚡-Sturmbannführer Hoffmann.
Angeklagten sind 9 Serben wegen Freischärlerei bezw.
unbefugten Waffenbesitzes.
Urteil: Todesstrafe für sämtliche Angeklagten.
Urteil wurde sofort vollstreckt.

19. 4. 41   Bearbeitung der laufenden Sachen.
Standgericht in Petrograd beim Stab II./ ⚡ "D.",
Vorsitzer: ⚡-Sturmbannführer Hoffmann.
Angeklagt sind 15 Serben wegen Freischärlerei bezw. unbe-
fugten Waffenbesitzes.
Urteil: Todesstrafe für sämtliche 15 Angeklagte.
Urteil wurde sofort vollstreckt.

2o. 4. 41   ⚡-Sturmbannführer Wetzling fährt nach Temeschburg zurück
zum Omnibus, um dort die laufenden Sachen (Gnadengesuche
usw.) aufzuarbeiten. Dies war erforderlich, da sämtliche
Kisten mit den Akten in Temeschburg verblieben waren.

21. 4. 41   Hauptverhandlung gegen den Staffelmann Herbert Anton,
5./ ⚡-Rgt. " Der Führer " wegen Wachvergehens.
Vorsitzer:⚡-Sturmbannführer Hoffmann,
Urteil: 6-sechs Monate Gefängnis und Entlassung aus der ⚡

Auf Anforderung des I.R.Großdeutschland Zusammentritt
eines Standgerichts unter Vorsitzer von ⚡-Sturmbannführer
Hoffmann in Pantschewo.
Angeklagt sind vier Serben wegen Freischärlerei bezw.
unbefugten Waffenbesitzes.
Urteil: Todesstrafe für alle Angeklagten.
Urteil wird anschliessend vollstreckt.

22. 4. 41   Abfahrt von Alibunar zwecks Durchführung weiterer Standge-
richte.
Standgericht in Karlsdorf.
Vorsitzer: ⚡-Untersturmführer Mix.
Ein Serbe wird wegen Freischärlerei zum Tode verurteilt.

3 Standgericht in Pantschewo bei I.R.Großdeutschland.
Vorsitzer: ⚡-Sturmbannführer Hoffmann.

1. Standgericht: Angeklagte sind 2o Serben wegen Freischär-
lerei bezw. unbefugten Waffenbesitzes.
Urteil: 18 Todesurteile, 2 Freisprüche.
Die Todesurteile sind durch E̶r̶s̶c̶h̶i̶e̶ß̶e̶n̶ zu vollstrecken.

2. Standgericht: Angeklagt sind sieben Serben wegen Freischärlerei bezw. unbefugten Waffenbesitzes.
Urteil: Todesurteil gegen sämtliche Angeklagte.

3.) Standgericht: Angeklagt sind sieben Serben wegen Freischärlerei bezw. unbefugten Waffenbesitzes.
Urteil: Todesurteil gegen sämtliche Angeklagten.

Sämtliche Todesurteile wurden anschliessend vollstreckt.

Standgerichtsverfahren unter Vorsitz von SS-Sturmbannführer Rudolf Hoffmann am 21. und 22. April 1941

Tätigkeitsbericht des Gerichts der SS-Division „Reich" für den Zeitraum vom 31.3. – 1.5.1941
Bundesarchiv/Militärarchiv, RS 3 – 2/10, Bl. 141

NACHKRIEGSAUSSAGEN – PANČEVO

„[...] Nach dem Tod der zwei Soldaten wurde die Kommandantur unruhig. Die serbischen Geiseln wurden strenger bewacht, in der Neu- und Vorstadt wurden nachts
Razzien durchgeführt, wobei ich einer Gruppe als Dolmetscher zugeteilt war, da sich
die deutschen Soldaten recht schwer taten, zwischen Serben und Deutschen zu
unterscheiden und sich zurechtzufinden. In der Wohnung eines Gardeoffiziers fand
man dessen sehr wertvollen Paradesäbel, den der vierzehn-, fünfzehnjährige Sohn
des Offiziers verstecken wollte. Der Säbel wurde als Militärgut beschlagnahmt, der
Junge mitgenommen und schließlich mit den anderen an der Friedhofsmauer
erschossen. [...]"

Zeitung „Der Donauschwabe" Nr. 36 vom 7.9.1997

1997

Peter H.,
Interviewaussage

„[...] Kurz nach dem Einmarsch der deutschen Truppen in Pancevo wurden zwei
deutsche Soldaten vom serbischen Friedhof aus an einem Vormittag beschossen.
Ein Soldat wurde dabei verletzt und der andere tödlich getroffen. [...]
Am nächsten Tag gegen 09.00 Uhr rief mich der Polizeipräsident Michael Reiser,
mit dem ich befreundet war, telefonisch an und forderte mich auf, mich beim Stadtkommandanten im ,Deutschen Haus' zu melden. Ich berichtige, ich mußte mich
nicht beim Stadtkommandanten sondern beim Rgt.-Kommandeur ,Großdeutschland'
melden. Nach Nennung des Namens Bandelow fällt mir nun ein, daß dieser der
Rgt.-Kommandeur war.
Von Reiser habe ich erfahren, daß ich als Dolmetscher fungieren solle. Hinzufügen
möchte ich noch, daß das ,Deutsche Haus' vor dem Einmarsch der Deutschen Hotel
,Esplanad' hieß. Ich meldete mich dann sofort bei Bandelow, der zu diesem Zeitpunkt
in einem Saal mit weiteren Offizieren des Rgt. ,Großdeutschland' beisammen stand.
Er forderte mich auf, neben ihm Platz zu nehmen. Ich schätze, daß an den aneinan-
dergereihten Tischen außer Bandelow 6 bis 7 Offiziere saßen. Die Namen der Offiziere
sind mir nicht bekannt. Außer mir war von den Ortsbewohnern niemand anwesend.
Bandelow forderte dann einen an der Tür stehenden Angehörigen der Feldgendarmerie auf, die Leute hereinzuführen. Kurze Zeit darauf wurden 10 Personen in Zivil
in den Saal geführt. Unter diesen erkannte ich einige Bekannte, die sehr deutschfreundlich waren, die deutsche Sprache beherrschten und in deutschen Kreisen
verkehrten. Bandelow warf jeden einzelnen irgendwelche Taten vor, die diese wahrscheinlich nicht begangen hatten. Als diese anworten bzw. sich rechtfertigen
wollten, befahl Bandelow im barschen Ton, daß sie ihren Mund halten sollen. Es
hatte keiner die Gelgenheit sich zu rechtfertigen. [...]
Die 6 bis 7 Offiziere verließen dann den Saal und begaben sich in einen Nebenraum,
um dort das Urteil zu fällen. Bandelow und ich blieben im Saal zurück. [...] Das Urteil
fällten zweifellos die Offiziere im Nebenraum. Ich nehme an, daß sich darunter
Gerichtsoffiziere befanden. Bandelow hat mich dann anschließend entlassen. [...]
Bei weiteren Exekutionen wurde ich nicht als Dolmetscher hinzugezogen. Die provisorische Verhandlung dauerte etwa 1/2 Stunde. [...]"

ZStdLJV, 503 AR–Z 88/67, Aussage Stefan K., Bl. 322–327, Zitat Bl. 324–326

29.8.1967

Stefan K.,
Vernehmungsniederschrift der
Kriminalpolizei Schwabach

Das Standgericht:
Der vorsitzende Richter
SS-Sturmbannführer Rudolf
Hoffmann sowie zwei
Wehrmachtsangehörige als
Beisitzer (Aufnahmen des
PK-Fotografen Springmann)

ECPAD, DAT 338 L 20

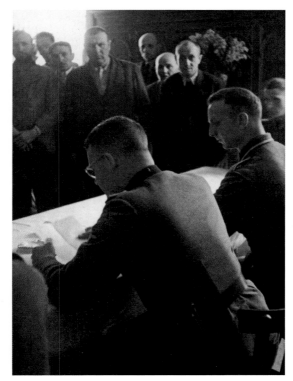

ECPAD, DAT 338 L 21

ECPAD, DAT 338 L 22

ECPAD, DAT 338 L 27

ECPAD, DAT 338 L 28

Standgericht in Pančevo:
Im Hintergrund wahrscheinlich
der Übersetzer Stefan K.

Opfer der ersten Erschießung
an der Friedhofsmauer
von Pančevo, aufgenommen
am Morgen des 22.4.1941.
(PK-Fotograf: Gerhard
Gronefeld)

DHM, GG 387/1

DHM, GG 387/4

DHM, GG 387/5

DHM, GG 387/6

DHM, GG 387/21

Die Erhängungen auf dem
Friedhof in Pančevo am
22.4.1941: Die Opfer werden
zum Friedhof geführt.
(PK-Fotograf: Gerhard
Gronefeld)

DHM, GG 387/22

DHM, GG 387/23

Die Erhängungen auf dem Friedhof in Pančevo am 22.4.1941 werden von einem „Volksdeutschen" vollstreckt. (PK-Fotograf: Gerhard Gronefeld)

DHM, GG 387/24

DHM, GG 387/25

DHM, GG 387/26

DHM, GG 387/27

DHM, GG 387/29

DHM, GG 387/30

DHM, GG 387/34

DHM, GG 387/35

Die zweite Erschießung
an der Friedhofsmauer
in Pančevo am 22.4.1941.
(PK-Fotograf: Gerhard
Gronefeld)

DHM, GG 388/8

DHM, GG 388/9

DHM, GG 388/11

DHM, GG 388/14

DHM, GG 388/17

DHM, GG 388/18

Die zweite Exekution an der Friedhofsmauer, 22.4.1941.
Die Opfer, die nur verletzt wurden, werden mit einem gezielten Schuß getötet
PK-Fotograf: Gerhard Gronefeld
DHM, GG 388/16

Die wahrscheinlich von der jugoslawischen Armee getöteten neun „Volksdeutschen" werden ebenfalls am 22.4.1941 in Pančevo beigesetzt. (PK-Fotograf: Gerhard Gronefeld)

DHM, GG 388/19

DHM, GG 388/23

DHM, GG 388/24

Stadtkommandant Bandelow gibt am 21.4.1941 bekannt, daß in Zukunft zehn Serben für jeden verwundeten oder getöteten deutschen Soldaten erhängt werden.

Dreisprachige Bekanntmachung des Stadtkommandanten Bandelow, 21.4.1941
PK-Fotograf: Springmann
ECPAD, DAT 338 L 31

KRALJEVO UND KRAGUJEVAC

Am 10. Oktober 1941 befahl der Bevollmächtigte Kommandierende General in Serbien, Franz Böhme, die Erschießung
von 100 Zivilisten für jeden getöteten und 50 Zivilisten
für jeden verwundeten deutschen Soldaten. Bis Anfang
Dezember 1941 erschossen Wehrmachtseinheiten insgesamt
20.000 bis 30.000 Zivilisten.

Die beiden größten Massaker fanden in Kraljevo und Kragujevac statt. Seit Anfang Oktober hatten
in diesen Gebieten die Kämpfe mit Partisanen- und Četnik-Einheiten erheblich zugenommen.
Am 13. Oktober gelang es den Partisanen, die Stadt Kraljevo und die dort stationierte 717. Infanteriedivision einzuschließen, die daraufhin in der Stadt Geiseln nahm. Am 15. Oktober setzten die
Aufständischen den Angriff fort, der jedoch von deutscher Seite unter erheblichen Verlusten ab-
gewehrt werden konnte. Gegen Abend fielen innerhalb der Stadt wiederum Schüsse, woraufhin
Wehrmachtseinheiten 300 serbische Zivilisten töteten.

Die deutschen Verluste bei den Kämpfen um Kraljevo wurden am nächsten Tag „gesühnt". Die
717. Infanteriedivision trieb die männliche Bevölkerung der Stadt im Hof der örtlichen Waggonfabrik
zusammen und erschoß sie. Im Kriegstagebuch hieß es: „Für Verluste vom 15.10. bisher insgesamt
1736 Männer und 19 kommunistische Frauen erschossen." In den nächsten Tagen wurden die Hinrichtungen fortgesetzt. Nach jugoslawischen Angaben wurden in Kraljevo und Umgebung zwischen
4.000 und 5.000 Zivilisten getötet.

Am 21. Oktober 1941 fand auch in Kragujevac eine Massenerschießung statt. Nach einem Gefecht
mit Partisanen, bei dem zehn deutsche Soldaten getötet und 26 verwundet worden waren, wurden
wahllos serbische Zivilisten zusammengetrieben. Soldaten des 749. und des 727. Infanterieregiments
unter Leitung von Major Paul König erschossen in der Nähe der Stadt insgesamt 2.300 Menschen.

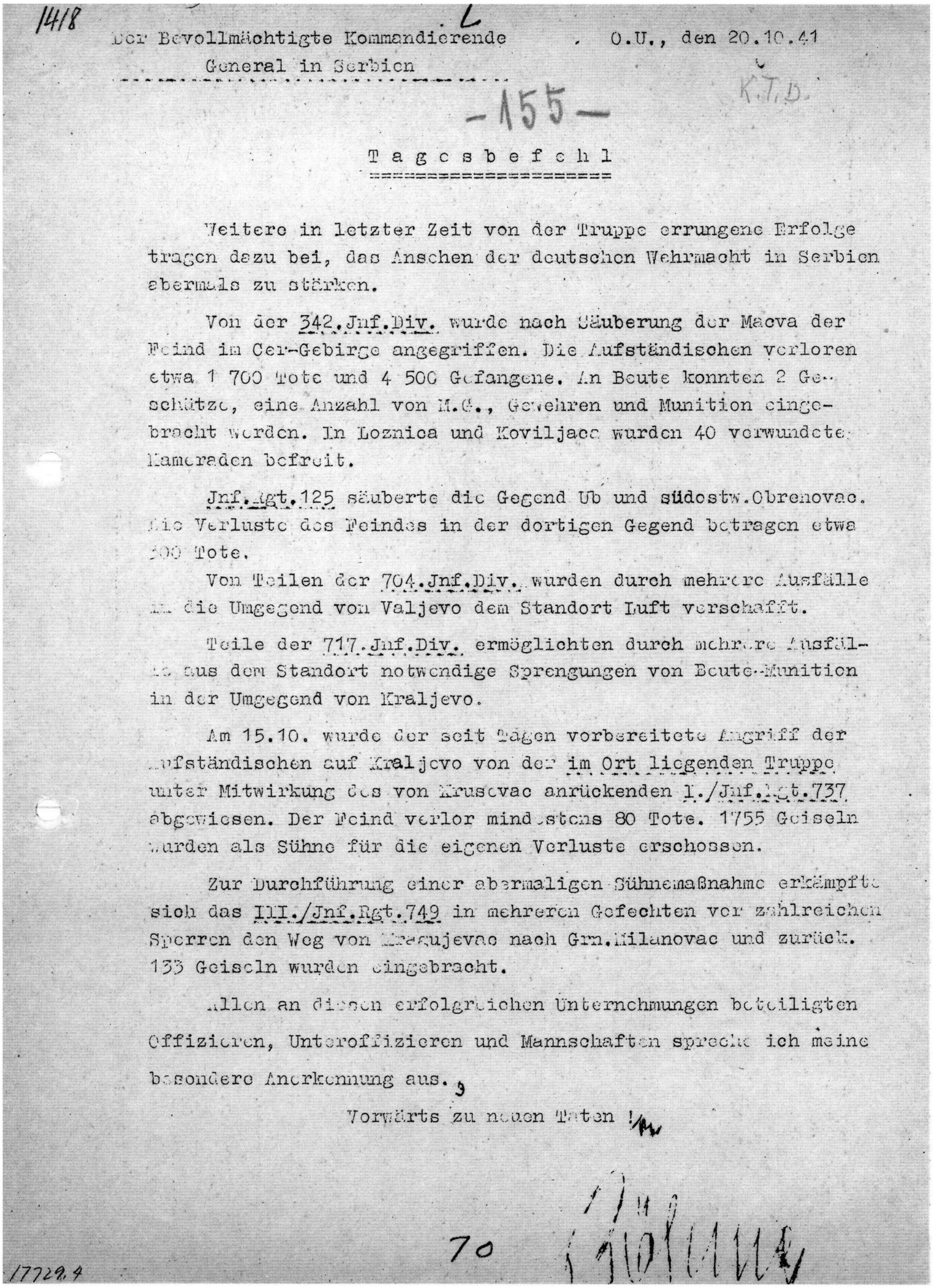

1418

Der Bevollmächtigte Kommandierende   O.U., den 20.10.41
General in Serbien

—155—

T a g e s b e f e h l
==========================

Weitere in letzter Zeit von der Truppe errungene Erfolge
tragen dazu bei, das Ansehen der deutschen Wehrmacht in Serbien
abermals zu stärken.

Von der 342.Jnf.Div. wurde nach Säuberung der Maçva der
Feind im Cer-Gebirge angegriffen. Die Aufständischen verloren
etwa 1 700 Tote und 4 500 Gefangene. An Beute konnten 2 Geschütze, eine Anzahl von M.G., Gewehren und Munition eingebracht werden. In Loznica und Koviljača wurden 40 verwundete
Kameraden befreit.

Jnf.Rgt.125 säuberte die Gegend Ub und südostw.Obrenovac.
Die Verluste des Feindes in der dortigen Gegend betragen etwa
300 Tote.

Von Teilen der 704.Jnf.Div. wurden durch mehrere Ausfälle
in die Umgegend von Valjevo dem Standort Luft verschafft.

Teile der 717.Jnf.Div. ermöglichten durch mehrere Ausfälle aus dem Standort notwendige Sprengungen von Beute-Munition
in der Umgegend von Kraljevo.

Am 15.10. wurde der seit Tagen vorbereitete Angriff der
Aufständischen auf Kraljevo von der im Ort liegenden Truppe
unter Mitwirkung des von Krusovac anrückenden I./Jnf.Rgt.737
abgewiesen. Der Feind verlor mindestens 80 Tote. 1755 Geiseln
wurden als Sühne für die eigenen Verluste erschossen.

Zur Durchführung einer abermaligen Sühnemaßnahme erkämpfte
sich das III./Jnf.Rgt.749 in mehreren Gefechten vor zahlreichen
Sperren den Weg von Kragujevac nach Grn.Milanovac und zurück.
133 Geiseln wurden eingebracht.

Allen an diesen erfolgreichen Unternehmungen beteiligten
Offizieren, Unteroffizieren und Mannschaften spreche ich meine
besondere Anerkennung aus.

Vorwärts zu neuen Taten !

70

17729.4

„Am 15.10. wurde der seit Tagen vorbereitete Angriff der Aufständischen auf Kraljevo von der im Ort liegenden Truppe unter Mitwirkung des von Krusovac anrückenden I./Inf.Rgt.737 abgewiesen. Der Feind verlor mindestens 80 Tote. 1755 Geiseln wurden als Sühne für die eigenen Verluste erschossen."

Tagesbefehl des Kommandierenden Generals in Serbien, Franz Böhme, vom 20.10.1941
Bundesarchiv/Militärarchiv, RH 24–18/87

Bei den abgebildeten Toten handelt es sich nicht um Geiselopfer, sondern um Partisanen, die während der Kämpfe um Kraljevo getötet wurden.

Militärmuseum Belgrad, Nr. 20854

Geiselerschießungen in Kraljevo

In der Waggonfabrik von Kraljevo wurden die männlichen Geiseln festgehalten, registriert und anschließend in Gruppen zu je 100 Menschen erschossen.

Beschriftung des Archivs: „Geiselhaft in der Fertigungshalle für Lokomotiven der Waggonfabrik in Kraljevo, unmittelbar vor der Erschießung im Oktober 1941"
Militärmuseum Belgrad, Nr. 20835

Beschriftung des Archivs: „Abführen der Geiseln zur Erschießung im Umfeld der Waggonfabrik in Kraljevo, Oktober 1941"
Militärmuseum Belgrad, Nr. 20849

Beschriftung des Archivs: „Erschossene Geiseln im Umkreis der Waggonfabrik in Kraljevo vom Oktober 1941"
Militärmuseum Belgrad, Nr. 20850

I./I.R. 724   O.U., den 27.10.41.

Bericht über den Einsatz des I./I.R. 724
für die Zeit vom 17.10. – 25.10.1941.

I. Allgemeines: Das Btl. stellte während der Abwesenheit des III./
I.R.749 (Sühneaktion in Milanovac) sämtliche Wachen des Standortes
in einer Stärke von 0:21:201. die Reste der Kpn. wurden teils als
Begleitkommandos, teils zur Erkundung in die nähere Umgebung angesetzt. In dieser Zeit mußten große Anstrengungen von den Angehörigen des Btl. gefordert werden.
Am 26.10.41. übernahm das III./I.R. 749 sämtliche Wachen des Standortes. Mit dem Einrücken einer Kp. der Neditschbewegung in Kragujevac erhielt das Btl. eine wesentliche Unterstützung im Kampf
gegen kommunistische Banden. Diese Leute zeigen einen besonderen
Eifer und Schneid und haben bereits in der Bekämpfung der Banden
wesentliche Erfolge erzielt. Mit dem Eintritt schlechter Wetterlage hat die Tätigkeit der Banden stark nachgelassen.

II. Im Besonderen ist zu berichten:
Die Bahnstrecke Kragujevac-Lapovo und die Zufahrtsstraßen nach
Kragujevac unterliegen dauernden Zerstörungen durch Banden.

17.10.41.: Bahnstrecke zwischen Jovanovac und Milanovac an mehre-
ren Stellen unterbrochen. 2 Gruppen stellen Schutz für
Ausbesserungsarbeiten.
Weitere 2 Gruppen werden zur Erkundung der Brücke bei
Petrovac angesetzt. Es wurde festgestellt, daß bei
Sprengung der Brücke eine Fliegerbombe von ca. 150 kg
nicht detoniert war. Sie wurde von einem Oberfeuer-
werker des Feldzeug-Btl.18 zur Explosion gebracht.

18.10.41.: Bahnstrecke nach Lapovo ist wieder an mehreren Stellen
gesprengt. Bis zu 30 m Geleise wurden entfernt und die
Böschung hinuntergeworfen. Am Abend werden 66 listenmässig aufgeführte Kommunisten und Juden verhaftet und ins
Beutelager eingeliefert.

Laut Div.-Befehl müssen die 9 Toten und 26 Verwundeten des III./
I.R. 749 gerächt werden. Demzufolge wird in der Zeit vom 19.10.-
21.10. die Gefangennahme und Erschießung der entsprechenden Anzahl männlicher Bevölkerung durchgeführt.

19.10.41.: I./724 führt mit 3. Kp. und 50 Mann des Feldzeug-Btl.18
die Aktion in Grosnica durch. Es werden 245 Männer erschossen und das Dorf abgebrannt. Munition wurde an
verschiedenen Stellen, so auch auf dem Kirchturm gefunden.
III./749 erschoß 182 Männer in Mačkovac.

20.10.41.: Es werden ca. 3 200 Männer aus Kragujevac im Alter von
16 – 50 Jahren verhaftet. Am Abend werden die am 18.10.
verhafteten Kommunisten und Juden und 53 Strafgefange-
ne aus dem Ortsgefängnis Kragujevac hinter dem Beutelager erschossen.

66
53
119

                                                           - 2 -

21.10.41.: Früh 7,00 Uhr beginnt die Auswahl und Erschießung der
Verhafteten.

Damit ist die Aktion abgeschlossen, insgesamt wurden 2 300 Serben
verschiedenen Alters und Berufes erschossen. Die nächsten Tage
zeigen begreiflicherweise größte Unruhe bei der Bevölkerung. ~~Es~~
Es werden deshalb Sicherungsmaßnahmen durchgeführt.

Im Vordergrund steht nun die Verteidigung der Stadt gegen einen
Angriff der Banden. Den Kpn. werden Sicherungsbereiche zugewiesen
und Stellungen werden ausgebaut.

22.10.41.: Es wird von einem Offz. der Neditschbewegung gemeldet,
daß Banden einen Angriff auf Kragujevac in dieser
Nacht durchführen wollen. Es ereignet sich indessen
nichts.

23.10.41.: III./749 löst 12,00 Uhr alle Wachen ab. Das Btl. wird
dadurch bis auf Wache Art.-Kaserne und 6 Nachtstreifen
wachfrei.
14,00 Uhr wird gemeldet, daß eine Abteilung der Neditschbewegung bei Grosnica auf eine starke Bande gestoßen
sei und sich nicht halten könne.
14,30 Uhr wird ein Zug unter Führung von Lt.Günther,
2. Kp., zum Entsatz der Neditschleute auf 3 Lkw. her-
ausgeschickt. Die Bande zog sich daraufhin unter Zurücklassung von 3 Toten zurück. Eigene Verluste: Keine, 3
Verwundete bei den Neditschanhängern.

Die nächsten Tage (24. und 25.10.) stehen im Zeichen der MG.-
Ausbildung und des Stellungsbaues zur Verteidigung von Kragujevac.
Am 25.10.41. steht das gesamte Btl. zur Besprechung der Vorkomm-
nisse der letzten Tage auf dem Platz der Art.-Kaserne.

Ba/Wf.

König

Major u. Btl.-Kdr.

Kragujevac:

„[…] insgesamt wurden 2 300
Serben verschiedenen Alters
und Berufes erschossen."

Bundesarchiv/Militärarchiv, RH 26–104/16

Schreiben des Kreiskommandanten von Kragujevac, Bischofshausen, an die Feldkommandantur Pančevo und den Befehlshaber Serbien vom 20.10.1941 (Abschrift)
Bundesarchiv/Militärarchiv, RW 40/12, Bl. 90–93

„In den Tagen vom 14.–17. Oktober 1941 führte das hierliegende III./749 ein Unternehmen nach G. Milanovac aus, wo die 6./920 verschleppt worden war.

Die Truppe wurde von zwei Dolmetschern der Kreiskommandatur in deutscher Uniform begleitet, welche mir Einzelheiten mitgeteilt haben. Die Truppe wäre, auf der Strasse marschierend, mehrfach von umliegenden Höhen aus beschossen worden wobei sie an Verlusten 9 Tote und 27 Verwundete (von Letzteren ist nachher noch einer gestorben), hatten. [...]

Das Batl. hat G. Milanovac ziemlich leer vorgefunden. Etwa 40 männliche Einwohner, die nach Mitteilung des Batl. Führers ausgeharrt u. auf die Rückkehr der deutschen Wehrmacht gewartet hatten, sind festgenommen und als Geiseln mit zurückgeführt worden.

G. Milanovac ist vollkommen zerstört worden, ebenso auf dem Rückwege an der Strasse liegende Dörfer.

Nach Rückkehr von dort hat das Batl. vom Regt. 749 den Befehl bekommen, für je einen Gefallenen 100, für je einen Verwundeten 50 Serben aus Kragujevac zu erschiessen.

Daraufhin sind am 18.10.41 in den späten Abendstunden nach Listen sämtliche männlichen Juden und eine Anzahl Kommunisten, im Ganzen etwa 70 Mann verhaftet worden.

Da diese Zahl für die zu Erschiessenden 2300 bei weitem nicht ausreichte, wurde von den beiden in Kragujevac liegenden Batl. III./749 und I./724 beabsichtigt in gemeinsamer Aktion in der Stadt Kragujevac die Fehlenden durch Verhaftungen auf Strassen, Plätzen und in Wohnungen zusammenzubringen.

Da die geplante Massnahme im Widerspruch zu den vom Bevollmächtigten kommandierenden General [...] stand, habe ich versucht, den Standortältesten Herrn Major König auf die sinngemässe Durchführung der angezogenen Befehls zu bringen, indem ich vorschlug, die der Kreiskommandantur seit langem als vollkommen kommunistisch verseucht bekannte Dörfer in der näheren und weiteren Umgebung von Kragujevac zu umzingeln und die nötige Anzahl zu Erschiessender dort zu holen. Er ging auch sofort bereitwillig auf meine Darlegung ein und es wurde in Aussicht genommen, am Sonntag durch das I./724 die Dörfer Grosnica und Belosovac ausgehoben. [...]

Ich hebe ausdrücklich hervor, dass in der ganzen Zeit des Bestehens der Kreiskommandantur nicht ein einziger deutscher Wehrmachtsangehöriger oder Volksdeutscher in der Stadt verwundet oder erschossen worden ist.

Die Bürgerschaft, der etwa 42 000 Seelen zählenden Stadt hat sich stets loyal und zur Zusammenarbeit mit der Wehrmacht geneigt gezeigt, wobei nicht in Abrede gestellt werden soll, dass ein Teil der Bürgerschaft immer zu den Banden hinneigten; vorgekommen ist nichts.

Am Abend des 19.10.41 wurde ich zu einer erneuten Besprechung mit dem Herrn Major König gebeten, in der ich zu meinem Erstaunen erfuhr, dass der ganze Plan umgeworfen worden war: Im Laufe des 19.10.41 sind von beiden Batlen. die Dörfer Grosnica, Milatovac durch das I./724 und Meckovac und Marsic vom III./749 ausgehoben und niedergebrannt worden, dabei wurden 422 männliche Personen ohne eigene Verluste gleich an Ort und Stelle in den Dörfern erschossen, darunter ein Pope, auf dessen Kirchturm Munition versteckt gefunden worden war.

Um die an die Zahl 2300 Fehlenden in die Hand zu bekommen, wurde daher wieder ein Durchkämmen der Stadt Kragujevac für den 20.10.41 befohlen. Die daraufhin am heutigen Tage vorgenommenen Verhaftungen auf Strassen, Plätzen, Werkstätten, Wohnungen, Läden usw. sind ohne Ansehung der Persönlichkeit an Männern im Alter zw. 16 und 60 Jahren vorgenommen worden. [...]

Eine Erschiessung zum Teil völlig Unschuldiger aus hiesiger Stadt kann nach meinem Dafürhalten direkt verheerende Auswirkungen haben. Dass nunmehr erbitterte Angehörige von Erschossenen an deutschen Wehrmachtangehörigen Racheakte ausüben werden, steht zu erwarten.

Sabotageakte am Trinkwasser und an der z,Zt. behelfsmässigen Lichtversorgung sowie ein Grossangriff der Banden gegen die Stadt, bei der die Truppen noch mehr Verluste haben könnten als bisher, sind nicht aus dem Bereich der Möglichkeit. Vor allem aber wird die psychologische Wirkung katastrophal sein. Die Einwohner von Kragujevac haben sich von der deutschen Wehrmacht die Beseitigung der kommunistischen Gefahr und die Einreihung in den Neuaufbau Europas erhofft. Mit der hier angewandten Methode werden wir die Wiedergewinnung der gutgesinnten Elemente keinesfalls erreichen.

gez. v. Bischofshausen
Hauptmann und Kommandant

Rittmeister V. Bischofshausen berichtete in obiger Angelegenheit persönlich:
Am 28.10.41 dem Chef des Stabes beim Bef.Serbien
Am 29.10.41 beim Bevollm.Kdr.General in Serbien
(über Major Jais)"

Telegramm Nr. 841 des Gesandten Felix Benzler an das Auswärtige Amt vom 29.10.1941
StAN, NG 3883

„Geheime Reichssache!

In letzter Woche haben nicht nur in Kraljevo, sondern auch in Kragujevac Erschiessungen von Serben in großem Umfang ohne standrechtliches Verfahren als Vergeltungsmassnahmen für die Tötung deutscher Wehrmachtsangehöriger nach dem Verhältnis 100 Serben für einen Deutschen stattgefunden. In Kraljevo sind eintausendsiebenhundert, in Kragujevac 2000 und 300 männliche Serben erschossen worden. Ausserdem haben im Ort Gornjj Milanovac, nördlich Tschakotschakok, nach Niederbrennung Erschiessungen stattgefunden.

Bei den Erschiessungen sind Missgriffe vorgekommen. So sind V-Leute, Kroaten und ganze Belegschaften deutscher Rüstungsbetriebe erschossen worden, ferner in Milanovac diejenigen, die im Vertrauen auf ihre Unschuld im Gegensatz zur Mehrzahl der geflüchteten Bevölkerung zurückgeblieben waren. Die Erschiessungen in Kragujevac sind erfolgt, obwohl in dieser Stadt kein Angriff gegen deutsche Wehrmachtsangehörige stattgefunden hatte, weil anderwärts nicht genügend Geiseln aufgetrieben werden konnten.

Diese wahllosen Erschiessungen zeitigen in Bevölkerung Rückwirkungen, die dem politischen Endziel entgegenlaufen. Sie haben auch Ministerpräsidenten Neditsch in seiner Zielsetzung unsicher gemacht.

Bevollmächtigter kommandierender General hat daraufhin neue Weisungen über das Erschiessen von Geiseln erlassen, die zwar an dem Verhältnis hundert Serben für einen Deutschen nichts ändern, aber nach Möglichkeit Mißgriffe wie die oben erwähnten ausschliessen.

Ich gebe obiges zur Information, damit das Auswärtige Amt bei etwaigen Angriffen feindlicher Sender über tatsächliches Vorkommnis unterrichtet ist.

Benzler"

„Die Erschiessungen in Kragujevac sind erfolgt, obwohl in dieser Stadt kein Angriff gegen deutsche Wehrmachtsangehörige stattgefunden hatte, weil anderwärts nicht genügend Geiseln aufgetrieben werden konnten."

DER BEGINN
DES VÖLKERMORDS: TOPOLA

Die deutsche Militärverwaltung begann in Serbien unmittelbar nach der Besetzung des Landes mit der Entrechtung der jüdischen Bevölkerung. Sie wurde registriert und mußte fortan ein Abzeichen tragen. Die Ausübung bestimmter Berufe und der Besuch öffentlicher Veranstaltungen waren den serbischen Juden untersagt.

Neben den Kommunisten machten die deutschen Militärs insbesondere die jüdische Bevölkerung für den serbischen Aufstand im Sommer 1941 verantwortlich.

Die erste Massenerschießung von Juden fand im Oktober 1941 statt. Anlaß war ein Partisanenüberfall auf das Armee-Nachrichten-Regiment 521 in der Nähe der Stadt Topola. Bei dem Überfall wurden acht deutsche Soldaten sofort getötet und vierzehn weitere später erschossen. Daraufhin ordnete General Franz Böhme am 4. Oktober an, „für jeden ermordeten deutschen Soldaten 100 serbische Häftlinge zu erschiessen". Die meisten der insgesamt 2.200 Opfer waren Juden, die von der Sicherheitspolizei aus dem Durchgangslager in Belgrad und aus dem Konzentrationslager Šabac geholt worden waren. Die Erschießungen wurden von Wehrmachtseinheiten durchgeführt. Auch das Armee-Nachrichten-Regiment 521 beteiligte sich daran. Unter der Leitung von Oberleutnant Walter Liepe erschossen Soldaten der 3. und 4. Kompanie am 9. und 11. Oktober 1941 insgesamt 449 Juden.

Verordnung des Militärbefehlshabers in Serbien Nr. 8 vom 31.5.1941

Bundesarchiv/Militärarchiv, RWD 23/13

„Verordnung

betreffend die Juden und Zigeuner.

Auf Grund der mir vom Oberbefehlshaber des Heeres erteilten Ermächtigung verordne ich was folgt:

I. Juden [...]

§ 2 Die Juden haben sich binnen zwei Wochen nach Bekanntgabe dieser Verordnung bei den serbischen polizeilichen Meldeämtern, in deren Bezirk sie ihren Wohnsitz oder Aufenthalt haben, zur Eintragung in die Judenregister zu melden. Die Anmeldung durch den Haushaltsvorstand genügt für die ganze Familie.

§ 3 Die Juden unterliegen einer Kennzeichnungspflicht. Sie haben am linken Oberarm eine gelbe Armbinde mit dem Aufdruck ‚Jude‘ zu tragen.

§ 4 Juden können nicht Träger eines öffentlichen Amtes sein. Die Entfernung aus den Ämtern hat durch die serbischen Behörden umgehend zu erfolgen.

§ 5 Juden dürfen zum Beruf des Rechtsanwalts, Arztes, Zahnarztes, Tierarztes und Apothekers nicht zugelassen werden. [...]

§ 6 Zum Wiederaufbau der durch den Krieg entstandenen Schäden besteht für alle Juden beiderlei Geschlechts im Alter von 14 bis 60 Jahren Arbeitszwang.
Über den Einsatz der Juden entscheiden die zuständigen örtlichen Kreiskommandanturen oder die von dem Militärbefehlshaber in Serbien bestimmten Dienststellen.

§ 7 Juden ist der Besuch von Theatern, Kinos, Unterhaltungsstätten aller Art, öffentlichen Badeanstalten, Sportplätzen und öffentlichen Märkten verboten.
Der Besuch von Gaststätten ist Juden ebenfalls verboten, soweit nicht bestimmte Gaststätten durch den Militärbefehlshaber in Serbien für den Besuch von Juden zugelassen werden. Diese Gaststätten sind besonders zu kennzeichnen. [...]

II. Zigeuner

§ 18 Zigeuner werden den Juden gleichgestellt. Für sie gelten die Bestimmungen dieser Verordnung entsprechend. [...]“

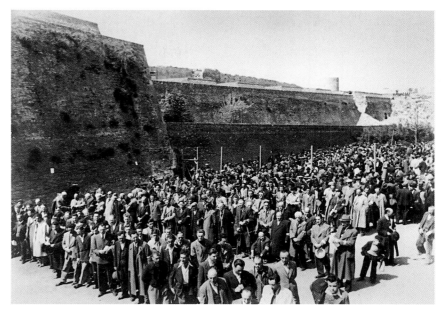

Bundesarchiv, Bild 101/185/112/9

Erfassung männlicher Juden in Belgrad zu Aufräumungsarbeiten, April 1941
PK-Fotograf: Neubauer
Bundesarchiv, Bild 101/185/112/13

Der Bevollmächtigte Kommandierende General in Serbien, General Franz Böhme, ohne Datum
Bundesarchiv/Militärarchiv, RH 53–18/302, XIII–A1–94

FRANZ BÖHME wurde am 15. April 1885 in Zeltweg/Österreich geboren. Er schlug eine militärische Laufbahn ein. Nach dem Besuch des Kadettenkorps in Graz und einer siebenjährigen Tätigkeit als Leutnant im Jägerregiment 95 absolvierte er zwischen 1911 und 1914 die Kriegsakademie in Wien. Am Ersten Weltkrieg nahm er als Generalstabsoffizier teil. Ab 1920 machte er Karriere im österreichischen Bundesheer. Auf Wunsch Hitlers wurde er 1938 zum österreichischen Generalstabchef designiert. Im Zweiten Weltkrieg nahm er als Kommandierender General an den Feldzügen in Polen und Griechenland teil. Von September bis Dezember 1941 beauftragte ihn Hitler mit der Niederwerfung des serbischen Aufstands. Nach Kriegsende wurde Böhme verhaftet und im Zuge der Nürnberger Nachfolgeprozesse (Fall 7) angeklagt. Er beging während des Prozesses Selbstmord.

Ereignismeldung UdSSR Nr. 108 der Einsatzgruppen der Sicherheitspolizei und des Sicherheitsdienstes vom 9.10.1941
Bundesarchiv, R 58/218

„Ereignismeldung UdSSR Nr. 108.
I. Politische Uebersicht.
Ausland
Serbien:
[...] Als Suehnemassnahme fuer die vor einigen Tagen bei Topola erschossenen 21 deutschen Soldaten werden 2.100 Juden und Zigeuner exekutiert. Die Exekution wird von der deutschen Wehrmacht durchgefuehrt. Aufgabe der Sicherheitspolizei ist es lediglich, die noetige Zahl zur Verfuegung zu stellen.
805 Juden und Zigeuner werden aus dem Lager in Sabac, der Rest aus dem juedischen Durchgangslager Belgrad entnommen.
[...]"

„Die Exekution wird von der deutschen Wehrmacht durchgefuehrt."

Der Bevollm.Kommandierende General in Serbien
Abt. Q u .

181   K.

Anlage 24

O.U., den 4.10.41.

Betr.: Sühne für grausame Ermordung deutscher Soldaten durch kommunistische Banden.

An
Chef der Mil.Verwaltung
beim Bef. Serbien
342. Inf. Div.
Kps. Nachr. Abt. 449 .

Am 2.10. wurden bei einem Überfall auf Einheiten des Armee-Nachr. Rgts. zwischen Belgrad und Obrenovac 21 Soldaten von kommunistischen Banden auf bestialische Weise zu Tode gequält. Als Repressalie und Sühne sind sofort für jeden ermordeten deutschen Soldaten 100 serbische Häftlinge zu erschiessen. Chef der Mil. Verwaltung wird gebeten, 2100 Häftlinge in den Konzentrationslagern Sabac und Belgrad (vorwiegend Juden und Kommunisten) zu bestimmen und Ort, Zeit sowie Beerdigungsplätze festzulegen.

Die Erschiessungskommandos sind von 342. Div. (für Konz.Lager Sabac) und Kps. Nachr.Abt. 449 (für Konz.Lager Belgrad) zu stellen. Sie sind vom Chef der Mil. Verwaltung über Bevollm. Kdr. Gen. i. Serbien anzufordern.

Chef der Mil. Verwaltung wird gebeten, die Lagerleiter anzuweisen, den Häftlingen den Grund der Erschiessung zu eröffnen.

General der Infanterie.

Befehl des Bevollmächtigten Kommandierenden Generals in Serbien, General Franz Böhme, vom 4.10.1941 an den Chef der Militärverwaltung beim Befehlshaber Serbien
Bundesarchiv/Militärarchiv, RH 24–18/213

L i e p e .
Oberleutnant u.Kompanie-Chef.   OU., 13.1o. 1941.
                                                 Feldpostnummer 26 557

                          B e r i c h t
                 über die Erschießung von Juden am 9.und 11.10.1941.
                 ----

1. Auftrag: Am 8.1o.41 wurde die Erschießung von 2 2oo
                         Juden, die sich im Lager von Belgrad be=
                         finden, befohlen.

2. Leitung und Teilnahme: Oberleutnant Liepe und Kameraden der Feld=
                         einheiten 26 557 und o6 175 von denen 2 Offi=
                         ziere und 2o Mannschaften gefallen und 16
                         vermißt und 3 verwundet sind.

3. Ärztliche Betreuung und Oberarzt Dr. Gasser,Feldeinheit 39 1o7 und
   Aufsicht: Sanitätsunteroffizier Bente der Einheit
                         26 557

4. Transport und Fahr=   Transport und Bewachung der Gefangenen er=
   zeuge: folgte durch die beteiligten Einheiten.
                         Fahrzeuge wurden von der Fahrbereitschaft
                         der Feldkommandantur Belgrad zur Verfügung
                         gestellt. Der Transport der beteiligten
                         Soldaten erfolgte mit Heeresfahrzeugen.

5. Ort der Handlung: Am 9.1o.41 –Wald etwa 12 km nordostwärts
                         Kovin.
                         Am 11.1o.41 – Umgebung Schießstand Belgrad
                         an der Straße nach Nisch.

6. Sicherheit und Ver=   Erfolgte in engstem Einvernehmen mit der
   schleierung: Sicherheitspolizei in Belgrad und Pancevo.

7. Film und Aufnahmen: Propaganda Kompanie " S ".

8. Aufsicht: Oberleutnant Liepe,Leutnant Vibrans,Leutnant
                         Lüstraeten,SS-Oberscharführer Enge,Sicher=
                         heitspolizei Belgrad.

                                                            3.

9. Ausführung: Nach gründlicher Erkundung des Platzes und
                         Vorbereitung erfolgte die erste Erschießung
                         am 9.1o.1941.
                         Die Gefangenen wurden mit ihrem Notgepäck
                         von dem Lager in Belgrad um o5.30 Uhr abge=
                         holt.Durch Ausgabe von Spaten und sonstigem
                         Arbeitsgerät wurde ein Arbeitseinsatz vor=
                         getäuscht. Jedes Fahrzeug wurde nur mit 3
                         Mann bewacht, damit aus der Stärke der Be=
                         wachung keine Vermutungen über die wahre
                         Handlung aufkommen sollten.
                         Der Transport erfolgte ohne jegliche Schwie=
                         rigkeiten. Die Stimmung der Gefangenen
                         während des Transportes und der Vorbereitung
                         war gut.Sie freuten sich über die Entfer=
                         nung vom Lager, da angeblich ihre Unter=
                         bringung dort nicht wunschgemäß wäre.
                         Die Gefangenen wurden 8 km von der Erschies=
                         sungsstelle beschäftigt und später nach
                         Gebrauch zugeführt. Der Platz wurde ausrei=
                         chend bei der Vorbereitung sowie Erschießung
                         gesichert. Die Erschießung erfolgte mit Ge=
                         wehr auf eine Entfernung von 12 Meter. Für
                         jeden Gefangenen wurden fünf Schützen zum
                         Erschießen befohlen. Außerdem standen dem
                         Arzt zwei Schützen zur Verfügung, die nach
                         Anweisung des Arztes den Tod durch Kopf=
                         schüsse herbeiführen mußten. Die Wertgegen=
                         stände und überflüssigen Sachen wurden un=
                         ter Aufsicht abgenommen und später der
                         N.S.V. bezw. der Sicherheitspolizei in
                         Belgrad zugeführt.
                         Die Haltung der Gefangenen beim Erschießen
                         war gefaßt. Zwei Leute versuchten die Flucht
                         zu ergreifen und wurden dabei sofort er=
                         schossen. Einige brachten ihre Gesinnung
                         dadurch zum Ausdruck, daß sie noch ein
                         Hoch auf Stalin und Rußland ausbrachten.
                         Es wurden am 9.1o.41 – 18o Mann erschossen.

                                                            4.

Die Erschießung war um 18.30 Uhr beendet.
Besondere Vorkommnisse waren nicht zu verzeich=
nen. Die Einheiten rückten befriedigt in ihre
Quartiere ab.
Die zweite Erschießung konnte wegen Bauarbei=
ten an der Donaufähre erst am 11.1o.41 stattfin=
den. Infolge der Bauarbeiten mußte die nächste
Erschießung in der Umgebung von Belgrad statt=
finden. Dazu war die Erkundung eines neuen
Platzes erforderlich und eine doppelte Vorsicht
geboten. Die nächste Erschießung erfolgte am
11.1o.41 in der Umgebung des Schießstandes.
Sie verlief planmäßig. Es wurden 269 Mann er=
schossen. Bei beiden Erschießungen ist kein
Gefangener entwischt und die Truppe hatte kei=
ne besonderen Ereignisse und Zwischenfälle zu
verzeichnen. Zur Verstärkung der Sicherheit
war noch ein Zug von der Einheit Major Pongrube
unter Führung von Lt. Hau eingesetzt. Im ganzen
wurden am 9. und 11.1o.41 – 449 Mann von den
genannten Einheiten erschossen. Leider mußte
aus Einsatzgründen eine weitere Erschießung
von den genannten Einheiten eingestellt werden
und eine Übergabe des Auftrages an die Einheit
Major Pongruber erfolgen.

                                   [signature]
                         Oberleutnant u.Kompanie-Chef.

                                                            5.

„Die Erschießung war um
18.30 Uhr beendet. Besondere
Vorkommnisse waren nicht
zu verzeichnen. Die Einheiten
rückten befriedigt in ihre
Quartiere ab.“

Bericht des Oberleutnants Walter Liepe des Armee-Nachrichten-Regiments
521 vom 13.10.1941 über die Erschießung von Juden
Bundesarchiv/Militärarchiv, RH 24–18/213

Im Archiv „Établissement de Communication et de Production Audiovisuelle de la Défense" in Paris existiert eine Fotoserie, auf der eine Erschießung von Zivilisten am Rande eines Waldstückes detailliert festgehalten ist. Die Aufnahmen wurden vom PK-Fotografen Baier gemacht. Allerdings fehlen die Angaben, wann und wo genau die Bilder entstanden sind. Es läßt sich daher nicht eindeutig sagen, ob diese Fotos eine der beiden im Bericht von Oberleutnant Walter Liepe geschilderten Erschießungen durch das Armee-Nachrichten-Regiment 521 zeigen, allerdings gibt es auf den Bildern einige Hinweise, die einen solchen Schluß zulassen.

Die Einteilung der Pelotons in Gruppen zu fünf Schützen (Fotos 26 bis 29) entspricht den Angaben im Bericht von Oberleutnant Liepe. Zudem läßt sich aus dem Dienststellungsabzeichen eines Unteroffiziers (hier Funkmeister, Foto 07) schließen, daß die Schützen zu einer Nachrichteneinheit gehörten. Des weiteren befanden sich unter den abgebildeten Opfern Juden. Sie tragen zwar nicht die ansonsten üblichen Judensterne, aber an ihre Revers sind kleine Abzeichen mit einem Judenstern geheftet (Foto 06).

Die Opfer müssen ihr eigenes Grab ausheben

ECPAD, DAT 3694 L 06

ECPAD, DAT 3694 L 07

ECPAD, DAT 3694 L 08

ECPAD, DAT 3694 L 09

ECPAD, DAT 3694 L 11

ECPAD, DAT 3694 L 14

ECPAD, DAT 3694 L 15

ECPAD, DAT 3694 L 19

ECPAD, DAT 3694 L 20

Wehrmachtssoldaten betrachten am Erschießungsort Fotografien

ECPAD, DAT 3694 L 16

ECPAD, DAT 3694 L 17

ECPAD, DAT 3694 L 18

Die Erschießungen

ECPAD, DAT 3694 L 26

ECPAD, DAT 3694 L 27

ECPAD, DAT 3694 L 28

ECPAD, DAT 3694 L 29

ECPAD, DAT 3694 L 30

ECPAD, DAT 3694 L 31

ECPAD, DAT 3694 L 32

ECPAD, DAT 3694 L 35

ECPAD, DAT 3694 L 36

KOMMENO

Am 16. August 1943 umstellte eine verstärkte Kompanie des Gebirgsjägerregiments 98 das griechische Dorf Kommeno. Vier Tage zuvor hatte ein deutsches Erkundungsfahrzeug Partisanen im Ort gesichtet. Nach griechischen Angaben ermordeten die Soldaten 317 Dorfbewohner, darunter 172 Frauen und 97 Kinder.

Das Gebirgsjägerregiment 98 meldete noch am selben Tag, es habe starke Gegenwehr aus der Ortschaft gegeben. Die Anzahl der Toten wurde mit „schätzungsweise 150 Zivilisten" angegeben. Die Division hielt zu Kommeno rückblickend am 17. September fest, daß es sich bei den 150 Toten um „Banditen" gehandelt habe.

Daß in den zeitgenössischen Berichten aus ermordeten Zivilisten „Banditen" wurden, ist kein Versehen. In einem bundesdeutschen Ermittlungsverfahren Ende der sechziger Jahre wurden die Hintergründe zu den Ereignissen deutlich. Nach überzeugenden Aussagen von Tatbeteiligten hatte es in Kommeno keinerlei Widerstand der zivilen Bevölkerung gegeben. Die Soldaten waren über das Dorf hergefallen und hatten auf brutale Weise wahllos Männer, Frauen und Kinder ermordet. Das Massaker löste selbst unter den beteiligten Soldaten heftige Diskussionen aus. Die Staatsanwaltschaft München stellte in ihrer Einstellungsverfügung 1972 fest, daß es in Kommeno „zu einem fürchterlichen Gemetzel" gekommen sein muß.

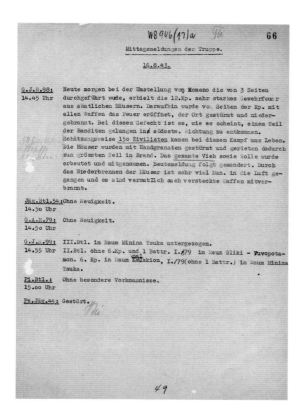

**Mittagsmeldungen der Truppe vom 16.8.1943,
Gebirgsjägerregiment 98**
Bundesarchiv/Militärarchiv, RH 28–1/102, Bl. 66

„G.J.R.98:

14.45 Uhr

Heute morgen bei der Umstellung von Komeno die von 3 Seiten durchgeführt wurde, erhielt die 12.Kp. sehr starkes Gewehrfeuer aus sämtlichen Häusern. Daraufhin wurde von Seiten der Kp. mit allen Waffen das Feuer eröffnet, der Ort gestürmt und niedergebrannt. Bei diesem Gefecht ist es, wie es scheint, einem Teil der Banditen gelungen in südostw. Richtung zu entkommen.

Schätzungsweise 150 Zivilisten kamen bei diesem Kampf ums Leben. Die Häuser wurden mit Handgranaten gestürmt und gerieten dadurch zum grössten Teil in Brand. Das gesamte Vieh sowie Wolle wurde erbeutet und mitgenommen. Beutemeldung folgt gesondert. Durch das Niederbrennen der Häuser ist sehr viel Mun. in die Luft gegangen und es sind vermutlich auch versteckte Waffen mitverbrannt. [...]"

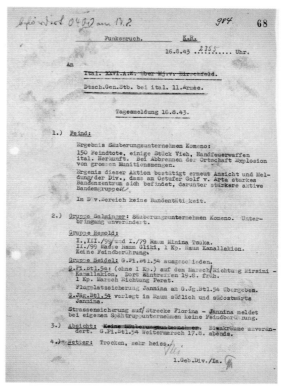

Tagesmeldung der 1. Gebirgsdivision vom 16.8.1943
Bundesarchiv/Militärarchiv, RH 28–1/102, Bl. 68

„1.) Feind:

Ergebnis Säuberungsunternehmen Komeno:

150 Feindtote, einige Stück Vieh, Handfeuerwaffen ital. Herkunft. Bei Abbrennen der Ortschaft Explosion von grossen Munitionsmengen.

Ergebnis dieser Aktion bestätigt erneut Ansicht und Meldung der Div., dass am Ostufer Golf v. Arta starkes Bandenzentrum sich befindet, darunter stärkere aktive Bandengruppen.

Im Div.Bereich keine Bandentätigkeit.

2.) Gruppe Salminger: Säuberungsunternehmen Komeno. Unterbringung unverändert. [...]"

Bericht der 1. Gebirgsdivision, vom 17.8.1943
Bundesarchiv/Militärarchiv, RH 28–1/188

„I.) 1.) Keine Bandentätigkeit.

2.) a) Kp. Gruppe Salminger Komeno (nördlich Golf von Arta) gegen heftigen Widerstand gestürmt.

Beim Abbrennen des Ortes große Mengen Munition vernichtet. 150 tote Banditen, ein Teil der Banditen nach Südosten entkommen. [...]"

Die in Kommeno eingesetzten deutschen Wehrmachtseinheiten meldeten am 16.8.1943 heftige Kämpfe. Nachkriegsaussagen von Tatbeteiligten betonen jedoch, es habe keinerlei Gegenwehr der Einwohner gegeben.

Kommeno: „150 Feindtote"

Kommeno: „150 Tote Banditen"

NACHKRIEGSAUSSAGEN – KOMMENO

9.6.1972

Einstellungsverfügung der Staatsanwaltschaft München I der Ermittlungsverfahren 117 Js 49 –50/68 gegen Unbekannt und 117 Js 5 – 6/72 gegen Reinhold K. und Anton Z.

„Einzelne Zeugen sprechen von beiderseitigen Kampfhandlungen. Aus den Bekundungen der offensichtlich aussagewilligen Zeugen ergibt sich jedoch, daß aus der Ortschaft heraus kein Widerstand geleistet worden ist. Die insoweit übereinstimmenden Aussagen dieser Zeugen gehen dahin, daß sie zunächst glaubten, im Rahmen einer Kampfhandlung verwendet zu werden, jedoch in der Ortschaft erkannten, daß bei dem Einsatz lediglich wehrlose Zivilisten, darunter auch Frauen und Kinder, getötet wurden. Die Aussagen dieser Zeugen lassen erkennen, daß es hierbei zu einem fürchterlichen Gemetzel gekommen sein muß. […] Die überwiegende Mehrzahl der aussagewilligen Zeugen bekundet jedoch, daß es seitens der Griechen zu keiner Gegenwehr gekommen sei. Vielmehr sei der Befehl gegeben worden alles niederzumachen […].“

StA München, Staatsanwaltschaften 22509/2, Bl. 347–372, Zitat Bl. 361 und 365

16.4.1970

August S.

Aussagen im Ermittlungsverfahren 117 Js 50/68 gegen Unbekannt:

„[…] Die Häuser brannten. Offensichtlich ist das Feuer in den Häusern durch das Granatwerferfeuer entstanden. Aber ich habe auch gesehen, dass unsere Leute verschiedene Häuser angezündet haben. Die Ortsbewohner, die aus den brennenden Häusern zu flüchten versuchten, wurden sofort abgeschossen. Eine grössere Personengruppe wurde dann am Hauptplatz zusammengetrieben und mit einem MG am Hauptplatz erschossen. In dieser Personengruppe befanden sich Frauen, Männer, Kinder. Die Erschiessung am Hauptplatz habe ich nicht direkt mitbeobachtet, aber ich habe unmittelbar nach der Exekution den Leichenberg gesehen. Wenn ich gefragt werde wieviele Personen dieser Exekution zum Opfer fielen, dann gebe ich an, dass ich das nur schätzen kann und einen ‚Haufen‘ Leichen zu schätzen ist nicht ganz einfach. Ich schätze – und das ist sehr vorsichtig geschätzt – das es sich um 300 Personen gehandelt hat. Vielleicht auch 400 aber mehr bestimmt nicht. […] Was mich furchtbar abgestossen hat, dass war, dass einige Angehörige der 12. Komp. sich in schändlicher Art an den Leichen zu schaffen machten. So habe ich selbst gesehen, wie einige Soldaten den weiblichen Leichen Bierflaschen in den Geschlechtsteil einführten. Ich glaube, ich habe auch Leichen gesehen denen die Augen ausgestochen waren. Wenn ich gefragt werde, ob es den Tatsachen entspricht, dass Kinder in der Weise verbrannt wurden, dass ihnen mit Benzin getränkte Watte in die Münder gestopft und die Watte dann angezündet worden ist, dann gebe ich an, dass ich tatsächlich Kinder gesehen habe (Leichen) die in der Gesichtsgegend um den Mund schreckliche Brandwunden aufwiesen. Ob diese Kinder lebend oder als Leichen so misshandelt worden sind weiss ich nicht. […]

Es war nach der wüsten Schiesserei sehr still geworden. Die meisten Kameraden waren sehr bedrückt. Fast keiner war mit dieser Aktion einverstanden. […] Alle hatten Gewissenskonflikte bis auf wenige Ausnahmen. Schliesslich haben wir uns alle auf den (damals meiner Meinung nach absolut richtigen) Standpunkt zurückgezogen, dass wir ja nur befehlsmässig gehandelt haben. Und auf Befehlsverweigerung waren ja harte Strafen angedroht. […]“

StA München, Staatsanwaltschaften 22509/2, Bl. 240–245, Zitat Bl. 242 f.

NACHKRIEGSAUSSAGEN – KOMMENO

Aussage des Zeugen E., zitiert in der Einstellungsverfügung der Staatsanwaltschaft München I zu den Ermittlungsverfahren 117 Js 49–50/68 gegen Unbekannt und 117 Js 5–6/72 gegen Reinhold K. und Anton Z. vom 9.6.1972

ohne Datum

Zeuge E.

„Der Zeuge E[...] bekundet in diesem Zusammenhang folgendes (Beiakt II, Bl 28):

‚Der Kommandant des Einsatz war Oberleutnant R[...], das ist sicher. Dann hat auch noch der Bataillonskommandeur von Klebe an dem Einsatz teilgenommen. Um aber Mißverständnisse zu beseitigen, möchte ich gleich bezüglich des Wortes ‚teilgenommen' eine Richtigstellung vernehmen. Von Klebe hat sich während des Einsatzes außerhalb der Ortschaft aufgehalten. Ich befand mich in seiner Nähe und kann mich noch erinnern, daß Major von Klebe auf einem Straßenstein saß und abwartete bis die Aktion beendet war. Er hat in dieser Zeit, ich glaube das sagen zu können, keine Weisungen oder Befehle erteilt. Erst als die Schießerei beendet war, meldete Oberleutnant R[...] den Vollzug der Aktion und ersuchte von Klebe, ‚er möge sich doch ansehen, wie seine Leute gearbeitet hätten'. Auf diese Feststellung wies R[...] nicht ganz ohne Stolz hin. Tatsächlich ist der Major von Klebe ein Stück in das Ortsgebiet hineingegangen. Ich habe mich dieser Personengruppe angeschlossen. Was ich da zu sehen bekam, war schrecklich. Leichen von Frauen und Kindern lagen auf den Straße herum. In den Häusern, in den Toreinfahrten lagen überall erschossene Personen. Ich kann mich noch gut erinnern, daß sich von Klebe blaß und angewidert abgewandt hatte und zu Oberleutnant R[...] bemerkte, ‚das Herr Oberleutnant hat mit Krieg nichts mehr zu tun. Damit möchte ich nichts zu tun haben.'"

StA München, Staatsanwaltschaften 22509/2, Bl. 365 f.

KALAVRYTA

Die Massenerschießung in Kalavryta war das größte Einzel-
massaker in Griechenland. Vorausgegangen war die Gefangennahme einer deutschen Kompanie durch die kommunistisch geführte Partisanenorganisation ELAS im Oktober
1943. Die etwa 80 deutschen Soldaten wurden erschossen
und in eine Schlucht gestürzt. Der Kommandeur der 117.
Jägerdivision, Generalmajor Karl von Le Suire, befahl daraufhin am 10. Dezember 1943, Kalavryta und Mazeika sowie
diejenigen Orte, welche Partisanen unterstützt hatten, dem
„Erdboden gleichzumachen".

Mit der Durchführung des Befehls waren die Kampfgruppen „Gnass" und „Ebersberger" beauftragt.
Innerhalb weniger Tage brannten sie nach eigenen Angaben 24 Ortschaften und drei Klöster nieder
und erschossen 696 Einwohner.

Diese von Wehrmachtseinheiten durchgeführten Erschießungen lösten in Griechenland Empörung
aus. Nach außen wies der Militärbefehlshaber Griechenlands, General der Flieger Wilhelm Speidel,
in einem Brief an die griechische Kollaborationsregierung die Kritik zurück. Intern beklagte er die
„immer schlechter werdende Disziplin der Truppe" und forderte klare Richtlinien für die Durchführung von „Sühnemaßnahmen". Eine gemäßigtere Form von Vergeltungsmaßnahmen scheiterte
in den folgenden Monaten jedoch am Widerstand regionaler Kommandeure.

Befehl des Kommandeurs der 117. Jägerdivision, Karl von Le Suire, zum „Unternehmen Kalawrita" vom 25.11.1943
Bundesarchiv/Militärarchiv, RH 26–117/16, Bl. 221 f.

„1.) Starke fdl. Banden im Raum Patras-Mazeika-Kalawrita-Tripia (Einzelheiten Anlage 1 – Feindnachrichtenblatt).

2.) Verst.Jg.Rgt.749 und verst.A.A.116 führen Anfang Dezember ein Aufklärungs- und Säuberungsunternehmen gegen die Banden im Raum Aijion-Tripia-Kalawrita, bezw. Wytina-Langadia-Mazeika durch.

Auftrag:

a) Vernichtung der in den genannten Räumen befindlichen Banden.

b) Durchsuchung der Ortschaften nach Kommunisten, Waffen, Progagandamaterial usw.

c) Such- und Vergeltungsaktion für die am 18.10.43 in der Gegend Roji aufgeriebene 5./Jg.Rgt.749. [...]

5.) Durchführung des Unternehmens ‚Kalawrita': [...]

c) Auftretender Feind ist sofort rücksichtslos anzugreifen und unter Einsatz aller schweren Waffen zu vernichten. Ortschaften, aus denen geschossen wurde, sind niederzubrennen, die Männer zu erschießen. [...]"

Bericht Nr. 2 über das „Unternehmen Kalawrita", erstellt von der Kampfgruppe „Gnass" am 15.12.1943
Bundesarchiv/Militärarchiv, RH 26–117/16, Bl. 308–313, Zitat Bl. 309 und 311

„[...] 8.12.43 Auf Grund der Aussagen der Bevölkerung von Maseika trat Marschgruppe Kockert mit einem Zug 3./670 und Tofu um 02.00 Uhr auf Masi zur Verfolgung der abgeführten Gefangenen an. Da bis 08.00 Uhr von Marschgruppe Kockert keine Meldung kam, wurde eine Radfahr-Schwadron zur Verbindungsaufnahme angesetzt. Dabei wurde Gefr. Donner von 1./749 völlig erschöpft aufgefunden. Er sagte aus, daß am 7.12.43, abends, die Gefangenen erschossen worden sind und in eine Schlucht, etwa 2 Stunden nordostwärts Masi, geworfen wurden. Dadurch, daß er sich bei der Erschießung in eine Schlucht herunterfallen ließ, war er mit dem Leben davongekommen. [...] Inzwischen hatte Marschgruppe Kockert das Erreichen von Masi gemeldet. Durch Sprechfunk wurde die Mordstelle nach den Aussagen des Gefr. Donner Hauptmann Kockert beschrieben und 11. und 13./737 zur Suche angesetzt. Ebenso wurde die Bevölkerung von Maseika und in der Nähe liegender Orte zur Suche nach der Mordstelle veranlaßt. [...]

12.12.43 [...] Marschgruppe Kockert hatte mit einer Kompanie die Bergung der inzwischen gefundenen Toten durchgeführt. Unter schwierigsten Verhältnissen wurden 70 Tote gefunden, darunter Hauptmann Schober durch Hauptfeldwebel der Kompanie erkannt und beerdigt. Da es sich nach Brief von Hauptmann Schob um 78 Gefangene handelte, wurde nach den noch fehlenden 5 Toten weitergesucht. Suche blieb aber ohne Erfolg. [...] Die Kompanie Met führte inzwischen die Durchsuchung der Orte Tolada, Waltos, Aj.Nikolaos, Armbuna, Hütten und Planeru durch. Die Orte Waltos, Planeru und Hütten wurden vernichtet. Am Tatort wurden 11 Griechen erschossen. [...]"

Geheim 247 117 T.B.

117. Jäger - Division   Div.Gef.St., 1o.12.43
Abt.Ia Nr.1448/43 geh.
Kommandeur

1.) Die im Raume Patras - Kalawrita - Mazeika - Ajion vermuteten Banden anscheinend vor den Kräften Jg.Rgt.749 und verst.A.A.116 nach SW und Osten ausgewichen.

2.) Unternehmen wird mit Erreichung von Kalawrita -Tripotamia- Mazeika abgebrochen und am 13.12. der Rückmarsch in die Standorte wieder angetreten.

3.) Bis zum Abrücken werden noch gesäubert
   a) von Kampfgruppe Juppe: Raum Vissoka-Kastrini-Ano Sudena-Kalawrita,
   b) von A.A.116:   Raum Tripotamia + Worochowa - Derweni - Kalivia - Paralonga- Kersitsi,
   c) von mot Gruppe Nordmann: Diwri - Tsipiana-Kertisa-Hütten,
   d) von Gruppe Kockert: Mazeika - Kfinowita-Waltos-Masi,
   e) 14./Fest.Inf.Btl.999 säubert bis zum Abmarsch 12.12. den Raum Duka - Demuta-Dardisa-Kania.

4.) Bertstaffel Lange rückt bereits am 12.12. auf kürzestem Wege in die Standorte.

5.) Als Sühnemaßnahme für die gemordeten Angehörigen der 1.u.5./Jg.Rgt.749 sind die Orte Mazeika und Kalawrita dem Erdboden gleichzumachen. Ebenfalls in den durchsuchten Räumen die Orte, in denen nachgewiesen Banden Unterkunft gefunden haben, oder bei der Durchsuchung Widerstand, Waffen oder Munition vorgefunden wurden.

Sämtliches Vieh der abgekämmten Räume, sowie entlang des Rückmarschweges ist von den Truppen mit in die Standorte zu treiben.

Für die Richtigkeit:

Im Entwurf gezeichnet:
von Le Suire

Major

Befehl Karl von Le Suire, vom 10.12.1943, Kalawrita und Mazeika zu zerstören
Bundesarchiv/Militärarchiv, RH 26–117/16, Bl. 247

Abschluß- und Erfahrungsbericht „Unternehmen Kalawrita", verfaßt von der 2. Batterie des 670. Artillerieregiments am 25.12.1943
Bundesarchiv/Militärarchiv, RH 26–117/16, Bl. 219

„1.) Abschlussbericht

[...] f) Im Allgemeinen hat sich die Bevoelkerung zurueckhaltend gezeigt. Trotz Erwartung irgendwelcher Suehnemassnahmen hat sie mit einer Zerstoerung saemtlicher Haeuser und darueber hinaus mit der Erschiessung saemtlicher Maenner nicht gerechnet. Die Angst vor den Banditen war bisher weit groesser als die vor der deutschen Wehrmacht. [...]"

Karl von Le Suire, ohne Datum
Bundesarchiv, Bild 146/2001/1/23

/4.26(2)

Kampfgruppe Ebersberger
Nr. 583/43 geh.(I./749)

225

O.U.,den 22.12.1943

Bezug: Div.St.Qu.16.12.43
Betr.: Abschluss- u.Erfahrungsbericht
          -Unternehmen Kalawrita-.

          Dem
                    Jäger - Regiment 749

          Die Kampfgruppe Ebersberger stiess in 3 Marschgruppen
auf Kalawrita vor (Befehl I./749 v.3.12.43 Nr.541/43 geh.).
Es kam dabei nur am 1.und 2.Tage zu geringer Feindberührung.
          Vom 2.Tage des Unternehmens ab räumte der Feind plan-
mässig das Feld.
          Die Versuche,den Feind noch in überholender Verfolgung
über den Ipsili Rachi zu stellen, misslangen.
          Die Kampfgruppe kehrte am 15.12.43 nach Durchführung von
Sühnemassnahmen im Einsatzraum unter Zurücklassung eines Jagdzu-
ges in Lauerstellung bei Bhf.-Kerpini nach Ajion zurück.Am 20.12.43
wurde der Jagdzug eingeholt.Er hatte um die wichtige Wegespinne
nordostwärts Kalawrita keinerlei Feind beobachten können.
          Die Kampfgruppe meldet :

zu 1 a.) 5.12.43 wurde der erkundende Kampfgruppenführer durch M.G.-
          u.Gewehrfeuer auf 150 m Entfernung überfallen. Schlechte,feind-
          liche Schiessleistung. Nach einigen, eigenen Feuerstössen zieht
          sich Feind zurück und taucht auf flankierenden Höhen wieder auf.
          Wenige Doppelzünder-Schüsse der Geb.Geschütze genügten, um ihn
          endgültig zu vertreiben. Gleichzeitig wurde die Marschkolonne
          von Sselissa her auf weite Entfernung und ohne jeden Erfolg mit
          M.G.-u.Gewehrfeuer beschossen.
          Vergleiche den in Derweni erbeuteten feindlichen Befehl!
          6.12.43 hatte 1 Gruppe eines in der Nacht bei Mamusa in Lauer-
          stellung gebrachten Jagdzuges Berührung mit einigen flüchten-
          den, mit Gewehren bewaffneten Partisanen. Vermutlich wurden
          2 davon verwundet.
   b.)   durch Unfälle: 1 Toten, 2 Uffz./ 2 Mannschaften verwundet bezw.
          verletzt.
   c.)   beobachtet: 2 Verwundete.
   d.)   Roji, Kerpini, Bhf.Kerpini, Ano Sachlaru, Kato Sachlaru, Ssuwardo
          Wrachni, Kalawrita, Kloster Meg Spilaon,Kloster Lawras,Aj.Kiriaki
          Awles, Wisoka,Fteri,Klapatsuna,Pirgaki,Wallitsa,Melissia.
          674 Männer wurden erschossen.
   e.)   259.623;ooo Drachmen in Kurs.
          12.460.ooo Drachmen ausser Kurs.
           5.750.ooo Drachmen Wertpapiere verfallen.

          1550 Schafe - 14 Rinder -
             27 Bergkleinpferde - 25 Muli - 27 Esel.

           1 Fernglas, 1 span.Trommelrevolver m./Munition

                              4 8

vernichtet: 70 Schuss Gewehrmunition,
11 Garnituren Partisanenbekleidung,
7 Gewehre.

f.) Aus Sselissa und Mamusa kam die männliche Bevölkerung vollzählig hinter weissen Fahnen der Truppe entgegen. Hier, wie an allen anderen Orten will die Bevölkerung angeblich mit den Partisanen nichts zu tun haben. Z.T. grosse Freundlichkeit und Sympathiekundgebungen gegenüber den deutschen Soldaten. Dem gegenüber steht die Tatsache, dass die Masse der Bevölkerung von Kalawrita die deutschen Gefangenen der Kp. Schober beschimpft und bedroht hat. Vor Durchführung der Sühnemassnahmen und vor Eingang des Befehls, diese in schärfster Form durchzuführen, versuchte Kampfgruppenführer aktive Kräfte für eine Gegenbewegung zu schonen. Der Grad der Bereitschaft für einen wirksamen Widerstand gegen die Partisanen war aber so gering, dass sich trotz vieler deutschfreundlicher Äusserungen eine Schonung nicht lohnte.

Als dann schärfste Form der Sühnemassnahmen befohlen wurde, kamen Führer und Truppe der Kampfgruppe diesem Befehl nicht nur pflichtbewusst, sondern aus voller Ueberzeugung nach.

In den nach Kalawrita berührten Ortschaften traf die Truppe nur noch wenige alte Frauen an.

zu 2 a.) Beweglichmachung der Berggruppe:

Die Kampfgruppe Ebersberger hatte **324** Tragtiere für unter 2 b mitgeführte Waffen und für 4 Tage Verpflegung von 954 Offz., Uffz. und Mannschaften eingesetzt. Die Beweglichmachung des I./Jg.Rgt.749 war nur durch die Zuteilung der T.K.749 mit 70 Tragtieren und zusätzlich 24 Tragesätteln möglich. ‒

Z.B. wurden benötigt für die verst. 3.KP.:

Kopfstärke	Tragtiere für Waffen u.Munition (11 le MG. 1 1GrW, 2 sMG, 2 mGrW)	Tragtiere für Verpflegung und Futter
174	32	19

Auf Befehl des Kampfgruppenführers wurden statt 3 7,5 cm Geb.Geschützen nur 2 mitgeführt.
Grund: Kurz nach dem Antreten fielen einzelne Tragtiere wegen Ueberlastung zusammen. Bei ausgeliehenen Tragtieren, wie sie hier gegeben waren, sollte stets eine Tragtierreserve mitgeführt werden.

b.) Die Kampfgruppe war bewaffnet mit :
35 le M.G.,
5 le Gr.W.,
9 s. M.G.,
7 m. Gr.W., (davon 1 -8cm Gr.W.ital.),
2 Geb.Geschützen 7,5 cm.

c.) Tagesleistung durchschnittlich 15 km.
d.) höchstens 20 km.
e.) Die mitgeführten 2 Geschütze genügten. Sie waren
stets rasch feuerbereit und hatten dank ihrer grossen Treffgenauigkeit durchschlagenden Erfolg.

Zum Einsatz kamen die Geschütze :
1.) gegen Feind südlich Derweni und bei Sselissa,
2.) zur Verhinderung der Flucht aus dem Kloster
Spilaon.
3.) Zur Ueberwachung von Marsch und Halten.

Einsatz meist im direkten Schuss.

Die Zuteilung der Batterie hat sich sehr bewährt
und wäre bei stärkerer Feindberührung von beson-
; derem Wert gewesen.
g.) Ausrüstung des Pi.-Zuges.
h.) 1 m.Fu.-Trupp der Div. - Nachrichtenstaffel.
i.)   aa.)   m.Fu.Stelle über Panzerspitze der Talstaffel
der Kampfgruppe Wölfinger,
bb.) d-Funklinien zu den Kp.,
Draht zum Btl.nach Ajion unter Verwendung
der griechischen Leitung nach Kalawrita.
k.) Notwnedig ist eine direkte Verbindung zum Rgt.
Ausnützung des bestehenden Drahtnetzes.
l.) Aus dem Land kann entnommen werden : Fleisch,
nachzuschieben wäre: Brot,Suppeneinlagen u Zigaretten.

Major u.Kampfgruppenführer

50

Abschluß- und Erfahrungsbericht „Unternehmen Kalawrita", verfaßt von der Kampfgruppe „Ebersberger" am 22.12.1943
Bundesarchiv/Militärarchiv, RH 26–117/16, Bl. 225–227

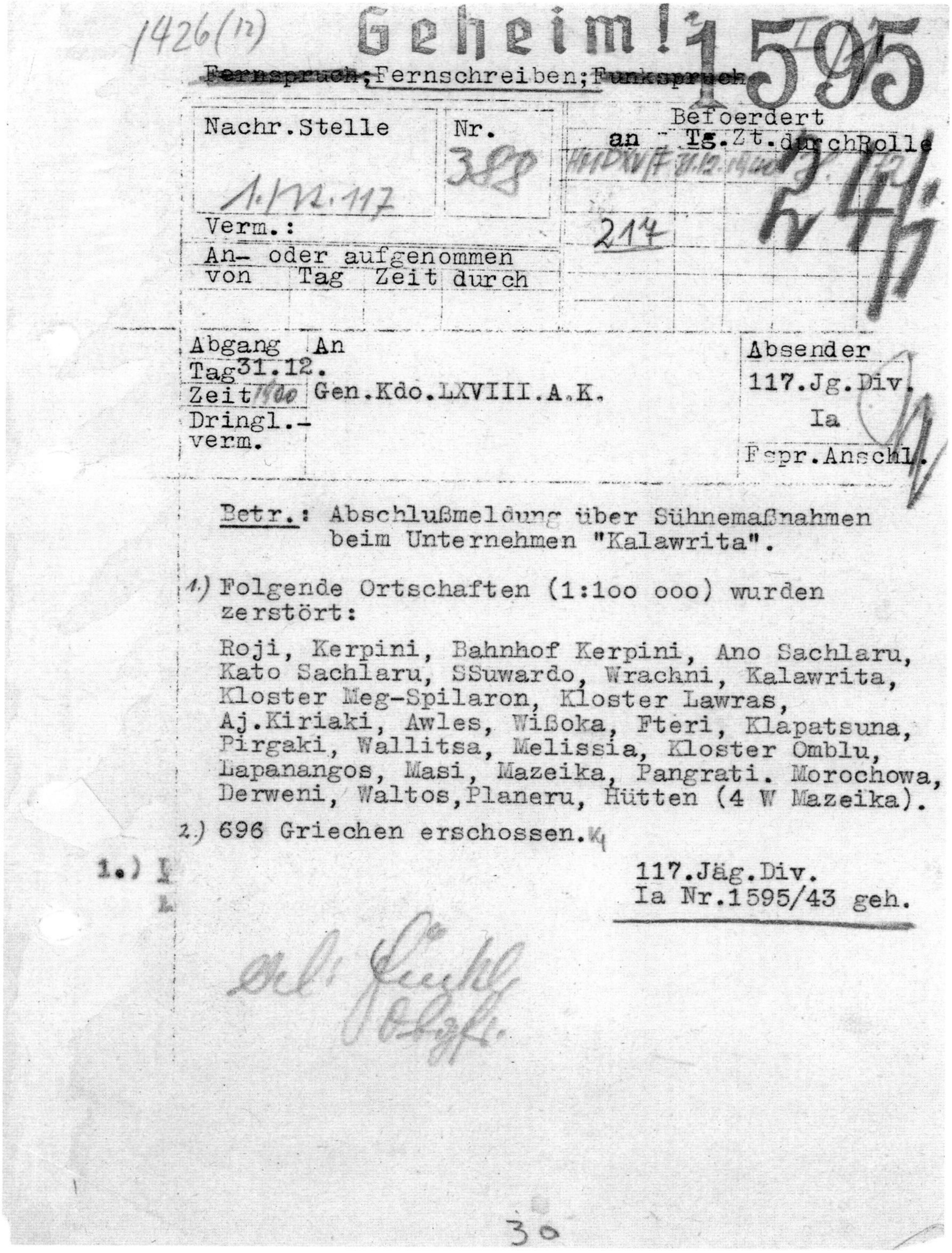

1426 (12)

Geheim!

~~Fernspruch;~~ Fernschreiben; ~~Funkspruch~~

1595

Nachr.Stelle	Nr.	Befoerdert
1.X12.117	388	an Tg.Zt.durchRolle
		214

Verm.:
An- oder aufgenommen
von Tag Zeit durch

Abgang An	Absender
Tag 31.12.	117.Jg.Div.
Zeit 1700 Gen.Kdo.LXVIII.A.K.	Ia
Dringl.-	
verm.	Fspr.Anschl.

Betr.: Abschlußmeldung über Sühnemaßnahmen
beim Unternehmen "Kalawrita".

1.) Folgende Ortschaften (1:1oo ooo) wurden
zerstört:

Roji, Kerpini, Bahnhof Kerpini, Ano Sachlaru,
Kato Sachlaru, SSuwardo, Wrachni, Kalawrita,
Kloster Meg-Spilaron, Kloster Lawras,
Aj.Kiriaki, Awles, Wißoka, Fteri, Klapatsuna,
Pirgaki, Wallitsa, Melissia, Kloster Omblu,
Lapanangos, Masi, Mazeika, Pangrati. Morochowa,
Derweni, Waltos,Planeru, Hütten (4 W Mazeika).

2.) 696 Griechen erschossen.

1.)

117.Jäg.Div.
Ia Nr.1595/43 geh.

30

Abschlußmeldung über „Sühnemaßnahmen" beim „Unternehmen Kalawrita", Fernschreiben der 117. Jägerdivision
an das LXVIII. Armeekorps vom 31.12.1943
Bundesarchiv/Militärarchiv, RH 26 – 117/16

**General der Flieger
Wilhelm Speidel, ohne Datum**
Bundesarchiv, Bild 146/89/71/17

„Daß bei dieser und ähnlichen

Aktionen neben den Schul-

digen, welche die verdiente

Strafe getroffen hat, auch

Unschuldige ihr Leben einge-

büßt haben, bedauere ich

mit Ihnen aufrichtig."

**Schreiben des Militärbefehlshabers in Griechenland,
Wilhelm Speidel, an den Ministerpräsidenten der griechischen
Kollaborationsregierung J. D. Rhallis vom 29.12.1943**
Bundesarchiv/Militärarchiv, RH 19 – VII/23b, Bl. 194 – 196, hier Bl. 194 f.

„Exzellenz!

[...] Ich habe die geschilderten Vorgänge in <u>Kalavrita</u> nachge-
prüft. Es ist festgestellt, daß das scharfe Durchgreifen der
Truppe, die zudem durch den Massenmord an deutschen Soldaten erbittert war, durch die Tatsache bedingt war, daß die Unterstützung der Banditen durch große Teile der Bevölkerung
erwiesen war. Dazu stelle ich fest:

1.) Als die Truppe sich Kalavrita näherte, wurde sie aus den
   Häusern beschossen; die Stadt wurde also im Kampf genommen.

2.) Die Bevölkerung – <u>nicht</u> etwa ortsfremde Banditen – hat
   sich unglaubliche Bestialitäten zu Schulden kommen lassen.
   Z.B. wurden verwundete deutsche Soldaten in Brunnen geworfen und ertränkt. Zeugenmäßig kann alles belegt werden.

3.) Das genannte Kloster wurde verteidigt und mußte im Angriff genommen werden. 3 Mönche wurden mit der Waffe in
   der Hand angetroffen!!

Daß bei dieser und ähnlichen Aktionen neben den Schuldigen,
welche die verdiente Strafe getroffen hat, auch Unschuldige
ihr Leben eingebüßt haben, bedauere ich mit Ihnen aufrichtig.
Derartige Folgeerscheinungen eines Guerrillakrieges werden
sich nie ganz vermeiden lassen. Sie nach Möglichkeit zu beschränken, wird die Truppe bemüht sein.

Der Krieg ist hart und ich darf vielleicht in diesem Zusammenhang darauf hinweisen, daß die deutsche Bevölkerung ungleich
schwerere Verluste durch die englisch-amerikanischen Terror-
angriffe auf deutsche Städte und Kulturdenkmäler erleidet,
wobei nur Unschuldige – meist Frauen und Kinder – ihr Leben
lassen müssen. Ich bedauere diese Auswirkung des Krieges auf
beiden Seiten und darf Sie versichern, daß ich alles, was in
meiner Macht steht, getan habe und weiter tun werde, um Unschuldige zu schützen. [...]"

Brief des Militärbefehlshabers Griechenland, General Wilhelm Speidel

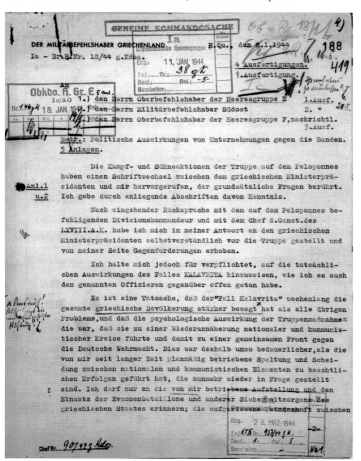

Der Militärbefehlshaber
Griechenlands, General
Wilhelm Speidel, betont die
„immer schlechter werdende
[…] Disziplin der Truppe" und
fordert „klare Richtlinien
für Durchführung von Sühnemaßnahmen".

es sich um das Nationalheiligtum der Griechen, das die sog.
"Freiheitsfahne" enthielt und außerdem unersetzliche Kunst-
werke aus der frühbyzantinischen Epoche in sich barg.)

3.) Nach Abschluß einer Unternehmung ist durch sofort einsetzende
Propaganda in den Augen der Bevölkerung die kommunistische
Bewegung für das Geschehene verantwortlich zu machen. Zu spät
kommende Erklärungen wirken nur belastend für die Deutsche
Wehrmacht, da sie dann als "Entschuldigung" aufgefaßt werden!
Wenn der Mil.Befh. mit den ihm zur Verfügung stehenden Mitteln
(Presse, Propaganda, Rundfunk, Flugblätter, Flüsterpropaganda
usw.) diese Propaganda schlagartig anlaufen lassen soll, dann
muß er vor einem Unternehmen über die Absicht und nach einem
Unternehmen über das Ergebnis schnellstens unterrichtet werden.
Dies ist bisher nicht erfolgt."Fehlende Propaganda" wird aber
automatisch dem Militärbefehlshaber zur Last gelegt!

4.) Forderung nach schärfstem Durchgreifen seitens der Truppenkommandeure gegenüber Eigenmächtigkeiten ihrer Truppe, die Politik und Wirtschaft im griechischen Raum erheblich zu stören
geeignet sind.

Speidel

Brief des Militärbefehlshabers Griechenland, General Wilhelm Speidel,
an die Oberbefehlshaber der Heeresgruppe E und F sowie an den
Militärbefehlshaber Südost vom 8.1.1944 über die politischen Auswirkungen
des „Unternehmens Kalawrita"
Bundesarchiv/Militärarchiv, RH 19–VII/23b, Bl. 188 f.

HANDLUNGSSPIELRÄUME

Befehl ist nicht gleich Befehl. Häufig befinden sich Befehlsgeber und Empfänger nicht zur selben Zeit am selben Ort. Dann ist der Befehlsempfänger auf sich gestellt und muß entscheiden, ob und wie der Befehl ausgeführt wird. Ein Befehl ist nicht immer eine detaillierte Anweisung, stets aber ein Auftrag, der zum Handeln ermächtigt. Ein Befehl, drei Ausführungen – so die Geschichte über das I. Bataillon des 691. Infanterieregiments.

Befehlssituationen eröffnen Handlungsmöglichkeiten, die nach verschiedenen Seiten genutzt werden können. Leutnant Rudolf Pallmann beispielsweise erhebt sich zum „Herrn über Leben und Tod"; der Standortarzt Erwin Leder hingegen versteht seine Arbeit im Kriegsgefangenenlager nicht nur als Seuchenbekämpfung, sondern als medizinische Versorgung der Bedürftigen. In Białystok schauen die vor Ort verantwortlichen Militärs dem Massenmord zu und greifen erst ein, als sich das Feuer auf den Gefechtsstand und weitere Stadtteile ausbreitet. In Belaja Zerkow argumentiert Oberstleutnant Helmuth Groscurth mit der Aufrechterhaltung der Truppenmoral, um den Mord an 90 Kindern zu verhindern.

Handlungssituationen sind aber auch nicht beliebig offen. So ist die individuelle Wahrnehmung der Situation wesentlich dafür, ob und wie Handlungsspielräume genutzt werden. Die militärischen Funktionen sowie die jeweiligen Positionen in der Hierarchie beschränken und eröffnen zugleich aber auch Möglichkeiten des Handelns. Major Max Liedtke und Oberleutnant Albert Battel können zwar mehrere hundert jüdische Zwangsarbeiter retten, die Räumung des Ghettos und die Deportation in die Vernichtungslager können sie jedoch nicht verhindern. Hermann Rombach und Anton Brandhuber ziehen aus ihren Kriegserfahrungen Konsequenzen und flüchten aus den Situationszwängen – sie desertieren.

Das Individuum entscheidet, wie es sich in einer gegebenen Situation verhält. Niemand kann einem anderen die Verantwortung für sein Tun abnehmen. Menschen haben damit zugleich – wie das Beispiel Anton Schmid zeigt – die Möglichkeit, Anteil zu nehmen und anderen zu helfen, auch unter Einsatz des eigenen Lebens.

„BEFEHL IST BEFEHL"

Am 8. Mai 1954 verurteilte das Landgericht Darmstadt den ehemaligen Kompaniechef Friedrich Nöll und seinen Hauptfeldwebel Emil Zimber wegen Beihilfe zum Totschlag zu vier beziehungsweise drei Jahren Gefängnis. Das Urteil wurde 1956 auf drei und zwei Jahre Haft herabgesetzt. Nöll und Zimber waren nach Ansicht des Gerichts für die Erschießung der jüdischen Bevölkerung von Krutscha – vornehmlich alte Menschen, Frauen und Kinder – verantwortlich.

„PARTISANENGEFAHR"
Am Beginn der Geschichte, die vor dem Landgericht Darmstadt verhandelt wurde, stand ein Befehl. Im Herbst 1941 war das 691. Infanterieregiment mit „Sicherungs- und Befriedungsaufgaben" im besetzten Weißrußland, westlich von Mogilew, Orscha und Witebsk, beauftragt. Zwar meldete das I. Bataillon täglich „Feindberührungen", von einer Partisanengefahr konnte aber keine Rede sein.

Dessenungeachtet nahm einer der Kompanieführer, Oberleutnant Hermann Kuhls, Ende September 1941 an einem Lehrgang „Bekämpfung von Partisanen" teil, der vom Befehlshaber des rückwärtigen Heeresgebietes Mitte, General Max von Schenckendorff, initiiert worden war. Auf dieser Schulung wurde der Satz geprägt: „Der Jude ist der Partisan, der Partisan ist der Jude." Dies blieb nicht ohne Auswirkungen. Für die erste Oktoberwoche meldete das I. Bataillon, daß als Vergeltungsmaßnahme für die Verwundung eines deutschen Soldaten und die angebliche Verbindung zu Partisanen insgesamt 41 Juden getötet wurden.

In diesem Zusammenhang erteilte Major Alfred Commichau, Kommandeur des I. Bataillons des 691. Infanterieregiments, Anfang Oktober 1941 seinen drei Kompanieführern Hermann Kuhls, Josef Sibille und Friedrich Nöll den mündlichen Befehl, die gesamte jüdische Bevölkerung in den jeweiligen Quartiersorten zu erschießen. In der Verhandlung vor dem Landgericht Darmstadt traten drei unterschiedliche Reaktionen auf diesen Mordbefehl hervor.

MORD UND VERWEIGERUNG
Der Führer der 1. Kompanie, Oberleutnant Josef Sibille, Jahrgang 1894, im Zivilberuf Lehrer, seit 1933 NSDAP-Mitglied, Block- und Zellenleiter, führt laut eigener Aussage den Befehl nicht aus. Eine Verbindung zwischen Juden und Partisanen, so erklärt er dem Bataillonskommandeur, könne er nicht erkennen. Ohnehin bestehe die jüdische Bevölkerung in seinem Bereich nur noch aus Greisen, Frauen und Kindern, die allesamt die Sicherheit der Truppen nicht gefährdeten. Ein oder zwei Tage später erkundigt sich Commichau telefonisch, ob der Befehl inzwischen ausgeführt sei. Sibille lehnt den Befehl ausdrücklich ab. Auf die Frage Commichaus, wann er denn endlich einmal hart werde, habe er geantwortet: Nie.

Oberleutnant Hermann Kuhls, Führer der 2. Kompanie, zu diesem Zeitpunkt 33 Jahre alt, Mitglied der NSDAP, der SS und Teilnehmer des Partisanen-Lehrgangs, führt den Befehl offenbar ohne zu zögern und umstandslos aus.

„BEFEHL IST BEFEHL"
Der dritte Kompaniechef, Hauptmann Friedrich Nöll, Jahrgang 1897, im Zivilberuf ebenfalls Lehrer, zögert. Er bespricht die Sache mit seinem Hauptfeldwebel Emil Zimber. Beide sind unsicher, da ihnen sehr wohl klar ist, daß der Befehl auch die Erschießung von Frauen und Kindern bedeutet, obwohl keinerlei Hinweise vorliegen, daß die jüdische Bevölkerung von Krutscha, einem Dorf mit etwa 1.000 Einwohnern, etwas mit Partisanen zu tun hat. Andererseits, so mutmaßen Nöll und Zimber, könnte der Bataillonskommandeur über genauere Informationen verfügen. Möglicherweise hat sich auch nur der Melder geirrt.

Sie bitten um eine schriftliche Bestätigung des Auftrags. Wenig später erreicht sie der Befehl des Bataillonskommandeurs: Die Juden in Krutscha sind zu erschießen. Nöll und Zimber sind konsterniert, ein Mißverständnis ist nicht möglich. Nöll wehrt zunächst ab, dann siegt die Furcht vor den möglichen Folgen einer Befehlsverweigerung. Nöll beauftragt Zimber, sämtliche Juden des Ortes zu erschießen. Der Unruhe unter den Soldaten wegen des Mordbefehls tritt Zimber nach eigenen Angaben mit dem Hinweis entgegen, daß die ganze Sache von höherer Stelle entschieden sei. Befehl sei eben Befehl.

Am 10. Oktober 1941 werden die Juden aus Krutscha – zwischen 60 und 250 Menschen – von Soldaten der 3. Kompanie des 691. Infanterieregiments und einheimischen Hilfspolizisten aus den Häusern geholt, zusammengetrieben, an einen Graben außerhalb der Stadt geführt und dort erschossen. Während der Erschießung kommt es zu einem Zwischenfall. Nach eigenen Angaben schließt der dem Kommando zugeteilte Gefreite Wilhelm Magel bei der Schußabgabe die Augen, so daß er vermutlich sein Opfer verfehlt. Jedenfalls sind nicht alle Juden tot. Magel wird daraufhin ausgetauscht und einem Absperrkommando zugeteilt, die Erschießung wird fortgesetzt.

NACHKRIEG

Der Bataillonskommandeur Commichau und der Kompanieführer Kuhls überlebten den Krieg nicht. Hauptmann Nöll und Hauptfeldwebel Zimber wurden angeklagt und verurteilt. Den Gefreiten Magel sprach das Gericht frei.

Karl Friedrich Nöll und Emil Zimber auf der Anklagebank vor dem Landgericht Darmstadt, 9.3.1956
ullstein bild

Alfred Commichau, ohne Datum
Bundesarchiv/Militärarchiv, Pers. 6/11125

Aussage Josef Sibille, 1953

„[…] Ich selbst erhielt gegen 6. oder 7. Oktober von meinem Batll.Kdr. in telefonischem Anruf den Auftrag, in meinem Kompaniebereich, der damals ziemlich ausgedehnt war, die Judenaktion durchzuführen und diese Durchführung zu melden. Gemeint war die Erschießung oder Beseitigung aller Juden. […]
Mir hat der Auftrag aufgeregte Stunden und eine schlaflose Nacht bereitet; dann stand mein Entschluß fest. Ich habe meinem Kommandeur auf wiederholte dringende Anrufe erklärt, daß meine Kompanie keine Juden erschießen werde, es sei denn, daß der Jude bei Partisanen als Gegner angetroffen werde. Ich könne es anständigen deutschen Soldaten nicht zumuten, sich an solchen Dingen die Hände zu beschmutzen.
Als Folge meines Verhaltens wurde mir später bekannt, daß ich als ‚zu weich' beurteilt wurde. […]"

Brief von Josef Sibille an den Oberstaatsanwalt beim LG Darmstadt vom 2.2.1953,
LG Darmstadt, 2 Ks 2/54 gegen Nöll, Zimber und Magel, HStA Darmstadt, H 13 DA,
Nr. 979 I, Bd. I, Bl. 207–210, Zitat Bl. 207 f.

Aussage Friedrich Nöll, 1952

„[…] Anders wäre es wohl geworden, wenn der Befehl geschlossen an mich persönlich gegeben worden wäre. Aber so kannten ihn Teile der Kompanie schon vor mir, die Unterführer hatten ihn alle erfahren. Ich hätte nun, die Ausführung eines von einer vorgesetzten Dienststelle gegebenen Befehls verbieten müssen. Das wäre Meuterei oder Anzettelung dazu gewesen, obendrein Zersetzung der Wehrkraft mit allen sich daraus ergebenden Folgen, ein im Jahre 1941 unausdenkbares soldatisches Verbrechen. […]"

Brief von Friedrich Nöll an die Staatsanwaltschaft Darmstadt vom 20.2.1952,
LG Darmstadt, 2 Ks 2/54 gegen Nöll, Zimber und Magel, HStA Darmstadt, H 13 DA,
Nr. 979 I, Bd. I, Bl. 16 f., Zitat Bl. 16R

Aussage Emil Zimber, 1952

„[…] Dass es sich hierbei um eine ungesetzliche Massnahme handelte, war uns allen klar, denn wir wussten, dass diese Juden sich nichts zu Schulden hatten kommen lassen. Wenn einer von uns oder wir alle uns widersetzt und den Befehl nicht ausgeführt hätten, hätten wir mit Sicherheit damit rechnen müssen, dass wir alle oder einzelne von uns in 24 Stunden selbst wegen Befehlsverweigerung erschossen worden wären. In diesem Notstand habe ich, genau wie alle anderen Soldaten, gehandelt. […]"

Aussage vom 9.1.1952, LG Darmstadt, 2 Ks 2/54 gegen Nöll, Zimber und Magel,
HStA Darmstadt, H 13 DA, Nr. 979 I, Bd. I, Bl. 8 f., Zitat Bl. 9

Aussage Wilhelm Magel, 1951

„[…] Der Hauptfeldwebel gab den Feuerbefehl und wir drückten ab. Jeder von uns gab einen Schuss ab. Als ich meinen Schuss löste, habe ich meine Augen geschlossen, sodass ich nicht sagen kann, ob mein Schuss den Juden getroffen hat. Nachdem die Schüsse gefallen waren, stand ein Teil der Juden noch, darunter auch die Person, auf die der Unteroffizier (Theologe) und ich schiessen sollten. Nachdem die Salve gefallen war, traten auf Befehl des Hauptfeldwebels die 5 Russen, die bei uns gestanden hatten, hervor und erschossen die Juden mit ihren Maschinenpistolen. […] Der Hauptfeldwebel hatte dem Unteroffizier und mir, nachdem wir unsere Schüsse abgegeben hatten, befohlen, in das Dorf zum Absperrkommando zu gehen. An unsere Stelle traten die beiden Soldaten, die die ersten 5 Juden aus dem Dorf an den Waldrand gebracht hatten. Der Unteroffizier und ich waren beide froh, dass wir der Hinrichtungsstelle den Rücken kehren konnten und gaben unseren Abscheu über den Vorgang Ausdruck. […]"

Aussage vom 8.8.1951, HStA Darmstadt, H 13 DA, Nr. 979 I, Bd. I, Bl. 170–174, Zitat Bl. 172

Aussage Hans W., 1953
(Hans W. war 1941 Schreiber bei der 3. Kompanie des Infanterieregiments 691)

„[…] Die Führung der Kompanie hatte der damalige Hauptmann Nöll. Dieser war Reserve-Offizier aus dem ersten Weltkrieg, von Beruf Schullehrer und ein sehr gestrenger Mann. Wie die meisten Schullehrer, die Offiziere gewesen sind, war er überaus korrekt, man kann sagen sogar überspitzt korrekt und darauf bedacht, die ihm obliegenden Pflichten als auch gegebenen Befehle pedantisch genau auszuführen. […]
Hauptfeldwebel der Kompanie war seit der Aufstellung Emil Zimber. Dieser ist wesentlich schwieriger zu schildern als Nöll. Wenn ich nicht irre, war er Berufssoldat. Wie ich ihn kennenlernte, war er noch Unteroffizier. Sein einziges Streben ging dahin, Hauptfeldwebel zu werden, was er auch schließlich erreicht hat. Er war sehr ehrgeizig. Nach außen hin wirkte er außerordentlich stramm und forsch. Man merkte ihm an, daß er sich Mühe gab, diesen Eindruck nach außen hin hervorzurufen. […]"

Aussage vom 26.8.1953, LG Darmstadt, 2 Ks 2/54 gegen Nöll, Zimber und Magel, HStA Darmstadt, H 13 DA, Nr. 979 I, Bd. II, Bl. 330–339, Zitat Bl. 330 f.

Urteil des Landgerichts Darmstadt vom 8.5.1954

„[…] Es wäre deshalb Pflicht des Angeklagten [Nöll] gewesen, die Ausführung dieses von ihm als verbrecherisch erkannten Befehls zu verweigern. […].
Auch auf das Vorliegen eines Befehlsnotstands nach § 54 StGB. kann der Angeklagte Nöll sich nicht berufen. […] Er befand sich keineswegs in einer Lage, aus der es keinen anderen Ausweg gab als die Ausführung des Erschiessungsbefehls. Da ihm für die Durchführung des Befehls keine Frist gesetzt war, hatte er zunächst Zeit, um Überlegungen anstellen zu können, welche Schritte er zur Abwendung der Durchführung des von ihm als verbrecherisch erkannten Befehls tun könne. Es konnte und mußte von ihm verlangt werden, daß er bei dem Bataillonskommandeur Gegenvorstellungen erhob, indem er unter Hinweis auf den bestehenden Geheimbefehl über Partisanenbekämpfung und die in diesem aufgestellten Voraussetzungen für Erschiessungen ohne Verfahren darlegte, daß diese Voraussetzung bei der jüdischen Bevölkerung der Ortsunterkunft nicht gegeben sind und darauf bestand, daß ihm die Gründe für den erteilten Befehl angegeben würden. […]"

Urteil des LG Darmstadt vom 8.5.1954, 2 Ks 2/54 gegen Nöll, Zimber und Magel, HStA Darmstadt, H 13 DA, Nr. 979 I, Bd. III, Bl. 537–563, Zitat Bl. 556 f.

Brief des Angeklagten Emil Zimber an den Sicherheitsbeauftragten der Bundesrepublik in Bonn, Theodor Blank, vom 10.3.1954

„[…] Es klingt schon eigenartig, wenn man ein reines Kriegsgeschehen nun nach fast <u>13 Jahren</u> verfolgt und die Männer, welche den Befehl ausführen mussten, zur Verantwortung zieht. Es ist auch unfassbar, dass man uns alte Soldaten nun als Mörder bezeichnet. […]
Wo soll das hinführen, wenn man gerade jetzt, wo jedem jungen Deutschen der Wehrgedanke für die europäische Verteidigung schmackhaft gemacht werden soll, solche Prozesse aufgezogen werden. Ich persönlich bin auch der Auffassung, dass ein Zivilgericht über ein Kriegsgeschehen nicht urteilen kann. Sicherlich ist auch mir hinreichend bekannt, dass Übergriffe vorkamen, aber wo kommen diese nicht vor in einem Krieg. Denken Sie nur an Korea – Indochina – Kenia ua. Unruheherde auf der Welt. Ich möchte mich nicht zuweit einlassen, aber ich stehe auf dem Standpunkt, dass man auch etwas übertreiben kann. In unserer Sache handelt es sich um einen höherseits gegebenen Befehl, für den man den Untergebenen doch nicht verantwortlich machen kann. […]"

LG Darmstadt, 2 Ks 2/54 gegen Nöll, Zimber und Magel, HStA Darmstadt, H 13 DA, Nr. 979 I, Bd. II, Bl. 494–496, Zitat Bl. 495 f.

„Es wäre deshalb Pflicht des Angeklagten [Nöll] gewesen, die Ausführung dieses von ihm als verbrecherisch erkannten Befehls zu verweigern."

„Es ist auch unfassbar, dass man uns alte Soldaten nun als Mörder bezeichnet."

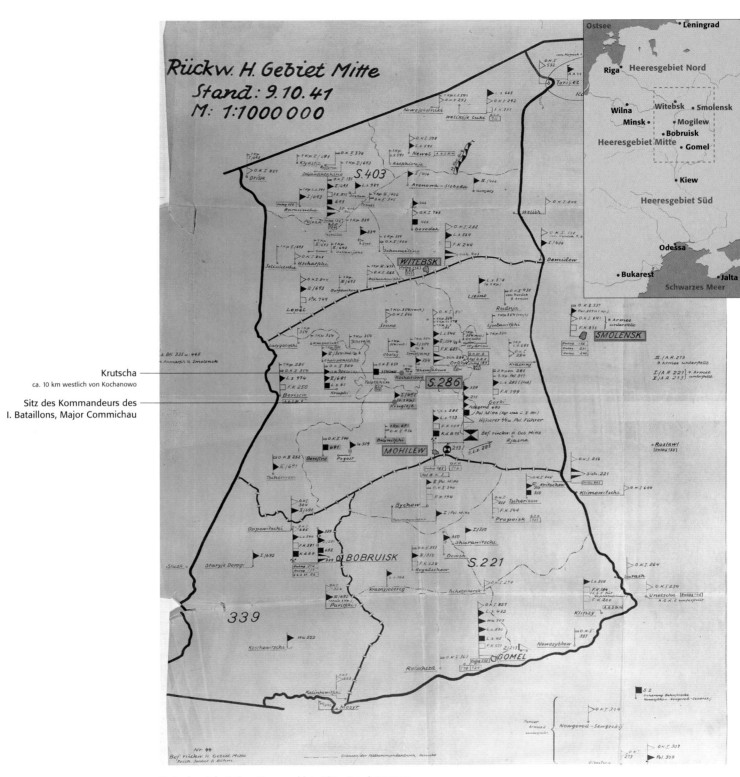

Krutscha
ca. 10 km westlich von Kochanowo

Sitz des Kommandeurs des
I. Bataillons, Major Commichau

Karte des rückwärtigen Heeresgebiets Mitte, Stand: 9.10.1941
Bundesarchiv/Militärarchiv, RH 26–221/14b

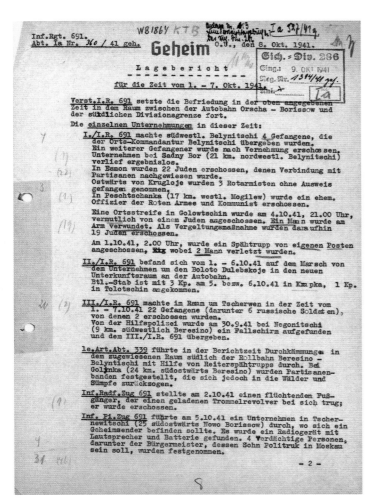

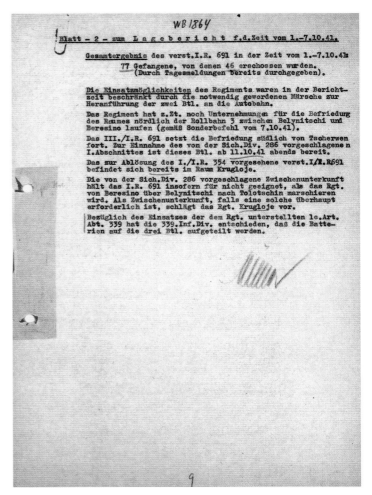

Lagebericht des 691. Infanterieregiments für die Zeit vom 1.–7.10.1941
Bundesarchiv/Militärarchiv, RH 26–286/4, Anlage 113

Das I. Bataillon des 691. Infanterieregiments erschoß in der ersten Oktoberwoche 1941 insgesamt 41 Juden, die angeblich Partisanen waren.

DIE BRÜCKE ÜBER DEN SAN

Am Vormittag des 26. Juli 1942 ziehen Wehrmachtssoldaten auf der Brücke über den San im polnischen Przemyśl auf und sperren die Durchfahrt. Sie verhindern damit, daß SS und Polizei mit der geplanten Räumungsaktion im jüdischen Ghetto beginnen können, das nur über die Brücke zu erreichen ist. Die Situation ist ernst; die Soldaten haben Anweisung, notfalls von der Waffe Gebrauch zu machen. Als ein Polizeifahrzeug sich Durchfahrt verschaffen will, erzwingen die Soldaten mit vorgehaltenen Maschinenpistolen seinen Rückzug. Gegen zwei Uhr mittags hebt der Ortskommandant die Sperrung wieder auf.

Was war geschehen? Seit dem Frühjahr 1942 hatten in einem Teil des besetzten Polens, „Generalgouvernement" genannt, verstärkt „Judenaussiedlungen" begonnen, also die Ermordung der polnischen Juden in den Vernichtungslagern Bełżec, Sobibór, Majdanek, später auch Treblinka. Himmler selbst radikalisierte den Massenmord, indem er am 19. Juli nach einem Besuch der Vernichtungsstätte Auschwitz den Höheren SS- und Polizeiführer im Generalgouvernement anwies, daß die „Umsiedlung" sämtlicher Juden bis zum Jahresende abgeschlossen sein müßte.

Für Przemyśl, einer Stadt im Distrikt Krakau mit etwa 60.000 Einwohnern, von ihnen ungefähr 17.000 Juden, wurde von SS und Polizei die erste große Räumungsaktion auf den 27. Juli festgesetzt, ohne die örtliche Wehrmachtskommandantur zu informieren. Die Stadt hatte für die Wehrmacht als Nachschublager und bedeutender Eisenbahnknotenpunkt eine wichtige Funktion. Viele Juden arbeiteten als Zwangsarbeiter in den Betrieben und waren nicht von heute auf morgen zu ersetzen. Noch am 2. Juli hatte der Ortskommandant, Major Max Liedtke, mit der Polizeiführung von Przemyśl vereinbart, daß alle Juden, die für die Wehrmacht arbeiteten, nicht abtransportiert werden sollten.

DIE WEHRMACHT STELLT SICH QUER

Als Liedtke von den Vorbereitungen der Polizei für die Ghettoaktion erfährt, telefoniert er mit dem zuständigen SS-Führer und erklärt diesem, daß er sich über das Vorgehen der Polizei beim Militärbefehlshaber im Generalgouvernement beschweren werde. Liedtkes Adjutant, Oberleutnant Battel, drängt dagegen auf eine nachdrücklichere Haltung. Dr. Albert Battel, im Zivilberuf Rechtsanwalt in Breslau und seit 1933 NSDAP-Mitglied, hatte sich schon zuvor für Juden eingesetzt, sie als Arbeitskräfte für die Wehrmacht reklamiert und so vor dem Abtransport bewahrt. Nun überzeugt er Liedtke, sich nicht dem Druck von SS und Polizei zu beugen. Battel informiert am Morgen des 26. Juli die Polizeiführung, daß die Ortskommandantur einen entsprechenden Funkspruch an den Militärbefehlshaber gesandt habe und die Brücke über den San so lange gesperrt bleibe, bis eine Entscheidung vorliege.

In der Zwischenzeit verhandelt die Dienststelle des Militärbefehlshabers mit dem SS- und Polizeiführer in Krakau und erhält die Zusage, daß keine Juden abtransportiert werden, die für die Wehrmacht arbeiten. Daraufhin hebt Liedtke die Sperrung der Brücke auf. Battel jedoch beläßt es nicht bei dieser erfolgreichen Aktion, mit der die Wehrmacht die lokalen SS- und Polizeikräfte demonstrativ in die Schranken verwiesen hat. Er ordnet an, daß jüdischen Arbeitern in der Ortskommandantur Schutz geboten wird, und geht selbst mit einer Abteilung Soldaten zum Ghetto, um noch einmal etwa 80 bis 100 Juden herauszuholen. Als ein Leutnant der 2. Kompanie des Polizeibataillons 307, die das Ghetto von Przemyśl bewacht, ihm den Zutritt verweigern will, droht er mit Waffengewalt und erzwingt sich damit den Zugang zum Ghetto.

NACHSPIEL

Battel und Liedtke retten zwar einigen hundert Juden das Leben, die Räumungsaktion selbst können sie jedoch nicht verhindern. Vom 27. bis 31. Juli und am 3. August gehen SS und Polizei mit brutaler Gewalt gegen die Juden im Ghetto Przemyśl vor. Mindestens 10.000 Menschen werden in das Vernichtungslager Bełżec deportiert. Zahlreiche Juden, besonders alte Menschen, Kranke und Kinder, werden gleich vor Ort erschossen.

Selbstverständlich hatte der Zwischenfall in Przemyśl ein Nachspiel. Himmler ließ die Demütigung von SS und Polizei keineswegs auf sich beruhen. Am 9. September verlangte er von seinem Höheren SS- und Polizeiführer nähere Auskünfte über Battel. Einen Monat später wandte er sich mit einem Brief direkt an den Leiter der Parteikanzlei der NSDAP, Martin Bormann:

„Ich beabsichtige, Battel sofort nach dem Krieg verhaften zu lassen. Außerdem darf ich vorschlagen, daß zu gegebener Zeit gegen Battel auch ein Parteigerichtsverfahren mit dem Ziel des Ausschlusses aus der Partei eingeleitet wird."

EHRUNG POSTUM

Max Liedtke wurde Ende September 1942 als Ortskommandant nach Kislowodsk im Kaukasus versetzt. Er geriet 1945 in sowjetische Kriegsgefangenschaft und wurde wegen seiner Tätigkeit in Kislowodsk von einem Militärgericht zu 25 Jahren Strafarbeitslager verurteilt. Nach den Feststellungen des sowjetischen Gerichts war er für die Ermordung von 1.000 Menschen und für die Deportation von 1.500 Zwangsarbeitern mit verantwortlich. Liedtke starb 1955 in sowjetischer Gefangenschaft.

Albert Battel wurde ebenfalls im September aus Przemyśl versetzt und im weiteren Kriegsverlauf wegen einer Herzerkrankung in der Etappe eingesetzt. Auch er geriet in russische Kriegsgefangenschaft, kehrte jedoch 1947 nach Deutschland zurück. Battel starb 1952 als Geschäftsführer einer kleinen Glashütte im hessischen Hattersheim, ohne daß ihm bis dahin öffentliche Anerkennung zuteil geworden wäre. Postum wurden Max Liedtke und Albert Battel vom Staat Israel mit dem Titel „Gerechte unter den Völkern" geehrt.

Albert Battel, ohne Datum

Peter Battel, Privatbesitz

Przemyśl, ohne Datum

LG Hamburg, (37) 8/76, Bd. III, Briefumschlag Bl. 622, Beilage 1

Przemyśl, ohne Datum

LG Hamburg, (37) 8/76, Bd. III, Briefumschlag Bl. 622, Beilage 1

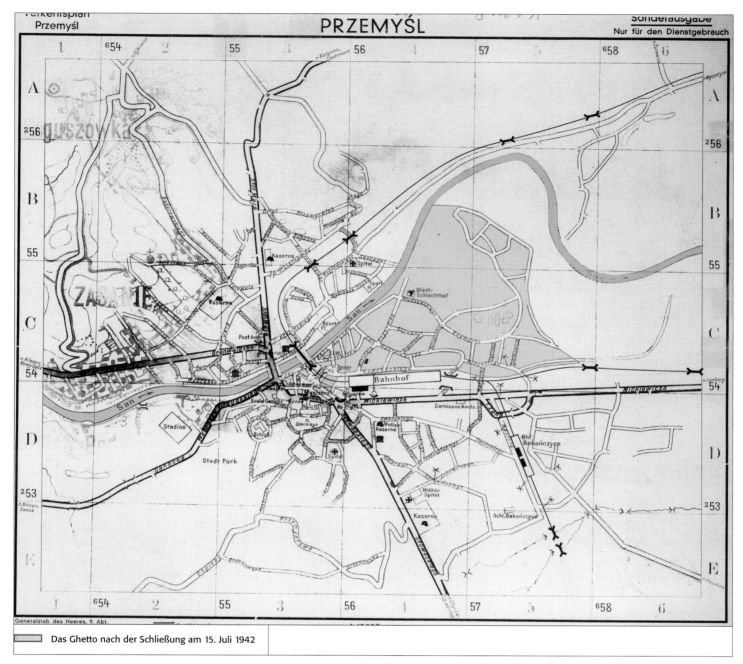

Das Ghetto nach der Schließung am 15. Juli 1942

Przemyśl, ca. 1940

Bundesarchiv/Militärarchiv, Kart 901 – Przemysl/2

Öffentliche Ankündigung zur Deportation der Juden aus Przemyśl vom Kreishauptmann, 27.7.1942
Yad Vashem, Nr. 1605/1517

Ein Wehrmachtsmajor schützte 1942 in Polen über Wochen hinweg 80 Juden vor dem Arm der SS. Jetzt wird Max Liedtke posthum eine außergewöhnliche Ehrung in Jerusalem zuteil: Als „Gerechter der Völker" wird sein Name in der Gedenkstätte Yad Vashem genannt.

„Wer einen Menschen rettet, rettet die Welt"

Von Stefan Rammer

Przemysl, Pocking, Jerusalem – drei Orte, die auf den ersten Blick wenig miteinander zu tun haben. Doch erfüllt sich in der Verknüpfung dieser Orte das Schicksal eines Menschen, der den Mut aufbrachte, sich gegen Unrecht zu erheben und zur Wehr setzte. In Pocking lebt der Zollbeamte Götz Liedtke und dieser hat ein Buch über seinen Vater, den Wehrmachtsmajor Max Liedtke, geschrieben. Darin schildert er, wie sein Vater 1942 als Ortskommandant von Przemysl in Polen gegen die Vernichtung von Juden zur Wehr setzte. Nun, über 50 Jahre nach dem damaligen Geschehen, wird dem Major Max Liedtke posthum die hohe Auszeichnung zuteil, als „Gerechter unter den Völkern" einen Eintrag auf der „Mauer der Gerechten" in der Gedenkstätte Yad Vashem in Jerusalem zu erhalten.

Es ist ein außergewöhnlicher Vorgang, der sich da 1942 in Polen abgespielt hat, ein Vorgang, der zeigt, daß das Argument „Ich habe nur meine Befehle gefolgt" nichts rechtfertigt, daß es auch anders ging. Max Liedtke hat das jüdische Ghetto am Fluß San vor dem Zugriff von SS- und Polizeieinheiten abriegeln lassen, um damit den Abtransport der jüdischen Bewohner ins Konzentrationslager zu verhindern. Er hat über Wochen hinweg in seiner Kommandantur mehr als 80 jüdische Menschen vor dem Zugriff der SS schützen können.

Erst 1989 ist der im Zollamt Suben tätige Zöllner Götz Liedtke dem Schicksal seines Vaters wieder begegnet. Der Historiker Witte rief ihn an, um zu fragen, ob er der Sohn Max Liedtkes sei. Als er dies bejahte, hörte er von dem Historiker: „Das Handeln ihres Vaters im Dritten Reich ist nach meinem Wissen einmalig. Ich sehe in ihm eine bemerkenswerte Persönlichkeit der Zeitgeschichte." Der Historiker Prof. Dr. Peter Steinbach bestätigte diese Einschätzung. Dokumente belegen den Vorgang.

Im Juli 1942 wurde Max Liedtke von Piräus nach Przemysl versetzt. Im Juli

1942 sollte auch die Judenaussiedlung in Przemysl beginnen. Major Liedtke setzte sich gleich, als er davon erfuhr, zur Wehr. Er würde viele Juden für dringende Wehrmachtsarbeiten brauchen, war sein Argument den SS-Einheiten gegenüber. In einem Aktenvermerk eines SS-Hauptsturmführers, der, nachdem er von der Sperrung der Sanbrücke und der Behinderung der SS gehört hatte, schnell vor Ort geeilt war, ist zu lesen: „In einer persönlichen Aussprache mit Herrn Major Liedtke ... habe ich ihm mitgeteilt, daß seine Maßnahmen, wie Sperrung der Brücke usw. ... weder berechtigt noch befugt waren. Die gesamte Aktion (Aussiedlung der Juden) gehe die Wehrmacht gar nichts an. Er solle die Aktion in keiner Weise mehr stören, da sonst entsprechende Gegenmaßnahmen getroffen würden. ... Herr Major Liedtke erwiderte darauf, daß er die Interessen der Wehrmacht zu vertreten hätte und nach irgendeiner Vorschrift bei Streitfragen zwischen Wehrmacht und Zivildienststellen die Wehrmacht das Vorrecht habe."

Max Liedtke bezog sich damals auf eine tatsächlich existierende Vorschrift, einen Führerbefehl vom März 1941, der allerdings noch 1942 widerrufen wurde, wohl aus dem Grund, daß auch an anderen Orten Angehörige der Wehrmacht nicht widerspruchslos Aktionen der SS hinnahmen. Was sich in Przemysl abspielte, zeigt, daß der Widerstand einzelner Mutiger durchaus möglich war. Aus den vorhandenen Dokumenten wird das Geschehen ersichtlich, wie Liedtke versuchte etwa 80 Juden zu retten. Am 26. Juli 1942 erfährt Liedtke davon, daß die Juden „ausgesiedelt" werden sollten. Er sperrt daraufhin die Brücke über den Fluß San, die die einzige Verbindung zwischen der Stadt Przemysl und dem Ghetto darstellt. Erst einige Stunden später muß die Sperrung aufheben. Sein Adjutant Dr. Battel befreit 80 bis 100 Juden aus dem Ghetto und bringt sie in die Ortskommandantur, wo er sie mehrere Wochen vor dem Zugriff der SS schützen kann.

In einem an Reichsleiter Bormann gesandten Schreiben ist zu lesen: „Bei un-

„Mehr als erschießen können sie uns nicht": Max Liedtke, Major der deutschen Wehrmacht, während seiner Kommandantenzeit im polnischen Przemysl.

serem gestrigen Besuch in Przemysl stellten wir fest, daß der Ortskommandant, ein Major Liedtke, die Juden, die für die Wehrmacht beschäftigt waren, unter militärischen Schutz gestellt hatte. Die Polizei war daran gehindert worden, die ihr befohlenen Maßnahmen durchzuführen. Die Wehrmacht hatte sogar Straßen und Brücken gesperrt, um die Polizei und die SS an ihren Amtshandlungen zu hindern ..." In einem anderen SS-Bericht heißt es nach krasser formuliert: „Bemerken muß ich, daß die Ortskommandantur einem jüdischen Heerlager glich. Ohne den Grund der Sperrung zu kennen, machte die Situation den Eindruck auf mich, als hätten die Juden sich in den Schutz der Wehrmachtsdienststelle begeben."

Wer war dieser Max Liedtke? Sein Sohn Götz, der die Ereignisse von damals in seinem Buch „Vater Max" nacherzählt haben könnte, erinnert sich an den Vater und erzählt die Biografie. Max Liedtke stammt aus dem ehemaligen Ostpreußen, wurde dort vor 99 Jahren geboren. Als Freiwilliger nahm er am Ersten Weltkrieg teil. Nach dem Krieg lernte er das journalistische Handwerk. Seine Stationen waren Königsberg, Köthen und Greifswald. Hier erreichte ihn schließlich auch der lange braune Arm der Nazis, für deren politisches Machtbild Max Liedtke vor und nach der Machtergreifung kein Verständnis fand. Die Greifswalder Zeitung wurde von den

Nazis zur pommerschen Parteizeitung umfunktioniert. Chefredakteur Liedtke mußte den Hut nehmen. In Berlin kaufte er den Dorn-Verlag und druckte Zeitschriften für Heimat, Tierwelt und Kunst. Kunden für die Kunstzeitschrift waren amerikanische Juden. Mit der Kristallnacht brach auch der Dorn-Verlag zusammen. Der als Journalist stets jede Form von Gewalt und Radikalismus ablehnende Liedtke mußte 1939 den Polenfeldzug mitmachen. Dann kam er nach Griechenland. Seiner Frau und seinen Kindern sagte er damals laut Erinnerung des Sohnes, die Griechen seien keine Besiegten, sondern Unterdrückte, denen er als Ortskommandant helfen wollte. „Nur dieses eine Mal sagte er seine Wahrheit - und die verstanden wir nicht", so Götz Liedtke.

1962 kam es zum Prozeß gegen einen an der Aussiedlung der Juden beteiligten SS-Offizier wegen des Verdachts zur Beihilfe am Mord von 35 000 Juden 1942 in Przemysl. In der Gerichtsverhandlung wurde der Oberleutnant Dr. Battel als mutiger Mann herausgestellt, der 80 Juden aus dem jüdischen Ghetto holte und sie in die Ortskommandantur brachte. Die Rolle Liedtkes wurde damals nicht erkannt.

Der Sohn Götz Liedtke war bereits 1955 von einer Augenzeugin auf das mutige Eingreifen gegenüber dem „unmenschlichen Treiben der SS" in einem Brief unterrichtet worden. Aufgrund sei-

ner überstürzten Flucht aus der DDR und des schwierigen Neuanfangs spürte Götz Liedtke den Ereignissen damals nicht nach. Nach jenem Anruf aber 1989 machte er sich auf die Suche. Von der Frankfurter Allgemeinen Zeitung besorgte er sich die damaligen Artikel über den Prozeß gegen den SS-Mann Fellenz. Von der Universität Göttingen erhielt er Kopien über SS- und Polizeiakten über die Ereignisse in Przemysl. Die Staatsanwaltschaft Flensburg übersandte die seinen Vater betreffenden Akten aus dem Fellenz-Prozeß. Weitere Berichte fand er im Militärarchiv in Freiburg. Schließlich erhielt er von dem israelischen Historiker Dr. Sev Goshen von der Universität Haifa noch Berichte. Dr. Goshen wußte gut Bescheid über die Vorgänge in Polen. Als er erfuhr, daß der Sohn Max Liedtkes noch lebte, und als er von diesem zu einem schlüssigen Bild zusammengesetzten Fakten sah, setzte er sich für die posthume Ehrung ein. Bereits 1948 hatte der Zeuge Friedrich Grün zu Protokoll gegeben: „Kommandant Liedtke sagte damals: „Meine Herren, wir riskieren den Kopf, denn das, was wir tun, geht gegen einen ausdrücklichen Führerbefehl, aber mehr als erschießen können sie uns nicht." Nun hat Dr. Goshen einen noch lebenden Zeugen ausfindig gemacht. Michael Goldmann bestätigte, was die Dokumente belegen. Von ihm erhofft Götz Liedtke auch Informationen darüber, was mit den Juden geschah, die Major Liedtke bis in den Oktober 1942 hinein in seiner Kommandantur unterbringen konnte.

Vor wenigen Wochen erreichte Götz Liedtke ein Schreiben aus Israel, in dem Dr. Mordecai Paldiel, Direktor von Yad Vashem, ihm schrieb: „Ich habe die Freude, Ihnen mitzuteilen, daß die Spezialkommission zur Ernennung von Gerechten als höchste Form der Dankbarkeit beschlossen hat, den Titel: Gerechter unter den Völkern, Ihrem gestorbenen Vater Major Max Liedtke zu verleihen." Max Liedtke ist damit einer der wenigen Angehörigen der Deutschen Wehrmacht, die auf diese Weise geehrt werden.

Yad Vashem in Jerusalem ist nicht nur eine Gedenkstätte für die jüdischen Opfer der nationalsozialistischen Herrschaft in Europa, sondern auch eine Erinnerungs- und Lehrstätte für eine immerwährende Menschenpflicht im Umgang zwischen Völkern und Generationen. Die Auszeichnung ist die höchste Auszeichnung, die der israelische Staat an einen Nichtjuden vergibt. Mitte November wird Götz Liedtke nach Jerusalem fahren und dem Ehrungsakt in Yad Vashem beiwohnen. Die Passauer Neue Presse wird ihn dabei begleiten.

Max Liedtke wurde nach dem Krieg zunächst in Dänemark interniert und kam dann in sowjetische Kriegsgefangenschaft. Wegen seiner Tätigkeit als Ortskommandant in Przemysl wurde er als Kriegsverbrecher angeklagt und ohne Verhandlung zum Tode verurteilt. Im März 1954 erfährt Götz Liedtke, daß sein Vater noch lebt und schreibt ihm da an Post. Die letzte Karte vom Januar 1955 trägt nur den Vermerk, daß Max Liedtke am 13. Januar 1955 in einem sowjetischen Kriegsgefangenenlager verstorben ist, ein Held, der namenlos irgendwo in der ehemaligen Sowjetunion begraben liegt, und der nun nach fünf Jahrzehnten als wohl erster Angehöriger der Deutschen Wehrmacht in Yad Vashem verewigt wird. „Wer einen Menschen rettet, rettet die ganze Welt", sagen die Weisen Israels.

Das Buch von Götz Liedtke „Vater Max" ist im Karin Fischer Verlag Aachen erschienen und kostet 17,40 DM.

Passauer Neue Presse vom 7.10.1993, S. 3

◄ Ein Dokument aus dem Jahr 1942: Vater Alfred Battel mit seinem Sohn Peter auf dem Arm.

Mit Fingerabdrücken: Alfred Battels ► Breslauer Kennkarte aus dem Jahr 1944. RP-Bilder: privat (2), Klaus Medau

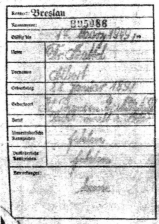

Als Offizier Juden gegen SS verteidigt

Israelis ehren Deutschen im Hain der Gerechten

Von unserem Redaktionsmitglied Jürgen Diebäcker

Düsseldorf/Bad Homburg — Der Mann, um den es geht, ist seit 29 Jahren tot, die Tat, für die er nun posthum geehrt werden soll, liegt fast 39 Jahre zurück. Dennoch ist der Vorgang Gegenwart und besonderer Erwähnung wert: Er ist nicht nur nachträgliche Auszeichnung für bewiesenen persönlichen Mut eines Einzelnen, sondern er belegt auch das Bemühen zweier Völker um Aussöhnung und Bewältigung gemeinsamer schicksalshafter Vergangenheit.

Vorfälle zwischen Deutschen und Juden während der nationalsozialistischen Herrschaft liefern heute immer noch Prozeßstoff, der hierzulande selten Gegenstand öffentlichen Interesses ist — aus israelischer Sicht ist dies naturgemäß oft anders. Doch zwischen 1933 und 1945 wurden Deutsche an Juden nicht nur millionenfach schuldig, sondern sie machten sich in vielen Einzelfällen auch um die Rettung jüdischen Lebens verdient. In Fällen solchen besonderen Verdienstes bemühen sich auch Israelis um Aufklärung und Auszeichnung — auch wenn die zu Ehrenden längst gestorben sind, auch wenn sie deutsche Offiziere waren.

Und deshalb wird der Düsseldorfer Bankkaufmann Peter Battel (40) demnächst

Will die Ehrung für den Vater entgegennehmen: Sohn Peter Battel

eine der höchsten israelischen Ehrungen entgegennehmen — nachträglich und stellvertretend für seinen Vater Dr. Alfred Battel, der 1942 als Wehrmachtsoffizier sogar unter Androhung von Waffengewalt gegen die SS polnische Juden zu retten versuchte.

Die Erinnerungsstätte Yad Vashem auf einem der zernarbten Berge in den westlichen Vororten Jerusalems gehört nicht zum „Pflichtprogramm" aller deutscher Israel-Touristen. Doch die meisten, die im Museum des Holocaust die Dokumente und Fotos nationalsozialistischer Verbrechen an Juden besichtigt haben, verlassen den dreigeschossigen Bau erschüttert und wandern schweigend zurück zu ihren Fahrzeugen durch die „Allee der Gerechten", einen Hain von immergrünen Johannisbrotbäumen, von denen jeder einzelne auf einem Schild den Namen eines Menschen trägt, der mit persönlichem Einsatz und unter Gefährdung des eigenen Lebens versucht hat, während der NS-Herrschaft jüdisches Leben zu retten. Regelmäßig werden neue Bäume gepflanzt. Denn Yad Vashem ist nicht nur Erinnerungsstätte, sondern auch historisches Forschungszentrum, das sich um die restlose Aufklärung der zwischen 1933 und 1945 an Juden begangenen Verbrechen bemüht.

In dieser „Allee der Gerechten" wird demnächst auch ein Baum auf den Namen des deutschen Wehrmachtsoffiziers Dr. Alfred Battel — am 21. Januar 1891 geboren in Klein Pramsen (Oberschlesien), bis zum Kriegsbeginn Rechtsanwalt und Notar in Breslau — gepflanzt werden. Und sein in Düsseldorf lebender Sohn Peter Battel und seine in Bad Homburg wiederverheiratete ehemalige Frau, Käthe Wagner (73), werden gleichzeitig die von Yad Vashem vergebene Medaille entgegennehmen.

Der Vorfall, für den der verstorbene Offizier Battel ausgezeichnet wird, hat sich am 26. Juli 1942 in Przemysl (Südpolen) ereignet, als eine SS-Einheit versuchte, aus dem örtlichen Ghetto die dort lebenden polnischen Juden „auszusiedeln", um sie den Vernichtungslagern zuzuführen. Als Adjutant des örtlichen Wehrmachtskommandanten Liedtke ließ der damalige Oberleutnant Battel auf dem einzigen Zugangsweg zum Ghetto, einer Brücke über den Fluß San, eigenverantwortlich eine Militärsperre errichten, stoppte das SS-Kommando und zwang es unter Androhung der Feuereröffnung zum Rückzug. Formal hatte sich Battel dabei abgesichert durch die

Verhängung des Belagerungszustands über den Ort, womit die vollziehende Gewalt von der SS-hörigen Zivilverwaltung auf die Wehrmacht überging. Auf Dauer freilich konnte auch Battel die Tragödie der Juden von Przemysl nicht verhindern, weil es der SS später dennoch gelang, das Ghetto zu räumen.

Für Battel hatte sein Mut Konsequenzen, obwohl er seit 1933 Mitglied der NSDAP war: Die SS ermittelte gegen ihn, Himmler selbst schrieb Anfang Oktober 1942 an Bormann, Battel solle „sofort nach Kriegsende" verhaftet werden. Seine damalige Frau Käthe erfuhr von der Tat ihres Mannes zwar erst lange nach Kriegsende, bemerkte jedoch die für Battel fühlbaren persönlichen Folgen, weil ihn seine Vorgesetzten nicht umfassend zu schützen vermochten: Versetzung an die Ostfront, dann Entlassung aus der Wehrmacht wegen angeblicher Herzkrankheit, dennoch Einberufung zum Volkssturm und schließlich russische Gefangenschaft. Als Battel 1947 entlassen wurde und nach Westdeutschland kam, hatte er — ausgerechnet er — Schwierigkeiten bei der Entnazifizierung, weil ihn juristische Kollegen als NSDAP-Mitglied belastet hatten. 1952 starb Battel — als Geschäftsführer einer kleinen Glashütte in hessischen Hattersheim —, ohne daß ihm öffentliche Anerkennung zuteil geworden war.

Zwar wurde Battels mutige Tat schon 1963 in einem Flensburger NS-Prozeß von Deutschen bezeugt, doch für die jetzt beschlossene israelische Auszeichnung Bat-

tels bedurfte es des persönlichen Einsatzes eines Juden: Bei einer wissenschaftlichen Arbeit zu Detailfragen der Verteidigung Adolf Eichmanns stieß der israelische Historiker Dr. Seew Goshen, ehemals Professor an der Universität Haifa, auf den „Fall" Battel, prüfte ihn umfassend und berichtete dem Yad Vashem in Jerusalem darüber. Der jedoch sah sich zur nachträglichen Ehrung Battels außerstande, weil seine Statuten vorschreiben, daß derartige Vorfälle durch mindestens einen jüdischen Augenzeugen bestätigt werden müssen.

Als sich dieser Zeuge schließlich Anfang dieses Jahres doch noch fand, stießen Goshen und die Yad Vashem auf eine neue Schwierigkeit: Von Israel aus war es ihnen unmöglich, etwaige noch lebende Angehörige des 1952 gestorbenen deutschen Offiziers aufzufinden. Sie wandten sich deshalb über die „Christlich-Jüdische Arbeitsgemeinschaft Niederrhein" in Duisburg an die Rheinische Post, der es gelang, sowohl Battels ehemalige Frau Käthe als auch seinen Sohn Peter zu ermitteln.

Beide ahnten nichts von der in Israel beschlossenen Auszeichnung des Verstorbenen. Aber natürlich sind beide bereit, an der Ehrung Alfred Battels mitzuwirken: Seinen Angehörigen ist sie nachträglich Anerkennung ganz persönlichen Muts; den Israelis ist sie — so Seew Goshen — nicht nur die „Heldentat eines Gerechten", sondern auch „ein einzigartiger Beweis" dafür, was in Deutschlands schwärzesten Jahren „von tapferer Menschen gewagt wurde und gewagt werden konnte".

Rheinische Post Düsseldorf vom 11.4.1981

„EIN STOLZER TAG IN DER KAMPFGESCHICHTE".
DIE 221. SICHERUNGSDIVISION IN BIAŁYSTOK

Über den 27. Juni 1941, als die 221. Sicherungsdivision Białystok besetzte, findet man in ihrem Kriegstagebuch folgenden Eintrag: „Die Säuberung der Stadt dauerte bis zu den Abendstunden und erst mit Eintritt der Dunkelheit trat eine gewisse Befriedung und Ruhe in der Stadt ein. Ein stolzer Tag in der Kampfgeschichte der Division ging zu Ende. Dem unaufhaltsamen Vorwärtsdrängen der Truppe, ihren unerhörten Marsch- und Einsatzleistungen und der umfassenden, von raschen Entschlüssen getragenen Führung war dieser schöne Erfolg zu verdanken, durch den Bialystok mit unübersehbarer Beute in deutsche Hand fiel."

EINMARSCH IN BIAŁYSTOK

Wenige Tage nach dem Angriff auf die Sowjetunion, am 27. Juni 1941 marschierte das Sicherungsregiment 2 unter dem Kommando von Oberst Martin Ronicke in Białystok ein. Ihm folgten neben einer Kompanie des Landesschützenregiments 45 und der 9. Kompanie des Infanterieregiments 350 auch das Polizeibataillon 309, das der 221. Sicherungsdivision, also der Befehlsgewalt der Wehrmacht, dauerhaft unterstellt war. Die Polizisten trugen einen Ärmelstreifen mit der Aufschrift „Deutsche Wehrmacht". Bialystok hatte zu diesem Zeitpunkt etwa 100.000 Einwohner und einen jüdischen Bevölkerungsanteil von 50 bis 60 Prozent. Die Stadt wurde nahezu kampflos eingenommen.

Bereits beim Einrücken in die Stadt plünderten Angehörige des Polizeibataillons und töteten Zivilisten. Neben dem Polizeibataillon waren auch die Wehrmachtseinheiten bei der ersten Durchsuchung der Stadt eingesetzt. Laut „Gefechtsbericht" des 350. Infanterieregiments wurden dabei von der 9. Kompanie „etwa 30 russ. Soldaten und Juden […] erledigt".

POGROM

Das Polizeibataillon erhielt von der Division den Auftrag zur „Säuberung der Stadt von russ. Versprengten und deutschfeindlicher Bevölkerung und zur Aufrechterhaltung der Ruhe, Sicherheit und Ordnung". Bei „Gewalttätigkeiten der Bevölkerung oder Widerstand" sei „rücksichtslos durchzugreifen". Der Kommandeur des Polizeibataillons, Major Ernst Weis, ordnete daraufhin gegen Mittag des 27. Juni an, das Synagogenviertel sowie angrenzende Wohnbezirke zu durchsuchen und alle Männer im wehrfähigen Alter festzunehmen.

Mit brutaler Gewalt gingen Angehörige des Polizeibataillons gegen die jüdische Bevölkerung vor. Die Männer wurden aus ihren Wohnungen geprügelt, gedemütigt, mißhandelt und etliche bereits auf dem Weg zu den Sammelplätzen getötet. Dort wurden die Opfer selektiert und an verschiedenen Stellen in der Stadt erschossen, darunter im Park des Gouvernementsgebäudes, dem Sitz des Stabes der 221. Sicherungsdivision. Die Leichen ließ man an Ort und Stelle liegen. Etwa 300 Menschen, so der Divisionsbericht vom 30. Juni, seien bis zum Abend erschossen worden.

Am frühen Nachmittag trieben Angehörige des Polizeibataillons Hunderte von Juden – Männer, Frauen und Kinder – in die große Synagoge in der Nähe des Marktplatzes, umstellten das Gebäude und zündeten es mit Benzin und Handgranaten an. Wer fliehen wollte, wurde erschossen. Etwa 800 Menschen verbrannten an diesem Nachmittag in der Synagoge bei lebendigem Leibe.

SPÄTES EINGREIFEN

Ein Befehl lag für dieses Massaker nicht vor. Offensichtlich ging die Initiative von einzelnen Kompaniechefs- und Zugführern des Polizeibataillons aus. Nicht nur der Kommandeur des Polizeibataillons, Major Weis, ließ die Mörder gewähren, auch die Wehrmacht sah dem mörderischen Treiben zu. Über Oberst Ronicke, den Kommandeur des Sicherungsregiments 2 und Inhaber der Befehlsgewalt auch über das Polizeibataillon, berichteten Zeugen nach dem Krieg, er soll persönlich einen Einheitsführer des Polizeibataillons zur Rede gestellt und wie andere Wehrmachtsoffiziere auch versucht haben, dem Morden Einhalt zu gebieten. Aber die Identität dieser Offiziere läßt sich nicht mehr feststellen.

Erst als sich das Feuer weiter auszubreiten begann und der Gefechtsstand der Division bedroht war, handelte die Divisionsführung. Eine Pioniereinheit versuchte vergeblich, das Großfeuer durch das Sprengen von Feuergassen unter Kontrolle zu bringen. Es brannte die ganze Nacht in der Stadt. Am nächsten Tag waren die Brände so weit eingedämmt, daß eine Ausdehnung des Feuers nicht mehr zu befürchten stand. Weitere 1.000 Menschen waren durch die Brände umgekommen.

EHRUNG DER MÖRDER

Noch am Abend des 27. Juni zitierte der Kommandeur der 221. Sicherungsdivision, Generalleutnant Johann Pflugbeil, den Polizeibataillonskommandeur Weis zu sich. Nach Zeugenaussagen soll es zu einer heftigen Auseinandersetzung gekommen sein, wobei offenbleiben muß, ob der Brand oder der Mord an den Juden gemeint war.

Offiziell sprach Generalleutnant Pflugbeil am nächsten Tag „allen an den Kampfhandlungen beteiligten Einheiten seine vollste Anerkennung aus". Allerdings sollten künftig Brände vermieden und Zivilpersonen dürften nur erschossen werden, „wenn Widerstand geleistet wird, dann aber sofort am Tatort oder abgesondert von Zuschauern". Als Grund dafür, daß die Synagoge in Brand gesetzt worden war, gab das Kriegstagebuch an, daß aus ihr geschossen worden sei. Die tatsächliche Ursache wurde offiziell vertuscht.

Wenige Wochen später, am 11. Juli 1941, verlieh Generalleutnant Pflugbeil mehreren Angehörigen des Polizeibataillons Auszeichnungen für ihren Einsatz in Białystok. Oberst Ronicke begründete persönlich den Vorschlag, Major Weis mit der Spange zum E.K. II zu ehren: „Major Weis hat am 26. und 27.6.1941 persönlich an Ort und Stelle seine Kompanie zur Säuberung der Waldstücke beiderseits der Straße Sokoly – Białystok und bei der Säuberung des Waldes südlich der Stadt und in derselben eingesetzt und unermüdlich im feindlichen Heckenschützenfeuer eingegriffen. Er persönlich und sein Bataillon waren stets hilfsbereit zur Stelle. Die Säuberungsaktionen seines Btl. haben dazu beigetragen, daß Stadt und Umgebung in verhältnismäßig kurzer Zeit befriedet wurden. Er ist der Auszeichnung würdig. gez. Ronicke, Oberst und Rgts.-Kdr."

STADTPLAN VON BIALYSTOK

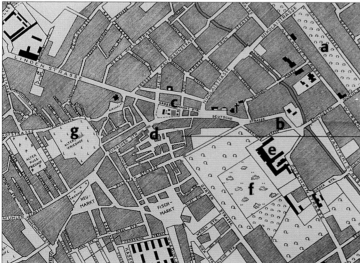

Białystok, 1940
Bundesarchiv/Militärarchiv, RHD 21/253

a) Lagerplatz/Biwakplatz der 221. Sicherungsdivision

b) Hotel Ritz; Gefechtsstand Oberst Ronicke und des Stabes des Sicherungsregiment 2

c) Marktplatz ⎤
⎟ Sammelplätze am 27. Juni 1941
d) Synagoge ⎦

Wohngebiete orthodoxer Juden

e) Gouvernementsgebäude, Sitz des Kommandeurs der 221. Sicherungsdivision und seines Stabes

f) Gouvernementspark

g) Massengräber

Białystok im Juni 1941

Synagoge in Białystok
HStA Darmstadt, H 13 DA, 1294/47, Nr. 15

Marktplatz in Białystok
HStA Darmstadt, H 13 DA, 1294/47, Nr. 176

Das brennende Białystok
HStA Darmstadt, H 13 DA, 1294/47, Nr. 177

Białystok
HStA Darmstadt, H 13 DA, 1294/47, Nr. 13

Löscheinsatz in Białystok
HStA Darmstadt, H 13 DA, 1294/47, Nr. 11

Tag Uhrzeit Ort und Art der Unterkunft	Darstellung der Ereignisse (Dabei wichtig: Beurteilung der Lage [Feind- und eigene], Eingangs- und Abgangszeiten von Meldungen und Befehlen)
	Wach-Batl.701 die Sicherungen des Sich.-Regt.2 ab- mit dem gleichzeitigen Auftrag, in südostwärtiger, ostwärtiger und nördlicher Richtung aufzuklären. Pol Batl.309 wurde dem Sich- Regt 2 zur Säuberung der Stadt von Versprengten und Freischärlern unterstellt. L.S.Regt.45 erhielt Befehl, in dem Raum südwestlich Bialystok vorzuziehen. Wegen der Einzelheiten der Kampfführung in der Zeit vom 22. - 27.6 wird auf den Sonderband Gefechtsberichte und auf den Gefechtsberic[ht] des II./Inf.Regt.350 in Anlage Band 1 verwiesen.

28.6.41	Gemäß Korpsbefehl für den 28.6.41 - Anlage Band 1 - verbleibt
	Sich.-Division 221 in Bialystok, stellte die Zustände sicher und
	laß die Auftrag mit (Anschluß mit der 23.Inf.Div. _hergestellt._
	Um 12.00 Uhr findet eine Kommandeurbesprechung der Regiments- und
	Batls.-(Abt.)-Kommandeure aller in Bialystok untergebrachten Ein-
	heiten im Gouvernementsgebäude statt. Der Div.-Kommandeur spricht
	allen an den Kampfhandlungen beteiligten Einheiten seine vollste
	Anerkennung aus und ordnet insbesondere an:
	1.) Die Erschießung von Zivilpersonen dürfen nur erfolgen, wenn
	    Widerstand geleistet wird, dann aber sofort am Tatort oder
	    abgesondert von Zuschauern.
	2.) Brände sind zu vermeiden. Es ist eindeutig geklärt, daß die
	    Synagoge in Brand geschossen wurde, weil aus ihr geschossen
	    worden war.
	3.) Befehle sind genau zu lesen. Meldungen dürfen erst nach Über-
	    prüfung ihrer Richtigkeit weitergegeben werden.
	4.) In Bialystok ist von 21.00 - 5.00 Uhr Sperrstunde für Zivil-
	    personen anzuordnen.
	5.) Die gegenwärtige Kampfpause ist zur umfassenden Fürsorge für
	    die Truppe auszunutzen. Für gute Unterbringung ist besonders
	    zu sorgen.

„Der Div-Kommandeur spricht allen an den Kampfhandlungen beteiligten Einheiten seine vollste Anerkennung aus […]."

Kriegstagebuch der 221. Sicherungsdivision vom 28.6.1941
Bundesarchiv/Militärarchiv, RH 26 – 221/10, Bl. 78R

Ordensverleihung für den Einsatz in Białystok durch Generalleutnant Pflugbeil am 11.7.1941
NRW HSA, Zweigarchiv Schloß Kalkum, Ger. Rep 247/67

BELAJA ZERKOW: DIE ERMORDUNG VON 90 KINDERN

Mitte August 1941 traf ein Teilkommando des Sonderkommandos 4 a in Belaja Zerkow ein, einer Kleinstadt etwa 80 Kilometer südwestlich von Kiew mit rund 15.000 bis 20.000 Einwohnern. Die Ortskommandantur der Wehrmacht hatte zuvor einen Aufruf erlassen, wonach sich die jüdischen Einwohner einzufinden hätten, um sich registrieren zu lassen. Die örtliche Gruppe der Geheimen Feldpolizei sammelte die Opfer und übergab etwa 70 Erwachsene, Männer und Frauen, dem Sonderkommando 4 a. Ein zu diesem Kommando gehörender Zug Waffen-SS erschoß die Menschen. In den nächsten Wochen wurden nahezu sämtliche jüdischen Einwohner, die 1941 noch in Belaja Zerkow lebten, getötet.

DIE WEHRMACHT ERFÄHRT VOM SCHICKSAL DER KINDER

Die jüdischen Kinder jedoch blieben vorerst zurück. Sie wurden unter unerträglichen Bedingungen eingesperrt und von ukrainischer Miliz bewacht. Soldaten entdeckten die Kinder und berichteten darüber zwei Kriegspfarrern, die wiederum ihren Vorgesetzten Meldung erstatteten. Die Nachrichten über die internierten Kinder und die Vorbereitungen zu ihrer Erschießung gelangten schließlich zum 1. Generalstabsoffizier der 295. Infanteriedivision, Oberstleutnant Helmuth Groscurth.

Groscurth ging noch am 20. August zu dem Gebäude, wo die etwa 90 Kinder eingesperrt waren, und erkundigte sich erst bei der Ortskommandantur, dann beim Feldkommandanten, Oberst Josef Riedl. Dieser gab an, die Sache betreffe die SS und geschehe auf Anordnung des SS-Obersturmführers August Häfner. Groscurth fragte nach: Ob Riedl glaube, daß Häfner „von höchster Stelle" den Befehl erhalten habe, Kinder zu erschießen? Riedl antwortete, daß nach seiner Auffassung alles seine Richtigkeit habe. Daraufhin wechselte Groscurth die Argumentation, führte die Gefährdung der Truppenmoral an und verlangte, daß der Abtransport der Kinder zur Erschießung unauffällig erfolgen müsse. Möglicherweise wollte Groscurth Zeit gewinnen. Er wandte sich sofort an das Armeeoberkommando (AOK) 6, das noch am Abend des 20. August die Weisung erteilte, die Erschießung der Kinder aufzuschieben.

EIN GESPRÄCH ÜBER MORD

Am folgenden Tag trafen sich in der Feldkommandantur von Belaja Zerkow Oberst Josef Riedl, der Führer des Sonderkommandos 4a, SS-Standartenführer Paul Blobel, der Teilkommandoführer August Häfner, Hauptmann Friedrich Luley vom Generalstab des AOK 6 und Oberstleutnant Helmuth Groscurth. Blobel warf der Wehrmacht vor, sie „schnüffele" in Angelegenheiten, die sie nichts anginge. Riedl betonte, daß er die Ausrottung der Juden, auch der Frauen und Kinder, für dringend erforderlich halte, und bemängelte nur die entstandene lange Verzögerung. Laut Groscurths Bericht erklärte Riedl mehrfach, „diese Brut müsse ausgerottet" werden. Blobel unterstrich, daß der Oberbefehlshaber der 6. Armee, General Walter von Reichenau, die Notwendigkeit auch der Erschießung der Kinder anerkenne.

Daraufhin legten die Männer die Einzelheiten der Ermordung fest – bis auf Groscurth, der sich an dieser Besprechung nicht mehr beteiligte. Das Argument Groscurths, die Erschießung von Kindern erschüttere die Truppenmoral, wirkte insofern nach, daß für die Ermordung der Kinder die ukrainische Miliz eingesetzt wurde. Wehrmachtssoldaten hoben jedoch die Gruben aus und brachten die Kinder zur Erschießungsstelle. Am Nachmittag des 22. August wurden die 90 Kinder erschossen.

REICHENAU STIMMT ZU

Am 26. August hielt der Oberbefehlshaber der 6. Armee, General von Reichenau, in einer Stellungnahme nachträglich fest, daß er nach Rücksprache mit Blobel grundsätzlich entschieden habe, „die einmal begonnene Aktion in zweckmäßiger Weise durchzuführen."

Belaja Zerkow im August 1941

Belaja Zerkow am 3.8.1941
Bundesarchiv, II 204 AR–Z 269/60, Bd. 30, Bild 2

Belaja Zerkow im August 1941
Bundesarchiv, II 204 AR–Z 269/60, Bd. 30, Bild 3

Belaja Zerkow im August 1941
Bundesarchiv, II 204 AR–Z 269/60, Bd. 30, Bild 4

Belaja Zerkow im August 1941
Bundesarchiv, II 204 AR–Z 269/60, Bd. 30, Bild 5

Appell in Belaja Zerkow
Bundesarchiv, II 204 AR–Z 269/60, Bd. 30, Bild 6

**August Häfner, Teilkommandoführer
des Sonderkommandos 4a**
HHStAW, 631a Nr. 2115, Bild 1

Paul Blobel, Führer des Sonderkommandos 4a
HHStAW, 631a/2113, Bild 33

**Friedrich Luley, Hauptmann im Generalstab
der 6. Armee**
HHStAW, 631a Nr. 2113, Bild 163

**Walter von Reichenau,
Oberbefehlshaber der 6. Armee**
HStA Darmstadt, H 13 DA, Nr. 1291/109, Bild 189

Josef Riedl, Feldkommandant in Belaja Zerkow
Bundesarchiv, SA Riedl 6.6.79

Ortskommandantur I/308, 1941

HStA Darmstadt, H 13 DA, Nr. 1291/109, Bild 182

Meldung des katholischen Divisionspfarrers, Dr. Reuss, an die 295. Infanteriedivision vom 20.8.1941
IfZ München, F 45/8

„Der 295. Inf.Div. melde ich:

Am heutigen Nachmittag gegen 14.30 Uhr kamen die Kriegspfarrer Tewes und Wilczek, Kriegslazarettabteilung 4/607 zu dem evgl. Divisionspfarrer und mir und berichteten folgendes:

Deutsche Soldaten hätten sie darauf aufmerksam gemacht, daß in einem Haus jüdische Kinder im Alter von einigen Monaten bis zu 5 oder 6 Jahren, deren Eltern angeblich erschossen worden seien, in einem unerträglichen Zustand eingesperrt seien und von ukrainischem Selbstschutz bewacht würden. In der Nachbarschaft des Hauses sei das Wimmern der Kinder ständig zu hören. Sie hätten sich daraufhin selbst dorthin begeben, diese Tatsache bestätigt gefunden, aber keinen Angehörigen der Wehrmacht oder einer anderen Dienststelle gesehen, der hier verantwortlich für Ordnung sorgte oder die Bewachung durchführte. Nur eine Reihe deutscher Soldaten sei als Zuschauer anwesend gewesen, die ihren Unwillen über diese Zustände äußerten. Sie baten uns, unserer Dienststelle diesen Sachverhalt zu melden.

Um eine genaue Meldung abgeben zu können – und die geschilderten Vorfälle legten den Verdacht nahe, daß es sich um eine Willkür-Aktion der ukrainischen Miliz handelte –, ging ich selbst in Begleitung der beiden Kriegspfarrer und des evgl. Divisionspfarrers, Wehrmachtoberpfarrer Kornmann, zu diesem Haus und fand folgendes vor:

Im Hof vor dem Haus, vor dem das Weinen und Wimmern von Kindern laut zu hören war, befand sich ein Posten der ukrainischen Miliz mit Gewehr, eine Reihe deutscher Soldaten und mehrere ukrainische junge Mädchen. Wir gingen sofort ungehindert in das Haus und fanden in zwei Räumen etwa 90 (ich habe die Zahl gezählt) Kinder im Alter von wenigen Monaten bis zu 5, 6 oder 7 Jahren. Irgendeine deutsche Beaufsichtigung durch Wehrmacht oder andere deutsche Dienststellen war nicht anwesend. Eine ganze Anzahl deutscher Soldaten, darunter auch ein San.-Uffz., besichtigten bei unserer Ankunft die Zustände bei den Kindern. Außerdem kam gerade ein Feldgendarm, der zur Ortskommandantur oder Feldkommandantur gehört, der angab, daß er nur gekommen sei, um einen Plünderungsfall zu untersuchen, der von den Wachposten der ukrainischen Miliz verübt sein sollte.

Die beiden Räume, in denen die Kinder untergebracht waren – ein dritter leerer Raum schloss sich an –, waren in schmutzigstem Zustand. Die Kinder lagen oder sassen auf dem Boden, der von ihren Ausscheidungen bedeckt war. Fliegen sassen zum grossen Teil auf den teilweise nur halb bekleideten Kindern auf Beinen und Unterleib. Einige größere Kinder (2, 3, 4 Jahre) kratzten den Mörtel von der Wand und aßen ihn. Zwei Männer, dem Aussehen nach Juden, suchten die Zimmer zu reinigen. Die Luft war abscheulich verpestet, die kleinen Kinder, besonders die erst einige Monate alt waren, weinten und wimmerten dauernd. Die besichtigenden Soldaten waren, ebenso wie wir, über diese unglaublichen Zustände erschüttert und äußerten sehr ihren Unwillen darüber.

In einem anderen Raum, zugänglich durch ein Fenster von einem der Kinderräume, waren eine Anzahl Frauen und grössere Kinder, anscheinend Juden. Diesen Raum habe ich nicht betreten.

In einem weiteren Raum waren einige Frauen, darunter eine Frau mit einem kleinen Kind auf dem Arm, eingesperrt; bei ihnen soll nach Aussage des Wachpostens – ein ukrainischer Junge im Alter von etwa 16–17 Jahren, der mit einem Stock bewaffnet war –, noch nicht feststehen, ob sie Juden sind.

Als wir auf den Hof zurück kamen, fand dort eine Auseinandersetzung zwischen dem oben erwähnten Feldgendarmen und dem ukrainischen Wachposten, der das Haus zu bewachen hatte, statt; dieser Wachposten war der Plünderung verdächtig und hatte auch mehrere Ausweise, die von deutschen militärischen Dienststellen anderen Ukrainern (es handelte sich um einige Frauen) ausgestellt waren, vernichtet. Die Fetzen lagen noch auf dem Boden umher. Der Feldgendarm entwaffnete den ukrainischen Wachposten, ließ ihn abführen und entfernte sich auch selbst. Anwesende deutsche Soldaten, die auf dem Hof waren, erzählten mir, daß sie hier ihr Quartier hätten (in einem Haus unmittelbar nebenan) und seit gestern nachmittag ununterbrochen das Weinen der Kinder hörten, die solange schon da seien. Gegen Abend des gestrigen Tages seien bereits 3 Lkw-Fuhren mit Kindern hier abgefahren. Ein Beamter des SD sei dabei anwesend gewesen. Der Fahrer des Lkw habe ihnen gesagt, das seien Kinder bereits erschossener Juden und Jüdinnen, die nun auch zur Erschießung abtransportiert würden; die Erschießung der Kinder würde durch ukrainische Miliz durchgeführt. Die in dem Haus anwesenden Kinder sollten auch noch erschossen werden. Die Soldaten äußerten über die Zustände bei den eingesperrten Kindern ihren stärksten Unwillen; einer erwähnte noch, dass er selbst Kinder zu Haus habe. Da keinerlei deutsche Beaufsichtigung anwesend war, forderte ich die Soldaten auf, dafür zu sorgen, daß niemand mehr, besonders keine Angehörigen der Bevölkerung, das Haus beträte, damit über die Zustände dort nicht noch mehr geredet würde.

Inzwischen hat ein mir unbekannter Oberarzt der Wehrmacht die Räume mit den Kindern besichtigt und erklärte mir, es sei dringend erforderlich, daß Wasser dorthin geschafft würde; die Zustände seien so, daß man mit der Gefahr eines Seuchenausbruches rechnen müsse.

Da sich bei dem Haus und den Kindern keine deutsche Wache oder Beaufsichtigung befindet und die dortigen Zustände jederzeit von deutschen Soldaten besichtigt werden könnten – wie es ja bereits geschah und zu Erklärungen des Unwillens und zu Kritik führte –, melde ich diese Angelegenheit hiermit meiner vorgesetzten Dienststelle.

Dr. R e u s s
Kriegspfarrer"

„Deutsche Soldaten hätten sie darauf aufmerksam gemacht, daß in einem Haus jüdische Kinder im Alter von einigen Monaten bis zu 5 oder 6 Jahren, deren Eltern angeblich erschossen worden seien, in einem unerträglichen Zustand eingesperrt seien und von ukrainischem Selbstschutz bewacht würden."

„Die Luft war abscheulich verpestet, die kleinen Kinder, besonders die erst einige Monate alt waren, weinten und wimmerten dauernd."

Bericht Groscurths vom 21.8.1941 für den Chef des Generalstabes der Heeresgruppe Süd, General von Soldenstern, über die Vorgänge in Belaja Zerkow am 20.8.1941
IfZ München, F 45/8

„Am 20.8. gegen 16,00 Uhr meldeten sich bei mir die beiden Divisionspfarrer und teilten mir mit, daß in einem Hause der Stadt etwa 90 jüdische Kinder lägen, die seit etwa 24 Stunden ohne jede Nahrung und Wasser eingesperrt seien. Sie hätten sich auf Grund von Mitteilungen der Pfarrer des Kriegslazaretts die Verhältnisse angesehen. Sie seien unerträglich; der Versuch, den Ortskommandanten zum Einschreiten zu veranlassen, sei erfolglos geblieben. Die Div.-Pfarrer meldeten, daß die Zustände dringend einer Abhilfe bedürften, da zahlreiche Soldaten das Haus besichtigten und die sanitären Verhältnisse sich gefahrdrohend auswirken müßten, wie auch ein Oberarzt des Kriegslazarettes bestätigt habe.

Ich begab mich auf Grund dieser Meldung um 16,30 Uhr mit dem Ordonnanzoffizier, Oberleutnant Spoerhase, dem Div. Pfarrer, Dr. Reuss und dem Dolmetscher, Sonderführer Tischuk, in das Haus, das in einer Seitenstraße der Stadt etwa 50 m von der Straße abgesetzt lag. Das Haus war von der Straße aus zu sehen, das Gewimmer der Kinder zu hören. Auf dem Hof standen etwa 20 Unteroffiziere und Mannschaften. Vor dem Haus stand kein Posten. Einige bewaffnete Ukrainer standen auf dem Hof herum. Kinder lagen auf den Fensterbänken, die Fenster waren nicht geöffnet. Auf dem Flur des ersten Stockwerkes stand ein ukrainischer Posten, der sofort die Tür zu den Zimmern, in denen die Kinder untergebracht waren, öffnete. In den 3 zusammenhängenden Räumen befand sich ein weiterer ukrainischer Posten mit Gewehr. Die Räume waren angefüllt mit etwa 90 Kindern und mehreren Frauen. Im hintersten Zimmer, in dem fast nur Säuglinge lagen, machte eine Frau sauber. In den übrigen Zimmern herrschte ein unbeschreiblicher Schmutz, Lumpen, Windeln, Unrat lagen umher. Zahllose Fliegen bedeckten die teilweise nackten Kinder. Fast alle Kinder weinten oder wimmerten. Der Gestank war unerträglich. Eine deutschsprechende Frau behauptete, sie sei völlig unschuldig, habe sich um Politik nie gekümmert und sei nicht jüdisch. Inzwischen war ein Oberscharführer des SD hereingekommen, den ich fragte, was mit diesen Kindern geschehen solle. Er gab an, daß die Angehörigen der Kinder erschossen seien und daß die Kinder auch beseitigt werden sollten. Ich begab mich ohne jede Stellungnahme zur Ortskommandantur und verlangte von dem Kommandanten Aufklärung. Dieser erklärte sich für unzuständig, er habe auf die ihm bekannten Maßnahmen des SD keinerlei Einfluss, er schlüge vor, die Angelegenheit mit dem Feldkommandanten Oberstleutnant Riedl zu besprechen. Ich begab mich in Begleitung des Ortskommandanten und des O1 zu diesem. Der Feldkommandant gab an, daß der Führer des Sonderkommandos bei ihm gewesen sei, ihn über seine Aufgabe unterrichtet habe und sie mit Wissen des Feldkommandanten durchführe. Auf die Anordnungen des Oberststurmführers habe er keinen Einfluss. Ich fragte den Feldkommandanten, ob er glaube, daß der Oberststurmführer den Befehl von höchster Stelle habe, auch Kinder zu beseitigen, mir sei davon nichts bekannt. Der Feldkommandant erwiderte, er sei von der Richtig-

keit und Notwendigkeit dieses Befehls überzeugt. Daraufhin verlangte ich, daß die Umgebung des Hauses so abgesperrt würde, daß die Truppe keinerlei Möglichkeit erhalte, diese Vorgänge zu beobachten, die bereits unter der Truppe zu erheblicher Kritik geführt haben, da die in der Nähe einquartierten Soldaten die ganze Nacht das Gewimmer der Kinder gehört hätten. Ich verlangte weiter, daß die Durchführung des Abtransportes zur Erschießung unauffällig erfolgen müsse. Ich erklärte mich bereit, Truppen der Division zur Verfügung zu stellen, falls die Wachkräfte der Feldkommandantur nicht ausreichen sollten. Ich erklärte weiter, daß ich die Heeresgruppe sofort unterrichten würde zur Herbeiführung einer Entscheidung, ob die Erschießungen der Kinder fortgesetzt werden sollten. (Eine Anzahl von Kindern war nach Angabe des Feldkommandanten bereits am Tage zuvor beseitigt worden und zwar durch die ukrainische Miliz auf Anordnung des SD). Der Feldkommandant war mit dieser Regelung einverstanden und betonte, daß der Divisionskommandeur Standortältester sei und alle erforderlichen Anordnungen treffen könne. Er wolle die Durchführung der weiteren Maßnahmen „sistieren", bis ein Entscheid der Heeresgruppe vorläge, verlange aber dringend einen schriftlichen Befehl. Ich hatte Bedenken, die Maßnahmen zu unterbrechen, da ich annahm, daß der Abtransport der Kinder erst in den Abendstunden stattfinden würde und bis dahin ein Entscheid der Heeresgruppe vorliegen würde. Ich war mir im klaren darüber, daß das Anhalten der Maßnahmen zu Weiterungen mit den politischen Stellen führen müsse und wollte dies tunlichst vermeiden. Der Feldkommandant erklärte aber, daß der Abtransport in Kürze erfolge. Daraufhin ordnete ich an, daß der Feldkommandant dem Führer des Sonderkommandos mitteilen solle, er habe den Abtransport bis zu einem Entscheid der Heeresgruppe aufzuschieben. Ich habe mich selber nicht zu dem Führer des Sonderkommandos begeben, um so rasch wie möglich die Verbindung mit der Heeresgruppe herzustellen. Ich war der Ansicht, daß die Heeresgruppe bei der grundsätzlichen Bedeutung dieser Frage sofort zu unterrichten sei und die Division allein eine Entscheidung nicht treffen könne. Der Ia der Heeresgruppe, mit dem ich sofort Verbindung erhielt, erklärte, die Angelegenheit müsse vom AOK 6 bearbeitet werden. Der dortige Ia war längere Zeit nicht zu erreichen. Er konnte einen Entscheid des Herrn Oberbefehlshabers erst in den Abendstunden herbeiführen. Inzwischen war der Oberstsurmführer Haefner, Führer des Sonderkommandos, bei mir erschienen und verlangte eine Bestätigung des ihm übermittelten Befehls der Division. Er erbat schriftlichen Befehl. Dieses lehnte ich ab mit dem Bemerken, daß eine endgültige Entscheidung in kürzester Frist zu erwarten sei. Er erklärte in einem wenig militärischen Tone, er müsse diese Anordnung seiner vorgesetzten Dienststelle melden. Er habe klaren Befehl, die Maßnahmen durchzuführen. Hierauf erklärte ich, ich müsse auf meiner Anordnung bestehen und würde die Durchführung notfalls erzwingen. Ich erklärte nochmals ausdrücklich, daß mir die Weisungen der politischen Dienststelle bekannt seien, daß ich aber im Interesse der Aufrechterhaltung der Manneszucht der Truppe die Durchführung der Maßnahmen in geeigneter Form verlangen müsse. Der Entscheid der Armee müsse abgewartet werden.

Helmuth Groscurth, ohne Datum
Bundesarchiv, Bild 146/97/17/20

„Ich erklärte weiter, daß ich die Heeresgruppe sofort unterrichten würde zur Herbeiführung einer Entscheidung, ob die Erschießungen der Kinder fortgesetzt werden sollten."

„Ich erklärte nochmals ausdrücklich, daß mir die Weisungen der politischen Dienststelle bekannt seien, daß ich aber im Interesse der Aufrechterhaltung der Manneszucht der Truppe die Durchführung der Maßnahmen in geeigneter Form verlangen müsse."

Um 19,00 Uhr meldete ich dem Herrn Divisionskommandeur die Vorfälle und die bisher getroffenen Maßnahmen, die seine Zustimmung fanden.

Gegen 20,00 Uhr traf der Entscheid der Armee ein, daß die weitere Durchführung aufzuschieben sei. Inzwischen war am Spätnachmittag bereits ein Lkw mit Kindern beladen und stand vor dem Hause. Der Feldkommandant wurde durch den 01 sofort unterrichtet, der Obersturmführer wurde vom 01 zum Div.Stabsquartier geholt, wo ich ihm die Weisung der Armee übermittelte. Ein Offizier des Div.Stabes kontrollierte die Durchführung und die inzwischen vom Feldkommandanten angeordnete Absperrung. Zu dieser Absperrung waren teilweise Ukrainer mit Gewehr ohne Ausweis eingesetzt. Diese Absperrung durch Ukrainer gegen deutsche Soldaten wurde abgestellt. Vom Feldkommandanten war inzwischen für Wasser und Brot für die Kinder gesorgt.

Am 21.8. gegen 11,00 Uhr erschien Hptm. Luley (Abw.Offz. AOK 6) mit dem Standartenführer Blobel und dem Obersturmführer Haefner zu der von der Armee befohlenen Besprechung. Diese fand beim Feldkommandanten statt. Hptm. Luley hatte sich vor seinem Eintreffen bei der Division die Örtlichkeiten angesehen, ohne aber das Haus und die Unterkunft der Kinder zu betreten.

Ich trug die Forderungen der Division vor und wies nachdrücklich darauf hin, daß das Einschreiten der Division lediglich wegen der Art der Durchführung erfolgt sei. Der Standartenführer und der Obersturmführer gaben technische Mängel zu und erklärten, daß es jetzt nach Lage der Dinge darauf ankäme, eine Form der raschen Erledigung zu finden. Er sähe sich nunmehr eigentlich nicht in der Lage, die beabsichtige Erschießung noch durchzuführen. Der Feldkommandant warf ein, daß die erste Meldung der Zustände durch die Divisionspfarrer erfolgt sei. Hierauf bemerkte Hptm. Luley, er sei zwar evangelischer Christ, aber er hielte es für besser, wenn sich die Pfarrer um die Seelsorge der Soldaten kümmern würden. Aus Form und Art der Äußerungen des Feldkommandanten wie des Hptm. Luley war zu entnehmen, daß sie erstens die Glaubwürdigkeit der Divisionspfarrer in Zweifel stellten, zweitens, daß sie die Angelegenheit als ‚Schnüffelei, um irgend etwas zu finden' behandelten. Sie hielten die Meldung für eine Aufbauschung und ein neugieriges Einmengen der Divisionspfarrer. Der Standartenführer äußerte sich hierzu nicht. Ich wies mit dem 01 zusammen diese unerhörten Verdächtigungen zurück, da die Divisionspfarrer zuerst der Auffassung sein mußten, daß es sich bei den Zuständen um Eigenmächtigkeiten der Ukrainer handelte, die schon einmal in Zloczow die Division zum Eingreifen zwangen. Im weiteren Verlauf der Besprechung versuchte der Feldkommandant die Angelegenheit auf das weltanschauliche Gebiet zu ziehen und eine Diskussion über grundsätzliche Fragen herbeizuführen. Er erklärte, daß er die Ausrottung der jüdischen Frauen und Kinder für dringend erforderlich halte, gleichgültig in welcher Form diese erfolge. Er betonte mehrfach, daß durch die Maßnahmen der Division die Beseitigung der Kinder unnötig um 24 Stunden verzögert sei. Dieser Meinung schloss sich der Standartenführer an und fügte hinzu, daß es das Beste sei, daß die Truppe, die schnüffele, die Erschießungen selbst vornähme und daß Kommandeure,

die die Maßnahmen aufhielten, selbst das Kommando dieser Truppe übernähmen. Ich wies in ruhiger Form dieses Ansinnen zurück, ohne dazu Stellung zu nehmen, da ich jede persönliche Schärfe vermeiden wollte. Der Standartenführer erklärte bei der Beratung über die weiteren zu treffenden Maßnahmen, daß der Herr Oberbefehlshaber die Notwendigkeit der Beseitigung der Kinder anerkenne und durchgeführt wissen wolle, nachdem diese Maßnahmen in vorliegendem Falle einmal eingeleitet seien. Die Richtigkeit dieser Stellungnahme des Herrn Oberbefehlshabers war mir bereits durch den Ic des AOK 6 bestätigt worden.

Daraufhin wurden die Einzelheiten der Durchführung der Erschießungen festgelegt. Sie sollen bis zum 22.8. abends erfolgen. An den Einzelheiten dieser Besprechung habe ich mich nicht mehr beteiligt. Die von mir geforderten Maßnahmen zur Fernhaltung der Truppe werden durchgeführt.

Anschließend hielt Hptm. Luley dem Herrn Divisionskommandeur Vortrag über das Ergebnis der Besprechung.

Abschließende Stellungnahme:

1.) Die Truppe ist von ihren Führern zur sauberen soldatischen Gesinnung erzogen, zur Vermeidung von Gewalt und Roheit gegenüber einer wehrlosen Bevölkerung. Sie hat vollstes Verständnis für schärfstes Einschreiten gegen Franktireure. In vorliegendem Falle sind aber Maßnahmen gegen Frauen und Kinder ergriffen, die sich in nichts unterscheiden von Greueln des Gegners, die fortlaufend der Truppe bekannt gegeben werden. Es ist nicht zu verhindern, daß über diese Zustände in die Heimat berichtet wird und daß diese dort in Vergleich zu den Lemberger Greueln gesetzt werden. Die Truppe erwartet ein Einschreiten ihrer Offiziere. Dies gilt besonders für die älteren verheirateten Leute. Der Offizier ist daher mit Rücksicht auf seine Truppe zu einem Einschreiten gezwungen, wenn derartige Vorgänge sich in aller Öffentlichkeit abspielen. Zur Aufrechterhaltung der Manneszucht ist es erforderlich, daß alle ähnlichen Maßnahmen abseits der Truppe erfolgen.

2.) Die Durchführung der Erschießungen hätte ohne jedes Aufsehen erfolgen können, wenn die Feldkommandantur wie auch die Ortskommandantur die nötigen Maßnahmen zur Fernhaltung der Truppe getroffen hätten. Durch das völlige Versagen der beiden Kommandanten wurden die Zwischenfälle hervorgerufen. Bei den Verhandlungen entstand der Eindruck, daß die gesamten Exekutionen auf einen Antrag des Feldkommandanten zurückzuführen sind. Aus der Erschießung der gesamten Judenschaft der Stadt ergab sich zwangsweise die Notwendigkeit der Beseitigung der jüdischen Kinder, vor allem der Säuglinge. Diese hätte sofort mit Beseitigung der Eltern erfolgen müssen, um diese unmenschliche Quälerei zu verhindern. Eine anderweitige Unterbringung der Kinder wurde vom Feldkommandanten und vom Obersturmführer für unmöglich erklärt, wobei der Feldkommandant mehrfach erklärte, diese Brut müsse ausgerottet werden.   Groscurth"

„Hierauf bemerkte Hptm. Luley, er sei zwar evangelischer Christ, aber er hielte es für besser, wenn sich die Pfarrer um die Seelsorge der Soldaten kümmern würden."

„Er erklärte, daß er die Ausrottung der jüdischen Frauen und Kinder für dringend erforderlich halte, gleichgültig in welcher Form diese erfolge."

Abschrift!
==============================

Der Oberbefehlshaber   AHQ.,den 26.August 1941

der 6 Armee

Ic/AO.Nr 2845/41 g.Kdos   3 Ausfertigungen

                                                    2.Ausfertigung.

          Stellungnahme zu dem Bericht der 295.Div.
              über die Vorgänge in Bialacerkiew.

Der Bericht verschleiert die Tatsache,dass die Division von sich aus
die Unterbrechung der Exekution angeordnet und dann hierzu das Ein=
verständnis der Armee erbeten hat.Sofort nach der fernmündlichen An=
frage der Division habe ich nach Rücksprache mit Standartenführer
Blobel die Durchführung der Exekution aufgeschoben,weil sie nicht
zweckmässig angeordnet war.Ich gab den Auftrag,dass am 21.8.früh
Standartenführer Blobel und der Vertreter des A.O.K.sich nach Biala=
cerkiew begeben sollten,um die Verhältnisse zu prüfen.Grunsätzlich
habe ich entschieden,dass die einmal begonnene Aktion in zweckmässiger
Weise durchzuführen sei.

In der abschliessenden Stellungnahme steht der Satz:"Im vorliegenden
Falle sind aber Massnahmen gegen Frauen und Kinder ergriffen,die sich
in nichts unterscheiden von Greueln des Gegners,die fortlaufend der
Truppe bekannt gegeben werden."

Ich muss diese Feststellung als unrichtig und im höchsten Maße ungehö=
rig und unzweckmäßig bezeichnen.Sie steht zudem in einem offenen XXXX
Schreiben,das durch viele Hände geht.

Der Bericht wäre überhaupt besser unterblieben.

Verteiler:

Heeresgruppe Süd =1.Ausfertigung.   gez. v. Reichenau
295. I.D.   =2.Ausfertigung
Akten   =3.Ausfertigung.
      f.d.R.d.A.

                         [Unterschrift]

          Oberstleutnant i.G.

                                                73

„Grundsätzlich habe ich entschieden, dass die einmal begonnene Aktion in zweckmässiger Weise durchzuführen sei."

Stellungnahme von Reichenaus vom 26.8.1941 zu Groscurths Bericht
IfZ München, F 45/8

„… EIN AUSSERORDENTLICHES MASS AN MENSCHLICHKEIT UND SACHKENNTNIS, AN HARTNÄCKIGKEIT UND KÜHNHEIT". DR. MED. ERWIN LEDER

Im Oktober 1941 kommt der 1914 in Wien geborene Arzt Erwin Leder als Standortarzt nach Sluzk, einer mittelgroßen Stadt in Weißrußland, 80 Kilometer südlich von Minsk. Als Standortarzt untersteht ihm auch das Lazarett des Kriegsgefangenenlagers. Die Verhältnisse, die er vorfindet, sind katastrophal. Die Ernährung der zeitweise etwa 25.000 bis 30.000 Häftlinge ist völlig unzureichend, die Rationen bestehen oft nur aus Hirse und gehaltlosem Brotersatz. Hunger und Krankheiten grassieren im Lager. Leders Vorgänger, der Oberarzt Dr. Brandt, hatte sich wenig darum geschert und die Menschen sterben lassen.

NOTHILFE

Rasche Hilfe tut not, denn das Fleckfieber wütet unter den Kriegsgefangenen. 70 bis 80 sterben täglich an der Seuche. Leder findet unter den Häftlingen einen gleichgesinnten Helfer, den jüdischen Arzt Dr. Rafael Gabovich, der unter ukrainischem Namen im Lager tätig ist. Gabovich ist es auch, der nach dem Krieg über Leder und sein Wirken in Sluzk berichtet.

Schon vor der Ankunft Leders hatte Gabovich mit anderen inhaftierten Ärzten eine einfache Desinfektionskammer errichtet. Mit der Drohung, das Fleckfieber könnte sich auf die ganze Stadt ausweiten, erwirkt Leder bei der Lagerleitung, daß eine Desinfektionsstraße mit großer Entlausungsstation gebaut wird. Die Maßnahmen haben Erfolg. Die tägliche Sterberate bei den Kriegsgefangenen sinkt, das Fleckfieber ist gebannt.

ÜBERLISTUNG

Von einem Gefangenen erfährt Leder, daß von den sowjetischen Behörden Magazine mit medizinischem Material für den Notfall angelegt worden seien. Er dringt bei der Lagerleitung darauf, diese Güter zu bergen. Häftlinge werden als Grabungskolonnen eingesetzt, und tatsächlich finden sie eine chirurgische Feldausrüstung, Verbandsmaterial und ein transportierbares klinisches Laboratorium samt kleiner Röntgengeräte, die Leder nun für seine Arbeit zur Verfügung stehen.

Aber was nützt eine bessere medizinische Versorgung, wenn die Ernährung katastrophal ist? Zusammen mit Gabovich inspiziert Leder die russische Stadtverwaltung, spielt den ärgerlichen deutschen Offizier, mit dem man sich besser nicht anlegt, und kehrt mit 300 Kilogramm Hirsegraupen ins Lazarett zurück. Von deutschen Fliegerangriffen halb verbrannte sowjetische Güterwaggons im Sluzker Bahnhof läßt er von den Häftlingen durchsuchen und etliche Tonnen eßbarer Graupen sammeln. Mit der Sluzker Schlachthofverwaltung trifft Leder ein Abkommen, daß das Schlachthofpersonal im Lazarett medizinisch versorgt wird und im Gegenzug das Lazarett Blut, Knochen und Innereien erhält.

Leder weiß um die jüdische Identität von Gabovich und schützt ihn. Kurz vor der Räumung des Sluzker Ghettos durch das Reserve-Polizeibataillon 11 und litauische Schutzmannschaften am 27./28. Oktober 1941 gibt Leder den entscheidenden Hinweis weiter und sorgt damit dafür, daß viele, hauptsächlich junge Leute rechtzeitig fliehen können. Leder, so berichtet Gabovich, habe auch Pakete mit Kleidung, Medikamenten und Lebensmitteln ins Ghetto geschmuggelt, indem er sie auf der Standortkommandantur an jüdische Mädchen weitergab, die dort Putzarbeiten verrichten mußten.

ANKLAGE WEGEN „RASSENSCHANDE"

Im Sommer 1942 werden zwei dieser Mädchen verhaftet, Leders Name wird genannt und er muß sich wegen „Rassenschande und Ungehorsam" vor dem Gericht der zuständigen Feldkommandantur verantworten. Doch das Gericht spricht ihn frei, weil kein intimer Kontakt zu den Jüdinnen bestand. Aber seine Vorgesetzten werden auf den Arzt, der Menschen ohne Ansehen ihrer Person und Nationalität behandelt, aufmerksam. Der Wehrmachtbefehlshaber Ostland erhält am 21. September 1942 Anweisung, Leder zu belehren. Schließlich versetzt man den Arzt Ende Oktober 1942 zur 61. Infanteriedivision.

AUSZEICHNUNG

Leder wurde 1945 schwer verletzt, überlebte aber den Krieg ebenso wie Rafael Gabovich, dem 1944 die Flucht aus deutscher Gefangenschaft gelungen war und der danach auf seiten der Roten Armee kämpfte. Rafael Gabovich lebt heute in den USA. Erwin Leder, der 1997 starb, wurde 1999 postum mit der höchsten Auszeichnung geehrt, die der Staat Israel an Nichtjuden vergibt. Er erhielt den Titel „Gerechter unter den Völkern". „Er hat ein außerordentliches Maß an Menschlichkeit und Sachkenntnis, an Hartnäckigkeit und Kühnheit an den Tag gelegt!" schrieb Rafael Gabovich rückblickend über Erwin Leder und stellte zugleich die Frage: „Warum ist das alles Erwin gelungen und anderen nicht?"

Erwin Leder während des Krieges,
ohne Datum
Norbert Leder, Privatbesitz

Erwin Leder vor dem Krankenrevier, ohne Datum
Norbert Leder, Privatbesitz

Erwin Leder bei der Arbeit, ohne Datum
Norbert Leder, Privatbesitz

Erwin Leder, ca. 1992
Norbert Leder, Privatbesitz

„Tatbestand: Rassenschande
u. Ungehorsam. Freispruch"

Beanstandungskartei OKH/Heerespersonalamt – P2, Karteikarte Dr. Leder, Erwin
Bundesarchiv, ohne Signatur

Rafael Gabovich, 1940
Rafael Gabovich, Privatbesitz

Rafael Gabovich, 1984
Rafael Gabovich, Privatbesitz

Ehrung von Yad Vashem für Dr. Erwin Leder, 29.7.1999
Norbert Leder, Privatbesitz

„DIE ALLERLETZTE ENTSCHEIDUNG LAG BEI MIR".
LEUTNANT PALLMANN ALS „HERR ÜBER LEBEN UND TOD"

Die Aufgaben der Feldgendarmerie und der Geheimen Feldpolizei (GFP), der „Polizei der Wehrmacht", waren denen der Sicherheitspolizei und des SD in den besetzten Gebieten ähnlich: Sicherung der Truppe, Bekämpfung von Spionage und Sabotage, „Säuberung von deutschfeindlichen Elementen", Fahndung nach Deserteuren. Der Ermessensspielraum war dabei weit gesteckt. Die Frage, wer verdächtig oder ein „deutschfeindliches Element" sei, konnte je nach Situation entschieden werden. Gendarmerieleutnant Rudolf Pallmann war Führer eines Feldgendarmerietrupps in Jewpatoria auf der Krim und der dortigen Wehrmachts-Feldkommandantur (V) 810 unterstellt. Fortlaufend unternahmen kleine Gruppen von drei bis vier Gendarmen Streifenfahrten durch die Umgebung, ließen sich vom jeweiligen Bürgermeister, Starost genannt, Meldungen über besondere Vorkommnisse machen, verhörten Verdächtige und entschieden über deren Schicksal.

OTAR-MAJNAK

Am 6. Februar 1942 kam Leutnant Pallmann mit seinem Trupp in das Dorf Otar-Majnak, sechs Kilometer westlich von Jewpatoria. In Pallmanns Bericht vom selben Tag heißt es, daß aufgrund der Angaben des Bürgermeisters ein Mann und zwei Frauen festgenommen wurden, die „deutschfeindlich eingestellt sind und als äußerst verdächtigt bezeichnet" worden waren. Und weiter: „Die 3 Personen wurden auf meinen Befehl erschossen".

Während einer Vernehmung in den sechziger Jahren hielt ihm der Staatsanwalt vor, daß er in seinem Bericht die Erschießung des Mannes mit „Wirtschaftssabotage" und „Diebereien" begründet, zur Tötung der Frauen aber keine Rechtfertigung geschrieben habe. Pallmann verteidigte sich, er habe eine Begründung möglicherweise im „Drange der Geschäfte" übersehen. „Was sie [die Frauen] angegeben haben, kann ich heute nicht mehr sagen. Wenn ich nicht irre, habe ich damals erfahren, daß die Frauen nicht in diese Ortschaft gehörten. [...] Wenn ich gefragt werde, ob denn nicht die letzte Entscheidung jeweils bei mir gelegen hat, so erkläre ich: Das stimmt, die allerletzte Entscheidung lag bei mir. [...] Ich bin der Ansicht, daß die Frauen und auch der Mann nach den damaligen Bestimmungen erschossen werden konnten. [...] Ich möchte darauf hinweisen, daß in der damaligen Zeit niemand daran Anstoß genommen hat, daß ich die drei Personen habe erschießen lassen, trotzdem diese Berichte doch nach oben herauf gegangen sind." Das Gericht stellte zu Pallmann fest, er sei damals „Herr über Leben und Tod" gewesen.

IKOR

In der folgenden Woche vom 8. bis 14. Februar 1942 überprüfte Pallmanns Trupp 18 weitere Dörfer nördlich der Straße von Jewpatoria bis Ojdur. „Besonders wichtige Vorkommnisse" waren nicht zu melden, außer: „In dem Dorfe Ikor wurde eine Jüdin, die ebenfalls ihre deutschfeindliche Einstellung zum Ausdruck gebracht hat, mit einem 3jährigen und einem neugeborenen Kind bestimmungsgemäß behandelt", d.h. erschossen.

Im Ermittlungsverfahren nach dem Krieg konnte sich Pallmann nicht erinnern, einen allgemeinen Befehl zur Tötung von Juden erhalten zu haben. Eine irgendwie konstruierte Verbindung zu Partisanen war nicht vorhanden. Pallmanns Bericht vom 15. Februar 1942 vermerkt ausdrücklich, daß in Ikor weder Partisanen angetroffen noch Waffen gefunden worden waren. Der Mord an der jüdischen Frau und ihren beiden kleinen Kindern geschah allein deshalb, weil sie sich „illegal" im Dorf aufgehalten hätten, „da in diesem Gebiet die Judenaktion schon abgeschlossen war", sie also den Einsatzkommandos der Sicherheitspolizei und des SD entgangen waren. Leutnant Pallmann gab den Befehl zur Erschießung. Mehrere Feldgendarmen trieben die Frau, die den Säugling auf dem Arm und die Dreijährige an der Hand hatte, durch das Dorf und töteten sie.

Das Landgericht Düsseldorf verurteilte Rudolf Pallmann am 21. August 1969 wegen gemeinschaftlichen Mordes an insgesamt 109 Menschen zu sechs Mal lebenslangem Zuchthaus. In der Begründung des Urteils heißt es zur Persönlichkeit des Angeklagten: „Pallmann war ein geistig ziemlich primitiver und den Aufgaben eines Offiziers in intellektueller Hinsicht nicht gewachsener Mann." Aber müßte man, anstatt nahezulegen, hier habe es sich um einen Einzelfall gehandelt, nicht vielmehr die Frage stellen: Wie ist es um eine Organisation, wie hier die Wehrmacht, bestellt, wenn in ihr Menschen wie Rudolf Pallmann zu „Herren über Leben und Tod" aufsteigen können?

Rudolf Pallmann, ohne Datum

NRW HSA, Zweigarchiv Schloß Kalkum, Ger. Rep. 388/707, Bl. 142

Feldkommandantur (V) 810 in Jewpatoria auf der Krim, ca. 1942

NRW HSA, Zweigarchiv Schloß Kalkum, Ger. Rep. 388/686, Bl. 115

Offiziere und Unteroffiziere der Feldkommandantur (V) 810 vom April 1942
(Pallmann: dritter von rechts, mittlere Reihe)

NRW HSA, Zweigarchiv Schloß Kalkum, Ger. Rep. 388/713, Bl. 157

HERMANN ROMBACH UND ANTON BRANDHUBER. ZWEI DESERTEURE

„Ich bin ein Deserteur ein bösklingendes Wort für meine deutschen Ohren. Ein Fahnenflüchtiger wird bei Freund und Feind ver-
achtet. [...] Ich wehr mich gegen jeden, vor allem gegen jene Spießer welche den Krieg in der Zeitung oder am Radio mit
machen. Deren Beitrag im Abstecken von Fähnchen auf der Landkarte besteht. Denen möchte ich das eine zurufen: mach du
erst mal 3 Jahr den Krieg oder nur einen russischen Winter als einfacher Landser mit. Dann urteilt!" (Hermann Rombach, 1942)

ROMBACH

Hermann Rombach, 1913 in Freiburg/Breisgau geboren, katholisch, Lehre als Drogist, 1934 bis 1939 Aufenthalte in Australien,
Ägypten, China, Thailand, Palästina, Südamerika. Rombach arbeitet als Aufseher auf Plantagen, lernt Englisch und Arabisch, seit
1939 ist er Soldat. Als einfacher Artillerist in der 98. Infanteriedivision kämpft er – anfangs noch begeistert – in Frankreich und in
der Sowjetunion. Rombach ist Meldereiter seines Regiments, er wird im September 1941 bei Gomel verwundet und in ein Lazarett nach Bad Ems eingeliefert. Ende August 1942, bevor er wieder zu seiner alten Einheit zurückkommandiert wird, desertiert
Hermann Rombach von seinem Ersatztruppenteil in Regensburg in die neutrale Schweiz. Dort gibt er in einem Verhör zu Protokoll, er habe an der Ostfront „Judenerschießungen" beobachtet. Einen direkten Zusammenhang zu seiner Desertion stellt er aber
nicht her.

Im Schweizer Internierungslager schreibt Rombach seine Erlebnisse, Gedanken, Beweggründe in ein Heft und entwirft damit ein
Bild seiner soldatischen Erlebnisse:

„[...] Unbilden

*Unendliches flaches Russland du hast uns seelich u. körperlich restlos fertig gemacht. Wie hast du uns verbittert zahllos
sind unsere Seufzer und Flüche. Jetzt verstehen wir warum die russischen Volkslieder so schwermütig, von so langgezo-
gener Trostlosigkeit sind. Wie haßten wir deine Eintönigkeit, wie ängstigte uns deine ewige Fläche. Nach 2000 km Marsch
sehen die armseligen strohbedeckten Hütten genau so verfallen aus wie am ersten Tag des Einmarsches. Immer wieder
erblickt er das selbe Landschaftsbild in ermüdender Monotonie. Verschlammte Feldwege, die als Straßen bezeichnet
werden an deren Seite die Reihe der Telephonstangen sich in der Unendlichkeit verliert, dorthin wo der Himmel und der
Boden zusammen wachsen scheinen. [...]*

*Stellen sie sich einmal 3 Wochen Dauerregen vor, wie es in Russland während der Übergangszeit der Fall ist. 20 Tage im
Freien immer in naßen Kleidern steckend, Tag und Nacht frierend wie ein naßer Hund. Wenn es nur die Näße gewesen
wäre, schlimmer war der Dreck und Schlamm welcher fingerdick die Uniform verkleisterte und bis zum Stahlhelm hoch-
spritzte. [...]*

*Das Feldküchenessen bestand meistens aus Suppenkost, manchmal gab es eine Abwechselung im Eintopf ein Trocken-
gemüse, das wir Drahtverhau nannten. Es ist deshalb verständlich, das sich der Landser bei der Bevölkerung eine Änderung des Speisezettels suchte. Brot, Kartoffeln, Schlachtvieh und Gemüse wurden „organisiert" das heißt den Leuten
weggenohmen. Ohne viel Rederei, holten wir aus den typischen Lehmöfen, von den Vorratsbrettern der Badehäuser was
gerade da war. Essiggurken, Quark Eier oder ein Buchweizenbrei waren immer aufzutreiben. Besonders begehrt waren
Honig und Schweinefett. [...]*

Misstände:

*All diese Vorgänge sind natürliche Erscheinungen, die jeder Krieg mit sich bringt, deswegen macht der Soldat auch nie-
mandem Vorwürfe. Weiß er doch das der Feind genauso darunter leidet. Er schimpft zwar und meckert, aber das gehört
mal dazu. Geschehen aber Ungerechtigkeiten, werden unnötig Fehler gemacht dann nimmt er kein Blatt vor den Mund.
Reibereien mit den Vorgesetzten sind in der Tagesfolge, es fallen gehäßige Worte, die Begeisterung und der gute Wille
schwindet. Selbst kleine Mangelerscheinungen führen zu meuterischen Diskussion[en].*

Herrenkaste: Angefangen beim Verhältnis zwischen Offizieres u. Mannschaftsstand. Darüber haben wir uns oft Gedanken gemacht. Man redet soviel von einem Volksheer, davon das der Offizier keine Off. Vorgesetzten, sondern unsere Kameraden wären. Eines war ein oft kritisierder Punkt, warum gab man uns junge Menschen zur Führung die weder praktische Fronterfahrung noch besondere Tapferkeit besassen. Weshalb? einzig allein weil sie die höhere Schule besucht, weil sie reiche Eltern hatten die es bezahlen konnten. Mein Batteriechef, Oberleutnant M. ein Academiker von 27 Jahren hatte das Leben von fast 120 Männern in der Hand. Typisch nordische Erscheinung ein schneidiger Soldat der im Dienst keine Rücksicht kannte der in den 2 Jahren nicht einmal eine menschliche Frage an mich richtete. [...]

Dieses Gefühl das unsere Vorgesetzten für unsere Anstrengungen wenig verständnis hatten, weil ihnen vieles Schweres erspart blieb, hatten wir auch draußen an der Front. Während wir stumpfsinnig die Knarre um den Hals neben den Pferden dahin trotteten sass der Chef im Kleinauto und machte so seine Tagesleistung. Wäre er am abend so erschöpft wie wir gewesen dann hätte er bestimmt nicht nach 16 Stunden Marsch noch einen Waffenappell angesetzt. Das man dabei weder zum Kleider waschen oder rasiren kam, vom Briefschreiben ganz zu schweigen, darüber machte man sich scheinbar kein Kopfzerbrechen. Er hatte seine Burschen die ihm alles in Ordnung hielten, mochten wir schauen wie wir mit der Zeit auskamen. Manchmal war es zum davonlaufen, [...]

An der Sturrheit ist schon manches Ideal zerbrochen, die beste Gesinnung schlägt um wenn unnötige unbegreifliche Härten das Leben verbittern. Überall gibt es Irrtümer wenn aber öfter durch militärische Fehler Verluste entstehen die tausende Kameraden mit dem Leben bezahlten. Dan verschwindet das Vertrauen + die Achtung vor der Führung. Dann fängt der Landser an zu meckern natürlich nur in gehässigen Worten. [...]"

BRANDHUBER

Anton Brandhuber, 1914 in Laa an der Thaya in Österreich geboren, katholisch, Bauer, 1938 zur Wehrmacht eingezogen. Brandhuber nimmt am Krieg gegen Polen und am Westfeldzug teil. Bis Januar 1941 bleibt er in Frankreich stationiert. Anschließend kommt der Obergefreite als Ausbilder ins österreichische Lundenberg in der Nähe seines Heimatortes. Von dort wird er am 9. Januar 1942 zur 3. Kompanie des Marschbataillons 45/1 nach Eisenstadt/Burgenland kommandiert und in die Sowjetunion in Marsch gesetzt.

Als Brandhuber nach sieben Tagen Reise in Orel eintrifft, ist die militärische Situation im Frontabschnitt sehr kritisch. Seit Wochen müßten die Regimenter an der Hauptkampflinie abgelöst werden, was aber angesichts logistischer Schwierigkeiten und der angespannten militärischen Lage immer wieder hinausgezögert wird. Erschöpfung, Krankheiten, schlechte Versorgung und die extreme Kälte machen den Soldaten zu schaffen.

Anton Brandhuber entschließt sich zur Flucht und verläßt seine Einheit Mitte Februar:

„Grosse Kälte, Schneestürme. Wir stehen schon die zweite Stunde und warten auf unseren Herrn Oberleutnant, der sich wohl im Schlafe noch einmal herumdreht aber vergeblich, der Herr kommt nicht, dafür aber kommt der Herr Leutnant und lässt einen Mann abführen, der sich gewagt hat zu sprechen, weil wir so lange in der Kälte stehen müssen. Nun wird es mir aber zu dumm.

Meine Glieder sind steif gefroren. Ich marschiere mit einem Stück Brot und Karabiner bewaffnet zurück richtung Orel gehe zirka 15 km das Gewehr in den Schnee gelegt und zugedeckt das Brot gegessen Gasmaske und Patronentaschen mit Inhalt auch in den Schnee gestopft kommt ein Auto ein Viersitzer. Ich halte es an. Er nimmt mich mit bis Smyiefka, dort schleiche Ich zum Bahnhof und erfahre das in 1 Stunde ein Güterzug geht es ist diesnoch russische breite Spur. Mein Mundvorrat war aufgezehrt. Ich entdecke einen Waggon mit Brot, eines wird zu mir ge[n]ommen da kommt der Zug. Es steigen Leichtverwundete die ins Lazarett fahren darunter auch Ich ein. Während der Fahrt ein russischer Flieger, die Bomben fallen neben das Geleise. In Orel angekommen suche Ich Quartier werde bei den Soldaten überal abgewiesen da gehe Ich zu den Russen und zu meiner Ueberraschung werde Ich freundlich aufgenommen kann sogar meine Stiefel ausziehen die Ich schon 3 Wochen auf den Füssen hatte. Von da beginnt die deutsche Spur. Nächsten den 18. II. 42 steig Ich in einen Güterzug und fahre von Orel in der Richtung Bryansk, dort steige Ich um und fahre bis Gomel wo unterwegs zweimal Kontrolle war aber Ich mich nicht erwischen lasse und komme den 19.II. nachmittags in Gomel an. Bleibe bei einer Dame übernacht und auch den nächsten Tag. Dort ist auch eine Feldbäckerei. Ich ersuche einen Kameraden um ein Stück Brot bekomme aber nichts da nehme Ich in einen unbewachten Augenblick gleich zwei. Am 21 früh geht ein Personenzug Richtung Minsk ungeheizt Ich steige ein und habe das Pech ins Dienstabteil zu gelangen wo nur Eisenbahnangestellte fahren und auch keine Kontrolle ist. In Minsk bleibe Ich in Warteraum über Nacht. Und fahre den 22. II nach Brest Litofsk steige aber erst nach der Kontrolle ein und komme abends unversehrt an, am Bahnhof erwischt mich die Bahnhofwache. Ich muss zum Bahnhofsoffizier und sage Ich suche die Truppe, bekomme einen Marschbefehl nach Orel. Am 23 gehe Ich von der offenen Bahnstrecke gegen den Bahnhof und kann für 2 Pakete Tabak den Ich noch hatte beim Lokomotivführer Platz nehmen und auf der Lokomotive bis Warschau fahren obwohl das ein Russe war und die Maschine auf halber Fahrt gewechselt wurde und der nächste Führer unterrichtet war konnte Ich um 12 h abends Warschau erreichen, im Warteraum übernachtet und am 24 II abermals von der Stre[i]fe ertappt wieder zum Bahnhofsoffizier da waren 2 Oblte. und 3 Hauptmänner, die mächtig gebrüllt hatten das Ich ja schon gewöhnt war wurde mir wieder ein Marschbefehl nach Orel ausgestellt. Ich sehe mir am 24. II. Warschau an und gehe am Nachmittag wieder von der offenen Strecke gegen den Hauptbahnhof da ja die Zugänge stark vom Militär bewacht sind, um15h 32 geht ein D Zug nach Wien Ich steige ein und bleibe am Gang stehen dauert nicht la[n]g so kommt Kontrolle Ich gehe vor in den nächsten Waggon und dann noch einen in einer Station steige Ich aus und steige wieder hinten ein das musste Ich viermal wiederholen am 25. II um 9 h vormittags komme Ich in Wien an gehe nach rückwärts wo die Eisenbahner Ihren Weg haben hinaus. Obwohl Ich nur 2 Stunden nach Hause, und in Wien 4 Onkel, durfte Ich zu keinen gehen sonst könnte leicht ein Verdacht fallen, so fahre Ich nach Oberlaa zu einer Frau und ersuche sie mir Zivilkleider besorgen die Uniform liess Ich dort bekam auch etwas zu Essen, mein Brot war auch alle. Am Nachmittag sehe Ich mir Wien noch einmal an das Ich ja lange oder

überhaupt nicht mehr sehen werden am Abend um 10h löse ich mir eine Karte nach Innsbruck denn Ich hatte ja noch 50 Reichsmark die man in Russland nicht verwenden konnte. So komme Ich am 26.II vormittags in Inns[b]ruck mit einem Riesenhunger an gehe in ein Gasthaus und verschlinge 4 Portionen Kartoffel mit Kraut Fleischmarken hatte Ich keine jezt hatte Ich nicht mehr weit bis zur Grenze und bisher Glück gehabt so hoffe Ich am gleichen Tag noch die Schweiz zu erreichen. Fuhr dann nachmittags mit einem Personenzug bis Bludenz er ging nicht weiter so musste Ich in Bludenz übernachten bei einen Eisenbahner hatte Ich das Glück. Am 27.II um 5h früh fur Ich mit einen Personenzug nach Feldkirch wo ein Zug nach Buchs bereit stand und sehe viele Polizei und Gendarmeriebeamte um den Zug herumstanden so konnte Ich nicht herankommen so gehe Ich nach aussen da steht ein Tor offen wo die Post hineingefahren wird, schleiche mich etwa 50 Meter vor und warte hinter einem kleinen Gebäude die Sekunden werden zu Stunden und noch immer kein Abfahrtszeichen zum Schluss werde Ich noch entdeckt da fährt plätzlich der Zug in meiner Höhe laufe Ich hin und erwische die Griffstange der Zug ist bereits in voller Fahrt Ich gehe in den Hinterteil der Maschine und fahr bis Buchs. Bin also gerettet [...].
L[uzern] den 10. März 1942   A.B."

NACHKRIEG

Rombach wie Brandhuber bleiben bis zum Kriegsende in Schweizer Internierungshaft. Anton Brandhuber kehrt unmittelbar nach Kriegsende nach Österreich zurück, Rombach wird Anfang Oktober 1945 nach Deutschland entlassen. Seine Kriegserfahrungen und auch die Geschichte seiner Desertion behält er bis in die neunziger Jahre für sich. Lediglich gegenüber seiner Familie erwähnt er einige wenige Details. Deserteure gelten im Nachkriegsdeutschland als Feiglinge und Verräter.

Erst 1995 reist Rombach in die Schweiz, besucht dort Orte, an denen er gewesen war, und recherchiert im Berner Bundesarchiv und Freiburger Militärarchiv nach Unterlagen seiner militärischen Einheit. Für seine autobiographischen Aufzeichnungen, die er zwischen 1995 und seinem Tod im Jahr 2000 schreibt, versucht er vergeblich, einen Verlag zu finden.

In seinen gesamten Erinnerungen wird deutlich, wie hoch er bis zu seinem Tod die „Kameradschaft" hält. In seinen frühen Aufzeichnungen aus dem Jahr 1942 wie aus seinen späteren scheint immer wieder das Ideal der Kameradschaft auf. Als er im Archiv erfährt, daß seine Einheit bei Rückzugsgefechten 1944 auf der Krim vollständig aufgerieben wurde, schreibt er: „Der nüchterne und zugleich gnadenlose Satz, die eiskalte Notiz: das Artillerieregiment 198 wurde vernichtet, verschlug mir das Atmen, es erschütterte mich bis ins Innerste."

NOTWENDIGE NACHBEMERKUNG

Die Geschichte der Deserteure des Zweiten Weltkrieges ist bis heute zumeist eine Geschichte derjenigen, die überlebt haben. Ein Großteil des historischen Materials (meist Kriegsgerichtsakten) ist nicht mehr vorhanden. Viele Deserteure wurden denunziert, in ihren Verstecken aufgespürt, auf der Flucht verhaftet, zum Tode verurteilt und erschossen. Insgesamt sind mindestens 15.000 Deserteure hingerichtet worden. Wie viele sich in Selbstverstümmelung und Selbsttötung zu flüchten suchten, ist nicht mehr zu rekonstruieren.

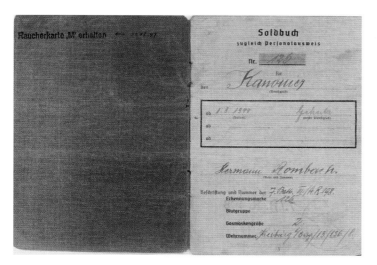

Soldbuch von Hermann Rombach, 1939

Schweiz. Bundesarchiv, Bern, E 4264 1985/196, Bd. 221, Dossier Nr. 03978

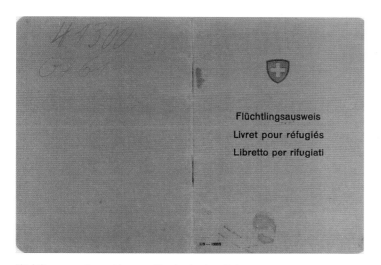
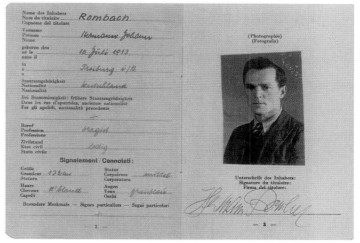

Flüchtlingsausweis von Hermann Rombach, ohne Datum

Schweiz. Bundesarchiv, Bern, E 4264 1985/196, Bd. 221, Dossier Nr. 03978

Hermann Rombach notierte auf einer losen Blattsammlung stichwortartig Eindrücke und Erfahrungen. Die Aufzeichnungen wurden vor dem 6.12.1942 verfaßt, ein genaues Datum ist aber unklar. In seinen späteren Aufzeichnungen greift Rombach auf diese Notizen wohl zurück, allerdings spart er das Stichwort „Judenerschiessungen" dort aus. Ob Rombach selber Augenzeuge solcher Verbrechen wurde oder von diesen gehört hatte, läßt sich nicht rekonstruieren.

1 Herrenkaste
2 strategische Fehler = V. Der erste Rückschlag
3 falsche [...?]zeihung
4 Dienst streng
Krankheiten
<u>Das Reife u. Wissen – Soldaten</u>
das beste v. Soldat ist der hochwertige Gegner den
<u>selbst viele in allen Feldzügen erprobte S. kennen</u> gelernt
haben

Geiselerschießungen, Judenschießungen = Offizier [...horde?]
Gefangene verhungern – scheme mich Deutscher zu sein
Reklame Antichrist
Das religiöse an diesem Volk
verbrenne Serie, + verschenke Wollsachen im Dorf
keinen zweiten Winter geben.
Kesseltreiben – Schutz Bereich = Stucka
[Bleistiftzusatz, unleserlich]
Winterkleidungsfehler St. Martin –
Versprechen – Waffegebrumm
Du +. sie [...?]
Protzenstellung ist schwere Arbeit
Kartoffelfeuer mit [...?] an Rückmarsch
<u>Lazarettgespräche</u> = kriegsmüde = Wunderglaube
                          Schock auf rede, aber alles schwindel
das <u>Wunder</u> der deutschen Organisation

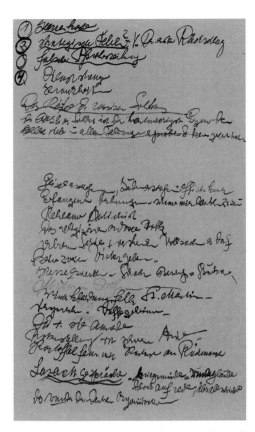

Aufzeichnungen von Hermann Rombach, 1942 (Auszug)
Schweiz. Bundesarchiv, Bern, E 4264, 1985/196, Bd. 221, Dossier Nr. 03978

Bildunterschrift des Divisiongerichts:
„Lichtbild des Gefr. H. Rombach", ohne Datum
Bundesarchiv, FF 13492

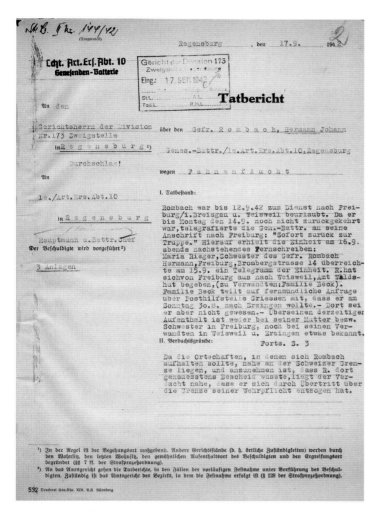

Tatbericht der Artillerie-Ersatzabteilung 10 an das Gericht der Division Nr. 173
über die Fahnenflucht des Gefreiten Hermann Rombach vom 17.9.1942
Bundesarchiv, FF 13492

Haftbefehl gegen den Gefreiten Hermann Rombach vom 24.3.1943
Bundesarchiv, FF 13492

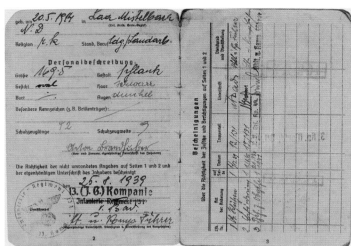

Soldbuch von Anton Brandhuber, 1939

Schweiz. Bundesarchiv, Bern, E 4264 1985/196 u. 197, Bd. 125, Dossier Nr. 3086

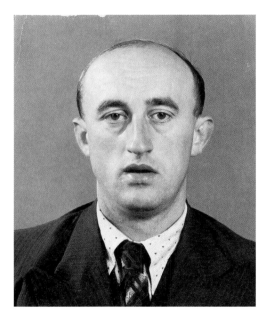

Anton Brandhuber, ca. 1943

Schweiz. Bundesarchiv, Bern, E 4264 1985/196 u. 197, Bd. 125, Dossier Nr. 3086

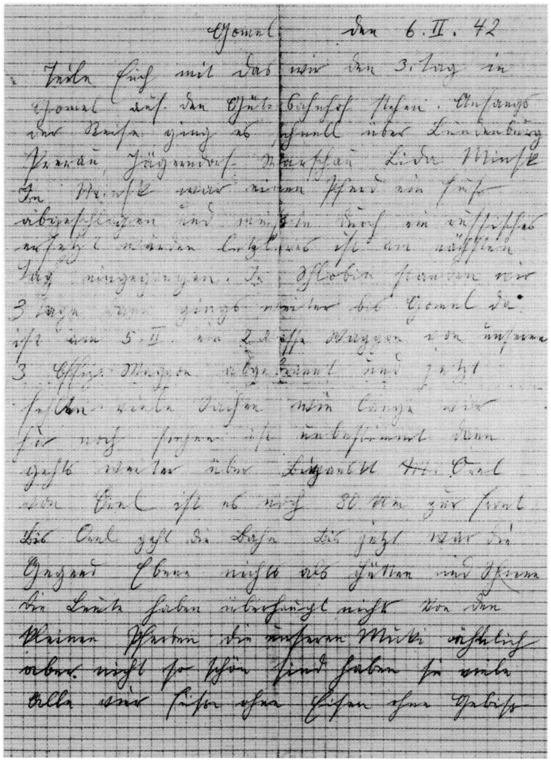

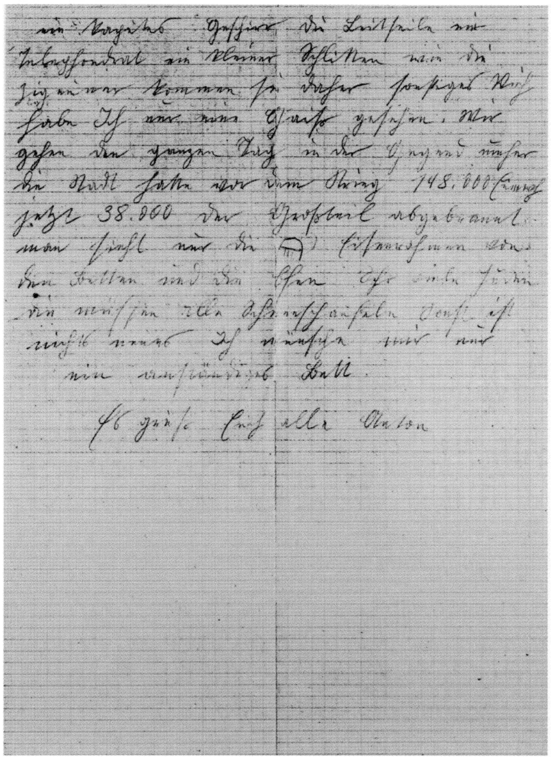

Brief von Anton Brandhuber vom 6.2.1942

Bundesarchiv, FF 651

Transkription:

„Gomel, den 6. II. 42

Teile Euch mit das wir den 3. Tag in Gomel auf dem Güterbahnhof stehen. Anfangs der Reise ging es schnell über Lundenburg Prerau, Jägerndorf Warschau Lida Minsk

In Minsk war einem Pferd ein Fuß abgeschlagen und mußte durch ein russisches ersetzt werden letzteres ist am nächsten Tag eingegangen. In Shlobin [Schlobin] standen wir 3 Tage dann gings weiter bis Gomel da ist am 5.II. ein 2. Klasse Waggon von unseren 3 Offizier Waggon abgebrannt und jetzt fehlten viele Sachen wie lange wir hier noch stehen ist unbestimmt dann gehts weiter über Biyansk [Brjansk] [durchgestrichen: Mi] Orel von Orel ist es noch 80 km zur Front.

Bis Orel geht die Bahn Bis jetzt war die Gegend Ebene nichts als Hütten und Schnee Die Leute haben überhaupt nichts Von den kleinen Pferden die unseren Muki ähnlich aber nicht so schön sind haben sie viele Alle vier Füße ohne Eisen ohne Gebiß ein kaputes Geschirr die Leitseile mit Telephondrat ein kleiner Schlitten wie die Zigeuner kommen sie daher sonstiges Vieh habe Ich nur eine Gais gesehen. Wir gehen den ganzen Tag in der Gegend umher Die Stadt hatte vor dem Krieg 148.000 Einwh jetzt 38.000 Der Großteil abgebrannt man sieht nur die [gemalt: Bild eines Bettes] Eisenrahmen von den Betten und die Ofen Sehr viele Juden die müssen alle Schneeschaufeln Sonst ist nichts neues Ich wünsche mir nur ein anständiges Bett.

Es grüßt Euch alle Anton“

Brief von Anton Brandhuber an seine Eltern vom 13.2.1942
Bundesarchiv, FF 651

Abschrift des Briefes von Anton Brandhuber an seine Eltern vom 13.2.1942
Bundesarchiv, FF 651

„Nach 17 tägiger Fahrt sind wir am 12.II. in Orel ausgeladen worden morgen geht es weiter per Fuss. Hier liegen 70 Marschbatallione pro 1.000 Mann. Was da vor sich geht das könnt Ihr euch nicht vorstellen. Kalt ist es gar nicht wir haben tauwetter auf den Strassen ist der Schnee schon weg sonst geht es mir gut die nächste Post kommt erst bis Ich eine Nummer habe. Anton"

Tatbericht des Infanterie-Ersatzregiments 44 an das Gericht der Division Nr. 177 über die Fahnenflucht des Obergefreiten Anton Brandhuber vom 31.10.1942
Bundesarchiv, FF 651

EIN GERECHTER UNTER DEN VÖLKERN. DER FELDWEBEL ANTON SCHMID

Im Talmud steht, daß es in jeder Generation mindestens 36 Gerechte geben muß, damit die Welt nicht in den Abgrund stürzt. Einer von ihnen war Anton Schmid, geboren am 9. Januar 1900 in Wien. Schmid stammte aus kleinbürgerlichen Verhältnissen. Sein Vater war Postbeamter, er selbst absolvierte eine Lehre als Elektrotechniker. 1928 eröffnete Schmid einen Elektrowarenladen in Wien.

WILNA

Obwohl er fast vierzig Jahre alt war, erhielt Schmid 1939 einen Gestellungsbefehl. Zunächst war er im besetzten Polen eingesetzt, kam Ende August 1941 ins litauische Wilna, einer Stadt mit fast 200.000 Einwohnern und einer traditionsreichen jüdischen Gemeinde mit rund 60.000 Mitgliedern. Zu dieser Zeit „räumte" das SS-Einsatzkommando 3 zusammen mit litauischer Polizei das alte jüdische Wohnviertel Wilnas, trieb die Menschen zusammen, selektierte die Alten, Schwachen, Frauen, Kinder und ermordete sie in Ponary, unweit von Wilna. „864 Juden, 2019 Jüdinnen, 817 Judenkinder", so meldete das Einsatzkommando 3 exakt und stolz, seien allein am 2. September getötet worden.

RETTUNG

Anton Schmid, der seiner Frau über die Massenmorde berichtete, leitet die sogenannte „Versprengtensammelstelle", bei der sich deutsche Soldaten, die ihre Einheit verloren hatten, melden müssen, um neu zugeteilt zu werden. An einem Tag während der Räumungsaktion von SS und Polizei trifft er auf der Straße eine junge Jüdin, Luisa Emaitisaite, die nur knapp den Verfolgern entkommen ist und ihn um Hilfe bittet. In ein Hotel kann er sie nicht bringen, die Kontrollen sind zu streng. Also läßt er Luisa in der Versprengtensammelstelle schlafen. Er hat dort zwei Zimmer für sich allein, und eines davon überläßt er ihr. Nach einigen Tagen bringt er sie in das nahe gelegene Kloster Ostra Brama, erwirkt von dem polnischen Priester Gdowski eine Bescheinigung, daß Luisa im Kloster als Katholikin bekannt sei, und stellt sie dann mit neuen Papieren als Zivilangestellte bei der Versprengtensammelstelle an. Schmid hilft zudem den bei ihm beschäftigten jüdischen Zwangsarbeitern, Lebensmittel ins Ghetto zu schmuggeln.

HILFE FÜR DEN WIDERSTAND

Schließlich wagt die jüdische Widerstandsbewegung im Ghetto, über Hermann Adler und dessen Frau Anita Kontakt zu Schmid aufzunehmen und ihn um Unterstützung zu bitten. Adler hat dieses Gespräch für eine Radiosendung nach dem Krieg erinnert:

„,Kann uns hier jemand hören, Herr Feldwebel', frage ich ihn.
,Nein', versichert er, ,außer uns ist niemand hier'.
Anita holt tief Atem. ,Pfarrer Andreas Gdowski von der Ostra Brama hat uns zu ihnen geschickt, Herr Feldwebel.'
Schmid stellt sich so, als sage ihm dieser Name nicht viel. ,Kann ich für diesen Pfaffen – wie heißt er? Gdowski? Wohl ein Pole? – etwas tun?'
,Es geht im Augenblick nicht um den Pfarrer', antwortet Anita verwirrt, ,sondern um uns. Sie sehen sicher, dass wir Juden sind, Herr Feldwebel.'
,Eigentlich', so sage ich nun, ,wären Sie verpflichtet, uns auf der Stelle zu erschießen, Herr Feldwebel.'
Schmid ist über meinen Ton erstaunt. ,Reden Sie doch keinen Unsinn! Sagen Sie mir lieber, was ich Ihrer Meinung nach für Sie tun kann.'
,Wir haben im Ghetto ein illegales Hilfskomitee gegründet', berichtet Anita, ,dort sind alle Richtungen ertreten; Sozialdemokraten, Konservative und vor allem Vertreter unserer Jugendverbände, der Chaluzim'.
,Na und', fragt Schmid. ,Soll ich da etwa als Mitglied beitreten?'
Mit dem Ausdruck der Bestimmtheit sagt Anita: ,Ja!'
Schmid ist platt: ,Erklären Sie mir endlich, was Sie von mir wollen!'
Ich nenne ihm Einzelheiten: Wir haben den Auftrag, für mehrere Menschen einen Fluchtweg nach Bialystok zu finden.

Bialystok ist eine wichtige Textilstadt. Alle Fabriken liegen im Ghetto. Im Ghetto hausen vierzigtausend Leute. Sie arbeiten in den Textilfabriken. Die Fabriken sind kriegswichtig und die Leute unentbehrlich. Über das Bialystoker Ghetto haben wir gute Nachrichten. Nur ein einziges Mal, gleich nach dem Einmarsch der Deutschen, wurden dort einige hundert Menschen in die Hauptsynagoge getrieben und lebend verbrannt.'

,Nur einmal?', unterbricht mich Schmid. ,Einmal genügt.'

,Heute', so fahre ich fort, ,finden in den Gassen nur noch gelegentliche Einzelerschießungen statt. Niemand denkt vorläufig an eine Totalvernichtung.'

,Höchstens der', fährt Schmid dazwischen, ,der gerade erschossen wird. Für den ist die Vernichtung dann eben doch eine totale!'

Anita erklärt ihm darauf sachlich: ,Noch ein Jahr lang ist es dort verhältnismäßig ruhig. Das müssen wir ausnützen. Haben wir erst einmal hundert oder zweihundert dort, dann müssen wir weiterschauen. Es gibt Klöster, die vielleicht verfolgte Menschen aufnehmen. Es gibt Bauern, die Knechte brauchen. Es gibt Wälder, die Schutz bieten.'

Schmid geht auf und ab und bleibt mit einem Ruck stehen.

,Ist das, was Sie über Bialystok gesagt haben verläßlich?' ,Völlig!', versichere ich ihm.

Schmid blickt mich scharf an. ,In Bialystok braucht man Juden für die Textilfabriken, und in Wilna rottet man sie aus. Es ist recht gescheit, dass Sie ihre Leute nach Bialystok bringen wollen. Warum aber haben Sie ausgerechnet mich in diese Pläne eingeweiht?'

Ich beginne zu stammeln: ,Sie helfen uns vielleicht, meint Pfarrer Gdowski, weil Sie doch schon einmal jemanden helfen konnten...Damals, dem jüdischen Mädchen, mit dem Sie bei ihm in der Ostra Brama waren.'

Schmid schüttelt den Kopf. ,Sie wollen mich doch nicht etwa unter Druck setzen? Warum haben Sie das erwähnt?'

,Sie', stammle ich, ,Sie, Herr Feldwebel, haben mich doch eben selber gefragt, warum wir uns gerade Ihnen anvertrauen... Und...und da haben ich Ihnen den Grund genannt.'

,Mißverständnis beseitigt!', erklärt Schmid nach kurzem Nachdenken. Dann sagt er – eher zu sich selbst als zu uns – : ,Um Juden nach Bialystok zu spedieren, brauchen wir einen LKW mit Plane. Der läßt sich organisieren. Fahrbefehle für eigene Zwecke habe ich auf Vorrat. Für jüdische Arbeitskräfte bekomme ich im Bedarfsfall ganz sicher welche. Mein Kamerad in Bialystok kann mir auf dienstlichem Wege bestätigen, dass dort noch einige hundert jüdische Arbeitskräfte benötigt werden...[...] Ich will mir alles noch einmal in Ruhe überlegen. Kommen Sie ungefähr in einer Stunde wieder. Bringen Sie Ihre Habseligkeiten mit. Sie können beide hier übernachten.'

VERHAFTUNG UND HINRICHTUNG

Im Januar 1942 wird Schmid verhaftet. Am 25. Februar verurteilt ihn das Gericht der Feldkommandantur in Wilna zum Tode. Die Anklage ebenso wie die Akten der Verhandlung sind verschollen. Am 13. April 1942 wird Anton Schmid hingerichtet.

Seiner Frau und seiner Tochter schrieb Anton Schmid am 9. April, kurz vor seinem Tod: „Ich kann Dir heute schon alles über mein Schicksal, das mich ereilte, mitteilen – aber eines bitte ich Dich: bleibe stark, wenn Du weiterliest, es ist leider so, dass ich zum Tode verurteilt wurde vom Kriegsgericht in Wilna, [...] ich habe mich damit abgefunden und das Schicksal wollte es so. Es ist von oben – unserem lieben Gott – bestimmt, daran lässt sich nichts ändern. Ich bin heute so ruhig, dass ich es selber nicht glauben kann, aber unser lieber Gott hat das so gewollt und mich so stark gemacht, ich hoffe, dass er Euch ebenso stark machte wie mich. Ich will Dir noch mitteilen, wie das ganz kam: hier waren sehr viele Juden, die vom Litauischen Militär zusammengetrieben und auf einer Wiese ausserhalb der Stadt erschossen wurden, immer so an die 2000–3000 Menschen. Die Kinder haben sie auf dem Wege gleich an die Bäume angeschlagen – kannst Du Dir das vorstellen? Ich musste – was ich nicht wollte – die Versprengtenstelle übernehmen, wo 140 Juden arbeiteten, diese baten mich, ich soll sie von hier wegbringen [...]. Da liess ich mich überreden – Du weißt ja, wie mir ist mit meinem weichen Herzen – ich konnte nicht viel nachdenken und half ihnen – was von Gerichts wegen schlecht war. Ich glaube Dir, meine liebe Stefi und Gertha, dass es ein harter Schlag ist für uns, aber bitte, bitte verzeiht mir – ich habe nur als Mensch gehandelt [...]."

Schmids Geburtshaus in der Landstraßer Hauptstraße 77, Wien
Christiane M. Pabst/Manfred Wieninger, Privatbesitz

Das Gebäude der „Versprengtensammelstelle" in Wilna, Kolejowa 15 (Stich aus dem Jahr 1915)
KPC AM, AFP – 716

Gedenktafel für Anton Schmid in Wien Brigittenau, Pappenheimgasse 31, Eingang Leipziger Str. 40
Christiane M. Pabst/Manfred Wieninger, Privatbesitz

Am 8. Mai 2000 verlieh Bundesverteidigungsminister Rudolf Scharping der Heeresflugabwehrschule in Rendsburg den Namen „Feldwebel-Schmid-Kaserne"
Foto-Wagner KG, Rendsburg, Film 66001, Foto Nr. 8

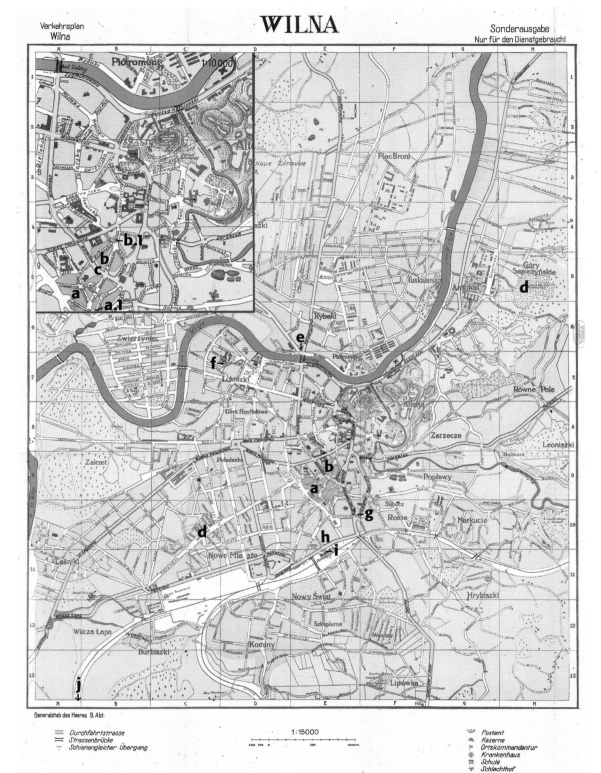

a) Ghetto Nr. 1, vorgesehen für die Juden mit gültigen „Arbeitsscheinen" und deren Familien

a.1) Ghettotor, einziger Zugang

b) Ghetto Nr. 2, Durchgangsstation nach Ponary, wurde am 21. Oktober 1941 „aufgelöst"

b.1) Ghettotor, einziger Zugang

c) Zwischen den beiden Ghettos die „Deutsche Straße"

d) Der Friedhof im Stadtteil Antokol, hier wurde Anton Schmid begraben

e) Der Markt auf der Wilkomierska und der Nowogrodzka, Sammelplatz bei der Einrichtung der beiden Ghettos Anfang September 1941

f) Lukiszki-Gefängnis, Sammelplatz für „Aussiedlungen"

g) Kloster „Ostra Brama"

h) Die Versprengtensammelstelle in der Kolejowa, der Eisenbahnstraße 15, schräg gegenüber dem Hauptbahnhof

i) Hauptbahnhof, von hier aus gingen Züge nach Ponary

j) Erschießungsstätte Ponary, 10 km südwestlich von Wilna

Stadtplan von Wilna, ca. 1940
SBB – PK, Kartenabteilung, Kart. 336 – B III/10a

Anton Schmid, ohne Datum
ullstein bild

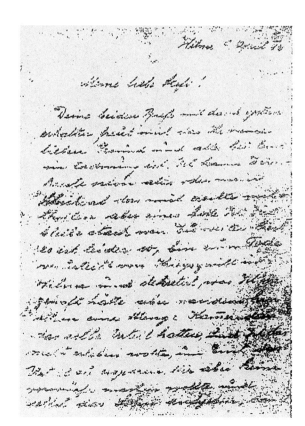

Brief von Anton Schmid an seine Frau, 9.4.1942
Dokumentationszentrum des Bundes Jüdischer Verfolgter des Naziregimes, Wien,
Akte Anton Schmid

Abschrift des Briefes von Anton Schmid, Wilna, an Stefanie
Schmid, Wien, vom 9.4.1942
Dokumentationszentrum des Bundes Jüdischer Verfolgter des Naziregimes, Wien,
Akte Anton Schmid

„Meine liebe Stefi!

Deine beiden Briefe mit Dank gestern erhalten. Freut mich, dass
Ihr, meine Lieben, gesund seid und alles bei euch in Ordnung ist.
Ich kann Dir heute schon alles über mein Schicksal, das mich
ereilte, mitteilen – aber eines bitte ich Dich: bleibe stark, wenn
Du weiterliest, es ist leider so, dass ich zum Tode verurteilt
wurde vom Kriegsgericht in Wilna, was ich nie erwartet hätte –
aber nachdem hier schon eine Menge Kameraden dasselbe Urteil hatten und ich das nicht erleben wollte, um Euch das Urteil
zu ersparen, mir aber keine Vorwürfe machen wollte und selbst
das Leben aufzugeben, damit Ihr vielleicht denken könntet, ich
will nicht mehr zu Euch zurückkommen. So wartete ich bis es
zu spät ist und ich erst nichts retten kann – es ist eben Krieg
und das Gericht macht keine Geschichten – kurz und bündig –
wirst ja einmal noch viel hören wie bei den Kriegsgerichten
verurteilt wurde, aber man kann nichts dagegen machen als
ein Gnadengesuch einreichen, das ich auch tat. Bis heute Mittag wird sich entscheiden, was wird, ich glaube aber, dass es
abgewiesen wird, da bis jetzt alle abgewiesen wurden.
Aber meine Lieben, darum Kopf hoch, ich habe mich damit abgefunden und das Schicksal wollte es so. Es ist von oben – unserem lieben Gott – bestimmt, daran lässt sich nichts ändern.
Ich bin heute so ruhig, dass ich es selber nicht glauben kann,
aber unser lieber Gott hat das so gewollt und mich so stark gemacht, ich hoffe, dass er Euch ebenso stark machte wie mich.
Ich will Dir noch mitteilen, wie das ganz kam: hier waren sehr
viele Juden, die vom Litauischen Militär zusammengetrieben
und auf einer Wiese ausserhalb der Stadt erschossen wurden -
immer so an die 2000–3000 Menschen. Die Kinder haben sie
auf dem Wege gleich an die Bäume angeschlagen – kannst Du
Dir das vorstellen? Ich musste – was ich nicht wollte – die Versprengtenstelle übernehmen, wo 140 Juden arbeiteten, diese
baten mich, ich soll sie von hier wegbringen oder es einem Fahrer
mit Wagen sagen. Da liess ich mich überreden – Du weisst ja,
wie mir ist mit meinem weichen Herzen – ich konnte nicht viel
nachdenken und half ihnen – was von Gerichts wegen schlecht
war. Ich glaube Dir, meine liebe Stefi und Gertha, dass es ein
harter Schlag ist für uns, aber bitte, bitte verzeiht mir – ich habe nur als Mensch gehandelt und wollte ja niemandem weh tun.
Wenn Ihr, meine Lieben, das Schreiben in Euren Händen habt,
dann bin ich nicht mehr auf Erden – ich werde Euch auch nichts
mehr schreiben können – aber eines seid gewiss, dass wir uns
einstens wiedersehen in einer besseren Welt bei unserem
lieben Gott. Ich habe noch einen Brief geschrieben vom 1.4.
– oder schon früher – dem habe ich das Bild von Gertha beigelegt, das Du ja auch bekommen wirst. Dieses gebe ich dem
Pfarrer. In meiner Stube sind 6 Mann von 17–23 Jahren, die
dasselbe Los haben wegen Fahnenflucht und Feigheit vor dem
Feinde – alles wird so verurteilt.
Auch Juden sind Feinde – es ist eben so ... "

FELDPOSTBRIEFE

Jeder Soldat erlebte den Krieg auf seine Weise. Erlebnisse, Gedanken und Gefühle hielten die meisten in Feldpostbriefen fest, die sie nach Hause an die Familie, an Freunde, Kollegen oder Kameraden schickten. Feldpostbriefe zählen nach Milliarden, von denen Hunderttausende erhalten geblieben sind. Sie gestatten heute einen Einblick in die individuellen Erfahrungen im Krieg; sie berichten von dem, was Soldaten sahen, was sie erlebten und was sie taten.

Die Wehrmachtsangehörigen gingen mit ihren Kriegserlebnissen unterschiedlich um. Mancher behielt seine Eindrücke für sich oder schrieb darüber nur in Andeutungen. Andere erzählten ausführliche Geschichten oder nutzten den brieflichen Kontakt, um sich zu vergewissern, daß zu Hause alles so bleiben würde, wie man es verlassen hatte.

Kaum eine andere Quelle kann das Wahrnehmen des Krieges besser zeigen als Feldpostbriefe, gerade weil in ihnen das Kriegsgeschehen als subjektive Erzählung bearbeitet und aufbewahrt ist. Zwar stand die Feldpost unter stichprobenartiger Zensur, gleichwohl schrieben Soldaten ausdrücklich oder andeutungsweise auch von ihren Erfahrungen mit Gewalt, Hunger und Tod. Einige berichteten sogar von Kriegsverbrechen, von denen sie gehört, die sie gesehen oder die sie selbst verübt hatten.

Feldpostbriefe lassen erahnen, welchen Sinn der einzelne dem Krieg gab oder ob er ihn für gänzlich sinnlos hielt. So unterschiedlich und widersprüchlich die Briefe auch sind – die dort festgehaltenen Urteile und Vorurteile, die Hoffnungen und Flüche, die Feindbilder und Ideale zeigen auch, daß viele Soldaten mit den Wirklichkeitsdeutungen des Nationalsozialismus in hohem Maße übereinstimmten. Ihr Verhältnis zum Krieg läßt sich daher nicht auf das von Befehl, Gehorsam und Pflichterfüllung reduzieren.

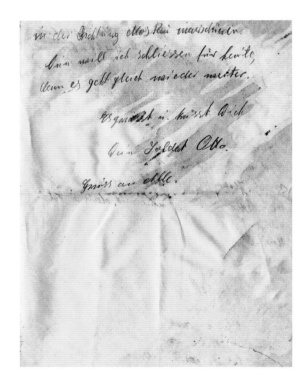

Soldat Otto E., 19.7.1941
BfZ, Sammlung Schüling, Bd. 312

„[...] Habe Deine 3 lb. Briefe erhalten recht vielen Dank dafür. Hauptsächlich für den letzten Brief mit dem Briefpapier u. Zigaretten. Ich hätte Dir nehmlich schon viel eher geschrieben, wenn ich Papier gehabt hätte. Nun gesundheitlich geht es mir auser Hunger u. Durst noch gut, dasselbe hoffe ich auch von Dir. Liebe Paula wie es hier bei uns in den letzten Tage herging da kannst Du Dir überhaupt kein Bild machen. Weiter nichts wie Marschieren u. nochmals Marschieren. Essen u. Trinken nur sehr dünne weil durch die schlechten Strassen der Nachschub nicht richtig mit konnte. Wir teilten mit drei Mann ein Brot [...]. Hier ist es auch sehr schlecht bei den Leute, denn die haben selber nichts u. nachher ist auch alles so dreckig bei Ihnen. Da kann man wieder sagen es gibt blos ein Deutschland. [...]"

Oberschütze Helmut O., 6.3.1942
BfZ, Sammlung Schüling, Bd. 222

„[...] Nachts nahm der Russe das Dorf durch seine Panzer, und anderen morgens schlugen wir seine Infanterie wieder raus, das war so ein hin und her. Mit der Infanterie von Russen sind wir immer schnell fertig geworden. Das machte einem so richtig Spas wenn sie so durch den Schnee gekrochen kamen, dann ließen wir sie auf 50 m rankommen und böllerten dann mit unserem M.G. dazwischen, da vielen sie wie die Fliegen. [...]“

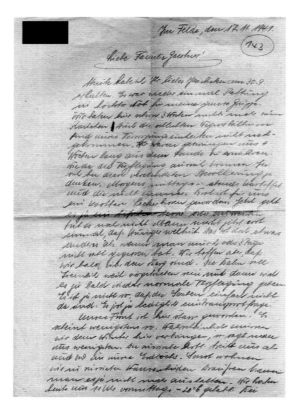

Unteroffizier Walter F., 17.11.1941
BfZ, Sammlung Sterz

„[...] Wie die Sache nun weiterläuft weiß man nicht. Hier ist man allgemein der Ansicht, daß es im nächsten Frühjahr weitergeht bis zum Ural. Mit einer halben Sache will man sich ja wahrscheinlich nicht abgeben. Eine restlose Vernichtung ist alleine schon erforderlich, um dem russischen Elendsvolk bessere Lebensbedingungen zu geben. Wer das nicht gesehen hat, kann sich gar kein Begriff machen davon. Wenn diese verhurten Soldatenhaufen über Deutschland hergefallen wären, es wäre vorbei gewesen mit allem was deutsch ist. [...]"

Obergefreiter Hans S., 15.7.1944
BfZ, Sammlung Sterz

„[...] wenn ich nur einmal mit meinem Pferd nach Hause fahren könnte. Ein Beispiel, der Krauner, sonst ein tüchtiger und tapferer Bursche, machte die Dummheit und schießte sich durch die Hand. Nun soll er erschossen werden wie allgemein gesprochen wird. Aber nichts davon sagen lb. Frau. Auch fragst du was der Chef spricht. Er sagt zu mir, er hätte die Schnauze voll. Wenn da einer nicht einen schönen Heimatschuß bekommt, kommt er nicht raus aus dem wilden Durcheinander. So furchtbar wie der Krieg tobt hier, so ist auch der Schwindel. Die Jungen, die auch nicht länger und bestimmt nicht tapferer waren als ich bekamen Auszeichnungen. Weil ich nun beim Troß bin fahre ich leer. Mir ist ja die Hauptsache wenn ich zu Euch zurück kehre auf das Andere verzichte ich Alles. Da ich doch der Gefangenschaft fast nahe schon war, habe ich meine Orden schon gleich weggeworfen, denn der Offizier der bei uns war machte es auch so. Daß die Kerl in der Heimat sich noch halten können ist uns unbegreiflich. [...]"

Gefreiter Ludwig B., 28.9.1941
BfZ, Sammlung Sterz

„[...] es ist auch so noch überall gefährlich durch die vielen Mienen wo gelegt sind. In Kiew zum beispiel ist eine Explosion nach der anderen durch Mienen. Die Stadt brennt schon 8 Tage, alles machen die Juden, darauf sind die von 14 bis 60 Jahre alten Juden erschossen worden und werden auch noch Frauen von den Juden erschossen werden, sonst wird's nicht Schluß damit. [...]"

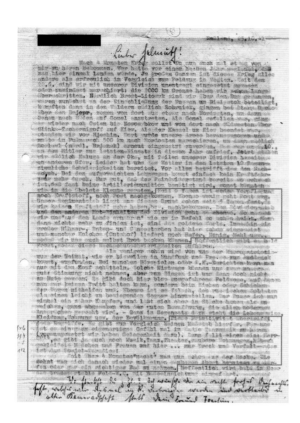

Leutnant Joachim H., 25.10.1941
BfZ, Sammlung Sterz

„[...] Seit 6 Tagen ist weder Verpflegung noch Kraftstoff, noch Post nachgekommen. Ebenso wenig geht Post weg. Unser Regimentstab liegt aus diesem Grund schon seit 5 Tagen fest, da wir keinen Kraftstoff mehr haben bzw. nachbekommen. Dem Divisionsstab und den anderen Mot-Einheiten der Division geht es ebenso. So müssen wir uns ‚aus dem Lande ernähren‘ wie es im Befehl so schön heißt. Wenn dann nichts mehr zu finden ist, sind das goldene Worte. Immerhin ein großes Hühner-, Enten- und Gänsesterben hat hier schon eingesetzt und mancher Kolchos (Gutshof) liefert noch Hafer, Honig, Mehl usw., sodaß wir uns auch selbst Brot backen können. [...] Diese Primitivität [der Bevölkerung] übertrifft jede Begriffe. Es gibt zum Vergleich keinen Maßstab hierfür. Für uns ist es ein ganz eigenartiges Gefühl, mal im Radio Tanzmusik zu hören [...]. Dann fällt einem ein: Herrgott, es gibt ja auch noch Musik, Tanz, Theater, saubere Wohnungen, hübsch gekleidete Mädchen und Frauen und hier ... nur Dreck und Verfall – das ist das Sowjet-Paradies! Seit über 4 Monaten ‚macht‘ man nun schon aus der Hocke. Wie sehnt man sich danach wieder mal einen sauberen Abort benutzen zu dürfen oder gar ein richtiges Bad zu nehmen. [...]“

Leutnant Otto K., 23.11.1941
BfZ, Sammlung Sterz

„[...] und zweitens sorgen die Schabstähle dafür, dass uns niemand für Russkis oder Partisanen hält, welche letzteren, sofern man sie hat, eine Zeit lang kleine Luftattraktion vollführen müssen, wobei sie zwischen Kopf und Baumast nur eine kurze Strickleitung aufzuweisen haben. Immerhin sind diese Fälle hier schon etwas seltener geworden. Ein solches Schaustück spricht sich doch schneller herum als angeschlagene Verfügungen gelesen werden. [...]"

NACHKRIEGSZEIT

Am 9. Mai 1945 gab das Oberkommando der Wehrmacht in seinem letzten Bericht bekannt, daß seit Mitternacht die Waffen schwiegen und „die deutsche Wehrmacht [...] am Ende einer gewaltigen Übermacht ehrenvoll unterlegen" sei. Wenige Monate später hielten ehemals führende Generäle der Wehrmacht in einer Denkschrift ihre Sicht auf die Rolle der Wehrmacht im Zweiten Weltkrieg fest. Partisanenkrieg, Geiselerschießungen und Zwangsarbeiterrekrutierungen seien kriegsnotwendige Maßnahmen gewesen. Die Verfolgung und Ermordung der Juden habe der Reichsführer-SS ohne Mitwirkung und Kenntnis der Heeresdienststellen durchgeführt. Damit war das Bild einer an Kriegsverbrechen unbeteiligten und somit „sauberen Wehrmacht" entworfen.

Allerdings blieb diese Sicht nicht unwidersprochen. Ranghohe Militärs mußten sich vor dem Internationalen Militärgerichtshof in Nürnberg für ihre Beteiligung an Kriegsverbrechen verantworten und wurden schuldig gesprochen. Gleichzeitig erklärte das alliierte Gericht zwar die Gestapo, den Sicherheitsdienst und die SS, nicht aber den Generalstab und das Oberkommando der Wehrmacht zu verbrecherischen Organisationen. In der öffentlichen Meinung wurde dies als Freispruch für die Wehrmacht gewertet.

In den fünfziger Jahren stand die Frage nach dem politischen und gesellschaftlichen Umgang mit ehemaligen Wehrmachtsangehörigen unter dem Einfluß des Kalten Krieges und der Entscheidung zur Wiederbewaffnung Deutschlands. Die Integration der beiden deutschen Staaten in die jeweiligen Bündnissysteme ließ die strafrechtliche Verfolgung der „Kriegsverbrecher" in den Hintergrund treten. Ost- und Westdeutschland brauchten die alten Eliten, um Staat und Armee neu aufzubauen.

In Westdeutschland bedurfte es eines Generationenwechsels, um Traditionen in Frage zu stellen und an gesellschaftlichen Tabus zu rütteln. Erst Ende der siebziger Jahren etablierte sich eine kritische Militärgeschichtsschreibung, die intensiv die Beteiligung der Wehrmacht an Kriegsverbrechen erforschte. Trotz der wissenschaftlichen Erkenntnisse blieb allerdings das Bild der „sauberen Wehrmacht" in der westdeutschen Öffentlichkeit bis in die achtziger Jahre vorherrschend.

DER LETZTE WEHRMACHTSBERICHT VOM 9. MAI 1945
– DER BEGINN EINER LEGENDE

„[...] Seit Mitternacht schweigen nun an allen Fronten die Waffen. Auf Befehl des Großadmirals [Dönitz] hat die Wehrmacht den aussichtslos gewordenen Kampf eingestellt. Damit ist das fast sechsjährige heldenhafte Ringen zu Ende. Es hat uns große Siege aber auch schwere Niederlagen gebracht. Die deutsche Wehrmacht ist am Ende einer gewaltigen Übermacht ehrenvoll unterlegen.

Der deutsche Soldat hat, getreu seinem Eid, im höchsten Einsatz für sein Volk für immer Unvergeßliches geleistet. Die Heimat hat ihn bis zuletzt mit allen Kräften unter schwersten Opfern unterstützt.

Die einmalige Leistung von Front und Heimat wird in einem späteren gerechten Urteil der Geschichte ihre endgültige Würdigung finden.

Den Leistungen und Opfern der deutschen Soldaten zu Lande, zu Wasser und in der Luft wird auch der Gegner die Achtung nicht versagen. [...]"

„Das Oberkommando der Wehrmacht gibt bekannt ..." Der deutsche Wehrmachtbericht, vollst. Ausg. der 1939–1945 durch Presse und Rundfunk veröffentlichten Texte, Bd. 3, Osnabrück 1982, S. 569

GRUNDLAGEN ALLIIERTER STRAFVERFOLGUNG

Die Initiative zur gerichtlichen Verfolgung der deutschen Kriegsverbrechen ging zunächst von den Exilregierungen der Staaten aus, die Deutschland besetzt hielt: Belgien, Frankreich, Griechenland, Holland, Jugoslawien, Luxemburg, Norwegen, Polen und die Tschechoslowakei. Sie forderten im Januar 1942 in der Erklärung von St. James die Strafverfolgung und Hinrichtung der Kriegsverbrecher. „Les coupables et responsables, à quelque nationalité qu'ils apartiennent, soient recherchés, livrés à la justice; les sentences prononcés soient executés."

Roosevelt, Churchill und Stalin bekräftigten auf mehreren Konferenzen die Pläne zur Bestrafung der deutschen Kriegsverbrecher. Am 8. August 1945 vereinbarten Großbritannien, die Vereinigten Staaten, Frankreich und die Sowjetunion das Statut für einen Internationalen Militärgerichtshof (IMT). Darin wurde die Planung, Vorbereitung und Durchführung eines Angriffskrieges („Verbrechen gegen den Frieden") als Straftatbestand formuliert, ebenso die Verletzung der Kriegsgesetze und Gebräuche („Kriegsverbrechen") sowie Gewaltmaßnahmen gegen die Zivilbevölkerung, wie „Mord, Ausrottung, Versklavung, Deportation". Die Entscheidung der Alliierten, diese Bestimmungen nur auf Angehörige der besiegten Staaten anzuwenden, wurde von Angeklagten und Verteidigern dazu genutzt, die auf dem Statut basierenden Verfahren als „Siegerjustiz" abzulehnen. Die Rechtsgrundsätze des IMT bildeten die Grundlage für alle nachfolgenden Prozesse in Nürnberg und sollten – so die Hoffnung des US-amerikanischen Chefanklägers Robert H. Jackson – zentrale Bestandteile eines neuen Völkerrechts werden.

„Erklärung über deutsche Grausamkeiten im besetzten Europa" von Roosevelt, Churchill und Stalin vom 1.11.1943

Kriegsdokumente, 17; zit. n. Quellen zur Geschichte des Völkerrechts, hrsg. v. Wilhelm W. Grewe, Bd. 3/2: 1815–1945, Berlin und New York 1992, S. 1291

„[...] jene deutschen Offiziere, Soldaten und Mitglieder der Nazi-partei, die irgend etwas mit Greueltaten und Hinrichtungen in den von den deutschen Streitkräften überrannten Ländern zu tun gehabt haben, [sollen] in die Länder zurückgebracht werden [...], in denen ihre abscheulichen Verbrechen begangen wurden, um nach den Gesetzen jener Länder angeklagt und be-straft zu werden. [...]"

Statut für den Internationalen Gerichtshof in Nürnberg, 8.8.1945 (Auszug)

Der Prozeß gegen die Hauptkriegsverbrecher vor dem Internationalen Militärgerichtshof (International Military Tribunal), Nürnberg, 14. Nov. 1945–1. Okt. 1946, Bd. 1, Nürnberg 1947, S. 11 f.

„[...] *Artikel 6:*
Der durch das in Artikel 1 genannte Abkommen eingesetzte Gerichtshof zur Aburteilung der Hauptkriegsverbrecher der der europäischen Achse angehörigen Staaten hat das Recht, alle Personen abzuurteilen die im Interesse der der europäischen Achse angehörenden Staaten als Einzelpersonen oder als Mit-glieder einer Organisation oder Gruppe eines der folgenden Verbrechen begangen haben:
Die folgenden Handlungen, oder jede einzelne von ihnen, stellen Verbrechen dar, für deren Aburteilung der Gerichtshof zuständig ist. Der Täter solcher Verbrechen ist persönlich verantwortlich:
(a) VERBRECHEN GEGEN DEN FRIEDEN: Nämlich: Planen, Vorbe-reitung, Einleitung oder Durchführung eines Angriffskrieges oder eines Krieges unter Verletzung internationaler Ver-träge, Abkommen oder Zusicherungen oder Beteiligung an einem gemeinsamen Plan oder an einer Verschwörung zur Ausführung einer der vorgenannten Handlungen;
(b) KRIEGSVERBRECHEN: Nämlich: Verletzung der Kriegsgesetze oder -gebräuche.
Solche Verletzungen umfassen, ohne jedoch darauf beschränkt zu sein, Mord, Mißhandlungen oder Deportation zur Sklaven-arbeit oder für irgendeinen anderen Zweck, von Angehörigen der Zivilbevölkerung von oder in besetzten Gebieten, Mord oder Mißhandlungen von Kriegsgefangenen oder Personen auf hoher See, Töten von Geiseln, Plünderung öffentlichen oder privaten Eigentums, die mutwillige Zerstörung von Städten, Märkten oder Dörfern oder jede durch militäri-sche Notwendigkeit nicht gerechtfertigte Verwüstung;
(c) VERBRECHEN GEGEN DIE MENSCHLICHKEIT: Nämlich: Mord, Ausrottung, Versklavung, Deportation oder andere unmensch-liche Handlungen, begangen an irgendeiner Zivilbevölkerung vor oder während des Krieges, Verfolgung aus politischen, rassischen oder religiösen Gründen, begangen in Ausführung eines Verbrechens oder in Verbindung mit einem Verbrechen, für das der Gerichtshof zuständig ist, und zwar unabhängig davon, ob die Handlung gegen das Recht des Landes verstieß, in dem sie begangen wurde, oder nicht.
Anführer, Organisatoren, Anstifter und Teilnehmer, die am Ent-wurf oder der Ausführung eines gemeinsamen Planes oder einer Verschwörung zur Begehung eines der vorgenannten Verbrechen teilgenommen haben, sind für alle Handlungen verantwortlich, die von irgendeiner Person in Ausführung eines solchen Planes begangen worden sind. [...]"

DER NÜRNBERGER PROZESS
GEGEN DIE HAUPTKRIEGSVERBRECHER

Zwischen November 1945 und Oktober 1946 wurden in Nürnberg die deutschen Hauptkriegsverbrecher vor Gericht gestellt. Sie waren angeklagt, „Verbrechen gegen den Frieden, gegen
das Kriegsrecht und gegen die Humanität" begangen zu haben. Zudem wurden sie beschuldigt,
„als Führer, Organisatoren, Anstifter und Mittäter an der Ausarbeitung oder Ausführung eines
gemeinsamen Plans oder einer Verschwörung" teilgenommen zu haben, die die Begehung von
Verbrechen zum Ziel hatten.

Angeklagt waren unter anderem:
Generalfeldmarschall Wilhelm Keitel, Chef des Oberkommandos der Wehrmacht,
Generaloberst Alfred Jodl, Chef des Wehrmachtführungsstabes,
„Reichsmarschall" Hermann Göring, Oberbefehlshaber der Luftwaffe und Reichsluftfahrtminister
Großadmiral Erich Raeder, Oberbefehlshaber der Kriegsmarine,
Großadmiral Dönitz, Raeders Nachfolger in der Marineleitung und Hitlers Nachfolger als
Staatsoberhaupt.
Das Gericht prüfte zudem, ob das Oberkommando der Wehrmacht (OKW) und der Generalstab
als verbrecherische Organisationen zu verurteilen seien.

Fünf der angeklagten Wehrmachtsangehörigen wurden vom Internationalen Militärgerichtshof
in Nürnberg schuldig gesprochen. Göring, Keitel und Jodl erhielten die Todesstrafe, Raeder wurde
zu lebenslanger, Dönitz zu einer zehnjährigen Haftstrafe verurteilt.

Gegen die Stimme des sowjetischen Richters L.T. Nikitchenko sprach sich das Gericht dagegen
aus, OKW und Generalstab zu verbrecherischen Organisationen zu erklären, da sie nicht als
„Gruppe" im Sinne des Statuts gelten könnten. Gleichwohl betonte das Gericht, daß Mitglieder
dieser Institutionen maßgeblich an Kriegsverbrechen im Sinne der Anklage beteiligt gewesen
seien, und stellte deren persönliche Verantwortung für die Straftaten heraus.

Anklageschrift des Internationalen Militärgerichtshofs in Nürnberg (Auszüge)

Der Prozeß gegen die Hauptkriegsverbrecher vor dem Internationalen Militärgerichtshof (International Military Tribunal), Nürnberg, 14. Nov. 1945–1. Okt. 1946, Bd. 1, Nürnberg 1947, S. 83 (Keitel und Jodl), S. 84 (Dönitz) und S. 90 (OKW und Generalstab)

„[...] KEITEL Der Angeklagte KEITEL war von 1938 bis 1945: Chef des Oberkommandos der deutschen Wehrmacht, Mitglied des Geheimen Kabinettsrates, Mitglied des Ministerrates für die Reichsverteidigung und Feldmarschall. Der Angeklagte KEITEL benutzte die vorangegangenen Stellungen, seinen persönlichen Einfluß und seine intimen Beziehungen zum Führer dazu: Daß er die militärischen Vorbereitungen für einen Krieg, wie in Anklagepunkt Eins der Anklageschrift angeführt, förderte. Er nahm an den politischen Plänen und Vorbereitungen der Nazi-Verschwörer für Angriffskriege und Kriege in Verletzung von internationalen Verträgen, Vereinbarungen und Zusicherungen, wie in Anklagepunkten Eins und Zwei angeführt, teil; er übernahm die Verantwortung für die Ausführung des Planes und führte aus den Plan der Nazi-Verschwörer für Angriffskriege und Kriege in Verletzung von internationalen Verträgen, Vereinbarungen und Zusicherungen, wie in Anklagepunkt Vier angeführt; er genehmigte und leitete Kriegsverbrechen und Verbrechen gegen die Humanität, wie in Anklagepunkten Drei und Vier angeführt, insbesondere auch Kriegsverbrechen und Verbrechen gegen die Humanität, die mit der üblen Behandlung von Kriegsgefangenen und der Zivilbevölkerung besetzter Gebiete verbunden waren, und nahm an diesen Verbrechen teil. [...]

JODL Der Angeklagte JODL war von 1932 bis 1945: Oberstleutnant in der Operationsabteilung der Wehrmacht, Oberst, Chef der Operationsabteilung des Oberkommandos der Wehrmacht, Generalmajor, Chef des Wehrmachtsführungsstabes und Generalleutnant. Der Angeklagte JODL benutzte die vorangegangenen Stellungen, seinen persönlichen Einfluß und seine enge Beziehung zum Führer dazu: Daß er die Machtergreifung der Nazi-Verschwörer und die Festigung ihrer Kontrolle über Deutschland, wie in Anklagepunkt Eins angeführt, förderte; er stärkte und festigte die Vorbereitung für den Krieg, wie in Anklagepunkt Eins angeführt; er nahm an den militärischen Plänen und Vorbereitungen der Nazi-Verschwörer für Angrifffskriege und Kriege in Verletzung internationaler Verträge, Vereinbarungen und Zusicherungen teil, wie in Anklagepunkten Eins und Zwei angeführt; er genehmigte und leitete Kriegsverbrechen, wie in Anklagepunkt Drei angeführt, und Verbrechen gegen die Humanität, wie in Anklagepunkt Vier angeführt, einschließlich vieler verschiedenartiger Verbrechen gegen Personen und Eigentum, und nahm an diesen Verbrechen teil. [...]

DÖNITZ Der Angeklagte DÖNITZ war von 1932 bis 1945 Befehlshaber der U-Boot-Flottille Weddigen, Befehlshaber der U-Boot-Waffe, Vize-Admiral, Admiral, Großadmiral und Oberster Befehlshaber der deutschen Kriegsmarine, Hitler's Ratgeber und Hitler's Nachfolger als Haupt der Deutschen Regierung. Der Angeklagte DÖNITZ benutzte die vorangegangenen Stellungen, seinen persönlichen Einfluß und seine engen Beziehungen zum Führer dazu: Daß er die Kriegsvorbereitungen, wie in Anklagepunkt Eins angeführt, förderte; er nahm an den militärischen Plänen und Vorbereitungen der Nazi-Verschwörer für Angriffskriege und Kriege in Verletzung von internationalen Verträgen, Vereinbarungen und Zusicherungen teil, wie in Anklagepunkten Eins und Zwei angeführt, und er genehmigte und leitete Kriegsverbrechen, wie in Anklagepunkt Drei angeführt, besonders Verbrechen gegen Personen und Eigentum auf hoher See, und nahm an diesen Verbrechen teil. [...]

GENERALSTAB UND OBERKOMMANDO DER DEUTSCHEN WEHRMACHT.

Der ‚Generalstab und das Oberkommando der Wehrmacht', die in der Anklageschrift erwähnt sind, bestanden aus den Einzelpersonen, die zwischen Februar 1938 und Mai 1945 die höchsten Stellen in der Wehrmacht, Heer, Kriegsmarine und Luftwaffe innehatten. Die in dieser Gruppe umfaßten Einzelpersonen sind die Inhaber folgender Stellen:
Oberbefehlshaber der Kriegsmarine
Chef (und früher Chef des Stabes) der Seekriegsleitung
Oberbefehlshaber des Heeres
Chef des Generalstabes des Heeres
Oberbefehlshaber der Luftwaffe
Chef des Generalstabes der Luftwaffe
Chef des Oberkommandos der Wehrmacht
Chef des Führungsstabes des Oberkommandos der Wehrmacht
Stellvertretender Chef des Führungsstabes des Oberkommandos der Wehrmacht
Die Oberbefehlshaber im Felde im Range eines Oberbefehlshabers der Wehrmacht, Kriegsmarine, Heer, Luftwaffe.
In diesen Funktionen und als Angehörige der höchsten Rangstufen der deutschen Wehrmacht waren diese Personen in besonderem Maße für die Planung, Vorbereitung, das Beginnen und die Führung der ungesetzlichen Kriege verantwortlich, wie sie in den Anklagepunkten Eins und Zwei der Anklageschrift auseinandergesetzt sind, sowie für die Kriegsverbrechen und Verbrechen gegen die Humanität, die sich bei der Ausführung des gemeinsamen Planes oder der Verschwörung ergaben, wie in den Anklagepunkten Drei und Vier der Anklageschrift auseinandergesetzt ist. [...]"

Das Urteil des Internationalen Militärgerichtshofs in Nürnberg, 1946 (Auszüge)

Der Prozeß gegen die Hauptkriegsverbrecher vor dem Internationalen Militärgerichtshof (International Military Tribunal), Nürnberg, 14. Nov. 1945–1. Okt. 1946, Bd. 1, Nürnberg 1947, S. 311–314

„[...] GENERALSTAB UND OBERKOMMANDO DER WEHRMACHT.

Die Anklagevertretung hat auch verlangt, den Generalstab und Oberkommando der deutschen Wehrmacht zu einer verbrecherischen Organisation zu erklären. Der Gerichtshof ist der Ansicht, daß Generalstab und Oberkommando nicht für verbrecherisch erklärt werden sollte. Ist auch die Anzahl der beschuldigten Personen größer als im Falle der Reichsregierung, so ist sie doch so klein, daß Einzelprozesse gegen diese Offiziere den hier verfolgten Zweck besser erreichen würden, als die verlangte Erklärung. Aber ein noch zwingenderer Grund ist nach der Meinung des Gerichtshofes darin zu ersehen, daß Generalstab und Oberkommando weder eine ‚Organisation', noch eine ‚Gruppe' im Sinne der im Artikel 9 des Statuts gebrauchten Bezeichnungen ist. [...]

Nach den vorgelegten Beweisen war ihre Planungstätigkeit in den Stäben, die ständigen Besprechungen zwischen Stabsoffizieren und Feldkommandeuren, ihre Operationstechnik im Felde und in den Stabsquartieren, so ziemlich die gleiche, wie bei den Armeen, Marinen und Luftwaffen aller anderen Länder. Die alles umfassende auf Koordination und Leitung gerichtete Tätigkeit des OKW kann mit einer ähnlichen, wenn auch nicht identischen Organisationsform bei anderen Armeen, wie zum Beispiel den Anglo-Amerikanischen gemeinsamen Stabschefs, verglichen werden.

Aus dieser Schablone ihrer Tätigkeit das Bestehen einer Vereinigung oder Gruppe ableiten zu wollen, ist nach Ansicht des Gerichtshofes nicht folgerichtig. [...]

Obwohl der Gerichtshof der Meinung ist, daß die im Artikel 9 enthaltene Bezeichnung ‚Gruppe' mehr enthalten muß, als eine Anhäufung von Offizieren, ist ihm doch viel Beweisstoff über die Teilnahme dieser Offiziere an der Planung und Führung des Angriffskrieges und an der Begehung von Kriegsverbrechen und Verbrechen gegen die Menschlichkeit vorgelegt worden. Dieses Beweisergebnis ist gegen viele von ihnen klar und überzeugend. Sie sind in großem Maße verantwortlich gewesen für die Leiden und Nöte, die über Millionen Männer, Frauen und Kinder gekommen sind. Sie sind ein Schandfleck für das ehrenhafte Waffenhandwerk geworden. Ohne ihre militärische Führung wären die Angriffsgelüste Hitlers und seiner Nazi-Kumpane akademisch und ohne Folgen geblieben. Wenn diese Offiziere auch nicht eine Gruppe nach dem Worlaut des Statuts bildeten, so waren sie doch sicher eine rücksichtslose militärische Kaste. Der zeitgenössische deutsche Militarismus erlebte mit seinen jüngsten Verbündeten, dem Nationalsozialismus, eine kurze Blütezeit, wie er sie in der Vergangenheit kaum schöner gekannt hat.

Viele dieser Männer haben mit dem Soldateneid des Gehorsams gegenüber militärischen Befehlen ihren Spott getrieben. Wenn es ihrer Verteidigung zweckdienlich ist, so sagen sie, sie hatten zu gehorchen; hält man ihnen Hitlers brutale Verbrechen vor, deren allgemeine Kenntnis ihnen nachgewiesen wurde, so sagen sie, sie hätten den Gehorsam verweigert.

Die Wahrheit ist, daß sie an all diesen Verbrechen rege teilgenommen haben oder in schweigender Zustimmung verharrten, wenn vor ihren Augen größer angelegte und empörendere Verbrechen begangen wurden, als die Welt je zu sehen das Unglück hatte. Dies mußte gesagt werden. Wo es der Sachverhalt rechtfertigt, sollen diese Leute vor Gericht gestellt werden, damit jene unter ihnen, die dieser Verbrechen schuldig sind, ihrer Bestrafung nicht entgehen. [...]"

Minderheitenvotum des sowjetischen Richters des Internationalen Militärgerichtshofes, L. T. Nikitchenko, vom 1.10.1946

Der Prozeß gegen die Hauptkriegsverbrecher vor dem Internationalen Militärgerichtshof (International Military Tribunal), Nürnberg, 14. Nov. 1945–1. Okt. 1946, Bd. 1, Nürnberg 1947, S. 189–414, Zitat S. 405–407 und 411

„[...] VI. UNRICHTIGE ENTSCHEIDUNG ÜBER DEN GENERALSTAB UND DAS OKW.

Im Urteil wird die Anklage wegen der verbrecherischen Tätigkeit des Generalstabes und Oberkommandos der Wehrmacht (OKW) als unrichtig zurückgewiesen. Der Verzicht, den Generalstab und das OKW für eine verbrecherische Organisation zu erklären, widerspricht der wirklichen Lage der Dinge und den Beweisdokumenten, die im Laufe des Verfahrens vorgelegt wurden.

Es unterliegt keinem Zweifel, daß die Führung der Wehrmacht des nationalsozialistischen Deutschland zusammen mit dem Parteiapparat und den Dienststellen der SS eines der wichtigsten Organe zur Vorbereitung und Verwirklichung der aggressiven und menschenhassenden Pläne war. [...]

Die organische Verbindung zwischen dem nationalsozialistischen Parteiapparat, SS-Dienststellen und der Wehrmacht war besonders stark auf der oberen Stufe der Militärhierarchie, die die Anklageschrift zum Begriff der verbrecherischen Organisation ‚der Generalstab und das OKW' zusammenfaßt. [...]

Die Führung der Wehrmacht bestand nicht etwa aus Offizieren, die bestimmte Stufen der Militärhierarchie erreicht haben. Sie war vor allem eine geschlossene Gruppe, der besonders geheim gehaltene Pläne der Hitlerschen Führung anvertraut wurden. Die vorgelegten Dokumente bestätigen in vollem Maße, daß die militärischen Führer dieses Vertrauen vollkommen rechtfertigten und daß sie überzeugte Anhänger und leidenschaftliche Vollzieher von Hitlers Plänen waren. [...]

Die Tatsache, daß sie die schwersten Verbrechen gegen den Frieden, Kriegsverbrechen und Verbrechen gegen die Humanität verübt haben, wird nicht nur nicht bestritten, sondern ganz besonders im Urteil des Gerichtshofes betont. Jedoch ist aus dieser Tatsache keine gebührende Folgerung gezogen worden. Im Urteil ist gesagt: ‚... Sie sind ein Schandfleck für das ehrenhafte Waffenhandwerk geworden. Ohne ihre militärische Führung wären die Angriffsgelüste Hitlers und seiner Nazi-Kumpane akademisch und ohne Folgen geblieben ...'. Weiter: ‚... Viele dieser Männer haben mit dem Soldateneid des Gehorsams gegenüber militärischen Befehlen ihren Spott getrieben. Wenn es in ihrer Verteidigung zweckdienlich ist, so sagen sie, sie hatten zu gehorchen; hält man ihnen Hitlers brutale Verbrechen vor, deren allgemeine Kenntnis ihnen nachgewiesen wurde, so sagten sie, sie hätten den Gehorsam verweigert. Die Wahrheit ist, daß sie an all diesen Verbrechen rege teilgenommen haben oder in stillschweigender Zustimmung verharrten, wenn vor ihren Augen größer angelegte und empörendere Verbrechen begangen wurden, als die Welt je zu sehen das Unglück hatte. Dies mußte gesagt werden.'

All diese Behauptungen des Urteils sind gerecht und auf zahlreiche glaubwürdige Urkunden gestützt. Es ist nur nicht klar, warum diese ,hundert höheren Offiziere', die der Welt und ihrem eigenen Lande so viel Leid angetan haben, nicht für eine verbrecherische Organisation erklärt worden sind. [...]

In der Beweisaufnahme ist in vollem Ausmaß festgestellt, daß Generalstab und Oberkommando der Hitlerschen Wehrmacht eine sehr gefährliche verbrecherische Organisation darstellen. Ich hielt es für die Pflicht des Richters, meine abweichende Meinung in den wichtigen Fragen niederzulegen, in denen ich mit der Entscheidung des Gerichtshofes nicht einverstanden bin.

Sowjetisches Mitglied des Internationalen Militärgerichtshofes Generalmajor der Justiz

Unterschrift: L.T. Nikitchenko

1. Oktober 1946."

Blick in den Gerichtssaal des Nürnberger Hauptkriegsverbrecherprozesses, 1945/46
Bundesarchiv, Bild 189/H/27/800

Die Angeklagten in Nürnberg, 1945/46
Bundesarchiv, Bild 146/94/120/22A

Urteilsverkündung im Nürnberger Hauptkriegsverbrecherprozeß, 30.9. und 1.10.1946
Bundesarchiv, Bild 146/2001/9/12A

Interessierte Zeitungsleser nach der Urteilsverkündung, 1.10.1946

Bundesarchiv, Bild 146/90/32/29A

„Entfernt die Kriegsverbrecher aus allen Positionen!"
Transparent auf der Ruine des Berliner Schlosses, 1947

Friedrich Seidenstücker/bpk

DIE NÜRNBERGER NACHFOLGEPROZESSE

Im Anschluß an den Prozeß gegen die Hauptkriegsverbrecher führten die USA in Nürnberg zwölf weitere Gerichtsverfahren gegen insgesamt 177 Angeklagte durch, darunter gegen den Feldmarschall der Luftwaffe Erich Milch (Fall 2), gegen insgesamt elf Befehlshaber der Wehrmacht wegen Geiselerschießungen in Südosteuropa (Fall 7) sowie gegen Angehörige des Oberkommandos der Wehrmacht und führende Generäle (Fall 12). Aber auch im sogenannten Ärzte-Prozeß (Fall 1) standen Wehrmachtsangehörige vor Gericht. Sie wurden für Euthanasiemorde, Menschenversuche und Zwangssterilisationen verantwortlich gemacht.

Der Prozeß gegen die „Südostgeneräle" (Fall 7) fand zwischen Juli 1947 und Februar 1948 statt. Den Angeklagten wurde vorgeworfen, Kriegsgefangene mißhandelt und serbische und griechische Zivilisten als Geiseln völkerrechtswidrig erschossen zu haben.
Angeklagt waren:
Generalfeldmarschall Wilhelm List (lebenslänglich),
Generalfeldmarschall Maximilian Freiherr von Weichs (Verfahren aus Gesundheitsgründen eingestellt),
General der Pioniere Walter Kuntze (lebenslänglich)
Generäle der Infanterie Hermann Foertsch (Freispruch), Ernst Dehner (7 Jahre)
und Ernst von Leyser (10 Jahre),
Generäle der Gebirgstruppen Franz Böhme (Selbstmord) und Hubert Lanz (12 Jahre),
Generalmajor Kurt Ritter von Geitner (Freispruch), Generaloberst Dr. Lothar Rendulic (20 Jahre)
sowie die Generäle der Flieger Helmuth Felmy (15 Jahre) und Wilhelm Speidel (20 Jahre).

Im Fall 12 gegen Angehörige des Oberkommandos der Wehrmacht (OKW) und führende Generäle (Dezember 1947 bis Oktober 1948) waren unter anderen angeklagt:
General Walter Warlimont, stellvertretender Chef des Wehrmachtführungsstabes (lebenslänglich),
General der Infanterie Hermann Reinecke, als Chef des Allgemeinen Wehrmachtsamtes im OKW für das Kriegsgefangenenwesen zuständig und zugleich Chef des NS-Führungsstabes des OKW (lebenslänglich),
der Generaloberstabsrichter Dr. Rudolf Lehmann (7 Jahre) und elf weitere Generäle, die Oberbefehlshaber von Armeen, Heeres- bzw. Marinegruppen, Luftflotten oder rückwärtigen Heeresgebieten gewesen waren, darunter Befehlshaber Karl von Roques (20 Jahre), Generalfeldmarschall Georg von Küchler (20 Jahre), Generalfeldmarschall Wilhelm Ritter von Leeb (3 Jahre), Generaloberst Hans Reinhardt (15 Jahre) und Generaloberst Hermann Hoth (15 Jahre).

Die Angeklagten wurden schuldig gesprochen, Kriegsgefangene ermordet, an der Deportation von Zivilisten teilgenommen und mit den Einsatzgruppen zusammengearbeitet zu haben. Dagegen sprach das amerikanische Gericht sie vom Anklagepunkt frei, für die Planung und Durchführung von Angriffskriegen verantwortlich gewesen zu sein.

Die Anklagebank im Fall 7, 1947/48
von links: Wilhelm List, Walter Kuntze, Hermann Foertsch, Kurt von Geitner
ullstein bild

Urteil des Militärgerichtshofes V im Fall 7, 19.2.1948 (Auszug)
Fall 7. Das Urteil im Geiselmordprozeß, gefällt am 19. Februar 1948 vom Militärgerichtshof V
der Vereinigten Staaten von Amerika, hrsg. und mit einer Einl. und Chronik über den Volksbefreiungskampf in Jugoslawien, Griechenland und Albanien von Martin Zöller und Kazimierz
Leszczyński, Berlin (Ost) 1965, S. 98–100

„[...] Es ist jedoch nicht unser Amt, Völkerrecht zu schreiben,
wie wir es haben möchten – wir müssen es anwenden, wie wir es
vorfinden. [...]
Zu einer rechtmäßigen Geiselnahme ist es nach Gewohnheitsrecht wesentlich, daß eine Bekanntmachung stattfindet, die
die Namen und Adressen der genommenen Geiseln angibt und
die Bevölkerung davon unterrichtet, daß bei einer Wiederholung der angegebenen Akte von Kriegsverrat die Geiseln erschossen werden würden. Die Anzahl der erschossenen Geiseln
darf an Schärfe die Vergehen, von denen die Erschießung abzuschrecken bestimmt ist, nicht überschreiten. Wenn die vorerwähnten Bedingungen nicht erfüllt sind, so stellt die Erschießung von Geiseln eine Verletzung des Völkerrechts dar
und ist in sich selbst ein Kriegsverbrechen. [...]"

Die Angeklagten bei der Urteilsverkündung (Fall 7), 19.2.1948
ullstein bild

Urteil im OKW- Prozeß vom 28.10.1948 (Auszug)

Fall 12. Das Urteil gegen das Oberkommando der Wehrmacht, gefällt am 28. Oktober 1948 in Nürnberg vom Militärgerichtshof der Vereinigten Staaten von Amerika, 2. Aufl., Berlin (Ost) 1961, S. 86 f.

„[...] Bestimmte Befehle der Wehrmacht und des deutschen Heeres waren offensichtlich verbrecherisch. Dazu brauchte man kein Rechtsgutachten, um die Rechtswidrigkeit solcher Befehle festzustellen. Nach Auffassung jeder zivilisierten Nation verletzten sie die Kriegsbräuche und anerkannten Grundsätze der Menschlichkeit. Jeder Befehlshaber mit normaler Intelligenz mußte ihre Rechtswidrigkeit sehen und verstehen. Jede Teilnahme an der Durchführung solcher Befehle, stillschweigend oder nicht, jede stillschweigende Einwilligung in die Ausführung durch Untergebene stellt eine rechtswidrige Handlung des Befehlshabers dar. [...]"

Angeklagte im OKW-Prozeß, 12.2.1948
1. Reihe von links: Wilhelm von Leeb, Hugo Sperrle, Georg von Küchler, Hermann Hoth
2. Reihe von links: Walter Warlimont, Otto Wöhler, Rudolf Lehmann
ullstein bild/dpa

SOWJETISCHE PROZESSE

Neben US-amerikanischen, britischen, französischen und anderen Einzelverfahren erfolgten auch Verurteilungen wegen Kriegsverbrechen in der Sowjetunion. Am 19. April 1943 verabschiedete das Präsidium des Obersten Sowjet der UdSSR den „Ukas 43". Das Dekret richtete sich rückwirkend gegen alle deutschen Kriegsverbrechen, die seit Juni 1941 in der besetzten Sowjetunion verübt worden waren. Angeklagt wurden Angehörige der Wehrmacht, der SS, der Waffen-SS, des Sicherheitsdienstes (SD) sowie der Polizei und der Zivilverwaltung. Im September 1943 vollstreckte die Sowjetunion in Mariupol erstmals vier Todesurteile gegen deutsche Soldaten.

Zwischen Dezember 1945 und Februar 1946 wurde gegen 85 Personen Anklage erhoben, unter ihnen ranghohe Offiziere der Wehrmacht, Stadtkommandanten und Befehlshaber rückwärtiger Heeresgebiete. Die Prozesse wurden bis 1952 durchgeführt, waren zum Teil öffentlich, zentral gesteuert und endeten meist mit Höchststrafen. Die Mehrzahl der Angeklagten hatte keinen Verteidiger. Nach Abschaffung der Todesstrafe im Mai 1947 lauteten die Urteile in der Regel auf 10 bis 25 Jahre Arbeitslager. Nach der Wiedereinführung der Todesstrafe 1951 kam es erneut zu Hinrichtungen. Durch die ab 1949 praktizierte Aburteilung in Massenprozessen stieg die Zahl der Angeklagten erheblich an. Insgesamt wurden schätzungsweise 37.000 Personen verurteilt, darunter befanden sich zahlreiche ehemalige Angehörige der Wehrmacht.

Dekret (Ukas) des Präsidiums des Obersten Sowjet der UdSSR vom 19.4.1943

Zit. n. Gerd R. Ueberschär (Hg.), Der Nationalsozialismus vor Gericht. Die alliierten Prozesse gegen Kriegsverbrecher und Soldaten 1943–1952, Frankfurt am Main 1999, S. 279–281

„NICHT FÜR DIE PRESSE
DEKRET
DES PRÄSIDIUMS DES OBERSTEN SOWJET DER UDSSR

ÜBER MASSNAHMEN ZUR BESTRAFUNG DER DEUTSCHEN FASCHI-
STISCHEN ÜBELTÄTER, SCHULDIG DER TÖTUNG UND MISSHAND-
LUNG DER SOWJETISCHEN ZIVILBEVÖLKERUNG UND DER GEFAN-
GENEN ROTARMISTEN, DER SPIONE, DER VERRÄTER DER HEIMAT
UNTER DEN SOWJETISCHEN BÜRGERN UND DEREN MITHELFERN.

[...] Unter Berücksichtigung dessen, daß die Ausschreitungen und Gewalttaten gegenüber wehrlosen sowjetischen Bürgern und gefangenen Rotarmisten und der Verrat an der Heimat die schändlichsten und schwerwiegendsten Verbrechen und die niederträchtigsten Übeltaten sind, *beschließt* der Oberste Sowjet der UdSSR:

1. Zu erkennen, daß die deutschen, italienischen, rumänischen, ungarischen und finnischen faschistischen Übeltäter, die der Tötung und Mißhandlung der Zivilbevölkerung und ge- fangenen Rotarmisten überführt sind, und die Spione und Verräter der Heimat unter den sowjetischen Bürgern mit dem Tod durch Erhängen bestraft werden.

2. Die Mithelfer aus der örtlichen Bevölkerung, die der Unter- stützung der Übeltäter bei Ausschreitungen und Gewalttaten gegenüber wehrlosen sowjetischen Bürgern und gefangenen Rotarmisten überführt sind, werden mit Verbannung zur Zuchthausarbeit für eine Frist von 15 bis 20 Jahren bestraft.

[...]

4. Die Urteile der Feldgerichte bei den Divisionen sind vom Kommandeur der Division zu bestätigen und unverzüglich zu vollstrecken.

5. Die Vollstreckung der Urteile der Feldgerichte bei den Divi- sionen – Todesstrafe durch Erhängen der Verurteilten – erfolgt öffentlich, vor dem Volk, der Körper der Gehenkten bleibt einige Tage am Galgen, damit alle wissen, wie bestraft wird und welche Strafe denjenigen ereilt, der Gewalt gegen- über der Zivilbevölkerung anwendet und Ausschreitungen verübt, und der seine Heimat verrät.

DER VORSITZENDE DES PRÄSIDIUMS
DES OBERSTEN SOWJET DER UDSSR   M. KALININ

DER SEKRETÄR DES PRÄSIDIUMS
DES OBERSTEN SOWJET DER UDSSR   A. GORKIN

Gez. Unterschrift (A. Gorkin)
22.IV.

Moskva, Kreml
21. 19. April 1943"

DER MANSTEIN-PROZESS

Generalfeldmarschall Erich von Manstein wurde im August 1949 vor einem britischen Militärgericht in Hamburg angeklagt. Der Prozeß, der in die Gründungszeit der beiden deutschen Staaten fiel, war bereits im Vorfeld umstritten. Nicht nur in Deutschland stieß die Anklageerhebung auf Kritik, auch britische Politiker des konservativen Lagers sprachen sich gegen ein solches Verfahren aus, da sie Manstein zu Unrecht vor Gericht sahen. Der Angeklagte erhielt aus dem Ausland umfassende Unterstützung, so wurde er nicht nur von zwei deutschen, sondern auch von drei britischen Rechtsanwälten verteidigt.

Am 19. Dezember 1949 verurteilte das Gericht den Angeklagten zu 18 Jahren Haft. Es befand Manstein für schuldig, als Armeeoberbefehlshaber den Völkermord an den Juden mitverantwortet sowie die Deportation, Mißhandlung und Erschießung von sowjetischen Kriegsgefangenen und Zivilisten in seinem Zuständigkeitsbereich zugelassen zu haben. Des weiteren sah es das Gericht als erwiesen an, daß Manstein die Kriegsgesetze verletzt habe, indem er verbrecherische Befehle selbst erlassen oder solchen zugestimmt hatte.

Das Urteil kam überraschend, viele hatten einen Freispruch erwartet. Dem Richterspruch folgte eine Welle der Unterstützung für Manstein aus dem Inland und dem westlichen Ausland. In der öffentlichen Debatte über die Verurteilung Mansteins ging es zunehmend auch um die Frage, ob ehemalige Wehrmachtsangehörige nicht generell amnestiert werden sollten. Manstein wurde 1953 aus der Haft entlassen.

Erich von Manstein auf der Anklagebank, 1949
Bundesarchiv, Bild 122/51669/1849

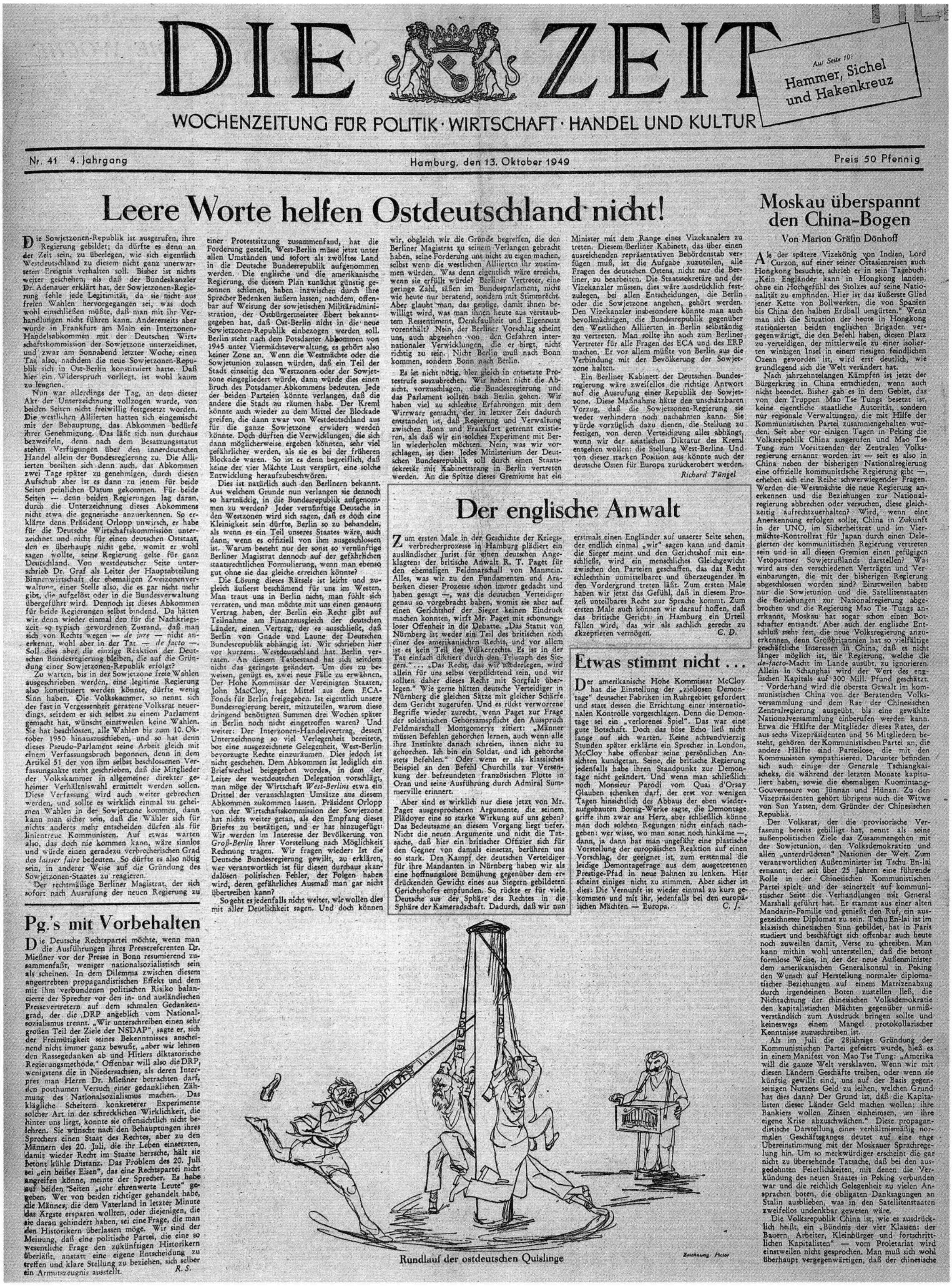

DIE ZEIT

WOCHENZEITUNG FÜR POLITIK · WIRTSCHAFT · HANDEL UND KULTUR

Nr. 41 · 4. Jahrgang · Hamburg, den 13. Oktober 1949 · Preis 50 Pfennig

Auf Seite 10: Hammer, Sichel und Hakenkreuz

Leere Worte helfen Ostdeutschland nicht!

Die Sowjetzonen-Republik ist ausgerufen, ihre Regierung gebildet; in der Zeit sein, zu überlegen, wie es sich eigentlich Westdeutschland zu diesem nicht ganz unerwarteten Ereignis verhalten soll. Bisher ist nichts weiter geschehen, als daß der Bundeskanzler Dr. Adenauer erklärt hat, der Sowjetzonen-Regierung fehle jede Legitimität, da sie nicht aus freien Wahlen hervorgegangen sei, was doch wohl einschließen müßte, daß man mit ihr Verhandlungen nicht führen kann. Andererseits aber wurde in Frankfurt am Main ein Interzonen-Handelsabkommen mit der Deutschen Wirtschaftskommission der Sowjetzone unterzeichnet, und zwar am Sonnabend letzter Woche, einen Tag also, nachdem die neue Sowjetzonen-Republik sich in Ost-Berlin konstituiert hatte. Daß hier ein Widerspruch vorliegt, ist wohl kaum zu leugnen.

Nun war allerdings der Tag, an dem dieser Akt der Unterzeichnung vollzogen wurde, von beiden Seiten nicht freiwillig festgesetzt worden. Die westlichen Alliierten hatten sich eingemischt mit der Behauptung, das Abkommen bedürfe ihrer Genehmigung. Das läßt sich nun durchaus bezweifeln, denn nach dem Besatzungsstatut stehen Verfügungen über den innerdeutschen Handel allein der Bundesregierung zu. Die Alliierten bestanden aber darauf, daß das Abkommen zwei Tage später zu genehmigen, durch diesen Aufschub aber ist es dann zu jenem für beide Seiten peinlichen Datum gekommen. Für beide Seiten — denn beiden Regierungen lag daran, durch die Unterzeichnung dieses Abkommens nicht etwa die gegenseitige anzuerkennen. So erklärte denn Präsident Orlopp unwirsch, er habe für die Deutsche Wirtschaftskommission nicht unterzeichnet und nicht für einen deutschen Oststaat, den es überhaupt nicht gebe, womit er wohl sagen wollte, eine Regierung gelte für das Deutschland. Von westdeutscher Seite unterschrieb der Graf als Leiter der Hauptabteilung...

[Der weitere Text dieser Spalten ist in der Vorlage nur bruchstückhaft lesbar.]

Pg.'s mit Vorbehalten

Die Deutsche Rechtspartei möchte, wenn man die Ausführungen ihres Pressereferenten Dr. Mießner vor der Presse in Bonn zusammenfaßt, weniger nationalsozialistisch sein als scheinen. In dem Dilemma zwischen dem angestrebten propagandistischen Effekt und dem mit ihm verbundenen politischen Risiko balancierte der Sprecher vor den in- und ausländischen Pressevertretern auf dem schmalen Gedankengrad, der die DRP angeblich vom Nationalsozialismus trennt. „Wir unterschreiben einen sehr großen Teil der Ziele der NSDAP", sagte er, sich der Freimütigkeit seines Bekenntnisses anscheinend nicht immer ganz bewußt, „aber wir lehnen den Rassegedanken ab und Hitlers diktatorische Regierungsmethode."...

R. S.

Der englische Anwalt

Zum ersten Male in der Geschichte der Kriegsverbrecherprozesse in Hamburg plädierte ein ausländischer Jurist für einen deutschen Angeklagten: der britische Anwalt R. T. Paget für den ehemaligen Feldmarschall von Manstein. Alles, was er, in den Fundamenten und Arabesken dieser Prozesse schon immer gedacht und gesagt wurde — was die deutschen Verteidiger genau so vorgebracht haben, wenn es ein Gerichtshof der Sieger keinen Eindruck machen konnten, wirft Mr. Paget mit schonungsloser Offenheit in die Debatte...

C. D.

Etwas stimmt nicht ...

Der amerikanische Hohe Kommissar McCloy hat die Einstellung der „zielloser Demontage" deutscher Fabriken im Ruhrgebiet gefordert und statt dessen die Errichtung einer internationalen Kontrolle vorgeschlagen. Denn die Demontage sei ein „verlorenes Spiel". Das war eine gute Botschaft. Doch das böse Echo ließ nicht lange auf sich warten...

C. J.

Moskau überspannt den China-Bogen
Von Marion Gräfin Dönhoff

Als der spätere Vizekönig von Indien, Lord Curzon, auf einer seiner Ostasienreisen auch Hongkong besuchte, schrieb er in sein Tagebuch: „Kein Engländer kann in Hongkong landen, ohne ein Hochgefühl des Stolzes auf seine Nationalität zu empfinden. Hier ist das äußerste Glied jener Kette von Bollwerken, die von Spanien bis China den halben Erdball umgürten." Wenn man sich die Situation der heute in Hongkong stationierten besten englischen Brigaden vergegenwärtigt, die den Befehl haben, diesen Platz zu verteidigen, der mittlerweile zu einer isolierten winzigen Insel in einem riesigen feindlichen Ozean geworden ist, wird erst deutlich, wie grundlegend sich die Welt verändert hat...

Richard Tüngel

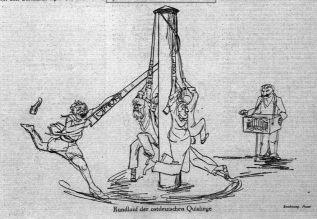

Rundlauf der ostdeutschen Quislinge

Zeichnung: Peter

DIE ZEIT vom 13.10.1949

DIE „KRIEGSVERBRECHERFRAGE"

Nach der Gründung der beiden deutschen Staaten und dem Beginn des Kalten Krieges stand die Debatte über die „Kriegsverbrecher" unter dem Einfluß der westlichen Integration der jungen Bundesrepublik und der Entscheidung zur Wiederbewaffnung.

Eines der ersten Gesetze, die der kurz zuvor gewählte Bundestag Ende Dezember 1949 verabschiedete, war ein Straffreiheitsgesetz, durch das Urteile wegen NS-Verbrechen von bis zu einem Jahr Haft amnestiert wurden. Das im Mai 1951 erlassene Ausführungsgesetz zum Artikel 131 des Grundgesetzes sah die Rehabilitation und Wiedereinsetzung aller Beamten vor, die in den Entnazifizierungsverfahren als Belastete, Mitläufer und Entlastete eingestuft worden waren. Ausnahmen bestanden weiterhin für Angehörige der Gestapo und der Waffen-SS. Unter das Gesetz fielen auch etwa 147.000 ehemalige Berufssoldaten und ihre Angehörigen, die ihre Pensions- und Versorgungsrechte wiedererlangten.

Ebenso beherrschte die Frage der noch inhaftierten Gefangenen, die von alliierten Gerichten wegen Kriegsverbrechen verurteilt worden waren, die Öffentlichkeit. Teile der damaligen Regierungsparteien CDU/CSU/FDP/DP machten ihre Zustimmung zur Integration der Bundesrepublik in das westliche Bündnis und zur Wiederbewaffnung von der Freilassung der Kriegsverbrecher abhängig.

Insbesondere das von Theodor Blank geführte und mit dem Aufbau der neuen Bundeswehr betraute „Amt Blank" versuchte, inhaftierte Offiziere für die westdeutsche Armee freizubekommen. Federführend waren dabei der Befehlshaber der Panzertruppe General a. D. Gerhard Graf von Schwerin, Generalleutnant a. D. Adolf Heusinger und Generalleutnant a. D. Dr. Hans Speidel.

Im Januar 1951 milderte der US-Hochkommissar für die Bundesrepublik, John McCloy, zahlreiche Urteile ab und erließ etlichen Gefangenen die weitere Haftzeit, darunter auch Inhaftierten, die wegen Massenmordes verurteilt worden waren. Deutsch-alliierte Begnadigungsausschüsse nahmen sich in der Folgezeit der restlichen Fälle an. 1958 verließen die letzten Inhaftierten die westalliierten Gefängnisse. Albert Speer und Rudolf Heß verblieben als Verurteilte der vier alliierten Mächte in Berlin-Spandau.

Konrad Adenauer an Pastor Dr. Bernhard Custodis, Bonn 23.2.1946

Konrad Adenauer, Briefe 1945–1947, bearb. von Hans Peter Mensing, Berlin 1983, S. 172 f., Zitat S. 172

„[…] Das deutsche Volk, auch Bischöfe und Klerus zum großen Teil, sind auf die nationalsozialistische Agitation eingegangen. Es hat sich fast widerstandslos, ja zum Teil mit Begeisterung […] gleichschalten lassen. Darin liegt seine Schuld. Im übrigen hat man aber auch gewußt – wenn man auch die Vorgänge in den Lagern nicht in ihrem ganzen Ausmaße gekannt hat –, daß die persönliche Freiheit, alle Rechtsgrundsätze, mit Füßen getreten wurden, daß in den Konzentrationslagern große Grausamkeiten verübt wurden, daß die Gestapo, unsere SS und zum Teil auch unsere Truppen in Polen und Rußland mit beispiellosen Grausamkeiten gegen die Zivilbevölkerung vorgingen. Die Judenpogrome 1933 und 1938 geschahen in aller Öffentlichkeit. Die Geiselmorde in Frankreich wurden von uns offiziell bekanntgegeben. Man kann also wirklich nicht behaupten, daß die Öffentlichkeit nicht gewußt habe, daß die nationalsozialistische Regierung und die Heeresleitung ständig aus Grundsatz gegen das Naturrecht, gegen die Haager Konvention und gegen die einfachsten Gebote der Menschlichkeit verstießen. […]“

Justizminister Dehler an Bundeskanzler Adenauer, Februar 1952

Bundesarchiv, B 305/50

„Sehr verehrter Herr Bundeskanzler! […]
Ich halte es für dringend erforderlich, dass spätestens bei Abschluss der Vereinbarung über die europäische Verteidigungsgemeinschaft auch eine Regelung über die von den Drei Mächten wegen Kriegsverbrechen noch in Haft gehaltenen Deutschen getroffen wird. […]“

Bundeskanzler Konrad Adenauer am 3.12.1952 im Deutschen Bundestag

Verhandlungen des Deutschen Bundestages, 1. Wahlperiode 1949, Stenographische Berichte, Bd. 14, 240. Sitzung am 3.12.1952, Bonn 1953, Bl. 11141

„[…] Ich möchte heute vor diesem Hohen Haus im Namen der Bundesregierung erklären, daß wir alle Waffenträger unseres Volkes, die im Namen der hohen soldatischen Überlieferung ehrenhaft zu Lande, auf dem Wasser oder in der Luft gekämpft haben, anerkennen. Wir sind überzeugt, daß der gute Ruf und die große Leistung des **deutschen Soldaten** trotz aller Schmähungen während der vergangenen Jahre in unserem Volke noch lebendig sind und auch bleiben werden. Es muß unsere Aufgabe sein – und ich bin sicher, wir werden sie lösen –, die sittlichen Werte des deutschen Soldatentums mit der Demokratie zu verschmelzen. Der kommende deutsche Soldat wird nur dann seiner deutschen und europäischen Aufgabe gerecht werden, wenn er von den Grundprinzipien erfüllt ist, auf denen die Ordnung unseres Staates ruht. Diese Ordnung sichert zugleich die ethischen Werte des Soldaten vor erneutem Mißbrauch. […]“

Festlicher Umzug in Allmendingen am 7.5.1953 aus Anlaß der Entlassung von Generalfeldmarschall von Manstein
Photo AP/SV-Bilderdienst

Wachablösung am Kriegsverbrechergefängnis Berlin-Spandau, ohne Datum
Bundesarchiv, Bild 146/94/14/8A

1952 initiierte das Boulevardblatt „Abendpost" eine Weihnachtsbürgen-Aktion. Mehr als 200 Deutsche boten sich an, den Platz der Verurteilten im britischen Kriegsverbrechergefängnis Werl einzunehmen, damit jene über Weihnachten zu ihren Familien gehen könnten.

Hans-Peter K███████
(21a) Amt-Avenwedde
b.Gütersloh/W.

Avenwedde, d.30.11.1952

b.nschreiben!

An die

Britische Verwaltung
der Strafanstalten in Werl

W e r l /Westf.

Strafanstalt Werl
Eing. 2. DEZ. 1952
Anlage

Sehr geehrte Herren,

Hiermit stelle ich höflichst den Antrag, mich über Weihnachten und Neujahr, also vom 22.Dezember 1952 bis zum 2.Januar 1953, in die Strafanstalt Werl, Abteilung Kriegsverbrecher, aufzunehmen, um einem der Häftlinge einen Urlaub zur Jahreswende zu ermöglichen. Ich dachte mir, dass ich vielleicht für einen älteren Insassen, z.B. den ehemaligen Generalfeldmarschall von Manstein, der mein Armeeführer war, eintreten kann.
Da ich selbst 3 Jahre in russischer Gefangenschaft war und weiss, was es bedeutet, die Jahreswende hinter Stacheldraht oder Gefängnismauern zu verbringen, halte ich es für meine Pflicht, als junger Mensch gegenüber einem älteren Kameraden, dessen Lebenstage vielleicht schon gezählt sind, einen Dienst zu erweisen.
Beiliegend übersende ich Ihnen die Originale meiner Entnazifizierungsurkunde und ein polizeiliches Führungszeugnis.
Ich hoffe, dass Sie meiner Bitte grosses Verständnis entgegenbringen werden, erwarte einen baldigen Bescheid von Ihnen und begrüsse Sie

mit vorzüglicher Hochachtung

(Oberleutnant a.D., kaufm.Angestellter)

2 Anlagen:
1 polizeil.Führungszeugnis
1 Entnazifizierungsurkunde

Hans-Peter K., Avenwedde, an Strafanstalt Werl, 30.11.1952
PRO, FO 1060/464

B R U N O M ■■■■
H A M B U R G 39

Hölderlinsallee 6   ,den 7. Dezember 1952

                    An den
                    Kommandanten des englischen Gefängnisses
                    z. Hd. Herrn Oberst V i c k e r s

                    W e r l

Gesuch und Bitte
für einen Inhaftierten.

                    Ich selbst war bis 1950 in einem russ. Lager.
                    Aus dieser Erkenntnis und menschlichem Gefühl
                    heraus weiß ich zu genau, was einem für längere
                    Zeit seiner Freiheit beraubten und Inhaftierten,
                    kurz vor dem Weihnachtsfest, dem Fest des Friedens,
                    der Freude und der Liebe, bewegt.

                    Wenn es irgend eine Möglichkeit gibt möchte ich
                    von einem in W e r l "Festgehaltenen" einen
                    Urlaub auf Ehrenwort erbitten, damit dieser Kamerad
                    (allein oder in Begleitung) die Feiertage im Kreise
                    seiner Familie verleben kann.
                    Für diese Tage bin ich entschlossen, als "Ersatz"
                    bezw. Geisel für ihn und an seiner Stelle in Werl
                    zu verbleiben.

                    Mein Lebenswandel ist einwandfrei, so dass niemand
                    auf andere Beweggründe schließen kann als auf das
                    Motiv reiner Menschlichkeit.

                    In der Hoffnung hierfür Verständnis aufzubringen,
                    bitte ich meinem Ersuchen zu entsprechen.

                                        Hochachtungsvoll

                                        Bruno Meisel

                                        - 6 -

Bruno M., an Kommandant Oberst Vickers, 7.12.1952
PRO, FO 1060/464

DEUTSCHE JUNGDEMOKRATEN

REICHSVORSTAND   SEKRETARIAT

An die

Britische Verwaltung der
Strafanstalt Werl
z.Hd. des Herrn Kommandanten

W e r l / Westf.
●==================

Bonn, den 20.Dezember 1952
Chr./Tm.

EINSCHREIBEN !

EILBOTEN !

Betr.: Weihnachtsurlaub für wegen Kriegsverbrechen verurteilte
       Insassen der Strafanstalt Werl.

──

Sehr geehrte Herren !

Die Deutschen Jungdemokraten (FDP) haben sich auf einer Arbeitstagung
im Land Schleswig-Holstein für einen Weihnachtsurlaub auf Ehrenwort
in einer Entschliessung für Kriegsverurteilte eingesetzt. Die Deutschen
Jungdemokraten erklären sich bereit, für die Urlaubszeit aus den
eigenen Reihen Geiseln zu stellen. Damit diese Entschliessung keine
Phrase bleibt, bittet Hans W▆▆▆▆, geb. 2.4.19 in Bargteheide Krs.
Stormarn , wohnhaft in Elmenhorst Krs. Stormarn (Schleswig-Holstein)
sich als Geisel für einen Kriegsverurteilten zur Verfügung stellen zu
dürfen. Weiterhin stellt sich Frau Luise C▆▆▆, geb. 20.3.21 in Stral-
sund, wohnhaft Bonn, Nordstr.16, als Geisel zur Verfügung. Selbstverständlich setzen sie sich nicht für die Fälle ein, die sich wirklicher
krimineller Vergehen schuldig gemacht haben.

Herr W▆▆▆ und Frau C▆▆▆ möchten noch einmal eindringlich darauf
hinweisen, dass die Frage der Kriegsverurteilten ein empfindsamer
Punkt im deutschen Verhältnis zur westlichen Welt ist, den über sieben
Jahre nach Kriegsende aus der Welt zu schaffen nicht nur ein Gebot der
Gerechtigkeit, sondern ebenso der politischen Klugheit ist. Wenn wir
die britische Verwaltung gerade zum Weihnachtsfest um diesen Gnadenakt
bitten, so deshalb, damit auch im Zuchthaus Werl ein Schimmer christ-
licher Liebe und Verzeihens auch von alliierter Seite einziehen möge.

Wir bitten deshalb sehr dringend und herzlich, dem Gesuch der beiden
Obengenannten stattzugeben und uns gegebenenfalls umgehend telephonisch
oder telegraphisch zu benachrichtigen.

                              Mit vorzüglicher Hochachtung !

                                        [Unterschrift]
                                      (Luise C▆▆▆)

BONN, NORDSTRASSE 16, TEL. 5 23 75 · BANKVERBINDUNG: RHEIN.-WESTF. BANK FILIALE BONN NR. 151 271

Deutsche Jungdemokraten an Strafanstalt Werl, 20.12.1952
PRO, FO 1060/464

INTEGRATION IN DER DDR

Wie in der Bundesrepublik stand auch in der DDR die Integration ehemaliger Wehrmachtsangehöriger unter den Vorzeichen des beginnenden Kalten Krieges und dem Neuaufbau der Armee.

In der sowjetisch besetzten Zone sollte in erster Linie die Nationaldemokratische Partei Deutschlands (NDPD) die ehemaligen Berufssoldaten und Mitglieder der NSDAP einbinden. Der frühere
Generalleutnant Vincenz Müller, der in sowjetischer Kriegsgefangenschaft als Mitglied des Bundes
Deutscher Offiziere (BDO) eindeutig gegen Hitler Stellung bezogen hatte, wurde stellvertretender
Vorsitzender der NDPD und später General in der Nationalen Volksarmee. Auch die SED öffnete
ihre Reihen. Anfang 1954 waren über 140.000 SED-Mitglieder oder Kandidaten ehemalige Unteroffiziere und Offiziere der Wehrmacht, über 100.000 hatten der NSDAP angehört.

Wie im Westen bauten auch im Osten ehemalige Offiziere der Wehrmacht die neue Armee auf.
Die Nationale Volksarmee wurde 1956 aus den bereits bestehenden Verbänden der kasernierten
Volkspolizei (KVP) und den seit 1950 getarnt aufgebauten See- und Luftstreitkräften aufgestellt.
Für die DDR-Führung war die Integration ehemaliger Wehrmachtsangehöriger ein politisch heikles,
aber dennoch notwendiges Unterfangen. Nach dem Aufstand in der DDR am 17. Juni 1953
galten die ehemaligen Wehrmachtsoffiziere als politisches Risiko. Ihre Überprüfung durch die
Staatssicherheit führte im Februar 1957 zu dem Beschluß des Politbüros, ehemalige Wehrmachtsoffiziere stufenweise in die Reserve zu versetzen.

GESETZBLATT

der
Deutschen Demokratischen Republik

1949	Berlin, den 18. November 1949	Nr. 7

Gesetz
über den Erlaß von Sühnemaßnahmen und die Gewährung staatsbürgerlicher Rechte für ehemalige Mitglieder und Anhänger der Nazipartei und Offiziere der faschistischen Wehrmacht.

Vom 11. November 1949

Die Festigung der demokratischen Ordnung und ihre sichtbaren Erfolge rechtfertigen es, solchen Personen, die wegen ihrer Betätigung im Sinne des Nationalsozialismus und Militarismus bisher Beschränkungen in ihrem gesellschaftlichen und beruflichen Leben unterlagen, die staatsbürgerlichen Rechte zu gewähren.

Die Provisorische Volkskammer der Deutschen Demokratischen Republik hat deshalb folgendes Gesetz beschlossen:

§ 1

Personen, denen wegen ihrer Betätigung im Sinne des Nationalsozialismus oder Militarismus durch Urteil eines Gerichts oder durch Beschluß einer Entnazifizierungskommission das Wahlrecht entzogen worden ist, erhalten mit dem Inkrafttreten dieses Gesetzes das aktive und passive Wahlrecht.

§ 2

(1) Personen, die der ehemaligen NSDAP oder deren Gliederungen oder als Offiziere der faschistischen Wehrmacht angehörten, können entsprechend ihrer fachlichen Eignung im öffentlichen Dienst, in allen Betrieben, in Handwerk, Handel und Gewerbe, in den freien Berufen sowie in den demokratischen Organisationen tätig sein. Ausgenommen hiervon ist die Betätigung in der inneren Verwaltung und ihren Organen, soweit nicht durch Ausführungsbestimmungen Ausnahmen zugelassen werden. Dasselbe gilt auf dem Gebiete der Justiz.

(2) Bei Einstellungen in den öffentlichen Dienst gelten die allgemeinen Einstellungsbedingungen, für die Zulassung zu Handwerk, Gewerbe und freien Berufen sind die geltenden Bestimmungen maßgebend.

§ 3

(1) Ein Anspruch auf Wiedereinräumung der früheren gesellschaftlichen, insbesondere beruflichen oder wirtschaftlichen Stellung wird nicht begründet. Aberkannte Approbationen, Konzessionen oder andere Berechtigungen leben nicht wieder auf.

(2) Soweit Vermögenseinziehungen erfolgt sind, bewendet es dabei.

§ 4

(1) Die §§ 1 und 2 dieses Gesetzes finden keine Anwendung auf Naziaktivisten und Kriegsverbrecher, die sich durch falsche Angaben über ihre Person, durch Flucht oder andere Mittel bisher der Strafvollstreckung entzogen haben.

(2) Die §§ 1 und 2 finden ferner keine Anwendung auf Personen, die durch deutsche Gerichte wegen Kriegsverbrechen oder anderer faschistischen Taten zu Freiheitsstrafen von mehr als einem Jahr verurteilt worden sind. Personen, die am 8. Mai 1945 das achtzehnte Lebensjahr nicht vollendet hatten, erhalten das aktive und passive Wahlrecht ohne Rücksicht auf die Höhe einer verhängten Freiheitsstrafe zurück.

(3) Die §§ 1 und 2 finden ebenfalls keine Anwendung auf Personen, die nach Abschnitt II Artikel III A III der Direktive Nr. 38 des Kontrollrates oder wegen einer nach dem 8. Mai 1949 begangenen verbrecherischen Handlung im Sinne des Artikels 6 Abs. 2 der Verfassung der Deutschen Demokratischen Republik verurteilt worden sind.

„§ 1 Personen, denen wegen ihrer Betätigung im Sinne des Nationalsozialismus oder Militarismus durch Urteil eines Gerichts oder durch Beschluß einer Entnazifizierungskommission das Wahlrecht entzogen worden ist, erhalten mit dem Inkrafttreten dieses Gesetzes das aktive und passive Wahlrecht."

Gesetz über den Erlaß von Sühnemaßnahmen und die Gewährung staatsbürgerlicher Rechte für ehemalige Mitglieder und Anhänger der Nazipartei und Offiziere der faschistischen Wehrmacht
Gesetzblatt der Deutschen Demokratischen Republik vom 18.11.1949

Wilhelm Pieck im Gespräch mit den bei Moskau kriegsgefangenen deutschen Generälen Hans Georg Leyser, Friedrich Paulus und Martin Lattmann, 16.7.1944

Bundesarchiv, Bild 183/P0411/318

Vincenz Müller und Willi Stoph am Jahrestag der Nationalen Volksarme bei Wilhelm Pieck, 1.3.1957

Bundesarchiv, Bild 183/44786/4

Außerordentliche Sitzung des Politbüros des Zentralkomitees der SED am 15.2.1957
Tagesordnungspunkt 4. Kaderfragen im Ministerium für Nationale Verteidigung. Berichterstatter: Stoph
Bundesarchiv, DY 30/JIV2/528

„[...] Zur weiteren Stärkung und Festigung der Kampfbereitschaft der Nationalen Volksarmee, zur Heranbildung weiterer Offizierskader, zum Kampf gegen den Militarismus in Westdeutschland und zur stärkeren politischen Einflußnahme auf das Offizierskorps in Westdeutschland, insbesondere auf die ehemaligen Offiziere und die Offiziere der Bundesarmee, werden folgende Maßnahmen beschlossen:

1. Versetzung der ehemaligen Offiziere in die Reserve
   Die Versetzung ist wie folgt durchzuführen:
   a) Die ehemaligen Offiziere, die weiter im aktiven Dienst der Nationalen Volksarmee verbleiben und entsprechend ihren Fähigkeiten und ihrer Eignung eine Funktion als Lehrer, Lehrstuhlleiter, wissenschaftlicher Mitarbeiter, Arzt oder andere Funktionen, die keine Stabs- bzw. Kommandostellen sind, ausüben können.
      Termin bis nach 1960
   b) Die ehemaligen Offiziere, die aktiv führend in der Reichswehr und Hitler-Armee tätig waren z. B. Offiziere des Generalstabes, Kandidaten für den Generalstab, Teilnehmer am Überfall in Spanien usw.
      Termin bis Ende 1957.
   c) Die übrigen ehemaligen Offiziere.
      Termin bis Ende 1959. [...]

2. Es ist eine Organisation ehemaliger Offiziere zu schaffen, wie ein Arbeitskreis oder ähnlich, die die Aufgabe hat, auf die ehemaligen Offiziere in Westdeutschland, insbesondere auf die Offiziere der Bundesarmee, einzuwirken. [...]
   Für diese Organisation sind die ehemaligen Offiziere in der Nationalen Volksarmee zu verwenden und freizustellen. [...]"

Bericht der Abteilung für Sicherheitsfragen an das Politbüro über die Situation in der Kasernierten Volkspolizei, Oktober 1953
Bundesarchiv, DY 30/JIV2/2J/6

„[...] Das höhere Offizierskorps.
[...] An der Spitze der KVP üben zur Zeit 29 Generäle ihre verantwortliche Tätigkeit aus. [...] Von den Generälen waren 7 bereits Generäle der faschistischen Wehrmacht, 6 waren mittlere oder höhere Offiziere der Hitler-Wehrmacht, während 12 – also weniger als die Hälfte aller Generäle – klassen- und parteiverbundene Genossen sind, die aus der Arbeiterbewegung kommen. [...]
Die Gefahren, die hierin liegen, werden dadurch noch außerordentlich verstärkt, daß unter dem großen Teil ehemaliger Offiziere und Generäle der Hitlerwehrmacht ein ausgeprägter Karrierismus und Intrigantentum verbreitet ist, welches noch dadurch erleichtert wird, daß sie keiner kritischen ständigen parteimäßigen Kontrolle unterliegen. Es muß darauf hingewiesen werden, daß das politische Gewicht unserer bewährten Genossen nicht genügend zum Ausdruck kommt, um durch die ständige Anwendung von Kritik und des persönlichen erzieherischen Einwirkens dieser Entwicklung konsequenten Einhalt zu bieten. [...]"

STRAFVERFOLGUNG IN OST UND WEST

1950 wurden die letzten sowjetischen Internierungslager in der DDR aufgelöst. Über 15.000 Gefangene kamen frei, 10.513 Verurteilte wurden in ostdeutsche Gefängnisse verlegt. Mehr als 3.400 Personen sollten nun durch Gerichte der DDR abgeurteilt werden, darunter zahlreiche Wehrmachtsangehörige. Unter Aufsicht von Justizministerin Hilde Benjamin waren die Richter, Staatsanwälte und Schöffen der sogenannten „Waldheim-Prozesse" sorgfältig ausgewählt. Im Schnellverfahren wurden zwischen April und Juni 1950 mehr als 3.300 Angeklagte zu hohen Haftstrafen verurteilt, 24 der insgesamt 31 Todesurteile unter nationalem und internationalem Protest vollstreckt.

1952 begann die DDR, bereits getroffene Gerichtsurteile zu revidieren, Strafen zu mindern und Verurteilte freizulassen. Der Ministerrat beschloß 1955, 2.616 Personen, die wegen Kriegsverbrechen verurteilt waren, freizulassen. In den sechziger und siebziger Jahren wurden vereinzelte Verfahren durchgeführt, die in der Regel mit hohen Strafen endeten.

In Westdeutschland ahndeten die Gerichte bis 1949 nur Straftaten, die Wehrmachtsangehörige an Deutschen begangen hatten. Erst nach Gründung der Bundesrepublik entfiel diese alliierte Auflage, und die Strafverfolgung erstreckte sich auch auf Straftaten an Nicht-Deutschen. Verbrechen, die in der besetzten Sowjetunion verübt worden waren, wurden nur selten vor westdeutschen Gerichten verhandelt.

Die Strafverfahren gegen ehemalige Wehrmachtsangehörige kamen in den fünfziger Jahren eher zufällig zustande. Angeklagt waren zumeist niedrige Dienstränge. Nach 1959 endeten die meisten Prozesse gegen ehemalige Soldaten mit Freisprüchen.

Verfahren gegen Angehörige der Wehrmacht wegen nationalsozialistischer Tötungsverbrechen 1945 bis 1999

	Bundesrepublik		DDR	
Urteile bis 1958	89		65	
Urteile seit 1959	21		17	
	bis 1958	nach 1959	bis 1958	nach 1959
Todesstrafe	2	–	3	3
Lebenslänglich	3	2	7	9
Freiheitsstrafe	76	4	56	10
Freispruch/Einstellung	90	27	16	–
Urteil unbekannt	–	–	1	–

Erarbeitet auf der Grundlage von Justiz- und NS- Verbrechen, Sammlung deutscher Strafurteile wegen nationalsozialistischer Tötungsverbrechen 1945–1966, hrsg. von Adelheid Rüter-Ehlermann u.a., 22. Bde., Amsterdam 1968–1981 und http://www.jur.uva.nl/junsv/inhaltsverzeichnis.htm

„Waldheim-Prozesse", 21.6.1950
Bundesarchiv, Bild 183/S/98084

Gefängnis Waldheim, ohne Datum
NARA, RG 208 – AA – 130, M – 1

Urteil gegen Heinz Gerhard Riedel, Landgericht Kiel, 14.6.1974 (Auszug)

LG Kiel, 2 Ks 2/74 (Heinz Riedel), Bd. 9, Bl. 1622–1627, Zitat Bl. 1622, 1625 f., 1627

„[...] Der Angeklagte hat durch den oben beschriebenen Einsatz des Gaswagens vier Menschen vorsätzlich töten lassen. Er ist jedoch kein Mörder.

Die Tötung der vier russischen Partisanen durch den Gaswagen war nicht grausam. Das Schwurgericht hat aufgrund der Darlegungen des Sachverständigen Professor Dr. Steigleder festgestellt, daß die vier vergasten Delinquenten keine erheblichen oder längeren körperlichen oder seelischen Leiden erdulden mußten. [...]

Die Partisanen wurden auch nicht heimtückisch getötet. Heimtücke setzte voraus, daß das Opfer sich zur Tatzeit keines Angriffes auf sein Leben bewußt und deshalb besonders wehrlos gewesen wäre. [...]

Das Schwurgericht hat die Überzeugung, daß der Angeklagte die Tötung durch Vergasen für vergleichsweise humaner hielt als die Exekutionen. [...]

Zusammenfassend hat das Schwurgericht eine heimtückische Tötung der vier vergasten russischen Partisanen nicht annehmen können. [...]"

Der letzte in der Bundesrepublik durchgeführte Prozeß gegen Wehrmachtsangehörige richtete sich 1974 gegen den ehemaligen Leiter der Geheimen Feldpolizei (GFP) Gruppe 570, Heinz Gerhard Riedel, wegen Tötung von sowjetischen Zivilisten. Er endete mit Freispruch.

Urteil gegen Herbert Paland, Stadtgericht Berlin, 14.8.1978 (Auszug)

BStU, ZUV 57, A 9, Bl. 1–43, Zitat Bl. 42

„[...] Die Verbrechen des Angeklagten sind Ausdruck seiner bewußten Haltung als willfähriges, skrupelloses Werkzeug des faschistischen Mord- und Ausrottungsregimes und sind gekennzeichnet durch gewissenlose Mißachtung der Würde und der Daseinsberechtigung der unschuldigen Opfer. [...] Angesichts dieser konkreten Umstände, unter denen der Angeklagte seine Verbrechen beging, können trotz des Vorbringens der Verteidigung, daß der Angeklagte als vorletztes Glied in der Kette der faschistischen Massenmörder tätig geworden sei, keine Strafmilderungsgründe aus dem ‚Handeln auf Befehl‘ abgeleitet werden. [...]"

Für das gleiche Delikt wurde vier Jahre später Herbert Hugo Paland, ein Riedel unmittelbar unterstellter Feldwebel derselben GFP-Einheit, im letzten DDR-Prozeß gegen einen Wehrmachtsangehörigen zu lebenslanger Haft verurteilt.

DIE RÜCKKEHR DER GEFANGENEN AUS DER SOWJETUNION

Die Rückkehr der deutschen Kriegsgefangenen aus der Sowjetunion beschäftigte die westdeutsche Öffentlichkeit bis Mitte der fünfziger Jahre am stärksten. Hunderttausende galten noch als vermißt. Bei einem Besuch im September 1955 in Moskau erhielt Konrad Adenauer die Zusage, daß alle noch in sowjetischer Hand befindlichen Gefangenen, die nach sowjetischer Lesart als Kriegsverbrecher festgehalten wurden, freikommen sollten. Es handelte sich dabei um etwa 10.000 Personen. Mehrere Monate zuvor hatte die sowjetische Führung bereits die SED über ihre Absicht unterrichtet, die letzten als Kriegsverbrecher verurteilten Gefangenen und Zivilinternierten nach Deutschland zu entlassen. Der Weg für diplomatische Beziehungen mit der Bundesrepublik sollte dadurch geebnet werden. Dennoch verbuchte Bundeskanzler Adenauer die Rückkehr der Gefangenen als seinen persönlichen Verhandlungserfolg.

Schreiben Nikita Chruschtschows an das Zentralkomitee der Sozialistischen Einheitspartei Deutschlands vom 14.7.1955
Bundesarchiv, DY 30/3749, Bl. 45 f.

„[...] Wir halten den Zeitpunkt für gekommen, die Frage der deutschen Kriegsgefangenen und Zivilpersonen zu entscheiden, die in der Sowjetunion Strafen verbüssen [...].
Wir berücksichtigen dabei, dass die Frage der Kriegsgefangenen zweifellos bei den Verhandlungen mit Adenauer über die Herstellung diplomatischer Beziehungen zwischen der UdSSR und der Deutschen Bundesrepublik aufgeworfen werden wird. Deshalb möchten wir diese Frage mit Ihnen vor den Verhandlungen mit Adenauer erörtern. [...]

2. Nach einem erfolgreichen Abschluss der Verhandlungen mit der Regierung der Deutschen Bundesrepublik beabsichtigen wir, 5614 deutsche Bürger, darunter 3708 Kriegsgefangene, 1906 Zivilpersonen und 180 Generale der ehemaligen Hitlerarmee von der weiteren Strafverbüssung zu befreien und sie entsprechend ihrem Wohnsitz nach der DDR oder nach Westdeutschland zu repatriieren.

3. Wir halten es für erforderlich, 3917 Personen (2728 Kriegsgefangene und 1189 Zivilpersonen) in Anbetracht der Schwere der von Ihnen auf dem Gebiet der UdSSR verübten Verbrechen entsprechend ihrem Wohnsitz den Behörden der DDR oder Westdeutschlands als Kriegsverbrecher zu übergeben. [...]"

Schreiben des Zentralkomitees der SED an das Zentralkomitee der KPdSU, 28.7.1955 (Entwurf)
Bundesarchiv, DY 30/3749, Bl. 52

„[...] Das Politbüro des Zentralkomitees der SED hat zu Ihren [...] Stellung genommen und stimmt Ihnen zu. [...]
Zu Punkt 3 Ihres Schreibens teilen wir Ihnen mit, dass von uns Massnahmen ausgearbeitet werden, die es ermöglichen, diejenigen Personen, die uns als Kriegsverbrecher übergeben werden, auf Grund deutscher Gesetze wegen Verbrechen gegen die Menschlichkeit abzuurteilen. [...]"

Erklärung des sowjetischen Ministerpräsidenten Nikolaj Bulganin bei den deutsch-sowjetischen Verhandlungen in Moskau am 10.9.1955
Neues Deutschland, 10, 1955, Nr. 213, zit. n. Dokumente zur Deutschlandpolitik, III. Reihe, Bd. 1, 5. Mai bis 31. Dezember 1955, bearb. von Ernst Deuerlein, Frankfurt am Main und Berlin 1961, S. 309–312, Zitat S. 310 f.

„[...] Herr Bundeskanzler Adenauer hat als erste die Frage der Kriegsgefangenen aufgeworfen. Wir sind der Ansicht, daß hier ein Mißverständnis vorhanden ist. In der Sowjetunion gibt es keine deutschen Kriegsgefangenen. Alle deutschen Kriegsgefangenen sind entlassen und zurückgekehrt. In der Sowjetunion befinden sich nur Kriegsverbrecher aus der ehemaligen Hitlerarmee, Verbrecher, die von sowjetischen Gerichten wegen besonders schwerer Verbrechen gegen das sowjetische Volk, gegen den Frieden und die Menschlichkeit verurteilt wurden. Tatsächlich befanden sich in unserem Land am 1. September 9626 solcher Personen. Aber das sind Menschen, die nach den Gesetzen und Regeln der Menschlichkeit als Verbrecher hinter Schloß und Riegel gehören. Das sind Menschen, die die Menschenwürde verloren haben. Es sind Gewalttäter, Brandstifter, Mörder von Frauen, Kindern und Greisen. Sie wurden von den sowjetischen Gerichten nach ihren Handlungen verurteilt und können nicht als Kriegsgefangene betrachtet werden. [...]"

Erwiderung Adenauers auf die Erklärung Bulganins, 10.9.1955
Verhandlungsprotokoll Auswärtiges Amt, zit. n. Dokumente zur Deutschlandpolitik,
III. Reihe, Bd. 1, 5. Mai bis 31. Dezember, bearb. von Ernst Deuerlein, Frankfurt am Main
und Berlin 1961, S. 313 f.

„[...] Sie haben von ‚Kriegsverbrechern' gesprochen und von
Urteilen der sowjetischen Gerichte. Wir haben ähnliche Fakten
auch im Verhältnis zu den Vereinigten Staaten, Großbritannien
und Frankreich; aber dort hat man eingesehen, daß die Urteile,
die von den Gerichten dieser Länder in der ersten Periode der
Nachkriegszeit gefällt worden sind, nicht frei waren von emo-
tionalen Empfindungen, von der Atmosphäre dieser Zeit, daß
auch die Zeugenaussagen unter demselben Einfluß standen;
daß die ganze Atmosphäre damals nicht geeignet war, um
Urteile so zu sprechen, wie sie nach ruhiger Prüfung des gesamten Tatbestandes gefällt worden wären. Man hat daraus die
Konsequenz gezogen und im Wege von Gnadenakten bei fast
allen Verurteilten die weitere Strafe erlassen. [...]
Es ist wahr: deutsche Truppen sind in Rußland eingefallen. Es
ist wahr: es ist viel Schlechtes geschehen. Es ist aber auch
wahr, daß die russischen Armeen dann – in der Gegenwehr, das
gebe ich ohne weiteres zu –, in Deutschland eingedrungen sind
und daß dann auch in Deutschland viele entsetzliche Dinge im
Krieg vorgekommen sind. [...]"

**Bulganin und Adenauer am 13.9.1955 in Moskau bei der
Unterzeichnung des Schlußkommuniqués**
Bundesarchiv, Bild 183/32875/1

Rußlandheimkehrer im Flüchtlingslager Friedland, 1955
Alfred Strobel/SV-Bilderdienst

AUFBAU DER BUNDESWEHR:
DER PERSONALGUTACHTERAUSSCHUSS

Mit der Integration der Bundesrepublik in das westliche Bündnis und der Entscheidung zur Wiederbewaffnung hing auch die Frage nach der Rolle ehemaliger Waffen-SS- und Wehrmachtsangehöriger in den bundesdeutschen Streitkräften zusammen. Am 15. Juli 1955 setzte der Bundestag einen Personalgutachterausschuß ein, der die persönliche und politische Eignung ehemaliger Offiziere für die Bundeswehr prüfen und zudem Richtlinien erarbeiten sollte, nach denen ehemalige Soldaten auszuwählen waren. Der Personalgutachterausschuß legte fest, daß Offiziere der Waffen-SS bis zum Rang eines SS-Standartenführers (Oberst) unter bestimmten Bedingungen berücksichtigt werden konnten. Trotz einschränkender Regelungen stieß die Öffnung der Bundeswehr für ehemalige SS-Angehörige auf massiven Protest im In- und Ausland.

Gleichzeitig sorgte der Ausschuß aber auch für einen Generationenwechsel in der Armee. Jüngere ehemalige Wehrmachtsoffiziere gelangten in Führungspositionen, ältere Offiziere hatten eher beratende Funktionen. Der Personalgutachterausschuß forderte zudem die Anerkennung und Achtung des gesellschaftlich umstrittenen militärischen Widerstandes gegen Hitler.

Karikatur zum Personalgutachterausschuß
Neueste Zeitung vom 9.12.1955

Verteidigungsminister Theodor Blank (rechts) überreicht Adolf
Heusinger und Dr. Hans Speidel ihre Ernennungsurkunden,
12.11.1955
Brock/dpa

Speidel verabschiedet sich beim Bundeskanzler, 8.4.1957
Er übernahm als erster deutscher General ein Truppenkommando
in der NATO
dpa

Bundeskanzler Konrad Adenauer, Verteidigungsminister Franz-
Josef Strauß sowie die Bundeswehrgeneräle Hans Röttiger und
Adolf Heusinger beim Abschreiten einer Ehrenkompanie,
24.9.1958
Bundesarchiv, Bild 183/58695/1N

DER FALL OBERLÄNDER

Mit Kampagnen gegen die „braune Vergangenheit" westdeutscher Politiker, Richter und Bundeswehroffiziere versuchte die DDR, den Kalten Krieg anzuheizen. Internationale Aufmerksamkeit erregte insbesondere der 1960 in der DDR in absentia durchgeführte Prozeß gegen den westdeutschen Bundesminister für Vertriebene und ehemaligen Offizier der Wehrmacht Theodor Oberländer.

Oberländer hatte bereits 1923 am „Hitler-Putsch" in München teilgenommen. Seit 1933 leitete er das Institut für osteuropäische Wirtschaft in Königsberg und wechselte 1937 in das Amt „Ausland/Abwehr" der Wehrmacht. Oberländer unterstützte zwischen 1933 und 1945 in verschiedenen Funktionen die Lebensraumpolitik des „Dritten Reiches".

Gegenstand des Verfahrens in der DDR war unter anderem der Vorwurf, Oberländer habe als Offizier im Juni 1941 in Lemberg die Ermordung von Juden befohlen. Mit allen Mitteln der Propaganda versuchte die DDR, dieser Behauptung Glaubwürdigkeit zu verleihen. Die öffentliche Resonanz auf den in Abwesenheit des Angeklagten durchgeführten Prozeß vor dem Obersten Gericht der DDR war sowohl in Deutschland als auch im Ausland außerordentlich groß. Der politische Druck auf die Bundesregierung stieg. Das Gericht der DDR verurteilte den westdeutschen Politiker zu lebenslanger Haft. Wenige Tage nach dem Schuldspruch trat Oberländer als Vertriebenenminister zurück.

In den folgenden Jahren bemühte sich Oberländer nachdrücklich, seine Unschuld gerichtlich zu beweisen. Die Staatsanwaltschaft Köln stellte 1998 nach erneuten Ermittlungen schließlich fest, daß Oberländer für die ihm 1960 zur Last gelegten Verbrechen nicht verantwortlich gemacht werden könne.

Vorlage vom Politbüro-Mitglied Albert Norden an das Politbüro der SED, November 1959
Bundesarchiv, DY 30/IVA2/2028/7, S. 17

„[...] Der Sinn des Prozesses besteht darin, dass die DDR im Namen der ganzen deutschen Nation den Fall Oberländer vor die Schranken des Gerichts bringt, nachdem die Bonner Instanzen die strafprozessuale Verfolgung Oberländers trotz seiner zahlreichen Verbrechen sabotieren. [...]"

Proletarier aller Länder, vereinigt euch!

NEUES DEUTSCHLAND
ORGAN DES ZENTRALKOMITEES DER SOZIALISTISCHEN EINHEITSPARTEI DEUTSCHLANDS

14. Jahrgang / Nr. 292   Berlin, Freitag, 23. Oktober 1959   Republik-Ausgabe / Einzelpreis 15 Pf

Bonner Minister der Morde von Lwow überführt
Oberländers Verbrecherlaufbahn enthüllt
Im Namen des Friedens: Strafverfolgung!

Internationale Pressekonferenz in Berlin / Oberländer an der Kriegsprovokation 1939 am Gleiwitzer Sender beteiligt / Adenauers Minister — Hitlers Komplice beim Putsch 1923

Berlin (ND). Als einer der unheilvollsten Kriegsverbrecher und Naziaktivisten ist der heutige Bonner Minister Oberländer am Donnerstag vor einer großen internationalen Pressekonferenz des Ausschusses für Deutsche Einheit entlarvt worden. Vor über 100 Journalisten aus dem In- und Auslande gab Prof. Albert Norden, Mitglied des Politbüros, bisher unbekannte, sensationelle Einzelheiten aus der blutigen Vergangenheit Oberländers bekannt. An Hand zahlreicher Dokumente aus faschistischen Geheimarchiven und NS-Personalakten konnte der heutige Minister der Westzonenregierung als schwerster Verbrecher überführt werden. Das sind die Hauptetappen seiner Verbrecherlaufbahn:

1. Oberländer war aktiver Teilnehmer am Hitler-Putsch vom 9. November 1923 in München, dessen Ziel der Sturz der Weimarer Republik und die Errichtung der faschistischen Diktatur war.

2. Oberländer war bereits in den ersten Jahren der Nazizeit einer der maßgebenden Organisatoren der berüchtigten 5. Kolonne gegen die östlichen Nachbarn Deutschlands. Als „Fachmann" für Spionage, Diversions- und Wühlarbeit unterminierte er von Königsberg aus die Länder, die wenig später von Hitler überfallen wurden.

Von Beruf Mörder: Theodor Oberländer

„Neutralität"

Die Kräfte des kalten Krieges haben den vom USA-Präsidenten vorgeschlagenen und von der britischen Regierung willkommen geheißenen frühen Termin einer Gipfelkonferenz — man spricht von Anfang Dezember — in Frage gestellt, wahrscheinlich sogar zu Fall gebracht. Die Quersumme, die das bewirkten, kommen aus Bonn und Paris.

Es bereitet uns wahrhaftig kein Vergnügen. Immer Buß neue wiederholen zu müssen: Die Herren von Bonn sind die Kräfte, die mit ihren Interessen in Europa. Totsache aber ist: Auch an der Verzögerung der Gipfelkonferenz trifft Bonn die Hauptschuld.

[...]

3. Oberländer war 1939 direkt an der Kriegsbrandstiftung beteiligt. Zur Vorbereitung des Überfalls auf den Sender Gleiwitz, den Hitler zum Vorwand für die Aggression gegen Polen organisieren ließ, wurde Oberländer zur Abwehrstelle der Wehrkreises VIII (Breslau), zu dem Gleiwitz gehörte, abkommandiert. (Siehe nebenstehende Klischee.) Die Abwehr in Breslau inszenierte zusammen mit der SS den Überfall.

4. Oberländer trägt die Verantwortung für die blutigen Massaker des „Nachtigall"-Bataillons in Lwow. Er war politischer Führer und Kommandeur der berüchtigten Spezialeinheit. Vom 1. bis 6. Juli 1941, nach dem Einmarsch der Truppe, wurden 3000 polnische und jüdische Bürger Lwows ermordet, darunter 38 hervorragende Intellektuelle.

5. Oberländer setzt heute unter der Regierung Adenauer in Westdeutschland seine Tätigkeit als Hauptinspizient des Revanchismus, der Kriegspropaganda und Kriegsvorbereitung fort.

Im Namen aller anständigen Deutschen und im Interesse des Ansehens unserer Nation forderte Prof. Albert Norden: Sofortige Absetzung Oberländers, Aufhebung seiner Immunität und Einleitung eines Strafverfahrens gegen den Kriegsverbrecher.

Personalakten

(Faksimile eines Dokuments)

Personalakten
968 des
Oberländer ...
Oberkommando der Wehrmacht
Antragsgruppe Ausl/Abw
...
Geheim
...

In Wien: ... und die DDR-Fahne weht doch
Bonn inspirierte neuen Anschlag / Täter mit Hilfe der Bevölkerung gefaßt

Wien (ADN-Korr./ND). Faschistische Bandilien haben, offensichtlich von der Bonner diplomatischen Vertretung inspiriert, in der Nacht zum Donnerstag auf das Haus der Künstlerhaus in Wien aufgezogene Staatsfahne der Deutschen Demokratischen Republik verübt. [...]

Faschistischer Putschversuch in Paris
KPF: Nur Einheit aller demokratischen Kräfte rettet Frankreich

Paris (ND-Korr.) Ultrareaktionäre französische Kolonialkreise und Militärs wollten in der vergangenen Woche eine Regierung Debré durch einen faschistischen Putsch beseitigen. [...]

Beratung beim Ministerpräsidenten

Berlin (ND). Das Presseamt beim Ministerpräsidenten teilt mit:
Am 22. Oktober 1959 fand im Amtssitz des Ministerpräsidenten der Deutschen Demokratischen Republik unter Leitung des Vorsitzenden des Ministerrates, Otto Grotewohl, eine Beratung über die Auswirkungen der Trockenperiode auf die landwirtschaftliche Produktion statt. [...]

Gäste aus 18 Ländern eingetroffen

Berlin (ADN). 18 ausländische Gewerkschaftsdelegationen, vorwiegend aus Asien, Afrika und Lateinamerika, sind bereits zur Teilnahme am 5. FDGB-Kongreß in der DDR eingetroffen. Zehn Delegationen kommen aus arabischen und afrikanischen Ländern. [...]

Dem 5. Kongreß des FDGB entgegen:

Der Eisblock schmilzt, o Robinson, fatal ist deine Position. — Zeichnung: Beier-Red

Neues Deutschland vom 23.10.1959

Politbüro-Mitglied Albert Norden präsentiert die Personalakte
Oberländers auf einer Pressekonferenz in Ost-Berlin am
22.10.1959

dpa

Demonstration gegen Oberländer im Westberliner Bezirk Charlottenburg, 12.11.1959

Bundesarchiv, Bild 183/68855/1

Internationale Pressekonferenz in Moskau zum Fall Oberländer, 5.4.1960
Bundesarchiv, Bild 183/72294/3

Das Gericht beim Oberländer-Prozeß, 20.4.1960. Links der leere Stuhl für den Angeklagten
dpa

Der Steckbrief Oberländers wurde am 15.6.1960 an
allen Litfaßsäulen in Ost-Berlin plakatiert

Oberländer (links) nach Verhandlungen über seinen Rücktritt am 26.4.1960
mit dem Vorsitzenden der CDU-Bundestagsfraktion Dr. Heinrich Krone

UMSTRITTENE TRADITIONEN

1960 strahlte der WDR den mehrteiligen Fernsehfilm „Am grünen Strand der Spree" nach einem Roman von Hans Scholz aus, der in der Bundesrepublik erhebliche Aufmerksamkeit erlangte. Der Film rekonstruiert in einer zwanzigminütigen Szene die Erschießung von Juden in der besetzten Sowjetunion. Die Befehlsgewalt übt ein SS-Offizier aus, während Angehörige der Feldgendarmerie den Exekutionsort abriegeln und lettische Kollaborateure die Erschießungen ausführen. Ein Wehrmachtssoldat sieht der Mordaktion hilflos zu.

Die Inszenierung der unterschiedlichen Tatbeteiligungen am Völkermord bekräftigte zwar vordergründig die in der Bundesrepublik vorherrschende Auffassung von der „sauberen Wehrmacht", stellte aber zugleich die Frage nach ihrer Mitverantwortung für den Massenmord an den europäischen Juden.

Der Film war eine Provokation, durch die der Blick auf fragwürdige Traditionen und gesellschaftliche Tabus gelenkt wurde. Politisch konkretisierte sich die Frage nach dem gesellschaftlichen Umgang mit den verübten Verbrechen auch am Traditionsverständnis der Bundeswehr. 1965 erließ Verteidigungsminister Kai-Uwe von Hassel (CDU) einen „Traditionserlaß", der zwar weiterhin eine Identifikation mit umstrittenen soldatischen Werten herstellte, zugleich aber das neue Soldatenbild des „Bürgers in Uniform" aufgriff. Der Erlaß würdigte zudem den militärischen Widerstand gegen Hitler und betonte mit dem Begriff der „Freiheit im Gehorsam" die persönliche Verantwortung des einzelnen Soldaten.

Trotz des Erlasses blieb das Verhältnis der Bundeswehr zur Wehrmacht umstritten. Als das Bundesverteidigungsministerium 1968 die Bestattung des ehemaligen Fallschirmjägergenerals und überzeugten Nationalsozialisten Bernhard Ramcke mit militärischen Ehren billigte, rief dies bei der SPD, den Gewerkschaften und Teilen der Presse massive Kritik hervor. Ein Jahr zuvor hatte der große Zapfenstreich der Bundeswehr zum 80. Geburtstag von Generalfeldmarschall a. D. Erich von Manstein ebenfalls öffentlichen Widerspruch ausgelöst.

Zudem machte die Vergangenheit bundesdeutscher Politiker auch in den siebziger Jahren immer wieder Schlagzeilen. Der Schriftsteller Rolf Hochhuth beispielsweise griff den damaligen baden-württembergischen Ministerpräsidenten und ehemaligen Marinestabsrichter Dr. Hans Filbinger öffentlich an, da dieser an Todesurteilen noch nach der Kapitulation im ehemals besetzten Norwegen beteiligt gewesen war. Im August 1978 trat Filbinger als Ministerpräsident zurück.

Standbilder aus dem Film „Am grünen Strand der Spree"
WDR 1960, Regie: Fritz Umgelter, nach einem Roman von Hans Scholz

General a.D. Bernhard Ramcke besichtigt die Suchdienst-
ausstellung der deutschen Fallschirmjäger, März 1952
dpa

**Traditionserlaß des Bundesministers der Verteidigung,
Kai-Uwe von Hassel (CDU), vom 1.7.1965**
Bundesarchiv/Militärarchiv, BW 2/4238, zit. n. Donald Abenheim, Bundeswehr und
Tradition. Die Suche nach dem gültigen Erbe des deutschen Soldaten, München 1989,
S. 225–229, Zitat S. 227–229

„[...] 14. Nach deutscher militärischer Tradition beruhen Leistung und Würde des Soldaten in besonderem Maße auf seiner
Freiheit im Gehorsam. Die Erziehung zur Selbstzucht, die Anforderungen an das Mitdenken und die Art der Führung, wie sie
sich in der Auftragstaktik zeigte, gaben dieser Freiheit mehr
und mehr Raum. Erst das nationalsozialistische Regime
mißachtete sie.

An diese Freiheit im Gehorsam gilt es wieder anzuknüpfen. Die
eigene Verantwortung im Wagnis von Leben, Stellung und Ruf
gab und gibt dem Gehorsam des Soldaten seinen menschlichen
Rang. Zuletzt nur noch dem Gewissen verantwortlich, haben
sich Soldaten im Widerstand gegen Unrecht und Verbrechen
der nationalsozialistischen Gewaltherrschaft bis zur letzten
Konsequenz bewährt.

Solche Gewissenstreue gilt es in der Bundeswehr zu bewahren.
[...]

25. [...] Symbole, die das Hakenkreuz enthalten, werden nicht
aufgestellt und nicht gezeigt. Bei besonderen Veranstaltungen
zur Traditionspflege und zur Gefallenenehrung können Fahnen
ehemaliger Truppenteile von der Bundeswehr begleitet werden, wenn die Truppenfahne geführt wird.

26. Traditionen ehemaliger Truppenteile werden an Bundes-
wehr-Truppenteile nicht verliehen. [...]"

Ein falscher Zapfenstreich

Manstein und die Bundeswehr

Von Brigadegeneral Achim Oster

Am Volkstrauertag haben wieder — wie in den vergangenen Jahren — Angehörige der ehemaligen Panzertruppe an dem Ehrenhain der Panzertruppenschule des Heeres in Munsterlager ihrer Toten gedacht. Sie hatten diesmal am Vorabend Gelegenheit, beim Großen Zapfenstreich, der feierlichsten Darstellung militärischer Ehrung, auch eines Lebenden zu gedenken: des Feldmarschalls Erich von Manstein, der in diesen Tagen seinen achtzigsten Geburtstag begeht.

Soweit es sich nur darum handelte, daß alte Soldaten einem hochbefähigten und auf manchem Schlachtfeld erfolgreichen Kameraden ihre Verbundenheit bezeigen wollten, so gut — wenn wir uns auch nicht erinnern können, daß bei der Feier des achtzigsten Geburtstages von Generaloberst Halder, der schon 1938 den Aufstand gegen den Schänder und Zerstörer unseres Vaterlandes bis ins einzelne vorbereitet und bis zum letzten Tage des Krieges mit seiner tapferen Frau in einem Konzentrationslager verbracht hat, eine ähnliche Ehrung in Szene gesetzt wurde.

Diese Manstein-Feier fand auf dem Gelände und mit Unterstützung der Bundeswehr statt. Wenn daraus etwa der Schluß gezogen würde, daß hier ein „Leitbild" für die heutige Truppe herausgestellt werden sollte, müssen wir im Interesse der Ehrlichkeit dieser Truppe warnen.

Erwin Rommel war sicher kein überzeugter, aber ein begeisterungsfähiger Nationalsozialist. Er hat auf dem afrikanischen Kriegsschauplatz und in höchster Bedrängnis umlernen müssen. Er hat als Mann und Soldat von Charakter aus Liebe zu seinem Lande Konsequenzen gezogen, die ihn den Schierlingsbecher nehmen ließen.

Erich von Manstein war nie Nationalsozialist. Sein scharfer Verstand und der Hochmut des alten Gardisten haben den „Pinkelstrategen" — wie er Hitler nannte — immer durchschaut und letztlich in Verachtung abgelehnt. In der Zucht

Dr. Kiesingers schwierigster Fall

des preußischen Generalstabs geformt, war er nicht nur der befähigtste unter den Oberquartiermeistern; er stand auch dem Chef, General Ludwig Beck, im Denken und Planen ganz nahe. Wer weiß, wie beschwörend und geduldig Beck um diesen Jünger gerungen hat, auf den er sich unter Berufung auf gemeinsame Arbeit verlassen zu können glaubte, kann an der Feststellung nicht vorbei, daß hier ein Treubruch von tragischem Ausmaß begangen wurde.

Das Ringen Becks um Manstein war um so berechtigter, als der Generalfeldmarschall noch 1944 eine so unumstrittene Autorität im Heer, gerade auch unter den jüngeren Angehörigen des Generalstabes und in der kämpfenden Truppe war, daß sein mutvoller Einsatz, mit der Macht des Heeres hinter sich, den Versuch einer Umkehr ohne Attentat hätte aussichtsreich erscheinen lassen.

Manstein aber hielt sich in Gesprächen mit denen, die zur Beendigung des Elends mit dem ganzen Einsatz ihrer Person entschlossen waren, lieber — um im Gardejargon zu bleiben — an das Wort: *Hannemann, geh du voran!* Ein gelungener Aufstand hätte wohl sicher den Feldmarschall auf der Seite seines alten Lehrers gesehen. Und hier liegt der Bruch.

Hier war nicht ein Anhänger des Regimes, von letzter Treue zu seinem Führer beseelt und entschlossen, mit diesem bis zum Ende auszuharren. Hier hatte der wachste Geist unter den hohen militärischen Führern seit langem erkannt, wohin es ging. Ihm war ein Weg aufgezeigt von einem Manne, den zu verehren er noch heute vorgibt: die auf dem Schlachtfeld erworbene Autorität, ferner einen guten alten Soldatennamen, und schließlich den Marschallstab in einem geschichtlichen Augenblick mit in die Waagschale zu werfen, und damit den Versuch einer Rettung anzuführen.

Er hatte seine Gründe, es nicht zu tun. Im Angesicht der geschichtlichen Entwicklung wird man sagen müssen: Gewogen, und zu leicht befunden.

Versagen in großer Stunde ist geschichtliche, nicht persönliche Schuld. Niemand wird Manstein einen Vorwurf machen, daß er kein Held war. Aber den Großen Zapfenstreich, ein Leitbild für die Bundeswehr — nein!

DIE ZEIT vom 24.11.1967

Nach dem Urteil gab es ein großes Händeschütteln

Freispruch im Ramcke-Prozeß / Berechtigte Interessen

Der Schriftsteller Erich Kuby und der Redakteur Rüdiger Proske sind — wie in einem Teil der gestrigen Auflage bereits berichtet — von der Anklage, den ehemaligen General der Fallschirmjäger Bernhard Ramcke beleidigt und durch üble Nachrede in der Öffentlichkeit herabgesetzt zu haben, freigesprochen worden. Die Kosten des Verfahrens und die Auslagen der Angeklagten trägt die Staatskasse.

"Bei seinem Urteil mußte das Gericht von Artikel 5 des Grundgesetzes ausgehen", sagte Amtsgerichtsdirektor Dr. Sommerkamp in der Urteilsbegründung. "Der Artikel 5 sichert jedem Bundesbürger freie Meinungsäußerung zu."

Weiter hieß es dem Sinne nach: General Ramcke fühlte sich durch das Hörspiel "Nur noch rauchende Trümmer — das Ende der Festung Brest" des Autors Kuby beleidigt. Unter Berufung auf den § 186 StGB. (üble Nachrede) und § 185 (Beleidigung) stellte er Strafantrag gegen den Autor und den verantwortlichen Redakteur.

In bezug auf die "üble Nachrede" stellte das Gericht fest, daß die von Ramcke beanstandeten Stellen sich durch die Zeugenvernehmungen als "erweislich wahre Tatsachen" erwiesen haben. Wo noch ein gewisser Zweifel bestehen könnte, ob die behaupteten Tatsachen — trotz der Zeugenaussagen — wahr sind, muß den Angeklagten zugute gehalten werden, daß sie "in Wahrnehmung berechtigter Interessen" gehandelt haben. (§ 193 StGB.)

Amtsgerichtsdirektor Dr. Sommerkamp sagte: "Moderne Kriege greifen so sehr in das Leben des einzelnen ein, daß jeder das Recht haben muß, zu diesem Thema seine Meinung zu äußern. Ganz besonders aber gilt das für den Publizisten."

Nun findet die Wahrnehmung berechtigter Interessen aber dort ihre Grenzen, wo bei der Wahl der Mittel zu weit gegangen wird. Das behauptete die Nebenklage (Ramcke) bei vier Stellen des Hör-

Das hätte niemand erwartet: Gegner reichten sich die Hände.
Unser Bild: Ramcke (links) mit Redakteur Proske.

spiels, die sie als formale Beleidigungen (Schimpfworte) ansah.

Dazu die Urteilsbegründung: "Ramcke war nicht nur ein tapferer Soldat, sondern auch ein kompromißloser Anhänger des Regimes, das soviel Leid über die Nation gebracht hat. Für den Entschluß der Angeklagten, ihn zur Figur eines Hörspiels zu machen, ist entscheidend, daß Ramcke auch nach dem Kriege wieder in den Vordergrund trat, und zwar vor allem mit seiner Rede vor ehemaligen SS-Angehörigen in Verdun (1952), die in der ganzen Welt einen Sturm der Entrüstung entfacht hat. Nach einem Urteil des Bundesverfassungsgerichts muß derjenige, der sich selbst so sehr zu einer Figur des öffentlichen Lebens macht, auch dulden, daß er in einem härteren Ton kritisiert wird, als es sonst üblich ist.

Und damit war dieser größte Beleidi- gungsprozeß, den Hamburg je gesehen hat, zu Ende. Und mit einemmal wechselte die Szene. Amtsgerichtsdirektor Dr. Sommerkamp erhob sich — und jeder im Saal wußte, daß dieser Mann sich in diesem Augenblick zum letztenmal hinter einem Richtertisch erhob, zum letztenmal in der schwarzen Robe, zum letztenmal als Herr über das Schicksal von Menschen, die als kleine oder große Sünder vor ihn treten.

Seine letzten Worte galten der Presse. Er dankte den Journalisten, die in diesem Prozeß durch eine faire, objektive und besonnene Berichterstattung verhindert haben, daß die gespannte Atmosphäre, die eine Auseinandersetzung zwischen Weltanschauungen mit sich bringt, noch gespannter wurde. Er dankte den Journalisten, die sein Richterleben — 38 Jahre lang — mit ihren Berichten begleiteten. "Ich danke", so schloß Dr. Sommerkamp, "besonders Frau Dr. Michaelis und Herrn Dr. Schuhmachen".

Rechtsanwalt Samuel bat ums Wort und erklärte: "Die Gelegenheit für einen Anwalt ist selten, einen Richter verabschieden zu dürfen. Ich halte mich nach 30jähriger Anwaltstätigkeit für legitimiert, im Namen der Anwaltschaft zu

Jeder hat das Recht ...

In Artikel 5 des Grundgesetzes der Bundesrepublik Deutschland heißt es: **❶** Jeder hat das Recht, seine Meinung in Wort, Schrift und Bild frei zu äußern und zu verbreiten und sich aus allgemein zugänglichen Quellen ungehindert zu unterrichten. Die Pressefreiheit und die Freiheit der Berichterstattung durch Rundfunk und Film werden gewährleistet. Eine Zensur findet nicht statt.

❷ Diese Rechte finden ihre Schranken in den Vorschriften der allgemeinen Gesetze, der gesetzlichen Bestimmungen zum Schutze der Jugend und in dem Recht der persönlichen Ehre.

sprechen und Ihnen alles Gute für den Ruhestand — der wohl ein Unruhestand werden wird — zu wünschen."

Dr. Sommerkamp: "Ich freue mich sagen zu können, daß ich immer ein besonders gutes Verhältnis zu den Anwälten gehabt habe. Sie können daher verstehen, wie sehr ich es bedaure, daß ich ausgerechnet in meiner letzten Verhandlung gegen einen hanseatischen Anwalt so scharfe Maßnahmen ergreifen mußte, wie es gestern geschehen ist."

Hamburger Abendblatt vom 28.2.1959

Prozeß Filbinger gegen Hochhuth. Der Angeklagte Hochhuth mit seinem Anwalt Heinrich Senfft im Stuttgarter Landgericht, 13.7.1978
Försterling/dpa

Filbinger verläßt den Zerstörer „Rommel", 1971
Jörg-Peter Maucher

DER SPIEGEL, Nr. 28 vom 10.7.1978

Richtlinien des Bundesverteidigungsministers Hans Apel (SPD) zum Traditionsverständnis und zur Traditionspflege in der Bundeswehr vom 20.9.1982
BMVg, GenInspBw Fü S/3 – Az 35 – 08 – 07, Information für Kommandeure Nr. 1/82, vom 20.9.1982, Anl. 1, zit. n. Donald Abenheim, Bundeswehr und Tradition. Die Suche nach dem gültigen Erbe des deutschen Soldaten, München 1989, S. 230–234, Zitat S. 230 f. und 233

„[...] 6. Die Geschichte deutscher Streitkräfte hat sich nicht ohne tiefe Einbrüche entwickelt. In den Nationalsozialismus waren Streitkräfte teils schuldhaft verstrickt, teils wurden sie schuldlos mißbraucht. Ein Unrechtsregime, wie das Dritte Reich, kann Tradition nicht begründen.

7. Alles militärische Tun muß sich an den Normen des Rechtsstaats und des Völkerrechts orientieren. Die Pflichten des Soldaten – Treue, Tapferkeit, Gehorsam, Kameradschaft, Wahrhaftigkeit, Verschwiegenheit sowie beispielhaftes und fürsorgliches Verhalten der Vorgesetzten – erlangen in unserer Zeit sittlichen Rang durch die Bindung an das Grundgesetz. [...]

22. Begegnungen im Rahmen der Traditionspflege dürfen nur mit solchen Personen oder Verbänden erfolgen, die in ihrer politischen Grundeinstellung den Werten und Zielvorstellungen unserer verfassungsmäßigen Ordnung verpflichtet sind.

Traditionen von Truppenteilen ehemaliger deutscher Streitkräfte werden an Bundeswehrtruppenteile nicht verliehen. Fahnen und Standarten früherer deutscher Truppenteile werden in der Bundeswehr nicht mitgeführt oder begleitet. Dienstliche Kontakte mit Nachfolgeorganisationen der ehemaligen Waffen-SS sind untersagt.

Nationalsozialistische Kennzeichen, insbesondere das Hakenkreuz, dürfen nicht gezeigt werden. Ausgenommen von diesem Verbot sind Darstellungen, die der Auseinandersetzung mit dem Nationalsozialismus in der politischen oder historischen Bildung dienen, Ausstellungen des Wehrgeschichtlichen Museums sowie die Verwendung dieser Kennzeichen im Rahmen der Forschung und Lehre. [...]"

Rede des Bundesministers der Verteidigung, Volker Rühe (CDU), anläßlich der 35. Kommandeurstagung der Bundeswehr am 17.11.1995 in München
Bulletin des Presse- und Informationsamtes der Bundesregierung, Nr. 97, 21.11.1995, S. 941–948, Zitat S. 945

„[...] Die Wehrmacht war als Organisation des Dritten Reiches, in ihrer Spitze, mit Truppenteilen und mit Soldaten in Verbrechen des Nationalsozialismus verstrickt. Als Institution kann sie deshalb keine Tradition begründen. Nicht die Wehrmacht, aber einzelne Soldaten können traditionsbildend sein – wie die Offiziere des 20. Juli, aber auch wie viele Soldaten im Einsatz an der Front. [...]"

MILITÄRGESCHICHTSSCHREIBUNG

In den ersten Nachkriegsjahren prägten zunächst ehemalige Offiziere der Wehrmacht die deutsche Militärgeschichtsschreibung. Wie in der Ende 1945 verfaßten „Generalsdenkschrift" formuliert, entwarfen Generäle und Offiziere der Wehrmacht auch im Rahmen ihrer Tätigkeit für die „Historical Division" der US-Armee das Bild einer an Verbrechen weitgehend unbeteiligten und somit „sauberen Wehrmacht". Ihre Mitverantwortung an Kriegsverbrechen und am Vernichtungskrieg im Osten wurde verschwiegen oder verharmlost. Zahlreiche Memoiren ehemaliger Offiziere trugen zur Verbreitung dieses Geschichtsbildes bei.

Erst mit dem politischen Wandel in den sechziger und siebziger Jahren bildete sich in der Bundesrepublik eine kritische Militärgeschichtsschreibung heraus. Als Gutachter im Frankfurter Auschwitz-Prozeß veröffentlichte Hans-Adolf Jacobsen 1964 seine grundlegende Untersuchung zum „Kommissarbefehl". 1969 erschien Manfred Messerschmidts zentrale Studie „Die Wehrmacht im NS-Staat". Diesen Standardwerken folgten in den siebziger Jahren weitere Forschungen, unter anderem zur nationalsozialistischen Lebensraumpolitik, zur Wehrmachtsjustiz und zum Massensterben der sowjetischen Kriegsgefangenen. Auch das Militärgeschichtliche Forschungsamt – eine Einrichtung des Bundesverteidigungsministeriums – publizierte kritische Studien zur Rolle der Wehrmacht im Zweiten Weltkrieg.

Im Unterschied zur Geschichtswissenschaft konnte sich in der bundesdeutschen Gesellschaft das Bild der „sauberen Wehrmacht" länger behaupten. Die Erkenntnisse der Historiker über die Beteiligung der Wehrmacht an den im Zweiten Weltkrieg verübten Verbrechen fanden in der breiten Öffentlichkeit wenig Resonanz.

Zum fünfzigsten Jahrestag des deutschen Überfalls auf die Sowjetunion 1991 eröffnete in Berlin die Ausstellung „Der Krieg gegen die Sowjetunion 1941–1945" unter Leitung von Reinhard Rürup. Im Auftrag des Berliner Senats präsentierte sie weitgehend unbekannte Dokumente und Fotos, die an der Beteiligung der Wehrmacht an Kriegsverbrechen keinen Zweifel ließen. Für ihre Konzeption, den Krieg im Osten von deutscher und sowjetischer Seite zu zeigen, erhielt die Ausstellung nicht nur fachwissenschaftliches Lob, sondern erreichte mit mehr als 100.000 Besuchern auch eine interessierte Öffentlichkeit. Seit 1992 wird die inzwischen ins Russische übersetzte Dokumentation als Wanderausstellung in der ehemaligen Sowjetunion gezeigt.

Denkschrift der ehemaligen Generalfeldmarschälle Walther von Brauchitsch und Erich von Manstein, des Generaloberst Franz Halder sowie der Generäle Walter Warlimont und Siegfried Westphal („Generalsdenkschrift") vom 19.11.1945
StAN, PS–3798

„[...] 1. Der Partisanen- und Bandenkrieg.
Der Kampf gegen die Partisanen im Ruecken der fechtenden Front diente dem Schutz der rueckwaertigen Verbindungen des Heeres. Die Freischaerler verfuhren dabei nicht nach den Bestimmungen der Haager Landkriegsordnung. [...] Gefangene Partisanen wurden in Gefangenenlager abgeschoben oder der Arbeitsvermittlung uebergeben. [...]
Das Heer befand sich in dem Partisanen- und Bandenkrieg stets in der Abwehr. Dass in dieser Abwehr gelegentlich zu scharfe Vergeltung geuebt worden sein mag, soll nicht geleugnet werden. Wenn solche Faelle zur Kenntnis der Vorgesetzten kamen, wurden sie geahndet.
2. Die Geiselfrage.
Im Herbst 1941 erliess Hitler einen Befehl ueber Geiseln. In dem Befehl wurde die Unterdrueckung kommunistischer Ausschreitungen in den besetzten Gebieten gefordert. In jedem Falle, in dem Deutsche durch solche Umtriebe getoetet wuerden, sollte eine groessere Anzahl Einwohner des betreffenden Landes erschossen werden. Dieser Befehl wurde einheitlich abgelehnt. Hitler bestand jedoch auf der Durchfuehrung. Das OKH erklaerte daraufhin, man muesse jedem einzelnen Fall zuerst untersuchen. Diese Untersuchungen erstreckten sich naturgemaess ueber einen laengeren Zeitraum und verliefen dann im allgemeinen im Sande. [...]
5. Arbeiterrekrutierung. Die Anwerbung fremdlaendischer Arbeiter gehoerte im allgemeinen nicht zu den Aufgaben der militaerischen Befehlshaber. Diese haben sich gegen die Forderungen und Methoden, die von den politischen Parteiinstanzen auf diesem Gebiet angewendet wurden, wiederholt und nachdruecklich zur Wehr gesetzt.
6. Die Judenverfolgungen. Die Massnahmen gegen die Juden wurden vom Reichsfuehrer SS getroffen und durchgefuehrt. Sie erfolgten ausserhalb des Machtbereiches der Heeresdienststellen und ohne deren Kenntnis. [...]"

Richtlinien für die deutschen Mitarbeiter der „Historical Division" im Kriegsgefangenenlager Garmisch von Feldmarschall von Küchler, Weisung vom 7.3.1947
Bundesarchiv/Militärarchiv, ZA 1/70, Bl. 18 f., Zitat Bl. 18

„Ich beauftrage den General der Inf. E r f u r t , die Kriegsgeschichtsschreibung nach folgenden Gesichtspunkten zu leiten:
[...]
Wir wollen nicht amerikanische, sondern d e u t s c h e Kriegsgeschichte schreiben. [...]
Es werden die d e u t s c h e n Taten, vom deutschen Standpunkt gesehen, festgelegt und dadurch unseren Truppen ein Denkmal gesetzt. [...]
Es muß unter allen Umständen vermieden werden, daß irgend eine führende Persönlichkeit, sei es Vorgesetzter, Nachbar oder Untergebener, irgend wie belastet wird. Vorsicht bei Namensnennungen; dies nur soweit, als sie den Amerikanern bekannt sind. [...]"

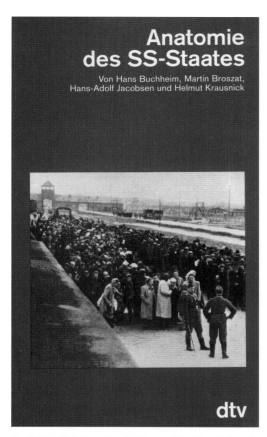

Hans Buchheim/Martin Broszat/Hans-Adolf Jacobson/Helmut Krausnick, Anatomie des SS-Staates (1967), München 1994

Christian Streit, Keine Kameraden. Die Wehrmacht und die sowjetischen Kriegsgefangenen 1941–1945 (1978), Neuausg., Bonn 1997

Horst Boog/Jürgen Förster/Joachim Hoffmann/Ernst Klink/Rolf-Dieter Müller/ Gerd R. Ueberschär, Der Angriff auf die Sowjetunion (1983), Frankfurt am Main 1996

Der Krieg gegen die Sowjetunion

1941-1945

Ausstellung zum fünfzigsten Jahrestag des Überfalls auf die Sowjetunion. Dokumentationshalle „Topographie des Terrors" am Martin-Gropius-Bau, Stresemannstraße 110, 1000 Berlin 61. U-Bahn Kochstraße, S-Bahn Anhalter Bhf., Bus 341 (24), 129 (29). Dienstag bis Sonntag 10–18 Uhr. Eintritt frei. Veranstalter: Berliner Festspiele GmbH für die „Topographie des Terrors" im Auftrage des Senats von Berlin. Führung nach Vereinbarung: Tel. 254 86-703.

Eine Dokumentation · 15. Juni–31. Dezember 1991

Berliner Plakat der Ausstellung: Der Krieg gegen die Sowjetunion 1941–1945
Stiftung Topographie des Terrors

„Der Krieg gegen die Sowjetunion 1941–1945"

LA Berlin, 326431

LA Berlin, 326414

LA Berlin, 326413

Stiftung Topographie des Terrors

Stiftung Topographie des Terrors

Stiftung Topographie des Terrors

Die Ausstellung „Der Krieg gegen die Sowjetunion 1941–1945"
in der provisorischen Halle der „Topographie des Terrors" auf
dem ehemaligen Gestapogelände am Martin-Gropius-Bau in
Berlin vom 15.6. bis 31.12.1991

„VERNICHTUNGSKRIEG. VERBRECHEN DER WEHRMACHT 1941 BIS 1944". KONTROVERSEN ÜBER EINE AUSSTELLUNG

Als die Ausstellung „Vernichtungskrieg. Verbrechen der Wehrmacht 1941 bis 1944" des Hamburger Instituts für Sozialforschung am 5. März 1995 in Hamburg eröffnet wurde, rechnete wohl niemand damit, daß sie in den nächsten vier Jahren in insgesamt 33 deutschen und österreichischen Städten mit mehr als 800.000 Besuchern zu sehen sein würde. Die These der Ausstellung, die Wehrmacht sei an der Planung und Durchführung eines Vernichtungskrieges gegen Juden, Kriegsgefangene und Zivilbevölkerung beteiligt gewesen, galt in der historischen Forschung inzwischen als nahezu unstrittig. Die Resonanz in der breiten Öffentlichkeit zeigte hingegen, daß das Bild der „sauberen Wehrmacht" auch 50 Jahre nach Kriegsende in Teilen der deutschen Gesellschaft immer noch verwurzelt war.

Die Ausstellung erhielt während ihrer vierjährigen Laufzeit viel Zustimmung und öffentliche Anerkennung. Die Debatte des Deutschen Bundestages am 13. März 1997 gilt als eine „Sternstunde des Parlaments". Gleichzeitig war die Ausstellung aber auch von Kritik und massiven Protesten begleitet. Spätestens mit ihrer Präsentation in München 1997 war sie zum Politikum geworden.

Im Oktober 1999 spitzte sich die Debatte über die Ausstellung erneut zu. Konkret ging es um den Vorwurf, in der Ausstellung seien mehrere Fotos und Bildlegenden falsch zugeordnet. Die Aufnahmen – so einige Historiker – zeigten keine jüdischen Pogromopfer, wie in der Ausstellung behauptet wurde, sondern Opfer des sowjetischen Geheimdienstes NKWD. Der sich daraus entwickelnde Konflikt drohte die gesamte Ausstellung in Frage zu stellen. Am 4. November 1999 stoppte der Leiter des Hamburger Instituts für Sozialforschung, Jan Philipp Reemtsma, die Präsentation und ließ Fotos und Texte durch eine Historikerkommission überprüfen. Das Gremium legte ein Jahr später seinen Bericht vor. Die Kommission stellte fest, daß die Ausstellungsmacher vom Vorwurf der Fälschung und Manipulation zu entlasten seien. Allerdings enthalte die Dokumentation sachliche Fehler und argumentiere teilweise zu pauschal. Sie solle daher – so die Empfehlung – in einer gründlich überarbeiteten, gegebenenfalls neu zu gestaltenden Form weiter präsentiert werden.

KONZEPTION

Die Ausstellung „Vernichtungskrieg. Verbrechen der Wehrmacht 1941 bis 1944" war Teil eines übergreifenden Projekts des Hamburger Instituts für Sozialforschung. Unter dem Titel „Angesichts unseres Jahrhunderts. Gewalt und Destruktivität im Spiegel des Jahres 1945" widmete es sich der Geschichte von Barbarei und Zivilisation im 20. Jahrhundert.

Das in dreijähriger Vorarbeit entstandene Projekt war mit Blick auf das 50. Gedenkjahr an das Ende des Zweiten Weltkrieges geplant worden. Mit dem „Projekt 1995" sollte eine „wissenschaftlich-politische Initiative" ergriffen werden. Neben Tagungen, Vortragsreihen, Büchern behandelte vor allem die zentrale Ausstellung „200 Tage und 1 Jahrhundert" exemplarisch die Zeit zwischen der Befreiung des Konzentrationslagers Auschwitz am 27. Januar 1945 und dem Abwurf der Atombomben auf Nagasaki und Hiroshima sowie der japanischen Kapitulation am 14. August.

Der Vernichtungskrieg der Wehrmacht wurde in einer eigenen, kleineren Ausstellung gezeigt, die Hannes Heer, Walter Manoschek, Hans Safrian und Bernd Boll erarbeiteten. Die Kernaussage der Ausstellung lautete, daß die Wehrmacht beim Holocaust eine aktive Rolle spielte. Von der Planung bis zur Ausführung der verbrecherischen Befehle sei sie am Vernichtungskrieg gegen Juden, Kriegsgefangene und Zivilbevölkerung beteiligt gewesen. Kein Tabu habe sich in der Nachkriegszeit so hartnäckig gehalten wie die Legende der „sauberen Wehrmacht", die mit den Verbrechen in den besetzten Ländern nichts zu tun gehabt habe.

Ausstellungsplakat „200 Tage und 1 Jahrhundert", 1995
Archiv des Hamburger Instituts für Sozialforschung, ohne Signatur

Ausstellungsplakat „Vernichtungskrieg. Verbrechen der Wehrmacht 1941 bis 1944"
Archiv des Hamburger Instituts für Sozialforschung, ohne Signatur

Ausstellungsraum, das Eiserne Kreuz, Freiburg 1996
Thomas Beckmann

Programmfaltblatt „Angesichts unseres Jahrhunderts", 1994/95 (Auszug)
Archiv des Hamburger Instituts für Sozialforschung, 001,01

„[...] Mit dem Projekt ANGESICHTS UNSERES JAHRHUNDERTS will das Hamburger Institut für Sozialforschung Anstöße zu einer kritischen Reflexion des 20. Jahrhunderts geben.

Die beiden Weltkriege, die Massenmorde unter den Nazis, die Verbrechen in der UdSSR oder der erste Einsatz der Atombombe haben unseren Blick auf Geschichte und Gesellschaft geändert. Die *Zivilisation* erscheint nicht mehr als Gegenteil, sondern als eine *Quelle der Barbarei*.

Fortschrittsgläubigkeit und optimistische Zukunftserwartung fallen schwer in einer Zeit, die immer neue Fragen aufgibt, aber die Antworten schuldig bleibt.

Mit welchem Erbe belastet gehen wir ins 21. Jahrhundert? Welche *Bemühungen zur Eindämmung von Gewalt* sind nach wie vor bedenkenswert? 1995 werden die Forschungsergebnisse in Ausstellungen, Sonntagsmatineen, Podien und Lesungen der Öffentlichkeit präsentiert [...]"

Einleitung des Ausstellungskatalogs „Vernichtungskrieg", 1996 (Auszug), S. 7

„[...] Die Ausstellung will kein verspätetes und pauschales Urteil über eine ganze Generation ehemaliger Soldaten fällen.

Sie will eine Debatte eröffnen über das – neben Auschwitz – barbarischste Kapitel der deutschen und österreichischen Geschichte, den Vernichtungskrieg der Wehrmacht von 1941 bis 1944."

Einleitung der Begleitbroschüre zur Ausstellung „Vernichtungskrieg", 1. Auflage 1995 (Auszug)
Archiv des Hamburger Instituts für Sozialforschung, 001,03

„**1945**, kaum daß Nazi-Deutschland besiegt war, begannen die ehemaligen Generäle mit der Fabrikation einer Legende – der Legende von der ‚sauberen Wehrmacht'.

Die Truppe, so hieß es, habe Distanz zu Hitler und dem NS-Regime gehalten, habe mit Anstand und Würde ihre soldatische Pflicht erfüllt und sei über die Greueltaten von Himmlers Einsatzgruppen allenfalls nachträglich informiert worden.

Diese Behauptung, die Millionen ehemaliger Soldaten freisprach und erst die Gründung der Bundeswehr ermöglichte, bestimmt bis heute die öffentliche Meinung.

1995, fünfzig Jahre später, ist es an der Zeit, sich von dieser Lüge endgültig zu verabschieden und die Realität eines großen Verbrechens zu akzeptieren:

Die Wehrmacht führte 1941 bis 1944 auf dem Balkan und in der Sowjetunion keinen ‚normalen Krieg', sondern einen V e r n i c h t u n g s k r i e g gegen Juden, Kriegsgefangene und Zivilbevölkerung, dem Millionen zum Opfer fielen.

Die deutsche Militärgeschichtsschreibung hat zwar viel zur Aufklärung dieses Tatbestandes beigetragen, sie weigert sich aber einzugestehen, daß die W e h r m a c h t a n a l l e n V e r b r e c h e n a k t i v und als G e s a m t o r g a - n i s a t i o n b e t e i l i g t war.

Die Ausstellung will genau diesen Beweis führen.

Sie wählt dazu drei Beispiele:

den Geiselkrieg,

die 6. Armee auf dem Weg nach Stalingrad,

die dreijährige Besatzung Weißrußlands.

Und sie demonstriert die Schwierigkeit dieser Beweisführung:

V o n B e g i n n a n v e r s u c h t e d i e W e h r m a c h t , d i e S p u r e n i h r e r V e r b r e c h e n z u v e r w i s c h e n u n d d i e E r i n n e r u n g d a r a n z u b e s e i t i g e n .

Die Legendenbildung der Nachkriegszeit setzte diese Politik nur fort. Daß dies – zum Beispiel in der Traditionspflege der Bundeswehr – auch heute noch geschieht, ist ein bestürzender Gedanke, der über die Ausstellung hinausweist. [...]"

Ausstellungsraum, Hamburg, 1.3.1995

Noel Matoff/argus

KONFRONTATION: MÜNCHEN

Die Ausstellung wurde ein überraschender Erfolg, gerade weil sie nicht nur zahlreiche Befürworter, sondern auch entschiedene Gegner fand. In München machten Konservative und Rechtsextreme gegen die Ausstellung mobil. Der Entschluß der rot-grünen Koalition in der Landeshauptstadt, die Ausstellung im Rathaus zu zeigen, stieß auf heftigen Widerstand großer Teile der CSU und des rechtsextremen Spektrums. Gleich zu Beginn der Auseinandersetzung endete eine Kontroverse im Münchener Stadtrat mit dem Auszug der CSU-Fraktion und rechter Splittergruppen. Danach griff der Münchener CSU-Vorsitzende Peter Gauweiler den Leiter des Hamburger Instituts für Sozialforschung, Jan Philipp Reemtsma, persönlich an und ließ einen eigenen Protestbrief an 300.000 Münchener Haushalte verteilen. Soldatenverbände forderten vom Münchener SPD-Oberbürgermeister Christian Ude die Absetzung der Ausstellung.

Nachdem diese am 24. Februar 1997 im Münchener Rathaus eröffnet wurde, rief die NPD zu einer lange geplanten Demonstration auf. Zwischen 4.000 und 5.000 Teilnehmer aus dem ganzen Bundesgebiet marschierten am 1. März in München auf, um gegen die Ausstellung zu protestieren. Etwa 10.000 Menschen demonstrierten ihrerseits gegen die Rechtsradikalen, aufgerufen unter anderem von SPD, Grünen, Gewerkschaften, der Antifaschistischen Aktion und dem Münchener Bündnis gegen Rassismus. Die Polarisierung, oftmals eine regelrechte Spaltung in Lager von Befürwortern und Gegnern, begleitete die Ausstellung von nun an.

Die heftige öffentliche Auseinandersetzung um die Ausstellung bescherte ihr einen Besucherrekord. Nahezu 90.000 Menschen, darunter rund 16.000 Schüler, sahen sie sich im Münchener Rathaus an. Die Ausstellung war spätestens jetzt zum Politikum geworden.

Peter Gauweiler über Jan Philipp Reemtsma, 14.2.1997
Berthold Neff, CSU attackiert das Rathaus, in: Süddeutsche Zeitung vom 15.2.1997

„Münchens CSU-Chef Peter Gauweiler hat gestern abend beim 32. Fischessen der Schwabinger CSU im Hofbräuhaus in äußerst scharfer Form gegen die Ausstellung ‚Verbrechen der Wehrmacht' protestiert. Er nannte es eine ‚verhängnisvolle Entwicklung', daß sich OB Christian Ude ‚nicht geniert' habe, dafür das Rathaus zu öffnen. Dann spielte Gauweiler darauf an, daß die Ausstellung vom Institut für Sozialforschung mit Geld des Hamburger Millionärs Jan Philipp Reemtsma erarbeitet wurde, und sagte, dieser solle ‚eine Ausstellung machen über die Toten und Verletzten, die der Tabak angerichtet hat, den er verkauft hat', anstatt mit dieser ‚Einseitigkeit' viele Menschen in ihrer Ehre zu kränken. [...]"

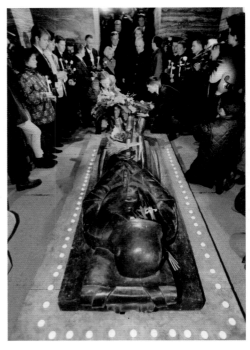

Kranzniederlegung der Münchener CSU und der Jungen Union am Grabmal des Unbekannten Soldaten durch Peter Gauweiler, 24.2.1997
C. Lehsten/argum

Oberbürgermeister Christian Ude während der Eröffnungsrede am 24.2.1997 im Audimax der Universität München
C. Lehsten/argum

Zuhörer bei der Eröffnungsveranstaltung im Audimax der Universität München, 24.2.1997
C. Lehsten/argum

WEHRMACHTSAUSSTELLUNG IN MÜNCHEN

Wie Deutsche diffamiert werden

FLORIAN STUMFALL

Daniel Goldhagen wird sich freuen und mit ihm alle, denen es eine Lust ist, Deutschland und die Deutschen pauschal zu verurteilen. Jener amerikanische Junghistoriker hatte in einem Buch den allerdings gescheiterten Versuch unternommen, den längst widerlegten und nicht einmal vor dem Nürnberger Tribunal unmittelbar nach Kriegsende erhobenen Vorwurf der Kollektivschuld der Deutschen an den Verbrechen des Nationalsozialismus zu untermauern. Als ob dies an Ärgernis nicht genug wäre, gibt sich nun die rot-rosa-grüne Stadtratsmehrheit der Landeshauptstadt München her, im Rathaus eine Ausstellung zu zeigen, die unter dem Titel „Vernichtungskrieg — Verbrechen der Wehrmacht 1941–1944" belegen soll, daß, wie es in der Einleitung des Ausstellungskatalogs heißt, „die Wehrmacht an allen Verbrechen aktiv und als Gesamtorganisation beteiligt war".

Um jedem Mißverständnis vorzubeugen: Es wird von keiner Seite bestritten, daß Mitglieder der Wehrmacht während des Krieges Verbrechen begangen haben. Doch dies war eine vergleichsweise geringe Zahl von Fällen, die nach den Maßstäben individueller Schuld und Verantwortung zu beurteilen sind. Gegebenenfalls wäre hierbei sogar zu berücksichtigen, daß ein Krieg allgemein Hemmschwellen senkt, sonst wäre nicht erklärbar, daß Verbrechen der angesprochenen Art nicht nur in den Reihen der Deutschen Wehrmacht, sondern in allen kriegführenden Armeen vorgekommen sind. Und um noch einmal darauf hinzuweisen: Das Tribunal von Nürnberg ging weder von einer deutschen Kollektivschuld aus, noch brandmarke es die Wehrmacht als verbrecherische Organisation.

Es ist daher empörend, daß gerade Vertreter der Linken, die nie den Versuch unternommen haben, die grauenvollen Verbrechen des weltweiten Sozialismus von 1917 bis in unsere Tage anzusprechen, geschweige denn aufzuarbeiten, nun, fünfzig Jahre nach dem Krieg, daran arbeiten, die Strafmaßnahmen von Nürnberg gegenüber

Deutschland noch zu verschärfen und einen moralischen Vernichtungsfeldzug gegen das deutsche Volk zu führen.

Unrühmliche Handlanger sind dabei die Vertreter des linken Spektrums im Münchner Rathaus. Hans Podiuk, der CSU-Fraktionsvorsitzende, hierzu: „Wie die rot/grüne Stadtratsmehrheit mit diesem Thema umgehen wollte, war von Anfang an klar. Weder der OB noch der für die Durchführung der Ausstellung zuständige Kulturreferent (Dietmar Keese) waren bei der Debatte um die Ausstellung anwesend. Es ist mir vollkommen unverständlich, wie die Stadtspitze bei diesem Thema, das nach wie vor Millionen ehemaliger Angehöriger der Deutschen Wehrmacht direkt und die gesamte Bevölkerung indirekt berührt, jegliche Sensibilität vermissen läßt." Keese gab bei anderer Gelegenheit unbekümmert zu, daß er den empörenden Ausstellungskatalog gar nicht gelesen habe. Deshalb noch eine Kostprobe: „Die Truppe, so hieß es, habe Distanz zu Hitler und dem

NS-Regime gehalten, habe mit Anstand und Würde ihre soldatische Pflicht erfüllt und sei über die Greueltaten von Himmlers Einsatztruppen allenfalls nachträglich informiert worden. Diese Behauptung, die Millionen ehemaliger deutscher und österreichischer Soldaten freisprach, bestimmt bis heute die öffentliche Meinung. 1995, fünfzig Jahre später, ist es an der Zeit, sich von dieser Lüge endgültig zu verabschieden und die Realität eines großen Verbrechens zu akzeptieren."

Es geht also den Veranstaltern darum, Millionen von Deutschen die Ehre abzusprechen — wer aber derartig leichtfertig oder bösartig mit dem guten Namen anderer umgeht, muß sich fragen lassen, ob der Ehrbegriff in seinem Denken überhaupt einen Stellenwert hat. Das trifft in erster Linie den Münchner SPD-Oberbürgermeister Christian Ude. Er hat schändlich gehandelt, indem er sich nicht einmal der Aussprache über eine Sache gestellt hat, die geeignet ist, ungezählte Menschen, deren Wohl er in seinem Amtseid beschworen hat, zu verletzen. Sein Referent tut's ihm gleich und verfällt mit der Mißachtung. Die treibende Kraft hinter dem Skandal aber, der Hamburger Industrielle Jan Philipp Reemtsma, sollte nicht dem Trugschluß verfallen, daß der, der von anderen Unrecht hat leiden müssen, sich dergestalt einen Freibrief für andere Abscheulichkeiten erworben hätte. Überdies sollte er mit Blick auf seine Handlanger bedenken, daß die Seriosität einer Sache stets mit der Seriosität derer zusammenhängt, die sie betreiben.

DIESE WOCHE

70008

4 399165 602904

Bayernkurier vom 22.2.1997

In einer zweiten Auflage des Schreibens mußte Peter Gauweiler infolge eines Urteils des Landgerichts Hamburg die Behauptung unterlassen, Hannes Heer sei wegen gefährlicher Körperverletzung verurteilt worden.

DR. PETER GAUWEILER
Vorsitzender des CSU Bezirksverbandes München

Liebe Münchnerinnen und Münchner,

liebe Freunde Münchens in der Region,

sicher haben Sie in den letzten Wochen von der Auseinandersetzung über die sogenannte Wehrmachtsausstellung gelesen oder gehört. Ich möchte ihnen darstellen, worum es aus meiner Sicht bei dieser Debatte geht:

1. Die Ausstellung wird nicht nur von der CSU und in München wegen ihrer polemischen Einseitigkeit angegriffen, sondern von zahlreichen Persönlichkeiten überall in Deutschland. Der frühere Bundeskanzler Schmidt aus Hamburg hat sich von dieser Veranstaltung genauso deutlich distanziert wie Bundespräsident a.D. Dr. Richard von Weizsäcker in Berlin. Der renommierte Historiker und Ordinarius der Freiburger Universität, Prof. Dr.Dr.h.c. Gerhard Kaiser, schreibt sogar von „demagogischer Inszenierung von Quellenmaterial". Niemand bestreitet ernsthaft, daß es unter der Wehrmachtsverantwortung auch schwere Kriegsverbrechen gegeben hat. Maßgebend für die Kritik ist, daß „mit dieser Ausstellung ein Pauschalurteil gefällt wird, das politisch, moralisch und historisch nicht gerechtfertigt ist."

2. Den Ausstellern wird vorgeworfen, daß sie deutsche Soldaten - die Gefallenen, die Überlebenden, die Kriegsversehrten und die langjährig Gefangenen - generell herabwürdigen und faktisch auf eine Stufe mit Kriegsverbrechern stellen. In ihrem „Ausstellungs-Katalog" ereifern sie sich, daß „Millionen deutsche und österreichische Soldaten" zu Unrecht von der Geschichtswissenschaft bisher „freigesprochen" worden

Adamstraße 2 · 80636 München · Telefon 12 15 37-0 · Fax 18 60 45

seien. Dieses Urteil wollen die Ausstellungsmacher jetzt auf ihre Weise nachholen. Sie widersprechen mit dieser kollektiven Entehrung Urteilen aller ehemaligen Kriegsgegner Deutschlands, die der Haltung deutscher Soldaten auch nach dem Krieg immer wieder höchste Anerkennung zollten. Der französische Staatspräsident Mitterand faßte diese Einstellung zum 50. Gedenktag des Weltkriegs-Endes am 8. Mai 1995 in Berlin in die Worte:

„Bei den deutschen Soldaten, die in so großer Zahl starben, kommt es mir kaum auf die Uniform an und noch nicht einmal auf die Ideen, die ihren Geist bestimmten. Sie hatten Mut." Und weiter: „Sie liebten ihr Vaterland - dessen muß man sich gewahr werden."

3. Auch persönlich sind die Ausstellungsmacher für ihr „Richteramt", das sie sich über eine ganze Generation anmaßen, nicht qualifiziert. Der „Autor" der Ausstellung, Hannes Heer, ist bisher u.a. als aktiver Kommunist, zeitweiliges DKP-Mitglied und Agitator gegen den demokratischen Rechtsstaat in Erscheinung getreten. Er ist verurteilt wegen Widerstands gegen die Staatsgewalt, Sachbeschädigung und gefährlicher Körperverletzung. Sein Verteidiger war der Ostberliner Staranwalt Kaul. Daß im Konzept dieses profilierten Linksextremisten die Völkerrechtsverbrechen der Roten Armee und der Hitler-Stalin-Pakt nicht den geringsten Platz haben, versteht sich von selbst. Der Finanzier der Ausstellung, Jan Reemtsma, hat sich als Geldgeber der berüchtigten Hamburger Hafenstraße einen Namen gemacht, jenem Zentrum „autonomer" Militanz in der Bundesrepublik, von dem zahllose Angriffe gegen den demokratischen Rechtsstaat in Deutschland ausgegangen sind. In seinem sogenannten Institut, das die Ausstellung

– 2 –

veranstaltet - in Wahrheit ein privater Verein, der mit den Instituten einer Universität nichts zu tun hat - war unter anderem der Baader-Meinhof-Terrorist Dellwo beschäftigt, beteiligt an der Ermordung des deutschen Botschafters in Stockholm.

4. In anderen Städten in Bayern, in Nürnberg und in Regensburg, haben sich die Oberbürgermeister wegen der Einseitigkeit der Ausstellung geweigert, für diese Veranstaltung auch nur ihre Rathäuser zur Verfügung stellen zu müssen. Zur Debatte in München schreibt die angesehene „Frankfurter Allgemeine Zeitung" in ihrem Leitartikel auf der ersten Seite:

„Bilder, einseitig ausgewählt, sind geeignet, nicht einmal ein halbes Bild der Wirklichkeit zu vermitteln, also zu indoktrinieren. In unserem Staat haben die Veranstalter das Recht dazu. Aber die staatlichen Organe sollten sich mit einem solchen Versuch nicht identifizieren, wie es in München, wo die Ausstellung im Rathaus gezeigt wird, geschehen ist. Das ist der Grund für den dort aufgeflammten Streit."

Es war im Gegensatz zu anderen Städten der rot-grünen Rathauskoalition in München vorbehalten, diese Veranstaltung in den Rang eines kommunalen Staatsaktes zu erheben. Wir halten dies für einen politischen und moralischen Mißgriff und wiederholen diese Kritik.

5. Daß Sie viele dieser Informationen bisher kaum oder überhaupt nicht haben lesen können, hängt damit zusammen, daß sich bestimmte Zeitungen - in München die „Süddeutsche" und die „AZ" - nicht als Berichterstatter, sondern als Agitatoren der Aussteller und ihrer rot-grünen Bundesgenossen begreifen. Kritische

– 3 –

Einwände werden in dieser Presse immer wieder nur entstellt gebracht oder mittels der Zensur des Verschweigens gleich ganz unterdrückt, während Heer, Reemtsma, Ude sich in seitenlangen Artikeln verbreiten dürfen. Meinungsfreiheit im Sinne eines Pro und Contra fand in dieser immer tiefer sinkenden Presse nicht statt. Daß die außer Rand und Band geratene Abendzeitung neuerdings „leitende Redakteure" von der ultra-linken Westberliner Zeitung „taz" für ihre Kampagnen „einkauft", rundet dieses trübe Bild nur noch ab. Bitte verstehen Sie, daß wir uns von solchen Gegnern nicht zum Verstummen bringen lassen wollen und werden.

6. Meine Freunde und ich glauben, daß auch die deutsche Geschichtsschreibung der Aufklärung verpflichtet ist und nicht dem Pamphlet. Und daß die Verbreitung von bestenfalls nur Halbwahrheiten wie bei der Wehrmachtsausstellung immer auch die Verbreitung der halben Unwahrheit bedeutet. Eine pauschale Verurteilung ist ein Schlag ins Gesicht von Millionen Familien, die im Krieg ihren Vater, Bruder, Sohn oder Ehemann verloren haben und eine späte absichtsvolle Demütigung zahlloser Männer, die ehrenhaft gekämpft hatten. Zu einem freien Land gehört auch nicht die Bevormundung durch eine ideologische oder journalistische Gedankenpolizei, sondern das furchtlose Nachdenken über Zukunft und Vergangenheit des eigenen Volkes. Dafür setzen wir uns ein.

Wir bitten Sie, uns in dieser Bemühung zu unterstützen.

Mit freundlichen Grüßen

Ihr Peter Gauweiler

Adamstraße 2 · 80636 München · Telefon 12 15 37-0 · Fax 18 60 45

Peter Gauweilers Wurfsendung an 300.000 Münchener Haushalte, März 1997
Kulturreferat der Landeshauptstadt München

Die Soldaten unserer Wehrmacht waren keine Verbrecher

Am 24. Februar 1997 soll in München die unwissenschaftliche Hetzausstellung gegen unsere ehemalige Wehrmacht eröffnet werden. Mit dieser Ausstellung wird der beispiellose Versuch unternommen, 19 Millionen ehemalige deutsche Soldaten als Verbrecher zu kriminalisieren. Wo ist der Staatsanwalt, der gegen die Veranstalter dieser Ausstellung wegen Verdachts der Volksverhetzung ermittelt?

Deutsche Frauen, deutsche Männer und deutsche Jugend!

Protestiert gegen diese Hetzausstellung. Wehrt Euch gegen die unverschämten Lügen und Halbwahrheiten der Ausstellungsinitiatoren und ihren Helfershelfern.

Unterstützt die Protestveranstaltungen der volkstreuen Verbände!

Aus dem letzten Wehrmachtsbericht des Zweiten Weltkrieges::
Der deutsche Soldat hat, getreu seinem Eida, in besten Einsatz für sein Volk für immer unvergeßliches geleistet. Die Heimat hat ihn bis zuletzt mit allen Kräften unter schwersten Opfern unterstützt. Die einmalige Leistung von Front und Helmat wird in einem späteren Urteil der Geschichte ihre endgültige Würdigung finden.
Den Leistungen und Opfern der deutschen Soldaten zu Wasser, zu Lande und in der Luft wird auch der Gegner die Achtung nicht versagen.
Die Wehrmacht gedenkt in dieser schweren Stunde ihrer vor dem Feind gebliebenen Kameraden. Die Toten verpflichten zu bedingungsloser Treue, Gehorsam und Disziplin gegenüber dem aus zahlreichen Wunden blutenden Vaterland.

BÜRGERINITIATIVE SCHUTZBUND DEUTSCHER SOLDATEN
Vorsitzender des Kuratoriums: Otto Riehs · Träger des Ritterkreuzes zum Eisernen Kreuz
Postzuschriften an: Friedhelm Busse · Postfach 710325 · 81453 München

Verantwortlich für Inhalt und Druck: Friedhelm Busse, Postfach 710325, 81453 München

Flugblatt vom Schutzbund Deutscher Soldaten, Februar 1997
A. I. D. A.

WIR GEDENKEN - WIR ERINNERN

Noch immer leugnen rechte Populisten und Rechtsextremisten die Verbrechen der nationalsozialistischen Gewaltherrschaft.

Neuestes Beispiel:
Sie versuchen, die Ausstellung „Vernichtungskrieg - Verbrechen der Wehrmacht 1941 bis 1944" zu verhindern. Die NPD stellt sie als „antideutsche Schandausstellung" hin und ruft am 1. März zu einer Demonstration des „nationalen Widerstands" auf.

● **Wir vergessen die Opfer nicht. Wir wehren uns gegen die Geschichtsfälschung durch rechte Populisten und Altnazis!**

Wir treten auch weiterhin für eine kritische Auseinandersetzung mit unserer Vergangenheit ein. Die Rolle der Wehrmacht darf dabei nicht ausgeklammert werden. Nur so wird die Verantwortung jedes Einzelnen in einem System der Gewaltherrschaft deutlich.

Die Institution Wehrmacht war Teil des Systems und Instrument des nationalsozialistischen „Vernichtungskriegs". Zu den Verbrechen des NS-Terror-Regimes haben viel zuviele geschwiegen, Beifall geklatscht oder sich aktiv an Verbrechen beteiligt.

Die CSU-Fraktion (mit einer Ausnahme) und der Bund Freier Bürger im Münchner Stadtrat waren gegen die Durchführung der Ausstellung.

München stellt sich seiner Vergangenheit.

● **Wir gedenken Wir erinnern**

am Samstag, den 01. März 1997, um 13.00 Uhr, Platz der Opfer des Nationalsozialismus.

Es sprechen: Helmut Schmid (DGB-Kreisvorsitzender)
Christian Ude (Oberbürgermeister)
Franz J. Müller (Vors. der Weiße-Rose-Stiftung e.V.)

Eine Veranstaltung des
Deutschen Gewerkschaftsbundes Kreis München

Die Veranstaltung unterstützen:
BDKJ München, Bündnis 90/ Die Grünen Stadtverband München, F.D.P. München, KJR München-Stadt, Münchner Friedensbündnis, Münchner JUSOS, Münchner SPD, ÖDP München, VVN-BdA Kreisvereinigung München, David contra Goliath, Weiße-Rose-Stiftung e.V.

V.i.S.d.P.: Helmut Schmid, DGB Kreis München, Schwanthalerstr. 64, 80336 München

Flugblatt des DGB, Februar 1997
DGB, Kreis München

Protest auf dem Marienplatz gegen die Ausstellungseröffnung, München, 24.2.1997
Falk Heller/argum

Diskussion auf dem Marienplatz anläßlich des Protests rechter Gruppierungen gegen die Ausstellungseröffnung, München, 24.2.1997
C. Lehsten/argum

Protest der Grünen gegen das Verhalten der CSU zur Ausstellung, München, 24.2.1997
Falk Heller/argum

Ausstellungsbesucher, München, 6.3.1997
Wolfgang Maria Weber/argus

Ausstellungsbesucher, München, 24.2.1997
Stephan Jansen/dpa

Führung durch die Ausstellung, München, 1997
Stephan Rumpf/SV-Bilderdienst

Ausstellungsbesucher, München, 24.2.1997
Diether Endlicher/Photo AP

Ausstellungsbesucher, München, 1997
Karlheinz Egginger/SV-Bilderdienst

NPD-Demonstration gegen die Ausstellung, München 1.3.1997
Sebastian Bolesch

Gegendemonstration zum NPD-Aufmarsch, München, 1.3.1997
Andreas Heddergott/SV-Bilderdienst

Letzter Ausstellungstag, Marienplatz, München, 6.4.1997
Karlheinz Egginger/SV-Bilderdienst

DEESKALATION: BREMEN

Auch in Bremen wollte die CDU, die in einer Großen Koalition mit der SPD die Stadt regierte, ursprünglich die Ausstellung verhindern. SPD-Bürgermeister Henning Scherf setzte jedoch von Anfang an auf eine offene, faire Debatte in gegenseitigem Respekt. Vor allem die Idee, vorbereitend zur Ausstellung eine Tagung über die Streitpunkte zu veranstalten, trug zu einer sachlichen Diskussion bei.

Tatsächlich gelang es in Bremen erstmals, daß schließlich auch die CDU der Präsentation der Ausstellung im Rathaus zustimmte, nachdem sie zuvor zwei Zugeständnisse erreicht hatte. Erstens wurde am Eingang zur Ausstellung eine Stellungnahme des Bremer Senats gezeigt, daß zwar zu Recht die Verbrechen der Wehrmacht ausgestellt würden, aber über 18 Millionen Soldaten kein Pauschalurteil gefällt werden dürfe. Zweitens wurde einen Monat vor Ausstellungsbeginn ebenfalls im Bremer Rathaus die Ausstellung „Aufstand des Gewissens" über den militärischen Widerstand gegen Hitler präsentiert.

Auch in Bremen gab es ein großes Besucherinteresse. Rund 52.000 Menschen sahen zwischen Ende Mai und Anfang Juli 1997 die Ausstellung im Bremer Rathaus, darunter 20.000 Schüler. Die für Bremen angekündigte NPD-Demonstration wurde verboten.

Dokumentation

Die Wehrmachts-Ausstellung gehört ins Rathaus

Im Mai nächsten Jahres soll in der Unteren Rathaushalle die Ausstellung „Vernichtungskrieg – Verbrechen der Wehrmacht 1941-1944" des Hamburger „Instituts für Sozialforschung" gezeigt werden. Diese Planung wird nun von der Bremer CDU in Frage gestellt. Am vergangenen Freitag hat der christdemokratische Landesvorstand getagt. Das Ergebnis, so der CDU-Landeschef Bernd Neumann: „Wir werden die Ausstellung an dieser Stelle verhindern."

In den nächsten Tagen wird sich entscheiden, ob sich die CDU mit ihrer Auffassung in der Stadt durchsetzen wird. Das wollen wir verhindern. Deshalb melden wir uns jetzt zu Wort.

Fast alle deutschen Männer haben während des zweiten Weltkrieges in der Wehrmacht gedient. Genau darum ist auch die Auseinandersetzung eine Angelegenheit der ganzen Gesellschaft, die ihren Ort in der Mitte der Stadt haben sollte.

Hinter der CDU-Position steckt eine unsägliche Tradition der Verdrängung.

Es seien nicht alle gleich schuldig geworden, argumentiert die CDU. Das ist wahr. Aber genauso wahr ist, daß nicht alle gleich unschuldig gewesen sind. Es gibt keine Wahrheit über die Zeit des Nationalsozialismus, die nicht irgendwem weh tut. Selbstverständlich ist es für ehemalige Wehrmachts-Soldaten und die Angehörigen schwer, sich mit den Verbrechen der Wehrmacht auseinanderzusetzen. Dieser Schmerz ist aber nicht zu vermeiden. Erst hinter diesem Schmerz beginnt die Auseinandersetzung mit der historischen Wahrheit. In was für einer Welt leben die Verantwortlichen der CDU, wenn ihnen die Rücksicht auf die Hinterbliebenen der deutschen Soldaten zum einzigen Maßstab wird. Kein Wort fällt über die ungezählten wehrlosen Opfer der Wehrmacht.

Der historischen Wahrheit näherzukommen, ist Ziel der Ausstellung und Ziel der Veranstaltungen um die Ausstellung herum. Wer diese Auseinandersetzung aus dem Zentrum der Stadt verbannen will, stellt sich und am Ende die Stadt in die Tradition der Leugner und Verdränger.

„Das Rathaus ist das Haus aller Bürger", sagt CDU-Chef Neumann. Eben.

Unterzeichnerinnen: Robert Büking, Ortsamtsleiter; Elke Heyduck, Marc Gärtner, Michael Harre, Beate Hinkel, Ralf Lorenzen, alle Kulturzentrum Schlachthof; Marieluise Beck, Bundestagsabgeordnete Die Grünen; Hans-Georg Isenberg, Erwachsenenbildner; Jürgen Schmidt, Personalrat; Heiner Schilling, HBV-Sekretär; Helga Ziegert, Bremer DGB-Vorsitzende; Waldemar Klischies, Rechtsanwalt; Ute Schalz-Laurenze, Musikjournalistin; Konrad Kunick, Bundestagsabgeordneter SPD; Martin Prange, SPD-Ortsvereins-Vorstand Buntentor; Ewald Hanstein, Bremer Landesvorstand der deutschen Sinti und Roma; Ralf Fücks, Geschäftsführer der Heinrich-Böll-Stiftung; Jürgen Maly, SPD-Landesvorstandsmitglied und Ortsvereinsvorsitzender Buntentor; Lore Kleinert, Redakteurin „Journal am Morgen"; Renate Heitmann, Bremer Shakespeare Company; Brigitte Schulte-Hofkrüger, Projektgruppe Neue Musik; Gisela Hülsbergen, SPD-MdBBÜ und ÖTV-Vorsitzende Bremen; Heinz Wenke, SPD-MdBBÜ, stellvertr. AfA-Landesvorsitzender; Ulrike Hövelmann, SPD-MdBBÜ, Vorstandsmitglied UB Stadt; Carsten Sieling, SPD-MdBBÜ und Landesvorstandsmitglied; Jens Böhrnsen, SPD-MdBBÜ, Vorsitzender SPD-Unterbezirk Bremen-Nord; Horst Isola, Hermann Kleen, Edith Wangenheim, Evi Lemke-Schulte, Carmen Emigholz, Barbara Wulff, Detmar Leo, Edith Wilts, Frank Schildt, Waltraud Hammerström, Werner Krone, Cornelia Wiedemeyer, Sabine Uhl, Wilfried Töpfer, Elke Steinhöfel, alle SPD-MdBBÜ; Lars Jeschke, Vors. Jusos-UB Stadt; E.O. Krüger, Doris Funk, Herbert Kirchhoff, Renate Möbius, Karin Markus, Linda Warnken, Wolfgang Gachmann, Gerd Fischer, alle SPD-Deputierte; Luise Morgenthal, SPD-Parlamentsreferentin; Detlev Albers, SPD-Landesvorsitzender; Karin Röpke, Geschäftsführerin der SPD-Bürgerschaftsfraktion; Bertram Zwanziger, SPD-Landesdelegierter; Wolfgang Grotheer, Vorsitzender SPD-Unterbezirk Stadt; Karoline Linnert, MdBBÜ, Fraktionssprecherin Bündnis 90/Die Grünen; Hermann Kuhn, MdBBÜ Bündnis 90/Die Grünen, Vizepräsident der Bürgerschaft; Arendt Hindricksen, MdBBÜ Bündnis 90/Die Grünen; Martin Thomas, MdBBÜ Bündnis 90/Die Grünen; Dr. Adelheid Hirsch; Susanne Paas, Bündnis 90/Die Grünen, Sprecherin Beirat Mitte; Cecilie Eckler-von Gleich, Landesvorstandssprecherin Bündnis 90/Die Grünen; Dr. Hartmut Müller, Leiter des Staatsarchivs; Dr. Wolfgang Schlott, Forschungsstelle Osteuropa; Axel Adamietz; Jochen Grabler, Kerstin Schneider, Joachim Fahrun, alle taz-Redakteure.

Aufruf „Die Wehrmachts-Ausstellung gehört ins Rathaus"
taz-Bremen vom 12.11.1996

DER PRÄSIDENT DES SENATS
Bürgermeister Dr. Henning Scherf
beehrt sich,

zu der Fachtagung über die Ausstellung
„Vernichtungskrieg. Verbrechen der Wehrmacht 1941 bis 1944"
am 26. Februar 1997 ab 9.00 Uhr
in die Obere Halle des Alten Bremer Rathauses einzuladen.

Bitte legen Sie diese Einladungskarte am 26. Februar 1997 am Eingang vor.

Die Fachtagung wird mit finanzieller Unterstützung der Bundeszentrale für politische Bildung und in
Kooperation mit der Landeszentrale für politische Bildung durchgeführt.

Referenten der Fachtagung zur Ausstellung "Vernichtungskrieg. Verbrechen der Wehrmacht 1941 bis 1944" am 26.2.1997 im Bremer Rathaus

Eröffnungsvortrag
Zur Rolle der Wehrmacht im Dritten Reich (1933-1945)

Prof. Dr. Dr. h.c. Hans-Adolf **Jacobsen**

Arbeitsgruppe 1
Wird die Ausstellung den Soldaten der Wehrmacht gerecht?

Prof. Dr. Dr. Wolfgang **Benz**, Berlin

Prof. Dr. Wolfgang **Eichwede**, Bremen

Prof. Dr. Günther **Gillessen**, Freiburg

Generalmajor a.D. Dr. Gottfried **Greiner**, Neckargemünd

Hannes **Heer**, Hamburg

Prof. Dr. Dr. h.c. Hans-Adolf **Jacobsen**, Bonn

Dr. Walter **Manoschek**, Wien

Generaloberstabsarzt a.D.
Prof. Dr.med.Ernst **Rebentisch**, Deisenhofen

Prof. Dr. Jan Philipp **Reemtsma**, Hamburg

Brigadegeneral a.D.
Dr. Günter **Roth**, Burggen

Prof. Dr. Hans-Ulrich **Thamer**, Münster

Arbeitsgruppe 2
Die Armee im demokratischen Rechtsstaat

General a.D. Wolfgang **Altenburg**, Bremen

Christine **Bernbacher**, MdBB (Bündnis '90/DIE GRÜNEN), Bremen

Oberst Bernhard **Gertz**, Vorsitzender Deutscher Bundeswehr-Verband, Bonn

Senator a.D. Volker **Kröning**, MdB (SPD), Bremen

Senator Hartmut **Perschau** (CDU), Bremen

Rolf **Reimers**, MdBB (AfB), Bremen

Dr. Hans-Ulrich **Seidt**, Bonn

Prof. Dr. Dieter **Senghaas**, Bremen

General a.D. Werner **von Scheven**, Geltow

Moderation: Armin **Halle**, Hamburg

Einladung und Programm der vorbereitenden Fachtagung, 26.2.1997
Landeszentrale für politische Bildung, Bremen

Erklärung des Bremer Senats vom 4.3.1997 zur Ausstellung „Vernichtungskrieg. Verbrechen der Wehrmacht 1941 bis 1944"
Landeszentrale für politische Bildung, Bremen

„Diese Ausstellung, ‚Vernichtungskrieg. Verbrechen der Wehrmacht 1941 bis 1944', die schon in vielen Städten zu sehen war, beleuchtet ein besonders dunkles Kapitel der militärischen Geschichte. Auch in Bremen soll die Öffentlichkeit Gelegenheit haben, sich zu informieren und eine Meinung zu bilden.

Die vom Senat am 26. Februar 1997 im Rathaus veranstaltete Fachtagung zu dieser Ausstellung hat zur Klärung wichtiger Fragen und damit zur Versachlichung der kontroversen Diskussion entscheidend beigetragen. Danach kann folgendes festgestellt werden:

1. Die geschichtliche Forschung belegt, daß die Wehrmacht ein Instrument der nationalsozialistischen Eroberungs- und Vernichtungspolitik war und in ihrer Spitze sowie mit Truppenteilen in Verbrechen des Nationalsozialismus verstrickt war. Die Kriegsführung im Osten ging über die ‚normale' Kriegsführung weit hinaus; Teile der Wehrmacht waren an den Greueltaten des Nazi-Regimes beteiligt.

2. Die Mehrzahl der deutschen Soldaten war an den Greueltaten des nationalsozialistischen Regimes nicht direkt beteiligt, der einzelne hatte keine Chance, den Vernichtungskrieg Hitlers zu verhindern. Deshalb ist es nicht zulässig, ein Pauschalurteil über alle 18 Millionen deutschen Soldaten zu fällen und sie als verbrecherisch abzustempeln.

3. Die Ausstellung ‚Vernichtungskrieg. Verbrechen der Wehrmacht 1941 bis 1944' stellt ausschließlich und bewußt die verbrecherischen Befehle auf deutscher Seite und ihre Ausführung im Krieg auf dem Balkan und in der Sowjetunion dar. Diese sind ein entscheidendes Segment im Rahmen der Bewertung der Wehrmacht und ihrer Soldaten, aber für eine <u>Gesamt</u>bewertung müssen weitere Kriterien hinzukommen. Für eine objektive und umfassende Bewertung des Verhaltens deutscher Soldaten und der Wehrmacht insgesamt im Vernichtungskrieg ist die Einbettung in die damalige politische und zeitgeschichtliche Situation unverzichtbar. Werte wie Gehorsam, Tapferkeit und Pflichtbewußtsein hatten in der historischen Situation eine andere Bedeutung als heute. Durch den totalen Vernichtungskrieg wurden normale Maßstäbe und Verhaltensnormen vielfach außer Kraft gesetzt. Ursachen und Wirkungen müssen aufgezeigt, schwierige Fragestellungen wie die faktischen Möglichkeiten des Soldaten, sich den verbrecherischen Befehlen zu entziehen, diskutiert werden.

Das wichtigste Kapitel des Widerstands gegen Hitler, der zu einem wesentlichen Teil von Offizieren der Wehrmacht getragen wurde, gehört ebenfalls zur Gesamtbewertung.

4. Die Bundeswehr steht nicht in der Tradition der Wehrmacht. Sie ist demokratisch legitimiert. Wehrverfassung und Traditionserlaß haben dies unmißverständlich geklärt."

Protest gegen die ursprünglich geplante, aber verbotene NPD-Demonstration,
Bremen, 28.5.1997
Michael Bahlo

ÖFFENTLICHE ANERKENNUNG
UND PARLAMENTARISCHE DEBATTEN

Zahlreiche Länderparlamente haben über die Ausstellung „Vernichtungskrieg" diskutiert.
Die Debatte im Deutschen Bundestag am 13. März 1997, die auf Antrag von BÜNDNIS 90/
DIE GRÜNEN zustande kam, bildete eine „Sternstunde des Parlaments".

Erwartet hatte man den üblichen Schlagabtausch zwischen den Parteien. Statt dessen gelang
den Abgeordneten, vor allem durch die persönlichen Redebeiträge von Otto Schily, Freimut
Duve, Christa Nickels, Otto Graf Lambsdorff und nicht zuletzt Alfred Dregger, ein nachdenklicher
Dialog. Die Parlamentarier erzählten ihre von Brüchen und Spannungen durchzogenen Familien-
geschichten und gewannen mit den Erinnerungen für einen Moment eine Sachlichkeit zurück,
die in den Auseinandersetzungen zuvor verlorengegangen schien.

Im Dezember 1997 verlieh die Internationale Liga für Menschenrechte Hannes Heer stellvertretend
für das Ausstellungsteam die Carl-von-Ossietzky-Medaille.

Hannes Heer mit Rosalinda von
Ossietzky-Palm bei der Ver-
leihung der Carl-von-Ossietzky-
Medaille, Berlin, 7.12.1997
Jan Bauer/Photo AP

Verleihungsurkunde
Privatbesitz, Hannes Heer

Begründung zur Verleihung der Carl-von-Ossietzky-Medaille 1997 (Auszug)
Internationale Liga für Menschenrechte (Hg.), Die Menschenrechte. Verleihung der Carl-von-Ossietzky-Medaille 1997 an Hannes Heer, Berlin o. J., S. 2 und 4

„[...] Mit der Verleihung würdigt die INTERNATIONALE LIGA FÜR MENSCHENRECHTE die Arbeit des Ausstellungsteams am Hamburger Institut für Sozialforschung. Die Ausstellung und das zugehörige wissenschaftliche Begleitmaterial haben das Schweigetabu über dem verbrecherischen Vernichtungskrieg der deutschen Wehrmacht durchbrochen und wie kaum ein anderes Ereignis des Jahres die Öffentlichkeit im antimilitaristischen Geiste Carl von Ossietzkys aufgerüttelt.
Die Debatte um die nach wie vor als ‚umstritten' geltende Wehrmachtsausstellung hat uns erneut die ganze Verlogenheit und Absurdität der bundesdeutschen Nachkriegshaltung des ‚Niemand-war-dabei-und-keiner-hat's-gewußt' deutlich vor Augen geführt.
Ebenso klar zeigten sich v.a. in München mit den vergangenheitspolitischen Auseinandersetzungen um die Deutungshoheit über die Geschichte die brisanten Auswirkungen auf die Demokratiefähigkeit einer Gesellschaft, die seit einer angeblichen ‚Stunde Null' ihre Handlungsfähigkeit mit der Hypothek geleugneter und verschwiegener Schuld belastet.
Das Verdienst der Ausstellung ist es, daß sie exemplarisch-nüchtern für drei verschiedene Kriegsgebiete zeigt, unter welchen Bedingungen Soldaten Mörder wurden. [...]
Mit dieser Ehrung will die LIGA aber auch ein Zeichen setzen gegen die vermeidbar doppelzüngige Traditionspflege der Bundeswehr. [...]"

GEWALT UND DIALOG

Ungeachtet der Bemühungen um eine konstruktive Diskussion nahmen Rechtsextreme die Ausstellung systematisch zum Anlaß, um durch provozierende Aufmärsche politisch Kapital zu schlagen. Gegendemonstrationen und zum Teil gewalttätige Auseinandersetzungen waren die Folge. Die Rechtsradikalen riefen sogar zu körperlichen Angriffen auf den Leiter des Hamburger Instituts für Sozialforschung, Jan Philipp Reemtsma, auf. Den Höhepunkt der rechten Gewalt bildete der Sprengstoffanschlag auf die Ausstellung in Saarbrücken am 9. März 1999. Auch auf der Gegenseite wurde die Auseinandersetzung mit Gewalt geführt. So verübten autonome Gruppen im Mai 1999 einen Anschlag auf das Haus des Ausstellungskritikers Rüdiger Proske.

Gleichzeitig aber bot die Ausstellung zahlreiche Gelegenheiten zum Dialog zwischen den Generationen. Diskussionen von älteren und jüngeren Besuchern waren ebenso an der Tagesordnung wie die Befragung von Zeitzeugen durch Schulklassen. Zuweilen war an den Ausstellungsorten ein eigener Raum für solche Gespräche eingerichtet worden.

Schüler in der Bremer Ausstellung, Juni 1997
Nikolai Wolff

Schüler diskutieren mit ehemaligen Wehrmachtsangehörigen, St. Augustin, 25.1.1999
Hanns-Jörg Anders/© STERN

Ausstellungsführung für Jugendliche, Hamburg, 1.6.1999
Axel Kirchhof/action press

Hannes Heer im Gespräch mit Ausstellungsbesuchern, Saarbrücken 1999
Becker & Bredel

Spurensicherung nach dem Sprühanschlag, Erfurt, 9.6.1996
Michael Blau

Anzeige in Nation & Europa: „Reemtsma eine kleben!"
Nation & Europa. Deutsche Monatshefte, 47, 1997, H. 7/8

Über 1.000 Anhänger rechtsradikaler Gruppen protestieren in Dresden
gegen die Ausstellung, 24.1.1998
ullstein bild/Photo AP

Polizisten räumen Straßenblockaden nach der Demonstration gegen
den NPD-Aufmarsch, Kiel, 30.1.1999
ullstein bild/Photo AP

NPD-Protest gegen die Ausstellung, Saarbrücken, Februar 1999
Becker & Bredel

Nach dem Sprengstoffanschlag auf die Ausstellung im VHS-Zentrum Saarbrücken, 9.3.1999
Becker & Bredel

EIN BILD WIRD ZUR IKONE

Insgesamt präsentierte die Ausstellung „Vernichtungskrieg" mehr als 1.400 Fotos. Kommentare sprachen daher von der „Wucht der Bilder".

In der Öffentlichkeit reduzierte sich diese Fülle allerdings auf etwa ein Dutzend Bilder, die immer wieder abgedruckt wurden. Vor allem das Foto der Hinrichtung im serbischen Pančevo im April 1941 geriet zum Symbol der Ausstellung. In der Gestalt des Offiziers des Regiments „Großdeutschland", der mit seiner Pistole auf ein noch lebendes Opfer der Exekution zielt, um den tödlichen Schuß abzugeben, verdichtete sich das Bild von den Verbrechen der Wehrmacht.

Immer wieder wurde gerade dieses Foto reproduziert, in Zeitungsartikeln und Broschüren, auf Plakaten und Buchumschlägen. Im März 1997 erschien es sogar als Titelbild des „SPIEGEL".

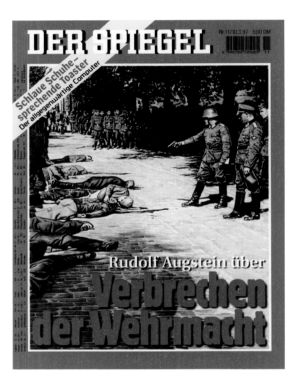

DER SPIEGEL vom 10.3.1997

Umschlag des Begleitbandes zur Ausstellung „Vernichtungskrieg. Verbrechen der Wehrmacht 1941 bis 1944"
5.–11. Auflage, Lizenzausgabe Zweitausendeins, April 1997–Februar 1999

Umschlag des Bremer „Kassiber", Stadtzeitung für Politik, Alltag, Revolution, Juni 1997

Flugblatt: Aufruf zur Demonstration gegen den NPD-Aufmarsch, München, 1.3.1997

Münchener Bündnis gegen Rassismus

Mythos und grausame Wirklichkeit der deutschen Wehrmacht

Als Teufelskerle in Uniform wurden sie in der Nachkriegszeit gerne dargestellt: hart, aber anständig. Die Realität der Landser sah oft so aus, wie auf dem Bild in der Mitte: Geiselerschießung durch die Wehrmacht in Pancevo, Serbien, am 22.4.1941.
Foto: G. Gronefeld

Abendzeitung vom 15./16.2.1997

Plakat: Ankündigung der Vorbereitungsfachtagung zur Ausstellung im Kolpinghaus Bremen, April 1997

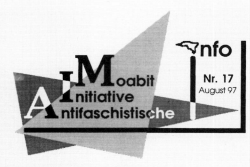

Die Bundeswehr:
„Ethisch wertvoll", sonst nichts?

„Da sind wir aber immer noch", die Antifaschistische Initiative Moabit (AIM). - Und es gibt nach langer Zeit wieder eine AIM-Zeitung. Vor einem Jahr (August 96) kam die letzte Ausgabe heraus, mit dem Themenschwerpunkt „Kameradschaft Beusselkiez". Dieser Nazizusammenschluß war über das Jahr 1996 in Moabit sehr rege und verteilte offensiv etliches rechtsextremistisches Propagandamaterial im Bezirk. Der Nazi-Kader Mike Penkert war Gründer und An-"Führer" dieser Kameradschaft, seine Wohnung war Schalt- und Anlaufstelle der Naziszene. An dieser Stelle möchten wir ganz dringend darauf hinweisen, daß Mike Penkert nicht mehr in der Moabiter Wilsnacker Str. wohnt. Er ist im Juni 1997 aus Moabit weggezogen. Es gibt mehrere Hinweise, u.a. auch aus der Naziszene, daß Mike Penkert jetzt evtl. in Schönefeld bei Berlin wohnt.

Bei dem Gelöbnis 1996 vor dem Berliner Schloß Charlottenburg stellte Bundespräsident Roman Herzog vor den Rekruten fest, daß sie keine Mörder sind. Im gleichen Atemzug unterstellte er Kriegsdienstgegnern, sie seien bösartig. Wortwörtlich sagte er: "Liebe Soldaten, sie leisten in der Bundeswehr einen wichtigen und auch einen ethisch wertvollen Dienst. Wer sie als Mörder diffamiert der ist nicht nur bösartig, das wäre hinzunehmen, sondern der verfehlt auch die objektive Wahrheit denn Sie sind keine Mörder." Nun zum Verständnis für den werten Bundespräsidenten, niemand hat oder wird behaupten, das Rekruten generell Mörder sind. Jedoch ist es wohl außer Zweifel, das die Ausbildung auch in der Bundeswehr darauf ausgerichtet ist Menschen zu töten. Und ob das ein "ethisch wertvoller Dienst" sein soll, wie Herzog in seiner Ansprache vor den Rekruten behauptete, darf ja wohl erstmal ernsthaft bezweifelt werden. *weiter Seite 3*

mörderische Soldaten
Ausstellung:
Verbrechen der Wehrmacht in Jugoslawien 1941- 44

Vor 56 Jahren, am 6. April 1941, bombardierte die faschistische deutsche Wehrmacht Belgrad. Die erste Zerschlagung Jugoslawiens hatte begonnen. In den ersten 8 Monaten wurden allein in Serbien im Rahmen der Einschüchterungs- und Vernichtungspolitik der deutschen Besatzerarmee zwischen zwanzig und dreißigtausend Menschen ermordet. Ein Jahr später wurde Serbien für "judenfrei" erklärt. Der Großteil dieser Massaker gegen die Zivilbevölkerung wurde von der "sauberen" deutschen Wehrmacht ehrenvoll ausgeführt. Sich als "Herrenmenschen fühlende deutsche Landser gingen dabei "mit allerbrutalsten Mitteln" (Befehl des Oberkommandos der Wehrmacht, 16.12.42) gegen die Juden und "slawischen Untermenschen" vor. Viele Soldaten fotografierten ihre eigenen Grausamkeiten, um zu hause damit zu prahlen. *weiter Seite 5*

Titelseite der Zeitschrift „Antifaschistische Initiative Moabit", August 1997

Karikatur von Luis Murschetz
DIE ZEIT vom 28.2.1997

KRITIK

Schon früh regten sich auch kritische Stimmen. Unmittelbar vor Beginn der Ausstellung kritisierte der frühere Bundeskanzler Helmut Schmidt, der den Krieg noch als Leutnant erlebt hatte, in einem „ZEIT"-Gespräch mit Hannes Heer, Klaus von Bismarck, Wolfram Wette, Marion Gräfin von Dönhoff und anderen, daß die von Hannes Heer im Gespräch vorgestellten Thesen der Ausstellung zu pauschal seien. Ebenso gehörte der Journalist Rüdiger Proske zu den ersten Kritikern der Ausstellung. Aber auch Historiker, wie der Leiter des Instituts für Zeitgeschichte, Horst Möller, äußerten öffentlich Kritik.

Die Haupteinwände lauteten, daß die Ausstellung auf einer schmalen Quellenbasis einseitig verallgemeinernde Schlüsse ziehe, daß das Material quellenkritisch nicht ausreichend geprüft sei und daß eine ganze Generation von Soldaten ungerechtfertigt als verbrecherisch dargestellt würde.

Manchen Kritikern ging es weniger darum, Fehler zu beheben, als vielmehr die gesamte Ausstellung zu Fall zu bringen. Doch verleitete die vehemente Polarisierung der Debatte, vor allem seit München 1997, die Ausstellungsmacher dazu, inhaltliche Kritik als politisch motivierten Angriff wahrzunehmen. So entstand im damaligen Ausstellungsteam eine Abwehrhaltung, aus der heraus nicht nur gegen verleumderische Unterstellungen und Beleidigungen, sondern auch gegen seriöse Kritiker und Wissenschaftler mit juristischen Mitteln vorgegangen wurde. Dieses Verhalten bedauerte der Leiter des Hamburger Instituts für Sozialforschung, Jan Philipp Reemtsma, im Herbst 1999 ausdrücklich.

Ulrich Raulff im Gespräch mit Jan Philipp Reemtsma
Frankfurter Allgemeine Zeitung vom 6.11.1999

[Frage:] „[...] Sie haben einen Prozess [gegen Bogdan Musial] geführt. Warum reichte Ihnen nicht eine Presseerklärung [...]? Warum muss man einen Prozess führen?
[Reemtsma]: Wir mussten nicht, wir haben. Und das war falsch. Man kann versuchen, zu erklären, wie so etwas zustande kommt. Es gab eine von Außenstehenden gar nicht nachvollziehbare Flut von nicht sachbezogener Kritik, sondern übelster Polemik und Versuche, zum Beispiel den Ausstellungsleiter Hannes Heer zu diskreditieren, er habe gar nicht studiert etc. Er musste sich gegen eine Reihe von Vorwürfen wehren durch absurde und peinliche Dinge wie das Beibringen von Belegen, dass er ein abgeschlossenes Studium hat und Ähnliches. Und da ist bei den Ausstellungsmachern ein bisschen so etwas wie eine Wagenburgmentalität entstanden, von der aus dann irgendwann alle Kritiker anfangen, einander ähnlich zu sehen. Es wäre damals richtig gewesen, Ruhe zu bewahren, nicht so empfindlich zu reagieren, auch unfaire Anwürfe zu übergehen, dann wäre man, wie im Fall Musial, nicht über das Ziel hinausgeschossen. [...]"

ZEITGESCHICHTE

Das ganz normale Grauen

Der Historiker Norbert Frei über die Vergangenheitspolitik der Adenauer-Ära und die Ausstellung „Verbrechen der Wehrmacht"

*Wo immer sie hinkommt, löst die Wanderausstellung „Verbrechen der Wehrmacht", ausgerichtet vom „Hamburger Institut für Sozialforschung", heftige Diskussionen aus. In München, dem Standort der letzten Wochen, fühlte sich die örtliche CSU aufgerufen, die Ehre der deutschen Soldaten zu verteidigen. In Frankfurt, wo die Schau am vergangenen Sonntag eröffnet wurde, erregten sich Teile der CDU über die angeblich einseitige Dokumentation. Norbert Frei, 42, ist Mitarbeiter am Institut für Zeitgeschichte in München. Er veröffentlichte im vorigen Jahr „Vergangenheitspolitik. Die Anfänge der Bundesrepublik und die NS-Vergangenheit"**.*

wo Erinnerung aufblitzt an die frühen Nachkriegsjahre.

Zum Beispiel in der Wortmeldung eines Franz Schönhuber. Dem ehemaligen Republikaner-Chef ist diese Zeit so sehr präsent, daß er sich ein „klammheimliches Schmunzeln" jetzt nicht verkneifen kann: „Warum regen sich gerade manche in der heutigen Politik tätigen Wehrmachtsoffiziere so fürchterlich auf?" fragt er in der SÜDDEUTSCHEN ZEITUNG – und hat natürlich eine Antwort parat: „Weil ihnen ein Alibi abhanden gekommen ist: Wir waren es nicht, das war die böse SS."

Schönhubers Schadenfreude mündet in jene larmoyante Apologie auf die Waffen-

Denn auch ohne die europaweit berüchtigten Himmler-Truppen war die Glaubhaftmachung des damals fabrizierten Ehren-Epos noch schwer genug. Es erforderte nämlich die rhetorische Einebnung eines Gebirges von Beweisen, das die Alliierten nach dem Krieg in zahlreichen Prozessen gegen Angehörige der Wehrmacht zusammengetragen hatten.

Im Grunde lag bereits im Sommer 1946 klar zutage, was dann – Ergebnis der sich rasch ausbreitenden Legende – ein halbes Jahrhundert lang bestritten wurde. Als in Nürnberg das Internationale Militärtribunal gegen die Hauptkriegsverbrecher zu Ende ging, war der „Kommissarbefehl" ge-

daß jeder deutsche Befehlshaber die Regeln des Krieges und die Gesetze des Anstandes mißachtet habe. Wohl aber behaupten wir, daß die Art und der Umfang der von den Spitzen der Wehrmacht angeordneten und danach in vielen Ländern Europas verübten Greuel eine bewußt in Rechnung gestellte Gleichgültigkeit dieser militärischen Führer gegenüber der Begehung von Verbrechen zeigen und beweisen."

Bekanntlich verwarfen die Richter – gegen das Votum ihres sowjetischen Kollegen – die Forderung der Anklage, unter anderem auch den Generalstab und das Oberkommando der Wehrmacht (OKW) zur „verbrecherischen Organisation" zu erklären. Doch war das, was deutsche Verteidiger vorschnell als Erfolg in der Sache feierten, in Wirklichkeit ein Resultat rechtspraktischer Überlegungen, die Oberst Taylor im stillen teilte.

Logische Folge des Verzichts auf die kollektive Verdammung war die genauere Beleuchtung ausgewählter Teile der Generalität. Diesem Zweck dienten nicht nur die beiden Nürnberger Nachfolgeprozesse, die

Besucher der Wehrmachtsausstellung in München, Kanzler Adenauer mit ehemaligen Wehrmachtsgeneralen* in Andernach (1956): *Abschied von einer Legende*

Etwas abseits der Hauptkampflinie ist der seit Wochen tobende Leserbriefkrieg um die Hamburger Ausstellung „Verbrechen der Wehrmacht" im Münchner Rathaus am spannendsten; nicht dort also, wo noch immer die absurde These von der „sauber" gebliebenen Wehrmacht verteidigt wird, sondern dort,

SS, die den Dabeigewesenen bewegt, seit er mit seinem Bekennerbuch vor eineinhalb Jahrzehnten Furore machte. Doch soviel ist richtig: Unmittelbar nach dem Krieg waren die Verbrechen der Wehrmacht kein Geheimnis. Die Legende der aus dem Felde zwar besiegt, aber unbefleckt zurückgekehrten deutschen Soldaten entstand erst in den Anfängen der Ära Adenauer.

Voraussetzung dafür waren enorme politische und sozialpsychische Verdrängungskräfte – und die Ausgrenzung der SS.

funden, waren völkerrechtswidrige Erschießungen von Zivilisten und der Hungertod sowjetischer Kriegsgefangener massenhaft dokumentiert, und auch die Mitwirkung der Wehrmacht am Judenmord stand außer Frage.

Telford Taylor, der amerikanische Ankläger, brachte den Erkenntnisstand in seinem Schlußplädoyer auf den Punkt: „Selbstverständlich behaupten wir nicht, daß die Hände jedes deutschen Soldaten in unschuldiges Blut getaucht wurden oder

die Amerikaner 1947/48 gegen 14 Angehörige des OKW und 12 sogenannte Südost-Generale führten, sondern auch Militärgerichtsverfahren der Briten, in denen sich soldatische Ikonen wie die Generalfeldmarschälle Manstein oder Kesselring zu verantworten hatten. Hinzu kamen zahlreiche Prozesse im Ausland.

Die Deutschen verfolgten diese Ahndungsbemühungen der Alliierten von Anfang an mit tiefer Skepsis. In dem Maße aber, wie dadurch das Bild eines präze-

* Adolf Heusinger und Hellmuth Laegeler vor Bundeswehr-Freiwilligen.
** C.H. Beck Verlag, München; 464 Seiten; 78 Mark.

denzlos mörderischen Angriffskrieges hervortrat, wie singuläre Schuld und monströses Unrecht sichtbar wurden, reagierten sie mit bitterer Ablehnung.

Mochte die Bestrafung von „Hauptkriegsverbrechern", Parteibonzen und SS-Oberen zunächst noch eine gewisse Zustimmung finden, so galt dies nicht im Blick auf die Wehrmacht. Denn der sprichwörtliche „Mitläufer" fühlte sich in seiner Ehre als Soldat verletzt und im Geiste mitangeklagt, wenn seinen militärischen Idolen, Vorgesetzten oder Kameraden der Prozeß gemacht wurde. Die dann reflexartig ausgestoßene Invektive „Siegerjustiz" war nicht nur Ausdruck politischer, sondern vor allem psychischer Abwehr.

Solidarisierungseffekte ließen nicht auf sich warten: Kaum daß die ersten Urteile gesprochen waren – und lange bevor die deutsche Politik das Thema aufgriff –, eröffneten die Kirchen, von frustrierten Verteidigern munitioniert, den Kampf um die Freilassung der Kriegsverbrecher. Christliche Nächstenliebe war nicht der Grund, auch nicht die Ablehnung der Todesstrafe. Die Kirchenführer waren vielmehr nationalpolitisch motiviert – und nicht bereit, in der Kriegführung der Wehrmacht anderes zu erkennen als das von allen Seiten angerichtete ganz normale Grauen des modernen Waffengangs.

Ihre härtesten Verfechter fand solche Apologie in den evangelischen Bischöfen, deren Nähe zum (vorwiegend protestantischen) Offizierskorps einen nicht abreißenden Strom von Petitionen an die Besatzungsmächte produzierte. Und wo diese Einsicht zeigten, reagierte Theophil Wurm, der Ratsvorsitzende der EKD, mit verbalen Aggressionen. So etwa im Blick auf den Malmedy-Prozeß, in dem deutsche Soldaten wegen der kaltblütigen Erschießung bereits entwaffneter amerikanischer GIs und belgischer Zivili-

Den Deutschen sollte eine Last von der Seele genommen werden

sten verurteilt worden waren. Angebliche Mißhandlungen der Beschuldigten im Vorfeld des Verfahrens belegte der Oberhirte mit dem in Nürnberg eingeführten Terminus der „Verbrechen gegen die Menschlichkeit".

Ziel solcher Attacken war die moralische Zerstörung der alliierten Idee einer politischen Säuberung mit den Mitteln der Justiz. Letztlich interessierte nicht die Korrektur etwaiger einzelner Fehlurteile oder überhöhter Strafen, sondern die Diskreditierung eines völker- und besatzungsrechtlichen Programms, das neben der nationalsozialistischen Regimeführung bis 1949 auch die korrumpierten gesellschaftlichen Eliten – und in besonderer Weise das Militär – zur Rechenschaft gezogen hatte.

Mehr noch als die Viermächte-Haftanstalt in Spandau, zu deren Insassen mit Dönitz und Raeder lediglich zwei, allerdings hohe, militärische Würdenträger zählten, wurden seit Gründung der Bundesrepublik die westalliierten Kriegsverbrechergefängnisse in Landsberg, Werl und Wittlich zu Symbolen eines zähen vergangenheitspolitischen Ringens. In dessen Mittelpunkt stand bald die „Wiederherstellung der Ehre des deutschen Soldaten".

Zwar zeichnete sich am westlichen Horizont des Kalten Krieges unterdessen auch der Wunsch nach einem deutschen „Verteidigungsbeitrag" ab, aber die vom gesamten Bundestag getragene Forderung nach Freilassung der bei den Amerikanern, Briten und Franzosen einsitzenden Wehrmachtsangehörigen war nicht bloß realpolitisches Kalkül. Vielmehr ging es darum, „den Deutschen eine Last von der Seele zu nehmen". Hans-Joachim von Merkatz (Deutsche Partei) kannte die Stimmung in den allerorten aufschießenden Soldatenverbänden: „Männer wie Manstein, wie Kesselring und andere … diese Männer und wir, wir sind doch eines. Wir haben doch das mitzutragen, was man ihnen, stellvertretend für uns, auferlegt."

Wer solche Bekenntnisse mit Bravorufen begleitete, der sprach auch bald nur noch von „Kriegsverurteilten". Und der vergaß schließlich, daß in den „Kerkern der Alliierten", deren Öffnung STERN und SPIEGEL in der volksgemeinschaftlichen Hysterie der frühen fünfziger Jahre ebenso verlangten wie die ZEIT und FAZ, auch Einsatzgruppenführer saßen, die wegen zehntausendfachen Judenmords auf ihre Hinrichtung warteten.

Aber das jahrelange Gefeilsche zahlte sich aus: Seit der spektakulären Begnadigungsaktion, die Kanzler Adenauer dem amerikanischen Hohen Kommissar John McCloy abgetrotzt hatte, waren die Häftlingszahlen überall rückläufig. Im Frühjahr 1951 waren es weniger als 1800, die letzten sieben Kriegsverbrecher wurden am 7. Juni

1951 in Landsberg gehängt. Soldaten waren nicht darunter, denn aus den Todesurteilen im Malmedy-Prozeß waren inzwischen ausnahmslos Zeitstrafen geworden.

Im Zeichen von Wiederbewaffnung, Westintegration und der bevorstehenden Wahl zum zweiten Bundestag ging die Reinwaschung der Wehrmacht zügig voran. Anfang 1951 mußte Dwight D. Eisenhower, als glühender Feind des deutschen Militarismus bekannte neue Oberbefehlshaber der Nato in Europa, eine von Adenauers Beratern, den ehemaligen Wehrmachtsgeneralen Speidel und Heusinger, vorbereitete Ehrenerklärung für den „deutschen Soldaten als solchen" abgeben. Als der rechte

Koalitionsflügel 1952 mit dem Scheitern der Westverträge drohte, falls vorher nicht die „Gefangenen" freikämen, bettelte der Kanzler bei den Alliierten um neue „Gnadenakte in größtem Umfange" – natürlich nicht für die „wirklichen Verbrecher".

Aber deren Zahl, das hatte Adenauer im Bundestag ja längst zu Protokoll gegeben, war „so außerordentlich gering und so außerordentlich klein", daß damit „der Ehre der früheren deutschen Wehrmacht kein Abbruch geschieht".

Im Wahlkampf-Sommer 1953 pilgerte der Kanzler schließlich nach Werl. Dem Besuch am Gnadenbild der Muttergottes folgte die Visite im britischen Kriegsverbrecher-Gefängnis. Manstein allerdings war schon entlassen, so daß es nur zum Händedruck mit „Panzer-Meyer" (General der Waffen-SS) und einem Gefreiten kam.

Der Stimmenfang im soldatischen Milieu verhalf den Regierungsparteien mit zu einer Zweidrittelmehrheit – und, wie Meinungsumfragen ergaben, etwa so vielen Bundesbürgern zur Gewißheit, richtig zu liegen mit ihrer Überzeugung, daß „Männer wie Kesselring" zu Unrecht gesessen hatten.

Die Unschuld nicht nur der Generale galt jetzt als ausgemacht, die Reihen waren fast wieder geschlossen. Als die Amerikaner 1958 Landsberg aufgaben, die von der Mehrheit der Deutschen nie akzeptierte Wahrheit des auch von der Wehrmacht geführten Vernichtungskrieges längst passé. Was lebte, war die Legende eines „normalen Krieges": das Ehren-Epos vom „unbefleckten Schild" der Wehrmacht, das es Millionen deutscher Landser erlaubte, das Andenken ihrer gefallenen Kameraden zu wahren und im eigenen opferreichen Einsatz einen Sinn zu erblicken.

Ein Leben im Bewußtsein der in Nürnberg freigelegten Fakten hätte die Generationen der Kriegsteilnehmer damals wahrscheinlich überfordert. Wo die Konsolidierung der persönlichen Existenz alle Kraft verlangte, war die tragbare Last des Erinnerns bemessen. So behalf man sich mit jener durchsichtigen Deckerinnerung, die offenbar erst jetzt, im Alter, für viele ihren schützenden Sinn verliert.

Jedenfalls waren die 70- und 80jährigen unter den vorm Münchner Rathaus auf Einlaß Wartenden in den letzten Wochen keine Seltenheit. Kaum einer von ihnen schien gekommen, um etwas zu bestreiten oder um sich „beleidigt" zu fühlen. Dies blieb den Nachbarn des örtlichen CSU-Vorsitzenden vorbehalten, die sich den Gang durch die Ausstellung freilich meist ersparten.

Jene alten Männer (und Frauen) hingegen, die sich den Dokumenten stellten, kamen ganz offensichtlich, um Abschied zu nehmen: Abschied von einer Legende, die historiographisch zwar schon lange überwunden, vergangenheitspolitisch – und in ihnen selbst – aber bis eben noch wirksam war. ◆

DER SPIEGEL vom 14.4.1997

DEUTSCHLAND

UMSTRITTENE PRÄSENTATION

Die Ausstellung „Vernichtungskrieg. Verbrechen der Wehrmacht 1941 bis 1944" ist ein Projekt der privaten Stiftung Hamburger Institut für Sozialforschung (HIS).

- Seit März 1995 kamen laut HIS über **860 000 Besucher** in die Wanderschau.
- Sie wurde in **33 Städten** in Deutschland und Österreich gezeigt und geht ab Dezember auf eine Tournee durch die USA.

BILDERFLUT
Die Ausstellung zeigt 1433 Fotos, die zum Teil willkürlich bestimmten Schlagworten zugeordnet werden

INTERVIEW

„Es geht nicht um die Wahrheit"

Horst Möller, Leiter des Münchner Instituts für Zeitgeschichte, über die Fehler und den wissenschaftlichen Gehalt der Wehrmachtsausstellung

FOCUS: Warum hat die Veröffentlichung des polnischen Historikers Bogdan Musial in den von Ihrem Institut herausgegeben „Vierteljahresheften für Zeitgeschichte" eine derart heftige Diskussion über die Qualität der Wehrmachtsausstellung entfacht?

Möller: Bogdan Musial konnte erstmals nachweisen, dass eine Reihe von Bildern nicht Verbrechen der Deutschen, geschweige denn solche der Wehrmacht zeigen, sondern Opfer sowjetischer Einheiten.

FOCUS: Bei Musial geht es um neun von 801 Bildern, die im Ausstellungskatalog gezeigt werden. Ist die Aufregung gerechtfertigt?

Möller: Es sind nicht irgendwelche Bilder der Ausstellung. Musial hat bewiesen, dass neun Bilder falsch verwendet werden, mindestens weitere 24 sind seiner Auffassung nach fragwürdig. 90 Prozent der Bilder zeigen gar keine Verbrechen. Wenn in einem zentralen Bereich der Ausstellung so viele Fehler auftauchen, dann ist der Ver-

dacht zwangsläufig, dass es den Ausstellungsmachern um Herrn Heer nicht um die Wahrheit, sondern einzig darum geht, eine These zu beweisen, die als solche keine wissenschaftliche ist.

FOCUS: Was für eine These ist das?

Möller: Es ist eine politische Aussage. Die Ausstellungsmacher behaupten, jahrzehntelang sei der Mythos einer sauberen Wehrmacht gepflegt worden, und sie würden nun antreten, erstmals das Gegenteil zu verkünden und in der Ausstellung zu beweisen. Dies ist falsch.

„Wir können es uns

nicht leisten, diese

Geschichtsklitterung

ins Ausland

zu exportieren.

Das wäre fatal"

HORST MÖLLER

HORST MÖLLER

Der Professor für Neuere und Neueste Geschichte ist Leiter des Instituts für Zeitgeschichte in München.

- **Der Wissenschaftler** wurde 1943 in Breslau geboren. Er studierte Geschichte, Philosophie und Germanistik.
- **Der Forscher** ist Co-Vorsitzender der Deutsch-Russischen Historikerkommission.

44

FOCUS 43/1999

BELEGE FÜR DEN ZWEIFELHAFTEN UMGANG MIT HISTORISCHEN FOTOGRAFIEN

Der polnische Historiker Bogdan Musial beweist in seiner Dokumentation in den renommierten „Vierteljahresheften für Zeitgeschichte", dass einige der erschütterndsten Fotos der Wehrmachtsausstellung Opfer sowjetischer Massaker zeigen.

PASSENDES MOTIV
Deutsche Soldaten vor Leichen – für die Ausstellungsmacher ein Beleg ihrer These. Das Bild wurde entfernt – es zeigt Opfer der sowjetischen Terrortruppe NKWD

NEUE BEWEISE
Musial belegt, dass die deutschen Soldaten hier nicht Täter sind. Das Foto zeigt exhumierte Opfer des NKWD-Massenmords bei der Zitadelle von Zloczow

FOCUS: Viele Besucher erklärten entsetzt, sie hätten das alles nicht gewusst.

Möller: Das kann in vielen Fällen stimmen. Die Auseinandersetzung mit der Geschichte, besonders mit der des NS-Regimes, verläuft in Wellenbewegungen. Höhepunkte waren die Nürnberger Prozesse 1946 und die Nachfolgeverfahren bis 1948, der Frankfurter Auschwitz-Prozess 1963 bis 1965 und die Ausstrahlung des Mehrteilers „Holocaust" im Fernsehen Ende der 70er-Jahre.

FOCUS: In diesen Fällen ging es aber nicht um Verbrechen der Wehrmacht.

Möller: Bei den Nürnberger Prozessen wurde die Wehrmacht ausdrücklich nicht als verbrecherische Organisation eingestuft. Gleichwohl haben die Siegermächte einzelne Generäle verurteilt, zwei sogar zum Tod. Das Faktum, dass reguläre Einheiten der Wehrmacht an Verbrechen, auch an Massenerschießungen von Zivilisten, beteiligt waren, ist seit 1946 bekannt.

FOCUS: Der Film „Holocaust" hat die unfassbare Barbarei des Dritten Reiches am Schicksal einer Familie geschildert. Darf eine Ausstellung nicht auch mit Emotionen arbeiten, wenn sie historische Wahrheiten vermitteln will?

Möller: Nicht in diesem Ausmaß. Die Ausstellungsmacher agitieren. Sie erschlagen den Besucher mit einer Fülle von zum Teil dramatischen Bildern, mit entsetzlichen Szenen. Der Besucher kommt zu dem Schluss: So war die Wehrmacht. Herr Heer ist kein so harmloser Mensch, wie er gern vorgibt. Diesen Effekt hat er beabsichtigt. Das ist der Einhämmerungseffekt – frei nach le Bon, den schon Hitler zitiert hat: immer wieder dasselbe wiederho

len, dann wird es schon einsickern. Nämlich dass die Wehrmacht zumindest in solchem Umfang an Verbrechen beteiligt war, dass man sie insgesamt als ein Instrument des Verbrechens bezeichnen muss.

FOCUS: War sie das?

Möller: Meines Erachtens nach nicht. Es ist nicht strittig, dass es Einheiten gab, die schwere Verbrechen begangen haben. Aber in der Wehrmacht dienten insgesamt 18 Millionen Soldaten. Davon waren im Maximum 3,3 Millionen gleichzeitig an der Ostfront eingesetzt. Herr Heer pickt sich zwei Schauplätze aus der etwa 2200 Kilometer langen Ostfront heraus. Selbst wenn dort Verbrechen der Wehrmacht nachweisbar sind, kann man das nicht auf die gesamte Armee hochrechnen. Herr Heer tut das, auch wenn er jetzt immer häufiger relativiert.

FOCUS: Heer schreibt im Begleitband zur Ausstellung, „große Teile der Truppe" hätten „Mordlust und Sadismus, Gefühlskälte und sexuelle Perversion" mitgebracht. Hat die Forschung darüber Erkenntnisse?

Möller: Das ist eine dieser völlig unbelegbaren Meinungen von Herrn Heer. Er sagt aber nichts über die Überlebenschance eines deutschen Rekruten an der Ostfront. Die lag zwischen zwei Wochen und drei Monaten. Sie starben wie die Fliegen. Heer sagt nichts über die Partisanen, deren Aktionen kollektive Panik bei den jungen, schlecht ausgebildeten Soldaten ausgelöst haben. Er verwendet aber zahlreiche Bilder, die Verhaftungen und Hinrichtungen von Partisanen zeigen.

FOCUS: Die Ausstellung erweckt den Eindruck, der Partisanenkrieg sei ein

Vorwand gewesen, um den Massenmord zu rechtfertigen.

Möller: Es gibt Belege dafür, dass Stalin ganz bewusst auf nicht identifizierbare Einheiten hinter den Linien gesetzt hat. Es hat in keinem Krieg der Welt so viele Partisanen gegeben wie an der Ostfront und auf dem Balkan. Sie konnten nach Kriegsvölkerrecht anders behandelt werden, es konnten sogar Geiselerschießungen vorgenommen werden, ohne dass das als Kriegsverbrechen gelten musste.

FOCUS: Wie beurteilen Sie die Ausstellung handwerklich?

Möller: Sie hat gravierende Mängel. Ich wundere mich, dass Ausstellungsexperten der Museen sie nicht schon wegen der dilettantischen Konzeption zerrissen haben. Der historisch-wissenschaftliche Umgang mit den Bildern ist schlampig. Ähnliches gilt für die Texte. Es wird einseitig zitiert, so zum Beispiel eine Passage aus „Helmut Groscurth, Tagebuch eines Abwehroffiziers", das von meinem Vorvorgänger hier im Institut, Helmut Krausnick, 1969 veröffentlicht wurde. Hier geht es unter anderem um Hitlers berüchtigten Kommissarbefehl, wonach politische Kommissare nicht als Gefangene zu betrachten, sondern sofort zu erschießen waren. In der Ausstellung wird nicht erwähnt, dass Groscurth seine Vorgesetzten eindringlich vor der Unruhe warnt, den dieser Befehl in der Truppe ausgelöst hat. Es wird nicht erklärt, warum er sich dabei an die damals übliche Terminologie anlehnte, um sich nicht verdächtig zu machen. Hätte er gesagt, das mach ich nicht mit, wäre er an die Wand gestellt worden. Heer erwähnt auch nicht, dass der Kommissarbefehl 1942, nach ▶

Fotos: T. Schwarzbach/argus, J. Oberheide

DEUTSCHLAND

„Die Grundthesen des Herrn Heer halte ich für wissenschaftlich indiskutabel"

HORST MÖLLER

Protesten aus der Wehrmacht, wieder aufgehoben wurde. Das Thema „Widerstand gegen Hitler" wird ausgeklammert.

FOCUS: Was würden Sie der Ausstellung raten?

Möller: Zunächst würde ich sie ganz anders ankündigen, nämlich als Ausstellung, die sich mit Einzelvorgängen befasst, von denen zur Zeit niemand sagen kann, wie exemplarisch sie für die gesamte Wehrmacht sind. Die Ausstellung segelt ja unter falscher Flagge – von *der* Wehrmacht ist kaum die Rede. Redlich wäre, sie auf das zu reduzieren, was sie wirklich bietet, nämlich Beispiele für die Barbarisierung des Krieges gegen die Sowjetunion an ausgewählten Frontabschnitten.

FOCUS: Wie würden Sie mit den Bildern umgehen?

Möller: Die Ausstellung ist in dieser Hinsicht überfrachtet. Sie reiht diese Masse von Bildern aneinander, ohne sie einzuordnen. Hier muss man reduzieren und Zuordnungen korrigieren.

FOCUS: Wie ist Ihre ganz persönliche Erfahrung als Kritiker der Ausstellung?

Möller: Ich habe Heer dreimal in großen Diskussionen erlebt, wir haben uns in der Sache heftig gestritten. Die Stimmung im Publikum war hier in München im April 1997 geradezu aggressiv. Die Frage war, ob wirklich eine Diskussion beabsichtigt war oder viele nur ihre Vorurteile bestätigt finden wollten.

FOCUS: Kritiker werden gemeinhin in die rechte Ecke gedrängt. Sie auch?

Möller: Darauf lasse ich mich gar nicht ein. Es geht hier um Sachfragen, die man nach den Möglichkeiten, die Quellen bieten, zu beantworten versuchen muss, ganz gleich, welcher Meinung man politisch ist. Es ist erschreckend,

dass Kritikern von vornherein vorgeworfen wird, sie wollten bestreiten, dass es Verbrechen der Wehrmacht gegeben hat. Das ist natürlich ein Totschlagsargument. Es ist pure Demagogie, den Eindruck zu erwecken, diejenigen, die einen selbst kritisieren, seien apologetisch.

FOCUS: Hat die Ausstellung ein wissenschaftliches Fundament?

Möller: Heers Grundthesen sind so, dass ich sie nicht als wissenschaftliche Thesen betrachten würde. Eine wissenschaftliche These muss, wenn man das mit Popper sieht, widerlegbar oder beweisbar sein. Heers Behauptung, dass die deutschen Soldaten gegen die Sowjetunion gekämpft hätten, um sadistische Triebe zu befriedigen, steht abseits dieser Möglichkeiten, sie ist wissenschaftlich indiskutabel.

FOCUS: Ist Heer ein, wenn auch populistischer, Aufklärer?

Möller: Nein. Die Ausstellung steckt voller Fehler und Suggestionen. Ich bin der Meinung, dass Herr Heer der historischen Aufklärung im Gegenteil keinen Gefallen getan hat.

FOCUS: Die Ausstellung geht ab Dezember auf Tournee durch die USA. Wie beurteilen Sie das?

Möller: Das ist fatal. Die Wirkung im Inland ist eine Sache. Hier könnte man, wenn man irgendetwas Positives sagen wollte, meinen, die Ausstellung facht immerhin eine Diskussion in dem Teil der Öffentlichkeit an, der bislang nicht über dieses Thema diskutiert hat – obwohl ich sagen muss, dass das Ergebnis nicht stimmt und deshalb auch kein Bildungseffekt einsetzen kann.

Was das Ausland angeht, ist die Sache viel bedenklicher. Es kann nicht

unser Anliegen sein, ein dogmatisches, einseitiges bis falsches Bild Deutschlands ins Ausland zu vermitteln bzw. es dort wieder aufzurühren oder zu bestätigen. Das ist verantwortungslos. Ich hätte keine Bedenken, ein wissenschaftliches Ergebnis, selbst wenn es ein vernichtendes Urteil über deutsche Aktivitäten beinhalten würde, im Ausland zu veröffentlichen. Wir können es uns aber nicht leisten, Geschichtsklitterungen zu exportieren, zumal jenseits der Grenzen gelegentlich größere Aufnahmebereitschaft für solche Negativklischees besteht.

FOCUS: Wie unterscheidet sich Ihre jetzt eröffnete Ausstellung „Die tödliche Utopie" auf dem Obersalzberg von der Wehrmachtsausstellung?

Möller: Auch wir zeigen Fotos von Leichenbergen. Sie verdeutlichen den verbrecherischen Charakter des Regimes. Aber wir ordnen ein und versuchen, ein Stück weit Erklärungen dafür zu bieten, wie Hitler von großen Teilen eines zivilisierten Volkes überhaupt akzeptiert werden konnte und wie und von wem die barbarischen Verbrechen begangen wurden. Wir hüten uns vor Kollektiv-Klischees. Ohne präzise Informationen ist das Wesen des Nazi-Terrors nicht zu begreifen. Ohne Erklärungen gibt es keine politische Aufklärung. Dann kann man nur beklagen, dass es so war. Eine Immunisierung gegen extreme Ideologien ist so aber nicht zu erzielen.

FOCUS: Neiden Sie Heer den Erfolg?

Möller: Sicher nicht. Den Erfolg möchte ich um diesen Preis nicht haben. ■

INTERVIEW: MARKUS KRISCHER/
ROBERT VERNIER

46

FOCUS vom 25.10.1999

„Überfällige Debatte wird endlich geführt"

FREIBURG. Eine Ausstellung provoziert: „Vernichtungskrieg – Verbrechen der Wehrmacht 1941–1944" heißt sie und findet derzeit in der Freiburger Ausstellungshalle Marienbad statt. Ehemalige Wehrmachtssoldaten werfen den Schautafeln Einseitigkeit vor. Über die Ausstellung, ihre Stärken und Schwächen sprach unser Mitarbeiter Markus Grill mit dem Freiburger Historiker und Kenner der NS-Zeit, Professor Ulrich Herbert.

Was provoziert an dieser Ausstellung?

Herbert: Daß sie eines der am besten gehüteten Tabus der deutschen Erinnnerung in Frage stellt: die Trennung zwischen der SS, die für die Verbrechen verantwortlich gemacht wurde, und der Wehrmacht, die für eine vermeintlich saubere, gewissermaßen „normale" Kriegsführung zuständig gewesen sein soll. Das ist nicht haltbar. Der deutsche Krieg im Osten war von der deutschen Führung als ein Vernichtungskrieg angelegt und wurde auch von der Truppe so geführt. Die Aushungerung der Zivilbevölkerung in der Sowjetunion, der Tod von mehr als drei Millionen sowjetischer Kriegsgefangener in deutscher Hand, die Verschleppung von Millionen sowjetischer Männer und Frauen als Zwangsarbeiter nach Deutschland und auch die Deportation und schließliche Ermordung der Juden – dies geschah durchgehend auch unter Mitwirkung, Duldung, Hinnahme von Wehrmachtseinheiten. Die Ausstellung faßt hier zusammen, was in der Wissenschaft schon lange erforscht ist und auch nicht bestritten wird. Das Problem der Ausstellung ist eher die Solidität mancher Einzelaussagen und ihre propagandistische Zuspitzung.

Viele kritisieren gerade die Schautafeln. Teilen Sie diese Kritik?

Herbert: Man muß da Ausstellung und öffentliche Diskussion trennen. Die Ausstellung hat Mängel, sie ist mir vom Duktus her auch zu polemisch; noch mehr gilt das für manche Begleitpublikation oder Diskussionsbeiträge am Rande. Auf der anderen Seite ist den Ausstellungsmachern etwas gelungen, was wir Historiker in der Regel nicht schaffen, nämlich eine breite Debatte in der Öffentlichkeit über die deutsche Kriegsführung im Osten in Gang zu

Ulrich Herbert   Bild: Schneider

bringen. Das ist ein großes Verdienst.

Die eigentliche Debatte hat ja erst mit der heftigen Reaktion von Ex-Bundeskanzler Helmut Schmidt in der „Zeit" begonnen.

Herbert: Schmidt hat sich hier sehr engagiert, nicht erst seit heute. Er sieht die Wehrmacht pauschal unter Verdacht gestellt. Und eine Äußerung des Ausstellungsmachers Hannes Heer, wonach 60 bis 80 Prozent der Wehrmachtssoldaten an Verbrechen beteiligt gewesen seien, hat diesen Verdacht ja auch bestätigt. Eine solche Zahl ist ganz fiktiv, es gibt nicht einen Anhaltspunkt dafür. Aber die Debatte, die jetzt geführt wird, ist unvermeidlich. Sie ist wichtig und lange überfällig. Was mich stört, ist die Pose der Diskussion: „junge Aufklärer" gegen „alte Nazis".

Werfen Sie das der Ausstellung vor?

Herbert: Dem Umfeld schon. Im Grunde ist die Form der Debatte, wie sie etwa von Heer geführt wird, anachronistisch. Wir leben nicht mehr in den siebziger Jahren, wo die jüngere Generation vorwirft und „entlarvt" und die ältere verteidigt und verdrängt. In Wahrheit geht es um das Verhältnis von Forschung und Erinnerung.

Warum reagieren dann aber manche ehemalige Wehrmachtssoldaten so gereizt?

Herbert: Nicht alle reagieren gereizt. Viele ehemalige Soldaten, mit denen ich gesprochen habe, erinnern sich heute sehr wohl an Gerüchte über Massenerschießungen, an die Liquidierung der Einwohner von ganzen Dörfern, die als Partisanennester galten; oder auch an Gettoräumungen, bei denen Wehrmachtseinheiten Absperrungen vornahmen. Bei den anderen kommen verschiedene Motive zusammen. Natürlich auch Verdrängung, Vergessenwollen, Nicht-wahrhaben-Wollen bis hin zum schlichten Leugnen. Und schließlich: Was bekommt einer von elf Millionen Soldaten einer Armee, die die Hälfte des europäischen Rußlands besetzt hält, denn wirklich mit, was ein paar Kilometer weiter geschieht? Aber es gibt auch noch ganz andere Motive. Sie kennen vielleicht das Opfersyndrom aus der Diskussion um die überlebenden Juden. Diese Leute haben Schuldgefühle: Ihre ganze Familie, ihre Freunde, alle sind im Konzentrationslager umgekommen – und sie sind die einzigen, die überlebt haben. Sie haben

BZ-Interview

das Gefühl, das Andenken an diese Leute hochhalten zu müssen.

Und eine ähnliche Reaktion beobachten Sie auch bei den Tätern von damals?

Herbert: Zumindest bei den ehemaligen Soldaten der Ostfront finden wir ein vergleichbares Syndrom. Die meisten Kameraden aus ihren Einheiten sind umgekommen, schauen Sie sich doch bloß mal die Todeszahlen an. Und diese Übriggebliebenen sehen sich jetzt einem Generalangriff gegenüber und verteidigen sich, um die toten Soldaten nicht zu beschmutzen, weil sie zum Teil eben dieses Schuldgefühl haben, Übriggebliebene zu sein.

Gehorsam bis zum Mord?

Eine Podiumsdiskussion zum Ausstellungsthema mit Titel: „Gehorsam bis zum Mord? Die Wehrmacht und der Krieg im Osten", findet am 8. Februar im Kollegiengebäude I der Freiburger Universität statt, Beginn 19 Uhr. Daran teil nimmt auch der Ausstellungsmacher Hannes Heer. Die Ausstellung selber ist noch bis zum 11. Februar in der Freiburger Ausstellungshalle Marienbad zu sehen.

„Solide Einzelaussagen zugespitzt": Ausstellung in Freiburg   Bild: Schneider

Badische Zeitung vom 2.2.1996

„THESE RICHTIG, BILDER FALSCH?"

Fotos dominierten die Ausstellung. Und an den Fotos entzündete sich die Kritik. Im Frühjahr 1997 berichtete die Zeitschrift „FOCUS" über die widersprüchliche Überlieferung eines Bildes, das in der Ausstellung mit einer eindeutigen Bildunterschrift versehen war. Gegen den von „FOCUS" damit verbundenen Fälschungsvorwurf setzten die Ausstellungsmacher erfolgreich das Recht auf Gegendarstellung beim Bundesverfassungsgericht durch; das Foto selbst wurde aus der Ausstellung entfernt, weil eine zweifelsfreie Zuschreibung in den Archiven nicht aufzufinden war.

Erst die im Oktober 1999 veröffentlichten Artikel von Bogdan Musial, Krisztián Ungváry und Dieter Schmidt-Neuhaus, die bei mehreren Fotos in der Ausstellung eine falsche Zuordnung kritisierten, lösten eine intensive bundesweite Debatte über die Ausstellung aus. Vor allem der Verdacht, in der Ausstellung würden Massenmorde des sowjetischen NKWD im Juni/Juli 1941 als Verbrechen der Wehrmacht ausgegeben, verlieh der Diskussion erhebliche Schärfe.

Nahezu jede größere Zeitung oder Sendeanstalt schaltete sich in die Debatte ein. Zwei Wochen lang beherrschte die Kritik an der Ausstellung die Schlagzeilen, bis der Leiter des Hamburger Instituts für Sozialforschung, Jan Philipp Reemtsma, die Konsequenz zog. Auf einer Pressekonferenz Anfang November 1999 unterwarf er die Ausstellung einem Moratorium und beauftragte eine Untersuchungskommission, die Vorwürfe zu prüfen.

FOCUS vom 14.4.1997 (Auszug)

Dokumentation

BOGDAN MUSIAL

BILDER EINER AUSSTELLUNG

Kritische Anmerkungen zur Wanderausstellung
„Vernichtungskrieg. Verbrechen der Wehrmacht 1941 bis 1944"

Seit 1995 wird in deutschen und österreichischen Städten die Wanderausstellung
„Vernichtungskrieg. Verbrechen der Wehrmacht 1941 bis 1944" gezeigt, die von einer
privaten Einrichtung, dem Hamburger Institut für Sozialforschung (HIS), organisiert
und finanziert wurde. Die Ausstellung und mehr noch die Auseinandersetzung um
sie sind inzwischen ein Stück deutscher Nachkriegsgeschichte.

Der vorliegende Beitrag beschäftigt sich ausschließlich mit einem Aspekt der sog.
Wehrmachtsausstellung, jenen Fotografien, die nicht, wie die Aussteller behaupteten,
Verbrechen der Wehrmacht, sondern nach Ansicht des Verfassers sowjetische Verbrechen dokumentieren. Das eigentliche Thema der Ausstellung „Verbrechen der Wehrmacht 1941 bis 1944" ist hier nicht Gegenstand der Untersuchung. Daß die Wehrmacht an Verbrechen, besonders im Gebiet der ehemaligen Sowjetunion und auf
dem Balkan, zum Teil massiv beteiligt war, ist mittlerweile hinreichend belegt, wenngleich auch noch längst nicht flächendeckend erforscht.

In der Ausstellung werden insgesamt 1433 Fotos (davon 735 Paßbilder) gezeigt.
801 (mit Paßbildern) sind im Ausstellungskatalog publiziert, hierauf basiert die vorliegende Untersuchung[1]. Unter diesen Fotografien befindet sich auch eine Reihe
von Bildern, die deutsche Soldaten vor Leichenbergen zeigen. Diese Fotografien gehören vermutlich zu den aussagekräftigsten und erschütterndsten der ganzen Ausstellung. In deren Kontext müssen diese Fotos zweifellos den Eindruck erwecken,
deutsche Soldaten hätten sich vor ihren erschossenen Opfern fotografieren lassen
und die Fotos dann zum Andenken, quasi als „Kriegstrophäe", bei sich getragen.

Betrachtet man diese Fotos genauer, so gibt es Indizien dafür, daß es sich hier um
Bilder von exhumierten Leichen handelt[2]. Folgt man den Angaben der Ausstellungs-

---

[1] Vernichtungskrieg. Verbrechen der Wehrmacht 1941 bis 1944, Ausstellungskatalog, Hamburg
1996. Ein Jahr zuvor publizierte das HIS einen gleichnamigen, sehr viel umfangreicheren Begleitband, in dem neben einigen Fotos vor allem Aufsätze zu diesem Thema veröffentlicht wurden.
Hamburg war im Juli 1999 die letzte Station, bei der das Hamburger Institut für Sozialforschung
als Träger der Ausstellung fungierte. Im Anschluß wurde sie an einen Trägerverein übergeben.
[2] Wie z. B. die Bilder Nr. 6 auf Seite 41, Nr. 22 auf Seite 204 oder Nr. 30 auf Seite 205 im Ausstellungskatalog.

VfZ 47 (1999)
© Oldenbourg 1999

„Der vorliegende Beitrag beschäftigt sich ausschließlich mit einem Aspekt der sog. Wehrmachtsausstellung, jenen Fotografien, die nicht, wie die Aussteller behaupteten, Verbrechen der Wehrmacht, sondern nach Ansicht des Verfassers sowjetische Ver-brechen dokumentieren."

aufgenommen im Juli 1944 westlich von Brest bei Biala Podlaska". Bereits die Ortsangaben zu ein und demselben Bild differieren im Katalog und Begleitband, denn Biała Podlaska liegt in Polen und gehörte nie zur UdSSR.

Im Warschauer Ostarchiv befindet sich unter der Signatur 821 ein Foto, das denselben Vorgang wie im Katalog zeigt, der Blickwinkel ist lediglich nach links verschoben. Die Bildunterschrift verortet diese sowjetischen Verbrechen jedoch irrtümlicherweise in Lemberg. Die auf den beiden Fotografien gut erkennbaren Gebäudeteile lassen sich unschwer als Teile der Zitadelle in Złoczów identifizieren, die es noch heute in dieser Form gibt. Im Hintergrund der beiden Aufnahmen sieht man einen Wachturm, dessen Bauweise charakteristisch für sowjetische Gefängnisse war.

Darüber hinaus befinden sich, wie bereits erwähnt, im Archiv des Zitadellenmuseums von Złoczów und im Archiv des Złoczower Klubs in Krakau eine Reihe von Aufnahmen, welche die Exhumierung von NKWD-Opfern in Złoczów dokumentieren. Vergleicht man diese Fotos mit der erwähnten Aufnahme „Tote Kriegsgefangene" im Katalog und der im Warschauer Ostarchiv, dann kann kein Zweifel bestehen: Auf all diesen Fotos sind dieselben Toten und ist derselbe Vorgang abgelichtet. Verändert hat sich nur die Perspektive. Manche dieser Vergleichsbilder sind Nahaufnahmen, auf denen einwandfrei zu erkennen ist, daß es sich hier um exhumierte und in Verwesung übergegangene Leichen handelt.

Auf Seite 205 des Katalogs befinden sich weiterhin drei Fotos (29–31) mit einer gemeinsamen Bildunterschrift: „Gebiet Kiew, Ukraine. Januar 1944 bei dem gefallenen deutschen Unteroffizier Richard Worbs (Feldpostnummer p/p 31102) in der Nähe des Dorfes Winograd gefunden". Auf dem Bild Nr. 30 sieht man zahlreiche in Reihen niedergelegte Leichen, die vermutlich exhumiert worden waren. In de Zayas' Buch „Die Wehrmacht-Untersuchungsstelle" befindet sich ein Foto, das denselben Vorgang zeigt, allerdings mit dem Begleittext: „Ermordete Volksdeutsche und Ukrainer in Zlochow bei Lemberg."[19] Nach de Zayas haben diese Morde des NKWD in Zlochow (korrekt: Złoczów oder Solotschiw) Ende Juni 1941 stattgefunden.

Die im Hintergrund sichtbaren Gebäudeteile bestätigen die Ortsangabe. Es handelt sich um einen der Zitadellentürme in Złoczów, die bis heute erhalten geblieben sind. Die Angaben zu den Opfern sind bei de Zayas dagegen nur teilweise richtig, denn in Złoczów wurden vom NKWD Ukrainer, Polen und Juden ermordet; Volksdeutsche als Opfer nennt nur de Zayas ohne weiteren Beleg[20]. Ansonsten bestätigen die Ermittlungsergebnisse der OK Łódź de Zayas' Version. Dort ist u. a. die Rede von einer Wiese vor der Zitadelle, auf welcher die meisten exhumierten NKWD-Opfer zur Identifizierung in Reihen niedergelegt wurden.

---

[19] Alfred M. de Zayas, Die Wehrmacht-Untersuchungsstelle – Unveröffentlichte Akten über alliierte Völkerrechtsverletzungen im Zweiten Weltkrieg, München ⁵1995, S. 336.
[20] Vgl. Ermittlungsakten OK Łódź zum Fall Złoczów, Sign. S. 5/91/NK. Bei der Benennung von Ukrainern und Volksdeutschen als Opfer handelt es sich offensichtlich um NS-Propaganda. Polen als Opfer darzustellen, war aus der Sicht der Nazis unerwünscht. Erst recht galt das für jüdische NKWD-Opfer, schon weil man „den Juden" eine Mittäterschaft an diesen Verbrechen vorwarf.

Bildnachweis: Ausstellungskatalog, S. 205, Bild Nr. 30

Bildnachweis: Alfred-Maurice de Zayas und Walter Rabus, Die Wehrmacht-Untersuchungsstelle. – Unveröffentlichte Akten über alliierte Völkerrechtsverletzungen im Zweiten Weltkrieg, München ⁵1995, vor S. 337

Auch die Fotos Nr. 29 und 31 identifizierten polnische und ukrainische Augenzeugen als die Exhumierung von NKWD-Opfern auf der Zitadelle in Złoczów, und zwar auf dem Innenhof des damaligen NKWD-Gefängnisses. Die Zeugen konnten auch präzise angeben, wo sich das Massengrab befand und wo die geborgenen Leichen niedergelegt wurden[21]. Auf Bild Nr. 31 sieht man Soldaten, die offensichtlich auf das mit Hilfe von polnischen und auch ukrainischen Augenzeugen lokalisierte Massen-

---

[21] Interviews mit Witold Czerny (7. 6. und 11. 8. 1998), Władysława Bernatt (8. 7. 1998), Bolesław Majer (23. 9. 1998), Władysław Krutnik (23. 9. 1998) und Wasyl Kuwalek (22. 9. 1998).

Bogdan Musial: „Bilder einer Ausstellung. Kritische Anmerkungen zur Wanderausstellung ‚Vernichtungskrieg. Verbrechen der Wehrmacht 1941 bis 1944'" (Auszug)
Vierteljahrshefte für Zeitgeschichte, 47, 1999, H. 4, S. 563 und 572 f.

Krisztián Ungváry

Echte Bilder – problematische Aussagen

Eine quantitative und qualitative Fotoanalyse der Ausstellung
„Vernichtungskrieg – Verbrechen der Wehrmacht 1941 bis 1944"

1. Einleitung

Die Ausstellung „Vernichtungskrieg – Verbrechen der Wehrmacht 1941 bis 1944" ist schon seit über vier Jahren in Deutschland und Österreich zu sehen. Über ihr Thema und ihre Rezeption sind bisher über 20 verschiedene Bücher erschienen, manche in mehreren Auflagen.[1] Es ist aber mehr als verwunderlich, daß diese Zeit nicht ausreichte, eine einge-

---

1 *Hamburger Institut für Sozialforschung* (Hrsg.): Vernichtungskrieg. Verbrechen der Wehrmacht 1941 bis 1944. Ausstellungskatalog. Hamburg 1996. *Hannes Heer/Klaus Naumann* (Hrsg.): Vernichtungskrieg. Verbrechen der Wehrmacht 1941–1944. Hamburg 1995. *Theo Sommer* (Hrsg.): Gehorsam bis zum Mord? Der verschwiegene Krieg der deutschen Wehrmacht – Fakten, Analysen, Debatte. In: ZEIT-Punkte Nr. 3. Hamburg 1995. *Walter Manoschek* (Hrsg.): Die Wehrmacht im Rassenkrieg. Der Vernichtungskrieg hinter der Front. Wien 1996. *Hans Günther Thiele:* Die Wehrmachtausstellung. Dokumentation einer Kontroverse, o. J. *Hamburger Institut für Sozialforschung* (Hrsg.): Besucher einer Ausstellung. Die Ausstellung „Vernichtungskrieg, Verbrechen der Wehrmacht 1941 bis 1944" in Interview und Gespräch, Hamburg o. J. *Hamburger Institut für Sozialforschung* (Hrsg.): Krieg ist ein Gesellschaftszustand. Reden zur Eröffnung der Ausstellung „Vernichtungskrieg, Verbrechen der Wehrmacht 1941 bis 1944" Hamburg o. J. *Gottfried Kößler:* Vernichtungskrieg. Verbrechen der Wehrmacht 1941 bis 1944. Eine Ausstellung des Hamburger Instituts für Sozialforschung. Frankfurt 1997. *Rolf-Dieter Müller/Hans Erich Volkmann* (Hrsg.): Die Wehrmacht. Mythos und Realität. München 1999. *Hans Poeppel/W.-K. Prinz von Preußen/K. G. von Haase* (Hrsg.): Die Soldaten der Wehrmacht. München 4. Aufl. 1999. *Rüdiger Proske:* Wider den Mißbrauch der Geschichte deutscher Soldaten zu politischen Zwecken. Eine Streitschrift. Mainz 1996. *Rüdiger Proske:* Vom Marsch durch die Institutionen zum Krieg gegen die Wehrmacht. Zweite Streitschrift wider den Mißbrauch der Geschichte deutscher Soldaten zu politischen Zwecken. Mainz 1997. *Helmut Donat/Arno Strohmeyer* (Hrsg.): Befreiung von der Wehrmacht? Dokumentation der Auseinandersetzung über die Ausstellung „Vernichtungskrieg – Verbrechen der Wehrmacht 1941 bis 1944" in Bremen 1996/1997. Bremen 1997. *Hamburger Institut für Sozialforschung* (Hrsg.): Bilanz einer Ausstellung. Dokumentation der Kontroverse um die Ausstellung „Vernichtungskrieg. Verbrechen der Wehrmacht 1941 bis 1944" in München. München 1998. *Klaus Naumann:* Der Krieg als Text. Das Jahr 1945 im kulturellen Gedächtnis der Presse. Hamburg 1998. *Ruth Beckermann:* Jenseits des Krieges. Ehemalige Wehrmachtssoldaten erinnern sich. Wien 1998. *Klaus Sojka* (Hrsg.): Die Wahrheit über die Wehrmacht. Reemtsmas Fälschungen widerlegt. München 1998. *Johannes Klotz/Christian Gerlach:* Vorbild Wehrmacht? Wehrmachtsverbrechen, Rechtsextremismus und Bundeswehr. Köln 1998. *Till Bastian:* Furchtbare Soldaten. Deutsche Kriegsverbrechen im zweiten Weltkrieg. München 1997. *Benedikt Erenz:* Gehorsam bis zum Mord? Der verschwiegene Krieg der deutschen Wehrmacht. Fakten, Analysen, Debatte. In: ZEIT-Punkte Nr. 3. Hamburg 1995. *Joachim F. Weber* (Hrsg.): Armee im Kreuzfeuer. München, 1997. *Heribert Prantl* (Hrsg.): Wehrmachtsverbrechen: Eine deutsche Kontroverse. Hamburg 1997.

584

Todesurteil ergangen ist, ist hier eine persönliche Handlungsfreiheit durchaus feststellbar. Die Weigerung, an sonstigen Kriegshandlungen teilzunehmen, führte aber zum sicheren Todesurteil. Nach der Logik der Ausstellung wäre aber die einzige Möglichkeit, sich von den Verbrechen der Wehrmacht loszulösen, die absolute Verweigerung oder Desertion gewesen..

6. Statistische Auswertung der Fotos (ohne abgebildete Dokumente und sonstige Bilder)

Es ist aufschlußreich, die ausgestellten Bilder verschiedenen Kategorien zuzuordnen. Die Zuordnung erfolgte aufgrund von Angaben der Aussteller, nur die nachweisbaren Fehler wurden erfasst. Danach ergibt sich folgende Tabelle:

Tabelle 1: Aufgliederung aller gezeigten Bilder nach Inhalt (Prozente abgerundet, Doppelzählungen vorhanden)

	Kategorie	Anzahl	%
1.	Ausgestellte Bilder insgesamt	801	100
1.1	Bilder, die weder Verbrechen noch Kriegshandlungen zeigen	405	51
1.2	Bilder die nur Kriegshandlungen zeigen	63	8
1.3	Bilder, die Leichen oder Verbrechen zeigen insgesamt	333	41
2.	Bilder mit Todesopfern ohne bekannte Täter	185	23
3.	Sachliche Fehler bei Bildbeschriftungen insgesamt	62	8
4.	Bilder mit Todesopfern, Täter nachweislich keine Wehrmachtssoldaten	71	9
5.	Täter Wehrmachtssoldaten (Erhängung, Erschießung oder Erniedrigung des Feindes	80	10

Aus Tabelle 1 ist ersichtlich, daß die Aussteller nur 80 Bilder gefunden haben, die im engeren Sinne Wehrmachtsverbrechen beweisen können. Das sind nur 10% aller Bilder. Aber auch ein erheblicher Teil dieser Aufnahmen zeigt kein Verbrechen im juristischen Sinne. Das Erschießen und Erhängen von Partisanen verstößt nicht gegen das internationale Recht. Die meisten Bilder zeigen aber solche Exekutionen, z. B. die Bilder über die Exekutionen in Pancevo.

Aus Tabelle 2 folgt, daß die Aussteller in insgesamt 21% der Fälle (2.2–2.6) Bilder verwendeten, die nachweislich andere Täter als Wehrmachtssoldaten zeigen. In weiteren 55% (1.) steht der Beweis für Wehrmachtsverbrechen aus. Bei der hohen Fehlerquote der Aussteller liegt die Vermutung nahe, daß viele dieser Bilder in Wahrheit nichts mit Wehrmachtsverbrechen zu tun haben. Bei vielen Bildern ist die Zuordnung zu Tätern, Einheit, Zeit und geographischem Raum derart lückenhaft, daß die Bilder dadurch jegliche Beweiskraft verlieren. Für das eigentliche Ziel der Ausstellung eignen sich nur 10 % aller Bilder oder 24% der Bilder, die Verbrechen beweisen.

Nachträglich behaupten die Aussteller, die Bilder, bei denen inzwischen die Bildunterschriften unhaltbar geworden sind, sollen nur den Kontext darstellen. Diese Behauptung kann aber nicht akzeptiert werden, weil mit diesen unsystematischen „Kontexten" gerade die Relation zwischen Verbrechen von Wehrmacht, SS, SD, Verbündeten und Gegnern nicht dargestellt wird.

593

Krisztián Ungváry: „Echte Bilder – problematische Aussagen. Eine quantitative und qualitative Fotoanalyse der Ausstellung ‚Vernichtungskrieg – Verbrechen der Wehrmacht 1941 bis 1944‘"
Geschichte in Wissenschaft und Unterricht, Oktober 1999, S. 584 und 593

Dieter Schmidt-Neuhaus

Die Tarnopol-Stellwand der Wanderausstellung „Vernichtungskrieg – Verbrechen der Wehrmacht 1941 bis 1944"

Eine Falluntersuchung zur Verwendung von Bildquellen

Die seit 1995 in Deutschland und Österreich mit großer Öffentlichkeitswirkung gezeigte Wanderausstellung des Hamburger Instituts für Sozialforschung hat drei thematische Teile (Serbien 1941 – Weißrußland 1941–1944 – Die 6. Armee 1941–1942) mit insgesamt 104 Stellwänden. Als Fallbeispiel für den Umgang mit Bildquellen wird hier ein Sachverhalt aus dem Teil zur 6. Armee herangezogen, nämlich Vorgänge in Tarnopol nach Einnahme der Stadt durch deutsche Heerestruppen Anfang Juli 1941. Hierzu gibt es vier Fotos auf der sechsten Stellwand der 17 Stellwände zur 6. Armee.

Aussagen zu Tarnopol

Im Ausstellungskatalog[1] erscheint dieser Vorgang als Teil des Abschnitts „6. Armee und SD beim Judenmord" auf Seite 68 mit drei Textblöcken und auf der gegenüberliegenden Seite 69 mit vier Fotos, im Begleitbuch[2] auf den Seiten 271–272 und 292 ohne Bilder. Den Besuchern der Ausstellung wird der Eindruck vermittelt, daß deutsche Wehrmacht-Soldaten der 6. Armee nach Anstiftung durch das Sonderkommando 4b der Einsatzgruppe C in den ersten Tagen des Juli 1941 in Tarnopol 600 oder 1.000 Juden ermordet haben. Andere Tatbeteiligte werden nicht genannt. Die Aussteller geben in ihrem einleitenden Text zutreffend an, daß in Tarnopol neben ermordeten Ukrainern (die Zahl von fast 600 und der Ort NKWD-Gefängnis[3] werden allerdings nicht genannt) auch die Leichen von 10 ermordeten deutschen Kriegsgefangenen aufgefunden wurden. Dieser Umstand soll Wehrmacht-Soldaten zu dem anschließenden Massenmord an jüdischen Zivilisten aufgestachelt haben.

---

1 *Bernd Boll/Hans Safrian:* Die 6. Armee. Unterwegs nach Stalingrad. 1941 bis 1942. In: Hamburger Institut für Sozialforschung (Hrsg.): Vernichtungskrieg. Verbrechen der Wehrmacht 1941 bis 1944. Ausstellungskatalog. Hamburg 1996, S. 62–101.
2 *Bernd Boll/Hans Safrian:* Auf dem Weg nach Stalingrad. Die 6. Armee 1941/42. In: *Hannes Heer/Klaus Naumann* (Hrsg.): Vernichtungskrieg. Verbrechen der Wehrmacht 1941–1944. Hamburg 1997, S. 260–296.
3 NKWD: Volkskommissariat für Inneres, seit 1934 Bezeichnung für den sowjetischen Geheimdienst, 1917 als Tscheka begründet, seit 1922 GPU bzw. OGPU.

596

Abb. 1: Szene im Innenhof des Gefängnisgebäudes (Katalog S. 69, Bild 1. Foto: Dokumentationsarchiv des Österreichischen Widerstandes, Fotoarchiv-Nr. 4209/2)

Abb. 2: Szene auf der Straßenseite des Gefängnisgebäudes (Katalog S. 69, Bild 3. Foto: Dokumentationsarchiv des Österreichischen Widerstandes, Fotoarchiv-Nr. 4209/6)

599

Dieter Schmidt-Neuhaus: „Die Tarnopol-Stellwand der Wanderausstellung, ‚Vernichtungskrieg – Verbrechen der Wehrmacht 1941 bis 1944'.
Eine Falluntersuchung zur Verwendung von Bildquellen" (Auszug)

Geschichte in Wissenschaft und Unterricht, Oktober 1999, S. 596 und 599

Berliner Zeitung

❖
Fotos aus dem Schlachthaus

VON GÖTZ ALY

Zumindest was die Wiener Zeit angeht, steckt Joachim Fests erfolgreiche Hitler-Biografie voller Fehler, das hat Brigitte Hamann eindrucksvoll gezeigt. Lesenswert ist sie dennoch. Auch hat Hamann die Geschichte vom „lieblosen, ja grausamen" Sohn Adolf, der seine todkranke Mutter im Sterben einfach allein gelassen habe, widerlegt. Das Gegenteil ist richtig. Aber den Psychiater Erich Fromm führte die Legende zu einer lange erfolgreichen Theorie: Der Diktator habe seit seiner Jugend an „Nekrophilie" gelitten, das habe zu seiner extremen Destruktivität geführt.

Im Faktischen sucht sich auf jeder Seite von Hannah Arendts Eichmann-Buch Ungenauigkeiten oder grobe Irrtümer, anregend bleibt es allemal. Im Jahr 1980 edierte Eberhard Jäckel den Dokumentenband „Hitler. Sämtliche Aufzeichnungen 1905–1924" – von 203 angeblichen Hitler-Handschriften stammten mindestens 76 aus der Feder des Fälschers Konrad Kujau. Es hat Jahre gedauert, bis sich die Gedenkstättenverwaltung von Auschwitz überzeugen ließ, die in 19 Sprachen angebrachten Erinnerungstafeln am Ende der Rampe in Birkenau müßten entfernt werden: „Märtyrer- und Todesort von 4 Millionen Opfern, ermordet von nazistischen Völkermördern, 1940–1945", stand dort. Es waren hier verlässliche Schätzungen etwa 1 300 000 Menschen, die dort von Deutschen ermordet wurden, die meisten, weil sie Juden waren.

Wie jede Wissenschaft unterliegt auch die Historiografie der ständigen Selbstrevision. Darin liegt nichts Ehrenrühriges, Geschichtsrevision ist nicht das rechtsradikale Treiben einiger Unbelehrbarer, sondern die Aufgabe eines jeden Forschers. Dieser Anspruch ist die innere Feder, ohne sie gibt es keinen wissenschaftlichen Fortschritt.

Mit der Ausstellung „Vernichtungskrieg. Verbrechen der Wehrmacht 1941 bis 1945" griff das Hamburger Institut für So-

Reemtsma hat die Kritiker der Wehrmachtsausstellung mit Prozessen überzogen. Diese obsessive Rechthaberei musste zum Ärgernis werden.

zialforschung 1995 ein Thema auf, das eine in der Bundesrepublik gern gepflegte Legende von der „deutschen Soldatenehre" im Krieg gegen die Sowjetunion und gegen Südosteuropa widerlegte, öffentlichkeitswirksam und plakativ. Die Wehrmacht, ein „marschierendes Schlachthaus": die Zuspitzung Michael Naumanns hat ihren Grund. Die gesamte Forschungsliteratur, die seit 1995 veröffentlicht wurde, bestätigt das immer und immer wieder.

Aber das öffentliche Interesse an der Ausstellung förderte so richtig erst die CSU-Krawallschachtel Peter Gauweiler, als er 1997 in München zum Protest der alten Kameraden aufrief. Gauweiler argumentiert in diesem Zusammenhang gern mit seinem Vater, dem Wehrmachtssoldaten Otto G., der als Invalider aus dem Krieg zurückgekehrt sei. Letzteres ist unbestreitbar; 1940 aber war Dr. jur. Otto Gauweiler als Stellvertreter des Amtschefs des Distrikts Warschau auch für die Ummauerung des Gettos zuständig.

Neben obsessiven, in Saarbrücken auch terroristischen Angriffen auf die Wehrmachtsausstellung gibt es jedoch berechtigte Kritik. Aber die Autoren der Ausstellung haben sich solchen gut begründeten Einwänden, lange, überlange verweigert. Allen voran Jan Philipp Reemtsma, der als Mäzen und Institutsvorstand des Hamburger Instituts in einer Doppelrolle agiert, die zur Herrschaft der Hofschranzen führen muß.

Reemtsma hat die Kritiker der Ausstellung mit Klagedrohungen und Prozessen überzogen. Diese obsessive Rechthaberei mußte zum Ärgernis werden. Deshalb geschieht es den Hamburger Ausstellungsautoren recht, wenn sie nun wegen ihrer Nachlässigkeiten dumm dastehen. Sie hatten die Gelegenheit, die Richtigstellungen beizeiten vorzunehmen, aber sie reagierten im Gegenteil mit dem Anwalt. Die Einwände, die der ausgezeichnete polnisch-deutsche Historiker Bogdan Musial nun öffentlich erhoben, aber dem Hamburger Institut längst unterbreitet hatte, sind stimmig, die Reaktionen kleinlaut.

Es ist fahrlässig, wenn man Fotos von Menschen, die der NKWD im sowjetisch annektierten Ostpolen in den Stunden vor dem Einmarsch der Wehrmacht ermordete, zu Opfern des deutschen Soldatenterrors umetikettiert, und es verletzt die individuelle Ehre dieser Toten. Die blutige Geschichte des 20. Jahrhunderts lehrt, daß man nicht einfach beschlagnahmt, was dem eigenen politischen Weltbild zu nützen scheint.

Berliner Zeitung vom 23.10.1999

Samstag/Sonntag, 16./17. Oktober 1999

These richtig, Bilder falsch?
Neue Zweifel an den Dokumenten der Wehrmachtsausstellung

Niemand, heißt es zu Recht, wolle die Verbrechen der Wehrmacht leugnen. Und keiner – betonen die, die jetzt neuen Staub aufwirbeln – bezweifle das historische Verdienst der Ausstellungsmacher. Und dennoch sind aktuell aufgekommene Verdachtsmomente sehr ernst zu nehmen. Hat das Hamburger Institut für Sozialforschung in seiner viel beachteten Ausstellung „Vernichtungskrieg. Verbrechen der Wehrmacht 1941 bis 1944" Bilder ermordeter Zivilisten den falschen Tätern zugeordnet? Tötete auf diesen Bildern nicht die Wehrmacht, sondern die sowjetische Geheimpolizei NKWD? Sind die Begleittexte zu jenen Bildern und Fotografien verzerrt oder gar falsch? Ja, behauptet der Historiker Bogdan Musial in einem gerade erschienenen Aufsatz von historiografischer Brisanz.

In der jüngsten Ausgabe der *Vierteljahreshefte für Zeitgeschichte*, herausgegeben vom Münchner Institut für Zeitgeschichte, verurteilt Musial die Ausstellung als bedenklich fehlerhaft und deren Macher in letzter Konsequenz als wissenschaftlich nicht ganz redlich. Die Beweise scheinen triftig. Sicherlich sind derlei Vorwürfe nicht neu. Spätestens seitdem die Ausstellung vor zwei Jahren nach München kam, eskalierten die Angriffe gegen das Institut und sein Projekt. Doch meistens kamen die Attacken entweder aus dem rechten Spektrum der deutschen Politik und waren deshalb mit

ANZEIGE

Drahtlos-Funk & SURROUND jetzt digital! AKG

HEARO THE ORIGINAL SURROUND FAMILY BY AKG.

dem Ruch eines verdrängenden Chauvinismus behaftet, oder sie waren von persönlich Erlebtem motiviert. In der Tat gewann der Protest häufig deshalb seine besondere Intensität, weil die Bilder nicht nur von kollektiver Historie und Politik, sondern von der Geschichte konkreter Menschenleben erzählten: Momente der Biografien junger deutscher Männer an den Fronten des Zweiten Weltkrieges. Plötzlich trafen diese Bilder auf das Gefühlsleben alt gewordener Männer, deren historischer Leumund mit einem Mal ein anderer geworden sein sollte. Soldaten? Mörder? Beides?

Einem Senkblei gleich reichten die Lebenslinien der potenziellen Täter hinab zum Grund der deutschen Katastrophe und verbanden das Damals mit dem Heute. Auch deshalb waren die Argumente jener Debatte nicht selten so verletzend, so moralisch und subjektiv. Es ging um die Korrektur oder auch Neuformulierung maskuliner Identitäten. Die Einwände Musials stören die Logik dieses öffentlichen Diskurses. Weder lässt sich das Institut für Zeitgeschichte in eine rechte, tumbe Ecke schieben, noch argumentiert der Autor mit den persönlichen Erlebnissen eines Veteranen. Im Gegenteil.

Auf Grund neuer Funde in deutschen, polnischen und ukrainischen Archiven behauptet Musial, dass mindestens neun der in der Ausstellung gezeigten Fotografien ermordeter Zivilisten, nicht Verbrechen der Wehrmacht, sondern Verbrechen des russischen NKWD dokumentieren. Musial untermauert seinen Vorwurf durch einen Vergleich der Ausstellungsbilder mit jenen aus jenen neu erschlossenen Archiven, weil es jetzt möglich sei, wichtige Angaben über Ort und Zeit der jeweiligen Fotografien zu ergänzen – Angaben, die in der Wehrmachtsausstellung häufig fehlten oder nur unzureichend aufgeführt wurden. Und es waren vor allem solche Bilder, die Aufnahmen deutscher Soldaten inmitten am Boden liegender Erschossener, die Besucher der Ausstellung entsetzten. Die Fotos, oftmals mit den Hinweisen „unbekannter Ort" und „unbekanntes Datum" versehen, erweckten den Eindruck, Angehö-

rige der Wehrmacht hätten vor ihren ermordeten Opfern posiert und diese quasi als eine „Kriegstrophäe" abgeliehtet.

Durch die nun vollständigen Angaben über die Daten des Entstehens dieser Bilder ergeben sich für Musial eine Reihe von Widersprüchen, welche die Täterschaft der deutschen Verbrechen in diesen konkreten Fällen in Frage stellen: So deuten zahlreiche Indizien darauf hin, dass es sich um Bilder von exhumierten Leichen handelt. Folgt man den Angaben der Ausstellungsmacher, so Musial, dann müssten Wehrmachtssoldaten diese Menschen zunächst getötet, sodann vergraben und danach wieder ausgegraben haben, um anschließend die fraglichen Aufnahmen machen zu können. Ein solch paradoxes Vorgehen sei in der Geschichte der deutschen Verbrechen während der Jahre 1939 bis 1945 indes nirgends belegt. Musial weist darauf hin, dass es auf mehreren Bildern die Soldaten Taschentücher vor Mund und Nase halten, was auf einen starken Verwesungsgeruch der abgebildeten Leichen schließen lässt. Schon deshalb handle es sich bei den hier abgebildeten Wehrmachtsangehörigen offenbar um Zuschauer, nicht aber um Täter, wie die Aussteller suggerierten.

Viele der so entstehenden offenen Fragen glaubt Musial mit einer Neuzuordnung der Täterschaft beantworten zu können. Denn nehme man an, dass die fraglichen Fotografien sowjetische Verbrechen vom Sommer 1941 dokumentieren, so seien die zu Tage tretenden Widersprüche aufgehoben. Nach dem 22. Juni 1941 rückten die deutschen Truppen derart schnell gen Osten, dass das NKWD in frontnahen Gebiet mehrere zehntausend Gefängnisinsassen ermordete, die man nicht mehr rechtzeitig ins Landesinnere evakuieren konnte. Selbst für die Beseitigung der Toten, so der Autor, habe sich in der Regel keine Zeit mehr gefunden, weshalb die vielen Leichen, sofern sie überhaupt verscharrt worden waren, nach dem Einmarsch der Deutschen wieder exhumiert werden konnten. Meistens aber seien die Opfer des NKWD an Ort und Stelle einfach liegen gelassen worden – auch, um den Angehörigen die Identifizierung zu ermöglichen. Bei dieser Gelegenheit entstanden dann auch die Fotografien, um die es hier geht, schreibt Musial.

Das für die Wehrmachtsausstellung verantwortliche Hamburger Institut für Sozialforschung wollte der *SZ* noch keine Stellungnahme zu den von Bogdan Musial und dem Münchner Institut für Zeitgeschichte erhobenen Vorwürfen geben. Noch habe niemand im Haus den Aufsatz Musials gelesen, sagte Institutssprecherin Regine Klose-Wolf, man kenne aber grundsätzlich dessen Positionen. Das Institut beabsichtige aber, in einen wissenschaftlichen Dialog mit dem Kritiker einzutreten. Darüber hinaus räumte die Institutssprecherin ein, dass es bei einzelnen Bildern durchaus zu Verwechslungen gekommen sein könnte. Falls die Ausstellung tatsächlich falsche Bilder oder Bildzuordnungen enthalte, würden diese selbstverständlich ausgetauscht werden.

Bogdan Musial sieht angesichts seiner Funde allerdings auch die Glaubwürdigkeit der – als korrekt geltenden – Zuordnung aller übrigen Fotografien der Ausstellung in Frage gestellt: eine Position, die letztlich auch den geschichtsklitternden Gegnern der Wehrmachtsausstellung in die Hände spielen könnte. Wahrscheinlich deshalb will sich Hans Woller, Chefredakteur der *Vierteljahreshefte für Zeitgeschichte*, diesem Pauschalurteil nicht anschließen. An der Existenz der Wehrmachtsverbrechen bestehe kein Zweifel. In ihrer überwiegenden Mehrheit, so Woller, seien aber diese Verbrechen nicht fotografisch dokumentiert. Musials Dokumente dienten dazu, die Verbrechen der Wehrmachtsangehörigen zu verkleinern oder zu relativieren. Sie machten allerdings deutlich, dass historische Dokumente dazu dienen sollten, eine historisch wie auch moralisch komplexe Materie zu klären. Es sei nicht ihr Zweck, vorgefasste Meinungen zu bestätigen.

DOMINIK WICHMANN

Süddeutsche Zeitung vom 16.10.1999

Generalfeldmarschall Wilhelm Keitel, Chef des Oberkommandos der Wehrmacht

Boryslaw, Tarnopol, Lemberg, Zloczow: Angeblich ermordeten Soldaten der deutschen Wehrmacht die auf den Fotos gezeigten Opfer. In Wahrheit wurden sie von der sowjetischen Geheimpolizei NKWD umgebracht

„Die Spitze eines Eisbergs"

Der polnische Historiker Bogdan Musial hält die Wehrmachtsausstellung in ihrer heutigen Form für unseriös

WELT am SONNTAG: *Herr Musial, Sie sind Wissenschaftler am Deutschen Historischen Institut in Warschau und der schärfste Kritiker der umstrittenen Wanderausstellung „Vernichtungskrieg. Verbrechen der Wehrmacht" des Hamburger Instituts für Sozialforschung. Wie wurden Sie das?*

Bogdan Musial: Als ich vor zwei Jahren die Ausstellung mit den furchtbaren Fotografien von Erschießungen und sonstigen Gräueln zusammen mit einer Gruppe von Doktoranden in Bremen besuchte, sind mir einige der dort gezeigten Fotos aufgefallen. Sie zeigten deutsche Soldaten vor aufgereihten Leichen. Bei näherem Hinsehen fielen mir die aufgedunsenen Gesichter und Gliedmaßen auf. Dies ließ darauf schließen, dass es sich möglicherweise um exhumierte Leichen handelte. Doch warum sollten deutsche Solda-

ten erst Erschießungsaktionen durchführen, die Opfer verscharren, und dann wieder ausgraben? Dies schien mir unwahrscheinlich. Da ich durch meine Forschungen wusste, dass die Deutschen in den ersten Wochen des Ostfeldzuges häufig Opfer des sowjetischen Staatssicherheitsdienstes NKWD exhumieren ließen und dabei viele Fotos – teils zu Propaganda-Zwecken, teils aber auch privat – entstanden, lag es nahe, dass die Ausstellungsmacher die Bilder falsch zugeordnet hatten.

WELT am SONNTAG: *Als Historiker sind Sie der Sache dann nachgegangen?*

Musial: Ja. Das Ergebnis meiner sehr mühevollen Untersuchungen, teils an den Schauplätzen des grausamen Geschehens, war niederschmetternd. Obwohl ich bei weitem nicht alle Bilder der Ausstellung überprüft habe, fand ich eine ganze Reihe von falschen Zuordnungen. Im Klartext: Da wurden Opfer der Sowjets zu Opfern der Wehrmacht gemacht. Neun dieser Verwechselungen habe ich in den Vierteljahresheften für Zeitgeschichte dokumentiert.

WELT am SONNTAG: *Warum nicht alle?*

Musial: Weil ich nur zwanzig Seiten zur Verfügung hatte und der Nachweis sehr kompliziert ist. Ich bin aber davon überzeugt, dass es sich bei den von mir gefundenen Fehlern nur um die Spitze eines Eisberges handelt.

WELT am SONNTAG: *Haben sie die Ausstellungsmacher auf die Fehler angesprochen?*

Musial: Ja, gleich mehrmals direkt und indirekt durch Historiker-Kollegen, die versucht haben, zu vermitteln. Der für die Ausstellung verantwortliche Hannes Heer ist später juristisch gegen mich vorgegangen – aber nicht in der Sache selbst. Er hat vielmehr einen Nebenkriegsschauplatz eröffnet, indem er

mir untersagen ließ, man hätte nicht auf meine Hinweise reagiert. Parallel dazu hat das Hamburger Institut für Sozialforschung eine regelrechte Kampagne gegen mich eingeleitet mit dem Ziel, mich als unseriös abzustempeln. Ich habe daraufhin eine Unterlassungserwirkt und bemühe mich derzeit um einen Widerruf.

WELT am SONNTAG: *Wie erklären Sie sich diese doch heftigen Reaktionen?*

Musial: Der Ruf des Hamburger Instituts, das erst durch diese Ausstellung einer breiteren Öffentlichkeit bekannt geworden ist, steht und fällt mit dieser Ausstellung und ich denke, dass sie dort deshalb so verbissen kämpfen.

WELT am SONNTAG: *Müssen Ihre Forschungsergebnisse Konsequenzen für die Ausstellung haben?*

Musial: Die Stärke dieser Ausstellung lag in der Schwäche ihrer Kritiker. Ich denke, dass die Ausstellung jetzt in dieser Form nicht mehr zu halten ist. Was die Ausstellungsmacher, die sich als Wissenschaftler ausgeben, im Ergebnis da vorgelegt haben, hat meiner Auffassung zufolge sehr wenig mit Wissenschaft zu tun. Wenn ich so arbeiten würde, könnte ich genauso gut nachweisen, dass die Wehrmacht mit Verbrechen überhaupt nichts zu tun hatte, ohne dabei Quellen manipulieren zu müssen – einfach nur durch das Weglassen belastenden Materials.

WELT am SONNTAG: *War die Wehrmacht aufs Ganze gesehen – diesen Eindruck vermittelt die Ausstellung ihren Besuchern ja – eine Verbrecher-Organisation?*

Musial: Es ist bekannt, dass in

Bogdan Musial belegte neun Fälschungen

der Wehrmacht Verbrechen verübt wurden. Es ist unmöglich, dass es bei Millionen Soldaten und vor allem unter den Bedingungen dieses Krieges keine Verbrechen gegeben hat. Aber da sind auch die unzähligen anständigen Soldaten. Die Dinge müssen differenziert betrachtet werden. Pauschalurteile taugen da nicht.

WELT am SONNTAG: *Vor einem Jahr hatte Martin Walser vor einer Instrumentalisierung des Holocaust gewarnt. Instrumentalisieren die Ausstellungsmacher Wehrmachtsverbrechen?*

Musial: Ja, eindeutig. Die Methode ist mir nicht fremd. So wurden im kommunistischen Polen Ausstellungen gemacht.

WELT am SONNTAG: *Wie erklären Sie es sich, dass weite Teile der politischen Klasse in Deutschland so positiv auf die Ausstellung reagierten?*

Musial: Ich habe den Eindruck, dass die Deutschen Schwierigkeiten haben, an gewisse Wirklichkeiten heranzugehen. Es herrscht ein Betroffenheitsklima und dies ist eben günstig für Leute wie Hannes Heer oder Daniel Goldhagen. Man wagt nicht so recht, deren Thesen nach wissenschaftlichen Kriterien zu hinterfragen. Wer sich, wie ich es versuche, ohne Vorbehalte an die Dinge heranwagt, läuft Gefahr, als Revisionist abgestempelt zu werden. Andererseits gibt mir die große Resonanz auf meine Arbeit die Hoffnung, dass in Deutschland endlich einmal angefangen wird, inhaltlich und unbefangen über diesen Abschnitt der Zeitgeschichte zu diskutieren.

Das Gespräch führte Ralf Georg Reuth

Welt am Sonntag vom 24.10.1999

Bilder einer Ausstellung

VON THOMAS SCHMID

Wissenschaft, die an keines Glaubens Leine liegt, befördert – Baustein um Baustein – Aufklärung. Der Wille zur Aufklärung aber, der sich der Wissenschaft bedienen will, kann Aufklärung behindern. So ergeht es zur Zeit den Machern der Wanderausstellung „Vernichtungskrieg. Verbrechen der Wehrmacht 1941 bis 1944".

Ein polnischer Historiker hat in der neuesten Nummer der „Vierteljahrhefte für Zeitgeschichte" ziemlich überzeugende Hinweise darauf zusammengetragen, dass auf etlichen der insgesamt 1433 in der Ausstellung gezeigten Fotografien nicht das zu sehen ist, was Bildunterschrift oder -anordnung suggeriert. Schlimmer noch: Zahlreiche Tote, deren Ermordung die Ausstellung der Deutschen Wehrmacht anlastet, gehen offenbar auf das Konto des sowjetischen NKWD.

Ausstellungen, die mit historischem Bildmaterial arbeiten, enthalten fast immer Ungenauigkeiten oder Fehler. Auch bei dieser sind im Laufe der Jahre schon einige kleinere Korrekturen vorgenommen worden – immer mit dem Hinweis, es handle sich um Kleinigkeiten, die an der Tendenz nichts änderten. Nun jedoch geht es um mehr.

Bekommen jetzt jene – zum Teil dem Lager der Unbelehrbaren zugehörige – Recht, die die Verbrechen der Wehrmacht bestreiten und diese für eine Armee im Krieg wie jede andere auch halten? Nein. Der polnische Historiker Bogdan Musial hat kein Ruhekissen geknüpft. Sein Verdienst besteht darin, dass er auf gravierende Fehler hinweist, ohne relativierende Absichten zu haben. Es geht ihm um die Wahrheit, um nichts als die Wahrheit.

Auch nach seinem Artikel wird es bei der Einsicht bleiben, die die seriöse Historiographie längst nicht mehr bestreitet: Die Deutsche Wehrmacht war im Zweiten Weltkrieg, insbesondere im Osten Europas, massiv an Verbrechen beteiligt.

Es ist freilich eine schauerliche Pointe, dass einige der Fotos NKWD-Verbrechen bezeugen. Wie sie in die Ausstellung kamen, zeichnet Musial plausibel nach. Den Ausstellungsmachern muss man jetzt schon vorwerfen, dass sie sich wohl zu unkritisch eines Bildmaterials bedient haben, das aus einst sowjetischen Beständen kam. Dessen propagandistische Präparierung ist offensichtlich deutlich unterschätzt worden. Schlimm daran ist vor allem dies: Die Ausstellung scheint mit dieser enthüllenden Volte ausgerechnet denen Argumente zu liefern, die die NS-Verbrechen im Schatten der Stalin- und Berija-Verbrechen klein- oder gar wegreden wollen.

Die Ausstellung hat etwas naiv Dokumentaristisches. Bild sei Bild und beweise, was zu sehen sei. Dieses geradezu unaufgeklärte Verhältnis zum Dokument trägt dazu bei, dass die Schau etwas Überwältigendes hat, dass sie nur Antworten gibt und Fragen eher behindert. Großzügig betrachtet, sind ihre Macher in eine selbstgestellte Falle gelaufen – in die Falle der Überzeugung, man könne Geschichte, wie sie wirklich gewesen sei, zeigen.

Hannes Heer wäre gut beraten, das Kleinreden der Kritik zu beenden, sich ihr offensiv zu stellen und eine gründliche Renovierung der Ausstellung vorzunehmen. Täte er das nicht, würde er trüben Geschichtsrevisionisten in die Hände arbeiten.

Die Welt vom 21.10.1999

Pressekonferenz im Hamburger Institut für Sozialforschung: Nach der Kritik an einzelnen Fotos gibt Jan Philipp Reemtsma bekannt, daß die Ausstellung mindestens drei Monate nicht mehr gezeigt wird, Hamburg, 4.11.1999
Michael Probst/Photo AP

KOMMISSIONSBERICHT

Der Historikerkommission, die noch im November 1999 ihre Arbeit aufnahm, gehörten neben dem Leiter der Stuttgarter Bibliothek für Zeitgeschichte und Sprecher der Kommission, Gerhard Hirschfeld, der US-amerikanische Historiker Omer Bartov, die Kunsthistorikerin Cornelia Brink, der ehemalige Direktor des Bundesarchivs Friedrich Kahlenberg, der frühere Leitende Historiker des Militärgeschichtlichen Forschungsamtes Manfred Messerschmidt sowie die Geschichtsprofessoren Reinhard Rürup und Hans-Ulrich Thamer an. Später kam noch der Zeithistoriker Christian Streit hinzu.

In insgesamt neun Arbeitssitzungen wurden Texte und Bilder der Ausstellung geprüft. Bogdan Musial und Krisztián Ungváry trugen ihre Kritik vor, die Autoren der Ausstellung erhielten Gelegenheit zur Replik.

Im November 2000 stellte die Untersuchungskommission ihren ausführlichen Bericht vor, der das Ausstellungsteam vom Vorwurf der Fälschung entlastete. Zugleich empfahl die Kommission, aufgrund der festgestellten Fehler, Mängel und Ungenauigkeiten die Ausstellung in einer gründlich überarbeiteten, gegebenenfalls auch neu zu gestaltenden Form weiter zu präsentieren.

Der Sprecher der Historikerkommission zur Überprüfung der Ausstellung, Gerhard Hirschfeld (rechts), übergibt Jan Philipp Reemtsma den Abschlußbericht der Kommission, Frankfurt, 15.11.2000
Marc Strohfeldt/dpa

Bericht der Kommission zur Überprüfung der Ausstellung „Vernichtungskrieg. Verbrechen der Wehrmacht 1941 bis 1944", November 2000 (Auszug)

„[...] Schlussfolgerungen

1. Die Ausstellung ‚Vernichtungskrieg. Verbrechen der Wehrmacht 1941–1944' ist im Rahmen der anhaltenden öffentlichen Auseinandersetzungen und aufgrund des der Kommission erteilten Überprüfungsauftrags sowohl hinsichtlich ihrer inhaltlichen Aussagen als auch hinsichtlich des verwendeten Materials so intensiv durchleuchtet worden, wie das bisher mit keiner anderen zeitgeschichtlichen Ausstellung geschehen ist.

2. Die Überprüfung der Ausstellung hat zu der Erkenntnis geführt, dass die öffentlich geäußerte Kritik zumindest in Teilen berechtigt ist. Die Ausstellung enthält 1. sachliche Fehler, 2. Ungenauigkeiten und Flüchtigkeiten bei der Verwendung des Materials und 3. vor allem durch die Art der Präsentation allzu pauschale und suggestive Aussagen.

3. Die Ausstellung enthält jedoch keine Fälschungen im Sinne der leitenden Fragestellungen und Thesen. Die Überprüfung der verwendeten Bild- und Textdokumente in den benutzten Archiven hat zwar manche Ungenauigkeiten und in einigen Fällen auch falsche Zuschreibungen zu Tage gefördert, insgesamt aber die Intensität und Seriosität der von den Ausstellungsautoren geleisteten Quellenarbeit bestätigt.

4. Die Ausstellung argumentiert teilweise zu pauschal und unzulässig verallgemeinernd. Auf diese Weise und durch die Art der Präsentation hat sie dazu beigetragen, dass sie nicht als eine Ausstellung über die Besonderheiten des in der Sowjetunion geführten Vernichtungskrieges, sondern als eine Ausstellung über ‚die' Wehrmacht – eben als ‚Wehrmachtsausstellung' – rezipiert worden ist.

5. Dessen ungeachtet bleiben die Grundaussagen der Ausstellung über die Wehrmacht und den im ‚Osten' geführten Vernichtungskrieg der Sache nach richtig. Es ist unbestreitbar, dass sich die Wehrmacht in der Sowjetunion in den an den Juden verübten Völkermord, in die Verbrechen an den sowjetischen Kriegsgefangenen und in den Kampf gegen die Zivilbevölkerung nicht nur ‚verstrickte', sondern dass sie an diesen Verbrechen teils führend, teils unterstützend beteiligt war. Dabei handelte es sich nicht um vereinzelte ‚Übergriffe' oder ‚Exzesse', sondern um Handlungen, die auf Entscheidungen der obersten militärischen Führung und der Truppenführer an der Front und hinter der Front beruhten.

6. Das Glaubwürdigkeitsproblem der Ausstellung resultiert weniger aus einzelnen nachweisbaren Fehlern und Flüchtigkeiten als vielmehr aus dem überheblichen und unprofessionellen Umgang der Ausstellungsmacher mit der an der Ausstellung geübten Kritik. Dabei ist einzuräumen, dass zwischen bloßer Polemik und seriöser Fachkritik nicht immer leicht zu unterscheiden war. Doch ist nicht zu erkennen, dass man sich um diese Unterscheidung rechtzeitig und ernsthaft genug bemüht hätte. Erst dadurch entstand eine Situation, in der die berechtigte Kritik an einigen Fotos eine so tiefgreifende Krise auslöste, dass ein ‚Moratorium' unvermeidlich wurde.

7. Aus den hier genannten Gründen empfiehlt die Kommission, die Ausstellung in einer gründlich überarbeiteten, ggf. auch neu zu gestaltenden Form weiter zu präsentieren. Dabei müssen die Hauptaussagen über die Wehrmacht und den Vernichtungskrieg im ‚Osten' nicht verändert, wohl aber gegen Missverständnisse geschützt werden. Erforderlich ist darüber hinaus ein sorgfältiger Umgang mit den überlieferten Dokumenten, und hier insbesondere mit den Fotos. Auch sollte die Argumentation der Ausstellung weniger durch den Gestus der Staatsanwaltschaft als durch die Theorie und Methodologie der Geschichtswissenschaft geprägt sein. Die Ausstellung sollte ihr Material präsentieren, aber die Schlussfolgerungen so weit wie möglich den Besuchern überlassen.

8. Wünschenswert ist, dass bei einer Neufassung der Ausstellung die vorherrschende Täterperspektive zumindest beispielhaft durch die Perspektive der Opfer ergänzt wird, so dass die Verbrechen auch aus der Sicht und Erfahrungswelt derjenigen, gegen die sie verübt wurden, sichtbar werden.

9. Die Ausstellung war, wie die öffentlichen Auseinandersetzungen gezeigt haben, sinnvoll und nötig. Sie kann auch in den kommenden Jahren – in einer Fassung, die der Kritik, neueren Forschungsergebnissen und den die Ausstellung begleitenden Diskussionen Rechnung trägt – einen wesentlichen Beitrag zur Entwicklung der historisch-politischen Kultur der Bundesrepublik Deutschland leisten."

Bernd Boll, Hannes Heer, Walter Manoschek, Christian Reuther, Die Wehrmachtsausstellung. Zur Würdigung des Kommissionsberichts vom 15.11.2000
www.aurora-magazin.at/gesellschaft/wma_komm_frm.htm; Januar 2001

„Nach Meinung der Autoren der Ausstellung ‚Vernichtungskrieg. Verbrechen der Wehrmacht 1941 bis 1944' kommt dem Bericht der Historikerkommission eine wichtige wissenschaftliche und geschichtspolitische Bedeutung zu, weil er
• durch die Prüfung der Ausstellung den Charakter des Krieges im Osten als Vernichtungskrieg nachdrücklich bestätigt,
• in der Prüfung der Fotos methodische Standards setzt,
• die Autoren vom Vorwurf der Manipulation und Fälschung freispricht,
• die überzogene und in ihren Schlußfolgerungen fragwürdige Kritik auf ein angemessenes Maß zurückführt. [...]
Fazit:
Trotz der von uns vorgebrachten Einwände stellt der Kommissionsbericht eine ausgezeichnete Grundlage dar, um die Ausstellung in der bisherigen Form von noch vorhandenen Fehlern zu bereinigen und einige Ergänzungen vorzunehmen, die Mißverständnisse in Zukunft ausschließen dürften. Die Berücksichtigung der von der Kommission für erforderlich erachteten Korrekturen erfordert einen gestalterischen Arbeitsaufwand von einem Monat. Eine völlige Neugestaltung mit neuen Autoren, neuen Fallbeispielen, neuen Themen, einer neuen Gestaltung und einem verdoppelten Raumbedarf ist auf Grund des Kommissionsberichts deshalb nicht erforderlich."

Johannes Willms, Außer Thesen nichts gewesen
Süddeutsche Zeitung vom 16.11.2000

„[...] In Abstimmung mit dem Vorstand des von Jan Philipp Reemtsma geleiteten Hamburger Instituts für Sozialforschung beschränkte sich der Untersuchungsauftrag auf zwei Fragestellungen: auf die Überprüfung der von der Ausstellung gemachten Aussagen und Thesen im Lichte des aktuellen Forschungsstandes und auf die Authentizität und den Aussagewert der präsentierten Fotos und Textdokumente.

So klar dieser Auftrag, so gewunden das Urteil der Kommission [...].

Gewiss kann es nicht verwundern, dass in der Zeit vom November 1999 bis heute nicht alle der in der Ausstellung als Quellenbelege gezeigten 1433 Fotografien hinsichtlich ihrer Entstehungs- und Überlieferungsgeschichte überprüft werden konnten – weshalb sich die Kommission damit beschied, lediglich ‚exemplarisch' vorzugehen. Allerdings blieb die dann naheliegende Frage offen, wieviele Beispiele denn nun mit quellenkritischer Akribie überprüft worden seien. Bemerkenswert war, dass die Kommission nur im Falle von zwei Fotografien dem polnischen Historiker Bogdan Musial Recht gab, der als einer der Hauptkritiker der Ausstellung hervorgetreten war [...].

[...] für Hannes Heer, der die Ausstellung zu verantworten hat, ein Freispruch erster Klasse. [...]"

Volker Ullrich, Das Urteil der 8 Weisen
DIE ZEIT vom 23.11.2000

„Den Gegnern der Wehrmachtsausstellung geht die Kritik nicht weit genug, den Verteidigern geht sie zu weit, und jene, die sich weder dem einen noch dem anderen Lager zurechnen, sprechen von einem Eiertanz: Noch in den Reaktionen auf den Untersuchungsbericht [...] spiegelt sich wider, wie sehr das umstrittene Projekt des Hamburger Instituts für Sozialforschung die Öffentlichkeit polarisiert hat.

Glücklicherweise haben sich die acht Mitglieder der Kommission von der aufgeheizten Stimmung nicht im Geringsten beeinflussen lassen. Sie haben, ein Novum in der deutschen Ausstellungsgeschichte, alle Einwände auf Herz und Nieren überprüft. Die 96-seitige Expertise verbindet wissenschaftliche Akribie mit einem Höchstmaß an Fairness – und zwar nach allen Seiten hin. Keineswegs schmeichelhaft fällt das Urteil für die Ausstellungsmacher um Hannes Heer aus. [...] Im Lichte des Untersuchungsberichts zeigt sich, dass Jan Philipp Reemtsmas Entscheidung für ein Moratorium richtig war. [...]

Blamiert sind nun all jene, die vor einem Jahr allzu rasch bereit waren, die Thesen Musials und Ungvárys für gesicherte Erkenntnisse zu halten, schien damit doch die Seriosität des gesamten Unternehmens erschüttert. Ihre Empörung erweist sich jetzt als das, was sie war: ein untauglicher Versuch, das düstere Bild von der Rolle der Wehrmacht im deutschen Vernichtungskrieg nachträglich wieder aufzuhellen."

ABKÜRZUNGSVERZEICHNIS

A	Armee, Arbeitseinsatz, Abteilung
A.A.	Aufklärungsabteilung
Abs.	Absatz
Abt.; Abtg.	Abteilung
Abw.	Abwehr
a.D.	außer Dienst
Adj.	Adjutant
AGSSt.; A.Gef.S.St.; A.Gef.Sa.St.	Armeegefangenensammelstelle
AHQ; A.H.Qu.	Armeehauptquartier
A.K.	Armeekorps
Anl.	Anlage
A.O.	Abwehroffizier; Anordnung
AOK	Armeeoberkommando
A Pi Fü	Armee-Pionierführer
A.R.	Artillerieregiment
Arb.Eins.	Arbeitseinsatz
Arb.Verw.	Arbeitsverwaltung
Arko	Artillerie-Kommandeur
Art.; Artl.	Artillerie
Ausl.	Ausland
autom.	automatisch
A.V.L.	Armee-Verpflegungslager
AWA	Allgemeines Wehrmachtsamt im Oberkommando der Wehrmacht
A Wi Fü; A.Wi.Fü.	Armeewirtschaftsführer
Az.	Aktenzeichen
Batl.; Btl.	Bataillon
Battr.	Batterie
b.Befh.H.Geb.Süd	beim Befehlshaber Heeresgebiet Süd
B.B.Nr.; Br.B.Nr.	Briefbuchnummer
Bd.	Band
BdE	Befehlshaber des Ersatzheeres
BdO	Befehlshaber der Ordnungspolizei
BDO	Bund Deutscher Offiziere
Bef., Befh.	Befehlshaber
Befh.r.H.; Befh. rückw. H. Geb.	Befehlshaber rückwärtiges Heeresgebiet
Beob.	Beobachtung
Berück	Befehlshaber des rückwärtigen Heeresgebietes
Bes.; bes.	Besatzung; besetzt
Bes.; bes.	besondere
besp.	besprochen
betr.	betrifft
Betr.	Betreff
Beute-Erk.- und Ers.-Stab	Beute-Erkundungs- und Ersatzstab
Bev.	Bevollmächtigter
Bevollm. Kdr. Gen. i.	Bevollmächtigter Kommandierender General in
Bhf.	Bahnhof
Bl.	Blatt
bo.; bodenstdg.	bodenständig
Br.Nr.	Briefnummer
Brig.	Brigade
bzw.; bezw.	beziehungsweise

Ch	Chef
Chef d. Genst.	Chef des Generalstabes
chir.	chirurgisch
dergl.	dergleichen
d.G.	des Generalstabes
Dinaf.	Divisions-Nachschubführer
Dir.	Direktor
Div.	Division
Div.Gef.St.	Divisions-Gefechtsstand
Div.St.Qu.	Divisions-Stabsquartier
Dulag	Durchgangslager
Dv.; DV	Dienstvorschrift
dz.	Doppelzentner
Eing.	Eingang
einschl.	einschließlich
Einw	Einwohner
EK	Einsatzkommando der Sicherheitspolizei und des SD
E.K.	Eisernes Kreuz
ELAS	Ellinikos Laikos Apeleftherotiko Stratos (Griechisches Volksbefreiungsheer)
EM	Ereignismeldung
E-Transporte	Eisenbahn-Transporte
Evak.	Evakuierte
evgl.	evangelisch
Fahrkl.	Fahrklasse
f.d.bes. Ostgebiete	für die besetzten Ostgebiete
fdl.	feindliche
F.d.R.	Für die Richtigkeit
f.d.R.d.A.	für die Richtigkeit der Abschrift
Fest.	Festung
Fg.; Feldg.; Feldgend.	Feldgendarmerie
Feld-Kdtr.	Feldkommandantur
Fest.Inf.Btl.	Festungs-Infanteriebataillon
Festungs-Pi-Stab	Festungs-Pionierstab
F.H.Qu.	Führerhauptquartier
Fhr.	Führer
FK, F.K.	Feldkommandantur
Flak	Fliegerabwehrkanone
FM	Feldmarschall
Frd Heere; Fr.H.Ost	Abteilung Fremde Heere Ost im Generalstab des Heeres
Freiw.	Freiwillige
FS; F.S.	Fernschreiben
Fspr. Anschl.	Fernsprechausschluß
Fu.	Funk
Fz.	Feldzeug
g.; geh.	geheim
g. Kdos.; geh. Kdos.	geheime Kommandosache
G.A.R.	Gebirgsartillerieregiment
GBA; G.B.A.; GbA	Generalbevollmächtigter für den Arbeitseinsatz
Geb.Div.	Gebirgsdivision
Gefr.	Gefreiter

Gef.S.St.	Gefangenensammelstelle
Gef.St.	Gefechtsstand
gem.	gemäß
Gen.	General
Gen.Battr.	Genesenden-Batterie
Gend.	Gendarmerie
Gen. Gouv.	Generalgouvernement
Gen.Kdo.	Generalkommando
Gen Qu	Generalquartiermeister
Gen.Stab	Generalstab
Gen St d H	Generalstab des Heeres
Gestapo	Geheime Staatspolizei
gez. v.	gezeichnet von
GFP; G.F.P.	Geheime Feldpolizei
G.J.R.	Gebirgsjägerregiment
G.Jg.Btl.	Gebirgsjägerbataillon
g.Kdos.; g.K.	geheime Kommandosache
G.Pi.Btl.	Gebirgspionierbataillon
GPU	Gosudarstvennoe Politiceskoe Upravlenie
	(Staatliche Politische Verwaltung)
Gr.; Gru.	Gruppe
Gr. R Wes; Gruppe R.Ws.	Gruppe Rechtswesen
Gr.W.	Granatwerfer
H	Heer; Heeres-; Haupt-; Höherer
HDStO	Disziplinarstrafordnung für das Heer
H.Dv.; Hdv	Heeresdienstvorschrift
HeWiFü	Heeresgruppenwirtschaftsführer
H.Geb.	Heeresgebiet
H.Gr.	Heeresgruppe
HKL	Hauptkampflinie
Hptm.	Hauptmann
Höh. Pi. Führer	Höherer Pionier-Führer
Höh.SS-u.Pol.F.;	
Höh. SS- u. Pol. Fhr.;	
HSSPF	Höherer SS- und Polizeiführer
Hptm.	Hauptmann
H.Qu.	Hauptquartier
hs.	handschriftlich
H.V.Pl.	Heeresversorgungsplan
ID; I.D.	Infanteriedivision
i.G.	im Generalstab
IMT	International Military Tribunal
Inf.	Infanterie
Inf.Div.	Infanteriedivision
Inf.Ers.Reg.	Infanterie-Ersatz-Regiment
Inf.Radf.Zug	Infanterie-Radfahrer-Zug
Inf.Reg.	Infanterieregiment
In.-Staffel	Inspektions-Staffel
I.R.	Infanterieregiment
I.V.	In Vertretung
Jag.Btl.	Jägerbataillon
Jg.Rgt.	Jägerregiment

K, K.	Korps; Kompanie; Kanone; Kommandantur
Kal.	Kalorien
Kav.	Kavallerie
Kdo; Kdos.	Kommando; Kommandos
Kdr.; Kdre.	Kommandeur; Kommandeure
Kdt.	Kommandant
Kdtur.; kdtr.	Kommandantur
Kdt.f.WR	Kommandant für „Weißruthenien"
Kgf.; Kr.Gef.	Kriegsgefangene
Kodeis	Kommandeur der Eisenbahntruppen
Korück	Kommandant des rückwärtigen Armeegebietes
Kp.; Komp.; Kpn.	Kompanie; Kompanien
KPdSU	Kommunistische Partei der Sowjetunion
Kps.	Korps
Kps. Nachr. Abt.	Korps-Nachrichtenabteilung
KSSVO	Kriegssonderstrafrechtsverordnung
KStVO	Kriegsstrafverfahrensordnung
K.V.; K.Verw.; K.Vw.	Kriegsverwaltung
KVP	Kasernierte Volkspolizei
L	Luftwaffe
L	Abteilung Landesverteidigung im Wehrmachtsführungsstab
La.Br.B.Nr.	Laufende Briefbuchnummer
La-Führer, LA-Führer	Landwirtschaftsführer
La-Te-Zug	Landwirtschaftlich-technischer Zug
Lag.	Lager
Laz.	Lazarett
Lds.Btl.	Landesschützenbataillon
le.	Leichte
le.Art.Ers. Abt.	leichte Artillerie-Ersatz-Abteilung
lit.	litauisch
lMG	leichtes Maschinengewehr
L.P.	Luftwaffenpersonalamt
Ls.; LS	Landesschützen
Lt.; Leutn.	Leutnant
Lw.	Luftwaffe; Landwehr
Lw.Führ. Stab	Luftwaffenführungsstab
M.; Mi.	Mitte
Maj.	Major
Mar.	Marine
m.E.	meines Erachtens
med.	medizinisch
MG; M.G.	Maschinengewehr
mGrW	mittlerer Granatwerfer
Mil.Befh.	Militärischer Befehlshaber
Mil.Befh.Grld.	Militärischer Befehlshaber Griechenland
Mil.-Geo.-Plan	Militärischer-Geographie-Plan
Min.Dir.	Ministerialdirektor
M.Pi.	Maschinenpistolen
mot.	motorisiert
MStGB; M.St.G.B.	Militärstrafgesetzbuch
MTS-Stationen	Maschinen-Traktoren-Stationen
Mun.	Munition
MV	Militärverwaltung
M.W.	Meines Wissens

Nachr.	nachrichtlich
Nachr.O.; N.O.	Nachrichten-Offizier
Na.-Kp.	Nachrichtenkompanie
Nachr.Rgt.	Nachrichtenregiment
NKWD	Narodnyj komissariat vnutrennych del (Volkskommissariat für Inneres)
NDPD	Nationaldemokratische Partei Deutschlands
Nr.	Nummer
NSDAP	Nationalsozialistische Deutsche Arbeiterpartei
NSKK.-Kp.	Nationalsozialistische Kraftfahr-Korps-Kompanie
N.S.V.	Nationalsozialistische Volkswohlfahrt
N.-Zug	Nachrichtenzug
o.	ohne
O.	Offizier
OB; O.B.; Ob.	Oberbefehlshaber
Ob.d.H.	Oberbefehlshaber des Heeres
Ob.Kr.Ger.Rat	Oberkriegsgerichtsrat
Oberlt.; Oblt.	Oberleutnant
Obkdo.d.H.Gr.Mitte	Oberkommando der Heeresgruppe Mitte
OBL	Oberbauleitung
o.D.	ohne Datum
OD; O.D.	Ordnungsdienst
Offz.	Offizier
OK	Oberkommando
O.K.	Ortskommandantur
OKH	Oberkommando des Heeres
OKL	Oberkommando der Luftwaffe
OKW	Oberkommando der Wehrmacht
Op.	Operations-
Op.Abt.	Operationsabteilung
O.Qu.	Oberquartiermeister
Ord.Offz.	Ordonnanzoffizier
Org.	Organisation
Orpo	Ordnungspolizei
OT; O.T.	Organisation Todt
O.U.	Ortsunterkunft
o.V.i.A.	ohne Vollmacht im Auftrag
Pak	Panzerabwehrkanone
Part.Bek.Btl.	Partisanen-Bekämpfungs-Bataillon
Pi	Pionier-
PK	Propagandakompanie
Pol.	Polizei
Pol.Div.	Polizeidivision
Pol.Rgt.	Polizeiregiment
p.p.	per procura (in Vollmacht)
Prop.	Propaganda
Pz.	Panzer
Pz.Gren.Brig.	Panzer-Grenadier-Brigade
Pz.Gru.	Panzergruppe
Pz.Jäg.	Panzer-Jäger-Abteilung
Qu.	Quartiermeister

r.	rund
r.; rückw.	rückwärtig
RAD	Reichsarbeitsdienst
Regt.; Rgt.	Regiment
Reg. Inspektor	Regierungsinspektor
Reg.Nr.	Regimentsnummer
Reg.Rat	Regierungsrat
Res.Pol.Batl.; Rs.Pol.Batl.	Reserve-Polizeibataillon
RFSS	Reichsführer-SS
Rittm.	Rittmeister
R.M.	Reichsmarschall
Rü In	Rüstungsinspektion
russ.	russische
S.; Serb.; serb.	Serbien
San.-Uffz.	Sanitäts-Unteroffizier
SB	Sonderbeauftragter
Sch.; Schutzm.	Schutzmannschaft
Schm.-Btl.	Schutzmannschaft-Bataillon
Schupo	Schutzpolizei
schw.	schwer
Schwadr.	Schwadron
SD; S.D.	Sicherheitsdienst
S.F.K.	Serbisches Freiwilligenkorps
S.G.	Sicherungsgebiet
s.Gr.W.	schwerer Granatwerfer
Sich.	Sicherungs-
Sich.Rgt.; S.R.	Sicherungsregiment
Sipo; SP	Sicherheitspolizei
SK; S.K.; S.Kdo.	Sonderkommando
slow.	slowenisch
sMG	schweres Maschinengewehr
SS	Schutzstaffel
SS-Pol.-Rgt.	SS-Polizei-Regiment
SS-Staf.	SS-Standartenführer
SS-Stubaf.	SS-Sturmbannführer
SSPF; SS- u. Pol. Fhr.	SS- und Polizei-Führer
SSR	Sozialistische Sowjetrepublik
St.	Stab; Staffel; Stück
Staatssekr.	Staatssekretär
Stalag	Stammlager
Stb.	Stab
StGB.	Strafgesetzbuch
St.Qu.	Stabsquartier
t; to	Tonnen
Tgb.-Nr.	Tagebuch-Nummer
T.K.	Technisches Kommando
UdSSR	Union der Sozialistischen Sowjetrepubliken
UNKWD	Upravlenie narodnyj komissariat vnutrennych del (Verwaltung des Volkskommissariats für Inneres)
Uffz.	Unteroffiziere

v.	vorläufig
Verb.Offz.; VO	Verbindungsoffizier
Verm.	Vermittlung
Verpflg.	Verpflegung
versch.	verschieden
Verst.; verst.	verstärkt
Vertr.	Vertreter
Verw.	Verwaltung; Verwundete
Vet.	Veterinär
V.G.A.D.	Verstärkter Grenzaufsichtsdienst
V.L.	Verpflegungsleiter
VO	Verordnung
V.P.	Vorauspersonal
WASt	Wehrmachtsauskunftsstelle
W.B.; W. Bef.	Wehrmachtsbefehlshaber
WBO	Wehrmachtsbefehlshaber Ostland
Wachtm.	Wachtmeister
WEK	Wehrmachtserfassungskommando
WFSt	Wehrmachtsführungsstab
Wi.	Wirtschaft
Wi.In.	Wirtschaftsinspektion
WiKo; Wi.Kdo.	Wirtschaftskommando
WiRüAmt	Wehrwirtschafts- und Rüstungsamt
WiFüStabOst	Wirtschaftsführungsstab Ost
WiStabOst	Wirtschaftsstab Ost
WPr.	Abteilung für Wehrmachtspropaganda im Wehrmachtsführungsstab
WR	Wehrmachtsrechtsabteilung
zbV; zbV.	zur besonderen Verwendung (Verfügung)
Z.Nr.	Zimmernummer
Z.O.; ZHO	Zentralhandelsgesellschaft Ost
Zugf.	Zugführer

Kurzbezeichnung für die Abteilungen in den Führungsstäben des Heeres

Ia	Führungsabteilung
Ib	Quartiermeister-Abteilung
Ic	Feindaufklärung und Abwehr; geistige Betreuung
Id	Ausbildung
IIa	1. Adjutant (Offizier-Personalien)
IIb	2. Adjutant (Unteroffiziere und Mannschaften)
III	Gericht
IVa	Intendant (Rechnungswesen, allgemeine Verwaltung)
IVb	Arzt
IVc	Veterinär
IVd	Geistlicher
IVWi	Wehrwirtschaftsoffizier
V	Kraftfahrwesen
VII	Militärverwaltung

ABKÜRZUNGSVERZEICHNIS DER ARCHIVE

A.I.D.A.	Antifaschistische Informations-, Dokumentations- und Archivstelle München e.V.
Archiv SFA	Archiv des Landkreises Soltau-Fallingbostel
argum	argum fotojournalismus
argus	Argus Fotoarchiv GmbH
BfZ	Bibliothek für Zeitgeschichte in der Württembergischen Landesbibliothek
bpk	Bildarchiv Preußischer Kulturbesitz
BSB	Bayerische Staatsbibliothek
BStU	Der Bundesbeauftragte für die Unterlagen des Staatssicherheitsdienstes der ehemaligen DDR
DHM	Deutsches Historisches Museum
dpa	Deutsche Presse-Agentur GmbH
DÖW	Dokumentationsarchiv des Österreichischen Widerstands, Wien
ECPAD	Établissement de Communication et de Production Audiovisuelle de la Défense
GARF	Staatliches Archiv der Russischen Föderation in Moskau
HHStAW	Hessisches Hauptstaatsarchiv Wiesbaden
HStA Darmstadt	Hessisches Staatsarchiv Darmstadt
IfZ München	Institut für Zeitgeschichte München
KA GT	Kreisarchiv Gütersloh
KPC AM	Kultūros paveldo centro Architektūros musiejus
LA Berlin	Landesarchiv Berlin
LG Darmstadt	Landgericht Darmstadt
LG Düsseldorf	Landgericht Düsseldorf
LG Hamburg	Landgericht Hamburg
LG Kiel	Landgericht Kiel
LOC	Library of Congress
LVVA	Lettisches Historisches Staatsarchiv Riga
LWL	Landesbildstelle Westfalen
NARA	National Archives and Records Administration
Nds. Hauptstaatsarchiv Hannover	Niedersächsisches Hauptstaatsarchiv Hannover
NRW HSA, Zweigarchiv Schloß Kalkum	Nordrhein-Westfälisches Hauptstaatsarchiv, Zweigarchiv Schloß Kalkum
NStOS	Niedersächsisches Staatsarchiv Osnabrück
NWStADT	Nordrhein-Westfälisches Staatsarchiv Detmold
PAAA	Politisches Archiv des Auswärtigen Amtes
Photo AP	Associated Press GmbH
PRO	Public Record Office

RGVA – Moskau	Staatliches Russisches Militärarchiv Moskau
SBB – PK	Staatsbibliothek zu Berlin, Preußischer Kulturbesitz
SMB – PK	Staatliche Museen Berlin, Preußischer Kulturbesitz
StadtAN	Stadtarchiv Nürnberg
StA Hamburg	Staatsanwaltschaft Hamburg
StA München	Staatsarchiv München
StAN	Staatsarchiv Nürnberg
Stalag 326 (VI K)	Dokumentationsstätte Stalag 326 Senne
TsGAKFFD SPb	Zentrales staatliches Archiv für Dokumentarfilm, Fotografie und Audioaufzeichnungen, St. Petersburg
USHMM	United States Holocaust Memorial Museum
VdH	Verband der Heimkehrer, Kriegsgefangenen und Vermißten-Angehörigen Deutschland e.V.
Volkswagen AG	Unternehmensarchiv der Volkswagen AG
WASt	Wehrmachtsauskunftsstelle
Yad Vashem	Yad Vashem, Jerusalem
ZAMO	Zentrales Archiv des Verteidigungsministeriums der Russischen Föderation
ZNW	Zentralnachweis zur Geschichte von Widerstand und Verfolgung 1933–1945 auf dem Gebiet des Landes Niedersachsen (Niedersächsische Landeszentrale für politische Bildung)
ZStdLJV	Zentrale Stelle der Landesjustizverwaltungen in Ludwigsburg
Zentralstelle in Dortmund	Zentralstelle im Lande Nordrhein-Westfalen für die Bearbeitung von nationalsozialistischen Massenverbrechen bei der Staatsanwaltschaft Dortmund

AUSWAHLBIBLIOGRAPHIE

ABENHEIM, Donald, Bundeswehr und Tradition. Die Suche nach dem gültigen Erbe des deutschen Soldaten, München 1989.

ADLER, Hermann, Ostra Brama. Legende aus der Zeit des grossen Unterganges, Zürich 1945.

AHLBRECHT, Heiko, Geschichte der völkerrechtlichen Strafgerichtsbarkeit im 20. Jahrhundert. Unter besonderer Berücksichtigung der völkerrechtlichen Straftatbestände und der Bemühungen um einen ständigen Internationalen Strafgerichtshof, Baden-Baden 1999.

ALY, Götz, und Susanne Heim, Vordenker der Vernichtung. Auschwitz und die deutschen Pläne für eine europäische Ordnung, Hamburg 1991.

ARMSTRONG, John A. (Hg.), Soviet Partisans in World War II, Madison 1964.

AUSLÄNDER, Fietje (Hg.), Verräter oder Vorbilder? Deserteure und ungehorsame Soldaten im Nationalsozialismus. Mit Dokumenten, Bremen 1990.

BACKE, Herbert, Um die Nahrungsfreiheit Europas. Weltwirtschaft oder Großraum, Leipzig 1943.

BARTOV, Omer, Hitlers Wehrmacht, Soldaten, Fanatismus und die Brutalisierung des Krieges, Reinbek bei Hamburg 1995.

BENZ, Wolfgang, und Mona Körthe (Hg.), Rettung im Holocaust. Bedingungen und Erfahrungen des Überlebens, Berlin 2001.

BENZ, Wolfgang/Hermann Graml/Hermann Weiß (Hg.), Enzyklopädie des Holocaust, Stuttgart 1997.

BERENBAUM, Michael, und Abraham J. Peck (Hg.), The Holocaust and History. The Known, the Unknown, the Disputed, and the Reexamined, Bloomington 1998.

BERGMANN, Werner, Antisemitismus in öffentlichen Konflikten. Kollektives Lernen in der politischen Kultur der Bundesrepublik 1949–1989, Frankfurt am Main und New York 1997.

BIRN, Ruth Bettina, Die Höheren SS- und Polizeiführer. Himmlers Vertreter im Reich und in den besetzten Gebieten, Düsseldorf 1986.

BLAICHER, Günther, Anton Schmid und Thom Gunns „Misanthropos". Zur poetischen Anverwandlung einer historischen Figur, in: Harald Dickerhof (Hg.), Festgabe Heinz Hürten zum 60. Geburtstag, Frankfurt am Main u.a. 1988, S. 421–441.

BOOG, Horst u.a., Der Angriff auf die Sowjetunion, aktual. Ausg., Frankfurt am Main 1991.

BRINK, Cornelia, Ikonen der Vernichtung. Öffentlicher Gebrauch von Fotografien aus nationalsozialistischen Konzentrationslagern nach 1945, Berlin 1998.

BROCHHAGEN, Ulrich, Nach Nürnberg. Vergangenheitsbewältigung und Westintegration in der Ära Adenauer, Hamburg 1994.

BRÖCKLING, Ulrich, Disziplin. Soziologie und Geschichte militärischer Gehorsamsproduktion, München 1997.

BROWNING, Christopher R., Wehrmacht Reprisal Policy and the Mass Murder of Jews in Serbia, in: Militärgeschichtliche Mitteilungen, 1983, H. 33, S. 31–47.

BUCHBENDER, Ortwin, und Reinhold Sterz (Hg.), Das andere Gesicht des Krieges. Deutsche Feldpostbriefe 1939–1945, München 1982.

CHIARI, Bernhard, Alltag hinter der Front. Besatzung, Kollaboration und Widerstand in Weißrußland 1941–1944, Düsseldorf 1998.

DALLIN, Alexander, Deutsche Herrschaft in Rußland 1941–1945. Eine Studie über Besatzungspolitik, Düsseldorf 1958.

DANYEL, Jürgen (Hg.), Die geteilte Vergangenheit. Zum Umgang mit Nationalsozialismus und Widerstand in beiden deutschen Staaten, Berlin 1995.

DAS DEUTSCHE REICH und der Zweite Weltkrieg, hrsg. vom Militärgeschichtlichen Forschungsamt, Bde. 1–5, Stuttgart 1979–1999.

DONAT, Helmut, und Arn Strohmeyer (Hg.), Befreiung von der Wehrmacht? Dokumentation der Auseinandersetzung über die Ausstellung „Vernichtungskrieg – Verbrechen der Wehrmacht 1941 bis 1944" in Bremen 1996/97, Bremen 1997.

DROULIA, Loukia, und Hagen Fleischer (Hg.), Von Lidice bis Kalavryta. Widerstand und Besatzungsterror. Studien zur Repressalienpraxis im Zweiten Weltkrieg, Berlin 1999.

DUBOIS, Philippe, Der fotografische Akt. Versuch über ein theoretisches Dispositiv, hrsg. und mit einem Vorwort von Herta Wolf, Amsterdam und Dresden 1998.

DÜSTERBERG, Rolf, Soldat und Kriegserlebnis. Deutsche militärische Erinnerungsliteratur (1945–1961) zum Zweiten Weltkrieg. Motive, Begriffe, Wertungen, Tübingen 2000.

EICHHOLTZ, Dietrich, Geschichte der deutschen Kriegswirtschaft 1939–1945, Bd. II: 1941–1943, Berlin (Ost) 1985.

EISERT, Wolfgang, Die Waldheimer Prozesse. Der stalinistische Terror 1950. Ein dunkles Kapitel der DDR-Justiz, Esslingen und München 1993.

EMBACHER, Helga/Albert Lichtblau/Günther Sandner (Hg.), Umkämpfte Erinnerung. Die Wehrmachtsausstellung in Salzburg, Salzburg und Wien 1999.

EUROPA UNTERM HAKENKREUZ. Die Okkupationspolitik des deutschen Faschismus (1938–1945). Achtbändige Dokumentenedition, hrsg. von einem Kollegium unter Leitung von Wolfgang Schumann und Ludwig Nestler, ab Bd. 6 hrsg. vom Bundesarchiv, Berlin 1988 ff.

FALL 7. Das Urteil im Geiselmordprozeß, gefällt am 19. Februar 1948 vom Militärgerichtshof V der Vereinigten Staaten von Amerika, hrsg. mit einer Einl. und einer Chronik über den Volksbefreiungskampf in Jugoslawien, Griechenland und Albanien von Martin Zöllner und Kazimierz Leszczynski, Berlin (Ost) 1965.

FALL 12. Das Urteil gegen das Oberkommando der Wehrmacht, gefällt am 28. Oktober 1948 in Nürnberg vom Militärgerichtshof V der Vereinigten Staaten von Amerika, Berlin (Ost) 1960.

FLEISCHER, Hagen, Im Kreuzschatten der Mächte. Griechenland 1941–44 (Okkupation – Résistance – Kollaboration), 2 Bde., Frankfurt am Main 1986.

FÖRSTER, Jürgen, „Verbrecherische Befehle", in: Wette/Ueberschär (Hg.), Kriegsverbrechen im 20. Jahrhundert, S. 137–151.

FÖRSTER, Jürgen, Complicity or Entanglement. Wehrmacht, War and Holocaust, in: Berenbaum/Peck (Hg.), The Holocaust and History, S. 266–283.

FÖRSTER, Jürgen, Das Unternehmen „Barbarossa" als Eroberungs- und Vernichtungskrieg, in: Boog u.a., Der Angriff auf die Sowjetunion, S. 498–538.

FOTOGESCHICHTE, 12, 1992, H. 43 (Themenheft „Krieg und Fotografie").

FREI, Norbert/Sybille Steinbacher/Bernd C. Wagner (Hg.), Ausbeutung – Vernichtung – Öffentlichkeit. Neue Studien zur nationalsozialistischen Lagerpolitik, München 2000.

FREI, Norbert, Vergangenheitspolitik. Die Anfänge der Bundesrepublik und die NS-Vergangenheit, München 1996.

FRIEDRICH, Jörg, Das Gesetz des Krieges. Das deutsche Heer in Rußland 1941–1945. Der Prozeß gegen das Oberkommando der Wehrmacht, 2. Aufl., München und Zürich 1996.

GABOVICH, Rafael, MR Prim. Dr. Erwin Leder. Ein Vorbild an Menschlichkeit – der hartnäckige und erfolgreiche Kampf des österreichischen Assistenzarztes Dr. Erwin Leder (1914–1997) um das Überleben der Kriegsgefangenen des Lagers Sluzk (Weißrußland) in den Jahren 1941–1942, in: NÖ Consilium. Mitteilungen der Ärztekammer für Niederösterreich, 53, 1998, Nr. 13, S. 24–26.

GERLACH, Christian, Militärische „Versorgungszwänge", Besatzungspolitik und Massenverbrechen. Die Rolle des Generalquartiermeisters des Heeres und seiner Dienststellen im Krieg gegen die Sowjetunion, in: Frei/Steinbacher/Wagner (Hg.), Ausbeutung – Vernichtung – Öffentlichkeit, S. 175–208.

GERLACH, Christian, Kalkulierte Morde. Die deutsche Wirtschafts- und Vernichtungspolitik in Weißrußland 1941 bis 1944, Hamburg 1999.

GERLACH, Christian, Krieg, Ernährung, Völkermord. Forschungen zur deutschen Vernichtungspolitik im Zweiten Weltkrieg, Hamburg 1998.

GREVEN, Michael Th., und Oliver von Wrochem (Hg.), Der Krieg in der Nachkriegszeit. Der Zweite Weltkrieg in Politik und Gesellschaft der Bundesrepublik, Opladen 2000.

HAASE, Norbert, Oberleutnant Dr. Albert Battel und Major Max Liedtke – Konfrontation mit der SS im polnischen Przemysl im Juli 1942, in: Wette (Hg.), Retter in Uniform.

HAASE, Norbert, und Gerhard Paul (Hg.): Die anderen Soldaten. Wehrkraftzersetzung, Gehorsamsverweigerung und Fahnenflucht im Zweiten Weltkrieg, Frankfurt am Main 1995.

HAMBURGER INSTITUT FÜR SOZIALFORSCHUNG (Hg.), Eine Ausstellung und ihre Folgen. Zur Rezeption der Ausstellung „Vernichtungskrieg. Verbrechen der Wehrmacht 1941 bis 1944", Hamburg 1999.

HAMBURGER INSTITUT FÜR SOZIALFORSCHUNG (Hg.), Besucher einer Ausstellung. Die Ausstellung „Vernichtungskrieg. Verbrechen der Wehrmacht 1941 bis 1944" in Interview und Gespräch, Hamburg 1998.

HAMBURGER INSTITUT FÜR SOZIALFORSCHUNG (Hg.), Krieg ist ein Gesellschaftszustand. Reden zur Eröffnung der Ausstellung „Vernichtungskrieg. Verbrechen der Wehrmacht von 1941 bis 1944", Hamburg 1998.

HAMBURGER INSTITUT FÜR SOZIALFORSCHUNG (Hg.), Vernichtungskrieg. Verbrechen der Wehrmacht 1941 bis 1944, Ausstellungskatalog, Hamburg 1996.

HANKEL, Gerd, und Gerhard Stuby (Hg.), Strafgerichte gegen Menschheitsverbrechen. Zum Völkerstrafrecht 50 Jahre nach den Nürnberger Prozessen, Hamburg 1995.

HEER, Hannes, Tote Zonen. Die deutsche Wehrmacht an der Ostfront, Hamburg 1999.

HEER, Hannes, und Klaus Naumann (Hg.), Vernichtungskrieg. Verbrechen der Wehrmacht 1941 bis 1944, Hamburg 1995.

HERBERT, Ulrich, Fremdarbeiter. Politik und Praxis des „Ausländer-Einsatzes" in der Kriegswirtschaft des Dritten Reiches, Neuaufl., Bonn 1999.

HERBERT, Ulrich (Hg.), Nationalsozialistische Vernichtungspolitik 1939–1945. Neue Forschungen und Kontroversen, Frankfurt am Main 1998.

HERBERT, Ulrich (Hg.), Europa und der „Reichseinsatz". Ausländische Zivilarbeiter, Kriegsgefangene und KZ-Häftlinge in Deutschland 1938–1945, Essen 1991.

HERF, Jeffrey, Zweierlei Erinnerung. Die NS-Vergangenheit im geteilten Deutschland, Berlin 1998.

HARTMANN, Christian, Massensterben oder Massenvernichtung? Sowjetische Kriegsgefangene im „Unternehmen Barbarossa". Aus dem Tagebuch eines deutschen Lagerkommandanten, in: Vierteljahrshefte für Zeitgeschichte, 49, 2001, H. 1, S. 97–158.

HESSE, Erich, Der sowjetrussische Partisanenkrieg 1941 bis 1944 im Spiegel deutscher Kampfanweisungen und Befehle, 2. überarb. Aufl., Göttingen u.a. 1993.

HILBERG, Raul, Die Vernichtung der europäischen Juden, 2. durchges. und erw. Ausg., Frankfurt am Main 1990.

HOFFMANN, Detlef, Fotografie als historisches Dokument, in: Fotogeschichte, 5, 1985, H. 15, S. 3–14.

HUMBURG, Martin, Das Gesicht des Krieges. Feldpostbriefe von Wehrmachtssoldaten aus der Sowjetunion 1941–1944, Opladen und Wiesbaden 1998.

HÜRTER, Johannes, Die Wehrmacht vor Leningrad. Krieg und Besatzungspolitik der 18. Armee im Herbst und Winter 1941/42, in: Vierteljahrshefte für Zeitgeschichte, 49, 2001, H. 3, S. 377–440.

HÜSER, Karl, und Reinhard Otto, Das Stammlager 326 (VI K) Senne 1941–1945. Sowjetische Kriegsgefangene als Opfer des Nationalsozialistischen Weltanschauungskrieges, Bielefeld 1992.

JAHN, Peter, und Ulrike Schmiegelt (Hg.), Foto-Feldpost. Geknipste Kriegserlebnisse 1939–1945, Ausstellungskatalog, Berlin-Karlshorst 2000.

JUSTIZ UND NS-VERBRECHEN, Sammlung deutscher Strafurteile wegen nationalsozialistischer Tötungsverbrechen 1945–1966, hrsg. von Adelheid Rüter-Ehlermann u.a., 22 Bände, Amsterdam 1968–1981.

KANNONIER, Reinhard, und Brigitte Kepplinger (Hg.), Irritationen. Die Wehrmachtsausstellung in Linz, Grünbach 1997.

KELLER, Rolf, und Reinhard Otto, Das Massensterben der sowjetischen Kriegsgefangenen und die Wehrmachtsbürokratie. Unterlagen zur Registrierung der sowjetischen Kriegsgefangenen 1941–1945 in deutschen und sowjetischen Institutionen, in: Militärgeschichtliche Mitteilungen, 57, 1998, H. 1, S. 149–180.

KELLER, Rolf, „Russenlager". Sowjetische Kriegsgefangene in Bergen-Belsen, Fallingbostel-Oerbke und Wietzendorf, in: Nolte (Hg.), „Der Mensch gegen den Menschen", S. 111–136.

KELLER, Ulrich, Photographs in Context, in: Image. Journal of Photography and Motion Pictures, 19, 1976, H. 4, S. 1–12.

KEMP, Wolfgang (Hg.), Theorie der Fotografie, Bd. 2: 1912–1945, München 1983.

KLEE, Ernst und Willi Dreßen (Hg.), „Gott mit uns". Der deutsche Vernichtungskrieg im Osten 1939–1945, unter Mitarb. von Volker Riess, Frankfurt am Main 1989.

KLEE, Ernst/Willi Dreßen/Volker Rieß (Hg.), „Schöne Zeiten". Judenmord aus der Sicht der Täter und Gaffer, Frankfurt am Main 1988.

KLEIN, Peter (Hg.), Die Einsatzgruppen in der besetzten Sowjetunion 1941/42. Die Tätigkeits- und Lageberichte des Chefs der Sicherheitspolizei und des SD, Berlin 1997.

KRAUSNICK, Helmut, und Hans-Heinrich Wilhelm, Die Truppe des Weltanschauungskrieges. Die Einsatzgruppen der Sicherheitspolizei und des SD 1938–1942, Stuttgart 1981.

KÜHNE, Thomas, Der nationalsozialistische Vernichtungskrieg im kulturellen Kontinuum des Zwanzigsten Jahrhunderts. Forschungsprobleme und Forschungstendenzen der Gesellschaftsgeschichte des Zweiten Weltkrieges, Teil 2, in: Archiv für Sozialgeschichte 40, 2000, S. 440–486.

KÜHNE, Thomas, Der nationalsozialistische Vernichtungskrieg und die „ganz normalen" Deutschen. Forschungsprobleme und Forschungstendenzen der Gesellschaftsgeschichte des Zweiten Weltkrieges, Teil 1, in: Archiv für Sozialgeschichte 39, 1999, S. 580–662.

KÜHNE, Thomas, Zwischen Männerbund und Volksgemeinschaft. Hitlers Soldaten und der Mythos der Kameradschaft, in: Archiv für Sozialgeschichte 38, 1998, S. 165–189.

KULTURREFERAT DER LANDESHAUPTSTADT MÜNCHEN (Hg.), Bilanz einer Ausstellung. Dokumentation der Kontroverse um die Ausstellung „Vernichtungskrieg. Verbrechen der Wehrmacht 1941 bis 1944" in München, Galerie im Rathaus 25.2. bis 6.4.1997, München 1998.

LAPP, Peter Joachim, Ulbrichts Helfer, Wehrmachtsoffiziere im Dienste der DDR, Bonn 2000.

LATZEL, Klaus, Deutsche Soldaten – nationalsozialistischer Krieg? Kriegserlebnis – Kriegserfahrung 1939–1945, Paderborn 1998.

LONGERICH, Peter, Der ungeschriebene Befehl. Hitler und der Weg zur Endlösung, München 2001.

LONGERICH, Peter, Politik der Vernichtung. Eine Gesamtdarstellung der nationalsozialistischen Judenverfolgung, München und Zürich 1998.

LÜDTKE, Alf (Hg.), Herrschaft als soziale Praxis. Historische und sozial-anthropologische Studien, Göttingen 1991.

MADAJCZYK, Czesław, Vom Generalplan Ost zum General-Siedlungsplan. Dokumente, unter Mitarb. von Stanisław Biernacki u.a., München u.a. 1994.

MANOSCHEK, Walter (Hg.), „Es gibt nur eines für das Judentum: Vernichtung". Das Judenbild in deutschen Soldatenbriefen 1939–1944, Hamburg 1995.

MANOSCHEK, Walter, „Serbien ist judenfrei". Militärische Besatzungspolitik und Judenvernichtung in Serbien 1941/42, 2. Aufl., München 1995.

MAZOWER, Mark, Inside Hitler's Greece. The Experience of Occupation 1941–44, New Haven und London 1993.

MESSERSCHMIDT, Manfred, und Fritz Wüllner, Die Wehrmachtsjustiz im Dienste des Nationalsozialismus. Zerstörung einer Legende, Baden-Baden 1987.

MEYER, Ahlrich (Hg.), Repression und Kriegsverbrechen. Die Bekämpfung von Widerstands- und Partisanenbewegungen gegen die deutsche Besatzung in West- und Südeuropa, Berlin 1997.

MEYER, Hermann Frank, Kommeno. Erzählende Rekonstruktion eines Wehrmachtsverbrechens in Griechenland, Köln 1999.

MOHRMANN, Wolf-Dieter (Hg.), Der Krieg hier ist hart und grausam! Feldpostbriefe an den Osnabrücker Regierungspräsidenten 1941–1944, Osnabrück 1984.

MOMMSEN, Hans, Alternative zu Hitler, Studien zur Geschichte des deutschen Widerstandes, München 2000.

MÜLLER, Norbert (Hg.), Deutsche Besatzungspolitik in der UdSSR 1941–1944. Dokumente, Köln 1980.

MÜLLER, Rolf-Dieter, und Gerd R. Ueberschär, Hitlers Krieg im Osten 1941–1945. Ein Forschungsbericht, Darmstadt 2000.

MÜLLER, Rolf-Dieter, und Hans-Erich Volkmann (Hg.), Die Wehrmacht. Mythos und Realität, München 1999.

MÜLLER, Rolf-Dieter: Die Rekrutierung sowjetischer Zwangsarbeiter für die deutsche Kriegswirtschaft, in: Herbert (Hg.), Europa und der „Reichseinsatz", S. 234–250.

MÜLLER, Rolf-Dieter, Es begann am Kuban … Flucht und Deportationsbewegungen in Osteuropa während des Rückzugs der deutschen Wehrmacht 1943/44, in: Streibel (Hg.), Flucht und Vertreibung, S. 42–76.

MÜLLER, Rolf-Dieter, Hitlers Ostkrieg und die deutsche Siedlungspolitik. Die Zusammenarbeit von Wehrmacht, Wirtschaft und SS, Frankfurt am Main 1991.

MÜLLER, Rolf-Dieter (Hg.), Die deutsche Wirtschaftspolitik in den besetzten sowjetischen Gebieten 1941–1943. Der Abschlußbericht des Wirtschaftsstabes Ost und Aufzeichnungen eines Angehörigen des Wirtschaftskommandos Kiew, Boppard am Rhein 1991.

MÜLLER, Rolf-Dieter, Das „Unternehmen Barbarossa" als wirtschaftlicher Raubkrieg, in: Ueberschär/Wette (Hg.), „Unternehmen Barbarossa", S. 173–196.

MULLIGAN, Timothy P., The Politics of Illusion and Empire. German Occupation Policy in the Soviet Union 1942–1943, New York 1988.

MULLIGAN, Timothy P., Reckoning the Cost of People's War: The German Experience in the Central USSR, in: Russian History, 9, 1982, H. 1, S. 27–48.

NAGEL, Jens, und Jörg Osterloh, Wachmannschaften in Lagern für sowjetische Kriegsgefangene (1941–1945), in: „Durchschnittstäter". Handeln und Motivation, hrsg. und verantwortl. Redaktion Christian Gerlach, Anhang Ahlrich Meyer, Berlin 2000, S. 73–93.

NIEMETZ, Daniel, Besiegt, gebraucht, gelobt, gemieden. Zum Umgang mit ehemaligen Wehrmachtsoffizieren im DDR-Militär, in: Deutschland-Archiv, 32, 1999, H. 3, S. 378–392.

NOLTE, Hans-Heinrich (Hg.), „Der Mensch gegen den Menschen". Überlegungen und Forschungen zum deutschen Überfall auf die Sowjetunion 1941, Hannover 1992.

DER NÜRNBERGER LERNPROZESS. Von Kriegsverbrechern und Starreportern, zsgest. und eingel. von Steffen Radlmaier, Frankfurt am Main 2001.

OGORRECK, Ralf, Die Einsatzgruppen und die „Genesis der Endlösung", Berlin 1996.

ORTOLEVA, Peppino, Photographie und Geschichtswissenschaft, Teil 1 in: Photographie und Gesellschaft, 1, 1989, H. 1, S. 5–13; Teil 2 in: Photographie und Gesellschaft, 1, 1989, H. 2, S. 4–12; Teil 3 in: Photographie und Gesellschaft, 1, 1989, H. 3/4, S. 3–9.

OSTENDORF, Heribert, Dokumentation des NS-Strafrechts, Baden-Baden 2000.

OSTERLOH, Jörg, Ein ganz normales Lager. Das Kriegsgefangenen-Mannschaftsstammlager 304 (IV H) Zeithain bei Riesa/Sa. 1941 bis 1945, hrsg. von der Stiftung Sächsischer Gedenkstätten zur Erinnerung an die Opfer Politischer Gewaltherrschaft, 2. Aufl., Leipzig 1997.

OSTERLOH, Jörg, Sowjetische Kriegsgefangene 1941–1945 im Spiegel nationaler und internationaler Untersuchungen. Forschungsüberblick und Bibliographie, Dresden 1995.

OTTO, Reinhard, Wehrmacht, Gestapo und sowjetische Kriegsgefangene im deutschen Reichsgebiet 1941/42, München 1998.

PALDIEL, Mordechai, „To the Righteous among the Nations Who Risked Their Lives to Rescue Jews", in: Yad Vashem Studies XIX, 1988, S. 403–425.

PRANTL, Heribert (Hg.), Wehrmachtsverbrechen. Eine deutsche Kontroverse, Hamburg 1997.

DER PROZEß GEGEN DIE HAUPTKRIEGSVERBRECHER vor dem Internationalen Militärgerichtshof (International Military Tribunal), Nürnberg, 14. Nov. 1945–1. Okt. 1946, 42. Bde., Nürnberg 1947–1949.

QUINDEAU, Ilka, Die Einschätzung des Nationalsozialismus im Spiegel der Ausstellung „Vernichtungskrieg. Verbrechen der Wehrmacht 1941 bis 1944". Meinungen – Positionen. Bericht über die empirische Umfrage im Rahmen der Ausstellung „Vernichtungskrieg. Verbrechen der Wehrmacht 1941–1944" in Frankfurt am Main vom 22.04 bis 06.05.1997, Frankfurt am Main 1998.

RICHTER, Timm C., Die Wehrmacht und der Partisanenkrieg in den besetzten Gebieten der Sowjetunion, in: Müller/Volkmann (Hg.), Die Wehrmacht, S. 837–857.

RICHTER, Timm C., „Herrenmensch" und „Bandit". Deutsche Kriegsführung und Besatzungspolitik als Kontext des sowjetischen Partisanenkrieges 1941–44, Münster und Hamburg 1998.

RÖSSLER, Mechtild, und Sabine Schleiermacher (Hg.), Der „Generalplan Ost". Hauptlinien der nationalsozialistischen Planungs- und Vernichtungspolitik, Berlin 1993.

RÜRUP, Reinhard (Hg.), Der Krieg gegen die Sowjetunion 1941–1945. Eine Dokumentation, Berlin 1991.

SCHMIDER, Klaus, Auf Umwegen zum Vernichtungskrieg? Der Partisanenkampf in Jugoslawien, 1941–1944, in: Müller/Volkmann (Hg.), Die Wehrmacht, S. 901–922.

SCHNELLE-SCHNEYDER, Marlene, Photographie und Wahrnehmung. Am Beispiel der Bewegungsdarstellung im 19. Jahrhundert, Marburg 1990.

SCHULTE, Theo J., The German Army and Nazi Policies in Occupied Russia, Oxford/New York/Munich 1989.

STADELMANN, Jürg, Umgang mit Fremden in bedrängter Zeit. Schweizerische Flüchtlingspolitik 1940–1945 und ihre Beurteilung bis heute, Zürich 1998.

STREIBEL, Robert, Flucht und Vertreibung. Zwischen Aufrechnung und Verdrängung, Wien 1994.

STREIM, Alfred, Die Behandlung sowjetischer Kriegsgefangener im „Fall Barbarossa". Eine Dokumentation unter Berücksichtigung der Unterlagen deutscher Strafvollzugsbehörden und der Materialien der Landesjustizverwaltungen zur Aufklärung von NS-Verbrechen, Heidelberg und Karlsruhe 1981.

STREIT, Christian, Keine Kameraden. Die Wehrmacht und die sowjetischen Kriegsgefangenen 1941–1945, Neuausg., Bonn 1997.

UEBERSCHÄR, Gerd R. (Hg.), NS-Verbrechen und der militärische Widerstand gegen Hitler, Darmstadt 2000.

UEBERSCHÄR, Gerd R. (Hg.), Der Nationalsozialismus vor Gericht. Die alliierten Prozesse gegen Kriegsverbrecher und Soldaten 1943–1952, Frankfurt am Main 1999.

UEBERSCHÄR, Gerd R., Der Angriff auf Leningrad und die Blockade der Stadt durch die deutsche Wehrmacht, in: Blockade. Leningrad 1941–1944. Dokumente und Essays von Russen und Deutschen, hrsg. von Antje Leetz, Reinbek bei Hamburg 1992, S. 94–105.

UEBERSCHÄR, Gerd R., und Wolfram Wette (Hg.), „Unternehmen Barbarossa" Der deutsche Überfall auf die Sowjetunion 1941. Berichte, Analysen, Dokumente, Paderborn 1984.

VOGEL, Detlef, und Wolfram Wette (Hg.), Andere Helme – andere Menschen? Heimaterfahrung und Frontalltag im Zweiten Weltkrieg. Ein internationaler Vergleich, Essen 1995.

WACHS, Philipp-Christian, Der Fall Theodor Oberländer (1905–1998). Ein Lehrstück deutscher Geschichte, Frankfurt am Main und New York 2000.

WAIBL, Gunther, Fotografie und Geschichte, Teil I in: Fotogeschichte, 6, 1986, H. 21, S. 3–12; Teil II in: Fotogeschichte, 6, 1986, H. 22, S. 3–10; Teil III in: Fotogeschichte, 7, 1987, H. 23, S. 3–12.

WETTE, Wolfram (Hg.), Retter in Uniform. Handlungsspielräume im Vernichtungskrieg der Wehrmacht, Frankfurt am Main 2002 (im Erscheinen).

WETTE, Wolfram, und Gerd R. Ueberschär (Hg.), Kriegsverbrechen im 20. Jahrhundert, Darmstadt 2001.

WETTE, Wolfram (Hg.), Deserteure der Wehrmacht. Feiglinge – Opfer – Hoffnungsträger? Dokumentation eines Meinungswandels, Essen 1995.

WIENINGER, Manfred, und Christiane M. Pabst, Feldwebel Anton Schmid. Retter in Wilna, in: Benz/Körthe (Hg.), Rettung im Holocaust, S. 187–205.

WILENCHIK, Witalij, Die Partisanenbewegung in Weißrußland 1941–1944, in: Forschungen zur osteuropäischen Geschichte, 34, 1984, S. 129–297.

XYLANDER, Marlen von, Die deutsche Besatzungsherrschaft auf Kreta 1941–1945, Freiburg im Breisgau 1989.

ZIEMANN, Benjamin, Fluchten aus dem Konsens zum Durchhalten. Ergebnisse, Probleme und Perspektiven der Erforschung soldatischer Verweigerungsformen in der Wehrmacht 1939–1945, in: Müller/Volkmann (Hg.), Die Wehrmacht, S. 589–613.

DANKSAGUNG

Wir danken den Mitarbeiterinnen und Mitarbeitern der zahlreichen Archive, Institutionen und Museen sehr herzlich für die Nutzung der entsprechenden Bestände und die dabei gewährte Unterstützung:

Almere Niederlande; Antifaschistische Informations-, Dokumentations- und Archivstelle München e.V.; Antifaschistisches Pressearchiv und Bildungszentrum Berlin e.V.; Anti-Kriegsmuseum/Friedensbibliothek, Berlin; Archiv des Landkreises Soltau-Fallingbostel; Archivdienst der Schweizerischen Armee, Bern; Archiv der Sozialen Bewegung Hamburg; argum fotojournalismus; Argus Fotoarchiv GmbH; Associated Press GmbH; Bayerische Staatsbibliothek München; BBC London; Belorussisches Nationalarchiv Minsk; Belorussisches Staatsarchiv für Kino-, Foto- und Phonodokumente, Dzershinsk; Bibliothek für Zeitgeschichte, Stuttgart; Biblio-Verlag GmbH; Bildarchiv Preußischer Kulturbesitz; Der Bundesbeauftragte für die Unterlagen des Staatssicherheitsdienstes der ehemaligen DDR; Bundesarchiv, Außenstelle Ludwigsburg, Bundesarchiv Koblenz; Bundesarchiv/Militärarchiv, Freiburg; Bundesarchiv Zentralnachweisstelle, Aachen; Charkover Historisches Museum; DaimlerChrysler Konzernarchiv; Deutsches Historisches Museum; Deutsche Presse-Agentur GmbH; Dokumentationsarchiv des Österreichischen Widerstandes, Wien; Dokumentationsstätte Stalag 326 (VI K) Senne; Dokumentations- und Informationszentrum Emslandlager, Papenburg; Dokumentationszentrum des Bundes Jüdischer Verfolgter des Nazi-Regimes, Wien; Duisburger Institut für Sprach- und Sozialforschung; Établissement de Communication et de Production Audiovisuelle de la Défense; Feldpostarchiv Berlin; Foto Wagner KG, Rendsburg; Gedenkstätte Ehrenhain Zeithain; Gedenkstätte Kragujevac; Geschichtswerkstatt Marburg; Goethe-Institut, Kiew; Hessisches Hauptstaatsarchiv, Wiesbaden; Hessisches Staatsarchiv, Darmstadt; Historisches Militärarchiv Moskau; Imperial War Museum, London; Institut für Zeitgeschichte, München; Israelitische Kultusgemeinde, Wien; Jugoslawisches Archiv, Belgrad; Kreisarchiv Gütersloh; Kultūros paveldo centro Architektūros musiejus; KZ-Gedenkstätte Flossenbürg; Landesarchiv Berlin; Landesarchiv Schleswig-Holstein; Landesarchiv Speyer; Landesbildstelle Westfalen; Landeszentrale für politische Bildung Bremen; Landgericht Darmstadt; Landgericht Düsseldorf; Landgericht Hamburg; Landgericht Kiel; Library of Congress; Lettisches Historisches Staatsarchiv Riga; Ludwig Boltzmann-Institut für Kriegsfolgen-Forschung, Wien; Luftbilddatenbank in Estenfeld; Militärgeschichtliches Forschungsamt, Potsdam; Militärhistorisches Archiv, Prag; Militärmuseum Belgrad; Museum der Geschichte der Stadt Kiew; Museum des Großen Vaterländischen Krieges, Minsk; Museum der Jugoslawischen Geschichte, Belgrad; National Archives and Records Administration; Niedersächsisches Hauptstaatsarchiv, Hannover; Niedersächsische Landeszentrale für politische Bildung, Hannover; Niedersächsisches Staatsarchiv, Osnabrück; Nordrhein-Westfälisches Hauptstaatsarchiv, Düsseldorf; Nordrhein-Westfälisches Hauptstaatsarchiv Düsseldorf, Zweigarchiv Schloß Kalkum; Nordrhein-Westfälisches Staatsarchiv, Detmold; Office of Special Investigation, Washington; Österreichisch-Israelische Gesellschaft, Wien; Politisches Archiv des Auswärtigen Amtes; Public Record Office; Russisches Staatsarchiv für Dokumentarfilme und Fotografien, Krasnogorsk; Schweizerisches Bundesarchiv, Bern; Serbisches Archiv, Belgrad; Staatliches Archiv der Russischen Förderation in Moskau; Staatliches historisches Museum, St. Petersburg; Staatliche Museen Berlin, Preußischer Kulturbesitz; Staatliches Russisches Militärarchiv Moskau; Staatsanwaltschaft Hamburg; Staatsanwaltschaft beim Landgericht Kassel; Staatsarchiv Augsburg; Staatsarchiv Marburg; Staatsarchiv München; Staatsarchiv Nürnberg; Staatsarchiv Wuppertal; Staatsbibliothek zu Berlin, Preußischer Kulturbesitz; Stadtarchiv Dortmund; Stadtarchiv Nürnberg; Stadtmuseum Gardelegen; Stiftung Sächsische Gedenkstätten; Stiftung Topographie des Terrors; SV-Bilderdienst; ullstein bild; Unabhängige Expertenkommission Schweiz – Zweiter Weltkrieg, Bern; United States Holocaust Memorial Museum; Unternehmensarchiv der Volkswagen AG; Verband der Heimkehrer, Kriegsgefangenen und Vermißten-Angehörigen Deutschland e.V.; Verein zur Förderung der Ausstellung „Vernichtungskrieg. Verbrechen der Wehrmacht 1941–1944", Hamburg; The Vilna Gaon Jewish State Museum; Wehrmachtsauskunftsstelle; Yad Vashem, Jerusalem; Zentrales Archiv des Verteidigungsministeriums der Russischen Föderation; Zentrales staatliches Archiv für Dokumentarfilm, Fotografie und Audioaufzeichnungen, St. Petersburg; Zentrale Stelle der Landesjustizverwaltungen, Ludwigsburg; Zentralnachweis zur Geschichte von Widerstand und Verfolgung 1933-1945 auf dem Gebiet des Landes Niedersachsen; Zentralstelle im Lande Nordrhein-Westfalen für die Bearbeitung von nationalsozialistischen Massenverbrechen bei der Staatsanwaltschaft Dortmund; Zentrum für die Aufbewahrung historisch-dokumentarischer Sammlungen – ehemals Sonderarchiv Moskau; Zentrum für Antisemitismusforschung an der Technischen Universität Berlin.

Die Entstehung der Ausstellung „Verbrechen der Wehrmacht. Dimensionen des Vernichtungskrieges 1941–1944" ist auch der Großzügigkeit vieler Menschen zu verdanken. Für ihre Unterstützung und Hilfe, ihre Gastfreundschaft, Gespräche und Zweifel möchten wir uns an dieser Stelle bedanken:

Gerlinde Angrick, Georg Arnold, Fietje Ausländer, Annerose Babucke, Martina Balacova, Viktor V. Balandin, Elke Bartholomä, Dr. Herbert Becker, Nirit Ben-Joseph, Frau Bender, Axel Betten, Mile Bjelajac, Dr. Daniel Blatman, Dr. Manfred Bötticher, Milićev Bogoljub, Dr. Petra Bopp, Dr. Heinz-Ludger Borgert, Dr. Pierre Braunschweig, Staniša Brkić, Maren Büttner, Dr. Hans-Georg Carls, Angela Combeer, Martin Cüppers, Ingrid Damerow, Dr. Martin Dean, Dr. Diether Degreif, Karin Dengler, Christoph Dieckmann, Georg Dillgard, Stanislaw Dudko, Tomislav Dulić, Uwe Eckard, Andreas Ehresmann, Dr. Klaus Eiler, Stefanie Endlich, Dalija Epstein, Günter Fahle, Nicolas Férard, Dr. Peter Fleischmann, Dr. Vincent C. Frank-Steiner, Stefan Frech, Gunter Friedrich, Peter Fritz, PD Dr. Hans-Rudolf Fuhrer, Prof. Dr. Raphael P. Gabovich, Yuri Gabovich, Dr. Siegwald Ganglmair, Dr. Winfried Garscha, Ria Gerhard, Bernd Gericke, Dr. Christian Gerlach, Lucile Grand, Reinhold Grau, Alexej Grintschenko, Irina Grintschenko, Lilo Gruner, Dr. Peter Grupp, Dr. Norbert Haase, Nomi Halpern, Jörn Hasenclever, Oberstaatsanwalt Heblik, Dr. Andreas Hedwig, Hannes Heer, Christoph Heinen, Hannelore Heller, Katharina Hering, Herr Dr. Hollenberg, Dr. Reinhard Horn, Dr. Ela Hornung, Dr. Johannes Hürter, Dr. Elke Imberger, Anatolij Jankovskij, PD Dr. Rudolf Jaun, Prof. Dr. Jörg Kammler, Rolf Keller, Barbara Kiesow, Kathrin Kilian, Ivan Kirill, Dr. Salomon Klaczko, Dr. Hans-Peter Klausch, Christine Klenke, Dieter Knippschild, Guido Koller, Annette Kondratyeva, Aaron Kornblum, Dr. Beate Kosmala, Valentina Kotscherenko, Anette Kretzer, Dr. Alexander Kruglov, Brigitte Kuhl, Oberstaatsanwalt Jochen Kuhlmann, Vladimir N. Kuzelenkov, Olga Lapavok, Hofrat Dipl.-Ing. Norbert Leder, Henry Leide, Anja Lemke, Sophie Lillie, Leitender Oberstaatsanwalt Ulrich Maaß, Boro Majdanac, Dmitro Malakov, Dr. Klaus-Michael Mallmann, Ann Mann Millin, Evelyn Mechtold, Ronald Meentz, Marina Milzvoma, Barbara Mirek, Sharon Muller, Roland Müller, Dr. Rolf-Dieter Müller, Jens Nagel, Klaus und Karola Nick, Katja Nicklaus, Ludwig Norz, Carina Notzke, Angelika Obermeier, Christine Oertel, Christiane M. Pabst, Dr. Mordecai Paldiel, Prof. Dr. Gerhard Paul, Berit Pistora, Suzanna Pivcova, Dr. Dieter Poestges, Dr. Dieter Pohl, Kirsten Ploetz, Thomas Pusch, Dr. Klaus-Dieter Rack, Dr. Christoph Rass, Martin Reber, Uwe Reichel-Offermann, Katrin Reichelt, Wolfgang Remmers, Irina Renz, Dr. Volker Riess, Eva Rimmele, Aloisia Rombach, Dr. Alexander B. Rossino, Karl-Heinz Roth, Karl Rothauer, Jörg Rudolph, Prof. Dr. C. F. Rüter, Dr. Thomas Sandkühler, Dr. Bernhard Schalhorn, Evelyn Scheer, Prof. Wolfgang Scheffler, Peter Schilling, Jochen Schmid, Martin Scholz, Uwe Schroeder, Dr. Ursula Schwarz, Wijatscheslaw D. Selemenev, Detlef Siebert, Jörg Skriebeleit, Ana Sokolskiené, Jürg Stadelmann, Dr. Rainer Stahlschmidt, Kiryl Strakh, Tatjana Strakh, Iwan Strakh, Silke Struck, Hofrätin Dr. Elfriede Sturm, Anna Teodorović, Staatsanwalt Franz-Josef Tönnies, Corinna Tomberger, Frau Ullmann, Dr. Hans Umbreit, Daniel Uziel, Valerij Vochmjanin, Martina Voigt, Helga Waibel, Dr. Robert Waite, Dr. Günter Wegmann, Prof. Dr. Erika Weinzierl, Karl-Heinz Weißhaupt, Oberstaatsanwalt Uwe Wick, Manfred Wieninger, Dipl.-Ing. Simon Wiesenthal, Leitende Oberstaatsanwältin Uta Wilkmann, Natascha Wlassowa, Hans-Peter Wollny, Irina Jurjewna Woronkowa, Frau Zabka, Liudmilla P. Zapriagaeva, Bettina Zeugin und Dr. Benjamin Ziemann.

Zu danken ist auch den Kolleginnen und Kollegen vom Hamburger Institut für Sozialforschung, besonders PD Dr. Bernd Greiner, Dr. Klaus Naumann und PD Dr. Michael Wildt sowie Natalija Băsić, Matthias Kamm und den Mitarbeitern und Mitarbeiterinnen der Bibliothek und des Archivs des Hamburger Instituts für Sozialforschung.

IMPRESSUM

Konzeption: Prof. Dr. Jan Philipp Reemtsma, Dr. Ulrike Jureit

Wissenschaftlicher Beirat:
Prof. Dr. Hans Mommsen (Beiratsvorsitzender); Prof. Dr. Michael Bothe, Johann Wolfgang Goethe-Universität Frankfurt (Krieg und Recht); Prof. Dr. Hagen Fleischer, University of Athens (Repressalien und Geiselerschießungen); Dr. Jürgen Förster, The University of Glasgow (Partisanenkrieg); Prof. Dr. Ulrich Herbert, Albert Ludwigs Universität Freiburg (Deportationen); Prof. Dr. Detlef Hoffmann, Universität Oldenburg (Foto als historische Quelle); Dr. Klaus Latzel, Universität Bielefeld (Feldpostbriefe); Prof. Dr. Peter Longerich, Royal Holloway University of London (Völkermord); Prof. Dr. Alf Lüdtke, Max-Planck-Institut für Geschichte, Göttingen (Handlungsspielräume); Dr. Reinhard Otto, Dokumentationsstätte Stalag 326 Senne (Sowjetische Kriegsgefangene); Dr. Gerd Ueberschär, Bundesarchiv/Militärarchiv Freiburg (Ernährungskrieg)

Koordination: Christoph Bitterberg, Dr. Ulrike Jureit, Jutta Mühlenberg

Recherche und wissenschaftliche Bearbeitung:
Dr. Andrej Angrick (Völkermord), Christoph Bitterberg (Krieg und Recht), Florian Dierl (Repressalien und Geiselerschießungen), Marcus Gryglewski (Handlungsspielräume), Dr. Gerd Hankel (Krieg und Recht), Peter Klein (Partisanenkrieg), Magnus Koch (Handlungsspielräume), Norbert Kunz (Ernährungskrieg), Karsten Linne (Sowjetische Kriegsgefangene), Dr. Sven Oliver Müller (Feldpostbriefe), Manfred Oldenburg (Deportationen), Dr. Harald Schmid (Nachkriegszeit), Oliver von Wrochem (Nachkriegszeit), Ute Wrocklage (Foto als historische Quelle)

Mitarbeit: Una Gebhard, Kirsten Pörschke, Sara Strüßmann
Fotorecherche: Harriet Scharnberg

Gesamtredaktion: Dr. Ulrike Jureit
Redaktion: Christoph Bitterberg, Jutta Mühlenberg, Birgit Otte
Presse und Öffentlichkeitsarbeit: Dr. Regine Klose-Wolf, Silke Greve

Gestaltungskonzept: Andreas Heller

Entwurf Ausstellungsarchitektur: Christian Ress, Thorsten Rohmann, Klaus Prenger Berninghoff
Ausstellungsgrafik: Alexandra Schäfer, Hanna Beckmann, Charlotte Driessen, Jutta Strauß, Marina Eismann, Wilfried Sloman, Rita Fuhrmann
Screendesign: Maren Brötje
Produktionsmanagement: Kerstin Wiese
Mitarbeit: Sabine Schöningh, Melanie Zühlke
Panoramafotos: Jörg Potschaske
Sprachaufnahmen: Bernstein voices, Hörbuchproduktion; Studio Hamburg Atelier GmbH
Sprecher: Rolf Becker, Verena von Behr, Marlen Diekhoff, Alexandra Henkel, Gerhart Hinze, Erkki Hopf, Gerd Lippert, Holger Postler, Friedhelm Ptok, Thomas Vogt, Gerd Wameling, Angelika Wockert
Videoschnitt, Digitalisierung: Studio Hamburg Atelier GmbH

Gestaltung Katalog, Plakat: Alexandra Schäfer
Gestaltung Broschüre: Maria Isabel Werner
Grafiken: Jutta Strauß

Gesamtrealisation: Studio Andreas Heller GmbH

Ausstellungsbau und -beleuchtung: Studio Hamburg Atelier GmbH
Ausstellungsbeschriftung: Altonaer Werbewerkstatt
Computer und Benutzersoftware: Hamburg 4 GmbH
Toninstallationen: Amptown Sound and Communication GmbH
Fotoarbeiten: Fotofachlabor Ralph Kleinhempel GmbH; PPS. Professional Photo Service GmbH & Co.
Scans: Grafische Werkstatt Kreher
Transporte: Paul Filter Möbelspedition GmbH

Druck und Bindung: Dürmeyer GmbH Druck und digitale Medien, Hamburg

Hamburger Edition HIS Verlagsges. mbH
Mittelweg 36
20148 Hamburg

© 2002 by Hamburger Edition
Alle Rechte vorbehalten

Printed in Germany
ISBN 3-930908-74-3
1. Auflage Januar 2002

Die Deutsche Bibliothek – CIP-Einheitsaufnahme
Ein Titelsatz für diese Publikation ist bei
der Deutschen Bibliothek erhältlich